U0653901

上海市教委科研創新項目重點項目（項目編號：13ZS095）
本書由上海文化發展基金會圖書出版專項基金資助出版

張劍光 主編

# 上海史文獻資料叢刊

【第一輯】上

上海交通大學出版社
SHANGHAI JIAO TONG UNIVERSITY PRESS

**内容提要**

上海史文獻十分豐富，是構建上海文化研究的文獻基礎，爲保存和流傳上海地方文獻，上海師範大學古籍研究所科研人員有計劃、有步驟地編纂了《上海史文獻資料叢刊》。叢刊選擇有關的史書、筆記、雜録、詩詞等，點校刊印，分輯出版。本書爲第一輯，分上、下兩册，共收録上海史文獻資料25種，其中較多爲珍貴稀見的稿本、抄本和流傳很少的刊本，同時也收録一些學術研究時常需用到的古籍文獻，所收文獻涉及上海歷史、經濟、文化、風俗等各個方面，具有較高學術研究價值，能够幫助讀者認識上海歷史文化，瞭解上海民俗風情，理清上海城市發展的源流和脈絡，本書在編纂時，按照古籍整理要求進行整理和標點，每部文獻均撰寫一篇有學術價值的整理説明，包括作者生平、成書經過、内容簡介、文獻評價、版本源流、底本使用情況等，爲讀者使用和翻檢提供幫助。

**圖書在版編目(CIP)數據**

上海史文獻資料叢刊.第1輯／張劍光主編．—上海：上海交通大學出版社，2015
ISBN 978-7-313-14074-6

Ⅰ.①上… Ⅱ.①張… Ⅲ.①上海市—地方史—文獻資料—叢刊 Ⅳ.①K295.1-55

中國版本圖書館CIP數據核字(2015)第262319號

**上海史文獻資料叢刊(第一輯)**

主　　編：張劍光
出版發行：上海交通大學出版社　　地　　址：上海市番禺路951號
郵政編碼：200030　　電　　話：021-64071208
出 版 人：談　毅
印　　制：蘇州市越洋印刷有限公司　　經　　銷：全國新華書店
開　　本：710 mm×1000 mm　1/16　　印　　張：69.5
字　　數：1 199千字
版　　次：2018年4月第1版　　印　　次：2018年4月第1次印刷
書　　號：ISBN 978-7-313-14074-6/K
定　　價：498.00元



告讀者：如發現本書有印裝質量問題請與印刷廠質量科聯繫
聯繫電話：0512-68180638

# 序

熊月之

上海地區歷史文脉，按照時段可以分爲四期，即史前、古代、近代與當代。這四個階段，就歷史信息呈現而言，各有特點。史前時期無文字記載，只能依靠考古資料進行研究，而考古資料的發掘極受偶然性制約，考古資料的釋讀又受其無文字特點制約，故今人無從確切知曉五六千年以前生活在崧澤、廣富林一帶的先民從哪里來、到哪里去，無從確切知曉他們與今天生活在那里的青浦人、松江人有没有關係，如果有，那是一種什麽樣的關係。因此，對于史前時期的文化，今人苦于其資料的匱乏與信息的籠統，只能挖出什麽資料就説什麽話，挖出多少資料就説多少話，主觀努力的空間較小。

至于近代與當代，因歷史信息呈現極端豐富，除了由于印刷術的發達，記載信息的報紙、刊物、書籍滿坑滿谷；由于照相、録音等技術的發明，留存的歷史信息繁富多樣；還由于人類歷史意識、檔案意識的增强，着意保存、搜集、整理的資料特别豐富。儘管對于歷史研究來説，資料從來不厭其多，只怕其少，但就近代、當代歷史研究而言，現有的資料，已經足够豐富，足以滿足人們復原、重建各種歷史場景的需要。

四段之中，有待今人在資料發掘方面花大氣力的，也是可以所有作爲的，古代最爲突出。

這裏所説的古代，指自有文字記載以來到開埠以前的上海地區的歷史，特别是自唐代華亭設縣以后的歷史。對于這一時期的歷史研究，史學前輩已經做了艱苦努力，篳路藍縷。柳亞子先生領導的上海市通志館，在 20 世紀 30 年代，就廣泛搜集、整理上海地方文獻。譚其驤先生等對上海地區的歷史沿革、社會發展等諸多方面，做了許多開拓性研究。但是，由于上海市所轄衆多區縣，包括松江、青浦、嘉定、金山、奉賢、南匯、川沙、寶山、崇明等，是在 1958 年才劃入上海的，這些地方在近代上海史研究中，通常不在關注的視野之内。這些區縣在近代以前所隸屬的府也不一樣，或屬松江府，或屬蘇州府。因此，對于整個上海地區歷史文獻的綜合整理，在近代以前不曾有過。20 世紀 60 年代，上海市文管會整理、出版了《上海史料叢編》,影印了一些縣志與鄉鎮志,爲日后的上海地區歷史綜合研究提供了許多方便,打下了扎實的基礎。但是,方志以外的歷史文獻,包括筆記、掌故、碑傳、詩文等方面,仍缺乏系統的搜集、整理。改革開放以后,史學界斷斷續續、零零碎碎整理、出版了一些,但仍嫌不全面、不系統。這一次,張劍光教授領銜,全面、系統搜集、整理上海史文獻,範圍覆蓋整個上海地區,時段以元、明、清爲主,體裁涉及鄉土志、筆記、雜記、掌故、碑傳、詩文等諸多方面,這對于人們完整地了解上海地區的歷史,挖掘、研究上海地區歷史文化,很有價值,很有必要。

劍光長期從事包括上海在内的江南地區史研究,治學嚴謹,積累豐厚,成就卓越。此前,我受命主持《上海通史(新修)》工作,其中隋唐部分即由他擔綱。讀了書稿,我十分佩服與感動,一是搜羅之廣,既吸取了前人的研究成果,又發掘了不少新的資料,在古人林林總總的文獻中精選了三百多種;二是用功之深,所收資料,一律新式標點,添加目録,并酌加校勘;每部文獻,均有前言,辨章學術,考鏡源流,包括作者生平、成書經過、内容介紹、文獻評價、版本流傳與底本使用情況。衆所周知,當今史料出版,最爲常見也最爲省力的是影印,而很少人願意去做標點、校勘之類苦差。古籍整理,標點、校勘常常吃力不討好。劍光願意自找苦吃,一是他有那份自信,有那麽多年從事古籍整理的經歷與成就;二是他希望造福讀者。好的標點校勘本對于讀者來説,功德無量。

上海地區的經濟、文化、社會方面的發展,自唐代以后便漸入佳境,明清時期已經經濟相當繁榮,人文薈萃。近代上海開埠以后,爲什麽在很短時間裏就取代廣州,成爲中國對外貿易中心?近代西人東來以后,爲什麽是上海而不是其他地方成爲西學東漸的中心?其中既有地緣因素,也有人文因素。全面、深入地研究近代以前上海地區的歷史,對于了解整個中國經濟、文化、社會演變的走勢,對于了解近代上海與古代上海的血脉聯繫,都有重要價值。這套上海史文獻的出版,對于回答這些問題,具有無可替代的史料價值。

上海交通大學出版社作爲以理工科爲主的大學出版社,這些年來在文史書籍出版方面,眼光高遠,身手不凡,出版了一大批人物年譜長編,很受學界好評。這次又精心編輯、出版這樣一套銷數不大會太多、很可能賠本的歷史資料書。我每次爲他們編輯的文史書籍寫推薦信、寫序言,總對他們爲弘揚優秀傳統文化,以史淑世的不懈追求,滿懷欽佩之情。

衷心祝願這套書受到讀者歡迎!

# 編纂出版緣起

整理出版上海歷史文獻,是一項既有現實意義又有學術價值的工作。這項工作醖釀于七八年前,在我的辦公室裏,上海交通大學出版社馮勤先生曾與我商討進行上海史文獻資料整理的可能性。由于當時我的主要學術興趣在其他方面,所以没有提出具體的整理方案,但馮勤先生立志一定要做好這項工作,並開始準備資料。2010 年,在馮勤先生的策劃下,上海交通大學出版社以"上海史文獻資料叢刊"爲名申報了上海文化發展基金,獲得成功,于是正式啓動了本書的編撰與整理工作。2011 年春,在上海交通大學出版社的支持下,在兩任上海師範大學社科處處長陳昌來教授、陳恒教授的關心下,上海師範大學人文與傳播學院古籍整理研究所開始了編纂整理工作。2012 年,我們將這項工作申請了上海市教委科研創新項目的重點項目(編號: 13ZS095),獲得批准。

上海既是一座嶄新的現代化大都市,也是具有數千年的歷史文化地區。歷史時期,上海地區名流雲集,如西晉陸機、陸雲在今松江小昆山一帶讀書吟詩;衛涇家族唐末從齊地遷到華亭,其祖父和父親均中進士,而衛涇是南宋淳熙年間的狀元;南宋遷至上海的董姓家族,代有名人,子弟相繼中科第,列仕中外,"文聲政業,郁爲名宗"。兩宋以前,上海地區已具有深厚的文化底藴。到了明清時期,隨着江南經濟的發展,上海地區更是四方名流匯聚,教育發達,士大夫活動頻繁,創作了大量的文集、方志、史書、筆記、小説,今天存世的仍有數百種之多。這些著作中,有很多是上海明清文人撰寫的地方歷史資料,其中介紹上海歷史、文化風俗、社會經濟、地方掌故爲主的著作,價值巨大。

對這些著作進行整理,不僅可以深入研究上海開埠前數百年傳統文化的積澱,同時追尋出中國傳統文化和西方文化在上海地區的交匯和融合,探索中西文明在上海的碰撞,梳理上海的文化脈絡,尋找上海文化之根,在當代上海都市文化的建設中具有十分重要的意義。

對上海文獻進行整理,始于 20 世紀 30 年代。當時上海正處于城市發展歷史的一個黄金時期,1932 年成立了以柳亞子先生爲館長的上海通志館,開展了收集、整理、出版上海地方歷史文獻的工作，在舉辦“上海文獻展覽會”“嘉定縣鄉先賢遺著展覽會”的基礎上，編出了《上海掌故叢書》第一、第二集目録。該叢書專門收録介紹上海地方掌故、地方風俗和歷史等珍稀文獻。第一集 14 種共 31 卷著作雖正式出版，但没有標點，文字上有一些明顯的錯誤。其中部分文獻後由上海古籍出版社于 80 年代出版，但大多爲簡體字本，而且存在着一些標點錯誤。第二集只有目録，因抗戰事發，惜未能出版。

隨着上海歷史的研究受到學術界的日益重視，上海文獻資料的出版越來越緊迫，上海地區的珍稀文獻必須搶救性出版。20 世紀 60 年代以後，這項工作開始緩慢有序地展開。1961 年—1963 年，上海文管會出版了《上海史料叢編》，刊印了十多種上海鄉鎮方志。一些記録上海社會政治、文化的筆記類著作也被整理出版。此外，80 年代以後，上海書店等單位聯合出版的《上海方志集成》，影印了 30 多種上海縣志和大部分鄉鎮志。2004 年以後，上海社會科學院出版社出版了《上海鄉鎮舊志叢刊》，對大部分上海地區的鄉鎮志進行標點整理出版。近年來，又有上海古籍出版社《上海府縣舊志叢書》的陸續出版。

相對于方志，其他上海史文獻同樣亦具有十分重要的價值，雖然這些著作不像方志那樣有系統，但這些著作更具體、生動，對研究古代上海歷史具有重要的補充作用，而目前這些著作出版比較少，主要有《上海灘與上海人叢書》《松江文獻系列叢書》《明清上海稀見文獻五種》等。

上述上海地方文獻的出版成果或是局限于某一個方面的著作，或是缺乏系統嚴謹的學術整理，不少只是影印，缺少文字點校和考訂，嚴重影響了後人的閱讀和利用，就保管于各圖書館、博物館内的全部上海地方文獻而言，目前出版的主要爲方志，其他史書和筆記、雜記、明清檔案，只是極小的一部分，很多文獻躺在圖書館和博物館没有得到應有的重視，没有加以出版，無法讓更多的人參考利用。因此，對上海史文獻資料進行整理，是一項十分緊迫而且非常具有學術意義的科研工作，必須提到議事日程上。

今天，展現在大家面前的這套文獻，是我們對上海史資料進行搜集、保護、開發和利用的成果，必將對上海史的研究產生巨大的影響。我們將從豐富的上海史文獻中，挑出約三百餘種最有學術價值的著作，分輯出版。上海史文獻的整理，以元、明、清三朝爲主，包括極少量民國初年的著作。收録的文獻，以記録和反映上海歷史文化、風俗地理、人物逸事、文獻資料的完整著作爲範圍，凡書中内容主要記録上海地區歷史文化，具有較高學術研究價值的，均爲收録對象，其中包括像《紅亂紀事草》等一些反映太平天國、小刀會時期歷史的作品，是當時人的一種觀點，并不代表本書編者立場，爲了保留研究資料，本書予以收入。第一輯爲上、下兩册，上册爲原上海通社出版的《上海掌故叢書》，下册爲我們新選的 11 種上海史文獻，以珍貴稀見的稿本、抄本，或流傳很少的刊本爲主，同時收録了目前學術研究中經常使用的幾種文獻。我們初步打算每年推出一輯，整個工作將于 2020 年底之前全部完成。

我們的編纂工作，嚴格按照古籍整理規範進行整理和標點。每部文獻均撰寫一篇有學術價值的整理説明，包括作者生平、成書經過、内容簡介、文獻評價、版本源流、底本使用情況。我們力求給讀者提供一個錯誤較少、信實可讀的繁體字版的文獻標點本。

近年來，全國很多地方都在對地方文獻資料進行整理、開發和利用，相關的成果不斷湧現。對上海史文獻資料的整理出版，同樣是一項十分迫切的工作，需要專業的古籍整理人員調整原有的研究方向，來從事這項重要的工作。上海師範大學古籍所是全國高校古籍整理研究工作委員會領導下的直屬單位，成立于 1983 年，曾經整理和出版了大量的古代文史著作，重要的有《宋史》《續資治通鑒長編》《文獻通考》《漢書補注》《全宋筆記》等，在古籍整理研究方面具有相當强的學術力量。古籍所的部分老師此前曾參加了《上海鄉鎮志叢刊》及其他上海文獻的整理工作，具有較豐富的整理地方文獻的實踐經驗，具備系統進行地方古籍整理和研究的能力。但是上海史文獻以前没有進行過系統的整理，這是一項具有開拓意義的工作，但我們會在工作方法、整理形式上不斷探索，對所收各書的文本及作者的考訂、辨析，底本的選用，標點的準確等方面，都將認真對待，力求保證較高的整理質量，以不辜負社會各界對我們的關心和讀者的期待。

古籍整理工作是一項嚴肅而慎重的學術，我們在上海史文獻整理上剛剛邁出一小步，任重而道遠，希望我們的工作對學界有所補益。工作中難免會有不妥之處，敬請專家、同仁批評指正。

張劍光

# 凡　例

一、本《叢刊》所收著作，爲今上海市行政轄區内，民初以前編纂之史書和筆記、雜記、檔案，包括刻本、稿本、鈔本。部分文學作品主要是歌吟上海地區歷史、人物和社會風俗的，亦在收録範圍之内。

二、所收各書均撰寫“整理説明”，介紹作者生平事迹、著作編撰經過、内容及評價、版本流傳等，并説明底本、参校本及標點本情況。説明以簡潔明瞭爲標準，講求學術性、權威性。

三、所收各書無論原書有無目録，一般都重新編定或增補目録。目録力求詳盡完備，與書中内容完全一致。個别特殊者可不編目録。

四、以尊重原著、保持原貌爲整理原則，原書的題記、序跋、圖版、注釋、引文等，全部加以保留。

五、整理者對原書文字進行標點，一般不作分段，不做注釋。部分著作文字太長，内容太繁的，按人、按事、按時間，或按論述主題，適當進行分段。

六、古書底本及流傳中之錯訛、錯簡、羼入、混雜均予以改正。整理的原則是嚴守底本，同時廣泛吸收古今研究成果。凡有足够依據肯定底本有訛、脱、衍、倒者，即予改正。如不易確定或底本可通的，則不改動原文。作者見解上的錯誤，不作改正。改字的方式，用圓括號表示删，用方括號表示增。

七、通假字及古書中習見的異體字，一般不加改動；冷僻稀見的異體字、古體字有礙于排版和閲讀者，則改爲通行的繁體字。明顯的版刻錯字及避諱的缺筆逕改，著書時代的避諱字一般不改。

八、《叢刊》採用繁體横排。標點符號均按規範使用，一般不使用省略號與破折號。約數字間仍按舊法加頓號。

# 目　録

## 上


熬波圖咏 …… 陳　椿 1
吴淞甲乙倭變志 …… 張　鼐 55
閲世編 …… 葉夢珠 93
滬城備考 …… 褚　華 233
木棉譜 …… 褚　華 311
水蜜桃譜 …… 褚　華 323
淞南樂府 …… 楊光輔 333
滬城歲事衢歌 …… 張春華 349
夷患備嘗記 …… 曹　晟 371
紅亂紀事草 …… 曹　晟 403
覺夢録 …… 曹　晟 429
梟林小史 …… 黄本銓 439
星周紀事 …… 王萃元 451
上海曹氏書存目録 …… 曹　驤 485

## 下

華亭百咏 …… 許　尚 501
静安八咏集 …… 釋壽寧 517
淞故述 …… 楊　樞 543
五茸志逸 …… 吴履震 563
雲間據目抄 …… 范　濂 875
雲間雜志 …… 佚　名 941
懷舊雜記 …… 張文虎 971
雲間第宅志 …… 王　澐 1001
松江衢歌 …… 陳金浩 1009
乙酉筆記 …… 曾羽王 1021
龍華志 …… 張　宸 1047

# 熬波圖詠

陳椿 撰
楊興 整理

# 整 理 説 明

《熬波圖咏》一卷，元代陳椿撰。陳椿(1291～1335)，浙江天台人。元順帝至順元年(1330)至元統二年(1334)，曾任南匯下沙鹽場鹽監使。

在陳椿之前，已有瞿姓官員將鹽場的"袁海淵源，風土異同，法度終始，命工繪爲長卷，名曰《熬波圖》"。陳椿看到後，"略者詳之，闕者補之"。據《四庫全書總目》記載，《熬波圖咏》所據之舊圖，繪圖四十七幅，元統二年刊印。

《熬波圖咏》是一部專門總結製鹽技術的專著，書中詳細記録了海水製鹽的設備和工藝，記述先淋灰成滷，再熬滷成鹽的整個製鹽過程。全書内容豐富，圖文並茂，從鹽場設置、製取海鹽的過程到鹽民的生活狀況，都作了非常詳盡的描述。全書共有圖四十七幅，講述了製作海鹽的四十六個步驟。每個步驟配有詩一首，或五言，或七言。從各團竈舍、築壘圍墻，到上滷煎鹽、撈灑撩鹽，每個製取海鹽的步驟均有非常詳細的記載。在我國製鹽技術史上，乃至整個手工業史上，具有很高的史料價值，是研究古代上海手工業史的重要文獻。

《四庫全書》所收該書是從《永樂大典》中輯出的，只有四十二幅圖，缺失了其中的五幅圖。《上海掌故叢書》所收《熬波圖咏》則是完本。本次整理，選用《上海掌故叢書》本爲底本，文字上校以《四庫全書》本，上海通社的跋仍加以保留。限于學識，標點難免有不妥之處，望多予批評。

楊　興

# 目　録


熬波圖序 …… 4
自題熬波圖 …… 5
各團竈舍 …… 6
築壘圍墻 …… 7
起蓋竈舍 …… 8
團内便倉 …… 9
裹築灰淋 …… 10
築疊池井 …… 11
蓋池井屋 …… 12
開河通海 …… 13
壩堰蓄水 …… 14
就海引潮 …… 15
築護海岸 …… 16
車接海潮 …… 17
疏浚潮溝 …… 18
開闢攤場 …… 19
車水耕平 …… 20
敲泥拾草 …… 21
海潮浸灌 …… 22
削土取平 …… 23
棹水潑水 …… 24
擔灰攤曬 …… 25
篠灰取匀 …… 26
篩水曬灰 …… 27
扒掃聚灰 …… 28
擔灰入淋 …… 29
淋灰取滷 …… 30
滷船鹽船 …… 31
打滷入船 …… 32
擔載運鹽 …… 33
打滷入團 …… 34
樵斫柴薪 …… 35
束縛柴薪 …… 36
砍斫柴生 …… 37
塌車䡘車 …… 38
人車運柴 …… 39
䡘車運柴 …… 40
鐵盤模樣 …… 41
鑄造鐵柈 …… 42
砌柱承柈 …… 43
排凑盤面 …… 44
煉打草灰 …… 45
裝泥柈縫 …… 46
上滷煎鹽 …… 47
撈灑撩鹽 …… 48
乾柈起鹽 …… 49
出扒生灰 …… 50
日收散鹽 …… 51
起運散鹽 …… 52
跋 …… 53
四庫全書總目提要 …… 54

# 熬波圖序

浙之西，華亭東百里，實爲下砂。濱大海，枕黄浦，距大塘，襟帶吴松、揚子二江，直走東南，皆斥鹵之地，煑海作鹽，其來尚矣。宋建炎中，始立鹽監，地有瞿氏、唐氏之祖，爲監場、爲提幹者。至元丙子，又爲土著相副管勾官，皆無其任者也。提幹諱守仁，號樂山；弟守義，號鶴山，詩禮傳家，襟懷慷慨，二公行義，表表可儀，而鶴山尤爲温克，端有古人風度，輔聖朝開海道，策上勳膺宣命，授忠顯校尉、海道運糧千户。深知煑海淵源，風土異同，法度終始，命工繪爲長卷，名曰《熬波圖》，將使後人知煎鹽之法、工役之勞，而垂于無窮也。惜乎辭世之急！僕曩吏下砂場鹽司，暇日訪其子，諱天禧，號敬齋，于衆緑園堂出示其父所圖草卷。披覽之餘，瞭然在目，如示諸掌。嗚呼，信知仁民之心，如是其大乎！抑嘗觀淮甸陳曄《通州鬻海録》，恨其未詳，僅載西亭、豐利、金沙、餘慶、石堰五場，安置處所、捎灰、刺溜、澳滷、試蓮、煎鹽、採薪之大略耳。今觀斯圖，真可謂得其情，備而詳矣。然而浙東竹盤之殊、改法立倉之異，猶未及焉。敬齋慨然屬椿而言曰："成先君之功者子也，子其爲我全其帙，而成其美云。"椿辭不獲已，敬爲略者詳之，闕者補之。圖幾成，而敬齋不世。至順庚午始得大備，行鋟諸梓，垂于不朽。上以美鶴山存心之仁、用功之勤，下以表敬齋繼志之勇、托付之得人也。有意于愛民者，將有感于斯圖，必能出長策以甦民力，于國家之治政，未必無小補云。

時元統甲戌三月上巳，天台後學陳椿志

# 自題熬波圖

錢塘江水限吴越，三十四場分兩浙。
五十萬引課重難，九千六百户優劣。
火伏上中下三則，煎運春夏秋九月。
程嚴賦足在恤民，鹽是土人口下血。

此詩《四庫》本缺，今據康熙《松江府志》補録。

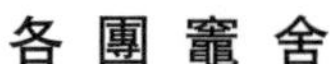

## 各團竈舍

**熬波圖一**

**各團竈舍**　歸併竈座，建團立盤，或三竈合一團，或兩竈爲一團。四向築疊，圍墻外向，遠匝濠塹。團内築鑿池井，盛貯滷水。蓋造鹽倉柈屋，置關立鎖，復撥官軍守把巡警。

東海有大利，斯民不敢争。
並海立官舍，兵衛森軍營。
私鬻官有禁，私鬻官有刑。
團廳嚴且肅，立法無弊生。

## 築 壘 圍 墻

熬波圖二

**築壘圍墻**　團圍四向墻堵，上置乳頭，彷彿城池，以絶姦僞。或遇坍摧，隨時築壘，其土皆用蕩内生田土墼。蓋傍海不時風潮大作，非堅實不足以禦之。

立團定界址，分團圍短墻。
壘土爲之限，開溝爲之防。
版築已完固，厥土燥且剛。
團門慎出入，北軍守其旁。

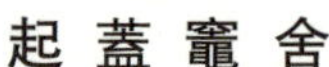

## 起蓋竈舍

**熬波圖三**

**起蓋竈舍** 既立團列竈，自春至冬，照依三則，火伏煎燒，晨夕不住，必須于柈上蓋造舍屋，以庇風雨。雇募人夫工匠，填築基址，令高收買木植鐵釘等物料。屋在壯而不在麗，故簷楹垂地，梁柱椽桷俱用巨木，縛蘆爲稃鋪，其上以茅苫蓋，後築短墻圍裹，内設出生灰之處，前向容著，竈丁執爨煎鹽。夏月多起東南風，故其屋俱朝東南，風順可燒火，竈丁則免煙薰火炙之患。

築團未脱手，柈舍又興工。
運茆上高屋，畚泥矮墻東。
所喜手脚健，敢言腰背慵。
何以門東南？蓋以朝其風。

## 團内便倉

熬波圖四

**團内便倉**　各團所辦鹽額，多寡不同，多者萬引，少者不下五、七千引。每日煎到火伏鹽數，爲因相離總倉，近則往回八、七十里，遠者往回二百餘里。或河道闕水，或值聚雨所阻，豈能繼即起運？各竈户自備木植、磚瓦、鐵釘、石灰、工食等項物料，就團内起蓋倉房，或五間，或七間，以便收貯。公私皆便，故以便倉名之。

便倉以便民，規模在經始。
地土既高燥，水港亦通濟。
磚壁連屋山，瓦溝建瓴水。
衆竈各設倉，公利私亦利。

## 裹築灰淋

熬波圖五

**裹築灰淋** 灰淋，一名灰墶。其法于攤場邊近高阜處，掘四方土窟一個，深二尺許，廣五、六尺。先用牛于溼草地内踏煉筋韌熟泥，用鐵鏵鍬掘成四方土塊，名曰生田。人夫搬擔，逐塊排砌。淋底築踏平實，四圍亦壘築如墻，用木槌草索鞭打無縫，務要繞圍。及底下堅實，以防泄漏，仍于灰淋側掘一滷井，深廣可六尺，亦用土塊築壘如灰淋法，埋一小竹管于灰淋底下，與井相通，使流滷入井内。

百煉無生泥，萬杵皆實地。
池井既堅牢，裹築又完備。
作勞口舌乾，鹹水覺有味。
早知作農夫，豈不太容易？

## 築疊池井

熬波圖六

**築疊池井**　灰場上及團内築疊成滷池井。方長者爲池，如璽樸，掘深八、九尺，闊六、七尺，長丈餘。井則圓，井之名有二，大者爲井，小者爲缸頭，大可廣六尺，小廣三尺，深若池之數。天晴則用水澆溼草地，將牛踏煉筋韌熟泥，用鐵鍬掘成四方土塊，方厚尺許，逐塊搬擔排砌，築壘池底。井四向墻壁，將木槌草索鞭打，遶圍上下泥縫，堅實不致滲漏。井亦如之。池與缸頭下底，埋竹管相通，用滷則缸頭内浣舀上桦。

鑿井以潴滷，井欲實且堅。
又恐風雨至，煉泥包四邊。
小塊少者抱，大塊壯者肩。
臨歸鞭又鞭，恐爲螻蛄穿。

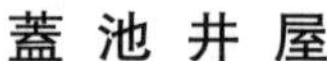

# 蓋池井屋

熬波圖七

**蓋池井屋** 池井築疊既完，又忌雨損，故于上造房屋以覆之。收買竹爲桷椽，木爲梁柱，織簾爲笆，束茆爲苫。工食之費，時時修葺，以防雨漏。若入生水浸淡，又須再別淋過，然後可以煎鹽。

穿鑿池井完，上蓋數椽屋。
老婦挽茅柴，壯丁擔竹木。
簷楹苫著地，難用擎天柱。
固非人所居，但防天雨雨。

## 開河通海

熬波圖八

**開河通海**　曬灰煎鹽，灌潑攤場，通船運滷，全賴海水。每團各竈，須開通海河道港口作壩。令開月河，候取遠汛，以接海潮。每爲沙泥壅漲淤塞，每歲亦須頻頻撈洗以深之。

平地海可通，要非一日勞。
成雲舉萬鍤，落地連千鍬。
水性元潤下，滿溝來滔滔。
海水無盡時，要在人煎熬。

熬波圖九

**壩堰蓄水** 辦鹽全賴海潮，雖是各竈開挑通海河港，必于港口築捺壩堰，辨工具，僱募人夫看守。每遇大汛，人夫俱于海邊港口，風雨不移，徹夜守候。潮開則開月河通放，候河滿，仍舊運土堅捺，蓄水以備朝暮，灌潑曬灰。潮湧則渰没攤場，水少則妨悮攤曬。

今晨海多風，潮水來浩瀚。
未作西頭壩，先捺東頭堰。
蓄水不患多，將以備烹煉。
復防有泛溢，適中乃爲善。

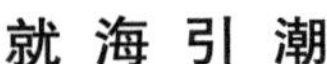

## 就海引潮

熬波圖十

**就海引潮** 攤場周圍雖有蓄水,河溝每日澆潑灰淋,滷淺見漸涸。六、七月久晴,分外用水,浩大海潮,雖遇大汛,亦不入港。必須雇夫將帶工具,就海開河,引潮入港,用車戽接。

人言隻手河可塞,我見衆力海可通。
東南財賦大淵藪,貨財所殖源無窮。
海波萬頃取無禁,千夫奔鍤來如風。
須臾引海出平地,非人之力天之功。

## 築護海岸

熬波圖十一

**築護海岸**　每歲七、八月間，多起大東北風，海潮甚大。慮恐湧漲淹没灰場，時急不能乾，有妨攤曬。才被渰浸，縱晴，亦不下六、七日，不能施功。每每多雇人夫，高築堤岸，以防不測。潮汛長落，又恐海濤衝激損壞，時常巡視。有損，即補疊以護之。

去海無十里，水可狎而玩。
曾聞十年前，沸騰無畔岸。
所以預隄防，不獨爲水患。
煑海且富國，民力惜有限。

## 車接海潮

熬波圖十二

**車接海潮** 五、六、七、八月間,天道久晴,正當酷熱之時,雖大汛潮不抵岸,溝港乾涸闕水,曬灰只得雇倩人夫,將帶工具,就海三、五里開河,多用水車逐級接高,車戽鹹潮入港,所以備竈丁掉水灌潑攤場,淋灰取滷。

翻翻聯聯犖犖確確,東海巨蛇才脱殼。
滔滔車腹水逆行,輥輥車聲雷大作。
能消幾部旱龍骨,翻得陽侯波欲涸。
誰家少婦急工程,徑上車頭泥兩脚?

## 疏浚潮溝

熬波圖十三

**疏浚潮溝** 團竈通潮河港，因渾潮上落，沙泥淤塞，不時雇工開浚。

潮來溝水滿，潮落三寸泥。
十日泥三尺，溝與兩岸無高低。
長柄杴桷短柄鍬，開深八尺過人頭。
但得朝朝水滿溝，一生甘作泥中鰍。

## 開闢攤場

熬波圖十四

**開闢攤場**　辦鹽各隨風土,浙東削土,浙西下砂等場,止是曬灰取滷。攤場最爲急務,擇傍海附團鹻地,先行雇募人夫牛犂翻耕數次,四圍開挑畜水圍溝。每淋須廣二十四步,長八十步,分作三片或四片。但此等法度甚爲艱辛,故逐一圖之于後。

鹽事有先後,首當開攤場。
深犂闢兩岸,堅塹壅四傍。
細草不留根,鹹波無清光。
但恐人力疲,牛疲亦何傷。

熬波圖十五

**車水耕平**　初闢灰場，自數次翻耕之後，雇募人夫水車牛力，于上耕墾，將高就低。丁工亦各用鐵搭鋤匀，務要平正。車海内鹹潮灌浸，如此數次，令鹹味入骨，水乾然後敲泥拾草。

場面有凸凹，水力均浸灌。
車聲接海聲，鴉尾唧欲斷。
將來曬灰時，恐有不平患。
但願天公平，無水亦無旱。

## 敲 泥 拾 草

熬波圖十六

**敲泥拾草**　車水灌浸之後，候乾，雇募人夫，須用鐵鋤將草根起，拾去雜草根荄乾净。如有土塊，仍用木槌一一敲碎如粉，漸葺平正。

拾草草葉空，敲泥泥粉碎。
雖如鏡面平，猶恐蟻穴壞。
十指盡皸瘃，那復問肩背。
抛却犁與鋤，平地且拾芥。

## 海潮浸灌

熬波圖十七

**海潮浸灌**　敲泥拾草之後，漸已平浄，又須于攤場四畔添做圍岸。車戽海潮，潮滿淹浸，須伺日久地土弔鹹水乾，則扒削開渠取平。

浙東把土刮，浙西將灰淋。
開得攤場成，車引海潮浸。
土潤鹹花生，地瘠鹹波滲。
煎鹽工力繁，惟此艱難甚。

## 削土取平

**熬波圖十八**

**削土取平**　潮浸既久，又須日曬土乾。工丁不問老幼，各用扒鍣鋤頭剗去細草，分爲片段，以一淋爲率，或三片四片。于中及四圍，通開淺淺小渠，引水而已。却就港邊做潢頭，每日棹水自港頭放入小渠，分流四圍，以供早晚澆潑。其場地宛如鏡面光净，四下坦平，方可攤灰曬之。如有凹凸，遇雨則凹處遲乾，潑水則凸處不積。

潮泥不厭搗，細草不厭剗。
四方貴匀净，一孔防漏綻。
牛間卧碌碡，鹿過絶町畽。
不日即興煎，鹽事不可緩。

## 棹水潑水

熬波圖十九

**棹水潑水** 攤場四圍,淺開通水小渠竃插,不分男女,每日午後收灰入淋之後,場地已空。晚下用繩索劄縛了水桶,名曰棹桶。兩人將棹桶相對于港邊,棹水上岸。自潢頭内流入灰場四圍,渠内隨以杴蒲潑水灌溼攤場,浥露一夜,次日絶早攤灰。

灰場欲潤不欲乾,長繩戽海海水翻。
分溝通流護場面,平舖灰了攤復攤。
就場棹水仍潑水,却恐風來一掃間。
健婦肩灰何火急,不顧饑兒扳擔泣。

## 擔 灰 攤 曬

熬波圖二十

**擔灰攤曬**　灰乃墶内淋過，滷水殘灰，及柈内半滅，不過帶性生灰。每墶日添生灰兩擔，收擔入淋之時，一擔鋪底，一擔蓋面。竈丁每日侵晨看天色晴霽，逐擔挑開于攤場上，用闊木杴，一名杴蒲，逐一杴開攤遍。男子婦人，若老若幼，夏日苦熱，赤日行天，則汗血淋漓。嚴冬朔風，則履霜蹋冰，手足皴裂，悉登場竈，無敢閑惰。

海天無風雲色開，相呼上場早曬灰。
滿場大堆仍小堆，前擔未了後擔催。
少婦勤作亦可哀，草間冬日眠嬰孩。
正苦飢腹鳴如雷，轉頭饁婦從西來。

## 篠灰取匀

熬波圖二十一

**篠灰取匀** 篠竿以竹爲之,大竹以竿爲柄,長六尺,上縛小竹三根,或兩根。凡曬灰,先用闊木杴攤之,後各用篠竿分頭于所攤灰處篠開均匀,不致厚薄,易于結鹹。若篠不匀,則厚薄不能成鹹。

築場纔罷隨上灰,灰如細塵地如席。
更持長篠輕拂拂,灰中莫有塊與核。
一片灰場幾經手,壯者尫羸肥者瘠。
飛揚最怕海邊風,不怕天邊日頭赤。

## 篩水曬灰

熬波圖二十二

**篩水曬灰** 攤灰篠匀之後，遇有風起，必致吹刮。竈丁用長柄浣料舀水，于上風颺水篩潑周遍，令灰沾地，庶免風吹失散。

風日太燥灰欲飛，灰底太溼生地衣。
老丁調停視乾溼，或曬或灑隨其宜。
長撩取水信手撥，灰不至死長含溼。
水匀不燥亦不溼，明朝滷成鹹到骨。

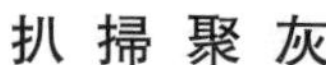

## 扒掃聚灰

熬波圖二十三

**扒掃聚灰** 竈丁曬灰纔至午後,灰已成鹹。丁工老幼男女分布場上,用掃帚木扒掃閉推聚成堆。夏月一日成鹹,冬月二、三日方得成功。

掃開掃閉禿千帚,推去扒來穿兩肘。
百堆千堆亂人行,一嘗再嘗鹻人口。
千夫上場争曬灰,曬灰亦有高低手。
爾曹慎勿歎苦辛,明日成鹽此其母。

## 擔灰入淋

熬波圖二十四

**擔灰入淋**　灰已掃聚成堆，纍纍滿場。每淋約三十擔，以灰場闊淋墶大小爲則。各各挑擔入淋，先用生灰一擔鋪底，却著所曬鹹灰傾入滿了，又用生灰一擔蓋面，用脚踏踏堅實，實則滷易流，虚則滷不下。却束草一把于上，然後以浣料舀鹹水，自束草上澆淋，使灰不爲水衝動。用水之多少，酌量灰之鹹淡爲準。

一淋灰半溼，再淋灰欲泣。
三淋四淋灰底透，竹筧通池如雨集。
閑投石蓮就滷試，三蓮四蓮直沉入。
丁夫閑少辛苦多，却恐無灰可相接。

## 淋灰取滷

熬波圖二十五

**淋灰取滷** 所收鹽灰入淋澆水,足則下滷流入淋邊,井内要知滷之鹹淡,必用蓮管秤試。如四蓮俱起,其滷爲上。淋過淡灰,次日再曬。管蓮之法,採石蓮,先于淤泥内浸過,用四等滷分浸四處。最鹹勬滷浸一處第一等,三分滷浸一分水浸一處第二等,一半水一半滷浸一處第三等,一分滷浸二分水浸一處第四等。後用一竹管,盛此四等所浸蓮子,四放于竹管内,上用竹絲隔定竹管口,不令蓮子漾出。以蓮管汲滷試之,視四管蓮子之浮沉,以别滷鹹淡之等。

杴灰上擔去復還,傾灰滿淋高如山。
小池畜水待澆潑,外面雖溼中央乾。
灰如命脈滷如血,血與命脈相流連。
便須載滷入團去,官司明日催裝袢。

## 滷船鹽船

熬波圖二十六

**滷船鹽船**　滷船運滷入團，鹽船載鹽上倉。滷船其身淺，易于牽運。鹽船上有摧槽橄板，鎖封關防船艕，"艕"同"榜"，並船也。官爲印烙。

大船"船"音"貂"，吴船也。小船名雖共，鹽船滷船各適用。
滷船淺淺搆作艙，鹽船實實裝其舸。"舸"音"洞"，博雅舟名。
灰滷附團便且輕，鹽艖到倉遠而重。
也無橈槳與風帆，篾纜牛牽運防送。

## 打滷入船

熬波圖二十七

**打滷入船** 撑運滷船至灰場邊河内泊住，工丁用浣料將井内淋到滷水，用竹管引流放入船，用牛牽運至團。

大池小池無著處，相呼上滷入團去。
舡船滿載百餘石，艞船塞港百餘隻。
看船人丁暫得閑，牽牛從此無餘力。
最喜長年老怕事，滿船不敢偷涓滴。

## 擔載運鹽

熬波圖二十八

**擔載運鹽** 攤場有遠有近,有高有低,不通船隻,則桶擔挑負;河港便當,則用牛船搬載。

擔夫負擔頳兩肩,兩牛拽船行且鞭。
人力不甘牛有力,岸傍水底争相先。
牛肥且健不惜力,擔夫惟愁桶底穿。
日西比及到團前,牛却長歎人無言。

## 打滷入團

熬波圖二十九

**打滷入團**　牛船載滷至團邊港内泊住，丁工將綰料就船，舀起滷水傾于墻脚下，元置竹管内引放入團中，從各枝分小渠内流入各池中停頓。

團前運滷船銜尾，上滷分溝入團裏。
長筧短筧斷復連，行地滔滔如注水。
今年天道好曬灰，那更淋灰清徹底。
試來入口十分鹹，守煎歡賞管煎喜。

## 樵斫柴薪

熬波圖三十

**樵斫柴薪** 辦鹽柴爲本,向者額輕蕩多,今則額重蕩少,爲因鹽額愈增,而蕩如舊故也。春首柴苗方出,漸次長茂,雇人看守,不得人牛踐踏,謂之看青。及過五月,小暑梅雨後,方可樵斫。間有闕柴之家,未待四月,柴方長尺許,已斫之矣。雇募人夫入蕩砍斫,人夫手將鐵鐄,"鐄"音"横",《廣韻》鎌也。脚着木履,爲蕩内柴根刺足,難于行立也。上則月分滷鹹,每鹽一引用柴百束,下則時月滷淡,用柴倍其數。至如四、五月乏柴,則買大小麥桿柴接濟煎燒。浙西爲有官蕩,每引工本,比浙東減五兩。

黄茆白葦地,一望百餘里。
長鐄瑩如雪,動手即披靡。
縱横卧荒野,海風吹不起。
雖有菅與蒯,亦毋棄憔悴。

## 束縛柴薪

熬波圖三十一

**束縛柴薪** 雇募夫丁砍斫柴薪,用草叉翻曬三兩日,候乾。用木杈"杈"與"觚"同。《説文》徐鍇曰:"三棱爲杈。"兒聚方,用茅撚束縛成箇,每箇六尺圍圓,逐箇搬擔堆沓在蕩。别雇人夫牛車搬運,遇雨則柴腐爛,不敖火力,用茅撚以軟細茅柴,攬爲單股繩索,長七尺餘。

平明加束縛,委地何紛紛。
一畝當幾束,一束當幾斤。
一際萬餘束,際際俗呼一堆爲一際。連青雲。
餘草任狼籍,待與樵者分。

## 砍斫柴生

熬波圖三十二

**砍斫柴生**　亡宋年間,官撥草蕩,此時鹽數少。近年累蒙官司增添鹽額,别無添撥草蕩,以是每歲煎鹽不敷,才至起火便行闕柴。三、四月間,柴苗方長尺許,已是開蕩樵斫,至八、九月内,已無接濟。不免多募人丁工具,將蕩内茅根生"生"字字書、韻書俱不載,未詳。柴,再行刮削砍斫,用茅撚三務縛束,名曰横包柴,搬擔堆垛,陸續搬運入團。

黄茅斫盡鹽未足,官司熬熬催火伏。
有錢可買鄰場柴,無錢之家守鹽哭。
茅根得雨便未衰,昨日猶短今日齊。
亂包急束少作堆,三寸五寸尋柴生。

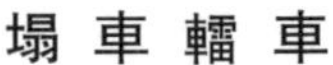

## 塌車輜車

熬波圖三十三

**塌車輜車** 運柴必用輜車、"輜"字字書、韻書俱不載,未詳。塌車二車,大小各隨其製,皆用樟、榆等硬木做造,方可耐久。管車輪軸頭處,每輛用生鐵鑄成鐵管四箇,穿套在車機内,籠軸其中,庶耐轉軸,名曰團穿。有力之家,則造輜車,無力之家,用塌車。蓋輜車用費牛力倍于塌車數倍,故也。

千牛密攢蹄,車聲雷長堤。
擔夫欲争道,長驅與之齊。
束草如山高,牧子猶嫌低。
陸地行尚可,可憐行深泥。

## 人車運柴

**熬波圖三十四**

**人車運柴** 各柈爲日責火伏鹽所拘,柴薪搬運不迭,若無積柴,則陰雨闕爲燒用,縱有團外柴薪,卒急不得入團。團内若還多積,各柈舉皆起火,地段窄狹,恐引延燎之患。自早至暮,夜以繼日,丁工車輛交馳運趕,柈尚慮不敷,自非廣募丁工,安能成效?

塌車無兩輪,陸地行如飛。
肩拖與背負,右挽仍左推。
家家牛正忙,不念人力疲。
運柴恐不迭,一日知幾回。

## 輜車運柴

**熬波圖三十五**

**輜車運柴** 附團塗蕩值雨，則遠近浸瀶，或深蕩隔涉溝港，塌車人擔難于搬夯。“夯”呼講切，近壑土聲，人用力以堅舉物也。一曰北音，讀如“杭”。輜車輪軸團轉，易于牽運，每輛可運柴五十束，塌車止載十五束。

平明驅群牛，駕以大小車。
車上何所有？束束黄茅柴。
行行亦良苦，牧豎不停撾。
空車晚歸去，牛背載寒鴉。

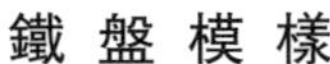

## 鐵盤模樣

熬波圖三十六

**鐵盤模樣**　盤有大小闊狹,薄則易裂,厚則耐久。浙東以竹編,浙西以鐵鑄,或篾或鐵,各隨其宜。柈大,塊數則多,小者,盤縫却省邊際,龜脚靠閣。柈墻以篾爲者,止可用三、二日,焚煆繼成棄物,則應酬官事而已,終不如鐵鑄者,可熬烈火烹煉也。

方盤雖薄容易裂,圓鑊雖深又難熱。
不方不圓合而分,樣自兩淮行兩浙。
洪爐一鼓焰掀天,收盡九州無寸鐵。
明朝火冷合而觀,疑是沅江九肋鼈。

**熬波圖三十七**

**鑄造鐵柈**　鎔鑄柈,各隨所鑄大小,用工鑄造,以舊破鍋鑊鐵爲上。先築罏,用瓶砂、白礁、炭屑、小麥穗和泥實,築爲爐。其鐵柈,沉重難秤斤兩,只以秤鐵入爐爲則。每鐵一斤,用炭一斤,總計其數。鼓鞴煽鎔成汁,候鐵鎔盡爲度,用柳木棒鑽爐臍,爲一小竅,煉熟泥爲溜,放汁入柈模内,逐一塊依所欲模樣瀉鑄。如要汁止,用小麥穗和泥一塊,于杖頭上抹塞之,即止。柈一面,亦用生鐵一二萬斤合用,鑄冶工食,所費不多。

大柈大小十餘片,中盤四片小盤二。
誰將紅爐生鐵汁？瀉入模中隨巨細。
神槌擊後皆有用,良冶收功在零碎。
閑看爐鞴棄荒郊,當時鬧熱今如水。

## 砌柱承柈

熬波圖三十八

**砌柱承柈**　裝柈之時，每一柈先用大磚一千餘片，向竈肚中間砌磚柱二行。昔者鑄鐵爲柱，竈口前後各砌二磚柱爲門，柈外周圍用土墼疊爲墻壁。從地高二尺餘，堅固築打閣柈于上，三、五日一次，别換砌裝。

灰泥錬得如蒸土，巨磚爲駞石爲虎。
四垠打就圍火城，中間屹立承柈柱。
此時築打不加工，他日難禁大火聚。
滿盤白雪積如山，不比金莖但承露。

## 排凑盤面

熬波圖三十九

**排凑盤面**　盤有大小不等,或如木梳片,或三角,或四方,或長條,或小碎。工丁數十人,用扛索杪木奮力舉鐵塊,排凑成盤,周圍閣所築土墻上,其中[閣](各)磚柱上。或有短小鐵塊閣不及磚柱者,先用鐵打成塊臂模樣,名曰柈駝,以曲頭搭兩旁大鐵塊,上以凹身閣小片,湊補成圓堵𣪠"堵"字疑"揞"字之訛。"𣪠",《廣韻》私盍切,音"僁",豉起也。平正。

形模本渾淪,何乃散而聚。
世無烏獲力,萬鈞未易舉。
片段合凑成,冶工費鎔錮。
雖曰小鐵駝,能補空闕處。

## 煉打草灰

**熬波圖四十**

**煉打草灰** 如遇裝拌，先用茆柴絞成大索，却寸寸剁碎，和生灰，略入少滷潤灰，不令飛動。却教竈丁遶圍群坐，各將木棒于草灰上不住手鞭打三、二日。臨用時，再和石灰三斛，加以鹹滷，打和稠黏，以塗拌縫。

草灰將何用？鞭打不停手。
明朝裝柈時，泥篌護柈口。
壯夫打鞭千百折，煉得白灰成黑雪。
誰知只是爐與篋，泥向盤邊堅似鐵。

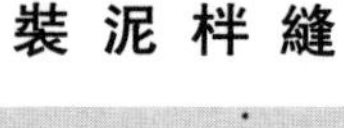

## 裝泥柈縫

**熬波圖四十一**

**裝泥柈縫**　鐵柈既湊完備，縫闊者四、五寸，狹者一、二寸。先束小柴把，塞滿縫內，以小竹扦穿定。次上滷和所打熟灰，逐縫塗滿周遭。乃用蘆篕高五、六寸圍轉，亦用灰裹塗其内，以大牛骨篦研掠光實，略以十餘束柴焚火，使灰略堅，却拔去竹扦。又用骨篋蘸滷再研，竹川孔無縫，頻以草帚蘸滷刷縫，使骨篦頻研一面燒火。候縫稍堅，即上滷矣，必三、五日，再裝一次。

三長四短鑄盤片，五合六聚湊盤面。
老丁自有生銲藥，灰日千春泥百煉。
深深抹縫工補插，五六烏金小駝健。
補虚架滿苟目前，安得天地爲爐陰陽炭？

## 上 滷 煎 鹽

**熬波圖四十二**

**上滷煎鹽**　柈面裝泥已完,滷丁輪定柈次上滷,用上管竹相接于池邊缸頭内,將浣料舀滷,自竹管内流放。上柈滷池稍遠者,愈添竹管引之柈縫。設或滲漏,用牛糞和石灰掩捺即止。

竹筩瀉滷初上盤,今日起火齊著團。
日煎月煉不得閑,却愁火急柈易乾。
炎炎火窖去地三尺許,海波頃刻熬出素。
烹煎不顧寒與暑,半是竈丁流汗雨。

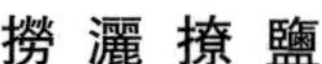

## 撈灑撩鹽

熬波圖四十三

**撈灑撩鹽**　煎鹽旺月，滷多味鹹，則易成就。先安四方矮木架一、二箇，名撩床。廣木六尺，上鋪竹篾。看柈上滷滚後，將掃帚于滚柈内頻掃，木扒推閉，用鐵剗撈漉，欲成未結糊塗溼鹽，逐一剗挑起撩床竹篾之上，瀝去滷水，乃成乾鹽。又攙生滷瀕撈鹽，頻添滷，如此則晝夜出鹽不息，比同逐一柈燒乾出鹽，倍省工力。若滷太鹹，則灑水澆，否則拌上生蘖，如飯鍋中生焍焦，通寸許厚，須用大鐵槌，一名“柈槌”。逐星敲打剗去了，否則爲蘖所隔，非但滷難成鹽，又且火緊致損盤鐵。

火伏上則鹽易結，日烈風高勝他月。
欲成未成乾又溼，撩上撩床便成雪。
盤中滷乾時時添，要使柈中常不絶。
人面如灰汗如血，終朝徹夜不得歇。

## 乾柈起鹽

熬波圖四十四

**乾柈起鹽**　下中則月滷水淡薄,結鹽稍遲,難施撩鹽之法,直須待柈上滷乾,已結成鹽,用鐵剗起其柈。厚重卒未可冷,丁工著木履于熱柈上行走,以掃帚聚而收之。

大柈未冷火初歇,輕輕剗柈休剗鐵。
有如昨夜未完月,妖蟆食破圓還闕。
又如水晶三角片,又如蒸餅十字裂。
正愁天上多苦霧,却喜海濱有鹹雪。

## 出扒生灰

**熬波圖四十五**

**出扒生灰** 攤灰所曬鹹灰，須日增添生灰，刺和爲母，當燒火時扒"扒"，《集韻》布拔切，音八。《史記》："掊視得鼎。"《索隱》曰："掊，扒也。"出柈肚生灰，半滅未過者以水澆潑存性。工丁不分男婦，逐擔挑出，攤場頭堆積，以多爲貴，準備每日消用。

死灰不復燃，生灰猶未死。
昨朝火窖中，今日冷如水。
莫嫌灰擔重，積灰那忍棄。
曬乾再下淋，又作還魂鬼。

## 日 收 散 鹽

熬波圖四十六

**日收散鹽**　竈丁接柈煎鹽，輪當柈次，周而復始。且如一户煎鹽了畢，主户則斛收見數，入團内倉房收頓，依驗多寡，俵付工本口糧，以勵勤惰。

一日煎幾何，一日收幾多。
但憂辦不上，不獨遭譏訶。
日課有工程，官事無蹉跎。
月月無虚申，不敢連司艖。

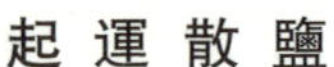

## 起運散鹽

熬波圖四十七

**起運散鹽** 各團日煎散鹽數，多柈竈内及倉廒盈滿，必隨時起運赴總倉，以備支裝。每日丁工擔挑下船，各家用印關防，官設軍人輪流沿途防送，到倉交收。

散鹽如積雪，地上數百堆。
關防少不密，團門或夜開。
多備牛與船，加以人力推。
總倉有統攝，不招還自來。

# 跋

《熬波圖》一卷，《四庫》著録，蓋館臣自《永樂大典》輯録者，圖佚其五，作者亦無可考，其説與詩當是元元統中下砂場鹽司天台陳椿所撰也。嘗讀康熙《松江府志·鹽法篇》引《熬波圖》，有"至順元年辦及四十八萬引，引價三定"數語。又有陳椿自題《熬波圖》一詩，今四庫本俱無有，則知所佚者當尚多也。惟宋元製鹽之書，世無傳本，此雖殘闕，猶足藉以窺煑海之淵源、法度之終始，與夫先民之勤勞焉。考下砂鹽場，元、明俱隸上海，其改屬南匯，則自清雍正四年始也。

上海通社識

# 四庫全書總目提要

《熬波圖》,元陳椿撰。椿,天台人,始末未詳。此書乃元統中,椿爲下砂場鹽司,因前提幹舊圖而補成者也。自各團竈座,至起運散鹽,爲圖四十有七,圖各有説,後繫以詩。凡曬灰打滷之方,運薪試蓮之細,纖悉畢具。亦樓璹《耕織圖》、曾之謹《農器譜》之流亞也。序言地有瞿氏、唐氏,爲鹽場提幹。又稱提幹諱守仁而佚其姓。考雲間舊志,瞿氏實下砂望族,如瞿霆發、瞿電發、瞿震發、瞿時學、瞿時懋、瞿時佐、瞿先知輩,或爲提舉,或爲監税,幾于世任鹽官。其地有瞿家港、瞿家路、瞿家園諸名,皆其舊迹。然作是圖者,不知爲誰。至唐氏,則舊志不載,無可考見矣。諸圖繪畫頗工,《永樂大典》所載,已經傳摹,尚存矩度。惟原缺五圖,世無别本,不可復補。姚廣孝等編輯之時,雖校勘粗疏,不應漏落至此,蓋原本已佚脱也。

# 吳淞甲乙倭變志

張鼐 撰
康麗娜 整理

# 整理説明

《吴淞甲乙倭變志》二卷，明張鼒撰。張鼒字世調，華亭人。明萬曆三十二年(1594)進士，官至南京吏部右侍郎兼詹事府詹事，著有《寶日堂集》《餢堂考故》等。

本書所記上海吴淞地區的倭患，發生在嘉靖甲寅、乙卯(1554～1555)兩年間，故以此作爲書名，描寫上海軍民奮勇抗擊的史迹。其時倭寇流竄金山、乍浦、吴淞、周浦、青浦、南匯、松江之間，上海地區的官兵和百姓湧現出很多保鄉衛國的可歌可泣的英勇事迹。全書分上下兩卷，上卷四目，下卷十三目。上卷屬于總叙性質，四目分别記載了抗倭期間的兵力構成、取得的大捷、剿滅主要匪首以及吴淞地區兵備佈防情況。下卷以人物爲中心，上至抗倭大將，以德、忠、勳、節來分類，下至對戰争有功的僧兵、狼兵、鹽丁，以及一般民衆，主要記載了抗倭時湧現的一些具有代表性的人物。這些人物的事迹和上卷所記的一些事件有很大關聯，我們可比對上卷所記的事件總叙作更深入的瞭解，有利于弄清楚事件的來龍去脈。該書爲我們重現了明朝抗倭鬥争的生動畫面，具有較高的史料價值，不僅有助于我們瞭解當年抗倭的全過程，還對我們研究抗倭相關的重要問題有很大幫助，如督撫曹邦輔身先士卒、胡宗憲智擒徐海與王直、參將盧鏜營救金山衛、少林僧兵應募抗倭等，爲研究明代上海抗倭史提供了較爲形象直觀的史料。書中多次提到上海地區築城的經過，如董邦政于嘉靖三十二年版築上海，金山副總兵出資、御史尚維持興築川沙城等記載，對上海歷史研究十分重要。

《吴淞甲乙倭變志》在《明史・藝文志》《四庫全書總目・存目》中均有著録，傳本較少。上海通社于1934年從常熟縣立圖書館得一抄本，内容有亡佚，且對照《四庫全書總目》，其篇目順序已被打亂。張鼒《寶日堂集》收有此書，書名稱《倭變志》，各篇順序與《四庫總目》相同，于是據文集對此前的抄本進行校勘，改正了篇目順序，對其中的闕佚進行了增補，增加了脱落的文字，並在卷尾附録了《二忿詬》《一酒徒》二篇。1935年，上海通社據校勘後的版本整理排印，作爲《上海掌故叢書》一種刊行。本次整理,我們以《上海掌故叢書》作爲底本進行點校,保存了抄本中的曾楚卿跋和上海通社的跋。限于學識,標點中多有不妥,望大家批評指正。

康麗娜

# 目　録

**卷上** …… 59
**卷下** …… 70
讀吴淞甲乙倭變志 …… 90
跋 …… 91
四庫全書總目提要 …… 92

# 卷　上

明奉訓大夫、右春坊右諭德兼翰林院侍講、署國子監事前司業、直國史起居注官華亭張鼐撰。

門人王應遴校。

## 總　敘

史鼐曰：松之難，松之遺老能道之。郡邑之故牒，薦紳學士之論著見于他集可傳也，故紀于松獨詳。然按之《籌海編》及《海防考》諸書，其日月頗不合。得非境外事境外人不能傳耶？吾寧信其目擊者焉。夫蘇浙隣也，事相唇齒者存焉，然略矣。嗟乎！松烏知有兵？閩爲盜藪，浙開禍先，狡夷與豪民市于内地，而劫端不可制矣。閩犄之，浙角之，窮寇漂蕩無歸而流劫之，禍中于松。白刃在原，白骨在野，戰則無卒乘，守則無杆櫓，生民以來未有若斯之酷也。今海波無警，垂六十年矣，安可忘危耶！次其日月而紀之，以戒伏隍也。

史鼐曰：松無兵烏能戰？鄉民潰而奔賊鋒，所被如芟麻焉。客兵能戰而不諳于形也，故不能當賊譎然。賊衆多脅從，其真倭易盡爾捷于境内者，吾得而述焉。其以境外捷而能解松禍者，亦書也。敗而書以戒御戎之無術云。

史鼐曰：《十德》民所祝也，坐籌宣力，出自寬衣緩帶者，難矣。《十勳》疆埸之勞臣也干城哉。《十忠》捐軀而殉事者，忠魂俠骨至今在九峰、三泖間。《十節》孱女子耳，而著大節于流離奔竄中，即烈丈夫何加焉。天地正氣不消沉久矣，不得于鬚眉而得于笄褘傷哉！辯人之能成事也，髡而勇、市而俠者之克有濟也。鄉曲之奮發義勇也，販豎之依戰功而忘其身也。孝子之篤于性而能感異類也，皆可紀也，且以徵用，人非一塗云。嗟乎！此一郡事也，然而兵革成敗之故，千古若斯矣。述往事，儆將來，斯亦作史者之指也。

## 紀　兵

倭訌于浙，自嘉靖三十一年壬子始，而吾松之受兵劇于癸丑之三月。先是，王直烈港之敗大將俞大猷,覆其巢,賊餘黨流突蘇、松,掠嘉定之寶山,而兵遂及于松。當是時,倭既不滿百,而百户宗元爵、馮舉率所部與賊遇,殺一人,賊奮鬭,二百户死之。遂據楊氏宅,飽掠旬日去。明年癸丑二月廿七日,倭三十五人泊船五團,殺金山衛百户王忠,遂沿海刦于杭。三月初二日,猝有三十六倭于青村所焦墩登岸。時承平久,沿海地方民不習兵,而越海孤寇鋒甚鋭。百户王河藐賊數寡,率隊長陳九等倉卒出禦。戈未交,百户、隊長受刃矣,餘即潰,復死數人。自後,無敢言禦賊者,而任其縱横,海上皆賊壘矣。月餘後,往金山衛,至乍浦,遇浙兵擒勦之。閏三月,賊首蕭顯等由浙而至寶山登岸掠。兵備吴公調發鎮江民兵二百及本縣快手三百餘,委劉通判統領。時兵皆烏合,又江南人柔軟,望風駭散。四月戰于十九保連賓華橋,大敗,死傷甚衆,統兵官沉于水際菰蘆中一晝夜,僅免。時上海未城,知縣俞顯科遁走,掠于市,去而復來。五月初七日,賊兵與水兵相遇于高昌渡,接戰浦中,我兵亦不利。未幾,賊千餘從太平寺入市,市民潰,恣其掠取,海上漕艘俱焚焉。十二日,賊復約海口、周浦兩道,共三百餘舸入寇。指揮武尚文、縣丞宋鼇統兵巷戰,俱陷賊伏,民兵死者過半,邑里爲墟。二十七日,賊復至,督府遣鎮撫吴賢接戰于黄泥浜,賢復陷。自後,浦東沿海二百里,新舊倭絡繹無虚日矣。六月二十七日,倭二百餘駕三海船泊上海北宫前,黎指揮鵬舉、胡鎮撫賢禦之。鵬舉被劍,賢死焉。而賊遂焚縣治,殺掠吏民甚慘,沿刦周莊、撥賜莊。諸鎮當事者以上海無城難屯守,遂伺賊間議版築,數月而城完,撫按專設海防道自此始,而以六合知縣董邦政領之。

三十三年甲寅正月十八日,賊首蕭顯駕七巨舟擁衆二百餘突入吴淞,夜泊宋家港。時崇明兵船四十號泊黄浦東岸,平明戰于浦,復大敗。顯遂登岸,逼上海東門外,穴民樓居而瞰城中。董僉事嬰城固守,以神鎗手備新城堋處,賊當之輒斃。二月六日,賊解去。董僉事遣捕丞劉東陽兵追之。衆見賊即潰,東陽死之。會兵備僉事任環統民兵三百、僧兵八十來援,賊船泊黄浦沿吴淞江南者相望,環追襲之于五里橋。賊敗南奔,再追,敗之于習家墳。時顯據史家浜爲巢。二月,參將盧鏜率兵二千追搗焚其舟,悉奪所掠輜重。時賊首陳義以間入城,期内應。有徐道人者,識而密啓擒之,驗其左股有痣,即戮之,餘皆遁于浙。三月中,各路賊期于黄浦出海,會大風雨,船皆覆,乃復登岸分據周浦、下沙、新場、川沙,未城,結巢作久居計。賊首陳東、蕭顯、徐海分據柘林作犄角,海濱無地非倭巢。時南匯所城圮未葺,賊擁衆襲之。哨官李府挺身獨戰死焉,守禦官徐學夔坐失機。絶烟火者半月,乃調把總婁宇收散亡,募民壯。時協守把總陳習諳鎗法,選壯勇得三百人,晝夜訓練。瞰賊分道劫掠,賊伴不能應接,或三、四十或五、六十,呼吸間勦殺之,不損一兵。賊以此畏婁宇兵，不敢縱横掠也。三月二十七日，有八漁舟揚帆追一倭船，自漴闕焚船，直抵松南門，倭止九十餘人。燒新造大海船十隻及南倉糧三厫，大小民房四百餘家，千户童元戰死南倉場。後群倭轉掠金陵，慘戮無算，而仍殲于蘇州木瀆者，吾松土兵力也。四月初五日，倭五百人由上海陸道逼松東門，掌教韓崇福射死二酋。賊縱火城外，三晝夜不絶，城中大震。時男婦擁東闕城下以萬計，守者閉，勿納。吴節推時來坐城門，盡入之，賊始至。四月十一日，倭八百人泊大船小横潦涇分刦，男婦奔溺死者六百餘人。秀南橋至小倉橋，廬舍焚殆盡，而泖東西各鎮慘不可勝紀。五月初一日，倭七百餘人從南門列隊抵西門長橋，遣四酋逼城，城上礮中其二酋死，又土兵斃一酋。倭退入白龍潭寺，殺數百人，而分兵流刦，久札上横涇馮中舍家。當倭焚刦西門時，任兵憲統民兵出戰，從辰至午無轉戰地。連發矢，賊應弦死者數人。賊無退勢，然漸解去。公回顧從者纔數騎，計城門開，賊且掩其後，乃持戈躍馬衝之，賊披靡不敢追。城上觀者壯而危之。已至莫家衖，入由白龍潭北門進也。是時，城中民大疫，而賊等盤據柘林爲窠窟，連結二百里。如老鸛嘴、七八團之間，皆其部落屯聚地。間分一支自青浦白鶴港而北，出太倉間，分一支自劉家河入趨崑山，而奸民復投爲嚮導，分刦沿塘民殆盡。至七月初，調河朔兵至，而盧鏜等與賊戰川沙，中賊伏敗，力士丁千觔、馬八百死焉。八月初八日，少林僧兵應募至，操鐵棍擊賊，賊立仆。而一賊佯死反刃，刃之，遂潰。

九月十七日，柘林賊攻青村所城，牽所擄鄉民，臨濠叫呼立斬，以懼城中，城中人股栗。而一壯士被獲，將受刃，跳而踰濠，須臾度城堞間。其何以入于堞，曰:“吾目不見有城也。”賊作梯級，以門爲楯，將肉薄登城，意在東南角入。又遣一鄉人書，來索布帛千疋、金銀千兩爲購。衆置不答，賊大呼城下，索回書，城上矢石交下而去。相持至十日，晨，見賊驅鄉民舁雲梯、雜包擔，迤邐護塘間來者約二千餘人，揭帨爲旗隊，而進至城西南隅。分布四門爲游兵，二隊往復城下。于東南角吹海螺，則四邊齊進。督鄉人豎雲梯三乘，高出雉堞五、六尺。軍士以胡叉迎之，竢其登梯推之。賊手左挽牌，右舞刀，躡梯不給，城上矢石雨下，傷者半。千户陳元恩一矢中賊喉，遂斃，乃退去。軍有裸坐堞頭發砲石者，一名康四，一名戴桃，皆傷于賊矢。礮間一賊衣紅乘驢狗護塘而行，千户陳元恩弟陳元思以鉛銃置堞間，熟視之，舉火即仆。群賊乃刲其首，密埋土中，我兵取以號令，其大如斗。是日賊仍復分川沙、柘林去。時城中火藥俱盡，日三請，救不至，賴軍士死守，城得以全。至十月初八，賊憤城不下，且多傷，有二十四賊詐從西南來，作疲殘狀，守禦指揮徐承宗、千户葉緒倉猝出兵應之。賊見即佯走，兵追之。賊設兩伏，一從鹽倉廟，一從民家竹林中，突出截殺，統兵官速退入城，而官兵二百殺溺幾盡。十二月初五，雪竟晝夜。賊潛至，以絮蒙首涉濠，復置衣矛端，加冠其上，作人狀，運堞際試無覺者，遂舁梯倚城而上，吹螺縱火、鼓譟砍南門入，居民争躙北門出，賊揮刀若刈菅，積骸成丘，縱火徹曉，擄金帛子女去。三日後，民稍集號泣，拾煨燼。賊突從南門至，竄者死北門如前，城月餘無人烟。後調兵復守禦，然空城，賊弗顧矣。或曰是夜賊俘門者伯，而令呼城下門者挽之，上則賊也，遂陷。

是年十一月，總兵湯克寬與賊戰洙涇，敗績。時兵始交，衆縮栗相持，自卯至酉，克寬以謁直指，離所部，遂大潰。

乙卯二月初六日，郡城訛言倭至，男婦蟻奔，翼日乃定。而是時，知府方公廉募沿海有力富豪召募民壯扼賊，聽各自衛，有功者以賞格上請。時有上舍喬鏜等募鄉兵禦賊，屢有斬獲功。二月十八，賊百餘人自桐鄉刦回，經青村所，僞作攻城勢。把總金漢、千户陳元恩、上舍盛際時統兵出，賊見兵氣鋭，即遁。追之，斬首四十餘顆，餘望東北去。明日，由南匯所而北，參將婁宇督兵呼吸擒勦不逸一賊，海上兵聲大振矣。三月初七日，倭賊三、四千自海邊來圍上海縣，董僉事發兵迎之，戰于浦東陸氏園。我兵奔北至浦濱，多溺死。賊有衣紅、乘白馬、舞刀衝擊，氣甚鋭，海防兵陳瑞挺戈獨鬭，竟斬之，賊懼而退。瑞口啣賊首，截浦而溷城上，觀者皆壯之，僉事立署爲千長。

三十四年四月，柘林新至賊攻金山衛，守者發矢石禦之，解去。既再至，大猷敗之，俘斬二百。五月廿八，倭奴六百人于南潯刦擄至王江涇，總兵俞大猷、參將宗禮統官兵、狼兵，分兩翼夾擊之，賊遁，斬二百五級。是月，倭八百餘人從松往蘇，參將周藩、把總婁宇追至唐行，倭伏民舍突出襲擊，藩赴水死，兵民死者千人，一鎮若沸。五月二十八日，倭寇三百餘自南潯突至葉謝，總兵湯克寬與都同知文奎、解守備明道迎戰浦中，賊死三十餘人。東岸倭渡水來戰，俱溺于浦，遂大勝，改名其地爲得勝港。時上見倭久未平，遣侍郎趙文華視師兼祀海。寇壘環海濱不可祀，築壇祀于得勝港，大會官兵。既文華與總督、尚書議出兵不合，劾之，上怒，逮總督論死。七月，以侍郎楊宜代總督僉都，御史曹邦輔專督軍情。與賊遇于上海東溝，大捷，日暮收兵，賊遁周浦巢去。七月，太守方廉使諜投毒賊巢井中，賊死者千人。八月，賊五十四人川沙登岸，由吴門直逼留都城下，二把總統所部兵出戰，不利，死之。賊往復歙州，還至東壩，由溧水而東，擒一老人鄉導引至太湖之木瀆鎮。時南匯所選鋒精健，都御史曹公調至二百名。出遇賊，併力勦殺之，領厚賞歸。七月，柘林賊出洋，參將盧鏜、備倭王沛、武生朱先追擊賊于柘林海塘，擒殺六十八人。時賊病疫死傷過半，總督楊宜、浙江提督御史胡宗憲調發水陸官兵分布設伏。賊窮促作遁計,出洋遭颶風,溺。官兵追之,復回柘林,尚存九十八艘。登陸走者欲往川沙,爲嘉定縣丞張潮及上海兵會勦滅之。所存柘林賊焚舟,示無去意,僅存十二艘于沙外。胡公料其必走,遣備倭王沛等設伏伺之。賊果乘潮遁,追及金山海洋,盡犁其舟,脱者定海兵遏之。八月十七,八團賊首徐海復由柘林移據陶宅,四散掠,官兵未敢勦。至十月,趙文華會浙、直軍門合勦陶宅寇,總兵俞大猷、劉顯、僉事董邦政陣于東,總兵盧鏜統浙兵、僧兵陣于南,同備五色號服,左肩有"天兵"二字,期十三日卯時砲發並進。兩總兵藐賊不滿千,計易與,乃先十二日進兵。曹、周二公留青村所,俞大猷、劉顯率千户陳元恩等爲前鋒。時天細雨,前兵將至賊巢,後兵猶隔運鹽河未渡。董僉事怒其後,方令截千長劉艮等耳。俄頃,兵潰倒戈,聲震若傾萬屋,僉事隔河亦遁。俞大猷驅兵與賊對壘,賊止數人。迎敵,我兵追之,佯走,遇一小橋止,可容單騎。我兵越橋而追,賊匿蘆葦中突起中截之。後兵即奔,賊掩殺以千計,統兵官僅身免。至晚,賊擄敗兵、號服、兵器藏焉。明日,浙兵、僧兵自南下,不知先期已敗。賊作我兵裝,收所委銃箭隱巢中。僧兵前隊直至巢門,賊銃砲俱發,僧兵甚鋭,輪棍前進,賊遇即仆,須臾斃數賊。賊衣我兵服色、器械繞出兵後,鼓噪溷殺,僧兵猶呼後兵進,賊刃已及,遂死。將違制先期,乃授計于賊,悲夫!時總制被劾去浙,軍門兼而代之。十月,總督遣游擊將軍曹克新、副使任環搗川沙賊巢,擊敗之,餘黨走清水窪。閏十一月,僉事焦希程率川兵搗周浦賊巢,大敗之。先是,總督潛令武生胡亘、朱光等設伏賊巢,約縱火爲號。希程與克新雪夜襲之,亘等縱火焚寺,賊驚亂,伏起,斬首一百三十有奇,而賊巢燬焉。周浦賊遁出,吴淞江副使王崇古、總兵俞大猷追擊,大敗之,俘斬一百七十。

三十五年丙辰二月,賊首徐海復巢柘林,陳東自新場來與之合。三月,賊據蔡廟堡,參政任環、參將喬基等四面擊,大破之。時新至賊一支自南匯所登犯,參政任環敗之,參將婁宇又敗之,俘斬甚衆。總督胡宗憲會浙、直兵進搗陶宅寇,大敗之,賊多巢死,遁出滮闕外洋。婁宇與把總王應麟復敗之于九團洋,俘斬踰百。新至賊自青村焚舟登陸,把總王應麟敗之。賊匿民房舍,兵火攻之,賊突走不得去,遂悉斬之。董邦政追擊新賊于沈莊,賊百餘皆就戮。賊入吴淞江,總兵俞大猷與把總楊尚英、劉堂等設伏海口,賊至伏發,沉其舟十三,斬首二百五十。五月初一日,倭船五十餘艘自吴淞入上海,通判劉本學署縣邑縉紳及諸生詣,劉貸帑銀二千兩爲賞費,募敢死士分守。賊進攻,積十七日,内外援絶,賊佯退。至十八午夜,窺西南隅地曠,梯而登。守城夫楊鈿覺之,大呼。餘衆驚起,賊刺鈿墮城下,衆亦并堞推墮,磚石雨下,賊受傷退去。曉見濠中有衣浮起,撈得死倭六十七人,以涉濠遇潮,故溺。十九日五更,乘潮南下,直抵閔行,守浦兵皆逃散。二十日晨,倭船由斜塘往蘇,爲吴江水兵衝殺,乃轉掠郡城西關,烟火七晝夜不絶,視癸丑四月尤慘。至二十七日解去。六月初七,圍桐鄉倭駕千艘東下,由泖涇泊吕港四出,如張堰、松隱等鎮焚劫一空。六月,新安衛百户帥印與賊戰于青村德勝港,死之時,海上土兵頗精,倭來者頻失利。去者又爲海中飛艦所擊,無生還者。董僉事戮生擒倭四十二人,暴屍右文街。至三十八年己未,賊據崇明三沙,爲官兵所截。七月遁往揚州,而松之倭始絶。

## 紀　捷

史鼏曰:松無捷。其戰于松者,皆小捷而大衄。陶宅之搗衄而周浦捷,泖涇之戰衄而葉謝捷,馬家浜之戰衄而白沙灣捷。陶宅以趙文華喜功敗,以諸將違節制誤師期敗。而周浦以曹督輔能用諜入賊中勝,以曹克新雪夜直搗勝。泖涇之敗,以湯克寬臨陣棄師。而葉謝之勝,亦以湯克寬奮勇力鬬。馬家浜僧兵以官兵不接應而敗,而白沙灣以僧兵衝鋒勝,然亦以喜進失備,傷四僧。故號令嚴、人心一,設奇用伏,勝道也。知進而不知退,則中于伏。左犄而右不角,則僨于孤。將不稟成命,而進止無定畫,則首尾不相應,而敵得乘其所不備,此敗道也。嗟乎!勝負之故,即吾松戰事可考鑒焉。今其勝境内者,别見不重載。載其捷境外而或解松難,或借松力,其利害本末與松相繫者,曰張尚書經王江涇之捷,曰任僉憲環陸涇壩之捷,曰曹督撫邦輔横涇之捷。而金塘山之捷擒辛五郎,則皆巢柘林爲害于松者也。

嘉靖甲寅五月庚午,總督尚書張經破賊兵于王江涇。先是,柘林巢賊積增至萬餘人,出掠嘉善諸處。夏四月,劇賊徐海、葉麻等偵知嘉、杭兵調松江搗巢,率衆數千人聲言先攻嘉興,次及杭,軍民洶洶。總督張公從松江兼程來視師,分遣參將盧鏜等水陸擊之。鏜統保靖兵、鄒繼芳統東蘭等州兵前往王江涇爲中哨,俞大猷統永順兵從泖湖間道至平望爲邀截,湯克寬統水兵伏鶯燈湖爲枝翼。保靖宣慰彭藎臣與賊遇于石塘灣,初戰不利,再戰敗之。賊北走平望,大猷以永順兵邀擊之,賊奔回。王江涇保靖兵復擊其後,賊大潰,共擒斬首功一千八百有奇。由是數百餘賊奔歸柘林東南。用兵此爲第一功也。

嘉靖乙卯夏五月,松江柘林寇千餘人流突李塔匯、張莊、小崑山,趨泖湖而北。保靖宣慰彭藎臣兵追之,抵蘇州之陸涇壩。壩離城十里,而近兵備副使任環督兵擊之,擒其梟帥,俘斬五、六百級,婁水爲赤,殘寇僅二百人,值暴雨歸柘林。是捷也,撫巡乘城督兵傳餐。寇矢如雨,自婁門以東達于陸涇壖,我衆連呼戰者三,曰:"今日我任父對敵,所不捐生以報者,有如此日。"由是士氣百倍。總兵俞大猷并二宣慰兵三路並進,奮勇夾擊,遂收全功云。

嘉靖乙卯秋八月,倭賊自象山登岸,突至南京,焚安定門。營兵出禦之,望風而潰,賊追殺二偏帥及卒數百人。都御史曹公邦輔引兵馳護孝陵。既而賊走無錫,而南追及于蘇州之滸墅,賊氣益驕。曹公與副使王崇古、僉事董邦政、知府林懋舉、知縣唐世耀、把總婁宇策之曰:"賊師深矣,地形、兵力爲彼所窺,小入而得志,大舉之謂何? 彼非力屈而歸,勢孤而歸也。歸且合柘林之黨,引而來金陵,亦海上之危邑矣,奈何其可縱哉?"乃分授信地,以崇古、邦政、宇率指揮張大綱、武生車梁躡賊所向,遇敵先登爲正兵。懋舉、世耀各領兵屯吴林廟之左,護郡城,南扼賊衝爲援兵。嚴家兵左哨、沙兵右哨,分突衝截爲奇兵。度賊走太湖,募水兵于湖濱,東山巡檢領船數十,往來哨探爲遊兵。又度賊不走太湖,必分踪以牽制我師,或棄金帛于道餌我。嚴諭毋離伍、毋拾道,士皆股栗殊死戰。至吴林廟,我兵擒斬二十七人。餘走楊山,迤至靈岩,奪民船欲走洞庭,見我兵旗幟不敢渡,復登岸。至横涇前馬橋,匿一民舍,我兵圍而火攻之,賊潰出,遁伏田禾中,不能得。車梁捫其所殺人,肉尚未寒,又草露未動,乃令衆大呼賊在此,賊果驚出,遂俘斬之,無一人得脱者。而大綱手刃數人,力盡死之。始賊欲自無錫尋徑常熟,往合柘林巢,刦二人前導。常熟在無錫北,二人紿而南,且道辟行人曰:"賊至矣,報官兵:'賊已陷絶地,速來可盡擒也。'"賊比敗,恨二人,臠而割之。惜二人之姓氏不傳。

倭巢松地最久,其掠子女玉帛,率飽載而出洋。而浙兵伏飛艦海上,大抵犁其舟,不得渡,遂還巢,示久居無去意,而松禍益慘。夫令窮寇歸既不得,住又不安,譬閉虎室中,咥人必甚然。寇飽,往往無生還者,海上邀擊力也。宿寇辛五郎者,徐海之偏裨也,與陳東、葉宗滿、葉麻輩同巢柘林爲難,于乍浦、桐鄉間勢甚猛矣,胡少保欲滅之。既徐海受命擒其所忌陳東、葉麻輩,而遣其所懽以歸倭島,五郎與焉。公密令總兵俞大猷等分布海洋要衝,而五郎則責之盧鏜。鏜受檄時,方對客食,忽命治艦之金塘,客莫測其意。鏜自乘福船,令諸將率哨船若干以行。次日至金塘,瞭見北洋有大舟揚帆而南,令哨船四散潛泊,少選大船艤金塘之麓。賊皆登憩,鏜知其爲五郎也,令哨船叢射之,繼以銃砲。賊以手且摇且招,摇者示勿攻擊,招者示有所言也。哨兵颺言曰:"欲打話,須去爾兵器,則拍掌示無,而呼一董。"一董者,一家之義,乃倭語也。有華人從寇者曰:"吾乃胡總督爺招安放回者也。"哨兵曰:"有牌驗乎?"曰:"有。"鏜招衆賊至舟傍慰藉之,謂五郎曰:"汝既爲軍門所遣,豈可慢乎? 請至縣款洽。"而津送之,遂延五郎同舟,餘派哨船分載,每載不過三、四人,多則不能容也。五郎辭,鏜厚加禮貌,五郎不疑。宴至夜深,鏜坐福船上層將臺,侍者引雙燈上桅。俄而哨船蝟集,鏜問之曰:"如何齊應?"曰:"是了五郎大驚,請下哨船與衆同宿。"鏜曰:"諾,令左右送之。"穴梯而下,至篷户,外望維海不見,五郎欲赴水死,左右不許,曰:"卧榻在地平下。"五郎度不能免,浩歎就卧,遂縛之。翌日入定海關,乃知賊徒俱已芟盡,即前夜起雙燈時也。後獻俘告廟。

## 紀 殲 渠

自兩倭使争坐相攻殺,而市舶罷。奸商得主番貨而負其直,又投貴官家扼番人。番人盤踞不去,間爲盜。乃貴官家又令官兵逐之,番人怨而並海不逞之徒,如王直、徐海者,得借横海上矣。王直,歙人,任俠多略,常出禁物市西洋諸國,夷人信之。直既習于海,以其徽人,姓王,人稱徽王。因部署其黨據薩摩州之松浦津,而爲閩浙逋逃藪是時。徐海者,少爲杭州虎跑寺僧,代領其叔徐碧漢之衆,雄海上,僭稱天差平海大將軍,而其黨陳東輔之,又倭奴惟薩摩人最喜寇,遂引之。入雙嶼港,吞食濱海村聚矣。

當是時,直不欲負叛逆名,顧託言夷寇偷而陰主其事。閩浙巡撫朱公紈督兵剿雙嶼,據險築寨而還。而直收餘燼巢烈港,并殺海賊陳思盼,勢益大,而海上寇悉受直節制,且獻殺思盼功,求市官,勿許,而盜海邊益甚。紈竟督兵出大洋勦之,幾擒直。而閩地豪右與賊比,蜚書謗紈擅殺,紈遂仰藥死,而官司畏舶主、豪右莫禁矣。至嘉靖癸丑,而俞大猷擣烈港,直大敗,以火箭突圍去。而餘黨徐海、陳東遂各擁部下萬人破乍浦,據爲穴,又結巢于松之柘林。當是時,白刃横道,城墩憑陵,屋廬燒蕩,平田蕪廢,民不堪命者五、六年。而殺河朔將宗禮、霍貫道于皂林,圍巡撫阮公鶚于桐鄉,督撫胡少保莫能救也。會有詔諭日本王,督撫知盜權在直與海,而直與海皆可以賂遺設利餌,因使使潛諷直與海。直遣養子毛海峰款定海關謝罪,督府厚待酋,許以事成爲海上市舶主,而陰令營中盛軍容私諜者,故縱酋瞰之,酋怖且感。海亦遣使至,督府厚待之,如直使歸以報。明日復來,言海願爲幕府死,而督撫待如初。凡數往復,而海遂受命矣。是時,東爲撞竿百計攻桐鄉城,而海罷圍,道崇德而西,而阮公圍解。督撫又遣人説海擊吴淞江賊以自效,而海麾下數沮海,以督府幣重而言甘,弗可聽。督府患之,乃又遣人説海誘縛葉麻獻幕府,而部曲遂離心于海。又以簪珥遺海兩侍女緑珠、翠翹,兩侍女日夜勸海縛陳東,而督府又出葉麻囚中,令詐爲書于東,約圖海。書故陰洩于海,而海遂厚賂薩摩王弟,請東爲書記,縛以獻。自葉麻、陳東縛,而海勢孤矣。而海自念數有功,又負前罪,持兩端。而督府又遣人促之,欲海來一見,以報天子。海聽其計,約以八月二日入謁,而先期帥其黨數百人胄而入平湖城。時少保與督視、提督、直指三公坐堂上,諸酋北向稽首,呼死罪。海欲再款少保,而未之識。諜目示之,則又面少保稽首,呼死罪。少保下堂,摩海頂諭之而出。然四公惡其狡,不除恐爲後日患。海亦知耳目非是,陰收陳東餘黨,而少保又遣使往解之。遂求舍便地,乃聽其自擇,以西沈莊居陳黨,而居海東沈莊,則又出東囚中,令詐爲書遺其黨,謂海且約官兵來勦若輩。東黨疑,而夜伏卒偵之。海果竊兩侍女走幕府自託,而陳黨遂篡兩侍女過海所,罵曰:"等死耳,若何陷我爲稍而鬬!"海中稍,大亂。明日,官兵四面薄之。少頃,擐甲直入,會風烈,縱火焚之,而海沉于河死,兵官俘兩侍女,前而問所沉處,遂斬海級以歸也。

初王直坐遣諸島寇,而東南未嘗聞直來。胡少保先間使徽州,收其母、妻及子,而至是出之獄中,厚奉之,以爲餌。復以諭日本,遣生員蔣洲、陳可願行,而密授計于兩人,令誘之出。此兩人至五島,遇王澂,道以移諭事,澂曰:"無爲見國王也。此間有徽王者,令其傳諭足矣。"明日直出見洲等,椎髻、左袵,旌旗服色擬王者。坐論鄉曲,酒食方洽,爲道總督胡公意,直自諱爲國驅盜,非爲盜也。兩人曰:"足下糾島夷剽中土,而坐分鹵獲,何異昏夜操罟以臨人池,而曰我爲君護魚者哉!"直語塞。兩人則又道:"中國兵力强盛,艨艟、戈矛雲屯雨注,非一島可能抗顔行。而總督推心置人腹,館穀足下壽母妻兒甚厚,何不乘機立功以自贖?"直默然,而竊喜母妻無恙。乃留蔣洲在島,以宣諭别國爲名,而令其親信葉宗滿、王汝賢、王澂同陳可願回,但云成功之後,惟願進貢開市而已。少保姑從其請,疏上許之。少保又遣葉宗滿協勦舟山零寇,有功,受犒賞。而王澂笑曰:"吾父至,當取黄金印如斗大,而此何足賞哉?"時徐海寇東面甚急,少保又謀之王澂等以觀其意,而澂辭曰:"是非吾所能辦,須吾父來。"遂與葉宗滿開洋去。是年,徐海亦就擒,而少保祕其事,委遇葉宗滿兄弟及王汝賢倍優厚。時對將吏曰:"直非反計無聊耳,一見我便得釋。"而直聞之,遂決策渡海。少保以俞大猷先扼直于烈港,乃移之金山,而以總兵盧鏜代之。鏜先與王澂從事舟山,同飲食,素厚直,遂不疑。惟日聚群倭,礪兵刃,伐竹木爲開市計。且索母妻子弟,求官封也。上下詔曰:"王直既稱投順,却挾倭同來,以市買爲詞,胡宗憲可相機擒勦。不許疎虞,致墮賊計。"公奉詔祕不宣,而先馳至甯波,調將設伏。又以夏正爲死間,諭其往見軍門,而身與王澂、葉宗滿同卧帳中,而露諸將請戰書十餘篇于幾案。澂等竊視,驚怖。少保爲如夢語,含糊云:"我欲活汝,汝不來,休怨我。"激漏之于直。少保使其子刺血寓直書,又從其請,遣王激攝其軍。直遂詣軍門,而執赴獄。議爰書,法當棄市,遂得旨戮直甯波市。而王汝賢、葉宗滿俱邊遠充軍。時三十六年十一月也。

## 紀　周　防

東南瀕海,而郡西襟湖泖,北枕大江者,吾松境也。當承平時,墟里滿鷄犬,耕鑿盡桑麻耳,安知兵革險要哉?倭變起,而鰓鰓講海防矣,説者謂防于海安,防于陸危。而防海有二:出海會哨,毋使入港,是爲禦海洋;沿塘距守,毋使登陸,是爲固海岸,兩者防漸近禍漸逼矣。徼人不戒,而令賊蹈瑕以登覘于原勢,且蹩于城堞,而守何暇犄而角,我輟其藩,故坐自困也。夫瀕海之信地重矣,而吴淞實總水陸,而扼蘇松之喉。吴淞而南爲川沙,又南爲南匯,自南匯而西爲青村,又西爲柘林,又西爲金山,相去各六十里耳,聲援通而首尾應,而金山聯乍浦通于浙。何大壑先生有言曰:"今日之海防,但能復祖宗之舊制,即一言而功過半矣。竊怪高皇帝時,未嘗倭夷犯界也,而何其備周且密若是,豈非聖人至誠,前知百世無弊者耶!"即以松江一郡沿海計之,西南抵浙江乍浦千户所界,東北抵蘇州吴淞千户所界,中間二百五十里而遥耳。由乍浦而東五十里爲金山衛,内有四所,而設總督,揚州等處備倭都指揮治其中。自衛迄東百餘里,有守禦南匯嘴千户所,又迄東七十里而爲吴淞千户所,其二所之中相去遠者,如金山起至青村,中間又有胡家港堡,有蔡廟港堡,每堡額設官軍六十員名,而又每歲于腹裏衛所調撥官軍三百員名,二月來,九月去,謂之貼守。每衛所各有戰船教習水戰。沿海每六里築一墩,撥一軍朝夕瞭望,每見外洋船隻往來,即舉火相屬,互相傳報。如果係倭夷犯界,即整軍駕艫出與迎敵。一倭登岸,即以失機論罪。紀律既明,官軍莫不用命。雖無事之時,每歲將領率兵于近岸各山島間巡邏一、二番,謂之搜山,亡命者不得以爲巢穴。是以百八十年來,島夷絶覬覦之念,各沙無嘯聚之徒,東南晏然得盡力于耕織,以供國家太平之賦者,皆祖宗精神,命脈之所貫通也。

後有淺識者見海上無事,而官軍日惟坐食,以爲此備皆虚設,而此等皆冗食也、冗兵也、冗費也。由是各衛所之船,皆賣而買馬矣。沿海衛分之軍,撥令運糧矣。各堡貼守之軍,徹去不用矣。各衛所官軍倉糧,任從糧長侵欺,而軍士有一、二年無糧者矣。士氣既消,武備盡弛,雖存衛所之空名,糊紙爲盔,削木爲刀,近同兒戲。數十年來,猶幸島夷未知此中之虚實,厝火積薪,向以爲安。邇年匹夫無賴嘯聚海島，糾引倭夷以爲先聲，潛圖叛亂，初犯浙江。至嘉靖三十一年，偶一船止四十餘人隨風飄至上海縣寶山地方登岸，土人不知，猶以爲漁船也，意欲逐其人而取其貨。賊即手刃百户一人、土民數十人，燒刦近船民居數十家，徜徉而去，不見有禦之者。去年既犯上海、嘉定，然亦不過四、五百人，而受禍即已慘矣。今年浙中之備漸修，而賊知此間虚甚，遂大舉入寇，衆不下萬人。三吴之地盡遭荼毒，屠戮之慘，淫污之辱，田不得耕而國税將墮。奸宄乘機竊發響應，其憂有不可言者。愚以爲今日之事，宜莫先于查訪祖宗備倭之制，盡復其舊，而于各衛所慎選將領，調補精兵于要害處，添置把總。各堡復貼守之卒，沿海練水戰之船，墩臺嚴烽燧之警。如瞭望外洋，有船將至某處，則某處官軍出與迎敵，某處策應諸將領官各有分地，必不使賊人得以登岸。如賊從某處逸入者，所在官軍即以軍法從事。如此則衛所墩堡如身之使臂，臂之使指，血脈聯絡，我軍之氣百倍而賊無所容其足矣。按此紀國初制也，後嘉靖中置鎮守江南副總兵于吴淞，節制將領，置蘇松參將于金山，團練諸軍，而劉河、吴淞、川沙、柘林有四把總据要害之地，增兵扎守焉。官備而政弛，兵設而餉絀，東南邊事大略可知矣。修明高皇之制，庶有瘳乎？

# 卷　下

明奉訓大夫、右春坊右諭德兼翰林院侍講、署國子監事前司業、直國史起居注官華亭張鼐撰。

門人王應遴校。

## 十　德　傳

居承平而黄金横帶，專城郭稱尊重者，可勝數哉！陽九之會，蠻夷之疽食浸淫，邊壘之羽書日聞，哲者馳騖，懦者袖手，斯亦官師得失之林也。夫疆埸受事，而刀筆之文墨深重，舉事一不當，則軍書隨其後。其幸而成功，則忌者之口益鴟張，而往往與敗將同請室，古人所以歎立功難也。然要非性忠義，設籌戮力，危一身以貽百萬人之安，其疇能圖之，克有濟焉。故自蔡公而下，吾松土有保障之德者，皆可紀也，凡十人，餘附見之。

蔡可泉公克廉，操江都御史也。癸丑，倭奴突至太倉州城下，而城無備。時公駐蘇州，星馳入州城，躬乘堞冒矢石，督將士固守。飛礮擊殺賊三十餘人，賊乃去。又聞上海周浦倭猖獗，亟調兵趨之。當是時，海氓儲蓄掠盡，老幼尸枕于原，村居百里絶煙火，幸公慷慨趣難，調度有方，徵集得人，誅逐僅相半也。或曰公嘗用鄞人陳可願爲幕客，計欲行間離賊黨而不果，後胡總督用其謀以成功。若公者可謂臨事當人先，居功在人後者矣。

張督府半洲公經，閩人，南京兵部尚書也。先是督兵廣南，有威惠。朝議調廣南狼土兵勦倭，遂特命爲大帥，節制當天下半，得便宜行事開府松江，而經故臨事疎緩如承平，且稍自貴重。會趙文華來督視，恚其不受頤指，又與論出兵不合，乃疏經縱寇靡財，屢失進兵機會，且言“欲俟其飽載出洋，以水兵掠餘賊塞責”。上怒，逮下獄。而是時，經已督各路兵及狼土兵擊賊于王江涇，大捷。文華匿其捷書不上，竟論死。科臣争救不能得，遂棄西市。然經之語文華曰：“賊狡且衆。今檄召四方兵，獨狼兵先至耳。此兵勇進而易潰，一挫何可支也，須待其畢集而圖之。”後狼兵先出，果敗于塘棲。張子曰：故老傳張尚書督兵海上，不肯出一兵擊賊。時方太守製米糕分給官兵，呈樣督府，文武官列帳下，尚書別無指縱，第云“好糕、好糕”而已。此其文致太過。余考《福州志》載少司空新城方公嘗言：“吾守松江，張總制所不禮也。然其用兵、御將帥、備要害，實所長”云。王江涇之捷，或以爲胡少保宗憲功，然星馳入蘇州，分遣諸將卒，用所調永保諸狼土兵犄角而蹙之，斬首幾及二千，伊誰力也？果若趙文華徼倖一搗巢，以新集之兵嘗試東南，事堪再悞哉！文華貪黷，固不足論。或云胡少保時尚爲御史，附文華而傾李天寵蹊田奪牛。即他日殲徐海、擒王直，功固不可湮滅，而竟以縻軍興金錢論死詔獄，夫報復各有數也。

曹東村公邦輔，督撫都御史也。治兵夜宿城上，與士卒同卧起。東溝之戰，公親率將士銜鋒而進，士殊死鬬，殺賊幾盡。會日暮收兵，賊宵遁去。乙卯秋，倭五十三人自浙流刦南都，尋還奔滸墅關，歷八郡，轉戰三千餘里，無偏師能一當者，而勢且還，趨海上與陶宅倭合。公督各部兵四面蹙之，横涇一戰，斬首十九級，再戰盡殲焉。當時論東南討賊功爲第一。捷書奏，不及總督楊宜，而趙文華又恚己不與，遂嗾宜論公并及婁參將、董僉事，廷議弗是也。後以夾勦陶宅兵潰，劾公不協力。明年竟誣奏逮戍，一時嗟嘆。所謂功罪倒置，憂寧獨在倭哉！徐文貞公言于朝曰：“曹督撫檄兵滅賊，紓主上之憂，雪南都之恥，去腹背之敵，安遠邇之心，士大夫皆詫爲奇功，而軍門反功爲罪，以媚督察楊公，譽望之損不亦宜乎？”

胡總督梅林公宗憲，徽人，浙江巡撫，兼理直隸軍務。浙、直中倭六、七年，更總督數人，費金錢動鉅萬，迄無成功。公奉命授計遣將，或勦之内地，或邀之海外，倭生還者少矣。其擒徐海、誘王直功尤奇，論者謂其誘賊用辯反間，用諜厚賊妻子而招其來，餌賊女色而蠱其聽，散賊爪牙以孤其勢，至賊黨内亂而從中滅之，縱横顛倒，妙算出奇。東南數百年免倭患，皆其再造力也，抑公可謂社稷臣矣。而以横賞賜，竟受乾没名下獄，仰藥死，悲夫！張子曰：兵死地也，間奇術也，非捐數十萬金，亦安能令人走死地，而設奇術必中哉！且功不成而爲財漏巵，何如功成而享太平貫朽，寧可勝校耶！豪傑舉事，固未可爲尋常文墨道也。

御史周觀所公如斗，餘姚人也。壬子，按蘇、松臨敵，有膽略，治民多惠政。倭亂，與曹軍門親薄賊巢督戰。賊退後，民苦兵火不聊生，公特疏全蠲一歲田租，民籲天祝之矣。其每事調停督撫、軍門甚多，後以提學陞巡撫。士民至思，爲之祠也。

御史尚公維持，汝寧人，丁巳來按部。時倭寇初遁去，衆洶洶，虞其復至。公乘單車行海上，選三千人分布要害，飭諸將領無忘備。乃復詢賊所巢窟曰柘林，其窪而積水深，爲賊舟易泊者曰川沙，興版築城之。城工設處，便宜有法，不以累民，間選兵、儲粟、招集流移,爲屹然海壖兩巨鎮也。自倭亂後,野無完土,國賦告急,公奏留漕米萬石賑之,而民不苦饑。其惠政與周公並不朽矣。

任兵憲環,潞安人也,先任蘇州府同知。癸丑倭寇東南,公練民兵,躬介冑,策馬與力戰。嘗遍身書姓名,曰:"死綏職也,爲二親記此髮膚耳。"聞者壯而悲之。公治兵,日夜暴露草野中,與士卒同寢食,俸入悉以犒戰士,士樂爲之死。嘗與賊戰,敗。追幾及公,中之創,庖者徐珮手搏賊以免公,珮竟死。既守太倉,勞于兵,發疽。聞賊至,裹創出海,破風濤而擊之,賊大敗,俘斬百餘。已又敗之陰沙,敗之保山,敗之南沙,賊望公旌旗輒駭曰:"瘦官來矣。"咸遁去。擢山東僉事,備兵蘇、松。甲寅賊犯蘇,民争走保,城門鑰不得入,公亟命啓門納之,活數十萬人。明日以計敗賊于葑門。乙卯復大敗賊,斬首六十餘級,進副使,賜金綺予世廕。時丁母趙孺人憂,以兵事起復公。公晝出治戎,夜歸則衰絰,終夜孺慕泣。明年倭平,乞終制,報可,仍陞參政。未幾竟以哀毁鷄骨支床卒,詔贈光禄卿。張子曰:公戰則死勇,喪則死哀,蓋忠孝其天性哉。乃知大節、大功能垂宇宙者,不虧其性也。夫温嶠、趙苞之不堪爲忠臣也,從古恨之矣。

董僉事邦政,陽信人。初以貢任六合知縣,以廉勇聞。倭入寇,撫按奏陞海防僉事,駐上海。甲寅正月,賊首蕭顯駕七巨艦,率衆夜泊上海瞰城中。公用神鎗手應賊,賊不敢近。乙卯正月,統兵搗川沙窪,敗之,賊死者五百餘。丙辰三月,同任公環擊新倭于界嘴,大戰一日,斬賊十之七。明日復戰殲焉。賊自金山登陸,流至西庵,公進戰,賊敗走,匿法昌寺。公用火攻,盡平之。又追擊新莊賊于沈莊,賊百餘人皆就戮。公于東南戰功爲多,而先是曹軍門横涇之捷,公與婁參將宇有功,督撫楊宜憤己不與,并劾公違節制。時徐文貞公在朝言曰:"今多事之日,未聞推轂一敢戰者,而先論去一二立功之人,如國事何?"兵部擬提問公,而竟賴以全,徐公力也。後以清水窪之捷詔送部,擬陞四秩,擢用焉。

知府方公廉,新城人。長材廣度,弘濟時艱。辛亥來守松,即繕城增埤,浚濠隍。不久倭至,募兵調餉,應之整暇,城賴以安。一日坐堂方視事,忽訛傳倭入,城隸胥皆駭走。公徐出府門,呼輿迎之,至西門乃定還。責訛者,神色不動也。上海先無城,頻受慘掠,公伺賊間城之,不數月工成。又募鄉兵,結團練統之。里中豪富者,使人自爲戰。設計行毒賊中,賊死毒者千人。故老追道遺事猶曰:"微公幾半無郡也。"士民思建祠,與按院周公並祀。後遷都御史,巡撫江南。

吴悟齋公時來,仙居人,郡節推也。甲寅下車,倭犯郡城,公奉臺檄監軍,與方公躬乘城死守,城賴以安。公治兵多沉計,而號令嚴肅。狼土兵過吴門,犒不時,大譟。及至松,督撫屬公除備。公就泖上寺閑曠地立營堡,先令土官各署部伍,舟人導之入,而次第犒焉,一軍無譁也。客兵故獷,而剽即不異寇,公結其酋長數輩,日率之狗于郊,弗戢者呼其長縛治之,迄終事無敢攘人一芥。督府張尚書家丁取人一縑,公鞭之數十,張怒讓公,公不爲動。明年,寇猝至,時城雨久,而崩西南隅數丈。公盡撤屯戍,第以箭弩手數十人扼其衝,撫、按兩公危之。公進曰:"兵多見弱,稍示之暇,彼將不虞。"兩公謝不及。内徙民薄城苫蓋而居,公防火攻,亟撤之,而陰識其姓名于屋材。夜選卒運之城外,以爲木栅杆修城者。卒且股慄,無敢前,公首馳一騎出南門,衆從之。平明栅畢,三日而城完役,以所識栅材各還爲民屋。賊聲言欲犯南都,督撫問計于公,公曰:"决太湖水斷松陵道,隨選精鋭水兵守之,賊能飛渡耶?"賊果由嘉興抵平望,湖水漲不得渡。堤前後阻官兵,賊窘而相蹂,我兵遮擊,斬首三千餘,溺死無算,此王江涇大捷。迄以殲倭,公之本謀也。父老曰:"倭之逼郡城也。"時城下士女擁而呼門者,鑰弗啓也。公坐城下令大開門,男女分隊而入。入盡,寇乃至。或曰:"不虞奸諜乎?"公曰:"吾寧以一官保之,且無民,城誰與守也?"于是擇城中隙地舍之,而啓水關,便輸薪穀,因歸舟出其糞穢以疏疫氣,蓋所全活者千萬人矣。故至今宜尸祝吴公不忘也。張子曰:余既傳吴公,有同社吕助教克孝,其譚雍署述其家老僕周山言:"山故少時爲土兵,從吴公者。當周浦進勦,官軍失利。吴公逃于周浦寺中,山與一門役蕭成者隨焉。群倭進將入寺,公與二人緣金剛神肩背而上,避入板閣中。倭據寺爲巢,三晝夜不去,三人餓而待斃。山曰:'今夕出亦死,不出亦死,盍先出伺其間,或幸脱焉。'乃夜半群倭睡酣,山復緣神像而下,走二里外,見野有草房,縱火焚焉。倭望見火光,疑大兵至,又疑其黨或從他方來,群趨赴之,而寺幾空無人。公與蕭成乃下板閣,從間道而遁走數里,遇一小舟,藏于舟之尾,急棹出浦,倭追之幾及。時公已三日不食,舟子進麥漿一碗,公飲之,纔屬氣息,抵暮入城。可謂出萬死一生。"老兵言未終,則蘇蘇涕也。

通判韓公崇福,北産也。有膂力,能挽强命中。甲寅,教授于松。時倭犯境,城守無備,而登埤者及于博士學官,公分城而守。賊魚貫擁盾進,一賊跳躍城下,公跨堞持滿射之,一發而賊踣,再進再發中賊股,三發又中賊面,賊輒斃,遂引去。一時詫公章縫師,而三矢解圍城。尋擢郡倅,奉檄率兵經略海上。後以遏巨寇斷其歸巢,爲大兵聲援,竟擒賊,盡其黨。璽書褒美,賜金帛有差也。蓋公之顯名,以善射矣。而是時,有府同知都公文奎、羅公拱宸云。文奎,祥符人,善騎射,常與任兵憲、湯總兵敗賊于南沙、吴淞江、得勝港,再破之寶山。直指上其功,陞俸一級。拱宸,馬平人,爲松陽令,禦賊有功,奉檄來援松,以功陞浙江兵備僉事。後降,再遷松江海防同知，統兵海上。有勞，加運司同知銜，仍治兵也。丙辰上海倭猝至，臨城而城，新造守備單弱。時常州通判劉公本學來署縣，鄉薦紳請貸庫金二千兩爲犒費，督兵畫地分守。賊環攻十日，城中有備，竟保無事。故上海至今頌署縣事劉公云。

張子曰：自島夷訌，而海上鄉無完堡，居無蓋藏。數公出萬死一生，運謀于搶攘之中，戮力于危城困壘之下，得非天生其人，救此一方百萬氓者耶！然當時肅皇靈爽顯赫，賞罰明決，檻車不貸于重臣，金幣不稽于偏裨，死事之卹朝聞夕下，軍書之核洞于觀火，其造膝密謀計從言聽。或別白以存公道，或洗濯以全器使，鼓舞磨礪，文貞之力爲多，功歸社稷，澤及桑梓，所謂松人能成松事也。余既傳《十德》，蓋傷當日之事云。故復論之曰：自嵩父子怙權，文華挾寵出督江南師，而賄德章矣。尚書經吝嗇軍興費，受緹騎逮誅。督撫邦輔以不能讓奇功，中白簡戍。至胡少保，乃醉酒嫚駡而撣之四千金，謂不予則無以飽其望而生，得失予之，則無名而已，有所弗甘也，然而猶之賄矣。其于嵩父子，豢之令爲我用，亦賄也。嗟乎，大將立功于外，而借賄賂以結權貴之援，豈正法哉！然而少保功高，亦以橫費不免焉。不賄則身危，而功不成，賄則幸成功，而受惡名以死，疆埸之臣難言哉。蓋千古蹈斯弊也。當日科臣楊久繩，吾松人也，嘗慷慨上疏曰："近來督府之臣，蒞任謝恩，必有常例。銀兩饋送，在京權要大者數百，小者數十，名曰謝禮。至于任內有所題請，開送揭帖，則又伴以儀物，名曰候禮。又其歷任頗蒙榮名美擢，或遇地方有事希求脱任，或以有罪而求彌縫，或以失事而求覆蔽，如此數遂不貲。然大率此等銀兩，在省取之各布政司，直隸取之府州縣。有司既爲巧取，承迎不無德色。督撫諸司，自知非法接受，亦有靦顔。既入牢籠，實難展布。使在平時猶不能振揚風紀，建立事功，而況在軍伍之時哉！則其玩愒陵夷、蔑法悞事亦奚怪也。且官司賄賂督撫，皆取具于民。近來督撫之交代頻繁，則官司之需索亦從而加苛。其不肖者，又因之影射乾没其間，指一科十，椎膚剥髓。即今江南四野爲墟，赤地千里，區區孑遺待盡之民，尚猶日苦掊剋侵剥之患。臣恐民窮盗起，莫知終極，異日國家隱憂不止于海島之間已也。伏望皇上敕閣部大臣，洗心滌慮，正己奉公，割絶朋昵之私，汎掃苞苴之習。此則澄源平倭之要道也。"余從《實録》中檢出記之，以爲萬世居廟堂籌邊事者之戒。

## 十勳傳

夫用兵救人，大將事也，然將道難言哉。壯往者寡慮而失情形，專勇者娼功而忍坐視。恇將無法律，僨將無恩紀，賊東而兵西，馳衆左而我右嚮，甘心同其覆敗而後已。夫民望師如望雨焉,忍一蹶以重塗其肝腦哉。嗟乎!武夫力而戰諸原,非忠勇、識量具者不能有成事也。作《十勳傳》,傳其有戰功于松者。

盧鏜,金山副總兵也,先爲處州參將。壬子島夷入寇,受命總戎兼制浙、直。設奇殲賊,所向必克,而戰功于浙尤多。其用計誘王直,公力也。余見金山西指揮者,取其家故牒,記鏜救金山衛城事。時倭數百人猝薄金山城下,作進攻狀。城上人乘堞熟視,不能下矢石,皇皇頃刻破矣。俄有大將率兵從東南方來,鏜也,隊伍整肅,迤邐薄賊陣,賊以長蛇陣待之。兵既接,一倭躍而前,鏜撫其旁一健卒曰:"吾兒當向前報國。"健卒應曰:"喏。"遂擁藤牌,舞刀而入,立斬一倭,已又連斫二倭。群倭競前臠,健卒死矣。而鏜兵乘勢衝擊,群倭大敗。當是時,城上人伐鼓,讙譟動天地。兩陣塵沙蔽天,不辨咫尺,惟聞刀搠相磨聲。良久塵始定,而賊救死扶傷遁,追奔數十里,乃凱旋入城。父老持牛酒迎勞,謝再造恩也。至今衛中父老猶記處州籐牌手云。又故牒稱鏜爲將,與士卒同甘苦,得行陣心。晨夕軍士未蓐食,鏜弗飯。營于野,軍士舍次炊汲未具,鏜勿就帳中息也。蓋大將方略多賴此矣。鏜多戰功,弗勝記,記其勞于松者云。

俞大猷,泉州衛人,金山副總兵也。先是參戎浙江,擊倭海上有功,幾殲王直于烈港矣。而倭寇東南巢吾松之柘林,盈二萬,新舊盤結,不可討,乃擢公南直隸副總兵,提督金山。甫至數日,兵不滿三百。總督張公檄公出戰,公不赴,張公大怒。公曰:"某可殺,豈可使擊不勝哉!"乃整搠河船,四傍遮板,藏兵器其中。舟行湖港間,迎賊之來,而尾其去,間縱擊之,斬獲頗多。時柘林賊多,而客兵赴徵未至。趙文華來視師,則促張公戰。張公堅守,便宜勿遽戰也,趙怒劾之。然而狼兵先出,遇賊者卒不利。後張公竟命公將保順兵迎賊,至平望,與永定兵分路合戰,斬首三千餘級,而文華匿其功狀,置張公于戮。無何,賊屯于陸金壩。公伏船兵河中,賊渡壩將盡濟,斬首千餘,而柘林之賊巢幾空。初公守金山,嘗論柘林用兵十難,聞于相國徐文貞。文貞,松人,宜諏松戰事也,而分宜以公不自己爲恨,遂逮繫公,公僅免,坐落職。而丙辰以廷議起公,鎮守浙直總兵。于是克賊于吴淞口,再敗賊于定海、舟山,大都東南,殺賊萬計,而藉樓船爲多。張子曰:世傳俞大將軍以争王直不當招、海市不宜許,忤胡少保而論死,逮于獄。其援而出之者,陸武惠公炳力云,乃武惠真俠烈也哉。武惠出千金急大將軍難也,五鼓而入嚴府中,見分宜父子于睡起欠伸間,告侍郎曰:"吾齋而卜,謂早見侍郎必得所請也。"語以解俞帥故。侍郎初不許,既乃許之。則又因侍郎告太師曰:"吾齋而卜,謂早見太師必得所請也。"爲俞帥請命,太師亦不得已許之。而公出亟呼俞帥入謁侍郎,已謁太師庭中,數十叩頭而起,嚴父子色憐之，而大將軍活矣。或曰文貞惜俞公材，又諗其勞于松也，蓋借力武惠云。乃武惠真俠烈也哉！

湯克寬，金山衛副總兵也。父慶平，海寇王艮磔之，以其皮爲鼓。留鎮京口，更十餘年而倭難起。克寬來鎮金山，父子俱稱驍將云。常圍倭于獨山民家，火攻殲其半。又以舟師擊倭于高家嘴，焚其舟，生擒倭十四人。癸丑四月，倭自崑山爛路港直搗松江南門，克寬拒却之。乙卯五月，葉謝鎮之戰，與賊戰浦中，賊死三十餘人，又三十人渡浦而溺，遂大捷，以得勝名其港。然克寬世將頗驕，與賊戰互有勝負。常論下獄，立功免。王元美云："湯將軍通練而少壯，往其戰功大略可核矣。"

韓璽，都司也。常與董僉事共居兵間，所至皆有克敵功。癸丑六月初四日，陸戰敗賊于白沙灣。先是浙江破倭巢于馬迹山，賊無所藏匿，突走松，並海諸鄉落據爲巢，四出行劫，傷人命如草菅。而備倭官軍閉城縮首，不敢出一息。南匯嘴一帶，地方溝壑縱横，蘆葦蔽塞，賊反爲主而我爲客。又輕捷善鬭，狡譎百出，勢莫相當。時督撫委璽總率各路兵及少林僧兵百人，視賊出没，以圖便宜。六月四日，進兵破其三艦，焚之。十一日，遣鎮江、太平二路兵駐六團，僧兵繼之。十三日，部署白沙灣，遂與賊遇。賊爲長蛇陣，前耀百脚旗，魚貫而進。有紅衣巨人爲先鋒，僧兵掄棍斃之，賊散走，斬戮百餘，而四僧以輕追陷伏死。然亦陸戰第一捷也。鄉老諳兵事者言，賊之技，跳躍飛舞，尤長于陸。故勝于陸者，以此爲首功云。

遊擊將軍車梁，閩人，學射，應武舉不中。遇寇警，請効軍前。爲人多機變，而性謹慎。爲督府親兵時，民兵新募，委之練習。時當小敵，輒克。每遇零賊，或數人或一、二十人，截殺有功，權受百户，歷轉遊擊。梁能與士卒同甘苦，犒賞必以給部下，其得衆心，有大將風。至料敵必中，未嘗墮賊伏也。後立功于閩，官參將，蔭一子百户焉。初梁浮遊未知名，眇一目以賣虚爲業，旅食于松市，市人淺鮮之。後以功遂横金擁鵲印矣。

遊擊將軍曹克新，嘉靖乙卯總督。楊宜檄同任兵憲統川兵攻川沙賊，大敗之，燬其巢。賊遁至吴淞所，克新督舟師襲之，斬獲大半，餘黨走清水窪。又搗周浦賊巢，先令人入巢設伏，約縱火爲號。克新督川兵乘雪夜襲之，川兵縱火焚寺，賊驚亂，四面伏起，斬首一百三十有奇，而賊巢燬焉。

參將楊尚英，鎮海衛千户也。猿臂善射，長七尺餘，虬鬚燕頷。屬倭亂海上，尚英起行間，水陸大小數十戰，多有功。積級累數千，以蘇松參將爲浙直副總兵。嘗敗吴淞口賊于海洋，犂其舟六十，俘斬三百有奇也。故世稱楊將軍闓達曉智，而明于水。

把總婁宇。嘉靖甲寅歲正月,賊首蕭顯擁衆數千分據周浦、下沙、新場、川沙,而陳東、徐海分據柘林。時南匯所城圮壞,賊白日襲破,焚掠殆盡。公收散亡,募勇壯,與陳習,晝夜訓練。瞰賊分道出,掠戮力勦殺,屢立戰功。賊見婁把總兵即畏遁,不敢横也。後官至參將。

陳習,蘇州衛鎮撫也,選署南匯所印。時士不習戰,不識標槍擊刺之法。倭挾雙刃,兩臂開使,約長二丈,向空揮霍,我兵倉皇仰首,則從下砍入,土客兵見之輒潰。習蒞本所,即以獨得標鎗法,旦暮與士卒練習,不三月人人熟習,遂稱長技,屢立奇功。如四十八倭由兩京流刦至蘇,南匯兵進至木瀆,再戰而盡殲之,皆習演標鎗之效也。

解明道,通泰參將也。嘗與董邦政擊劉家河賊,敗之。既賊據吴淞城爲巢,明道襲敗之,斬首百餘,賊首三大王、六大王殲焉。自倭寇難來,克捷馘俘,自明道之戰始也。

張子曰:余傳《十勳》,蓋傷當日多敗道云。先是寇從瀕海馬迹諸山越浙而來,土人怨浙不能遏其上,流致蔓延,剽吾土。乃浙又以軍興,餉不繼,求助于蘇、松,而莫之應。唇不救齒,幾同秦越,敗一。官兵遇賊,未陣先亂,未格鬬先奔,其扶創輿尸歸者,刃瘢、箭鏃皆着耳背,望塵魄喪,枕尸沮澤,主將斬之莫禁,安用旗鼓?敗二。其分信地而苟且悏避者,且曰:“寇在浦東,宜進保浦西。寇犯郊外,宜堅守城内。”幸己無虞以人資敵,四肢廢而求衛腹心,左手螫而偏護右臂,敗三。蘇、松久安忘戰,寇至必藉客兵,而帥各攘功,兵各自保。或來自齊,或來自楚,或自南粤,或自蜀江,或土,或苗人。懷去就齊兵,不能救楚粤,卒不能應蜀,不圖己功,但幸人禍,敗四。如此,即韓、白不能運其籌,而數公血戰郊原,躬冒白刃,即勝負相半,安能所嚮無敵?而賊聞膽寒,始跳梁而終授首,不可謂非師武臣力也。夫捍大患者,非三家之謀;濟大功者,非斗筲之器。腹心干城,豈可以尋常論哉!語曰:“天下危,注意將。”信哉!其貴得人也。

## 十 忠 傳

倭之蹂吾松也,覆軍殺將。其忠憤殉兵革者,吾曷勝書哉!身膏草野,而名滅無考,信抑烈士所痛也。野史所存,龐眉耆老所稱説,略有聞焉。噫,聞而弗傳,其亦終無聞也已。故録其爵里戰功顯著者,作《十忠傳》,其微莫詳者,附見之。

宗百户元爵、馮百户舉,皆吴淞巡徼也。嘉靖壬子夏,倭船飄至寶山,人不贏百，然饑疲矣。當是時，海上備兵衰弱，而士皆不習戰。兩百户猝與賊遇，率所部前而鬬，格殺一人。賊衆揮刃進，部卒潰不支，而兩百户死。賊乃據楊氏宅，掠數日，奪漁舟去。自是遂入寇，無甯歲也。其時，有隊長屈倫亦死，王河青村所百户也。壬子寶山之變，饑倭縱掠得志，出海去。而沿海恬若無事，不修戰備甲乘。癸丑三月二日，倭三十六人于青村所焦墩登岸，百户河以賊數寡，率隊長陳九等禦之。賊既越海入必死地，舞刀奮擊。我兵未及鬬，而百户創死矣，隊長亦死之。復殺數人，餘衆皆潰。而閏三月十九，保連華賓橋之戰，統兵官沉于水際，僅免，鎮江民兵隊長陳寶死之。

武指揮尚文，鎮海衛人也。以操江檄同建平縣丞宋鰲統所部駐海上。賊逼縣治，尚文率家兵禦之。出東門遇賊遊兵，輒敗之，乘勝進攻。賊伏西簍笠橋水傍，尚文過，以利刃斷馬足，馬蹶，尚文死焉。宋縣丞亦巷戰于縣橋，陷賊伏中死。越旬日，賊復至。縣督撫遣吴鎮撫賢接戰于黄泥浜，賢亦陷死。父老言督撫曁撫按臨三死事，喪奠祭哭甚哀，曰："汝三人得死所矣，不知吾輩若何耳！"一軍感泣。先是賊自浙西流突過金山，至天妃宫，浙江指揮黎鵬舉與鎮撫胡賢禦之。鵬舉被創，賢死焉。而賊遂衝縣市，則是胡賢、吴賢兩鎮撫先後死也。

劉東陽，上海捕丞也。甲寅，邑城新築。賊首蕭顯駕七巨舟逼東門外，穴樓壁，以瞰城中，城不覆者一髮矣。而董僉事力禦之，稍解圍去，僉事遣丞兵躡之。兵故孱，見賊輒潰，東陽遂戰死于太平寺里。父老曰："傷哉！丞不能兵而檄之兵，且遏歸寇，忌也。"故至今言有司死事，必痛劉丞云。

童元，青村所副百户也。因破城，帶罪征勦柘林賊，由蕭塘渡浦至府城南門之倉場。時方造十戰艘，賊至，元逆戰。賊先匿戰艘，從背突出攻元，元死之，戰舸亦被燼矣。時同戰死者，有巡檢李叢禄，或曰叢禄死于蕭塘。

孫省祭鏜，山東莒州人也。善騎射，多膂力，俗呼爲孫畚子，挾資商吴越間。甲寅倭掠松郡，瀕海幕府募武勇敢戰之士，而鏜願輸己資助兵餉，且戮力滅賊，當事者奇而收之幕，手卮酒相勞也。會官軍方陣，而任兵憲先登被重圍，鏜往疾馳入，脱任于難。鏜于是益自奮，使人還莒括其家益募。故所推結里中兒爲之翼，率多響應。而鏜氣亦倍，有輕敵心。居無何，賊從郭西燒民廬，循石湖橋去。鏜率數輩蹙之，越橋而戰。會援絶還，及橋半渡遇伏，鏜故不習溺拍，未抵岸而賊矛四集矣，遂死。後軍輿其屍歸斂，而道路多爲泣下。鏜所佩雙刀，衆人莫能持舉，而鏜輪運如飛。是時有二勇士曰丁千觔、馬八百，俱以力名。川沙之戰，大將中賊伏敗衄，二勇士死焉。或云丁千觔即丁爵也，鳳陽人，以義授散官，力舉千觔，二子俱武健善鬭。甲寅歲,應募至松,率客兵二百人出哨,遇賊于趙家溝。爵賈勇自喜,戒二子勿前,舉鐵鞭連撾三賊。一賊佯死,爵下馬斬其級,賊奮力斷爵臂。二子赴救,以所乘馬負之而還,踰夕死。嗟乎,若數人者,其慷慨赴義,憤不及謀者耶! 然此輩,燕齊間驍勇,習騎射馳突。令御以善將審勢,料敵而用其長,寧至以七尺軀蹈死地也?

李府,南匯哨官也。倭薄城下,城中危急矣。府挺身出鬭,斬獲甚多。是夜賊刦,城守軍酣睡,府覺而刃,賊不得登,然火光中,賊物色之矣。明日出戰,賊注目以鳥銃擊之,殞于軍。官爲立忠勇廟焉。而李進士尚袞家乘載其先,有李三兒者,勇而善戰。倭攻城時,連殺賊數十人,倭恨將甘心焉。然三兒恃勇輕敵,一日立城堞間大叫曰:"李三兒在此,敢來戰否?"群倭取鳥銃七門,熟視齊發,三兒竟斃于堞。明日城中人覓貌類三兒者叫呼堞間,倭若不聞也,與李府斃于鳥銃事相近。尚袞年十六,能上三兒死事狀于直指,蒙卹祠云。

周藩,遊擊將軍也。乙卯五月五日,王江涇敗,倭八百餘人北渡浦,從松往蘇,藩追之至唐行鎮。倭伏民房,窺軍半渡出擊,藩赴水死,而兵民死者千人。是年九月,浙、直官兵會擊陶宅之寇,指揮邵鼎、姚泓、生員于岳陷陣殺賊,賊大敗。乘勝進攻,賊死守其巢,乘高刺下,三人皆死。丙辰正月,參將尚允紹擊賊于四橋,死之。時賊首陳束據新場爲巢,寇盗充斥,而允紹好鮮衣精鎧,先士卒,倭物色之,故及于難。

師印,新安衛百户也。丙辰六月,帥廣兵追賊至青村得勝港,兵潰力戰而死。

楊鈿,上海城夫也。倭攻城不克,佯退。暮夜以竹梯倚城躡而登,鈿大呼:"賊上城。"賊戮鈿。鈿墜壓梯,并賊墮焉。守城人皆驚起,磚石雨下,賊傷退去,没于潮者六十餘人,而城始全。至今城上祠楊鈿也。

史鼒曰:孔子稱:"戰陣無勇,非孝也。"志士溝壑,吾何憾焉。余年十歲時,家有主爨老僕,故守城卒也,道倭寇逼城下事,歷歷猶能記之。當童元戰于南倉場,郡將嬰城固守,倉卒不能具兵器,至以梨園甲杖揚威雉堞間,焚廒倉,燬戰艘,烟火連日夜,束手而已。幸韓通判一矢中賊,而賊乃去。師百户之陷葉謝、孫省祭之死石湖橋,皆以無策應。故又云葉謝之戰,僧兵已斬九級,邳兵嫉之,紿之使前而莫爲應,遂身死而軍潰。馬家浜之戰,民兵方與賊鬭,而邳兵鳴金,賊遂乘之,死者大半,當時士心攜貳如此。夫賞罰無紀,駕馭無術,策應無備,第令忠勇數輩慷慨以身嘗,而委肉餓虎之蹊,悲夫! 且當日大帥奉簡書專征伐,而失事見報,噤不敢戮一敗將潰卒,令潰者生而忠者死,是我所以弔忠魂而太息也。嗟乎! 前事可以鑒矣。

# 十節傳

嘉靖甲寅之變，鄉邑罹鋒刃者幾萬家。其貞婦烈女就死不污辱者，往往在田陌、閭閈間，節奇而名湮，殆不可指數也，傷哉！偶檢梅樵山人《西樓雜記》，得烈而死者凡十人，遂作《十節傳》。

張氏，文學韓洪謨似松妻也，似松居郡東闉。甲寅，倭來攻郡城，入其家。洪謨具儒衣冠，擎曲迎之，欲勸以好生勿殺。語未脱口，倭刃斷其膂矣。氏號而赴，被執。子女號救其母，俱死焉。越二日，里中收斂，見氏左膊已受三刃，尚堅執下體，衣不解也，怒勃勃如生云。父老曰："烈而慘，未有如韓氏一門者也。"而是時，東郭有老儒陸野塘，其妻某氏亦不屈節死，故人爲之咏曰："青血流天地，丹心照古今。野塘岩下士，一日遂知名。"蓋傷其妻以節死，而野塘至今傳也。

陶氏，南門四十保居民應奎女。貧未嫁，年二十二矣。倭至，與其母奔避，賊及之，遂沉于河。母挽之出，答云："兒不能顧父母，遂入深淵以死。"而其隣女張氏，爲桶匠張經女，聞陶死嘆曰："嗟乎！得死矣。"既寇入其家，亦投河死焉。

王氏，夏文學世勳妻也，居八保葉謝鎮。甲寅夏，寇經鎮，夫妻奉其母偕弟妹同載而逃。賊邀之于浦，氏語其小姑曰："我兩人義不可辱。"挽袂而投于河。世勳與弟皆遇害，獨其母存也。

趙氏，泗涇居民李之葉妻。甲寅五月，寇至，家人逃散，氏獨南走，抵官涇橋，賊追之。度不免，赴水，水淺不死。賊褰衣逼焉，氏瞋目大罵死。

張氏，浦南化成庵居民譚三妻。甲寅四月，出奔避賊。賊追及欲淫之，執不從，受刃于水涯之間。

浦南朱氏二女，文學明輔妹，居八保。寇臨境，父兄掣之逃抵瓜涇塘，爲賊追迫，與婢秋香連結投河死。越三日，父獲三屍于沙岡口，手挽不解焉。秋香張姓。

焦氏，文學朱焕妻，居浦東七保。與家人避寇至黄浦，爲賊追迫，焕獨扶其母逸。焦被執，與子婦唐相率投河。賊怒亂刃，死焉。二子懋信、懋謙奔及亦死。

張氏，泗涇卑族也。寇至，其夫張仲珍逃，氏爲賊得，不辱而死。

陸氏婦，七寶鎮居民陸台蘭妻。賊至出奔，爲賊所逼，投橋下以死。

史官鼒曰：余傳《十節》，令後有聞焉。當其倥偬臨難，抗五兵殘肢體，凛凛九死靡奪者，且無暇商度義理，豈留意身後名光簡册耶？夫爲其名美而死之，則義利之分别太明，而計較利害重輕，掣肘彌甚，又安能須臾就義，烈烈如歸哉！士見危授命，蹈白刃不悔者，世人多樂道其事。然千百年不能書一二，何也？豈名之不足維持人耶！婦人、女子不依名節義理，而直依其本性，故有百折不可回之全氣。然則名不能入女子，而乃以誤丈夫。嗟乎！行丈夫之疑而女子也，行女子之信而丈夫矣。烈不烈之名，吾何論焉！或曰傳其名以風世也。

## 狼　兵

客兵惟廣西狼兵最悍，曰田州瓦氏兵，曰東蘭、那地、南丹、歸順等州兵，應調而來者五千名。又有宣慰司土兵三，曰保靖彭藎臣兵，曰永順彭翼南兵，曰容美田九霄兵。而獨瓦氏并其孫男岑大壽、大禄先至督府。張經以瓦氏兵配總兵俞大猷，屯金山衛；以東蘭、那地、南丹三州兵配遊擊鄒繼芳，屯閔行；以歸順兵及募至思兵、廣東東莞打手配參將湯克寬，屯乍浦，令相機戰守。而永順、保靖兵以四月二十日至，會巢倭四千餘突犯嘉興，參將盧鏜督保靖兵援嘉興。俞大猷督永順諸狼土兵由泖湖間道趨平望，扼賊歸路。湯克寬引舟師從中路擊之，遂斬馘一千九百九十有奇，而土兵之力爲多。當狼兵先至時，衆新集，沮澤險阻，多未閑。督府雅不欲以一旅金注，而郡大夫、父老實苦倭殘酷，不能忍須臾，輒嗟嘆："奈何安坐武帳中，置萬里外來驕捷輩縻犒餉？"噤不令發一矢也。而狼兵故貪利，睨倭貲鉅萬可攫，而有摩拳思當一戰。是時夷情故譎，大抵設伏誘我軍，使不得成列，而以數騎忽馳出兵後，即勁卒不得展其技擊。督府姑令先嘗之戰，頗不利。群倭圍瓦氏數匝，殺其家丁數人及頭目鍾富。瓦氏披髮舞刀，往來突陣中，所乘馬尾鬃爲倭拔幾盡，浴血奮鬭而出，馬上大呼曰："好將官，好將官。"蓋憤當日諸將擁甲不前救也。夫集鄉兵爲嚮導，合浙兵爲應援，主客相錯，而後可以制萬全。豈謂狼兵無轉鬭力哉！攺須有待耳，且日後平望之捷，業見効矣。而權貴人竟以是中督府，督府逮而狼土兵散，無統鄉之人。又曰："是實淫暴，而戕我廬室也。"于是觖觖無功而去。然權貴人駕罪狀于督府，謂："瓦氏憤不出兵，自言千里持糗粮來，而袖手無尺寸動，何以歸見鄉里？"故上特諭禮部曰："瓦氏効勞被阻，特犒銀三十兩，幣三表，裏以旌其勤。"

按狼兵部署法，七人爲伍，伍相爲命。六人擊刺，一人割級。所獲功級，七人共分之。凡一人赴敵，一伍争救。若没一人，必斬一伍。其伍之于一隊亦然。戰没受上賞，臨陣摧敵雖不獲級，亦受上賞。斬級者，論首虜以差。斬級而能冠同伍者，輒以其人領之。其兵可死，而不可敗，故十出而九勝。然督府經故鎮，廣狼兵實服其威名，故檄而來。經既緹騎去，而周琉、楊宜輩卒莫能用也。

## 僧　　兵

僧兵係山東應募者。其徒衆少即習兵，曰大造化。月空、天池、一舟、玉田、太虚、性空、東明、古泉、大用、碧溪等四十名，皆稱少林僧，俱持鐵棍，長七尺，重三十斤，運轉便捷如竹杖，驍勇雄傑，官兵每臨陣，輒用爲前鋒。

嘉靖癸丑六月，官兵擊倭于南匯，僧兵四人死之。時倭方駐白沙灣，都司韓璽率各路兵及僧兵百人禦之，大戰，斬賊百餘。賊隊有巨人穿紅衣，舞刀而來，領兵僧月空和尚遍視諸僧皆失色，獨一僧名智囊神色不動，即遣拒之。兵始交，智囊僧提鐵棍一築躍過紅衣倭左，隨一棍落其一刀。賊復滚轉，又躍過紅衣倭右，又落其一刀，倭應手斃矣。群賊皆跪乞命，或潰散走，而所屯巢遂空。中有四僧了心、徹堂、一峰、真元者，乘勝追斬其級，爲賊所乘被殺。或云倭奔匿民舍，伏壁間。四僧輪棍入，呼曰："賊快出受死。"倭突從壁後出，斫之，俱遇害。是日幾大勝，而四僧兵不免，則以貪級不設備故也。甲寅二月，官兵戰葉謝、馬家浜諸地。僧兵衝鋒，頗多斬獲，援兵不繼，且不識地理，遂前進，陷于敵。大有、西堂、天移、古峰二十一僧皆死之。乙卯十月，提督諸公合浙、直諸路兵進勦陶宅倭，僧兵前隊直至巢門，輪棍進破，敵遇者即仆，頃刻斃數倭。倭詭將先一日所敗我兵服色器械，扮作我兵，忽繞出其後，鼓譟混殺。僧兵不知，猶呼後兵接進，而倭刃已及身，遂大呼皇天，而死者若干人，僵尸滿田間，見者無不流涕也。悲夫！將帥不知用兵而驅猛士，爲賊所乘，吾松之敗衄大抵繇此矣。後僧兵骨，官爲立石塔，瘞于佘山。

## 鹽　　丁

海上莫勁于鹽丁。蓋其人以鬻販爲業，所謂弛刑徒亡命是也。此輩國家不用，即作賊扞文網，用之即兵矣。吾松漕涇故多販鹽輩，往年倭寇嘗過其里，見家有鹽包，遂戒勿犯而去。蓋倭嘗爲鹽丁所逼，遁于海中小山。鹽艘圍之數匝，焚其舟，絶其粒。賊甚窘，適他倭船至乃脱去，自是大創矣。故當時議者謂宜擇豪富爲衆服者，使得部竈丁團營本鎮，以捍賊長驅云。余猶憶幼時在外大父家，見崑山潘秀才圓山者，昂藏武健人也。時已老矣，而猶矍鑠，譚禦倭事，自呼爲潘將軍。後余漸長，外大父能述其詳云。潘秀才圓山當倭亂時，所收拾鹽場販夫凡百餘人，同其飲食居處，引爲親兵。圓山善舞大刀，其部下皆驍悍，乘亂思功名自奮。督撫曹公邦輔愛而置之帳下，與同卧起。然圓山率諸販夫日狥于郊野中，喜勦零賊，不喜對大陣。一日有販夫爲乞兒裝入賊地，見賊會飲，酒食羅列，所虜黄白器備具。販夫衣不蓋肘，瘦而前作餒狀，又遠望不敢近賊。賊手招之，販夫亦以手作怕刀狀。賊揺手示無他意，販夫乃匍匐往舌餂其肉，吸其漿盡而去。告秀才曰："某所有賊聚飲，可襲也。且其黄白器多，可攫而有。"秀才乃持大刀率二十人往。至其地，群倭駭散，秀才頒酒肉飽二十人，而收其黄白器。俄而群倭四面合圍，吹海螺，每一吹進一步，勢漸逼。秀才大呼曰："取我大刀來。"東向一掃而斃二倭，遂令二十人出圍，而身爲殿。時群倭素聞秀才名，不敢逼，秀才乃從容去。行路且半，偶遺一解手七刃，秀才曰："得無令賊嗤耶。"旋循舊路拾之歸，倭亦退避，竟弗追也。自後鹽丁屢斬倭級，受上賞，而秀才以積功級，軍門欲官之。將受牒矣，會有弁以他事縛而杖于庭者百，秀才遂决意不就官。督府問其故，但曰："書生無官，以免辱也。"再三强之，不從。督府乃朱書一券給之，曰："滅此，賞銀一萬兩。"後秀才既老且衰矣，猶出督府書以示人，道當日事云。

## 遣　祀

古者有大事則禱祀山川，禮也。矧肅皇帝奉玄威以洗滌島氛，海若有不効靈者哉！松父老嘗言，是年倭船每出海，颶風大作，百艘全覆。海上被圍而潮忽漲，渡濠真倭圜眼大顱，黝黑面魁悍者，卒汩没于隍塹間數十輩，若天馘之矣，庸非齋宫虔禱應耶！先是三十四年甲寅五月，上諭禮部："朕受上天明命，君主華夷。東南欺上，有督臣不忠，鸞勾北虜。既誅，經結南倭，又作是隣哉之義耶！茲仰叩玄威，告于太廟、二社稷神祇壇先聖，即日行。"于是明年丁巳，遣工部侍郎趙文華奉旨祭告海神。先年文華來江南，有督視之命。至吾松，以與總督争一公署有隙，文華又因狼土兵至，頗欲速戰，徼一捷爲首功，而總督不從，既劾之棄市。而又會蘇、浙兵以勦陶宅寇，仍敗衄，至是遂以祀海，兼督視來。既至松，而海濱寇縱横，其巢栅星布蹤迹，往來出没如織，督察不能望洋將事也。太守方廉乃爲壇于春申浦上得勝港，是日血牛馬，大會文武，將吏戎服陪列，三軍鎧甲，執戈戟，樓船旗幟蔽天耀日。侍郎文華乃登壇，宣上命，讀祝文，以祭海之神，略曰："夷起東方，逋逃猖狂，戕我東人，傷我稼穡。自丑逾寅，今已卯域。天子震怒遣祀，有勑有文。龍章有禮秩，秩有鬼有神。神不可測，期佑王師。元功是即，殄彼羶腥。神功有在，海宇肅清，神德維大。"是時將士踴躍有敵愾氣，而島夷亦漸知海上兵勁，思望海而遁，不復如前横行矣。然文華怙寵，爲分宜爪牙而來，既陷一總督及浙撫于死，而又劾曹督撫檻車徵，其聲勢頗懾東南吏,而惟賄德是聞。東南苦祀海使者不減海夷,所謂以亂止亂,其去幾何也。

史鼐曰:國家軍興之際,當省事而省官。夫遣一使,而郡邑兵革不暇治,顧且力疲于供帳,廩餉不暇給。又且財盡于逢迎,官評顛倒是非,將士莫必其命,此際寧堪再擾耶?慎之哉,已事可鑒也。

## 三太學

倭之變,蹂海上,諸鄉鎮慘矣。穴于柘林,穴于陶宅,穴于乍浦,而迤邐出掠近地。群倭每日鷄鳴起,蟠地會食。食畢,夷酋據高坐,衆皆聽令,挾册展視今日劫某處、某爲長、某爲隊。隊不過三十人,每隊相去一、二里,吹海螺爲號,相聞即合救援。亦有二、三人一隊者。真倭每隊不一、二輩,舞刀横行,人望之股栗,引頸受刃矣。薄暮仍返其巢。

是時太守方廉令沿海居民聽其募壯丁自衛,或遇賊格殺之,官具功,令視軍兵臨陣斬獲賞。于是川沙喬太學鏜募鄉兵四百,且出己資輸官,爲築城,鄉人賴之。喬故素封,而又有勞兵間,性不善下人。見巡行御史,或應對失恭謹,而諸將思中之。御史怒杖之庭下,竟憤死。至今土人言之,爲流涕也。

新場有盛太學濟,時募兵二百,皆海上販鹽精悍之士,號盛家兵。有家人盛廉者,果敢善戰。又有所募卒名邵搭辣胡,每飲酒傾一石即赴敵。嘗單騎入倭陣,殺三酋而歸,一時斬獲頗多。後濟時録功,宜爵百户,辭。以太學資選北城兵馬,轉山東青州府判致仕矣。

有潘太學元,募兵三百。當時邀零賊出劫,往往擊而殺之。然元先期死,功無表見,官亦不紀其績也。嗟乎!倭躪入海濱,而海濱民不知鬬,望風先潰,而長驅如掃葉。夫愚民知潰而生,孰知却立而竟可不死,且直前格鬬而可以取首功者耶!故爲桑梓禦亂計,莫若團聚鄉保,人自爲兵。然非豪富有大力者,孰能治牛酒,厚餉而號令之耶?故海東三太學者可紀也。賞不酬勞,悲夫!聞其時又有新場倪太學行頭閔,廩生,亦並團鄉兵禦賊云。張子曰:余讀徐長谷先生《喬君墓志》而傷心焉。其言曰:"今世武弁習于玩弛,其視死甚重而出身犯難,乃屬之鄉井。無職事之人輒又蹈瑕,伺隙而中傷之。嗟乎!其不堪滅此而後朝食,宜也。"當倭夷寇東海上時,棲泊川沙,窟而巢于柘林。乃柘林以東,塍谷陭陻,溝澮鈎聯,雖蜚蹻超距材卒,遇賊莫騁也。而一時徵集諸郡國善技擊者,若南楚之飛鏢、青齊之戈、鈹處之狼筅、定武之射疏,皆有材官蹶張之能,一入其境而肘腋輒廢。地利不習而用,失其長故也。

團結土兵之議,自喬太學倡始,而遂身先任其事,伍從其所親,技習其所便,明約束,厚資遣,廣間諜,而斬馘無虚日。寇巢不自安而轉徙平湖,不可謂非土兵敢戰力歟?撫按上其績,欽授冠帶,再受白金文綺之賜,而本兵議起家授之官,乃竟有疾視中其旁者而辱,以憤死,功名之際難居哉!夫士樹素封,而倔起田舍,將就公車徵,斯亦古今所通忌矣。三太學雖有幸、不幸,然余不具論,第考論其概爲團結土兵,著功狀如此。

## 四 辯 士

談言微中,可以解紛。士能憑三寸舌,蹈不測之淵,投會導窾,排難息兵,所謂賢于十萬師者,可尚也。以余所聞,吾松説陶宅群倭出境往舊巢,則有蔡忠恕。忠恕,閩人也,號玄谷,流于松,亦不詳其何來。官募其諜于賊,諭賊往舊巢出海。忠恕請行先,遣其家伴閩人往賊巢作鄉語。漳泉人聞其鄉人也,出與之語。其人爲好語曰:“軍門使我蔡公來,欲與汝酋長會話,允則刻日而至。”遂往通之。賊首陳東許明日午時相會,備米四十包,枯魚十包,如期遣人運于翁姓民家,與賊會話,送之。蔡忠恕先至入坐,令人諭賊釋兵器入見。如諭而入,蹲踞于地,爲作禮狀,諭其:“竄于此非久安地,今軍門欲開汝生路,不若仍往柘林舊巢,假汝艘,縱汝出海去,毋客死他鄉也。”賊竟唯唯受魚米,越二日仍往舊巢,而陶宅安。

華錦,上海人。徐太史子先言幼時常識其人。自言受胡少保命,爲徐海諜,事甚悉。當是時,有贊畫周述學者,爲胡公謀,遣間使説徐海歸順。而華錦往陰結其兩侍女,令説海。後海尋悔,中變欲殺錦,而錦以談笑利辯得脱,竟擒海云。

余考《海防書》載華堇,堇與錦音類。而又作華童,乃《籌海編》則又作童華,而今遂不復知有華錦矣。豈錦名不傳耶?抑别有童華耶?或云童華,通事也。當徐海圍桐鄉,胡少保在杭無他兵可遣援,乃與中書羅龍文謀,欲用間以紓時急。而華適至,遂詣海所,勸海歸軍門,樹功圖顯榮。海固唯之,而陰與華曰:“奈費倭人金,且數萬何?”華曰:“易耳。華公大度,更立功,豈直數萬金已耶?”海遂投降券于華,而解桐鄉圍去。既而兵逼塘棲,華馳問,則曰:“倭人金無償也。”華曰:“挾兵要重賞謂款何?第出海而須厚賞償之。”海乃退屯李港,而遣其弟洪來質。後陳東、麻葉既擒,而海勢孤,旋中悔,陰爲死鬬計。則童華與羅龍文又往,且諷使入。見龍文宿其營中安寢,海以足躡之曰:“此虎穴,何酣睡也?”龍文曰:“我爲爾百口且不顧,爾乃心持兩端耶?”海曰:“聞趙必欲殺我,奈何?”曰:“此趙公初意,而今則否矣。且欲爲爾題封爵，專提一旅，捍海上寇，爾可無一往見耶？我京官，且胡公戚也，爾第入見，我質爾營中。"海遂刻日往，後出而趦趄語龍文曰："諸軍門非忘情于吾者，吾禍終不免也。"官兵既四集，海偵知之，欲謀拒自全，而華又往解之。海怒而迎華曰："吾以爾言而結怨諸倭。今吾既降，而復徵兵漸逼，何耶？"叱左右縛華，將殺之。華大笑不止，海曰："爾何言？"華曰："吾笑爾不識人耳。軍門爲爾備陳黨，故兵壁于郊，爾奈何生心乎？"海問計，乃教之請西沈莊居，陳黨而以東偏自居。後二黨相仇殺以至于滅者，童華力也。

張子曰：余訪父老，言記蔡忠愍，繫松故事也。因憶胡總督所使説王直者，有蔣洲、陳可願二人。王直者，賊之魁，柘林賊如陳東、徐明山，皆其黨。誅直，而群倭以次授首矣，故并記二人。蔣洲、陳可願，甯波生員也。當嘉靖癸丑，上海周浦諸倭猖獗，蔡都御史克廉以可願爲幕客，計欲行間以離其黨，士民疑爲誤用奸細，遂止。後可願歸閩，竟與洲捧檄使海外，誘擒王直，收游説之功云。先是，海商王直以要互市不得，遂糾島夷入寇，而身爲調度。沿海殘破無甯歲，總督胡宗憲奏遣使宣諭日本國王，令其禁戢島夷，實欲行間諜，購致王直也。廷議是之，乃令布政司爲檄，宣布德音，募能使者。蔣洲、陳可願請行，于是假以市舶提舉服色充正、副使，以往渡海。至其國五島地方，偶遇賊養子毛海峰在焉。兩人以移諭事告之，遂引見直，諭以朝廷遣使之意及軍門招徠之心。直爲感德，然雅不欲國王知也。謂兩人曰："夷意在求互市而已，既朝廷有命，吾當爲若圖之。國君孱，不能令諸島，須歷各島諭之，亂可弭也。"遣毛海峰輩送可願回，而留洲在島。數月海峰來，實伺中國虚實及當事待直意若何耳。而總督故示以厚待意，准令立功報効，而爲之奏請，賞賚優厚。海峰還報直，始挺身來，謂市舶可通而身爲諸島夷盟主。然猶挾倭數千來，觀望海上兩閲月。洲與可願反覆説之，又携貳其黨，始入見軍門于甯波，而生致之，斬之市，傳首京師。自此海上少戢矣。然御史趙孔昭劾洲專命往使，不達其國，謂爲直黨，惡論死詔獄。巡視軍情郎中唐順之謂："不赦蔣洲，將來必以使絶域爲諱，而阻宣力報効之心。"復奏釋之。二人者，其膽力、宏辯再造江南，可尸祝也，故記二辯士。

## 兩　孝　子

居恒而論孝，庸常人事耳。吏不墨而女不淫，寧云奇節哉！然習所豫，喪所殆，中人之情如是。故論忠孝而要之于死白刃之際，見天性也。怵于内而喪于外，吾曷稱焉。夫兩兒戲于沙上,虎至兒不懼,而虎亦不傷,心不動故也。若兩孝子者,不惜一死以丐父命,而竟兩脱于虎口,豈天相之耶! 抑其心不動,故悍寇不得而傷之也。夫出乎性矣,雖蠻貊亦可格焉。誰謂誠不能動物哉! 紀《兩孝子》。

李孝子安祥,上海沙岡望族也。倭巢柘林,出掠沙岡,而驅孝子父以去。孝子挺身尋父于賊中,然私念:"我往萬一失賊意,即受刃無悔。奈吾父何?"遍訪隣父老曾没于賊還者,或告之曰:"賊喜近書生,而不喜言書字。謂書與輸音近也。"或又告之曰:"嘻抵巢而覓父,易得耳。奈賊鋒布野,將無虞叵測哉。"孝子收淚謝曰:"兒安之矣,且無父,兒寧能獨生?"遂儒服抵賊巢,賊詰何之,則曰:"我識字人,父被掠,故以身贖也。"賊酋見而喜,得其父名于俘籍中,亟出之,令父子相見,且爲設美飲食。而父痛其子冒萬死來,輒涕泣不食。孝子顧加匕箸,跪勸父食,酋長睨而益敬之。居數日,令其黨以一令箭先讓其父歸,而孝子留賊所,爲其登紀所鹵掠玉帛數。久之,厚贈孝子而還之也。孝子廩于邑,庠學使者耿公表其門曰"至孝感夷"。後以隆慶改元,恩貢選,登己卯榜,鄉薦知滄州。子及孫皆列科名也。孝子號見汀。

高處士承順,少有至性。居母喪,躃踊絶,復蘇。小祥猶瘠,甚及禫而不近酒肉。父轉漕京師,遘危疾,孝子晝夜禱于神。父忽夢大士投刀圭,而病蘇。歸途遇大風,公擁父叩船籲天,風忽定。倭夷亂,海上郊居,倉皇奉父奔郡城。猝遇寇,露刃向父,公以身擁蔽,叩頭流血請代。寇亦義之曰:"爲孝子,丐若死。"猶掠以前驅濟河。水勢漲,公極力肩父,幾不能濟,寇引手援之登岸,遂釋以去也。夫動神明,止風波,息强暴,至矣哉! 其孝思不匱者乎? 而相傳倭焚郡東闉時,見三節張氏門閥衆,方舉火,一倭摇手曰:"好人家,勿火也。"然則島寇亦慕義有至性矣。

## 三　丐　兒

丐者張二郎,莫知其所自始。善泅伏水中,能月餘不食,又蹻捷善走死地。甲寅倭亂,應募。方太守令詗賊,數挾利器泅水。遇賊舟,鑿其底沉之。又時入巢偵其情形,且斬倭首以獻。太守頒銀牌犒之,不受,請歸府庫。犒之以酒肉,則受。賊平論功,應世襲百户。郡縣加以章服,妻以妓女,却之,惟願乞食。夜則卧嶽廟中,嬉嬉無愁慘色。後方守開府江南,訪之,得之寺中伽藍祠下,召令領犒金,仍笑不受。與飲食,則忻然謝而去,竟莫解其誰何人也。夫出萬死中,排大難成事,而長嘯謝富貴弗居,豈東海貧兒中有魯連先生其人耶! 嗟乎! 人生能着幾兩屐,得日一飽酒肉足矣。意二郎固别有深情也。

穆一郎、朱夫,亦松之市乞者。一郎能以五色粉墨塗其面,漆身爲癩,行乞賊巢中。賊或設飲食,一郎遥望睥睨。賊招之,則摇手作怕死狀,賊亦舉手作勿殺狀。招之來,啖以酒食。一郎既醉飽,乃匐匍去,盡知賊在某所,衆寡何如,某地可設伏襲擊也。聞之官,官兵乃往殲之。又與朱夫懷毒,夜潛入賊巢,納毒于井,取井旁磚石爲號。賊飲井水不即死,惟瞠目不語,若痴狀。土人通賊者告賊,疑井有毒,勿飲。更汲飲溪中,以故中毒不甚深,三、四日或幸無恙矣。毒恐太急即死,則不食少緩,可中毒多也。然而賊亦間以是多死焉。此兩人者,皆能用詭以銷賊焰,不可謂無益于數萬兵也。故曰戰勝于謀,則乞兒、屠夫皆可以備行陣。

## 三 腐 儒

古之敦龐,今之專愚也。然其執所見,雖生死不能易之。夫士固有稱先生引義理、蹈咫尺不苟且屑越者,涉危地如遊康莊焉。其不幸不能樹亮節,名稱不朽,命也。要其始終一行,寧正而斃,無詭而完,即古烈士之不二心何加焉! 而世俗姍笑之,悲夫! 述《三腐儒》。

張盈隅先生,唐行鎮老儒也。倭掠唐行,居民望風竄。家人呼曰:“倭至矣。”時盈隅方課其孫讀,讀已,未覆誦也。徐令琅琅,覆誦,聽之畢。家人負其孫兒去,呼愈急曰:“倭且來,速往避,屋廬且受焚也。”盈隅乃入祠堂,潔盤托奉神主。會天雨,地汙泥,則又躡屐,兩手擎祠主甚謹,鶴步而出。倭見大笑,反退舍,任其所往。既倭去,仍返主于家。

東門韓文學洪謨,號似松。爲人好古衣冠,非法不言,非禮不動。倭逼東門城外,民各東西竄,洪謨戒家人:“無輕動,吾且勸諭暴客爲良善,勿好殺也。”肅章縫服出門迎之,兇倭鋒甚鋭,刈人如草菅。洪謨擎曲好謂曰:“若奈何慘殺傷天和?”語未脱口,倭揮刃斷其腰,因入其室,妻子皆被殺。妻執節見《十烈傳》。所謂東海黄公持赤刀、符咒降虎,虎食其肉,狼籍道上去者。

青村一叟陳姓者,亦老儒。倭夜破南城入,居民争北門出,鳥獸竄矣。叟獨整衣冠,端坐中堂不動。倭入,叟睁目叱之,遂受刃于坐。惜失記其名,然亦可謂不徑竇方正君子也。張子曰:古人稱“好學近乎智”,然後世學問之士,偏能居錞而苟全,以自托于智多,豈學不由生質耶! 夫質有其學,則聖人無死地矣,然而必死者正也。城陷而尚召家人,爲兒子行冠禮,厓山草創,朝廷旦夕,葬海澳而日書《大學》勸講,彼臨死地而安且定,故履之若平時。夫令三宿儒當此,其能不亂生死一矣。而後生輩遂指爲腐,豈非以其質固渟篤渾沌耶!然當日攘攘逃生者,後竟何濟,而後知三腐儒死可也,不死可也。

## 二　忿　詬附

郡西有一老隸卒與其隣譁而詬。鄰,故擔夫,豪也。隸既豪于隸,諸隸從之。擔夫亦豪于擔,諸擔夫群赴焉。然兩家並隣于秀南橋,衆隣解之,盛氣弗下也。隸之徒曰:"我儕供事郡,堂皇而么麽,汗血廝養,乞升合米活者,何能爲?"擔之屬曰:"我輩雄于市久矣,唯唯讓一殿,呵牛馬走,不幾淮陰市之辱哉!"一日分隊而期于秀南橋上,隸之徒東圯,擔之徒西圯。兩家各面證其曲直狀,其屬各蜂起,戟手而佐舌鋒。俄有從北來者呼曰:"倭至矣。"鬭語初酣,不聞也。已而又見喘而奔者曰:"倭至矣。"鬭辯如昔。既有帶刃傷而匍匐至者,纔屬息曰:"倭已殺人蔽野矣。"兩家之徒駭而走,其老隸與擔夫尚言某事是誰曲直,某事是誰短長。兩不承,竟刺,刺不罷,語未脱口,倭至。隸之膂斷,擔亦受刃于圯下。其徒竄而避者,倭四面掩殺之。是日屍填城外,烟火絶沿郭者數日,幸任兵憲力戰而城完。郡史氏曰:"隸若擔之争也,衆各附其豪以求雄耳,何知仁義?腰膂分處,血肉淋漓,而群黨亦逃一死不可得。嗟乎!誰爲雄雌哉!"

## 一　酒　徒附

長橋南一賣酒翁,每酤,其清美者于人,而甕底濁醪則貯之别甕。漉其粕而澄之,滿則舉甕吸之,如引大斗。一日,甕頭濁醪盈矣,翁方提甕出,踞橋上,將快飲,有人從後呼曰:"倭來矣,且避。"翁徐飲自若曰:"倭來無妨也。"既又有人呼曰:"倭已在後。"翁舉甕而曰:"縱令倭來也,我須盡此一罈。"倭從後揮刃截爲兩段,上截二手尚擎一甕,唇向甕口,衆倭大笑。嗟乎!偏嗜之癖,能忘其身,此豈可爲醒者傳耶!夫嗜功者,戮于功。嗜官者,敗于官。嗜黨者,死于黨。狂藥之中人,寧獨一酒翁哉!

# 讀吴淞甲乙倭變志

侗師先生喜讀書，手無停繙，目無輟覽。著述之暇，旁以瀋墨餘汁採吴淞倭變事，纖悉備志，用抒憂世之思。余小子讀而嘆之，謂國何能無事，事有其人，人有其意，蹈歷于利害情形之中，而古今肯綮之熟，嘗耳目得于前局，智力瞭于省括，則可以因近量遠，因一隅籌天下，而扶危定傾于不壞，虞朝歌之利器，趙營平之老成。彼其人平居，實有其意□□□□□□□□□□□不見頓轡摧御，不知高岡峻坂之險也。不見告正鵠，三軍不鼓，惡知廣場易圃之茫然哉！余故識侗師之意遠矣。後之視今，猶今之視昔，試取吾師之言以證今事，可一一倣而行乎。夫倭散虜聚，倭狡虜疾，倭去來有候，虜驟來驟去，時去時來，兩者情形利害故自不一。要之，識全乃可以决機，畫定則不至坐困，事在有人，人在有意耳。雖然今不但無其意，亦且無人，事急而始徵兵，兵集而始問餉，一人而初謂可用，既謂不可用，且明識其不可用而姑用也。病者不擇醫而治病，劇亦聽之庸醫，效則可以爲功，不然奪之糈而已。舉醫效可以爲德，不則旁立而睨之耳。是于醫皆無所不利，而獨主人受其害。悲夫問路，已經百不失一。蘇文忠云："藥雖進于醫手，方多傳于古人。"救時者讀是志，其亦有會心也夫。

門人古蒲曾楚卿頓首謹跋

# 跋

《吴淞甲乙倭變志》二卷，明張鼐撰。以所紀松江倭擾多嘉靖甲寅、乙卯二年事，故名書。名見《明史·藝文志》及《四庫存目》，而傳本絶少，未可卒睹。去春自常熟縣立圖書館録得一副本，有曾楚卿跋，意其門人舊所鈔存者也，惜已佚其一葉，計三百二十四字，其他亦間有闕脱及不可卒讀處。又上卷《紀捷》《殲渠》兩篇，下卷《僧兵》《狼兵》兩篇與《鹽丁》《遣祀》兩篇，其順序俱與《四庫書目提要》所言，後先倒置，未喻其故。今春復得鼐所著《寶日堂集》讀之，見是書赫然在焉。特集中僅稱《倭變志》而略去"吴淞甲乙"四字。各篇順序與《四庫提要》全同，惟卷尾于《三腐儒》之後增《二忿詬》《一酒徒》兩篇，而《十德傳》"吴悟齋"條下，無老僕周山所言一段，其餘字句間亦微有差異。因取以校前鈔之本，補其闕佚三百五十五字，增其脱落十五字，正其譌訛四十四字，並爲改正各篇順序，且附《二忿詬》《一酒徒》兩篇于卷尾，俾成全本焉。

民國二十四年夏

# 四庫全書總目提要

《吴淞甲乙倭變志》二卷,明張鼐撰。鼐,字世調,華亭人。萬曆甲辰進士,官至南京吏部右侍郎兼詹事府詹事。吴淞倭患在嘉靖甲寅、乙卯之間,故記二歲事獨詳。上卷分《紀兵》《紀捷》《殲渠》《周防》四目,下卷分《十德》《十勳》《十忠》《十節》《僧兵》《狼兵》《鹽丁》《遣祀》《三太學》《四辯士》《兩孝子》《三乞兒》《三腐儒》等十三目。《明史・藝文志》著録此本,題曰《甲乙倭變鈔録》者,省其文也。鼐自序云:"松之難,松之遺老能道之。然案之《籌海圖編》及《海防考》諸書,其日月頗不合。得非境外事境外人不能傳耶? 吾甯信其目擊者焉。"今考正史,倭寇松江始于嘉靖甲寅,而此云癸丑。張經王江涇之捷,歲紀乙卯,而此云甲寅。諸所紀載,率差一年,非第日月而已。鼐作是書時,已官諭德,直史館,于故府典故,得以考核,不應差謬至此,疑其必有所受之也。書中汪直俱作王直,未喻其故,殆傳寫之誤耶。

# 閑世編

姜浩 整理
葉夢珠 輯

# 整理説明

《閲世編》十卷,明末清初葉夢珠輯。葉夢珠,字濱江,號梅亭,著籍松江府婁縣人。約生于明天啓三年(1623)或四年(1624)。六歲發蒙,先後師從王魯沖、金伯固、潘魯卿、瞿行言、張抵園、李雪生、張西山、馮竹庵、鄒未庵等,在家塾中讀完了《大學》《中庸》等儒家基本典籍。崇禎十年(1637),十四歲時第一次應府試。三年後入郡城就試。十九歲開始做家塾老師,一生的主要經歷就是當塾師教書育人。據他自己在《閲世編》中的記載,學生有顧廷鎮、周京、周新、吴謙六、周稚雯、張世林、張士麟、張敬炎等人。清順治十四年(1657),成爲生員。他一生博聞好學,留心世務。《閲世編》記事止于康熙四十三年(1704),其時葉夢珠已是一位超過八十歲的老人。關于他的卒年,目前還無法準確斷定。除本書外,還有《續編綏寇紀略》五卷。

《閲世編》是一部頗有史料價值的筆記,主要記載了明清之際的社會生活,大到郡國政事和社會風氣的變化,小到士大夫家族的興衰及里巷瑣聞,以及水旱天災和物價的高低。後人認爲此書"所涉上海舊聞足資考證者極夥",葉夢珠是將他親眼看到、親身經歷和聽到的内容一一記録了下來,"無事不書,有聞必録"。該書分爲天象、曆法、水利、災祥、田産、學校、禮樂、科舉、建設、士風、宦迹、名節、門祚、賦税、徭役、食貨、種植、錢法、冠服、内裝、文章、交際、宴會、師長、及門、釋道、居第、紀聞等共二十八門。書中以松江爲中心的上海地區的社會沿革變化記載最爲詳細,涉及政治、經濟、文化、教育、科舉、風俗、宗教、人事、災異、水利等各方面的情況,對後人瞭解明清時期松江的歷史有著十分重要的價值。如書中記録了大量明末清初教育和科舉的史料,可以使後人能清晰地瞭解松江地區教育和科舉的具體發展狀況。書中關于松江地區的經濟史料,具有很高的學術參考價值,所記各種物産及其價格的變化,賦税和徭役的種類名目,松江地區人民的生活水準等内容,都是其他書没有詳細記載過的。書中不乏作者對社會的一些看法和議論,平實公允,反映了作者的政治態度。該書是清代編輯華亭、上海、南匯等縣志時重要的資料參考,被認爲"無不取裁于是"。

該書没有刊本,傳鈔本也很少。1934 年,上海通社以松江圖書館所藏鈔本爲底本,排印收入《上海掌故叢書》,這是該書最早的刊印本。此後,臺北文海出版社 1969 年《明清史料彙編》第六集、臺北新豐出版公司 1989 年《叢書集成續編》、上海書店出版社 1994 年《叢書集成續編》等都收入該書。1981 年,上海古籍出版社出版了來新夏點校本。2007 年,中華書局再版了該點校本。

本次整理,我們以《上海掌故叢書》本作爲底本,吸收了 1981 年上海古籍出版社來新夏點校本的成果,對書中在印刷和標點上的一些明顯失誤進行了改正。整理過程中如有不甚妥當的地方,歡迎大家批評指正。

姜 浩

# 目　録

**卷一** …… 98

天象 …… 98
曆法 …… 101
水利 …… 101
災祥 …… 104
田産一 …… 108
田産二 …… 109

**卷二** …… 111

學校一 …… 111
學校二 …… 112
學校三 …… 113
學校四 …… 114
學校五 …… 114
禮樂 …… 117
科舉一 …… 119
科舉二 …… 119
科舉三 …… 120
科舉四 …… 121
科舉五 …… 122
科舉六 …… 125

**卷三** …… 135

建設 …… 135

**卷四** …… 145

士風 …… 145
宦迹一 …… 148
宦迹二 …… 155
名節一 …… 156
名節二 …… 160

**卷五** …… 163

門祚一 …… 163
門祚二 …… 168

**卷六** …… 174

賦税 …… 174
徭役 …… 180

**卷七** …… 185

食貨一 …… 185
食貨二 …… 186
食貨三 …… 186
食貨四 …… 187
食貨五 …… 187
食貨六 …… 188
種植 …… 192
錢法 …… 194

**卷八** …… 196

冠服 …… 196
内裝 …… 199
文章 …… 201
交際 …… 204

**卷九** …… 208

宴會 …… 208
師長 …… 209
及門 …… 211
釋道 …… 212

**卷十** …… 216

居第一 …… 216
居第二 …… 219
紀聞 …… 222

**跋** …… 232

# 卷　一

葉夢珠　輯

## 天　象

《易》曰:“天垂象,見吉凶。聖人象之。”至治之世,日月星辰,行有常道,次有常度,無足紀也。然而異日怪風,中天已見,或謂氣運使然,未必全關人事。《春秋》不書徵應,殆爲是耶? 後世談占驗者,莫精于劉向、董子、京房,祖述而推廣,言之鑿鑿,卒無補于喪亂,是果修救之無術歟? 抑數定不可挽歟? 要之,天道遠,人道邇。不能盡人而不信天,是無天也;不能盡人而任天,是無人也。無天將太白入井而誣其渴,亂亡固莫救矣;無人如長星示變而勸之酒,災異其可弭乎? 予生也晚,不獲睹景星、慶雲之盛,又不敢習天官言。偶有見聞,惟取法于《春秋》紀災不紀驗之意,憶而紀之,忘者闕焉。至于徵應,以俟明于理數者。

崇禎三年庚午,熒惑入東井,退舍復贏,居數月。

四年辛未四月,太白晝見,熒惑再入鬼宿,犯積屍氣。

八年乙亥九月,熒惑犯太微,兩日並出。或曰黑光摩盪也。兩日並見,疑是九年事。時有進述者,潘師魯卿曰:“日豈有二? 此即所謂黑光摩盪也。”予從潘師乃九年,非八年也。或九年述八年事,亦未可知。

九年丙子六月,夜有大星如斗,光芒數十丈,自西南東流,聲如雷。

十年丁丑正月朔,日食。春,太白晝見。六月,太白經天。

十一年戊寅二月朔,日光摩盪竟日。十一月五日,日中有黑子,黑氣摩盪如兩日。

十二年己卯正月三日,日光摩盪,自旦及暮。五日,日旁有青黑氣若戰。十月一日,彗星見,朝廷修省免刑。

十三年庚辰閏正月,則正月六日猶十二月節也,大雨震雷,有如夏月。九月望,有兩日出没。

順治二年乙酉六月,時聞空中聲響如沸,人皆謂之天愁。又晴皎無纖雲,而細雨沾濕。

三年丙戌五月十六日，早有二日相盪，其一在南。六月二十三日，天星亂落如雨。八月以後，天鳴相繼。

四年丁亥八月，時聞天鳴，惟初六夜尤甚，西南聲沸如雷。廿六日夜亦然。

六年己丑十二月初五夜，有黑虹貫于月下。十九日夜，大寒節，雷電大作。

七年庚寅十月辛巳朔，午、未之交，日食將既，予祭先初畢，撤饌時忽冥如薄暮。或云直有見星處。十一月二十九日戊寅，冬至，微雪降。夜復震。

八年辛卯六月二十乙丑夜，有大星，自北斗隕于南箕，光芒數丈。七月二十四日己亥，白露，戌時有星大如斗，孛于斗、牛之間，光芒丈餘，照耀如雪，牛馬皆驚。

十年癸巳七月，時聞天鳴。惟三十日癸亥，日將暝，四野聲沸如鳴風箏。

十三年丙申閏五月十五壬戌，月食。六月初一戊寅，日食。十一月庚寅望，自申至酉，月食既。九月初十乙卯，黑虹見。

十四年丁酉正月一日甲辰朔，日食。十六己未望，月食。五月十五丁巳望，月食。

十六年己亥三月二十六日丁巳，申、酉之交，大星流于西南，光芒數丈。自天中起，下至于地，形如匹練，聲如震雷。六月初三壬辰，黑虹見于昏之中天。十六日乙巳，酉末，白虹見于中天，自南亙北。

十七年庚子九月初一日癸丑，午後，中天有大星如斗，色赤，隕于西南，轟然有聲。十五日丁卯，酉末，月食殆既，内有紅光如火，歷數刻而逆出。

康熙三年甲辰正月十五戊寅望，戌時，月食殆既，移時方出。十一月初五壬辰，冬至，夜半彗星出東南，上指數丈，光芒如箒，至十四日辛丑，彗芒下指東北，直至月終，漸縮而光淡。十二月戊午朔，申初，日食八分。

四年乙巳四月二日戊午，太白晝見，以後時見。

五年丙午五月十二日壬辰，戌將末，白虹貫月，自東亙天，直至西極。

七年戊申正月二十八日丁卯，彗星見，光芒下指，長數丈。

八年己酉四月癸亥朔，日食，自未至申而復。

十一年壬子二月二十五日辛丑，大雨雹。予方讀書于張氏不窺軒中，午、未之間，忽然雨雹，大者如胡桃，小者如龍眼，頃刻庭間積與堦齊。

十二年癸丑正月五日丙子，震雷。十一月六日辛未，酉刻，雷電大作，時予在郡城旅館，見之。

十三年甲寅十一月二日辛酉，未刻，黑虹貫日，東西亙天，少頃而散。

十五年丙辰六月九日庚申，晝太白見于西方。

十六年丁巳正月戊寅朔，旦雷電，俄而大雪。十月二日，京師星隕，朝廷遣使迹之，得巨石，有古文，人莫能辨。

十七年戊午四月二十三日壬辰，未刻，雨雹。六月十三日壬午，青氣竟天，朝廷下詔修省。時予在江陰，不及見，歸閱邸抄知之。八月初十日戊寅夜，天鳴四野，聲沸如雷。

十八年己未正月丁酉朔，辰、巳之間，兩日叠見者久之，一淺黑色，一淡白色。是朝，竟日光不射人。十五日辛亥，酉初刻，雷電大作。八月初二日甲子，京師地震甫息。晚見兩日，始而上下相鬬，既而兩日並行。二十三日乙酉，山西鄉寧縣大雪，凍死種植。十月初一壬戌，風雪閉天，雷聲大作，予在泖上見之。

十九年庚申六月十六日癸酉，未時，京師天鼓鳴，自東南以至西北，有白氣一道下垂，或云星隕也，見邸抄。十一月丙辰朔，冬至。越一日丁巳，薄暮長星見于西南，自申及酉而没，形如匹帛，白光數丈。三、四日後，漸趨而北，上貫斗柄，逾月不滅。二十九日甲申，夜分，白虹亙天，自西及東，雲不能掩。

二十年辛酉正月十五己巳望，月食既。

二十一年壬戌七月二十七日壬申起，每夜彗星見于西南，光芒四五丈。皇上面諭群臣，同加修省。

二十二年癸亥正月十六日戊午，月食，自早至暮，時聞雷聲。立春後八日也。

二十三年甲子五月初十日乙亥，太陽生耳。十四日己卯，月邊有白氣。二十二日丁亥起，太白晝見，京師有黑風雷電之異，俱見邸抄。

二十五年丙寅九月二十二日癸卯，立冬，夜雷電大雨。

二十七年戊辰三月十五日戊子，月食。四月癸卯朔，日食，自辰至巳，食幾六、七分，日色無光。七月十四夜，黑虹貫月。八月初二日薄暮，白虹貫日。初三日，黑虹貫日。

二十八年己巳十一月初十日癸卯，冬至。前二日辛丑夜，電光閃爍，雷聲殷然。先是六月十八日癸未，午時，余在筍里館中，衆言太白經天，皆于背陰處觀之，星光炯然。予雖望而不見，然衆皆指示爲確見也。十一月十八日辛亥，夜酉時，時雪初霽，聞淅瀝聲，疑爲雨霰。啓户視之，星斗一天，爛然無纖雲，而雨灑不止，食時始定。先是月初，東南有白氣一股，自上下冲，約長數丈，吾鄉見者甚衆，皆言下有三星，星上生芒，至上而漸闊。但據邸報，欽天監所奏，止言白氣，不言三星也。

三十一年壬申正月丁亥朔，日食。巳、午之間，余所見不過三分。下午，日色無光。據筍里諸生云：日食後，有白氣縱横出入于日中，而黑光如日者，數十相間，上下于氣内，尤異徵也。

## 曆　法

有明一代之《大統曆》，其法本于元太史令郭守敬之《授時曆》。一歲二十四氣，及每月日之出入，有時刻而無分晝夜，十二時共應九十六刻，以子、午二時獨多二刻，故分晝夜爲百刻。月之上旬，計日而無初字，值日之建滿平收開成除危等，列于二十八宿之上，至詳且悉也。迨後相沿日久，氣候不無漸差，以曆官拘守成法，無變通傍救之材耳。

本朝創興，肇頒時憲曆日，用西洋陪臣湯若望爲欽天監正，依其國之算法。凡逐月日之出入，以及十二月之二十四氣，俱各就京城、省城準定，即日食、月食之分數亦然，似更較詳。曆日面葉明刊"欽天監欽奉上傳，依西洋新法印造時憲曆日"云云，以昭一代大典。若望錫號通微教師，官加通政司使，又加一級，仍掌欽天監印務，可謂知遇之極隆矣。

康熙五年丙午，退湯若望，而以張其淯爲監正。始于曆面去"欽奉上傳，依西洋新法"字樣，仍倣《授時》《大統》曆法。然而西洋法猶參用之，未盡廢也。

康熙六年丁未，以進士馬祜、武舉楊光先爲欽天監正，盡出西洋法，悉因《授時》《大統》之制。

八年己酉，推定是歲閏十二月，論者力辯其非，改閏來年之二月。以頒曆在先，不便重頒，申飭天下不準本年之閏，而仍俟來歲頒曆之閏爲準。

九年庚戌，閏二月。是歲，楊光先罷去。馬祜超陞都御史，巡撫江南，而曆法又變，漸復西洋之制矣。

十年辛亥，更用西洋人南懷仁治理西曆法，遂盡復西洋曆法，以十二時共九十六刻定日分，直省定二十四氣及日之出入。月之上旬仍加初字，改二十八宿于開成收閉等之上，而以參商列觜宿之前。特歷面仍如丙午所頒，止云"欽天監奏准印造《時憲曆》頒行天下"云云，無"欽奉上傳，依西洋新法"等字樣，至今因之。

## 水　利

淞郡濱海帶江，漁鹽灌溉，民命寄于水利。然海水清濁甘鹹不一，故沿海皆築塘以爲障，惟擇水清洋淡之處，俾能潮汐于内也。恐鹹潮一入，則膏腴盡爲斥鹵耳。海澨蘆葦沮洳，遠者距塘數十里，近者數里或二、三里，惟青村、柘林以西，迄于金山衛，水勢衝决，潮汐直薄塘下，日剥月削，鹹潮有衝入之虞。崇禎初，方禹修先生爲松郡守，建築石塘以護之，蜿蜒綿亙，力障狂瀾，瀕海是賴。鼎革以後，衝决日甚，幸而石塘堅固，猝不可壞。迨康熙初，水從塘下决道而入，漂没田廬，一瀉數里，鹹潮所經，偃禾殺稼，地方患之。當事者望洋無策，惟從内地植木，築土爲塘，以避其鋒。其如水勢洶湧，非土木所能捍衛，隨築隨潰，隨决隨避，迄今塘距石塘舊地不下數里。潮退一望，微茫如在烟雲之外。簽役富家，强名義户。義户之名起，遂爲松郡大役，然徒費金錢，怒濤難殺，當事者可無經久之計哉！

江南、浙江之水，由三江以入海，水得所歸，而後旱澇無患。《禹貢》所謂"三江既入，震澤底定"。震澤，即今之太湖也。三江者：一曰婁江，即太倉之劉家河，以婁而訛爲劉也。自震澤從吴江縣經蘇城之婁門，由崑山轉入太倉，此蘇、常二府之大水口也。一曰東江，即上海之黄浦。以兩浙水來，故曰東江，而黄浦、范家浜皆其委也，此松江及杭、嘉、湖之大水口也。一曰中江，即今之吴淞江也。自東及西横亙七、八十里，江口一淤，則蘇州之下流與松江之上流，俱不能洩，而蘇、松之低鄉交困矣。是吴江、常熟、常州、崑山、嘉定、太倉，以及華、婁、青浦之大水口也。吾生之初，吴淞淤塞已久，召佃起科，已成沃壤，故迹不可問矣。猶及見婁河之通潮汐，而海艘之揚帆出入也。三十年來，婁江亦成平陸。康熙九年庚戌，浙西大水，督撫飛章入告，詔凡被災之處，漕米改折，分作三年帶徵，條銀免十之三。至冬，而浙撫范公承謨思爲國家久大之計，會同江南制府麻公勒吉、撫院馬公祜，疏請開浚婁、中二江故道，以資蓄洩。得邀旨先浚劉河，越明年辛亥夏四月告成。即于本年十二月經始吴淞，朝廷撥江、浙二省正供銀一十四萬餘兩，給發士民，募夫開浚。除一夫計給工食銀二兩五錢外，甲户又倍加其值，而後遠近響應，群趨赴工。禁侵漁，嚴虚冒，分課于丞尉，董率于群倅，臨之以監司，而受成于撫憲，五閲月而告成功。役夫數萬，上海居多，大約計田一甲，出夫一名。嘉定、華、婁、青浦諸邑次之。又恐濁潮澄泥而江易淤也，復建閘于上海之北郊，以時啓閉。三江備，而浙西之水庶得所歸也。然而怒濤衝激，閘亦易毁，不三載而幾廢。當事議修，召匠計工，約費甚廣。大尹任公辰旦仍募江北石工習于建閘者修葺，費省而工約，得復舊觀。但閘雖設而水不可障，濁潮出入，去江口不數里，水已漸淺，將來又有淤塞之虞耳。

蒲匯塘介乎郡邑之間，爲海邑入郡水道必由之路，通新涇、泗涇，灌溉蓄洩，亦要渠也。蒲匯淤，勢必取道于大浦，風濤叵測，暴客縱横，幾于畏途。而陸行勞費，不堪重載,人恆患之。予于崇禎十年丁丑,初應府試,此時蒲匯猶未甚淤塞,道經于此,其後竟成平陸。十七年甲申秋,弘光帝即位南都,邑人徐思誠叩閽請浚,下其事于撫、按兩臺,責成郡倅,檄行該縣僉派塘長,鳩徒赴役。其如工費浩繁,里役不堪其苦,中人之家莫不破產從事,甚者逃亡相繼,連累波及,思誠亦因而毁家,逾半載始獲告成。而次年乙酉,大兵既下江南,總兵官李成棟克取松江,由松城而至海邑,取道蒲匯,水陸並進。八月二十五日,遂定上海。向之勞費,竟爲興朝之助,豈非天哉!康熙中,蒲匯復淤。邑紳張越九錫懌于十八年己未春,具呈撫院,請復疏浚。檄下郡縣。時以均編,塘長久廢,乃倣開浚吴淞之例,按甲起夫,並令甲户自給工食,遠役苦之,以故浚亦不如法,略通水道,草草報成。恐不及數年,又將復爲平陸耳。

上海賦役,大半出于浦東。東鄉運糧入邑,以及鄰境貿遷仕宦,由郡抵省入都,自十七保而出浦者,曰周浦塘,曰白蓮涇,曰洋涇涇。自十九保而出浦者,曰閘港,曰沈莊塘,曰杜家行。然蓮涇、洋泗淺狹,僅容小艇,不若周浦塘堪任重載也。崇禎之初,周浦塘通達無礙,其後日漸淤塞。至本朝順治九年壬辰,歲旱,業户居民各自就田疏浚,不過略通細流。其後潮汐往來,不覺日漸深廣。至十六年己亥秋,特行會試,朱岵思太史以第一人捷南宫,論者咸謂周浦塘淤塞自開,爲里黨掄元先兆。然自是以後,塘亦復即于湮,恐亦未足憑也。今惟水發潮大之汎,僅通小舟輕載,水涸則難通矣。閘港通塞不時,就予記及,亦在弘光之初,與蒲匯同時開浚,視蒲匯之工役稍差,而較諸尋常疏浚,則費亦甚廣。閘港通,則潮汐直達新場鎮,迄今三十餘年,而淤塞已二十餘載。由浦入内不三里,而萑葦交塞,砂平成陸,故道幾不可問。無論沿港之膏腴,水耕絶望,而大小舟楫必紆途而假道于沈莊塘,沈莊塞而迂道于杜家行。兼之周浦塘淤,而十七保之舟出浦者,亦必由之。是以杜行之一線水,而通大半縣之舟楫,一過冬月,其不至擠擁廢時者幾何!論者謂閘港之易塞,由于港口之横沙。年來沙長日益高大,則濁潮之入,泥澄而愈不出,欲開閘港,必須先去横沙是矣。但横沙綿亙港口,當大浦之中,怒濤衝斥,惟潮落片時可動人工,潮至則没,雖巧力無所施,去之甚難。况今塘長之役既廢,居民業户十室九空,當事者其何以爲經久之謀哉!

舊聞民謡云:"潮到泖,出閣老。"嘉靖辛亥,潮到泖,徐文貞公大拜。崇禎初,機山錢先生大拜時,潮亦到泖,可謂屢驗矣。至近年,而泖上之潮與浦中無異,即近泖支河無不浸灌,而吾郡無拜相者,不知何故。一説海口老鸛嘴向來横亙吴淞海口,近爲潮水衝決,日就坍毁,以至潮汐直入,無紆回之勢,故所被自遠,殆不可以風水論矣。即如潮汛朔望，舊以午時爲準，今邑城之潮，参前將逾一時，是其明驗也。又一説"潮到泖"二句，爲地師賴布衣所題，陳眉公《寶顔堂祕笈》亦論及之。猶憶予爲兒童時，親見一日三潮，更不知何故，此崇禎十二年乙亥秋事。邑城市河俱溢，老稚驚相歎異，是又不可以常理論矣。按《府志》自海潮決李家洪，去吴淞江口南二十里，潮信遂早數刻，故渾潮日至，泥滀日積。

康熙二十八年己巳，里人以閘港久淤，呈請撫院洪公開浚，檄行郡縣勒限起工矣。而闔邑士民，以爲此港止利東南，非關通邑要津，引康熙初年邑紳施清惠公題准"本圖水利，止許本圖居民業户開浚，不得遠助别處累民"一案，具呈撫院，准行停止。

## 災祥

災祥之告，無代無之。要以遇災而懼，則天不爲災，修救有方，則民不爲害，是以聖人慎之。史册所載，不可枚舉。以予所見災害之甚者，莫如崇禎十四年辛巳之旱。自是以來，災變不一，皆可爲略紀焉。

崇禎十四年辛巳夏，亢旱，蜚蝗蔽天，焦禾殺稼。郡守方公岳貢，聽訟贖鍰，俱責令捕蝗瘞之，動以數十百石計，蝗終不能盡。是歲大饑，越明年春壬午，有司各勸縉紳富室捐米煮粥，分地而給。饑民遠近响應，提攜襁負，絡繹不絶。甚者不及到廠而斃于路，或飽粥方歸而殞于途，道殣相望，嬰兒遺棄，婦女流離，有望門投止，無或收惜而轉死于溝壑者。是時白米石價五兩，豆麥稍差，糟糠粃稃價亦驟貴，賓客過從，餉之一飯，便同盛筵，傭募工作，惟求一飽，不問牟麥，世風爲之一變。蓋松民貿利，半仰給于織紡。其如山左荒亂，中州糜爛，尤甚吾鄉，易子而食，析骸而炊，布商裹足不至，松民惟有立而待斃耳。加以軍興餉急，欠漕米一石，時須價銀五兩有奇。本邑無米，乞糴他境，莫不破家。值邑紳張訒叟先生入掌户垣，疏請准麥折價，得允十分之二，每石折銀一兩五錢，較之米價，猶稱易辦。延至初夏，麥秋大稔，民慶更生，而疾疫大作，幾于比户死亡相繼。此予有生以來所見第一凶歲也。

十七年甲申六月，邑城有物如猴，輒向人家竊食，逐之即不見。或一家一日數至，或數家同日同時各至，于是同相震響，以驚走之，金竹之聲相聞者，數日不絶。未幾，嘉定縣有黠奴聚黨，向家長索還身契，稍遲則搶掠焚劫，逼辱隨至。延及海上，凡被猴之家，往往受奴僕之禍。時弘光稱帝于南都。六月，亢旱，直至冬至不雨，井汲俱竭。除浦潮而外，其餘支流盡涸，舟楫斷絶，陸行者假道河中，遂成坦途，争水釁者,往往鬭毆成訟。其後各從池底鑿井,深一二丈,方得鹹濁之水,澄而炊飲。甚有隨鑿隨涸,終不得泉者。令君彭公報荒疏中,有"米價貴,水價倍貴;飢欲死,渴更欲死"二語,蓋實事也。商旅不行,物價騰湧。至十二月,始得一雨連日,方快霑足,而民已困憊矣。

順治五年戊子五月十六日,烈風、驟雨、大水。二十四日戊子,又大雨,低鄉漂没。七月十七日庚辰,連日風雨,晚禾遍野焦萎。究其故,則食心食節,一莖之中,小蟲無數,即《詩》所謂螟螣蟊賊也。幸而高鄉早稻有秋,三農不至就斃耳。

九年壬辰,大旱,水竭,幾及甲申之夏。自五月至八月,外河始通潮水,若積水内池。直至次年癸巳四月十五日,方得大雨盈滿。本年禾苗俱槁,民不聊生。

十一年甲午六月二十二日庚辰,疾風暴雨,海水泛溢,直至外塘,人多溺死,室廬漂没。聞崇明之水幾及城上女墻,漂没人民無算。十二月初三起,嚴寒大凍,河中冰堅盈尺,行者如履平地。浦中叠冰如山,乘潮而下,衝舟立破,數日始泮。十三年丙申九月初十日乙卯,巳時地震,有聲如雷。十月十六日庚寅,地復震如前。

十五年戊戌八月初九日甲戌夜,大雨傾倒。至初十日乙亥,風雨尤甚,河水于午後頓增數尺。我家居址頗稱高阜,然更增寸水,便可入室矣。時予在郡城,親見府治内出水譙樓下,門内水高二、三尺,勢若倒峽,府治前人不能行,亦有生所僅見者。

十八年辛丑,大旱。自六月初至閏七月中,僅得小雨偶灑。八月望後,始得沛雨。約計十旬亢旱,禾苗枯槁,川渠俱涸,人行河底,往來便于平陸。早稻有内池積水者,間熟半收,晚禾絶種,民多菜色。

康熙二年癸卯六月至十月終,疫疾遍地,自郡及邑,以達于鄉。家至户到,一村數百家,求一家無病者不可得。一家數十人中,有一人不病者,亦爲僅見。就一人則有連病幾次,淹滯二、三月而始愈者。若病不復發,或病而無害,則各就一方互異耳。此亦吾生之後所僅見者。

三年甲辰八月初一日庚申夜,暴風,海水汎溢,及于外塘,崇明尤甚。飄來屋木家伙,遍滿塘外,往往有男婦附木而浮于海澨者。時惠禧庵禎祥爲川沙参將,冒雨衝風,躬率將士駕舟海濱,到處撈救,全活甚衆。

四年乙巳六月望後,有海鳥來止海岸。是年大水。自正月至九月,霪雨,水發凡十五次。朝廷詔求直言,許中外臣工各陳得失。

五年丙午六月十四日癸亥,暴風驟雨,河水頓漲四、五尺,坍毀民居廬舍無算。吾鄉如川沙城中喬憲副石牌坊、大聖寺脊,及里中十餘圍大樹,相傳植于洪武初年者，是日俱傾倒拔起。聞有群龍鬥于空中，雖未目覩，然從來未見此大風潮也。

七年戊申六月十七日甲申，酉時，地震。予館郡城，樓房有傾側之勢，有頃而定。後見邸報，知是日北直、山東、河南、淮揚地震尤甚。兼以水漲，衝倒城郭屋廬，人民死者甚衆。七月初三庚子，京師大雨，三晝夜不止，平地水深數尺。初九日尤甚，至晚，山西水發，衝倒蘆溝橋，橋上水高數尺，西城坍毁數丈，行人裹足，文移停閣。

九年庚戌四月，大水。五月，積雨，水勢益漲，與順治戊戌八月同。然戊戌之水計日而退，是歲則逾月如故。月杪，予往澄江，由郡城歷青浦、崑山、吴門、無錫，抵江上，皆一望無涯。六月十一日丙申，風潮大作，暴水增漲，浙西諸郡幾沉水底。歷冬逾春，此亦數十年間僅見之水災也。予作《庚戌水災聞見録》，詳紀其事。

十五年丙辰十二月己酉朔，厲風奇寒，甚于朔北。亦生平所未見者。

十七年戊午四月初五日甲戌，未刻，地震，聲如隱雷。時予在筍里館中，正草是編。田産甫畢，適逢之。六月、七月，亢旱，河水俱涸。余于四月二十六日往澄江，六月二十六日歸，舟次杜行内趙家樓，潮不得達，舍舟步至筍里，半由河底作途。後見邸報，知大江南北、河南、山東俱旱，赤地千里，京師尤甚，每日渴斃多人。皇上躬行步禱，日至天壇拜祈，齋戒禁屠。余在江上，茹素已逾半月，一路歸，絶無葷腥鬻于市肆，亦異事也。又華、婁二邑，自六月望後起，至十一月，大疫，吾鄉家至户到，病歿者甚多，或一郵而喪數十人。予有薄田在泖上，佃户不過六、七家，病歿者男婦凡三人，大概可知矣。因旱而病，戽水無力，召募無人，田多抛荒。即號稱熟者，亦皆歉收三斛。起租之田，上好不過收米二石，次者一石五斗，甚者止收石許。田家八口嗷嗷，家徒四壁，逃亡相繼。幸而浦東一帶，溝深稻早，農雖勞苦，頗號有秋。

十八年己未正月，山東、河南、江南北大饑，朝廷遣官分道賑濟。山東行旅俱絶，蓋因馬料初喂，饑民一見，啖之立盡，故騎不敢行。河南差勝，往來都下者，寧紆道從之。然人食草根、剥樹皮，千百成群，要奪官糧，當事者憂之。廬、鳳及江寧、常、鎮，俱就撫院慕公鳴鶴，檄勸所屬官紳富户，助米施粥以賑。蘇郡及松之青浦亦然。惟吾邑去歲較鄰邑頗稔，故獨免流離饑困。七月二十八日庚申，京師地震。自巳至酉，聲如轟雷，勢如濤湧，白晝晦暝，震倒順承、得勝、海岱、彰儀等門，城垣坍毁無數，自宫殿以及官廨民居，十倒七、八。壓傷大學士勒得宏，壓死内閣學士王敷政、掌春坊□□子翰林侍讀莊冏生、原任總理河道工部尚書王光裕一家四十三口，其他文武職官、命婦死者甚衆，士民不可勝紀。二十九、三十日，復大震。通州、良鄉等城俱陷，裂地成渠，流出黄黑水及黑氣蔽天。有總兵官眷經通州宿于公館，眷屬八十七口壓死，止存三口。直至八月初二日方安。朝[廷](延)駐驛煤山，凡三晝夜。臣民生者露處枵腹，死者穢氣薰蒸。詔求直言，嚴飭百僚，同加修省，發幣金量給百姓，修理房屋。自是以後，地時微震。惟初八、十二三日，復大震如初。近京三百里内，壓死人民無算。十九至二十一日，大雨，九門街道，積水成渠。二十五日晚，又復大震。下詔切責大臣，引躬自咎，備見邸報。八月初，飛蝗蔽天，自江北而南，迄于蘇、松。時余在崑山，親見其狀，心甚憂之。幸而不食禾稼，間集蘆葦之場，群集于東海之涯，不甚爲災。九月初，江鳴，聲如牛吼，三日乃止。又廣東肇慶府城東北地震，有聲如雷。九月二十四日丙辰，京師地復大震。皇上齋戒，躬詣天壇，易服行禮。十一月初九日庚子，陝西西安府及興安州地震，自早至午，震倒房屋，壓死人民無算。十一月二十四日乙卯，酉時，江南溧陽縣地震，黑氣冲天，聲如轟雷，震倒房屋，壓死人民，略如京師七月，俱見邸抄。

十九年庚申四月十八日丁丑，京師地震，自巳至午，其聲如雷。二十八日丁亥，又震，自酉刻起，連震四次，房屋動摇，官民徹夜露處。至五月十八日，尚未安寧。六月至七月望後，大雨時作，江南大水。七月杪，水方退。八月初二日夜，澍雨竟夕，水復驟漲，衝倒上海南城數丈，壓死居民七人。七月初四、五、六日，山西大同、遼州等三、四十州縣雨雹，大如斗如升，盈地數尺，積處如冰山。江南、江北大水，一望如海，罕見平陸。自常州以迄蘇、松，大疫遍地，吾鄉家至户到，談鬼事者如見。

二十二年癸亥十一月初十日，狂風大作，至十三日，嚴寒沍凍，數十年間所未見，十七日尤甚。余在筍里館中，自朝至暮，終日擁爐飲酒，而寒不能却。硯池中、用酒及醋，而頃刻成冰。黄浦中亦凍，兩塘叠冰如山。自閘港以北，中間稍通數尺一路，然冰牌乘潮而下，勢若排山，舟逢之者，往往立碎。以西則全浦俱凍，潮汐往來，皆由冰下，不通舟隻。閔行渡口略通，而冰牌覆舟死者數十人。上海董家渡渡船亦覆，死者亦如之。縣大夫親臨驗閲，重責篙師，禁止開渡。漕白亦俱停比，直至二十四日，冰始稍釋。二十七日，浦中始通船行，兩塘叠冰，猶未解也。

二十六年丁卯九月初二日，丑時，京師地震。午時，皇上傳集滿大臣九卿，面諭云："朕奉太皇太后懿旨，謂地震皆因朕過。或大臣罪輕而譴重配邊，或用刑過當而無辜受害，或帶往行圍人員困苦，各家男婦含怨，皆是朕不是，以後再不帶你們大臣行圍了。"是時因有滿洲吏部尚書達哈達奉命馳騎，隕越而死，又漢軍内閣學士吴興祖因不善馳騁被責，憤而自刎，故太皇太后慈諭指及，而聖上亦深自悔也。

二十七年戊辰五月十七等日，雲南鶴慶軍民府、劍州地震，壓死兵民營馬，震倒公私房屋，毁壞軍器、城樓、垜橋等甚衆，見邸抄。

二十八年己巳五月初五日庚子，夏至。二十五日，初陰雨兼旬，天氣涼如深秋，晝服夾衣，夜用綿被，是時病者甚衆。至秋，吾郡歉收異常。直隸、遼東旱荒，詔蠲本年及來歲田租，遣官運米分賑，京師施粥以食貧民。淮、徐皆然。直至次年春、夏，方止。

二十九年庚午三月二十一日壬子，浙江寧波府鎮海縣鄉民張希亮家，牛産麒麟，産下即斃，見邸抄。是年，三輔及山東、山西亢旱。至四月二十七日，澍雨竟日。二十九日，又雨，京城内外兼雨雹，内城更甚。五月二十日庚戌，陝西鎮原縣大雨雹，平地尺餘，豆麥壓盡，民皆號泣。七月二十三日壬子，[二十]四日癸丑，浙江餘姚、上虞、慈溪三縣山水大發，高有丈餘，田禾房屋俱淹没，因起蛟也。是兩日，吾鄉風水大作，田禾花豆亦頗損壞，見邸抄。

三十二年癸酉五月，周浦人家菊花盛開。川沙人家生小猪八口，内一猪隻眼，額中有肉角下垂。邑城俞家衖居民生子，一身兩首對面，隨産而斃。

## 田　産　一

吾鄉在《禹貢》揚州之域，田稱下下，今乃賦居上上，宜乎民窮極矣。然天下之號繁華者，猶首推焉。雖曰習俗相沿，亦地力之所出也。意者芟荒墾蕪，非復三代以前之舊乎？就吾郡一府之田論之，華、婁、青邑，畝收三、四鍾，皆石外起租，甚至一石五、六斗者比比。獨上海上田，不過石一、二斗，次則八、九斗，下至六斗起租耳。崇禎中，華、青美田每畝價值十餘兩，上海田美者每畝價值三、四、五兩，縉紳富室最多不過數千畝。無賤價之田，亦無盈萬之産也。順治初，米價騰湧，人争置産。已賣之業，加贖争訟，連界之田，挽謀搆隙，因而破家者有之，因而起家者亦有之。華、青石五、六斗田，每畝價值十五、六兩，上海六、七斗田，每畝價值三、四兩不等。田産之貴，至此極矣。厥後，米價漸平，賦役日重，田價立漸馴減。至康熙元、二、三年間，石米價至五、六錢，而差役四出，一簽賦長，立刻破家。里中小户，有田三畝五畝者，役及毫厘，中人之産，化爲烏有。狡書貪吏，朋比作奸，圖蠹虎差，追呼絡繹，視南畝如畏途，相率以有田爲戒矣。往往空書契券，求送縉紳，力拒堅却，并歸大户，若將浼焉，不得已委而去之，逃避他鄉者。中産不值一文，最美之業，每畝所值，不過三錢五錢而已。自均田均賦之法行，而民心稍定。然而穀賤傷農，流離初復，無暇問産。于是有心計之家乘機廣收，遂有一户而田連數萬畝，次則三、四、五萬至一、二萬者，亦田産之一變也。是時，數年之間，豐歉不一，米價亦不大昂，然賦役大非昔比，故惟多田者多藏。第紳户漕白已加徵十之三，士民之差派，如十六年之舡工、青樹、灰炭、河夫，亦稍稍漸起，彼越陌度阡之家，不可不思預爲之備耳。

康熙十九年庚申春，因米價騰貴，田價驟長，如吾邑七斗起租之田，價至二兩一畝。甚至有田地方，各就近争買者，價至二兩五錢以及三兩。華、婁石四、五斗起租之田，價至七、八兩一畝。昔年賤價之田，加價回贖者蠭起。至次年辛酉，米價頓減，其風稍息。

## 田 産 二

瀕海斥鹵之地，沮洳蘆葦之場，總名曰"蕩"，不在三壤之列。明興，並給灶户，不容買賣，俾刈薪挹海以煑鹽。商人運米易鹽，聊以代食而已。其後沙灘漸長，内地漸墾，于是同一蕩也，有西熟、有稍熟、有長蕩、有沙頭之異。西熟、稍熟，可植五穀，幾與下田等。既而長蕩亦半堪樹藝，惟沙頭爲蘆葦之所，長出海濱，殆不可計。萑葦之外可以漁，長蕩之間可以鹽，税輕役簡，雖有該年總催之名，税無賠累，役無長征，沮洳斥鹵，遂爲美業。富家大户，反起而佃之，名雖稱佃，實同口分，灶户轉爲佃户，利之所在，人共争之，勢使然也。本朝因之，長蕩以内税隸鹺司，較之田賦十不及一，業户以之成家，司役視爲奇貨，因于正供之外，倍加使費，然民猶未甚病也。自順治十六年己亥，江上海氛深入。次年，朝廷遣大臣蘇公訥海等，相度沿海機宜，奏遷瀕海之民于内地，並棄長蕩，不容樵採耕駐。于是盡徙山東、閩、浙以及江北、江南濱海之地，嚴禁不許人迹至海澨，片板不容入海洋，鹽課、蘆税幾幾不可問矣。吾鄉獨從南匯所守備劉效忠議，以爲松屬沙灘，素號鐵板，船不得近，不在遷棄之列，惟以浙、閩、山東等處，因遷而缺之課額均攤于蘇、松不遷之地，曰攤派，而鹽課之額極重矣。自海甯將軍郎賽駐劄吴門，放馬數千于沿海，沙頭遂爲牧地，而蘆課之税賠矣。于是民視蕩業幾于康熙元、二、三、四年間之田，即徒手授人，莫肯顧而問者。年來海禁已弛，攤派遞減，總催之累稍息。獨是沙頭自康熙元年蘆政達陽安躬臨丈量而後，上下其手者，因而獲利。迄今清丈不已，弊孔百出，監司郡縣接踵督行，職掌愈多，業户愈困。究之沙涘荒蕪，茫無涯畔，非若熟田有溝洫徑塗之限，有廬舍坟墓可以記認，圖形按册可以計畝之比。望空升科，總是賠累，遥度減賦，尤屬空談。民間有數倍之征，公家無毫末之益，將來日甚一日，竊恐漁鹽之地，群委而去，悉化爲甌脱之墟矣，可不慮哉！

濱海鹽課，自有明相沿，各場于竈户中編簽家富而蕩多者，每歲若干名爲總催。

各灶户每年輸糧于該年總催,總催從場官起批至分司處驗銀,倒换批文,解至鹽運司收庫,輾轉經承,總計各項貼費依三限完足者,大約額銀一兩,使用倍之。若後期徵比及託非其人,或爲役蠹、場蠹侵蝕者,倍價賠累三、四倍不止。自康熙二十一年,浙江巡撫王康侯國安立法,悉照縣徵民田例,設櫃于分司衙門,使納户自封投櫃,分司按限轉解運司,從來積弊,爲之肅清。然而役蠹、場蠹,百計作奸,聲言不便,必欲聳動巡鹺使者,百計挽之。未幾,王轉督閩中,其法果變,弊不能革。至二十七年戊辰,吾郡王印周先生爲大司徒,儼齋王鴻緒爲總憲,力爲主持,自封投櫃,並歸縣征,不關分司,其局始定。

# 卷　二

## 學　校　一

吾生之初，學校最盛。即如上海一學，除鄉賢奉祠生及告老衣巾生而外，見列歲科紅案者，廩、增、附生，共約六百五十餘名，以一府五學計之，大概三千有餘。比昔三年兩試，科入新生每縣六十餘名，歲入稍增至七十，其間稍有盈縮，學臣得以便宜從事。是以少年子弟，援筆成文者，立登庠序。一時家絃户誦，縣試童子不下二、三千人，彬彬乎文教稱極隆焉。順治乙酉，江南初定，學政悉仍舊制。至三年丙戌，始裁定入泮額，大縣不過四十名，中三十名，小二十名。學臣恪遵功令，不敢稍逾一人矣。然松郡俱爲大縣，縣學四十名，縣又取二十名撥入府學，則猶有六十名，去舊額不遠也。其後論者追理二年前案，謂與新例不符，將照新額以外者謂之溢額，並令學册除名，幸而已捷省解、中南宫者，不及追論。其在學者，無故被黜，士林不無惜之。至十六年己亥，又裁入泮額，大縣不過十五名，中縣十名，小縣七、八名。如吾邑大縣，連撥府學，每試所入不過二十名耳。然而新進稍差，郡材無恙，宫墻猶有色也。迨十八年辛丑，又以江甯撫臣朱國治奏銷一案，合蘇、松、常、鎮四府，并溧陽一縣，共黜諸生史順哲等一萬一千三百四十六名。蘇、松糧最重，故詿誤者最多。本年冬，學臣胡在恪歲試，所存在册與試者每學多者不過六、七十人，少者二、三十人，如嘉定學不過數人而已。胡公唱名，爲之墮淚，以爲江南英俊銷鑠殆盡也。自十六年裁額，即定歲入泮，而科不入泮之例。康熙改元，學臣孫天閑胤驥承胡歲入之後，復試童子，考取入學，被論部駁，幾至不測。賴有中州學使者同事，并力挽回，始准作將來歲入。故江南自壬寅冬入學之後，直至康熙六年丁未，方復童試。入泮之難，至此極矣。故以後學子喪氣，甚者改業，每逢縣試，不過二、三百人耳。十二年癸丑，復行歲、科兩試入泮之例，學者甫幸進取有機。旋以四方多故，國用告匱，總河臣王光裕建議暫停一歲一科考試，俾童子納銀入泮以濟河工。部議僉謂捐納既有入監之例，則入泮無容再納，惟更裁其額，則有志者盡并入監，亦足用之一法也。于是裁定歲、科入泮，大縣不過四名，中縣三名，小縣二名，幾于停試矣。十六年丁巳，始從江南督臣阿公席熙議，以爲入泮之額既窄，則多才淪棄可惜，合于四名而外有志上進者，不拘額數，納銀若干兩，即准入泮，庶幾于國用人材兩得。章下所司，議定每名納銀一百兩，准作生員。于是多者每縣納至數十名，少者二、三十名，幾過當年舊額。然而中人之産尚難勉從，單寒之家力豈能辦？徒爲富民進取之捷徑，于真才無益也。至十八年八月，上因地震修省，群臣紛紛上書，咸請亟停捐納生員，仍復入泮舊額，得邀諭旨。于是歲、科兩試畢復，仍得康熙十五年以前大縣十五名，中縣十名，小縣七、八名之額，考取入泮，後學始復有進身之階矣。

十九年春，又因安徽撫臣徐國相言，令學臣科試入泮，照康熙十五年以前舊額進取外，倘有情願急公者，仍許納銀一百兩，准予進取新生一體送學，再候歲、科兩試。後停止捐納。

二十八年己巳春，御駕南巡。詔江南、浙江二省，人材日盛，入學之額宜廣，該督撫酌議應廣之額數以聞。于是議定府學增廣五名，大縣增四名，中縣增三名，小縣增二名，與原定康熙十五年以前進取額，一體取中入泮。奉旨准行。

## 學校二

太學之選，明初最重。或由庠序拔入，或由胄子恩廕，天下之英才畢集焉，故歷朝除官與進士等。自景泰以後，納粟之例行，而太學遂濫，士林亦漸忽之。馴至啓、禎之間，俊秀雖列衣冠，官長視之，殆與富民無異，積輕之勢使然耳。本朝定鼎，革除援納之例，太學爲之一清。厥後因事間開，然而例銀頗重，隨開隨止，非大有力者不敢問，故終順治之年，選拔多而援納少，誠慎之也。康熙之初，一秉舊章。三、四年間，納銀入監之例尚停。其後以城工、河工相繼，舊例始開。既而淮上水災，流離接踵，又開賑饑之例。比昔例銀尤重，庠生二百兩有差，俊秀三百兩有零，納者猶未衆也。自十三年甲寅以後，軍需告急，事例廣開，或納米菽，或納馬草，或納鳥鎗，種種不一。近而本省，遠而秦楚，更遠而閩越，總歸大堂。計其所費，俊秀不過百餘金，廩、增、附生不過幾十金耳。于是一時向風，急公恐後，有司承旨，多方勸諭，禮貌有加，太學生員增至數十萬人，而名在藩籍未咨到監者不與焉。成均之盛，從古未有也。然而進身之途既雜，流品不無難辨，所以暴客之子，捕盜之役，盡列橋門，致大司成特疏糾參，抑亦學宫之玷矣。惟是恤其資斧，不必坐監，可以謁選，各就本省，可以鄉試，稍有才力者，咸共便之。第恐仕途壅塞，解額未廣，窮變通久之方，又所當亟講耳。

康熙二十年辛酉,以雲南蕩平,四方無警,詔凡因軍興所開各項各省捐納事例,盡行停止。惟向來舊例,生俊援納入監者,照康熙十四年以前納銀入監。于是賢關有清汰之機矣。

二十八年己巳,因畿輔及山、陝、淮南、淮北歲荒,御史周士星題請天下郡縣修立常平倉,令職官得納粟陞級,及生員俊秀得納粟入監,各貯本地常平倉,以備饑荒賑濟。既而科臣譚瑄條奏,沿邊郡縣陸運多費,請照各省捐納米穀數目量減,以示鼓勵。奉旨准各衙門合議,各省俊秀納米二百石或穀四百石,廩、增、附生員以次遞減至米八十石,或穀一百六十石,准作監生。其直隸及山、陝沿邊郡縣,減半捐納。其納銀舊例,暫行停止,俟常平倉積貯既足,督撫題請重開。

## 學 校 三

前朝學校最盛,廩貢最難。凡歲、科兩試,不列一等一、二名,無望補廩。甚或有一、二名,而無缺可補者。廩生非二十年之外,無望歲貢,甚或有三、四十年,頭童齒豁,而始得貢者。蓋材多則難以見長,人衆則艱于須次,理勢然也。然一登廩册,即歲食餼銀一十八兩,令長欲給印串,即扣本户田糧,而本生尚不願領,以爲糧銀可以漸輸,廩餼分應取盈耳。一叨歲薦,即給旗匾銀一百二十兩,可作赴京廷試之資。廷試後,教職可立授也。本朝之順治九年、十年以前,歲貢銓選與進士等。其後以度支告匱,而廩餼遞減,銓政壅滯,而歲貢停選。諸生非中式,無由進身,沾升斗之禄矣。馴至十八年奏銷而後,學校幾空,遂有今年補廩而明年即貢,年未二十而登歲薦者,貢之易從來未有也。府學廩缺至三十餘名,縣學缺至十七、八名,歲、科一等之末而亦得遞補者,廩之易亦從來所未有也。自康熙十三年軍興而後,廩餼盡裁充餉,廩與增、附無異,歲貢開援納之例,不論廩、增、附生,俱可歲貢,監生亦如之。大概由廩起捐者,納銀三百兩,由增者四百,由附者五百。既欲銓授教諭者倍之,訓導稍差。今日取庫收,明日即報貢;今日納急選,明日即注銓。而廩生之挨貢者,旗匾盡裁,不納急選者,終無銓授地方之期。即急選之中,有先用,有先先用,有急急選,有即用,苟非即用,亦在須次之列。歲貢與廩生無異,極盛而反,又勢使然,是又廩貢之變局也。自康熙二十年,海宇蕩平,停止各項援納之例,獨歲貢仍許生員捐納。至二十六年丁卯二月,禮部題請停止歲貢,廷試竟令本省學臣考試,彙集試卷,造册報部,不必到京,以免年老長途資斧之費。其銓選訓導,照舊挨選,人亦便之。是年五月,又以兵科給事中王紳疏請,停止歲貢捐納之例,户部奏覆邀准,歲貢之途始清。

## 學　校　四

前朝惟京師有武學，郡邑無之。凡應武科鄉試者，雖謂之武生，要皆學業粗疏，負材矜氣之子弟。或原屬軍籍，而學書不就者，則習《武經》，學弓馬，中式則爲武舉，不中則依然齊民耳，無所謂武生員也。崇禎之季，始詔郡邑考取武生員，并入學宫，令督學考校。然而積習輕武，苟有志者不屑應試，學臣亦視爲具文，或有無多寡，不拘定額也。迨本朝順治之初，猶未舉行。九年、十年之間，始照舊例增設，而應試者尚無其人。十一年甲午，石仲生申以翰林侍讀督學江南，檄行郡邑，考送儒童，猶未及武童也。時惟欲假衣冠以便衙門出入者，或浼縉紳向學臣批案行學而已。故雖有武生員之名，而人不知之。丙申以後，始命文、武生童一體考校，而應試者稍稍間出。迨十四年丁酉以後，裁定入泮大縣不過十五名，武亦如之。于是不得于文者，翕然應武，有司亦明知其故，假以禮貌，殆與文生等，而從事者益衆。至康熙十五年丙辰，又裁入泮四名之額，而應文試者愈難，武則仍舊，歲入泮而科則否，十五名之原額，猶未減也，宜乎求進取者盡入武科矣。而丁巳之歲，求得武學者反緩，直使二十名之額，過半出于單寒，是亦人情之所不可解。越二年己未，應試者復多，幾至額不能容，豈盡由司衡之故哉！

十九年庚申，令學臣暫停武生入泮考試。武童有志進取者，每名納銀五十兩，准爲武生員，惟納一次即行停止，以後仍舊考取。

## 學　校　五

考規之嚴久矣。聞之前輩，悉如《會典》所載，即如縣試童生，則有蓬廠、有供給，彬彬乎甚可觀也。等而上之，府則視縣三倍矣。再等而上之，學院則又視府十倍矣。府、縣試之寬簡，自禹修方公守郡始。方公守松十四年，予初應試，猶及見之。其年蓬帳雖上不加幔，下無板鋪，而高猶數丈，明牕軒豁也，不搜檢、不瞭望、不編坐號，然而覆試最嚴，弊竇肅清也。而且簡竿牘，絶苞苴，每一案出，前列數十名，皆真才也。若學院則供帳之盛，擬于王侯，爲諸上臺冠，而規矩嚴肅，視場屋有加焉。諸生府、縣季試，則有供給、有激賞，而規矩全寬，録科則嚴肅矣。學院賞銀：一等每名一兩二錢，首名倍之；二等八錢，三等三十名内則備紙筆，花紅俱在外也。

供給每人餅餌八,時果數枚,擺列無虚席也。他如各上臺之觀風最多,自撫院代巡而外,巡差、巡屯、巡江、巡漕,下逮監司,莫不各有供給。湯飯茶點,一如郡縣。季試賞銀,一如學憲,而惟鹽臺爲更豐。即不當堂給發,吏胥罔敢乾没也。本朝定鼎,因之者十餘年。後以軍興節省,錢粮遞減,應試者日少而規矩亦日寬。賞銀供給之薄,府、縣蓬廠之卑陋,自學臣改道始。賞銀供給之盡裁,府、縣試之不蓋廠,自奏銷以後入泮減額始。是時各縣院停差,觀風賞銀俱廢矣。至康熙十三年,户部酌議損省,而後修廠、協濟,派及諸生。諸生試卷以及學臣供應,並發價自備矣。猶憶昔年,每遇歲、科兩試,水次停泊,舳艫數里,高艑畫舫,多如櫛比。今皆小艇,數亦寥寥,稍可容膝者。每逢上臺徵舡令下,縣邑得而封解之。亦可見物力之日艱,人心士氣之不振,而時勢之多故也。并記于此。

小試之提調,向以府、縣印官爲之,猶鄉試都下用京兆尹,各省用方伯,重其事也。昔年外省學臣俱屬監司,守令猶必親提調之任,南北兩畿學院更無論矣。自順治十一年甲午,總制馬公國柱建議,以時方多故,正印官不應輕離地方,每逢學臣考校,始以府佐提調,以後遂爲定制。然而試畢考察,猶親到焉。後改學道,無考察之體,府、縣印官罕至,惟有事相干者,間一到耳。

縣試之整肅,惟崇禎七年甲戌劉念先先生潛來宰吾邑,最爲有法。是時,應試童生不下二、三千人,先期蓋廠北察院中,借取總甲棹杌,編號排列,用竹木綁定,不得動移,將儒童姓名,編定次序,如院試挨牌之法。各路巷栅,先遣官役把守,朝不得早開,獨留學前一路。諸童俱集廣場聽點,自擁高座,以次唱名給卷。領卷畢,即向東轉北,由東栅入試院,卷上編定坐號,入場對號而坐。又分號出題,題即密藏卷後。既封門,方示以題之所在。外無擁擠之擾,内無傳遞之弊,亦吾生所僅見者。其後婁縣初分,真定李雪生老師浣首來爲宰,以三月二十五日縣試,二十八日覆案,全案並出,覆試二十七名,正取二百五十名。初一日内衙覆試,弊竇肅清,試卷隨交隨閲,面定甲乙,縉紳薦剡不及進,胥役上下無所施,故余列覆案二十五名,拔置第二名,由此入學,亦縣試之良法也。

府試之嚴肅,惟順治四年丁亥盧公士俊守松時,搜檢瞭望,坐號點名,一如學憲之制。是時法令森嚴,人畏盧之嚴,罔敢紊越。後康熙六年丁未,張公升衢守松亦然。要皆官備棹杌,故可使之恪遵規矩,其他令童生自備棹杌而欲其守法者,斷未有能從者也。

新生之撥入府學,發案時不之知,迨紅案轉,方行分撥耳。自順治戊子,蘇次公銓科試入泮,始于發卷拆號時,即撥明府學,另列一案,在各學之前。其後或先撥,或後分,各隨學使者之意,不得以舊例拘矣。

舊例,諸生入泮,必取府、縣考試原卷,與入學試卷一并連釘。覆試之日,給發新生,令覆試所作文即謄于入泮試卷之後,以對筆迹異同,防頂代也。順治丁酉,予初入泮猶然。至康熙初,始廢連三試卷之例,令新生另備試卷覆試,然而入泮原卷猶于試朝發新生閱視,府縣試原卷,提調官猶帶至公寓以備吊取也。自援納之例興,并入泮原卷亦不發出,遑問連三試卷者。猶憶明季予初應試時,入學案發後,凡府取童生院試落卷並發出,令人自閱,以示至公。諸童生不入泮者,並馳驅而往,覓視落卷以驗己之得失。國初猶然。順治五、六年後,此典遂廢。嗟乎！所取非所好,所好非所取,卷之上下,主司已不堪自問,焉堪問世耶！是亦考試之變局也。

號房自鄉會場以及學使者考試,俱列東西,兩文場南面而坐。至康熙十八年己未,劉文宗木齋果歲試于崑山,吊考蘇、松二府生童,忽改面北而坐,亦一變局。坐號舊例,于唱名給卷時,當堂印浮票上,出場交卷時揭去,故必俟拆開折角彌封,方知編號姓名。今坐號先印卷面,給卷隨即印點名册上,一望瞭然,不必拆號而先知姓名矣。舊例發案時,上書所編坐號,下填姓名,其後徑填姓名,不著字號,已覺太簡略矣。自康熙十七年捐納生員始不榜明姓名,案上止列所坐字號,自各記認。至十八年己未劉文宗歲試,發案陸續懸掛,前後名次俱不可辨,又一變也。

童生府取,在吾生之初,已無公道。凡欲府取者,必求縉紳薦引,聞之前輩,每名價值百金。應試童生,文義雖通,苟非薦剡,府必不録。當時入泮,每縣六、七十名,府取不過百餘名,文理稍順者,竭力營謀,府取入泮,直如拾芥。故當日童試不難于入泮,而獨難于府取,謂之府關。自方禹修先生來守松郡,始拔真才而取額亦漸廣,然每縣所拔孤寒無過二、三十名,而取額直多至三、四百人,故府取之價,縉紳家亦自貶。方在任十四年間,自五十遞減至一、二十兩。

本朝順治之初,郡守考校,大概如方。惟李茂先先生守郡,力破情面,概絶竿牘,獨府取略事通融。時兩旁勢要縉紳每薦不過二、三名,以故價亦復昂,每名增至三、四十金,後此遞減至二十金,以至數金。至康熙之初,入泮額減,府取照舊,故每名所值不過三、四金。及捐納例開,入泮減至大縣四名,府取價值愈賤。馴至十八年己未,劉木齋宗師無不收之,府取價值每名不過一兩,甚至有五、六錢者。府取之濫,至此極矣。十九年庚申,户部等衙門會議科臣余□疏内一款,凡應試童生,每名納銀四兩,該州、縣給與本生印票,赴道投卷應考,不必更由府、州、縣録送,省其資斧,以濟軍需,是或一道特真正孤寒,四金亦不易辦耳。

趕積者,賫貨隨學憲所在開市。惟崇禎十三年庚辰,陝西張公鳳翮督學南畿,歲試臨松時最盛,古玩珍異,比户而列。是年,因試院東西房租過昂,乃約會俱開市于對河莊老橋南北街上。一家陳列,至值幾千百金者。鼎革而後,兵燹之餘,日漸遞衰。年來積市上,惟書鋪尚多,然亦無甚價重之書。其餘不過略陳尋常應用之物,古玩絶響,亦世風之一變也,因附于此。

舊例,童生入泮,于覆試後一日,即着公服,各學師率領向文宗謁謝,行師生禮。文宗躬率新生先于試所文廟内參拜,然後各回本籍。俟發紅案,發各府、州、縣擇吉迎送入學。國初猶然。自順治七、八年後,新生進謁文宗畢,始令各學師率領謁廟,而文宗躬送之禮遂廢。康熙而後,并學師亦不率領,諸生各從師友,或三或五,先後到廟而已。

舊例,上海縣試童生,附南匯所,如金山衛附于華亭之例。納卷、命題、出榜,俱别于本縣,府取入泮,總歸于金山衛學。極盛時,南匯縣取二、三百名。崇禎八年乙亥,予姊夫羅尚闇名士傑,南匯首名,猶仍舊也。本朝順治二年,科試時,人驚風鶴,應縣試者總計不及一、二百人,無願屬南匯者,以後仍之,此案遂廢。今惟華亭仍帶試金山衛學如故耳。

## 禮 樂

傳曰:“安上治民,莫善于禮,移風易俗,莫善于樂。”禮樂者,馭世之大防,而致治之原本也。三代以降,禮樂不可問矣。孔子曰:“禮云禮云,玉帛云乎哉! 樂云樂云,鐘鼓云乎哉!”周季且然,况今日耶! 以予所見,玉帛鐘鼓之文,三、四十年間又不無變遷之異,故略舉數端,以概其餘。若夫制作之大,中和之微,更非草茅管見所敢議爾。

冠禮,古人最重。予幼聞父執行冠時,尚邀冠賓,三加元服,一如古禮。及予所見,初冠者出見親長必拜揖,親友見之亦必揖而稱喜。余冠于順治之初,猶習舊文也。近來三歲童子即加元服,與成人無異,不擇吉日,不謁家祠,其設香案,參天地,拜父母,盛服筵賓,諸禮俱廢,古制蕩然矣。

婚禮隆殺,以予所見,大概如常,獨迎新綵轎日異。當崇禎之初,輿服止用藍色紬,四角懸桃紅綵球而已。其後用刺繡,未幾而純用紅紬刺繡,又未幾而用大紅織綿,或大紅紗紬滿綉。輿上裝綴用大鏡一面當後,或左右各一,後用數小鏡綴于頂上,更覺輕便飾觀。今俱用西洋圓鏡,大如橘柚,雜于五綵球中,如明星煌煌,綴綵雲間,華麗極矣。輿上左右向,各懸染紅綵篩,不知何所取義。順治以來,踵營中之俗,篩上各加箭三枝。今則不懸轎上,而以兩人執之,夾輿而行,尤爲馴雅。

喪禮,不古久矣！然余幼所見,猶不盡廢。凡守制而稍加禮者,三年之内,衣冠必麻,間用白布,不緝不縫,不與吉典。縉紳輿服,必以白布或麻,居家器用不用彤□。治喪之後,凡祭奠者必致胙,出謝親友必徒步,不乘轎也。今則衰麻幾廢,間用白布爲袍,出見賓客必加黑色外套。白輿之上,蓋以雨衣。帽上惟去紅纓,或用白布爲頂,亦惟初喪則然。若期功之服,幾置不問矣。縉紳之家,治喪不致胙。非縉紳之流,謝孝或乘肩輿,嫌其喪服,反以徒行爲不雅,相習成風,恬不之恠,是風俗之變也。

祭先大典,所以致其誠也。以予所見,吾邑縉紳之家,如潘、如陸、如喬,家必立廟,設祭品。四時致祭,主人必公服,備牲牢,奏樂,子孫内外皆謁廟,自歲時以迄朔望皆然。喬氏家祠内,椅桌亦按昭穆不移易,如夫婦二人者一桌二椅相連,三人者一桌三椅相連,左右各分屏障,代不相見,雖非古禮,亦見專誠之意。其餘祭器之不他用,更可知已。諸士林之力薄者,或不能備物,要之稍知禮法者,必盡其誠。今則縉紳家不立廟,亦不備物,而寒士無論庶民,亦益無論矣。

古樂不可見,其來更久。予幼時尚聞郡庠、學宫樂器猶備。每逢春、秋丁祭,鐘鼓、管籥、笙簧、琴瑟、鞉磬、柷圉之類,悉出陳列。舞則朱干、玉戚、鷺羽、鷺翿,俱令黄冠羽士服皮弁黄衣,按歌出舞,晝地爲佾,庶幾古風。自鼎革之際,樂器失亡殆盡。順治中,予嘗入廟觀祭,惟編鼓、鐘磬、簫管、琴瑟之屬,僅存什一。至于巨業、崇牙,無從復問,黄冠晝地而舞,徒存其意,鷺羽、鷺翿不可得見矣。廟祭如此,家樂可知。他若尊彝之屬,亦俱散盡,反不如吾邑學宫尚完。然而樂器、樂舞,邑庠更不可見也。其在民間之樂,向來如常。近有西洋琴瑟之類,俱用銅絲爲弦,彈之聲甚淫麗。昔于江上,聞邊關之調,悉用胡琴朔管雜弦索而奏之,頗異時音。軍中往往以此爲樂,民間尚未習見也。最可異者,邑城近習,苟非縉紳官長在座,則歌兒奏技皆列坐彈唱,是雖無關于樂要,亦樂工之變局,惜未有起而正之者。

初喪殯殮,昔年雖縉紳之家,概不舉樂,惟服孝日,用鼓樂耳。今則中人之産,殮時必鼓樂發炮矣。報赴鄉紳,惟以知事家人出名。具呈郡縣,不刊訃單也。其後以白全帖印訃單報親友,自縉紳之喪始。數年以來,始用全幅涇縣連泗紙刊刻大字,不獨縉紳家行之矣。其喪中孝帖,向用連泗紙,今蘇俗改用奏本白全,而吾郡尚仍舊制。恐幾年之後,好事者又將效其尤耳。

前朝縉紳大老之喪,但有行狀,墓志、墓表及神道碑、家傳,皆藉手于名公鉅衮,無孝子出名之行述也。行述、行略之刻,自順治中始。其初縉紳大老家間用之,其後凡屬縉紳皆用,今則士流亦效之。恐日後濫觴,流及市井輿隸之温飽者,從風而靡耳。更有身後稱待贈者,必其子孫列于士林,或已入仕籍而未蒙綸誥者,親友從而頌禱之。後則概用,若爲固然。今則子孫自稱之矣,習焉不察,可發大笑。

婚姻六禮,貧家久不能備矣。至于納采、問名,庶民寒陋者,亦所不免。以余所見,順治戊子年,民間訛傳朝廷將采女童入宫,城鄉有女之家,婚配者紛紛,無論年齒,不擇門第,朝傳庚帖,晚即成婚,儐相樂工,奔趨不暇。自早至暮,數日之内,無非吉日良時,陰陽忌諱,略不講擇。然而是時婚家亦不見干犯不祥,始知選日合婚,徒多炫惑耳。至康熙壬申十一月,復然。然朝廷正選旗下女童,不及民間也。先是六月中,昌兒家信内云:晤禮部郎陸曾庵先生云,將有如漢制選侍之舉。至八月而不聞,將謂中寢矣。不意十一月望後舉國若狂,然而婚嫁者因此盡削繁文,亦便民之事,故當事者不禁,亦聖人從儉之意也。

## 科 舉 一

原闕

## 科 舉 二

舊制:以辰戌丑未年二月八日,設科會試。獨崇禎十六年癸未,以流寇充斥河南,已停壬午鄉試。各省計偕舉子道阻難集,改至八月會試。故事,會元大概非鼎甲即館選。惟崇禎庚辰會元楊瓊芳年邁中式,不得入詞林,皆會試之變局也。逮乎本朝順治内戌會試,一仍舊典。尋以開創之始,加恩士子。是秋,再舉鄉試。次年丁亥春,再舉會試,又出常格之外。至九年壬辰,會元程周量可則以文體被論,不准殿試,至康熙中始復。十五年戊戌,以滇、黔新定,計偕士子不能如期到京,詔緩一旬,于二月十八日始試初場。是時懲丁酉之役,禮闈嚴肅與棘闈等。《四書》三題,皆奉欽定,于試朝特命大臣齎至貢院,繕刻頒發,中式者四百人。次年己亥,又以海宇悉平,需材正急,秋八月再行會試。吾里朱岵思錦,由此掄元入館職。自十八年辛丑,會元陳鐵山常夏始補外缺。其後,康熙甲辰會元沈昭子珩、丁巳會元黄礽緒,俱不得登翰苑。庚戌會元宫宗衮夢仁,以冒籍被論,雖旋即辨明,而不及與殿試。及至癸丑會元韓元少菼、丙辰會元彭凝祉定求,相繼取大魁而宫亦與登館選,是亦本朝前此所未有也。康熙二十四年乙丑,會元陸肯堂亦狀元及第。欽定會場《四書》題目,始于順治十五年二月,御史趙祥星題請。至康熙二十四年乙丑,禮部請仍照戊戌科例,欽定第一場題目,于試期前一日午時密封付試院,其餘考官擬出。以後,順天鄉試亦然。至康熙二十六年丁卯八月初一日,上諭:"順天題目,竟自主考出,不必請旨,試卷竟取,亦不必進呈。"

從來會試分南、北、中卷。順天府、延、保二州,盛京之奉、錦二府,山東、山西、河南、陝西爲北卷。江西、浙江、福建、廣東、湖廣五省,江南之江甯、蘇、松、常、鎮、徽、甯、池、太、淮、揚十一府,廣德一州爲南卷。四川、廣西、雲南、貴州四省,江南之廬、鳳、安三府,徐、滁、和三州爲中卷。後因滇、黔、川、粵道梗,會試至者甚少,自康熙丙辰去中卷,止分南北。二十四年乙丑,臺臣劉□題請復中卷,奉旨該部議奏。

二十七年戊辰,禮部以皇祖母太皇太后喪,請展會試期于三月初九。上念舉子貧者資斧難繼,命緩十日,于二月十九日初場。又從臺臣陸祖修議,考試官閲卷,舊例鄉場無過九月朔日,會場無過三月朔揭榜,恐内簾官草草塞責,致有遺珠之歎,特並寬期十日,務俾細心校閲,以拔真才。至于謄録所苛求細故,貼出不謄之弊,亦行禁止。除真草不完篇及題目差落,以至七夫七蓋七結字相同等,照舊貼出,其餘小過及犯試官名字,俱不准貼。若墨塗油污卷面甚者,稟明監臨給换。

康熙庚午,順天同考試官俱聘知縣,不點中、行、評、博,從上年左都御史董納議也。向例十五房,是科因任縣知縣賀勛聘而不到,内監臨糾參,并春秋爲一房,止十四房,從正主考王掞請也。

## 科舉三

臨軒策士,鼎甲最貴,鼎元尤貴焉。然其間遭際亦有不同。崇禎庚辰,魏公藻德鼎元不二年而大拜,何驟貴至是也。迨甲申都城陷,而卒爲闖賊所害。是科下第舉人及歲貢生俱蒙召對,稱旨者數十人,並賜進士。進士亦召對,稱旨者即授科道,亦變局也。癸未鼎元楊冰如廷鑑,不半載而遭國難,且罹清議,終身廢棄。是科榜眼爲溧陽陳百史名夏,歸附本朝不三四[載](戴),由少宰而大拜,究不克終。探花宋其武之繩,亦附本朝,官不過編翰耳。即以本朝之鼎甲論,惟順治丁亥之吕公宫,由狀元未幾而大拜,其餘即有位列大僚者,皆未登揆席也。他若鼎元戊戌科孫扶桑承恩、辛丑鼎元馬章民世俊,俱屈于短馭,不克大展,尤可惜焉。惟韓、彭二元之會狀聯綴,玉峰徐氏立齋元文,首中順治己亥鼎元,伯兄健庵乾學,繼中康熙庚戌探花,仲兄果亭秉義,又中康熙癸丑探花。同胞兄弟,三登鼎甲,亦間世一見者耳。

康熙二十八年春,徐元文以户部尚書拜相。

殿試向于會試後三月十五日,至康熙壬戌,因駕幸奉天,五月鑾回,部議九月初七日殿試,特旨改九月初一日。至初四日,傳臚賜蔡昇元、吴涵、彭甯求等及第出身有差。

康熙乙丑科,三月二十日殿試,賜會元陸肯堂狀元,第二名陳元龍榜眼,黄夢麟探花及第。因是科會榜前十名,皆主考官閲擬,將硃卷重謄進呈,請上親定名次,于揭曉前一日封付貢院,同諸中式試卷,公同拆號填榜故也。上定陸肯堂爲會元,御批示主考諸臣曰:“朕未習時文,覽其大概,此卷時文格局醇正,二場工穩,三場議論好,猶恐未妥,卿等細加斟酌。”皇上之虚懷延納蓋如此。

## 科　舉　四

進士一科,鼎甲而外,最重館選。由庶常教習,養成宰輔之器,非泛然進士之比。前朝不由庶常,不入詞林,惟崇禎末間有之,推知行取入詞林者。不由詞林,不入内閣,自嘉靖後間有以外官而入閣者,要知皆非常格也。是以舊制殿試後,于新進士中妙選少年美質,學富才優者,命學士爲館師,俾教習之,課滿之日,以留館爲貴,外補科道猶怏怏焉。本朝因之,始用點選。然每科得人亦惟此爲盛。第年來留館者少,外補者多,外補科道者少,補部曹者多。康熙之初,會元如陳、如沈、如黄,俱不得館選,惟宫以下科殿試,反始得之。庚戌而後,天子右文崇道,每選庶常,必採一時文望。故凡解元之登會榜者,必獲館選焉。然而求賢若渴之心,惟日不足,故于康熙十七年戊午,特開博學鴻儒之選,命中外大僚各舉所知,無分山林朝野,在任在籍,並得應舉。詔以八月會集京師,上將親試之。後以道里遼遠,事故不一,不能遽集,直至次年己未三月朔御試,取已亥進士彭孫遹等五十人,分爲二等,充纂修《明史》官。有職者照原官補翰林院侍讀,無官者悉除授編修、檢討,是又擴館選而大之矣。

康熙壬戌,以殿試改期,館選至十月初八日始點。

從來翰林官無每年外轉之例。康熙二十五年丙寅,上從部臣言,倣吏部屬官及科道每年外轉之例,每年掌院學士指摘四百員,會同吏部列名上請,候旨降外。自修撰而下,對品外調,修撰調府同知,編修調知縣及三司首領,甚而有革職者。是年,侍讀高萊以不謹革職,編修馮勗等二人補布政、鹽運司首領,亦翰林之變局也。至二十七年戊辰秋,奉旨停止。

# 科舉五

鄉會試中式者，各刻硃卷，分送親友。舊例，本房座師在第一頁上總裝批語于中式名次籍貫之後，四六駢儷，連篇累牘，以後則同考官依次小批，末後兩大座師批取及中字。自順治己亥後，始革去分房名色，同考試官公閲公薦，遂無四六總評。是時，除受業師及教官而外，凡房師、座師、薦主及拜認等師，一概奉禁。會試中後，刻有大小題房稿，改稱京稿。向有同門稿，彙集一房，所中牕稿選刻，至是亦禁。向有《序齒録》，彙刻同年中式姓名、字號，并所生年、月、日、時及曾高祖、考妣、伯叔、兄弟、子姪，婚娶履歷，每人一頁，各依年齒，編列前後，裝訂書本分送，時已先行禁止。于是鄉會中式者，將前項履歷另刊一頁，裝于所刻硃卷之前，别有履歷一本，每人止刻字號、籍貫爲一行，次列三代脚色爲一行，人共二行，亦變局也。刻硃卷者，倣硃卷體，既列姓名于前，題下例無姓名，今題下復刻矣。由廩生中式者稱某府州縣學生，增稱增廣生，附稱附學生。今廩生中者稱廩膳生，非體也。

康熙己未，御史大夫魏公象樞建議，以公閲反有推委之弊，不若仍舊分房，倘有情弊，可以專責。諭旨遵行，始復舊制。鄉會大主考，舊例一正一副，今會場添至四員，或更用總憲掌科參列，防範愈嚴矣。江南主考，向用詞林，後亦間用科臣部屬。至康熙戊午，用太僕少卿熊君一瀟，亦是特簡，而是科拔取最公，凡大有力者俱不獲售，可謂不負君恩矣。副主考李公迥，刑科給事中，亦清介著望，宜放榜後，翕然服衆也。是科監臨屬慕公天顔，乃江甯巡撫也。科條寬簡，亦從來未有。凡試卷除不完及污壞最甚而外，一概差失，並不許粘貼。宿場至次日午後，猶未謄完者，亦不許搶卷，直待謄完後類收，多士德之。康熙二十一年壬戌正月，恭上太皇太后徽號，覃恩中外，凡牌坊、旗匾，以及舉、貢、監費，花紅銀兩，前因兵興裁減者，准照舊全給。

向來鄉會硃卷，惟中式者解部，餘皆棄去，好事者各就本府、縣收歸，俟諸生之有志者，每卷出銀二、三錢購閲。其間點竄，往往有未竟，甚或不染一筆者，亦付之無可如何也。順治辛丑，始令會試硃卷，無論中式與否，必須細閲加評。至康熙二十年辛酉鄉試，以科臣建議，凡硃卷同考官務須細加評閲，中式呈堂者明註加褒，不中者亦必分别詳評，以示勉勵。揭榜後除中式硃卷解部外，其落卷即令本生各自領歸，倘有故誤，許本生據實告部。吾友周子鷹垂卷，因同考官點竄破句，三場誤謄他人作，具呈禮部題參，將同考官及收卷謄録各官降革有差，士論稱快。

鄉會試録，舊例放榜後，將中式姓名依次開列，下註某府州縣學生，或增廣，或學生，或貢監生及習某經。前開監臨、提調等各職銜，次列主考及同考、彌封、對讀以至巡綽、供給等職銜,次列三場《四書》《五經》、詔誥、論表、策問題目,次列前五名一、二、三場文字。彙刻印訂成本,兩主考爲前序,監臨爲後序,進呈後分給中式之家,甚盛典也。自順治十八年辛丑停刻,至康熙八年己酉停刊。十四年乙卯,因浙撫陳東直疏請停止,節省費也。二十三年甲子,因俞科臣請,仍刊刻。及京師放榜後,物議沸騰。九月初三日,上諭九卿、詹事、科道、進士出身者,即刻赴午門外,公同磨勘順天鄉試硃卷,將不合式原中舉人汪起蛟等十二名,交禮部看守。主考秦松齡、王沛思,同考官王諄等七員,着吏、禮、刑三部會訊口供。十一日啓奏:徐樹屏、徐樹聲、史麒生、汪起蛟、朱廷迪五名,革去舉人。其餘七名,俱罰停科。主考二員、同考二員,俱革職。其餘同考,降罰有差。奉旨:這次順天鄉試,情弊顯然,嚴審立見,朕從寬免其嚴審。其文體不正、文理悖謬舉人徐元文之子等,革去舉人,其餘照例議處,順天府進呈題名録。奉旨録内第二名高曜,是何項監生。八十七名陳于荆,江南人,乃註廩膳生,明係訛誤,着明白具奏。原録并發。

從來京兆鄉試,同考試官,例用中、行、評、博六部主事,及科甲出身知縣。康熙二十六年丁卯,左都御史董納建議,以爲中、行、評、博主事官階閑散,與在京監生平日往還交好,入闈恐有情弊,主考監臨向無統屬,一時難以稽察,請停其分房,專用科甲出身知縣。直隸不足,轉聘鄰省科甲出身教官。至期督撫遴選二十員,酌量道里,俱于八月初一日至順天,初五日同主考官同入貢院,庶無前弊,奉有諭旨遵行。至八月初一日,直撫咨取簾官齊集京師。初二日,京兆尹奏聞,皇上傳九卿諭曰:"往年開列京官人數較多,尚防囑托,今外縣起送二十餘人,内進士不過十餘人,而所用者十六房,外人何難揣測,逐處鑽營,合照舊例,速開京官進來,朕行親點。"隨于本日開進,二鼓時屏去左右,上親自批寫封固,發内閣,于初六日中堂開拆,依單點進貢院。

康熙二十六年丁卯,江南鄉試,例值上江安徽撫臣監臨,安徽藩司提調,以撫臣薛斗柱内陞,勅印在兩江總督董公納所,而新撫楊素蘊被命未幾,場期將届,應聘内外簾官,安藩柯永昇遂請總督監臨,處分已定。至八月初□日,楊撫兼程而至,未往安慶抵任,先來省城。董公遂以監臨事權還之,通省士子已竊議其躁而非體矣。至二十八日放榜,省城生監見中式者半屬膏粱子弟,同聲不平,遂于省城遍貼主考狥情受賄,相率于九月初三日先往文廟鳴鐘伐鼓,跪哭櫺星門外。常熟知縣楊震藻,房官也,道經廟門下轎,諸生監群共毆之,碎其轎。又遇監試鳳廬道楊嘉,衆擁而前。楊云:"吾乃外簾,不司去取。"衆舍之。而往正主考米漢雯署所,鼓噪肆罵。米令家丁三十餘人執械馳逐,衆並驚散。米丁執十三人縛送臬司李國亮,轉發江寧府署府粮廳趙顯,又發上元縣收審。米復報聞監臨,請具疏上聞。初四日,上元令于述統審十三人中,惟一生、一監、一武生,餘皆經過平民,詳覆臬司。臬司會議欲將平民釋放,安藩不可,楊撫即于初五日具疏入告。時總督董公奉命往淮上會勘河工,省中司道具文詳報,董公于初六日在高家堰亦具疏題明。二十六日,督府回署,生監百餘人具呈控告。董公召入,當堂細訊顛末,云已拜疏,諸生各回候旨。次日,即傳臬司,將十三人暫釋,候命下定奪。督撫章下禮部,部議請勅督臣查審具題,後遇恩赦俱免。及禮部磨勘江南硃卷,不合式者十人,各罰停會試有差。米漢雯及副主考龔章,俱照不謹例革職。

## 江南諸生監具控督院呈詞 據省報抄録

爲虐士虐民奇慘異變事:切以鄉試大典,不第朝廷名器攸關,士風視爲隆替,是以聖諭諄諄,務必矢公甄别。豈意江南典試之米漢雯,壟斷操觚,公行賄賂,一榜之内,富貴者十居八、九,而通省孤寒未收一、二,雖蹁躚王、謝,不乏奇英,而落寞窮儒,豈無特出?致十四府之生、監,激爲不平之鳴,拜訴先師後,相與指摘。榜下千人擁擠,兼之風日摧殘,故守吏有毁榜之報。然生未經身列,亦不敢擅置一詞。至揑稱打毁公署,皆因通省士子遵奉部文,求發敗卷,而米漢雯内愧于心,羞對多士,叱逐門外,士子遂而星散。豈漢雯慮物議洶洶,欲借端搪塞,陡遣虎僕數十餘人,各執鐵尺短棍,邀截通衢,凡遇往來士民,即行捆綁,思以惡黨寃害無辜。生尚受毒刑,靴傷耳門,棍被太陽,雖一息僅存,而遍體鱗傷,復送上元縣監禁。堪憐守法士民,或垂白雙親,望禁門而慘籲;或髫年稚子,被毒刑而哀啼。始以苞苴公行,而激變通省士子,繼以黨棍寃民,而驚駭各行罷市,誠近來未有之奇變也!伏乞太宗師、大老爺,親提嚴究,并賜拘米漢雯質審情形,按律參處。士子幸甚!百姓幸甚!

## 江南檄文

竊以唐堯御宇,尚有放殛元凶;司馬文章,不乏同升僻士。但豺聲未振,先見爲難,豈鴟性横張,斯心不昧。如今之貪賊米漢雯者,托足權門,獻松壽而謬稱阿舅;乞憐昏夜,拜菊叢而擠殺淵明。曩已佈穢滇中,今復塵污南國。操觚顛倒,衹憑此日冬烘;鎖院深沉,不記當年辛苦。暗通鄉故,巧爲楊億之拂衣;招攬親知,肯學夏卿之擺袖。違煌煌之天語,藐亹亹之聖言。《阿房宫賦》就不傳,《鬱輪袍》曲中誰賞？南金已盡，確是車載斗量；隋珠靡遺，盡入奚囊木橐。趙公子海税漏錙銖，偉矣名登二十；駱員外典庫滲些微，榮哉姓標六十。祖總憲，父督關，何須金雀生輝；内大成，外三壽，何必螢牕五夜。凡吾同輩，改圖短擔長鉏，自今以始，勿復懸梁刺股。太史公之貨殖，宜各究心；王安豐之持籌，仍須熟講。若泣無媒于學徑，誰憐白髮盈頭；空愁不寐于松牕，莫問青陽逼歲。豈是歐陽之鼓噪，當爲劉蕡以訟冤。請看今日之簪花耀彩，畢是若輩之鼠目獐頭。

禮部爲題明事：議得總督董等疏稱，江南放榜後，有生監百餘人將榜文打破，放聲叫喊，擁入主考米署内，毁碎執事等項，現獲不知姓名十三人等因具題前來。查得科場條例内，如場後有等生儒，不咎學業之不精，惟恨主司之不明，無端造謗，撰搆歌謡，已經嚴禁。今該督既稱其中有"無黨援懷挾情弊，取具各犯確供姓名，另行具題"等語，相應請勅下該督，現獲十三人，并有百餘人姓名，查明嚴審確實，具題到日，再議可也。

禮部磨勘順天鄉試硃卷，不合式者九人：屈如辰、穆宗道、王家楨、謝宗玉、路得、李安迂、以上六名罰停會試一科。沈博、喬崇烈、何瑞明。以上三名罰停會試二科。正主考楊大鶴、副主考王思軾，及同考官兵部督捕主事趙增等，俱交吏部議處。

禮部磨勘江南鄉試硃卷墨卷，不合式者十人。四人罰停會試一科，六人罰停會試二科。正主考米漢雯、副主考龔章，俱照不謹例革職。

解元張兆鵬，係松江人，即總督倉場户部侍郎張□之子。王楨，係浙江學院王□之子。徐樹本、徐樹敏，俱得高中，是以不服。上元學生員趙建中，乃係遼東人，原任總督趙廷臣之孫，江南海關道趙□之子。駱鳴騶，係句容人，乃大富之子，撥入江甯府學。

## 科　舉　六 録止松郡，自甲子始，就所見聞也。前此載在郡邑志可考耳。

前朝天啓甲子科周鑣榜：

黄德麟青、袁熿華、楊汝翼華、吴天胤金、陸鏧華、郭繼周華、唐允諧華、張肯堂華、蔡文陛上、張元始上、章簡華、喬之文上、潘衷昉青、徐天麟上、朱永佑上、俞廷諤華、吴佳胤北、計安邦北。

天啓乙丑科華琪芳榜：

一甲：佘煌、華琪芳、吴孔嘉、三名俱外郡。唐昌世、袁熿、張肯堂、單國祚、楊汝城。五名俱松郡。

天啓丁卯科沈幾榜：

主考：陳具慶。

中式：張士範、唐昌齡青、陳于明華、張元瓏上、張安磐府、張玄之、王鐘彦、金于山青、王廷貞上、潘垣上北、李淑青北、施沾青北、陶良楫北、宋徵璧北。

崇禎戊辰科曹勳榜：

一甲：劉若宰、何瑞徵、管紹甯。

中式：陳正中、施沾姓李、莊元禎、張元始、曹勳本浙界而兼松籍。

崇禎庚午科楊廷樞榜：

主考：姜曰廣、陳演。

中式：夏廷球府、張世基青、黄徵蘭上、朱積府、陳子龍青、彭賓華、楊枝起金、張眉錫、何厚名剛、喬履將上、李待問北、徐期生北。

崇禎辛未科吴偉業榜：

一甲：陳于泰、夏曰瑚、吴偉業。

中式：吴禎天胤、張世基、徐天麟、杜麟徵。

崇禎癸酉科桂伸榜：

主考：丁進、蔣德璟。

中式：周汝諠上、薛靖華、楊懋官青、單恂華、葉兆龍華，本姓平、張安恭華、郁汝持華、鄭雅孫府、朱紹鳳上、李愫華、沈泓北、徐行青、徐銘常府、張壽孫華、朱在廷北、王陛彦北、吴文胤華，後改名培昌。

崇禎甲戌科李青榜：

一甲：劉理順、楊昌祚、吴國華。

中式：楊枝起、翁元益、吴文瀛、朱永佑。

崇禎丙子科章曠榜：

中式：章曠華、包爾庚上、陳于王上、韓文昭上、鄭重光、錢綺府，本姓李、包壋府、袁國休名定、嚴在明本姓徐，上海人，嘉定學、徐纘高、朱襄孫上、陳玄熹、王宗熙北、徐世禎、奚士龍府、郁繼垣、吴永孚北、葉日華金、莫日嚴華、徐銘敬府、李長苞浙籍、高汝量。

崇禎丁丑科吴貞啓榜：

一甲：劉同升、趙士春、陳之遴。

中式：唐昌齡、陳子龍、章曠、夏允彝、袁定原名國休、包爾庚、奚士龍、吴培昌。

崇禎己卯科湯斯祜榜：

中式：張若羲青、諸舜發府、沈龍華、陳正容、徐丙晉華、吴欽章府、唐汝玫上、張所珍北、顧其言金、徐洊承華、沈士英府、錢世貴青、錢嘉泰青、秦宜弘青。

崇禎庚辰科楊瓊芳榜：

一甲：魏藻德、葛世振、高爾儼。

中式：單恂、錢綺、吴永孚、錢世貴、顧其言。

崇禎壬午科盧象觀榜：

中式：陸慶衍、陸亮輔、張搽之、陸慶臻、陸慶紹、許啓源、袁國梓、宋之蘭、張黼、朱在鎬北、徐孚遠北。

崇禎癸未科陳名夏榜：

一甲：楊廷鑒、陳名夏、宋之繩。

中式：張若羲、沈士英、李待問、徐丙晉、陸亮輔、郁汝持、陸慶衍、王宗熙、宋徵璧、張玢之、朱積、沈泓、沈龍。

本朝順治乙酉科張九徵榜：

主考：成克鞏。

中式：李延棨、張安茂、宋徵輿、徐鼎、曹垂燦、周茂源。

順治丙戌科李奭棠榜：

主考：馮銓。

一甲：傅以漸、吕纘祖、李奭棠。

中式：闕。

順治丙戌秋復行鄉試范龍榜：

中式：何鏗、姚騰芳、顧鏞後改名大申、曹爾堪浙籍。

順治丁亥復行會試李人龍榜：

正主考：馮銓。副主考：宋雒名權。

一甲：吕宫、程芳朝、蔣超。

中式：張安茂、諸舜發、徐鼎、宋徵輿、曹垂燦。

順治戊子科袁大文榜：

主考：梁清寬。

中式：王廣心、姚世曙、許纘曾、陸振芳、施維翰、王日藻、田茂遇、郭藩本姓袁，後改名袁璿、胡復誠。

順治己丑科左敬祖榜：

主考：范文程、洪承疇、王文煃、宋權。

一甲：劉子壯、熊伯龍、張天植。

中式：許纘曾、何鏗、王廣心、周茂源、陸振芳、朱紹鳳、袁國梓。

順治辛卯科袁孟義榜：

大主考：黄機。副主考：高珩。

中式：沈荃、張有光、陸夢蛟姓高、王之明姓程、章本練後改名霖、陸鳴珂、徐士吉、朱錦、張郴、方文席北、陶𢜴、陸廣、俱浙籍沈珣、楊應標浙籍、張錫懌。

順治壬辰科程可則榜：

大主考：胡統虞。副主考：成克鞏。

一甲：鄒忠漪、張永祺、沈荃。

中式：李愫、沈荃、許啓源、徐士吉、李廷桀、顧大申原名鏞、施維翰、曹爾堪。

順治甲午科朱朝桂榜：

大主考：姜元衡。副主考：馬燁曾。

中式：單顒、蔡文炳、張淵懿北、董含、潘堯彩、宋祖年、顧昌時、夏長泰、馮善世。上二名北。

順治乙未科秦鉽榜：

大主考：金之俊。副主考：胡兆龍。

一甲：史大成、戴王綸、秦鉽。

中式：陸鳴珂、王之明、王日藻、夏長泰、張有光、章霖、潘堯彩、張雲孫、張錫懌。

順治丁酉科蔣欽宸榜：

大主考：方猶。副主考：錢開宗。

中式：何炳、黄樞、周官、王又汧、莫春芳、葉映榴、唐子瞻姓趙、李樞、張士紳、張一鵠、陸箎、上三名俱北。張陳鼎浙籍。

順治戊戌科張貞生榜：

大主考：傅以漸。副主考：李霨。

一甲：孫承恩、孫一致、吴國對。

中式：陸夢蛟、張一鵠、沈珣。

順治己亥科復行會試朱錦榜：

大主考：劉正中。副主考：衛周祚。

一甲：陸元文姓徐、華亦祥、葉芳靄。

中式：朱錦、陸箎。

順治庚子科中樾榜：

大主考：譚纂。副主考：諶名臣。

中式：董俞金、朱憺姓王、諸嗣郢青、朱廷獻上、宋慶遠府、朱玉青，崑山人。

順治辛丑科陳常夏榜：

大主考：衛周祚。副主考：成克鞏。

一甲：馬世俊、李仙根、吴光。

中式：葉映榴、董含、王又汧、唐子瞻、諸嗣郢、宋慶遠。

康熙癸卯科馬晉錫榜：

大主考：王勗編修。副主考：王日高工部給事。

中式：王頊齡、張喆、吴元龍北、程文彝、張世綬北、朱衮浙籍。

## 康熙甲辰科沈珩榜：

一甲：嚴我斯、李元振、秦宏。

中式：吴元龍、程文彝。

## 康熙丙午科儲方慶榜：

中式：金維甯、錢芳標北。

## 康熙丁未科黄礽緒榜：

一甲：繆彤、張玉裁、董訥。

中式：闕。

## 康熙己酉科牛奎渚榜：

中式：王元臣青、程化龍、黄雲企、張集、顧昌祚、沈藁。俱北。

## 康熙庚戌科宫夢仁榜：

一甲：蔡啓僔、孫在豐、徐乾學。

中式：黄雲企、王元臣、程化龍。

## 康熙壬子科陸輿榜：

主考：沈允范。

中式：張守、張起胤本姓顧，後改名啓祚、何綏來姓焦、范勰、金然本姓周，北、龔爾美姓周、唐子鏘北、錢芳模、王鴻緒原名度心。

康熙癸丑科韓菼榜：

一甲：韓菼、王鴻緒、徐秉義。

中式：王鴻緒。

康熙乙卯科施震銓榜：

中式：楊瑄、沈藻、張翼北、高層雲北、閔瑋北、彭開祐北、張士鉉浙、沈業。

康熙丙辰科彭定求榜：

一甲：彭定求、胡會恩、翁叔元。

中式：楊瑄、張啓祚姓顧、王項齡、范䜣、張集、高層雲、唐子鏘、朱袞、彭開祐。

康熙丁巳科潘麒生榜：

主考：趙士麟。

中式：艾汝成、陳琰、沈宗敍、陸祖修、宋志樑、何康錫、胡昆、王九齡。是科特試，現年到監生員，不得與試。

康熙戊午科宋衡榜：

大主考：熊一瀟。副主考：李迥。

中式：陸燧、陳嘉璧、王師旦、曹泰曾、楊繼祖、金甫本姓錢，北、沈宗敬、董德其。

康熙己未科馬教思榜：

主考：馮溥、宋德宜、楊雍建、葉芳靄。

一甲：歸允肅、孫卓、茆荐馨。

中式：金甫、朱廷獻、王師旦、陸祖修。

康熙辛酉胡任輿榜：

主考：朱彝尊。

[中式]：馮瑞府、戚懿金、姚弘緒婁、路垓北、徐賓北、曹國維北、張映璧浙籍。

康熙壬戌科金德嘉榜：

大主考：黄機。副主考：張英。

一甲：蔡升元、吴涵、彭甯求。

中式：曹國維、金然、宋志樑、王九齡、王喆生。

康熙甲子科潘宗洛榜：

中式：張淵、戴有祺、李登瀛、高曜、施是培、姚釗。上三名北。

康熙乙丑科陸肯堂榜：

主考：張士甄、王鴻緒、孫在豐、董訥。

一甲：陸肯堂、陳元龍、黄夢麟。

中式：馮瑞、沈藻、高曜、李登瀛。

康熙丁卯科張兆鵬榜：

大主考：米漢雯。副主考：龔章。

中式：張兆鵬華、張永申上、潘軼美、王楨、吴元詒、王原、張王爽北，本姓王。

康熙戊辰科范光陽榜：

主考：王熙、徐乾學、成其範、鄭重。

一甲：沈廷文、查嗣韓、張豫章。

中式：沈宗敬、王原、王爽、張豫章名翼、徐賓。

康熙庚午科劉輝祖榜：

主考：王尹方。副主考：裴衮。

中式：王鎬上、聶恆府、劉貞吉上、張德純青、姜遴北。

康熙辛未科張瑗榜：

主考：張玉書、陳廷敬、李光地、王士禎。

一甲：戴有祺、吴昺、黄叔琳。

中式：姜遴、吴昺、陶爾燧、姚弘緒、王楨。

# 卷　三

## 建　設

從來制作，無一定之法。通變隨乎時，廢興因乎勢，雖聖人不能使千百年無更易之制矣。特善變者，轉弊而爲利；不善變者，無益而滋害。原其興革之心，無非爲國爲民。及其變更之後，遂分世升世降，斯亦氣數使然，若非人力所能爲也。謹略舉其概，筆而録之，大者可以覘世運，小者可以觀士風，庶使後之覽者，得以考也。

華亭水次倉，在西郊跨塘橋之内，秀州塘之南，土曠水深，以便漕船停泊交運也。其初不過環以水垣，内列倉宇公廨，以便積貯，官司暫憩而已。崇禎之初，縠城方禹修先生來守吾郡，慮其地近泖濱，盜賊出没不時，冬春貯米防禦難周，乃與縉紳士大夫謀築城以衛之。爰即其地，浚濠啓土，環築甃磚，建四門以通出入，分街道以便往來，引水貫城，架梁度水，監臨督護，廨宇森列。雖斗大一城，人烟輻輳，居然有金湯之勢。本朝因之。後分婁縣，以城中河爲界，北屬華而南屬婁。每值貯米，提標婁員防汛，至今賴之。董其役者，爲吾邑陳仲台于階，時爲鳳司博士，相國徐文定公之甥也，才多知巧，與方守爲忘形交，其委托專任，其册籍尚存。數年前，仲台嗣君子式、子正持來，予曾見之，今不復可考矣。

府、縣城隍之神，向故各有廟貌，以司香火，然亦重門複道，殿宇軒舉，備堂皇之制而已。自崇禎之初，府城隍前啓臺門，後營寢殿，壯麗特甚。而吾邑縣城隍廟，亦于儀門上建樓，以備演劇，中堂後擴地，以造寢宫，稱並美焉。蓋自殿以前，規模不逮府廟，而後寢之制較勝，亦地勢使然耳。自是以後，郇鎮社廟、樓門、寢殿，亦紛紛並建，總不若府、縣城隍之規模弘遠也。

閣老坊在縣治之南，爲相國徐文定公諱光啓所建也，成于崇禎辛巳之秋，工費甚繁。予初見其立柱時，每柱基下先掘地方丈，布木樁數十，並于高木懸大石以下樁，樁與坎内土齊，鋪以方石，而後立柱于上。柱之立也，先于架上横亙大木作盤車象，施大絙以垂，下縛于石柱，用數十人作氣以盤之，絙漸短而柱漸升。俄而直立，復用二大石鬭笋，合抱于柱底，用壓石獸于其上，故頂蓋紛叠而下不動摇，亦石工之巧也。以後吾郡名公鉅卿不乏，旋逢鼎革，而建坊者罕見矣。

江南舊爲陪京，原設五府、六部、大小九卿、科道，一如北京之制。以後官雖量裁佐貳，然衙門如故。惟都察院有操江都御史，則管上下兩江地方民事，其餘非奉欽差者，則與地方無與也。故明季好訟之民，至操江而止，無總督及布、按兩司也。順治二年乙酉夏，大兵下金陵，改南京爲江南行省，始設布、按二司。豫王凱還，命大學士洪公承疇總撫江南，駐劄江南省城，總理文武兵餉，總督之任，自此始矣。以後馬公國柱繼任，總督江南、江西、山東三省，既而河南、山東亦設總督，江督所轄惟二省而已。康熙四年，麻公勒吉來任，統轄猶如故也。至十二年癸丑，每省各設總督，至今因之。總督之銜，不大遠于巡撫，然而事權極重，勑令巡撫、提督並聽節制，文臣六品而下，武臣四品而下，皆得便宜行事，庶幾古節度使之風矣。

吴中帶江濱海，賦甲天下，最稱重地，然前朝未聞有武臣提督也。相傳嘉靖中，因倭亂設總兵于鎮江京口，後移駐吴淞海口已耳。自順治二年大兵定江南，始設提督。時奉旨張天禄着授都督同知，充總兵官，提督徽、甯、池、太軍務；吴勝兆着授郡都督同知，提督蘇、松、常、鎮軍務。如吾松雖有李總戎成棟，亦止以都督僉事駐劄吴淞，時至松城而已。自李帥調征閩、廣，吴、張相繼來松，吾郡始有提督。然至馬惟善逢知，亦止轄四府，時駐吴淞，亦不專在松城也。十六年己亥，崇明水師總兵官梁公化鳳，破海艅于江上，遂解金陵之圍，克復鎮江等府、州、縣，朝廷嘉其功，遂以梁代馬，提督江南全省，仍駐防松江，遂爲定制。康熙辛亥七月，化鳳以疾卒于官。繼任王公之鼎、楊公捷，統轄駐防如故。十三年甲寅，因楚中告警，徽、甯、安、池震動，提督駐劄海濱，鞭長難及，因分上下兩江，各設提督云。

江南故爲南京直隸衛、府、州、縣，自順治二年改爲行省，于是始設布、按三司，然亦仍前朝行省之制，布政使二員，左右並建，按察使則惟一員，俱駐省城。順治季年，因蘇、松賦重，特分江甯及蘇、松、常、鎮五府屬右藩，而駐劄于蘇州；左藩則轄安、徽等九府，徐、和、滁、廣四州，駐劄省城。至康熙六年丁未，盡裁天下右藩，獨于江南添設江蘇布政使，照舊駐蘇，而按察司亦添一員，分轄安、徽等府，駐劄安慶，于是上江下江，名雖一省，幾同貳省矣。

上海倉，舊在小南門之外，面東啓門，當浦水薛家港口，以漕船泊浦，便于交兑轉運也。方廣百餘步，外週土垣，内列倉廒，中設公廨，以備官司臨視，規制亦略具焉。崇禎十三年庚辰，邑宰章戊閶光岳因而修葺之，周垣覆瓦，門建重樓，雉堞森然，殊有倉城之象。中添公廨一所，以爲監司督兑憩息之所，尤爲輪奂。未幾鼎革，貯米運漕，猶存舊制。至順治十年癸巳九月，海寇入浦，直至閔行鎮，大掠而去。時汝南閻康侯紹慶正宰吾邑，慮徵漕貯倉，萬一海艅復入，則貽誤不小，因申請各臺遷倉入城，相度東南隙地，遂即杜氏廢宅而建倉焉。以其地近舊倉，去浦不遠，運米出入亦易，而在城内水關之口，隄防尤便耳。倉宇凡數百間，重門公廨，雖稍遜于舊，乃越兩月而畢具，公私俱賴，亦稱能吏矣。

松江之有婁縣，自順治十三年始也。按舊志，自元以前爲華亭縣，屬嘉興府。元始建淞江府，而分府北一帶立上海縣。明初，以郡多水災，因于“淞”字去水而從“松”，稱松江府。又分上海之西立青浦縣，以後廢而復建于嘉靖之間。吾生之初，松府惟華、上、青三縣而已。錢粮土地，華爲最，上次之，青又次之。即有公事，則華任十之五，上任十之三，青任十之二，百有餘年，莫之易矣。順治十年，河間李茂先正華來守吾郡，以松屬積逋多而役繁重，華亭尤甚，乃議將華亭中分爲二縣。十二年，請于各臺，時巡撫大中丞張公中元素重李廉能，遂允其議，具疏上聞，得邀諭旨，分華之西半爲婁縣。縣初寄治于西倉城，後因遇公事入城，往還道遠，遂買府後朱太史第而立縣治焉。然而獄囚倉庫，尚附華邑，學宫亦未鼎建，諸事猶多草創云。

蘇州賦甲天下，府治門無麗譙。惟松江之麗譙最爲巍焕，下築臺基，上建危樓五楹。樓上横匾曰“譙樓”，樓前竪匾曰“松江府”。匾旁立冕服木人二，相傳于其中設大鼓，司更漏，規模極爲弘敞。崇禎十七年五月，以弘光帝諱，改“松”爲“嵩”，因易匾額，重加修葺。次年八月，大兵下松城，府前一帶直及西郊街市俱毁，譙樓亦廢于火，守臣即臺基蓋屋，而立匾于門上焉。至順治十五年，遼左祖公永勛以任子來守松，謀復舊觀，不支公帑，不擾民間，惟令呈稟者計紙輸磚，自三至五不等，所費人不過分文。松俗多好事者，每朝總計之，千百立具。又取本府贖鍰，及屬縣官助工銀，遣幕僚採辦木料于上江，用作臺下棟宇，而臺上重樓，則買故尚書張公第後樓改建之，砌新磚于舊築之外，施新樓于舊樓之基。東西較舊，雖量節一間，然而綉闥雕甍，翬飛矢棘，南軒北牖，外繞花闌，工巧較精于昔矣。譙樓横匾照舊安設，而樓前竪匾，仍移樓下。門上規制，稍遠于舊，而樓前明曠，可以登眺，上架鼉鼓，用司更漏，爲一郡之壯觀焉。譙樓上下二匾，皆周公遠裕度所書。公遠即學憲萊峰思兼孫也，筆法遒勁。

前朝吴中撫院，原轄應天、蘇、松、常、鎮五府，而衙門駐劄于蘇府學宫之西北，體制規模，極爲弘敞。順治初年，蘇城初下，撫院公廨毁于兵火。時以河南總戎土公國寶改大中丞，首來撫吴，乃暫駐節于故相國申文定公舊第。順治八年辛卯春，予適吴門，道經撫院故址，猶一望瓦礫也。次年，土公被參自經，周公國佐繼任，不欲居申相第，復即撫院舊址，鼎建廨宇。重門複道，前堂後寢，綿亙幾百餘畝，樓觀臺榭,以備宴游,庫庾倉廪,以儲峙糧,賓有公館,吏有直廬,列戟當門,高牙外擁。康熙之初,兼統淮揚,儼然江南半壁之屏翰矣。

前朝文宗每逢科試,則在句容吊考。逢歲試,則按臨各府。自萬曆四十一年癸丑,分南直學院爲二:上江轄八府三州,應、安、徽、甯、池、太、廬、鳳及滁、和、廣德是也;下江轄六府一州,蘇、松、常、鎮、淮、揚及徐州是也。于是上江仍以句容爲駐劄之所,下江建書院于江陰爲駐劄之所。而科試吊考,歲試按臨則仍舊焉。玉峰之有書院,向爲學使者按蘇時歲試之地,且以介在蘇、松之間,間或吊考松江,亦兩便故也。會逢鼎革,書院圮廢。順治乙酉冬,江陰未下,學使陳公昌言于常府吊考蘇、松以後按蘇,則駐節于蘇州府學,地更寬敞,爲尤便焉。十二年乙未,奉旨改學院爲學道,以山西張公能麟督學三吴。因府學在撫院之前,鼓角發炮,體統不便,爰即玉峰書院舊址而重建焉。取材于蘇、松,協濟各屬助工。越二載而落成,前堂後寢,一如江陰之制。文場號房,亦俱瓦蓋,特下未鋪磚,内衙稍狹耳。自是以後,即有奏銷、減額之令,蘇、松應試生童無幾,即逢歲試,竟于玉峰吊考,而按松之例廢矣。康熙十八年己未,總憲魏公象樞條奏學政内一款:凡學臣歲試,必須逐府按臨,不得任意吊考,致士子跋涉間關,告病者遠赴臨驗。獨松江之館坍毁,有司議修,工費難辦,乃詳請撫院移咨部院而止,仍于崑山玉峰書院吊考云。

前朝舊制,學臣提督學政,南北兩畿各差御史一員,其他行省則于布政兩司中特差佐貳一員,並給勑印關防,專一提督。凡關學政,撫、按各衙門不得參預中制,重事權也。南直䏻幅員幾二千里,三年中歲科不能周匝,子衿往往有終身未經歲試者,而童子進取之期亦曠,大非鼓勵作人之意。萬曆中,邑紳姚永濟通所先生居禮垣,疏請分南畿學臣,上下江各設一員,于是三年兩試,士知儆勵,入泮者亦易。本朝因之,江南雖改行省,提督則仍差御史。至順治十年癸巳,上以臺臣爲耳目之官,不應出使,除巡鹽照舊欽差外,他如提學、巡按、巡漕、巡屯、茶馬各差御史,盡皆撤回。京畿及江南督學,則差翰林院侍讀,仍異各省也。閲二年乙未,論者謂行省不宜與京畿同,始命上下兩江俱改學道。江南之學道,上江自李公來泰始,下江自張公能麟始。康熙改元,復裁江南學道一員。自是以後,提督通省學政,以僉憲爲之,與各省一例矣。

御史之出差,自前朝已然,如兩畿提學,京省代巡,兩淮、兩浙、河東、長蘆之鹽課,四川、陝西之茶馬,河南、江北之巡屯,上下江之巡江,淮上之巡漕,其職不一,要以皇華銜命,察吏風聞,霜威特重焉。本朝因之,其始代巡不得其人,長吏無所顧忌,士民重足而立。世祖章皇帝洞悉其弊,極重巡方之權,首懲代巡之不職者,立置大法,革去巡書、承差,以清本衙門之蠹,禁帶主文記室,以端文職官之方。勅内開載:在外總督、巡撫、提督、總兵等官,如有蒙蔽專權,擅作威福,及縱兵害民,縱賊害良等事,許巡方御史不時糾劾,則下此不待言矣。時江南正當法敝紀弛之日,而瑞寰秦公世禎奉命巡方,首劾監司之最不職者,繼之參總戎,既而參巡撫。撫臣土公國寶留心地方,興利除害,無他大過,祇以寬于察吏,馴至縱奸,遂蒙嚴旨,投繯自盡。他如衙蠹之蟠踞而挾持官府,地棍之刁訟而魚肉善良者,往往訪懲誅死,半壁爲之肅清。順治十年癸巳,上慮臺諫空虛,撤回各差,御史巡方遂廢。越二年乙未,復差至。十八年辛丑,凡御史一概停差,惟巡鹽向來獨留。近來鹽使亦禁出巡,專駐省會,殆與運使無異。其他御史,至今尚未有出差者。

道臣之職不一,其出駐外府、州、縣者,一曰分巡,一曰分守,皆以布、按二司佐貳爲之。當未設撫、按之時,道臣得專舉劾之權。分巡即如代巡,分守即如巡撫也。迨既設撫、按,則道權遂輕,然而總轄文武,兼統軍民,依然憲臺之體。南北兩京無布、按,則借員于他省,故銜稱欽差整飭某府等處地方兵備兼理糧儲,某省提刑按察使司,或副使僉事,或布政使司參政、參議,與京差等。其後因事添設,一省增至數人,合巡、守二道計之,幾于每府一員,不無太冗。國初因之。至康熙六年丁未,裁汰各道,凡非省會要地及事權職專之所,共裁道臣一百八員。其後稍稍漸復,然已非昔日之舊制矣。即如蘇、松、常、鎮四府,其初有二道,一駐太倉州,一駐江陰縣,而駐虞山之督糧道不與焉。今兩道衙門俱廢,而并蘇、松、常三府爲一道,駐劄蘇州,亦可以見道員之省也。康熙二十一年,撫院余公國柱奉旨議裁道員,又裁去蘇、松、常道,而并于虞山之督糧道,移駐蘇州。

松江府佐,舊制五員,曰海防、曰督漕,丞也;曰水利、曰糧捕,倅也;曰理刑,推官,位班五員之末,然爲各上臺耳目之官。按院出巡,必先委推官一員查察錢穀,刑名于所屬州縣,一如上臺出巡體,以故按君統轄之地,皆稟奉之。如本府司理,最稱權要,其胥吏輿臺驕踞加于紳士,小民畏之如虺如蜮,彼視府吏蔑如,各廳無論矣。順治四、五年間,裁去督漕、水利,理刑之權愈重。九、十年間,先復水利。康熙四、五年間,又復督漕,重見五廳之制矣。六年丁未,盡裁天下理刑,積年衙蠹,俱爲怨家告訐,奔竄四散,至今永廢。郡守領官,向有經歷、知事、照磨、檢校,今檢校亦汰。

前朝儒學,府教授一員,訓導四員,縣教諭一員,訓導二員。國初因之。至順治五、六年間,府學裁訓導二,縣學裁訓導一。康熙初,盡裁天下訓導,每學惟留教職一員。十五年丙辰,因學貢銓選壅塞,不論府、州、縣學,各添訓導一員。又以軍興費繁,俸薪難辦,令正佐共食一官之俸,而兼視其事云。

松江守禦，前朝止設千户一員，統兵有限。蓋以内地承平，不須武衛，聊備獄囚、倉庫、司城門之啓閉而已。本朝初，駐總兵官，繼之以提督，而標官遂衆，提標額兵五千，分配前、後、左、右、中五營。又設城守營兵一千，各統以游擊、守、把，共計六營，而提督親兵之戎旂營不與焉，儼然重鎮矣。上海向承倭亂之後，留兵獨多。吾生之初，甯謐日久，裁定額兵，尚有三百餘名。然惟統之以哨官，官皆札委，銜不過千、把總，設公廨于城隍廟東之李公祠内，遇霜降及上臺按臨，例應閲操，則各兵集演武場聽操，若令長及哨官新任，則邑宰與哨官共臨閲焉。然而日餉每名不過銀二分，兵皆土著，或習工技，或負販貿易，與市井小民無異。崇禎之末，又添水營，哨船數隻，水哨官一員。自鼎革以後，間以參將、游擊統各兵分駐，因而裁去土兵，僅存數十名，以備倉庫、城門之守，謂之城守營。迨順治十年，海艅入犯，直至閔行，人心惴惴，當事者謂城守單弱，議撥撫標參將一員，統兵一千，長駐上海，謂之黄浦營，而建牙于學東之南察院。十七年庚子，大司馬蘇公訥海奉詔巡閲，請調崇明水師二千名，副總兵一員，移駐上海，建牙于虹橋南艾方伯故第，幾與郡城等矣。康熙七年戊申，邑紳張青琱宸爲夏官郎，疏請裁歸崇明，而于提標量撥汎兵防守，駐于城隍廟西之驛館，即今所稱松江分府，爲海防駐劄之地也。十三年甲寅，以方隅多故，復移吴淞副將一員于上海，亦謂之黄浦營，而駐于北門褚氏之民舍焉。十七年戊午，副將王虎山[陞](陞)去，復于提標撥守備一員，爲黄浦營，而仍駐南察院云。

川沙濱海而城，向設把總一員，額兵四、五百名，北連寶山，南達南匯，與青邨、柘林諸堡並隸金山衛參將。自順治十七年，江上之警。次年庚子，上命兵部尚書蘇公訥海等相度沿海機宜，乃議于鎮江京口設鎮海大將軍一員，松江設川沙參將一員，罷寶山城守兵而併于川沙，共一千名，建牙于南城故喬憲副第，而以舊總司爲中軍守備所，與金山衛參將分轄松江沿海。自南匯以北隸川沙，以南隸金山。時蘇州添設甯海將軍，駐劄于婁門海甯陳相國之拙政園内。康熙甲辰，[撤](撒)回將軍，園改蘇、松、常道，後復歸陳相公子，旋賣于王額駙永甯。永甯爲平西王吴三桂壻。康熙癸丑冬，吴三桂反，額駙已没，第入于官。十七年戊午，蘇、松、常道祖公澤深輸價于官，復買爲駐劄之公廨焉。

吾郡府學明倫堂後，舊有尊經閣，予猶及見。崇禎之季，閣雖稍殘，而巍然雄峙也。後遭兵燹，竟致坍毁，明倫堂亦廢。順治初，廖公文元守松，重建明倫堂，不三載而毁于颶風。順治十二年乙未，太守李茂先正華以聽訟，罰庠生唐廷球寶言鼎建，共費八百餘金，規制不甚弘麗，至今因之。堂額舊爲朱徽國文公手書，筆法端凝雄壯，不知何往。今所懸者，寶言憤其費多，不復更求名筆，肆意揮成，殊無古意矣。

文廟之紅墻衖西,爲志道、據德、依仁、游藝四齋,皆訓導公廨也,今亦俱廢。

上海縣學文廟,西北有訓導齋、有射圃,東南有文昌祠,今俱廢。尊經閣自有藏書數十部,自鼎革後,散失無存。順治中,學博高雨吉遇重修尊經閣,迎文昌像供于閣上,而移藏書舊橱于側,至今因之。

松郡向有公館三,以爲上臺巡行駐劄之所。府東東察院,規模最爲壯麗,大抵撫、按及文宗諸院駐焉。華亭縣南南察院,體制同而宏壯稍差,大抵各道及監兑諸部差查盤、理刑駐焉。城東南隅新察院,則商灶所建,以爲鹽運司分巡之所,崇禎以前未有也。順治季年,南院猶稱完備,府試生童于此,與東無異也,今已廢爲瓦礫之場。東察院自按差裁後,文宗因奏銷減額,生童寥落,不復巡試,數年之中,日就坍毁,不堪駐足。康熙十八年己未,學臣因總憲條奏,歲、科必逐府按臨,檄行葺廠,有司議葺,物力難辦而止。第恐失今不修,將來亦必爲平地,舊制不可問矣。余于康熙乙丑入郡,固已爲平地久矣。

聞東察院東尚有公館,云是東理刑廳。蓋司理嫌本衙門湫溢,僅可爲私第,而别營此廳爲聽斷之所。今惟荒址一邱,門前外屏僅存,一望曠然,故迹甯可問哉!

海邑縣治,内衙前後堂舊有界河横亙,上有石梁,規制甚壯。崇禎甲戌,劉念先潛來令吾邑,填土築室,遂失舊觀。大堂後有穿堂,康熙中,陳令君之佐解任時拆去,迄今未建。大門外石獅,則陳令君自北察院移來,舊所無也。

沿浦自吴淞海口而入,率滸築土墩,高方數丈,上匝土墻,内蓋小房,謂之寨臺,前此無之。自順治十年,海寇入犯,因而簽役建築,並于浦之近邑入郡一面,約計數里,擇要害處,築臺撥兵防守。浦濱兩岸,大小水口俱造橋梁,通馬步。凡遇寇至,則守禦官兵夾岸堵截。十二年己未,閔行之捷,不無得力于此。然建立之初,臺有卒,哨有巡,人心猶知警備。迨日久懈弛,登陴無卒,臺上墻屋俱廢,甚者或潰于水,或宅于草,徒棄良田,空勞民力而已。其後更有架木爲台,九里一建,置鼓其上,一聞寇警,鼓聲相應,以便官兵援捕,則官塘要路,在在有之,不但沿浦也。然法非不良,今亦或毁或廢,徒爲具文,甯獨一寨臺爲然哉!

太平菴在裕伯題橋之北,百曲之西,向止結廬一間。有陳和尚者,土人也,栖息于此,苦行焚修,忽于順治七年庚寅,若有所憑依,言輒驗,群往叩之。病者求治,隨取座間灰土之屬與之,輒有效,遠近翕然向風,進香皈信者繹絡而至。一歲之中,徑爲之開,庵亦鼎建,重軒匝宇,宛若名園,丹碧塗金,擬于古剎。逐末者輻輳而集左右,遂成市肆,肩摩轂擊,晝夜不停,旅次留賓,舳艫數里,江南海外,奔趨恐後。撫院土公慮有他故,檄遷和尚于蘇之北寺,越三載而示寂,庵亦遂衰。今益寥落矣。

萬安橋在朱涇鎮，當苕、霅諸溪由浦入海之衝，水勢最爲洶湧。鎮中人烟萬井，商賈輻輳，往來濟渡，舟楫頗艱。崇禎之初，穀城方禹修相國來守吾郡，設法輸助，構石爲梁，極稱雄壯。順治初，橋有傾側之勢，忽逢異人自言力能挽正，遂募麻絙數條，剋期于某日某時候東北風起，以絙纏橋，召集多人，向南挽之。届期觀者如堵，須臾東北風果起，遂如其法，鳴鑼作氣，頃刻而橋正。其人不取酬而去，衆共異之。越數年，一夕暴風驟雨，橋竟砉然而崩。後有僧募資重建，略移北首，基址甫定，而工用不繼，迄今告成無期。甲寅春、冬，余曾兩經其地，積石填塘，工作猶未興也。鎮之東市，向聞有洪武中富人沈萬三之卧床，今爲佛座，予時往觀。座高六、七級，上周以雕欄，内施以牕槅，質皆彤鏤，頂如佛殿體制，斗拱架叠，盤旋以上，漸鋭而結，世俗所謂螺頂也。聞之昔年，漆色最古，如斷紋古琴，所以爲貴。今則丹雘焕然，不復辨其爲古器矣。然看來或本是佛座，乃沈所施耳，未必是卧床也。

松城西南數里，有北錢邨，相傳爲吴越王分封子弟于此，以北錢别之者，因其南亦有邨也。今居民寥落，當年邸第不可問矣，大半廢爲邱墓。有石橋當道而峙，下俱墾田，絶無池影，惟橋北有多坟，想造坟時，從此收水口而入，以橋鎖之，今已湮爲平地故也。橋下鐫成化五年里人張輔等鼎建，此張輔必非英國，計其年不過二百五十耳，然而滄桑已不可辨，况遠而千百年哉！乃今之造坟者，爲千百年不朽計，争執風水，不遺餘力，吾恐數百年後，誰復辨其故迹耶！可發猛省。

崇福庵，俗名三官堂，在十七保七團大護塘之内，爲濱海喬氏發源之所。庵建于元，一修于嘉靖之初，先大夫東瀛公書其事于碑，而立于門左。再修于萬曆之初，張方伯七澤先生記其碑，而立于門右。雖非古制，由來久矣。每當春初，兹庵香火千里走集，自朝至暮，舟楫絡繹不絶，香舶所停，舳艫相接者三、四里。崇禎辛未，予初入小學，從師游觀，近庵有街市，摩肩揮汗，爐烟聞于里外，猶甚盛也。自喬氏既衰，少年子弟輕薄無賴，至春日以游蕩爲事，三五成群，環觀進香婦女。遇少艾者，甚至循途踪迹，偶語戲談，遠近懲之，遂罕至焉。鼎革後，日益衰落，二十年來，寂無一人，而廟貌亦日圮矣。菴後高閣，下臨八灶港，東可以眺海塘，諸烽堠纍纍可數，上供三茅真君，左文昌，右真武，頗足壯觀。康熙十九年春，爲喬氏子拆去，餘亦剥蝕僅存，恐再經一、二十年後，莫爲修理，必將廢爲瓦礫之場矣。東北有庵，在護塘下者曰小普陀，其初香火亦盛，凡至崇福者必到焉。今庵已荒廢，惟正殿僅存，巍然爲魯靈光爾。至康熙甲子，里人龍九上等倡募修葺，今復舊觀，惟崇福庵仍舊廢。

松江西門外市西盡處，有南北橋石梁，跨秀州塘，曰跨塘橋。潮汐最急，舟行遇逆水，數十篙師不能挽一舟而過，水洞三環，高可通巨艦，漕船當水漲亦出入無礙也。南北兩岸更樓當其上,列栅以司啓閉,規制頗壯。康熙十九年庚申坍毁,土人改木架梁。鼎新舊制,尚未有日。至康熙二十三年甲子,得重造成功。

崇明縣舊隸蘇之太倉州,爲蘇、松沿海外屏,然在前朝,素無重兵。本朝定鼎後,因海寇出没不時,特設水師營總兵等官,額標兵六千。康熙十三年甲寅,起原任浙江總督劉公兆麟爲帥,以官階既貴,改陞總兵爲提督,而標兵如故。至二十三年甲子,以臺灣蕩平,海氛盡熄,户部酌議節餉,疏請裁減崇明營水師,乃裁去三千,存兵三千,仍設總兵官統轄,提督撤回。

提督學政,各省向設司道官。江南在國初,雖因舊京之制,與北直隸並差御史,從未改翰林。至順治十二年乙未,上下兩江俱改學道,與各省一例矣。康熙二十三年冬,山西道御史郡紳張集題奏:"學臣文運攸關,必得年富力强、才華俊傑之員,方能考拔得才,不宜專用資俸深滿部郎道守[陞](陛)補。"奉旨:"直省提學,必得品行素優、才學兼長者,方能稱職,應不拘定例,將内外各衙門由進士出身官員作何選擇銓補,着九卿科道會議具奏。"于是江南已銓趙隨,改用翰林院侍講李振裕。浙江已銓畢忠吉,改用右春坊右贊善兼檢討王掞,各以本衙提督學政,與直隸學臣一體,而各省仍用僉事如故。

五方賢聖神,不知始于何代,亦不悉其氏族爵里。或云通稱福德五聖,固上界貴神,明太祖憫陣亡戰士,因五人爲伍之義,俾得廟食一方,遂假託五聖之名,要不見于正史,莫可得而考也。惟大江以南,廟貌最盛,自通都大邑以及三家村落,在在有之,不下數千百萬,名亦種種不一。在田者曰田頭五聖,在大樹者曰樹頭五聖,在民居屋上者曰簷頭五聖,在路間者曰路頭五聖,在水濱者曰水仙五聖,民間婚嫁或在新婦冠上者曰花冠五聖,在橋者曰橋前五聖。廟制壯麗者,等于府第,湫隘者不過盈尺,高不過箭。或塑像,或畫圖,或託巫言,或憑病者,或迷婦女,或現真形,皆能著靈異。祭禱迎賽,殆無虚日,而惟蘇州之上方山爲尤甚。大概一筵之祭,約費中人十家之産,士民竭蹶修誠者,日以數至,猶懼不能感格,于是廟僧巫覡,因以爲奸,故張誕詞恫嚇,人無貴賤貧富,不敢擬議也。康熙二十三年甲子,中州湯公斌以内閣學士來撫吴中,廉明持己,屬僚凛凛奉法,訪知吴俗惑于淫祀,下車即行嚴禁,不能遽止。次年乙丑秋,躬詣上方山,先取五聖神像,立毁之。于是遍檄屬郡州縣,廟無大小,盡行拆毁;神無塑畫,悉投水火。凡一閲月,而湯公已内召爲大宗伯。時屬境雖無五聖之迹,猶慮去任之後,巫覡仍復剙興也。因于起程之先,拜疏上聞,請勅直省通行禁止,部議准行。奉旨:"淫祀惑民者甚衆,着再議具奏,部議請勅直省嚴查。凡屬淫祀,一併禁革,如有遺縱者,將地方官嚴加議處,奉旨依議。"數百年之惑，一朝而解，亦世變之一奇也。

郡城蓬萊道院，在東門大街上，面南牌坊下往北，其衖甚小，向西開門，至内始向南建廟。鼎革以後，日漸傾圮。康熙二十四年乙丑，重建宇廟大門于大街上，面南高敞，規模甚壯，遠勝舊觀。

邑城正陽道院，俗稱水仙宫，因其廟内供水仙五聖像也。舊制廟向南。國初，里中嫌五聖廟庭狹窄，每年出會，排班擠擁，改建向東，前庭頗大。康熙二十五年春，燬五聖像，供天妃于内，正合水仙之名，亦有兆也。

予初見縉紳家大門外墻門，或六扇，或四扇，或二扇，皆以木爲骨，而削竹如箸者豎編上下，中間以横板而刻花于其上，皆墨質而或紅或緑其花，以昭文也。其後下則用板，而上仍編竹，或用細花蔑簟，以鋈錫釘釘之，可謂華美矣。年來則以實板厚三寸許者爲門，而截竹筒闊寸許、長尺許，如人字樣密排，而各以鋈錫泡釘釘之，皆始于世家，後及于士類，甚且流于醫卜胥吏之家，皆用之矣。

上海之有榷關，始于康熙二十四年乙丑。關使者初至松，駐劄漴闕，後因公廨窄陋，移駐邑城。往來海舶，俱入黄浦編號。海外百貨俱集，然皆運至吴門發販，海邑之民殊無甚利，惟邑商有願行貨海外者，較遠人頗便。大概商于浙、閩及日本者居多。據歸商述，日本有長耆島者，去其國都尚二千餘里，諸番國貨舶俱在此貿易，不得入其都。島上居民，華夷雜處，格物者多利比中國，不能倍價。凡奇技淫巧，市俱有禁，惟必需之物方收，若細帛書籍尤易售，嚴禁西洋貨及畫像，攜入者必置重典。向來交易，俱用紋銀，今日濫惡，祇八、九成，直有三成者，客商扣算資斧及官税外，餘利無幾矣。其人物土俗頗有華風，初尚直樸，今漸狡滑，恐任其往來，奸民或糾合倭之黠者，如明嘉靖中故事，又爲地方釀禍耳。當事者不可不防之。

# 卷　四

## 士　風

士風之升降也，不知始自何人。大約一、二人唱之，衆從而和之。和之者衆，遂成風俗，不可猝變。迨其變也，亦始于一、二人，而成于衆和。方其始也，人猶異之，及其成也，群相習于其中，油油而不自覺矣。要之，移易風俗之權，必操之自上，則不勞而效速。予生也晚，猶及見前輩老成，重然諾，嚴取予。士大夫勵名節，畏清議，落落難合。迨其合也，不爲利移，不因勢熱，時有惴惴焉，惟恐不爲君子而蹈于小人之一心。少年佻達者，見之肅然敬畏，赧顔自愧，罔敢竊議其非也。即以功名一途論，童子應試，當時府、縣取已大半得諸薦剡，然其間猶或有欲薦之而甯擯孫山，斷斷不願者。或即列薦牘，猶有惟恐人知者，偶有語言侵及，遂愧歉無地，甚而成仇者。要之前數十名不易得，三、五名内斷無私也。至若院取入泮舍，勢要縉紳子弟而外，無敢萌夤緣干進之心。主文衡者，尤無敢萌貪賄自私之意。所以府、縣每逢歲、科入學，凡取六、七十名，皆就文章掄拔。素封之子，文理荒疏者，雖累千金，不可得也。是以一遊黌序，即爲地方官長所敬禮，鄉黨紳士所欽重，即平民且不敢抗衡，廝役隸人無論已。至等而上之，科鄉會榜，則法紀愈嚴，名義益重，即勢要子弟，亦不敢萌關節之心，況素封乎？故一登科甲，便列縉紳，令人有不敢犯之意，非但因其地位使然，其品望有足重也。雖其間事干謁、趨勢利者，亦或有之，但一爲正人君子所擯，則終身不齒于士林，當事亦從而薄之。若養高自重者，不特郡邑長敬畏服教，即上台亦往往稟命咨訪焉，其視貲郎異途，蔑如也。素封之家，非有姻戚交關，縉紳不與之往還抗禮，同姓者非有稽考，亦不通譜稱宗。若夫輿臺胥吏之屬，即力能上下其手者，不敢望縉紳之少假顔色，惟時懼其有發奸摘伏之心。以故體統尊嚴，上下顧忌，鄉人咸賴其福。雖子弟家僮，不無假勢作威，淩虐庶民之事。自方禹修先生來守吾郡，力持法紀，風俗即爲一變。良由士大夫初或失于不知，其後交相戒禁，故弊自革，而體貌之尊嚴如故也。凡此風俗，在當年祗視爲固然，由今思之，遂成古道。夫賤妨貴，少陵長，淫破義，寖寖乎成惡俗矣！夫亦士大夫有以示其隙而啓之乎?

予幼所聞,有司或有盡情之囑,而無暮夜之金;縉紳或有竿牘之私,而無通賄之事。至于上臺振肅庶僚,力持風紀,尤非私意所敢干也。郡縣衙役,有假勢作威者,撫、按風聞,官長以不職論矣。直省屬員,有任情自私者,科道露章,撫、按以縱奸劾矣。犬牙相制,上下相維,即有不甚自好者,蓬生麻中,亦不得不直耳。即如屬官參謁,上臺一拒不相見,即見而一言不合,歸即閉門謝事矣。一聞丁艱,或罹清議,立刻繳印請署矣,絶無留戀徘徊,希候挽回交代之心也。是以上臺亦以禮待之,有糾參抵罪之法,而無鞭朴罵辱久拘地方之事。奉符檄而下郡縣者,亦莫不循循恪謹,無敢喧擾經承,索貨無厭也。以故吏安其職,民樂其業,刁訟不興,苛政不作,雖非至理,庶幾小康焉。自崇禎末,而福藩帝于南中,賄賂公行,紀法盡廢,然當時京師實甚,外官習俗相仍,禮法猶舊,尚未變也。本朝初定江南,設官委吏,習聞弘光之風,不復尋先朝之度。當事者往往縱情任意,甚而惟賄是求,訟師衙蠹,表裏作奸,賦役繁興,獄訟滋擾,郡縣胥吏,得以狎侮士林,舊日朱門,無不破家從事,數十年之間,士風靡弊極矣。幸遇世祖章皇帝親御太阿,乾綱獨奮,特簡巡方,用肅吏治,法紀爲之丕變,惡俗因而頓更,復見太平之風,民有重生之樂。始信開基聖主,度越百王萬萬也。年來士氣人心,不無稍懈,又有寖寖日下之勢矣。江河砥柱,所仰賴于主持風化者,豈淺鮮哉!

前輩讀書,或從古學,或從時藝,莫不埋頭攻苦,心領神會,久而得之。是以文有程法,中有定式,出闈閲文,魁元可預決也。數年以來,縉紳子弟接踵而取科第者,别有捷徑。經傳註疏,不必究心,古文時藝,不必誦讀,惟精擬鄉會題,以重幣聘名師于家塾,令將所擬題作文熟讀,燬棄其稿,入闈對題直書,甚或暗通關節,先期得題,窗下揣摩,三場不爽,遂有名列巍科而未窺經史,并未知讀書作文之法者。一旦被命衡文,不得不因陋就簡,聖賢理義,先正典型,概不知講,傳法妙門,轉相授受,文運科名,遂成江河日下之勢。間有一、二賢豪,慨思力挽,一齊衆咻,亦無如之何矣。

前輩兩榜鄉紳,出入必乘大轎,有門下皂隸跟隨,轎傘夫五名,俱穿紅背心,首戴紅毡笠,一如現任官體統。乙榜未仕者,則乘肩輿,貢、監生員新貴拜客亦然。平日則否,惟遇雨天暑日,則必有從者爲張蓋,蓋用錫頂,異于平民也。今則縉紳舉、貢,概用肩輿,士子暑不張蓋,雨則自擎,在貧儒可免僕從之費,較昔似便,然而體統則蕩然矣。

前朝外官,四品以上用黄傘,以下用青藍,七品以下俱用皂蓋。京官在京,例不用傘,出外則與外官等。惟詞林用黄傘,庶常及小京堂俱用金紅色。今京官中翰、部曹俱用黄傘,庶常以及小京堂不必言矣。外官按察司、僉事舊用藍傘,今亦用黄。八、九品雜職,概用藍傘,皂蓋絶響矣。黄傘舊止用輕綾,今俱用花緞,藍傘尚用綾也。灑金障日大傘扇,昔惟京官用之,所以代傘也,今外官不論大小俱用,鄉紳亦然。

古之循吏,久任不遷,則增秩賜金以奬勵之。自漢已然,非自近代始也。前朝如蘇州太守況鍾,增秩至正三品,而知府事如故,然亦不數見矣。本朝順治間,亦多久任之吏,要皆從考績報最,或覃恩薦舉所致,未可捷得也。康熙而後,加級漸廣,如江撫韓公心康秩正一品,而又加一級是也。年來以軍興開例,令中外官員各就所開例處,或納銀米,或捐馬匹弓矢若干,並得准加一級。于是有力急公者,往往加至數十級,而或下僚而階同大吏,或有司而秩等公卿,猶且帶加幾者,鶴綉玉鞶,幾同常服矣。

令上海者,以余所見,在崇禎中,爲江右熊經、粵東麥而炫、西蜀劉潛、萬安王大憲、浙江章光岳、鹽官彭長宜。在順治中,爲西秦孫鵬、遼東高維乾、江右姚修蔚、中州閻紹慶、浙中商顯仁、東魯陸宗贄。在康熙間,爲江右涂贄、秦中王蘭、山東陳以恪、廬陵鄒弘、渤海陳之佐、江右康文長、遼東朱光輝、會稽任辰旦。四十年之間,凡歷二十餘員,而其間接署者不可勝紀,大約有一令必有一、二署篆,總而計之,不下五十餘員。其才之長短,品之貪廉,心之邪正,政之仁暴,學之博陋,或人人各殊,或一人而始終異轍。要皆座未及煖,參罰隨至,因催科拙者十之七、八,因不職劾者十之二、三,從未有一人報最陞遷。惟康熙七年戊午,任待庵辰旦督撫兩臺,以博學鴻儒薦。次己未,召試不中,歸仍理縣事。十九年庚申,復以卓異薦,行取至京,考授給事中。此吾生以後,海邑令長之僅見者。自任陞任之後,會稽之史彩因薦而陞治汴河。史去,而中州之王錟、武昌之朱萬錦相繼而來,皆以被參去任。今奉天之董鼎祚,蒞任又半年矣。而史尚勤勞河上,迄今未有陞遷之期也。繼董而來者,又有粵東之梁以楠。

吾松士子,昔年無遊學京師者,即間有之,亦不數見。自順治十八年奏銷以後,吴元龍卧山學士始入都援例入監。癸卯甲辰,聯登科甲,選入庶常。其後遊京者始衆,其間或取科第,或入貲爲郎,或擁座談經,或出參幕府,或落托流離,或立登膴仕,其始皆由淪落不偶之人,既而縉紳子弟與素封之子繼之,苟具一才一技者,莫不望國都而奔走,以希遇合焉。亦士風之一變也。

舊例文武官員必三年考滿,報最無過者,始得給由。一品封贈四代,二、三品封贈三代,四、五品封贈二代,俱給誥命如其官。六、七品以下封贈二代,八、九品止封本身一代,俱給敕命如其官。遇朝廷有喜慶覃恩,則不拘考滿之例,然大概止及京官,外官惟藩、臬兩司可得,府、州正佐而下,便不可必。間或覃恩中外,則凡現任官俱及,爲曠典矣。自康熙二十一年壬戌正月,朝廷以滇南蕩平,四海底定,恭上太皇太后徽號,覃恩中外,自現任大小文武職官,俱照本身封贈,給與誥敕外,其授職考選陞轉加級者,俱轉新銜封贈,可謂異數隆恩矣。二十三年甲子,聖駕南巡,頒恩中外。及二十七年戊辰,太皇太后祔主太廟,恩詔亦然,遂以爲例。先是以軍興開例,凡職官照品納粮,不俟考滿,給應得誥敕。是時,惟有財者得以邀恩耳,至是更周匝矣。

守松江者,以余所見,在崇禎中,爲穀城方禹修岳貢,歷任十四年,因韓城薛相國案內,中書舍人邑紳王陞彦詞連被逮入都,未幾得白,歷漕儲陞都御史,不二載而大拜。閩中陳蓮石亨,弘光初爲餉科,参罷吴興姚瞿園序之,以本朝大兵將至,委印遁歸。在順治中,爲遼東張銚、滿洲傅世烈、三韓林永盛、盧士俊、廖文元、河間李茂先正華,繼此爲郭啓鳳。惟林陞睢陽道,朱抵任而卒,李雖最賢,亦以註誤積逋論降回籍。康熙中,爲祖永勳、于汝翼、劉洪宗、郭廷弼、張羽明、耿繼訓、劉槱、劉名標,或以註誤,或以被論去。惟會稽之魯謙超庵,歷任九載,始陞淮陽道,不二載由中州臬長内陞京卿。雖以洪宗之賢,去任遠不及也。後若嘉禾之朱露三叟,雖陞山西學道,未抵任,以舊任未完復降。山陰之趙甯,以大計不及降。今爲李元瑨,山東人。

## 宦迹一

士君子分符綰綬,奉簡命而出治一方,則生民之休戚,風俗之淳漓,百度之廢興咸係焉。人非至愚不肖,莫不願爲循良,乃不數數見者,非好庸劣,惡廉明,亦時勢使然也。大抵承平之日,上下同心,直道可行,物力充足,考績公而名義重,賞罰信而黜陟嚴。筮仕者咸相砥礪,即有庸陋,悉勉而爲循卓矣。迨世當叔季,政出多門,直道不容,動多掣肘,當路以撫字爲迂疏,銓政以催科分殿最,賄賂則上下相蒙,廉潔則陽收陰棄,苟非本性强項,未有不從風而靡者。故曰:爲治于盛世易,爲治于衰世難。良非虚語。予生明季,旋遭鼎革,草昧之初,俗難遽改,廉吏可爲而不可爲也。乃有介然自守,獨立不懼,澤在民生,功垂奕世者,雖詩書所稱,又何以加?爰舉所知,表章其概,以俟後之任載筆者,有所採擇焉。

郡守方岳貢,字禹修,湖廣穀城人也。登天啓壬戌進士。崇禎初,由部曹來守松郡,廉潔有才幹。時松江縉紳大僚最衆,子弟僮僕假勢横行,兼并小民,侵漁百姓,攖其鋒者,中人之産,無不立破。公廉得其實,往往執法究懲,幾于被註,真稱不畏强禦。士大夫之賢者,亦從而重之,戒無相犯,風俗爲之一變。先是童子入泮甚易,而府取最難,凡歲、科入學六、七十名,府録不過倍之,而學使之嚴者,尚有截去後段不收考之數。大概一登府録,入泮十有七、八,然而府録非有要津薦牘,不可得也。故中人之家,不惜百金之費,以爲入學階梯。單寒之子,得列縣取十名内,尚可薦府,不然不能望見學使之顔色。所以有府關之名,以爲幸而得過此關,則文理稍順,取青衿如拾芥矣。自公下車後,力請學憲,廣收數以拔孤寒。每逢考校,寬于規矩,而嚴于覆試,計每縣各覆二、三十名,大抵皆真才也。後此共取一、二百名,縉紳薦牘未嘗不周旋而不礙孤寒之路,學使重其望,原其心,往往一概收試,自是童子入學始易。其爲地方興大工,如築西倉城以衛漕,築石塘以障海,造朱涇萬安橋以濟民,此皆庸才所縮手而不能舉者,公不費公帑,不擾民財,設法勸輸,委任得人,費節而功成。豈非才大而量優乎?守松凡十四年不遷,然每以大計入覲,上已心識之。至崇禎壬午冬,以他案事詞連,勒令到京。事白,稍遷上江漕儲道,旋以督運先發,特擢爲御史中丞。未幾,遂命入東閣。十七年甲申二月,闖賊犯京城,上命公兼户部尚書,護皇太子南行。未果而京師陷,公遂遇害,士論惜之。子二:長曰征思,承廕,吴門申氏壻;次式思,吾郡姜氏壻,順治中喬居松郡,以穀城自流寇蹂躪之後,無家可歸故也。後之守松者,惟河間李茂先先生最慕公之清介,尚惜其後人,敬禮有加焉。

令君彭長宜,字德符,浙江海鹽人也。成崇禎癸未進士。甲申夏,來令上海,謙和下士,慈惠愛民。凡署中器用、服食,並給俸薪銀平買,或至家鄉運至,絲毫不擾民間。即日用汲泉,例有水夫供給,公曰:“水夫,亦吾民也,何故而日索其汲?”乃計擔而酬之值,故當時有不食上洋勺水之謡。先是,差役借勢擾民,胥吏舞文亂法,自公下車,即集衆諭之曰:“吾來作令,誓不取民間一文。若輩不能藉衙門作生計矣,願留者供役,欲去者聽習他業,毋令父母妻子共受飢寒。”衆咸感激,矢志効命,不敢欺,亦不忍欺也。故日刁訟,自公臨讞,委曲諭之以情理,無不歎服,而里胥役蠹,侵粮抗法,公不施鞭朴,而輸將惟恐後期。以德化民,向聞其語,至是始見其人。時南中福藩新立,四鎮擁衆跋扈,各遣員役坐派地方督餉。至上海,有横索經承酒食貨賂者,公奮起力争,義形于色,員役亦服公之廉惠,相率斂威而去。撫院祁公彪佳,有真切愛民之手札,代巡周公一敬,有東海聖人之獎勵,非虚語也。時權相馬瑶草士英建議:凡童生應試者,令納銀三兩,免其府縣録送,竟赴學臣考試。公念貧士無由進取，乃親試文理優長者，拔取二、三十名，捐俸代爲輸納，彙册送學使者。會學臣未及按試，而大兵已下金陵，弘光帝出走，公聞報即集諸童之納銀者，悉給還之，隨令家屬歸里，誓與城社同亡。聞安撫使將至，公即閉户自經。學博陶公鑄，公之同鄉湖州人也，急走解之，百端慰諭，扶之偕歸。公乃徒步出郭，百姓倉卒追送者不可勝數，授以騎乘之，贈以驢不納，闔縣如失慈母。其後大兵入浙，抵海鹽，公曰："吾爲令不能與城俱亡，悔之無及，今日猶得死于故主之土。"遂不食而卒。順治中，邑人慕公不置，肖像奉祠于城隍之東偏，即今玉皇閣下面東遺像是也。

巡方監察御史秦世禎，號瑞寰，遼東人也。以豐沛從龍，歷官御史。順治六、七年間，巡按浙江，彈劾不避權貴，爲民興利除害，釐奸剔蠹，一時有鐵面之稱，吏畏而民懷之。時天下初定，法紀從寬，司民牧者鮮體朝廷至意，大半惟賄是求。庶僚相倣，大吏包荒。無情之訟，莫詰其奸，而訟獄日繁。不急之征，誅求四出，而差徭絡繹。縉紳之後，修怨者概指爲通南；素封之家，無端者指名爲拔富。虚詞誑上，按家計而算緡，游手謀生，望屋廛而搆隙。凡有中人之産者，莫不重足而立，遁逃無地，控訴無門，民生日惴惴矣。自世祖章皇帝親政而後，洞悉萬方之弊，惟賴巡方之官。先簡廉能以清其源，特假事權以重其任，大僚而下，一命而上，舉劾之權，悉以付之。官箴不肅，責在巡方，巡方不職，責歸憲長，而公以按浙報最。九年壬辰，復命之巡行江左，墨吏望風解綬。入境後，參劾糾彈，殆無虚日，積年衙蠹，經告發者，立正典刑，倖漏網者，抱頭鼠竄。風俗爲之廓清，民生得以安枕，江南半壁，實利賴之。及瓜報命，上識其能，擢爲御史中丞，巡撫浙江。浙人聞命，懽聲載道。其撫浙也，益勵清操，力持風紀，以肅百僚。因參浙閩總督佟不法事，上遣緹騎逮佟入都，久之獲釋。公尋解職，江浙人至今尸祝之。

郡守李正華，字茂先，直隸河間府獻縣人也。以歲薦明經。初授山東福山縣令，孑然襆被，徒步抵任，道逢候人于逆旅，問以福山縣長消息。公曰："若何爲問？吾即令也。"衆皆大驚，羅拜負其行囊，同之任所。清惠明察，吏不作奸，民賴其福。三年報最，稍遷濟南府同知，專理濟南等處河工，督、撫、按交章以卓異薦。順治十年癸巳，陞知松江府事。松俗故靡麗，公躬率以儉樸，布衣蔬食，官舍蕭然。而吏事精勤，案牘山積，纖悉必親爲裁决。午夜即起，簽書吏持文書至，必視其可否。緩急失宜者，笞罰隨至，可否失實者，立置重典。久之而案牘肅清，吏以得免送判爲幸。絶竿牘，禁苞苴，縉紳屬吏視若神明，罔敢干以私也。初承鼎革後，督、撫差弁下郡縣，與守令抗禮，自公下車，力争其非。時札弁周某捧撫檄至府，持名帖上堂，公正色拒之，抱恨而去，訴于撫院。公以去位争之，賴制府挽留而止，以後差弁凛畏，遂爲定制。時泖寇沈新糾衆刦掠,提鎮張公桂吾天禄欲發兵剿捕,公力言兵行必濫及無辜,不若嚴督捕役,刻期捕之。乃立重法,懸賞格,俾不敢萌縱盜之心,且不容有通盜之術。役争自奮,寇無援營,旬日間即獲數十人,訊鞫得實,立置之死。閱兩日,而渠寇亦得伏法,不煩兵革,巨寇潜消,公之造福于民非細矣。松屬舊惟華、上、青三縣,而華亭附郭最大,積逋粮額甚多,公患一令難以清理,乃建議中分華亭爲二縣,請諸上台,疏于朝,從之。命以西華亭爲婁縣,自土地、人民以及學校、市廛、賦役,俱中分之,迄今華、婁猶稱大邑,號難治也。在任四年,以催徵積逋未清,部議降級而去。撫院張公中元、代巡李公森先俱重公廉能,交章請留,部持例不得請。去之日,士民送者擁塞道路,自府以西,直抵西郊外數里,人不能行。家設位焚香燃燭,或具酒漿蔬果,或賫粮米布帛,或聚銀錢祖餞。公酌量辭受,慰以温言,遣之使歸。有涕泣徒步,或鼓棹相從,送至吴門,遠及江上者,不可勝計。自古長吏去官餞送之盛,未有如公者。既歸里,杜門却掃,不與外事。其後,松人思公不置,凡入都者,往往紆道晋謁,公必具酒食款之,細詢近日地方風俗、仕宦交遊、興替得失,或留信宿而别。康熙十年辛亥,吾邑士民數十人以公事北上,特走謁公。公方開家塾,坐絳帳,授生徒,并課子孫,被服不異寒士,而鬚髩皤然與野老無辨。款留士民,一如平日,隣里聚觀,公亦懽然自得也。子二:其長君自公守松時,已補博士弟子員;次君初就外傅,今已中式武科。于公之門,將來正未可量耳。

邑令李復興,字應斗,山東濟南府濱州人也。舉順治丙戌孝廉,屢困公車,不得已而謁選。康熙四、五年間,除授婁縣令。婁故政繁賦重,又附郭滿、漢大臣不時巡歷,軍伍充斥,供頓迎送不遑。治歲餘,殊無異績,後失愛于巡鹺使者,因公詿誤,被參罷職去。歲餘而論定,仍以原官敍用。時吴中積逋縣必數十萬,令長如治亂絲,苦無其緒。民間十年並徵,疲于奔命。吏胥乘間作奸,或田少而反充圖首,則一人而辦一圖之粮,小户而催大户之税,完課者日受鞭笞,逋賦者逍遥局外。兼之征調不時,工役不息,富家以賄得脱,貧户重叠而當差,前工未竟,後役又輪,一票未銷,數牌叠至,差役勢同狼虎,小民時被雷霆。民自受田三百畝以上者,即有釐頭圖首之虞,中人之産無論已。黠者以遁脱,愚者以命殉,一人逃去,累及三黨,故有全里舉鄉爲甌脱者。公向已憂之,及再來令婁,細心計之,衆議僉同,謀所以救之者,莫如倣嘉興、湖州均田均役之法。力請于郡首張公升衢羽明、撫院心康韓公世琦,移咨浙屬,禮聘嘉、湖精于會計者到松,仿彼成例,斟酌立法,悉除收兑、圖首、釐頭、總甲、塘長諸役名色。凡有田者,各自立户完粮。自完粮外,别無雜派徭役。于是豪猾無所施其詐,衙役無所逞其奸,居民始得安枕,逃者稍稍復歸。迄今賦雖重,而室無逃亡,田無汙萊者,皆公一人首倡更張之力也。自公立法,而華、上、青三縣皆效之,則公之利民溥矣。其後,以前任逋額催徵逾限罷任,松民若失父母,攀留不得。公尚居松候代,未幾病卒,闔郡悲之,幾爲罷市。公之任内,以胥吏侵挪,尚空帑金二千餘金,任後一年不完者,法應全家徙邊。公卒後,將逾限,松民懼累公,咸願捐資助完,具呈郡守魯公謙庵超,請先報完期,而約合郡士民樂助。魯公既許之,一時助者響應,不日而足,公之家屬得免。公律己嚴,待人寬,貌癯而性和。兩蒞婁邑,四壁蕭然,幾至不能舉火,廉吏至此,不克大用,可惜也。然松郡自黄童至白髮,無不戴公慕公,家祠而户祝公者比比。自本朝三十餘年令松者,惟公爲第一,則公之遺澤,歷千古而不朽。雖古之循吏,又何以加焉!

制府大司馬于公,名成龍,號北溟,山西永甯州人。中順治辛卯副榜,貢入太學,選授教職。歷任縣、府佐正、監司,至福建布政司,皆以廉能著績。康熙二十年辛酉,陞都察院右副都御史,巡撫直隸三輔,長吏望風肅清,八旗屯丁相戒斂迹,嚴捕逃連累之禁,清驛站冒濫之弊,愛民如慈母,察吏如嚴師,上心簡之。次年壬戌,特陞兵部尚書,兼都察院右都御史,總督江南、江西文武事務。陛辭召對,密諭叮嚀,賜鞍馬、衣帽及白金千兩,以旌其廉。厥後雖隆殺不一,遂爲督撫寵行成例。公拜命,即襆被出都,從者不過三、五人,沿途旅食,無異過客,候吏迎接,不知其爲官長也。至河南,即出禁約,禁所屬官員送迎供帳及儀衛鼓吹。入境内,一如在途。謂正人必須正己,化下必須躬行,乃申六戒自省,曰:勤撫恤、慎刑獄、絶賄賂、杜私派、嚴徵收、崇節儉。而後以四禁率屬:一通賄、二遊客、三節禮、四假命。下車之日,屬僚凛凛,人不自保,而公則先以寬大示之,謂:“前此穢迹,各宜痛自湔洗,今後官箴,慎勿再蹈前轍。倘有敗檢,白簡無私,莫冀姑息也。”屬吏又喜出望外,然已不寒而慄。由是轉貪官爲廉能,化酷吏爲循良者甚衆。其勸民也,嚴保甲,則遊手奸獪越境而逃遁;崇鄉約,則農工商賈不學而良。民間無益之費,如迎神、賽會、高臺演劇之類,不禁而自息。其宴享、婚嫁、喪葬諸大禮,好奢者輒以于公之戒爲自斂戢。而最惠于民者,前此里人有以殺命訟者,無論真僞,必連及里甲,富户爲之破家,貧者經年犴狴,甚至隣里有逃亡一空者。及地方失盗,不聞于官則以失盗罪失主,一聞官則以盗之大小問失主,報小盗必駁,疑其爲大盗,報大盗則官懼考成,又必駁令改小盗,甚至失物無幾,因各衙門之駁提認贓而破家,連年匍匐公庭者,因公蒞任,而此風爲之頓息。其絶私干,雖鄉衮大僚,罔敢以片言陳情。至爲公事,即子衿氓庶,皆得晉謁盡言。于觀風試士,拔其尤者,兩江共五十餘人,彙致省城,膳之公館,選嚴明教諭朝夕督課之。時親造勸勉,評其制義,以期必售,多士無不愛戴之。他如嚴捕役以縱盜害民之禁,武弁縱部兵生事之禁,其有益地方者,不可枚舉。上聞而嘉之,特賜額匾:一曰清慎勤,一曰貞晚節。賜以對聯二:一曰十目所視,十手所指,其嚴乎?仰不愧天,俯不怍人,二樂也。一曰敷奏以言,明試以功,車服以庸,爾其勗諸!視其所以,觀其所由,察其所安,可不慎與!皆遣官齎賜,人臣之榮,亦僅見者。有士流兄弟搆訟,公以至誠片語動之,各愧悔謝去。其後以法懲龍江關使者,故要津客也,入訴之當事,競請差專員往勘,上不許。時適有滿洲使者以他事在省,即令體訪以聞。滿使上其事,謂曲在督臣,章下所司,議革職。上以太重,駁令再議,繼議降級調用。上大怒,至抵部覆于地曰:"于總督是清官,苞苴不至,爾等便如此議了?"部臣惶懼而退,後上終全部臣之體,准其降級,特命免調留任。中外大喜,無不頌聖鑒之明且遠,而幸兩江之不失慈母也。自是以後,公益勵精圖治。二十三年甲子四月初,尚强健無恙,至十七日忽抱痾,遣人往天妃宮卜之以籤。籤云:"過盡風波險浪災,此身方許脱塵埃。一聲霹靂生頭角,直上青雲跨九垓。"是明示以騎箕之兆矣。至十八日,宴然而卒。守省將軍聞訃,單騎馳入署中,檢其篋中,惟白金三兩,制錢千餘文,及緞一匹、敝衣數事而已,此外一無所有。將軍大慟而出,曰:"我枉爲小人。"蓋將軍平日見公清操凜凜,尚疑其僞,至是始心服之也。省城百姓如喪考妣,屬官賻贈以殯殮之,士民争賻者甚衆且厚。公子以爲非公志也,概謝不受。事聞,上甚悼惜,諭所司議諸恤典,加贈、賜、謚及祭葬以旌之。卒謚"清端",憐其居大僚而貧,且種種不得遂其志也。公督兩江時,有與公同姓名者,乃旗下任子,官知州事,公知其廉能,特薦爲江甯知府。甲子冬,上南巡,諭之曰:"于總督薦你做好官,今聞果然。"賜御書手卷一軸,即日陞江南按察使。未幾轉陞直隸巡撫,甚得寵眷,至加宫保,重公之薦也,其爲朝廷敬禮如此。

大司空湯公者,名斌,河南睢州人也。順治己丑進士,改庶吉士,授翰林院編修。時有建議者,謂詞臣將荷大任,正宜歟歷中外,故往往外陞,公以例外陞陝西按察司副使,分守潼關道。廉明率屬,慈惠愛民,臺使者交薦,將内陞。以親老乞終養。告歸後,晨昏菽水,怡然自得,定省之暇,惟以讀書談道爲己任,自號"潛庵",若將終身焉。未幾,丁外艱,哀毁盡禮。服闋,因母老終不赴補。康熙十七年戊午,以博學鴻儒薦,内召入都。敝衣藿食,薪水幾于不繼,逮御試《璿璣玉衡賦》稱旨,補授翰林院侍讀,尋升學士,清操愈勵,上心識之。二十三年甲子,特陞都察院右副都御史,巡撫江南、江蘇等處。陛辭之日,召對賜宴,賜白金、鞍馬、文綺,慰諭諄諄而出。甫下車,墨吏望風解綬,而公則以身範物,不怒而威,不令而化,吏畏而民懷之。蒞任未幾,會上南巡,有司議拆毁蘇州閶門外南濠一帶,西至楓橋沿河市房,治馳道,且便挽舟。南濠爲蘇州最盛之地,百貨所集,商賈輻輳,人情惶惶。公毅然曰:"皇上心切愛民,必不忍以巡遊之故,毀壞民居。御舟篙槳,亦可運行,何必强爲牽挽之計耶!"有司懼罪,猶力請。公曰:"此地方事,倘有罪及,我獨任咎,與諸公無與也。"遂不果毁,人情安堵。乃偕總督王公新命渡江迎駕,凡供御所需,處分井井,用不乏而民不擾,公私賴之。及鑾輿臨幸,與臣民相見,藹然和悦,並不以馳道不修爲忤也。扈從駕至金陵,賜蟒袍一襲,又賜御臨蘇帖律詩手卷一軸,恩寵甚渥。回鑾之後,公念天下賦税莫重于江南蘇、松、常三府,博訪廣詢,謀所以減賦之道,具疏題請,而士民呈懇不已。公出示云:"江南賦甲天下,蘇、松尤甚,業已繕疏入告,爾民宜静聽上裁,不必紛紛呈控"等語。卒爲計部所格,不果行。然公爲民請命之意不衰也。他如勤講鄉約以敦風化,嚴懲奸蠹以除民害,不經之宴飲有禁,山塘絶畫舫笙歌荒嬉之惡俗,力排寺僧無魚軒筍屐。豐功善政,不可殫記。而曠世不概見者,則洗滌淫祀,以解民惑也。吴中淫祀,自狄梁公奏毁以後,種種復興,其家崇户奉,鄉城遍布者,莫如五聖祠。而最作威福,使縉紳士庶凛凛奉承,不敢稍有懈志者,莫如蘇州之上方山五聖。一祀之費,幾破中人十家之産,而自朝至暮靡日不舉,婚嫁出入靡事不祈,稍有失儀,殃禍立至,士民苦之而不敢告勞。公廉知其實,遣使封禁寺門,抑祭者不得入,則群于門外望禱如故,有甯觸憲禁無干神怒之意。公乃躬詣上方山,命燬其像,左右逡巡不敢。公曰:"愚民無知,一至此乎! 神果能爲祟,則我實使然,與汝輩何與?"手揮之下,命從役縱火悉焚之。因遍檄所屬江甯、蘇、松、常、鎮、淮、揚七府及徐州一州境内,無論鄉城衙宇,凡有五聖神祠者,檄到之日悉皆拆毁,投其像于水火,違者責在有司。一月之間,江南絶五聖神祠之迹,而公已内陞矣。歲省民間金錢數千百萬,苟非盛德正氣,其能使鬼神辟易如是耶? 公慮入都後,此風復熾,臨行具疏上聞,奉旨嚴禁,一如公奏。是時,皇太子出閣講讀,博選天下耆碩名儒以輔導之,命公以禮部尚書掌詹事府事。入對陛見時,上殷殷遍詢天下大事及江南利弊暨諸大僚賢否,公一一陳對,不訐不隱,上首肯久之,賜宴而出。故事,講官侍東宫立講,皇太子坐聽,至是太子雅重公,特命公坐講。公曰:"講官自宋程頤侍東宫坐講以後,此禮久廢,臣不敢坐。"太子曰:"想因未奏皇上耶?"隨命緑頭牌啓奏。奉旨湯斌着坐講,其爲皇上及皇太子敬禮如此。厥後每有大事,上必訪公。每有大議,上必問湯斌以爲何如。且時有密勿咨謀,公亦知無不言,言無不盡,遂爲當路者所忌,遣人摭拾公撫吴時所短,杳不可得,遂以公前諭士民以減賦上請之榜示,託左右密呈,謂公以國賦市恩于民,以沽美譽。上心不懌,而翰林院及御史臺交章劾公,謂事事沽名釣譽欺君,競請譴黜,上皆不許。公亦以疾告,上命在邸調理。又以母老乞終養，上召至乾清宫，諭以迎母來京邸。即在告仍聽支本職俸薪，而論公者猶不止。上知公以正直不爲同朝所容，持其章不下。適大司空缺官，上特補公工部尚書，勉令視事。衆尤忌之，而公以憂憤，疾亦日甚。會議鑄錢市銅事，事屬工部，公以疾不赴，遂劾公會議不到，又不明言不到之故，大不敬，宜罷黜，因鐫二級，而公亦騎箕棄世矣。上甚悼惜，命議贈卹。禮部以照降級例請，奉旨："湯斌卹典，仍照工部尚書例全級，不得照降級例。"則公之忠節，皇上業已洞悉，不爲群言摇惑可見矣。本朝開創以來，巡撫江南者推公爲第一，而竟未大用，天下惜之。贈謚"文正"，賜祭葬典禮有加。

## 宦　迹　二

左都督梁公化鳳，字翀霄，陝西長安人也。善騎射，多機略，方頤白晳，有儒將風。以武科成順治丙戌進士，除授四川遊擊將軍。積功加級，陞江南安慶府副將，尋陞蘇松水師總兵官，駐防海外崇明縣。内輯兵民，外消寇警，總督郎公廷佐雅重之。會蘇松提督馬逢知驕悍不馴，郎公知公可大任，厚結以爲腹心，每請軍中事宜，輒爲提報，至減馬屬戰舡軍資以益之，公益感奮。順治十六年五月，海寇鄭成功大舉入犯，艟艨蔽江，勢甚猖獗。操江都御史朱禦之江上，兵敗被執。總漕都御史亢帥衆來援，全軍覆没，遂抵鎮江。江甯巡撫蔣及提督管禦之京口，俱敗走。鄭入鎮江，徇屬縣，江南惶惶，人無固志，直薄金陵，城門晝閉，報至京師，亦爲震驚。郎檄馬鎮上援，馬以蘇、松當海口，乃江南門户，提防亦宜慎密爲辭，第遣屬員帥衆五百人赴援，身竟留松不發。郎乃檄公，公以鄉勇守崇明，而悉衆往救。時常、鎮道梗，公帥所部從無錫、九龍迂道而往。秋八月，大破海師于省城外，擒其僞將甘，殺獲甚衆。成功踉蹌遠遁，省城圍解。是役也，城困者凡三閲月，寇黨所至，漸及江右，皆望風而靡。聞鄭敗，始皆逸去。事聞，上嘉公功，召馬鎮回京，陞公爲江南全省提督，加太子太保左都督，駐劄松江，賜賚甚厚。康熙七年戊申，丁外艱，奉旨奪情留任。公鎮松凡十餘年，日集將佐校射，仍命屬員于月之三、六、九日，各練其卒伍，嚴其賞罰，不以承平而稍暇也。公意思豪爽，喜吟咏，暇則集諸名士，偕其子鼎，會文課詩，至席懽飲，公必主席，從客談笑，極其謙和。至十年辛亥秋七月，以病卒于官，時年五十有一。訃聞，贈卹有加。子鼎，字公吕，以諸生而承恩廕，授御前侍衛，護喪歸里而後入朝，至今在職。

# 名節一

語云:"疾風知勁草,板蕩識忠臣。"人有忠孝節義之名,非有國有家之福也。然而正人心,維風俗,使人類不致淪亡者,實維賴此。是以朝廷重褒揚之典,聖賢有表章之文,良以天地間之正氣,不容一刻不存。國家所不願有者,正天下萬世之所不可無者爾。雖其間際會不同,故行己各異,或激烈于一朝,或永貞于一世,要皆出于至誠天性之良,斷無勉强好名之意,是不得以全身遠害爲易,而視死如歸爲難,亦不得謂慷慨赴死猶易,而從容守義爲難矣。謹據見聞所及,録而紀之,名教内固有丈夫,閨閣中亦多士女。譬如三辰河漢,同耀千古,不得不連類而並彰之,一方一時之人瑞,實古今天下之坊表也。

王光承,字玠右,華亭青邨堡人也。家世力學。父君謨,以明經薦入仕。公與弟烈,字名世,並明敏好學,冠絶一時。幼補博士弟子員,每試則兄冠上海縣學,弟冠金山衛學,若操左券。時松郡文社甲天下,陳黄門、夏考功輩主持壇坫,仰聲譽者莫不倒履影附,公兄弟獨從君謨先生嚴諭,閉户讀書。縉紳名士,仰公兄弟,欲求一見而不可得。方相國禹修時尚守郡,高公文行,折節下交。公兄弟亦不數見,見則以道義自持,文章相質,絶口不談俗事。相國亦重公兄弟,不敢齒及塵俗,以故家計食貧。崇禎己卯,丁内艱。書賈走幣以選政請,公勉從之。所選庚辰房稿樂胥,雞林爲之紙貴。海内慕公兄弟如仰山斗。午、未鄉會未舉,即想慕公之所選,以爲揣摩風氣之的,一出而天下應響。當時吴下選家最盛,自公選成,而皆若爲之削色。陳、夏諸先生曲求致之,而公始入社,一時聲名之重,未有如公者也。會逢甲申之變,弘光改元于南都,公以恩拔貢于王廷,未期而遭鼎革,年方壯盛,即絶意功名,甘居肥遯。順治初,溧陽陳相國百史先生柄政,王敬哉先生爲大宗伯,皆公故交也,重公望,移書趣就闈試,且懸鼎甲以待,公不應。其他要津謀所以徵聘公者,公皆峻辭。兄弟力耕以奉親,親戚故交延之家塾亦不往,遣子弟就業者就之。所居環堵,四壁蕭然,幾于不蔽風雨,而擊鉢咏歌,怡然自得,一切餉饋,槩屏不受。仕茲土者,往往徒步訪公,公請以野服見,然後許,談久日昃,款以疏食,粗糲不堪,輒與對飯,忻然而去。沈宫詹繹堂荃初及第,給假歸省,泛一葉舟,自郡城來謁,公款之亦如是。四方之士執贄來學者,遠及三秦,近者無論已。公律己嚴,而與人甚寬厚。客見公者,如坐春風,如飲醕醪,人人以爲知己,好揚人所長,而揜其所失,以故人高其義而樂其和。公初娶袁氏,賢而相得。母太孺人課公兄弟最嚴,夫婦罕得聚首,後因早亡,公悼惜之,終不再娶。庶出一女,擇配揚子岳雲,雙鶴快壻也。自丁外艱後,如夫人亦棄世。後弟名世相繼殁,公遂絶吟咏,孑然獨處,如枯禪老衲,贅壻于家,相依爲命。晚年多病,足不窺户外,間遇天氣晴和,一接賓客,執手慇懃,緩步以送,不覺過橋至數百步外,行人見之,目爲人瑞。都門達者,遍檄士林,每遇松人,必問先生安否,詳詢其起居狀貌,有生不同方之恨。要之,非公所樂也。年七十有一而卒,時康熙丁巳五月也。從公治命,以名世之次子蒼庭爲嗣。海内聞者,無不歎惜之。

侯承祖,字懷玉。其上世自洪武初,以開國軍功世襲直隸金山衛指揮,因家于官。平居慷慨,多大略。時承平日久,武備廢弛,公既襲爵,鋭意講武。崇禎中,歷陞本衛參將,見四方多故,時有請纓之志。衛多軍籍,所隸半屬親故,公日勉以忠孝大義,愛之如子弟,而訓之如嚴師,衆皆感奮,咸以靖寇立功自任。會遭甲申之變,弘光帝即位于南都,政以賄成,官以賂得,莫用公者。公知事不可爲,遂與弟承祚誓以死職。乙酉,大兵下江南。八月,克松江,都督總兵官李公成棟遣使招公。公不應,集衆諭之曰:"吾與若等世受國恩,既不能俘成滅獻,報先帝于地下,義不可更事二君,以辱祖宗,惟有與此城俱存亡,勿爲降將,同臣僕也。"李鎮義之,使一再往許,以復位世職,同立功名。公閉城拒守,終不得入。李乃親帥三軍以攻之。王師自克維揚南下,勢如破竹,軍聲所至,無不望風納款。蓋以軍法最嚴,凡將士攻城,密布雲梯,緣尾而上,前者被殺,後即繼登,稍退縮者即斬以狥。惟金山攻圍既久,積尸盈城下,城上登陴拒守者,亦死傷相繼,而以逸待勞,百道並進,守禦彌固,且時出鋭師以襲外兵。其後,廣調外兵協攻,金山孤城無援,軍實粮餉俱絶,而守備自若。會有庠生某,開門納鎮兵,城中遂潰,公聞變退歸私第,遂與夫人訣。夫人曰:"公不負國,我甯可負公哉?"先自殺。乃謂其二子世禄、世麐曰:"吾分當死職,汝宜姑遁,以圖後效。"二子曰:"父爲國死,兒爲父死,義也。"争願同死。其兄世禄謂弟曰:"父死不可以無後,吾宜從父,爾宜亟走,相機以圖復興,亦父志也,不可違。"世麐遂拜辭父、兄,突圍而出。李鎮入城,執公父子,欲降之。公不從,乃先殺公,示其子曰:"汝降則免,否則亦次及矣。"公子駡且哭曰:"父已被殺,吾豈求生? 惟幸速死,從父地下,報先帝耳!"李命懸諸竿,集衆仰射之。未及中,呼曰:"姑釋吾下。"李鎮喜,意其畏而將降也,遽命下之,索衣冠與之。對父哭拜畢,北向再拜起曰:"吾今可死矣。仍懸吾上,任汝射也。"乃殺之。二僕哭主不屈,亦同死。李鎮歎曰:"使天下城守,盡如侯公,吾兵安能至此? 閤門盡節,可謂真忠臣矣。"具禮收葬,設牲牢拜祭,并殺開門生,取心祭公父子以謝之。越二年,丁亥,吴鎮勝兆謀叛,公之次子世麐與焉。事敗被執,將就戮,其妻某氏操壺觴奔往生奠之,世麐張目叱使去。婦曰:"吾來非别郎,郎第飲此,吾將從郎于地下耳!”世蔭曰:“爾能如此,吾復何憂。”取酒一吸而盡。其妻從衣袖中抽刀,先自刎死,而後公之次子亦見殺。

黄周星,字九烟,金陵上元人也。初生時,爲周氏乞養,故從周姓,名星。由湖廣湘潭籍入北雍,登崇禎癸酉順天鄉榜,庚辰成進士,甲申謁選,得請復黄姓加于原名,不忘周也。公幼敏而嗜古,質直而抗爽,讀書目數行下,詩宗李、杜,書兼蘇、米,性喜真率,厭繁文素,以節義自許。其與人也,樂引後進,以詩請正者,必爲之斟酌參訂,務俾盡善而止。中有不平即面折之,不爲周旋世故,遷就悦人之故態。其鄉薦也,出于吾邑張太常訒菴先生之門。庚寅歲,曾來筍里,自述其先世爲粤東和平人,洪武中遷閭右,實京師。高祖子隆,遂占籍應天,世業儒,以明經孝廉舉者二人,至父一鵬而貧甚。母徐氏,既生二子三女,萬曆辛亥,復有娠。楚諸生周逢泰者,故方伯冢孫,年少性豪,與元配張齟齬,客遊長沙,納妾涂氏。張大恚,訴于父叔,訟諸官。周族好事者,從而附和之,生不勝忿,乃棄田宅,擲青衿,獨與涂避居金陵,適與黄氏爲隣。時周無子,涂急欲以得子抗張,知徐懷娠,貧不能舉,因黄之姑,潛相訂約,涂乃與周室密謀,僞爲有娠。至彌月,徐既生公,黄姑夜抱以畀涂,周遂以生子告,事雖秘,然人言嘖嘖,楚湘間亦頗聞之。至丁丑,公生二十七年矣。周翁于乙卯先舉孝廉,嫡張繼卒,廣置數姬,生有九男四女,而黄翁夫婦年逾六旬,四子長幼俱没,獨次子尚存,然已病羸,聞三男已舉孝廉,而又屬之他姓,恐難與争,念黄氏不絶如綫,每對影嗟吁,涕泗而已。是夏,公以下第還金陵,欲覓一僻地授經爲揣摩計。一日偕二、三友過秦淮東覓之,行久飢疲,入道旁家少憩。有老人自外來,揖客而入,少間復出,數數往來于衆中,猶目攝公,亦不自知也。蓋老人見公狀貌,酷似其長男,故觸目傷心,且詫異之。爲具酒食,款飲而散。越數日,公懷柬往謝,翁見公姓名大駭,然亦不敢言,惟治饌肅客,有加于初爾。公德翁意,因謀及下帷地,翁就近爲公覓館,有蔡生從焉。翁乃屢持膠脯相勞苦,公莫知所謂,而道路喧傳,咸謂公已歸宗矣。周翁怒,令其子作書誚讓之。公發書,駭不可解,詢諸蔡生,爲詳述其故,始知向之老人,即公本生父母也,乃相見拜哭。然知周翁怒甚,囑親故往解之,不得白,公乃避迹廣陵。庚辰捷後,謀諸先達。僉謂周既多男,公宜疏請復姓。公不忍負周,欲于南歸省覲時,以至情相告,幸而得請甚善,否則謀報德而去耳。觀政畢,即歸白下,黄翁病羸,次子亦殁,叩周氏所居,則已挈家歸楚矣。公即買單舸,疾趨楚,以除夕前抵中湘。周翁已病半載,公頓首堂下,具幣陳款,杯酒接歡如平時,日侍醫藥。至辛巳仲秋,周翁捐館,公丁外艱,爲處分三十年未定之案,以成周翁之志。翁故有田産萬餘畝,諸姬子析受有年矣,而兆域未卜,乃葬翁于方伯之兆。涂母有田數百畝,不欲去楚,而依其女。諸姬有女未嫁者,公以前所得分之田,資其奩。經晝初定,而闖、獻二寇已分踞荆、岳,遂犯中湘,大肆焚戮。公先二日盡棄輜糧,覓小艇由豫章間道歸金陵,而徐母又去世矣。獨與本生父相見,握手悲涕,恍如再世,此癸未九月也。次年甲申,京師告變,福藩帝于南都,乃赴銓曹,得授户部浙江司主事,始疏請歸宗。越明年,大兵下江南,弘光帝出走,公亦[棄](葉)官入山,年三十有五耳。當路雅慕公名,共謀薦舉。公謝曰:"某自問樗材,素無宦情,遭逢鼎革,所以不死者,上念老親獨子,嫡嗣未舉,偷生苟活,存黄氏一綫耳,敢冀宦達乎?"迨父卒,終喪葬,惟隱居教授以自給,無故餽遺,一介不取。或以筆墨請者,有所贈則不却,曰:"吾以養廉也。"然必值公興之所至,苟强之,即隻字千金亦不可得,惟投之以詩者必和,是以所著詩詞古文日富。以坊本《唐詩選》素見不鮮,乃裒選《唐詩快》,分《驚天》《泣鬼》《移人》三集。以《百家姓》之無意義也,乃作新編,以義成文。慕神仙之樂,則著《將就園圖記》《人天樂》劇本。見制義之靡,則著《補禍草》,謂釋褐以前所作,未盡合法也。其他著述,不可枚舉。脱稿後,每爲坊刻購去,梓以行世。嘗游戲作金石古文及八分書,鐵筆精工,特其餘藝耳。海内仰公名如慕上古異人,接公貌者見端莊凝重,有凛然不可近之槩,而不知其中坦然無纖毫城府也。公年逾五十,未有子,所生[三](四)女:長嫁錫山賈氏,元配出;次適嘉禾吴氏,又次適松陵吴氏。至丁未以迄己酉,連舉二子。公喜曰:"今蒸嘗有託,可以從君親于地下矣。"庚申春,復來海上,師門兄弟幾不相識,留作平原之飲。余因得追隨唱和,獲公指示,受益頗多,見公好飲,然飲未半酣輒止,而談笑之餘,時帶愁容,獨坐作歎息聲。余嘗戲慰公曰:"昔杜少陵時帶憂愁,陶彭澤放懷自樂,後人不以陶劣于杜,公何舍陶而學杜乎?"時予出所箸《九梅堂雜稿》求序,公即以此筆諸卷首,亦爲戲言以對,而愁終不可解也。蓋公之來此,非獨訪故,亦以季君未字,兩嗣君未卜嘉偶,欲托孔、李,完向平之願耳。時訒叟先生孫湘年弱冠矣,而未授室,不敢遽請,微示其意于公之門人張子魯綸。及公别去,張于途中述之,公曰:"世好而爲姻婭甚善,且得壻如是亦足矣。子盍早爲吾言之?"張曰:"師果有意,即不拘世俗,躬往訂盟,誰曰不可?"越數日,公復挈其長君及其吴倩賡始來,遂與太常公子締姻盟而去。然公志初畢,殉君夙願自此益決矣。時公依其吴壻僑寓吴興之南,遂于五月五日自譔墓志,爲《解蜕吟》十二章,《絶命詞》二章,踵三閭大夫之後,遇救得免,家人歡慰而公志愈堅。六月望後,夜復赴水,冀無援者,適又爲人救免。公憤甚,而家人防益密。至七月十七夜半,乘間復蹈清流,防者覺而奔救之。公乃自絶飲食,至二十三日而卒,時年七十。故《解蜕吟》首章曰:"苦海空過七十年,文章節義總徒然。今朝笑逐罡風去,縱不飛升也上天。"先是吕仙于海上曹氏降乩,謂公已冠八百地仙之籍,曹録岩先生來筍里述之,聞者笑其幻不可信。後得公訃,始知神仙之席,原以待忠孝之士,而公所著《將就園圖記》及《人天樂》劇本,其先兆與?抑公有先見而然與?公元配蕭氏,楚人;側室,趙氏,二子三女,皆其所出。長子椅,字禹弓,年十四聘筍里張氏。次子榔,字寄中,年十二,未婚,皆秀慧能文,公之肖子也。

## 名節二

陳烈婦者,松陵諸生張士柏妻也。士柏死,同里富人周洪聞其美,謀娶之。烈婦大怒,罵勿應。洪欲得之,令其家誘之歸甯,于中道劫去。烈婦愈怒,與周洪格三日夜不息,得免歸,則訟之。邑令章日玠則已入周洪金,不與直,烈婦不勝憤,即罵令。令曰:"爾手能格人耶?"即槮其指。時巡按御史路振飛方按松江,烈婦至松,控訴于御史,既投訟牘,遂自刺于階下立死。御史大驚,驗其尸,則衣皆縫紉,十指俱傷,視訟牘具得狀。御史憐之,欲窮治其事。時松有無賴諸生某者,入周洪賄,昌言曰:"陳氏居于周洪家三日矣。"御史亦惑之,狐疑未決。時許光禄譽卿里居,聞其事,移書于御史曰:"陳氏以死明其節者也,天下無殉難之貪夫,豈有守節之淫婦哉!"而孝廉陳卧子子龍、太學生徐闇公孚遠帥諸生爲文以祭烈婦,文甚美,諸生日譁,御史聞之,遂檄捕周洪及誘烈婦者數人,悉笞死。未幾,吴江令日玠謁上臺,將入門,如有所見,遂暴卒。吴民以是神烈婦而義松之士大夫,乃會葬烈婦于蘇州虎邱寺之第二山門外之右,墓門東向,題曰:"吴江陳烈婦之墓。"門上對聯曰:"身膏白刃風斯烈,骨葬青山草亦香。"鼎革後,余猶見之。十餘年來,匾額及對聯俱失,門上又有改題,不知誰爲之也,可爲浩歎。眉公陳繼儒亦有挽祭詩文,載全集中,茲不録。

劉氏者,宋將劉錡弟鋭之裔孫女也。年二十,適周肇隆爲繼室。閱三載,肇隆以病卒,垂白之翁在堂,承祧之子未舉,劉有遺腹三月,爲宗祀計,哀不忘孤,毁不滅性,誕生一子之才即參兩也。劉外籌耕作,内課紡績,瞻高堂,撫藐孤,冠笄婚嫁如典禮,悉二十餘年之心力,而後參兩得以成立。參兩幼從季父習舉子業,不就,自念家貧親老,無以致養,遂從胥吏供事府曹,聊以代耕。其後參兩連舉三子,家亦漸裕,而劉始卒,年七十餘矣。參兩每以不得奉養爲恨,喪祭盡哀,營兩世之域,葬祖考妣,奉父肇隆及元配儲母之柩,偕劉合葬,祔于祖墓。參兩中子早殤,二子京新相繼補博士弟子員,諸孫濟濟,正未有艾,論者咸謂天之所以報節母也。先是崇禎壬午，邑令茂闇章公光岳旌其廬。本朝大巡瑞寰秦公世禎亦有旌表，行將具題建坊，會郡邑申覆稍緩，秦公届期復命，未果，尚有待于將來云。

顧氏者，即肇隆弟雲礽之元配也。性勤慎好施，年未三十而雲礽卒，無子，長房獨子，禮不出繼，乃請于舅，撫叔氏之次子之傑爲嗣，鞠育教誨，逾于己出。稍長，爲聘外姪孫女以婚配之，即達可也。達可本生父，故邑庠名士，傳經教子，能世其家學。會當鼎革之初，人情刁險，遍地危機，中人之家，朝不保暮，達可懼孤弱不自存，因從兄參兩亦代食于官。在官兢兢自守，不敢干澤于外，供事承直，資斧悉取給于家，顧母拮据以應之，稍有餘資則贍分宗黨，雖至傾囊，亦不恤，年八十二而卒。余叨嗣君猶子之交，修登堂拜見之禮，猶及見之。

喬氏者，邑庠生滄叟公拱明之季女也。性穎慧，嫻内則，知節義事。順治乙酉三月，歸于諸生鮑如龍玉淑。五月，大兵下江南。八月，克松江，行薙髮之令。鮑居濱海，里中惡少年烏合邪教，倡亂拒命，推狂生孔師爲盟主，焚攻川沙堡。川沙守將告急，總兵官李虎癡成棟帥師東渡，凡孔寇充斥之地，不分玉石，縱兵肆殺，俘掠婦女，不可勝計。喬自計韶年，必不能免，兵且至，兩姑挾之行避。喬曰："我閨中少婦也，避將焉往？有死而已。"强之行，行且數武，至水濱，赴水而死。及兵至，隣里親黨被掠婦女以萬計，喬獨得免。惟大義素明，故能視死如歸，超然完節也。其伯姊適陳斐之，年二十四而斐之卒。斐之無子，并無同懷兄弟，室中所有，盡爲親黨瓜分。喬煢煢寡居，父母憐而撫之，數載紡績之餘，稍置田産，以供饘粥。父母卒，倚幼弟，躬勤拮据以自給，今年七十有二矣。皆滄叟公之女，節烈聚于一門，足徵家學，抑亦善人之報也夫！

朱氏者，岵思太史錦之同堂姊也。父邑庠生邦仲，娶于族姑所生，于予爲中表姊。及長，適予母姨之子表兄張宿南，生二女，無子。宿南卒，時年二十有七，翁姑年皆七十矣，以哭子，翁繼殁，家故貧，孝敬如一日。姑卒，喪葬盡哀，撫育二女，又往往分口食以周寡母弱弟。順治辛卯，岵思舉于鄉。己亥，冠南宫，入中祕，顯貴赫弈。胞弟銓，亦稍有生殖，常奉母命迎姊歸，歸惟省母。岵思迎之，則往謁伯母與諸弟姒相見，一問興居而出，曰："嘗聞先人言，見兄弟不踰閾，况弟已貴，往來多貴戚，易服而居不可，間以不祥之服，又不可。"雖固留，謹謝之而已。侍母數日即歸，敝廬不蔽風雨，服食起居，不堪殊甚，晏如也。及母卒，送葬後，即弟銓家亦不輒往。二女自宿南初殁時，以翁姑命長者許配范氏，即宿南伯姊之子，幼者許配凌氏，逮長成，相繼遣嫁。凌氏女先卒，依其長女于範氏姊，今年七十矣。當岵思自都門歸省時，余嘗欲與謀所以旌揚之者，編其節槩上請，當事具題，姊輒峻辭。會岵思尋卒，不果。然而一生苦節,終不可泯也。

閔氏者,嚴端伯之妻也。幼失怙,其母胡氏力苦成家,卒撫一子二女成立,婚嫁盡禮。氏即季女也,年十八而適嚴。端伯故素封子,淫戲無度,閔屢切諫不從,卒以此殞其生,時閔年二十三,無子,僅舉一女。閔力綜家計,仔肩門户,家不甚毁。端伯之庶弟虎,字威侯,踵兄所爲,産業蕩盡,遂日肆侵削。閔與力争不得,因集親長而告之曰:"兄歿無子,産業固叔物也。第念叔亦未有子,聞姒懷娠,倘生男得乞歸撫養,以延嚴嗣,則猶在叔矣,何不少留餘地耶?"衆共賢閔而責虎,閔得苟安。未幾,姒亦生女,姒又隨故。虎愈無賴,日伍匪人,棄賣田房無虚日,而閔不得制,遂酌留贍數畝,房數椽爲養老嫁女之資,餘不遑顧。虎心猶未厭,遂謀嫁其嫂爲盡吞之計,私許其黨施姓,密約乘夜搶逼。有老僕知之,潛奔告閔,閔乃以布自殮,藏刃以待。更餘,施果帥衆至。閔佯曰:"婦再嫁只須本人同媒氏及主婚至,何用衆焉?吾有一言講明而嫁方可。"施止衆而前,閔執大棍擊施仆地,衆駭而散。里黨見而義之,故不敢逼,竟得完節。後雖困乏日甚,享祀掃墓,必躬必誠,三十年如一日也。女長適凌氏,亦早寡無子,翁令再醮,度勢不能免,夜分潛出,凡三涉得達母姨家。更乾衣,遂詣邑長告批守制,始復還家,紡績度日,三載而卒。三節相承,世所罕見,其真得諸胎教者與!

陳氏者,新場鎮南之農家女也。年二十未字。張太常訒叟先生夫人之弟顧君惠,衰年無子,聞陳氏賢,娶爲側室。顧妻張氏亦賢淑,與陳氏相得甚歡。陳生一子,甫二齡,君惠卒,父母勸其改嫁,不從。越一載,子復殤,顧氏親憐其年少無倚,勸之愈力,陳守志益堅,以嫡庶相倚爲命,誓死不貳也,如是者數年。至順治乙未秋,本朝已定江南,而松郡更謀拒守,縉紳偕潰帥同事諸亡命附之,動稱弁員。顧之中表李君選者,素無賴,聚衆入郡,自號五伯,因糧村落,槖既飽,忽憶陳氏孤寡可逼,馳書顧宗,必欲得陳爲妾,謂不爾且將以師逆。顧氏懼告陳,且勸之行。陳度不能免,密紉衣裳,泣謂張曰:"本欲誓以此身從老,今不能矣,奈何!"相與痛哭竟日,夜而自縊。時秋暑,天氣尚炎,越三日始殮,而顔色如生,衆咸異之。不數日,而大兵克松江,諸紳帥俱斃,君選及其黨踉蹌獸散。亂離甫息,人各自保,莫肯訟寃者。一日,太常長公子蓉左司理往省舅氏,夜止其家,夢陳披髮蒙血向之,若訴寃狀,驚而寤,詢知所卧榻,即陳畢命地也。然以陳、顧二家無能創復仇之義,而李亦張太夫人中表子戚,公子以故不忍告之當事而正其辟。然君選自是亦不爲親黨所齒,抑鬱無聊困頓而死。陳仇雖不克報,而其清風烈節,終古不磨矣。康熙甲申秋八月,司理爲予述其事,特爲傳以記之。

# 卷　五

## 門祚一

門祚之靡常,由來尚矣。傳曰:高岸爲谷,深谷爲陵。三后之季,于今爲庶。甯特近代爲然哉！以予所見,三十餘年之間,廢興顯晦,如浮雲之變幻,俯仰改觀,幾同隔世。當其盛也,炙手可熱,及其衰也,門可張羅。甚者胥原、欒郤之族,未幾降爲皂隸;甕牖繩樞之子,忽而列戟高門。氓隸之人,幸邀譽命;朱門之鬼,或類若敖。既廢而興,興而復替,如環無端,天耶？人耶？豈盈虛消長之數所必然耶！若曰積善必慶,積惡必殃,乃何以有時而然,有時而或不盡然耶！即如吾先大夫東瀛公,以廉吏起家,外高祖賓山宗伯,以慎勤獲眷,迄今五世,儒冠未有達者,豈真廉吏可爲而不可爲耶！要之,樹德積學,譬如居家之布帛粟菽,一日不可暫缺,非遂與天爲市也。彼積善積不善之説,乃聖賢所以警世,而正其誼不謀其利,明其道不計其功,吾人所當自勉耳！謹舉見聞所及,略識于後,其他遠不可考,聞不及詳者,大率類此,以俟後之任載筆者,表而出之。

雲間望族,首推陸氏。昭侯以降,盛衰遞有,不必言矣。明嘉靖中,文定公樹聲及弟樹德相繼登進士,文定以辛丑會元入詞林,官至大宗伯;樹德以會魁官至開府。其後軒冕蟬聯,不一而足。以予所見,崇禎壬午一科,應天中式兄弟四人,慶臻、慶衍、慶紹、亮輔。亮輔字左臣,慶衍字椒頌,俱癸未聯捷。其他明經、茂才異等不下數十餘人,可謂一時極盛。自鼎革後,日漸中落。順治己丑,族子蘭陔振芳復成進士,官至少參。丁酉,裔孫慶曾順天中式,未幾譴謫,以後未有達者。

吾郡自嘉、隆以來,簪纓之盛,莫如徐氏。徐始文貞太師階、達齋司寇陟,兄弟公卿以後,甲科任子,相繼顯庸。崇禎初,文貞之曾孫澹甯本高,以恩襲羽林,歷官都督,晉爵太傅,追褒四代。八世一品,同郡罕比。易代而後,世廕既革,科名莫繼。孝廉闇公孚遠,遁迹海外,世業遂廢。至康熙中,始從越東因潮州守宋尚木歸誠,爲之詳請具題,未及抵家而卒。嗣後迄今,亦無顯者。

吾郡張氏,支派甚多,以予所聞,學士里友鴻、一鴻,其尊人醉石,故孝廉也,家頗殷厚，由邑庠入太學。易代後，往往爲鄉黨所侮，年逾五十，奮志北上，中順治丁酉順天鄉榜，成戊戌進士，除授雲南府司理，年將六旬矣。以奏銷議降歸，優游林下十餘載而卒。其以書學起家者，前有大宗伯諱天駿，又有諱翼軫者字三星。其後有謀遠籌孫，中崇禎癸酉順天榜，順治末除授直隸大名府司理，亦工八法，年七十餘以疾歸里卒，無子。後有少宗伯賓山公諱電，即余外翁祇園先生諱儒風之高祖也。其在唐行橋者，始有東海公汝弼，以科甲起家，世有兩榜。至萬曆辛丑，瀛海以誠大魁天下，予不及見，然而崇禎之際，家聲猶盛。至本朝順治丁亥，蓼匪安茂成進士，歷官浙江學憲。其兄安豫字子建，初以府佐投誠，官至杭嘉湖道。二子相繼與孝廉，亦稱一時之盛。今惟一孝廉世綬尚存，家亦中落矣。其在亭橋者，始自王屋先生之象，嘉靖中以文學名天下。其後科第數傳不絶，以予及見，孝廉子念蓋，崇禎中官南京户部郎。鼎革後，未有達者。今其子洮侯彦之、漢度憲俱以詩名，曾孫孝存永貞，亦能詞。

顧氏自佐山兄弟參政起家，傳子光禄丞清宇正心，增其式廓，助義田以贍役，賜甲第，闢名園。萬曆中，又以賑荒高義賜官光禄，亦一時之盛。崇禎末，家僅一孝廉闇生胤光，而故業餘風，猶宛然不改。至順治中，子孫以逋賦累萬，馴致毁家。康熙初，遺業蕩然無存矣。

馮氏自南崗先生以忠孝起家，聲震朝野，遂爲雲間望族。以予所見，故業雖毁，而子孫自號多才。如天垂燧，弟緯臣經世，以書名家；紫賢善世，以孝廉官中翰，世澤尚未替也。

林氏自衡齋太常著望松郡。孫仁甫，以任子官郡守，家貲鉅萬，衣冠甲第，予猶及見也。鼎革後，仁甫卒，而家亦廢。今諸孫猶能以文望動公卿，所至延爲上客，記室參軍，幾遍海内焉。

錢相國機山先生，諱龍錫。大拜于崇禎之初，時予尚幼，不及見其盛。後以讁歸，而地方官長尊禮如故相國之體，猶未全失也。鼎革之際，相國先卒，其後子孫以逋賦毁家，聞之流離實甚，今幾同孫叔敖之後矣。

董大宗伯文敏公其昌，少司寇幼海先生傳策，少宰邃初羽宸之叔，而浙撫中丞諱象恆之從祖也。幼海立朝大節，予不及見。予幼猶識文敏公及少宰、中丞之盛，一時大僚集于一門，聲勢與徐抗衡。而文敏聲望，直薄海外，稱極盛焉。崇禎之末，文敏先卒。順治初，少宰、中丞相繼而殁，門第漸衰。今少宰之孫閬石含，以順治辛丑登進士；其弟蒼水俞，庚子舉于鄉，俱以十七年奏銷罣誤，家居不仕。俞于康熙十八年以博學鴻儒薦入京，不售而歸。宗伯、中丞之後，尚未有達人。

杜大司空完三先生,諱士全,上海杜行人也。族大衆繁,科第明經孝秀,後先踵接。鼎革之際,公年逾八旬,予告歸家居,仗節而死,其後中落。今其族登春由明經任翰林孔目,同春蜀中作令,康熙十三年蜀陷後,未知所之。

沈少司馬雲升猶龍,登萬曆丙辰進士,歷任閩撫,招降海寇鄭芝龍,陞兩廣總督,以征蠻功,遷少司馬。未及抵任,大兵已下南都,宏光帝出走,遂止于家,貲財鉅萬。當乙酉之夏,松城業已歸命,郡紳復謀抗拒,推沈主盟,因與潰帥黄文麓蜚,及吴淞總兵官郡人吴升階志葵,同據松城。秋八月,大兵克松江,公死于亂軍中,甲第遭燬,家財星散,産没入官。長子東昇,故廕羽林郎,至是削髮爲僧,改名浩然,字雪峰,棄妻子,獨居禪寺,宛如枯衲。然而縉紳先生以其工書法,能詩文,重其品行,猶樂交之,其後淩夷衰微矣。

翰林學士楊方壺汝成,故宫諭守禮子也,父子詞林,一時華盛。崇禎之季,官階崇重,旦晚可以枚卜。會遭寇變,不能殉難而歸,遂相傳有從逆之玷,鄉黨信而薄之,無以自明,鬱鬱卒。今諸子家計蕩然,幾至不能自贍。

莫方伯寅賡儼皋,故中江學憲如忠族子也。中江子雲卿是龍,父子工書,族亦甚盛,其由科第明經歷官郎署者,不一而足。崇禎中,寅賡官江右大方伯,予猶及見之。自本朝以來,其族漸衰。順治乙酉,方伯季子稺聯名春坊者,中式南闈,旋以奏銷詿誤,不得應會試。至康熙十七年戊午,始得援例納銀開復。己未,應試下第,今試署教職。

張鯢淵肯堂,天啓乙丑進士,歷官八閩巡撫、中丞。鼎革之際,閩中拒命,與故同安伯鄭芝龍、黄蜚,共立唐藩爲帝。順治三年,大兵克閩,獲唐王,鯢淵遁居海島,闔門自盡。僅存一子,事甯而歸,家産俱已入官,故業無從問矣。

王爲谿庭梅,弟象林庭柏,兄弟並登進士。庭梅官至大京兆尹,亦一時之盛。鼎革後,相繼而殁,家亦中落。

王春卿臺,同胞兄弟五人,陞、陛、坊、稑,並登科甲,吾郡罕匹。崇禎末,家已寖衰。至本朝順治乙未、辛丑,其孫日藻與又汧,相繼登進士。日藻初名濂,故字印周,由部曹轉江西學憲,歷升浙江觀察使,家資甚富。弟及二姪,並以貲爲郎。又汧字孝西,觀察之從弟也,以順治十七年奏銷一案,不得銓選。康熙十五年,開納復之例,得捐銀援納,作令閩中,然而家計蕭然,不異寒士。其餘兄弟故業,亦罕有存者。

錢少司寇元冲士貴,及弟世貴,先後並登進士。司寇宦成,而遭喪明之變,廣施作福,以祈嗣子。歷有年所,走謁天童密雲和尚,許其得子,命一行僧往,僧應之,隨即示寂。司寇歸,果得一子,即寶汾也。寶汾初名鼎瑞,後改芳標,中康熙丙午順天鄉榜,試南宫不售,選授中翰,給假歸里而卒。司寇殁于崇禎之季。鼎革後,家獨不廢。賓汾既殁,正虞中落,而從子金甫中康熙己未進士,改庶吉士,旋中博學鴻儒選,特授翰林院編修、纂修明史官,家聲復振。

許都諫霞城,名譽卿,故通政司惺所先生諱樂善從孫也。歷萬、泰、啓、禎四朝,給事黄門,好直諫,屢罷歸,居鄉侃侃,郡邑長及縉紳俱憚之。鼎革後,削髮爲僧。從弟鶴沙纘曾,惺所曾孫也,中順治己丑進士,改庶常,歷官宫允,出爲臬憲。康熙十二年癸丑,請告回籍,門第猶盛。

浦南袁氏,以予所聞,自我實熿先登進士。其從叔定初名國休,中崇禎丙子南榜,丁丑成進士。弟國梓,中壬午鄉榜,入本朝登順治己丑進士,歷守大郡,以廉能稱。從姪瓆復登辛丑進士,雖以奏銷詿誤,至今未仕,而家聲猶未替也。

唐氏自文恪公諱文獻,以萬曆丙戌大魁天下,子允諧登天啓甲子鄉榜,從子昌世、昌齡相繼成進士,遂爲雲間望族。昌世字興公,官至郎署,今年八十有四,矍鑠如六十許人。昌齡字我修,先卒。家漸式微,賴興公子子鏘字扆在,中康熙丙辰進士,家聲復振。

陳卧子名子龍,故進士諱所聞子也。少以能文名,四方名士,無不樂與之交。崇禎丁丑,登進士,授浙江紹興府司理。時諸生許都叛亂,金、衢震動,卧子招之使降,許以不死。都慕陳名而至,卧子爲之申救,請赦其罪,當事不允,卒殺之。超陞子龍爲兵科給事中。鼎革之際,與沈少司馬猶龍等同謀抗命,克城之日,概不追論。順治四年丁亥,復入叛帥吴勝兆黨,捕甚急,赴水而死。存一子,僑居泖濱,家徒四壁,不堪殊甚,今聞亦殁矣。

夏允彝彝仲爲諸生時,即與陳卧子齊名。及同登進士,聲氣益廣,天下莫不知雲間陳、夏。歷官吏部考功郎。鼎革之際,自縊而死。其子完淳,字存古,幼禀異資,讀書過目成誦,八歲能文,一時咸以大器目之。及吴帥之叛,完淳爲草檄文,詞連逮捕殺之,年未二十,無嗣。或云遺腹一子,今不知所在。

雲間章氏,號稱大族。崇禎丙子,于野名曠中式應天第一,聯舉進士。同時有簡字次弓,與俱中鄉榜,以文章名四方。鼎革之際,于野尚宦楚中,嗣傳聞其輔唐、桂兩藩拒命,後竟莫知所終。其族本練改名霖,字宗季,中順治乙未進士。家計甚豐,殿試後除新安教授,卒于官。無子,猶子繼之,今家亦凌夷衰微矣。

虹橋宋氏,自明興以來,代有聞人。以予所見,尚木存楠改名徵璧,登崇禎癸未進士。兄子建存標,明經,以詩文名一時。入本朝,尚木任至廣東潮州太守。從弟直方,名徵輿,中順治丁亥進士,官至御史中丞。直方次子子壽,名祖年,順治甲午鄉薦,亦一時之盛。自尚木、直方相繼卒于官,子壽及其兄任子河中泰淵,皆先直方而卒,弟泰麓亦殀,止存一幼弟泰羹,字戒平,家亦漸替。尚木三子,長雨公霖,官宮詹從事;次久一恆,以明經選,家尚綿延。

故御史大夫崧軒李沾,崇禎戊辰進士,歷任南京兵部給事中。十七年甲申夏,聞北都陷没,與鳳撫馬瑶草士英推戴福藩,擁立爲帝。不數月,驟遷總憲,賜蟒玉,加宮保,一時貴寵莫並。季子悰,字素心,先登崇禎癸酉賢書,以被論議革,至是特旨准復。入本朝,中壬辰進士,官中州學憲,父子相承,箕裘不失。未幾崧軒即世,素心亦卒,家亦中落。今諸孫蕃衍,尚未有達者。

楊都諫扶曦枝起,崇禎甲戌進士,官至工部都給事中。甲申之變,回籍被論,家居三十載,勢漸式微。康熙丙辰,子瑄字玉符,成進士,改庶吉士,聲勢復振。

李比部逢申,初由進士官部曹,後以事論革。崇禎末,方相國禹修薦之復職。長子舒章雯,以文望傾動士林,亦由相國所薦,待詔金馬。未及登仕,會遭甲申之變,比部死于賊難。本朝定鼎,採時望,授雯誥勅撰文中書舍人。順治乙酉,充山東主考官,丙戌會場同考官,亦異數也。未幾以疾告歸卒。二子諸生,長定遠略繼殁,次子及孫凌夷衰微矣。

王侍御農山廣心,故儒家子也。登順治己丑進士,歷官部曹,以御史巡視倉場,以親老請假回籍。子三人:長顓士頊齡,康熙丙辰進士,己未中博學鴻儒選,補授翰林院編修;次子子武九齡,中丁巳順天鄉榜,登康熙壬戌進士,改庶吉士;季季友初名度心,康熙癸丑一甲第二名及第,嫌與父名同行,改名鴻緒,官總憲。一家父子四登科,三入詞林,亦吾郡近來科名之最盛者。

周釜山先生名茂源,字宿來,少以文章動天下。順治己丑成進士,初由部曹,歷官括蒼太守,宦七年有異績。以順治十七年奏銷一案,議降歸里,遂絶意仕途,優遊林下。又數年而卒,所著有《讀書堂稿》,詩、古文數十卷行世。子二:長鷹垂綸,次十經緯,俱由邑庠入太學,康熙中以明經薦補博學。綸子冰持稺廉,幼而穎悟,年十二即工詩詞古文,王侍御農山之外孫也,由邑庠入太學,雖在諸生行,時咸以大器目之。

閘港施氏,初以素封起家。萬曆戊子,叔顯大諫,始以科名顯。子紹莘字子野,有俊才,工詞賦,爲士林所重。本朝順治壬辰,從子硯山維翰,登進士,康熙中歷官御史中丞,巡撫山東。從叔緩宜埏寶,作令任邱,卒于官。緩宜仲兄埏量,少有文名,亦以奏銷詿誤,援例入太學,改名用賓,爲州佐,山東萊陽令。

徐默菴鼎,字子九,順治丁亥進士,作令楚中,未幾罷歸。年方强盛,遂絶意宦途，尊酒論文，讀書談道。以自樂優游林下，幾二十載而卒。子二：長坤甫，入庠而殁；次禾實字繡虎，由邑庠入太學。

沈大宫詹繹堂荃，故小沈學士粲之裔孫也。幼失怙，孤寡食貧，而好學不輟。順治壬辰，進士第三人及第，由編翰出爲監司。旋以事詞連回京，議降甯波府同知，以書法精工，受知于上，特陞翰林院侍講，賜賚甚渥。歷官詹事、禮部侍郎，兼翰林學士。二子宗攸、宗敬，相繼舉孝廉，亦以能書聞。宗敬登康熙戊辰進士，選庶吉士。

顧見山大申，初名鏞，少以能文著。順治壬辰成進士，歷官西秦僉憲。工詩畫，爲海内所推。康熙中，卒于官。子三：長魯文輔之，次仲堪勉之，俱由邑庠入太學。仲堪以訟毁家，魯文入貲補中翰。季子尚幼。

浦南李氏，自嘉靖丁未元韜昭祥成進士以後，科第繼起，遂爲望族。入本朝，壺山先生名延㮚，中順治壬辰進士，補廣西南甯司理。性豪爽，喜飲酒，其視家人生産及一切勢利泊如也。到任未幾，亦以順治十七年奏銷一案，謫廣東香山丞，卒于官。貧幾不能殮，知交賻贈，得護喪歸里。長子淯永烘，舉茂才，早卒。餘子四人，不異寒儒矣。

横港彭氏，始自魯溪太守應麟登嘉靖甲辰進士，由刑部郎出守郡。其孫韋齋彦昭中萬曆戊午南榜，六世相承，代有聞人。韋齋于崇禎末令常山，陞浙江道御史。鼎革後，韋齋即世，家漸中落。至康熙丙辰，仲子念韋開祐成進士，家聲復振。相傳魯溪之本生父，故老儒也，貧而多子，晚得魯溪不能育，乃以衣釵裹之，書其年庚姓氏而棄諸道，并自承其衰老而不能育子之故，且曰有能收養者自子之，倘得出身，不可没其宗里。有沈姓者無子，早適市，見而攜歸，撫育長成，補博士弟子員，猶沈姓。及登鄉薦，沈述其故，令復姓，不没其本生之故也。然雖復姓彭，而仍以父事沈，綸誥廟葬至今以沈翁爲祖云。

東門外高氏，前朝有名以慤者，字宛思，以乙榜起家。入本朝，子層雲，字二鮑，于康熙乙卯科中順天鄉榜，丙辰成進士，官通政司參議。孫曜，字遠修，中康熙甲子順天鄉榜，乙丑成進士，選庶吉士，遂爲吾郡望族。

## 門　祚　二

上海潘氏，始自恭定公笠江先生恩及其弟忠，並登科甲。恭定官至御史大夫，歷刑、工二部尚書。二子：長衡齋允哲，次充庵允端，並以進士官藩臬長。其後不特任子、貲郎，聯鑣接踵，即科第亦累傳不絶。孫雲會，字士逢，萬曆己未進士。曾孫桓，字殿虎，中天啓丁卯順天鄉榜，衣冠軒冕，綿衍百年。自殿虎殁後，家業漸衰。至本朝順治乙未，元孫堯采字聖眉，成進士，世望復振，未幾而卒，迄今明經秀才尚不乏人，然未有以科名繼者。堯采之兄堯中，初名褭，以歲薦授寶應學博，亦以奏銷歸里。康熙戊午，年已七十，復童試，邵瞻兩文宗拔取第一名入泮，應試南闈不售。次年己未，劉木齋文宗歲試，復取一等第三名補廩，亦異人也。其他族子，不堪者多矣。

東門陸氏，自文裕公儼山先生深于宏治辛酉應天發解，乙丑登進士，官至大宫詹，晉階少宗伯。其後代有聞人，如小山楫、舜陟岑，雖不登科甲，俱以才名顯。至萬曆中，從孫襟玄與姪起龍，先後登乙榜，爲邑令。起龍字雲從，弟起鳳字雲翔，以明經薦。雲翔仲子鳴珂，成順治乙未進士，司教廣陵，旋以奏銷詿誤，家居幾二十載。至康熙十五年丙辰，援例納復，補常州教授。十七年，陞國子監博士。自文裕迄今百七十餘年，衣冠奕葉，子孫蕃衍，舊第寬廣，至不能容，因而别營第宅者甚衆，若其聚族所居，從未有他姓竄入，亦吾鄉所僅見者。

黄憲副轂城體仁，相國徐文定公受業師也。名儒夙學，偃蹇場屋，至六十三而始登進士，仕至山東副憲。五子，一舉孝廉。崇禎初，轂城雖卒，孝廉尚存，家業宛然無闕。自十年丁丑夏旱，縣尹偕諸紳士步禱社稷壇，日中拜跪，以中暑卒，而繼之以鼎革，憲副之澤，蕩然無餘矣。

相國徐文定公光啓，字子先，號元扈。萬曆丁酉順天解元，甲辰成進士，選入庶常。萬曆末，以時方多故，請往朝鮮宣諭應援，命以少詹事兼河南道御史，練兵畿甸。崇禎初，由宗伯學士枚卜大拜，不二年而卒于官，旅館蕭然。天子雅重公，贈卹有加，遣大行護喪歸里，賜域祭葬如典禮。一子驥，字龍與，以諸生承廕，稍營家産。己卯、庚辰、辛巳之間，爲文定建坊卜葬。孫五人，三承恩廕，一先龍與卒。鼎革以後，家漸中落。今曾孫濟濟，尚未有達者。

陳冏卿滬海名所藴，萬曆己丑進士，歷任南銓部郎，遷中州學憲，晉南太僕少卿。性剛介，縉紳士大夫咸嚴敬之。郡邑有不平事，則于當事前慷慨直陳，守令重之，受教惟恐後。或謝之，則叱使去，曰："我爲公，非爲私也。"遇荒年，必出家儲米粟，減其值以濟，貧民咸頌之。惟自奉喜豪爽，名園甲第，用以娱老，年八十餘歲而卒。一子庚蕃相繼殁，族人争繼，家業遂散。

龍華張氏，自七澤所望登進士，歷官方伯，而其族遂顯。其從子或居華亭，亭橋一派是也。或居上海，在城則銀臺一派是也，在鄉則新場太常一派是也。方伯年八十一而卒,子孫繼歿。今故業蕩然,止存一孫,幾于負薪矣。

張銀臺咸池名肇林,萬曆丁未進士,歷官南通政司參議。崇禎初,以上書忤旨,閑居林下幾二十年,聲勢猶盛也。及京師陷没,福藩帝于南都,以原官起用。及大兵南下,宏光出走,銀臺復歸故里,以長子申錫被訟毁家,鬱鬱而卒。今諸子無異寒士矣。弟郴,中順治辛卯鄉榜,不及公車北上,亦以疾卒。

縣東朱氏,自嘉、正以來,歷有科第。以予所聞,子久長世,登天啓壬戌進士,選授部曹,以事被逮,卒于京師。從子思皇在廷,中崇禎癸酉順天鄉榜。子周望在鎬,中壬午順天鄉榜,入本朝,歷試南宫不售。思皇銓授河間司理,周望授廣西司理,俱以奏銷議降罷歸。今子孫有以明經、太學起筮仕者,尚有未見達者。

縣南唐氏,自景泰辛未廷美瑜登進士,歷官都憲。其從子錦字士絅,中宏治丙辰進士。以後明經孝秀,接踵而起,遂爲望族。崇禎己卯,族孫次仲汝玫舉于南闈,屢上公車不售,順治中卒,子孫今亦式微矣。

閔行喬氏,自嘉靖乙丑允德懋敬登進士,官至方伯。其後伯珪一琦工八法,膂力絶倫,副遼左劉大將軍綎,歿于王事。其族子時英、時敏兄弟,並登進士。典籍之文,中天啓甲子應天鄉榜。時敏子履將,崇禎初復舉孝廉,一時亦稱望族。其後相繼歿。迨本朝,伯珪子定侯爲宏光時水師總兵官,率衆歸誠,未幾而卒。今子孫亦凌夷衰微矣。

川沙喬氏,自嘉靖時春山鏜以練鄉勇拒倭,城川沙起家。子元洲木、孫訒齋拱璧,父子進士,官至監司。元洲三子:長敏齋拱辰,次仲淵拱宿,並以貲爲郎,子孫蕃衍,彬彬蔚起,遂爲海濱望族。敏齋長子明懷煒,官中翰,進秩儀部郎,聲勢交遊之盛,不減兩榜。鼎革以後,日漸式微。自順治庚寅,明懷棄世後,子孫宗族日益衰微,其流派在華亭者有爲霖夢蛟,登順治戊戌進士,以奏銷註誤,家居不仕,其他未有顯者。

艾方伯可久,登嘉靖壬戌進士,歷官陝西大方伯。至崇禎時,其孫中翰伯衡名廷璣,猶列縉紳,世業亦如故也。自伯衡殁,會遭鼎革,幾即凌夷。康熙丁巳,伯衡孫汝成舉于南闈,家聲賴以不替,而族子單寒者多矣。

姚方伯通所永濟,由萬曆戊戌進士入禮垣,歷兩浙藩臬長,家甚豐腴。鼎革之際,散于兵火。順治中,年九十餘,步履矍鑠如六十許人,遠近慕爲人瑞,壽九十七而卒。今子孫寥落,不異寒士矣。

新場朱氏,自雲來國盛登萬曆庚戌進士,以監司護漕有功,晉階至大司空。旋以被論,降太常卿歸里,因黨禍攻擊,遂杜門不出,奢于自奉,聲伎滿前,以終其身。

今惟仲子軒工八法,以貲起爲郎。餘子俱等寒門,故業無有存者。

上海趙氏,先世出自宋裔。明世有爲儀賓者,卜居南城。春卿繼之,族遂繁衍。以予所見,虞初、東曦,祖孫登進士,皆給事黄門。虞初未及大用而卒,存孤俱幼。至本朝,仲子子瞻登順治辛丑進士,以十七年奏銷詿誤,不得授官,賫志而没。今子弟尚有能文者,而故業所存,亦無幾矣。

王氏自隆槐國棟以貲起家,官翰林典籍,後以孝廉舉者四人。國材爲臨海令,頖未授職而卒,頖子陛彦與國材子譯書生世焯,並官誥勅撰文中翰,家各饒裕,在上海亦一時之盛。大兵下金陵,世焯奉豫王之命安撫松江,旋里未幾而歿。自是以來,世澤俱日替矣。

家振隱先生諱有聲,萬曆乙卯南闈發解,丙辰成進士,天啓末官給事黄門,以忤璫罷歸。崇禎初復職,後由江右方伯,一歲中屢遷御史中丞,兩經枚卜,不及大拜,亦一時知遇之盛也。子三人:長翊飛諱翔龍,次羽生諱景龍,俱以明經薦。鼎革以後,外侮間至。順治辛丑,季子蒼岩諱映榴登進士,選庶常,入詞林,宗風復振。今諸孫雍薦明經者甚衆。

張太常訒叟先生諱元始,崇禎戊辰進士,由大行入諫垣,彈劾不避權貴,最稱得君。十年丁丑,掌户垣,以時方多故,各餉告急,特旨命公督催蘇、松粮餉,按部桑梓,從前未有。行將大用,會丁内艱不果。甲申復闕,補太常少卿。未幾,因鼎革歸里,杜門謝客,數載而卒。子二:長蓉左諤,次武征廷簡,俱明經。蓉左選授司理,武征早卒。今諸孫由邑庠入太學者數人,世業不改。

范香令文若,生而英敏,九歲能文,年十七而舉于鄉,成萬曆己未進士。兩仕劇邑,著績遷部曹,以家隸發難,被刺而卒。子五人,四有文名,鼎革以後,世業竟無餘矣。

張采初元玘,天啓壬戌進士,由部曹出守建甯,被論回籍。從弟元龍,字封玉,舉孝廉,作教江陰。崇禎中相繼卒,家聲幾替。順治辛卯,冢孫錫懌,字越九,中式南闈,乙未成進士。弟鍈,由太學授中翰,世澤復振。

朱文遠永佑,閔行人也。崇禎辛未進士,歷官銓部郎。以丁艱歸里,聲勢甚盛,未幾而卒。鼎革以後,其從子明卜爲叛帥吴勝兆黨詞連,家産入官,世業蕩然矣。

顧繩所國紳,由孝廉歷官粤西監司。崇禎末,年七十餘,告老歸里,子孫數十人半列衣冠,亦一時之盛,未幾而卒。鼎革以後,凌夷衰微矣。

徐陵如天麟,少有文名,年將四十,入邑庠,尋中天啓甲子應天鄉榜。崇禎辛未成進士,授南兵部職方主政,丁内艱歸。性豪爽,議論侃直,無所畏避。未幾以疾卒。鼎革以後,子孫式微,不免負薪,識者傷之。

周賈生汝誼,少有文名,中崇禎癸酉應天鄉榜。庚辰下第,會蒙召對稱旨,得賜進士,授河南興國州守,未幾罷歸。鼎革以後,子斌被訟毁家。從弟廣庵金然,姪譽凡爾美,並中康熙壬子北闈鄉榜,家聲復振。金然于壬戌成進士,選入翰林院,官庶吉士。

川沙王氏,自嘉、隆間以素封起家。萬曆中,芙陽舉孝廉。芙陽子公覲觀光、姪台承逢年,俱以貲郎佐郡,中年歸里。公覲玩好聲色,服食起居,必極一時之選,豪華性成,家雖中落不改。台承家亦富厚,而豪邁不及公覲。公覲十五子,并台承子共二十餘人,半列膠庠,亦濱海一時之盛。崇禎末,家漸式微,鼎革後,廢毁殆盡矣。

南匯顧氏,始自介石其言,登崇禎己卯應天鄉榜,庚辰成進士,授粤東香山令。崇禎末,報最入都,掖垣須次。會逢鼎革歸里,尋以薦起爲西秦藩幕。子五人:次聖階昌時,中順治甲午南榜,授中書舍人;季受周昌祚,中康熙己酉北闈。其餘子孫,俱入邑庠,或遊太學者甚衆,遂爲海上著姓。

朱太史岵思錦,字天襄,家世業儒,其贈君伯帥,積學能文,求一青衿而終不得。生二子:長即岵思,次拂鐘錚,俱已少年入庠。拂鐘早卒,岵思試輒冠軍,中順治辛卯南榜,己亥會元,選庶吉士。康熙改元,覃恩封贈,伯師已卒,竟得照子贈官,喪葬備禮。岵思亦以順治十七年奏銷議降,值丁内艱,遂絶意仕途,優遊林下,數載而卒。子三人:長九來源,次武瞻淇,次誦芬溶,俱由邑庠入太學,世業不改。

朱掌科蒿庵紹鳳,中崇禎癸酉應天鄉榜,順治乙丑成進士,歷官户部都給事中。立朝侃侃,世祖章皇帝初信任之,後以建言補外,復以他案詞連被逮,卒于京。子三人,俱由邑庠入太學。長廷源,以明經司教。從子酉修廷獻,中順治庚子鄉榜,旋以奏銷不得會試。康熙戊午,援例納復,己未成進士。酉修封翁銘範,年八十一卒。而乳母夫婦尚存,年俱九十九,矍鑠善步,自鄉出鎮,聞封翁卒,尚呼其乳名曰:“何至是耶!”聞者異之。

曹緑岩垂燦,其先世醫也,有還金之德。至君升封翁,遂與緑岩及其弟天翼垂雲俱入府庠,中順治乙酉南榜,丁亥成進士,兩任邑令,有政聲。歸里以後,好言陰德,不與户外事。子姪濟濟,並以明經孝秀列于衣冠。從子泰曾,垂雲子也,中康熙戊午南榜,遂爲海邑望族。

徐謙六士吉,前此初無聞人。少年以力學能文,中順治丙辰進士,不能廷對而歸,年未三十也。里黨慕之,傾貲結納者甚衆。至戊戌始就殿試,補秦中鞏昌司理,未及之官而卒,無嗣。其父君卿尚存,識者傷之。

張青琱宸,少有俊才。宏光時以諸生從喬總戎定侯軍中,由功貢入太學。及鼎革後,遊京師,工詩文,公卿争延爲幕客。時南雍已廢,復就昌平籍入鬢,援例由太學授中翰。奉詔宣布粤東,使旋歸里,條上邑中不便事,得邀諭旨。晉兵曹主政,轉員外郎。丁内艱歸,爲怨家告訐不已。一子剛中,已受糈邑庠,年方冠,羸疾而卒,無子。青琱遂抑鬱不堪,亦隨即世,家業蕭然。

浦東閔氏,故素封族也。自山紓峻少從王玠右先生兄弟遊,遂得知名郡邑。在松則交陳、夏,在婁東則交二張諸名士。入本朝,以明經補授直隸盧龍令。康熙中,内陞職方主政,以疾告歸。子二人:長勝甫璐,以貲起爲郎;次介申瑋,中康熙乙卯順大鄉榜,遂爲筍里著姓。

# 卷　六

## 賦　税

吾鄉賦税，甲于天下。蘇州一府，贏于浙江全省。松屬地方，抵蘇十分之三，而賦額乃半于蘇，則是江南之賦税，莫重于蘇松，而松爲尤甚矣。予嘗與故老談隆、萬間事，皆云物阜民熙，居官無逋賦之罰，百姓無催科之擾，今日之糧，加重于昔，亦有限也。乃有司竭力催徵，參罰接踵，閭閻脂膏悉索，積逋日甚，何哉？蓋當年之考成甚寬，則郡縣之催科亦緩，積久日弛，率從蠲赦，所謂有重糧之名，無重糧之實是也。即如崇禎之季，軍興餉缺，大司農屢屢告匱，朝廷特遣科臣，嚴清積逋，法綦重矣。正粮之外，有鍊餉，有加派，徵亦苛矣。然本年白銀，必俟來年二月開徵，若在本年秋冬，即謂之預徵銀，以朝廷税民，應在納禾登穀之後，先徵本色以輸漕，次徵折色以濟餉，留白銀于明春起徵，亦用一緩二之意也。故終明之世，官以八分爲考成，民間完至八分者便稱良户，完六七分者亦爲不甚頑梗也。況承累葉太平之後，規制詳悉，存留之糧既多，則起運之額便少，如官俸不可緩也，吏胥各役工食不可緩也，師生餼廩不可緩也，衙門、城池、倉庫歲修能及時乎？廣儲濟農倉雖設，未必扣正供以貯足也。學臣歲科賞銀、新科旗匾、路費，固不可缺，而郡邑季試蓬廠、供給、賞銀，未必以時舉行也。科舉盤費必如額，而遺才取科者不及領也。城守兵餉須給，而四時操賞、供給火器皆罷也。他若揚倉風汎行糧之類，可緩者不一，則徵及六、七分，便可將起運錢粮解足八分，而于存留内視其緩急，以次徵發。是以官無曠職之罰，民無竭澤之憂。本朝于順治二年五月下江南，詔本年漕白條銀，照舊額重徵十分之五，一時人心翕然向風。其後裁不急之徵，減可緩之税，節可緩之用，通計歲賦，雖不能復隆、萬之初，已較輕于啓、禎之日，豈非謀國者卹民之至意哉！其如不急者裁去，則額編者皆萬不可已，萬不可緩之需，有司挪緩濟急之方窮矣。況照額編之賦，往往撥充軍餉，軍餉不可分厘少，則徵糧不可絲毫缺矣。自是而後，經徵之官，皆以十分爲考成，稍不如額，即使龔、黄再世，不免參罰。故守令皇皇，惟以徵糧爲事。一切撫字，俱不及謀，而民有良頑，田有肥瘠，歲有豐歉，種種不一，額賦勢無十分之日。兼之習俗猶仍其故，不念糧輕于昔，罔知功令之嚴，拖欠者所在多有，守令往往因積逋罷官。縣之解餉藩司，又有以新徵割舊欠之法，交盤之際，新舊縣官互相推卸，一縣之中前後數令，賃屋而居，不能歸里。至順治之季，江甯撫臣朱國治無以支吾，遂歸過于紳衿、衙役。題參議處之令，先行常之無錫，蘇之嘉定。至十八年五月，通行于蘇、松、常、鎮四府及溧陽一縣，所題陳明錢糧拖欠之由，補入年終奏銷之例，一疏是也。當是時，紳衿、衙役欠者固有，要不及民欠十分之一。况法令之初，官役造册者俱未知儆，只照當日尾欠，草草申報，或完而悮作欠，或欠少而悮作多，或完在前而册上一例填名，或完在後而册上一例掛欠。章下所司，部議不問大僚，不分多寡，在籍紳衿按名黜革，現在縉紳概行降調，于是鄉紳張玉治等二千一百七十一名，生員史順哲等一萬一千三百四十六名，俱在降革之列。初議提解到京，嚴加議處，人心惴惴，既而限旨到之日，全完者免其提解，輿情少安。然仍有旨到未完，至解京之日完而釋放者數百人，則非必無故而甘爲纍臣矣。蘇、松、常、鎮四府無不遍及，而江甯獨免者，因太守知功令之嚴，盡數報足而後催徵，故不及難。惟溧陽一縣，適當撫臣巡駐，徑從縣中取册，不由府中，故亦與焉。自是而後，官乘大創之後，十年並徵，人當風鶴之餘，輸將恐後，變産莫售，黠術□□。或一日而應數限，或一人而對數官，應在此失在彼，押吏勢同狼虎，士子不異俘囚。時惟有營債一途，每月利息加二加三，稍遲一日，則利上又復起利。有雷錢、月錢諸名，大都借銀十兩加除折利，到手實止九兩，估足紋銀不過八兩幾錢，完串七兩有零。而一時不能應限，則衙門使用費已去過半，即其所存完串無幾，而一月之後，營兵追索，引類呼群，百畝之産，舉家中日用器皿、房屋、人口而籍没之，尚不足以清理，鞭笞縶縛，窘急萬狀，明知其害，急不擇焉。故當日多棄田而逃者，以得脱爲樂，賦税之慘，未有甚于此時者也。康熙元年十一月十五日，訛傳上諭各年錢糧勒限本日完足，欠者籍没，全家流徙絶域，人情大震。自辰至夕，完者争先恐後，收役應接不暇，大都半屬營逋，後知不確，而人人膽落矣。奏銷一案，據參四府一縣，共欠條銀五萬餘兩，黜革紳衿一萬三千餘人。造册之後，鄉紳一千九百二十四名，生員一萬五千四十八名，即以完過銀四萬九千一百五兩九錢，題報在案續完，冀有回天之意。其如皇上冲齡，政由四輔，但期治之必行，不原情之委曲，一掛彈章，便即降革。惟大學士金公之俊以自陳復職，其他如張太常訒庵、葉編修芳藹，止欠一厘而降調，郡庠生程兆璧玠，册上開欠七絲而黜革，功令之嚴，可概知矣。至康熙六年五月初六日，上始親政，下詔求言，大司馬芝麓龔公上疏特請寛宥，及蘇松常道安公世鼎詳請撫院，韓公題復，俱不允。康熙八年己酉，總督麻公勒吉奉旨巡歷沿海，蘇、松紳衿具呈公懇，麻公惻然有憐才之意,批候詳撫會題,郡守張公升衢備文詳請,疏上反致部駁,自是不敢復訴。不知皇上軫恤下情,灼知民間逋欠,良非得已,故于康熙三年蠲赦之後,至九年水災,凡被災之地,白銀蠲免十分之三,漕米分作三年帶徵折色。十年,上猶軫念不已,詔九年以前逋欠錢糧暫行停徵,明示蠲赦也。十三年四月,上諭:"江南連歲水災,康熙十四年分錢糧蠲十之五。"不由部議,斷自宸衷,不蠲積欠而蠲未徵,曲體民隱,真如天之德,則知前此操切,皆當事者不能仰體上心耳。十四年乙卯,以軍興餉缺,廣開事例,户部始于酌議捐省條例内開一款:"順治十七年奏銷一案,凡紳衿無别案被黜者,分别納銀,許其開復。原係職官,照品級納銀,自六千兩起至五百兩止。進士納銀一千五百兩,舉人納銀八百兩,貢、監生納銀二百兩,生員納銀一百二十兩,俱准開復。若運米豆、草束于秦、楚、閩、粤危疆輸納者,減本省之半。"其如事經十五年,壯者衰而强者老,進身之志既灰,物力之難日甚。况事例廣開,有力者皆捐納得官,不藉科目,不援資格,即由太學中式者,往往掇巍科鼎甲。故鄉紳于百中尚納一、二,進士、舉人于十中尚納二、三,至貢、監、生員納者則千中不過一、二人矣。予爲親友所累,亦在奏銷之列,當題參之始,人心震懼,相累者猶抱不安之意,使此時即有恩例,猶不難代予援納。迨至事久,人情日懈,即呼之莫應,而馬齒加長,功名之志亦衰,焉能措辦十家之産,而博一青衿耶? 閲世至此,爲之興慨。略取疏稿、呈稿之存者,附録于後,以識此案亦有可原之情,究之不能上格,逮天心既轉,而人事又不能副,是非人一生之時命使然,亦運會之一奇也。

兵部尚書臣龔鼎孳題爲請寬奏銷,以廣恩詔事:臣伏讀康熙四年三月初五日恩詔,凡順治十八年以前拖欠錢糧,及官吏侵欺偷盜庫銀者,一概寬免,大恩溥徧,薄海懽呼矣。乃順治十八年内各省奏銷十七年紳衿欠糧等案,該撫不論多寡,一概指參,該部未經查核,一概降革,以致三吴財賦最重。故明三百年來從不能完之地,而年來俱報全完,雖惕息于功令,不敢不勉力輸將,然該撫朝夜拮据,及地方剜肉醫瘡之狀,可以想見。竊思自古帝皇之世,藏富于民,故能家給人足,即遇凶年,不致重困。若徒奔命于催徵,效死于鞭朴,東挪西凑,皮骨盡枯,一遇災荒,未有不轉徙溝壑者,非皇上痌瘝斯民之本意也。今順治十八年以前侵盜錢糧,既已邀恩于法外,而此十七年逋欠之紳士,甯無惻于宸衷,伏乞天慈。念奏銷事出創行,過在初犯,懲創已久,又遇恩詔赦下,該撫通查處分,諸人果于順治十八年以内將原報欠數全完者,比照有司在任完糧之例,量予開復,使天下曉然知朝廷之意,原以儆惕冥愚,未嘗絶其自新之路。庶幾催科之中,不失撫字,而人心感悦,民困亦以獲蘇矣。康熙六年五月初六日題。六月初六日奉旨:"知道了。"

整飭蘇松常道安，爲奏銷多人可憫，恩綸千載難逢，謬抒輸助之法，請憲應詔賜題，推廣皇仁，以宏作人德意事：竊維錢糧正供攸關，輸納自宜如額。國有經費，官有考成，若逋欠一分，不惟官受參罰之累，即國有虧課之虞。率土編氓，咸凛凛以急公，況名列紳衿，詎敢抗違而逋欠？如前憲于十七年奏銷題參蘇、松等府之紳衿處分者一萬三千有餘，此朝廷懲玩以警將來，褫革允宜，廟堂秉公忠而憂國計，議之誠當，洵爲勵世磨鈍之大權也。但總其數，雖有累萬之多，究竟各人所欠，僅分厘之不等，然其中或有親族冒名立户者，或因歲歉而完納後時者，如官户則因遠宦在外，儒户則因遊學四方，一時照管不及者，種種情由，本人限于不覺，且參後照額全完，是與頑梗之徒故爲抗納者有間，推情似有可原。況十八年恩赦宏頒，普天同被祇緣，奏銷褫革，立法維新，雖各紳衿引領望恩，而下吏未敢援請。如康熙三年又奉上諭，蠲免十五年以前拖欠錢糧，詿誤各官俱准免議。今皇上敬天勤民，宏開湯網，洪恩浩蕩，幽谷陽春，恭誦詔款，凡順治十六、七、八等年催徵不得各項舊欠錢糧，照十五年以前盡行蠲免。又開舊侵盜庫銀者不赦，今亦准豁免。若奏銷之紳衿，以拖欠論，非同于侵盜也；與編氓論，同一逋欠也；與各官論，同一錢糧之處分也。乃于民欠則蠲免之，于侵盜則赦處之，于處分各官則免議之，獨此參後已完之紳衿，鬱鬱向隅，五載沉淪而不與編氓，官吏同邀一視之仁，推情更屬可矜。本道因思國用有常，出入之數原自相準。今積年如許之金銀，盡行蠲免，雖朝廷意主愛民，而司農未免告匱，合無議將奏銷諸人，分别鄉紳、進、舉、貢監、生員，如向經出仕者每名納銀二千兩，進士每名納銀一千兩，舉人每名納銀五百兩，生員每名納銀五十兩，貢、監一例，俱定限六個月，願甘完納者，彙册具題，按名開復，赦其前過，予以自新。倘蒙憲臺俯允末議，則人材不致淪棄終身，國用亦資涓滴，而再造之德與皇仁同其普遍矣。爲此具呈，乞照詳施行。康熙四年詳。因三年十一月彗見，時詔中外各官直陳得失，故詳憲請題也。

江南松江府知府張，爲人材之淹抑堪憐，受過之是非宜辨，仰祈援例題復，予以自新，以示鼓勵事：竊維人材爲國楨幹，必其儲養有素，方可取用無窮。所以朝廷設科取士，而又爲之旁求博採，原爲予以鼓勵之意，而使人知有進修之樂，家誦户吟，比屋可封，誠以文運關乎氣運不淺也。自順治十七年，蒙前任撫院朱造報所屬欠糧紳衿各户共一萬三千餘員名，盡應降革，以示痛懲，于法原爲不枉。但查蘇、松二郡，賦重人貧，自明季以來，每年止完六、七分，積習相沿，未知儆畏，其實果在欠糧者有之。查造册在本年之冬底，而題參在次年之四月，或完在造册之時者有之，或完在未參之前者有之，或完在已參之後而未奉部文到日者有之。抑或有奸民冒立官儒户名，而本人實未知者有之；或遠官遠館，而所託匪人，侵蝕悮欠者有之；或經承错誤，已完而仍造欠者有之。種種情事，蓋難枚舉。一經題參，玉石不分，淹滯至今，幾近數載，遂致懷才抱璞之士淪落無光，家絃户誦之風忽焉中輟，一方文運頓覺索然，豈非文教之衰微，而守土之扼腕也哉！况使功使過，朝廷每多寬宥之仁，獨此欠糧各户非犯不教之條，在各省屢見完者隨准開復，而江南官、儒永行禁錮。職某每欲據情申請，恐又唐突負疚，是以逡巡不敢。今遇本部院斯文宗主，出而節制兩江，起弊扶衰，正人材奮蔚之日。近見邸報，粤省題復續完欠户部覆俱准開復，則事同一例。伏乞憲臺宏作人之大德，特疏題明，凡處分紳衿，其原欠錢糧曾經完足者，請通行各州縣查督印串，彙册達部，概與開復，則地方人情未有不踴躍感奮，争先急公，人材不至終棄，草野必無遺賢，風俗丕變，千載一時矣。爲此具由申呈，伏乞照詳施行，須至呈者。

撫治下原任湖廣提學僉事今降級周起岐等，原任翰林院編修今革職沈世奕等，原任候選進士今議革鄒象雍、華振鷺、黄與堅等，原舉人今議革沈晉初、王淳中、郁裴等，原貢生今議革胡王賓等，原生員今議革盧矢、顧賡等具呈，爲國法無容寬假，臣罪尚可矜憐，懇憲俯賜特題，以廣皇恩，以開自新事：竊周起岐等順治十七年奏銷一案，前任撫臺朱初疏題參，隨報續完在案。因查其中欠額有獲串未註先完後銷者，有蠹書飛灑以完作欠者，有出仕在外照料不及者，有水旱災荒偶逋欠尾者，種種情狀，實堪憫惻。伏查年來詔款，凡順治十六、七、八年催徵不得等項錢糧，照十五年以前盡行蠲免。又開舊侵盗庫銀者不赦，今亦准開免。又康熙三年上諭，寬免十五年以前錢糧，凡承追欠糧、詿誤各官，俱准免議。此皇恩之著于詔款者然也。又各省奏銷，如山東舉人張景燦等，福建舉人張瑞俊等，陝西貢生張焯等，及廣東、浙江等處紳衿，俱蒙免議，此皇恩之寬宥于他省者然也。今起岐等情事相符，獨以抗糧名目，擯遺聖世。等之于民，同一未完，乃于民則赦之矣；等之于役，並非侵盗，乃于役則赦之矣；等之于官，同一詿誤，乃于官則赦之矣；等之于各省，同一奏銷，乃于各省則赦之矣。竊敢比例籲陳，凡有志報效者，願照原參欠額，加等議罰，以贖前愆，在朝廷既普浩蕩之恩，于國用亦收涓滴之助。但衆心矢報已久，高天欲叩無門，伏乞憲天俯察苦情，恩賜代題，片語回天，德同再造矣。爲此激切連名上呈。

江南松江府紳衿今議降革某某等，呈爲續完之報册，現據開復之部例相符，謹籲顛末，懇賜代題，以邀一視宏仁事：竊順治十七年江南、蘇、松、常、鎮奏銷錢糧一案，尾欠五萬餘兩，紳衿褫革一萬三千餘人。此時新例初行，各縣造册匆遽，雖復竭蹶争完，而欠册已經達部。當蒙撫院朱俯念情有可原，隨經造册具報續完，奉旨存部。近閲邸抄,有户部覆廣東巡撫劉謹援續完免議等事一疏,内引康熙三年閏六月内禮部覆都察院,遵旨察議具奏事,疏内陜西貢生張焯等,廣東生員歐鑑等,江西貢生萬來焯等,福建舉人張瑞俊等,俱係拖欠錢糧,後經續完,即照張瑞俊等仍復舉、貢、監生、生員,如有此等未經完結者,應俟到部之日再議。今萬勷臣等,該撫既援歐鑑之例具題,查續完開復年月,俱與相符,仍復生員等因,于今年四月内遵奉諭旨,欽遵在案。某等竊念欠糧之條例,三部相同,開復之皇恩,五省一轍。論所欠之糧,則俱係順治十八年以前赦免之糧;論續完之期,則即在前撫奏銷一月之内。伏遇憲天秉鉞東南,廉明冠世,若不籲陳,何由上達。伏乞憲天電念某等俱受國恩,誰不思急公上進,止以分厘之欠尾,完納之後期,致使長負抗糧之名,獨爲聖世所棄,天恩屢赦而未及,各省同事而未伸,仰祈援例代題,同邀曠典,則某等有生之日,皆憲天再造之恩也。爲此激切連名上呈。

康熙十五年丙辰,以軍需浩繁,國用不足,始税天下市房。不論内房多寡,惟計門面間架,每間税銀二錢,一年即止。除鄉僻田廬而外,凡京省各府、州、縣城市,以及村莊落聚數家者皆遍,即草房亦同。江南總督阿公因房税報少,致奉嚴旨,其無隱漏,概可知矣。

十五年丙辰,御史張維赤建言:軍興餉缺,人臣分誼,尤當急公,請案天下地丁錢糧,除生員田畝及民田照常徵課外,凡縉紳本户錢糧原額之外,加徵十分之三,以助軍需,俟事平之日,停止如舊。于是在任在籍鄉紳及貢、監諸生,不論已未出仕者,無不遍及。白銀每兩加額三錢,漕糧每石加徵三斗,白糧白折亦如之。吴下糧重,約計每畝增銀六、七分,增米五、六升。往往有民田收入官户者,亦在加徵之例,致有官不如民之嘆。至今尚未停止,亦賦税之一變也。

十八年己未,詔天下錢糧,自康熙十三年以前民欠者,盡行蠲免。十六年以前民欠錢糧,暫令停徵。至十九年,帶徵三分,爲各省報荒故也。

二十年辛酉春,以國用不給,江南撫臣慕天顔疏請再徵房税一年,比十五年所造房册,蠲免村落草房,及在鎮僻巷鰥寡孤獨所居一間門面房屋,其餘市鎮城郭門面,平屋每間徵銀四錢,樓房每間徵銀六錢,天下皆然,惟山西以旱荒特免。

舊例,每歲秋季,户部即行天下各直省,會計明年所應用錢糧,編定來年地丁税額,所謂古人量入爲出,今則量出爲入者是也。各直省算定,達諸户部。户部會計明白,題請得旨,則頒發各直省刊刻,大張會計,自撫、藩以及府、州、縣,皆印刷鈐以衙門印信,遍送鄉紳,給發士庶,使人遵奉完納,以示畫一,杜絶衙蠹吏胥私派加添之弊,無敢擅差毫忽也。順治以後,改稱由單,而刊布鈐印如故。自康熙丁未,科臣周明新疏參松江知府張羽明私增税額,浮于部頒,而以該府所發由單上鈐府印爲據,致奉嚴綸。以後由單概不頒發士民,惟于初定日止印四張實粘城門,一張粘縣治前,縉紳士庶莫從查其真額,但憑經承派額完糧而已。倘因循不改,是本欲清弊而反滋弊矣。將來日甚一日,何所顧忌耶!

康熙二十年十二月,朝廷以滇南蕩平,四海底定,大赦天下。凡紳户田畝加徵錢糧,二十一年即行停止。其白糧折色至二十二年照舊,改徵本色。民欠錢糧,自十七年以前盡行蠲免。

康熙二十六年春,詔京畿八府地丁銀盡行蠲免。冬十一月,上念江南、江蘇等處財賦重地,年來供億浩繁,詔本年地丁錢糧,凡在民欠,俱免徵。其二十七年分江甯、蘇、松、常、鎮、淮、揚七府地丁各税,除漕項外,盡行蠲免。陜西亦因昔年用兵,不無騷擾,已免錢糧一年。今二十七年分地丁銀再蠲一載,以示軫恤元元至意。聖恩優渥,此史册中所罕見者。

康熙二十七年十月二十三日,奉太皇太后神主升祔太廟,覃恩中外,詔山西、浙江二省及江南安、徽二府,湖廣武昌、漢陽、黄州、德安四府,二十八年分應徵地丁各項錢糧,盡行蠲免。

二十八年己巳春,聖駕南巡,復頒恩詔,各項税銀盡行蠲免。又三月二十三日上諭:"户部等官云,蘇、松浮糧,乃明太祖苛政。朕巡幸江南,親知民間疾苦,久欲蠲除,又念國課緊要,恐致缺乏。今酌計已足,可傳諭九卿等,集議量減。倘國用有虧,再行徵收"等語。于是九卿等在午門外會議定妥,二十四日覆旨。

## 徭　役

吾鄉之甲于天下者,非獨賦税也,徭役亦然,爲他省他郡所無。而役之最重者,莫如布解、北運。即以吾邑論:布解每年一名,後增至三名,俱領庫銀買粗細青藍素布,僱船起運,至京交卸。北運每年二十三名,俱領漕米,春辦上白粳糯米一萬三千餘石,僱船起運,至京交與光禄寺禄米、供用諸倉,必簽點極富大户充之。次則南運,運至南京,每年二名。次則收催、坐櫃、秤收,概縣白銀二十餘萬兩,每年四十八名。次收兑、收銀,概縣里催之漕米一十一萬餘石,兑與運軍,每年三十八名。此所謂五年一編審之大役也。其小役,則爲十年一編審之排年、分催,皆以有土之民充之,而縉紳例有優免不與焉,貢、監、生員優免不過百餘畝。自優免而外,田多家富者亦並承充。大約兩榜鄉紳,無論官階及田之多寡,决無簽役之事。乙榜則視其官崇卑,多者可免二、三千畝,少者亦千畝。貢生出仕者,亦視其官,多者可免千畝,少不過三、五百畝。監生未仕者與生員等,即就選,所贏亦無幾也。其餘平民,大概有田千畝以上,充布解、北運,自一、二分起至一、二名止。五百畝以上充南運,二、三百畝以上充催兑,或名或分數不等,皆以通縣之民充通縣之役。二、三十畝以上充排年、分催,則止就本區、本圖之民辦本區本圖之糧。又有總甲、塘長,即在分催、排年内輪歲承充。總甲承值往來官長,鋪陳公館,一應所需,凡訟獄之重大者,必關報。塘長則修理城郭、公廨,疏浚官塘水利,以供雜泛差徭焉。立法之始,布解、北運有貼解銀,有僱船水脚銀,有起駁車脚銀,有舂辦折耗米,有夫船工食米,其爲大役計者,甚周密也。南運視北,道里既近,則費與貼亦有差。至于收催、坐櫃、收銀,串張工食給于官。收兑、收漕、出兑,官有脚價,民有加耗,有費力無費財也。排年即于分催内十年輪一載,分催本圖業户之糧、白,以交于排年。排年赴縣完串,應比而歸。爲排年者一歲,則爲分催者九年,今歲之排年,即昔年之分催,今年之分催,即他歲之排年,互相照顧,互相勞逸,亦無雜費也。其如年久弊生,充解運者,庫銀倉米不能給領,而發串令其自收,猶云可也。在家則總部協官有供應需索,在途則沿途催盤官役,例有需索,到京則各衙門員役視爲奇貨,不滿其欲,百方勒掯,經年守候,不能竣局,而解運兩役之苦極矣。收催到櫃,則聘算書有費,坐櫃秤收,則勢豪衙蠹包攬親戚完銀,低色輕銀不敢争,上臺差承絡繹,則折席、程儀無虚日,兼之傾銷,貼解種種諸費,而收役之苦極矣。至于收兑,昔之善值而遇時者不惟無費,反可獲利,蓋以收米一石則加耗三斗,糧户樂輸以爲成例,雖豪强亦不稍減也。完漕之米既多粃,而收兑又必糴粃稗以插和之,遇監兑官稍加嚴督,則運丁唯唯斛去,蓋緣漕米每石止以六斗解京,四爲耗米,以資運軍之用。外又有輕賫米每石加二斗六升,折銀一錢三分,米色太惡者私加不等,而講兑之官贈好米不與焉。兼之京倉交卸亦易,運軍原無不與,是以彼此通融,收兑雖爲大役,鮮有破家者。自順治三、四年後,漕規肅清,米必篩颺,民間始擇精米貯漕,而進倉之時,有司細閲詳驗,掬米偶見粒穀者,笞罰無貸,于是收兑糠粃之弊絶矣。乃運軍猶借米色,需索勒掯會銀酒飯,種種不一。馴致順治十一、二年間,會銀每石加至三錢,米色每石加至一錢五分,而當官之贈耗,額設之銀米不與焉。計諸雜費,共約每石五錢有餘,加以踢斛淋尖,幾于平米二石,始完漕串一石,而鋪倉租廒脚米,承上接下,送迎官長之費在外。自此收兑無不破家,而民間視之如陷阱矣。

運役之裁,自崇禎十四年始,然改北運爲官運,而以收催充之。雖無北運之名,仍有北運之實,民困猶未息也。至本朝順治三年,巡撫土公國寶洞悉民隱,檄行郡縣詳酌，議裁布解、北運、收催三役，並令官收官解白糧。舊例，府佐總部，縣佐協部，即專委之，令率其屬以將事，官布則縣發庫銀買之于牙行，而委員起運；白糧則縣派役收諸各櫃，而親董其成。得邀諭旨，虚費革而重役息。惟櫃書收銀勒耗，不無過重，後定自封投櫃之法。櫃上不許秤兑，吏書無所假手，即使三尺童子上櫃完銀，與豪民等，民困頓蘇。收兑之廢，自順治十五年始。是時邑紳朱蒿庵紹鳳掌户垣，抗疏力陳漕政之弊，請倣布解、北運、收催之例，亦令官收官兑，軍民不得相見。計漕一百石四耗而外，議加給米五石、銀一十兩，其餘陋規，盡行禁革，奉旨遵行，而收兑之役遂廢。

于是民間徭役，止有里催。將謂大役既去，小役無傷于民，孰知弊流已極，里催之累，更甚于大役乎？一則編審之時，圖書、保正上下其手也。田連阡陌者，或投津要而盡免，或憑土豪，或布金錢而役輕，勢不得不以中人小户充之。始而及于百畝之家，既而數十畝，甚而數畝之家亦派，分厘必辦。大户田糧數百畝，放徵之日，圖書婪索不遂，則良户盡留以自津貼，而悉以頑户之田，令其催辦，或小户辦大户之糧，或鄉愚辦衙蠹、市棍之糧，或庶民辦縉紳子弟之糧。無論不能取給應限，幾不能望見顔色，日伺候于勢豪之門，已違限于應比之際，銀既耗于衙門之用，則積欠額于正供之中賠累既窮，鞭笞日受，不得已而貸營錢，借雷錢，掇米錢，借一還百，究竟不能清理，家業蕩然，性命殉之。排年之法敝，變而爲五囤均充，而五囤之敝如故。五囤之法窮，變而爲鼇頭分任，而鼇頭之害愈酷。于是一聞編審，舉國惶惶，惟里書、衙蠹樂爲之利耳。

一則承役之時，吏書、押差坐派需索也。糧書管限，分定某甲某區，差役催糧，預令坐圖坐保。始而相見有費，酒席有費，既而輸限有費，下鄉有費，逢節有節儀之費，歲熟有抽豐之費，歲終有年例總酬之費。加以保歇區皂之屬，約計每圖一歲所費，不下數百金矣。即使依限完糧，此數項已爲成例，毫不可少。苟或完不如法，則籤票添差，絡繹四出，乘船飛騎，索酒需錢，經宿連宵，勢如狼虎。每見一限之糧，遲完一日，則供一限之虚費而不足，而糧役之望城邑如畏途矣。

一則總甲、塘長之受累無窮也。總甲之初，凡遇官長往來，不過掃除公館，鋪設公座而已。塘長凡遇開河，不過備車戽水而已。重情大獄，不過報縣長，備顧問，質公道而已。迨其後，日漸貽患。在城總甲，一遇上臺按臨，有司曲意逢迎，則公館鋪設窮極華麗，甚至古玩珍奇旁羅四列，大抵皆借勢家大室之物以充一時之用，間遇損失，破家相償而不足，故在城者費最大。在鄉者雖次之，而一關大獄，動輒得咎，則動輒有費，臨讞官吏之誅求，兩造庭質之虚實，胥于總甲責成，經年奔命，其累或等于正犯。而河上戽水，或遇霪雨，則無時而止，此又害之小者。塘長之初，原以備公家之興作，事關闔郡闔邑，萬不得已之工，則量撥塘長。或修築，或疏浚，苟地居僻壤，工非切要，則有數年而不擾一夫者，非若他役之不能空過也。其後吏胥視爲魚肉，勢豪視爲私人，河因傍墓則令之疏浚，塘因近宅則令之修築，巧借名色以請官，官亦明知其爲私而狥情以撥之，經承因而作奸，役十派百，挾求賄免。其或無築無修，則倡爲曠役之説，每名納銀二、三十兩，官吏豪蠹，假公分潤。至于有事到工之害，則地棍、土豪爲之原呈，臨之以府佐，督之以委員，各有衙役，莫不需索，傍河保歇，表裏爲奸。官蠹原呈之役既飽，雖無工而作完，開疏挑築之力徒勞，縱有工而不准，故往往有工未竟，而塘長之室已罄者。况塘長之身，即是分催之身，身在工次，或悮正供，則身家性命殉之者比比也。

一則雜派差役之日甚也。前朝夫徭甚衆，至于雜差，則未有也。自大役裁而雜差始起，如順治初年，剿泖寇則派水手，調客兵則備馬草、馬荳、馬糟、草刀，造戰艦則有水夫、鑽夫、買樹。後因海寇入，則沿浦造橋樑、造梅椿、造鐵練、築寨臺，沿海修城堡、修烟墩、斥堠分撥，沿海養馬則造馬船、造渡口、石坡，種種不可勝舉。大概上臺偶行一二，則經承必派闔縣，土豪積蠹，因緣爲奸，聲言軍興令肅，勢難任事赴工，小民畏懼，不得不以賄脱。每圖費至一、二百金，少亦必數十金，得免于此則派于彼，力苟能免者，莫不破家從事，其餘計無所出者，則當差承役。及至到工，則必刻意誅求，計其所費，務倍行賄，使脱者自喜得計，充者悔不悉索規免，而兵工胥役益肆洋洋，前工未竟，後工繼起，初派方完，續派踵至。糧役之家，虎差時常盈室，酒漿供頓，突烟不絶，其他所費，蓋可知已。予隣顧氏，産過中人，昔曾遣其子弟就學于予，後遭役累，云一日之中造飯二十四次。馴至康熙三年、四年間，比户棄業逃遁，民皆重足而立，良爲是也。于是巡撫部院韓公世琦聞之，行將巡歷各屬，先期微服遍訪，廉得其實，奸胥大蠹往往立置重典，雜派差徭從此頓息，而役法亦在物極必反之會矣。

先是均田、均役之法，浙西嘉、湖二府久已行之，蘇、松民想慕而不可得。會李應斗先生復令婁邑，習見釐頭之害，深慮逃亡之不可測，决計請行，條陳其利，先呈郡守張公升衢，張韙之，轉詳督、撫，撫公亦已稔知，因依議檄行。張公移文嘉、湖二郡，關請彼中役法，并能幹經承、吏書二人到松商酌，按成法而通融之。去其弊，採其合乎人情，宜乎土俗者，條分縷析，上其法于兩臺，并請具題，奉旨遵行在案。其法不拘原丈版圩，通計一縣之田若干畝，應新設若干圖保，每保應田若干，每圖應田若干，悉聽業户各將自己田畝收并成甲，不論甲數多寡，自立户名，完糧應比。其田不及一甲者,許令自擇親戚朋友田畝歸并成甲,造册呈縣,以繳册之先後爲編圖編保之次第。其荒坟絶户,零星無人收者,謂之圖底,則于原丈本圖中收田,并甲時照田就近均搭。糧既各自輸納,不須他人催辦,則分催、排年諸役可廢也。今臺憲罕臨郡縣,郵亭不過掃除,地方訟獄竟據兩造聽斷,則總甲之名可不立也。水利淤塞,則各就本圖業户自開自浚,不得遠派遠差,則塘長之役亦不必設也。間有萬不得已之差,亦必照田均派,不得役此而遺彼,不得重差而疊累。里胥、保正無所施其權,衙蠹、土豪無所逞其詐,人人立册,盡若紳衿,履畝完糧,呼之立應。昔年抗頑、賠累、飛灑、詭避諸惡,爲之一清,而民間始不以恆産爲禍。數年以來,逃亡轉徙者復故鄉,而民困庶幾稍甦矣。雖法久不能無弊于日後,要于康熙元、二、三年之役,視今真同出湯火而登之衽席,乃縉紳有嫌其貴賤無別,欲廢均編,復里役者。

康熙十五年間,奸民衙蠹逢其意而和之,誑憲幾准行矣。賴吾友周子鷹垂首率士民,力爲陳控,得以照舊不變,其造福于地方風俗民生不小也。彼惡均編之法者曰:"何使吾輩下同于編户?"不知均編之法,非屈縉紳而同編户,實躋編户而同縉紳。雖于君子勞心,小人勞力之義,其迹似乎無別,獨不思縉紳之數少,而編户之數多,即縉紳之後,長爲縉紳之數少,降爲編户之數多。復里役則毫無益于縉紳,居官守職之時,讀書談道之日,爲斯民計,休養者不遺餘力,至宦成林下,乃徒以意氣之必欲上人,而忍于桑梓億兆之窮黎,奪其衽席而驅諸湯火,是誠何心哉！此周子鷹垂所以不狃目前之見,而獨開博愛之心,甯忤鄉貴人之意,不恤傾財好義而爲之力救也。華亭每圖均編田三千五百二十一畝,婁縣每圖均編田二千八百四畝,上海每圖均編田四千九百四畝,青浦則照舊額二百二十三圖,每圖均編田三千三百八十二畝,上海共立十保,大約十圖爲一保,一百甲爲一圖,四十九畝零爲一甲。他邑田數、圖保雖不一,其法則同,後即日久弊生,是在良司牧倣其意,而因時斟酌以補偏救弊而已。要之,此法雖百世不變可也。

# 卷　七

## 食貨一

物價之不齊也，自古而然。不意三十餘年來，一物而價或至于倍蓰什百，且自貴而賤，自賤而貴，輾轉不測，不知何時而始。憶予入小學時，歸依先大父膝下，是時百貨乍貴，先大父嘗歎息爲予述隆、萬間物價之賤，民俗熙皞，迄今五十餘年，而物價懸絶，一至于此，不無世風升降之憂。大約四方無事，則生聚廣而貿遷易，貴亦賤之徵也。疆圉多故，則土産荒而道途梗，賤亦貴之機也。故略紀食貨之最切日用，而價之最低昂者，以志風俗之變遷，驗民生之休戚焉。

崇禎三年庚午，年荒穀貴，民多菜色，郡縣施粥賑饑。予時尚幼，未知物價。然越二載壬申夏，白米每斗價錢一百二十文，值銀一錢，民間便苦其貴，則庚午之米價，概可知已。迨秋成，早米每石價錢止六百五、六十文耳。自是而後，米價大約每以千文錢内外爲率。至十一、二年間，錢價日減，米價頓長，斗米三百文，計銀一錢八、九分，識者憂之，然未有若十五年春之甚者。時錢價日賤，每千值銀不過四錢幾分，白米每石紋銀五兩，計錢十二千有奇，自此以往，米價以二、三兩爲常。迄于本朝順治三年，斗米幾及千文。四年，白米每石紋銀四兩。六年己丑，大熟，糯米每石價止一兩二錢，川珠米每石銀九錢。七年二月，白米每石價一兩。九月，新米價至二兩，糯米一兩八錢，白米二兩五錢。八年辛卯二月，白米每石三兩。三月，每石三兩五錢。四月，每石四兩。六月，長至四兩八、九錢，幾及五兩一石。七月，新穀石價二兩。次年壬辰夏，白米石價四兩。秋旱，新米無收，郡城米價二兩五、六錢。次年癸巳，亦如之，嗣後以次遞減。至十四年十一月，每石米價銀止八錢，亦有六、七錢者。十六年閏三月，米價又增至二兩。十八年十月，白米每石一兩五錢，新米一兩三錢。十一月，新米一兩八錢，白米二兩。康熙元年正月，白米二兩一錢，糙米一兩九錢。七月，早米一兩二錢，糯米一兩三、四錢。自此以後，米價又漸減，然未有如八年己酉之賤者。九年，新米每石紋銀六錢，後至五錢有奇，後至五錢。若四、五、六月間預借米錢，秋成還米者，石價不過三錢一、二分而已。九年庚戌，大水。

六月，白米長至一兩三錢。八月，新米九錢。九月中，八錢，糯米七錢。十月，石米九錢，糯米八錢有奇。十月終，石米一兩三錢，糯者稍差。十年辛亥，早米價每石一千三百文，計銀一兩一錢。十二年壬子秋，新米七百，計銀六錢三分，嗣後以此爲常。至十七年，早新米每石價銀亦不過七錢三分。十八年春，長至一兩四、五錢。秋八月，長至二兩，早新米一兩七錢。九月稍差，而山東、河南、江北、江南之蘇、常、鎮俱荒，吾郡次之，吾邑又次之。十九年夏，白米每石價銀二兩。二十一年五月，白米每石價八錢五分。至冬，新糙米每石價銀五錢六、七分，蘇州則五錢一、二分。二十[二](三)年冬，白米每石價銀九錢上下。二十[三](二)年秋成，糙米每石八、九錢。次年春，白米價銀，亦不過如是。

## 食貨二

荳之爲用也，油腐而外，喂馬、漑田，耗用之數，幾與米等，而土産之種類亦不一。沿海所出，蕩豆爲最細，與山東所産相似，價亦較賤。田中所産，黄豆爲常，大者有蒔菇、青白、粉團、紫香橼諸種，價亦差貴。黄豆之價，常年較米稍減，大約荳一石可准米八、九斗。惟崇禎十四年辛巳，早荳多而米少，糶米一石可糴荳二石。順治六年八月，早荳每石價銀三兩五錢。至冬，米價石銀不過一兩，而荳則石價兩八錢，猶是米二石准荳一石也。七年庚寅二月，白米每石一兩，荳價二兩亦如之。九月，新米二兩，荳止一兩五錢。八年三月，白米石價三兩四錢，荳亦一兩五錢。四月，白米四兩，荳止一兩二錢。六月，白米將及五兩，荳亦一兩六錢而止。秋七月，荳價忽長至三兩二錢，與新米等。十四年十一月，荳止八錢，米亦如之。十六年閏三月，荳價二兩，與白米等。十八年，新米一兩三錢，荳止八錢。是冬，白米二兩，荳止一兩二、三錢。康熙二年十月，米價九錢，荳止五錢，蕩豆不過四錢有奇，以後大概六、七、八錢不等。至十八年三月，忽長至一兩二、三錢。四月，至一兩四錢五分，未幾減至一兩一、二錢。是秋，新荳石價七錢有奇。冬十一月，至一兩二錢。十九年春，價一兩三錢五分，後遞減至一兩。二十一年春，每石價銀七錢，夏五月減至六錢。二十三年冬，每石價銀一兩内外。次年春，亦如之。

## 食貨三

《詩》曰："貽我來牟，帝命率育。"粟、菽而外，可以養民者，莫如麥矣。崇禎十四年辛巳,旱。十五年,圓麥每石價銀六千,計銀不下二兩五、六錢,小麥如之,大麥亦三、四千文一石。本朝順治五年二月,圓麥每石價銀二兩一錢。八年辛卯,圓麥二兩二錢,大麥一兩五錢。四月,新小麥一兩五錢,圓麥一兩三錢。六月,圓麥石價二兩。十六年己亥閏三月,麥價每石一兩。十八年冬,麥價每石一兩三錢,或一兩□錢。康熙初,麥價始賤。大約新麥初熟,夏税始嚴,急欲糶銀,石價不過三、四錢。迨六月,至乾,石價亦不過五錢。數年之間,大概如是。九年庚戌,圓麥價銀六錢,小麥七錢一石。十七年戊午,小麥價至一兩二、三錢,出白米上矣。十九年庚申春,圓麥長至一兩五錢,小麥將熟,每石價至二兩外,新麥亦價至八、九錢一石。二十一年夏,圓麥三百五十文一石,准銀三錢一分五厘,小麥每石五百三十文,大麥每石二百五十文。

## 食　貨　四

吾邑地産木棉,行于浙西諸郡,紡績成布,衣被天下,而民間賦税,公私之費,亦賴以濟。故種植之廣,與杭稻等。秋收之後,予幼聞木棉百觔一擔,值銀一兩六、七錢。崇禎初,漸至四、五兩。甲申以後,因南北間阻,布商不行,棉花百觔一擔,不過值錢二千文,准銀五、六錢而已。順治三、四年後,布漸行,花亦漸長。六年己丑,花價每百觔值銀三兩四、五錢。七年九月,花價五兩百觔。八年三月,九兩一擔。是時三、四年間,遞有升降,相去亦不甚懸絶。至十四年丁酉,每擔價止二兩五錢。十六年閏三月,長至四兩五錢。十八年辛丑冬,價至二兩。康熙元年正月,增至三兩。七月以後,猶二兩百觔也。九年秋,價止一兩七、八錢,長至二兩五錢。十月,花價三兩有奇。十月終,每擔價銀四兩。十年辛亥十一月,花價每擔值錢三千三百,准銀亦不下三兩。十三年,上上花每擔不過一兩九錢。十六年丁巳夏,長至二兩六、七錢,上者直至三兩,積年陳花,爲之一空,富商之獲利者甚衆。十八年己未秋成,棉花百觔價銀止一兩五、六錢。次年夏,長至三兩。二十年辛酉夏,價銀三兩五、六錢。二十一年夏五月,上白者每百觔價銀四兩一錢。二十三年秋成,上白好花每百觔價銀一兩三、四錢。

## 食　貨　五

棉花布,吾邑所産,已有三等,而松城之飛花、尤墩、眉織不與焉。上闊尖細者,曰標布,出于三林塘者爲最精,周浦次之,邑城爲下,俱走秦、晉、京邊諸路。每疋約值銀一錢五、六分,最精不過一錢七、八分至二錢而止。甲申、乙酉之際,值錢二、三百文,准銀不及一錢矣。順治八年,價至每疋三錢三分。十一年十二月間,每疋價至四、五錢,今大概以二錢爲上下也。其較標布稍狹而長者,曰中機,走湖廣、江西、兩廣諸路,價與標布等。前朝標布盛行,富商巨賈操重貲而來市者,白銀動以數萬計,多或數十萬兩,少亦以萬計,以故牙行奉布商如王侯,而争布商如對壘,牙行非藉勢要之家不能立也。中機客少,貲本亦微,而所出之布亦無幾。至本朝,而標客巨商罕至,近來多者所挾不過萬金,少者或二、三千金,利亦微矣。而中機之行轉盛,而昔日之作標客者,今俱改爲中機,故松人謂之新改布。更有最狹短者,曰小布,闊不過尺餘,長不過十六尺,單行于江西之饒州等處,每疋在前值銀止六、七分。至順治之九年、十年間,小布盛長,價亦幾至二錢一疋。康熙元年、二、三年,猶值銀八、九分至一錢也。八年己酉以後,饒商不至,此種小布遂絶。又憶前朝更有一種如標布色,稀鬆而軟者,俗名漿紗布,絡緯之法亦與標布異,邑城人往往爲之,今亦不復見矣。二十一年壬戌,中機布每疋價銀三錢上下。二十三年甲子,因棉花價賤,中機布不甚行,俱改木棉標布,每疋上上者價仍紋銀二錢上下,麤者一錢三、四、五分而已。

## 食貨六

薪樵而爨,比户必需。吾鄉無山陵林麓,惟藉水濱萑葦,與田中種植落實所取之材,而煑海爲鹽,亦全賴此。故吾郡之薪較貴于隣郡,大約百觔之擔,值新米一斗,准銀六、七、八分,或一錢内外不等。至順治三年丙戌,斗米作價一千,准銀五、六錢,而柴百觔之擔亦然。惟七年二月,米價賤而柴價貴,數觔之柴一束值米五升。八、九年亦然。是時米價低昂不等,大概數觔一束之柴,准銀五分、六分。自康熙改元以來,仍以升米爲價,有數十觔一束者,視此遞增之。十九年庚申,米價長而柴如舊,則數觔之柴僅可准米半升耳。至二十二年癸亥春,積雨。三月,米價賤而柴價長,十三、四觔之柴則准米二升,又變局矣。康熙二十七年戊辰,柴價甚賤,十四、五觔之柴值銀不過六、七厘耳。

吾鄉海濱産鹽。當崇禎之初,每鹽百觔平秤約有一百二十觔,價錢不過一錢五、六分。至十六年壬午夏,大水,價至每觔紋銀五分。順治八年春,價至紋銀每觔一錢。四月以後,賣六、七分一觔也。自是以後,大約每觔以紋銀一分内外爲率。

至康熙二十二年癸亥春，積雨。三月，每觔紋銀三分二厘，皆從郡邑販來官鹽，私鹽絶響，亦變局也。二十七年戊辰，每觔不過六、七厘。

豕肉，在崇禎之初，每觔價銀二分上下。至順治二年冬，價至每觔時錢一千，准銀一錢二分。六、七、八年之間，價猶七分一觔也。康熙十二年，每觔二分五厘，幾于復舊，後此大都三分上下。至十九年庚申夏，價至每觔五分。荳、菜油價，向來視肉價爲低昂，故不另列。

茶之爲物，種亦不一。其至精者曰岕片，舊價紋銀二、三兩一觔。順治四、五年間，猶賣二兩。至九、十年，後漸減至一兩二錢一觔。康熙戊午，予在江陰，曾有客持來求售，實價不過二錢一觔，然色雖如舊，而味無香氣矣。徽茶之託名松蘿者，于諸茶中猶稱佳品。順治初，每觔價一兩，後減至八錢、五、六錢，今上好者不過二、三錢。他若蘇茶峒山岕，歷來價色高下，不甚懸絶。惟吾郡佘山所産之茶，所謂本山茶者，向不易得，其味清香，大約與徽茶等，而購之甚難，非貴游及與地主有故交密戚者不可得，即得亦第可以兩計，不可以觔計，殆難與他茶價並低昂也。

竹紙如荆川太史連、古筐將樂紙，予幼時七十五張一刀，價銀不過二分，後漸增長。至崇禎之季、順治之初，每刀止七十張，價銀一錢五分。馴至康熙丁未，每刀不過一分八厘。自甲寅春，閩中兵變，價復驟長，每刀又至一錢四、五分，往往以浙中所産醜惡者充賣。至十五年丙辰九月，耿藩歸正，而後紙價漸平。今每刀七十張，價銀三分五厘，庶幾去舊不遠。至康熙二十六年，每刀不過紋銀二分，竟復古矣。

心紅標硃，每匣重十四兩，予幼時價銀四、五錢。順治四、五年間，價至每匣紋銀八、九兩。八、九、十年間，猶二、三兩一匣也。康熙初，其價漸減，後至上好硃一匣，價銀不過二錢五分。甲寅、乙卯之間，廣東道梗，將謂硃價又必驟長，而竟不然。今上好者，每匣價銀不過三錢而已。康熙十九、二十年間，硃價復長，每匣價銀至六、七、八錢及兩一、二錢。二十三年，長至兩六、七錢。至二十六年，遞減至四錢。

白糖，舊價上白者每觔三、四分。順治初年間，價至每觔紋銀四錢，後遞減。至康熙中，復舊。今稍長至五、六分。康熙二十年癸亥冬，遞減至三分、二分，黄黑者一分上下耳。

檀香，予幼時舊價每觔紋銀四、五錢，後漸遞長。至順治初，每觔價至二、三兩，後復漸減。至康熙十八年冬，每觔價銀不過二錢。是時，傳聞大内用爲滌器，故爲天律所禁，道家以焚檀爲戒，龔聖和曾力言之，而人多未信。至二十三年春，張真人自京師回楚，道經松江，醮壇示禁，至不復用矣。

附子，予幼時藥中亦不輕用，然而價亦甚賤，每隻一兩，值銀不過一、二錢。至順治初，每隻值銀直至數十兩，家富而病急需用者，購之不惜百金。康熙以來，價日賤，今一兩一隻，止可值銀一錢，然而味亦大不如前矣。

肉桂，舊價止二、三錢一觔。數年以來，價至每觔七、八兩，甚至十二、三兩，幾與葠價相若。近來稍差，最上者每觔價銀五兩而已。

燕窩菜，予幼時每觔價銀八錢，然猶不輕用。順治初，價亦不甚懸絶也。其後漸長，竟至每觔紋銀四兩，是非大賓嚴席，不輕用矣。

法製藕粉，前朝惟露香園有之，主人用爲服餌，等于丹藥，市無鬻者。順治初，始有鬻之于市，而其價甚昂，每觔紋銀一兩五、六錢，後減至一兩二錢。九年壬辰夏，猶賣紋銀八錢一觔，而舖主人猶以價賤爲恨。十二、三年之際，得法者甚多，沿街列賣，每觔不過六、七分，而半和僞物，味亦大不如前矣。

大絨，前朝最貴。細而精者謂之姑絨，每疋長十餘丈，價值百金，惟富貴之家用之，以頂重厚綾爲裏，一袍可服數十年，或傳于子孫者。自順治以來，南方亦以皮裘御冬，袍服花素緞絨價遂賤。今最細姑絨，所值不過一、二十金一疋，次者八、九分一尺，下者五、六分而已。年來賣者絶少，販客亦不復至，價日賤而絨亦日惡矣。

山東繭紬，集蠶繭爲之，出于山東椒樹者爲最佳，色蒼黑而氣帶椒香。污穢著之，越歲自落，不必澣濯而潔。在前朝價與絨等，用亦如之。年來，價日賤而此種亦絶。今最上者價不過錢許一尺，甚而有三、四分一尺者，則稀鬆甚于綿紬，嘉、湖、蘇、松，在在皆織，故用者愈衆，而價愈賤。

葛布有數種，出于浙之慈谿、廣之雷州者爲最精。其次出江西，葛粗細不一。出于江南金壇者，雖極細，然亦不可單做，必須夾裏。在前朝，非縉紳士大夫不服葛，而價亦甚貴。佳者每疋值銀三兩，長不過三丈一、二尺，次者亦不下五、六分一尺。自順治而後，服葛者日衆，而葛價亦日賤。今制無人不可服葛，葛愈多而亦日濫惡矣。康熙二十八、九年，洋船販至，至精者官尺不過一分五、六厘一尺，至粗者每尺七、八厘耳。

眼鏡，余幼時偶見高年者用之，亦不知其價。後聞製自西洋者最佳，每副值銀四、五兩，以玻璃爲質，象皮爲幹，非大有力者不能致也。順治以後，其價漸賤，每副值銀不過五、六錢。近來蘇、杭人多製造之，遍地販賣，人人可得，每副值銀最貴者不過七、八分，甚而四、五分，直有二、三分一副者，皆堪明目，一般用也。惟西洋有一種質厚于皮，能使近視者秋毫皆晰，每副尚值銀價二兩。若遠視而年高者帶之，則反不明，市間尚未有販賣者，恐再更幾年，此地巧工亦多能製，價亦日賤耳。

露香園顧氏綉，海内馳名，不特翎毛、花卉巧若生成，而山水、人物無不逼肖活現。向來價亦最貴，尺幅之素，精者值銀幾兩，全幅高大者，不啻數金。年來價值遞減，全幅七、八尺者，不過以一金爲上下；絶頂細巧者，不過二、三金；若四、五尺者，不過五、六錢一幅而已。然工巧亦漸不如前，前更有空綉，只以絲綿外圍如墨描狀，而著色雅淡者，每幅亦值銀兩許，大者倍之。近來不尚，價值愈微，做者亦罕矣。

圖書石，向出浙江處州青田縣，其精者爲凍石也。各種不一，俱以透明無瑕如凍者爲第一，每兩值銀兩餘。近來老坑填塞，採石者不能入，不可得矣。其次者曰封門，再次者曰荳青。此外惟金、玉、銀、銅、晶石、磁器，而鎸刻甚難。犀象不入譜，別無他石可以供玩也。近來閩中有壽山石，其白者如玉，黄者如蜜蠟，紅者如琥珀，精光明透，勝于凍石，而鎸刻亦易，價亦與凍石等。

硯石，昔推嶺南端溪石爲第一，次則歙石，外此無别石也。近年來，蘇州觀音山有石可以琢硯。初出時，硯工就其石之體製爲之，不拘方圓，假充古硯，人以重價購之，幾與端硯等。其後市上賣者日衆，價遂日賤，不能溷淆古硯，體製亦從方圓，類于端、歙，其如石質稍粗，不堪珍玩何！故每方所值，不過二、三錢而已。

磁器，除柴、定、官、哥諸窰而外，惟前朝之成窰、靖窰爲最美，價亦頗貴。崇禎初時，窰無美器，最上者價值不過三、五錢銀一隻，醜者三、五分銀十隻耳。順治初，江右甫平，兵燹未息，磁器之醜較甚于舊，而價逾十倍。最醜者四、五分銀一隻，略光潤者動輒數倍之，而亦不能望靖窰之後塵也。至康熙初，窰器忽然精美，佳者直勝靖窰，而價亦不甚貴，最上不過值銀一錢一隻而已。自十三年甲寅之變，江右盜賊蠭起，磁器復貴，較之昔年價逾五倍，美者又不可得。大概移窰于近地，工巧與泥水種種不同，匪但遷乎其地，而弗能爲良也。是時，民間復如順治之初，富者用銅、錫，貧者用竹、木爲製，然而所盛饌餚，不堪經宿，洗滌亦不能潔，遠不如磁器之便。至二十七年戊午，豫章底定，窰器復美，價亦漸平，幾如初年矣。向來底足下或一盞内，必書某朝某年精製，逮壞後淪落汚泥溷塹中，或踐蹈于馬足車塵之下，而朝代年號字畫宛在，見者怵惕，而莫能救挽。至是，建言者遂以爲請，奉旨禁革，積年流弊，一朝頓洗。斯真度越百王之盛典，非特窰器之精已也。又有一種素白建窰，昔雖有之，而今爲最廣，體製花巧，價亦不甚貴，酒器最多，亦最宜，所值比楚窰稍浮，用者便之。

氈單，在明季若雙紅者，每條價紋銀二兩，單紅者一兩内外。自本朝以來，雙紅至精者，價不及一兩，稍差者四、五錢一條，其嘉興石門所製，每條不過值銀二、三錢而已。

鬱金之貴，于經傳見之，詩歌咏之，然未有如順治、康熙初年之價者，則川廣之亂甫平，百貨未通，鬱金一兩值銀二百餘，金亦并無處可覓。猶憶邑紳張弘軒因封翁之病，藥劑必需，用價二十兩從平湖陸氏購得二分，其貴如是。後四方平定，價因漸減。至康熙二十五年丙寅，鬱金一觔，值銀不過八錢。一物之價，相懸如是，亦異矣哉！

真降香，前朝弔祭必用之，間或用于貴神之前，價值每觔不過銀幾分，不及一錢也。順治之季，價忽騰貴，每觔價至紋銀四錢外，弔喪非大富貴之家，概不用之。舖中賣者亦罕，故弔客俱以檀條官香代之。初用便于焚爇，咸謂適宜，後漸無香氣。近年直以沙泥雜木屑爲之，竟成廢物，而海航市通，降香遂廣，價亦幾于復古矣。

## 種　植

吾邑土高水少，農家樹藝，粟菽、棉花參半。向來種秔稻有三種，而秫不與焉。其最貴者曰瓜熟稻，計漬種以及收成不過七、八十日，大約三月終下種，六月中便可登新穀，收成後尚可種菜豆也。然而收數不能豐，最上之田，畝不能過三斛，故種者亦罕。其次早者曰百日稻，計漬種迄收成百餘日，皆于立夏漬種，布散于水田，不必插秧成列，總謂之川珠。其性柔而甘味，惟吾東土有之，隣邑所無也。其晚者有白芒稻，則種秧于別田，夏至前後移種至田畝，成列分行，霜降時收割，謂之晚白稻，收數較豐。自順治五年戊子秋蟲災後，往往既秀而爲蟲所蝕，農家懲此，相戒不種。近年從隣郡傳至一種曰香梗、曰沙梗，穗上俱有紅芒，並性堅而粒大。香梗味香而尤美，收數亦豐，種法收成俱如晚稻，今參種之，較盛于川珠稻矣。

青靛，初出閩中，夏、秋兩次之間，取其葉淘汁澄清，用染藍青色，此地所無也。自順治初年，八閩未平，福靛難致，有覓得其種者，按其法而種之，獲利數倍。其後八閩盡歸版圖，福靛既多，本地所産又衆，利亦微矣。況所染之色，終不若福靛，故土靛價亦日賤，近年來種者亦少。

烟葉，其初亦出閩中。予幼聞諸先大父云，福建有烟，吸之可以醉人，號曰乾酒，然而此地絶無也。崇禎之季，邑城有彭姓者，不知其從何所得種，種之于本地，採其葉陰乾之，遂有工其事者，細切爲絲，爲遠客販去，土人猶未敢嘗也。後奉上臺頒示嚴禁，謂流寇食之，用辟寒濕，民間不許種植，商賈不得販賣，違者與通番等罪，彭遂爲首告，幾致不測，種烟遂絶。順治初，軍中莫不用烟，一時販者輻輳，種者復廣，獲利亦倍。初價每斤一兩二、三錢，其後已漸減，今價每觔不過一錢二、三分，或僅錢許，此地種者鮮矣。

糖蔗，取其漿爲糖，産于江右、嶺南諸郡，此地從未有也。康熙十五年丙辰春二月，廣東兵叛，江西吉安道梗，糖價驟貴。吾邑濱浦，有人攜得蔗種歸植成林，依法軋漿，煎成白糖，甚獲其利。但糖色不能上白，想亦地氣使然。其後平藩歸正，廣糖大至，然種蔗煎于此地，價猶賤于販賣，故至今種者不輟，浦東六里橋、周渡一方最盛。

萬壽菓，一名長生菓，向出徽州。近年移種于本地，草本蔓生，而菓結如荳，每莢數顆。成實之後，採莢去殼，用沙微炒，以色淡黄爲度，則味鬆而香，可充籩實，且以其名甚美，故賓筵往往用之，亦此地菓中昔無而今有者。

江西橘柚，向爲土産，不獨山間廣種以規利，即村落園圃，家户種之，以供賓客。自順治十一年甲午冬嚴寒大凍，至春，橘、柚、橙、柑之類盡槁，自是人家罕種，間有復種者，每逢冬寒，輒見枯萎。至康熙十五年丙辰十二月朔，奇寒凛冽，境内秋果無有存者，而種植之家遂以爲戒矣。

佛手柑，向出閩、廣，江南絶無。自康熙九年庚戌，郡紳顧見山，十六年丁巳，吾家蒼岩叔，相繼榷關贛州，兩家人種之于巨缾載歸，其枝葉與此地香橼無異，而垂實纍纍，金碧可愛。及移植土中，大概與香橼相似，畏寒亦相同，故鮮見有開花結實者。

樹之可以編籬者，向惟冬青及槿。其他如桂、如柏，間或用之，而不可多得。若楊枝細枝者，産自北土，以及浙之嘉禾，往往剪其條，去其皮，用作笆斗，此地未嘗有也。順治以來，吾鄉始植，不過與嘉、湖等用耳。其後村居種之，編成籬落，較于槿及冬青堅固過之，惟冬殘葉脱時，望之不能葱翠，故今人往往間冬青而兼植之。

西瓜之産于吾郡者，向惟閔行、周浦稱最美。順治中，南橋一種兩頭鋭而[腹](復)圓，狀類橄欖，名曰橄欖瓜，其味尤爲香美，超出諸種之上。康熙甲寅，予館于南橋，此時瓜味較之昔年，稍覺平淡。詢諸土人，云："昔年價昂而多利，故一本留瓜甚少，而滋溉極厚，培護亦力。今價日賤，故培溉亦不能如法，一本所留瓜數亦倍，所以味不及前。"然較他處種類，猶遠勝也。

冬蘭，開花于冬月，葉如建蘭而短小，出湖南諸郡。康熙戊申，吾友施緩宜佐道州歸而帶回，開于秋蘭之後，草蘭之前，而以蕙介秋蘭之前，草蘭之後，則四時之蘭可以不絶。故樂得而種之，但風土不同，開花甚難，所謂遷乎其地而弗能良也。

燈草，種于水田，莖如地栗。本昔惟産于浙江嘉、湖之境，今松江城外往往種之。

當歸，葉似牡丹而小，開花成串如紫藤，花圓滿如小荷包，色姣紅而吐絲，俗呼爲西施牡丹,甚言其嬌艷也。

桔梗,草本,葉鋭而小,花如青蓮色,清雅可玩。

天門冬,蔓生枝細,施于竹屏風上,如水松狀,惜亦草本,秋冬不耐耳。

生地,草本,葉如粗枇杷而微圓,抽梗開花如茄花,紅色稍深耳。此皆近年來見之,昔所無也。

水蜜桃,惟吾邑顧氏露香園有之,其種不知何自來。大者如小瓜,色紅艷而味甘,每觔不過二、三枚,其價值銀一錢外,大約三、四分一枚。年來傳枝接本,種日廣而味日淡,質亦漸小。今每觔有四、五枚,而價亦賤,不過四、五分而已。然較他境販來者,味猶甘美,相懸甚遠也。

昔年吾鄉作屏藩圃,惟槿與冬青,無所謂小枝楊也。順治以後,始傳其種,村落間往往種之,編籬取其易成,二、三年即高與墻等,歲歲修結,亦頗堅固。至日久幹老難結,則去本留根,一、二年嫩枝復長,又可重編,不異新種,此亦昔無而今有者。

## 錢　法

錢法之壞,自私鑄始。私錢無代無之,而惟崇禎時最盛。予生崇禎之際,通用新錢,無一佳者。所見之錢,惟嘉靖、隆慶兩朝最爲精美。嘉錢尚有二種,黄者如金,白者如銀。隆錢盡如金色,皆以最美净銅鑄就,體亦工緻,明光焕發,一文約重錢外,此時便不可多得,蓋爲私鑄者收去,雜以鉛砂,更鑄新錢也。然于折净白錢之中,往往有之。每當用時,揀選別貯,以爲小兒玩弄。若萬曆錢,時雖盛行,而體各異製,其精者或與嘉、隆等,而惡者則輕薄不堪,與時錢無異。泰昌、天啓享國日淺,錢不多行,式無甚美,亦無甚惡,惟銅質則遞降耳。崇禎初,銅錢雖大,異乎隆、萬,然而京局所鑄,大小輕重猶是。若京師每千價銀一兩二錢,外省猶兑九錢一千,與嘉、隆、萬、啓錢,間雜通用。其後私鑄盛行,錢色日惡,而價亦日賤,馴至十三年戊寅夏,價至六錢耳。百貨騰貴,庚辰、辛巳之間,遞減至四、五錢一千。癸未而後,每千兑銀不過三錢有奇,而錢之所重每千不過三觔有零而已。迨乎乙酉,大兵既下江南,前朝之錢廢而不用。是時,每千值銀不過一錢二分,較之銅價且不及,而錢之低薄雖鵝眼綖環不能喻矣。順治通寶初頒,官實每千准銀一兩,然當錢法敝極之後,奉行甚難,藩司所頒制錢,有司强令舖户均分。舖户明知虧本,不得已而酌量分舖市價,實未嘗用通,以故有司亦不便多頒,而民間所用惟七一色之低銀。至八年辛卯,每千值銀止值四錢八分,其後漸增,亦不能至五、六錢,積輕之勢使然耳。迨康熙初，始命京省各開局鑄錢，錢背明著直省，字兼滿漢，體重工良，直出嘉、隆之上，但銅之精美遠不及前，而價定每千值銀一兩。令民間完納錢糧，大約十分之中，銀居其七，以解邊錢居其三，以備支放，編諸會計由單，當官收納。于是錢價頓長，價至每千兑銀九錢有奇，民間日用文作一厘，謂之厘錢，公私便之。至十二年甲寅四月，聞八閩之變，三吴錢價頓減，初猶五、六錢一千，後直遞減至三錢。積錢之家，坐而日困，典舖尤甚，有司雖嚴禁曲喻之而不可挽。十五年以後，封疆漸甯，錢價以次漸長。十七、八年之間，每千價銀又兑至八錢七、八分及九錢二、三分，幾乎厘錢矣。二十年以後，私鑄復盛，錢復濫惡，每千所重，至惡者亦不過二、三觔，價猶值銀八錢外，其官局厘錢每千價銀幾及一兩，甚有一兩另四分者，恐奸人收兑以爲私鑄之計。若不嚴禁私錢，將來錢法之壞，有不可言者，當事所宜留心也。

康熙二十三年甲子，上以私錢濫惡，疑錢局匠役私鑄射利，特諭中外地方官嚴禁，如有仍行使用者，不論錢數多寡，重則枷號畢，流徙尚陽堡，官不覺察者同罪；現今貿易小錢，限一月内照銅價交于地方官收給。既而浙江武舉朱士英開罏私鑄，被參拿問，私錢頓賤，官錢每千幾值紋銀一兩二錢矣。二十六年後，私錢復漸流行，制錢價遂遞減。至二十八、九年間，每千不及值銀一兩。二十九年二月，私錢之禁復嚴，市中不復通用，積弊爲之一洗，制錢每千價至紋銀一兩二、三分，庶幾復舊。

# 卷　八

## 冠　服

一代之興，必有一代冠服之製。其間隨時變更，不無小有異同，要不過與世遷流，以新一時耳目，其大端大體，終莫敢易也。如前朝職官公服，則烏紗帽，圓領袍，腰帶，皂靴。紗帽前低後高，兩傍各插一翅，通體皆圓，其内施網巾以束髮，則無分貴賤，公私之服皆然。圓領則背有錦繡，方補品級，式樣與今之命服同，但裏必有方領襯襬，不單着耳。腰帶用革爲質，外裹青綾，上綴犀玉、花青、金銀不等，正面方片一兩，傍有小輔二條，左右又各列三圓片，此帶之前面也。向後各有插尾，見于袖後，後面連綴七方片以足之，帶寬而圓，束不著腰。圓領兩脇，各有細鈕貫帶于巾而懸之，取其嚴重整飭而已。一、二品金鑲犀角，三品花金，四品素金，五品花銀，六、七品素銀，八品以下用明角。烏角玉帶惟帝后及太子、親王、郡王用之，其餘大臣必賜而後敢服，則與今制異也。其舉人、貢、監、生員，則俱服黑鑲藍袍，其後舉、貢服黑花緞袍，監生服黑鄧絹袍，皆不鑲，惟生員照舊式。然進士殿試後，猶服鑲藍袍，入謝畢，始易冠帶，則知花素緞袍乃後人假借，未必皆命服矣。聞舉人前輩俱帶圓帽，如笠而小，亦以烏紗添裏爲之，予所見舉人與貢、監、生員同帶儒巾，儒巾與紗帽俱以黑縐紗爲表，漆藤絲或蔴布爲裏，質堅而輕，取其端重也。舉、貢而下，腰束俱藍絲綿條，皂靴與職官同。典吏則戴吏巾，如今之神廟中所塑施相公巾式，黑素絹圓領，絛靴。舉、貢、監生同。其上臺門下，則有中軍巡捕官，冠棕結草帽，如笠而高，服大紅斗牛錦綉以壯觀。其衙門雜役，如皂隸則漆布冠岸幘，而網巾外見，旁插孔雀翎毛，服下截細褶青布衣，腰束紅布織帶。捕快則小帽青衣，加紅布背甲于外，腰束青絲織帶。輿隸之屬，則戴毡笠，上插鷺尾，威儀秩秩矣。其便服自職官大僚而下至于生員，俱戴四角方巾，服各色花素紬紗綾緞道袍。其華而雅重者，冬用大絨繭紬，夏用細葛，庶民莫敢效也。其樸素者，冬用紫花細布或白布爲袍，隸人不敢擬也。其後巾式時改，或高或低，或方或扁，或倣晉、唐，或從時製，總非士林，莫敢服矣。其非紳士而巾服或擬于紳士者，必縉紳子弟也，不然則醫生、星士、相士也。

其後能文而未入泮雍者，不屑與庶人伍，故亦間爲假借，士流亦優容之。然必詩禮之家，父兄已列衣冠者，方不爲世俗所指摘，不然將群起而譁之，便無顔立于人世矣。其市井富民，亦有服紗紬綾羅者，然色必青黑，不敢從新艶也。良家清白者，領上以白綾或白絹護之，示與僕隸異。所戴之冠，夏則結棕，六版圓幅，價值數金。貧者或用漆單紗，其色同，冬則絨毡小帽。其内衣冬夏無不服裙，不分貧富貴賤皆然。道袍大概紬用單做，絨褐繭紬用夾裏，後則俱以花紗白裏爲之，單紬若將不屑，不獨士林爲然矣。花雲素緞，向來有之，宜于公服。其便服則惟有路紬、甌紬、綾地、秋羅、松羅、杭綾、縐紗、軟紬，以及湖紬、綿紬，夏惟有生紗、硬紗、生羅、杭羅而已。其後有軟機紗、番紗、線紗、永紗，皆因一時好尚，群相和從耳。若寒士則惟以白布袍爲常服，加以烏巾朱履，較之盛服而冠庶人之帽者自貴，縉紳接見，亦自起敬，列于峨冠博帶之中，容相安也。其僕隸、樂户，止服青衣，領無白護，貴賤之别，望而知之。公私之服，予幼見前輩長垂及履，袖小不過尺許，其後衣漸短而袖漸大，短才過膝，裙拖袍外。袖至三尺，拱手而袖底及靴，揖則堆于靴上，表裏皆然。履初深而口幾及踊，後至極淺，不逾寸許。此余所及見前朝冠服之制也。

本朝于順治二年五月克定江南時，郡邑長吏猶循前朝之舊，仍服紗帽圓領，升堂視事，士子公服、便服，皆如舊式。惟營兵則變服滿裝，武弁臨戎亦然，平居接客則否。故薙髮之後，加冠者必仍帶網巾于内，髮頂亦大，無辮髮者但小帽改用尖頂，士流亦間從之。至三年丙戌春暮，招撫内院大學士亨九洪公承疇刊示嚴禁云："豈有現爲大清臣子，而敢故違君父之命，放肆藐玩，莫此爲甚。"于是各屬凜凜奉法，始加錢頂辮髮，上去網巾，下不服裙邊，衣不裝領，煖帽用皮，涼帽用簟，俱上覆紅緯，或涼帽覆紅纓，一如滿洲之制。然而細緞織錦，僭及龍袞，遍身刺綉，或施鸞鳳，誇多鬭靡，競爲華麗，上下無章，公私無别，草昧之初，莫知禁令也。至六、七年間，始頒命服之制，冠加高頂，一品裝以紅玉，鑲嵌東珠三顆，二品藍玉，東珠一顆，三品紅寶石，四品藍寶石，五、六品水晶，皆用金鑲，高低不等。七品金，八品以下銀，下至典吏，則用明角、葫蘆，以章貴賤。其舉、貢、監生、生員，則用金銀飛雀，以期其飛鳴之意。帶則緊束于腰，綴以金玉銀角，方圓四片，一、二品玉，三、四品金，五品花銀，六、七品素銀，八品銀鑲烏角，九品而下烏角不鑲。舉、貢、監生銀鑲明角，生員銀鑲烏角。其命服則即滿袍，加以前後繡補，一如前代之式，文臣一、二品仙鶴、錦鷄，三、四品孔雀、雲雁，五品白鷴，六、七品鷺鷥、鸂鶒，八、九品以逮雜職則鵪鶉、練鵲、黄鸝而已。武臣公、侯、伯則麒麟、白澤，一、二品獅，三、四品虎、豹，五品熊，六、七品彪，八、九品以下海馬、犀牛。其銜加宫保者，則如文臣一品之服。凡龍鳳錦繡織文,一概禁止,如有僭干者,罪及製造之家。于是命服始有定式,莫敢僭越。然而便服裘帽,惟取華麗,或娼優而僭擬帝后,或隸僕而上同職官,貴賤溷淆,上下無别。迨康熙九、十年間,復申明服飾之禁,命服悉照前式:"貉、裘、猞猁猻,非親王大臣不得服,天馬、狐裘、裝花緞,非職官不得服,貂帽、貂領、素花緞,非士子不得服,花素綾紬紗及染色鼠狐帽,非良家不得服。所不禁者,獺皮、黄鼠帽、素紬羅絹,及繭紬、葛布、三梭細布而已。其職官及舉、貢、監生、生員之父,除公服而外,俱得並從子服。職官及舉、貢、監生、生員之子,除公服而外,俱得並從父服。"禁令初頒,一時翕然儆畏,恪守凛遵。但舊服尚存,新不及製,好事之徒或挾仇舉首,或借端索詐,或恣肆搶奪,獄訟紛起,京師尤甚,當事患之,不逾年而遂弛其禁。于是服飾之華麗,又復惟力是視,而守禮謹飭者,或自知循分焉。袍服初尚長,順治之末短才及膝,今則又没髁矣。煖帽之初,即貴貂鼠,次則海獺,再次則狐,其下者濫惡,無皮不用。然當日所謂海獺,即今之染黑狸皮,但初用時皆精選,故價至每頂紋銀二兩,戴者甚少。其後日漸濫惡,乃以黄狼皮染黑名曰騷鼠,毛細而潤,老者類貂,一時争用,騷鼠貴而海獺賤,無人非海獺帽。今騷鼠之闊口者,每頂亦值銀二兩,然無人非騷鼠冠,而海獺非鄉愚極貧之人不冠矣。康熙十五、六年之間,江寧新製剪絨帽,色黑而細密,長闊宛如騷鼠,其價最精者不過值銀三、四錢一頂,士林往往用之。康熙二十三年,京師始尚海龍皮,毫短而勁,色黝而明,初價每頂四、五金,年來減半,意即真海獺皮所染也。緞袍外套,向俱裝錦緞,用色裏夾做,康熙而後,大半皆單,時小絨已不用,即繭紬亦單做矣。花緞初用團龍,禁後用大小雲朵,今用大小團花,飛雀山水景。夏布初用滿龍、團龍紗,禁後用官紗、宫紗,既而用素幅秋絹紗,今用廣絹、廣紗、絨紗、葛紗、巧紗、漏地紗,大概俱尚整矗,雖便服無異于公服也。涼帽初尚扁而大,後尚高而小,既又尚高而大,旋復尚扁而大,今則又尚高而小矣。帽胎順治三年始也,未有賣者,俱剪藤編篾席爲之,後用細草編成,造自北方,至南而加裏發販,京師有同類而最精細潔者,名曰得勒粟,每頂銀三、四兩,而紅緯不與焉,外省罕有。今或以白紗綾爲表者,庶乎似之,而價不過與常帽等,亦用純代麻之意耳。帽頂,大紅絲緯,初用拆緞,取大紅緞拆其經,取其不易亂,拆絲一兩,值銀一兩,後徑以散緯或雙絲染大紅,每兩價銀二、三錢者亦佳。涼帽頂或用紅纓,初價不甚貴,而纓亦粗硬,後用皮纓、胎纓,價始貴矣。胎纓一兩有值銀七、八錢者,皮纓半之。今有西寧長纓,細潤而真正大紅色,久不變者,涼帽一頂,值銀三十餘兩,惟當途顯者用之。第恐習俗移人,幾年之後,染販者廣,價必漸減,效顰者又將争起耳。

昔年花緞惟絲織成華者,加以錦繡,而所織之錦大率皆金縷爲之,取其光耀而已。今有孔雀毛織入緞内，名曰毛錦，花更華麗，每匹不過十二尺，值銀五十餘兩。康熙二十四、五年間，京師衣又漸短而外套漸長，昔年外套短者及臍，長不過膝，今短于袍不過五寸矣。煖帽復尚海鹿皮，毫健而齊，黑而光，疑即昔年所尚之海獺皮。今易其名耳，每頂值銀三、四兩，始自京師，初來吴下，價亦漸貶，佳者不過二兩五錢，然老成人以爲不足取也。

## 内　　裝

昔賈長沙傷時之僭，曰"娼優下賤，得爲后飾"。蓋男子僭于外，法可以禁止，婦女僭于内，禁有所不及。故移風易俗者，于此尤難。原其始，大約起于縉紳之家，而婢妾效之，寖假而及于親戚，以逮隣里。富豪始以創起爲奇，後以過前爲麗，得之者不以爲僭而以爲榮，不得者不以爲安而以爲恥。或中人之産，營一飾而不足，或卒歲之資，製一裳而無餘，遂成流風，殆不可復，斯亦主持世道者所深憂也。余幼所聞，内飾猶樸，崇禎之際，漸即于侈，至今日而濫觴極矣。今姑略舉數則，以示世風之變，俾有識者閲之，用興鑒戒焉。

膏沐爲容，古來不免。然而綢直如髪，匪伊卷之，此風予猶及見也。崇禎之間，始爲鬆鬌扁髻，髮際高卷，虚朗可數，臨風栩栩，以爲雅麗。順治初，見滿裝婦女辮髮于額前，中分向後，纏頭如漢裝包頭之製，而加飾于上，京師效之，外省則未也。然高卷之髪，變而圓如覆盂，蟬鬢輕盈，後施緞尾，較美于昔年。束髮直上指，前高逾尺，數鬌掩顴，數載之前，始見于延陵，時以爲異，今及于吾鄉，遍地皆然矣。

余幼見前輩冠髻，高逾二寸，大如拳，或用金銀絲挽成之。若烏紗者，頂上裝珠翠沿口，又另裝金花銜珠，如新月樣，抱于髻前，謂之插梳。其後變式，髻扁而小，高不過寸，大僅如酒盃，時猶以金銀絲爲之者，而插梳之制遂廢。銀絲髻内映紅綾，光采焕發，且别于素色也。崇禎之末，髻愈大而扁，惟以烏紗爲質，任人隨意自飾珠翠，不用金銀。順治初，營中眷屬往往純以金銀爲之，金者鏤花，銀者琺琅及燒染紫金色花，飾于髻頂，想亦北方之習，松俗則否。年來髻式不一，或紙胎紗表，或銅絲爲質，裝成花朵，以天鵝絨爲表，樣各不同。總之，高不過二、三分，大幾及尺，裝珠貼翡，必選極精，不以多爲貴矣。康熙二十五、六年，後又尚扁小，高不過一、二分，徑不過二寸許耳。

今世所稱包頭，意即古之纏頭也，古或以錦爲之。前朝冬用烏綾，夏用烏紗，每幅約闊二寸，長倍之。予幼所見，皆以全幅斜褶闊三寸許，裹于額上，即垂後，兩杪向前,作方結,未嘗施裁剪也。高年嫗媪尚加錦帕,或白花青綾帕,單裹纏頭,即少年裝矣。崇禎中,式始尚狹,遂截半爲之,即其半復分爲二幅,幅方尺許,斜褶寸餘闊,一施于内,一加于外,外者稍狹一、二分,而别裝方結于外幅之正面,纏頭之製一變。今裁幅愈小,褶愈薄,體亦愈短,僅施面前兩鬢,皆虚以線暗續于鬢内,而屬後結之,但存其意而已。或用黑線結成花朵于烏綾之上,裁剪如式,内施硬襯亦佳,至有上用紅錦一線爲緣,而下垂于兩眉之間者,似反覺俗。

首飾,命婦金冠,則以金鳳銜珠串,隆殺照品級不等,私居則金釵、金簪、金耳環、珠翠,概不用也。以予所見,則概用珠翠矣。然猶以金、銀爲主而裝翠于上,如滿冠、捧鬢、倒釵之類,皆以金銀花枝爲之,而貼翠加珠耳。包頭上裝珠花,下用珠邊口,簪用圓頭金銀或玉,高年者用瑪瑙。既而改用金玉鳳頭簪,口銜珠結串,下垂于鬢。後用金銀珠林,體式斜方而不用玉,今徑用金扁方矣。花冠、滿冠等式,俱用珠花。包頭上用珠網束髮,下垂珠結寶石數串,兩鬢亦以珠花、珠結、珠蝶等捧之。碗簪所以定冠髻,初尚極大,玉質,鑲金銀裝珠,後尚小,而以蜜珀鑲金綴珠,或間用側簪,金乃用團花,或純金不鑲而裝珠翠。大抵有餘之家,必選赤色精金及大白圓珠爲首飾,寒素者寧淡裝無飾,而銀花珠翠竟不屑用,雖亦世風之一變,然而勢極必反,未始非返樸之機也。

命婦之服,繡補從夫,外加霞帔、環珮而已。其他便服及士庶婦女之衣,如紵、絲、紗、緞、綢、絹、綾、羅,一概用之,色亦隨時任意,不大逕庭也。然余幼見前輩内服之最美者,有刻絲、織文,領袖襟帶,以羊皮金鑲嵌。若刺綉,則直以綵線爲之,粗而滯重,文錦不輕用也。其後廢織文、刻絲等,而專以綾紗堆花刺綉,綉倣露香園體,染彩絲而爲之,精巧日甚。時惟大紅爲禮服,而不輕用,未幾遂以爲常服。甚而用錦緞,又甚而裝珠翠矣。然惟縉紳之家用之。寖淫至于明末,擔石之家非綉衣大紅不服,婢女出使非大紅裏衣不華。今則田家村婦,介之于青衫裙布之間矣。夏日細葛、紗羅,士大夫之家常服之,下而婢女不輕服也。崇禎之間,婦婢出使服之矣,良家居恒亦服之矣。自明末迄今,市井之婦居常無不服羅綺,娼優賤婢以爲常服,莫之怪也。袖初尚小,有僅盈尺者,後大至三尺,與男服等。自順治以後,女袖又漸小,今亦不過尺餘耳。綉初施于襟條以及看帶袖口,後用滿綉團花,近有灑墨淡花,衣俱淺色,成方塊,中施細畫,一衣數十方,方各異色,若僧家補衲之狀,輕便瀟灑,恐非象服。守禮之家,不必效之也。本朝女服,無異丈夫,公私皆同,可以通用。

内裝領飾,向有三等。大者裁白綾爲雲様,披及兩肩,胸背刺綉花鳥,綴以金珠、寶石、鐘鈴,令行動有聲,曰宫裝。次者曰雲肩,小者曰閣鬢,其綉文綴裝則同。

近來宫裝惟禮服用之，居常但用閣髩，而式樣亦異。或剪綵爲金蓮花，結線爲纓絡樣，扣于領而倒覆于肩，任意裝之，尤覺輕便。

環珮，以金絲結成花珠，間以珠玉，寶石、鐘鈴貫串成列，施于當胸。便服則在宫裝之下，命服則在露帔之間，俗名墜胸，與耳上金環，向惟禮服用之，于今亦然。其滿裝耳環，則多用金圈連環貫耳，其數多寡不等，與漢服之環異。

裳服，俗謂之裙。舊制色亦不一，或用淺色，或用素白，或用刺綉，織以羊皮，金緝于下縫，總與衣衫相稱而止。崇禎初，專用素白，即綉亦衹下邊一、二寸，至于體惟六幅，其來已久。古時所謂裙拖六幅湘江水是也。明末始用八幅，腰間細褶數十，行動如水紋，不無美秀，而下邊用大紅一線，上或綉畫二、三寸。數年以來，始用淺色畫裙。有十幅者，腰間每褶各用一色，色皆淡雅，前後正幅，輕描細繪，風動色如月華，飄颺絢爛，因以爲名。然而守禮之家，亦不甚效之。本朝無裙制，惟以長布没履，無論男女皆然。

膝褲，舊施于膝下，下垂没履。長幅與男襪等，或綵鑲，或綉畫，或純素，甚而或裝金珠翡翠，飾雖不一，而體制則同也。崇禎十年以後，製尚短小，僅施于脛上，而下及于履。冬月，膝下或别以綿幅裹之，或長其褲以及之。考其改製之始，原爲下施可以揜足，豐趺者可以藏拙也。今概用之纖履弓鞋之上，何哉？綉畫灑線與昔同，而輕淺雅淡，今爲過之。

弓鞋之製，以小爲貴，由來尚矣。然予所見，惟世族之女或然，其他市井僕隸，不數見其窄也。以故履惟平底，但有金綉裝珠，而無高底笥履。崇禎之末，閭里小兒亦纏纖趾，于是内家之履半從高底，窄小者可以示美，豐趺者可以揜拙。本朝因之，滿裝則否。康熙之初，禁民間女子不許纏足，然奉行者固多，而習俗相陳，亦一時不能遽變者。迨八年己酉，復除其禁。至今日而三家村婦女，無不高跟笥履，纖趾愈多，而藏拙者亦復不少，惟生長田間老成持重者，則仍舊耳。

## 文　章

朝庭以八股文章取士，士子進身率由乎此，非特空言文字而已。世運不能無遷流，則文運不能無升降，理勢使然。前朝之文，嘉、隆以前無得而議，自萬曆末而文運始衰。啓、禎之際，社稿盛行，主持文社者，江右則有艾東鄉南英、羅文正萬藻、金正希聲、陳大士際泰，婁東則有張西銘溥、張受先采、吴梅村偉業、黄陶庵淳耀，金沙則有周介生鍾、周簡臣銓，溧陽則有陳百史名夏，吾松則有陳卧子子龍、夏彝仲允彝、彭燕又賓、徐闇公孚遠、周勒卣立勳，皆望隆海内，名冠詞壇，公卿大夫爲之折節締交，後生一經品題便作佳士，一時文章，大都騁才華，矜識見，議論以新闢爲奇，文詞以曲麗爲美，當好尚之始，原本經傳，發前人之所未發耳。逮其後，子史佛經盡入聖賢口吻，稗官野乘悉爲制義新編，六經四子任意詮解，周程朱註束之高閣。朝庭亦厭其習，嚴飭學臣釐正，故于試卷面頁，必註恪遵明旨，引莊、列雜書，文體怪誕者不録。時方禹修先生正守吾郡，與幾、求二社諸名士交好莫逆，然亦以爲非文家正體，特作文訓，手選真文章發刻以正之，然而流風已成，究不能改。迨甲申、乙酉之際，愈趨愈甚，儒生學問必講入帝王事功，以爲冠裳佩玉也，理義精微而必援引古今散事，以爲宏詞博洽也。集古文之事以成句，不以爲生澁而以爲新，取後世之事以實經，不以爲粗疎而以爲警。文體大壞，而國運亦隨之矣。本朝以武功定天下，世祖章皇帝投戈講義，文章取士悉因明制，惟禁社稿。自順治乙酉、丙戌，迄于丁亥，鄉會再舉，即其制義醇雅者固有之，而夙習不能遽變，一、二好奇之士主持選政，丁亥房書，句琢字雕，用古而必欲使人難解，用字而必欲使人難識。猶憶予曾讀《君子不重文》，而篇中二最佳句曰："青青之諷，黄黄之美。"蓋本于《詩》"青青子衿"以譏佻達，"狐裘黄黄"以思都人士也。《庶矣哉章》一題，而篇中有云："微君之故，胡爲乎草黄？微君之故，胡爲乎鳥黄？"蓋謂君不能富民，而使之流離困苦，因用《詩》"何草不黄，黄鳥黄鳥"句也。如此詞意，猶屬易解，其他不可解而可笑者，難以枚舉。大抵雜引《路史》諸書，易之以子雲奇字，便是投時之制藝。一時家絃户誦，膾炙人口，後生趨之，惟恐不及。時予曾作《舉伊尹》二句，題中二語云："鳳雝雝兮，狐烏其遁。麟振振兮，豺虎其投。"對云："蘭載采兮，災氛其祓。晛載見兮，雨雪其消。"大爲質友所鑒賞，評云："如此手筆，不必恨吾不見古人，當令古人恨不見我也。"然就余握管時，原爲風氣使然，不能違俗耳，明知非文章正格，故常戲語同人曰："今人見前二十年文，往往指其疵處，以爲笑語。夫二十年前文，不過字句陳腐耳，其笑有限。如今所稱絶妙好文，留俟二十年後，吾不知人又更當如何笑也。"不意甫越歲餘，中堂江公淵特疏題参操選政者，兩榜名公，悉皆禁錮，其附名者幾至不測。己丑會場，文風丕變，義必本經，説必宗傳，中式墨卷皆清正簡潔，揣摩之家始得正宗。予嘗問同郡先達周釜山先生曰："先生鄉會場制義，如出兩手，何也？"釜山笑曰："此即世人所笑，吾之胸中無成見也。當乙酉之役，非此等文不售，故不得已而爲之。若己丑而仍守此技，至今終老青衫矣。"然而前輩指授之功不可忘。予自丁亥下第，己丑再上公車時，座師成青壇先生遣人偵余，一到都門，即要余到寓，手授擬題四十課，余日呈一藝，凡關昔日習氣語，必力爲批評，是科會場首題，亦在擬中。余呈文時，先生祇取一小講，其餘一概點竄。及入闈，首題既得，心識先生之教，惟開講不另作，其餘皆在場中重搆思也。故得中式，此則如出兩手之所由來耳。自是而後，壬辰、乙未、戊戌、己亥四科之文，可稱彬彬極盛。至庚子、辛丑，清新俊逸，固不可及，然而氣漸流于單薄。康熙癸卯，遂即卑靡，而八股之制亦廢矣。八股廢而取士專用策論，小試先論後策，鄉會試初場試策五道，二場《四書》經論二篇、表一、判五，改三場爲兩試，蓋欲崇實學，黜浮華也。司衡者即論亦必尊經重註，不得仍前馳騁，雖非八股之體，亦聊存八股之意耳。其如習俗已成，勢難猝挽，即爲策論，亦半屬油腔。至八年己酉，復用八股試士，而文品之卑靡日甚，即有一、二名家，不克自振也。如理學題，則一比知，一比行，不必開卷而知之矣。事功題，則一比内聖，一比外王，不待展卷而亦知之矣。如講仁義，則必曰始之以心見理，繼之以心見心，以天下藏于吾心，而不見其有餘，以我心周乎天下，而不見其不足。如吸下，則必曰我雖未知〇〇者何如，然亦不妨取〇〇而先言之也。如開講擒題，則必曰是未嘗即其〇〇之〇而深思之也，又不言〇無非言，〇吾將言〇〇之人，先言〇〇之人。諸如此類，難以悉數。總之，習成一派套語，俟題到手，彷彿鋪襯，不必搆思，方稱佳作。且局必叠床，股必合掌，起講之意，篇内重言，起比之意，中後復見，出股天地，對即乾坤；出股聖賢，對即明哲。一篇八股，意只四股，四股之意，尚有叠用，師以是爲枕中祕傳，父以是爲家學妙訣。小試場屋，用之輒售，而文品之惡濫，至此極矣。當時合肥龔芝麓先生爲大宗伯，典庚戌會試，深惡此種，力爲排斥，起衰振敝，庶幾稍變。公念文風之壞，蓋由選家專取僞文，托新貴名選刻，以悞後學，因督學詞臣蔣虎臣超疏請嚴禁僞文，遂爲覆准。定例：凡鄉會程墨及房稿行書，必由禮部選定頒行，各省試牘，必由學臣鑒定發刻。如有濫選私刻者，選文之人無論進士、舉人、監生、生員、童生，分別議處，刊示頒行。是科選家爲之寂然，部頒房書，出力洗惡習，然其中又不無矯枉過正，慮開龐雜之端，而積年靡調，亦一時不能頓改。至壬子、癸丑，吾吴韓元少菼聯取巍科，以雄文振起，天下始翕然改心易慮，思爲矯世革俗。己酉、庚戌之習，爲之廓清。乙卯、丙辰，始即醇正，學者亦慕先正大家，前朝如顧涇陽憲成、歸震川有光、金正希聲、黄陶庵淳耀、周介生鍾；本朝如熊鍾陵伯龍、史立庵大成諸先生稿，翻刻盛行，雞林爲之紙貴。丁巳、戊午，連舉鄉試，文亦各省不同，然好高者恐流爲崇禎庚辰、癸未，守卑者未能盡去康熙己酉之習，揣摩家不可不加謹，主持文教者不可不留心提防也。二十年辛酉七月，科臣莫大勳題准，文取醇正，不尚離奇，字限六百五十，不得逾越，違者場中不許中式，一時文士復翕然思變。

## 交　際

交際之禮，始乎情，成乎勢，而濫觴于文。以情交者，禮出于情之所自然，即勢異、文異而情不異。以勢交者，禮出于勢之所不得不然。故勢異、文異而情亦異，二者不同，要各有爲。况雖有至情，不能違勢，雖因時勢，未必無情，未可以是概風俗之盛衰，人心之厚薄也。獨是不由乎情，不因乎勢，而徒視爲具文，即其交際之時，已無慇懃之意，寧待情衰而禮始衰，勢異而禮始異耶？視爲具文者，惟知有文不知有禮，遂至虚文，甚而于義無所取，彼謂既以爲文交，原不必有所取也。推此志也，大之僭禮亂樂，小之匿怨而友，世道人心，尚堪問哉！因略舉交際數端，以俟明禮之君子有所擇焉。

前朝鄉紳，凡兩榜出身者，無論官之尊卑，謁撫、按俱用名帖抗禮。即乙榜而選授京職，或外而兩司及郡縣部官、貲郎而至兩房中書者亦如之。其由舉、貢、監生選授府佐及京職散員者，止在郡縣交際，不便與撫、按兩臺晉謁矣。其他雜職，即郡縣亦不交際也。本朝順治年間亦然。至康熙初，鄉紳與督、撫兩臺交際，始分等職，不論出身。京官自部曹、中、行、評、博而上，用名帖，外官自藩、臬而下，俱用名揭，幾與現任等。用帖者，兩臺答拜。用揭者，只用名帖致意，不答拜矣。

前朝鄉紳，凡科甲出身者，無論爵之尊卑，郡縣俱答拜。貢、監起家者，則但以名帖致意。貢、監未仕者謁郡守，俱用名揭。國初亦然。自順治季年，李公茂先以明經來守吾郡，凡明經授職者，一概答拜，未授職者，亦用名帖。以後凡貢、監授職者，俱答拜矣。舊例，縉紳設席延郡守，即公宴主席亦不及孝廉，今明經、太學交情相契者，有席必赴矣，今長吏不必言。

前朝鄉紳相見，大概必着公服，晉謁當事，更不必言。今鄉紳入賓館，俱便服矣。現任官升堂視事，必着公服，接見賓客，更不必言。今現任官除新任朝祭及朔望謁廟行香，參謁上臺而外，俱不着公服矣。惟學臣臨試，則如舊服。昔舉、貢、監生、生員謁官長，俱必公服，遇大禮必公服，平時交際及見武弁、縣佐則否，而縣佐、武弁必以公服接之。有訟赴公庭，則降同氓庶之服。當新婚假儀，則加本身服色一等，不爲僭也。今舉、貢、監生、生員，除謁本管上台而外，俱不用公服，訟亦無降服，惟新婚假儀則同。

前朝守制鄉紳，謁當事、見賓客，必麻冠喪服，轎傘俱用白布。本朝喪服，惟去帽上紅頂，不着衰麻，故縉紳守制者，謁當事亦然，轎傘亦不用白，而改用緑紬若雨天。然見賓客則或用素服，上加黑色外套。

予幼聞前輩名帖，“眷”字亦不概用，猶及見鄉老致徽商帖，止稱“鄉侍生”，浙友止稱“侍生”。謙者加“教”字，必兼親者，方加“眷”字。至于“通家”“年家”，非實有可據，斷斷不輕用也。崇禎以後，漸以“通家”假借代“眷”字矣。明末同社稱“眷社弟”，拜盟者稱“眷盟弟”。本朝順治初年，同輩一概稱“眷盟弟”，即同鄉各省者皆然，然而“年家”不輕用也。至順治四、五年間，“年家”亦漸有假借矣，然惟縉紳之家用之。以後迄今，凡三教九流投名帖者，無不稱“年家”矣。

前朝貢、監、生員與武弁往來，即總戎亦止投侍教生名帖，“晚”字不輕用也。降而參、遊，更不必言矣。本朝順治初年，見總戎而上，俱用揭帖，副將而下，始用名帖。然于副總兵、參將，必加“晚”字，或用“治”字。順治十八年，吾邑特設水師副總兵及川沙營參將，水營與同學諸生相見，俱用名帖抗禮，獨川沙參將部選未來，撫標先有委署者，傲慢無禮，欲以師生接禮，諸同學與之力争，始得不屈。後部選惠元功楨祥，以元戎世胄子，廕補專閫，與諸同人相見，情甚款洽，竟從抗禮，然止以“通家侍生”名帖致意，不到門答拜。繼任任公履素元禮，以右都督來掌川沙營事，謙和更甚，改用“通家侍弟”名帖，必到門答拜。其後水營以康熙三年題定文武相見儀注，縣令見副總兵俱用名揭，學師亦從而用揭，漸欲諸生易揭帖，其有事干求者，往往易之，平交者，則照舊用帖。未幾，而水師奉命撤回崇明，今雖遊、參俱抗禮矣。

前朝郡守、縣令與總戎相見，俱抗禮，帖用“侍生”，公文用“移會”。參、遊而下，大抵亦然。本朝順治初年，縣令見總戎，始用名揭，郡守則否。其後松郡改設提督，郡守始用“晚生”帖，府佐始用銜帖，雖驕悍如馬惟善，不能異也。至康熙三年，新定文武相見儀注，郡守見文武總兵官，改用名揭，公文用“咨呈”，至今因之。

前朝監生、生員與縣令交際，得用“治下門生”名帖，分賓抗禮。惟附郭縣則用揭庭參，一跪一揖，稍殺于郡守也。以余所見，則附郭與外縣俱用名揭，相見俱長揖，而無跪禮，坐則諸生俱面向西，而令長獨坐面南東向，略存師生之意。今生員用揭如舊，而監生則改用名帖，然亦惟縉紳子弟則然，其餘用揭者有之，用上銜帖、下銜帖者亦有之。

昔年平等慶賀往來，單紅全柬，非新親不用。單紅單帖，非京官不用。猶憶吾鄉一孝廉，北闈中式，下第而歸，用單紅單帖拜客，人譏其僭。此在崇禎末猶然。時尋常單帖，止用五印花紙，其後用松城五雲軒、精一軒所造拱花着色白單帖，則華麗極矣。其全紅古折，通用砂紅紙，不以爲陋也。今單柬全紅古折，俱用雙紅、單紅，或用京式衢紅。其先各色花單帖，及花紅全折，市中幾不屑賣矣。

昔年副啓體製，長短與全柬同。柬書名，啓書事，故以副封名。百年以來，俱用藍色花格，吾猶及見于舊篋中。崇禎中，始用紅條格。藍者，惟居喪時用之。順治初，改用寸楮，大小不過如全柬四分之一，配以小全柬亦如之，或止以單帖引名。其後京中用色啓，稍大于寸楮，而究小于舊啓，引名或單帖，或全柬，俱照此式，儀狀亦然。今不特京師亦用之矣。

昔年寫單帖，俱用全折，于名下用"頓首拜"。順治之初猶然。至五、六年間，始于單帖上去"頓首"，止寫"拜"字。其守制者，無論喜慶紅帖，則俱寫"制"字，而以淺色紙簽名實帖，不書"稽顙拜"。自順治末年，守制者紅帖上去"制"字及"稽顙"字，改稱"從吉"，而不粘色紙簽名矣。守禮之家，或仍其舊，世俗反以爲固執，而不自知其非也。

喜慶賀禮，向來有之，盛者盃幣以及羹果而已。今或間用羊酒，營中往往用麵。其祝壽桃糕，上插八仙，昔年亦有之，然第存其意耳。今吾郡所製，精巧異常，鬚眉畢見，衣褶生動，俱以染色麵爲之，可久而不剥落，前此未嘗有也。人物專取吉祥，故事亦不拘泥八仙。

喪祭弔奠，向來看卓亦尚精巧，然不過以泥塑人物，綵絹裝成山水故事，列于筵上，以示華美而已。自順治以來，即以葷素品裝成人物模樣，備極鮮麗精工，宛若天然生動，見者不辨其爲食物，亦莫辨其爲何物矣。一筵之費，多至數十金，飾一時之觀，須臾盡成棄物，殊爲虛費，其如習俗已成。苟有其力者，以爲不如是便成簡略不敬，君子所以嚴奢麗之源也。

前朝兩榜鄉紳拜客，除親戚故交照常投帖外，其泛然士流，俱用"眷侍生"名帖。士林拜兩榜鄉紳，亦除親戚故交照常外，其泛然交際，俱用"眷晚生"名帖，不論先後進年齒也。乙榜次之，貲郎更次之，大概視其爵齒及交誼以爲斟酌矣。至本朝，而兩榜鄉紳非齒爵極高者，無投"侍生"名帖之事，即間用之，市井吏胥尚以爲傲而譁然非議之，况士林乎？諸生謁兩榜鄉紳，非齒爵極尊者，不屑投"晚生"名帖，間用諸過客而尊者，往往粘還"晚"字，况乙榜及貲郎乎？其尊行致幼輩，向止用"眷教"或"眷生"，謙者稱"眷侍教生"，今雖白叟致黄童，無不稱"眷弟"。甚至姑夫致内姪，表叔致表姪，年伯致年姪亦然，其他父執，又不必言矣。

前朝鄉紳，如大司成致仕回籍，無論南雍、北雍，凡貢、監生往謁，必着公服，用名揭，鄉紳北面坐，客西面坐，不論年齒也。如督學使者回籍候補，或内陞給假歸里，無論各直省諸生見之亦然。自順治中，吾郡張蓼匪視學兩浙，宋直方視學八閩而回，此禮不行，以後遂爲故事，竟同泛然鄉紳矣。

前朝交際賓宴,以及吉凶往還,犒勞各色人等賞封,俱用九成外銀八折。本朝順治之初,漸用六折。後因行銀濫惡,通用不過六、七成,因改賞封爲紋銀四折。康熙以來,減至三折。今甚有封標一兩,而内止紋銀二錢者,文勝日甚矣,衙門使費亦然。

# 卷　九

## 宴　會

肆筵設席，吴下向來豐盛。縉紳之家，或宴官長，一席之間，水陸珍羞，多至數十品。即士庶及中人之家，新親嚴席，有多至二、三十品者。若十餘品，則是尋常之會矣。然品必用木漆果山如浮屠樣，蔬用小磁碟添案，小品用攢盒，俱以木漆架架高，取其適觀而已。即食前方丈，盤中之餐，爲物有限。崇禎初，始廢果山碟架，用高裝水果，嚴席則列五色，以飯盂盛之。相知之會則一大甌，而兼間數色，蔬用大鐃碗，制漸大矣。順治初，又廢攢盒，而以小磁碟裝添案，廢鐃碗，而蔬用大冰盤，水果雖嚴席亦止用二大甌。旁列絹裝八仙，或用雕漆嵌金小屏風于案上，介于水果之間，制亦變矣。苟非地方官長，雖新親貴遊，蔬不過二十品。若尋常宴會，多則十二品，三、四人同一席，其最相知者即祇六品亦可，然識者尚不無太侈之憂。及順治季年，蔬用宋式高大醬口素白碗，而以冰盤盛漆案，則一席兼數席之物，即四、五人同席，總多餕餘，幾同暴殄。康熙之初，改用宫式花素碗，而以露莖盤及洋盤盛添案，三、四人同一席，庶爲得中。然而新親貴客仍用專席，水果之高，或方或圓，以極大磁盤盛之，幾及于棟，小品添案之精巧，庖人一工，僅可裝三、四品。一席之盛，至數十人治庖，恐亦大傷古樸之風也。

向來筵席必以南北開卓爲敬，即家宴亦然。其他賓客即朝夕聚首者，每逢令節傳帖邀請，必設開卓，若疏親嚴友，東客西賓，更不待言。主人臨定席時，必先奉觴送酒，曲盡酬酢諸禮。子弟自入小學以上者，即隨行習禮焉。近來非新親貴遊嚴席，不用開卓，即用亦止于首席一人。送酒畢，即散爲東西卓，或四面方坐，或斜向圓坐，而酬酢諸禮，總合三揖，便各就席上。删繁文苛禮，似極簡便，但後生不知禮者，恐習以爲常，古道不復見耳。

昔年嚴席，非梨園優人，必鼓吹合樂，或用相禮者。今若非優伶，則徑用絃索彈唱，不用鼓樂。其迎賓定席，則彈唱人以鼓樂從之。若相知雅集，則侑觴之具一概不用。或挾女妓一、二人，或用狹客一、二人，彈箏度曲，並坐豪飲以盡歡。

近來吴中開卓,以水果高裝徒設而不用。若在戲酌,反搽觀劇,今竟撤去,并不陳設卓上,惟列雕漆小屏如舊。中間水果之處,用小几高四、五寸,長尺許,廣如其高,或竹梨、紫檀之屬,或漆竹、木爲之,上陳小銅香爐,旁列香盒筯瓶。值筵者時添香火,四座皆然,薰香四達,水陸果品俱陳于添案。既省高果,復便觀覽,未始不雅也。

## 師　長

不爲師不知師道之難,不爲師不知師恩之厚。予嘗爲之矣,敢不知之乎?發蒙之始,固慮其無知,知識既開,又虞其泛騖。啓顓蒙而使之領悟,去泛騖而納諸正中,器識文義,務必兼優,掩短護長,迎機科導,師恩寧可忘哉!若夫文章變化,得諸寸心,而就墨引繩,匪師不克。假以指南之手,拔諸廣衆之中,知吾之恩與教吾等。故歷敍所師,列其姓氏,以爲私心之俎豆云。

王魯沖先生諱開文,初字季良,邑城人也。幼與先君同受業于先祖母舅玉樞周先生之門,少先君一歲,最爲莫逆。崇禎初,開家塾授生徒,與予家爲比隣。余方六歲,初發蒙,先君命余往受業,始讀《學》《庸》本文,既加讀朱註。是歲,完《論語》之第二帙。次年,熟讀兩論。又次年,余從先君東遷鄉居,遂延先生至東。時余方八歲,初讀《孟子》,先生即爲余解説《論語》,雖大義未晰,而字句頗曉,皆先生所口授也。是秋,因先大父命遷居,復歸城居。次年,同鄰友褚仁伯仍延先生于家塾,授余《毛詩》,因講解兩孟,時余已九齡矣。至次年十月,余方十歲,慘遭先慈之變,遂輟學,此崇禎之六年也。明年甲戌,先生爲某氏延去,余亦煢煢在疚,不遑治經,後此無緣與先生相見。至本朝順治十四年丁酉,先生館于周浦西百曲里陳氏。是歲,余初補博士弟子員,及恭謁先生,款語良久,先生亦爲色喜。時先生年已六十有七,而容貌不改于疇昔執經之年。詢知卜居于邑西數十里外之梅源世兄,頗豐裕,子孫繞膝,先生亦將歸老不復事硯田矣。余拜辭而返。越明年,忽聞先生即世,心竊悼之。至今披讀《四書》《毛詩》,猶憶先生之教如躬承函丈時也。

金伯固先生諱湯,初字孟明,邑庠生。崇禎甲戌,蜀中劉念先先生灒來令上邑,于童子試中取先生第一。是年入泮,遂開家塾于城南。余年十二,往受經焉。

潘魯卿先生諱焕璜,後字甫臣,邑庠生。故御史大夫尚書恭定公弟諱恕之之曾孫也。與余比隣,開家塾授徒,四方從遊者甚衆,大概皆成材,已爲博士弟子者嘗數十人。予十三,亦往受業。初學作文,未能窺見墻壁也。

瞿行言先生諱儆臣,邑庠生,與余家亦爲比隣。崇禎丙子,試南闈不售,歸開家塾授生徒,從學者亦數十人。余年十四,往受經。先生課學者最嚴重,相對竟日,言笑不苟,質疑問難,則滚滚萬言不倦。同學諸生燕閑遊戲,皆以經義、字義及舉業之二、三場相角,不敢作浪語放言。余前後執經共三載如一日,批閲課藝必細加改削,使學者豁然啓悟,多有進益。

張祇園先生諱儒風,字魯培,邑庠生。故少宗伯賓山先生諱電之曾孫,即余之外翁也。余年十六,既爲館甥,遂從先生受業,指示行文步驟,不得馳騁跅弛。不及兩月,先生以試事往寧,秋闈不售,居停主趙氏家亦多故,遂輟業。九月後,復從瞿師于家塾,省課文,瞿師謂進于舊。

李雪生先生諱浣,真定府元氏縣人。順治己未進士。十三年丙申夏,初分婁縣,先生來令婁邑。十四年丁酉二月,季試,余館郡城,因就試,取余第五名。評余文曰:"不衫不履,翩然而來。自有英雄之氣,見于眉宇,少年中之飛將也。"四月,文宗行試,余因就婁籍,面校余文,極蒙獎歎,有數奇晚遇之恨,拔置第二名。五月,府試,録送文宗。六月朔,道試發案,先生指余名,輒詢左右取否,及聞報大喜。送學後,余進謁謝拜,先生固辭,惟惓惓以道義功名勉勵。是歲鄉試,先生以麟經,例當入闈分校,竟以催科政拙被論回籍。其後因南闈關節致譴,方、錢兩主考伏法,十五房同考官俱棄市,使先生入闈,則衡鑑公平,必無疑似。然當功令森嚴之始,焉保玉石不焚,蓋亦危矣。始知先生之去任,正天之所以報循良也。

張西山先生諱能麟,字玉甲,陜西洋縣籍,順天大興人。順治丁亥進士。乙未,江南初改監司督學,先生來督下江學政。十四年丁酉,科試,取余第五名入泮,亦一時之知遇也。越明年,先生移陞,分守西蜀。歸里數年,近復參政山東。康熙十七年戊午,薦舉博學鴻儒,不中,家于京。戊辰,昌兒都門相遇,猶殷殷道故,欲延昌兒于家塾,因遠辭也。

馮竹庵先生諱瑄,字玉宣,吴郡人。順治十四年丁酉,先生以明經高等,司教婁學。余初入泮會課,拔余第一,特諭學役免余贄儀。余惟以詩扇自呈,而先生欣然笑納。後逢朔望,或操藝文進謁,先生必慇慇勉勵。時出家釀山蔬,留連晨夕。己亥,欲延余家塾,緣余先有别訂,先生旋亦歸里,是以不果,然而情意契合,亦學師中所僅見者。

鄒未菴先生諱宏,字能宏。順治甲子,江西鄉舉第二,戊戌成進士。吉安府盧陵人也。康熙癸未冬,來令上海。乙巳夏,季試,取余一等第三名,間一晉謁,情意甚慇。後以催征詿誤,被論解任。候代之日,特命昌兒輩以制義就正,每遇一題,闡發議論，千言不倦，必出新機，去陳言，洞中題之肯綮。談及時事，則義形于色。嘗以出處大義相勉勵，愧未能副其望耳。

## 及　門

在三如一，古訓昭昭，曲藝且然，况吾道耶！本朝自順治以來，極嚴師門之禁，凡座師、房師及薦舉之師，一概禁稱，而獨于受業，悉如古禮。所謂天不變則道不變，師門授受之誼，終不可變也。余自甫離函丈，謬作塾師，雖期糊口四方，亦爲教學相長，不意三十餘年來，而及門忽已濟濟，其間領悟不同，率教亦異，將來升沉顯晦，必非一致，此尤閲世所最親切者。故一一識之，庶期有出于藍者乎！

顧鍾偉，字表人，少余二歲。余年十九，自邑城東遷，其兄伯毓與余同里，延余家塾，遂執經焉。後以病没，不克卒業。

顧箴，字虞言，伯毓長子，鍾偉侄也，少余七歲。偕仲元籌字運臣，季弟箕字洪敍，與鍾偉俱受經于余。質頗慧，用筆亦清警。順治壬辰歲，余曾延之家塾，命培兒受業。後以役訟毁家，旋以疾卒。今兩弟尚存，其季即余之表姪倩也。

顧廷鎮，字公寧，于順治乙丑負笈從余，時年十四。是冬，丁外艱，廢業，不數載而卒。

周京，字文依，于順治九年壬辰，乃翁參兩延余家塾。時年十四，雖已遍誦五經，而尚未行文。是秋，初試筆，作制義，多穎句。至十三年丙申，年十八，試補博士弟子。時負笈來從者，邑有喬嵩字峻中，憲副玄洲之曾孫，而訒齋之從孫也。郡有顧□□，公淳子，今廢學。

周新，字文受，京之弟也。當京受業時，新甫六齡。是年初出就傅，從王元賓學。至康熙改元，復自筍里延余家塾，始習八股，繼改論策，出筆抗爽，多穎異。丙午，丁内艱，服闋，復習八股。乙卯冬，試入邑庠。丁巳歲試，補增廣生。辛酉，科試補廩。

吴謙六，名見龍，明經生壽平長子。康熙癸卯，壽平將教授于旗下，命見龍偕其弟泓來從學于周氏，凡四載。丁未歲，延余家塾。戊申、己酉，復負笈從余于郡城。是年丁外艱，服闋，于癸丑冬，試入邑庠，旋復承重守制，亦于丁巳歲試，補增廣生。

張樨森，字蒼林。弟樨棼，字宫名。明太常訒庵先生之從孫，太學若木之子也。若木于余外翁祇園先生爲雁行，故森棼以從子先受業于外翁，後于順治己丑延余家塾。凡三載，以訟毁家，避仇奔走，幾至廢學。迨事定歸里，復事舊業。康熙十二年癸丑,始得同入太學。己亥年,來負笈者,有邵大綍,字方來,若木之表弟也。

張彲,字采臣。弟□,字壽承。郡庠生,泓一之子。康熙庚戌,延余家塾,彲先受業,以病輟。至次年執贄,凡四載,至丁巳,以新例入太學,應試南省。

周穉雯,字雲倬,括蒼太守釜山先生孫,太學十經長子也。康熙甲寅,延余家塾,聞雲貴之變,徙居南橋受業焉。至十八年己未,援例入太學。

張世林,字青苑。弟泰,字二岑。明太常訒庵先生之孫,司理蓉左之子也。康熙乙卯,延余家塾,遂執經焉。是冬,世林入郡庠。丁巳,以歲試補增廣生。戊午,泰試學使者,不售,歸即援例入太學。

張魏封,字浚遠,世林、泰之胞弟也。乙卯以後,尚執經于沈藏。于康熙己未,始問經于余,時年十七。是秋,學使者劉木齋果試入邑庠。康熙丙寅,同從兄士麟援例入太學。

張士麟,字楚泓,亦太常訒庵先生之孫,太學武征之第三子也。康熙庚申,余尚館于蓉左氏,士麟初執贄來,從余于伯氏之家塾,後入太學。

張敬炎,字青扶,士麟之同母弟,武征之季子也。康熙辛酉四月,同姪標從予于伯氏之家塾。康熙二十八年己巳,入太學。

張標,字赤霞,武征次子秋佩之長子,太常之曾孫也。康熙辛酉四月,同敬炎執贄,從余于蓉左氏之家塾。次年壬戌歲,入華亭學。

張玉嬰,蓉左第五子也。康熙癸亥,同其弟玉立受經于余。

## 釋　道

釋道之教,其來已久,或則奉之,或則斥之,要皆一偏之説,不足據也。原立教之意,本與吾道不甚懸絶,逮其流既遠,百弊叢生,不特爲妖爲妄者,不可勝計,甚至力背其師説,即爲彼教中所不容不誅者,比比而是,固未可以盡信矣。然其間間生一、二名賢,修德砥行,大振宗風,爲世所瞻仰。釋如天童之密雲和尚,道如穹窿之施諒生法師,其誠實足以感天地,動鬼神,是又安可概斥哉！天童先吾生,而爲幼所習聞;穹窿同吾生,而爲長所習見,惜余株守寒氈,不克躬承塵教,故雖有神靈顯異,不敢以耳食管窺,妄爲載筆,要亦一時釋道領袖矣。天童支分派衍,尚足到處稱尊,上則至尊降禮,次亦傾動王公,然多浄土息緣,不輕飛錫,人或得接一面,如見當年佛祖。是以三十年前,善知識最少,最足動人,杖笠所至,頂禮者摩肩接踵,施金設供,惟恐弗及。今則千室之邑,數家之村,號稱付法者,在在有之,甚至干謁請託,望門投刺，冀得機緣。一遇稍濟香積之窮，遂致人輕託鉢，家吝布金，即使佛祖再見于今日，流俗終視爲水雲之行者，盛極而衰，其勢然也。如設齋建醮，或因祈福，或因懺悔，原其初惟欲仗法寶之力，通主人之誠耳。余幼所見齋醮壇場，不無莊嚴色相，至于誦經宣號，雖疾徐抑揚，似有聲律，然而鼓吹法曲，更唱迭和，獨多率真。今道場裝飾靡麗，固不可言，至讚誦宣揚，引商刻羽，合樂笙歌，竟同優戲，不惟失設齋建醮之意，反開褻越瀆祀之風，是亦釋道之一變也。謹據見聞所及，確而可信者略紀于後，至所見異詞，傳聞異説者，或俟他年稽疑訂誤，以次編入云。

太平庵陳和尚者，上海周浦西北鄉人也。庵僅可容膝，和尚自中年焚修于此。徒跣乞食，輒分饑者。有憐其寒而衣之，道遇凍人，即解以施。或隆冬不衣，或夏月不帳，息心禮佛，苦行潛修者若干年，人皆未之奇也。忽于順治七年庚寅，若有所憑，言輒有驗，病者求治，始與鑪灰令調服之，治疾立效。既而求者衆，鑪灰不足，則即座間撮土與之，治疾亦愈。旬日間，座右遂成巨井，因即井泉取以應來者，服之亦驗。遠近焚香，計步而拜，不遠百里者晝夜絡繹而至。始自近境，迄于鄰郡，一歲之中，香火燭天，數百里内，舟車不絶。撫院土公聞之，慮生他變，檄縣遷諸邑城，歸者亦復如是，送之崇明海外，翕然向風。乃遷之蘇城之北寺，蘇人舉國信從益甚。凡閲三載，而示寂于蘇。余嘗往庵中叩之，觀其貌似六十許人，□横而眼微碧，與之談皆日用尋常語，絶無説元説妙神幻怪誕之語。問其土灰能愈疾之故，則答曰："土灰焉能治疾？但人信其能治疾，故即與之耳。若果有奇驗，吾先治自身疥瘡矣。"夫不作神異怪語，所以爲真，大概苦行既至，自見靈異，彼不自知也。

松城馬嶠寺僧奕嶠者，原籍山東人也。昔因從軍來松，後去伍而披緇入寺。因見寺宇殘毀，有志鼎新，常肩鍍金大木杵，懸以小鐘，露頂徒跣，募于松城。予時道遇之，不暇問其何許僧也。但以馬嶠古剎，坍毁已甚，謀復舊觀，工費浩繁，恐告成無日耳。康熙九年辛亥，歲旱，自夏迄秋，望雨不得，民心惶惶，有立槁之勢矣。嶠于七月初一發愿祈雨，匍匐拜跪于赤日中，長呼佛號，遍走郡城内外，自誓七日不雨，當以身殉，人亦莫之信也。至初八日，拜出西郊外，登跨塘橋，值潮水奔流之會，躍入水中，衆皆救之，業已端坐而逝，迨舁至岸，猶合掌不釋。一時驚動闔郡，郡伯親往臨視，嗟嘆久之。庶僚捐俸作龕，爲之禮佛而葬之，迎其主供于本寺，閲十日而大雨霑足，四郊俱遍。是歲有秋，未必非兹僧一誠所格也。

趙道人海濱，一團村人也。素以耕漁爲業，未嘗學，莫知其名字，然性狷介，不苟取，敦孝友，重然諾，流俗人往往反非笑之，以爲不近人情者。年逾三十，會遭鼎革之後，與同里人争粱通道，以非道人意，不肯相助爲理，里人銜之。一日道人來經此橋，遂有呵止之者，道人不與之辯，解衣涉水而渡，歸即薙髮如頭陀，就住居之旁，編草爲棚，如合掌狀，棄妻子獨入居之，坐寤寢食于其中，足不窺户外，兄弟妻子隣里親戚來問其故，終不言，勸之出，終不答。其初薪水取給家人，數日後知家貧不能繼，拒之，自贍而已。從棚中代鄰家紡績，計工而取錢，易米鹽以自給，或有憐而故浮其值者，拒不受，寧終日不舉炊，若無故而進食者率不食，三十年如一日，不知其何意也。康熙之初，遠近聞而造謁者，與之談亦不應，但以箸畫水爲字而答之。趙本不知書，至是初識文字，言或奇驗，然亦不言之時爲多。十六年丁巳，當事以一團爲鹽灶所集，商賈輻輳，慮海寇充斥，題請分防，駐防副將軍周某徒步訪之，終不言，餽之銀米，則移置棚外，竟不受，周歎賞而去。余亦偕親友往探之，其容貌服飾樸而野，質而無文，棚中卑陋，僅可容二人。然聞之土人云："夏不熱，冬不寒，不爇蘭膏而無穢氣，亦甚異也。"與之談，初亦以箸畫水而答，後聞出語言，衆以爲曠見，然言亦無甚奇，不知果驗與否。要其介然不拔之操，有足多爾。時年七十，妻及子俱没，其姪與幼孫尚存，朝夕爲之汲水一甕。

道士彭微之者，蘇之崑山人也。精術數，常往來松郡，叩之屢有奇驗。康熙四、五年間，郡西王姓者延之設醮。王有密友姚南野在座，欲歸東郊，時酷暑，王留之不得。微之顧謂姚曰："君果欲去，吾當遣涼雲相送。"因舉筆書一符于姚手。及姚歸，行數里，四顧皎日，獨有陰雲時覆其頂，若張蓋然，迨抵家而雲始散，衆咸異之。至十年辛亥春，將播種而溝澮已竭。五、六月間，雖有微雨，止堪潤葉，延至七月而苗槁矣。司民社者，莫不遍走，群望爲民請命，卒不可得。太守耿公繼訓聞彭名，邀之祈雨，請以方外禮見，許之。及彭至，問以祈雨之方，答曰："雨以雲行，雲從風起。暑風率從西南來，火氣日旺則水氣日消，安所得雨乎？今當閉南城之門三日，我能令風從東北來，一以壯水勢，且以漲潮汐。蓋因祈雨之法，例有三限，恐已槁之苗，不能坐待六日，故必使通潮之地，先以潮救之，而後繼之以雨，庶爲萬全耳。"太守從之。自七月十四日結壇，果反風自艮方來，而潮汐驟長有加，平日溝澮支流，無不浸灌焉。十五日，衆謝之。彭曰："風則正矣，雲尚未也。然欲掩太陽，先掩太陰，蓋月爲水母，水得雲而雨可降矣。"自是每晚必陰雲蔽月。有詢其降雨之期，彭屈指曰："尚須二日。"至十七日，彭向郡守而下稱賀曰："明日大雨至矣。"是早晴明如故，衆未之信。次早復晴，佐郡有疑其妄道者。人詢之曰："道士尚登壇乎？"彭曰："不必矣。辰時雲起，午刻雷作，未、申、酉大雨，四郊霑足。"衆尚未信。至辰而果雲，至午而果雷，至申及酉而大雨盈尺，盡如彭言。溝澮之涸者皆盈，禾苗之槁者復生，闔郡歡呼，驚傳神異。至十七年夏，亢旱彌甚，時郡守魯謙庵超，浙之山陰人也，偕僚屬集僧道，建壇于西郊之泰岳神廟，虔齋禱雨至逾月而不得，縉紳有憶微之故事者，白郡守以禮徵之，至如前法，刻期而應，不失時刻。是歲也，旱而不甚差勝于隣郡者，微之法力居多。或曰微之非能致雨，特以數學之精，能推知此日必雨，故神其説耳。嗟乎！使數學果能如是，亦異人矣。故吾特表而出之。

九峰旅庵和尚者，浙之秀水人，姓孫氏。初生白光滿室，襁褓中有高僧見之，摩其頂，曰："他日當爲人天師。"年二十一，辭家就本郡敬畏庵，從日明輪法師薙髮。二十三，遍叩諸方，曾于玉林大覺禪師備記室玉林，法名秀，天隱法嗣。兩稔。渡錢塘，參宏覺老人于越之大能仁寺。宏覺禪師，即木陳，法名忞，密雲法嗣。二十九，以悟徹得法。順治十六年己亥，世祖章皇帝遣使宣宏覺老人入都問道，師同徵入，天子嘉之，降禮如法門故事，命駐錫椒園中，延訪日至。宫内大臣賫帑金，設伊蒲精供，特勑旅公開法堂于京師之善果寺，駕時臨幸，賜賚有加。自諸王大臣而下，莫不北面同參。至灑宸翰以賜，有"天上無雙月，人間只一僧"句，以旅公法名本月也，方外之契，可稱一時極盛。迨世祖上賓，宏覺老人及旅公深鼎湖之痛，先後請歸故山，今上慰留，半載後得請，歲在戊申。松之縉紳先生狥輿情所慕，争通尺素，從九峰禪寺遡本長老之請以請于師，而師乃惠然莅止。縉紳中周釜山先生護持尤力。余與釜山父子俱雅慕旅公，未獲參叩。癸丑暮春，旅公來訪玠右先生于筍里，余得追陪杖履，一見如舊識，揮塵而談，移時不倦，遂作詩文倡酬而别。甲寅之冬，復偕鷹垂兄弟訪師山中，作信宿談。九峰禪寺地當山後，舊故面南，遡本承其先師之志向，欲改創面北，而力未能辦。順治七年庚寅冬，忽有一工來山，自言能任其事，詢其所費，惟須數十人力，足令自轉，衆咸異之。刻期聚觀，觀者即爲助力，工取木幹及巨絙數根，遍縛壁上，衆屬幹上，齊聲起肩，殿隨而轉，一壁不移，寸瓦不動，并殿中塑像供座皆用此法，轉而北向，宛若天然。其人不索酬而去，一時驚傳以爲神。遡木住錫幾二十年，而退居于横雲山之麓，迎旅公升座，宏開方丈，大振宗風，則知天將令國師建此道場，故先有異人來轉此殿，法會因緣，良非偶然也。余在甲寅之春，即聞其事，以爲太異，猶未敢輕信。迨冬十月到山，親在殿中與大衆談之略悉。丙辰春，復同蓉左叔翁及碧涵兄弟訪師山中，適會遡本邀過横雲静室談轉殿事更詳。至冬而旅公示寂，今法嗣中扄元迪繼之。玉林，天隱法嗣。宏覺，密雲法嗣。天隱與密雲，皆幻有法嗣也。

# 卷　十

## 居第一

昔人謂苑囿之廢興，洛陽盛衰之候也。信哉是言乎！余幼猶見郡邑之盛，甲第入雲，名園錯綜，交衢比屋，闤闠列廛，求尺寸之曠地而不可得。縉紳之家，交知密戚，往往争一椽一磚之界，破面質成，寧揮千金而不恤。一旦遭逢兵火，始而刧盡飛灰，繼之列營牧馬。昔年歌舞之地，皆化爲荆榛瓦礫之場。間或僅存百一，而胥原之後，降于圭竇蓽門；王謝堂前，多非舊時燕子，始知蕭、李二相，良足師也。然金谷樓台，鞠爲茂草，平泉花石，終屬他人，理勢必然，其可若何？因略舉其箸者，列敘其原委，至于考其遺址，半没荒烟，子孫莫稽世澤者，可勝道哉！可勝道哉！

故相徐文貞公以三朝元老，賜第于松城之南，三區並建，規制壯麗，甲于一郡。百餘年間，簪纓奕葉，子孫世居。有明之末，相國元孫澹寧本高以羽林起家，列爵太傅，避兵出城。鼎革以後，遂爲閑館。順治四年丁亥，提督蘇松常鎮總兵官張公天禄來駐吾松，因前任吴鎮以叛伏法，廨宇不利，別擇公館，暫借賜第，非遂以爲衙署也。是以門第堂額，悉仍其舊，惟東西置栅，以時啓閉，署曰轅門而已。及張帥罷去，馬鎮逢知繼來，遂多更改。戊戌、乙亥之間，忽將門前街道拆開，大啓巍宇，署提督軍門，造儀門于大門之内，移照墻于帶水之南，一如撫院軍門制度。建牙列戟，居然行台矣。東西兩第舊爲賓館將廳，至是廢旗鼓，改園亭，建射堂，兼三第而一之。基址環匝，有逾里許，漕白二粮，依舊房主輸納也。順治十七年庚子，科参馬鎮，奉旨行訊，中有一款“佔據故相賜第”即此。時接任梁公化鳳提督全省地方，現任駐劄不便，判歸原主。當事者建議暫估房價幾千金，稱還故相子孫，除其兩税，俟錢粮有餘之日，鼎建提督衙門，然後還房取值。徐相子孫已領庫銀，今竟賣爲官舍矣。

錢相國機山先生第，即當文貞賜第之後，南面臨流，門宇宏[敞](敝)，亦一城之甲第也。其先爲馮廷尉廷岡先生所建。相傳正廳乃吾家故物，先大夫東瀛公即世，吾高、曾不守，棄于馮氏，自浦東五灶港移建于郡城，故老猶能述之，價止一、二十金，其實值幾百金。後樓雄峙，北望九峰，在一覽中。馮氏衰，轉售于機山。順治二年乙酉八月初三日，大兵下松城，總戎李虎癡成棟建牙于内。次年，李帥調征閩、廣，既平南土，留鎮粤東，家屬尚居松署。五年戊子，李帥叛，詔籍其家，此第遂没入官，竟爲公所。後此提督、總戎既定駐于徐氏賜第，往往將佐居之，近爲遊戎成國梃私第。康熙十三年甲寅夏，成將調征浙衢，臨發，内廳災，未幾成殁于陣。今不知誰屬，門堂後樓猶存。

顧氏賜第，乃先朝神廟，時特旌高義清宇顧光禄正心也。在府治南，城隍廟之西，門樓龍額金書，特命嘉義，制極壯麗。蓋清宇尊人左山先生兄弟，歷官大參，家故豐腴。清宇再四滋大，助田五萬餘畝，以資各役之費，又出粟賑饑，全活者衆。兩台使上其事，朝廷嘉之，賜爵光禄丞，建坊啓宇，恩典有加，故居第與大臣等，余幼時猶及見其盛也。順治乙酉八月，燬于兵，中堂及兩廡諸佐室猶存。其後，流爲營兵所居，馬矢瓦礫，幾與山等。順治中，好事者募資公買，將建鎮府生祠，復營内廳門宇，大工未就，會鎮府相繼罷去，工亦中輟。

顧園在東郊之外，規方百畝。累石環山，鑿池引水，石梁虹偃，台榭星羅，曲水迴廊，青山聳翠，參差嘉樹，畫閣朦朧，宏敞堂開，幽深室密，朱華絢爛，水閣香生，禽語悠揚，笙歌間出，蕩舟拾翠，遊女繽紛，度曲彈筝，騷人畢集，雖平泉緑野之勝，不是過也。再世相傳，子孫猶能善守。凡宦流雅集，名流勝會，以及往來過客，莫不于此尋芳觴咏，殆無虚日。鼎革以後，顧氏聚族而居，遊人罕得入矣。裔孫承富厚之餘，但習豪華，操家無術。馴至順治之季，反因義田逋賦，毁家賣宅以償，堂宇盡廢，而山水橋梁，猶如故也。康熙之初，積逋愈甚，征輸益嚴，遂并花石而棄之，嵌奇險怪之石，玲瓏生動之姿，不能遇米顛之拜，而悉爲刼燼之灰。乃知切石卧于梁園，艮岳徒供礮具，猶爲幸也。内有一峰雄峙，乃天然生就，非藉積累而成，高十餘丈，俯闞諸峰，有飛舞之勢，非數百人不能舉，故至今尚存。相傳載此石歸時，忽沉于泖，募習水者以巨絙下牽挽之，其下更得一石，合之乃其座也。一時驚傳，謂有神助，迄今獨逃刼外，不信然哉！

朱太史第，當府治之後。其先爲文石先生，以庶常起家，歷官少司成。從子叔熙爲子衿時，早出道經此地，值某紳營建上梁，叔熙着白袷，立而注視，爲紳僕所訶斥。叔熙顧謂其僕曰："善爲之，吾將鳩而居焉。"未幾，某紳棄世，嗣子凌夷，叔熙登第，果售于朱，可謂言大而非誇矣。其後叔熙捐館霞城，許都諫得之。朱太史積，叔熙從子也，崇禎癸未登進士，選庶常，而原第復歸朱。鼎革之際，避兵出城，棄爲閑舍。李帥虎癡之調征閩、廣也，提督吴勝兆來駐松城，以李帥家屬尚居錢相國第，故别擇公館，遂即太史第而居焉。順治丁亥四月，吴鎮以叛伏法，張桂吾天禄繼任，建牙于徐文貞公賜第，而以朱第爲中軍將受銀打里所居。其後改建門宇，居然營署矣，基址數畝，歲累朱氏賠粮。太史即世，嗣子彦則食貧，素心李學憲愫彦則外翁也，深爲壻謀，莫如賣爲官舍，其如營稱借居，無從措價。適婁縣新分，暫駐西郊倉城，公事入城，多所不便，謀建縣治，工費又繁。素心商諸馬帥逢知及中軍將王守宇嘉會，將朱第賣爲縣治，收領價銀，别置府西唐氏故第爲中軍駐劄之所，呈明各台，以朱第爲公佔，蠲其兩税，即今婁縣治也。然爲縉紳居第，已爲寬敞，爲邑治公所，則内衙湫隘。自楚中孟道脈來令婁邑，稍增式廓，後人賴之，然而較諸鄰邑規模，正多未備也。

王大京兆第，故京兆尹王公爲溪庭梅所居也。南面臨衢，重堂邃宇，爲東關第一甲第。鼎革之際，公雖避兵他徙，旋以李鎮調走，各紳入城，公遂遷歸故第，是以從未有營弁借居焉。後數年，京兆即世，家傳清白，公子祥符、王路俱食貧，各就便遷居鄉里，稍稍不無殘毁。又以馬鎮剛愎，弁兵充斥，慮爲佔據，因小就價，賻于營將張遊戎爲公館。後張去任，此館遂虚。康熙十二年癸丑，士紳償價改建嵩高書院，崇奉提帥楊公捷生位，因諸生上匾額者諛詞過甚，楊公謙不敢當，遂即其内樓改爲玉皇寶閣，奉迎玉皇聖像，供于其上，規制尤極宏麗焉。

林太守第，在普照寺西界，與寺連，相傳故華亭陸昭侯舊第址也。林之先，有諱景陽者，歷官太常卿。太守仁甫以任子承家，保世滋大，居第極爲宏麗。鼎革之際，爲中軍將高謙佔居。其後高陞任粤東，家屬尚留松郡。高後叛入海島，此第籍没入官，遂爲郡長侯代交任之所。順治季年，提帥梁宫保輸價于官，營爲别業，鳩工修葺，費甚不貲，輪奂有加于舊。未幾梁公卒于官，繼任王公公定復償價得之。王公陞鎮海大將軍，移駐京口，此第賃爲商居，林氏子孫莫敢過而問矣。

張都諫第，在通波門之東偏，面南背城，故太常張訒庵先生掌工垣時所居也。其先爲石筍里倪慧珠中翰故業，倪氏富甲海上，松郡北城一帶，强半屬倪，此特其一耳。故豪華之習，奕葉相承。中翰卒，傳子子一，踵事而式廓之，少年裘馬之場，選伎徵歌之會，靡不極當時之盛。士之浮薄者，翕然景從，而錢生清璵爲其最，戲將城居子弟美秀而文者，體倣名姝，編列花案，雌黄甲乙，度曲填詞，自朱門公子以迄下里小兒，一無所避，衆共疾之。一二大老主持于上，群掠其家資，而共訴于學使者。時史公偉督學三吴，將置于辟，太常長公子，中翰婿也，與子一爲内兄弟，時太常公初掌户垣，奉勑督餉吴中，舉劾黜陟一如代巡，郡縣望風屏息，事必咨請而後敢行，是以清璵伏法，子一獲免。然道路側目，城中不敢駐足，因以此第轉售于太常公子蓉左司理。司理擴而葺之，改建後樓三層，九峰盡于一覽，價費二千餘金，備極壯麗,時崇禎壬午歲也。不三載而遭逢鼎革,太常父子避兵于鄉,此第猶爲子僕居守,營兵未嘗入焉。及太常即世,城守營督宋遊戎與司理情誼交好,因而立券借居,繼任者遂以爲公所,然而門堂匾額不改都諫之舊。順治中,予猶見之。至馬鎮擅改相府爲鈐閣,其屬從而效之,列轅門,設外屏門,署城守,居然公館矣。其初,二第並列,闤闠輻輳,今皆毁爲牧地,伍伯以時角射。即使完璧歸趙,而四顧無隣,不堪寧止,乃常年兩税,徒累房主,汶陽無復返之期,何耶?

董中丞第,在府治南,集仙街之西,故大中丞有仲先生撫浙時所居也。南面臨街,當錢相國居第之後,規制雖遜于相府,然而重堂邃室,亦稱壯麗。猶憶崇禎十三年庚辰之夏,予以就試入郡,時中丞新拜撫浙之命,門宇修整,建牙列戟,候迎將吏,陳兵班馬,鵠立成行,亦一時之盛也。鼎革之際,中丞業已歸里,避兵出城,此第遂爲營兵殘毁。順治三年丙戌,予再過之,自街及室,一望洞然,門垣俱廢,竊嘆者久之。其後不一、二載,竟爲瓦礫之場,當年故迹,不可問矣。子孫縱有賢達,亦何所施其光復之術耶?

## 居 第 二

陸文裕公第,在撫院行台之南,故少宗伯宫端學士儼山先生所建也。基址寬廣,堂宇宏邃,外門面西臨衢,内設高墻,南面臨沼門,題“學士第”,乃賓山張宗伯筆也。重堂複道,庭立三門,儼然相府規制,蓋以大拜須次故耳。其後文裕雖殁,子孫聚族而居。東有高閣,當學宫之後,曰隣黌,予嘗與陸氏子弟會課于上。又東北爲家廟,藏公之刻集,并公手書石搨存焉。中堂五楹,制極寬敞。崇禎甲申之夏初,聞邑城中少年子弟,校武藝于中者凡匝月。地甃堅固無損,在他室則立碎矣。乙酉之後,陸氏衣冠濟濟,聚居如故,塗塈雖漸凋殘,堂搆宛然無缺也。康熙改元,詔移崇明水師二千人駐防海邑,王協將光前擇第而居,陸氏慮爲公佔,預將中堂毁去,雖幸免一時騷擾,不四、五年,上從職方臣張宸議,命水師仍歸海外,而陸第不能復完,論者惜之。然吾邑居第無百年而不易姓者,惟此相傳爲最久,計年百五十餘,遞世六、七葉矣,至今猶未有他族逼處也。

世春堂,在北城安仁里,潘方伯充庵所建也。方伯爲尚書恭定公仲子,學憲衡齋之弟,奕葉簪纓,一時貴盛,故建第規模甲于海上。面昭雕墻,宏開峻宇,重軒複道,幾于朱邸,後樓悉以楠木爲之,樓上皆施磚砌,登樓與平地無異,塗金染采,丹堊雕刻,極工作之巧。蓋當時物力既易,工費不惜,勢使然也。啓、禎之間,潘氏始衰,售于范比部香令。崇禎十一年甲戌夏，遭蒼頭之變，母子被弑，嗣君不能守，後樓先毁，旋爲西洋教長潘用賓國光居之，改其堂曰敬一，重加修葺，與舊日無異矣。鼎革之際，宦家邸第大半殘毁于兵，獨西洋一脈，有湯味道若望主持于内，專征文武，往往反爲之護持，旅館不惟無恙，而規制視昔有加，亦斯第之幸也。康熙五年丙午，罷湯欽天監務，遂嚴禁西洋之教，凡西洋人在中國者，並勅歸其國，器用食物有倣西洋法者，罪在製造之家，此第遂入于官。迨九年庚戌，復用西洋南懷仁治曆，西洋人又入，今此第仍屬西洋教長所居矣。

樂壽堂，在世春之西，亦潘氏所建以爲遊宴之地。環山臨水，嘉樹扶疏，高閣重堂，丹楹刻桷，園林之勝，冠絶一時，猶郡郊之有顧園也。堂爲莫中江學憲手題，規制備極宏敞。堂前廣場數畝，石砌欄圍，欄外碧水一池，奇峰叠照，月榭高臨，曲橋遠度。山前爲月華堂，壯麗相等，而曲折過之。山中有關夫子廟，有比丘尼庵，有潘氏家祠，須細尋始得，不可一覓而見也。崇禎之季，園亭殘毁，咸池張銀臺得之，未遑修葺，旋遭鼎革，乃供佛像于中堂，延僧住持。銀臺既殁，門宇盡廢，惟存一堂，後并毁去，山水如故，而巍堂傑閣，昔年歌舞之地，鋤爲菜圃矣。康熙四、五年間，好事者即其故址改建清和書院，崇奉郡侯張升衢生位。堂甫草創，張守罷去，工遂中輟。今所存者，惟巉巖危石，草滿池塘，不堪登眺矣。

尊德堂，在城南之東偏，乃趙氏之先爲儀賓者所建。此時尚未有城門，宇堂前猶在城外也。嘉靖中，以倭警築城，故徹去前堂以外，而移墻門于内，故門内爲中堂。相傳初搆時，儀賓擇吉上梁，盛服待時，坐而假寐，夢見一人示以“保定”二字，寤而喜以爲嘉兆也。堂成，即題其額曰“保定堂”。其後子孫式微，託小川顧秘書轉于吾外高祖賓山張宗伯公，立契交價，出其銀皆鐫“保定”字，乃世廟所賜保定府上供折色也，其前定之數蓋如此。宗伯公致小川成交手札，舊爲陸文裕公子孫收藏，内兄進也近購得之，余嘗寓目焉。宗伯既卒于官，公子横塘、勳贊復售于潘氏，改其堂曰尊德。越三傳，充庵之孫元典中翰，清宦中落，其堂遂毁。今城下門宇巍然者，乃堂之東偏佐室也。崇禎之季，歸于喬明懷儀部。今爲曹蘖城緑巖居第，規制雖稱宏麗，然不及尊德堂遠矣。

露香園，在城西北隅，顧氏匯海别業也。其尊人以科甲起家，匯海豪華成習，凡服食起居，必多方選勝，務在軼群，不同儕偶。園有嘉桃，不減王戎之李，糟蔬佐酒，有逾末下鹽豉。家姬刺綉，巧奪天工，座客彈箏，歌令雲遏，後人倣其遺製，規利成家。迄今越百餘年，露香之名達于天下，較辟彊而更勝矣。匯海有庶弟，少年陷辟，賴先大父力救得免，然而遺業蕩然，時向伯兄求恤，初分以千百金，計久而漸衰，或不能隨應，手足之際，遂屢有違言，先大父不從，故匯海深德先大父，交最好。余幼童時，先大父猶道及之。迨余弱冠，匯海殁久，園垣俱廢，而亭榭山水尚存什一。匯海嗣君伯露湛能文，余猶及交也。順治丙申，伯露卒，無嗣，名園鞠爲茂草。康熙初，移駐水師，有司度地，啓建營房，乃即其廢址，夷山堙谷，摧枯伐朽，縱横築室，宛然壁壘矣。今兵歸海外舊伍，所建營房又爲瓦礫荆榛之地。海内被其繡、嘗其蔬者，尚以露香爲徵歌選舞之場也，亦可爲長太息矣。

杜氏第，在小南門水關之内，南面臨流，故宦杜象南所居也。明季歸于顧憲副繩所，東西列栅，門宇軒豁，重堂深邃，稱壯麗焉。崇禎之季，憲副殁，易代以後，顧氏子孫不能守，殘毁殆盡。順治十年秋，海寇入浦，直抵閔行，當事者慮其出没不時，議遷水次倉于城内，相擇曠土，因即杜址而築倉焉，即今之倉場是也。

黄憲副第，在小南門内，故憲副穀城先生所建也。先生積學盛名，早歲不遇，相國徐文定公嘗執經而受業焉。迨年六十，始第進士，歷官山東憲副。有子五人，歸而築室，五第並建，稱一時之盛。鼎革後，子孫式微，堂宇殘毁，適因遷倉入城，側近五第之後，遂將内第改爲倉房，出租貯米，白粮協部丞章泓，因而賃居，收貯白粮，春辦起運，房主頗得餘潤。其後協部更易，潘氏含石亦將居第改倉，借與協丞，而黄氏之倉不過佃貯倉米，利亦微矣。康熙十三年，白粮改折，而潘氏之倉利殆與黄等。

桃園，在北郊之東北二、三里，故相徐文定公任子龍與所闢也。初北郊人傳露香園桃種，歲獲美利，于是家栽户植。每當仲春，桃花盛開，遊人出郊玩賞，不減元都、武陵之勝。龍與性樸務質，有圃一區，于其間雜植桃柳，中築土山，略具園林之致而已。後見遊人日盛，而隣家誇多鬭靡，龍與不無起勝之意。遂即土山，增高累石，桃柳之外，廣植名花。土石之旁，層巒叠嶂，搆堂榭，施丹堊，誅茆覆軒，環以柏墻，曰平江一笠。截棕爲亭，踞山臨水，曰翼然。土山下矙大浦，危崖壁立，天風海濤，石洞虚中曲折，人可小憩，曰徐文定公藏書處。兩山夾水，一亭中立，曰在澗。石梁卧波，轉入文定公祠，曰攝攝橋。登土山，勢可望海，引浦泉，潮可灌溉，規方百畝，疎密得宜。崇禎癸未、甲申之間，遂爲一邑名勝，經營正未艾也。會逢鼎革，龍與即世，而地近吴淞，往來孔道，營兵紆途而入，攀花摘果，園丁不敢問，園遂日廢，而荒基漕白，徐氏賠累無已。西洋教長潘國光用賓故因徐相而來，爲徐氏計久遠，時與馬鎮逢知交好，説以土山可以遠眺，海寇或入，可以預備，議將園址助爲演武場。順治十四年丁酉，申報各臺，以舊場召佃升科，而改治桃園爲演武之地，除其兩税，作爲公估，至今因之。然土山孤立，曠地日漸剥削，無復舊觀矣。

陳冏卿第，故太僕滬海先生所建，在縣治東南，重門東向，朱樓環繞，外墻高照，内宇宏深，亦海上甲第也。冏卿正道端方，人不敢干以私，而力持大體，于縉紳中聲望既隆，尊嚴特甚，故私居儼若公廨，年八十餘卒。子同叔，無嗣，族子皆争繼，家業遂廢。門第之宏敞，予猶及見之。鼎革以後，往來上臺，尚借爲公館，其未甚殘毁可知。順治中，族人毁廢殆盡，今城隍廟中石砌，即其堂前故物也。有别業竹素，與居第臨街相對，方廣數畝，多山水亭臺之勝，明末冏卿嗣子售于襟宇陸封翁，今改門向東街，一傳再傳，爲陸氏世業矣。

張銀臺第，在城南大街之西，其先亦潘氏世業也。銀臺咸池公繼室爲充庵先生孫女，故潘氏衰，第歸咸池。南面臨街，高門邃宇，稱輪奂焉。以前有潭澄數畝，後雖比屋爲屏，人猶稱爲水潭張氏。崇禎間，銀臺雖家居閑住，而聲勢之盛與現任等。猶憶乙亥之冬，董大宗伯文敏公孫女歸于銀臺仲子瑞錫，文敏親送到門，威儀甚盛。鼎革以後，門祚遂衰，銀臺既殁，第亦尋毁。今鋤爲菜圃，當年勝地，不堪復問矣。

## 紀　聞

崇禎初，華亭錢機山龍錫以相被召，過辭陳眉公繼儒。眉公曰："拔一毛而利天下。"機山莫解所謂。及入都後，經略袁崇焕以誅島帥毛文龍爲請，錢悟曰："此眉公教我者耶？"亟報可。未幾，本朝兵大入，懷宗皇帝深以誅毛爲憾，袁至磔而錢論戍，幾至不測。蓋當時士大夫謁徵君者，必强令贈言，不得則不歡，眉公一再讓，則緩頰不暇計當否矣。

韓城薛相國國觀逮入都，待命僧舍。賜死旨出，時方半夜，御史郝晉銜命而往，韓城倉皇出，曰："君夜至，僕有處耶？"郝曰："王陛彦已有旨决矣。"時韓坐陛彦事逮，因驚曰："僕與陛彦同决乎？"郝曰："不至此，行且有詔。"語未畢，金吾入，令跪受命。讀至籍没，韓城再拜起曰："幸甚，不籍臣，不知臣貧。"取片紙就机上大書曰："謀殺臣者，袁愷、錢謙益、吴昌時也，而吴昌時爲尤甚。"金吾懸尺組于梁間，組出上方如琴弦。御史曰："相公肥碩，恐中絶。"韓城自起引之再三，曰："足矣。"延頸而死，亦無戚容。金吾以所書紙復命，帝問近臣曰："吴昌時爲誰？"近侍素習昌時，詭以不知對。其後昌時竟斬西市。韓城愚愎，然死非其罪，人頗憐之。

崇禎三年庚午，袁崇焕以失事論磔，祖帥大壽聞之懼，遁歸寧遠。時陽羨周延儒初相，客有以邊事見者，盛述祖帥之有方略，袁督弗聽，以至于敗。陽羨心識其言，明日，上召輔臣以遼帥爲問，陽羨對曰："祖大壽可。"帝曰："是方遁去，寧可用也？"陽羨曰："大壽之遁，恐以罪督連坐耳。兩人實相左。"具奏客語。帝曰："果爾，可作一諭來。"陽羨頓首出,明日進諭稿,中敘客所述事以奬其忠,帝爲手書,令中貴賷往。祖帥泣曰:"朝廷能知我心。"始受命,其後固守關東十餘年。陽羨去國,帝歎曰:"周延儒尚知邊事。"頗有復召意。時吴昌時以失職告歸,偵知帝旨,具語陽羨。陽羨大喜,日夜謀復出,合具四萬金輦以北,遂得特召。時山東盜賊充斥,鎮將楊御蕃頗以勦撫自任,而劉帥澤清在臨清,雖充總兵官,實無事權。及聞陽羨出,即從臨清置驛至揚州,日具塘報上相君幕府,且治樓船,請由水道入,陽羨難之。澤清曰:"有某在,盜敢近相君舟耶?"遂從水由中道。澤清具戎服入謁,言:"東省盜不足憂,使朝廷以招撫便宜假某,不日平矣。"且進二萬金爲道里費,陽羨懽甚。比入都,則韓城方賜死,兩次輔皆失眷,帝虚己以聽奏對,至稱先生而不名,且許坐論,皆累朝輔臣所未有也。其所登用者,冢宰鄭三俊、總憲劉宗周、學士黄道周,皆一時耆碩,人望頗洽。而吴昌時亦即家起儀部,調文選,于是附麗者日衆,而賄賂公行矣。于邊帥則用薛敏忠,于督撫則用范志完,于東帥則廢楊遇蕃而用劉澤清,帝皆從之。已而枚卜次輔,爲興化吴甡、晉江蔣德璟、黄景昉。興化由陽羨得入,既入則猜嫌大著,所以督師之命,人謂陽羨陰主之,未出國門,竟坐逗留下獄。時在言路者,上章相詆擊無虚日,陽羨貪縱狀亦日聞,上命大金吾駱養性偵得其實,心恨之,未遽發也。會本朝兵入薊,陽羨不得已而請督師,得俞旨,諸督、鎮咸聽節制。本朝兵將歸,扼于險,鎮臣吴三桂欲邀之,陽羨不許。本朝兵既出塞,得還朝,閱月放歸。時吴昌時已被劾,至廷訊而陽羨逮矣。其逮也,華亭許給事譽卿走與别舟次,毘陵士大夫無一人送者,即其弟正儒亦自毘陵返,陽羨執譽卿手曰:"向我召而北,日上謁者以數百十計,時君不來。今吾逮而北,登舟者惟君一人,乃知君之重也。"譽卿曰:"君之召也,值老母病,不獲送。今老母幸無恙,而公此行,事未可知,是以來。"陽羨瞿然曰:"吾此行何以自處?"譽卿曰:"上遇公深矣,不若早自爲計。"陽羨色不懌。譽卿從至雲陽乃返。其後陽羨賜死,旨出,與大司寇張忻悲泣不能自止,官校抱持始引決。譽卿曰:"固也,吾于雲陽見之矣。"

陳卧子曰:"聲音,惠逆之先見者也。"昔兵未起時,中州諸王府樂府造絃索,漸流江南,其音繁促凄緊,聽之哀蕩,士大夫雅尚之。因大河以北有所謂夸調者,其言絶鄙,大抵男女相怨離别之音,靡細難辨,又近邊聲。自此以後,政事日蹙,兵滿天下,夫婦仳離者不可勝數。因考絃索之入江南,由戍卒張野塘始。野塘,河北人,以罪謫發蘇州太倉衛,素工絃索,既至吴,時爲吴人歌北曲,人皆笑之。崑山魏良輔者善南曲,爲吴中國工。一日至太倉,聞野塘歌,心異之,留聽三日夜,大稱善,遂與野塘定交。時良輔年五十餘,有一女,亦善歌,諸貴争求之,良輔不與,至是遂以妻野塘。吴中諸少年聞之，稍稍稱絃索矣。野塘既得魏氏，并習南曲，更定絃索音，使與南音相近，并改三絃之式，身稍細而其鼓圓，以文木製之，名曰絃子。時王太倉相公方家居，見而善之，命家僮習焉。其後有楊六者，創爲新樂器名提琴，僅兩絃，取生絲張小弓，貫兩絃中，相軋成聲，與三絃相高下。提琴既出，而三絃之聲益柔曼婉揚，爲江南名樂矣。自野塘死後，善絃索者皆吴人，范昆白、陸君賜、鄭廷琦、胡章甫、王桂卿、陸美成其尤著者也。昆白先死，君賜等分派有三，曰太倉、蘇州、嘉定。太倉近北，最不入耳。蘇州清音可聽，然近南曲，稍失本調。惟嘉定得中，主之者陸君賜也，其人多詭辭大言，能作鳥聲，數年前猶到松，顧見山僉憲常客之。

吴中新樂，絃索之外，又有十不閑，俗訛稱"十番"，又曰"十樣錦"。其器僅九：鼓、笛、木魚、板、撥鈸、小鐃、大鐃、大鑼、鐺鑼，人各執一色，惟木魚、板以一人兼司二色，曹偶必久相習，始合奏之，音節皆應北詞，無肉聲。諸閑遊子弟，日出長技，以鼓名者，前有陸勤泉，號霹靂，今爲王振宇。以笛名者，前有某，今爲孫霓橋，以吹笛病耳聾，又號孫聾。若顧心吾、施心遠輩，或以鐃名，或以鈸名，皆以專家著者也。其音始繁而終促，嘈雜難辨，且有金、革、木而無絲、竹，類軍中樂，蓋邊聲也。萬曆末，與絃索同盛于江南。至崇禎末，吴閶諸少年又創爲新十番，其器爲笙、管、絃。

甲申之變，相傳開彰義門獻城者，曹化淳也。據山東總兵楊御蕃塘報，又云是兵部尚書張縉彦。其後《明紀編年》及《紀事本末》，俱不載縉彦事。竊疑縉彦歸順本朝，見在仕途，載筆者爲之諱耳。順治辛丑，松江城守營遊擊張國俊曰："開彰義門者，京營副將韓濟明也。"國俊亦京營武職，城將陷時，從濟明在城，見其事。郝大司馬惟訥曰："曹公故司禮監，坐城時事急，值運麪餅上城，當分給軍士，曹欲他往，漫謂衆軍曰：'你們散了罷！'其意似指麪餅，而衆軍聞言大譁，曰：'官令我等散矣。'遂紛紛下城，不可復止。"然則謂化淳獻城，亦非無因，但不知縉彦開城之説，又何所據也。

今滿洲稱朝廷曰憨，即可汗二字也，二字合呼成憨音。稱太祖曰太憨，太宗曰四憨。太祖果于殺戮，凡殺遼人十次。初殺貧人，後殺富人、惡人，即識字者。名目不一。有一次，殺不畜猪犬者云："家無六畜，其意在逃也。"遼人百僅存一。太宗立，即加撫恤，遂得其用。今人但見遼人建牙佩印，薰灼炫目，比于南陽貴人，而不知其老者皆鋒鍔之餘，少者皆死亡之孤也。福建學道范君，自言在遼爲買賣人，一日忽被綁去，不知所謂。其叔尤之曰："若平日慣好着靴帽，今取死矣。"忽大人本行頭人名。來點閱，驅其叔及同巷數人，俱被殺，范獨得留，亦不知其由也。且曰：初得遼陽，亦無誅戮。有李衛官者，訐告屯民盜粮，遂成大獄，一屯皆空，從此有十次之禍,其端皆起于訐告也。范君又言:滿洲有偷馬蠻子屯,其人皆遼人,自稱曰舊人,今遼人通稱舊人矣。其人曰滿洲者,即建州,章京即將軍也。

太宗得明副將何可綱,愛其才氣,欲降之。可綱不從,令左右説之百端,終不從。太宗親問其故,可綱曰:"我嘗爲諸生,讀孔子書,知君臣大義。今日惟求速死耳。"等語云云,遂死。死後,太宗深歎美之,因曰:"孔子之教,其美如是。"即命立學宫于盛京,親致祭焉。國家尊聖右文之端,何公一人啓之也。

清書,乃太祖時滿洲人大海所制也。學校既立,太宗與海講明綱常倫理,乃禁同姓婚娶及其他律例條約數十事,海與有力焉。其人聰敏絶倫,而質頗秀弱,從太宗征蒙古,中道渴死。

左夢庚,崇禎中平賊將軍良玉子。性敏給,頗拳勇。其客或前諛曰:"繼世爲侯王,其在長公乎?"良玉作色曰:"予子不材,吾死後得牧牛十頭,種二頃地,幸乞活足矣! 使爲將,必墮吾家。"夢庚之妻,王世忠女也。世忠本海西女真種,其上世部落,分爲南朝關。南朝關爲本朝所并,世忠時年八、九歲,其家人負之入塞,明神宗憐之,養于宫。及長,積階至撫夷總兵官。崇禎時,以墨廢。世忠身長七尺,美鬚眉,一目微眇,頗善言笑,常至我松,主姜神超先生家,後移家至楚依良玉,良玉以其素貴,即娶其女爲夢庚婦。既婚,夢庚暱其婦,婦能爲女真語,夢庚效之甚習,其媵僕又爲言大清風土,及畜牧射獵形勢,夢庚心好樂之。甲申春,本朝定鼎燕京,世忠辭良玉北去,見攝政王,王授以美官,良玉不知也,夢庚獨心喜。弘光初立,朝政濁亂,良玉遣其監軍御史黄澍入朝,面詬大學士馬士英于朝房,士英懼良玉,不敢動,歸具言于良玉父子,謂君臣無道,無可爲者。會王之明事起,民間競稱崇禎太子,良玉亦信之,上疏請無殺太子,報旨詳且温,而良玉益不平。夢庚及將校皆憤怒,乃共説良玉勒兵入朝,以清君側,檄數馬士英得罪狀,載在《明紀》。乙酉四月,良玉帥黄澍及夢庚等東下,衆三十餘萬,金陵震懼。至九江,諸將校縱兵大掠,良玉不能制,大悔之,撫膺慟哭,嘔血斗餘,遂發病暴卒。夢庚留治喪,兵未得進,而本朝英王已大破李賊,自秦出楚,與豫王會師于江南。夢庚聞之,乃悉帥其將士解甲歸命,踐世忠之約也。英王以夢庚入朝。未幾,世忠卒,無子,夢庚以世忠故,數得召見,語操清音。攝政王大喜,拜固山額真。得官數年,夭死。其在官頗以勤敏聞。

傅冠,爲隆武相,告病歸里。聞汀變,從進賢來,至汀州府前,哭弔隆武。大圖章京阿以禮召之,且勸之降。冠曰:"我年八十二,老矣。再直文淵閣,貴矣。欲以何求? 且我不來,若寧能執吾耶?"因謾駡及刑,立而受刃焉。

曾櫻,亦隆武相,大兵至,同鄭鴻逵等入海,駐廈門。順治辛卯三月,張撫軍同馬鎮攻廈門,家人請攖登舟,攖紿令先行,闔户自經死。

紹興余宫諭貞武先生,名煌,天啓乙丑狀元也。預修《三朝典要》,故時論少之。然先生敦樸有器識,可大用。崇禎時,出爲講官,經筵畢,附奏曰:"預徵必至于加派,加派必至于敲朴,惟聖主裁察。"上震怒詰責,聲色俱厲,久之得罷。蓋上心知講筵故事,不當訶斥也。先生尋即假歸。後數年,江南亡,魯藩監國都紹興,魯王名以海。以先生爲大宗伯。大兵渡錢塘,魯王出走,命先生居守。先生不辭,既受命,令大開城門,縱士民出。事竟,乃歸經于家,紹人至今能言之。

楚有美姬,左帥良玉之以舟師至武昌也,其部曲争掠貴家子女。某給諫二女以國色,聞俱被掠,時李茂明先生名邦華以御史大夫召,方在道,聞之大怒,具威儀往見左。左素慕李名節,相對甚恭。李具言掠女事,左極諱且辯。李曰:"將軍第搜營,必有所見。"左首肯。李甫歸,左即下令合營大索,令甚嚴,諸部曲不知所爲,争驅所掠女從後艙舵口沉之于江,搜畢不得一人。時李已解維去,左亦更不復問。明日,自武昌下流至燕子磯一帶,浮尸蔽流,衣皆五彩,望之若雲錦,見者無不太息,時癸未夏、秋也。

王毓耆,字雲祉,浙江紹興府諸生也。大兵至浙省,潞王出降。毓耆曰:"紹必不守,吾師劉先生當死義。"謂念台總憲也。念台諱宗周,以名臣講學于鄉里,毓耆師之,至是上書引大義勸劉盡節。書就,毓耆先赴水死,念台得書遂引決。祁中丞彪佳聞而從之,此皆順治乙酉潞王立國前事也。毓耆貌寢口吃,善屬文。會稽友人述其性好客,客至設食,出家僮梁小碧,歌以侑酒,其雅致如此。

乙酉春,松郡城東門麗譙樓下燕巢育雙雛,色正白,鮮潔如雪,行人取而傳觀之,還置于巢,不及飛去,觀者日多,遂斃。相傳白燕爲瑞,是秋,大兵破城,中翰李公司東門,門不啓,死者數萬,識者以爲羽孽也。夫白者,西方兵象,燕者處堂之蟲,死于譙門,司門當之也。元末,松有白燕,郡人袁海叟凱輩詩以咏之,傳于後世,時天下大亂,松亦被兵。然則羽蟲之災,先後一轍。順治丁亥十月,郡中雄鷄兩翼生距,有飛者,時新經吴勝兆之亂,舉城憂之,後亦無他。

近世禪師,莫若天童和尚。在金陵日,虞集生先生以僧服見。天童呵曰:"若不能官,能和尚耶?"虞無以應,漫曰:"和尚奈何?"天童曰:"吾爲和尚,日夜殺賊。"其在姑蘇日,吕益軒純如問:"閻羅王有無?"天童曰:"居士以爲有耶?無耶?"吕曰:"吾以爲無。"天童曰:"灼然是無,居士則有。"吕惶駭而退。未幾,即發病死。按宗門法禪師語,不當解。然虞官巡撫,以縱賊論戍。吕官亞卿,附魏忠賢,多搆難于鄉人,聞死時,輒呼周忠介、周忠愍及姚學士,現聞諸公姓名,若有所質問者,則天童之言,未盡不可解也。

天童之師曰龍池幻有老人,有四大弟子:長天童密雲,次雪嶠,又次抱璞,密雲法名晤,雪嶠法名信,抱璞法名蓮。又次曰磬山。抱璞得法後,即北去,隱五台山,莫知所終。磬山先天童卒,不甚著。雪嶠長七尺,方面重頤,其鼻中折,云受戒後,食螺蛳肉,夢伽藍神責之曰:“明日當報。”詰朝仆地,鼻遂折,是以益精進焉。常至雲間,一日,陳卧子問曰:“至人無夢,我每夜多夢,何時得無?”雪嶠曰:“夫子非至人乎?《論語》曰:‘久矣!吾不復夢見周公。’果爾則至人有夢,何云無?”卧子爲之首肯。雪嶠先天童有名,其後天童法盛行,雪嶠少不逮,然言宗門者,互有高下,至其所得,莫能測也。順治初,雪嶠住雲門寺,聞紹興守欲苦之,先期一日説偈坐化,以故其徒愈神之。而雪嶠生時,見披緇衣者輒詬駡,惟好與士人語。嘗以其法授黄元公先生名端伯,元公先生被難日,亦能前知,世以爲雪嶠付法得人。

麻衣和尚,華亭泖涇人。身長七尺餘,修目巨顙,吐音清亮。其少壯時,冬夏曳一單麻衣,後漸老,冬亦衣絮,然外必麻衣,故松人謂之麻衣和尚。性最好酒,能盡一瓷甕,食肉盡一猪首。年七十餘,坐脱于郡城北之關帝廟,類釋教所謂散聖者。先是松人龍安寺林有麟,家饒給,延一異僧于家,詭謂有麟曰:“昨夜半,老僧起至北庭,有假山石將仆及身,老僧指之,遂仆他處。使公輩當此,死矣!”麻衣僧急起,批其頰,僧錯愕。麻衣笑曰:“我掌汝,尚不知,況石耶!”其意蓋謂己有意、石無意也此,僧即日遁去。有素冠者,就蔭于道,除其冠持之,麻衣前謂曰:“官人無易此冠,我麻衣和尚求帶不得,與平天冠相似。”其他語多滑稽,如市井人戲語。或云問及一、二未來事,亦有驗者,以故陳徵君眉公及一時縉紳名士,好與之遊。

左良玉,字崑山,臨清人。少失怙,爲其叔所養。其貴也,不知母姓。年十八從軍,剽掠行旅,坐法當斬。有邱磊者,與同犯,請以身獨任罪,而良玉得免去。事昌平督治侍郎侯恂,給事左右。嘗被命行酒,良玉醉,失四金卮,旦日惶恐請罪。侯曰:“此非若所當主事,向者吾誤,非若罪也。”會有詔調昌平兵赴援邊郡,榆林人尤世威時爲總兵,以護陵不得行,侯與之謀:“今欲遣將誰可者?”世威曰:“獨左良玉可耳。顧其人方走卒,奈何?”侯曰:“果爾,我獨不能重良玉乎?”即夜遣世威諭意,且曰:“吾將自往請之。”良玉聞世威至,疑其捕己也,繞牀走曰:“得非邱磊事發耶?”匿牀下。世威排闥呼曰:“左將軍富貴至矣,速命飲我!”引左出,示以故,良玉失色,立移時乃定,跪世威前。世威且跪且掖起之,而侍郎至,面與期。詰旦,會轅門,大集諸將,以三千金送良玉行,卮酒三,令箭一,曰:“卮酒者,以三軍屬將軍也。令箭者,如我自行,諸將士其聽左將軍命,左將軍今已爲副將,位諸將上矣。”良玉出,誓以死報。已而有功,遂爲總兵官。良玉起自謫校,至元戎僅歲餘,年三十二,身長頳面,驍勇善戰,能左右射,目不知書,惟曉解文義。有喻布衣者,爲掌記,性方嚴,良玉以父事。賊至,自立陣前説之降,不聽而後兵隨之,既勝勸勿掩殺,其中有威脅者可愍也。良玉出軍勝,先遣人報喻,喻草屩迎三十里,左下馬歡甚,以其輿歸喻,飭中廚備飯爲笑樂。或敗,喻南面坐,見左不爲禮,左長揖不敢就席。喻呼其名數之曰:“良玉,朝廷待汝厚,今折損官家士馬,又日靡其餉金,何以爲顔乎?”左封寧南伯時,喻已前死,左每飯酹酒于地,呼喻大兄,其待士識道理如此。其後,左兵無慮數十萬,號百萬,然自朱仙鎮之敗,左之精鋭已盡,其後歸者,多烏合降將,亦往往擅命,識者知其不足用矣。邱磊坐刑部獄十三年,良玉捐萬金救之得不死。侯恂之再爲督師也,奏以爲山東總兵,與劉澤清不相得,搆以罪,馬、阮殺之于淮南。乙酉之春,良玉帥師東下,或以爲邱磊死故也。

吴三桂,字長白,一字日所,南直高郵人,遷東中後所籍。父襄,字西環,並起家武科,以軍功歷官都指揮使,鎮守寧遠。崇禎十七年正月,以秦寇日逼,調襄入京協守。三月,廷議撤寧遠鎮,并調三桂入京協剿秦寇,懷宗手詔封三桂平西伯,命速入。三桂方奉詔,未及行,而都城告陷矣。寇趨各鎮皆降,獨三桂道遠未至。賊命諸降將作書招三桂,并令其父襄亦以書諭使速降,三桂統兵入關,至永平西沙河驛,聞其父襄爲賊刑掠且甚,三桂怒,遂從沙河縱兵肆掠而東,頓兵山海城,倡議募兵,謀復京師。先是十六年春,戚畹田宏遇南遊吴閶,聞歌妓陳沅、顧壽,名震一時。宏遇使人購得顧壽,而沅尤靚麗絶世,客有私于宏遇者,一云即宏遇壻。以八百金市沅進之,宏遇載以還京。未幾,宏遇病卒。及襄入京,三桂遣人以千金隨襄入,向宏遇家買沅載往遼任。寇陷京師,僞權將軍劉宗敏據宏遇第,聞陳、顧美,索之,壽從優人潛遁,賊梟優七人而繫吴襄索沅。襄具言送至遼已久,宗敏不信,以故榜掠襄。時三桂標兵五千,益募至七千,終慮寡難敵衆,聞本朝且發兵入獵,因馳書借兵,約共圖京師,而與副將夏登仕等定盟,畫戰守策。登仕故秦人,三桂慮其二心于闖,酒次即與割襟爲姻,以固其志,于是委五副將守關,而己獨任戰。諜聞于闖,闖以責劉,而宗敏已潛釋襄且宴之矣。四月十三日,自成帥步騎精兵十餘萬東出,脅襄同往。十九日,圍山海城數重,三桂度不支,益遣人夜馳,趨王師速至,而己堅壁以待。山海城東二里許,復有羅城外拒,賊慮三桂東遁,出奇兵二萬,從一片石口北出,而東守外城以困截之。三桂不得遁,朝廷方盡發騎兵而西,以再見三桂使,度勢已急,遂飛馳入援。二十三日,至外城,見礮從東向擊,王師疑不敢進,駐屯驩喜嶺,高張旗幟以待。三桂從城上望見之,急簡數騎從礮擊隙中突圍出,馳入本朝壁中,見攝政王。王曰:“汝約我來,何用礮擊我?”三桂曰:“非也,賊兵圍關甚固,又以萬騎逾邊墻東遏歸路,故用礮擊開,可間東道出耳!”王曰:“是則然矣,但不可無盟誓。且闖兵與若兵幾不辨,必若兵亦薙髮,殊異之,則吾與若兵俱無憚矣。”三桂曰:“是亦決勝之道也。”遂與王定盟共歃,髡其首以從。王居後隊,三桂爲前鋒,英王張左翼,統萬騎從西水關入,豫王張右翼,亦統萬騎從東水關入,而外城以西之賊盡殲。于是三桂復入關,呼城中人盡髡首以駭敵,或不及者,即以白布束項背以别之。是日,大兵盡入關,開關門,三面延敵。自成戰慄,匆遽迎敵,而三桂戰甚力,滿兵尚按壁不動。闖兵乍北,即梟吴襄首懸之高旗,以示三桂,而賊衆遂潰。滿兵縱騎突之,蹂躪步卒且盡,賊騎亦傷亡過半,即選鋒驍將,莫不重創,賊兵大敗而西。三桂哭其父襄屍至哀,攝政王爲櫬殮之,而使英王、豫王急偕三桂而西,曰:“稍遲,則都城糜爛矣。”三桂遂西。初,闖入京,門甚禁,縉紳莫敢出入。及統兵而東,禁稍弛,道路嘖嘖,言三桂奪太子即入立爲帝,賊所署諸臣必斬無赦,于是諸降賊者靡不乘間竊逃。自成從永平馳千里馬,一日夜至京,悉殲吴襄家族三十四人,而詭言登極郊天,陳鹵簿出城。二十八日,宵遁。次日,焚宫殿及各城麗譙,王侯甲第幾盡,惟正陽譙樓不火。寇兵皆西,三桂及二王追之。當日傳聞,吴師約入關,令官民盡爲先帝服喪,大兵入城,惟素冠者不殺,于是人皆素冠。五月朔,設先帝位于都城城隍廟中,縉紳哭臨之,諸商具衣衾棺殮吴襄家口。次日,錦衣駱養性同吏部侍郎沈惟炳,鳩諸臣立先帝位于午門,行哭臨禮。既畢,備法駕迎東宫于朝陽門。初三日,始聞錦衣出迎易輿之際,非東宫也,諸臣惶遽而退。及入,前騶者麾都人去白帽,則本朝攝政王率滿洲兵入京矣。初六日,爲先帝發喪,令各臣民素服哭臨三日。十二日,三桂及二王還京。三桂又自爲先帝臨喪三日,因都民搜斬餘寇不已,因命薙髮者即非賊,于是人皆薙髮。

天啓七年丁卯八月,崇禎帝即位,南面正立,將就寶座,而大聲發于殿之西,若天崩地塌然。仗馬既驚,百僚震恐,上亦爲之震動。識者曰:“西方其有事乎? 此鼓妖也。”

崇禎元年,五鳳樓前獲一黄袱,内襄小函一卷,題云:“天啓七年,崇禎十七,還有福一。”清晨内侍得之奏御,上命巡視皇城各官推究,旋以科臣言,立命火之。

十年丁丑,上過宫中一祕閣,老閹以此乃先朝所封,戒勿動。上命啓之,得古畫數幅,有帶進賢冠者七,曰“官多法亂”;有數十人隔河對泣,曰“軍民號泣”。妄男子得傳聞,形之章奏,上亦弗語,人乃以爲信。

崇禎二年己巳,松江莫翁無子,有一女嫁于李氏,夫婦相得。其後夫漸不内御,有鄰女學刺繡于莫氏,而同寢有孕,詰問得其情,訟之太守。按果有之,乃命莫氏歸而娶此女爲妻。有欲上聞者,莫因舊族,恐以妖妄及禍,固請乃已。

崇禎十年丁卯，山東荳異，每粒宛肖人面，若老若幼，若男若女，若美若醜，種種不一。兩台使收貯進呈，上以爲怪，召廷臣分賜，人各二十粒，令考古今，有此異否，衆對各殊。時吾邑張訒叟先生在諫垣，亦受賜，封識將以寄歸，久之忽失所在。至十四年辛巳，大饑，本朝兵入，殺戮無算。十五年壬午，山東復大饑，死者相枕藉。

闖逆之犯闕也。懷宗皇帝有三子：長太子，時年十六；次永王，時年十三，與長公主俱周后出；據吴梅村《永和宫詞》，又似永王，乃田妃出，于國變之前先薨矣。未知孰是？次定王，十歲，田貴妃出。帝遣太子及永、定二王出匿而自盡。十九日，賊入，求上及太子。次早，嘉定伯周奎戚畹以永、定二王入朝。自成問父皇所在，二王以自縊對。自成曰："若父皇何苦自縊？即存，孤將與之分治江南，不忍有弑君名。今即死，非吾弑也。若無傷，俟天下大定，孤得裂地封爾。"因留飯共食，發僞將軍劉宗敏處善養之。四月十三日，自成東向山海關，二王各一卒抱持馬上，百姓擁觀，遂傳太子亦在營中。自成與三桂戰且敗，時晉王亦在賊營，躍馬馳入吴軍曰："我晉王也。"吴軍留之，故得無恙。人遂競傳定王、太子爲吴軍奪去，于是都城日望太子、定王入矣。二十四日，賊衆敗歸，部署盡亂，未知有定王、太子，即吴兵入，亦不見太子、定王也。或曰定王遇害于城南之空苑，而太子、永王終不知所在。冬十一月，有捕卒報刑部稱，一男子同常内監投嘉定伯周奎府，曰："我太子也"，奎不能辨。奎姪鐸，以舊侍衛引與長公主相見，公主共太子抱頭而哭。哭罷，奎飯之，舉家行君臣之禮。因詢太子向匿何所，太子言："城破之日，獨出匿東廠門一日夜，潛出至東華門外，投腐店中。店中小兒心知其避難人也，易予敝衣，代之司爨。居五日，恐人覺，送至崇文門外尼菴，以貧兒投託爲名，尼不疑，留居半月。適常内侍來見，尼始覺，共謀竟日，恐不能藏，常遂攜歸，故得無恙。今聞公主在，故來。"傍晚與公主哭别而去，數日後復至。公主贈一錦袍，密戒云："前來皇親以上下行禮進膳，叵生疑釁，可他往，慎毋再至也。"痛哭而别。後十九日，又至，奎復留宿。二十一日，奎姪鐸與奎謀曰："此男子不可久留，留即貽害，不如去之。"奎遂曰："若非太子也，何冒至我家？汝第言自姓劉，説書生理，可免禍，否即首官究論矣。"男子不從。既晚，奎令家人椎擊之，逐諸門外，捕營卒以犯夜擒獻。即日，會刑部山東司主事錢鳳覽勘其事，鳳覽字子瑞，浙江會稽人，以祖父文貞公象坤蔭，任中書，陞主事，仕本朝授原職。訊舊内侍，具言是真太子。鳳覽大叱周鐸云："汝本明朝戚畹，受國大恩，今見太子，反云是假，何喪心若此？"復下堦揮拳罵之，百姓争奮擊，鐸甚困。刑部滿洲尚書云："且收監再審。"百姓叩頭，哭擁不能去。鳳覽步送之入獄，備衾褥，命家人奉事之。明晨，周鐸具疏，力陳其僞。即日送入廷勘，歷訊宫中事頗同，問内監多云不是。有一楊監在傍,男子曰:“此楊太監,常侍我,詢之便知。”楊倉猝曰:“奴婢姓張,先侍服者,非吾也。”因呼舊錦衣嘗侍衛者十人詢之,齊跪曰:“此真太子。”復詢之晉王,晉王執言不是。遂下常内侍及錦衣十人同僞太子皆繫獄。明日,刑部復詢之,除常内監、舊錦衣外,無敢言是者。滿洲尚書云:“你的係何人?來冒太子,是何人主使?”男子曰:“吾實真太子,汝以吾爲假,吾何必辯。但吾看公主,豈圖甚事?以周奎賣我,故有今日。若輩如此待吾,何必再審真僞?且吾既至此,豈復求榮貪生?不必更煩言矣。”遂下獄,自是連訊,終不能决。鳳覽力辯其真,復上疏,且與晉王廷執。晉王堅執不是。時舊閣臣謝陞久入内院,陞嘗舊侍太子講讀,初訊時,陞亦以爲非。太子呼陞曰:“謝先生,豈不相識乎?前某日講某書,言某事,先生猶憶之乎?”陞默然不復言,乃曲躬一揖。鳳覽怒陞,叱其不臣。而正陽門商民各具疏,請釋太子,共詈謝陞悖逆無道。宛平民楊時茂糾之尤力,順天府内城民楊博疏辨太子是真。于是吏科都給事中朱徽等上疏,其略以爲周奎既以太子爲假,何留宿兩日乃始奏聞,見時公主抱頭痛哭,豈陌路能動至情如此?奎初與之衣食,後忽加捶楚,情事譸張,何其變幻。家人孫才供詞,刑部諸臣具在,而鐸奏不載一字,此皆有所不可解也。今必從容研質,需之時日,真僞自見。若草草畢事,恐廷臣曰假,而百姓疑;京師曰假,而四方疑;一日而假,而後世疑,衆口難防,信史可畏也。而鳳覽復疏劾謝,御史趙開心亦奏辨甚切。十二月十日,攝政王諭群臣:“爾等言太子真僞,皆無憑。言真不過優以王爵,言僞必僞者家識之乃决。獨晉王乃明朝王子,謝陞乃明朝大臣,而鳳覽不遜晉王爲無君,百姓駡大臣爲無上,皆亂民也。除僞太子外,凡繫獄争言太子無狀,及錢鳳覽、趙開心等盡斬之。”時廷臣共乞生鳳覽、開心等,以開心無甚唐突語得免。鳳覽言:“太子既真,當早有着落。”攝政王曰:“着落不着落,與你何干?”鳳覽曰:“人各爲其主耳。”攝政王詞氣甚厲,呵鳳覽曰:“你投誠後,即我家人矣。若説各爲其主,尚有二心,此何説也?”鳳覽曰:“今日之事,太子存,我亦存,太子亡,我亦亡。我意只救太子爲是,那管一心二心。”以是觸攝政王怒,因絞死。趙開心罰俸三月,其餘笞斬有差,而幽僞太子于太醫院中,給十人守之。鳳覽之就刑也,神氣自若,拜天地君親畢,安坐語刑者曰:“可矣。”刑者多舊役,痛哭不能舉手。百姓觀者塞衢巷,哭之。明年乙酉元夕後,謝陞早朝出,見鳳覽,歸而卧病數日,頭忽腫。將卒,曰:“錢老先生幸稍寬,毋太拘急。”遂死。攝政王聞之,竟無傷太子意矣。四月初六日,東安縣富民祁八忽聚徒刼騎,曰:“往救太子。”生員楊鳳鳴爲軍師,地近上林,上林尉請兵部發兵剿之。初十日,僞太子卒。此案至今疑不可解,若以爲僞,何臣民舍生而證之者鑿鑿?若以爲真,何福王稱命時,金陵復有一太子,紛紛聚訟也?

# 跋

《閱世編》十卷，上海葉夢珠撰。夢珠，清初人，字濱江，號梅亭，著籍婁縣學。博學多聞，尤留心世務。是書所記，大而郡國政要，世風升降，小而門祚興替，里巷瑣聞，旁及水旱天災，物價低昂。舉凡涉世六十餘年間，閱歷之所及，無事不書，有聞必録，而于松江一郡之沿革創置爲特詳。曩昔修輯府志及華亭、上海、南匯等縣志，無不取裁于是。蓋方諸范叔子《雲間據目鈔》、董閬石《三岡識略》等書，所保存之史料爲尤多也。獨惜其書，向無刻本，傳鈔亦尠。客歲，始獲借閱之于松江圖書館，以其所涉上海舊聞，足資考證者極夥，因亟爲細校付刊，以備留意地方掌故者之參考。

上海通社識

# 滬城備考

褚華 纂
康麗娜 整理

# 整理説明

《滬城備考》六卷,清褚華纂。褚華(1758～1804),字秋萼,號文洲,清代上海縣人。乾隆時上海諸生,與洪亮吉、陸繼輅等相善。工詩文,生平留意經濟名物、上海地方軼事。著有《寶書堂詩集》《海防前事録》《木棉譜》《水蜜桃譜》《大小山房筆記》等多種。

乾隆四十九年(1784),范廷傑爲上海縣縣令,延浙西皇甫樞修纂《上海縣志》,由于倉卒成書,内容比較草率。爲糾正此書的錯誤和遺漏,褚華于乾隆五十九年(1794)編成是書。原書名爲《澤國紀聞》,後經分類萶録,改名爲《滬城備考》,然僅成補遺二卷、訂誤一卷。嘉慶九年(1804)褚華去世後,書爲楊藻江收藏。嘉慶十八年(1813),上海藏書家梅益徵得到書的原稿,于是按原書體例,融會參訂,編成五門六卷,並作跋附于書後。

今書共六卷,卷首爲輿圖二幅,卷一爲核實,卷二、三爲補遺,卷四爲訂誤,卷五爲策要,卷六爲雜記,卷末爲附録。該書史料豐贍,考訂精詳,所記内容極爲廣泛,爲後人瞭解上海地區的物産、名勝、地理、文化、人物、民間工藝等提供了大量的資料。書中對上海地區的海防諸事有較爲詳細的記載,如海防官署的設置、海防將領的選派、諸多海防戰事等。此書具有較高的史料價值,是我們研究明清上海地區政治、經濟、文化的重要參考資料。

褚華原稿本在其去世後,爲楊藻江珍藏,很少有人看到。後陸秀農抄得其書,改名爲《上海志備考》,梅益徵多次相借不得。後梅益徵從楊藻江處借得原本,發現書共二册。其中一册是未完成的《澤國紀聞》,上有不少塗改痕迹,是書的原稿,另一册是從初稿中分類萶出的《滬城備考》,但數量上不到原書的一半。梅益徵于是重新加以融會參訂,"悉以原本足成之",整理爲六卷,仍沿用原名。此本在光緒初年《申報》館以活字排版印行,但此刊本讎校不精,字多脱訛。1935 年,上海通社依據藏書家的《澤國紀聞》鈔本細加校勘,並增補了未刊的二圖,列于卷首,又將失刊的六條附録于卷尾,作爲《上海掌故叢書》的一種加以刊行。本次整理,以《上海掌故叢書》本作爲底本,加以標點。限于學識,標點難免有所失誤,敬請大家批評指正。

康麗娜

# 目　　録


**卷首**　輿圖 …… 237

**卷一**　核實 …… 241

**卷二**　補遺 …… 251

**卷三**　補遺 …… 263

**卷四**　訂誤 …… 276

**卷五**　策要 …… 287

**卷六**　雜記 …… 292

附録 …… 306

跋 …… 308

跋 …… 309

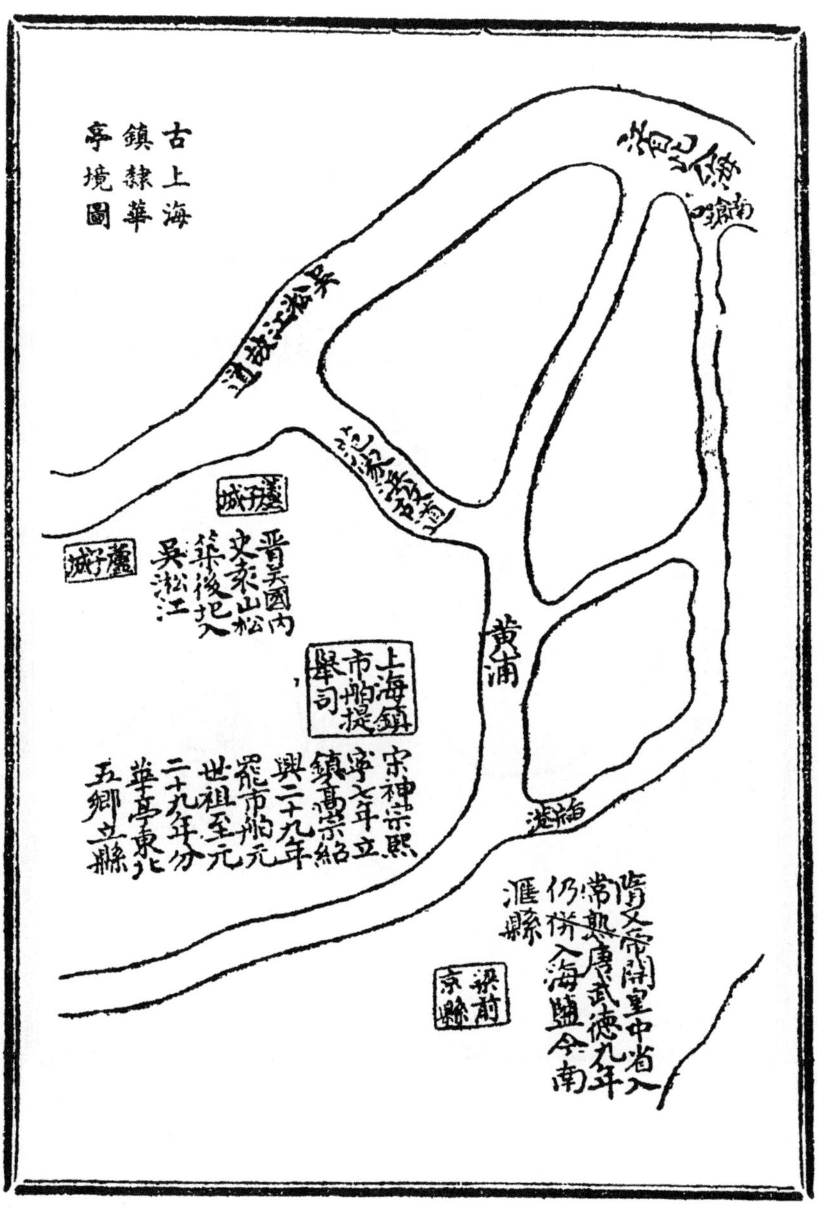
古上海鎮隸華亭境圖
吳淞江故道
蘆子城
晉吳國內史袁山松築後圮入吳淞江
上海鎮市舶提舉司
黃浦
宋神宗熙寧七年立鎮高宗紹興二十九年罷市舶元世祖至元二十九年分華亭東北五鄉立縣
前京縣
隋文帝開皇中省入常熟唐武德九年仍併入海鹽今南滙縣

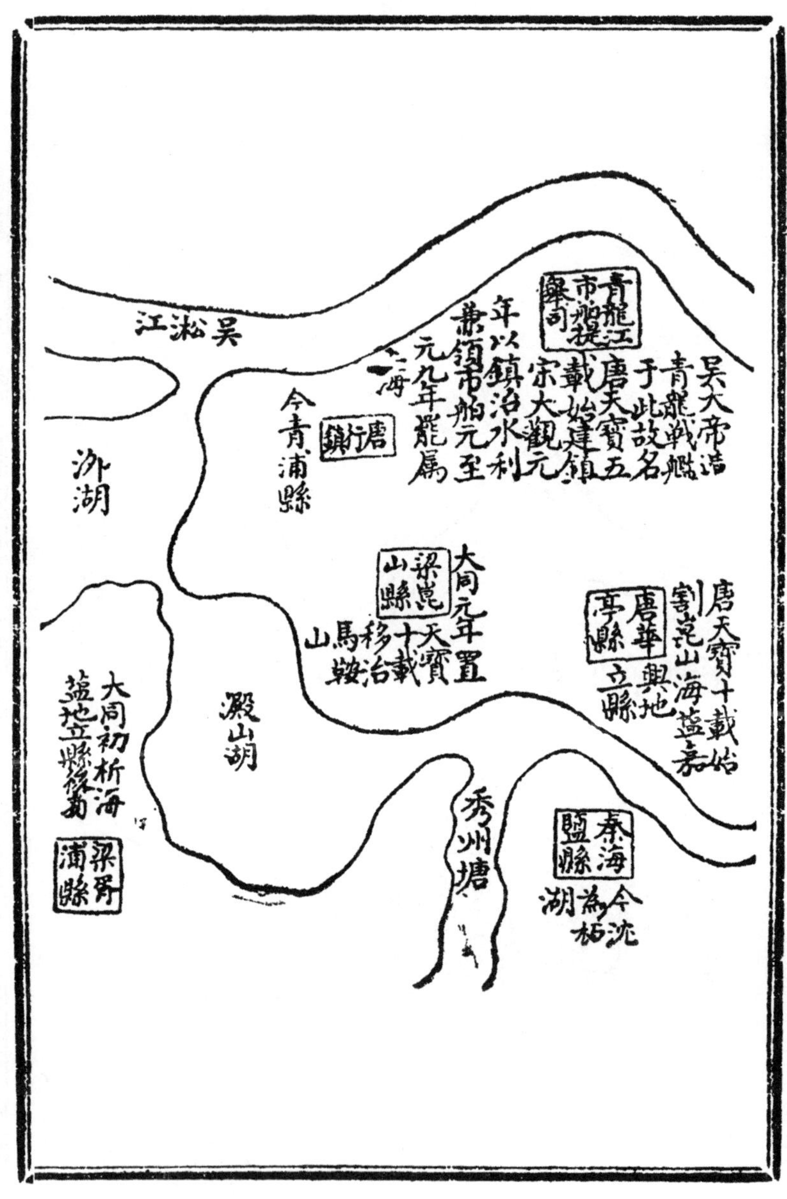
吴淞江
青龍江市舶提舉司
吴大帝造青龍戰艦于此故名唐天寶五載始建鎮宋大觀元年以鎮治水利兼領市舶元至元九年罷屬上海
唐行鎮
今青浦縣
泖湖
梁崑山縣
大同元年置天寶十載移治馬鞍山
唐華亭縣
唐天寶十載始割崑山海鹽嘉興地立縣
大同初析海鹽地立縣後
梁胥浦縣
澱山湖
秀州塘
秦海鹽縣
今沈為柘湖

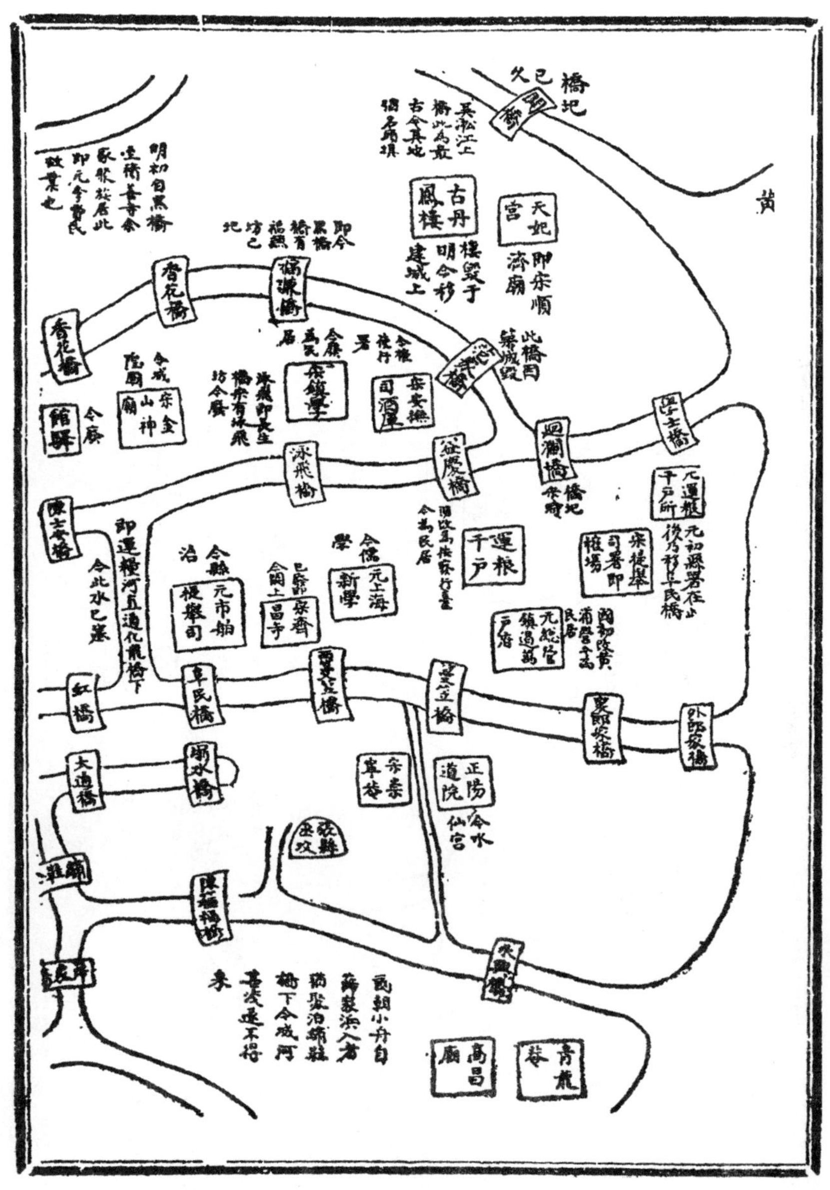

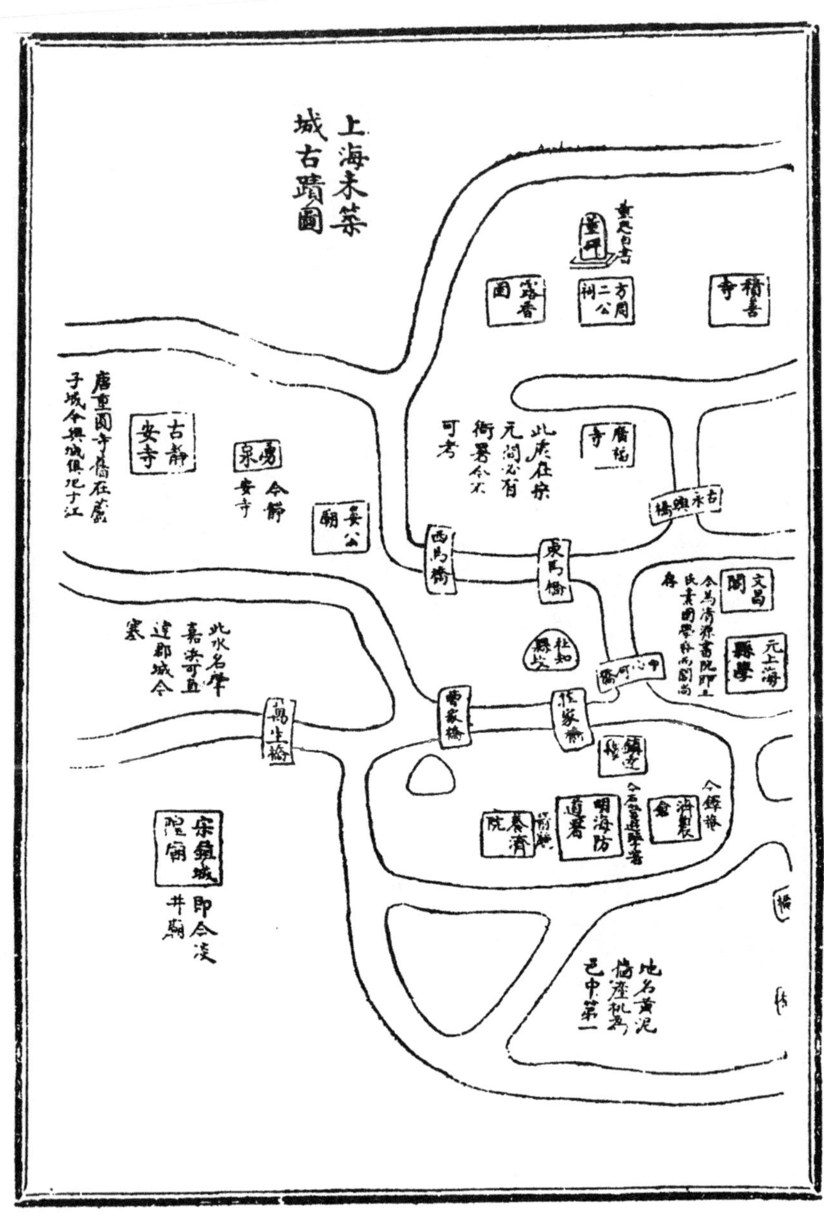
上海未築城古蹟圖
積善寺
方周二公祠
露香園
古静安寺
晏公廟
西馬橋
東馬橋
古永興橋
文昌閣
元上海縣學
曹家橋
張家橋
萬生橋
宋鎮城隍廟
即今淩井廟
海防道署
濟農倉
養濟院
地名黃泥橋座北為邑中第一

# 卷　一

褚華　纂

## 核　實

### 疆　域

秦并天下，以揚州瀕海地爲婁縣及海鹽縣，屬會稽郡。自漢至宋，或以爲荆國，又以爲吴國、吴郡，不常厥名。順帝分浙以西爲吴郡，以二縣隸吴。晉元帝改爲吴國。梁天監中，置信義郡，治常熟，獨省婁縣入焉。至大同初，析故婁地立崑山縣，析海鹽東北境立前京、胥浦二縣，尋省胥浦入前京。唐武德九年，仍省前京入海鹽。天寶十載，吴郡太守趙居貞奏割崑山南境、嘉興東境、海鹽北境立華亭縣，崑山移治馬鞍山。按古之華亭，即今松江一府之疆域也。吴越以後，屬秀州，即嘉興。元世祖至元十四年，陞華亭爲府。明年，改爲松江府，華亭縣附焉。二十九年，從知府僕散翰文議，割華亭東北五鄉立上海縣，即今上海、南匯及青浦之半之疆域也。嘉靖二十一年，巡撫夏邦謨、巡按舒汀奏割上海西北三鄉立青浦縣于青龍鎮，至三十二年廢。萬曆元年，從兵科給事中蔡汝賢議，復立縣于唐行鎮。國朝雍正三年，從總督查弼納議，割上海之半爲南匯縣，實長人鄉地。自是邑之所轄者，高昌一鄉而已。按今南匯縣治及邑治，即前京地，青浦即崑山地。立縣之初，析自華亭者，所謂崑山之南境、海鹽之北境是也。

### 滬　瀆

滬瀆，在縣西北十里，即古吴淞入海之水也。《吴郡記》曰："松江東瀉海口曰滬瀆。古文並作扈。"考扈字訓義，皆與水不合。其加水旁者，《集韻》曰："滬，水名。"似即指此水言。惟《輿地志》曰："插竹列于海中，以繩編之，向岸張兩翼，潮上即没，潮落即出，魚隨潮礙竹不得去，名之曰扈。"梁簡文帝《吴郡石像銘》曰："吴郡婁縣界松江之下,號曰扈瀆,居人以漁爲業。"簡文與野王所説,猶爲近古。以此詁扈瀆,似較《志》所引陸龜蒙《漁具咏序》爲優。

## 吴　　淞

吴淞,舊自蘆子城下迤東北行,而復南出于虬江、沙洪之間以入海,闊一百五十丈,是名舊江。宋時商舶自舊江直達青龍江,後因上流壅塞,遂設上海市舶提舉司以榷其貨。由江以通榷場,蓋自宋家浜入泊順濟廟下,不與黄浦相涉。今沿城一帶之浦,乃明初所浚范家浜故道。黄浦在宋元時從華亭東流入上海界,其勢悉折而東北,爲金匯、牐港、周浦等水,以趨于南蹌口,始與江合。至明初,緣吴淞舊江淤塞,黄浦東流之水亦不便利,遂自南廣福寺浚范家浜以通浦。又引而東注于海、北注吴淞新港,乃反爲黄浦附庸焉。

## 老牐新牐

明永樂二年,夏原吉浚劉河白茆港,挈太湖水以入海。浚范家浜,挈黄浦水以入海,而吴淞入浦之道,七十餘里尚未施工。迨正德十六年,李充嗣始自夏駕浦浚江改入浦之道,建牐于頭壩之關橋,後牐圮入水。隆慶四年,海瑞更建于二壩。及國初又廢。更建新牐,而二壩廢,牐猶名老牐。凡築牐,必改道,則土堅而可下樁。下樁得地,則鞬石牢固。建二壩時,必改道與頭壩通。建新牐時,又必改道與二壩通。其曲折之處,皆非故道矣。

## 黄　　浦

舊説黄浦在至元、大德間,水面闊盡一矢力。後上流建牐,其勢稍緩,兩岸遂成沙塗,居民以蒔葭葦。按浦雖狹,原未嘗兩面建牐。其所謂牐,即泰定間所作潘家浜、烏泥涇二牐也。二牐受吴淞之水,南注黄浦。其時浦小于江,故反謂之上流。元王逢《文罩洲詩》曰:"我來初避地,黄浦漸生洲。"逢棲隱處正在烏泥涇上,此可爲黄浦至元季愈狹之證。

## 崇寧庵

崇寧庵，在縣治東南，即今鹺務公所西首小巷内關帝廟。按《列仙傳》：宋徽宗時，禁中有妖爲祟，見有擐甲執刀神斬之。林靈素曰："即陛下所封崇寧真君關某也。"則庵當在宋時以帝之封號爲名。

## 武廟

《帝京景物略》云："萬曆四十三年十月十一日，太監李恩齎九旒冠、玉帶、龍袍、金牌，牌書：'勅封三界伏魔大帝神威遠震天尊關聖帝君。'于正陽門祠建醮三日，頒知天下。然太常祭祀，則仍舊稱。史官焦竑曰：'侯，志也。'天啓四年七月，禮部覆題得旨，祭始稱帝。"至本朝，于帝祠稱武廟，幾與尼山相亞不已，尊崇之至歟！

## 縣學

元至大三年，廉訪僉事吴彦升即縣治西南入官地十五畝，以建縣學。至延祐元年，縣丞王珪又改建于縣治之東。其棄地，即杜家灣王氏素園，今名清源書院。其文昌閣，猶在東北隅。當日暴風所毁之大成殿廊房、亭舍，即凌氏屋也。

## 萬户府

元鎮遏總管萬户府，在舊市舶司之西，即今東姚家衖。歲于松江萬户府分官蒞之，號曰達魯花赤。終元之世，可考者五人：費寀、也先不花、雅哈雅、脱脱、忠武兀奴。明初，衹以金山衛中後所千户分署上海之南匯守禦所。本朝順治十三年，乃設黄浦營參將于是。嗣後或以副總兵，或以守備。至康熙五十八年，復有右營游擊之設，而署廢爲民居。

## 財賦提舉司

元大德中，籍没張瑄、朱清貲産，以賜椒宫。特設平江、集慶、嘉興財賦提舉司，又置江浙財賦都總管于杭以統領之。後至元五年,没入朱國珍、管明家,則專賜丞相脱脱,立稻田提領所官以掌其册籍。在浙西者,駐府城。

## 黄道婆祠

黄道婆,烏泥涇人,少流落崖州海嶠間。元元貞間,攜踏車、椎弓歸,教人以捍彈、紡織之法,而木棉之利始溥。道婆殁,閭里爲立祠焉。越三十年,趙愚軒又建之。建而屢毁。明天啓六年,張之象改祠之于寧國寺。今城中渡鶴樓西偏小巷有黄婆庵,尼僧主其香火,而道婆像如二十餘好女子,群呼之曰黄孃孃。

## 田　　賦

明洪武初,天下官田畝科五升三合五勺,民田少二升。惟蘇、松、嘉、湖,怒其爲張士誠死守,乃籍諸豪族及富民田以爲官田,按私租簿以爲税額。而司農卿楊憲又以浙西地畝膏腴,加二倍征其賦。故浙西官民田賦,視他方倍蓰,蘇爲最,松、嘉、湖次之,杭、常又次之。十三年,命户部裁其額,科七斗五升至四斗四升者,減十之二;四斗三升至三斗六升者,俱徵三斗五升;其以下者,仍舊。計蘇州一府秋糧之額,實與浙江一省相當矣。建文二年,均田江、浙,詔曰:"國家有惟正之供,江、浙賦獨重,而蘇、松官田悉準私租起税,用懲一時,豈可爲定則以重困一方?今悉予減免,畝毋踰一斗。有司違者,罪之。蘇、松人仍得官户部。"按自後言蘇、松賦重者,不一而足。想革除後,此詔實未奉行也。

## 增　　賦

嘉靖初年,歲支不過二百萬。三十年,餉額過倍,用至五百九十五萬。户部尚書孫應奎蒿目無策,乃議于南畿浙江州縣增賦一百二十萬。自是川、貴以採木,江、浙以備倭,宣大以兵荒,凡理財之策,益瑣碎非國體,而江南提編額外銀至四十三萬矣。巡撫周如斗乞減罷,給事中何煃亦具陳此事,且言募兵、壯丁、鄉兵率爲民累,請禁革之。命如煃議,而提編不能減。隆、萬之世,民力不至大困者,行一條鞭法耳。

## 又

萬曆中年,三大征接踵,頗有加派。事畢,旋已至四十六年,驟增遼餉三百萬。内帑充積,靳不肯發。户部尚書李汝華乃援征倭播例,畝加三厘五毫,天下之賦增二百萬。明年復加三厘五毫。明年以兵、工二部請,復加二厘。通前後加九厘,增五百二十萬,遂爲歲額。所不加者,畿内八府而已。

## 賑災

洪武賑米之法,大口六斗,小口三斗,五歲以下不與。永樂以後少減之。賑荒以粥,自嘉靖始。凡報災,明初不拘限制。宏治中始限,夏災不得過五月終,秋災不得過九月終。明初,勘災既實,盡予蠲免。宏治始定全災免七分,自九分災以下遞減。又止免存留,不及起運。後遂爲定制云。

## 海寇

《志》稱:"順治十年九月,海寇張名振犯吴淞,總兵王璟戰于東溝,不利。十二月,江南提督張天禄敗之。十一年,自正月及七月、八月,聚衆屢犯,我兵禦之,互有勝負。逮十三年秋,海寇顧三麻來降。自後海烽稍息。"按明崇禎十三年,賊顧三麻入黄田港,江陰典史閻應元射殺三人。賊退,陞主簿。張名振者,本從魯王于舟山,嘗封定西侯。舟山一役,名振之弟名揚、其母、若妻若子,與張肯堂、吴鍾巒、朱承佑諸臣皆死。名振倉皇奉王走臺灣,時爲沿海之患。

## 神國樹石

潘恭定豫園,今屬城隍神祠。園中舊物,惟烏桲數株及玉玲瓏石耳。石高二丈許,嵌空透漏,世不多有。其傍復立二小峰附之,若輔弼然。園之西北更有林立水次,如大士像,如奎宿,如寒山、拾得者,王氏素園物也。園近改爲清源書院,在淘沙場。乾隆辛卯秋,余親見其抉墻壞屋,移至神祠,爲費頗鉅。

## 唐　瑜

唐瑜字廷美。九齡失恃，事繼母以孝聞。成景泰二年進士，由南京吏科給事中出知衢州府，有惠政，民甚悦之。會歲旱，爲文禱諸神，輒應。相與勒石神祠，歸德于瑜。瑜又以俸贖孔子家祭田若干畝，孔氏子孫圖其像于家廟。尋改官湖廣參政。襄河爲患，作隄捍其衝。積穀倉廩，饑則發賑，民賴以濟。擢山西右布政使，丁母憂。《志略》云：以父喪歸。服闋，轉雲南左布政使，條陳備邊五事。雲南多土官，爲考宗派，定傳襲，蠻俗感服。未幾，授都察院右副都御史，巡撫甘肅，陳時政、兵備各五事。上之詔使至，諷令織細罽充貢，瑜執不從。復有黜弁、田廣等陰中之，遂被劾去。宏治五年，復故官。致仕七年，卒。瑜爲人豪爽，有才氣，所至並著聲譽。其守衢也，尤多雪寃獄，布嘉惠。既卒，衢人來弔者累累不絶云。此傳参《實録》擬改。《志略》云：所著有《學吟稿》《拙庵稿》《楚海游録》《滇南雜稿》。

## 談　倫

談倫字本彝。天順丁丑進士。長身豐頤，瑩然玉立。觀政吏部時，王忠肅翱爲掌銓，意輕南士。及見倫，瞿然曰："南中乃有此人耶？"授驗封主事，轉員外郎。翱召對，每以倫自隨。英宗問之，對曰："臣老矣，于聖意恐有遺忘，此郎代臣志之，且其人可信也。"帝因即欲擢用。翱謂年少資淺，俟他日未晚。及丁母憂，服闋至京，則掌銓者爲尹旻，亦善倫，即補爲虞衡司郎中，擢應天府丞。是年，鳳陽大水，衆皆不敢上聞，倫自署奏，詔免秋糧數萬。進府尹，改順天，遷工部右侍郎。會大學士萬安、方士李孜省謀逐旻。旻行，無敢送者，倫獨往餞，亦被逐。家居時，歲遣人起居旻于山東之歷城，而祀翱于别室，人稱其忠厚。及成化初，孜省誅，一時謫逐者胥召還，而倫竟以病不起。考《邑志·倫傳》，猶稱萬安爲萬文康，尹旻爲某，當是采掇墓志、行狀等文而成者。蓋宏治時，公是未明，故于稱謂多所忌諱也。旻在景泰中立朝，極有建白，晚節則交結中官，與劉珝、王越角立爲黨，不無可議。然與安較，猶彼善于此。

## 王　霽

王霽字景明。天順四年進士。由南京刑部主事遷員外郎，再遷郎中。累辨疑獄,有能聲。出爲黄州知府。府故多虎,霽至,禱于神,遂不爲害。又江水暴漲及火焚民廬舍,攄誠祈祝,皆有應,世以是稱頌之。未幾,遷廣西僉事,又遷江西按察使,進太僕卿。時馬政廢弛,霽條陳十事,奏上,宿弊爲之一革。尋以薦擢僉都御史,巡撫山東。值歲大饑,民多死,乃區畫銀五十餘萬兩、米二百餘萬石賑焉,存活者甚衆。召拜大理寺卿,用法平易。宏治九年卒,賜祭葬如例。霽性和厚,所與交無不得其歡心,雖輿隸亦鮮有怨之者。故歷官中外三十餘年,所至得美譽云。右傳參《實録》。

## 曹閔

曹閔字崇孝。宏治丙辰進士。初授沙縣知縣,有惠政。被徵爲南京監察御史,民號泣攀留,累日不得去。甫就職,偕同官以八黨竊柄朝政日非,劾劉瑾諸閹。詔下錦衣獄,與里人張鳴鳳各杖三十除名。瑾敗,久之起廣西僉事。閔曰:"一瑾去而衆瑾尚存。"遂引退,年未五十也。又養母十年,母終,廬墓得寒疾卒。

## 張鳴鳳

張鳴鳳字世祥。閔同榜進士。正德初,亦官南御史。劾大僚張元禎,方議有所譴。會又劾瑾,被杖削籍,事遂寢。瑾誅,凡爲瑾斥者悉復官,鳴鳳與閔以兼劾群閹未得録。御史周期雍以爲言,乃召爲湖廣僉事,進副使。鳴鳳初令永康,有政績。在湖襄間,治復最。以内憂歸。世宗立,賜銀幣于家,將大用之,竟卒。二則參《明史》二人本傳。

## 陸深

陸深字子淵。宏治辛酉鄉試第一,乙丑進士,官編修。劉瑾惡之,改南京刑部主事。瑾敗,復故官,遷國子司業。丁父憂歸。嘉靖七年,召爲祭酒,充經筵講官。深以閣臣改其所進講章,遂奏請:"自今容講臣得各盡其愚,以廣啓沃。"帝可其請。而經筵面奏,非故事,當路忌之,左遷延平府同知。擢山西提學副使,會陽曲諸生父爲縣令笞死,訴之御史趙鏜,鏜反抵生罪。深與鏜力辯不合,兩訟于朝。鏜謫官,深逮問得直,補浙江副使。歷四川左布政,徵拜光禄卿,預修玉牒。改太常兼侍讀學士,簡宫僚進詹事。致仕數年,帝問侍臣:"張邦奇、陸深,才孰優?"以陸優于張對。帝曰:"陸深曾爲祭酒,桂萼欲害之,今尚在否?"會卒,賜祭葬,贈禮部右侍郎,謚"文裕"。文裕公法書,思白欲下之,惜流傳絶少。

## 龔　愷

龔愷字次元,號全山。嘉靖丁未進士,授慈谿令。入爲御史。咸寧侯仇鸞倡開馬市,愷與給事梓潼何光裕同疏諫,皆予杖。光裕不勝杖,卒。愷被八十餘杖而奪俸,視事如故。旋出視兩淮鹽政,又巡按粤西,屬吏不職者輒望風解綬去。尋列靖江王驕恣狀,復疏止大征粤寇,爲當事所忌,遷山東參議。屬大蝗,下令捕得者即以易粟于官,于是蝗不爲害。遷湖廣副使,引疾歸卒。

## 唐繼禄

唐繼禄字子廉。嘉靖癸丑進士。官遂安知縣,善察疑獄。嘗預募勇壯數百,儲米數千石以備倭。未幾,倭内訌,所至殘破,遂安獨全。召爲御史。歲大旱,疏修省十事,又奏行里甲法,著爲令。出按湖廣,值興山民鑿私鑛,聚衆三千餘人,漸出行刼。縣令貪其賄不以聞,郡守徐學謨上狀,繼禄即檄縛縣令下獄。遣沙市巡簡趙某詣賊寨,諭以朝廷威德,苟早自解散,待以不死。月餘,事遂平。擢大理丞,晉少卿,遷南京操江僉都御史。會振武營兵譁,令督江防,兵駐孝陵。隆慶二年,入爲副都御史。朝議興九邊屯鹽,命與龐尚鵬、鄒應龍分理鹽政。俄引疾歸。繼禄天性嚴毅,家居儼如在官,無褻容。卒年五十一。

## 徐光啓

徐光啓字子先。萬曆丁酉舉順天鄉試第一,又七年甲辰成進士,授檢討。光啓嘗學聲律,工楷隸,登第後悉棄去,遍習兵機、屯田、鹽筴、水利諸書,并講求泰西天文、火器,尤盡其要。遼東四路師敗,累疏請練兵自効。神宗壯之,擢少詹事兼河南道御史,練兵通州,令監司、副將並受節制,官弁得自委任辟召。尋列上十議,以時事方亟,不能給。熹宗即位,以志不盡展,引疾歸。遼陽破,召起之,力請修武備、多鑄炮,以資城守,帝善其言。會與兵部尚書崔景榮議不合,御史邱兆麟劾其練兵事,又以移疾歸。天啓三年，起故官，旋擢禮部右侍郎。魏忠賢素嫉光啓，五年，其黨智鋌劾之，落職閑住。崇禎元年，召還，復申練兵之説。未幾，以左侍郎理部事。帝以國用不足，勑廷臣獻屯鹽良策，光啓言屯政在墾荒，鹽政在禁私販，帝褒納之。已擢本部尚書，掌詹事府，詔監督西洋人龍華民、鄧玉函、羅雅谷等推算曆法。五年五月，命以本官兼東閣大學士，入參機務。又進兼文淵閣大學士，加太子太保。光啓負經濟才，有志用世，及是年已老，值周延儒、温體仁先後專政，不能有所爲。明年九月，卒于位。訃聞，輟朝三日，賻鍚如例，贈少保。御史上言："光啓蓋棺之日，囊無餘資，請優恤以愧貪墨者。"乃賜謚"文定"。至十四年，帝念之，索其家遺書。子中書舍人驥進《農政全書》六十卷，命有司刊布其書，贈太保，又録一孫爲中書舍人。

## 王　域

王域字元壽。崇禎某科舉人，授宿州學正。流寇薄城，佐有司捍禦有功，遷工部主事，榷税蕪湖。都城陷，吏多以自入，域曰："君父遭非常禍，臣子乃因以爲利耶?"悉歸之南京户部。福王授爲郎中，遷建昌知府。唐王立，擢江西按察副使，攝府事。及城破，械至武昌，與王養正、夏萬亨、劉允浩、夏隆、一失名同死。土人表其瘞骨處曰"六君子墓域"。于本朝，得賜謚"烈愍"。

## 朱永佑

朱永佑字爰啓。崇禎七年進士，授刑部主事，改吏部文選郎中。南京破，從唐王于閩，擢吏部侍郎。順治三年，王敗死，復從魯王于舟山，有兵六千，民萬餘。八年，大兵乘霧集螺頭門，定西侯張名振奉王航海走。城中拒守十餘日，遂破。永佑與左都督張名揚、禮部尚書吴鍾巒、兵部尚書李向中、同里大學士張肯堂等，同被執死。乾隆四十年，賜謚"烈愍"。

## 李待問

李待問字存我。崇禎癸未進士，官中書舍人。順治二年閏六月，吴淞總兵吴志葵自海入江，結水寨于泖湖。蘇州總兵黄蜚擁千艘，自無錫至與合。待問偕兩廣總督沈猶龍、知縣章曠，募壯士數千守郡城，與二將相犄角。八月大兵至，二將戰于黄浦,俱敗。城破,待問等死之。遂攻金山,金山衛指揮侯承祖猶固守。城破,父子巷戰。子世禄身中四十矢,與承祖俱被執。説之降,曰:"吾家食禄二百八十年,今日不當死以報國哉?"皆死。

## 莫秉清

莫秉清字紫仙,號葭士。善書畫,工繆篆。明諸生。絶意仕進,常爲道士裝,往來江湖間。有郡城富人邀之飲,值驟雨,天寒甚,予以綺裘,忍冷弗服。其孤介如此。所著詩、古文詞,名《采隱草》。常熟進士陳祖范修《江左志》,曹給諫一士遺之書曰:"敝郡莫紫仙先生高行絶倫,勝國之義士,即本朝之逸民,與王玠右先生輩並垂千古"云云。其節概足以想見矣。

## 周　銓

周銓字緯蒼。書學大令,極秀潤,爲世所重。樂府與樓觀察儼齊名。儼致仕,里中倡和者惟銓與潘鍾皞西白而已。銓詩文皆清雋拔俗可喜,而名以書掩。姪其大,字涵百,書酷類銓,早卒。其子其永,字涵千,書少變父法,亦能詩,畫山水、人物、花卉,都有逸致。其書畫不輕予人。嘗扃户以絶求者,而又令鄰嫗鎖之,仍自握其鑰。客來欲納者,從門隙出鑰,俾其人自啓,不則以司鑰者弗在辭。

## 强行健

强行健字順之,號易窗。分隸高古絶倫,尤工繆篆。生平託業于醫,醫宗朱丹溪,偏于寒涼,世謂之强石膏。嘗箸醫書若干卷,自繕寫極工,惜忘其名。畫山水仿宋元諸家,都縝密有法,性好作巨幅,其實力有不逮也。繼行健者,有倪廷對,字冠鶉。畫頗相類,蒼古似不及,而秀媚勝之,亦業醫。

# 卷　二

## 補　遺

### 陳　遺

《世説》：吴郡陳遺，性至孝。母好食鐺底焦飯，遺作郡主簿，恒裝一囊，每煮食輒貯焦飯歸，以遺母。後值賊出吴郡，袁府君即日便征，遺已聚斂得數斗焦飯，未展歸家，遂帶以從軍。戰于扈瀆，敗，軍潰散山澤間，多餓死，遺獨以焦飯得活，人以爲純孝之報。

### 静安寺鐘銘

王逢《梧溪集》云：上海静安寺舊鐘入于官寺。僧覺曇募銅至六千斤，而凫氏冶範，成且有日，乃介前净土住持元净，乞梧溪山人王逢銘之。銘曰："金聲爲物鉅曰鏞，深徹泉府高達穹。谷傳海應流景風，頓息諸苦開群蒙。耳塵空净心觀通，六牕具圓佛性同，博哉功施垂無窮。"按是鐘鑄于明洪武二年，上有"祝皇太子千秋"字。

### 陸夢發

《宋詩紀事》：陸夢發字太初，歙人。寶祐四年進士，官太府寺丞。德祐乙亥殁于上海，著有《烏衣集》。《梅花鼓吹》采其七律云："猶喜相逢那恨晚，故應更好半開時。"《邑志・流寓傳》失載。

### 二烈婦

《梧溪集》：六磊周芙細家息，孔胥妻也。孔素無鄉曲譽。乙丑冬，舟過塘上，鄉人僞邀飲,醉,奪舟以民害愬于朝,孔自度不免,密書與妻:"早尋仙遊,庶絶軍配。"族黨難諭之。其妻覘得,故神色不亂,言笑如平常,且備盛酒饌,延親鄰。是夕,素服雉經死,時年二十九。孔聞之曰:"予伏誅梟木無遺憾矣!"又云:予門生張敍女諱貞,嫁海縣周曹,以復入公門,刺而瘐死。先是,貞在徙籍,懼配軍,投秦淮卒。及周屍舁過其所,貞湧浮水面,神色踰五日不變,認者曰:"此吕學諭甥、張訓導女也,殉夫藏聚寶坑,舅姑能無念乎!"

## 瞿 信

《明詩綜》:瞿信字實夫,崑山人。自幼嗜學,平居整暇無卒聲辟貌,未嘗談人過惡。兄智宦游四方,信養二親備至,家雖貧,恒忻忻焉。兄卒,孤兒女數人皆爲婚姻教養。至正間,台寇作,信負母避青龍江上,築室曰閑野。南臺御史李烈舉信孝廉不應,卒此。竹垞采明初人詩而及信也,然信既不仕明,當列入《元人流寓傳》。

## 青龍鎮將

《宏簡録》:宋劉晏字平甫,嚴州人。遼進士,爲尚書郎。宣和四年,率衆來歸,授通直郎。建炎初,從劉正彦擊淮西賊有功,遷朝請郎。正彦反,以衆歸韓世忠。金人犯建康,世忠退保江陰,晏領其騎屯青龍鎮。金又犯常州,郡請援世忠,以精鋭七千益晏兵,出奇大破之。進直龍圖閣,保馬迹山。又以舟師降其衆千五百,郡人爲立生祠。後以招安戚方,爲賊所殺,贈待制官。其四子立廟曰義烈。

## 白雲一隖

《梧溪集》:白雲一隖者,西域馬公文郁隨所寓之名也。公頎然,蒼儼秀潤,嘗守穎州,著廉斷聲,拜南御史。會世亂,遂變名雲林子,黄冠野服,超然物外,蓋十餘年矣。又《贈馬季子序》云:居延馬季子,隨其父宣政都事禮居淞之竹岡。季子,祖常之弟,其居有懷静軒,其先曰月哥、曰理术,自雍古部族居静州之天山。一傳爲習禮吉思,仕金,死節。按祖常爲元季名,詩家;文郁即禮字也。

## 謝　毅

《梧溪集》：謝毅字木仲，西域人。少喪母，繼母諱馬麻哈同，撫育如己出。及毅官員外，獲封宜人。毅性周謹，事上洽下，非禮法不陳，道中臺丞王公德謙書"循理"二大字褒之。以南省使累遷長兵曹幕。今爲農于海上，與予篤交好云。按逢詩有《北邱耕隱歌贈箨山謝逸人》者，即毅也。

## 李　甲

《宋詩紀事》：李甲字景元，華亭人。善爲填詞、小令，有聞于時。畫翎毛有意外之趣，米海岳嘗稱之。東坡題其畫竹云："聞説神仙郭恕先，醉中狂筆勢瀾翻。百年寥落何人在，只有華亭李景元。"景元題畫云："誰潑烟雲六尺綃，寒山秋樹晚蕭蕭。十年來往吴淞口，錯認溪南舊板橋。"按王逢有《游龍江寺尋李景元故基》詩，宋時未縣上海，故以甲屬之華亭，其地實吾邑之海隅鄉，至明始析爲青浦耳。

## 李行中

《府志》：李行中字無悔。高尚不仕。治圃、築亭于青龍江上，以寄傲東坡，名其居曰醉眠，歌以贈之。屬而和者子由、少游、子野輩十五人，當日侈爲盛事。《邑志・隱逸傳》未載。

## 水利志失載七條

宋元嘉二十二年，揚州刺史始興王濬以松江扈瀆壅噎不利，欲從武康紵溪開渠浛，直出海口，功竟不立。梁大通三年，吴郡水災，有言當漕大瀆以瀉松江者，詔遣前交州刺史王弈假節發吴、吴興、信義三郡人丁就役。二條《邑志》闕。宋乾道二年，轉運副使姜詵開通波大港入江，又置張涇堰牐一條，下有前進士胡恪修三江、五匯一條，《府志》《邑志》並失載年月。明洪武六年，發松江、嘉興民夫二萬開上海胡家港，自海口至漕涇共千二百餘丈。此條見《明史》，《府志》《邑志》並闕。他如嘉靖二年，工部郎中林文沛開舊江、走馬塘、周浦塘、站船浜、六磊塘。四年，水利僉事蔡乾浚上海張家浜、陳村塘、馬家浜、舊江、青龍江。萬曆十年，松江通判劉師召開浚百曲、新港、白蓮、三林諸塘三條,皆《府志》所有而《邑志》並闕。

## 唐時措

時措,宋末士人也。家饒于貲,而好善。當咸淳間,上海爲巨鎮,俗近商賈,學校未興。時措與弟時拱市韓氏屋,請于市舶提舉董楷,作古修堂以祀先師,集諸生爲肄習之所。元至元二十八年,始縣上海,即授時措爲學官。今名宦有楷而不爲時措立傳,何也?

## 章　齊

《梧溪集》:章齊字叔敬,少喪母。鄉貢進士子方陸公器其事父殊孝謹,妻以孫女。長善詩,尤好琴,有田宅以養父。至正十五年,守臣搆亂,遂謝吏禄,奉父隱淞上。亂定,歸。踰年城復陷,求父不得,乃哀毁致疾,七日書《蓼莪詩》首四句而卒,年三十七。子一名庠,以鄉里道梗,瘞上海之奥原。

## 苗　兵

元至正十六年丙申二月,張士誠破平江。元帥王與敬兵敗,趨嘉興,與苗軍參政楊完者不協,乃投松江,名曰守禦,實戀倡婦董賽兒也。未幾浙省又命元帥帖古列思至,與與敬不相能。達魯花赤八都帖木兒、知府崔思誠皆無制變之術,與敬更通款士誠,説萬户戴列孫等叛據郡邑,以應平江。越四十日,完者遣部將蕭亮、員成等來援,與敬由通波塘遁苗軍,號稱收復郡邑,焚掠二十餘日,上海亦被其害,人民殆無噍類。越五十日,平江兵破澱湖栅,苗乃夜遁。秋,平江兵入杭,完者自嘉興來築營,得勝堰,貯其子女玉帛,周三、四十里爲郿塢。計左丞相李伯昇行樞密,同知史文炳以兵逼之,乃自縊而死。按丙申之變,《輟耕録》《梧溪集》及《府志》皆言之甚詳,《邑志》惟一見于《列女費元琇傳》,而《兵燹》獨不載,何與?

## 二獨行

《梧溪集》:瞿懿字彦德,元故兩浙運使霆發之從曾孫也。幼孤,事叔猶父,同居三十年。一旦以非罪,在徙中,懿泣訴于官曰:"罪合坐懿,叔無與。"官義而聽之。及事白歸,叔已病殁。復延師教其子里士。鍾景元謂余曰:"運使公之子時習,仕至潯州路總管,妻張氏、鍾氏,前後並事姑盡孝,敬懿于家門無忝矣。"又朱弦字孟清,性孝誼。邑長九柱閭公見而器焉,求于其父以爲義子。及閭公野處窶甚,而弦克敬養。殁,買山瘞如禮。復營怡愉堂,母事公妻夫人三十年如一日。民有盡棄廬舍償逋主者,妻孥皇皇無栖,弦爲贖還以完其室。羈士趙謨廬墓教授駝墩,被辟,發顛疾走山澤中,遇弦,遂脱于難。弦,上海人。

## 署縣

吴則,浙江宣平人。天順八年,由巡檢以平賊功陞華亭主簿,明察善斷,人不能欺。巡撫滕詔遣署邑篆,清負租一萬八千石,設策賑飢民八千餘户。值海溢爲災,復陳請蠲其租六千石,士民德之,作《借賢育民詩》。劉本學,常州府通判。嘉靖三十五年,來攝邑令。是年五月,倭寇以船五十餘入吴淞口犯邑治。時築城之初,守備單弱,本學募死士固守十七日。會賊登城,爲守者所覺,發矢石擊賊,賊退涉濠,溺死數十人,邑賴以無虞。

## 駐防同知

明嘉靖三十六年,省前海防道,以府同知羅拱辰移駐縣治,建行署于城隍廟西。拱辰,廣西馬平人,三十二年由舉人知松陽縣。時倭攻陷紹興臨山衛,轉掠至松陽,拱辰力禦却之,賊浮海走。陞浙江按察僉事。奉檄來援,增築邑城敵樓三處,凡所施設,悉中窾要。事平,即授是職。未幾,敍功擢鹽運同知去。按拱辰涖任後,賊已不復至縣,故功績不少槩見。然其規畫城守數千言,實有裨世用。使前此戮力行間,則其所建樹豈不足與任環、董邦政諸人争烈哉!

## 日涉園詩

明太僕卿陳所藴有《得報家園小山已成》詩云:"小築堪招隱,新成曲水潯。此時頻夢寐,何日遂登臨。但有風塵色,空懸江海心。故人相問訊,應笑未抽簪。"《邑志》載:"孫致彌、董德其二詩,殊不如太僕,自作爲能識其緣起也。"

## 青山老隱圖

《梧溪集》云：《青山老隱圖》者，予友鄒君時昌追慕其先道鄉先生而作也。先生有墓、有祠，在毗陵青山門外。中書左丞吕公思誠爲浙憲時，嘗展拜祠，下命有司禁樵採。後毗陵失守，時昌避地海上，欲歸省不可得，乃繪是圖。復自號曰"青山老隱"，以示不忘首邱之義。

## 朱文禮

朱文禮字彦則，父道存，長江陰幕。文禮于兄弟間，風裁清邁，言往往如老成。會紅巾亂，舉家還上海。居無何，上海陷，苗帥復地大掠，祖妣縣君與母氏、諸父季弟相枕兵死。文禮同兄被虜，得不葅醢，以逃。重見父于吴中，父復旅死，兄弟相弔，人多念者不幸。文禮又短命死。先是上海巨姓有女許字其弟，弟歿，欲遂倩文禮，重賂媒善説之，文禮不可，議遂寢。出《朱氏墓志》與《梧溪集》合。

## 倭　寇

《邑志》于"嘉靖三十二年閏三月十三日，倭三舸泊寶山，登岸殺掠"下失載"十五日至二十二日，南匯所城被賊攻破者再"一條。"四月十九日戰于連賓華橋"下失載"通判劉本元沉菰蘆中一日夜，僅免"句及"時邑未有城，賊自海口入泊北馬頭，知縣喻顯科遁走，焚掠縣治而去"一條。"五月十二日西蔓笠橋之戰"下失載"前鋒丁爵及指揮袁某皆死"句。"六月，知府方廉乘間築城"下失載"賊自宋家橋焚掠縣治之西境，六合知縣董邦政追擊于小灣。未幾，賊首蕭顯自金山駕舟至邑之天妃宫前，劫糧艘。指揮黎鵬舉、鎮撫胡賢禦之。鵬舉被創，賢死焉。都司韓璽力戰于四墩，與監生梁家東斬賊八十餘級乃解去"一條。"三十三年二月六日，劉東陽死于太平寺"下失載"兵備僉事任環統民兵三百及少林僧八十八人適至，與賊戰于葉謝，斬獲頗多，以援兵不繼，僧二十一人死焉。環整師復進，追敗之于五里橋，至習家墳，又敗之。顯走，據史家浜"一條。"陳義詐降"下失載"三月，賊劉三帥衆入吴淞江。總兵湯克寬帥耆民施大鯨等出師擊之，斬首百七十餘級，賊悉就擒"一條。"賊船多覆，乃復登岸"下失載"蕭顯據下沙新場，陳東、徐海據拓林，葉麻三據周浦，相犄角，爲持久計"及"南匯所城圮，賊襲之。哨官李府獨戰死，守將徐學夔以恇怯罷用，把總婁宇代之,與同官陳習屢挫賊鋒,軍勢稍振”二條。是年五月失載“詔以南京兵部尚書總督直隸、浙江山東、福建、兩廣軍務,調集援兵”一條。六月失載“浙地賊千餘,大小舟五十七。自嘉興入洙涇,抵斜塘,出横潦涇,焚掠閔行、沙岡,入海”一條。七月失載“賊攻南匯所,其屯川沙者,撤民房作營栅。時初調河朔兵至,參將盧鏜率之進攻,中伏,力士丁千斤死焉”《府志》更有“馬八百同被害”。近閲疁城人所著《吹影編》有“八百收葬丁千斤”事,故闕其名。一條。八月失載“檄都司韓璽討南匯賊,會少林僧應募至,遂并統之。進焚其三艦于白沙灣,斬首百餘。僧了心、澈堂、一峰、真元乘勝深入,被害”一條。九月失載“繼至之倭登周公墩者千餘,進攻南匯所。亦入柘林巢,與新至者合”一條。是年冬失載“賊敗官兵于青村、洙涇。總兵解明遇、參將李逢時、許國下詔獄。以浙江參將俞大猷爲南直隸副總兵,鎮金山衛。時董邦政、婁宇獨多斬獲”;“知府方廉常召募壯勇分扼要害,又令沿海民募壯丁自相團保,于是監生喬鏜、盛際時、潘元各集鹽丁數百,所向有功”二條。三十四年春正月失載“川沙賊攻南匯所,僉事董邦政帥兵擣其巢,殺五百人。監生喬鏜復追敗之,賊歛衆自保”及“總督張經至松江,議會師滅賊”二條。三月失載“徵廣西狼兵至,總督以田州瓦氏兵屬總兵俞大猷,守金山。以東蘭那地南丹兵屬游擊鄒繼芳,屯閔行。以歸順州及募至思州、東莞兵屬參將湯克寬,屯乍浦”一條。又失載“賊五千餘屯新場、下沙,千餘屯踊港,數千屯川沙。初皆進逼縣城,聞調募兵大集,乃退入舊巢,完壘治械,爲拒守計。諸營聯絡,聲勢益盛。總督欲俟賊惰,入海擊其歸,故擣巢之策不行”一條。又失載“夏四月,工部侍郎趙文華至松江祭海。時瓦氏兵最强,文華輕試之于漕涇,以不習地利致敗。又懼海濱多寇,爲壇于得勝港望祭焉。既恃寵眷,爲分宜牙爪,黷貨恣横,東南苦之,不減海寇”一條。又失載“保靖宣慰使彭藎臣、永順宣慰使彭翼南以兵至。適川沙,賊駕舟出海,官軍焚其巢”一條。五月失載“官兵嘉興石塘灣之捷”及“川沙賊八百餘劫踊港、周浦、車溝。轉掠至唐行鎮,游擊周藩墮水死,殺傷我兵數百人”兩條。又失載“趙文華劾總督張經、總兵湯克寬,逮繫詔獄。以應天巡撫周琉代經,以浙江按察使曹邦輔代琉”及“六月,琉奪職,以兵部侍郎楊宜代之”二條。七月失載“曹邦輔敗賊于雙溝”及“官軍攻周浦賊,知府方廉遣諜毒賊巢中井,死者千人”二條。八月失載“柘林賊徐海移屯陶宅”及“九月,文華爲督察侍郎,與浙江巡撫胡宗憲合謀討海。大敗于磚橋,由是賊勢益熾”二條。冬十月失載“賊自陶宅移屯周浦永定寺,俞大猷率兵萬餘擊之。鄉兵潰,曹邦輔殿後,獲全山,東兵遂竄去。督撫復調川兵六千、毛胡盧兵四百擊之,天忽昏黑,不戰而北,掩殺千人,散亡殆盡。是月,柘林賊移據川沙,總督楊宜、游擊曹克新統川兵攻賊,大敗之,焚其巢。副使任環督舟師襲擊,斬獲大半,餘黨走清水窪”一條。十一月失載"倭二千餘至川沙,其周浦賊乘雪夜移營新場,食民家積粟,擄丁壯剪髮充伍"一條。閏十一月失載"僉事焦希程、游擊曹克新破周浦賊。先是,總督楊宜遣武生胡亘、朱洸等潛入賊中,希程等率川兵雪夜襲之,亘、洸縱火焚寺,斬首一百三十有奇。餘賊潰走川沙,未幾遁出。吴淞江總兵俞大猷、副使王崇古追擊于老鸛嘴,俘斬二百餘人,焚巨艦八,餘賊復奔浦東"一條。十二月失載"徵永安土兵六千至,趙文華稱寇息還朝,許之"。三十五年春正月失載"徐海巢新場,土兵驟入賊巢,伏發,死者千人"一條。二月失載"總督楊宜罷,以兵部左侍郎王誥代之。尋奪宜職,逮巡撫曹邦輔論戍,以湖廣按察使張景賢爲巡撫代邦輔"及"徐海復巢柘林,新場賊往與之合"二條。三月失載"倭船四十餘自乍浦流劫府境,一登漴闕,爲参將喬基等所敗。一犯七灶港,爲僉事董邦政所敗。一犯南匯,爲参政任環参將婁宇所敗。其自界嘴登岸者,環與邦政會擊之,殺十之八、九。其自金山流至西菴者,與犯青村者,邦政與把總王應麟又各殲其衆"一條,及"賊船十六自寶山入吴淞江,俞大猷與把總楊尚英、劉堂設伏海口,沉其舟十三,斬首二百五十餘"一條,又"胡宗憲代王誥爲總督,復以趙文華爲督師,加兵部尚書右副都御史。會浙直兵攻陶宅賊,賊走漴闕出海。婁宇、王應麟追破之九團洋"一條。夏四月失載"新場、漴闕賊合入乍浦,遍掠嘉、湖"一條。又是年秋應載"胡宗憲知盜權在徐海與汪直,既遣諸生蔣洲陳可願説直,因間使詣海,令縛陳東、葉麻以獻。八月,定計誘殺之,餘賊亦盡,自是邑無内寇。寇即來,亦爲海上水師所擊,罕生還者"一條。

## 黄氏

王梧溪云:黄氏,松之莆溪何某繼室也,其家素饒裕。洪武初,罣名欺隱,當没産。既上官至,某貨殖他郡,黄獨與老弱居。官怒其帑藏空匱,掠徵資,抶累百,身無完膚,昏頓就斃者,屢言迄不紊次。掠其姑姒,姑號呼婦,黄方呻吟,即狼狽起蔽翼之,且告姑老不勝捶,力丐身代,辭氣款恻,官愍釋焉。明日,黄復扶傷詣官,泣請某前室之子及姒之子若婦,凡在繫者,少休私舍,贏粮以俟遣。里士范公亮志焉:"余謂昔鄭休妻石鄭,義宗妻盧遺事,並著晉唐史。今何婦兼類之,可稱述也已。"

## 五行志

《董氏雜志》:順治十一年乙未七月初五日,地震。康熙四年乙巳,石米四錢。

此二條《邑志》闕。廿二年癸亥十一月十一日,大寒。滴水成冰,黄浦舟楫不通。念三日,冰始開,人多凍死。十二月朔,復寒如前。越八日,臘才半,天忽熱如四、五月,夜雷電大作,暴雨如注。念九年庚午十二月初四、五日,雪甚,牛馬蜷縮如蝟。旬有五日,寒威不解,往來路絶。又《梅菴雜記》:康熙三十九年庚辰七月二十七日,發暴風,三晝夜不息,禾、豆、木棉俱偃仆。季秋蒸熱甚,諸種俱壞。

## 藝文志

《明史·藝文志》所載陸深《儼山詩微》二卷,侯峒曾《易解》三卷,張之象《四聲韻補》五卷,陸深《平元録》一卷,黄標《平夏録》一卷,王圻《兩浙鹽志》三十四卷,董其昌《南京翰林院志》十二卷、《容臺集》十四卷、《别集》六卷,張鳴鳳《桂故》八卷,董傳策《奏議》一卷,《邑志》皆失載。張蒙川《院長貼簽二條》云:尚有張之象《韻經》五卷、《楚範》一卷,彭叔岩《詩稿》十六卷,《志》亦未載。今《邑志》本載之象《韻學統宗》一種而已,而《韻經》卷數又與《四聲韻補》相同,其《叔岩詩稿》亦未知其工拙,惜先生已捐館舍,無從問詢矣。

## 某烈婦

烈婦,諸生沈騏妻也。順治二年九月,浦東拜空邪教孔貞伯聚衆數千人攻川沙,總督李成棟提兵剿之。營卒收捕餘黨者,欲犯烈婦,烈婦攀一桃樹,赴水盡節。後有誤觸此樹者輒死,人相戒弗近焉。此條唯見于《邑志·兵燹》注内,應改入《列女》。

## 鄔景超

鄔景超字曠思,邑之浦東人。幼有勇力,喜結交任俠,讀書恥爲經生言。康熙十七年,臺灣搆亂,全閩騷動。總督姚啓聖馳檄沿海,景超率所募敢死士百人詣漳州行府陳方略,即授銜守備,隸副將蔣懋勳麾下,蔣未之異也。會賊列陣索戰,鄔即統所部繞出賊後,貫其陣,皆披靡,莫敢當。已而接戰兩日,復拔其砦,由是蔣與督府日益親任。海口之戰,連破數砦,奮槊擒其僞帥,又令移兵攻師子山諸砦,皆以次殲克,直抵海澄。時督府亦總大兵趨廈門,鄭錦倉皇奔潰,乃奏授景超左都督。壬戌夏，部議命提臣施琅渡海。明年秋，遂克臺灣，獲故明九王子及鄭錦子克塽，僞將劉國軒、馮錫範等。是年冬，姚疽發背死，無論景超前此功者，遂棄行伍歸。著有《從戎紀略》一卷、《光霽樓詞》四卷行世。

## 李延昰

延昰字辰山，號寒村，原名彦貞，進士尚衮孫，大理評事中立子也。少學醫于叔中梓，中梓撰《方書》一十七部，延昰補撰《藥品化義》《醫學口訣》《脈訣》《彙辨痘疹全書》四部刊行之。少曾三娶，有子九人，悉殀。乃走桂林，任唐王某官，事敗後遁迹平湖佑聖宫爲道士，以醫自給。聚書至三十櫃，客至留飲極豐腆，其生平事迹不以告人，人亦不能知也。康熙辛丑卒于厲舍，命其弟子用浮屠法焚其骨而瘞之塔，塔在東湖之濱，檢討朱彝尊爲銘。

## 盧　金

明盧金與華亭王一鵬同受業于沈虚明。虚明，嬰醫之聖也。相傳金命奇蹇貧窶者乞其藥，無不立愈。受人厚贈，即症候變易相反，以此貧困終身。

## 浄　孑

浄孑，不知何許人，有時稱空幻，有時稱寄癡，不知何者爲名，何者爲號也。國初來寓浦濱顧氏，喜以左手運筆作行草，極工。又臨米南宫書，作翻手字，紙背映日視之更圓美，工緻倍于正面。人雖費數十年力亦不能到，真絶技也。後卒于吾邑，竟不知其姓氏，人疑其所自稱謂者類乎僧。然嘗見之又非僧也。或曰寄癡，固毗陵諸生而逃于僧者也。

## 鄒黄濤

鄒黄濤字四表。以歲貢需次得虹縣訓導，未赴而卒。畫工細如趙千里，每幅成，輒作詩題其上，非風雅者，靳弗予也。少時文名噪甚，邑中才士，如諸生施光祖、教授施潤叔姪，皆出其門。

## 姚 仁

姚仁字幼常。善鼓琴,工詩多奇句,從之學者頗衆。所居老屋數椽,常待友朋而舉火。然性耿介,其所佽助者,未嘗往干也。晚年目盲,不廢吟咏,尤邃于《易》理,不苟爲人占,占輒驗。年八十餘卒,無子。

## 朱 嶠

朱嶠字赤城。山水學元人,出入叔明、子久間,淺絳渴墨,極沈鬱可愛。草蟲花卉,細膩不減馬扶曦。其寫生荷花一種,獨出新意,渲染既定,然後勒以穠脂數筆,跗萼向背,一一湧見。又善寫真,遺貌取神近視,幾不辨眉目,而其人之爲誰某,又無不望而知之。此二技可謂前無古人矣。至以指墨爲巨松及蘭竹、缾盎小景,頗欠雅馴,世亦購以重價,最不可解。

## 滕開基

滕開基字晉師。邑諸生,善畫亦能詩。性愛藝菊,多佳種。花時羅列一堂,縱客游賞,延接無倦色。其《自題山水》句云:"綠樹陰濃接遠山,水聲雲影有無間。高人自得閑中趣,曳杖溪橋獨往還。"殊灑落可喜。

## 朱士炘

朱士炘字式亭,邑諸生。最工行草。國初諸家如張泌、周金然、釋興澈、周銓都法二王,而士炘獨好米南宫書。下筆恣縱,結體遒勁,足與傅廷彝抗行,真一時之翹楚也。《志》舍士炘而取金永孚,何足與論波磔哉!

## 水 龍

救火者,古惟水袋、唧筒而已。今水龍之法,縣橋南唐某自國初得之倭人,久而他處漸傳。其技製巧而用捷,救火第一器也。用時以水貯容數石木桶中,桶豎錫筒,犅徑五寸許,下歧而二,上合爲一筒。有水門以銅皮爲之,其機一翕一張,則水自外入筒之發水處，曰“鶴頸”，形如偏提嘴，而上聳其水，高可數丈餘。每數人持斗汲水入桶，數人激桶水入筒，一人曳鶴頸者，自能使之或東或西，或高或下。其殺火勢也，百倍于他器。

## 復生公

五世從祖復生公，諱士寶，生而膂力絶人。家饒于貲，游學四方，無藝不習，尤長槍槊及手搏二技，與畢昆陽、武君卿齊名。福王南渡，以同里兵部員外何剛薦授伏波營游擊將軍，未之官而南都破，遂終老于家。所傳弟子有王聖蕃、池天榮二人。池又傳于浙江提督喬東齋照及小普陀某僧。公著有《握奇祕要》四卷，燬于火。今《槍譜二種》及《藥酒治傷方》猶行于世。公幼隨父兄游秦中，盜卒起林莽間，徒手格其械，盡落，驚拜而去。有欲試其技者，執數尺竹竿立于廣場，令萬矢齊發，以所執竹竿禦之，竟無一箭着體。

# 卷　三

## 補　遺

### 王樹德

王樹德字子萬，後改名景曦，别號悟山。自少好立功名以自見。父儒士某，挈之游京師，與陽明先生爲疎族。明制，勳戚子姪得就錦衣衛。鄉試遂中崇禎壬午武舉，選錦衣衛左所千户。時疆圉日促，所在呼。庚癸，翁與兵科給事中時敏、總兵劉一愚計之，以海中有大瞿山，本元時熟區也，國初徙其民實畿甸，因棄焉，宜往墾，歲可得穀十萬斛，因合疏以請，報可。遂以翁爲屯田都司，與時俱行。召募丁壯伐山通道，建棟宇、立屯堡，相原隰之宜，芟夷榛莽，開田若干頃，給牛、種、耒耜，將觀厥成，竟遭父喪去。會國家定鼎，其事遂廢，與諸弟奉母以居。康熙三十七年卒，年八十，有八子。貞儒，上海縣學生。弟某字子實，母病曾割其乳旁肉爲湯以療之，早卒，烈婦蘭之父。暹字子建，亦翁弟也。　右嘉定張雲章《王翁墓志》。

### 華　錦

張鼒《倭變志》云：華錦，上海人，徐太史子。先云幼時常識其人，自言受胡少保命爲徐海諜，事甚悉。當是時，有贊畫周述學者爲胡公謀，遣間使説徐海歸順，而華錦往陰結其兩侍女，令説海。後海尋悔，欲殺錦，而錦以談笑利辯得脱。

### 明餘兵燹

順治元年乙酉，大兵破明南京。報至，邑令彭長宜率吏民守城。六月初六，報有兵三千由蘇州至邑。先是，邑人王世焯以貲爲中書，先降，因命安撫上海。

吴淞守將吴志葵退保崇明。志葵,郡人,會明監軍荆本澈等擁魯藩東走海上,吴亦航海往,大兵遂入吴淞屯守。時知府姚序之、同知趙元會聞世焯至,皆棄印走,長宜與丞趙某亦去。趙,貢生也。長宜封庫金,以印付主簿盧志璉。志璉自至郡迎世焯,世焯旋病,瘻卒于蘇州,以府照磨陶涣署縣事。閏六月初二日,志葵由崇明入泊黄浦,執守口者二人。邑紳富厚者及典商咸醵金餽志葵,志葵乃適郡。十五日,我兵二百餘騎自淞巡縣境,志葵復自郡至,傷我兵數人、領兵官一人,百姓亦有被殺者,志葵乃去。十七日,民間聞訛言,或聚衆焚兵丁屋,殺丁、金二哨官。十八日,署縣陶涣捕得爲亂者,盡殺之。餘民懼罪者,並率妻孥走浦東。十九日,吴黨杭人沈虎臣率兵百人至邑,俱亡命游冶。時吴擁兵居郡界,勢張甚,陶亦未敢拒也。二十二日,荆本澈船入吴淞,僞檄言楚王即位武昌,改元神武,且急徵餉,令沈籍前宦之墨敗者并掠閭里,揚帆入海。邑人潘復者,素游食四方,因亂歸里,自言曾爲河南監軍,荆令以監軍,督本縣兵。陶畏荆往來無定,亦以千金餽荆。潘復又結泰西人潘國光爲助謀,拒守。七月初四日,嘉定破,民復逃竄,冒雨渡浦。初六日,復遂殺涣于東城,自主縣事,民户被其恐喝收括略盡。十八日,荆船再入吴淞,掠旁浦居民。二十一日,潘復聚衆演武場,名曰誓師,殺初爲世焯賫詔書者家奴二人。其實所謂左良玉尅復、南京援兵即至者悉譌言耳。八月初三日,大兵破青浦。初四日,郡城失守,郡紳沈猶龍、李待問等死之。十一日,邑署教諭徐百瑜被殺。徐,邑貢生。十七日破金山,守將侯承祖、子世禄皆死。潘遂遁入海,橐千金進海寇顧三麻以自容。十八日,潘引顧掠龍華居民,仍留船浦中。二十五日,欲聚衆刦諸典庫,會大兵水陸並至,潘遁,顧與相失,走劉河。二十六日,我兵圍之急,要領兵者以三事遂降。

## 蘇兆人

蘇兆人字寅侯。順治五年己丑,魯藩駐舟山,稱監國,兆人爲兵部職方司主事,嘗以一縑自佩。城破,即自縊死。初辛卯九月,我吴淞守將沈豹率師伐舟山,其大學士張肯堂議欲邀擊,魯藩乃親統兵至羊山,以張名振爲前將軍,而令阮璀守隘口,設機弩。時我兵之别率在定海者,覘知守備單弱,以萬人乘霧破螺頭門。魯藩聞舟山失守,乃南遁。于是肯堂及吴鍾巒、名振弟名揚等皆死。邑人死事者一爲兆人,一爲朱永祐。永祐,《邑志》自有傳。

## 張在宥

張在宥字虎侯，邑諸生。城破入閩，仕唐王，爲某官。偕安昌王之日本，乞援兵，會倭王死，乃返。後爲魯藩中書舍人。城陷前一日，在宥以奉使往普陀，遂得歸。而家益貧，無以給晨夕。病既殆，猶日訊海中事。前居舟山時，有雜記數册留其弟處，或云已爲忌在宥者燬之矣。

## 二 喬 被 逮

喬景星字廑茨，喬世忠字願良，並以與郡紳陳子龍通謀被逮。先是順治乙酉，郡城破，子龍復聚衆，泖湖提督吴勝兆陰懷兩端。丁亥四月，召府佐二人飲，遂害之，以兵二千披鎧列城上，約京口總兵黄斌卿爲外援。時子龍已舉兵侵旁縣，夜半海風驟起，舟不能進。天已曙，而黄兵亦不至，吴窘甚。裨將詹世勳陽款吴，而飛檄告變。數日械吴至江寧，伏誅。陳棄軍走嘉興，被執，躍入水不死，乃戮之。初謀時，署知名士于册者凡千人，爲華亭知縣某所得，畀于火，然猶逮同謀者數百人。

## 張齊華

張齊華字彦伯，號茨若，之象曾孫，雲輅子。幼穎慧，能文，補邑諸生。次子斌臣中崇禎癸酉武科。齊華當國變之際，悲憤無所發，舒一寓之吟咏郡邑殉難諸臣，各賦短章弔之。齊華故病痁，因謀脱踐更，頻至邑，病劇卒。斌臣圖起兵從魯藩，爲嘉定人所殺。長子亮臣早卒，婦楊氏自經以殉。齊華兄齊冉，字文季，號連圻。張氏世居龍華之雁橋莊，齊冉晚更遷居青浦松子里，性好潔，一布袍三十年。闢小齋曰薇庵，供夷齊、子陵、元亮及所南玉潛諸像，時設酒果祭之，已亦侍飲其側。崇禎辛巳饑，囷穀以食戚，黨人謂其貧而能施，尤不可及。壬寅歲，卒于外孫阮氏家。

## 周 規

周規字象員，一字公履，邑人。後居澱水，復徙嘉定，妻死無子，無家亦無兄弟。少年時有膂力，學擊劍、騎射。戊午、己未間，曾上書數萬言論邊事，不報。詩清疎壯邁，有名家劖削所未到者。舉止敦朴，如未嘗識字人。獨與華亭蔡樅友善，嘗謂人曰:"規老矣,當瘞父母。梓詩百廿首,招好友痛飲數日,然後瓢笠長往。爲我友者,即以是日爲予死日。"樅,字季直,死于難。

## 徐熙景

徐熙景字唐運,一名照,字明遠,號讓泉。祖方伯用,登高第。熙景不工制藝而工詩,至于書則于古無不學。性極迂僻,乞書者即素交亦辭之。興至,縱筆書數十幅不厭。又工籀篆及畫,特寄意而已。其書以稚爲老,以疎取姿,以亂趨勢,以脱示變,不必某筆出某人而縱横披放,熟至法生,自有嶔崎磊落之致。世人每貴遠而忽近,貴名而忽實,貴貴而忽賤,二十年後不識姓名氏者衆矣。嘗雨牕背臨,逸少告墓帖,自謂奪真,其中子里刻之于石。里,字仁美,能畫。　右七則見莫葭《水集》中,稍改,本文録之。

## 三　節

《龍江夢餘録》:洪武初,冀人李從吉爲上海簿,有活民之功。卒時,妻劉氏才二十有八,生二女。長歸我高祖文祥,次適沈源仲,二壻亦早世。二婦以二十餘守節,母女更相依爲命,抗志不渝,壽皆八十。一時文士如黄瀼東輩,作《三節傳》及歌詩以紀之。惜有司不以聞,朝典未及耳。古稱忠節之後必大唐氏,自先伯中丞公以來,累沾國恩,而沈則落落矣。同其始,不同其終,此天意之不可知也。

## 王　逢

王逢字正中,作《河清頌》。臺臣荐之,稱疾,辭。明太祖欲辟之,堅卧不起,居海上之烏泥涇,歌咏自適。洪武十五年,以文學徵有司,敦迫上道。時子掖爲通事司令,以父年老,泣請,乃命吏部符止之。又六年卒,年七十。所著有《梧溪集》七卷,自稱席帽山人。《居易録》云:王逢原吉《梧溪集》七卷,有元新安汪澤民、番陽周伯琦、明南康知府陳敏政三人序。又云牧翁謂:"《梧溪集》述宋、元末國事人才,多史家所未備。如宋高皇壽成殿、汝瓷、觶引,孟郡王忠厚《佩印歌》,制置彭大雅《瑪瑙酒椀歌》,尤令讀者一唱三歎。"

## 儲 泳

宋詩人儲泳墓在周浦鎮,俗呼木魚坟。泳號華谷,尤長于天官家言,所著《袪疑説》,《協紀辨方書》中多採擇之。

## 王太初

元王太初《古心筆録》内一則有云:"隆平寺主藏僧永光爲方外交,來訪余觀物齋"云云。其居當去青龍江不遠,陶南村稱爲王古心先生,當時蓋甚重之。惜所著《簣土集》《漁樵稿》都未之見。

## 莊 肅

莊肅號蓼塘。至正間詔求遺書,有以書獻者,予一官。江南藏書多者止三家,莊其一也。繼命危學士素來檢取其家,以兵遁、圖讖悉付祝融氏。肅孫群玉又以存者載之入都,覬領恩澤,久之仍布衣而歸。

## 陶 振

明陶振字子昌,受學于楊維禎,通《詩》《書》《春秋》。爲訓導時,以佃官房遣戍。上《紫金山》《金水河》《飛龍在天》三賦,去戍籍得歸。《藝文志》所載《賦稿》一卷,其實止此三篇也。　以上四人俱列《文苑》,爲搜采以補傳之所闕。

## 蘭汀公

六世從祖蘭汀公諱永祚,字爾昌。幼從兄之官西安。萬曆初,寄籍爲拔貢生。公工詩,尤善鑒別金石文字。秦中故多三代碑刻,故收藏倍于邑中。潘、陸兩家有家刻《淳化閣帖》,其補入周、秦、二漢人舊迹,爲時所珍,碑版後歸同里徐蔭君,今不知落何所矣。公初補邑諸生,寄籍西安,乃以字行,官宛平縣知縣。兄諱永善,以薦舉授秦府長史。

## 小臣公

五世從祖小臣公諱世遂。原名士廉。邑諸生。能文,工于詩詞,尤精考據。有别業在北,墅樹梧竹繞屋後,鼎彝圖史充牣几席。客至,焚香瀹茗,談笑終日。或攜古物示之,必爲細述硯出某坑、缾出某窑、琴出某某人手斲,歷歷不爽。他如書畫玉石,亦望而知其真贋。著有《一畝居詩文稿》十二卷、《書畫臆斷》二卷、《介之隨筆》四卷。

## 潘雲龍

潘雲龍字雲從,四川布政使允端子也。弱冠,入成均,預選内閣。神宗將雩祭,見其名曰:"朕方祈甘澍,雲龍二字佳讖也。"遂授武英殿中書舍人。著有《萬花樓集》。邑中《六體千字文》《淳化閣帖》《趙子昂蘭亭十八跋》,皆雲龍舊物也,跋尾字工緻如文徵明。

## 孫致彌

孫致彌字愷似,號松坪,明登萊巡撫元化孫也。國朝康熙中,以布衣賜二品服,采詩琉球諸國。累官翰林侍讀學士,以事下獄,旋得解。詩工巧,在石湖、放翁間。著有《杕左堂稿》四卷,門人樓儼爲序。致彌作字,天趣横生,意出蘇、米。其所書便面、聯額,人争藏之。

## 張希賢

張希賢字若愚。善吹洞簫、鼓琴,尤工古、今體詩,排奡跌宕,自成一家。常游京師,以性不諧世俗,所親贈之斧資歸,坐是益困。同里羅九成字南照,能吟詩,多蓄法書名畫,豪于貲而好客,希賢常主其家。雖老,猶日評古人,文多僻論,與他客亦齟齬不相合。年七十餘卒。

## 吴 磐

吴磐字某叟。有隱者風。工吟咏,善繆篆,亦精于卜筮。少常幕游江南北,歸里後,罕與人接,人亦不知有吴翁者所居。又在西城隅極幽僻處一室,僅蔽風雨,而洒掃極精潔,四望惟菜圃、荒陂,絶無竹樹。翁俯仰其間,嘯傲自得而已。

## 徐勛

徐勛字紀常。少有膂力,入武庠,累試不第,乃棄去。作人物、折枝、花卉極生動。間仿仇英爲山水,亦工細可愛,但界畫不及耳。性好度曲,或轟飲累月。人所與紙素,皆鼠迹塵封矣。其畫不輕與人,或不求而與,初未擇人也。

## 王繪、徐智

王繪字素如。畫學宋元人,小景饒有氣韻,間作詩,亦工。從之游者,同里徐智字周範,作山水幾駸駸出藍矣,兼擅四體書,乞之者頗衆,惜以下壽卒。若繪則又能鼓琴,向與布衣姚仁爲同調。仁卒,邑中知音者絶少。人雖常得聽之,其妙處弗能知也。逮繪卒,此響如《廣陵散》矣。繪,監生。

## 曹傑士

曹傑士字電發。附貢生。小楷學趙文敏,得其神髓。葉舍人鳳毛固當世名書家也,極愛傑士書,雖寸紙尺幅,皆藏以珍玩。從子錫爵字廷諫,兼擅題榜字,而小楷尤遒勁有法。年八十餘,日可得數紙,無倦色。今侍御錫寶《古雪齋集》梓行海内,皆其所謄繕。

## 曹錫璜

曹錫璜字書圃,傑士子。邑諸生。能文工書,善談傾一座,雖老生宿儒莫能難。詩不畛域唐宋,而清思妙論細入無間,識者頗罕。從兄侍御錫寶招之游京師,舉順天鄉試,不第,充四庫館校録。謁選,得山東布政司經歷,暫假歸。及之官,舟方抵滸墅,屬微疾,即促返鄉里。蓋錫璜素精壬遁術,知疾之不可瘳也。抵家數日卒,年五十餘。無子,人共惜之。

## 黄烈、毛肇烈

黄烈字右方,毛肇烈字宰揚,皆邑諸生,而邃于經術。學使者至,例以經義預試多士,訓詁確切,援引淵博,爲郡國冠,當事無不肅然加敬禮。烈所爲書尤富,當四庫纂修,日廣采海内圖籍,烈以著作進呈,得列中秘,稽古之榮世無與比。而毛以倉卒無成書,不獲上。

## 金寶田

金寶田字仲雲。邑諸生。山水無所師承,荒寒疎古,自成一家。彭雲楣大司徒視學江蘇,多士,能書畫者亦引試,以寶田爲第一,遂辟置幕下。屢就京兆試,卒于京邸。寶田畫雖不拘拘六法,然合作者絶似高房山。

## 陳青傳、程紹南

陳青傳名某。精岐黄術,孤介絶俗,書法極工緻,不減周緯蒼。其所製藥方,作尺牘式,紙墨鮮好,鈐以引首,押尾印章,經數十年不蘤,人多藏玩之。程紹南名宗伊。尤有名,能畫梅花幹,疎古不求形似。得意者皆題咏其上。

## 張　瑋

張瑋字涑南,又號髯道人,河南某縣人。爲蘇松散官,奉檄監榷關税,來居海上者數年。善四體書,其行楷亦多雜篆隸法。時寫意作花卉、翎毛、蘭竹,窠石,草草塗抹而神氣涌現,有青藤、白陽風味。其没骨牡丹,設色極穠艷,而枝葉殊不經意,尤擅名于時。

## 葉　氏

顧侍講成天《金管集》云: 徐天福妻新場鎮葉氏,僕婦也。有謀奪其志者,知勢不可禦,從容祭其夫曰:“今日非葉忠節公殉難日耶!”遂闔户自經。事不上聞,旌表莫及,可慨也。

## 孫元化

孫元化字初陽,嘉定人,寄籍吾邑。登鄉科。嘗從徐文定公游,得泰西火器法。天啓六年,會試入都,條上備京、防邊二策。給事中侯震暘薦之朝,孫承宗請令主建砲臺及教練法,贊畫經略,軍前奏授兵部司務。崇禎二年,以武選員外起用,擢右僉都御史,駐登州。孔有德兵變,中軍耿仲明等應之。元化自刎不死,詔逮之,同其將張燾棄市。

## 祥異

《邑志·祥異》元延祐七年後失載"文宗至順元年庚午閏七月,大水冒村郭,殍殣相望"一事。又"至正十七年丁酉,鷄伏七雛,一作大鷄狀,鼓翼長鳴,是城中李勝一家";"二十二年壬寅,閹狗生小狗八,一爪吻紅如血,是三十四保金壽一家",《志》皆失之。"二十六年丙午,隕魚在浦東俞家橋南,長盈尺,有飯店婦鹽漬藏之,人多就觀焉",《志》亦不言其所隕處。

## 又

《明史·五行志》:洪武八年乙卯九月,大水,蘇、松、嘉、湖皆然。是年十二月賑。明年,免四府田租。又明年,賑四府被災者户米一石。十一年戊午,海溢,人多溺死,蘇、松、揚、台皆然。永樂元年癸未,上海饑。二年甲申六月,大水,蘇、松、嘉、湖並饑。三年乙酉春,大雨不止,賑免户口食鹽鈔,秋免水災田租。四年九月,復賑饑民,復業者十二萬餘户。六年戊子四月,大水。"大水",《五行志》不載。正統四年己未七月,大風拔木,殺稼。明年十一月,免秋糧。景泰五年甲戌正月,大雨不止,大水。三月,命王文巡視水災,凡蘇、松、淮、揚、廬、鳳六府。按《邑志》正月大雨雪,四旬不止,夏又大水,而是冬實免漕糧。明年九月,賑蘇、松饑民米麥一百萬餘石。天順五年辛巳,上海、嘉定、崇明、崑山海潮衝決,死一萬二千餘人,免被災秋糧。成化十年甲午,免被水災者秋糧。《志》載:八年,海溢。十七年辛丑二月,地震。江西、河南、山東同日震,有聲。宏治六年癸丑冬,大寒。八年乙卯五月,大疫且饑。以上自成化八年起,《五行志》皆不載。十四年辛酉十一月,地震。《志》稱十月。按是年正月,陝西最甚,震至半月。十月,溧陽亦震。十六年癸亥,旱。十八年乙丑,地震,七府二州同日震。正德四年己巳，饑。五年庚午十一月，大水，復饑。六年辛未六月，大水。七年壬申，大旱。八年癸酉，饑。是年免秋糧。十二年丁丑夏，大雨，殺麥禾。十三年戊寅夏，大雨彌月，漂室廬人畜無算。嘉靖元年壬午七月朔，大風自北來，飛屋瓦，樹盡拔。廿五日，海溢。二年癸未八月，大水。三年甲申正月，地震。九年庚寅夏，旱。十九年庚子，旱。明年免秋糧。廿二年，又免税糧。四十年，賑被水災者。隆慶元年丁卯六月，大風，海溢。是年大饑。二年戊辰元旦，大風揚沙，白晝晦冥，天下皆同。萬曆三年乙亥九月，大水。明年，饑。蠲逋賦，詔明年秋糧收十之三。六年，南京户科給事中傅作舟奏連被傷災。七年己卯，大水。十年壬午七月，大雨，潮溢壞田禾人畜無算。冬，蠲賑被災者有差。十一年，免秋糧。十四年丙戌冬，木冰。十五年丁亥，自五月至七月恒雨，禾麥俱傷。十六年戊子春，旱，大疫，民死無算。十七年夏，大旱，發帑四十萬，命給事楊文舉賑之。十九年辛卯，大水，賑。廿九年辛丑春，霪雨傷麥，溝渠無故皆溢，盆盎亦然。崇禎十三年，蘇、松皆大饑，知府方岳貢與蘇州知府皆以逋賦削籍。

## 又

康熙廿九年庚午十二月，大雪，深二尺，居人閉户不出。三十年辛未元旦，雪未消。人日，雪。穀日，雪愈劇。九日，雪。二十日夜，暴風，復雪。三十二年癸酉五、六月，大旱，傷禾。三十五年丙子六月朔，大風，暴雨如注。二更，海溢，衝壞寶山城，水高二丈，漂没海塘五千丈，淹死數萬人。七月二十三日，天未明，大風，暴雨傾注。至午，天色昏黑，水没過膝。雨竟夕方止，居宇摧折無數。

## 又

《梅庵雜記》云：康熙七年戊申六月十七日戌時，地震。自西北至東南，隆隆有聲，浦水騰躍。三十九年庚辰七月二十七日，發暴風，三晝夜不息，禾、豆、木棉俱偃仆。季秋，蒸熱甚，諸種皆壞。

## 任辰旦

任辰旦爲給事中，沆爽敢言。曾知邑令，上章請減浮糧以均國課，曰："蘇、松賦額獨重，乃故明之弊政。各直省全徵者多，而兩郡則數百年來必不能無欠者，非盡有司之拙，百姓之頑，蓋力不逮也。其風俗喜炫繁華，然僅在城市十餘里之間，此外啼飢號寒與磽瘠之區，實無以異。故屢加重創，積逋如故，竟何補于國哉！今幸逢聖世，千載一時，請查嘉、湖、常、鎮之額，按其最重者定爲蘇、松之賦，即不然亦從減省"云云。格于部議，竟不得行。

## 王侹

王侹字燕賞。曹州單縣生員。乾隆十年，保舉爲邑令。十二年，值水災，既奉朝命給口粮煮粥賑飢，又出私貲掩殘骼甚衆。明年雨雹害稼，躬勸士民平糶鄉鎮未舉者，借俸買米倡率之。甫蒇事，即以官房創立申江書院，課藝之暇，每與諸生談笑飲讌終日。其舉動都與俗吏異。凡蒞任數年，百廢俱興，如浚城隍，浚六磊塘、馬屯涇、三林塘、李縱涇，脩海塘，置廢閘渡，悉整頓有法。繼以公事罷去。

## 黄渡河泊所

明洪武初，設黄渡河泊所，以管嘉、崑、華、上漁户。宏治三年，知府劉璟奏革其漁課于秋糧項下帶徵。今漁户册籍，皆主簿統之。

## 魚鱗圖册

古今原始。明太祖遣監生武淳等，往各處隨其税糧之多寡定爲幾區。區設糧長四人，使躬履田畝，以量度之。圖其田之方圓，次以字號，悉書主名及田四至，編彙爲册，其法甚備，謂之魚鱗圖册。今南匯獨無，蓋分縣時未造。

## 劉晏

宋劉晏字平甫，嚴州人。遼進士，爲尚書郎。宣和四年，率衆來歸，授通直郎。建炎初，從劉正彦擊淮西賊有功，遷朝請郎，正彦反以衆歸韓世忠。金人犯建康，世忠退保江陰，晏領其騎屯青龍鎮。金又犯常州，郡守請援世忠，以精鋭七千益晏兵，出奇大破之。進直龍圖閣，保馬迹山。又以舟師降其衆千五百，郡人爲立生祠。後以招安戚方，爲賊所殺，贈待制官。其四子立廟曰“義烈”。按此條與卷二《青龍鎮將》條同。

## 周如斗

周如斗字允文，餘姚人。嘉靖二十六年進士。由知縣爲監察御史，巡按蘇、松。會倭寇訌海上，歲且大祲，如斗請捐常賦什五；已輸官者，悉發倉廩還民。乃督率將士協力進討，屢有克捷。減客兵，選鄉勇以備緩急。踰歲當代去，士民乞留，章七上得允。復奏設海防官。其年夏，寇復至松江，鄉民走避者萬計，巡撫欲弗納，如斗曰：“是驅民于死也，脱有不虞，我任之。”洞開諸門，使入予糜粥、醫藥，然後城守。及賊去，度必西竄，馳至蘇州，破之婁門。又要柘林賊于吴江之□墓，俘馘甚衆。尋與督府合策，大捷于沈莊。訖賊平，先後擐甲無慮數十戰，皆格于視。師趙文華僅賜金綺，加一級而已。是歲大旱，復奏減田租之半，并留折布、課銀以餉軍。未幾督學南畿，累陞副都御史，巡撫江西，卒于官。

## 麥而炫

麥而炫字章闇，四川順德人。崇禎辛未進士，爲上海令。坐事罷去，百姓乞留不得，至壘城門以尼其行，《志》載之甚詳。後而炫復宰安肅，唐王聿鍵以爲御史，同東閣大學士、兵部尚書陳子壯守高明城，城破俱被執，不降，戮于廣州。

## 陳箍桶橋

陳箍桶相傳宋時仙也，能道徽、欽事甚悉。跣足蓬頭，冬夏一衲衣，破而不穢，鬚鬢斑白，雙瞳如碧玉。年常若五十許，忽來忽往，踪迹不常。弘治間，嘗至揚州官舍觀牡丹，有浙人王元敬以火銃戲擊其背，若不知者。邑之陳箍桶橋，俗以其名不雅，易爲陳顧同橋，謂當是二姓同造，實臆説耳。按郎瑛所云，則自宋以來實有此人，而游歷又遍于江浙間，安知橋不因仙迹而著耶？姑存之以備考證之一助。

## 顧振海

顧振海造墨，自詡在方于魯、程君房上，家饒于貲。以松烟和油腦、金箔、珍珠、紫草、魚胞，擣二萬杵合成，贈人止一笏而不賣。文曰："海上顧振海墨。"或曰取倭墨重造者，俱作松皮文圓樣，而無款尤妙。

## 談箋

談箋有數種，玉版、玉蘭、鏡面、宫牋，爲最初談彝庵侍郎得擣染祕法于内府，其孫梧又授其法于仲和。昔人謂其品在蜜香、冰翼之上。今邑中所市談牋，皆自郡來，以他紙刷五色膏粉爲之，久久必盡脱落，非佳物也。

# 卷　四

## 訂　誤

### 齊昌寺

《邑志》云：齊昌寺故址在縣治南。考宋咸淳五年，市舶提舉董楷《受福亭記》云："自市舶司右趨北，建拱辰坊。盡拱辰坊，剏益慶橋，橋南鑿井，築亭名曰受福亭。前曠，土悉繡以甎，爲一市闤闠之所。其東舊有橋，已圮，巨濤侵齧且迫，建橋對峙，曰迴瀾橋。又北爲上海酒庫，建福會坊，迤西爲文昌宫，建文昌坊。文昌本泥塗槩，施新甃。文昌坊又北建致民坊。盡致民坊，市民議徙神祠爲改建橋，曰福謙。由福謙趨齊昌寺，臣子于兹頌祝萬壽，廣承滋液，施及群動，改建橋曰泳飛"云云。今以益慶橋準之，則迴瀾橋在其東。橋直北爲酒庫，又迤西北建橋曰福謙者，當與益慶南北相對，即舊志所稱范家橋于築城時拆毁者也。由此橋而趨齊昌寺，又建橋曰泳飛者，必黑橋之舊名，而寺在橋之左右無疑矣，何得云在縣治南耶！

### 錢良臣

宋錢良臣字友魏，紹興進士。淳熙五年，自給事中除端明殿學士，簽書樞密院，旋拜參知政事。德望端偉，爲時所重。孝宗褒之曰："如卿可謂通世務之儒。"手書"通儒"二字賜之。九年，罷知鎮江。十五年，提舉洞霄宫。光宗即位，復手詔存問。卒，謚文惠。《邑志・列傳》載其事迹甚略，特謂今縣學皆其所修，不知吾邑始有鎮學在度宗咸淳中，事隔三朝，去錢公殁已數十載。迨元升鎮爲縣，又異世事矣。或者因公曾修華亭縣學，而遂誤引耳。

### 錢鶴皋之亂

《邑志》：吴元年大將軍徐達攻松江府，知府王立中以城降。會達檄各府驗民田,徵磚甃,城上海。民錢鶴皋不奉令,結張士誠故將韓復春、施仁濟,聚衆三萬餘人,自稱行省左丞,僞署官屬,以姚大章爲統兵大元帥,據上海。達遣驍騎指揮葛俊進討,攻下之,檻送鶴皋伏誅。知縣祝挺出走,起義兵復邑治,斬大章送俊,故官兵不及境,詿連者皆得免。按是年達攻蘇州,松江知府王立中實送款于蘇,達未嘗親攻松江也。嗣以荀玉珍代立中,鶴皋兵攻府治,玉珍棄城走,追殺之,遂據有府城。自進位號令,子遵義率小舟數十走蘇州,圖與張士誠合,以求援兵。達已遣葛俊東下,破遵義于漣湖蕩,進攻鶴皋,破之,檻送京師。《志》略其顛末,并漏書"據府城"句,遂使全文皆模糊難讀。

## 晏公廟

廟在西門外,有明思州府邑人蔡懋昭撰碑云:"平浪侯晏公,數顯靈于江湖間,吴赤烏中建廟于周涇左側。嘉靖間島夷犯城時,僉憲董邦政署縣篆,計無所出,俄聞半夜兑隅鼓礮震天,洶洶有喊殺聲。已而海潮汎溢,隤土隄,淹溺八十餘人,遂解圍去。吏民德之"云云。按《路史》:公名戍仔,元時爲文錦堂局長,登舟尸解。明洪武初,以其陰翊海運,封平浪侯。豈有赤烏中立廟之理?

## 海不内徙

舊説黄家灣界碑去海二十里,今數武之外即成巨浸,蓋海已内徙矣。不知潮汐衝激隄岸砯圮,沿海皆然,無足爲怪,海固未嘗内徙也。凡水有彼岸者乃謂之徙,如黄河故道北流,今已南徙是也。裨海之外,環以大瀛海,不知紀極,茫無津涯,安得云徙?

## 夢花樓

明嘉靖三十二年倭患亟,以僉事董邦政領海防道,建署于縣治西南,作截蜃、鎮遠二樓,即今右營游擊署也。考樓名,鎮遠者在署北,已毁,惟截蜃猶存署東,俗呼夢花樓。蓋斥堠瞭望之處,統謂之望海樓,而吾邑土音望、夢二字皆麻榜切,花、海二字音又同母,則久而傳訛也亦宜。

## 張鶚翼

張鶚翼字習之。嘉靖辛丑進士,授兵部職方主事。守山海關,創新令數條,時稱其便。改吏部,歷驗封、考功、文選郎中,酌選法,以疏淹滯鄉里,無所借。擢太常少卿,轉右通政,尋以右僉都御史巡撫貴州。便道假歸,時倭寇海上,鶚翼建"築城""飭備""團兵"三議,士民留以係人心者。踰月,寇退,乃之官。區畫撫夷四事,上之,曰:茶苗、邛水苗、湄潭苗、賜金幣。會岑猛之黨阿項叛,公密檄宣撫楊掎之挫其鋒,窘,欲聽撫。公不許,率督兵入其巢,賊竟授首,此捷爲數十年所未有。時考察命下,督府欲俟上阿項功,需後命,而公亟毁其疏。庚申,考察去留,吏部尚書阿相嵩意以吴鵬、許倫、趙文華、嵩子世蕃爲最,而楊行中、葛守禮、鶚翼等皆註下考,罷黜歸。病亟,猶口占《答郡守論民瘼書》,引己疾爲喻云。按考察在嘉靖三十九年,而倭變在三十四年。《邑志》列其建防寇三議于罷官後,誤。且郡《邑志》並言其以星變免,亦誤。公所居東偏妨城址,有司欲迁道避之,公即毁其室。

## 欽賜仰殿

金姑娘娘,驅蝗神也,其祀盛于崇禎庚辰、辛巳間。田家賽神多用之,或稱金四娘。吾邑浦東欽賜仰殿,命名最爲無理,殆因是而傳訛者歟。或云殿建于唐時,梁上猶刊信官秦叔寶字,荒謬更甚矣。

## 賞軍瓶

賞軍瓶,實瓦甀耳,形如筒而脣少劇,肩有耳以安系。土人往往墾地得之,瓶得土氣久,故供花經月不萎。《邑志》"餅山"註引項子通《府志》云:"晉袁崧犒軍于長人鄉,聚餅爲山。"又引唐文獻記:"吴越王常飲軍于此。"二説皆誤。惟"吴會鎮"註一條云:"净土寺地接瓶山,皆瓦礫,宋時酒庫所遺也。"此説最爲近理。按宋有酒庫在坊浜福惠坊,其餘酒務分設青龍、江蘆子城諸處,則所謂賞軍瓶者,悉庫所賸棄。今人于土中得瓶完整者甚少,尤爲可驗。蓋古人沽酒無不用瓶,近日常、潤間猶有此風,人特略而不之考耳。

## 王光承

王光承字玠右。明諸生。與同邑何剛,郡人夏允彝、陳子龍、徐孚遠輩,共立幾社,名重海内。崇禎末,從父之新昌訓導任,會莊烈殉國。就徵江南,上時務五策,當事不能用,佯墮驢傷足,歸與弟烈隱石筍里,著有《鎌山堂詩》二卷。光承無子,女名雙鳳,亦能詩,詩稿名《玉瑩草》。適中書舍人楊憺,遂依女夫以終。卒,年七十二。見詹事黄之雋所作墓志。《邑志》稱啓手足于友人丙舍者,殊未深考。

## 余 瑾

元余瑾,傳《邑志》稱居干山,應改北干山,或簳山。干山爲九峰之一,即未分,青浦以前亦不在管内。又瑾所著有《史補》《斷丹崖》《夜嘯金聲録》《玉露吟》諸書志,並失載。

## 水利紀年之訛

《明史・水利志》:宏治九年,工部侍郎徐貫偕御史何鑑經理浙西水利,開吴淞江,大石、趙屯等浦,由吴淞以達于海。《府志》誤書"七年",《邑志》載之"正德十三年後",更爲舛謬。

## 費烈婦

《邑志》曰:"費元琇,歸江陰知事朱道存。至正間江陰亂,因歸寧以避之。未幾苗寇上海,城陷"云。按王逢《梧溪集》詩序云:"朱夫人諱元琇,江陰知事朱道存之妻,都漕萬户費雄之女也。至正十六年江陰亂,夫人依其父居松江之上海。未幾上海縣陷,苗軍復縣大掠,將手刃入犯,夫人怒叱曰:'吾貴家婦,夫君見勤王,汝本官兵,奚爲犯我!'投釵珥于地,苗攫之去。既而苗沓至,夫人揆不免,乃攀堂楹大駡。比遇害,血沁于指,爪入楹木。"是二年中,破江陰、上海者皆淮兵也。苗帥楊完者遣其將蕭亮、員成等來復邑治,遂縱兵焚掠,誠無異于寇。然謂苗寇上海,則失實矣。

## 淮兵苗兵

《梧溪集》于"淮兵陷上海,苗帥復地大掠"事,一再見于《費烈婦》《朱彥則》詩中。《輟耕録》亦謂:"揚州守臣朱焕之、戚管明、朱國珍居上海,皆死苗獠之難。"蓋至正丙申,元帥王與敬以松江叛,降士誠。苗帥楊完者遣部將來援,與敬遂走。則前之陷縣者必與敬之黨,後此之復縣大掠者,即完者所遣之部將也。《府志》僅云"火一月不絶,城邑殆無噍類",《邑志》并闕而不書,疎漏極矣。

## 秦璠、王艮

璠,通州人,艮,常熟人,與其黨王祥、沈維良等俱沙場土豪。世販私鹽于蘇、松、常、鎮四府,捕官莫敢誰何。嘉靖己亥九月,兵備副使王儀駐太倉以圖之,凡賊可通往來之處,悉以兵船布其要害,賊遂走據南沙。使知州萬敏諭降之,不聽。會巡江御史議以兵久遣散,賊勢益張。時上海無備,巨室多遷避府城。明年四月,命州判石巍率吴淞等衛千户六人、耆民十二人,分五營爲捕盜。巍,故平樂人,與猺獞習,視賊蔑如。六月,聞撫按檄備倭指揮李俊將至,遂渡海徑抵賊巢。賊兵止數百,巍懼有伏,未即登岸。已而,賊大集,縱火焚蘆葦,焚溺殆盡,得漁舟脱歸。賊朱書僞檄,遍徵都城,語多不遜。事聞,失事十九人悉提問,兵備戴罪殺賊。勑總兵湯慶率邳兵千人南渡,與巡撫夏邦謨操江、王學夔等集太倉,命四府各備銀穀萬,又借民糧數萬,統三省軍相機進勦。先是,儀復命敏往諭降,獨維良有異志,許執璠、艮以自贖,更相疑貳。迨勢迫,璠、艮度不免,始出焚掠,南入吴淞江横涇、七丫、劉家河等處。慶率千人往,獲三賊。十一月賊復至,維良乘間出降,賊追之,乘勝直抵吴淞江,將指上海,未至而返。明日,賊率二十九艘抵劉河口,與我師相望。慶登八槳船環射賊,賊不能支,官軍悉出大艦爲横陣,砲石齊發,烟熖蔽天,斬首百三十七,獲舟廿一,璠死,艮以五舟遁。是月,其黨宋文盛復殺艮來奔,官軍登沙擣其巢,斬馘無算,俘其生者二千,訊得真賊一百七十,餘悉縱釋。此事《府志》與《七修類稿》[載](戴)之甚詳,《邑志》因其文有"南沙"二字,遽云"璠、艮據南匯、川沙以叛,焚掠沿海富民家",一何憒憒可笑。

## 姚楷畫

姚楷字正之。畫人物、花卉,設色頗穠厚,然落筆粗笨,滿紙皆襯以青色,俗不可耐。其畫上每好題詩,詩無佳句,字亦不工,真惡札也。世傳牡丹、鍾馗,當時皆以重價購之,不知何以動人,珍惜如此。今《邑志》以强行健、張焕文與楷同傳,其體例最爲不合。行健山水仿宋元諸家,極縝密有法,分隸亦高古,尤工繆篆。焕文能詩,常見其松石、便面,頗得王麓臺筆意。以二文士附庸史之後,彼載筆者無乃非賞鑒家。

## 吴惟信

《漁洋集》: 宋吴惟信字中孚。嘗之吴,吴人有縻先生,于九經注疏悉能成誦。見中孚絶句"白髮傷春又一年"云云,下拜曰:"天才也。老夫每欲效顰,則漢高祖、唐太宗追逐筆下矣。"《邑志・流寓傳》曰:"吴郡縻登,吟壇名宿也。"殊失實。

## 祥 異 紀 年

元大德九年乙巳,旱蝗。《邑志》誤書"丙午",丙午當在成宗十年後。至元三年丁丑,《邑志》誤書"二年",二年是丙子,非丁丑也。《輟耕録》云: 丁丑夏六月,民間謡言朝廷將采童男女授韃靼爲奴婢,凡庶民、品官家十二、三以上,便爲婚嫁,正與志所紀浦仲明子事合。

## 祭 海

《邑志》:"嘉靖三十五年二月,趙文華移檄祭海,知府方廉請設壇壝于得勝港行禮。會集水陸官兵二十餘萬,軍聲大振,川沙、周浦賊皆遁入浙境"云云。按文華以東南倭患方亟,首言七事,如增賦税、募水軍、遣重臣督師及祭海神之類。帝即遣文華,遂以三十四年四月至海上。時瀕海多寇,故文華欲擇近地,望而祭之,其非廉所請明甚。所謂集水陸官兵二十萬,正總督張經所調永保、東那諸兵,以是年春夏陸續俱集故。徐海懼官兵焚其巢,遂西掠浙境,以撓我師,安得即以文華影射而無一語及經歟! 文華既劾逮經,至冬,亦以寇息還朝,而東南敗報踵至,皆三十四年事也。若三十五年二月以後,賊巢川沙、新場者如故。至三月,賊又以四十艘從乍浦流劫松府,如漴闕,如七灶港,如南匯,如界嘴、西菴、青村,不一而足。是賊方自浙東竄,何得云遁入浙境哉! 惟此年五月攻城,被創以後,賊不再犯縣境,誠如《邑志》

所云耳。是時,文華復銜命海上,蓋以督察軍務至,而非祭海矣,豈可以兩事混爲一事乎?

## 海防廳

海防道署建于嘉靖三十三年,即今右營游擊署地,以按察司僉事董邦政領之。三十六年,倭患少息,乃省海防道,以羅拱辰爲海防同知,其署在城隍廟西。《府志》云"海防廳在縣治西,明嘉靖間因倭亂特設,海防同知羅拱辰建,僉事董邦政有記"者,謬。董之擢以壬子,羅之來以丁巳,當是時董已改官蘇州同知,安得云僉事作記耶! 陳《府志》云"海防廳有邑人張鶚翼撰《董僉憲碑記》"者,亦謬。蓋此文當在道署,不應在同知署也。若舊《邑志》于海防署一條下所引之文,又是鶚翼《築城記》,更爲鹵莽。

## 喜雨施水受福三亭

喜雨亭,《邑志》云在城隍廟。按亭近改爲獄神廳,旁有碑記尚存。施水、受福二亭,《邑志》並云在縣治西。予嘗遍求故址,乃知施水在虹橋南岸稍東。亭舊有五井,已爲居民蓋屋其上。受福今不可考,宋咸淳五年,市舶提舉董楷《受福亭記》,當在益慶橋南,而非縣治西矣。

## 祥異紀年又三則

宏治十一年,海溢。《志》誤書"戊戌十一年",乃戊午非戊戌也。萬曆五年丁丑六月,寒如冬令,連雨傷稼。《志》誤爲二年。廿三年乙未三月,有鹿高丈餘,自狼山渡海至邑境。《志》誤爲廿二年,不知二年乃甲戌,廿二年乃甲午也。

## 淡井廟

今城隍廟即古金山神廟。其神爲吴主孫皓所祀漢博陸侯霍光,故他處神像皆用土木,而此獨石刻。若西門外淡井廟,乃宋時鎮人以祀華亭縣城隍者。《志》稱之曰"鎮城隍廟",非也。

## 趙孟頫

孟頫兄孟僩,嘗參丞相文天祥幕府軍事。宋亡,爲黄冠,後入釋,皈依中峰和尚,郡城本一禪院,以故孟頫嘗往來。南禪普照及泖上,崇福寺最數其所留手迹,世争貴重之,而《寶雲碑》爲尤著。吾邑未分南匯,以前新場報恩懺院掘地,得鐵佛。瞿霆發、震發兄弟乞中峰爲銘,而孟頫書方回所撰文以紀其事,相傳謂之鐵佛寺碑。按院即永寧教寺也。《邑志・流寓傳》云:"孟頫嘗居鶴沙鎮,凡寺院碑記、鐘銘,皆其真迹。《前赤壁》石刻向在永寧寺,郡守方岳貢移置和衷堂。"不知何據。

## 潘 恩

《明史稿》本傳云:恩爲廣西提學僉事,嘗一署臬篆,勾捕王所匿大猾,王銜之。會御史葉經以試録忤旨,王從而訐其事,遂并逮恩下獄。詔謫廣東河源典史,久之遷浙江左參政,按部海鹽。倭寇猝至,恩與參將湯克寬、僉事姜頤禦之,城遂全。進雲南按察。《邑志》止云:"王上疏誣恩,上遣法曹會勘得直,進四川左參議,歷浙江參政,按部海鹽。島寇猝至,圍之數十匝,時城無見兵,但鼓舞吏人,晝夜登陴不少懈,城卒以全"而已。夫下詔獄、謫官、典史非細事也,何必爲賢者諱?禦寇亦載克寬,本傳中且信史具在,又何必居爲一人之功,始光志乘耶?

## 趙東曦

《邑志》稱:"東曦劾奄人王坤,并乞罷中使監鎮之任。降旨切責,謫福建布政司都事,稍遷行人司司正、禮部郎中,奉使還里,卒于家。未幾王坤治邊無狀,朝廷追思東曦之直而不及用,識者惜之"云云。按東曦被譴户科給事中,馮元飈言其正詞讜論,不當奪言路,而坤亦治邊無狀,乃追思所言。稍遷行人禮曹等官,非追思于既殁之後也。迨福王以原官召之,東曦已卒于數月前。

## 金獻民

獻民,父爵,《志》稱爲邑人。由景泰丙子科中式四川舉人,成化己丑成進士。官按察副使,遂占籍綿州。甲辰,獻民又聯捷于蜀,官兵部尚書。《明史》自有專傳。

若于吾邑，則其父子事迹毫無可考，《志》載爵名于科貢表，已屬影射，至修志時，又補獻民一傳以矜該博，無怪其徵引愈繁，而體例愈壞也。

## 何　剛

剛原名厚，字慤人。崇禎庚午舉人。與同學倡立幾社，每以文章、節義自許。見海内大亂，乃日講求濟世學。甲申正月，疏陳選練滅賊諸策，帝褒納之。又言："今日救生民、匡君國，莫急于治兵。願陛下請簡强壯英敏之士，命知兵大臣教習之，講韜鈐，練筋骨，拓胆智。俟實學既成，特優其秩，寄以兵柄，必果奇功當一面。臣讀戚繼光書數言，東陽義兵可用，誠得召募數千，加之訓練，準繼光遺法，分布河南，大寇可平。"帝壯其言，即擢職方主事，募兵金華。剛甫出都城，即陷。及福王立剛友陳子龍入爲兵科給事中，首言防江莫如水師，請以先與夏允彝所募三千人令剛統率，且廣行召募，從之。尋進本司員外郎，以兵隸督師大學士史可法。可法得剛，大喜，剛亦遇知己，誓同生死。踰月，揚州被圍，佐可法拒守，城破，投井死。國朝乾隆四十年，賜謚忠節。今《邑志》第言其官兵部員外，而不及其曾受知崇禎朝，授官主事，殊爲失考。

## 報恩寺

乾隆四十三年，松太兵備道盛公保，既修治静安寺之湧泉諸勝，欲改寺名，僉以爲不可，乃以東隅僧居爲報恩院，其實與静安舊址無所分別，亦無所增損也。乃《邑志》于"静安寺"後又增"報恩寺"一條，仍註云"在静安寺東隅"，殊可發粲。

## 藝文志

《明史稿》載陸起龍《周易易簡編》三卷，《邑志》誤爲起鳳，且不詳卷數。餘如王圻《續定周禮全經集注》十四卷，潘恩美《芹録》二卷，王圻《續文獻通考》二百五十四卷，陸深《科場條貫》一卷，潘恩《祁州志》六卷，王圻《東吴水利考》十卷，徐光啓《農政全書》六十卷、《農遺雜疏》五卷，張所望《閲耕餘録》六卷，陸楫《説海》一百四十二卷，王圻《三才圖會》一百六十卷，徐光啓《崇禎歷書》一百二十六卷，王圻《鴻洲類稿》十卷，《志》亦不詳卷數。至若董其昌《萬曆事實纂要》一百卷，《志》誤爲三百卷。

董傳策《采薇集》十四卷,《志》誤爲一卷。喬懋敬《廉鑑》八卷,《志》誤爲四卷。朱豹《福州集》八卷,《志》誤爲六卷。石英中《見山集》八卷,《志》誤爲四卷。張之象《史例》一百卷,《志》誤爲一百三十卷。李伯璵有《文翰類選大成》一百六十卷,《志》則無《文翰類選》而有《文苑》。張之象有《韻經》五卷,《志》則無《韻經》而有《韻學統宗》,且二書卷數亦未注明。至續編濫收曹炳曾所輯《山中白雲詞》《袁海叟詩集》《雲間二韓詩》,曹培廉所輯《倪雲林集》《趙文敏集》,其人並非邑産,詩詞又係專集,不可混入。其曹錫黼所著《桃花吟》《四色石》二種,乃是傳奇耳,《志》又與《碧鮮齋詩集》連類志之,更謬。

## 費榕傳爵謚

《邑志》云:榕遷懷遠大將軍,遥授浙東宣慰使。卒,贈江夏郡公,謚"榮敏"。《府志》謂:榕卒,贈護軍鎮國上將軍、江夏郡公、福建宣慰使都元帥,謚"榮敏"。《邑志》又云:子拱辰,武德將軍、平江等處運糧萬户。縣初建學,拱辰捐貲經理之。孫雄亦知名,有祖父風。近閱《輟耕録》謂:榕,鎮國上將軍;拱辰,良顯侯;雄,昭武大將軍。事皆具陵陽牟巘所撰墓志中。陶九成實榕之曾孫女夫也,其言如此,知《府志》所稱非誤矣。

## 合傳

《邑志》有應合傳而不合者。丁世武、世禄、世緒之于其祖遠,曹培琇之于其從兄培源是也。遠,寫照名滿一代,而厥孫能繼祖武。培源畫師,王麓臺得其神髓,而培琇則稍變。其法又有不應合傳而合傳者。强行健、張焕文之于姚楷,王紹廷之于曹培琇是也。强、張二人不應與姚合傳,前已論及。之若培琇專畫山水,而紹廷惟以棧道中人物見長,豈宜比列?

## 潘鍾皞

鍾皞字西白,樂府與樓西浦周緯蒼齊名,且工書善詩。《邑志》列之《遺事》,其所稱亦大略如此,而又謂鍾皞不治生産,家無薪米,吟咏不輟。或舉其詩詞某首曰:"如此人何以不列《文苑》?"予曰:"不治生産,家無薪米,安得入《文苑》?"

## 《藝文志》添《梧溪集》

今《邑志》于《藝文》前編添王逢《梧溪集》一條，與體例不合，亦舊志所無也。《集》凡七卷，所載吾邑佚事甚多。錢氏謂："其詩述宋元末國事、人才，多史家所未備。"則此集之不可磨滅者，豈必以《藝文》之載否？爲輕重乎？

## 忠孝節義祠

《祠廟》載：清源書院所祀義士朱陳一。予遍閱《邑志》諸傳，並無其人，或祇舉朱、陳二姓，而失載其名，則"一"字當爲衍文矣。殉難王匡、盛萬年、李中孚三人既祀于祠，不應無傳。

## 劉宇事實

劉宇，鈞州人。成化八年進士，十一年爲邑令。《志》稱其沉毅有才斷，奸豪屏迹，一境肅然，民蒙實惠。及行取御史，又坐謫施秉縣，累遷山東按察，匿情市交，人不覺其險詐。宏治中，劉健薦爲大同巡撫，即市善馬，以賂權要。至正德初，已擢總督。劉瑾用事，入爲左都御史，瑾好摧折臺諫，宇緣其意，請勅鉗制。御史有小過輒加撻辱，又讒許進，而代爲兵部尚書，贓賄狼籍。復轉吏部，失瑾歡，乞省墓去。瑾誅，削官，并奪其子仁編修。則所謂沉毅有才斷者，特小人之雄耳。《志》因楊文舉，幾欲删萬曆賑災之條，何嚴于律文舉，而寬于録宇耶？

# 卷　五

## 策　要

### 水　利

《志》稱：黄浦受杭州、嘉興諸水，自秀州塘經華亭縣界，又迤而東以受南北兩涯之水，迨至南廣福寺，則折而北趨，以受東西兩涯之水。所謂至元、大德間，浦面闊盡一矢力者，今南黄浦水也。所謂建閘于旁近，上流勢緩，沙積兩湄，遂成沙塗，居民因蒔葭葦者，今傍城赴東北出口之水，古之范家浜也。自元、明以前，江甚闊，故浦附江以入海。今吴淞置牐而黄浦爲巨浸，江且附浦以入海矣。夫談水利者，蘇州一郡則專治江，松江一郡治浦而兼治江。若上海一邑，又必略江而專治浦，何也？觀《禹貢》一書，九州之水如黑水、如河、如洛、如渭、如濟，無不言入海者，今則不然。長江之水浩蕩東注，若莫可遏。而三沙横當其衝，一擊而返，更迴入内地，故三吴諸港反受潮汐之害。潮汐雖由于海，而江助之長也。海水味鹹，邇日灶户煎熬不成，鹾利已歸奉賢，斯爲明驗。蓋昔之築塘以禦海者，患什之一，今之築塘以禦海者，并禦三沙迴入内地之水，則患什之九。在浦口入海處，既欲驅浦以入海，勢不能作壩以斷浦，惟有于浦之兩岸築土塘以捍其奔突，疏汊港以消其洶湧而已。然爲一邑計，宜統一邑傍浦之袤延以築土塘，計一邑傍浦之遠近而疏汊港，而後彌患之策詳，民之受惠者亦遍。數年來浦東皆築土塘，而汊港之堵塞者，十不存一二。蓋居民貿然請之，而當事者竟瞶瞶而聽之，曾不思此塘之築所以禦水，而使之不向浦東也，水能偃然復歸于海乎。于是城中一遇朔望，大汛西門一帶地最低窪，並有浮牀沈灶之戚，而大小南門兩處往來輻輳，亦水没至骭，而病涉于平陸，是移股肱之災而爲腹心之耗也。意惟舉浦西圩岸，盡增之使高，而于通渠之水口兩旁，亦障以土，自外至内以漸而殺，約及二里許，則潮不爲患矣。蓋奔迴磅礴之氣一晉阻隘，又行數百丈之外，其力便衰，雖漲溢之時稍有湮没，爲患無幾也。至若浦東堵塞之所，亦酌量開其十之四、五，水口兩旁亦用此法，則浦水之洩瀉不專在浦西，而浦東亦不受其害。然浦濱街市，逼近浦水築塘頗難，法當去沿灘四、五十步外，俟小汛時，排以木樁，堆以薪土，樹以欅柳，如鎮江夾洲制度。北距吴淞入浦處，南至土塘，透過數丈水，便不能王入，繼受落潮之水，水力既衰，即不泛溢。至舟船登岸，小艇可以入薛家浜一半，可以仍入套内，只須拆斷水橋通其往來，巨舶則駕木橋壩上起駁，本無煩費，此治浦之中策也。

## 又

明永樂二年，户部尚書夏原吉疏治吴淞。用邑人葉宗行議，浚范家浜入海，而水利之局一變。其説謂水道既通，乃相地勢各置石閘，以時啓閉。每水涸時，預修圩岸以防暴流，則水患可息。宣德八年，巡撫、工部侍郎周忱相視上海、嘉定間，沿江生茂草，多淤流，乃濬顧會浦諸水。水既迅駛下流，遂盡蕩滌，凡蘇、松民私築堤堰盡毁之。至正統六年，又立表而疏濬焉。天順四年，巡撫、都御史崔恭大治吴淞，起崑山夏駕口，至上海白鶴江，自白鶴江至嘉定卞家渡，訖莊家涇，又浚曹家港、蒲匯塘、新涇諸水，民賴其利。成化十四年，巡撫牟俸言："婁、淞入海故迹具存，與福山、白茆二塘俱能導太湖入江海。而濱湖豪家盡將淤灘栽蒔爲利，治水官不悉利害，率于泄處置石梁壅水爲道。或慮盗船往來，則釘木爲栅以致水道堙塞"云云。即命俸兼領水利。宏治九年，工部侍郎徐貫經理浙西水利，凡修濬河港、涇瀆、湖塘、陡門、堤岸百五十道，役夫二十餘萬，主事祝萃之功居多。嘉靖元年，蘇、松水道盡爲勢家所占，巡撫、工部尚書李充嗣畫水爲井地，示開鑿法，户占一區，計工刻日。造濬川爬巨筏數百，曳木齒隨潮進退，擊汰泥沙。置小艇百餘尾，鐵帚以導之，濬故道，穿新渠，巨浦支流罔不灌注。隆慶三年，巡撫、都御史海瑞疏言吴淞下流上海淤地一萬四千丈有奇，江面增開十五丈，自黄渡至宋家橋，長八十里。萬曆十五年，特設許應逵爲水利副使，濬吴淞八十餘里，築塘九十餘處，開新河百二十三道，濬内河百三十九道，築上海李家洪、老鸛嘴海岸十八里，發帑金二十萬，應逵以半訖工。三十七、八年，淫雨浸溢，水患日熾，給事中歸子顧言水利事，疏留中。自是厥後，惟巡撫曹文衡、祁彪佳一再治之，而明隨以亡矣。以上皆《明史・河渠志》。

## 田　賦

周忱巡撫江南，永樂初豪户不肯加耗，并徵之細民，民逃亡而税額益缺。忱乃創爲平米法,令大小户出耗必均。舊例設糧長三人收糧,無團局,糧長即家貯之,忱曰:"此逋賦之由也。"遂令諸縣于水次置囤,收至六、七萬石,始立糧長一人總之。民持帖赴囤,官爲監納。置撥運、綱運二簿權其嬴餘,以補其不足,民少甦息。時公侯禄米,蘇、松民轉輸南京者,石加費六斗,忱令就各府支給,給與船價米一斗,所餘米五斗,通計米四十萬石有奇,并官鈔所糴,共得米七十餘萬石,置濟農倉賑貸之外,歲有羨餘。凡綱運、風漂、盜奪者,借給于此,秋成抵數還官。尋勅兼理松江鹽課。時華亭、上海二縣逋課至六十三萬餘,引灶丁逃亡。忱謂田賦宜養農夫,鹽課宜養灶丁。上便宜四事,節灶户運耗,得米三萬二千餘石,置贍鹽倉,益補逃亡、缺額,由是鹽課大殖。又以吴淞有沙塗柴蕩一百五十頃,請募民開墾,帝悉從其議。

## 又

宣宗即位,廣西布政使周幹巡視民瘼。還,言:"吴江、崑山田,畝舊税五升。小民佃種富室田,畝出私税一石。後因没入官,依私租減二斗,是十而取其八也。撥賜公侯、駙馬等田,每畝舊輸租一石,後因事故還官,又如私租例盡取之。且十取其八,民猶不堪,況盡取之乎? 盡取則無以給私家,而必至凍餒,雖欲不逃亡,不可得矣。"宣德五年,令每田糧一斗至四斗者,減十之二,四斗一升至一石者,減十之三。至正統、天順間,又遞減之。然儒臣纂録,率志其遞減者以爲美,其重科之本末莫得而明,然其散見于故策者,可一二推也。

## 又

正統元年五月,户部言:"浙江、蘇、松荒田及舊額官租,減除税糧二百七十萬餘石,請加覆核。"帝曰:"減除税糧以蘇民困也。又令覈實,必增額爲民患其已之。"

## 又

嘉靖九年,顧鼎臣奏立均田、限田之制,詔下巡撫十餘年,不報。十八年,嘉興知府趙瀛議,田不分官民,税不分等,則一例以三斗起徵。乃與蘇州知府王儀盡括官、民田裒益之,履畝清丈,定爲等,則所造經賦以八事定: 税糧曰原額,稽始曰事故,除虚曰分項,別異曰歸總,正實曰坐派,起運曰運餘,撥存曰存餘,考積曰徵一。

定額時，豪右多梗其議，鼎臣獨曰："吾家益千石輸貧民，減千石矣。"顧其時，上不能捐賦額長民者，以意變通之，官田不至偏重，而民田之賦反加矣。

## 又

時又有綱銀、一條鞭、一串鈴諸法。綱銀者，舉民間應役，歲費丁四糧六，總徵之，易知而不煩，猶綱之有綱也。一條鞭者，以府、州、縣十歲中兩税運存之額，均徭里甲，土貢、僱募加銀之額，通爲一條，總徵而均支之。嘉、隆間數行數止，既而盡行之。一串鈴，則夥收分解法也，自是民間止收本邑折色銀矣。

## 又

崇禎三年兵興，本兵梁廷棟請增田賦，户部畢自嚴不能止，乃于舊加九厘外復加三厘，共增一百六十五萬四千有奇。五年，概徵民糧每兩一錢，名曰助餉。又二年，復行均輸法，因糧輸餉，畝計米六合，石折銀八錢，又畝加徵一分四厘九絲。又二年，畝加練餉銀一分。御史郝晉言："萬曆末年合九邊餉，止二百八十萬。今加派遼餉三百三十萬，業已停罷，旋加練餉七百三十餘萬。自古有一年而括二千萬以輸京師，又括京師二千萬以輸邊者乎？"語雖危切，而時事危急不能從，至國變乃已。

## 又

明初，移蘇、松、嘉、湖、杭民之無田者四千餘户往耕臨濠，給牛車、資糧以遣之，三年不徵其税。此策較漢武徙富户以實五陵者爲善矣。然淮西之田今日仍不治如故也。蓋土本磽瘠，而災旱頻仍，天時、地利二者交困，非人力可强者。

## 又

路振飛巡按蘇、松，請除輸布、收銀、白糧、折收四大患，民困以蘇。時崇禎八年也。按十四年，白糧多收折色。緣歲祲乏米，似爲公私交便之舉，而前此則有司私取于民者。振飛，字見白，曲周人。天啓五年進士，唐王立爲吏部尚書、文淵閣大學士。後赴永明，王召，卒于途。

## 救　荒

《救荒叢言》曰：救荒有二難：得人難，審户難。有三便：極貧民賑米，次貧民賑錢，稍貧民賑貨。有六急：垂死急，粥飯疾病急，醫藥病起急，湯水既死急，葬瘞遺嬰急，收養繫囚急。寬恤有三權：借官錢以糶糴，興工作以助賑，貸牛種以通變。袁宗道曰："幽遐蔀屋，悉仰内帑，其勢必窮。悉舉州邑之藏庫，賑州邑之窶者，則鮮不濟矣。州郡之内，豈無豪貲財、好施與者？故下令使因所捐之多寡，而或旌或爵勸之使賑，則易矣。鄉村去城遠，裹糧趨城，胥吏又持其短長，非賂之不能賑，往往得不償失。則宜移食就民，令耆老之廉平，與里之富而好施者給散也。糧米乏絶之處，人即操金資，轉運維艱，則官司轉貸而給之尤易也。"

## 又

《國憲家猷》曰：唐末，梁、岐争長。東院主者知其將亂，以菽粟和泥，整附而墁之，增其屋木，一院笑以爲狂亂。既作，食盡，樵絶民盡，窖藏爲李氏所奪，皆餓死。主沃墍爲糜，毁材爲薪，以免。閣皂山一僧專力種芋，歲收極多，杵之如泥，造墍爲墻。後遇大飢，獨此寺四十餘僧食芋墍以度歲。元末先東山公逆知將絶食，遂種芋和粉築成磚形甃，墻于東山。其後大飢，飢民望烟火而來，取芋磚一片，置沸湯中則成羹，皆賴以存活。

# 卷　六

## 雜　記

### 城　隍

城隍之祀，古不經見，或云即八蜡水庸也。蕪湖城隍祠，稱建自吴赤烏二年。梁武陵王、高齊、慕容儼有祭城隍文，皆載于史。觀唐李陽冰小篆《縉雲碑》云“惟吴越有之”，然成都城隍祠，李德裕所作，杜牧文亦有祭黄州城隍者，豈止吴越耶？明洪武二年，詔封縣神鑒察司民城隍顯佑伯，秩四品，命詞臣製文頌之。三年，去封號，止稱某縣城隍之神。廟制視官署造，木爲主，毁塑像舁水中，取其土塗壁，繪以雲山。令下，廟祝皆藏其像他所，弗盡毁。若必指一人以實之，而又有生辰慶賀，則自宋時已然。至嘉靖九年五月十一日，都城隍神誕，皆命太常寺官行禮，其風蓋自上啓之矣。吾邑神，相傳即明待制秦裕伯，字景容。其吴元年三聘御書及秦公却聘書一通、玉印章二方，皆藏神祠。考公洪武二年始拜待制，明年與劉基同爲南畿主考官，復知隴州，卒。則前此又有何人以主之耶？宋時本立城隍祠于淡井廟，自公爲神，而宋元之神受代去耶？皆不可解。

### 城隍神顯應

國朝順治十年秋，海寇再犯縣治。蘇州總兵王燝督戰辱師，民聚而詬。巡撫周國柱統兵按臨，燝恐民暴其走遁失機狀，反誣合縣通賊。自浦南迄静安寺界，欲盡屠之。時海宇新造，兵革未靖，周撫頗惑其説。邑令閻紹慶、遂安令曹垂燦，願以百口保，弗許，將俟鷄鳴下令縱戮。是夕，神降于官廨，朱袍象簡，儼立階下，直視摇首者再，遂釋不屠。神歷著靈爽，此一事其尤著者也。

## 姚廷讓

姚廷讓字子遜,永濟從孫也。入大學,工吟咏,天性亢爽,好面折人過,故每以此得謗。嘗見其所畫枯木群鵲一小幀,細潤有丹邱生筆意。然當廷讓世,不以畫名人之材藝,難盡如此。

## 陳震、瞿麟徵

陳震字丹書。少有盛名,邑諸生,著作甚夥,制藝文尤爲一時稱許。惜殀歿,未竟其業。所遺稿,明經、知遷安縣顧偉烈獨梓行之。瞿麟徵字周咏,亦邑諸生。工文章,尤邃于經術。家藏書皆手自批閱,咿唔一編,至老不倦,年近八十卒。趙光禄文哲嘗受業其門,使卒在光禄殉節前數年,則反有表章之以傳世者。乃陳能得之于生平不謀面之人,而瞿不能得之于弟子其間,皆有數,以主之不可逆覩也。

## 顔令雜事

顔洪範字仲起,號嶧臯,上虞人。萬曆癸未進士,授邑令。有吏治才,而尤喜奬拔文士。五載考績,擢御史。洪範文思敏捷,善屬對。華亭令張某舉一對曰:"生上虞,知上海,生而知之者,上也。"洪範以無應。

## 傅之詮

傅之詮,陝西涇陽人。康熙己丑進士,授邑令。雍正元年,賑貧民米及浚蒲匯塘,皆公廉爲治,民頌其德。後以事罷官,僦潘氏故宅以居。子早殀,衹一孫。元夕出觀燈,項飾銀鎖一圜,實銅質也,有里猾邀而奪之,懼事露乃殺,瘞荒園,之詮遂無嗣。

## 李倪昱

李倪昱字顒亭,福建晉江人。雍正庚子舉人,授邑令。邑故多竊賊,皆捕人縱之爲奸,倪昱善鉤距,嚴保甲,犯者悉荷校列縣門,民可夜不閉户。初士大夫猶沿明季餘習,民争訟者,多託庇蔭。有鐸庵奸僧小耳朵者,夤緣縉紳間尤横,遂置之法,一邑快之。

## 盧師武

盧師武字某,貴州龍泉人。拔貢生。善楷書,有顔平原筆意。乾隆二十四年,來令吾邑,議浚周涇。工未半,爲舉人陸某所訐,罷去。輿疾就道,忽有蝨無數自衣袴擁出,輿夫身上皆滿,不知所犯何疾。按明萬曆間,汝南余僉事治河中州,亦有此異,旬日而卒。然盧公自後又仕宦數年。

## 抗糧册

順治十八年,巡撫朱國治剛愎自用,造抗糧册達部,江南縉紳一萬三千餘人盡行褫革,有一厘未清而革者。兵部尚書龔鼎孳特疏請寬奏銷,有"事出創行,過在初犯"等語,人傳誦之。

## 俞　俊

元末俞俊,其先嘉興人,占籍吾邑,娶也先普化次兄丑驢女。俊弱冠時,從顧琛淵白遊,恃才傲物。普化通于嫂,俊爲文誚之。當伯顔柄國日,嘗賦《清平樂》云:"君恩如草,秋至還枯槁。落落殘星猶弄曉,豪傑鎖磨盡了。放開湖海襟懷,休教鷗鷺驚猜。吾是江南倦客,等閑容易安排。"爲其友葉起之所訴事,幾不測。後張士誠據吴,署華亭尹。

## 朱　焕

至元丙子秋,揚州守臣朱焕以城降,仍授淮安安撫。焕子德輝仕漢陽同知,孫道臣仕江陰知事。既而復受僞周户部主事,將命揚州,被殺。先是其弟兄、子姪皆客居上海,悉死獠苗之劫掠。

## 李岣嶁

朱恩，成化進士，官至南京禮部尚書。與焦芳、劉宇諂事劉瑾，瑾敗，除名家居，有别業在吾邑，不見禮于郡人，遂遷處焉。時有道士李岣嶁來訪，館之于家，其妻子、器物皆出之一小囊中。李嘗治具邀恩飲，珍錯畢陳，卮斝悉恩家物，飲竟一一投諸水。進内啓篋，封識宛然，但多水痕耳。其他幻術不可枚舉。一日李忽告歸，盡納妻子、器物于囊，畫一舟壁上，登之張帆御風而去，或云李即福達也。

## 董傳策

董傳策幼海，爲比部時劾相嵩，遭杖下獄。瀕死，不勝飢渴，衆畏嵩，不敢進食。忽一人自屋上呼董，擲與饅頭四枚，拾而食之，得不死。嘗謂人曰："某生平無德不酬，獨求此人，竟不可得。"

## 龔　情

龔情號方川，官刑科給事。時奉旨勘問伊藩事，其至戚受賄，情不知也。性素仁慈，加刑諸幼，聞其悲號，不覺墮淚，遂起物議，左遷。

## 沈應丙

沈孝廉應丙，字默夫。官國子監學正。時夢一囚婦再拜曰："妾名迎春，含寃入獄，乞公釋之。"已而丁憂，補任汝寧通判，復夢如初。至郡，太守即謂沈曰："適有婦人迎春犯罪，試一鞫以觀君新政。"沈愕然，遂白其枉。計沈入夢之日，婦尚未被誣也。

## 海忠介施清惠

明隆慶初，治吴淞久不竣。及海忠介至，吏請爲行署于江之北岸。公性素儉樸，而命擇所居務極深邃，人卒不解。詰旦略出巡視，即召二千户、一主簿入，數其不職，斬之，席藁埋廳事後。萬衆駭愕，并力疏鑿，閱月而畢。而三人故無恙，發其所埋，悉是大冢，人以是服公之能權。國朝施清惠公總督浙閩時，丁艱歸里。值漳州船户强市食物，與里民械鬥。公張官銜燈，率數健卒乘夜至浦濱，于竿首懸一桶，若梟示狀，令卒招數人謂之曰："若等强梁應盡殄滅，今從寬典，祇誅首惡一人，餘弗問。"事乃解。其應變之才，正與海公相類。

## 吴淞童謡

《見聞録》云：吴淞久湮，童謡云："要開吴淞江，須等海龍王。"人謂其工難成。隆慶中，巡撫海公議開濬，而董其事者則蘇州推官龍宗武、松江同知黄成樂。時兩月不雨，即日奏功。

## 綏寇編

《綏寇編》曰：先朝詞臣有經世之略者，莫過于上海徐文定公光啓、晉江蔣公德璟。徐公農書及西洋火器諸法，皆講求以備國用。蔣公于銀糧士馬之數，瞭若指掌，在上前亦稱敢言。徐爲次揆日，所措畫雖未及施行，然思陵甚重之，賜祠額曰"王佐儒宗"，聯曰"治歷明農百世師，經天緯地；出將入相一個臣，奮武揆文"。

## 俞顯卿

俞顯卿字子如。萬曆癸未進士。初爲青浦令屠隆所慢，屠故善度曲，嘗從優伶演劇于西寧侯宋世寧第中，西寧夫人尤好觀之。顯卿官御史，遂舉此事以劾屠，屠坐是去官，顯卿亦罷，而宋失侯。

## 武君卿

武君卿，勇士也，來訪復生公，不值，戲以履底蘸石灰，書其姓名斗栱間而去。明日邀之共飯，盡酒一斛、兩豚蹄、飯斗米。時秋蠅滿几案，同以箸夾之。復生公所得蠅宛轉能動而不能飛，而武前者皆僵，乃嘆服。

## 徐翁

賣蝦米徐翁，江北人，常至吾邑。市人或侮之，舉手輒爲翁所仆，由是漸知翁名。少年强從之習角觝，亦即指授，終不知爲何許人也。後偶貨蝦米于郡城，有營弁短其值，翁不少讓，遂至相毆，益以數十健者不能勝，二千夫長亦受傷。提督張天禄出視，翁故張公父執也，留以酒食，遂辭去。或云翁非徐姓，固明之逋將張公亦不肯言其姓名，自是亦不復至海上矣。

## 姚大漢

姚大漢字海愚，余五世從祖孝廉公諱士官之僕也。以形體魁偉倍于衆人，故呼爲大漢。大漢多力，能挾彈射物，百不失一。嘗爲布商護其貨，往來秦晉間，盜不敢近。西安府署有雙鸛棲息屋角，遺糞如堊，太守厭之，驅去復來，矢鏃俱不能傷。邀大漢飛彈擊鸛，彈至，承以喙，若不知者。乃用連珠法貫其目，鸛死，大漢目亦盲。

## 陸氏

華亭聶某鬻身于朱會元岵思家。夫人曉妝，聶妻陸氏持鏡旁侍，泫然出涕，鏡墜地而碎。詰之，乃告曰："氏父與翁俱叨甲榜，曾祖亦會元。對此繁華，自傷淪落，不覺下淚耳。"蓋吏部慎行之息，進士衍慶女也，亟厚贈遣歸。

## 施亮生後身

相傳穹窿道士施亮生後身，即吾邑張宏軒州守也。施煉養多年，自憂墮落，預知來世，托生海上。令弟子踵門哀請後身出家，再度爲道士。張父母堅不許。及長成，順治乙未進士，官泰安知州。性果嗜酒好色云。予觀王晫《今世説》曰："滬上校書玉烟，慧甚，善行酒，凡飲席必來典觴，且能使意之所屬，曲爲照顧，令不苦飲。張宏軒曰：'如玉烟者，可稱傾城悦名士矣。'"又曰："雲間諸乾一、董蒼水爲佘山重陽之會，吴梅村在座，思女郎倩扶，不得。俄而宏軒挾一衣冠少年至，光豔動人，則倩扶也。"如二事云云。人言未盡誣矣，張名錫懌。

## 君明公

五世從祖君明公,諱邦亮。早歲補博士弟子員。工書,善鼓琴,尤豪于酒。嘗與陝西某商賭飲,出火燒貯五石罌,二相酌以巨觥。公自度不敵,伺商便遺時,翻私取商酒縱飲。商又恐公乘便傾注己器中,方從牕隙窺,見公如此,大駭,遁去。遂得大户名。公爲南城曹氏婿,謁婦翁,留飲對客,遽浮數十大白,客盡酩酊,公無醉容。

## 章颺高

章生颺高名士也,薄游壽張。有嫠婦薛氏者,富而守節,族人利其貲,誣以姦,訟之。縣令章君貞,與颺高向有宗譜誼,婦族以六千金餽之,囑令斷改嫁。婦忿極,投環死。及歸舟卧疾,口中作山左婦人音曰:"吾在上海學,覓汝久不得。今惡黨俱齊,可往面質也。"哀號半日而死。

## 僞撰詩文干利

馬逢知提督松江,頗恃恩驕恣,然好延致文士。會生日,賓客雲集爲壽。吾邑一書生預爲逢知代製詩數百篇,僞撰名公卿序數篇,又代刻之,裝潢百本赴賓筵爲獻,馬大喜,贈之千金。

## 繡江集

范樹鍭字彤弧。邑諸生,以博雅自負。常著《繡江集》一卷,網羅見聞,纂集軼事,祕甚不輕示人。而所載多未確,如王新建之道學、徐文定之相業,多所指摘,人比之碧雲騢。

## 楊去疾

楊去疾字豫中,葉忠節公之蒼頭也。博學嗜古,著詩詞四千餘篇,圃餘雜説數卷,尤多精語。今七十七矣,猶劇談善飲。予贈以詩曰:"奇人最被天埋没,耕目何須太劇貪。詩四千篇書數卷,不知誰與作恒潭。”見《黄唐堂集》。

## 王爛軒

王爛軒善鑄小鼎,錬銅極精。其式皆三足,方耳,腹容一升,小者亦容五合許。文有雲、有雷、有饕餮,皆不燒斑染色。質淡者如初柳,濃者如熟杏,人呼其所鑄爲老黄銅,識者自能辨之,不須款識也。爛軒居邑城虹橋南,惜不傳弟子,此製遂絶。

## 康 綬

康綬字鎮卿。善小楷書,其寫真極有名于時。常製鴿鈴,刻象牙爲簧,嵌紫檀管,或大鵝翎上。每具直錢一萬,此製古所無也。予嘗見二具,並識以小款,一曰晴雷,一曰九霄環珮。

## 張肇周

瘍醫善六官張姓,名肇周,以小字行。精于冶銀,可與朱碧山、謝君和匹。其所製酒器、指環諸物,世每以重直購之。一白銅百舌籠鈎,亦須朱提一斤。其工巧精緻,尤非人意所及。顧性孤僻,爐火之工不能以歲月促迫也。

## 葉錫工

五金之性,惟錫最軟,故不耐久。高橋有工人葉姓者,製之獨佳,自謂可歷數百年不壞,人未之信也。或召之爲酒壺二,積月餘止得其一,促之,曰:“欲速成,即兩三日亦可。”既而以二壺並列几上,擊之墮地,兩三日成者破,而前所爲一壺無絲毫損。

## 盜發袁内史墓

晉袁内史山松爲孫恩所害,麾下士李祥收骸,瘞北橋之南,惟土一[抔](坏)而已。有江西人詭結草庵墓旁,夜鑿地道取墓中所有而去。鄉人毁其居,見一穴深入數丈,探之得磁碗二,古鏡一,大五寸許,背圖五岳真形,翠紋剥落,能照百步外。袁墓一在周浦,或云祥塋之蘇郡横山,未知孰是。

## 巨艦髑髏

明萬曆己丑春,海中浮出一艦,長三十六丈,艙如之,檣半之,闊八丈,鎖鑰以金銀。頭艙有髑髏無數,謂是昔年塞老鸛嘴者,父老猶能識之。然髑髏之藏,死骨耶?生人耶?何必需此以塞海岸耶!皆不可解。

## 湯思退墓

寧國寺有羅漢松四株,植自宋時,至今蒼翠如故,相傳湯思退墓在其下。按思退,處州人,紹興廿七年拜尚書右僕射。以金人敗,和議,命督江淮軍。辭不敢行,罷相謫居永州卒。迹其生平,未嘗一至邑中,不知何以有此言。

## 無花果

明季,泰西人入中國奉其教者,庭下多植無花果以供耶穌。今廣廈危樓雖多易主,而所存無花果樹則性甚耐久。居人日灌以水,歲歲結實自繁,第味甜而絶無香韻。彼人必植此果之義,不知何昉。

## 佑聖真君像

小武當北極,佑聖真君像極魁偉,明初名手所雕。嘉靖三十三年倭寇薄城,像毁于兵火,一僧藏其首,朝夕禮拜之。後棟宇得復舊觀,更謀像于衆,乃有善女人截髮爲神髮,其長委地。蓋金容非此不稱云。

## 沉香大士像

沉香禪院觀音大士像,本海瓊水沉木所雕。像屈一足坐,垂手加膝,首微側,若凝思然,就香木之形勢也。督漕潘允端自淮口得像歸,建閣奉之,榜曰南海寶筏飛渡觀音大士閣。初安仁里門樓未毁時,橋上西通于豫園,其中供大士立像,高三尺許。每天雨,輒芳馥四達,亦水沉也。樓毁,移像于制勝臺之四偏。

## 斗姥閣鐵兜鍪

城隍神祠之西有斗姥閣三楹,佛座下貯鐵兜鍪十餘,皆圍二尺許。云是明嘉靖間破倭寇所得,或云實當時官庫之被服也,皆不可考。但游人戲取載之,雖偉丈夫亦及于肩,果能戴,此抑奇矣。

## 駙馬廳

城南駙馬廳,實明淮府儀賓李深居第也。其堂極寬敞,額曰"永怡",孫克宏隸書。國初爲曹氏族人所居。今廳已圮,而西南隅太湖數峰亦折去矣。深父名伯璵,字君美,宣德丙午舉人,由知縣遷淮府長史。深字希達,少有雋才,讀書、通音律。淮王愛之,請納爲儀賓,太后特召入京賜婚,中外榮之。則深本儀賓,而人號爲駙馬者,其以特召賜婚之故歟!

## 盜發陸平原墓

青龍鎮土阜,相傳爲陸平原墓,墓上時見金蛇跳躍。後人發其墓得金簡,一屍有身無首,以白金肖其像爲之,且墓中銀器甚富。遂聞于官,各抵以發掘之罪,而所獲亦費盡矣。

## 西人奇器

西人利瑪竇多巧思,作自鳴鐘,以銅爲之,高纔寸許。一日十二次鳴,如子時一聲,丑時二聲,至亥時則十二聲。其徒龐迪峨、龍華民、郭仰鳳在邑中既久,邑人亦能爲之,但高廣及尺許耳。近見一沙漏貯玻璃瓶内,瓶口甚小而有竹架以承沙漏,大與瓶等,不知何從放入,相傳亦其人所造。按此條未確。

## 小娘墳

邑城西北有小娘墳,相傳錢鶴皐之女蓮仙所瘞。國初,諸生陳咸元夜過其地,爲鬼所惑,入隧道中,攜得寶物甚夥。陳歸,鬼亦隨至,如夫婦者,數年乃絶絶,與盧充幽婚事相類。蓋鶴皐據郡城時,知與明兵不敵,故生閉其女大塚中,而悉以女生平玩好爲殉也。

## 樓觀察儼

樓儼字敬思,浙之餘姚人。少習銀工。爲學士孫致彌所器,勸之學,薦入詞館修書。授縣令,積官至江西按察使,丰裁甚峻,爲廉吏第一。手書廳事一聯云:"受一文錢,天誅地滅;聽半句話,男盜女娼。"有歌童極愛幸,常爲某官通關節,立斃杖下,墨吏悚息。後罷官,廉俸所餘悉市甆器歸,且自奉頗侈,以故晚景益潦倒。

## 懷南公

族伯懷南公,商浙東主天台某氏,命僕從賫貨先發,而已踵其後。時嶺有虎患,主人戒以日晡勿往。公自恃拳勇堅,欲就道。主人以烏銃贈行曰:"虎來,點火發聲,即不殺虎,虎亦驚竄矣。"持至山半,天更陰晦,遥覩虎目如燈,即以所持銃倉卒放却,而虎竟直前搏公,以銃向上伺之。虎來撲過猛,適銃之鋭處入其喉,牢不可脱,乃負痛而僵。公不知已斃也,反跨其背以拳捶之。至曉,僕從俟既久,更過嶺來接,大聲叫呼,始悟蓋力已敝矣。

## 神救布商

萬曆癸未,邑有新安布商持銀六百兩寄載于田莊。船將往周浦,其銀爲舟子所窺。黑夜中,三人共謀縛客于鐵錨沉之黄浦,而瓜分所有焉。是夕莊主適納涼于庭,聞屋上鏗然有聲甚厲,以火燭之錨上,反接一人,錨又已物也。怪問之,商具言遇盜狀,且述危殆之際,得水府三官神出游,恍覩鬼神百餘輩攝起向空,因而墜此。莊主乃藏商密室,俟三人歸,叩詰錨安在,皆駭愕,伏罪出金歸諸商。商遂建雲台禪院于邑之東門外,莊主及商姓名具載碑記中。

## 義 僕

順治乙酉，南都未定時，海寇圍予家寶綸堂甚急，闔家皆從頹墻避入廢寺中。有秦人白某者爲先蘭汀公姻親，謂寇可以理説，出即被殺。時高叔祖淇右公尚在襁褓，一老僕名阿成者抱之匿牀下，寇索囊篋已，復以刀從暗處四掠，僕膝蓋遂爲所傷。既免，公猶酣睡未醒，僕自是不良于行。死，壅之石路祖塋側，公子孫今猶世祀之。

## 方伯夢兆

沈方伯恩致政歸，治第，頗巍焕。將落成，夜夢鼓吹迎匾懸堂中者，視之，己姓忽易潘字，意甚不樂。詰朝送客至門外，見一童，眉目秀異，呼問其姓名，與夢恰合，瞿然曰："堂未成，居者已有人矣，我何營建爲哉！"命止工作。後潘官大司寇，遂買其宅，改爲樂壽堂，拓地成豫園。

## 梓潼帝君祠

《三餘贅筆》云："梓潼神祠，處處有之，而學宫事之尤虔。"按四川上直參宿，參有忠良孝謹之象，其山水深厚，爲神明之所宅。或謂斗魁爲文昌六府，主賞功進爵，故掇科之士往往事之。或謂神爲張宿之精，詩所謂張仲孝友是也。今邑中每至二月初三，群走帝君祠拜禮爲會者，所在皆是。放生惜字上也，角藝清談次也，醵錢斯下矣。

## 馬橋淫祀

邑治馬橋與華亭接壤，其俗有病則邀村中一無賴子至家，具牲醴拜之，如古之祭用尸然。俟其人醉飽，則徹肴核而群毆之竄，謂之打馬阿公。阿公，淫祀神也，《獪園》載其出處甚詳。

## 城隍神示夢兆

邑令傅公之詮罷官後，僑寓黑橋南潘氏宅。有孫爲鄰人所殺，久不得賊，乃祈夢于城隍祠。夢神授以鮮李二枚,又授以一魚,索價錢十四。而吾邑土語"魚"與"吴"同音,皆吾更切。公解之曰:"殺予孫李二、吴十四也。"囑新令鞫之,俱伏罪。先是二人故出入傅公所僑寓,公孫夜出觀燈,二人見其佩有假銀鎖一,以爲真也,思攫取以供飲博。公孫拒而呼,故共斃之。自是懼不敢近公,故神示夢兆,隨觸而解。

## 又

康熙十六年三月,安西估魏丙貿布上海,主俞姓家。俞他出,以弟守舍。是夕風雨甚,橐金二百兩忽失去,其盜不以穴,以門。捕者疑俞弟,弟自縊幾死,鳴之官。邑令爲蕭山任待庵辰旦,疑其獄,禱于城隍神,使二役待命神寢。夜夢婦人抱細女而出,予一衣視之,裙也。公思之久曰:"予以衣而實裙,非衣也。豈盜爲裴姓乎?"緝之閭中,果有裴愛者,常與俞往來。公曰:"婦抱細女,其所愛也,盜無疑矣。"即捕裴,贓並獲。

## 淳化帖

蘭汀公所刊《淳化帖》,皆有跋尾可辨。《小臣公筆記》云:"《淳化閣帖》,顧從義家藏石版,字肥,今初搨甚貴重。潘氏亦有版,字少瘦,珍賞亞于顧帖爾。昌叔素留心博古,摹勒帖版,亦可觀。今歸之徐蔭君矣。"

## 嵌金銀絲

嵌金銀絲于烏銅及鐵器上,後世多仿爲之,謂之宋嵌。今邑中相傳紫梨筆筒、界方香盤、研匣等,俱有銀絲嵌就回文香草邊中,有八分、小篆銘贊,皆極工緻,亦謂之宋嵌,非也。此制創于郡人孫雪居克宏,而一時名人皆效之,故製作特精。

## 姜氏保真膏

姜氏保真膏藥,一名寶珍,按穴貼之,能去寒濕諸疾,東北州郡用此尤極效驗。每歲所市,必數萬,商旅出關者,無不挾以爲奇貨,而所載他物較少。滸墅一關,至定有税額焉。初姜氏子弟有得其方者,亦設肆他處,而終無過而問焉者,故姜氏特擅其美利。

## 胡子久

胡子久,瘍醫也,設肆于西鬘笠橋之西。志慕真仙,欲一覩爲快。一日隣里譁傳有丐者挾糞穢乞錢者至,胡視之,所挾一金像也,尾之往。出郭行數里,丐者怒曰:"若隨我將何爲?"胡即拜求度世術,丐忽以像抵胡面,却即變糞穢,而丐亦不見。胡悔甚,洗于河,見所洗皆作金色而香。急藏其未漂于水者而歸,入少許藥内,無不效者。

## 濮　刀

廚刀出濮氏,故名濮刀,非薄之謂也,刀背厚而無刃。背厚而無刃,乃于批郤導窾宜。產他處者,皆有刃則利于剌,而不可割。

# 附　　録

## 顧　繡

顧氏露香園繡，今邑中猶有存者，多佛像、人物、鳥獸、折枝、花卉，雖色澤已褪，而筆意極類唐宋人，殆其所摹仿然也。近鍼工惟以繡蟒服、胸背及衣袖、佩囊爲事，畫軸即偶一爲之，花樣亦從時好，其傳諸四方猶稱顧繡云。

## 明心寺大佛殿壁

北橋鎮明心寺大佛殿頗雄壯，兩旁壁凡十二堵，堵皆巨磚甃，成卍字、方勝棋局、回文等，花樣各異而不以土俗，謂之魯般壁。近寺謀修葺，僧以重甃難之，鎮人鈕某圖其式于紙，購磚再新其壁，校前不差分黍，人服其巧。

## 天移井

瓶山道院舊有井，逼院門東。明萬曆甲申秋夜，雷雨大作，忽移至河邊，石甃如故，離址五尺餘矣。里人報縣，親往驗之，郡人陸文定公作亭，其上董太史名之曰“天移井”。

## 青蓮庵邱彌陀塑像

青蓮庵，顧氏萬竹山居遺址也。園既圮，其中本有青蓮座以供佛像，故其名因之。今庵之大殿塑番相如來三尊，相傳邱彌陀所製也。邱業塑工，至老未嘗授弟子。後有金山僧來邑中，語邱塑京口佛像事，其時日略無先後，人始異之。或云邱常挾其婦具，實仙也。

## 王都司

邑中未設駐防遊擊以前,有黄浦營都司王某,福建人,事母至孝。北門外潘氏丙舍種梅數十株,每花時必奉其母遊賞數次。母年八十餘,王躬自抱負登堂,捧觴上壽。向晚,則策騎導輿而歸。至今士人猶稱説之。

## 静安寺

静安寺,吴赤烏中之重圓寺也,唐易爲永泰禪院,本在蘆浦上。宋嘉定某年始遷于東,而改名静安,則自祥符初也。時有異僧智儼者,見漁人捕蝦,乞之,食盡一斗。或以非僧所宜食,乃嘔出,皆活蝦。至今猶有一種無芒者,人網得之,輒縱去,故寺一號蝦子道場。寺中鐘,明洪武二年鑄,祝皇太子千秋意者,太祖妙選僧徒以輔藩邸,當日必有施捨之事,故鑄鐘頌之,今不可考矣。

# 跋

褚文洲先生頗多著作，詩文外，有《滬城備考》《海防前事録》《木棉譜》《水蜜桃譜》《大小山房筆記》諸種。先生歿，其書盡歸楊藻江珍祕甚，唯陸秀農抄得之，予僅從秀農録其所著《木棉》《桃譜》二種。是編則雖曾相示，屢借不與，後從藻江借得原本，凡二册，係未卒業一册，名《澤國紀聞》，增删塗抹，則初稿也。一册名《滬城備考》，從初稿分類謄出，而易其名。然所謄尚未及半，予于是細尋塗改之迹，融會參訂，悉依原本足成之，得五門六卷。是書實爲《邑志》訂僞補遺，名《備考》，遜辭也。邑之志蕪穢莫甚焉，是書指摘已得五、六，惜未成編。秀農録時亦嘗釐正，但未知亦存先生之舊否？秀農所録，改名《上海志備考》，予所録，仍原名。噫！録之者尚有人，刻之者誰乎？

嘉慶十八年仲冬，梅益徵識

# 跋

《滬城備考》六卷，清褚華撰。華字秋萼，號文洲。乾隆時上海諸生，工詩文。生平留意經濟名物、海隅軼事，著有《寶書堂詩集》八卷及《海防前事録》等書，具詳梅跋。乾隆四十九年，滇南范廷杰令滬，延浙西皇甫樞修輯《邑志》，倉卒成書，草率殊甚。先生因草是編，以正其失。原稿名《澤國紀聞》，後經分類謄録，改名《滬城備考》，然僅成補遺二卷，訂誤一卷，而先生謝世嘉慶中。邑城藏書家復齋梅益徵獲其原稿，因依原書體例爲之融會參訂，乃得五門六卷，即光緒初《申報》館以活字版排印之本也。獨惜刊本讎校不精，字多脱訛，因取舊家鈔藏之《澤國紀聞》本細加校勘，並補其未刊之二圖，列諸卷首。又録其失刊之六條，附諸卷尾，俾讀者得以快睹全豹焉。

民國二十四年，上海通社識

# 木棉譜

褚華纂
楊興整理

# 整理説明

《木棉譜》一卷，清褚華纂。褚華生平事迹見前《滬城備考》"整理説明"。

《木棉譜》是一部記述古代上海地區棉紡織發展歷史的專著。書中不但詳述了選擇棉種、播種、施肥、鋤草、套種、捉花的整套栽培技術，而且還記述了棉花初加工時脚踏軋車去除棉籽的操作，織機的不同類型，彈花、紡紗、上漿、染色和印花的整套工藝過程。全書内容豐富，叙述翔實，對研究上海地區乃至中國棉紡織業的歷史具有很高的資料價值。

《木棉譜》約成書于嘉慶年間，《清史稿・藝文志》"農家類"有著録。道光十五年(1835)，陸我嵩首次刊刻此書，後收入《藝海珠塵》《昭代叢書》《農學叢書》《叢書集成初編》等書中。1935年，上海通社將其收入《上海掌故叢書》。本次整理點校，以《上海掌故叢書》爲底本進行標點，原上海通社的跋附于書末。限于學識，標點難免有不妥之處，望大家多多批評。

楊　興

# 目　　録

正文……………………………………………………………………………………………… 314
跋 ………………………………………………………………………………………………… 322

# 木 棉 譜

褚華　纂

裴淵《廣州記》曰:"蠻夷不蠶,采木棉爲絮。"范敏政《遯齋閑覽》曰:"林邑等國,出吉貝布,木棉爲之。"方勺《泊宅編》曰:"南海蠻人,以木棉紡織爲布。布上出細字雜花,尤工巧,名曰吉貝布,即古白疊布也。"《諸番雜志》曰:"木棉,占城闍婆國皆有之,今已爲中國珍貨。但不自本土所産,不能足用。"邱濬《大學衍義補》曰:"漢唐之世,木棉雖入貢,中國未有其種,民未以爲服,官未以爲調。宋元間傳其種,關陜、閩廣首得其利。蓋閩廣海舶通商,關陜接壤西域故也。然是時,猶未以爲征賦,故宋、元《食貨志》皆不載。至我朝,乃遍布于天下,利視絲枲,蓋百倍焉。"

趙翼《陔餘叢考》曰:"謝枋得有《謝劉純父惠木棉》詩云:'嘉樹種木棉,天何厚八閩。厥土不宜桑,蠶事殊艱辛。木棉收千株,八口不憂貧。江東易此種,亦可致富殷。奈何來瘴癘,或者畏蒼旻。吾知饒信間,蠶月如岐豳。兒童皆衣帛,豈但奉老親。婦女賤羅綺,賣絲買金銀。角齒不兼與,天道斯平均。所以木棉利,不畀江東人。'據此,則宋末棉花之利,尚在閩中,而江南無此種也。元人陳高有《穜花》詩云:'炎方有穜樹,衣被代蠶桑。舍西得閑園,種之漫成行。苗生初夏時,料理晨夕忙。揮鋤向烈日,洒汗成流漿。培根澆灌頻,高者三尺强。鮮鮮緑葉茂,燦燦金英黄。結實吐秋繭,皎潔如雪霜。及時以收斂,采[采](之)動盈筐。緝治入機杼,裁翦爲衣裳。禦寒類挾纊,老稚免凄涼。'陳高,元末人,而隙地初學種之,則其來未久可知。"

《元始祖本紀》:"至元二十六年,置浙東、江東、江西、湖廣、福建木棉提舉司。"《明史・食貨志》:"明太祖立國初,即下令民田五畝至十畝者,栽桑麻、木棉各半畝,十畝以上倍之。令稅糧俱編爲條銀,而所種多少,則聽民自便。"

邑種棉花,自海嶠來。初于邑之烏泥涇種之,今遍地皆是,農家賴其利,與稻麥等。孟祺、苗好謙、暢師文、王禎之屬,謂地之高仰者,無往不宜,洵非誣矣。今棉花有白有紫,自瀕海所種,轉販至邑中者曰"沙花",邑産曰"杜花",杜之爲言土也。邑人于棉花,止謂之花,而不言棉。此猶閩人呼蔫以葉子,越人號柑爲果樹,夫人而知之也。

江花出楚中，棉不甚重，二十而得五，性强緊。北花出畿輔、山東，柔細中紡織，棉稍輕，二十而得四。浙花出餘姚，棉少重，二十而得七。吴下種，大都類此。更有數種稍異者，一曰黄蒂，穰蒂有黄色，如粟米大，棉重。一曰青核，核色青，細于他種，棉重。一曰黑核，核亦細，純黑色，棉重。一曰寬大衣，核白而穰浮，棉重。此四者，皆二十而得九，黄蒂稍强緊，餘皆柔細中紡織。又一種曰紫花，浮細而核大，棉輕，二十而得四。

種者于清明前，以溼灰拌花子，布之鋤鬆地上，上覆以土。三、四月間生苗，其根獨而直，葉形鋭而有角。盛夏莖漸頳黑，開小花，如錦葵，色鵝黄，中復有紅紫暈一層，甚可觀。結實時，每穗作三兩房，房之嫩者曰花盤，老者曰花鈴子。花未熟透而堅結如溼絮者曰僵囊。凡花早收者曰早花，晚收者曰晚花。花經霜而采，色微糙者曰霜黄花。

孟祺《農桑輯要・栽木棉法》："擇兩和不下溼肥地，于正月地氣透時，深耕一二遍，作成畦町。每畦長八尺，闊一步，内半步作畦面，半步作畦背。下種先一日，將地連澆三次，以水淘過子，取瓦盆覆一夜，次日用小灰搓得伶俐，撒畦内，上覆厚一指，勿再澆，待六、七日苗出齊時，旱則澆灌。"

王禎《農桑通訣》云："收子下種，初收者未實，近霜之子不可用。惟于中間時月采取爲上，既經日曬，帶棉收貯，種時碾出。老農云：棉種必于冬月碾取，生氣收斂，曬曝上車，不傷萌芽。春時生意茁發便不宜，近日先洩其生氣矣。凡棉子碾過，用臘雪水浸，則花不蛀，亦能早。或云鰻魚汁亦佳。"

凡田來年擬種稻者可種麥，種棉者勿種也。諺曰：歇田當一熟。言息地力。即古代田之義，若人稠地狹，萬不得已，可種大麥或稞麥，仍以糞壅力補之，决不可種小麥。凡高仰田，可棉可稻者，種棉二年，翻稻一年，即草根潰爛，土氣肥厚，蟲螟不生。多不得過三年，過則生蟲三年。而無力種稻者，收棉後，周田作岸，浸水過冬。入春凍解，放水候乾耕鋤，如法可種，亦不生蟲。棉田秋耕爲良，穫稻後，即用人耕，又不宜耙細，須大墢岸起，令其凝冱，來年凍釋，土脈細潤。正月初轉耕，或用牛轉，二月初轉，此轉必撈蓋令細。清明前作畦畛，欲闊溝欲深雨後，更于白地上鋤三、四次，則土細而草除。除白，一當鋤青，二去草，自其萌芽故。

南土虚浮，烝濕翻耕，首年十全無患，三年以後，土仍虚浮，復生地蠶，或遇梅雨濯，露根遂多萎壞。苟地蠶斷根食葉，一蟲之害，赤地數武。翻耕不辦，亦宜如前法，冬灌春耕，以實其田。

凡棉田于種前下壅，或糞或灰，或豆餅或生泥，多寡量田肥瘠。剉豆餅切勿委地，仍分定畦畛，匀布之。吾鄉密種者，切勿過十餅以上，糞不過十石以上，懼太肥虚長不實，實亦生蟲。又有草壅法，秋種苕饒草于田中，刈葉壅稻，留根壅棉。若草不甚盛，將大麥、蠶豆等並掩覆之，其收有倍他壅者。

水土氣過寒，糞力盛峻熱，惟生泥能解水土之寒，亦能去糞之熱，使實繁而不蠹。諺曰："生泥好，棉花甘國老。"但下糞須在壅泥前，泥上加糞，并泥無力。若餘姚法，罨豆後，仍上生泥，生泥不止去熱，亦令蟲少。種疊地花者，不可不知。

種棉之法有二：將子隨手撒畦内，上覆以土，用木礡碌滚實者，漫種也。將木椿打地成眼，量子多少放入，用足踐之者，穴種也。吾鄉皆漫種甚密，間有穴種者，亦不聞倍收。而諸家皆力言密種少收之害，豈水土各有所宜耶？抑習俗相沿，不能驟返也。爲備録數説于後，以俟課耕者擇其利病焉。《便民圖纂》"種法"云：用水浸子，片時漉出，以灰拌匀，候芽生于糞地上，每一尺作一穴，種六、七粒，待苗出時，密者芟去，止留旺者二、三科。常掐去苗尖，勿令太高，高則不結子。元扈先生曰：木棉一步留兩苗，三尺一株。此相傳古法，依此則能雨能旱，肥而多收。《圖纂》作于近代，云"一尺一穴"者，種太密，此邇來密種少收之濫觴也。俗云："千稏萬稏，不如密花。"此言最害事。稀不如密者，就極瘠下田言之。所謂瘠田，欲稠也。田之肥瘠，在糞多寡，在人勤惰耳。若田肥，自不得密，密即青酣不實，實亦生蟲。故稀種則能肥，肥則實繁而多收。棉之幹長數尺，枝間數寸，子百顆，畝收二、三石，其本性也。今人密種少收，皆其天閼不遂者耳。又曰：齊魯人種棉者，既壅田下種，率三尺留一科。苗長後籠乾糞，視苗之瘠者，輒壅之，畝收二、三百斤以爲常。餘姚海壖之人，種棉極勤，亦二、三尺一科，長枝布葉科百餘子，收極早，亦畝得二、三百斤。其爲畦，廣丈許，中高旁下，畦間有溝，深廣二、三尺。秋葉落積溝中爛壞，冬則就溝中起生泥壅田。歲種蠶豆，至春翻罨作壅，即地虚，行根極易又極深，則能久雨，能大旱、大風，故肥而多收。如吾鄉之密種，而又用齊魯之糞，餘姚之草，安得不青酣而蟲蠹耶？張五典，山東信陽人。明萬曆乙卯，按吴行部至海上，時六月初，察視田間，花苗多稺弱，三五爲族，根以上尺許無蓓蕾。曰："江左賦役繁重，全賴田收。而樹藝無法，歲得半入，此傷農之大者。"手書種法，刻而傳之，曰："種之時，在清明、穀雨節，以霜氣既止也。或生地用糞，耕蓋後種句。或花苗到，鋤三遍句。高聳每根苗邊，用熟糞半升培植。鋤非六、七遍，盡去草茸不可句。種之疎密，苗初頂兩葉時，止剗去草，顆宜密，留以備死傷。再鋤尚宜少密，三鋤則定苗顆。宜疎不宜密，大約每花苗一顆，相距八、九寸遠，斷不可兩顆連並。苗之去心，在伏中晴日，三伏各一次。有苗未長大者,隨時去之。花性忌燥,燥則溼蒸,而桃易脱落。花忌苗並,並則直起而無旁枝,中下少桃。種不宜晚,晚則秋寒。或早,則桃多不成實,即成亦不甚大,而花軟無絨。去心不宜于雨暗日,雨暗日去心,則灌聾而多空幹。此北方種花法也,北方地高寒,尚宜若此。況此中地溼燥,何不可以此法行之。"《農政全書》曰:漫種者子粒浮露,根不入土。故雨濯其根,風寒中其根多死。更梅時,鋤却一再遍,苗葉有餘根,力不足遇淒風寒雨。早種十日半月者,中寒盡萎。遲種者,種苗俱穉,與草同生。已入盛夏,不畏寒凍,可得苟全?而生計薄矣!今括四句訣曰:精揀核,早下種。深根短幹,稀科肥壅。又元扈先生曰:棉花密種有四害:苗長不作蓓蕾,花開不作子,一也。開花結子,雨後鬱蒸,一時墮落,二也。行根淺近,不能風與旱,三也。結子暗蛀,四也。種棉不熟之故,有四病:一秕,二密,三瘠,四蕪。秕者種不實,密者苗不孤,瘠者糞不多,蕪者鋤不數。

凡種植,以早爲良。吾邑瀕海,多患風潮。若比常時先種十許日,到八月潮,信有傍根成實者數顆,即小收矣。但早種遇寒,苗出多死。今得一法,于舊冬或新春初耕後,畝下大麥種數升。臨種棉,并麥苗掩覆之,麥根在上,棉根遇之,即不畏寒。用此法,可先他田半月十日種。

棉花遇大水淹没,七日以下水退,尚能發生。若過八、九日,必須翻種矣。遇大旱,戽水後得雨,復損苗,須較量陰晴方可。凡棉性不宜驟雨驟熱,滂沱方歇,而驕陽繼照,則根爛花脱。其初生時多雨,而草長過之者,不害農家,謂之草没花。

種棉者,或共大麥下種,夏穫麥,秋則穫棉,謂之麥雜花。溝中隙地皆種豆,謂之豆溝。元扈先生曰:"田溝側,勿種豆。"疑慮傷災,利其微穫者,下農夫也。尺寸空餘少俟,即枝葉森布,補豆一簇,害苗十數,赤豆更甚。由此觀之,麥雜花,亦不可種。

苗初生時,天有雨則草生叢中,幾不可辨。是須以鋤頭細細去之,名曰脱花。貧者一家并力合作,則壯丁健婦相雜于道。至有女舉趾,而男爲之餉食者。每當酷熱之時,流汗沾衣,最爲勤苦。大抵鋤棉須七次以上,又須及夏至前多鋤乃佳。諺云:"鋤花要趁黄梅信,鋤頭落地長三寸。"

方制府觀承云:"苗有壯碩,異于常莖者爲雄,本不結實。然不可盡去,備其種,斯有助于結實者。"

棉花漫種者,易種難鋤,穴種者反之。浸種者,下種宜密,鋤時簡别,而痛芟之令疏。穴種者,穴四、五核,鋤時簡别去留之。留不得過二苗,二者高五、六寸,以塊亞其中,而平分之,使根幹相去,面面生枝。簡别之法,老農云:一、二次鋤去大葉者,此巨核少棉種也。三鋤後去小葉者,此秕不實種,而油浥病種也。右説亦出《農政全書》。

花熟時,人攜一袋取之,曰:"捉花。"捉花宜小兒,蓋花之高者,不過二尺許,偉丈夫則傴僂矣。凡日色晴爽,捉花者既往他處,而回顧已經采摘之花,又復開放,謂之"前捉後白",如是者倍收。捉花既已,其幹可用爲薪燒之,勝于蘆葦,名"花萁"。其未拔時,遊手輩竊其零星綴枝上者,以博一醉。相遇于野田草露間,爲物主所呵而不讓,至有鬥毆成訟者,俗謂之"捉落花"。

《農政全書》曰:"北土吉貝賤而布貴,南方反是。吉貝則汎舟而粥諸南,布則汎舟而粥諸北。今邑之販户,皆自崇明、海門、兩沙來。土人惟碾去其子,賣于諸處,以性强緊,不中紡織也。邑産者,另有行户,晨挂一稱,于門俟買。賣者交集户外,乃爲之别其美惡而貿易焉。少者以籃盛之,多者以蒲包,一包如盤,兩包如合。數年中,衹以亢旱故,間有自丹陽販至,謂佳于沙産。然江北絶無至者,豈時會之不同與。"

花不曬不可碾,以有溼氣,則子粘不脱也。曬花之具,以葦箔張于衣桁上,薄薄攤之,翻騰數遍,至日暮方可取用。若遇陰雨,以竹格安火盆上烘透,俟冷再烘,始不還性。貧家或有趁炊飯罷去,鬴烘之者。然此二法,易令色不明潔。

攪車,今謂之"軋車",以木爲之,形如三足几坐,則高與胸齊,上有兩耳卓立。空耳之中置木軸一,徑三寸,有柄在車之左,以右手運其機。向外復置鐵軸一,徑半寸,有輪在車之右,以左足運其機。向内皆用木楔籠緊,中留尺許地,取花塞兩軸之隙,而手足胥用,則子自内落,無子之花自外出。若雲霧𩅬然,名"花衣"。

按軋車,古制其鉅而無足,止高二尺許,軸端俱有掉拐,即柄也曲,而便于推挽。其末皆不透。兩人對坐其旁,一人喂花軸隙,其用力勞而所得不多。故易以四足車,厥工衹一人兼之。然其坐也,一足偏左,而用力不專,所得又不能多。故易以三足車,車制之大小相似。惟四足者,其輪如十字,三足者,只一木段劖其中,隆其兩頭,以摇轉取勢耳。往見一説云:"今之攪車,一人可當三人,句容式一人可當四人。"或即三足、四足之分。又云:"太倉式兩人可當六人者。"不知何似?

彈花弓,刻木所爲,長五尺許,上圓而鋭,下方而闊,弦粗如五股線。置弓花衣中,以椎擊弦作響,則驚而騰起,散若雪,輕如煙,名"熟花衣"。于是約熟花衣作帶形,削細竹一莖爲心,一手執其末,一手執木板,如緜矩者。緜矩絶類方敦,蓋背有系,可執用,張繭緜。覆之一推一却,花衣乃捲竹上,即抽出。此竹其狀外員而中空,名"條子"。

《方言》曰:“趙魏間謂之歷鹿車,東齊、海岱之間謂之道軌,或謂之維車。”即今紡車也。制比紡苧麻者差大,以木爲之,有背有足。首置木鋌三,形鋭而長,刻木爲承,其末以皮絃襻連。一輪上復以横木,名“踏條”者,置輪之竅中,將兩足抑揚,運之取向,所成之條子,粘于舊縷,隨手牽引,如繅繭絲,皆繞鋌而積,是名棉紗。

古人稱紡紗者,謂“輪動絃轉,續于莩維,皆成緊縷。”按《通俗文》曰:“織纖謂之維,受緯曰莩。莩,蘆管也。”今紡者將就經緯時,始從木鋌上翻紡于蘆管,以去其粗斷不匀之縷,從無所謂續于莩維者,或昔無木鋌之制,故紗有紡成經緯者,有止賣紗者。夜以繼日,得斤許即可餬口。善紡者,能四維、三維爲常,兩維爲下。江西樂安人,聞能五維。往見四維者,已將棉條併執食指中,不知五維,又用何法?

手車有兩耳,疊立矮木牀,上夾一大竹輪于中,其鋌有木承承之。然後以粗線環鋌末及輪,輪心有軸穿耳端出。人以一手摇輪,一手曳棉條,而成一縷,小兒女用以消夜伴織而已。若郡城有紡鐵鋌者,紗極緊細而價亦甚貴。

以棉紗成紝,古用撥車持一維,周匝蟠竹方架上,日得無幾。繼用軖牀,制如交椅,其上豎立八維,以掉枝牽引,分布成紝,較便于前。今則取所謂如交椅者,令一人負之,而趨一人隨理其緒,往來數過,頃刻可就,名其所負者曰“經車”。

成紝後次乃用漿,漿必須細白好麵。調法不可太熟,熟則令紗色黑,不可太生,生則令紗不緊。糊盆浸過一夕,值曉露未晞,或天陰不雨時,植竹架于廣場,綷其兩端,以竹帚痛刷。候乾,于分紝處,間以交竹,捲如牛腰,然後上機。此種最貴,名刷紗。次則捲之成餅,列肆賣之,名布經團。燥者多斷,濕者多霉黦。又有以棉紗作絞入漿水,不復帚刷而成紝,名漿紗,最下。

吾邑以百里所産,常供數省之用,非種植獨饒,人力獨稠,抑亦地氣使然也。蓋北方風日高燥,棉維斷續不得成縷,縱能作布,亦稀疏不堪用。南人寓都下者,朝夕就露下紡,或遇日中陰雨亦紡,不則徙業矣。肅、寧人穿地窖數尺作屋,其上檐高于平地二尺許,穿櫺以透陽光,人居其中,借溼氣紡之,始能得南中什之一二。

傅子曰:“舊機五十綜者五十躡,六十綜者六十躡。馬生者,天下之名巧也,患其遺日喪巧,乃易以十二躡。”今女紅惟用二躡,又爲簡要。按躡俗呼踏脚,或一或二或三或四,躡之多寡,視布之花文爲增減,不定二躡也。凡布密而狹短者爲小布,松江謂之扣布。疎而闊長者爲稀布,産邑中。極細者爲飛花布,即丁孃子布,産邑之三林塘。文側理者爲斜文,文方勝者爲整文,文稜起者爲高麗,皆邑産,他處亦間有之。若染成而以刀刮布,有芒如氊毺者,爲刮絨,非女紅也。

明季從六世祖贈長史公精于陶猗之術,秦晉布商皆主于家,門下客常數十人,爲之設肆收買。俟其將戒行李時,始估銀與布捆載而去,其利甚厚,以故富甲一邑,至國初猶然。近商人乃自募會計之徒,出銀采擇,而邑之所利者,惟房屋租息而已。然都人士或有多自搜羅,至他處覓售者,謂之水客;或有零星購得,而轉售與他人者,謂之袱頭小經紀。

染工有藍坊,染天青、淡青、月下白。紅坊,染大紅、露桃紅。漂坊,染黄糙爲白。雜色坊,染黄緑、黑紫、古銅、水墨、血牙、駝絨、蝦青、佛面金等。其以灰粉滲膠礬塗作花樣,隨意染何色,而後刮去灰粉,則白章爛然,名刮印花。或以木版刻作花卉、人物、禽獸,以布蒙板而砑之,用五色刷其砑處,華采如繪,名刷印花。

有踹布坊,下置磨光石版爲承,取五色布捲木軸上,上壓大石如凹字形者,重可千斤。一人足踏其兩端,往來施轉運之,則布質緊薄而有光。此西北風日高燥之地,欲其勿著沙土,非邑人所貴也。

閩粵人于二、三月載糖霜來賣,秋則不買布,而止買花衣以歸。樓船千百,皆裝布囊累累,蓋彼中自能紡織也。每晨至午,小東門外爲市,鄉農負擔求售者,肩相摩袂相接焉。至被褥衣袴所用棉絮,皆取黄晦不中經緯者,土人搗羊腸爲弦,彈之價不甚貴。或有收裝過敗絮,補綴成片,以巨艇趕江淮間賣之,貧民藉以御寒,價愈賤矣。

木棉子性解毒,能治惡瘡乳癰。搾爲油,其渣可飼牛羊及糞田,油色紫而渾,以之注鐙則不明,以之和蔬則味酵,但其值頗賤,市肆間私買之,以爲菜油、豆油之蘭亭贋本。

黄道婆,本邑人流落崖州、海嶠間。元元貞中,攜紡織具歸,傳其法于烏泥涇,人人皆大獲其利。婆死,立祠祀之,明張之象復塑其像于寧國寺,今城中渡鶴樓西北小巷内,亦立廟祀之。邑之女紅歲時群往拜禮,呼之曰黄孃孃,但所塑者,如三十許好女子,殊失實矣。

舊傳黄道婆能于被褥帶帨上,作折枝團鳳棊局花文,邑人化而爲象眼、爲綾文、爲雲朵、爲膝襴胸背。明成化間,流聞禁庭,遂織造龍鳳、斗牛、麒麟袍服,而染大紅、真紫、赭黄等色,工作胥隸並緣爲姦。一疋有費至白金百兩者。宏治改元首罷之,此種遂絶。今郡中綾布,以絲爲經,以木棉爲緯,亦多有花文,但價不甚貴。

《禹貢》曰:“島夷卉服,厥篚織貝。”蔡註云:“葛越木棉之屬,蓋以卉服來貢,而吉貝之精者,則入篚焉至。”史稱梁武帝送木棉皁帳爲儉朴,似非當日所尚。而唐詩所咏光明白氎巾者,則又甚珍之,或布有粗細不同也。今木棉布之佳者,每尺未嘗過錢五十,而西藏佛布有至白金數十一端,其即古之白氎歟!

張勃《吴録》云:“交趾安定縣有木棉樹,高數丈,實如酒杯,有緜如蠶,可作布,名白緤。”而陳繼儒《雜志》云:“粤中木棉極高大,開花紅如佛桑,結子作絮,但可置裀褥中。”所説與《吴録》異,當以陳説爲是。

沈懷遠《南越志》:“桂州出古終藤,結實如鵝毳,核如珠珣,治出其核,約如絲緜,染爲斑布。”又云:“南詔諸蠻不養蠶,惟收娑羅木子,中白絮,紉爲絲,織爲幅,名娑羅籠段。”祝穆《方輿志》云:“平緬出娑羅樹,大者高三、五丈,結子有紉緜,織爲白氎,名兜羅緜,與娑羅籠段疑一物。今吴楚間有草蔓生,俗名麻雀冠,結子亦可紉爲木棉布緯,光白如銀。”按王磐《野菜譜》云:“雀兒緜單,二月熟,可作虀。”不知即此否? 按數者皆木棉類。

孟子:“七十者可以衣帛矣。”當時通用之布,只是苧麻類耳。冬月衣苧麻則寒,衣帛則煖,故老人年至七十,血氣既衰,必藉緜繭以温其體。若今木棉之安燠反過于帛,而無所嫌爲布矣。物美而適宜,直賤而易得,其利溥哉。

# 跋

上海擅棉布之利，垂六百餘年。種植木棉之發源地，烏泥涇也；傳授紡織之開山祖，黄道婆也。明清兩代布則北粥秦晉，花則南運閩粵，梧潯雜佩。謂松郡棉布，衣被天下，洵屬不誣。是書爲上海褚文洲先生所著，自播種以至成布，靡不備載。名雖云譜，實一部上海棉業史也。原書初無刻本，由南匯吴省蘭刊入《藝海珠塵》，嗣又經震澤楊復吉收入《昭代叢書》。以其關係上海實業界之掌故甚鉅，特析出而爲本叢書之一部。

民國二十四年春，上海通社識

# 水蜜桃譜

褚華 纂

楊興 整理

# 整理説明

《水蜜桃譜》一卷，清代褚華纂。褚華生平事迹見前《滬城備考》"整理説明"。

《水蜜桃譜》是一部詳細記載上海地區水蜜桃種植歷史的農學著作。書中對上海地區水蜜桃種植的淵源以及水蜜桃的分布情况，均有説明。全書還對水蜜桃種植的方法和技術，從栽培、嫁接，到生産管理等，都作了非常詳細的記述。此外，書中對于水蜜桃的食用方法、品種的鑒别，亦作了相關介紹。對上海地區政治、經濟、文化、風土等狀况進行記載的文獻資料不少，但純屬農業方面的并不多見，本書在一定程度上彌補了這方面的空白，具有很高的資料價值，是研究上海地方史和農業史不可缺少的參考文獻。

《水蜜桃譜》寫于嘉慶十八年(1813)，《清史稿·藝文志》"譜録類"有著録，20世紀30年代被收于《上海掌故叢書》中。本次點校，選用《上海掌故叢書》作爲底本進行標點，原上海通社跋仍加以保留。限于學識，標點難免有不妥之處，望大家多多批評。

楊　興

# 目　録

序 …… 326
正文 …… 327
跋 …… 330
跋 …… 331

# 序

余至青村之次月，蓋滬城卸篆之第四月也。吾園主人光禄李君，以園桃見餉，且郵書一册，曰："此亡友褚文學所輯《水蜜桃譜》也，君其序之。"余惟柰出華陽，榴産頓遜，細棗以崂嵊擅奇，文杏以蓬萊名種，莫不疏陸璣，狀嵇含，第《七發》之林，備《三都》之賦，是以《橘録》詳于彦直，《荔賦》序于九齡，子建作都蔗之詩，孝威有林檎之啓。若其求種度索，稟精玉衡，晉則華林選植，唐則康居入貢，秣陵以桃葉名江，伊闕以桃林爲塞，蕡如之盛，紀載備矣。水蜜一種，志乘未詳，然冀北有肅寧之産，山左有肥城之沃，僕車轍所至，甘芳用饗江南之美，滬城爲最。文學剖晰種類，體驗生植，箸述之暇，作爲斯譜。簡而有法，質而不俚，類橐駝種樹之書，有楊泉物理之論。美哉，其虞衡方物流亞歟！光禄珍此祕文，將付剞劂，庶幾《西京雜記》並珍漢苑之縹梨，《北夢瑣言》非止趙家之檽棗云爾。

嘉慶十八年歲次癸酉秋八月，錢唐陳文述序于青村官舍之池西小榭

# 水蜜桃譜

褚華　纂

水蜜桃，前明時出顧氏名世露香園中，以甘而多汁故名。水蜜其種不知所自來，或云自燕，或云自汴，然橘踰淮而化枳，梅渡河而成杏，非土腴水活，豈能爲遷地之良乎？則謂桃爲邑産也亦無不可。

露香園自顧氏衰後，爲演火器所，俗謂之九畝地。園之水石猶有存者，而夭夭蓁蓁實無一株矣。今桃之最佳者，産黄泥墻李氏吾園，次者産右營遊擊署，北與露香接壤，下者産西門城濠及諸處散種者。

花千葉者不結實，水蜜桃花雖單瓣，其艷過于常桃也。春時花彌望不絶，傾城士女咸往遊賞，艶粧艷服者相繼于道，人比之鄧尉梅、盤山杏。幼聞先君子云：每清明在二月，其花開于節前，先花後葉；在三月，其花開于節後，花葉並放。驗之信然。

種法：用枝上自熟桃連肉埋糞地中，尖頭向上，止須覆土尺餘，太深則不出。爆芽長時，宜帶土移栽别地，然後接换。如不接换，則結實小而味稍劣，邑謂之"直脚水蜜桃"。

樹生二、三年可接，多在春分前、秋分後。離樹根一、二尺許鋸去，以快刀修光，使不沁水，又向靠皮帶膜處，從上切下一寸餘，却以水蜜桃東南北枝，兩邊削作馬耳狀者，在口中噙熱插下，用紙封固，外塗以泥，再加箬葉護之。待其活後，乃去箬葉之縛，聽其所封之泥與紙漸漸自脱。

樹既活，其根又生嫩枝，急宜截去，否則接枝無力而不能暢達。如任其自生，則所結實還爲本質，而接枝悴矣。古法云："當以兩枝接一本活後，乃擇其弱者，剪去一枝。"今種桃者，或不盡然。

凡果木結實時，宜乎澆灌。獨水蜜桃結實時，灌之其實即落。雖遇大旱之年，經月不雨，亦不灌水。枝葉憔悴，或有用薄河泥壅，蓋根下可異者。經赤日之後，旋遇傾盆大雨，則不妨性所獨也。

種桃之家，有樹連數十畝，苟遇淫雨，其根易爛。故卑濕者，中多爲溝以瀉水。

諺云:"種李宜稀,種桃宜密。"夫密者,謂成行列而枝不相礙,非交柯接葉之謂也。

結實熟時,至早須交立秋節,遲則處暑。遲早不過二十日,後即自落,不能至白露者。或前或後者,均非水蜜桃也。

桃皮甚緊,數年以後,樹既壯,盛則膏脈易枯,須以刀劃破流出,便能久活。或云桃根托地,較他果獨淺,故年遠輒枯。法以初生時,將樹砍去,次年俟發芽時又砍,砍至三次,則根入地深而耐久矣。倘以此根接水蜜,當更佳耳。

桃狀白毛圓底者佳,若高低不整,即不内蛀,其核必分開,味亦稍減。

桃色微黄如建蘭花,其尖略有紅暈,香亦類之,味則與名相稱。惟枝上熟者,色香味俱好。若採以餉遠,乃用半生者,以桃葉厚鋪小竹籠中貯之。約其地之遠近,爲桃之生熟,到時或不致爛壞,然色香俱減。

桃性雖喜乾惡濕,獨臨流者實大而味美,謂之"映水桃",色香味倍足。

樹有花多,其實必小;花少,其實必多。凡果皆然,不獨桃也。若本已老而結實漸小者,其甜倍于新接所生,此惟種桃之家知之。買者以大爲貴而已,然大者斤不過三枚。

桃至甚熟時,可以剥皮食之。食時香氣逆鼻,甘漿濺手,其消暑解渴過于瓜李。蓋性至純粹食之,無腹瀉作痛病也。他處人或云:"桃既熟,可以銀管噏其汁至盡。"或云蒸熟始然,其説皆謬。

桃有紅暈散佈如小圈一線者,名"鵝毛管",俗謂"聞雷震"。則生此斑,皆甚重之,其實每樹祗一、二見,點綴其上,稍可助嬌,非其種使之然也。其或有紅色如霞氣漫布者,味不甚美。又有純黄白色者,品出其上,而俗謂非真水蜜桃。

其因風雨驟過,從枝上墮下者,生食亦甜。或以絮裹藏器中而後熟,謂之"窟桃",如以窟罨物而釀成之也。若桃既熟,從枝上採得,則謂之"樹頭熟",非生與窟熟可比。

桃有雨後塵汙者,始以水洗浄,否則止以細布拭之,即可入口。豪侈者或以無餡饅頭,乘熱揩去其毛,每食用兩器並置席間,或誤食饅頭,傳爲笑柄,然亦失以賤雪貴之義矣。

食之吐出核,上凹凸處皆光如刻畫,浄如洗剔者,毛桃也。水蜜桃其肉粘核不脱,即含咀太苛,亦有紅絲縷縷,絶似苔之垂水涯然。食桃者以此爲辨。

凡有蛀蟲纍纍,枝上以多年油篝燈挂之,其蟲自落。若實中生蟲,則以煑猪首淡汁,俟冷澆樹,可以辟蛀。近日種桃家,不行此法。梅雨後,枝葉生蟲,倩傭捉取,頗辛苦。交小暑,方止。實中之蟲,聽其自然。俗云:"十桃九蛀。"皮有黑斑一點,即有蟲盤踞皮内,蓋蟲由肉生,非自外入。

桃樹枝柔條弱,實繁日重。用竹扶持,以免風雨飄摇,亦種桃家珍愛之道。

桃性耐肥,上半年澆灌宜在正月,凡桃六月亦可,惟水蜜桃尚未落實,須至採後也。餘則自七月至十二月,皆可澆灌,或有乍經移植接换,當俟其性定乃糞,或遲或速,或多或少,斟酌盡善,是在抱甕者。

桃接本不過十年,故有老梅而無老桃。種桃家歲必代接,每樹必有一、二年實盛者,俗謂之"當家樹"。過此,結實漸少,本亦蛀凋矣。今種之不斷者,全在接本。

# 跋

僕來申江三載，吾園主人筍香光禄屢以園桃相惠，覺色香味俱勝，顧未及究其妙也。丙子秋日，讀文洲諸君《水蜜桃譜》，旨哉體物之精，此其一斑矣。粤自草木著嵇含之狀，虞衡成范氏之編，《種樹》傳自橐駝，《杜陽》作于蘇鶚，載披往册，具數群芳。文學以瑰博之才，究心物理；光禄以典墳之暇，搴勝林泉。每當紅雨一蹊，緑雲半隖，景宜春而鶴唳，花夾水以魚唫。浮蟻飛觴，雕龍擊鉢，名葩勝境，如入武陵。洎乎灼灼花闌，離離子實，則又華林嘉植，廬嶺仙株，未足儷此芬芳，方其馨美也。蓋其名標水蜜，種出露香，接也以時，翦之有法。風土説黄泥之産，雷聲催紅暈之斑，異瓜田之注水，殊李下之稀行，蚤無過乎立秋，遲不逾于處暑，色侔蘭瓣，質染微黄，潤飫瓊漿，葉鋪嫩緑。文洲補楊泉之論，搜度索之珍，無論磅磄山之樹百圍，吐谷渾之實一甕，事同耳食，味豈身嘗？即肥城沃于岱東，深州珍于冀北。驅車所歷，志乘曾稽，而玆桃遷地弗良，嘉名肇錫，候殊雁熟，小摘秋林，釀奪蜂房，猜分崖蜜。庶幾婆娑嘉蔭，咀嚼寒漿，圖合寫生，不數荔枝之譜；甘能流頰，如披橄欖之唫。則滬瀆之桃，不特争美于語兒之梨、義塘之瓜、貝邱之蒲萄，而光禄選樓灑翰，撫小啓于林檎春渚，題襟續新詞于官，蔗將覽斯譜也，更足以藻鏡林洳，標領芳華云爾。

嘉慶丙子立秋後四日，古吴蔣超曾跋于滬瀆講舍

# 跋

水蜜桃，甘而多汁，爲上海土産佳果。産于顧氏露香園者，尤名聞遐爾。相傳其種出自大同桃，説載華亭章鳴鶴《谷水舊聞》。清初，顧氏衰微，名園鞠爲茂草，然佳種未絶，猶廣栽于城西南隅之黄泥墻。乾嘉時，光禄寺典簿李筠嘉别業吾園所産，亦負盛名。道、咸以降，植桃區域漸盛于城外小木橋及龍華一帶浦濱，故有龍華水蜜桃之稱。然種漸變，味亦漸遜。今則産地更移至龍華西南之長橋附近，真種之水蜜桃，已不可復得。其幸而存者，惟褚文洲先生之一譜，尚足爲掌故之談助耳。

民國二十四年春，上海通社識

# 淞南樂府

楊光輔　纂
康麗娜　整理

# 整理説明

《淞南樂府》一卷，清楊光輔纂。楊光輔，字徵男，號心香，上海南匯(今屬浦東新區)人。嘉慶元年(1796)歲貢。他對經史有深入研究，喜愛讀書寫作，“手不釋卷，能文工詩”，著有《鶴書堂詩詞集》《瓊台集》《緑兩軒稿》等。

《淞南樂府》收録了作者六十首詞。全書體例，每首詞下，均附有注解或釋文，敍述事物本末，篇幅雖然簡短，但徵引頗豐，涉及面較廣。書中主要記録清代上海、南匯二縣的歷史沿革和風土習俗，如考述黄浦江、吴淞江的源流變遷；記載上海地區的名勝古迹，如豫園三十二勝，静安寺的維衛和迦葉石像、第六泉泉水等；記録上海地區的土特産，如水蜜桃和糟羊肉等各種食品；描寫有關的民情風俗，如清明賽神、端午賽龍舟、中秋鬥香、女子頭飾、家庭養花等；載述上海地區的名人軼聞，如淞南文學家朱岵、戴有祺、趙文哲、曹錫寶的著作，陸深、張照之的書法等。詞句雋雅風趣，爲世傳誦。詞及注解、釋文，都是反映清嘉慶年間上海地區民風習俗、社會經濟、文化的重要資料。

目前所知南匯吴省蘭刊刻于《藝海珠塵》中的《淞南樂府》，是本書最早的版本。20世紀30年代，經上海通社輯出，收入于《上海掌故叢書》中。1989年上海古籍出版社《上海灘與上海人叢書》中，收有許敏據《上海掌故叢書》爲底本而整理的點校本。本次重新整理，我們據《上海掌故叢書》本進行標點，吸收了許敏點校本的成果，同時改正了一些文字和標點上的明顯錯誤。限于學識，標點中多有不妥，望大家批評指正。

康麗娜

# 目　　録

正文 …… 336
跋 …… 347

# 淞南樂府

楊光輔　纂

## 夢江南

淞南好，沿革辨紛龐。溯本華亭臚兩晉，探源震澤定三江，浩淼水雲鄉。

吴壽夢始築華亭，爲停宿所。由越而楚，爲春申君食邑，遂開黄浦。晉安帝隆安三年，孫恩入寇，内史袁山松始修滬瀆壘，築東西蘆子城于吴淞江。其時江與浦尚未相連，寇至自海，不經黄浦，故禦諸吴淞。元至元二十九年，割華亭之東爲上海。國朝雍正四年，又割上海之東爲南匯。淞南疆域今不隸華亭。

《禹貢》曰："三江既入，震澤底定。"蘇氏岷山、嶓冢、豫章之説，不在揚州之域。應宗蔡傳以太湖下流爲是，但所引《吴都賦》注曰："松江此指松陵之江，在吴江縣界。下流七十里，分流東北入海者，爲婁江。東南流者，爲東江。併松江爲三江。"婁豈松分？東江究于何處入海？蔡氏又言："其地今亦名三江口。此吴淞支流，青龍、白鶴二江，一而三之。"神禹不應誇小爲大若此。《方輿記要》云："出吴江縣西北鮎魚口，經婁門，歷崑山縣南，至太倉州城南，從劉河口入海者爲婁江。自太湖分流，經浙江嘉興府境，至海鹽乍浦入海者，東江也。出吴江縣東南之長橋，而東北流合龐山湖，又東北經唐浦折而東流爲甪音六直浦。又東南流歷澱山湖，合趙屯、大盈、顧會、崧子、盤龍五浦入上海縣境，東南流與黄浦合而入海者，吴淞江也。"書雖後出，頗不失實。婁江、東江，此爲定論，而吴淞上下流之故道未清，與夫新舊建閘之地，皆非古之吴淞，是不可以不辨。澱湖在甪直東南，巨浸汪洋，不煩人力。蔡氏謂《禹貢》書法，費疏鑿者，雖小必書；無施勞者，雖大亦略。而《方輿記要》乃務南而失北。今甪直之北，俗稱野吴淞者，此爲禹鑿之上流故道。又按：今吴淞北岸栅橋地方有虬江，而引祥港北有虬江口，《府志・上海縣境圖》于栅橋註："舊江于引祥港北。"亦註："舊江，意必後人文，舊爲虬。"此爲禹鑿之下流故道，今已舟楫難通。即前明夏忠靖公原吉疏稱"下流壅塞，難即疏浚"者也。疏又言："旁有范家浜，宜浚令深闊，上接大黄浦，以達泖湖之水。俟既開通，建置石閘，以時啓閉。"是夏公所開范家浜，《志》稱"闊三十丈，後乃横闊二里"者，在今天妃宫及閘之内外。西導吴淞，南導黄浦，合流至虬江口。北仍歸吴淞舊道以入海。范家浜既同浦闊，土人遂誤浜爲浦。而自虬江口至海之吴淞下流，亦誤爲浦。所幸出海處今設關榷以稽海艘出入之地。至今尚稱吴淞口，不致盡湮禹迹之舊。今《邑志》删去范家浜，乃稱浦折而東北，合于江以達海，合江達海是也。其折而東北者，范家浜也。《志》蓋爲土人所誤，而轉誤後人歟！

淞南好，今古浪滔滔。文雉飛翬蘆子廢，赤烏留石檜枝凋，何處問南朝？

《志》稱："文翬洲廣數十畝，王逢登此，適鳴雉群集，故名。"逢詩所謂"吾來初避地，黄浦漸生洲。可信文翬雉，能盟嬾性鷗"者也。今不可考，或以野雞墩當之，去浦較遠，未之敢信。

蘆子城旁，有東西蘆子渡。今野雞墩西，有西蘆浦，疑即遺址。

静安寺赤烏碑，爲孫吴舊迹。陳朝雙檜，一壞于宣和花石之採，其一亦枯。

淞南好，薄海靖神姦。淞口秋笳連瀏口，羊山夜火應舟山，干羽格倭蠻。

大瀏口，在南匯南哨。船出吴淞口，頃刻可達。

羊山，在金山東大七小七之外。舟山，在浙江之定海，中有殿前、馬迹、桑枝、黄盤、大衢、鼈子、馬島及東西霍山聯絡。海道空曠，夜舉平安火，消息便通。聖天子文德誕敷，武功丕振，海隅出日，罔不率俾，中外一家，民食其福。

淞南好，古器記零星。一粟香浮供佛缽，六泉清注賞軍瓶，刼火話承平。

静安寺維衛、迦葉兩石像，晉建興元年浮浦而至。後六年，漁者于沙際得雙石缽，稍觸辛羶，輒見變怪，遂奉爲石佛供具。

六泉在浦底，如中泠泉之在江心，取之殊不易。味極甘冽，與大成殿之張公井，緑雲洞之湧泉，缾山道院之天移井，並爲海邑名泉。

賞軍瓶製極古質，以之供花，生根結實。《志》云："晉袁將軍以酒犒軍，聚瓶爲山。"則應在浦西之缾山左右。按《宋史》：建炎四年，兀术，今譯改烏珠。陷臨安。韓蘄王將遏其歸路，前軍駐青龍鎮，中軍駐江灣，後軍駐海口。或謂此缾乃背嵬軍所瘞，則應在浦北。今浦東亦有掘得者，恐是前明討倭時物。又宋時，所在官設酒庫、酒坊、酒務，或賞軍者取諸庫，而務所市于民者缾式正同，敢以質諸博雅君子。

淞南好，鎖鑰仰雄關。商貨萬檣通嶺表，軍需千舸運臺灣，海道慶安瀾。

廣東估船，由海道達浦，往來僅須匝月，閩海尤近。乾隆丁未，大兵討臺匪，各省撥餉，由黄浦僱海艘出吴淞口運赴軍前。旋即平定。

淞南好，抱郭怒潮流。船堊如龍浮浦面，樓丹爲鳳出城頭，形勝控遐陬。

海船多繪龍形，以威水族，使吞舟之魚不敢近。

丹鳳樓，在寶帶門北，高出麗譙，登此則萬檣悉在足下。

淞南好，天笑杞人憂。民聽海唑須内徙，官聞塘圮務先修，努力爲民謀。

唑音鹺，萬喙聲。諺云："海唑風雨多。"其年往往颶風海溢。

沿海向築内外護塘。前明循塘禦寇，多著奇功。若遇海潮泛漲，民亦賴以全活。今内塘已廢，外塘乃民命所關。官斯土者，尤宜加意。

淞南好，興廢刼灰紅。神廟重新花婭姹，豫園依舊玉玲瓏，杯酒酹潘公。

潘恭定公恩豫園荒廢殆盡，獨玉玲瓏三峰尚存。園今屬邑廟，邑人疏渠壘石，重建亭臺，改名西園。有玉華堂、吟雪樓、聽濤閣、三穗堂、得月樓、緑波廊、留春塢、超然臺、濠樂舫、萃秀堂、挹翠亭、凝暉閣、磬樓、清芬堂、烟水舫、萬卷樓、可樂軒、春禊閣、流觴處、九曲橋、湖心亭、致遠堂、涵碧樓、鶴閑亭、憩舫、熙春臺、飛丹閣、香石亭、千岩競秀、萬花深處、茶墻、酒墅、緣楊春榭諸勝。

淞南好，兩岸荻吹花。浦放哨船巡鸛嘴，寺修寶塔認龍華，南北水程賒。

黄浦營船，由老鸛嘴出哨北，自陳錢南至馬迹。

龍華寺有塔七級，爲一邑之勝。建自赤烏，屢經興廢。近復修葺，丹碧焕然。

淞南好，勝地女神棲。池館鶯花歸斗姥，江皋風月奉天妃，香火走群黎。

南園，樹石甲一邑，明喬郎中煒别業。由曹而李幾易主，改名也是園，今爲斗姥閣。

天妃宫，背城面浦，海估酬神，演劇無虚日。

淞南好，佞佛衆心齊。醆飯廣施城内外，塔燈高照浦東西，誰見證菩提？

家以小盞盛飯，列几上，施募化者，曰盞飯。

元夕寺門樹長竿，以竹編六角勝。每角懸燈，運之以機，層累而上，宛如浮圖。

淞南好，奪錦紀前賢。月轉棘闈催領解，雷轟雉堞報掄元，金榜冠書仙。

《邑志·獨行傳》："楊珙，字廷瑞，性至孝。百方規劃，卒返祖柩河南。永樂丁酉，鄉試第一。明年，登進士。授庶常，改編修。以疾告歸。繼起者，正統丁卯周公輿、宏治辛酉陸公深、萬曆壬午高公洪謨、丁酉徐公光啓、是科青浦吕克孝中南榜第一，一郡兩元。乙卯葉公有聲,皆于南北直發解。”

周浦朱岵思錦,順治己亥會試第一,授庶吉士,著《藜照堂詩集》及《墨法薪傳》。後學宗之。先是丁酉秋,雷震東城雉堞,知縣陸宗贄卜之曰:“邑之東,當出元魁。”篆“龍門”二字于城墻以識之。

戴瓏岩有祺,邑人而衛籍。康熙戊辰中式,辛未狀元。王阮亭《居易録》載:“内閣進呈卷,擬吴昺第一。上以書法拔戴,改吴第二,黄叔琳第三。”

淞南好,文物盛流傳。鋒尉墨池勾董筆,時侯詩社戰談箋,風雅百餘年。

董思翁生上海之沙岡,故邑中多其墨迹。四方來購者,以臨本應之,幾不能辨。

談野翁侍郎第,在鶴坡塘上。其子東石建園以娱親。有峰七十二,今僅存朋壽一峰,上刻錢鶴灘銘,亦已剥蝕不全。其孫和,以内府擣染祕法,製玉版、玉蘭鏡面諸箋。思翁謂其潤而綿,瑩而不滑。眉公謂其精潔在蜜香、冰翼之上。

淞南好,磨盾騁才華。殉國將軍書梵唄,征臺都督賦仙霞,百戰筆生花。

喬公子一琦,力開五石弓,能左右射。詩、古文辭皆奇警。尤善書法,有《金剛經》石刻行于世。起家文士,中武舉。撫臣薦授遼東廣寧守備,積功陞遊擊。從劉總兵綎戰死滴水崖,于乾隆四十年賜謚忠烈。

鄔景超,邑之壯士。康熙十七年,閩督姚啓聖征臺灣,移檄徵兵,景超率鄉勇百人應募。授守備,爲蔣懋勳麾下先鋒。積戰功擢左都督。賊平,不之官而歸。著有《從戎紀略》《光霽樓詞》。其《閩南記捷》一闋云:“記仙霞秋盡玉關西,寒月照征袍。聽岩城畫角,邊風四急,戰騎初驕。鐵甲三秋暗度,猛士氣全梟。飲馬長河窟,雪壓弓刀。　細柳營開列壁,正軍驚韓范,將説嫖姚。擬投鞭直下,勢竭海南潮。誓指日,妖氛净掃。笑終朝,鼯鼠技潛消。看捷奏,三軍樂賀,凱唱還朝。”文武才略,具見一斑,惜未竟其用也。

淞南好,正氣照乾坤。雪嶺鵑啼光禄血,湘江鶴返侍郎魂,一死報君恩。

趙樸菴文哲,乾隆壬午召試,欽賜舉人,授中書。從征兩金川,于木果木軍營殉難,贈光禄寺少卿。著有《媕雅堂詩詞集》《藏海廬詩》《娵隅集》《群經識小録》。

新場葉蒼岩映榴,順治辛丑進士,改庶吉士。湖北糧道督標兵夏包子作亂,殉難。贈工部侍郎。聖祖南巡,御書“忠節”以謚之。

淞南好,玉躞富收儲。筆塚雲礽宗祭酒,硯城月旦右尚書,嫡派定何如?

陸祭酒深書法李北海、趙松雪,手抄書籍最富。

張文敏照生浦東三林塘,後遷郡郊。片幅流傳,奉爲墨寶。

淞南好,風節並文章。白簡南臺曹御史,青藜東觀陸都堂,甥舅接明揚。

曹劍亭錫寶,黄門一士從子。乾隆丁丑進士,改庶常,歷部郎、御史、司業,贈副都御史。

陸耳山錫熊,文裕公從裔孫,乾隆辛巳進士。壬午召試,授中書,累陞刑部郎中。癸巳,開《四庫全書》館,特改翰林院侍讀,充總纂,官至副都御史。

淞南好,兄弟盛衣冠。梁國聯鑣皆節鉞,延陵對管各貂蟬,瑞紀海東壖。

喬潤齋光烈,乾隆丁巳進士,官至巡撫。弟東齋照,同科武進士,官至提督。

延陵,謂白華司空、稷堂閣學。

淞南好,名以利民傳。橋市口碑稱學士,牌坊旌石剥天官,一樣是鄉賢。

學士橋,陸文裕公所建,在寶帶門外坊浜口,俗呼爲陸家石橋。

海邑牌坊獨盛,所謂三牌樓、四牌樓者,殆不知其姓氏。天官牌樓,查邑乘,始知爲張鶚翼建。

淞南好,塵夢唤人醒。牧豎荒場駙馬第,酒傭新館探花廳,歸鶴歎非丁。

明李深爲淮府儀賓,太后特旨入京賜婚。土人豔稱其第爲駙馬廳,即今同仁里管丁牧馬之地。

探花廳酒館,乃沈繹堂太史舊第,堂額尚存。

淞南好,妙手一時空。平怪醫方傾李令,倪癡碁局對吴童,性僻藝專工。

平希豫精醫術,與劉公原、沈介徵齊名,善用祕方,時稱平怪。邑令李發枝極重之,刊行其經驗、良方數卷。

倪克尚善弈,郡中無匹。性好潔,聞人咳唾,輒驚走,而衣垢不知浣,世號倪癡。吴斐章,幼即以弈名,與倪亞,年垂半百,人尚稱爲吴小囝。

淞南好,方物甲江東。娘子鳴機丁氏布,美人刺繡顧家工,不脛走寰中。

丁娘子布,光潔細軟。朱竹垞所謂"晒却渾如飛瀑懸,看來只訝神雲活"者也。造法祕不示人,女嫁他族,流傳始廣。

露香園劈絲繡衣裙、屏障,今女紅猶擅其妙。

淞南好，託業土風安。春浦漁船撈虱蟹，冬塘柴蕩獵猪獾，有水不須山。

虱蟹，類望潮，隨潮信爲盛衰。春初一網數千，清明即絶。味極鮮美，然一杯羹戕千百命矣。

猪獾，穴地而居，盛于海塘左右。隆冬，以獵犬擒之。

淞南好，斗酒餞春殘。玉箸魚鮮和韭煑，金花菜好入粞攤，蠶豆又登盤。

魚登菜花開時，軟鱗柔骨，視銀魚稍長大，名菜花玉箸。

立夏，以金花菜入粞攤之，若煎餅然，俗名草頭攤粞。

淞南好，裙屐女墻邊。十里黄雲牟麥隴，萬家紅雨蜜桃園，即此是仙源。

西城極空曠。清明前後，郭外麥浪齊腰。城中水蜜桃花盛開，綿亘數十畝，絳海無邊，頩人顔面。

淞南好，風味舊曾諳。羊胛開尊朝戴九，豚蹄登席夜徐三，食品最江南。

羊肆向惟白煑，戴九創爲小炒，近更以糟者爲佳。

徐三善煑梅霜猪脚。邇年肆中以缽貯糟，入以猪耳、腦、舌及肝、肺、腸、胃等，曰糟缽頭，邑人咸稱美味。

淞南好，人物笑同情。六跪蟹螺通蛸族，四腮蝦虎昌鱸名，不用忒分明。

蟹螺，蟹身螺殼，閩人謂之寄生，《閩部疏》："莆中寄生最奇，寄海上，枯蠃殼生，形味似蝦，兩螯四足。"粤人謂之借屋。又名蝓螯，似蟚蛸，其尻柔詭。蜿屈則蠃竊枯蠃以居，出則負殼，退則以螯足扞户。蛸亦蟹屬，土人以有毛者爲蜞，無毛者爲蛸。《爾雅》："蛸蠌小者蟧，《埤蒼》云：'螺屬。'"郭註："或即蟚蛸，似蟹而小。"鄭樵謂："據上下文，合是螺屬。"《晴川蟹録》載"海有小螺，味辛，名辣螺。二、三月間，多化爲蟚蛸。其螯跪半成而尚留殼中"者可證也。此足以破鄭疑而堅郭説。

魚之食蝦者，本稱蝦虎。市者美其名曰四腮鱸。

淞南好，海族饜珍羞。釜底添薪烹鑊蓋，刀邊抽箸喫鎗頭，郇國未全收。

赤魚，名鑊蓋。鰨魚，名鎗頭。取形似也。

淞南好，罾罟儘搜求。味敵江鰣魚著甲，名輸沙狗蟹遮羞，同類各殊尤。

鰣魚，出揚子江，隨流冲入海道。漁者得之，昂其值以售于市。

鰉魚，又名著甲，味與鰣埒。沙狗，海灘小蟹，遠人珍爲上品。

蟹兩螯大小者曰遮羞。《吴都賦》:"擁劍之屬。"《埤雅》謂:"以大者鬥,小者食。"

淞南好,蔬果賽葷腥。芋囡香殊羊眼豆,蓮心鮮匹狗頭菱,美味飽園丁。

芋之大者曰魁,小者曰囡。

羊眼豆,黄黑相間,層層圓暈,中如羊睛。

蓮子,盛于南匯,白花更佳。

菱四角者,名狗頭。取形似,即芰也。

淞南好,閨閣鬥新奇。晨握僧鬏臨寶鏡,夜牽佛手進羅幃,魂斷妙香飛。

僧鬏菊,翠碧可愛,曉粧競以簪髻。

佛手柑,出臺灣。閩船進口,争鬻于市。閨人以綵線絡諸枕屏,香堪媚寢。

淞南好,新浴晚涼天。日本花巾胸沃雪,暹羅籐管口噴烟,簾閣出天仙。

洋花布、手巾,出日本,非華人所能仿製。

暹羅籐烟管,黄質黑章,潾斒纖細。難至而易售,價值大昂。

淞南好,香國巧安排。粉姒舊從石筍見,醉妃新自法華來,笑口四時開。

藝菊家盛于石筍里,其雪鶴、酥桃、金紅、水白、琥珀、金黄、荔支紅、李家白及金銀醬蜜、諸鶴翎,祕不傳苗,若舊譜之粉褒姒等,反不甚惜。

法華牡丹甲四郡,種以百計。有支紅孟白、火輪寶珠、西奇雪塔、粉磬玉兔、紫球蕊珠、氈藍潑墨、緑蝶香雪、墨毬佛座、蓮范陽紅、瑞緑蟬、雉頭裘、紫羅襴、萬山雪、寒潭月、霞光射斗、十二連城、太真晚粧、金星雪浪諸名。若苧羅妝、瑶池春等,即舊之醉楊妃也,而色香尤勝。

淞南好,食指記曾經。尼院餽來和尚豆,倡家煑出小娘蟶,説破笑難勝。

蠶豆一頭去皮,用油醬炒熟,曰和尚豆。

俗呼妓曰小娘,蟶有肉柱雙垂而白,故名。

淞南好,命險一杯羹。生願西施乳下死,死憑和尚腹中生,生死眩奇情。

河豚,狀如蝌蚪,即《吴都賦》"鯸鮐"也。腹極甘腴,故名西施乳。煑之非法,毒人立斃。紅目紅翅者尤毒。蘆芽長尺許,便不可食。中毒者,急以橄欖汁灌之可解。諺云:"拚死喫河豚。"

宋蝦子和尚，名知儼，嘗從漁船賒食斗蝦。及登門取值，仍吐還之，悉活。今靜安寺無鬚蝦，傳爲奇迹。

淞南好，海舶塞江皋。羅袖争春登白肚，琉瓶卜夜醉紅毛，身世總酕醄。

海船全身白堊，俗呼白肚皮。船俱泊浦心。日將暮，小船載土妓，分宿各幫。

紅毛酒，味如丁香，貯以玻璃瓶。

淞南好，歡意逐時興。寒食先開嘗酒讌，元宵齊放采茶燈，喧鬧到深更。

清明賽神，讌會三日。先一日曰嘗酒，後一日曰敲甏底。

上元，飾美童爲采茶女子，手執花籃燈，唱俚歌，正月盡方歇。

淞南好，喧笑踏香塵。高堞鷂燈明黑夜，曲橋蟬鬢炫青春，惡少忽雲屯。

春日，兒童于城上放紙鷂，夜則架以烟火，九龍飛鼠、佛座蓮、飛蝴蝶、白鶴生蛋，俱從雲霄飛墮。

西園遊女，必由九曲橋至湖心亭。向皆梳刮鍋頭，新尚撲髩，傅額如蟬翼雙開。

淞南好，四五月之間。麥擔横街争火信，漁旗衝浪販冰鮮，水市日喧填。

麥秋，謂之火信。

黄魚，即石首，盛于淡水門洋面。沃以廠冰，可支數日。四、五月，漁艘市冰以往，滿載進浦。小船插三角粉紅旗，鳴鑼往市，曰販冰鮮。

淞南好，江景畫船收。截浦鹽拖金絡臂，衝波網快玉搔頭，真箇賽蘇州。

船之運鹽者，曰鹽拖，又名湖船。今則慣載洋貨赴蘇，船户飾婦女以款客，便竊其貨。

網快出劉河。近年盛行浦面，豔妝飛棹，不減吴姬。

淞南好，重五鬧龍舟。破浪快船誇技勇，淩風畫舫鬥歌喉，檣火照江樓。

端午浦中競渡。少年束青龍條，載諸般器械，闌入龍舟隊裏，更番奏技，往來如織，曰快船。富者則坐沙飛。此奏十番，彼唱清曲，龍舟繞船遊戲。以博酒糉之犒，或放鴨波心，弄潮兒泅水取之。向夜，估檣萬火照浦，如繁星麗天。

淞南好，婦苦最農家。午汗花田鋤蔓草，宵飢蚊窟紡棉紗，商女弄琵琶。

木棉，須芟草六、七次，而後開花。若梅雨連綿，草甦棉困，工必倍之。日色烈，則鋤下之草即萎。故農婦于盛夏,必曝赤日中,無歇午者。夜歸,又紡紗以换米。

淞南好,市價日高低。海舸販來紅木段,洋行收去白花衣,民瘦客商肥。

紅木可充花梨、紫檀,土人市諸廣船,製爲器用。

棉花之上白者,碾去核,曰花衣。洋行街鋪户,代閩、粤諸商,賤值收之。

淞南好,耕織不辭勞。刷布經車沿架走,收花燈竹插檐高,辛苦利如毛。

以木綿紗上經車,于官道理其緒,曰經布;浸以麵漿,置竹架上匀刷使乾,曰刷布,然後上機。

天未明,棉花上市。花行各以竹竿挑燈招之,曰收花燈。

淞南好,樂豈與民同。鹽販荷枷憑役賣,桃傭抱甕聽官封,物産爲誰豐?

鹽快奪民鹽,以十之一二入官,餘仍私售。

竈鹽斤不滿十文,肆鹽價至二十六文。故販私者,甘犯禁以趨利。雍正四年,南令欽公璉請將上、南鹽課,均攤兩邑地漕項下,每畝徵三釐九絲二忽六纖强,俾民食竈鹽而不罹于法。仁人之言,其利溥哉！惜松民例食浙鹽,兩江臺省難以上請。鄙意必得浙省鹽法衙門,將所轄省分有竈之縣,統計彙題,方合政體。近年别省業有奏請允行,年終彙計,課裕而民安,特旨嘉獎者。浙省援例入告,此其時矣。乾隆癸丑,重修《南匯縣志》,凡欽公議略之不合志體者,例應删去。光輔語志局纂修朱雪鴻:"此條于國計民生,頗有關繫,宜存之以俟後之君子。"請于邑侯胡公,得附刊新志《鹽課》項下。

水蜜桃垂熟,官票封園。胥役從中漁利,乃高其值以售之民。

淞南好,時物薦秋香。月餅飽裝桃肉餡,雪糕甜砌蔗糖霜,新穀漸登場。

月餅,即桃酥之類。

雪糕,以新米粉爲之,盛夏即鬻于市。蓋邑有五十日沙秔,收薄而早登。

淞南好,秋節喜聯緜。晦日蘭盆開十地,中秋香斗燭三天,申旦不成眠。

中元盂蘭盆會,海邑獨移于七月晦。俗以是日爲地藏開眼云。

中秋以香製七級浮圖,入金箔斗爇之,曰燒斗香。

淞南好,黄菊告重陽。北郭軍臺登振武,西郊佛閣躡沈香,東更上臨江。

振武臺,即北門敵樓,今爲元帝殿。

沈香閣,潘恭定公建,以奉沈香大士。

臨江閣,舊名大悲閣,在利濟渡口,皆邑人登高之所。

淞南好,官禁役生財。地棍盆堂牛刼數,村優花鼓婦淫媒,革俗待誰來?

地棍賄通衙蠹,日宰耕牛無算,賊竊牛以賤售之。盆堂,烹牛之具。

男敲鑼,婦打兩頭鼓,和以胡琴、笛、板,所唱皆淫穢之詞,賓白亦用土語,村愚悉能通曉,曰花鼓戲。演必以夜,鄰村男女鍵户往觀。

淞南好,男退女當先。健婦挑鹽行兩縣,饞夫擲豆跳三關,莫怪婦如天。

婦女販鹽,網開一面。健者能肩重擔,自奉賢越南匯而至上海,日行百里。

五香糖擔,以蠶豆五粒,穴一面如骰。每局五擲,不得犯五十及十五之數,曰跳三關。納錢而後擲,勝則錢、糖並獲,敗則不得糖而失錢。

淞南好,生計木棉周。凳竹懸弓彈作絮,車牀加楦打成油,衣食仰田疇。

穴凳面,插曲竹,懸七尺弓,以弦入花衣,槌擊弦動,細碎爲絮。

棉花核搾油,用以照夜。若烹食,不及菜、豆油,故價值亦賤。

淞南好,博局注千金。花馬開招摇八將,青龍押角喫雙門,白晝接黄昏。

紙牌每樣八張,曰八將。用六骰摇色,曰花馬。三張同者,曰掐子。每益一張,曰開招。押寶以萬頭寶心爲勝,葷素角則兼勝兩門,在左者曰青龍官。以寶斗爲賭具,近更以骰代之,曰摇寶。

淞南好,時樣冶遊郎。入肆壺觴浮琥珀,攔街盤碟賣檳榔,不問價低昂。

琥珀光,以紅花、蔗霜入火舂,色味俱佳。

近城童豎,以扶留藤葉裹檳榔賣之,食者頗衆。

淞南好,廛市散神仙。葵蓋茶杯開建片,銅鞋水管喫蘭烟,閑話度流年。

建片,售自閩艘,茶肆珍爲妙品。武彝以岩茶爲上,湯白。若洲茶,則湯紅。今所尚旗鎗、雀舌,皆洲茶也。惟壽眉即岩茶之選芽。而茶商所市者,仍洲茶之白毫耳。至衒其名曰大王、曰幔亭、曰玉女,諸峰高險,鳥道難通,曷以藝茶?按岩茶若一曲之復古洞,二曲之金井,五曲之玉華洞,六曲之梧峰,七曲之東華岩,九曲之白雲洞及山北之章堂、竹窠、青獅岩諸處,皆最著者,而尤以玉華爲第一。謝在杭《玉華洞詩》:“小屋編茅竹結亭，薰床瓦鼎黑瓷瓶。山中一夜清明雨，收却先春一片青。”蓋指此。

水烟，出蘭州。範銅爲女鞵，腹貯水，面裝烟，跟引管尺許，隔水呼烟，亦逐茶肆奉客邀賞。

淞南好，纖物各争奇。盆樹二三梯屋灌，籠禽千百上城啼，清賞合時宜。

邑尚盆樹，大家庭院固所必備。即市肆之尺天寸地，亦于屋檐架露臺羅列諸品，梯而灌溉，不厭其煩。若洋松、洋鵑、洋楓之類，價倍他産。

百靈、畫眉，不惜重金購置。遊手者日攜籠上城門叫，午後則集西園。

淞南好，自昔號岩疆。怒馬奔騰新舊閘，奸梟潛伏二三場，行路慎羊腸。

雍正十三年，以舊閘裂陷，築新閘于金家灣。怒流迅駛，渡者必俟潮平。瀕海設立頭、二、三鹽場，以理竈務。販私者曰鹽梟。

淞南好，無處不歡場。盲婦顫聲摹蕩婦，伴娘炫服賽新娘，賺煞少年郎。

彈詞盲女，近更學勾欄小調，濃妝坐茶肆賣唱，少年賭贈纏頭。

海邑伴娘，姿服相尚，若花蝴蝶、夜來香、滚燈月、月亮風、擺荷花、畫花糞船之類，悉有品目。左攜絹包，右豁廣袖，款步街頭，望而知爲若輩。色少衰，則妙選幼女爲養媳，其宗派有甚于衏衏者，贊禮剃面，特其名也。客不接于家，各有私期之所。辰集酉散，時人戲謂之上學堂。

淞南好，妓席聽新歌。武弁幫閑更小帽，文人避謗换新靴，客比鯽魚多。

妓家大半在西城營丁錯處，故倚武弁爲屏障。

生監不守分者，曰破靴黨。

淞南好，苦處尚消魂。客訪前遊遭白梃，妓翻新樣託元門，也算太平春。

妓家不常厥居，他人遷入，客叩門多遭毆辱，傳以爲笑。

妓欲委身所歡，而難與本夫離異，多託比邱爲法華轉輪。向以梵音庵、荷華池爲逋逃藪，今則所在有之。

淞南好，秋興接冬春。上箭沙盆窩蟋蟀，鬥圈錦袋出鵪鶉，賭面賭黄金。

善養蟋蟀者，用沙泥填盆底。鬥器以竹爲之，上施細柵，故入鬥場曰上箭。

鵪鶉鬥竹圈内，稱其慣勝者曰鬥過幾圈。

# 跋

南匯楊光輔，字徵男，號心香。嘉慶丙辰歲貢。博攻經史，手不釋卷，能文工詩。著有《鶴書堂詩詞集》《瓊臺集》《緑雨軒稿》。其《淞南樂府》六十章，專咏上、南兩邑風土習俗。詞句雋雅而多風趣，尤爲世所傳誦。南匯吴省蘭嘗刊之于《藝海珠塵》，兹編即自其叢書中析出者也。

上海通社識

# 滬城歲事衢歌

張春華 撰
康麗娜 整理

# 整理説明

《滬城歲事衢歌》一卷，清張春華撰。張春華，字秋浦，上海人，諸生。書中收録七絶一百二十首，每首詩後均有注解，敍述、考證詩中有關史事的本末。

該書詳細著録了上海地區自歲初至歲末的各種民間習俗。如除夕守歲、正月元宵、二月十二花朝踏青賞紅、五月初五端陽節等，將上海可考的習俗按節序先後羅列了出來。書中記述的内容十分重要，可以反映出清朝後期上海地區的歷史和社會文化風貌，如談到燈會，有正月元宵燈、二月花神燈、三月天后宫彩燈等。談到上海民間的文化活動，有曬袍會、菊花會、三巡會、龍華廟會，有郊外東南朱霞殿浮台演劇、城隍廟西園年規戲、積善寺重陽演劇等。書中記述了上海衆多的土特産，如郭外三裏望塔橋邊的桃樹、周浦的西瓜、吴淞江青水蟹等。關于上海的名勝古迹，如丹鳳樓、觀音閣、振武台、大境閣、豫園、露香園、廣福寺、鐸庵、黄道婆祠等，亦有很多記載。這些内容對于研究清末上海地區的社會生活、風俗習慣、文化、地理等都有較大的參考價值。

《滬城歲事衢歌》初刻于道光十九年(1839)，估計與張春華完成此書的時間比較接近。1873 年上海申報館印行的《瀛寰瑣記》中收入其中四十餘首。1935 年，上海通社據原刻本整理排印，作爲《上海掌故叢書》一種刊行。1989 年上海古籍出版社《上海灘與上海人叢書》中收有許敏據《上海掌故叢書》爲底本而整理的點校本，但書末漏收詩六首。

本次整理，以《上海掌故叢書》本爲底本，吸收了許敏點校本的成果，同時改正了一些明顯的訛誤。限于學識，標點中多有不妥，望大家批評指正。

康麗娜

# 目　　録

自序 …… 352
正文 …… 353
跋 …… 369

# 自　　序

己亥冬杪，歲事粗適，偶有所觸，呵凍作此。聊爲破寂之資，無當大雅顧盼。抑蕞爾一隅，所謂民物豐阜者有限，欲與通都大邑彼此頡頏，能乎？否乎？居斯土者，俾知吾邑所有，如是而已。吾邑之人所托業者，如是而已。捫心清夜，知所節焉，或亦採風者所樂聞與。

道光十有九年歲次己亥，嘉平中澣，滬城張春華識

# 滬城歲事衢歌

張春華　撰

萬國衣冠拜冕旒，用句。堯天春色麗江洲。桃符户户開新序，第一良辰入唱酬。

滿城裙屐此匆匆，賓主循環一例同。卓午出門歸路晚，繞階名紙拾梅紅。

歲初，相往還爲賀節，往往于門隙投一刺而去。

春盤八簋啓家廚，壓歲錢還重五銖。有客顔酡逢巷口，夕陽紅處送歸途。

戚里及所親來，必飯，大率不過八簋。年前選青錢，輪廓肉好者，貫以紅繩，與幼輩十二、三以内者，名壓歲錢。

三日新年息曳裾，覓閑窗下覺顔舒。忽聞吉語聽來切，元寶一雙金鯉魚。

俗于初五子分，備寶馬牲醴極豐盛，爲接財神。必用鮮鯉極活潑者爲元寶魚。先一日，擔魚呼街巷，有以紅絲扣鬐踵門而來者，謂送元寶。

不教黑白鬥松楸，豪興呼盧互結儔。驀地六紅齊入手，錦標奪得狀元籌。

剡竹爲籌，均其大小，書鼎甲科第諸名目，擲骰爲博戲，謂狀元籌。以雉爲勝，得六雉則舉局全勝。

豫園晴午景軒眉，同上春臺次第窺。相約破工夫早到，廟樓日日有年規。

城隍廟西園，明尚書潘恭定公恩故址。址約七十餘畝，花木山石、亭臺池沼之勝，詳《邑志》喬鍾《吴記》中。年初，遊人尤盛。邑之黄浦，數省市舶交集焉。春月，各業演劇爲報賽，謂年規戲。

豔説年豐五穀登，龍蟠九節彩雲蒸。瞥如聲湧驚濤沸，火樹千條搶滚燈。

元宵燈，吾邑無可觀者。遊手環竹箔作籠狀，蒙以紿，繪龍鱗于上，有首有尾，下承以柄,旋舞街巷。前導爲燈牌,必書“五穀豐登,官清民樂”。又有編篾作一大珠,中籠以燭,爲滚燈。尤有惡習,滚燈遇龍燈,必械鬬,謂龍搶珠。

月明元夜炯天中,鐵鎖星橋啓碧空。峰頂陡看金線撒,笑聲喧處逐花筒。

元夜,挈煙火名花筒者,于西園巖石高處點放。無定所,觀者隨其焌發處笑逐爲樂。

樹樹危檣燈影妍,其年轉漕海波恬。夜珠萬顆千船火,星斗一天水印圓。

道光甲申,河決高堰。朝議江蘇漕艘由海趲運,彙集上海,用商人沙船、蛋船、三不像等船,兑儎開行。丙戌正月,各郡並集,自南及北五、六里,密泊無隙。元夜,萬艘齊燈,尋丈桅檣高出水面,恍如晴霄星斗,回映水心,上下一色,誠鉅觀也。

春到花朝碧染叢,枝稍翦綵裊東風。蒸霞五色飛晴塢,畫閣開尊助賞紅。

花朝,翦綵懸枝,爲賞紅。

日夜笙簫步緑塍,珠簾垂處小樓凭。吴綾輸與談箋紙,妙擅江鄉算織燈。

燈之盛于二月者,俗謂花神燈,又名凉傘燈。燈作傘形,六角,間有圓者,鏤刻人物、花卉、珍禽異獸,細于繭絲,而纓絡鬚帶無不精妙,却皆以紙爲者,惟吾邑有之。談箋,亦邑之土産。

想像長沙黄鶴樓,嵯峨百尺倚城頭。偏陬莫訝無奇勝,大境三層拓遠眸。

城樓自東北而西,有四:一曰萬軍臺,即丹鳳樓;一曰制勝臺,即觀音閣;一曰振武臺;一曰大境,明萬曆間建,國朝屢修。傑閣三層,遠及數十里。

自嘉慶以來,增容飾觀,恢廓舊制,稱名勝焉。桃花時尤盛。

客來錯認小桃源,紅縵薰晴布隰原。花色占春三百載,至今猶説露香園。

明邑人顧觀察名儒,于城北築别墅,曰“萬竹山居”。其弟名世,擴其勝,穿地得石,曰“露香池”,趙文敏手篆,遂以名園。春時桃花盛開,皆水蜜種,因名露香園水蜜桃。今園廢已久,而種散布。桃實時,灌園者皆謂露香園遺植也,索值甚昂。

登城日日步晴和,到眼明霞捲絳羅。萬樹桃花千斛酒,青帘挑處認西駝。

邑西北隅,皆桃林也。三月間,遊人登城,周覽數里間,一望如錦。西駝,酒家名,昆弟列二肆,其東者爲東駝。桃花時往往杯酌于此。

斗酒雙柑折柬邀,芊綿草色踏裙腰。林梢處處蒸紅雨,春到城南望大橋。

郭南三里許,有橋名望壙橋,俗訛爲望大橋。其地遍種桃花,幾無雜樹,人爲小西湖。

東風緑捲墓門煙,摇曳晴郊五色錢。西北郭前三十里,年年馬鬣起新阡。

四郊,東濱黄浦,其西、北、南皆冢墓也,可耕者僅十之三、四。

江鄉令節重三元,春露秋霜慰九原。聽澈鶯啼寒食路,草壜風緊膩晴暄。

清明掃墓,必以草壜。其形如甕,圓方六角,大小不一。出郡城者較小,自南匯來者最爲輕靈。而吾邑所爲稍重笨,然能多貯冥鏹。爇火燎原,望見煙起,知其子若孫展墓也,故邑人能仿其式而不忍改。

清明報賽到城闗,轂擊肩摩擁闠闤。五里羽儀人静肅,路由歲歲掣紅班。

邑厲壇,令宰有舉祭之典,每歲于三元節遵行之。縣牒城隍神主壇,俗謂三巡會。輿馬駢集,旌旄燦然,亘四、五里,儼然憲衛也。皂隸中著名者爲紅班。先一日,舉明日所經歷揭廟門爲路由籤,書出入某門,于神前掣之,必由紅班編定。

曲水流觴俗未諳,蘭亭誰復嗣幽探? 風光偏是朱霞殿,鬧澈通衢三月三。

郭外稍東南,有朱霞殿,供真武像,以三月三日爲誕辰。里巷懸燈,廟前作浮臺演劇。

蘭若風清僧舍閑,上齋正午叩松關。輕舠恰受人三兩,帆指龍華十八灣。

城南廿里爲龍華寺。寺前有墖,吴赤烏十年建,相傳爲文筆峰,修之則邑多通顯者。寺居浦濱,舟行較逸。由龍華而南浦,多曲折。諺曰:“龍華十八灣,灣灣見龍華。”

暖趁春江十五潮,浮圖秀挺倚晴霄。歸舟背指斜陽裏,虹卧前灘百步橋。

龍華寺,故大叢林也。每歲三月十五,四方瞻禮者甚衆,邑人亦往焉。寺側有龍華港。港有橋,名百步,南北數十丈,上綴朱欄,宛若卧虹。

大開燈市六街妍,十日東門沸管絃。村婦新粧忙底事,趁晴齊説到宫前。

天后宫,明順濟廟也,由萬軍臺移建于東郭外。浦濱重洋數千里,于海舶多著靈迹。三月二十三日爲天后誕,市人敬禮,燈綵特盛。雖鄉村婦女,必往觀焉。謂其地爲宫前。

繞了城東又入城，遊蹤逐曉到深更。映街夜色明于晝，朱户簾垂透水晶。

三月二十八日爲城隍夫人誕，街巷懸燈，一如天后。

曉陌晴妍潤氣含，雙歧玉穗話村南。笠雲先刈西疇緑，細碾新舂賣麥蠶。

麥熟時，取新麥磨之，黏如初蠶。匀飴食之，味甘平而清，名麥蠶。

緑陰深處聽黄鸝，令節新蔬剪夏畦。飛雪一匙香稻熟，輕鹽匀入爇攤粞。

立夏日，剪野菜，有所謂草子頭者。磨米作粞，入草子頭煎之，味甚香脆，名攤粞。

深院垂簾静晝長，家廚櫻筍酒初香。持衡笑語論輕重，骨相憑君子細量。

立夏正午懸秤，合一家老幼評其輕重，謂免暑天啾唧。

開壇廣福誦牟尼，精舍談禪歲有期。古刹消沉香火寂，近來檀越杳姜姬。

廣福寺，晉天福年建，亦吾邑古刹之表表者，失修久矣。

村郭清和四月天，静安寺古已千年。何期名勝湮衰草，莫向靈源訪湧泉。

静安寺亦建于孫吴年間。相傳有赤烏碑。元僧壽寧彙《静安八景詩》成帙，題咏甚多，楊鐵崖爲序，湧泉其八之一也。或云海眼，自地泛湧，晝夜不息，數百年來未嘗竭也。乾隆四十三年，觀察盛公保甃石築亭，名曰"應天湧泉"。今亭廢，又久無過而問者矣。

老去山僧住法龕，談經自昔味覃覃。而今七佛傳村巷，也算春遊向鐸菴。

鐸菴，故張在簡别業也。國朝康熙元年，鄉先達曹緑巖垂燦改爲菴，江右僧犀照駐錫于此。犀照有道僧也，往來皆一時名輩，百餘年來清風渺矣。三、四月間，有所謂念七佛者，男女淆雜，佻達子弟往往藉此爲樂。

解籜貓頭嫩篠齊，三三竹徑緑臨溪。風光不減篔簹谷，燒筍呼童劚哺雞。

竹筍之在春末夏初者，名護麂筍，俗謂哺雞。蘇省類有之，産吾邑者尤肥嫩。

緑蔭槐村一徑遮，江陬生計不桑麻。平疇正午歌徂隰，萬笠欹晴話種花。

吾鄉生計，盡在木綿。四月初必散子矣，謂種花。

紅雨樓西剪碧蕪,峻祠虔享報黄姑。三冬挾纊青襦燠,祀重先綿肅廟模。

黄道婆,元時上海鎮人。初淪落厓州,元貞間附海舶歸。攜粤中木綿,教人播種,又倡爲紡織之法。數百年利賴,實自道婆開之。祠在烏泥涇,明萬曆間,張之象改建于張家浜。天啓間,張所望另建在寧國寺西。其在邑城梅溪衖者,相傳爲黄姑菴,奉織女。《澤國紀聞》云:"所奉乃少年女子,非道婆也。"道光五年,邑侯許榕皐乃大闢城西桃林數畝,創建特祠。遵部議從先綿例,春秋崇祀,規制廓增。經畫其事始終成之者,爲邑人太學紫珊徐君渭仁也。祠在李氏吾園側,有紅雨樓。

煙樹晴薰夏五天,自宜水國泛龍船。如何歇浦濤千頃,簫鼓聲稀聽渺然。

吾邑故水鄉也,而獨不宜于龍船,以黄浦有風波之險也。戰國時,楚春申君黄歇始濬此水,故又名歇浦。

歲歲新符换舊符,羽流託業有門徒。筠箋勁達龍蛇氣,揮灑朱毫燦畫圖。

端陽節黏符于兩楹間,謂可驅邪降福。先數日,羽士朱書符訣,于素與誦經之家遍送之。謂門徒,如貿易之有主顧也。

五日開筵捧玉壺,輕衫團扇記招呼。菖陽酒熟金尊暖,角黍蒸香透緑蒲。

端陽裹角黍,飲菖蒲酒,大約與他處同。

瓣香肅拜付兒曹,剪綵懸弧殿宇高。五月十三微雨處,將軍靈武潤磨刀。

五月十三日爲關帝誕。俗以竹爲弓矢,繫紙作鞲懸之殿庭,謂納將軍箭,孩提易養。是日有雨,爲磨刀水,去疫癘。

雲宇連朝潤氣含,黄梅十日雨毿毿。緑林煙膩枝梢重,積潦空庭三尺三。

仲夏,霪雨經旬,爲黄梅雨。如不雨,爲旱黄梅。防歲歉,大率以多雨爲妙,謂"大小黄梅三尺三"。

稻壟連阡水氣涼,煙蓑雨笠到雲莊。開埕香送新篘熟,八簋村廚款插秧。

五月中乃蒔秧。有專門者,農家延之來,款待極豐,每食必八簋。

庭階布潤緑苔滋,一半晴陰帶雨絲。溽氣薰人當晝午,不堪排遣熱三時。

黄梅之後爲時梅,俗謂夏至起頭時。又曰"冷黄梅,熱三時"。每歲至此多鬱熱。

天晛晴開化宇高,郝隆腹笥重詞曹。拈毫記咏江鄉事,好向東園看曬袍。

六月六日,城隍廟東園有曬袍會,合邑之衣工爲之。

炎氣蒸雲三伏中,晴穹杲杲烈浮空。連朝忽地涼于水,海上初來舶趠風。用句。

既小暑矣,忽有高風涼爽數日,名舶趠風,俗訛爲麥超風。

湘簾垂處耐晴烘,六六窗紗面面通。清晝敲棋深院静,中庭無暑有涼篷。

涼篷以竹箔爲之,或用蘆席。亦有繩其左右,視日影之朝暮東西抽曳者,爲捲篷。

覓涼静掩碧櫥紗,高卧羲皇晝不譁。剖玉最宜周浦緑,遣煩無計此浮瓜。

西瓜産周浦者,色如玉,味鬆脆甜潔,暑中佳品也。但吾邑一分青浦,再分南匯。周浦屬南邑矣。

瀲灩湖光碧印霄,蓮池夏氣豫園消。一奩波浄莖摇緑,夾道穿過九曲橋。

邑廟豫園有池廣數畝,中有亭,名湖心。左右盤折平卧水面者,爲九曲橋。池植紅蓮,夏日盛開。曉起立橋上,面面皆花,絳霞暈目,水風送涼,真佳境也。

澄波捲碧漾紅芙,秋水亭如在玉壺。向夕畫欄開面面,溪山不讓莫愁湖。

露香園故址,久作演武場矣。道光丙申,大吏檄州縣爲義倉之舉。長沙黄公冕來攝是篆,舉邑人徐君紫珊董其事,擇演武場之東隅,鳩工庀材,有門有堂,倉廒鱗列,規模具備矣。乃于倉之西南,濬池爲巨浸,植菡萏其中。池上東嚮築亭,宏敞如廳事,顔曰“秋水”。臨水三面皆欄,波影天光,賞心澄目,遊者彷彿秣陵勝碁樓下云。

甃石成臺面翠巒,微風細戛玉珊珊。修廊月夜看疎影,涼送山房竹萬竿。

由秋水亭後西折而東,曰“萬竹山居”,補舊迹也。石臺巃起,背竹面山,軒檻通敞。東有修廊曲折而下,宜于新月初來于此小憩焉。

趁涼侵曉到南園,風颭池蓮帶露翻。倚遍曲欄干十二,小橋虹卧射朝暄。

南園,本名渡鶴樓,明喬煒别業也。木石最爲蒼古。國初,曹緑巖曾居之。後爲李氏所得,更名也是園,又改道院爲蘂珠宫。道光八年,觀察陳公鑾喜其水木清華,得山川之秀,葺爲蘂珠書院,增建奎宿閣三層。方壺一角、海上釣鰲處、曲廊諸勝,園池寬廣,池蓮較他處尤爲富麗。

畫樓層折面山開，擎翠偏宜密雨摧。清澈湖心聽細細，凭窗涼待夜珠來。

南園珠來閣，久不可考矣。自改書院以來，如平邑侯翰、陸觀察蔭奎、沈邑侯炳垣、温邑侯綸湛、陽觀察金城、汪觀察忠增、黄邑侯冕、王觀察玥、王邑侯文炳、曾邑侯承顯，俱有捐廉。而陽、汪二公並捐千金，黄公捐千餘金，與紳士集成課試經費。董其事而先後善成之者，則邑孝廉金君樹濤也。道光十八年，孝廉偕諸同人籌款售院旁民居，拓建芹香仙館、致道堂、育德堂及左右號舍，而珠來閣乃得復其舊焉。

雉堞梳煙入遠眸，西窗挹爽夕光浮。清飈瞥送荷香遠，山雨欲來風滿樓。

珠來閣之左，爲山雨欲來風滿樓。樓西向，凭窗遠眺，煙樹蒼然，雉堞如畫。樓下高荷萬柄，清風送香，納涼勝地也。

清芬脈脈逗簾波，涼院評花着意摩。繡口洵推楊汝士，彩毫五色寫矼荷。

池蓮之外，又有矼荷，佳種具備。其種之小者，雖瓶盎盂尊皆可培植。邑人楊君瑶水，有《矼荷譜》，備列花品及種法甚詳。

小院生涼火欲流，瓣香皈禮作薰修。天孫雲錦分明在，河影欄環看女牛。

"河欄環，墾瓜爿";"河東西，喫新粞";"河斜角，做夜作"，皆邑之俗語也。

簾幙篩涼動玉鉤，梧庭溽暑一時收。朱盤底事堆瓜果，晴午消閑逛立秋。

西瓜性涼，俗過立秋日，食者罕矣。

賽神恰值月澄霄，城市燈紅和管簫。歲歲周涇遠繞郭，孟秋十五看青苗。

七月十五日祭賽，如清明節。溽暑初過，烈日猶酷，邑神之隨從者，大都以夜分爲良。郭外繞西而北者，爲周涇神，必由此入城，謂看青苗。

光燭幽沉布緑塍，泉臺洞達炯層層。法王妙相開靈眼，步步生蓮簇地燈。

三十日爲地藏王誕，俗謂"大月開眼，小月不開眼"。是晚，街衢並設香火，剪紙作蓮花布地，且有以茜草心編爲花籃及瓶盆之屬者，名地燈。

未教天酒沁華池，灸法新奇印玉姿。承露不須金掌矗，一甌侵曉拂花枝。

八月朔，俗謂天灸日。黎明，拂花枝露，以古墨研匀，取净管蘸墨，凡童稚之數歲以内者，印圓圈于兩太陽及四肢諸穴，謂免百病。

月盈良夜坐凭樓，無限明輝霽遠眸。庭院開尊延賞處，二分秋色到中秋。

吾鄉于中秋夕，雖極貧之家，亦略具盃酌，大約取團圞之意也。

斗壇向晚篆煙籠，玉鏡澄澄炯碧空。巷口夜闌喧士女，三更猶到𥁊珠宫。

斗香之盛，𥁊珠宫爲第一。八月十五，竟日夜未輟也。然夜間蹤迹易淆，良莠不辨，苟有門户者，往往以此爲婦女戒。道光十六年，黄邑侯冕禁止夜遊。數年來，此風稍息矣。

春申浦岸此凝眸，江水從來截海流。舶客晝來眠不穩，料量十八避潮頭。

吾邑濱海，却飲江水。長江出焦山口，經福山，南出于南匯之洋山，水勢湍急，攔截海潮。潮長則江水與之俱長，潮退則江水與之俱退。每年或有一二日鹹潮，是爲海水盜入，戒弗汲而已。惟八月間，江潮旺漲，舟行者宜慎。俗以十八爲潮頭生日。

城郭周旋慎夕昏，江潮有信駭豚奔。從流曲折通渠到，迅湧渾波阻六門。

江豚如豕大，不見首足，風起浪生，倏隱倏見。朱彝尊詩"吹浪湧江豚"是也。吾邑自建城以來，塗巷之築而高者，視昔有加矣，而城猶故址焉。益以支港淤塞，秋日漲生，溝渠不能容，溢注城下，不得出入者，每日必有一二時。

一天秋色靖煩囂，晴亦相宜雨亦調。争得村農齊拍手，已過八月不風潮。

農人最懼者風潮。七、八月間，木棉盈野，禾稼滿目，有秋可望矣。猝遇風潮，田疇被淹，即無所措手足。但木棉七月中已可採取，早者八月可收足，晚者亦不過九月中旬，此時風潮無妨全局矣。

晴罨山莊緑滿田，杖藜出郭度遥阡。吴儂生小江鄉住，把管從君話木棉。

吾邑木棉遠及數省，業農者罕見種稻。余生長海陬，知之最詳悉，即耳濡目染者。自散種以及成布，各綴一咏，備芻蕘之採。

木棉萬畝蔚秋煙，事善還教器必先。嘉種自宜圓厚好，選藏花核慎年年。

木棉，有核如梧子較大。每年登場後，取棉花之衣厚核重者，藏之至明歲二、三月間，軋取花核，既鋤地乃散種之。

秋來回憶種花時，嫩緑纖纖細雨滋。六月陡看苗母長，新苞重叠孕芳枝。

鄉人稱木棉,統謂之花。四月便宜種花,種法有二:一曰穴種,鑱地作穴,每穴下四、五核。間尺許爲一穴,匀種之。一曰漫種,以手握核遍撒之。吾鄉多漫種。種後須得微雨,五月苗如荷錢大,漸有枝葉,至六月則驟長矣。其枝層累而上,高者有四、五尺。

永晝西疇笑語譁,三三女伴踏晴沙。一肩酷日千鋤緑,祇恐明朝草没花。

黄梅雨後,根苗漸長,而草雜其間,既晴必鋤去之,爲脱花。脱花不獨男丁,往往多女伴。稍遲則草益盛,花必受害,爲草没花。

嫩黄齊向緑枝攢,同到村前着意看。潤雨烘晴今歲早,家家田裏有花盤。

初苞者爲鮮花,色黄甚柔脆,其蒂則生花,實者謂花盤。

花到秋初分外妍,梳風飽露緑含煙。停鋤指認枝頭重,匀綻金鈴個個圓。

花既開,其下之圓而有角者,爲花鈴子。每鈴作四房,生五六鈴、十餘鈴不等。

一番氣象霽茅檐,十里平原快共瞻。秋晚不須愁歲歉,枝頭已露玉纖纖。

花鈴喜晴,烘以烈日,則房坼而棉之如雪者,迸溢鈴外。然初見每畝亦不過數朵耳。

花光如雪布連阡,願喜天從賦十千。日暮村前聽笑語,兒童争趁捉花錢。

花開矣,掇而取之,爲捉花。捉花宜童稚,以其身輕,出入花間不傷花也。

蘆箔雲鋪入市編,半弓浄地拓門前。薰晴繼日宵綯索,束貯新蒲付一肩。

以木架展蘆簾于上,取木棉匀攤之,爲曬花。曬必兩三日。既曬,舉所謂花包者,貯之使堅滿。每兩包爲一合,每合重百斤。兩口相承,束以巨索,于屋之高燥者善藏之,如粟之登庾焉。然貧家待哺綦切,不能暫藏貯,束既已,往往擔之求售矣。

曉郭喧闐花市開,主人握算費量裁。貿遷自古通無有,看頂應教價值擡。

郭稍東而南,幾于比户皆售花者,名花市。清曉,村人肩花入市,有司其價值者,兩造具備,衡其輕重,别優劣以定價,而于中取百一之利,名花主人家。價之極貴者,名看頂。

新穀新絲一例看,醫瘡剜肉强顔歡。年來歲歲收雙擔,無袴依然怯暮寒。

木棉未登場,已有下壅之費,益以終年食用,非貸于人,即典質衣物。一有收穫,待用者已日不暇給,濟得眼前,後來無繼矣。一畝之入有百觔者,爲滿擔,倍者爲雙擔。雙擔是年之極豐者,不恒有。下農種木棉三、五畝,官租之外,償債不足,辛苦經年,依舊敝衣敗絮耳。

阡陌秋高日影斜,闌珊田事路三叉。忍教寡婦空遺秉,留得淳風捉落花。

九月將殘,木棉空野矣。偶有一二鈴晚茁者,留綴枝間,窶人拾之,或僅充一飽耳。見者往往争逐,兩不相讓,鬥毆隨之,相傳爲敝俗。獨不思《大田》之章"彼有遺秉,此有滯穗,伊寡婦之利"乎?

終年辛苦健忘疲,尚有疎枝帶雨欹。匪斧析薪誰不克,待晴正好拔花萁。

木棉既收,其枝葉皆薪也。十月中,西風加緊,待其枯燥,挈而捆載之,以供爨火,較稻草益烈,名拔花萁。析薪不用斧,便于採山者多矣。

晨旭當門一徑遮,秋深景色想田家。東鄰新婦西鄰媪,暖負晴暄共揀花。

田事初畢,女工繼興,取木棉曬而藏者,盛之于筐。曉起天寒,挈女伴就南榮,去其不潔及所謂"僵囊"者,名揀花。僵囊實而未坼,或傷雨,其絮如氈者。

轉軸層層捲素霞,蘆簾風緊一燈遮。夜闌何處摇柔櫓,款乃聲中聽軋車。

棉與核交粘,必去其核,方可用。去核者,名軋車。以木爲之,三足。二向内,一向外,高三尺許,上有板,厚約二寸。板左右有兩耳,空其中,納二軸,一木,一鐵。其鐵者,長出左耳外尺許。鐵軸盡處,承以木槌,形如藤枕而長倍之,絡繩于鐵軸,絡板于繩之下垂處,以足踏之,則鐵軸内旋而核墜于内。其木者,長出右耳外二、三寸,上綴以木,木長三寸餘。一端承軸,一端復綴一圓木,亦長三寸許。以手運之,則木軸外轉而綿出于外。軋車如櫓聲。

繞地輕雲避曉風,筠竿斜倚想漁翁。絲聲幽細虚簷澈,滚雪飛花寄一弓。

綿必彈之,使如輕雲,謂彈花衣。彈花者名弓。弓以木作圓柱狀,長四、五尺,粗盈握。弓上端鑲薄板,方而斜,縱横四寸許。其下端于圓柱之末,刻之使彎圓,而厚闊二寸餘,以弦施于兩端。弦之餘者,繞柱上。擊其弦者,爲彈花槌。槌長七、八寸,礲其兩端,極光潤。彈花必坐。其坐者如椅,而矮幾及地,名彈花櫈。櫈之背,貫以竹竿如釣魚者,而曲竿之極處懸繩,繩下着弓,以左手執弓,右手持槌坐擊之,棉着弦而起,輕如柳絮。宜于無風處彈之,弦聲清脆,聞及鄰室。其弓弦以羊腸爲之。

停匀輕重剖瓊瑶，似竹心虚捲練綃。月得女紅四十五，朝來信手雪千條。

以彈之成絮者，分之作棉繩，名搓條子。以竹削如箭，幹較細，長二尺餘，名栅子，捲棉于上而搓之。其搓之器如桶蓋，方而長，名搓花蓋。以左手按其栅子，右手執蓋向外推之，隨去其栅，宛如玉蒜。

一輪飛捲踏雛娃，不數山家課績麻。莫訾江鄉誇獨擅，問君何處覓三紗。

搓條之後，如麻之待績矣。其器曰紡車，以屈木之連屬者鋸之，下如二股，上如柱統，計約高二尺。豎二股于横木上，木長不及二尺。木兩端之向内者，又横卧二股，長有二尺餘。股之盡處，以木之厚而較方者合屬之。其柱之端空之，舉所謂紡車頭者，横貫其内。其形如半月，内外各一，相懸寸許，脊有三齒，安小管于上，以所謂椗子横綴管中。柱之下二股交合處，横圓木長半尺外，木上着輪。另有一木長四尺餘，鋭其一端，竅輪而受之。其一端于合屬卧股之處，作齒承之。以兩足旋運，先于椗上繞紗數尺，黏于條子，隨輪飛動，紬繹而出，名紡紗。紡紗他處皆有，然以巨輪手運，衹出一紗；足車出三紗，惟吾鄉倡有之。

隙地晴開一道斜，筠筒箇箇玉無瑕。浣紗濯錦分明似，條理經綸上滴花。

優于紡紗者，日可得八兩。取石葦作管，長六寸許，搬紗使滿，名筒子。有所謂經車者，形如算盤，表裏透漏。取筒子分左右匀列其中，于廣場植竹爲架，以紗繞竹上，逕數十丈。負經車往復數次，理其經綸，以交竹中，分之平如疋練。先以漿漬紗上，取竹箒長二尺餘者，兩人持箒，左右行刷之使匀，烘以晴日，俾紗燥而不粘，則機口滑潤，紗不中絕，省接續之工，易于成布。如是，則以滴花層捲之，便可上機。滴花，形如桔槔之軸，而短長二尺有餘，兩端有交木如十字。

篝火連宵遞一梭，機聲朗逐漏聲過。参横月落虚無籟，六頁初成聽刮磨。

機式大象與綢緞機同，而布機較省便，布幅亦較狹。織布皆女工，日可得布一疋。亦有極一日半夜之力，得布兩疋者，然亦僅見。織之時，以紫色拈經紗之邊爲捏目，謂織數有眼目也。交竹梗處爲頁，每六頁爲疋。

耐曉寒侵健踏霜，隔宵結伴趁星光。竭來指認西風裏，遠郭燈紅早出莊。

貧家往往待織婦舉火布成，漏或四下矣。其夫若子負之出，雖霜雪不敢憚也。村行苦寂，必有侶伴。布肆列城市，售取每不便，于郭外静處覓屋半間，天未明，遣人于此收售，爲出莊。

曉市評量信手拈，廿三尺外問誰添。關山路杳風聲遠，多少龍華七寶尖。

布有小布、稀布，小布以十九尺爲率，稀布亦不過廿三尺。布之精者爲尖，有龍華尖、七寶尖名目。龍華、七寶，皆吾邑鎮名。七寶，今分隸青浦，其行遠者爲標布。關陝及山左諸省，設局于邑，廣收之，爲坐莊。

築場重理隰原田，了却官租快拍肩。秋社相邀年會舉，酡顔贏得九秋天。

田欲種木棉者，收其後，鋤之使鬆，而終歲之事竟矣。計木棉之入，租債具完，秋盡冬初，尚有餘燼也，乃興報賽之事。年會者，合數人各具資若干，并與一人，遞年而遞收之。當收者，必具酒食。

暑雨祁寒敢嘆嗟，治生覓計一年賒。替農静裏翻新譜，如繪豳風記褚華。

終年勤動，豐歲得不饑，幸甚矣，毋謂此間樂也。邑人褚文洲華，有《木棉譜》，自播種之法及紡績成布，無不縷晰。

詩壇雅集嗣題糕，風雨重陽鬭錦毫。便擬振衣千仞外，鳳樓高處試登高。

丹鳳樓，在城之東北隅，古順濟廟也。宋咸淳八年，市舶司陳珩書額，腕力圓勁，墨采飛動。元末，額忽墮地，詰旦而樓毁，人謂有神助。明陸文裕深藏之。秦嘉楫拓萬軍臺樓，置額其上，三百年來，墨迹如新也。樓有奎宿閣，聳立三層，遠及數里，邑人登高于此。

荒涼古寺鬱秋風，衰草梳煙一徑通。傀儡登場重九節，風光輸與葛仙翁。

積善寺，宋紹興間建，故大叢林也。頹廢已久，寺無高僧，因少善知識。寺側有葛仙翁殿，染業主之取逕于寺門，而歲頗有增繕，重陽前後必演劇。

摘葉删枝與倍賒，品題名色耐争誇。闌干曲録開秋榭，高會群仙看菊花。

菊花較他處爲盛。藝菊者，于四月間廣種之。既長，必去其䇹枝，俾易高而花力有專。萃處剔蠹，尤加慎。灌花早晚必兩度，其名色不下數百種。花時兩兩招集，動以累月，名看菊花。

賃與園丁地半弓，疎畦培養鬭天工。朱門次第金尊啓，萬本森森富瓦筒。

有藝菊待售者，花時呼之來。度庭宇之寬窄遍供之，較自種尤便。供花用盆石者十之三、四，其餘皆瓦筒。環瓦如盆式，箍以篾繩，中植花，以細竹扶之。極高者有五、六尺。

花放于頂,如盆盌大,每株着三、四花。供瓦筒必于宏敞處,以欄蔽其下。欄内先列短者,層而上之,間其色如霞如錦,光采奪目。

頻年花圃戰奇新,盆石參差蹴錦茵。洋種不教顔色少,畫欄穠麗勝堂春。

菊之高大者皆洋種,花光飽滿,數日不減。其别種曰堂春,花小而光内斂,多鑲色。

輕匀芥醬入薑醯,興到持螯日未西。莫道山廚秋夜冷,家家邀客話團臍。

水鄉多郭索,吴淞江及黄浦並産之。其肥大者出横沔鎮,鎮今分隸南匯。産吴淞江者,名清水蟹,尤鮮潔。

底事江城里巷囂,迎神不憚路迢迢。清明謁墓中元暑,會裏偏宜十月朝。

三元祀壇,惟十月初一,行者與觀者益盛。俗于是日謂十月朝。

畢栗寒飈峭碧穹,夜闌刀尺傍燈紅。家居一樣征人思,十月從來有五風。

十月中,烈風至,水始冰,謂十月五風信。

三冬勝事概從刊,陽月纔過歲未殘。畫壁細黏圖九九,幾人延客話消寒。

隆冬,邀數人圍爐作團席,輪日飲之,爲消寒會。

百果輕匀煑雪秔,自來臘八粥傳名。茅檐寒夜添風味,湯餅如何入菜羹。

臘八食粥,古矣。香稻作糜,和以果實,吾鄉亦有之,然往往有以湯餅、菜羹和入者。

蓬户朱門托鉢登,投齋日日話傳燈。冬時回首榴紅節,杖錫依然六七僧。

僧衆數人,持錫徐行街市,遞及村巷,爲托鉢。前導僧擔盤,依户施錢米。五月、十二月歲再舉。

雲房挈盒燦金泥,名目誰將兜湊題。争似祇園天雨粟,口齋一分付優尼。

女尼以糯米之圓潔者,懸而風之。烈火爇鍋下,入米于鍋,攪之使表裏透鬆,大倍于粒,白如雪,名兜湊。歲暮來檀越家送之,宅眷有厚賚。

果實羅陳列市街,相傳六十日生涯。山蔬也恐憎人聽,嫩筍從來號繡鞋。

市果實者，爲南貨店。其開于仲冬者，爲六十日南貨店，及除夕而止。吾鄉度歲，必用山筍漸漬于水，薄切之，與肉同煑，味清而腴。筍之嫩者，爲繡鞋底。

肩筐挈篚入城呼，村果村蔬載滿途。底事茅檐齊橐解，料量祀竈買慈菇。

歲厨菜蔬具備，祀竈必有荸薺、慈菇。近除數日，擔入城市者，幾于接踵。

鄉塾何人尚讀書，三冬欲了息居諸。兒童色霽虚齋冷，正是官衙封印初。

諸署封篆，大都在十二月二十。村塾放館，亦于此時，俗謂散學。

隱隱輕雷度短欄，磨匀香稻雪同看。却教纖手争奇巧，果餡翻新鬭粉團。

歲除磨粉，比户皆然。粉團有二種，一爲湯團，一爲籠蒸。

錯道虚街擔雪涼，播鼗巷口唤聲長。有人悄啓松扉立，侵曉先呼廿四餹。

以飴之如雪者，製爲元寶、玉餅、方勝之式，用以祀竈，名廿四餹。

奏事天衢拜緑章，今宵虔禮掃華堂。碧軒燎舉升雲漢，良善門庭迓吉祥。

俗以廿四日爲竈神奏事天曹，于廿三夜祀神于堂，以紙爲碧軒，供神馬，頗工巧，謂送竈。

飛塵縈拂罥階苔，此日庭除次第開。寄語畫梁須護惜，好留燕壘待歸來。

拂拭庭除，必于臘月二十五日。謂此日爲諸佛下降，百事如意也。

連朝廟視霽風光，鎮日喃喃奠酒漿。二百年來香火遠，生恩萬姓戴城隍。

吾邑香火之盛，無踰于城隍廟。相傳神爲邑人明翰林待制秦公裕伯也，在明季已爲神。國朝順治十年秋，海寇張名振再犯縣治，總兵官王燝督戰辱師，民聚而詬。巡撫周按臨，燝恐民暴其走遁失機狀，反誣民通賊，自南浦至静安寺界欲盡屠之，周惑其説。邑侯閻紹慶偕邑紳曹公垂燦連袂長跪，願以百口爲保，不許，將俟雞鳴縱戮。是夕，神降官廨，儼立階下，周心動。至夜半，仍欲屠之，又見神直視摇首如是者數四，遂釋。凡吾邑人得休養生息，以留遺至今者，誰非神之賜與？歲欲除，比户具牲醴瞻拜廟庭，于神庥未足答萬一也。

家家搏粉製年糕，仿款蘇臺歲逐高。入肆恍如秋八月，桂花香細染寒袍。

搏粉入飴,捶之使堅,爲年糕。其形方長不一,有紅白二種,製法同吴門。八月桂花盛開,採而藏之,冬時綴于糕,色如鮮桂,芬芳四溢。過糕肆者,猶香襲衣袖。

寒蔬儘可佐金卮,擷翠堆盤送臘時。味入辛酸偏耐永,疎畦昨夜剪銀絲。

芥有莖如釵股,葉纖細如縷者,爲銀絲芥。寸切之,匀醯醬入瓷,勿令熟,貯諸甕。越一、二日啓食之,味芳烈,于酸鹹之外得别趣,真江鄉佳品。

春痕深院動窗紗,灌養芳枝歲晚誇。一種色香彝鼎外,裁量盆石供堂花。

春花如紅梅、水仙、牡丹之屬,臘中故未開也。灌園者爲密室,列花于中,爇炭温之,毋壯熱,一室中融融然有春氣,數日後即放苞矣,名堂花。

祀享家廚肅豆籩,合家歡酌啓芳筵。已過廿八春光近,畫鼓金鉦只待年。

歲杪祀先,俗謂做年。自望後至除夜,日有做年者。素封之家較早,庖廚既具,家庭爲樂,名合家歡。邑俗元旦以前不鳴鉦鼓,恐休戚不同,見憎于人也。

底事炎涼總不齊,與君悒悒話城西。如何冷竈塵生釜,好向何人訴惻悽。

吾邑瀕海,故儉俗也。黄浦之利,商賈主之。而土着之爲商賈者,不過十之二、三。城東南隅人煙稠密,幾于無隙地,其西北半菜圃耳。不能食力者,每艱于舉火。

蘆簾半捲掩頹椽,誰贈孤嫠度歲錢? 瑣屑米鹽斜照裏,黄昏初起萬家煙。

樂施之家,于極貧者默識之。除夕前兩三日或除夜,挈錢米扣扉投之,不告所自,窶人賴以卒歲。此俗頗古,願同志者推廣焉。

燈光達旦炯城東,籠燭鹵囟一例同。負約不妨重定訂,幾回延竚五更中。

平日取市肆中物,歲暮積而償之,爲歸賬。向所取者索之,爲討賬。有逕夜往返而卒不償者。

商賈頻年輻輳來,浙東財賦海陬推。補苴億萬過除夕,誰向江干覓債臺?

黄浦故利藪,第資斧益充,則貿易益廣。商賈易歲,亦不無補苴之累,然能尚氣。

艱難最是杖頭錢,燈下風翻五色箋。有客可憐寒澈骨,凍毫冰硯寫春聯。

貧而失業者,挈紙一束,于稠密處繕門貼偶語,爲賣春聯。

門市更闌語不譁，斬新冠履麗如霞。力撑倦眼通宵炯，燈火熒熒尚數家。

除夜至五更，人踪稀疎，而燈燭有益明者，則肆之售冠履者耳。業賈者至此方暇，故輟夜不息。

接竈今宵處處同，奉安寶馬映桃紅。一年中饋符心祝，香繞家廚定福宫。

竈橱有額，曰定福宫。安神馬于橱，曰接竈。

思孝從來必奉先，柿榛棗栗布芳筵。忍教意象通微漠，五世真容一室圓。

祖宗畫像有五世同軸者，爲五代圖。羅列果品，爲齋真。

金爐良夜爇芳椒，香篆縈紆軟欲描。春到門庭先迓吉，畫屏鳳燭早高燒。

夜交子刻，明蠟爇鑪，謂點天香。

幾聲簷鐸聽玲玲，高屋相應峻建瓴。怎似吉門無禁忌，一年康健卜冬青。

插冬青枝于南榮大都，取長青之意。

元旦虚街燈映遥，啣枚輿馬肅同僚。春恩溥被千門福，破曉雞鳴想早朝。

元旦，官僚恭詣萬壽宫朝賀。五鼓畢集，導從肅然。

夜似何其夜向晨，九天霽色麗芳辰。當門忽地春雷震，爆竹聲中萬象新。

# 跋

《滬城歲事衢歌》百二十首，上海諸生張秋浦先生春華作。自歲朝以至歲除，凡滬上習俗之可考者，無不按節序而列咏之。兼附本事，備資考證，洵記録一邑風土之專書也。曩嘗于《申報》館印行之《瀛寰瑣記》中獲讀四十餘首，頗以未窺全豹爲憾。頃始覓見其原刻本，因思時序之書，傳本絶少，而上海自五口通商以後，風氣日新，舊俗日汰，不有此作，後將何徵？乃即録付手民，用廣其傳。

民國二十四年春，上海通社識

# 吏患備嘗記

曹晟 撰
劉偉雲 整理

# 整理説明

《夷患備嘗記》一卷，附《事略附記》一卷，清曹晟撰。曹晟，字寰照，號静山，道、咸年間上海人，生平事迹不詳。著有《覺夢録》《紅亂紀事草》等書。

《夷患備嘗記》記載道光二十二年(1842)英軍侵犯上海的經過。是年五月八日，英艦進犯吴淞，提督陳化成孤軍奮戰，中彈陣歿，寶山淪陷。十一日，英兵攻陷上海城。曹氏因爲不忍離開自己的祖宅，没有逃出縣城，仍然居住其中。因此，他一方面飽嘗了城陷之苦，同時也有了觀察戰亂狀態下干戈擾攘情形的機會。他將城陷前後十三日耳聞目擊，按日記録了下來。光緒中錢徵爲本書作序，稱："長官之去留、生民之奔竄、土匪之搶劫、逃兵之獷悍、奸宄之竊發、敵人之鴟張，下至鬼哭梟鳴、童謡讖語，亦皆採入。"書中描述了英軍在上海城内的殘暴搶劫，記録了蘇松太道和上海縣地方官棄城而逃的懦怯，談到了土匪的趁火打劫和城市百姓在生離死别之際的艱難生活。本書的内容十分詳細，對研究第一次鴉片戰争時期英軍在上海的侵略活動、上海軍民的奮起反抗、戰争對上海社會的影響，具有十分重要的史料價值。

《事略附記》一卷，爲雜記體裁，共45條，是作者從不同的角度對這十三天中見聞的補充。書中關于陳化成事迹、百姓對戰争的恐懼等内容，爲研究戰争時期的上海社會提供了珍貴的資料。

據《上海曹氏書存目録》，本書應名爲《夷患備嘗記》。光緒初曾以活字版刊印，名《十三日備嘗記》，收録于上海申報館所輯《申報館叢書》正集。1936年，上海通社出版《上海掌故叢書》第一集，收録該書，據《上海曹氏書存目録》改爲今名。1989年，上海古籍出版社出版的《上海灘與上海人叢書》，收有施扣柱先生該書的標點本。此次整理，我們以《上海掌故叢書》作爲底本進行標點，同時參考了施扣柱標點本的成果。由于標點者能力有限，書中不免有點校失當之處，懇請廣大讀者不吝指正。

劉偉雲

# 目　　録

序 …… 374
自序 …… 375
正文 …… 376
事略附記 …… 388
跋 …… 401

# 序

記事之文，固非一體，而莫難于真。曩讀王秀楚《揚州十日記》，雖平鋪直敘，不假修飾，而當日之困守危城，竄伏叢莽，與夫可驚可愕、可悲可憫之事，靡不羅列具載。讀者雖于數百年後，一如身親目擊，爲之忽驚忽愕，忽悲忽憫，初不自知其涕之何來，豈非以其有真文字，而始足感此真性情哉！余于庚申春襄趙忠節公守菰城，至壬戌夏五，糧盡援絶，城遂陷。隻身入賊中，目覩髮匪殺戮之慘，斯時自分無生理，特未知埋骨于何所耳。既念坐以待斃，曷若徼倖于苟免。陷三日，率族弟出城，踰越險阻，飢困累日，果得至上海，還我頭顱。今已事隔十四年，平時偶一念及，如惡夢初覺，心猶驚悸不已，而深惜自守城至失城，此二十閱月内無日記以志之也。今春讀曹君静山《十三日備嘗記》，其所述皆道光年間英人犯上海事，雖與余所值者時事不同，而長官之去留、生民之奔竄、土匪之搶劫、逃兵之獷悍、奸宄之竊發、敵人之鴟張，下至鬼哭梟鳴、童謡讖語，亦皆採入，則又與余異而同也。縱未得與野史並傳，而所謂可驚可愕、可悲可憫者，胥于是乎在。尊聞閣主因取以代付剞劂氏，刊既成，問序于余。余思今日者，海水不波，城郭如舊，民皆樂利，俗盡敦龐。使曹君尚在，身親見之，將毋破涕而爲笑歟！然痛定思痛，實與余十四年前事相觸發，故不辭而弁數語于簡端，夫亦欲不没其真云爾。

光緒二年丙子三月望後二日，吴興錢徵序于滬上之修月樓

# 自　　序

人以身所未歷者爲奇，境之順者曰奇遇，逆者曰奇變。洋人入上邑，有生未歷之奇變也。而數椽拙守跬步不離者，莫如予。所以一切奇變之來，備嘗者似亦惟予爲最。此十三日志之不能自已也。然其中得之傳述者多，得諸目擊者少。夫僅得諸傳述，則風聞豈足堅信？是故于數目祗曰若干，于人地祗曰某某，志而不志，姑以備一己之遺忘，非敢比之稗官野史爲一家言也。昔人譏《金瓶梅》者曰："只是爲西門大官人寫日流賬。"此正予十三日之日流賬也。而遂謂上邑奇變之情形即在是，則斷斷乎不可。秋九月，事已定，青毡還我，野館無聊，抄且盈帙，補壁覆瓿，他日事也。特恐事或不實，則自悮而更悮人，此予之大懼矣。因復贅數語于簡端，庶見之者例諸癡人說夢云爾。

# 夷患備嘗記

曹晟　撰

英吉利，古荷蘭西國也。今之英人，紅毛冒之耳。荷蘭國富地廣，歷年既久，俗尚奢侈，酖于逸樂，不知兵革，專以利惠結屬國。紅毛人尚武多力，刁暴而巧，然窮困，因求荷蘭撫恤，荷蘭與以沿海棄地。既久，四面皆紅毛部落，荷蘭圍于中，遂日弱。紅毛納荷蘭税，後荷蘭反納焉，久爲其所滅。然小國之屬荷蘭者，皆不義紅毛，遂不受約束。紅毛不能制，乃襲荷蘭舊號，曰英吉利，一切文字、禮節，皆遵荷蘭，小國服焉。

我國家奄有天下，四海之外，六合之内，概隸圖版，莫敢自外生成。自鴉片漸興，私販私食，日甚一日，英受無窮之利，民受殺身之蠱。蚩蚩者好異嗜奇，遂捐性命身家而不顧，聖人憂之。道光十八年，衆大臣懼漸染漸深之不可救也，議立法以禁絶之。議既定，小民畏法，立革心面。英人挾貨莫售，計窮無術，作困獸鬥。封疆大員持法不少貸，英人憊甚，滋事閩、廣，游奕江洋。承平日久，人不見兵，豕突鴟張，軍民胥潰。二十年五月，復破浙之定海，而鎮海，而寧波，爲所擾且據者，凡浙之沿海地幾半，其時尚未涉江南界也。二十一年春，漸而金山，而川沙，而寶山，往來飄忽，出没無常。于是督撫提鎮移駐上海，徵兵防範，官紳任事，百姓晏然也。迨二十二年春，乍浦失，平湖陷，闔邑皇皇，人人憂懼。然自有識者論之，則沿海炮位數千百，四處防兵幾二萬，公私銀錢，積如土阜，倉厫聚粟，望若邱山。添設各種禦敵殺敵兵仗，分工立局，日夜督辦。一切保甲壯丁良法，擇人分地，實力奉行，巷栅林立，營卡星羅，鄉勇、建勇、水勇及各省集兵肩摩于市。外有大忠大勇如陳提憲者以督率，内有衆文武以策應，萬不料一敗塗地之至是也！

三月初八日申刻，藥局失火，燒去客營火藥若干萬斤，一切鉛子、器械、武備、錢糧各若干，壓死官弁兵民，可見者十一屍，震壞義倉一所，焚去倉穀若干石，又壞附近民房若干所。及究其故，互相揣度，不知從來，乃曰："漢奸爲之也。"于是閉六門，嚴稽察。予派當甲長，亦在其列，晨夕焦勞，不知所向。如是者凡三日，門仍啓，均復其常。然自此恒有家眷搬運出城，問之，皆非土著，每云回藉，或云出自各署，然卒無有辨之也。未幾,客店之眷口亦搬。又未幾,各殷户亦潛搬。至四月二十後,舉邑若狂,無人不議搬,遂無户不搬。其不搬者,惟無力窮民,與倖災奸徒,及談天之老學究耳。而警報日甚一日,戒嚴亦日密一日。迨二十八、二十九兩日,城上紮營,城門炮位實鉛子,兵士給乾糧。街巷至二鼓,丁壯林立,刀鎗如猬,燈火如晝,無有非巡查防堵事者。二十九日,洋船駛抵吴淞口洋面。

五月一日,提憲祭纛誓師,勉諸兵弁以忠義,繼之以泣。斯時也,即無識者于此亦以爲掃剪么魔,直反手間事也。斷不意未及十一日之變,而土崩瓦解于晷刻間也。予一介所謂談天學究也,見事不早,受困良多,即十三日之見聞,志百廿分之窮困。其一切是非之議,帷幄之謀,以及各門之防守,他境之情狀概不及。所以志之者,欲後人思患預防,毋若予之臨事張皇,至噬臍之莫及也。

五月初八日,自昨初七夜三更,于枕上聞大炮聲不絶,且甚遠,至初八日午而寂,不下數千。共知海口打仗,但不解其止之何速且静也。道路之懸擬者,不一其説。至是,即無力之家,亦約伴搬運矣。肩輿夫扛絡繹,邪許之聲,至不辨市人言。午後聞吴淞口失守信,人皆竄城外。奸民載道,白日搶掠,西北二鄉更甚。抛男棄女,呼爺覓母之聲,慘不忍聽。少焉,忽傳右營游府封已將探事誤報兵二人,送縣收禁治罪矣。蓋封公恐亂民心,詭詞定衆耳,實未嘗收禁其兵也。未刻,邑尊劉令防堵局紳董設添守門鄉勇,每門六十名,頃刻而集。申刻,有吴淞兵逃入城,或穿中軍壯勇、或徐州鄉勇、或河標、或漕標諸號衣,手挾利刃,肩背行囊,或十或五,横行街市,搶奪與土匪等。中軍命人招撫之,皆反唇詈,如出一口。于是百姓咸知吴淞口失,争門出,大半開户棄産去。大户之僱人防禦者,亦儘有挾資而去者矣。申、酉間,又得吉語云:“陳大人先因跳水入海,潛穿洋船底,沉二舟。夷火藥竭,懼而退。今差員來提犒軍糕點若干担。”予不信,至縣堂,果見差役旁午,糕如山積。予喜極回,逢人即告以所見,并戒其勿惑,唇爲之焦。是夜街巷之戒嚴益力,新添鄉勇露立城下,氣象頗肅。然城門不能閉,以搬家人之填塞也,至三鼓始閉。城上兵卒,每卡僅一、二人,或并無人,燈火明滅,更哨斷續無律。大、小南門二處,守門卒寥寥,見潛山營兵數人,本標之在者甚無幾。守巷至二更後,忽傳道憲巫公密地將庫銀盤查,限明日清晨在小東門下船起解。又頃之,喧傳縣官乘小轎出西門,云係查夜,實不帶兵役也。予疑之,出視壯丁,曉以大義,入慰妻子,示之天命,終夜營營,目不交睫也。

初九日黎明,甲内丁壯换班,予因并視十九、二十舖地段及二門光景,見兵壯皆在,雖不能如前幾日之整肅,然較之昨宵已天壤矣。適封公自東溝炮臺回,中途揖詢之,答云:“因探報不通,所傳不一,即有所聞,恐爲奸細所詐,均不敢信,惟静俟督憲回時,自有真信。”遂别。然道路浮言,或曰洋船已在沈家灘地方,或曰即提憲所擊敵船,船上非人,皆木偶也。提憲憫邑民多恐,故差弁押送至浦釋疑,且示漢奸威也。忽驚忽喜,不一其詞。予心動,適弟飈園于昨夜曾有暫遷南山以保家口,兼顧祖塋之議,思以一子託之。視之,則率屬去矣。復視吉雲姪,亦將奉嫂氏避楊師橋去。回看妻子,面各土色,予亦無可如何,惟料理本甲防堵事,且襄局董灌春叔祖辦新添鄉勇一切,趾不停也。午、未間,忽聞牛督憲打得勝旗回公館,居民額手,歡聲如雷。及細訪之,則係中軍官奉督憲命來署調取王命旂牌,并軍需一切赴口,得勝事是實,督憲則舘寶山云。逃兵、土匪掠奪益肆,毁縣漕書趙姓居,片刻成白地。酉刻,有奸兵顧、孫二人,招摇于市曰:“某官某着其藏降書、帶白旗、許賄夷銀若干萬兩,并許伊賞銀若干,先給伊若干。昨至炮臺,幾出口,爲提憲邏者所得,幾不免,事無成。不日上城遍地血,甚可危也。”予聞忿甚,呼衆擒之,乃遁去。戌刻,城守營官巡城如故,兵卒零星仍前夜狀,迨官去亦盡去。大南門兵僅四、五,小南門祗二人,城上無一人,而街巷之丁壯鄉勇支持尚可。四鼓許,人各怠倦,忽見南城外火光燭天,衆駭而號,啼哭之聲驟起。予恐有變,急央一鄉勇縋城出探。良久回云:“漕書趙姓墳屋一所不下百間,在五里橋,地方鄉民之甘心者已久,至是居其弟某于此,鄉民以爲趙也而火之,非盜賊也。”予挨户告訴,囑其無譁,哭聲漸止。

初十日,天未曙,予假寐更舍。譁傳:“守備自初九日清晨出外,至今無踪,道台亦于初九日下船,防堵局數十委員均陸續去,城中除遊府封、學師姚外,無官矣。”予知事急,即回家支撑柴米,爲死守計。未畢,又有人告曰:“城内外罷市矣。”又告曰:“防堵局紳董胥遁矣。”又告曰:“各保甲段董大半遁矣。”予窘甚,思出一子于城,而未有屬。適是日爲檜兒十齡誕,予曰:“居者,行者,不知誰在劫外,然逃爲得。值此兒誕,檜兒宜去。”因將父母木主及家人年譜與之,命其往南墳飈園叔。又念岳家無子,岳母雖遷避,岳柩在家,倘遭焚燹,不忍也,亟馳至北門外,集人舉柩,暫移于予家北塋丙舍之後。返遇土匪,將要予,告以移柩,非挾資遁也,匪乃舍。巳刻入城,見土匪如蟻塞街巷,争毁縣署、道署及督憲行轅,逃兵等亦乘勢滋事。土匪手不持械,遇兵與之争,即受其擊,并有爲兵戮者,人頗快之。而民之逃生者,苟值,必棄所攜,否亦不免。呼號之聲遍地,慘不忍聞。將抵家,遇新添鄉勇數十,喧訴工食不繼,董事無覓處,洶洶然勢甚可畏。囑其勿噪,即遍尋諸董,得遇金梅岑,告之故。梅岑摒擋以給之,鄉勇亦旋逃散。午刻,學師姚四處安民,勸諭開店,有開張者。未刻,有僞弁持故提憲令箭來調犒軍銀若干兩,火藥、餉米若干斤石,勢甚猛。至防堵局,局中各項尚備,奈經手官長不在,紳董之未逃者又不敢與此事。後未細訪,不知究竟。土匪搶董事某姓,適東溝敗回鄉勇藏其家,敵之,匪有傷者,乃稍斂。申刻,聞紀中軍回,後有人見其昏夜仝百餘兵役,押衆駝扛出西門去,或曰移局中儲也。至是,愚民堅謂官長之棄吾民矣,逃志益固。酉刻,群傳洋船即至,督憲有令闔會城守,命西門竟夜不閉,放民逃命。此言一起,人恨身不生翅,又安計今宵之宿于何地,明日之食于何方也。城内之栅欄亦均直開,城守無一人。予以無寇之先亂也,益忙迫。因不計舖甲地段,凡聽有人聲之户,無不叩門曲勸,約以努力照料。約更許,二十舖得二十餘人,因將城門巷栅囑其分段看守。内有不識者一人,自言曰:"予甲長也。"予謹託之。十九舖亦有人十一,遂將小南門一帶略分地段看守。予奔波四處,約四鼓時,至城門。聞叫門聲,問之,門兵也。問:"何以去?"則曰:"夜深獨宿,懼有倉卒,故出外宿。今將曙,恐大老爺查問,故入耳。"遂入之,還以管鑰。返巷口,則向之十一人無一在焉。踵門呼之,俱謝曰:"少舒足力,曉或有急,以便長行,守夜則不能矣。"仰視星河耿耿,聞城外人聲如沸,蓋浦中及沿浦呼救聲也。因飲泣回家,忿恨填胸,開甕痛飲,遂大醉。連日不寐,是夜竟熟寢,彷彿小中山也。

十一日辰刻,予醉卧未醒,細小哭號推予起。問之,云:"聞街上人謂某官于昨夜有屠城令,以百姓之毁公署也。某時已于小東門内有客弁將守城炮位移轉欲爇,幸守城兵尚在,急以茶甌潑火門,得不發。今日定不免,宜早爲計。"予曰:"訛言四起,數武外已各異詞,安有屠城而肯令人聞耶?"叱之,遂出門探信。見遊府出示鳴鑼安民,仍勸開店,斯時已無遵者矣。惟覺凄其滿眼,碌碌者皆搶奪之徒,即搬家逃命人亦僅見矣。至巷口,人告曰:"昨五鼓時有挾刃傷人爬栅匪數人,自頭舖追來,被二十舖守更夫等獲其二,已擁送遊府矣。"又有人告曰:"遊府署有西鄉一帶百姓哄索縣官,謂縣官外出三日,故入遊府署。當進西門時,鄉民知之,踵求避寇術。封公恐民無禮,故匿之而相聚喧呶也。"予方擬往視,旋聞土匪毁官署時,窘于逃兵,所得不滿欲,今糾衆將縣役之所謂十總頭居胥毁之,仍不滿,今且及民居。予恐延及,遂不往。午後,聞紀中軍進西門,比户喧驚,曰:"屠城矣!"驚未定,聞炮聲不絶,又喧曰:"屠城矣!"不知中軍已去,此蓋洋炮也。予知事已無可爲,急匿妻子,塞門户。四姪秋舲尚未行,促之去。予乃踰垣出,與隣人之未去者訂期以苦樂必偕,或諾或否。俄見縣署前火起,而洋兵水陸畢至矣。其始至也,水行之舟凡六,其二即所謂火輪船也,至大浦之南碼頭而止。其炮位之何狀,兵數之多寡,予未之見,不敢臆説。而一種孑然一身之徒麕集往觀,予不知其何心。或曰:"彼蓋有所冀也。"予亦不知其所冀者何。其由陸路來者,自北門長驅至邑廟,據爲窟,六門分徒把守,小南門漕倉亦一藪也。其外分踞民居，各隨其欲。酉初，其醜類由西城至大南門，約百數，用千里鏡踞雉堞遍觀内外，言語啾啁，戴黑帽，衣紅衣，耳環或有或無，足趾亦或有戴環者，肩荷白皮一方，雙帶結胸前，穿黑袴，不襪，趿革履，制同草屨。臀際懸一黑皮匣，右腰懸一白袋，手持鳥鎗，鎗端置一刃如矛，蓋一器而三用焉。左腰懸一物，如兩頭鼓，以手擊之，聲鼕鼕亦似鼓，所以一進止者也。持一器如盂，吹之嗚嗚似螺音，所以集衆也。爲首者手一旗，左右偃仰，衆鳥鎗悉遵之，號令頗一。人有出入其側者，並無盤詰。人遂視同無事，不知彼僅初到，故未肆其毒也。薄暮，道無行人，家無吠犬。凡人家之藏躲者，概不敢舉火，三更造飯，終日寒食。予憂不成寐，中夜危坐，但聞四野號泣之聲隨風吹至，城上怪聲時起，懔人毛骨。又以城門不閉，宵小横行，愍不畏死之徒手械入室，儼若主客。自念城陷理當死義，而隻手莫援，徒死何異草木。且城久無主，雖死誰其鑒之？自嘲自解，空書咄咄，鬼趣人趣，不知吾身之何屬也！夜過半，見西北火起，竊謂援兵之或至也，延頸俟之。比曉，知係洋人焚瞿姓室。

十二日天未明，予躡迹潛探六門。途中遇人無幾，見人即訪問一切。有告曰："捕廳楊公，已于初九夜，有官某悉放獄犯，阻之不可，情急赴大浦死。其家丁得其屍，無以殮。至十一日，殮甫竟，而洋人已至。柩在浙寧會館，無一盂麥飯焉。"予悲之。又有人告曰："學池有一女屍，身受數刃，似拒姦死，惜莫知其氏族。"予聞而大悲。又有人告曰："北門趙姓母，昨洋人入其居，懼不免，赴井死，年已六十外矣。"予聞而益悲。信步至右營署，見轅門如舊，署室宛然。因念小民雖愚，尚有天良。方咨嗟間，見有人于水際掘坎掩屍者，問之，浦其姓。問所瘞何人？曰："吾兄某，邑武生，食糧于營，爲遊府親隨兵。昨遊府送紀大人于舟，追返，而洋人已據門，親隨散，惟兄在側。遊府計無所出，慨然曰：'某單身與敵死，分也，然徒死無補也。泗涇爲陸路衝，今兵雖潰，泗涇尚有汛兵百人。此汛保全，郡城可無患，當圖再舉。予至彼守，汝招集離散速至，勿悮。'兄遂冒險入。入見舊侣皆易衣毁面，作難民狀。告以軍令，皆不應。兄忿然曰：'食糧雖賤，均帑藏也。一旦至于此，狗彘不若矣。吾無以覆主將，我罪大，不如死。'欲自刎。抱持之，刃不入。慰守之，至夜分死此矣。今市棺無計，藁葬耳。"予不忍聞而走。

時天曙已久，且悉封公之尚在，西南猶可保也，急蛇行由小徑歸。比及門，已有數洋人持械破門。予念家眷在，縱死不宜兩地，挺身阻之，爲所執。入室，傾箱倒篋，凡一切銀錢首飾、細而軟者，雖微必攫。迨抄掠畢，以刃加予頸，索蓄藏曰"番餅、番餅"者良久，予力告以困苦狀，且手示之，得釋。又至姪居，予應之，洋人略搜數處,皆書籍,舍而去。又至族叔少園門,予亦啓之,搜如前。又叩砂雨兄居,予出户往應之,匪各笑指而去,門勿入也。是日至者凡數隊,大率如前狀。妻子所躲之區幸勿及,天佑也。日將中,隣人汪姓潛至,謂予云:“頃于邑廟左右見洋人僞示幾種,寥寥數語,皆作中國字,蓋漢奸爲之也。”又述見聞甚繁。申後,有隣人張姓來云:“洋人于邑廟給大英護照,取之者必隻雞易,無雞則一切食用物,亦或有得之者。”予前聞浙省曾有此事,因期以明日覘之。將暮,聞叩門聲,啓之,見一黑鬼,持一雞及物一大包。予問何爲?作浙紹語云:“將寄宿。”予不應,彼已入,予無如何也。至中堂,見地上潮濕如油,乃連聲曰:“無好,無好。”遂收拾去。宵分,與妻兒潛語,聞屋瓦有行走聲,驚爲洋人之夜至也。亟出視,乃二偷兒將下矣。呵叱之,乃遁,益不敢睡。是日也,土匪之搶掠益衆,蓋洋人入室毁門户,繼之者即若輩也。

十三日天未明,聞叩門聲甚厲。啓關,洋人也,抄如前,并要嘓嘓,并入砂雨兄居。甫去,少園叔居有其隣人潘姓躲其中,洋人入之,潘啓便門,由予笆門遁。洋人從之,即毁予前門入,用繩捆予作殺狀,久之乃釋。又搜之,無所得去。適隣人張姓、楊姓、王姓、汪姓、姚姓胥來言護照事,予告以無雞,汪姓畜有四,因以一贈予。予又念室有妻子,且有隣家二孀婦、一孤女俱在,倘有疎虞,誰與爲地?仍辭不偕往,且告之故。衆曰:“誠若是,可代,必代之。”予再三謝。一炊許,果取所謂護照者至,且爲予貼于門。頃之,少園叔、崇甫兄暨文弟、金姪皆自南墳來冒險探信,予彷彿地下逢也。適予妻不食已三日,因有護照故,即設計送出城,使以銀二餅雇二担夫担衣糧,亦往南墳避。予仍守四宅。土匪如故,而又出一種搶掠者。蓋鄉人數十成群,遍掠當舖、各舖及殷户,而城中無賴亦三五成群要于路,名曰“抱不平”,擇其物之破惡及書籍等付之火,其金、銀、銅、錫火不能毁并衣物之值錢者,自取之,洶洶然儼一仇敵,而諸洋人又伺于其側,以擇取焉。此風一起,遍地皆然。雖曰以暴易暴,然鄉間之悻悻來者漸少。未、申間,復有洋人群至,指護照示之,皆點首去。松兒又還,問之,曰:“不忍爺與弟之居此危城也,故來伴耳。”予不覺雪涕。然自念室人已避城外,雖非樂土,終與城中有異。家内雖尚有松兒、檑兒并隣女三人,重負實已釋其半,憂少解。未幾,天震雷電,大雨,洋人于漕倉放大炮數十,以敵天雷,遽止。汪隣冒雨餉予熟雞半體,予大喜,答以瓶酒,汪亦喜。蓋城陷之後,市無一物,終日寒食,天又暴暑,餒敗頃刻,人且有一飯不得者,况雞、酒乎?晚飯時,持蹠喞盃,顧視二子仍侍左右,引手摸頭顱,分明故物。旋念丙舍諸人,忽又酸入腸胃。左之右之,不知哭與笑之奚當也。漏下約二鼓許,雨漸止,月明滅,衆土匪推破垣入,聲言避雨,不下二、三十人。傾箱倒篋,更甚于敵。凡洋人之不取者,悉卷而去。予隻手不能誰何,任之而已。去後檢點一切,無分文錢,無顆粒米,被袴衣履,凡可食可用者,十去八九,真所謂難中之難也。

十四日天晴。辰興即叩親知門,如托鉢僧提筐乞米,遍數室,得二斗餘。幸尚有錢二千,藏笆脚深草中,恐洋人入室肆兇毒時置,以備逃竄資也。至是出之,然街坊亦無一物可市,食淡而已。茶葉亦被掠去,食霍香湯。街頭漸有人行,蓋洋人但擄掠財物,姦淫婦女,至屠戮之事,因入城時無與之敵者,故于十三日未、申後,其頭目已將器械收去。黑鬼盡易白帽,後有陷洋人得逃者曰:“彼之吉服也。如是,則不殺矣。”是故據城三日,所殺者不滿數人。城中凡出避諸室,至是皆因鄉居不便,欲歸而回探消息,或遣一人回家照料宅宇,或有潛運財物出城,并有大胆男子仍返故居,連宿過夜。故前日數巷覓一人而竟不得,今一巷必有人二、三焉。但洋人方捉民當差,凡運炮位、火藥及動用等物,一切扛抬勞務,悉驅百姓,無分僧道紳富。偶爲所得,竟日夜不能脱,且有羈于船而不還者,是以人恒畏之。

午刻,聞各門亦换護照,取之者惟恐不及。鄉民亦有因前日近城近浦諸處爲洋人往奪牛羊,逼索銀物,今聞信亦至。已得者顔舒,未得者眉蹙,甚怪事也。日中,有洋人叩吉元居,亟啓之,搜索頗草草,無當意物,不取而去,亦不入予門。甫片晌,砂雨兄之隣陸姓、周姓者奔告曰:“洋人入咸宜堂矣。”即往,已攫物去。又叩少園叔家,予復應之,亦遭搜掠。予謂彼居之無護照也,急倩人往辦以貼之。崇甫兄至,知昨洋人已至檀家宅,奪其牛隻,刃傷二鄉人,去丙舍只二、三里矣,眷屬尚無恙。繼聞洋人于十二、十三兩日放三舟往松江,因淺而返。遥憶郡城尚保,然恐其由陸西突,封公兵少何以應?又聞洋人遍索陳提憲屍,獻者予番餅五千枚,予深危之。後有沿海民爲予言,云係求而禮葬,非甘心也。後卒不得,洋人恨惜不已。申刻,有一黑鬼醉態萬狀,將予破扉推去。予亟指護照示之,乃摇首作不懼恐狀,又以兩手曲演諸形,口稱“番餅”不絶,作手語幾半時許。予細繹其意,蓋若謂前後大小房屋皆予應門,予有業人也,故索番餅。且翻掌示五十數,予摇首不應。漸減至十數,予仍不應,乃將予揶揄而去。門未掩,鬼忽持一雨傘至,招予。予見其酩酊也,復出,亦思有以揶揄之。未踰閾,傘擊如雨下。予初支持之,思脱身走。既念室有人,彼或肆毒,可若何?思與之鬥,倘其醜類至,又若何?忽有途人過,謂予曰:“速往漕倉叫喊,白鬼即來捉。連日有人如此,盍速往!”鬼似解其語者,視之怒。予見其狀,乃大呼曰:“速去漕倉叫白鬼來!”乃急走,實未嘗去也。避片刻歸,鬼已遁,惟毁壞茶甌及碗盞數事。問松兒,兒曰:“爺去後即進户,連跌二次。至中堂抛擲家伙而出,無他也。”予謂兒曰:“護照無用,不二日而猖獗如此,日後之肆毒無極也。兒斷不可居此,明日宜偕弟去。予守家無恐,勿悲也。”兒不欲,因嗚嗚泣。予慰之,乃止。

薄暮,少園叔家有其僕,偕張姓僕、隣人潘、徐作錢戲,洋人見火,乃入。四人急無措,偕徐姓母由伊家便門入予大門匿。洋人追之,予窘無地,即匿女,而令四人由予後户逃,皆不肯,予益窘。幸洋人追至便門,見四面黑暗,語啾啾,然不入予門而返,誠大幸也。松兒益恐,因其自幼持三元齋,且誦經無間寒暑,至暮,焚香跪地,喃喃不已。余笑且憐之。誦至四鼓許,忽告余曰:“爺勿憂,洋人不久去,神云然。”再詰之,亦不自知。余叱其怪,迫之睡,乃睡。隣人倪姓夜深潛至,告曰:“余頃潛至漕倉觀動静,以居城危,明日欲去也。豈倉内無半影,適廁中有一土人,問之,曰:‘于申刻運諸所有而去。或云往邑廟點卯,或云遷居,其實則不知也。’所聞見如是,故來告,且商去住。”余謂之曰:“以目前論,走者是矣。但四顧茫茫,誰爲樂土?子宜行,余死不去。倘一出户,此室中皆非吾有,日後歸可若何?”倪乃别。然愁腸百結,居行兩難。即遣兒一説,口雖出,實非心也。五鼓許,聞後巷有婦女呼救命甚急。欲往視者,數起仍餒而止。明日遍詢,無知其事者。

十五日,天未曙,聞城上有窸窣聲甚衆。從窗隙窺之,見無數洋人各持器械,如魚貫,如蟻隊,自城西而東。足躡草,故有聲。其前去者不知已有若干,其後之得見者不下一二千。迨畢,東方已明。亟呼松兒起,謂之曰:“視今日情狀,凶多吉少,速飯,其偕弟行,毋聚殲也。”兒尚傍皇左右,忽陳姓隣隔墻唤予曰:“頃聞行人語,曰大南門洋人盡去。未知果否?予胆怯不敢往,君盍覘之?”予曰:“盈千洋人復手兇器,早起行于城,予目擊無晷刻也。今日不知正何似,莫作太平話也。”陳曰:“不然。頃聞若人言語聲甚樂,連日無此歡愉氣象也。果去,未可知,盍覘之,且審其故,庶可以卜吉凶。”予因往。貪便,不之大南門,而之小南門。未及門,見六洋人裸體相枕藉于門中,睡興正濃,猶未起也。予駭極,急縮身走,呼陳而告之故,且咎之。未竟黄鄰亦至,曰:“鬼去矣。”予對以上二事,黄曰:“不然,予因不信,故往覘。親見六鬼起,倉皇去。遇城側居人云:‘此皆醉鬼。群鬼去時,蹴之不醒,因棄之。今甫覺,故急迫耳。’”予始啞然,然終不知其由來。因囑松兒稍留,予就近探視。果無踪矣,惟見盈街遍巷,積灰如邱,殘胔腐骨,羶穢惡氣,臭不可近。欲出城窺其船,天暑,慎中惡。適有人自外來,問之,曰:“俱去矣。”予乃信。繼聞有某官帶兵來問上海民從賊狀,且曰已在遊府署。百姓皇皇懼屠也。予亦不能自主,立迫二子出城。徐訪之,謡言也。因念遊府遠在外汛,連日未有的耗,城中惟有姚老師一人。洋人既去,六門無守,正土匪暢所欲爲候也。宜訪老師,請策畫。至學署,杳無一人。廊卧二丐,問之,曰:“老爺于十四日赴松稟府,今未歸。”予無計,因議家自爲守,法即從予。本甲歷查户口皆虚，户丁祇剩黄姓一家，無可爲，遂復踵初十日夜間防守舊規，統訪二舖街巷，勸説並施，甚費唇舌。二十舖内有願守夜者得十二人，十九舖則祇黄二泉、汪昆玉、王兆松、張大生及不識姓名者三人，其外則比比謝。予曰："人雖無多，然二門可勿愁矣。但如彼四門何?"即倩張隣探大東門，旋返曰："可矣。有林姓早集人以防火盜，小東門亦且妥貼，并寄聲珍重。"予聞之喜，倩汪隣視北門，亦返曰："可矣。有徐姓者集人固守，門且閉。土匪數隊數欲入不得。今雖退，徐尚恐其復來不敵，猶在召募也。"予聞益喜，復倩張隣往西門。良久回曰："西門不若是之有備也。吾假君與林孝廉詞，見途人即告之。其中或曰是，或曰否。守夜之有無，未可知也。"予念一門不閉，五門徒然。欲分人往代，勢難兼顧。時已昏黑，不得已，姑往視之。甫抵杜家灣，見有聚談者，潛聽之。衆議已成，城門已閉，今且按户出油燭燃燈于街，以壯聲勢。予頗韙之，喜極乃返。告同人，衆譁然曰："懸燈是也。有不懸者，共棄之。"于是亦懸燈。是夕不約而同者遍城，治夜如晝。如是者幾半月，始宵行無礙，奸宄潛踪，頗獲益云。

時二門雖閉，苦失其扃。視營房有敗壞炮車數十，即以實門竇，頗固。凡二十舖之西黄家衖、薛家橋、白巷、趙家嘴角、紫藤棚、花園衖、余家衖地方，十九舖之東、西同仁里、東黄家衖、秦家嘴角、永興橋、東西城脚小巷、漕倉前後及二門大街等地方，皆守以丁。時無更鼓，月淡淡作微黄色，遠近時聞人語及犬吠聲。漏下約二，大南門有人來告曰："有多人叩門。"予即偕衆往，登城視，蓋土匪也。人約百，執器械。予與衆大聲吶喊，聲甚壯。因作下城勢，作殺敵勢，再作開門狀，土匪退。旋聞城外聲嘈雜，復登城，見匪方群擊顧姓米舖，户尚未毁。即與同人大呼捉殺，并僞喝燃炮以驚之，匪果遁。衆始信守夜之有補也，守益奮。

十六日晨興，隣婦女之相依者微贈以資，令其遠颺，恐洋入之再至也。遣已，覺孑身毫無繫念，惜求死之未得其所也。因出訂同人以夜間事，至學宫，無一人。見官署與洒埽局，仍閉無恙，外栅與廡壁俱壞，正殿木主及後殿主均失而遺其座。予思此非寇，必有有心人藏之也。後果然。由四牌坊至邑廟，一望悽然，繁華頓歇。仰對邑主神，不覺悲從中來，四顧無人，放聲大慟。哭已叩首神座，出至園亭。風光如洗，泉石無色，一種羶腥惡毒之氣，檅入肺腸，急掩鼻走。過館驛橋，至縣署後，見辮髮一堆，不知十百，蓋洋人馘土匪者也。縣署土墻已毁，即由墻基入，則斷瓦頽垣，狼藉滿地。至二門，見瘦馬一，人曰："此官馬也，飢立二日矣。"至大門，見西卧一屍，問途人，無知者。至察院，亦如縣署狀。再出北門，由上下兩灘進小南門，復至道署，亦如縣。過趙某宅，則片瓦無存，數丐倚敗垣作食。回憶閈閎門庭，僅付想象,誠可扼腕。于是又遍走城中街巷,凡向之駐兵設局、公館、會館諸處趾無遺,惟見城外店鋪皆閉,浦水如鏡,城中買賣均絶,人如鬼瘠。往日轂擊肩摩,今祇一種骯髒悲涼之意。及抵家,則松兒候已久。問之,仍曰:“不忍爺也。”啓鑰入之,而秋舲姪踵至。彼此交慰,如又一世。又聞洋船在寶山一帶滋事甚惡,且有復來説,心惴惴然,飲泣而已。

是日,街上有賣蝦者一人,賣王瓜、米莧者二人,予買蝦與米莧焉。鄰里之呼應,皆敢作大聲酬答。日晡,見炊烟,暮見守夜如故。益以秋舲姪與松兒共二十二人。燈方上,各路之巡更丁壯逐隊至。問其故,曰:“仿巡哨意也。”并有人謂予曰:“林遠村等已集義勇百餘人,分守六門,今夜可無煩充門兵矣。”予往視。適義勇甫至,苦無火具。予畀之燈并燭,鄭重而别。

約更許,有義勇至予所,且曰:“門有撫憲公文,林老爺居城外,無與商,故來告。宜若何發放?”予曰:“門必不啓。公文接否?”曰:“公文已接。”予視之,雙插羽憲印無訛。觀其批,則尚于初十發,投上海右營封署開拆也。觀封角遞文驛程,則逗留于一團地方者久,今自本日辰刻由浦遞至也。正在傳觀,人情復皇皇然,頃刻盈百。或曰:“撫憲將來安民,此頭站也。”或曰:“上邑不戰而失,此問罪文也。”衆口曉曉,予百喙不能解,民心忽又擾擾焉。予無策,聞金梅岑已在伊岳家住,乃亟往商。竊議曰:“事已至此,非開此公文無以解衆惑。”然卒不敢。久之,梅岑得計,濕其套以火照之,隱約見防堵若何,及洋船曾否到上海洋面數字。梅岑曰:“此過去事,無害也。”偕予至城門,爲衆述之,乃安。予遂述封公現在泗涇,及衆文武因公皆出,公文未便收拆,還差令去。方予與梅岑來時,見化龍橋塊墻側有女屍一,衣小紅衣,無袴,蓬髮,斜倚曲身坐,傍掩一敗蓆。予憫之,囑梅岑留意。明日,梅岑果棺以瘗之云。斯時也,城内漸有起色,城外則夜間之搶掠如故也,四鄉則荒郊之劫殺如故也。據浦側居民云:“每日潮落,各處支河流出男女死屍,于四月後漸多。至五月十一以後,一潮出海不止百數。”若此女者,吾不知其節乎?烈乎?然得好善不倦之梅岑,不可謂非不幸之幸也。夜半大雨,守者不倦,衆志定矣。

十七日黎明,游府入城。游府之在泗涇也,民重之,鎮無搶奪患。聞城有土匪,十六日因帶兵數人還。未至,已見三五成群者比比。公分投驅逐,并召父老,諭以禍福。自近及遠,枵腹竟日。比暮抵城,門已閉,因露宿。至是衣服淋漓,止衆而入。比入,則官署依然,眷屬避無踪,乃館于鐸菴僧舍。紳董徐少室、林遠村等饋修脯,作東道主焉。巳刻,義勇巡城。義勇之集也,已有衆二百餘,敵土匪有餘力。林董等懼相遇之或傷人也,遂製旗四、五,大書“紳董守城”字樣,且各註明地段。義勇執器械，數董偕之，益以各舖段民人丁壯約五、六百人，由城内街巷而城外，而近鄉，踵皆遍，蓋欲示土匪以威而知懼也。如是者三日，搶風稍息。惟遠鄉則仍公然無忌，城中則變爲强竊，防或不慎，掏摸一空。午刻，林董赴松，求委員安民後，太尊即撥在郡之本任上海縣水利廳李至。是日，街上見魚并水雞，予食水雞。米舖之囤積未搶及搶而未盡者，懼以召釁，盡出以市且賤。予得糴，故始終無庚癸患，民之賴之者幾數日。且聞城外尚有猪、羊、牛肉及鷄、鴨一切，蓋冀洋人之再至而售，非循貿易之常也，故數日後反無有矣。予家斷秋油酒醬等，以醬園被搶，不可卒辦，苦此者不少。午後，有人自浦東來，云于天后宫前見有洋人小三舨兩隻，云係辦食物。是擄是買，不見不知也。闔城憂懼，亦有出城先走者。未刻，吉雲姪自楊師橋來。頃之，飈園亦自南山來，漢章姪自法華來。一堂談敍，意甚得。至夜，巡更者頗衆，十九、二十舖地段仍分以小甲看守，吾舖有人三十餘。益泰典亦有所謂鄉勇者，向但藏于室，今且列于途。祇覺前街後巷，人語嘈嘈，兼以比舍燈光，道如白日，漸返殷庶氣象矣。漏約三下，予告假，託二姪照料門户，予解衣卧。自初八至今，第一日也。

十八日，聞大南門外近鄉有豆腐，予往買之，路上始見有婦女一二。各被搶殷户集多人，亦號鄉勇，緝訪往日曾與搬搶之徒，無分曉夜，直入搜檢，有得有否。且有不論是已物、非已物，概取以去，曰："此非汝家當有也。"惟郁姓則榜于門，曰"遺失物件聽拾得者變買"云云。醫士張朗山則并不榜，人有以物還之者，惟遜謝曰："予貧家似無此物，恐悮也。"人皆欽其高誼。日將中，聞福山、江陰等信，六門復有兵伴義勇守城。未刻，雨。是日，聞營中收各處遺棄兵仗火器，民之持以獻者，量值給以錢，人如赴市，凡數日。又馬匹各散，被鄉人設法渡浦去，至是謂食踐春熟若干，挾索重資以贖。且聞有本兵于前已寄于鄉間，至是亦執以取官值者。人之無良，可慨也已。予隣姚姓，爲海艘舵工，返棹，洋人阻之，不得入口，舶泊于海，間道隻身歸。予得悉海中狀。酉刻，得道憲巫公在松公幹將返信，又得提憲提兵將至信。薄暮出城沽酒，并得市脯，大啖。夜間守巷如故。是夜也，聞有和議。

十九日，巫道憲自松返，局董朱春坪、金梅岑往迎之，館于蕊珠書院。焕明侄自鄉歸，宵小横行，夜無安枕，一身照顧數户，力漸不支，故迫之歸也。午刻，公議擒謡言。奸民之曾搶奪者，贓積充宇，苦難變賣，繼被搜搶者，日夜抄捉，因思遠運，乃造謡言。其術先以一人狂奔道路，作驚怕狀，且揚言曰："洋人已至某所，予目擊，故急回搬家耳。"并點綴如何如何諸兇惡狀，即有奸徒扛担一切出城。時居民甫返，風鶴皆驚，一聞此語，頃刻傳遍。不踰晷間，而挈妻抱子，肩挑背負者塞道路。奸民得計,良民則復受苦一番。此種惡相,十七、十八兩日漸起,至此一刻數驚,故共議擒之。然議雖定,而當見之之時,人咸傾耳從,未有指之爲僞者。未申間,各門有鄉民數十成群,各執鋤耒等事,徜徉于市之各當舖、各大店、各殷户左右,不下數十百起。其中則浦東及西鄉人爲多,闔城危疑,如戒嚴狀。究因各路口丁勇如林,器械密布,遊府亦託故不時出入于途,乃不敢舉,約半日而散。是夜,予見各種鄉勇已足,且兵亦如舊,文武大員俱在,可無煩作杞人憂矣。乃辭鄰右之守夜者,約以各管門户,有警即出,勿作待旦坐矣。

二十日晨,晤孟石泉、唐竹舫,皆甫返也。聞林遠村于昨赴蘇,求撫部院給札往四處糴米。邑自蹂躪後,凡米船之來者,每爲中途要刦,商販裹足,人咸危之。遠村乃議紳商襄銀,并以鄉勇護舟,四方告糴,故有是行。其後米商踵至,糧遂不匱,皆其功也。是日也,余有微疾。秋舲姪來,遂留之不令去,觀荷花。先是,義倉之秋水亭有火藥局失火,硫入其中,發花特早,端陽前後已作花,余未暇往觀。是日,有鄰人餉余數枝,即此花也。提憲周公至。聞公之來本帶兵若干。迨至,乃止兵城外,小帽便服,入遊府署。封公欲行謁見禮,周公曰:“止!止!毋令一人知。民心未定,陡聞我到,異議易興,我所以便服入也。”于是週視城鄉形迹,返宿于舟。遊府以館請,周公曰:“我之來不得已也。洋人已去,兵且徒來,留連于此,祗駭聽聞。如曰備土匪,則若已足,我可以去。”于是留一二日去。其愛民持重之懷可見也。鄰人張姓來語余曰:“新邑尊且至。”問何姓?曰:“姓沈,即前憲曉滄公祖也。”余未敢信。是晚,斷水烟,覓之舖,舖亦絶。二鼓許,微雨。斯時也,居民稍集,城治有兵,文武官長及防堵局紳董俱到,辦事仍復井井。回視受患之日,正如疾風暴雨,曾幾何時而天日復見。余雖日困一日,行見不旋踵而再登衽席也。余之日志無庸矣,故躬歷之事雖不祗此,而日記止有十三日云。

# 事略附記

洋錢自嘉慶間僅行閩、廣，蘇、松則以貿易故，洋船來不得不用，他處均無，且無識低昂者。猶憶道光乙酉科，余帶數枚至金陵，尚短價售。近日幾無地不行，至錢舖牙夥并有不識圓絲銀者。先君子有言曰："如今洋錢、洋貨、洋烟盛行于俗，且有非洋而冒洋者。如羅浮蝶本名仙蝶，相傳爲仙衣所化，游彼者，恒以其繭餉親友，今則竟曰洋蝶。作事軒昂，向曰揚氣，以江南鹽商揚州爲多，其作事盡事奢華也，今則竟曰洋氣。以及松菊、楓瓜、長春菊、萬年青，擇其色之美而佳者，冒以洋名而價貴。貓、狗、鷄、鴨擇其狀之小而黠者，冒以洋名而品尊。鞋有洋鞋，布有洋布。衣裳邊飾，非洋鑲則鄙之；動用器皿，凡洋式則珍之。其小呢、自鳴鐘之本于洋者，更無論。福、禄、壽三星，吉神也，圖其形，所以取利市，今并裝爲洋人矣。紫微帝，萬星主也，畫其像，所以鎮兇煞，今并變爲洋服矣。諸如此類，難更僕數。世俗好異，妖由人興，恐非我民福也，我不見爲幸。"先君子果于洋人始擾之歲庚子九月卒。聖人云"六十耳順"，先君子先知于二十年前矣。

鬼子欄干，本洋貨也，謂出自鬼子國，故遂名之。嘉慶間入中國，人以罕見爲奇，飾于衣服。後以鬼字不吉，未便書于婚姻禮帖等，乃易之曰"鋸子"，謂形似也。後且曰"桂子"、曰"貴子"，奇花異色，刻刻翻新，内地人且自爲之，不數年而遭鬼子蹂躪，殆服妖也。

向有便帽曰"秋帽"，如大帽而無纓，頂綴一結。又有小頂軟邊者曰"困秋"，以其便于睡也。蓋食禁烟者取其便，而人并效之。然其名曰"困"，已涉不吉。自破張格爾後，帽頂易以各色呢，曰"得勝盔"，上繫一絨毬，并垂一辮帶，曰"太平帶"。解之者曰："回俗有紅、黄、白帽之分，今破鐵蓋山，爲此製，所以志武功也。"其言雖俚，其名何等吉祥。豈一二年後，以羽纓作結，曰"纓結"，收小其邊，曰"洋秋"，而人并靡靡然從之，誠不知其所自來。于兹思之，英及耶？英劫耶？變不虚生矣。

丐者于歲除塗其面，作諸戲以索錢。吾邑繁庶區也，牛鬼蛇神，奇形百出，蓋儺之遺意耳。忽于庚子、辛丑間一丐以車袋冒其身首，一丐以索牽之，作牛鳴，曰牽牛。見之者以其未嘗睹而發噱也，争予錢，于是丐牛塞途。豈知洋人一至，四處奪牛。余視其狀,彷彿殘冬度歲時也。

市有語曰"死活上南翔",言專一不二也;曰"抖亂法華經",言頭緒全無也;曰"陰衝",曰"陰鈍",言隱然衝突,譏誚也。自洋人擾上邑,城中大户皆往南翔,其次法華涇。南翔必經吴淞江,江中土匪蜂起,受害者不少,法華次焉。而益以地棍之滋詐,宵小之偷竊,疾病死喪,無家不有。邑治則爲洋人所破,非"英衝"而何?盤踞者多日,非"英屯"而何?事前言之,初不爲怪,事後思之,若有憑之矣。

洞庭反,不知所始,較切音彷彿,而義甚淺,俚市人之隱語也。井巷兒學而不能,乃創爲伊字反。凡一語數字,逐字下加一"伊"字,聞者絶倒。然遍城市皆然,幾者動之微,非"夷"患之兆耶?

吴淞口破,洋人未入,城中先已紛紛。一土匪入典舖,先得其貯銀。室苦無盛放之具,得一大銅盆,乃滿置元寶,盡力挾而欲出,惟覺四處洞黑,不審方隅。及衆匪入,群奪一空,目乃辨。又一浦東六里橋人入城完白銀,適見搶掠,心遂動,亦入典舖中。其人家本裕,且多力,乃取七元寶藏于身,金釧十五帶于臂。復見衣服山積,心不已,乃擇其尤者作一大裹。及出,裹大門小,衆匪擠之,不能出,推仆數人。群怒,共毆之,奪所挾及其藏,并本有之洋銀若干、本穿之衣服均取之。遂孑身歸,得狂疾死。又一貧老鄉人至不能逃,苦作食無柴,乃至漕書趙姓破屋基覓尺寸木。一日薄暮,于敗瓦中見一地板,竭力起之,遂得元寶洋錢若干。又一家父子三人,本偷兒也,得無數銀,其黨思瓜分之。至七月初,其長子買舟備裝,飾其父如大賈,其弟若行夥,先運若干,欲遁他所。舟子覺之,至浦之長十八,將二人毒毆而驅之,載所有而去,二人匍匐歸。適群匪見其子獨處無助,亦奪其所有而去。巨萬之資,去來瞬息,信乎財之不可妄求也。以上數事,皆予守夜時聞于衆者。諺有之:"一兩黄金四兩福。"况不義者乎?所聞甚多,稍志一二事,以告世之知命者。

洋人既退,民居漸復,然風聲鶴唳,一日數驚。最可笑者,和議定後,六月二十七日辰刻,一火輪船自外口入,闔境聞之,復各逃命。婦女之晏起者,咸披髮露體,號泣狂走。守城兵勇,一如前日。其甚者,一男子倒抱一嬰兒,一手提破燈籠一盞而走。一婦以裙披于肩,兩手持衣下掩,作結裙狀,且結且走,至城隅被匪徒搶去而始覺。其不知西東,不能言語者,皆如恒事。蓋前日之逃也,具衣糧,計道里。故有豔裝華服、坐轎駕舟而作難民者,兹則倉卒之間毫無主見,且胆喪已久,求活之心熾也。夫人僅求活,又安計于他哉?予故于四月間恒語人曰:"逃寇非易易事也。"

土匪善謡言。忽一日,居民争傳海口又到一種黑人,身綦長,八尺軀,其國之矮人也。予聞而嗤之曰:"此鬼迨方相族屬也。果爾,不吾害。"人叩其故,予應之曰:

“吾輩居八尺屋,彼傴而入,吾且執其首而戮之。”未幾,道憲公館前聚人無數,彼此詢問長人,愈久愈多。其立之遠而延頸望者,且若或見所謂長人者。從未刻至亥,漸漸而散。猶憶前制憲裕公爲蘇撫,尼無行,斷還俗,并箚各縣遵行。奸民遂倡爲撫憲憎尼説,惑尼以射利。忽一日,邑之净土菴亦集多人,尼驚爲役之來捕也,堅閉菴門而泣。觀者見菴之閉門而且有哭泣聲也,謂役已入捕,乃堅俟其出以觀之。至深更,人始懈而散,與斯事正不類之類也。

洋人踞城日,婦女之未逃者,懼爲所辱,凡空坟、深草、枯溝、敗壁無不匿。其漸匿而不耐者,則于深夜俟隙冒險返城,或并髠髪易男子裝,亦間有得脱者。然萬一敗露,立地受辱。其最巧者,大南門之白巷西,一婦束首以麻,衣白衣裙。手持冥鏹,號哭而出。洋人見之,皆驚駭不敢動,乃任其出。諺曰:“有智婦人勝于讀書男子。”信不誣也。

重典所以治亂民也,然酷吏酷刑伊古有戒。予自邑有土匪,不無有取之也。閩人某估于上,遭變,乃遷避。事稍平,其眷屬不便鄉居,又遷于北門之城内某所,其地適爲群匪聚集之藪。見某異鄉人,且多財,五月晦,黑夜糾黨入其室,席卷而去。某于匪至時知不敵,自藏于暗處,追匪去尾之,匪不覺,得志其居。質明亦集其鄉人入匪室,匪方群飲未散,執其四,其一乃寓主也。遂送諸遊府,游府辭以非職不受。乃送諸署縣事,李縣亦以無監禁未便受。不得已,衆議釋之。匪乃作大言,且出不遜語。激衆怒,乃釋房主,擒三匪,置于邑之演武廳,聚火爇之,時六月一日也。匪黨洶洶,哄訴道憲巫公。公復出示曰:“有聚衆三人夜入人家,及白日持械搶奪者,登時處死,照例勿論。”匪喪氣,不復公然無忌矣。各鄉鎮亦用其法,土匪絶迹。夫身投烈焰,慘豈待言,然加于憨不畏法之儔,無異飛蛾之撲燈也。而除亂禁暴之功收于旦夕,巫公誠得治亂民之旨哉!

天后靈應非常,海洋中尋聲救難,凡估于海者無不尊信之。邑主神于國初與予六世祖緑岩公有共保屠城功,靈應與天后等,民之尊信亦然。自洋人入,毁諸神像,天后去其鼻,殿宇半剥損,邑主神則更甚。殿宇園亭,踞爲窟宅,神袍旂傘,盡劫以去,神亦不之譴也。字紙五穀,夫人重之,有抛棄穢褻之者,天殛之。洋人則紙拭穢物,五穀投諸溷,天雷則駕大炮以敵之。諸如此類,兇惡萬狀,而卒不見其陰誅鬼責之或加也。豈天將益其疾,而俟其惡貫之日耶?抑天將假其手,而施其大罰于民耶?抑或劫運所及,雖天地神鬼,亦順受而不能誰何耶?則予不能知之矣。

洋銃一銃三發,勢雖遠而小,中之者不在要害勿死也。然其入藥不如中國之便。故洋人最畏鳥鎗,而尤畏抬炮。破洋銃不一法,閩、廣則以稻草搗軟製如盾,漬以鹽滷,銃即不入。沿海民則以大筐鋪舊花而負之,則亦不入。吾邑之鄉,洋人數十成群,分投擄掠,民卒無以禦,乃胥以浄桶蓋應之,洋銃皆裂。蓋火器主潔,觸穢故也。後鄉人用之恒驗,且有曰十三日之白鬼收銃,蓋爲此也。未知是否?

火器之利在于藥,製藥之法,《武備考》《禦侮志略》諸書論之詳矣,然莫精于故提憲陳公數語。公謂:“硫性重,重則下墜;炭性輕,輕則上浮。凡自他處運至之藥,爲舟車摇振。即用入炮,其上皆炭,取以試炮,則無力不遠。迨及下半桶,硫多炭少,用以入炮,則力過猛而炮炸矣。凡藥經舟車裝載、人夫扛抬,及藏貯日久搬運多次者,必重碓,愈碓愈佳,然後可用。”且言:“貯藥不宜于一處,蓋非人事之或悮可虞,藥多久貯,自能生火。”并言:“晒藥切忌于有風之日,以風吹塵起,藥雜塵沙,半月後即能生火。”又曰:“鐵匠製造鉛子,最宜留心監視。否則或以微鐵皮包碎石,或竟以碎石磨圓,外塗火漆,鑄炮亦然。蓋是器關繫極大,幸而敗,則自官迨匠牽連多人。官惜自己功名,互相容隱,置于不問,匠復脱然事外;不幸而不敗,則臨陣之日,其害有不可勝言矣。”由今思之,公非不神而明之,其如一身之不能兼衆務乎?

保甲,良法也,第一要將客户、主户、零户、免户分明。苟不此察,竟有土著作烟户、浮居爲甲長,不幾日而浮居者另遷,則甲内無長矣。貧窮無力,零户也;鰥寡孤獨,免户也。統列正甲,則辦事無人,無告受累矣。而更忌跨户,户跨則稽查不便,張、李易混,甲長束手矣。誠慎于此,操縱易易,外户不閉,誠不難也。然以古法言之,此僅行法之第一關鍵耳。

提憲陳公盡節後,洋人願以洋錢五千枚求其屍而不得。迨和議既成,洋人將去,九月之朔,用太牢率醜類祭奠于吴淞口。其魁璞公使者,且泣且祝,若不勝情。夫以公之忠貞,豈享其祭?而能格敵人、感異類,求之古名將,亦未易多得也,陳公真千古矣!

斗米十肉,大將皆然。忠愍關公爲崇明鎮,因公來上,至道憲署。道憲餉以點心,食包子百二十枚,酒與肉不計也。夫點心如是,其他可知,此數年前事也。防堵之際,聞揚州營參戎鮑公來鎮上邑,每日食肉五斤、米五升,胡餅百、腐六斤、酒十斤,曰猶半飽也。後關公死廣東之難。鮑則以不服水土得痢疾,醫戒以節飲食,公不能,日食牛酒,至不起。方鮑公之至上也,營于浦之洋涇口,軍容整肅,旂幟鮮明。閩匪忽滋事,時兵未集,公于黑夜領數十卒整隊而出,定反側于鎮静之中,功甚鉅也。使天假之年,與陳公爲左右臂,分守東、西二炮臺,縱百萬寇猶蟣虱也。奈何不知自愛,累于口腹,不及殄滅攙槍,死于牖下。昔人有詩云:“男兒欲報君恩重,死在沙場是善終。”九原有知,如鮑公者,較關公豈無餘憾?

敵窟于城，予不時觀其動作。恒見其食雞也，以刀剁去其頭，手去其羽、去腸胃不洗，不入鍋，燎于火，覺微熟即淡啖之。其作飯也，帽中出一小銅鍋，置少許米及麵，或瓜茄，或李柰，煨以火。無鍋蓋，米恒不熟，水乾即食之。雞鴨卵則并不煨，破其殼生吸之。一切食用皆非人事之常，然或風俗本然，習而安之者。若其本是内地人民失身從寇，予不知其何樂而不返也。且聞人曰："凡黑鬼擄財至舟，其渠取十之九。擄或過少，鞭撲隨之。"則爲漢奸者，更何慕而甘心受驅策哉？

洋人善醫。北門民人張姓爲黑鬼擊其目，烏珠出于外。其父訴諸白鬼，白鬼啾啁語其儔，即有一洋人以藥少許塗其目，旋以水漬其珠而揉之，無痛楚，不食頃而愈。洋人又善畫。和議成後，遍遊四處，凡園亭寺觀之壯麗而精且佳者，必圖之。其作畫也，用一紙裱，如今之法帖，筆則無毫無墨，以一枝竹，中夾小鉛條，運如風。界畫纖細如縷，不起稿，旋畫旋成，精緻無比。絶大一境，成之在片刻。予目擊其圖邑廟之船舫廳一角景，故知之。以上二事，内地無此技也。

犬見異類必吠。洋人盤踞之日，犬苟遇之，即帖耳縮尾而遁，無一犬敢狺狺作聲者。予家畜一犬，狂吠可厭，洋人至，犬見其狀，縮身于灶，終日不食，去後乃出。蓋見兇惡氣焰不可嚮邇，犬性最靈，故其畏之尤甚，理或然歟！

菜蔬于鄉間爲多，城中惟西門一帶有圃數處而已。故城居恒仰給于鄉，而其值較鄉必倍。自五月十五以後，街頭米莧菜每斤售二文錢，各鄉則八文、十文不等，法華竟賣至十四文。王瓜于往日每斤極賤，亦必三、四文，爾時城中以三文錢則得瓜二斤矣，而各鄉且至争市而不得。二事甚細，即此可想曩日離散景象也。

邑城復後，米舖之囤積者懼召禍，而又不敢公然開肆，乃閉户以售。鴉片者堂皇授受，無復顧忌。土匪身穿羅綺，逍遥于市，而人逃于外者，往來城鄉恒穿草履以取便。因有無名子作口號曰："鴉片掛招牌，白米暗裏賣。財東著蒲鞋，光棍摇摇擺。"蓋志實也。

予聞林遠村云：洋人去後某日，聞其居近之紫霞殿左井亭内有哄笑聲，出視之，則群丐也。井庭中倚以字畫紗槅，井上蓋紅木圓檯面，三面懸堂簾，槅後則呢綯紬綾、被褥如山，衣服稱是。諸丐均穿紬綾且有靴者，圍坐堆洋銀摇攤爲樂。其坐則或呢，或香牛皮，或佳紋蓆不等。亭之左即廟之廊，積柴米煤炭如邱。又酒甕之旁列三大鍋，數幼丐守。至其側，則馨香撲鼻，睨視之，一鍋則火腿和狗肉，一則諸海菜和雞鴨也。遠村因曰："當此之時，予輩真丐不若矣。"

又予友褚野塘避寇于浦東。至十五晚，聞洋人去，回家探消息。渡浦歸，見董家渡側王氏廊下群丐燃通宵燭擲六子，銀錢山積，其裝飾彷彿如遠村所見，惟多一切精緻桌椅，并有自鳴鐘，廊外卧一屍。褚方注視，群丐交叱之，懼乃入城。

提憲陳公鎮海口日，與士卒同甘苦，食不兼味，夏夜不設帳，曰："兵無此，我不可有此也。"寒暑居一小布卡，與海塘民若隣里。民有担糞過卡門者，兵叱之。公曰："農工灌溉第一要務，我輩安然食粮，彼血汗淋漓，而尚叱之乎？"乃責兵。其行事胥若此。公恒執一火繩、一短烟袋，巡視海塘，終日奔波，無片刻坐，夜間亦數起行走。南風略起，即結束，執令日夜坐相風旂下，至風轉而始已。其于兵則甚逸，凡一卡居十兵，十兵分晝夜十班，一人當直者居卡外，九人則居卡逍遥。有警之際，暗傳密號，一日數易。故兵皆有志，而敵不知。守吴淞幾二載，深得兵民心，兼以老謀勝算，智勇絶倫。乃何以妖氛未除，將星遽隕。天乎！人乎！惜予不身親其地，而目覩其從容授命之時也。嗚呼痛哉！

鬼燐螢火，荒凉景象也。吾邑素富饒，中元節各公所設盂蘭會者不下二、三十處，故鬼亦充裕而不爲厲。自夷擾後，人各遷徙，届期無有辦之者。予戚唐姓，于中元節渡浦，舟行至周家渡，天已暮，乃泊。惟見波平如鏡，萬籟無聲，水面有光如螢者不知凡幾，皆自北而南，過舟側，覺一陣寒風，毛髮直竪，蓋鬼火也。又浦側居民云：七月中時聞鬼哭者數日。此皆孤魂求食，習以爲常，一旦廢之，大失所望。鬼猶如是，况于人乎！

夷患之受，我邑城市罹之，近城之鄉次之，遠鄉未嘗及，而且獲無限利。邑人遷鄉，必賃房屋，半間茅舍，非十千不能居，一利也；既居矣，鄰右必送代席，其多寡視其人之産，又必出多錢雇人守夜，二利也；又一切米柴菜蔬，無不倍值以售，三利也；人舍其家，一切食用物無不分肥，四利也；遷徙時爲人扛抬輿担，其價十倍往日，苟不雇之，毆搶交至，五利也。其中且有爲土匪事搶劫者亦復不少，則又利之大而不可名言者。年收則益豐稔，錢漕則復豁免，一切派捐派役俱不及。城中除土匪外，富户亦受累，然事定後尚可支持。其一種重廉恥、顧名節，不爲土匪，毫無積蓄，求生不得，求死不得者，不知凡幾。而天不雨金，官不撫恤，愛之者憫其拙，嫉之者笑其愚。豈神鬼亦不鑒之而不哀之耶？蒼天，蒼天！"視彼驕人，矜此勞人"，當于此日咏之。

和既成，凡使于彼船者必款待。其席之最豐者，主客坐定後，先上四熟物：羊也，鴨也，魚也，蛋也，皆白煑無鹽醬。食已，則一切果瓜之物。食已，則四炙物：牛也，雞也，内地之火腿也，鵝肉也，亦無鹽醬衆料。又食已，則四點：如餅者，如饅首者，皆繪五色，中實以李、柰、桃果及海參、鰒魚諸物，無湯無飯。外又羅列葱姜、大黄、檳榔等物，其氣腥穢，斷難下咽。其酒則紅毛燒也，色如血，食涓滴能醉，頗香美,然不能多飲。飲盃許,彼之通事已潛囑矣。又見其船内自鳴鐘大者高丈餘,八音琴大者如一長桌,謂開後能奏一日音,玻璃厚半尺許,人行其上勿損,千里鏡有粗如二石甕者。所述甚繁,即此數端,亦可以見其禮文之簡陋,而技巧所施之無益也。

土匪雖目無法紀,然所以至于不可禁止者,亦有以啓之也。方其毁漕書宅宇之日,城治雖無官長,刑憲尚未蕩然也。苟于此際,趙姓號召官差,助以兵勇,聲言擒捉,不必果有其事,而呵叱之頃,土匪必懼禍而遁,計不出此。比其拆毁官署之時,集兵數十真與之敵,即殺傷一二,此時亦誰得而仇之?乃任其漸滋漸蔓至不可治,誰使之然哉?或曰:“如君言,倘釀事端如之何?”予曰:“不然,而不見某姓之藏有鄉勇,殺土匪而反保其居者乎?蓋烏合之衆,惟視利害爲去就。見勢不合,各鳥獸散,且有袖手于旁而作大方言者矣。又烏覩事之能釀哉?”

夷性質直。自五月十二始,凡遇于途者,苟有挾必爲搜攫,六門中則尤甚。金銀珠玉其最也,次錢與衣,衣服必擇其新,又次則食用物。人之出入于其側者,遇人多鬼少之時,得脱者有之,或白鬼在側則亦或得脱。否則解衣裼襪,其苦萬狀。一大脬人出城,鬼見之,疑其袴之有藏也,勒令脱褌。摸之,得其陽,鬼大恚,繼之以笑,乃微撲其人而釋之。自是,凡藏物檔間者,故大其裹,傴僂而行,且故緩若痛楚狀,鬼即不問。又人有担穢物者,俗稱“捉垃圾”,皆西鄉人也。洋人甫至,其人尚担以出城。洋人不識何物,執而搜之,遍體觸穢。後見之恒避,且逐其速走焉。人遂以一切物以油紙、油布等裹之,外堆垃圾及穢物等出城,鬼亦不之問。于是更有人以金銀置糞桶底,上滿貯水,掩以稻草、菜葉等,再浮草紙數片,并以濕草紙摶如糞加其上,日出數十担,鬼未嘗或視之。其性之直,大率如是。遭其難者,知此意以推廣焉,愚之易易,殺之亦不難也。予内子出城,蓋亦有以愚之,故無恙耳。洋人之入也,人民播遷,家業蕩散,死亡貧苦,靡不備嘗,一大劫運也。則凡有知識者,皆當視之如切齒,仇恨之如毒蛇蝎。乃何以洋船一至,觀者如蟻聚,洋人入城,從者如逐臭然?或曰:“既和之後,無虞殺戮,有此異類,觀焉以廣見聞。”猶可解也。其譜爲圖畫,裝其形像,不計重值,争市恐後。無衣食之家必辦一二點綴門面,富家大户則裝諸鏡屏,供以玻璃匣。其將爲象形禹鼎以志其惡惡之心耶?抑將如報德生祠以表其尸祝之誠耶?夫遺形留影,夷雖去而實未去也。夷苟未去,豈吾民之幸哉!故予見親友之有是者,恒舉是説告之。其如聽者之藐藐何?予惟深有望于司風教之君子耳。

先六世祖緑岩公,凡教子弟及勉友,皆以不訓蒙爲大傷陰德,其書札之見于《越游草》《明志堂集》者屢矣。蓋謂無功食禄,其罪較殺人之庸醫更重。我邑自道光二十年始漸事防堵，一切食用諸物，官與兵均不可少。且軍功之際，銀錢充足，軍營所需，無物不備。故大自行户，小自肩背，皆得三倍利。如洗衣婦本貧家末業也，勞瘁終日，得不盈百。其時且日夜操作，昂其價，草率付之，而人已不可得，故當日每獲錢盈千，外而歌臺舞榭無不得利。至避患之日，數里路，一舟必二、三十千，一輿必四兩銀，一担夫必二千錢。迨臨危日，益不計，有以三十千錢雇一糞船上泗涇者。一切游手則應鄉勇，每日或二百文、三四百文不等。惟訓蒙者不但不獲利，而受害尤烈，蓋學究久安供奉，刻苦不能也。鵝行鴨步，安翔過日，奔波不能也。臉面自顧，認識人多，搶掠不能也。素好談天，動稱節義，見機不能也。無縛雞力，無積蓄財，遠颺不能也。而洋人未至，一聞浮言，生徒星散。洋人既退，人各安業，延請無期，而洋人不以頭巾而捨之，土匪不以窮漢而棄之。諸事既定，人咸復初，老學究則百孔千瘡，左支右絀，尚張顔面，賣身無主，乞食無門，其苦更甚于屠腸粉骨、火烙油烹矣。予故恒語同人曰："此我等日食四簋，毫無報效之大罰也。"一友素崛强，因答予曰："較之土匪、洋匪何如？我將拭目以觀所謂冥冥者。"

學師姚公，蘇人也，爲郡學教諭，兼署上邑教諭，不一月而洋人至。于洋人未至之先，五月十日，城中文武公出者多，諸業罷市。公乃出示安民，繼又遍歷街衢。先命典舖曰："典當，窮民生門也，有閉歇者封之。"于是復開。繼諭各店，各店亦開，民稍安。後洋人至，公取庫中祭器書籍及册籍匿深處，而自退于忠義祠，曰："斯二字可愛也。"有以通稟請者，公曰："我非不冀陞遷，然危人自安，我不爲。"洋人搜得之，公端坐曰："我官也，將何爲？"洋人中有能華語者，問："何官？"公曰："教官。"問："掌兵多少？"公曰："無兵。"又問："何司？"公曰："司教化。"洋人肅然退。食頃復至，致渠意，請至邑廟相見。公叱之曰："我與若曾有相見事哉？無已，有死耳。"洋人知不能屈。自十二日至十三日凡數至，公卒不動，惟着人四探援兵，皆無耗。公乃曰："事至于此，我不當陷此矣。"乃帶印返郡稟府，還居府學署。噫！若公者，誠不愧"司教化"之三字矣。

夷之蹂躪，恒逢于八。如其入定海則五月初八也，而破吴淞亦于五月初八，焚我火藥三月初八也。後聞某地亦焚于六月初八，其偶然耶？其有所使然而然耶？後之備豫不虞者，必宜思其故，而有以加慎哉！

地棍某甲，素不端，瞰鄰孀而羡之，卒不能。遂乘夷變，知婦不及出城，于十四夜毁其門而入。婦以爲夷也，急匿于樓之承塵。甲暗中捫之不得，乃敲火明燭以搜之。燭甫舉，則數夷追一女入，且登樓。甲懼，入床下，偷視其女，即妻也，大恚恨，然亦不敢出。夷即挾其妻于床而輪姦之，迨曉乃去。甲視其妻，則悶絶于床。適孀婦之子自他所回,驚問故。甲不能諱,自述其無禮狀,且求勿宣。子謂其已殺母也,不顧而號。時夷已離城,隣右略有人,遂集而欲執之。其孀聞,乃出而止之。甲得釋,與衆救甦其妻,扶掖狼狽而遁去。迄母咎其子曰:"命汝往舅所商避地事,一去竟日夜,而母幾受兇人毒。"其子曰:"兒返,天將暝。途遇一婦,稱亦縋城出者,所避地即舅家左右,不識路,兒懼其暮夜之難行也,送之,至已夜分。因回舅家宿,迨曉即發耳。"母曰:"噫! 十五、六歲之童而欲效俠客爲耶? 幸未遇歹人,否則均殆矣。"予曰: 不然。此所謂一念之仁,鬼神呵護。方甲之毀户入室也,其殺機與姦謀交縈胸臆。此子一遇,必攖其鋒。幸賴一念不忍之心,天即使其歧而不值。且彼憐人之婦,天即全其母;甲欲敗人之節,天即致夷以敗其妻之節。而不于甲之室,偏于孀之室;且不于他所,而即于甲所匿之處,令甲真知確見而不敢誰何。天道之巧,天罰之毒,如是如是! 世之虧心暗室者觀之,亦宜猛省。

又一人居西門外之八字橋,專事搶奪。自初八始,所得無算。十三日,蚤起入城。夷至其室,盡抄所有而去,遺火于積薪,一五歲兒焚死,其母亦死于敗垣下,一妻一妹不知去向。蓋其遇人邀劫之時,惟視幼孩女子爲最易取,故其所得,大半皆童婦手中物,天之報之特慘云。

又一人爲海船水手,于十二日過周家渡,見廟側遺一裹物,提之甚重,知爲難民遺,因俟之。又念四顧無人,苟置路隅,爲土匪攫,不可也,乃藏于浦灘之蘆葦中。久之,其人號哭至。問之,曰:"一家六口挾資逃命,至中途見夷鬼,急走而失一女,不敢還也,坐俟之。女適至,喜而起行,竟忘所有。"問物色皆吻合,遂還之。欲分以贈,亦止之。其人泣而去。而水手所戴遮陰帽爲風吹入蘆葦深處,遂跣取之。見其帽掩于一木匣上,舉匣甚重,啓視,則洋銀五百,蓋盜藏也。水手悟曰:"此予不取路之遺,故風復引我見匣也。"于是取之。此事彼爲予親述者,且曰:"命該發財,銀錢到處皆是,不待求謀也。"予首肯之再三。

一人以無賴破其產,其母尚有蓄。洋人至,母有疾,盡劫所蓄,棄母而出。不數武,洋人奪之,不予,殺之。其姊某氏,前母生也,早寡,撫一子。聞之歸,事母育子,營營終日,不能躲避。洋人數過其居,亦從未有入其室者。洋人既去,一夜,聞街頭喊殺聲甚厲,懼甚。從門隙窺之,蓋土匪與土匪交殺也,一時許始寂。啓户覘之,見路側遺一囊,舉之皆黄白物,知爲匪所失,急取之。日易以度,母得無恙,人以爲孝感之報云。

北城丹鳳樓神靈應素著,洋人擾浙省,予懼其侵海口,乃虔禱請筊以決疑。神示兆曰:"勸君不用苦因勞,桃李逢春漸漸高。萬事堅心宜耐守,太公八十遇文王。"

後漸近江洋,凡三卜,連得三兆,予信是不遷。而妻子于十三日出城,使苟堅信神言,卒亦無害。此予負神,神已不啻提耳而再三詔告也。述之以志神之靈應,且志予過。

兵,劫數也。然兵不繼以荒,則不亂。邑自防堵後,百用騰貴,米價每石六千。去歲蘆柴每百斤賣錢三百四、五十文,稻柴亦三百一、二十文,其他物稱是。因雨水過多,冬又久雪,商販不通故也。本年洋人入擾,邑人之遠颺無論,鄉人亦不知其底極,洋人至時,正農功喫緊際也,亦概棄而不治,去後仍然。識者咸見之爲憂,豈意不待耰鋤,年穀倍收,百物豐熟,物價減往歲之五。非人民稀少而然,實物産之所獲特裕也。且聞他邑盡然,故于患定後人各復初,雖謀利較艱于昔,然貧人得百文錢,三口之家即能不餒。不轉瞬而復覩熙攘之景象,彼蒼之惠愛深矣。若云復元氣、固根本,則必連稔三載,庶家給户足耳。

聞典史楊公之死也,家人星散,有僕某侍其側,公以一金釧付之曰:"此吾家中物,非宦囊,帶此以備不時需也。今無用,汝將之去,酬汝今宵戀戀情。"僕不受,公固與之。遂自攜頂帽出署,由大東門至大碼頭南呼舟。舟子昂其值,索錢千。公曰:"我官也,非遠竄,祇渡浦耳。與汝五百,可乎?"舟子諾,乃登。僕亦欲登,公力止之,曰:"我即返,此急事,若必不可俱。"乃呼舟子解維,僕疑,立以俟。不半刻,舟已返,僕問之,舟子曰:"殆矣。方開船時,老爺即戴帽結襻。至半浦,遂曰:'適許若渡錢,來世付汝可乎?'予未應,老爺已躍入中流。暮夜茫茫,予一人無如何。諒汝或在,故付一音耳。"僕聞而大號。至明日,得其屍于南碼頭左近,面如生,衣冠俱在。乃往防堵局商殯殮具,局無人焉,遂出釧求市。時諸店皆歇,典賣不能。中途遇一逃難者,以若干錢市之,得具棺以殮。洋人至,僕已無資,不可行,竄于近鄉之蕭寺。至巫道憲入城,乃具稟訴楊公投水始末。巫公爲之詳大吏,并給路費銀,令回籍報訃于家。予不多僕之艱險不避而事其主,獨多楊公一時正氣之所推,即有以格其僕也。宜乎土匪滋事縣署之日,公以數語安民。民雖不能袖手而退,而公之署室及監禁一切巋然不動,竟與公爲終始也。

兵潰後,遺棄兵仗以及火藥、火器不知萬億。海塘一帶其最也,其次各鄉,又次城治。事平後,各營給值收之。然苟滿庫額,即勿市也,況爲價甚微。五、六月間,民無他途求售,不得已而入于官,六月後不然矣。竊思寓兵于農,古之良法,然或不爲禦侮之具,而倚爲肆惡之資,可若何?不然,或又售之奸人,貨之盜賊,又若何?況鎗炮祇可官爲收藏,斷不宜藏于編户者乎!每思所以收之之術,欲得計而鳴諸當事,無如寬與嚴俱難,利與法均拙,卒未得良策也。

甲與乙比鄰,各爲小經紀。洋人將至,訂偕行。甲自念無能,一切聽命于乙。乙買舟將己物盡藏于下,而以甲物浮置于上。蓋謂小自風雨,大而盜賊,下愈于上也。至中途,遇匪舟要劫,匪見上置諸物皆非昂貴,因取而擲諸灘。搜追遍,則乙之物加于甲之上矣。而仍無貴重物,匪不得已,取以去。舟小物多,得留其半,則皆甲物也。乙僞喜,至七寶,仍同居。乙又語甲妻曰:“若夫坦率,苟有蓄,藏于予家卧所。脱有警,我尚得兼顧也。”甲妻信之,因以洋錢若干并其首飾及私蓄悉付之。一夜,乙大呼賊。甲夫婦起視,則賊已遁。檢點物件,則乙已失去一小脚籃,籃内則甲之物,并己與妻之洋銀首飾均去矣。遂僞泣,更拉甲夫婦視其所有,尺布寸縷盡取示以明心,甲飲泣而已。又數日,乙辭甲云:“我與君皆異鄉,本宜相終始,奈資斧已竭。聞叔某在某所,擬攜眷依之。中道之罪,幸鑒焉。”時甲亦無資,欲留之不能也。明日,乙果收拾偕其妻匆匆而去,甲益岑寂。見乙居遺棄灰柴並穢污滿地,因無聊爲之糞除。積灰内得一裹物,視之,則己之洋、妻之飾也,外餘洋八元、二簪一鐲,并小物數件,則乙物耳。方驚歎間,而乙已奔至,見之,面如土色。甲責之,乃還其所有而絶之,乙抱頭而去。甲爲予述此事而言曰:“乙計誠巧,無如鬼神之益巧何!”

僧湘烟不沾沾于戒律,而能書畫,知琴。洋人至之日,身無他物,抱一琴由大南門出人叢,飄然而去。兵戈甲馬之中得此點綴,彷彿火内之金蓮也。我輩困于塵網,萬慮攢心,與湘烟較,已不啻天淵,而況于他哉!

羽士某,其師無行,私食禁烟,爲官捕執,例應遠配。某憐師老病,具呈請代。官義之,從其請。洋人至口,有人見其爲白鬼作書記。何始與終之大相刺謬乎? 或曰:“洋人所到之區,廟宇必毁。此次破海口,未嘗毁一所,皆某保全者也。”予應之曰:“大節既虧,小善無補也。”

予友吴君,爲牙夥,頗苦吟,無市井氣,與人粹然,望而知爲長者也。遇變旋里,道路已梗。因挾二十金并一裹,自負以行,欲往嘉定。未至,日已暮。因投一農家求寄宿,農欣然留之。視其室中有,中人産也,心安之。農亦甚殷勤,具雞黍,供茵枕,吴竊幸哀鴻之得所也。質明將酬值以行,視裹物,不知所往。問諸農,農以天日矢,且詬詈之,吴君遂解衣酬之。因有句曰:“王孫一飯千金報,欲效淮陰正抱慚。”又曰:“此身幸免遭屠戮,囊橐蕭然益自由。”其豁達皆類此。

一鄉人入一飯店,覓店主。時城中罷市,此店一嫗與一幼孫開設,無可避,故尚在也。聞其人覓店主,嫗應之。其人曰:“予飢甚,予有囊置汝處,事畢共算,不負汝也。”嫗果飯之,其人乃去。營營終日,連負數囊返。明日復然。至十一日,寂然不至。嫗竊視其物,皆金銀珠玉物,衣服且無幾。嫗謂孫曰:“此盜贓也,倘有失,必受其毒。"乃反爲之掘地藏之。後洋人退,仍事舊業,守其人且一、二月,漸爲人言述。無賴輩艷之,將以計奪焉。不密,或洩于嫗。一日,嫗與孫遷于他所,此事正與吴相反者也。

土匪入人家劫掠,城中人出則避讓,鄉間必集衆相敵,故匪恒困于鄉。劫後,匪黨設計,以紅披椅縫爲衣,黑紙作帽,穿黑袴,皆倣洋人式。其面則以腐衣蒙于皮,染深墨色。數匪成隊執械,夜入人家。鄉人未見過洋人面者,多不辨真僞,胥遁,匪得恣所欲。迨洋船去後,亦不已,且胆壯,雖四、五人亦爲之。此風甚于肇浜一帶之小村落。一夕,匪入一小户家,得一婦欲淫之。婦素多力,拒之。偶爪其面,皮盡脱。婦且駭且視,識其真面目,遂不懼,奪梃而鬥,且號救。其家之躲避者聞其呼假洋人也,同出助,獲其二,餘皆遁。黎明視之,即較遠之鄰也,遂火之。是後,鄉無假洋人之患。倘日後或有類于此者,宜知腐衣之可爲假面,亦察奸辨僞之一術也。

制軍牛示軍民賞格,有曰"此千載一時,忠義自見之日"云云。惜事起倉皇,全城潰散,有負制軍鼓勵之意。然周旋于其際者,躬沐榮銜,與長官分庭抗禮,里閈嘖嘖者,蓋已有人。更異者,寧波人丁姓,傭于上,不知何由,曾見火輪船而知其大略,乃以竹木片間之以紙,作一小輪船,點燭于中,居然能陸地行,人争奇之,竟聞于制軍。一日,飛文來調。轉瞬間衣冠華麗,縣官贐餞稱"丁師爺",立刻登舟,一切供具皆取于官與防堵局。至蘇,謁軍門,予以千户銜,令製所謂輪船者。而此工中國廠中從未經辦,其一切物料均無常例,惟丁之所欲是辦,而丁必如其意之所期始止。掌司官弁無大小,役如奴隸,無有敢誰何也。及一船成,舉火而不行。制軍尤之,則曰:"其巧在機,予一人知之不能盡,衆人知,皆知也。"制軍亦以爲然。其實固未得其奥,火力不勝船力。前之小船,蓋偶合也。乃重造,造未畢而洋人至,工亦罷。洋人退,丁仍回上,市田宅,娶妻室,門列銜牌,居然閥閱世家。出則皂靴白頂,健僕隨之,雖顯宦不啻也。此非真千載一時之謂哉!

無錫人王某,或曰亦浙省人。賣湯糰爲業,市于縣治左右者有年。防堵時署屯安徽兵及福建水勇盈千,王之湯糰多三倍售,乃日停于署門而勿去,習漸熟。兵或因水土不服,多吐瀉疾,王欲得其歡,間爲括痧,并取有痧暑藥予之,營中遂傳其能醫。凡有此疾,皆召王,愈後或以錢或酒食微酬之,王不計。自是亦稱爲醫。凡城中人家所施痧暑藥遍乞以貯,爲活人具。于是丸者、散者、紅者、黑者,另换以奇名,爲一大裹,曰"藥包",置于担頭,人咸異之。霉雨後,兵患疥,王勉治之,有愈者。繼闔營染廣痘,是時,信王已久,非是人不延也。王乃租担于他人,已則儼然爲醫。而廣痘又不能限日月愈,乃獲利無算,遂置房産,設藥室。凡藥瓶藥磨諸器無不備,筆硯几案無不精。有主將某,偶患風疹,疑爲瘖。急延王,且私告曰:"吾等日候軍門,萬一見之,功名干繫。幸速爲地,厚報勿惜也。"王應手愈,將感之,具厚幣,且額其門曰"術妙回春"。後洋人兵去,事平後,王遂榜于門曰:"王某精理男婦大小内外方脈。"人延之,王必乘輿靴帽以赴。患家皆稱之曰老王先生。按此人始曰張,年餘則招貼又曰王。張歟?王歟?吾無從考之矣。

# 跋

上海曹静山先生，名晟，字寰照，清道、咸間人。道光二十二年五月八日，英艦犯吴淞，礮火初交，總督牛鑑倉皇先遁，提督陳化成孤軍力戰，中彈陣歿，吴淞、寶山同日淪陷。上海守土官吏聞訊而逃，英兵遂于十一日長驅入城。先生以先廬所在，守而弗去，于干戈擾攘中，備嘗亂離之苦。因將城陷前後十三日中耳聞目擊之事，記爲是書。光緒初，申報館以活字板刊印，名《十三日備嘗記》。今據同治間《上海曹氏書存目》，仍作《夷患備嘗記》。

上海通社識

# 紅亂紀事草

陸冰　整理

曹晟　撰

# 整 理 説 明

《紅亂紀事草》一卷，清末曹晟撰。曹晟，字褱照，號静山，道、咸間上海人。有《覺夢録》《夷患備嘗記》等著作。

1853年，上海爆發小刀會起義，作者曹晟因六旬之齡，不便行走避亂，蟄伏被圍的上海縣城之中，身歷小刀會起義之全過程。身處其境，耳聞目睹，一有感觸，便以紀事詩的形式記録這段時期時事世態。《紅亂紀事草》所記時間，起于咸豐三年八月，止于咸豐五年二月小刀會敗撤上海縣城後月餘，凡閲十八月。

全書依照時間順序，以作者的經歷和觀察爲中心，有事則記，無事闕如。詩歌體裁方面有七律、五言，也有古體詩，甚至還有打油詩，形式比較隨意自由。大多數的詩歌前有序文，交代作詩緣起。這一部分文字以叙述時事爲主，具有較高的史料價值。詩歌記録的内容相當豐富，圍繞着小刀會和清廷官軍攻佔上海與反攻佔的整個過程，描述了小刀會起義軍、清廷官軍、上海地方政府的官吏、外國傳教士、雇傭軍和普通外國商人，以及一般的普通老百姓等各個人群，由于不同的立場，對這一事件的不同反應。書中還記録了圍城期間上海的社會生活狀態和物價情況。例如，咸豐四年底(1854)，由于上海城被圍困時間較長，城中缺乏油料，食用油、燃燈油皆極其緊缺，在這種情形之下，廟中廢蠟每兩賣到二十文。迨至十二月中，豬油每兩竟亦售至三十六文。在語言上，《紅亂紀事草》比較質樸直白，無詰屈聱牙之言，讀起來通俗易懂。可以説，這是一部具有實録性的文獻資料，對研究近代上海歷史具有相當高的價值。

曹晟書編成後，原未梓印，亦無流傳。20世紀30年代，上海南洋中學圖書館發現曹氏稿本，上海通社請柳亞子先生校勘後，收入《上海掌故叢書》第一集。1989年上海古籍出版社有施扣柱標點本，收入《上海灘與上海人叢書》。此次整理，我們以《上海掌故叢書》本爲底本，吸收了施扣柱標點本的成果，重新進行整理標點。限于學識，錯誤難免，敬請讀者批評指正。

陸 冰

# 目　録


正文 …… 406
跋 …… 428

# 紅亂紀事草

## 癸丑八月初五上丁，助祭文廟，聞警即事

整肅冠裳夜四更，妖言轉笑昨宵輕。
出門惟訝街無柝，入廟已知殿列牲。
三獻將行諸事集，一言告警衆人驚。
可憐與祭諸君子，雲散風流次第行。

## 記恨四律

非吾族類必心違，鳥獸奚能供指揮。
遍地戈矛民喪業，終宵劫殺賊揚威。
防機縱説先人策，黷武誰知古戒微。
養士養奸今日辨，任君插翅也難飛。

縱潛窟室莫逃生，如夢如痴歲幾更。
只道多財堪買死，可憐無術妄談兵。
蒼生誤盡誰擔咎？黑劫臨時孰告成？
尚有寸長宜恕處，烏紗金印未移情。

朝來尚貼按民文，不惜金錢散賊氛。
超逸出藍稱妙策，倉皇行李豈虚聞？
喪心朱紫皆從寇，枵腹經猷早入群。
脱却朝衣經竇者，書生前引後將軍。

築邪曾扞上民災，哲裔今朝實可哀。
沐血果然臨大節，不臧久已隔庸材。
身經賊殮魂冤兮，犬守棺停亦怪哉。
指日天戈臨滬瀆，群凶殺盡慰泉臺。

**八月十日，兵戈戎馬之中，勉爲松兒娶婦，贅于城外朱氏，事極草草，禮猶井井。回念老妻避鄉，檉兒羈肆，不禁黯然。率書四十字，爲紀事詩可也，爲絶命詞亦可也**

身陷危城内，兵戈滿眼前。痛分生骨肉，牿畢舊姻緣。坐立俱非地，存亡悉付天。百憂攢五内，度日信如年。

**癸丑中秋，凄風苦雨，坐困敝廬。覓得一樽，偕黄品三表侄、少園叔、秋舲侄，並松、檜二兒，煮蔬小酌。酒後愁來，遂成一律，志恨也**

曾經五十八中秋，此度中秋迥不侔。人以驚惶歡亦假，酒因悲苦醉忘休。茫茫後事如浮海，耿耿愚衷學系舟。把盞遥空酬月姊，風狂雨驟且埋頭。

**驚傳賊有書院考試之説，急與砂雨兄決意棄家逃遁，惶惶終夜。質明至城不能出，還匿于東華道院者三日夜，後知有人罷其議，得確乃歸，歌以記之**

平生誤我是文章，今爲文章急斷腸。賊盜烏知識丁字，喧傳汙蔑到書鄉。初謂街談或巷議，誰知警告來數四。弟兄唏吁灑血呼，此事從違關大義。違之斷刀頭，從之即匪類。盍爲自盡謀，全屍謝物議？阿兄遽解頤，極稱辦易易。莫若出門走，凶鋒立刻避。終夜泪盈盈，妥算來朝地。孑身赤手棄家逃，雁侶哀哀敢憚勞。争奈哥哥行不得，恨無健羽任翔翺。救死無過城北公，公于士類馬牛風。片言立毁如山令，竟爲文壇立大功。莫作有心拯顛沛，素辱儒生駡文丐。特恐大權一旦分，埋没而人人脱害。乍聞安敢返蓬門，匿處梵宫學旅魂。平安迭報日又日，頭顱我舌幸俱存。

**八月二十一日，賊決意閉城，且填大小二南門，即事口占**

骨肉重圓快不支，陡聞警報又分離。
劇憐苦雨凄風裏，弱質倉皇就道時。

憑城狐鼠亂紛紛，封穴忙忙蟻作群。
可歎繁華都會地，村烟無復射斜曛。

揭竿削木滿城樓，未熟黄粱夢未休。
無翅可騰怕相對，板扉固閉泪長流。

家家額手慶重生，望慰雲霓集援兵。
指日芟除荆與棘，重教雙眼曠然清。

**二十六日夜，微雷未雨，中懷有感，枕上託意口占**

雷鼓殷其欲雨時，萬民久已望雲霓。
天公肯救如焚苦，速霈甘霖慰渴思。

**偶見鷄母呼雛，感懷有作**

群雛依母樂陶然，雄唤雌呼各任天。
飲啄不知珠桂價，由他滄海變桑田。

**八月二十七日，松郡救兵至上，乘鋭攻城，炮如雨集。匪衆未得施炮之法，燃火一位許酬洋銀四元，然準頭不對，不能及于我軍。驚惶無計，小匪逃遁，賊首欲降，潘、朱二賊持之。時已薄暮，我軍退，惜功虧一簣焉。因作絶句四首以記之**

合城狐鼠亂紛紛，果見城頭壓陣雲。
喊殺聲聲潮鼓浪，家家共炷瓣香焚。

抛戈棄甲竄西東，此際登城賊壁空。
三箭天山操券事，不難功奏笑談中。

烏合由來豈習兵，況當癮發各逃生。
降旗已決開門議，得緩須臾捷告成。

斜陽未下敵樓邊，持重班師令忽宣。
逆賊歡呼民飲泣，可憐星眼望曾穿。

**二十九日午刻，見賊衆拆女墻，排炮對準頭，教之者皆兵弁之從賊者，惜不知其名，不能記載。憤甚而作，泪隨筆下也**

教猱升木罪彌天，忍把軍裝付賊便。具此忠心具此略，問君食禄幾多年？　斜正勞勞尺寸争，不思殺賊殺官兵。慚余蒿目旁觀者，只識其人不識名。

**九月初三日，我軍又攻小南門，幾破復退。夜又攻，不克，口占志恨**

者回難比那回難，畢竟鼯鼪膽尚寒。做盡當車千百技，聞聲仍竄滿街端。　神機叠發蕩游魂，鼓不衰音賊必奔。殲敵多方成法在，緣何只打小南門？　困獸縋城氣亦雄，回戈定見賊途窮。無端竟墮垂成績，又聽鳴金大寨中。　中宵忽起喊聲高，殺氣衝天神鬼號。一着未周成再誤，血腥和雨濕征袍。

**當年九日，恒在東華道院禮斗朝真，今惟住持一人在焉。舉目傷心，敬將心事誓神祈保，生無疾病纏綿，死必迅速少痛。歸家漫志**

每當九日必朝真，寂寞梵宫碧草新。虔爇瓣香和血泪，敬將寸志訴靈神。頭因倔强恒延頸，病以孤單莫染身。若把家聲墮清白，永沉畜道不爲人。

**土棍木關刀者，其女小關刀，非良家婦，素與衆無賴往還。故壯丁之入小刀會者，一一悉知其人，熟其面。大兵集，小關刀利其有賞，匪徒之潛出窺探及買賣者，恒暗示游兵指點擒捉，匪甚銜之。九月初八日，爲匪所執，殺于城西之九畝地。是時也，匪尚不善操刀，連斫數刃，其咽不絶，匍匐草中慘呼，至明日申酉分始死。爰作一絶以哀之初八**

小刀竟殺小關刀，身卧泥涂口慘號。能佐王師擒賊黨，縱前無賴也應褒。

**失火放歌二十**

軍本如荼火，不戢便爲禍。何堪李代桃，此舉無乃左。羊毛衖，賊爲巢；鷄毛衖，火毬抛。賊窟未燒燒民宅，大男小女棄家跑。身未衣，釜剩粥，昔但無業今無屋。令我聞言悲復悲，遠望火光大聲哭。

**夷之火輪船，夜必放氣，其聲甚巨，賊驚焉。愚之者曰："是謂地龍叫主，不祥，禮送之吉。"潘賊率其丑類，喧嚚城上，黄錢麥飯，如殮如殯。蓋異**

**日伏誅之兆乎**九月二十六

飛虎將，送地龍，血未染頸頭先紅。喧天金鼓如春社，震耳爆竹逐秋風。游魂隊隊集，衆猿奉一狨。黄錢及羹飯，遍列城西東。似知身戮絶享祀，送龍實是送其終。龍去龍來且莫問，大杯暢飲暫稱雄。

**吴觀察陷賊家，丁某懷匕守護者旬日，繼賄夷得脱，失其關、道二印。某復入竊得被執，受害于教場。是爲賊匪殺人之始，哀哉！作七絶二章**

費盡千般養士心，不知沙裏有堅金。浹旬挾刃晨昏侍，爾主瞽聾直到今。　銅符豈可逆徒操？試學如姬竊一遭。不是忠良賊不殺，多君首倡飲霜刀。

**十月一日，不忘家祭，粗饌濁醪，勉盡寸衷。適砂雨兄、右泉表弟、子蘭弟不期而至，遂留飲福。適鄭蓮君前夜有晨往東華道院濟孤之約，俟之不至，往招則已出城矣。即事四首**

自挑野菜作杯羹，酒盞甫斟泪已盈。今日下元陳麥飯，不知來歲若爲情。　尚幸居然有祭餘，難中人聚丐相如。莫言粗糲難消酒，得醉雙眉鎖便舒。　過從晨夕未相違，户外今偏履印稀。已學縋城燭之武，天空海闊逐鵬飛。　我死誰澆酒半樽？痴心尚念衆孤魂。黄錢一陌殷勤祝，報李相期在鬼門。

**嘉應州渠陳姓等，通誠歸化不密，其逆首得實捉殺，時十二月初三日也。歌以記之**

小人反覆是其常，一旦操戈較弱强。强者殺人弱者死，横屍載道鬧攘攘。昔昧今明死求活，嘉應州人思自拔。深悔從前從賊非，願將首賊頭顱割。賊顱未割泄軍機，密札誰知託付非。未曾賺賊賊先賺，大隊登時鐵桶圍。匹夫何知慮反側，徒手出迎好相識。長槍大戟上前來，恨煞身何不雙翼。强者奪門逃，捷者上屋匿。前者死眼前，後者延晷刻。此時鼎沸亂如麻，狹巷短兵賊殺賊。再有踰墻躲民家，此家登時遭不測。挨門挨户細搜尋，倒篋傾囊舊法則。莫道此中無一人，城西有窟好潜身。黎明縋出投營去，稽首軍門效自新。

**月之十三日，夜三鼓，風高月黑，我軍以火器攻城，勢猛甚。匪徒無措，篷帳盡焚，槍炮均不能開放，只拆城磚遠擲，冒烟突火，捨命抗拒。我雲梯**

**不能前,繼火器漸稀,天亦漸曉,乃退。或曰:此投誠輩之所爲效力,亦報仇也。功雖無成,而勇奮特甚,記之**

黑夜譁傳用火攻,風因火勢火因風。狐嘷鼠竄哀鳴切,巢穴燻成幾處紅。 噴筒火彈滚城頭,百道雲梯傍敵樓。抗拒本求免死地,誰知先作炭骷髏。 民偏未解事于茅,瓦屋魚鱗遍四郊。火箭百千如電掣,幾曾佔葉鳥焚巢。 爛額焦頭捨命當,五更焰熄免驚惶。縱然未作灰飛去,已似魚游待沸湯。

**鄰居有冒險進城看家者,來述家人口信,力逼出城,口占寄内,即書于敗扇,以示之**

故人今日降從天,珍重賢妻代語傳。見説平安心即慰,有無衣食問徒然。 殷殷堅囑棄家園,待博全家笑語喧。試想刀環他日事,可能一一悉如原。

**十五日三更,又火攻大小二南門**

城頭又見火通紅,烟焰衝天勢益雄。何事居然敢抗敵,有人教賊放噴筒。 紛紛火炬下城抛,上下相持赤焰交。可惜先登[潁](穎)考叔,蝥弧莫繼喊如虓。

**十一月初七日,官兵艇船水陸攻打。陸兵集攻大小南門,西門次之;水兵離船上岸,攻大小東門。自午未始,攻打甚急,焚大街,斬小東關,匪衆半逃。劉、林二賊在夷場處買火藥等,聞警而至,叩首泣留,且欲跳火,衆暫定。而已逃之賊數人,駕小船欲往浦東,見艇船無備,擲火焉。適投藥桶,登時火作,賊反噬甚鷙。我軍回戈急救,遂已**

軍勇如雲集,指日干戈戢。蓬蓬鼉鼓震如雷,百道檣帆海上來。艇船齊泊申江浦,火箭火炮急如雨。賊渠此際在夷場,豕突狼嘷急無主。洶洶待進大東關,争奈當頭壓泰山。門已洞開人盡走,叩首哀求群丑還。潮涌入城方斬鎖,不料逃匪駕小舸。乘風抛上火藥包,頃刻滿船騰烈火。前軍見火急回船,撲救多時幸獲全。賊徒踴躍慶賒死,打醮行香拜謝天。

**拆屋**

賦形强弱信難同,廣厦消磨反掌中。莫説寧波多健婦,且看江北幼兒童。 夫作紅頭妾守家,日來幸有好生涯。呼兒伴姊提筐去,賊窟挨門討飯巴。 殷勤結伴共謀財，打聽誰家門已開。恰似餕餘分此地，一群剛去一群來。　家資漸漸運將空，空屋何須矗地中？邪許數聲共一笑，已如敗葉掃秋風。

**癸丑除夕口占**

轉眼年新一甲周，孤燈伴影數更籌。天如索逋難言恕，人以無聊只有愁。爆竹桃符空比屋，烽烟鼙鼓哄城樓。春來大地應無頗，指日刀環處處謳。

**甲寅元旦**

今日儼然六十翁，仍嚴冠履拜堂中。有人見我如加害，清故生員環照公。

**王正月七日立春，瑞雪紛如，偶見園内紅梅樹樹吐花，孤坐無聊，一樽禦冷，即事志慨**

人日逢春遇亦稀，更兼瑞雪撒鹽飛。倘教一室同樽酒，應見盈庭集彩衣。底事杯銜惟影共，何時穢滅許生歸？不知今夜荒村月，曾照梅花瘦也肥。

**十二日，飯于四哥家，羡其兒孫在目，啼笑依然，歸而有感。因賦此志謝**

辛盤卯酒斗新鮮，酬酢紛紜憶往年。豈料干戈生肘腋，頓教富庶化雲烟。窮如我輩猶支日，慮到他時且付天。顧影自傷羨伯子，尚留骨肉伴餐眠。

**正月初九日，聞西門大境旁，城外鑿穴，入火櫃焉。申酉之間，忽焉燃放，城墻壞數丈。大兵之登城者數百，惜後繼略遲，至九畝地而返。憶此櫃去冬曾辦過，因掘穴者事尚生手，及放時藥力向外，曾死多名。此次業已見效，竟未成功。惜哉**

花落又花開，攻城日幾回？今朝偏異昨，一震猛于雷。　轟發在城西，女墻劃若犁。前軍曾越險，莫繼後雲梯。　鼠輩盡狂奔，何難先奪門。遲遲因底事，此恨與誰論？　收回霹靂車，轉瞬士無嘩。掘子軍何罪，濠邊葬淺沙。

**口占**

巧媳難爲無米餐，今朝空腹對空盤。茶能破睡何能飽，雪可佔年未可團。街巷只聞啼哭慘，城樓益盛笑言歡。死家本係儒生分，清白遺骸待蓋棺。

**接家人平安字，並來長腰五十升，因西人架姓而致**

言語無煩命象胥，居然爲我作鱗魚。平安兩字金無價，也把平安寫覆書。 傲骨何曾肯折腰？對兹五斗黯魂銷。想他負米愁無術，百計籌成不一朝。

**元宵節適子卿吟齋、右泉吟濤、品三暨四兄過從，小叙片時，中夜月明，客去後顧影凄愴有懷。用人日韻**

曾照梅花瘦也肥，今宵應共此清輝。知他骨肉燈前聚，勝我朋儕醉後違。吉語似真還似假，兆佔疑是轉疑非。關心元夜懷名將，立月空階羡雁飛。

**我師自去冬恒于黑夜飛上女墻，斬賊取首而去。又或于昏黑間在城脚一帶故作吆喝，賺其窺探，藏槍葦岸，發擊必斃。昨雪夜，云見二毛物舞積雪中，一黑一白，東西跳躍，不知我兵之反穿皮襖而爲此也。互相探看，愈集愈多，忽葦中排槍齊發，傷殺甚衆。晨起聞之，大快予心，歌以記之**

紛紛大雪没城門，各着狐狸猞猁猻。手挽暖爐人醉酒，喧呶笑駡月黄昏。見説城邊來毛物，一黑一白跳翕歘。滚擲雪中不怕人，莫辨猩猩與狒狒。賊匪狂膽大如天，争上城闉肩壓肩。忘却連宵頭斫去，公然矗立女墻巔。隔岸叢葦火炮發，鐵丸雨驟中即蹶。傷者跳嗥死横僵，此是王正小撻伐。我聞不幸事已過，不識目擊快如何？開樽且引三大白，濃濡墨瀋寫長歌。

**正月二十日始，病魔相擾，淹淹至二十七日轉劇，嚴寒卧床，伏枕聽雪，不寐。口占**

不堪貧病苦難支，痛癢飢寒只自知。此日敢言醫與藥，半甌糜飲費尋思。 屋穿窗破不遮風，典盡寒衣篋久空。擁絮竹床姑自解，梅花還壓雪花中。 一燈如豆滅還明，夜寂時聞鬼哭聲。心可質天身本寄，病軀雖怯總難驚。 百端愁緒上眉來，檢點生平事一回。衾影有靈應共鑒，斷無同化劫中灰。

**病中屢夢先君，二十九日午夜並夢詢予疾苦，恩勤如昔。二月朔，晨起焚香，敬書二十八字，以代禱詞**

夢魂夜夜見慈顔，笑語依然几席間。晨起瓣香無别祝，諸孫好護待刀環。

### 甲寅二月初八上丁日志痛

俎豆冠裳憶去秋,陡驚玉帛變戈矛。傷心春仲丁逢上,屈指年來歲半周。兩序惟傳肉鼓吹,中庭高積血骷髏。道窮至是真堪痛,陳厄匡圍直並投。

### 十四日再病,十五夜見月寫懷

愁根病痼力難芟,竟日人同夢語喃。飲食果然嘗矮屋,起居何異坐長監。衣裳搜盡真如洗,骨肉思深直似嵌。兩度月圓春已半,踏青鞵子盡塵緘。

### 紙鳶二絶

不識誰人放紙鳶,清明游嬉艷陽天。度城可欲師前法,應有春風到眼前。　中心游颺等長絲,只待東風借我時。痴立含情翹首望,閑雲片片去來遲。

### 詰鬼

人爲未死鬼,鬼爲已死人。爾鬼何爲者？哀號且經旬。嗟吾苦困守,經冬又歷春。淹淹一息寄,命其與鬼鄰。爾若嫌寂寞,仰慕欲相親。三更入夢内,叙爾去來因。或能顯清晝,過從更不瞋。可以談衷曲,可以飲杯巡。鬼趣乞相示,鬼道幸指陳。我如不爲鬼,耳目令我新。今我若爲鬼,師承易效顰。何不入我室？何不現爾形？祝鬼鬼不顧,聲聲度城闉。

### 我師擊城彈飛,恒誤中平民,詩以吊之

既貧且苦難中居,失火誰知並及魚。遲速本來同一死,刀傷彈死又何如？

### 三月初八日,時届清明,不克躬親掃墓,並聞各塋樹木斬伐盡浄,不勝哀歎,短歌代哭

日來冷竈久無烟,新火鑽榆也枉然。最是令人酸鼻處,難將麥飯奠荒阡。　蒼松翠柏古森森,二百年來雨露深。聞説盡供樵與牧,不知何日再成陰。

### 三月十九日,接内子手書,知本月初五至初九日兵戈擾攘,危險驚惶,不但僑寓者僉謀易地,即土著鄉民悉事播遷。全家做飯未熟,忍餓冒雨登舟,至法華鎮時已黄昏,法華亦如麻矣。不便宿鎮,回舟至殷家閣暫避,而

**四子一姨甥因分路探信及覓居停，遂各離散。至初六日午刻，始聚。由是而徐庫已得寄居，方一日而惡境又至，乃于初九逃往寶山縣之西横港，與其妹楊同寄居李氏焉。泣覽札述，不但族情戚誼之關心直銘五内，即履虎踏冰之險難，雖紙上空言，亦令人驚心動魄也。乃五日而奔馳百里之遥，六口而保一家之慶，敝衣泪漬不挫一毫，行篋俱空，栖身尚得，年衰老婦竟能辦此，不覺破涕而笑。爰書數語，以志不忘**

三遷育子素傳聞，五日三遷苦萬分。行色匆匆争接淅，萍踪泛泛逐浮雲。弟兄離散天方雨，母子東西日已曛。瞥見手書心欲碎，但將泪血報勞勤。

**兵與賊攻拒者無慮百次，今則于槍炮之外，恒繼以駡，上下嘩然。因作小詩以記之**

武子當年駡矢弓，誰教後世習成風？聲聲酬答堪資笑，口舌相争似亦雄。 惡言出口反爾身，百喙嘵嘵亦苦辛。閲遍孫吴少成法，問君此舉本何因？

**寶山音問三禮拜期不到，口占**

往日賴東人，館穀養家又養身。今日有西人，轉運勞勞秋復春。西人與我非儕儔，彼此分明風馬牛。無端苦口勸進教，晨往夕來竟不休。我守倫常談忠孝，肯入異端附邪教？藉他爲雁復爲魚，姑與周旋給禮貌。居當虎口久垂涎，自見西人漸帖然。門貼幾行如蚓字，日中安食夜安眠。昔年受毒今受報，造化循環何玄奥。吟餘側耳聽柴關，或有衣糧今日到。

**咏燕**

主人百計守蓬茅，今日春歸尚有巢。自去自來矜翼便，相依相附許神交。語殘曉夢穿簾外，啄罷香泥坐柳梢。如此危城猶戀戀，想因辛苦也難抛。

**二十九日，賊因奪財起釁，自相殘殺，會于邑廟，汹汹然如對陣。未交綏，有土奸二拜勸甚力，乃解。歌志志恨**

君不見一骨投地衆狗來，力争死奪咬千回？又不見雷聲殷殷天欲雨，群蟻列陣斗正苦？小人反覆本無時，倏爾分離倏相聚。片言不合即操戈，見利而争何問義。請看各隊紅頭賊，日日殷勤拜大哥。大哥私財弟發怒，糾率嘍啰當盜捕。鋼刀火炮殺將來,不斬頭顱不回步。大哥聞報嘯如鴞,頭裹紅巾劍插腰。指揮群盗似蜂擁,殺盡今朝絶禍苗。緊閉六門守險要,蠻觸相逢在邑廟。兩獸若争必一傷,此舉得成亦大妙。豈知好事竟無成,血未流紅屍未横。無端排難來説客,萬轉千回勸息争。一言釋忿在倏忽,大小紅頭返賊窟。紅頭返窟又歡然,萬家困厄無日月。

### 賊搜十五歲小兒將練兵,合城無措,幸先有言曰:文弱讀書兒不用輔元堂,乃廣設義學,讀書入塾,保全甚多。此舉乃差强人意之一事

曾聞賊闖有孩兵,欲踐前軌惡念萌。到此斯文真有用,家家添得讀書聲。

### 浴佛日洗面自警

怕積風塵與泪痕,時時浣沐不容存。殷勤檢點靈臺滓,任爾西江未足論。

### 難民逃長歌

難民逃,難民逃,難民之淒神鬼號。衣底藏星星,外莫帶絲毫。地比羅刹島,人似海門潮。一得門開憑足捷,抽查及爾便徒勞。此際逃生異日前,日前不過使私錢。賄通門者付暗號,盡爾馱抬萬萬千。婦乘魚軒兒錦襁,揭簾驗罷不拘纏。富者便宜貧者苦,紅頭個個如狼虎。搜得懷中挾帶者,授之不疾膏斤斧。毒極無過任去回,大小東門日日開。不事打家與劫舍,金銀衣飾自然來。又有一種黠且巧,藉以經營獲温飽。亦販民食用,亦作賊牙爪。過贓接濟集夷場,日日城邊同點卯。去年我亦決長行,未到城門碎膽驚。骨軟筋酥前不得,依然牖下待時清。難民之歌盡于是,身無雙翅只容鳴。

### 有約囑友

品味從來不在多,調將五味貴其和。主人珍重休鹵莽,宰殺烹燖着意摩。　雅集何須厭日長,要知此宴不尋常。若將餒敗充几席,食恐傷人且莫嘗。　知君匕箸已堪供,要待嘉賓樂過從。我已垂涎翹足俟,孰言不屑醉黄封?　水錯山珍次第來,良朋團聚即銜杯。尚須斟酌無饕餮,一醉中宵唤不回。　十吐休誇便酒神,須知無算是杯巡。朱虚在座君知否?逃席還防劍齒身。　我言君意或相歧,一到筵開悔却遲。争似降心翻食譜,烹鮮炙膾有良時。

**四月二十九日卯刻，小南門起轟，衆賊死者無數。我軍奮登，前者墮死，後即繼之，鋭甚。賊捨命相拒，至午未間而退**

賊黨亂紛紛，游魂盡上城。只防城上敵，那曉地中轟。轟震如雷發，遇者喪殘生。城土如雪散，城墻似嶽崩。石同雙燕起，人似一毛輕。或思天上去，或學御風行。上下穿花蝶，翩翻出谷鶯。螺旋誰轉軸？雀喜怪無聲。頭飛懸樹杪，腸斷挂瓜棚。擲地團如鱉，埋泥蟄慕鼪。千般奇技獻，百種慘形呈。屍積高山叠，戈抛遍地横。外城齊吶喊，内地悉悲鳴。亦有偷生者，皮焦面又黥。血流頸半折，骨斷足還躄。更矗雲梯起，飛來天上兵。勇夫彪虎健，刀戟雪霜明。賊苦逃無路，聊爲螳斧擎。冒烟增版築，捨命死支撑。克復在反掌，群知事必成。將軍何太急，先登志獨争。誰知威蓋世，火炮不容情。一彈臣完節，三軍士失驚。鳴金收隊去，我恨幾時平？

**五日即事**

蒲觴姑獨泛，冷淡過年前。人入無雙譜，囊猶剩一錢。應時仍角黍，連日憶冰鮮。幸有葵榴在，中庭尚爛然。

**二十九日夜二更，忽有聲起自空中，非風非火，地亦微動片刻，天雨而止。因思日間有掘得地道之説，意我兵來實内之火藥乎**

梅風梅雨打柴門，人背孤燈夜色昏。忽訝殺聲天末起，如潮似浪灑空奔。　非風非雨亦非兵，想是愁疑怨結成。天或有心消劫苦，特來代作不平鳴。　一霎傾盆雨又來，頓教四野盡塵埃。可憐歲序今過半，獨我松關何日開？　又覺人聲亂女墻，萬千火炮聽爲常。若教妖孽今宵殄，來日晨興笑一場。

**六月十九日，我兵自西門追賊至大南門，匪急争扒城呼救，大半踐其自所埋之釘上，足痛而倒，千釘入體，死者甚慘。初我兵之掘轟也，賊委鄉民報信，酬之以銀，後漸不繼，因四面布釘，以毒我兵之近城者，甫埋而尚未四處照會。適前日劉賊跳馬求神，神傳符印，令各匪佩之，火炮無傷，故于十八夜偕數千人出北門衝營，我師禦之。賊敗走，劉賊幸免。其後者，我兵追殺至北門，門閉；至西門，又閉；逃至南門，適自受焉。快甚歌之**

今日尋地洞，明日尋地洞，地洞掘成殺賊衆。鄉里奸民貪酬資，日日進城信暗送。將軍多智士多謀,不掘深坑只掘浮。莫問東西與南北,日夜掘洞當閑游。日費多金賊力憊,南城脚下藏機械。似刃長釘遍地栽,人莫知之我有界。既防黑夜抓頭顱,掘子軍來亦傷軀。不料事機顛倒處,南城知避北城趨。有日北城追窮寇,竄鼠張皇失故竇。轉輾逃至大南門,欲上城墻呼相救。人人悉蹈地中釘,一跌渾身攢似翎。追兵繼至何須殺,方信邪神符有靈。凱歌聲裹收兵卒,獻策凶奸膏斧鉞。將軍成算豈猶人,曉夜不分轟再掘。

**三十日午刻,小南門北首、水關橋南首發一轟,兵不遽集,賊死無數。繼小南門之西同仁里口東又發其一,繼于同仁少西又發其一。第一轟尚小,第二、三兩轟如天塌地裂,民房坍倒無數,匪之死者山積,慘形萬狀,惜仍未奏全功。然賊匪膽喪,逃散之心日以熾矣**

大南門上賊高歌,小南門賊搶阿婆。魚游釜底樂復樂,釜底燃薪可若何? 季夏月之三十日,攻打百場城未拔。不辭辛苦掘地轟,今日莫嫌手段辣。地轟前日試城灣,已顯神威見一斑。此際神威增十倍,震如天塌與崩山。一轟纔過二轟續,千百凶徒登鬼録。殺人如芥不須刀,此刻分明大結局。想因大劫未能休,鬼册花名聚未周。城上城下一片哭,忘却王師去與不。王師既去賊無事,收拾殘骸效故智。輔元堂裹備棺材,埋骨是有九畝地。

**賊因連次遇轟,群匪必逃,乃于各路口設栅。又自漕倉至白巷止,拆毁房屋千百,掘地爲壕,積土爲城,受役皆浦東奸民,每工二百四十文,供酒肉飯。已而,來酉而去,賊衆執械監工,無事私出抄搶,自初一起二十外止,吾家從初十至十四受此害,而古照與予室俱罄矣**

城内緣何復築城? 既防退遁亦防轟。土城五尺壕三尺,拆毁民居千萬楹。屈指中元在詰朝,突然麕集黯魂消。咆哮狼虎張牙爪,頃刻滄桑凄莫描。 勞勞百計費搜羅,溪壑難盈不厭多。猶幸未加炮與烙,倘加炮烙又如何? 漸漸東來漸漸西,東家啼罷聽西啼。倘能睹爾横分日,坑爾頭顱再覆泥。

**即景**

天地大梨園,編成運與元。勞勞諸傀儡,不憚演原原。傀儡場中百戲陳,拙者痴漢假爲真。竟將一部南柯夢,頓使人間舊譜新。上洋城裹鬧紅頭,紅頭籍隸本倡優。一旦跳梁效長髮,白布紅布當兜鍪。有日賊首慶生日,賊兄賊弟繞賊膝。演將雜劇學萊衣,面目廬山自施筆。宋江鬧潯陽,羅通死盤腸。偷鷄打店辰州會,他時預兆讖先藏。西家流水入東家,又一紅渠喜蓋遮。盂蘭盆會再跳馬,别開生面待楊爺。厥神楊姓名稱晏,眉赤臉烏雙目綻。小南門上水關頭,城上廬中無敢慢。銜牌雜沓走長途,紅帽青衣次第呼。行行對對入色目,喪盡天良做賊奴。排衙過罷有筵席,牲亭香亭燦金碧。文玩過後食品來,水陸珍羞卅案積。一波纔復一波興,可笑可憐又可憎。分明戲裏重做戲,各扮行頭場共登。紙盔綉甲腰懸劍,道服綸巾執拂麈。或穿箭幹黄馬褂,金冠捧劍苦無能。又有一人號尚父,假鬚頦下白鬅鬙。不坐肩輿便坐騎,千賊百賊有部位。多人扛賊似扛屍,紗帽紅袍玉如意。沐猴冠帶輿河佳,個個人穿鷂子鞋。想是早爲逃走計,好將後事預安排。大街小巷遍馳奔,只在城中不出門。鑼鼓笙簫集神所,僕僕亟拜乞神恩。嗟嗟!若得外兵來饒一齣團圓戲,霎時清浄穩眠飧。

**補刈荷歌**

刈荷復刈荷,爾荷聽我歌。愛爾珍如寶,今年花較多。今年不比去年花,戈戟如林賊似麻。惜花不把爾花刈,定決人亡並破家。豈待花開豈待菂,如豆如梅日日摘。花神有靈更怨誰,有泪酸心伴予滴。不見人家有一池,結群聚類到嫌遲。到捉魚蝦更洗浴,浴竟乘便肆荼毒。即看街前五畝園,産蕩家傾尚未足。也是園中花正苞,爲花今日賊爲巢。若教任爾花開落,直取家資親手抛。荷花聞語心膽懾,不發一花並一葉。

**閏七夕口占**

今夕何夕?牛女重圓。若非置閏,已是一年。　今日今夕,星月在天。不知何日,再續斷緣?

**懷故友**

考終壽列五福古,我友首推張秋浦。死喪祭葬禮悉周,時事非時身入土。不後不先又何誰,其次或數周郇雨。道山促駕正悠游,逮卜牛眠已旁午。二君此福幾生修,到死不識别離苦。繼之只有倪荇廬,卧病今年窮巷居。聞變駡賊十晨夕,絶粒捐生敝屣如。諸公去來無爾便,一任世間争與戰。苦我不死學幽牢,指日故人或相見。故人曾否鑒我心,朝夕冰淵慎履臨。規模莫爲幽冥隔,清夜時投藥石箴。

**去年月夕,同聚七人,今又見舊月團圓,而砂四哥返真逾月,連日又得賓來弟、云士弟耗音,不勝沮喪。時孫吟齋兄暨汪吾三弟、黄品三表侄小酌悶悶,忽徐子卿姻兄、孟友泉表弟各携肴合相餉,舉杯邀明月,莫辨主賓。三更客去,素娥益潔,幾忘困難中也。半載來,僅得斯夕,喜而咏之**

月明今夜又中秋,得酒終宜解百愁。闃寂塤篪思自切,團圞骨肉念難休。慎無笑我痴留棧,試問何人是共舟? 慚愧年衰怕離别,放懷且説大刀頭。

**賊勢日促,逃者紛紛。前日劉賊投耶穌教,自薙其辮,哀其援也,今勒其下概去。潘賊勖順去者三百人,别匪觀望,因曰蓄髮者百姓,否者殺;去辮者兄弟,不去者殺。繼又聞更换衣帽之説,此比前妄思課士之事爲更毒矣。不得不行,四次至門,皆以有西人在外,緊閉不開,事益急,乃匿于我家之鐸庵,凡二日。後知又不果,乃返。爰占四絶志幸**

紗帽儒巾優孟裝,分明兒戲鬧當場。如何禍及旁觀者,我有衣冠不改常。　先機擬逐白雲飛,争奈城如鐵桶圍。不是羊曇也痛哭,傷心幾度到門歸。　招提匿迹戰兢兢,禍到頭來便薙僧。却羡阿兄真達者,泉臺安處有誰憎?　又説痴人痴夢休,同儕尚且不同謀。分明我死重甦矣,一笑掀髯再出頭。

**自二十至今,一切俱無,將伯莫助。二十五日,兒輩得便寄進一切,有酒有蟹,西人之力也。持螯獨酌,歌以樂之**

連日曾無魚雁通,況兼妙手又空空。馳心天末勞勞望,可有秋來萬里鴻?　相思正爾苦愁居,忽報平安到敝廬。更喜冷厨充食用,一瓶美酒一封書。　簏中更復致團臍,怒目張螯帶草泥。羡爾横行何勇健,城圍鐵桶不須梯。　掀髯狂叫興難降,浮白持螯坐北窗。最是不聞來舊雨,孑身和影伴銀缸。

**九月初四日即事述懷**

四知是懔守綦嚴,離亂曾無瓜李嫌。如此干戈如此劫,從教善少罪何添。　孤燈寂寂夜黄昏,幸得清閑且閉門。舉首問天天不語,一輪皓月照乾坤。

**時事七古**

申江之水何洋洋，薰蕕雜處概五方。七閩三秦與百粵，並使夷虜作巢窟。紅毛英吉又花旗，作慝藏奸鮮不爲。陽奉官兵陰附賊，假將勸世説慈悲。一度講書隔七日，分文合米示撫恤。愚夫愚婦受其愚，進教紛紛傳秘密。秘密傳，廢祖先，拜耶穌，别有天。人人概作升天想，我獨聞之心怏怏。翩然幾度叩門來，無奈我何詞倔强。怪哉喜我異齊人，受我馳驅秋復春。去去來來夷有迹，直令紅焰少柔馴。因計軍前亦可使，以匪攻匪本苦志。金錢百萬等牛毛，一旦成功殄匪類。匪類殄，景運轉，並圖之，豈不善？

**傷菊**

年年種菊費勞心，今到秋來倍愴神。欲向東籬籬下坐，東籬早付劫灰塵。　憶昨妻孥哭别時，秋英正在逞清姿。孤身人挈孤芳伴，排悶花前酒一巵。　難中友伴數相過，花底同愁唤奈何。此日花亡人半别，秋風無賴入窗多。　景物蕭條又一年，星星兩眼望將穿。菊花憔悴人消瘦，傲骨還愁似菊捐。

**賊日窘，西人以其無多利也。前月初起與匪作難，十三日在洋涇立一栅禁往來。人過之者，携帶攫去，人即驅轉，或打傷並死。然火藥、槍炮、油燭、米物，西人仍辦也。難民受苦無計，則有鄉人自閘北冒險至城脚叫賣，雖百物皆備，其價之昂，至十八日，斤米三十五文，青菜十四文，猪肉每斤一百六十文，他物稱是。予雖有諸兒子辦，有西人之運，而西人匪亦拒入城矣。因作四絶志之，時十月五日也。城上燈火大減，匪知難支，食米每人只給十兩，或半斤，亦匱乏也**

固閉已經又一年，久嗟物價倍從前。而今更益煢黎苦，聞説而今絶貿遷。　鎖圍兵志古來聞，玉石何能仔細分？拚學西山窮餓者，只求從此蕩妖氛。　中外原來久一家，西夷效命洵堪嘉。陳倉焚積曾知否，星火何妨寄暮鴉。　中懷有意苦難伸，恨煞從前鹵莽人。若使依然爾我共，定看界内一番新。

**哭砂四兄七律**

弟兄患難正相依，底事中途捨我歸？屈指寒暄時倏改，傷心魂夢會何稀。莊生化去情宜適，墨子途窮境日非。骨肉情添泉下伴，玉樓仍作雁行飛。

**十一月初四日，予六十初度，舉目無親，處境日促。雖同難諸戚友咸來慰祝，酒肴粗具。又初二日爲冬至令節，故自初二日至初六日，人因無事，酒益盈樽，晨夕群飲，幾忘世故。因成二律自述**

虚擲浮生六十年，不堪回首憶從前。老妻弱子同稱兕，膩友嘉賓共擘箋。骨肉團圓貧亦樂，門庭和順福真全。何期轉眼滄桑變，忍道弧曾此日懸。　多情姻侄勸銜杯，挈合提壺得得來。自爾如鷹心幸愜，分教學佛戒重開。想他村邸能粗給，説到城危更可哀。差喜一陽前夜復，定看事事逐春回。

**上月以來，夷人栅禁日嚴，匪之把門日緊，難民日苦。而北門之偷藏由西面一帶來者日衆，至北門，日夜男婦如蟻，守城之賊亦無如何。雖不時夷人放鳥槍，或上或下，擊斃多人，乃上者謀食，下者謀利，卒莫懼也。予從不敢至，今因子卿、吾三、吟齋三位力保，方乘興而往，一見汗駭，逡巡而返，不市一粟。因作歌以志之**

千百生靈困陷阱，口實莫求益告病。人人盡上北門城，欲保余生不惜命。城頭男女喊聲嘩，如蟻争羶蜂鬧衙。百貨雲屯城下集，高低買賣信無差。聞昔各城偷買賣，紅頭抄捉無少懈。今日紅頭不似前，但囑小心無别話。一繩吊上一繩懸，只論有無不論錢。更有親朋或有族，暗藏偷度到城邊。又有一人泪如霰，骨肉相期會一面。無邊苦況筆難宣，尚説今朝較昨便。請君勿訝價何昂，一破機關命遂亡。狥財莫作貪夫戒，一絶貪夫便絶糧。我今一載未曾過，既到何如膽怯何？徒手歸來天欲暮，一樽獨酌託長歌。

**賊之物件，雖有夷人運送，然抄搶已竭，窮蹙日甚。昔城上燈火萬盞，一望如星，以後日減，至十月十四夜，僅如燐火數點。二十以後，竟全夜無火者，幸之四絶句**

鼕鼕更鼓斷頽闉，昨夜猶然見鬼燐。底事今宵如禁火？暗中想易作逃人。尚憶從前八月時，通城徹夜似新施。無源必竭今始信，任爾凶狂恐不知。　城外應知積似山，金錢雖有贖君難。待看有日陳屍會，取爾燃臍後啓關。　小窗尚有讀書燈，眼底光明我獨矜。再掩重帷好愛護，依然吐蕊焰騰騰。

**數十人陳賊雜難民中，兵不識被遁，廢然而去**

大兵殺入九畝地，未及開門廢大事。大兵殺上北城來，人已登城門已開。昧爽入城天曉去,無靠百姓盡罹災。火球抛去住房燒,枕上驚魂發半焦。千年古刹也成劫,紫焰紅光徹九霄。此時正好殺凶賊,賊穴即在寺東側。大兵屯集香花橋,見賊問賊賊不識。抛却刀槍棄號衣,賊徒逃命去如飛。後軍緩轡因何事,竟使登時失事機。事機既失功難奏,一面網開活窮寇。窮寇勞勞掘陷坑,垂斃尚圖困獸鬥。

**缺油已久,不論何油,可以燃燈者,雖貴必買。後並以廟中廢蠟,每兩亦賣二十文。至十二月十四、五日,一切斷絶,蠟油早竭。忽有數寧波人分路出賣猪油,每兩三十六文,色甚白而清,作燈極明,惟時時發爆。且有平素食狗之人,並以煎熬小粉老糟諸物,云甚鮮肥。後知其皆竊人脂,煎成射利。幸予尚有婦人抹頭菜油一瓶,日用未乏,故得未市此喪心物。詩以志幸,亦志哀也**

焚膏繼晷舊生涯,蠟泪盈庭富貴家。不信我生離亂日,如金一滴覓還賒。　變局可憐人食人,將人作狗信其真。誰知熬炙脂膏酷,始信而今無鬼神。

**十二月十六日即事**

城裏重城城外墻,長墻隔絶市和鄉。從教百物難飛渡,瞥見群黎再受殃。三倍陡增賈竪利,百錢争看幼孩忙。草根木荄冬來盡,反羡凶年食粃糠。

**立春前一日口占,因久無城外音信,品三又來話别,且聞有初一必進之説**

妻子飄流剩孑身,柴扉久掩四無鄰。向來尚睹平安字,此後且無慰藉人。粒米似珠何地覓?寸心如水對天陳。聞諸道路私相賀,一霎知回黍穀春。

**聞有人出城議事者**初八

直視天無半笠形,此何事也敢偷鈴。不明已久曾思耻,釁道終然必反經。一死求舒猶汝分,千家藉庇誑誰聽。余如得借虬髯劍,盡殺狂且飲血腥。

**時事謡二章,十二月二十二日作**

米作怪,米作怪,二百青蚨一斤賣。誰還有力買一斤?三兩二兩如守戒。賊徒米盡吃馬牛,他人困頓彼爽快。三十六千十斗珠,前生欠盡口腹債。草根木葉冬盡無,大男小女沿街拜。千霉百爛物零星,買得入口敢言壞? 上品無過糠與糟,其次何分草共芥。掘穴捉蟛蜞,鼓皮熟煮挂。藥物有奇功,餓病醫亦瘥。懸梁投井人如麻,床上呱呱危露薤。大家小户一例矣,老夫枵腹不辭憊。 鑽炮洞,鑽炮洞,炮洞逃生命半送。外有寧波折鈔讀如燒,上邑土語也。之奸民,内有包送紅頭之撮弄。若非賊匪戚與朋,必議洋錢饜賊衆。一面盾牌遮洞門,縱欲逃生做春夢。出洞果逃死裏生,身無依傍仍餓凍。有日賊滅返故園,家貲烏有心亦痛。嗟我六十命如絲,念之不敢卜從衆。鄰子向余決去留,蒿目不答歸一慟。

**大除夜,二鼓,我師鼓噪登小南門。時匪已遁逃無幾,不敢抗拒矣。賊帳數處已火,惜不即搜剿,直至廣匪自北門來,捨命抵敵,冒火開槍。我師旋退,雖曰困獸宜備,然令之苟延二日,又越一歲矣。一律以記恨事**

瞥聞鼙鼓震天雷,就夢驚魂枕上回。快睹賊營皆烈火,旋看士衆若奔雷。定知狐鼠屍横疊,應得瘡痍笑口開。底事鼓嚴三度後,依然令我泪盈腮?

**大除夜,初鼓,聞小南門起轟一,位聲頗弱。後知即秋間在城級下被匪掘得,今復修使放,因土已松坼,無力故也**

爆竹今宵寂萬家,索然孤坐感年華。隆隆疑有春霆起,城上屍餘又發嘩。 地轟兩見震天中,勢若山摧氣若龍。此夜殺人何太少,知緣土脉已疏通。

**乙卯元旦,羅雀掘鼠,力不能忍死,家人已告憊,即棄而去,亦上可以告祖宗,下可以對兒輩矣。決于初七日,候夷鬼入城時,乘機溷出。焚香告天,歌以代哭**

危城又困一年周,兩遇王正命尚留。忍耻偷生心有在,沉機觀變志難酬。頻聽一語都成夢,何日佳音報獻囚? 泥首告天臣力竭,可憐老屋定荒丘。

**乙卯王正月初二日丙寅早子刻,破城殲賊,即事志幸**

飢腸難寐坐三更,忽報天兵已克城。冠帶焚香勤稽首,喜聽四面鼓鼙聲。 兵火相連自古然,只圖賊滅敢圖全? 金蛇遍地皆紅焰,玉石昆岡劇可憐。 本無長物實筐箱,況被强徒數探囊。今日犒師慚白手,只留老泪當壺漿。 士如貔虎刃如銀,賊迹今朝慶絶塵。不戮一人體聖德,盡教大地轉陽春。

**辰刻,門啓通行走,親友之在外者争來探問,衣錢酒食各出,至情過從雜沓,如賀歲然。詩以志德**

提壺挈榼慰飢人,此際如逢隔世生。相見無言惟有泪,不知誰主孰爲賓?關心先卬妻兒耗,僥幸猶逢歲月新。今日勝于元旦日,盈門喜氣集親鄰。

**初二日辰刻,檜兒回家**

剥啄聲聲叫阿爺,喜兒今日又歸家。兒音久斷爾爺耳,啼笑無從緒若麻。

**克復後連日沉湎,初三日,數友小酌,中有以善醉戒飲爲辭者,合座掃興,詩以嘲之**

此日銜杯異往時,顧君無事苦推辭。零沽不似從前貴,戒飲于今便是痴。　君言善醉恐非真,善醉方成大福人。倘得中山千日酒,只須半醉到今春。

**初四日乍午,松、櫺兩兒自寶山歸,喜志**

骨肉重逢涕泪垂,今朝又見兩佳兒。縱遭危險都無恙,幸得團圓即便宜。此日有爲皆吉事,全家同祝説歸期。烹鮮沽酒勞何恤,樂境恒從苦後知。

**骷髏歎**

歎骷髏,我非慕莊休。眼見凶徒身後戮,作歌勸告活紅頭。紅頭往日意何豪,改裝蓄發跨鋼刀。戕官劫獄搶府庫,壯丁不羨羨長毛。南匯川沙皆賊窟,寶山嘉定也驛騷。掘土爲巢穴,索財拷富豪。挨門搶妻女,人命等弁髦。各自立稱謂,紗帽被紅袍。如夢如痴邈天日,後先一死究難逃。紅頭受死有多端,不死刀頭便鐵丸。或以抗拒受誅戮,或以睚眦自摧殘。隨轟直到九霄裂,中炮休期四體全。一死紅頭紅更甚,滿身裹血如渥丹。九畝地頭好結果,輔元堂裏好抬棺。更有善人行善事,紙錢經懺備非難。正月二日城克復,大小紅頭遭殄戮。懸竿梟首及開膛,只道做鬼無反覆。豈知局議早安排,南北兩鄉大坎築。開棺出屍免揚灰,千人坑裏聚丑族。屍骸挖出慘難言,抛擲不如一死畜。仇人切齒恨未銷,亂蹴骷髏當蹋鞠。斷頭折頸滿街坊,剩骼殘胔葬狗腹。此坑一入無掩期,暴露郊原縻血肉。想因惡貫罪無差,彼此從未聞鬼哭。我見骷髏心慘悲,咆哮昔日問何爲?自作自受誰哀惜,羞辱祖宗害妻兒。已死紅頭切莫問,漏網紅頭知不知?老夫腹有點鬼簿,拭目静看日後時。

### 喜弟侄輩胥歸，志幸並勖之

一門今幸聚同堂，免得飄零散四方。處困而亨惟在守，既安且吉莫輕忘。詩書再理先人業，門户期增老屋光。踐土食毛皆帝德，慎將清白答君王。

### 初九日，全家歸里自述

鬱極必宣困必通，人生萬事聽天公。一家離别十八月，骨肉重逢一笑中。回憶曩時慘離别，死死生生一朝決。豈意天心有轉移，天戈指處妖氛滅。正月二日復上城，上城鷄犬悉無驚。家家泥首焚香拜，父子妻孥慶再生。我有妻孥别離久，到此急思早聚首。寶山横港訂歸期，大清咸豐正月九。兄挈弟，媳扶姑，大肩小擔返長途。肩擔將回物非故，般般件件費青蚨。入門互對人如舊，破屋依然全四隅。喜極開言互相問，答非所問不相符。合家稽首拜天地，今日團圓天地賜。入坎出坎幸平安，做個完人答天地。更有良朋交誼深，解衣推食又分金。百指不染飢寒色，到此方知松柏心。可憐遍地遭兵火，獨我般般皆貼妥。安得大力普慈悲，咸使災黎都似我。烹鮮酌酒樂無涯，整頓門庭再做家。醉來忘却分離苦，笑問園梅花未花？

### 元宵家飲，七律一首

今年還我舊元宵，濁酒粗餚興陪饒。人似月圓環四座，月如人意湛重霄。梅花吐白香披拂，燭蕊含紅影動摇。喜氣精神原表里，呼兒扶醉走三橋。

### 紀功宴，五排十二韻

西園功宴暢，大帥特酬庸。地合夷和夏，人兼士與農。需捐軍有實，練勇賊潛踪。半面資墻□，微材采菲葑。書生曾記室，健卒早登墉。餗覆愆堪贖，戈投績亦容。一長咸取録，三等别褒封。某日資籌畫，何方任折衝？策勛冰作鑒，定賞竹成胸。翠羽頭銜赫，金樽禮節濃。從今叨劍佩，自此快雲龍。永戴皇仁渥，丹心答九重。

### 浩歌行

世人談節烈，謂烈過于節。烈婦争須臾，守節苦難説。食茶飲冰年復年，百折千回心似鐵。紛紛匪擾上洋城，户户家家欲避兵。我邑避兵異他邑，不挑路擔坐輿行。先卜居停相厥宅，佳賓賢主快逢迎。大肩小擔搬家計，金銀衣飾最關情。其次酒肉次珍玩,起居用物逮簾笙。一家老幼團圓住,眼界新開只笑聲。上天入地盡無慮,中國外國有營生。富者如彼貧者難,一絲一縷係心肝。世乏伯通誰賃廡,人非漂母孰爲餐。赤手白手煢煢立,兒飢妻凍泪空彈。何如忍死守老屋,餓死便以屋爲棺。免得他鄉東西竄,關津道路受查盤。有日瓦全見天日,依然骨肉一枝安。又有一人毅然去,本無一碗並一箸。住房負欠主人租,久擬挈妻投他處。可憐貧士若求同,定見門庭轉眼空。紅頭不屑土匪俟,寧波江北衆豪雄。如蟻聞羶頃刻集,琴書几席各西東。數椽破屋打柴賣,一掃秋林遇烈風。他日回來剩赤地,愁腸哭斷哀途窮。左鄰右舍又起屋,獨我居巢虛穴中。我則籌之爛且熟,願棄餘生守我屋。盡遣妻兒出火坑,謹奉栗主遺容軸。本無長物入行囊,殘書幾卷囑兒讀。若得哀王孫,便是全家福。不幸泣仳離,哀鴻本野宿。人生命在天,各自有衣禄。鄧通亦餓死,子胥曾鼓腹。泪不灑臨歧,行兮勿觳觫。别離轉眼開,割愛抛骨肉。從兹歲月更,剥盡又生復。吉日賦刀環,相對笑代哭。駑馬戀棧心,滿願惟數僕。轉念城中受苦辛,過于節婦守完身。一十八月生猶死,蟻命時時與鬼鄰。或言城中半奸細,惟在乃心保厥真。曾見紛紛入城者,未知若輩又何人?

**二月初四日上丁,致祭至聖襄事。時文廟前爲賊窟,克復後,又遭回禄,地既汙穢,殿亦無存。議葺書院,權奉祀事,尊彝鼎豆一器無存,幸當事百計拼挪,得以告備。是日也,地雖權宜,禮仍肅穆,灑掃局諸同志皆與執事互對無慚,心堪質聖。禮成,集院之西序飲福。恭記一律**

依然冠佩奉彝罇,今日方知我道尊。秦火曾經何爝火,聖人是法即王人。璧因堅白敦盤薦,芹爲芬芳俎豆陳。更願同袍齋沐侶,時時永守敬齊身。

**鵝郎草長歌**

鵝郎草,鵝郎草,去冬覓汝如覓寶。六十青蚨買一斤,一斤雜糜全家飽。今年人是去年人,轉瞬繁華又一新。烹羊膾魚微甘臘,忘却鵝郎不半春。東家招看花,西家邀賞月。公子王孫别有情,沉醉烟花無少歇。訛言復作也知愁,打疊行囊學楚囚。行囊打疊知何物,仍是金銀不待求。前買賊票搬家去,今借兵威送家室。輿前蜂擁帶刀人,嗚叱驅人如警蹕。路旁一老泪如麻,道是人亡又喪家。恨年八十身未死,吃到鵝郎草又花。老人勿悲聽我語,草今易得餓無慮。若向善人求拯援,爾骨早没草中去。君不見,堂皇冠冕從來事,畢竟爲人還爲自。

# 跋

《紅亂紀事草》一卷，清曹晟撰。咸豐三年小刀會之變，滬上兵禍連結，歷時幾及一年又半。城中居民備受慘痛，生命財産之損失又難悉數。曹静山先生以先廬所在，守而未去，因就圍城中，身之所親歷者，一一著之歌咏，頗足傳當日之真相，而資後人之考信。惜原書未嘗付梓，邑中舊家亦少傳鈔。客歲偶獲睹于南洋中學圖書館，乃借録之，並請柳亞子先生校正其脱僞，而付刊焉。

民國二十四年春，上海通社識

# 覺夢錄

曹晟 撰
陸冰 整理

# 整理説明

《覺夢録》一卷，清末曹晟撰。曹晟，字寰照，號静山，道、咸間上海人。有《紅亂紀事草》《夷患備嘗記》等著作。

1853年，上海爆發小刀會起義，曹晟因年老不便行走，被圍在上海縣城十八個月，因此身歷小刀會起義之全過程，看到了戰争對社會的破壞。他認爲自己生活的六十餘年就像一場越來越濃的噩夢，備嘗諸種饑饉、水火、瘟疫，不一而足，然最噩者前莫若夷患，後莫如小刀會起義。爲了便于觀察社會的動亂沉浮，他編撰了《覺夢録》，"長視迭觀夫升沉榮瘁之變"，叙述歷史時期上海地區山谷夷陵之變遷大概，而重點放在了清朝。他羅列了清代上海地區動亂的史實，探討了亂象迭現的原因，認爲社會動亂"最苦無如百姓"。他編輯是書的目的是通過對十八個月小刀會起義造成的影響，"昭勸懲"，作爲"我邑之鑒戒"。儘管我們不同意作者的觀點和分析，但他對社會的記實性描寫卻具有很高的史料價值，是研究上海近代歷史和思想的重要資料。

曹晟書編成後，原未梓印，亦無流傳。20世紀30年代，上海南洋中學圖書館發現曹氏稿本，上海通社請柳亞子先生校勘後，收入《上海掌故叢書》第一集。1989年上海古籍出版社有施扣柱標點本，收入《上海灘與上海人叢書》。此次整理，我們以《上海掌故叢書》本爲底本，吸收了施扣柱標點本的成果，重新進行整理標點。限于學識，錯誤難免，敬請大家批評指正。

陸　冰

# 目　　録

自序 …… 432
正文 …… 433
跋 …… 437

# 自　　序

天地一夢境也，人生一夢景也。卧而夢，夢中之夢也。悟而夢，不夢之夢也。人在夢，我亦在夢，境遇或不同，景象故各異。僕生不辰，凡所歷之境，饑饉、水火、瘟疫、盜賊，不一而足。故所呈之景，憂戚、悲哀、驚懼、愁苦，亦不一而足。入夢六十余年，夢亦濃矣。其夢境最噩者，前莫如夷，後莫如匪。然夷之噩夢僅十三日耳，曾作《備嘗記》以志之。匪之噩夢且十有八月，烏可無徵夢之書？無如内外不通，時日悠遠，身似驚夢離魂，行止不能自主。而且妖夢無憑，殘夢莫續，豈可以模糊之春夢，效夢蝶之栩栩哉？乃取前日作歌告哀若痴人之夢囈者，弁其端曰志夢。嗟嗟！榮榮一老，天假以年，使于兵戈火炮間偷生，長視迭觀夫升沉榮瘁之變，談遺事于光天化日之中，幸何如也。舊作長短句若干首，凡無涉于己者去之，取憎于時者亦去之。鳴鳴之鳴，不敢質方家，不希災梨棗，俾與往日之記，同爲覆鹿之蕉，後與先均作一夢云耳。

曹晟自序

# 覺 夢 録

上海彈丸地，僻在海濱，爲松郡七邑之一，而松江亦僅三吴之一隅。稽諸往代，從古未經兵火。自神禹治水，揚州雖列九野，而松江但有水之名，初無地之謂。蓋文身被發，不入版圖，未改太古之初焉。自泰伯端委，漸闢顓蒙，季子觀光，聿開文物。春秋時，松江屬吴，爾時華尚無稱，豈或有上？姑蘇、檇李，夫差、句踐之所争，雲間不及也。越爲楚滅，春申君辭淮、徐而請吴郡，誠以吴地久安易治，異于淮、徐之險，故捨其大而樂偏一隅也。若楚、漢逐鹿，遠在關中，三吴且莫問，何有于松？暨于孫吴，平原諸彦，風流輩出，五茸爲游畋地，何虞乎兵？晉有天下，江左多故，華亭爲魚米之鄉，峰泖小隱，正如世外桃源，升沉莫問，張季［鷹］（膺）所以臨風命駕也。其間，雖海上孫恩擾亂，滬瀆袁崧捍賊，作壘江干，然只在重洋，罕驚井里也。宋、齊、梁、陳，蘇、松在几席之前，繁華金粉，惟有酒地花天，安見金戈鐵馬？迨韓擒虎縛陳叔寶，迎刃破竹，何有于一丸之地？錢氏掩有蘇、湖、常、秀十四州地，農田水利，事事聿興，民且蒙其樂利。宋則錢俶納土，不煩一兵。元伯顏下江南，兵至臨安，大勢已定，吾松晏如。至元間，分華之三鄉，立縣上海，于是乎有城。

元末張士誠破平江府，乃資楊完者堵禦而駐郡。暨達魯花赤與完者争妓唐賽兒，曾相屠殺。然甫三日，而士誠至。是爲松江見兵之始，上海依然無恙也。及明祖破蘇州，松江全郡納款，一無殺戮。後錢鶴皐作亂，徐中山往剿，僅誅數人，附邑無他。嘉靖間三年倭難，受害頗劇，然皆在落鄉，來去靡常，並不盤踞。本朝定鼎，吴勝兆、李成棟駐紮郡治，手下擾害。厥後徐國公舊府兵妻爲害特甚，然數十里外即可晏如，況上邑之彌遠者乎？即府城群小弄兵潢池之際，上海曾被蜚語，幾至屠戮。予祖緑巖公以全家百口向軍門求保，不允，自辰至酉跪請不起，終不蒙赦。幸城隍神秦公現形，籲訴得釋，得慶安居。則上邑之目不見兵，不更出于松城之上乎！

自海禁既開，民生日盛，生計日繁，金山銀穴，區區草縣，名震天下。嘉慶間，洋匪蔡謙延蔓江、浙者數年，城中時有虛傳。然從未登岸，或亦謂爲不時到上，要不過買賣往來，藏頭蒙面，畏人知識，何敢爲患？自道光二十二年夷人不靖，萬户播遷，啼號載道，然夷但據城肆掠三日，而其外皆土匪蹂躪也。夷但殺三五土匪之劫奪者耳,其外不及一良民也。是爲邑城被兵之始。奈何以驕奢淫佚,刻毒刁貪,前之警戒,不知其遷,必至大劫臨頭,身歷諸苦,遂受咸豐三年之難?謂非天假手凶徒,以宣其福善禍淫之彰癉哉!

初,廣西之繹騷也,謂"會匪"、謂"捻匪"、曰"股匪"者不一,總名之曰"長髮賊",又曰"長毛",旋撲旋滅,日蔓日滋。江南遠隔重省,無慮松江,更無慮上海。已而漸至江西,江南不過戒嚴邊界,聊作聲援而已。無如承平日久,人悉忘兵,不但編户齊民不解大戟長槍爲何用,即從戎卒弁,除操演當差外,試縛一人而令其行刃,無不膽戰股栗,口誦"南無"。即號稱老將侃侃談兵者,亦有自壯至老未嘗手戮一人者。未幾而旁午之羽書至上,當道捧檄張皇,盡人問策,挨户偷丁。一切希榮貪利之夫,既思獵取功名,又思藉以肆志,染指何傷,報復亦便。于是膏粱子弟,亦進談兵;婪譎小人,咸來獻策。垂死之老,鈞璜隱也;乳臭之兒,棄繻彦也。片言偶合,即是參謀;一味幫閑,便膺重寄。盡日蠅營,凡可取于下者,細亦爲。終年狗苟,凡可肥諸己者,義勿顧。從事于東園、南園之奔走,暢叙談天,静聽夫經姓、徐姓之指揮,同心搗鬼。始焉保甲,繼焉義勇,再焉壯丁,遂使宿匪積棍,均厠戎行;滑賊奸徒,共襄城守。授之以權,教之以偷,標門榜户,設長分行。由是而寧波幫、福建幫、南京幫、江北幫、塘橋幫、廟幫、青手幫、底作幫、百龍黨、藍綫黨、小刀會、雙刀會,狐群狗黨,各立渠長,互競雌雄。始則横行白晝,鋪户受災,漸乃作慝深宵,殷富被劫。且也安坐受食,觸處生財,日不事事,排悶者烟賭,烟賭不足則群飲奸淫,群飲奸淫又不足,則變而爲花鼓歌場,串客唱戲而已也。盈千纍萬,歃血拜盟,各立門户,時競强弱,儼如仇敵。彼司其職者如聾如瞽,方且謂其同仇誓死,一心敵愾,義當如是。不責而加之以賞,又何怪積驕志而變痴,心懷叵測而潛生異志哉!

有人焉,恃其囊素豐,喜自侈其威福,終朝黷武,妄以元戎自命,益之以諂諛忘義之徒,惟以沾潤爲務,依張附李,可升可沉。降而下之,方視此諂諛忘義之氣息以决進止,又安問目前日後之何似也!夫以捍衛井邑之謀,付之若輩,譬之吹鐘求鳴,撞笛求響,曰不能,是誠不能也。如是凡二年。已而江寧陷,制軍死,我松四處鬧荒。三年之二月,蘇郡搬家,傘桃花湖某姓全家十外口,竟一時投水死。我邑聞風,家家騷動。鄉民因夷擾日之得利,此次若率舊章,婪索幾倍。至五月間,外出者人人困憊,又以賊耗之習,聞不但不至上,且不至蘇也,漸漸還家。豈知六、七月間,上游招勇,閩、廣無賴之挑剩遣回者,來而失所,作隊游魂,依城憑社,愈積愈多。既無口食,又不押回,終日搶詐,不計巨細,而養癰之勢已成,法敝計窮,莫能制止,不得不賄以多金,囑其易地。誰知狼子野心,瞷黔驢已無别技,忽焉蠢動。加以時事久非，奸民思逞，袒臂一呼，全城無守。晷刻之間，二萬外壯丁義勇紅巾裹額矣。不戢自焚，倒戈反噬，欲救則患生肘腋，無轉足地也。求援則同室操戈，無將伯也。此時也，視足之捷否論勇怯，民也城也，又奚恤也？

然而上邑蕞爾，臨事盡節者有之，覿面折賊者有之，罵賊被害者有之。後之忿恨絶粒，因故被殺，及婦女之捐生，諸生之改裝潛匿者亦不乏，降而婉言求賊留身待用者亦有人。至于于中取利，文過飾非，當日與彼上下，易時軒冕對人者，更難僕數。最苦無如百姓，一誤于春間輕舉，有力者不妨至再至三，無力者一之已甚。二誤于夷患之已習，謂此非長毛可比，不過求食游魂，飽即颺去。三誤于鄉人之魚肉。蓋夷患之滋詐，由漸而來，今二月間耽耽已試一斑，玆之臨難依倚，更不可測。此好事者之所以遍貼"勿搬論"也。更惡者，賊匪盤踞之初，中下户一無纏擾，城門出進無難。戀棧者因是遷延，無力者樂得觀望。東家未動，西且暫留，彼無行期，此寬走志。若曰："城中户數千、人幾萬，富者便于走，且不得不走，我等何人，賊既無甚可憎，何必如春間之無事生事，身家兩疲，而自貽伊戚也。"豈知日復一日，初則大家殷富研骨敲髓，後且舊族名門人亡家破。及大兵四集，六城閉塞，欲出無門，欲飛無翅，悔之已晚，待斃圍城焉耳。自八月至四年冬，其間凍餓以死者不知凡幾，無辜之遇害者又凡幾，以及懸梁投水、疾瘟誤傷又凡幾。若此者，賊也？天使之也？實人自取之也。言乎家計，高堂廣厦，據爲巢穴，一切資用，賊有之矣。中下之家，劈門毀屋，倒篋傾箱，隨所欲而取之。即本主在側，亦惟袖手吞聲，聽之而已。其未拆之屋，遺剩之物，則有寧波、江北之婦女兒童盡攫如掃，一拆如燒，慘何如也。方其被抄也，凡器用之工精，衣飾之煊爛，以及磁銅玉石、字畫書帖、花木珍玩、燈彩陳設，棄擲迤邐，誠有所謂鼎鐺玉石、金塊珠粒者。他若日用之飲食、囤積之貨物更無論。而極慘酷、極羞丑者，莫如祖宗之遺容作字紙而賣入善堂，婦女之私褐偕灰塵而抛入官道。此其間乃無有悖入悖出者之數，天故假手于賊歟！

顧我思之，倘賊作難之初，外有數百人隨機堵遏，毋令四出，豈不善歟？天必使其通青邑之元凶，勾台州之遺孽，患延兩郡，災及四封，必使彼民之在劫者亦波及，必使凡賊之在劫者概聚戮。直至秋末冬初，郡兵四集，外援漸來，勞師動衆，曠日持久，攻拒者幾百回，挫衄者非一次。其間亦有兵弁之捐軀，衆義之遇害，雖曰正命，亦劫數也。以後漸漸鎖圍，糧絶于外，心離于内，始得逆匪授首，余黨剪除。自始迄終，蓋一十八月矣。究其所以，一由于當局之偏聽偏任，二由于襄事之鹵莽營私，三由于通奸賊徒周旋調濟。益之以貪狼夷虜，狡詐中間；不逞凶徒，聚集一地，天實爲之，謂之何哉！然天之私我上民，如父母之哀憐小子，縱怒填胸臆，溺愛之私仍偏焉。曷以言之？夫盜賊蜂集，避地逃生，此何時也？此何事也？乃我人先審居停，似鳥擇木，不善不栖也。無論貧富，大挑小擔，器用畢携，不具不善也。其出也，轎馬如常，稍殺者亦必濟楚衣服，翱翔安步，無喪家狗、漏網魚之情狀也。其居也，家人父子，朝饔夕飧，日無事事，博弈吹唱，曾如往日。少有力者，伏臘歲時娱賓速客，猶且攢眉于屋宇之卑隘，蹙額于日用之粗陋，泪涔涔欲滴也。

問有如鎮江、揚州、南京、江西、安徽諸路人殺如麻，屋毁如犁，一望數里之無人踪烟火者乎？無有也。問有如彼民之櫛風沐雨，朝越暮吴，露飧野宿，而父子東西、兄弟失散者乎？無有也。問有如彼民之去而復來，來而復去，屠殺數四，淫掠多次，而田不得耕，人不得食，養生送死，盡情捐棄，而抱恨終身者乎？無有也。以是知天罰之尚從寬典也。今日者幸殘生之幸免，宜深悔以知愆，庶可上答天心，敬迓天命。何以城門甫啓，故智依然，富者件件從心，咄嗟而辦，貧者勞勞舉步，拚擋以爲？凡器用需求，衣履置制，琴書陳設，花木剪栽，無不較前而過之倍之。而且招朋唤友，酒海肉山，醉月眠花，秦樓楚館，若久饑之于食，久渴之于飲，將酬其一十八月虚度。

又有一命幸邀，九族藉勢，持符莫禦，稔惡不悛，視作固然，誰復過問？更有漏網餘匪，偷生殘魄，倔强之習久成，狐鼠之黨仍在，乘垣挖壁，黑夜則聚拆空房，運木淘沙；白晝而搌掘基地，爲强丐，亦作小賊。種種行爲，豈回天怒？普願黄童白叟、子女男丁，各各知悔而改過，人人返樸以歸真。父兄子弟，先盡門内之修，禮義廉耻，罔失生人之本，待人猶己，與人無争。庶幾感召祥和，同享熙陶之樂，而遺子嗣以安。不然者，如以天視爲夢夢，而以予言爲藐藐，則蝗蝻見前丙辰之年，臺颶作今丁巳之歲，禍機未盡，慎勿忽諸！如必不信，試證之揚州。據宋恭帝時，元右丞相阿杰圍揚日久，築土城困之。食盡，死者枕藉。明將繆大亨破揚州，止餘民十八家。明宏光自立，四鎮争殺，期年之中，死者億萬。本朝史閣部守拒，死亦不少。今之遭難又可知也，豈非繁華過盛造物忌之歟？謂非我邑之鑒戒歟？

兹因志夢初訂，有友謂不如昔十三日之作，尚足以昭勸懲，不知此次記載非廣見聞、大手筆不能辦。予才疏視短，心拙腕木，烏足言之。因述伊古至今郡邑往事，可見吾邑實古來之棄地，俗陋民愚，不與華同。以後漸臻富庶，漸即澆灕，至于斯日，一切造孽過于他邑。故此次之受難，較夷難而有加，乃一較别地，則又微焉。可知天心慈愛，尚在小懲大戒之例，予實懼之，願闔邑、願闔郡衆人盡懼之。苟聞是言而不以爲河漢，則人人如登懋賞、膺天眷，則雖蕪詞一紙，不愈于《備嘗記》之援事勸戒哉！

# 跋

上海在清道、咸間，凡三遭兵火：道光壬寅之英兵據城也，咸豐癸丑之小刀會變亂也，咸豐庚申至同治壬戌之太平軍三次撲攻也，而惟癸丑之禍爲最烈。會衆與清軍相拒者十有七月，大小東門城外盡成瓦礫。迨會衆敗逃，清軍入城，又復縱火焚掠，東南半城悉爲焦土。當時識者無不以滬上繁華過甚，故有此劫，此曹静山先生所以有《覺夢録》之作也。原書附于《紅亂紀事草》之後，今仍之。

上海通社

# 臯林小史

黄本銓　撰
劉偉雲　整理

# 整理説明

《梟林小史》一卷，清黄本銓撰。黄本銓，字沐三，别號海上漠鴻氏，川沙（今上海浦東新區）人。生平事迹不詳，只知其詩、古文、詞俱佳。另著有《小家語》四卷，署名爲漠鴻氏撰。

《梟林小史》一書記載了咸豐年間小刀會占領上海縣城的始末。從咸豐三年(1853)八月起，至五年(1855)正月，上海爆發了小刀會起義，劉麗川占領上海，并向上海周邊擴展政權，清軍全力圍攻，“曠日持久，殺人衆多，城社焦土，雀鼠同災”。作者耳聞目睹這一事件，并予以此詳細的記録。此書以綱目體編就，體例近于大事記，起義期間的大事，均按月記之。其“自始至終情節頗貫，其有顯觸忌諱之處，不得不略而弗詳焉”。此書雖爲稗史，然其中所録，多能反映起義的真實情況，故亦可稱之爲實録。本書對今人全面瞭解和評價小刀會起義有所裨益，具有一定的史料價值。

《梟林小史》在光緒初年被收進了《申報館叢書》，以活字版排印，題“海上漠鴻氏”撰。1924 年，上海通社據之排印，收在《上海掌故叢書》第一集中。1989 年，上海古籍出版社《上海灘與上海人叢書》中收録了施扣柱先生的標點本。本次整理，我們以《上海掌故叢書》本爲底本，吸收了施扣柱標點本的成果，改正了一些標點的不妥之處。因校者能力有限，書中不免有點校失當的地方，懇請廣大讀者不吝指正。

劉偉雲

# 目　録

弁言……442
正文……443
原跋……449
跋……450

# 弁　言

語有之:“否極則泰,泰極則否。”否泰循環,天心之妙用也。我邑自孫、盧聚嘯,迄今三千年,未嘗被兵革。非以窮鄉僻壤,土薄民貧,又無高山大川負險可固,爲割據者所不争地乎?迨夫劉河塞、吴淞淺,迢迢申浦,商賈雲集,海艘大小以萬計,城内外無隙地,窮奢極欲,奇異淫巧之事,迭出屢見。愚者艷之,有心者蓋望氣而竊慮焉。果不旋踵,而英夷肆擾,居民紛紛遷徙。既即議撫,兵不刃血。此固天降大罰,先小警之,俾隸斯土者各自惕厲,以潛消于未至,而人卒莫之省也。且非特不悛,殆有甚焉。一旦小醜跳梁,一炬于焦土,而又曠日持久,殺人如麻,白骨積山,青燐遍地,鯨鯢駢戮,雀鼠均災。百戰之餘,必使空城而後已,是曷故哉?所謂泰極則否。遭斯劫者猶疑天心之不仁,斯亦人事之不智矣。僕久隸海濱,一椽託迹,驚心烽火,觸目流離;未慣揮戈,有懷投筆,見聞髮指,于今三年,兹可慨矣。是編也,非敢自謂傳信之書,但令展卷者寓目弁言,明乎福倚禍伏之理,知極盛之難繼,未必于世道人心無裨。且見倒行逆施之無濟于事,使妄弄潢池者知戒懼,而我國家德懷威服,用見大勢之不可動摇也。至以綱目書之,要不能無貽誚于大方云爾。

海上漢鴻氏識

# 梟林小史

黄本銓　撰

咸豐三年秋八月，粤匪劉麗川據邑城叛，邑令袁遇害。

先是，二月初，江甯失守，邑人訛言四起。小刀會多廣東潮、嘉人。廣中向有斯會，而流寓吾邑者多無賴，因襲其號以聚衆。既乃尤而效之，紛紛繼出。或名"天地"，或名"上帝"。每有細故，一呼百應。而建之泉、漳人爲尤横，浙東台、甯次之。我邑本五方雜處，市中棍類亦聚衆相競。當是時，各黨未合，猶未悉賊首爲劉麗川也。麗川，廣潮州人。在邑無家室，輕施與，以故同鄉人咸悦服推重之。嘗爲夷商通事，後落魄無生計，抄襲方書爲人治瘍頗驗，遇貧苦，不受餽，由此名藉甚。小刀會起，推以爲首。時道憲吴、邑令袁適涖斯土，而吴憲廣東人，疎闊有大志。金陵之失，提軍向駐溧水。吴首創捐廉，集義勇遥應爲聲援。以是蘇、松皆望風驚潰，而我邑獨安堵。有識者竊憂之，謂夫道庫貯百萬，所轄皆廣勇。昔年廣艇局之捕盗也，因而爲盗。一旦有變，恐内應。第以吴憲寬厚，度其未忍卒發。會制軍移駐崑山，吴以事接見，往復者旬日。而賊黨之謀已定，迨返而不可制矣。初三日，青浦土匪周立春因民變陷嘉定。立春故土豪，抗糧拒捕，在逃未獲。至是陷嘉定，賊即于初五日夜半率衆數千人，呼嘯入道署。吴急升堂諭禍福，而所集義勇亦倒戈叛，僉曰"大人請起"，一呼而闔署皆裹紅巾焉。吴知事不可爲，退欲覓死，不得，爲夷商擁去，而副賊潘金珠即于是日殺袁令。金珠，江甯人。其父以罪戍我邑爲禁子，娶妻生金珠，故又號"小禁子"，年十八，短小剽悍，爲棍徒首。袁令下車即擒治之，幾斃杖下。後以保釋將出署，指天誓曰："好男兒不死，當必有以報其德。"至是，乘亂戕袁公焉。

賊閉城門，馳按民。

賊之舉事也，六門皆以兵守。有乘亂逃出者，多踐踏死。既而馳按街市，使各安業，禁搶奪及奸淫，執其黨殺三人，城中愚民或信之。及官軍抵城下，賊態畢露，按户勒捐，稍不遂意，炮烙之慘，莫可言狀，必與重金且環保，乃得出。至有坐困二年之久餓以死者。

賊貼僞示。

賊僞示稱“大明太平天國”,印曰“順天洪英義興公司”,不知何義。劉爲首,陳、林以下十九人,俱有元帥、將軍之號,冠服取給神廟及優部,餘裹紅巾,軍械則吴憲所置,竟資賊用。

賊撲太倉,官民擊走之。

賊將潘金珠撲太倉,衆議走避其鋒,而州守蔡及錢、陸二紳不許。會糧艘停運,水手流寓者以數百。守急募聚,使健役統之,設三覆,置大礮于公座下。城門不閉,使民僞降,皆焚香接。賊以所向無抗禦者,故信之,呼譟而入。及州署,炮發,前驅悉斃。急退,而市樓皆藏兵,矢石交下,殺三百餘人,金珠遁還。是日,賊遣其目趙渭堂陷川沙。時盗掠寶山邑,土匪沈紹昌、趙茂曾等陷南匯,邑令章自縊。沈集衆號“百龍黨”,亦裹紅巾,倚廣賊爲聲勢,實未同謀也。

賊拒官軍于黄渡,前鋒貴州營擊敗之。

中丞許檄大軍水陸並進,炮聲如雷。賊懼,欲棄城走。獨潘金珠、陳阿靈等議守,而僞軍師吴雪堂爲區畫,聳使迎擊,于是率八百人抵黄渡。適前鋒貴州苗土司以赤足兵至,遂戰。賊施放鎗銃,煙焰障空,百步不相見。我兵皆伏地避,即匍匐進。及賊覺,而短兵接殺百餘人。賊敗走入西門,我兵長驅,始抵城下。是日,官民克復嘉定。

大軍會剿。

中丞許督馬步自崑山下,駐老閘,郡守藍率舟師沿申江達龍華鎮,所謂南、北營也。既而防剿局、南沙勇、糧勇、台勇等以次齊集。候補巡檢蔣時已略定寶山,而川南亦相繼爲士民克復。

八月,廣艇獲賊艘于陸家趾,賊焚南倉。

先是,劉賊本無大志。以潘金珠戕縣尹,罪無可逭,不得已據城守。至是,以重金啗花旗商,得火輪船二,盡載金帛,將逃出海。而廣艇皆潮勇,偵知之,出其不備,襲擊于陸家趾。賊目多赴水死。劉聞報將自殺,其黨陳阿靈勸止之,反勒衆出南門,焚倉街。官軍撲救且肆掠,以故無入城意。賊因得整旅,施大礮,我兵反却。

賊設竹壘。

竹壘者,置土于袋,以竹夾之。設機,能運動。中炮則仆而復起,急切不能破,城恃以爲固。

城中拆民舍,掘窖金。

城中富户逃出者,多窖金于地。往往洩漏,爲賊所得。而蔡吟濤家藏銀三十萬兩,悉被掘。于是按户勒捐之外,傴供藏窖,炮烙横施,日拆民廬,紛紛搜掘。

賊毁文廟。

初,劉賊僞轅在敬業書院,既而遷明倫堂,常登文星閣瞰城外,遂拆大成殿以廣其居。

九月,糧勇獲賊僞帥李紹卿于董家渡。

紹卿,廣東人,賊中稱萬人敵,且狡譎多智,劉賊倚爲心腹。會中酒,率其下百餘人出大東門,直撲南營,傷兵勇數百。將退入城,糧勇乘之,失足墮橋下死。劉聞報哭曰:"天喪我一臂矣。"遂爲發喪,率衆登城臨奠。

十月,賊尚據城拒。

十一月,賊黨自戕。

嘉應賊目謝七,係金珠妻兄。見勢不支,勸令降,金珠佯許之。即以告劉麗川,執其黨三百餘人,盡斬于淘沙場北。謝七又名陳阿六。

十二月,賊尚據城拒。

四年春正月,賊詣各廟進香。

出小東門,入天后宫,冠九龍冠,衣大紅袍,人皆見之。兵勇恐有伏,未敢擊。賊黨林阿福卜筶于陳忠愍祠,三卜而三不吉,怒去忠愍冠,以紅巾裹之。

二月,朱月峰投大營降。

月峰,邑人,少無賴,其父以不孝呈當事。後爲族某保出,投捕盜局有功,給千總銜。金陵陷,邑城戒嚴,遂爲鄉勇首,既與沈紹昌等結百龍黨。變起,即從賊,守大南門,城中逃民有賴以得免者。賊疑其有貳,將殺之。于是逃出,投大營,願爲前鋒。而所向竟無功。及官軍克復,數其罪,卒斬之。

三月,賊尚據城拒。

四月,南沙勇潰,邑武生羅士杰戰死。

士杰素有達幹才,篤交任俠,毁家團練,前後接仗幾入城者再。賊切齒,至是中鎗仆,衆奪屍,至大營氣絶。郡守藍急臨視,忽張目呼"勿退"者三。

城中行蓄髮令。

初,民與賊無别,往往逃出。至是聽徐某渭仁計,行蓄髮令,示以出則必死。

城中設義學。

賊欲羈縻諸衿士,使二十餘人分教之。

花旗商焚大營。

初,花旗夷商與賊通貿易,佛蘭西商常勸止之,不聽。會運米爲貴州兵所乘,夷商傷足,因銜恨,乘間襲焚大營,燬器械無算。賊出城衝擊,軍士力戰得遏。中丞吉擬先擊鬼子,檄佛商乘其後。花旗懼,以十萬金賠償焉,並約嗣後無與賊通交易。

五月,賊尚據城拒。

六月,賊鑄錢。

時城中富有金銀而獨缺錢,庫寶銀五十兩易錢二十餘萬。至是收廢銅悉鑄之,文曰"太平通寶",背作日、月二形。奸民入城貿易者即與所鑄,爲官軍獲,查驗,即送大營正法,前後殺數人。賊知不可用,仍鑄"咸豐"字樣。

試用知縣謝入城議撫,遇害。

時城内外民久困,或議招降,使赴金陵攻長髮効力。試用知縣謝慨然願往,于是單騎入城諭禍福。諸賊在可否,而陳、潘二賊堅不應,轉率衆脅降。謝知不可理諭,遂駡賊。被擁至點春堂外北面,叩首已,引頸就刃。城中民得見者,咸爲流涕。

七月,台勇敗于城西。

潘金珠與女賊目周秀英,係土匪周立春女。立春敗逃入城,二人皆健鬥,會與台勇戰于城西隅大境外,置鐵蒺藜散布城下。金珠徉敗誘敵,台勇乘之,中者輒仆,秀英率二百餘人衝門出,咸用巴山虎及小撓鈎諸械,著身無脱者,被執入城,都殺于積穀倉右。

官軍掘隧攻城,不克。鎮憲青中傷,旋卒。

隧道之役,掘地當城下,置藥于内,俗名"地雷",有摧山倒壁之勢。爲此謀者,係中丞許幕客某。約于初九日卯刻三處並發。西、北兩隅爲潮所淹,引藥不應,惟南隅發,城倒者十丈有奇,居民傷斃以數百。鎮憲青急進,中飛石仆。奪屍至北營,而氣未絶,越日始卒。後遂無敢入者。

賊發衆修城。

隧道之役,賊得耗先走匿。至是驅士民修城,乞花旗商以兵衛助之。不日而竣。

中丞許逮問,詔以廉使吉代之,並以候補府丁調理南營。

大軍之會勦也,屢獲勝仗,而邑城未復,至是逮問。

八月,賊尚據城拒。

九月,官軍焚羊毛衖,築大炮臺。

時城外民廬焚燬殆盡,而城東北隅即羊毛衖,爲賊出没之地。于是悉焚之,並築大炮臺。城中虚實始得而見,賊衆乃懼。

李少卿投大營降。

李，福州人，爲海商，饒有財，被賊脅用。至是逃出，投大營降。納之，發防剿局差遣。

官軍夜襲城，不克。謝應龍投大營降。

謝，甯波人，爲賊脅用。因李少卿願歸順，約于二十日夜半，適謝臨城，四鼓爲內應，許之。我軍夜架雲梯，兵勇恐有伏，未敢迅登。而督兵弁亦恐墮詐策，急切不上。謝久待，復轉三鼓。而賊將潘金珠素機警，醒聽，覺有異，率衆登城，見所作大譟。謝知不濟，投城下幾死，詣大營降。雲梯悉爲賊攫去。

糧勇追賊入城，不克。

糧勇王三寶率百餘人追賊，入南門，賊併力格鬥。後軍不繼，戰且退。及城，而垣門已塞，三寶登堞樓躍而下，餘亦相繼隨之。賊吐舌驚，以爲神。三寶年二十，有奇勇。

賊設孩兵局。

時貧民久困，無以爲生，不得已充當賊兵爲度日計。每戰，健者執杖，老弱吶喊助聲勢。至是另設孩兵局，十歲以上皆收録，工食加倍。賊目林阿福督教之，常出城爲前鋒，剽疾善鬥。

十月，賊浚城中渠。

先是賊執兵勇，俱被殺于九畝地，血流溝澮，灌入城渠，水腥不堪飲。乃偪居民浚河，及近城街道多改作。百步置木栅，城上架板如平地，藉氈毹可坐卧其上。

賊撲北營，抵新閘，防剿局要擊敗之。

賊久據城作負嵎勢，而實無能爲，至是悉鋭撲北營。而防剿局董李愛堂有膽力，按兵不動，待賊過半，始奮擊，賊首尾不相顧。大軍掩至，遂亂竄。賊將陳阿靈等俱被搶入城。李嘗爲縣役，夙有幹才。

十一月，佛蘭西商導官軍入城，不克。

佛商輸誠効力，偵知賊勢日蹙，乃導官軍攻陷北門之振武臺。城中空若無人，遂入抵北香花橋。軍士分道登城，拔賊幟。炮發伏起，夷商急退，賊免之。軍士多陷城內，賊脅降，置廣福寺。夜半縱火焚之，無一人得脱者。

佛蘭西徵兵至，官軍進偪，始築長圍。

佛商誓滅賊，徵兵于國，發千餘人，駕火輪船入吴淞口，炮聲震天，我軍進偪城下，于是六門皆以兵扼築長圍以困之。

城中人相食。

初，賊殺兵勇，取五臟烹食之，屍骸棄去。至是居民乏食，羅雀掘鼠及草根，悉無所得,不得已取死骸食之。弱者不敢食,多餓以死。

賊縱居民出城。

時城中缺糧已近半月,賊不顧,哭聲達晝夜。及官軍進偪,賊糧亦將盡,乃聽徐紫珊某計,驅飢民出城,徐亦乘閑出。百姓以蓄髮久,擬不死于賊,必死于兵,而中丞吉悉貸不問。

十二月,官軍執賊諜于陸家趾。

初,城中食物仰給夷商及奸民貿易者,至是不能運。而金亦垂盡,無所爲計,乃悉索賄奸弁爲外應,聚議于陸家趾之桂花廳。約于元旦倒戈叛應,先劫佛蘭西商,直撲蘇郡。會夷埸鋪中紅布驟銷,咸爲兵勇所售,知有變。于是偵得確耗,遂襲執之。盡獲賊諜及叛卒二十餘人,送大營訊供梟示。

劉麗川棄城走。

賊知外應已洩,勢不能支,乃棄城走。餘衆悉潰。

官軍追斬劉麗川于虹橋鎮。

賊分道水陸竄,約于吴淞口同入海。而劉賊爲官軍追急,趨虹橋鎮,市民乘之。賊勒衆死格,幾脱,既而中鎗仆。馬軍武大勝得其首級持報,邑監生徐渭仁爲識認具結。

五年春正月元旦,大軍入城。

大軍整暇有約束,以故居民無枉殺者。而防剿局先入城,尤爲出力。

中丞吉檄佛蘭西商追獲賊艘吴淞口,松、太悉平。

時餘賊將入海,中丞吉檄佛蘭西商追及之。賊目多赴水死,生執二百餘人,送大營駢斬于市。僞軍師吴雪堂及女賊目周秀英等俱生獲正法。獨陳阿靈、潘金珠二人在逃未獲,而生致賊目俱供二人爲亂兵所殺。嚴飭兵士查驗首級,都不符。其或溝瀆自盡,抑幸脱法網,均未可知。總合大軍追捕及鄉民斬報者共二千餘人,宜無幸逃者,于是松、太悉平。時城中坐困已久,黑白難辨。邑文生郁松年捐銀二十萬,爲辦善後。士民皆踴躍,子來之力必有可觀。而其中之不受賊脅、窮餓以死、爲賊殺者,抑有傾側擾攘于强弱之閑。人固有賢不肖之不同,胡可同日語哉! 惟是民舍蕩然,觸目瓦礫。瘡痍可復,歲月正長。執筆至此,爲長太息者再四。

# 原　　跋

此稗野，非志乘也。而自始至終情節頗貫，其有顯觸忌諱之處，不得不略而弗詳焉。噫！揆賊初衷，不過劫掠之故智耳。及至一發而莫可復已，困守孤城，坐以待斃，何其愚也！乃兵勇且十倍之，轉輾相持，幾于二年之久。職其故，必有濟匪者，然而賊亦狡矣。脱于未事之先，得一良有司而撫循之，或能先發制，何遽至于此極，乃奸生肘腋而莫之發？守土如此，朝廷亦奚賴哉！明知事之必無大害而多此一舉，其中蓋由人事，匪直天心已。諺云“蜂蠆有毒”，又曰“搏鼠亦用全力”，握虎符者亦可不慎歟！是編就耳目所及，不事粉飾，聊記顛末，幸無以正史繩之。

# 跋

《梟林小史》一書，川沙黄沐三先生著。先生名本銓，别號海上漠鴻氏。詩、古文、詞并臻佳妙。咸豐三年，劉麗川據滬，清軍出全力攻之，歷時十有七月而拔。曠日持久，殺人衆多，城社焦土，雀鼠同災。先生隱迹海濱，目擊心傷，因據見聞所及記爲是書。雖稱稗史，蓋實録也。是書在光緒初申報館曾以活字板排印，題海上漠鴻氏撰。今讀《上海縣志》及《川沙廳志》，始悉爲先生所作，特附記于此。

上海通社識

# 星周紀事

陸冰 整理
王萃元 輯

# 整理説明

《星周紀事》二卷,清末上海王萃元輯。王萃元,字子儼,上海新橋人,舉人出身。因鎮壓太平天國有功,薦任訓導一職,歷任溧陽、震澤、丹徒、靖江、鎮洋、元和等縣教職。

1853年劉麗川等領導的小刀會起義和1860年至1862年太平軍向上海地區的進攻,對近代上海産生過重要的影響。王萃元《星周紀事》正是關于這段歷史的記録。全書分上、下兩卷,以日記體的形式按年、月、日記録了上海社會形勢的變化和發展,起于咸豐三年(1853)二月太平天國定都天京,止于同治三年(1864)六月,首尾十二年事,故書以"星周"爲名。其中上卷記事八年,下卷記事四年,主要是記載太平軍攻打上海的情況,上卷中有若干篇幅涉及小刀會起義的内容。

在太平軍攻克蘇、常後,東掠昆山、太倉,繼後攻佔今上海的嘉定、青浦,大軍直逼上海。上海知縣劉郇膏曾組建地方團練力量,抵抗太平軍,作者王萃元父子三人參與其中。時上海縣共設立團練二十餘局,萃元的父親王鼎琳被任命總理虹橋局務,萃元和其弟子詵隨父駐局,襄理團務。作者的特殊身份,可以瞭解到許多戰場第一手的情況,因此書中非常翔實地記録了太平軍進攻上海及其周邊地區的歷次戰鬥、上海地區社會各階層的反應,以及戰爭造成上海地區人民的流散和傷亡,對經濟發展的影響和社會秩序的破壞等内容。雖然書中對小刀會、太平軍不乏帶上時代的眼光,在稱呼和内容的記録上站在清廷的立場上,但畢竟《星周紀事》是一部比較客觀記録歷史事實的著作,具有相當高的史料價值,是今人研究太平天國時期上海地方經濟、政治、社會極爲重要的文獻。

此書成于同治九年(1868),初爲稿本,未見刊刻。1925年,胡笠夫將該書與蔣恩的《兵災紀略》、薛新畬《難情日記》一併收入《三公難記》,予以出版。1935年,上海通社詳校後收入《上海掌故叢書》第一集出版。1989年,上海古籍出版社有施扣柱標點本,收入《上海灘與上海人叢書》。本次點校,我們以《上海掌故叢書》本爲底本重新整理,吸收了施氏標點本的成果,同時糾正了其文字和標點上的一些錯誤。限于學識,錯誤難免,敬請大家批評指正。

陸　冰

# 目　　録

卷上 …… 455
卷下 …… 468
跋 …… 482
跋 …… 483

# 卷　上

王萃元　輯

道光二十七、八年間，粤匪起事，勢日蔓延。

咸豐三年癸丑，春二月十二日，南京失陷。時予因試事在松江郡城，聞制軍陸笠夫先生諱建瀛殉難。旋有營兵潰回者，述軍門福公亦抗節不屈。于是居民驚惶無措，遷徙一空。

三月初二日，學憲何根雲先生諱桂清按臨歲試，生員多報游學，與試者甚屬寥寥，即文武童生，亦大半潦草塞責。每逢扃門考試，天陰晦寒雨。一日地震數次，人人危懼。二十二日試畢，學憲諭諸生以静鎮爲上，且慷慨談經濟，以爲武夫不足與有爲也。方南京之陷也，承平日久，民不知兵，風鶴之驚，千里一轍。幸向軍門諱榮提大兵東下，紮營孝陵衛，築長圍困之，賊匪不至下竄，東南半壁藉以支撑者七、八年。然而人心思亂，土匪内訌。先是，有青浦縣境向充地保之莠民周立春，霸糧滋事，鄉愚被其脅從，于黄渡舊青浦地方聚衆拒捕，官不能制，潛與雜居上海之閩、廣匪徒勾結聯絡，約日舉事。

秋八月初五日，閩、廣匪伙潘可祥，混名小景子，率領匪衆闖入縣署，縣尊袁公諱祖悳罵賊遇害，賊首劉麗川等劫獄據城。

初七日，予因探視親串到城，見匪類以紅布裹頭爲號，四城門遍貼僞示，如醉如狂，夜郎自大，爲之憤甚。鄉間訛言四起，朝不保暮。旋聞南匯、川沙、嘉定亦相繼失守。十四日，賽神宴會，約共保守鄉里。十五日，周立春破青浦城，據之。十六日，上海踞匪猝至法華鎮，被該處鄉民格殺不少。十八日又至，被格殺三、四十人。二十日，臬憲吉公諱爾杭阿統兵攻克青浦城，南匯、川沙、嘉定亦相繼克復。逆首周立春就擒，送省垣正法。二十七日，吴淞江兵船絡繹而下，即殺死衝鋒賊四十餘人。嗣後東北隅炮聲日夜不絶。

九月十四日，龍華陳心泉持府尊藍公諱蔚雯諭單來，以該鎮設立義民局經費支絀，諭老人于永榮等四布莊，借捐錢數百千文以濟餉需。予告以俟老人蘇州回時遵辦，伊執不允。十六、十七等日，予同程春園姻丈至各布莊告知此事，皆推諉多端。

二十三日,老人自蘇州歸,旋患瘧疾。

冬十月初一日,委員章廷颺號補齋賚府憲諭單來,並囑老人自至南營面禀。初二日晚潮退時,同委員扶病乘船赴滬,弟子詵從。初三日,見府尊,禀述一切。詎義民局中彭泰等于府尊前搬弄是非,遂將老人船管押在白蓮涇地方,並派糧勇十名到船看守,滋擾不堪。予以朱提若干,始散去。初四日清晨,予詣白蓮涇舟中問視起居,幸瘧疾漸愈,囑子詵小心侍奉。予乃至森盛布號晤朱心農,商酌事理。詎心農一味支吾,毫無實際。仍至鄉間四布莊達老人之意,唇焦舌敝,置若罔聞。甚有如昌記莊夥朱葵卿者,見予將至其門,竟越窗而去,避匿不會面也。不得已,將家中舊存棉花賤售,凑成佛餅四百枚,具禀奉繳求釋放。詎府尊入彭泰等之譖,意猶未慊,銀則收而禀不准也。時城中布號俱遷在浦東,予欲與月湖叔父及春園令郎、翼卿表叔過浦告貸,而天適大雨,乃取草屨一雙纏于足,冒雨而行。自新橋至三林塘、周浦諸處,不下四、五十里,泥水没于脛,衣服盡濕。至則晤奕昌號友陳啓暉,告以意,頗似首肯,爲鄭正己所阻,卒不應。乃于周浦僱一小舟,約行二十餘里,抵新場鎮,晤倪畲甫,蒙貸百金。吾等三人匆匆出門,不攜行李,此間又無客寓,夜宿舟中。時已十月下旬,雨止天晴,西北風驟起。睡至半夜,寒氣入骨,幾不能伸縮焉。二十六日,步至諸翟鎮,僱舟赴蘇,拉汪漢賢同至興號錢莊晤倪小山,囑其籌辦若干。守候數日,始辦得三百金。

十一月十一日回里,東移西挪,又凑成六百枚之數將去奉繳,並送委員馬姓、門工王姓共百餘金。二十一日,始釋放歸,子詵從歸。是役也,連舟盤使用共千餘金,雖因公而費,以後均有着落,而措辦艱難,實予小子生平第一次棘手事也。

四年甲寅,春三月初九日,予時僑寓蘇州望齊門外。忽有游勇紛紛沿街騷擾,詢其故,乃知上海大營于本月初六日被西人衝散,潰勇到處滋事,法華、北新涇一帶大遭擄掠,爲之罷市云。

夏四月初五日,老人時在蘇州,予居家中。約黎明時,熟眠未醒,忽聞槍炮聲四面旋繞。未幾,寢門壞,戴軍裝帽者蜂擁而入。予意是潰勇爲患矣,豈知有皂隸撩帷帳,挽予發問曰:"爾是王某之子否?"予曰:"然。"即用十外斤大鏈條套予頸,牽至陶然廬。有蓄發賊跪在地,座上官員三位,其六品翎頂者,詢知爲縣尊孫公諱豐,號蘭溪謂予曰:"本縣奉撫憲札,以昨夜大營獲奸細莫姓。據供爾父與賊目小景子有舊,去年寄火藥數十甕在汝家。特委營官二員,帶領撫標兵四百名,飭本縣協同到此起贜。"予聞此語,心始慰,對曰:"果有此,可逐處查檢也。"公乃同二營官閲視殆遍,謂予曰:"吾固知此係誣害,但吾奉撫憲札,須銷差爾。宜隨吾去,事得明白,即可歸。"

爾時兵勇擾攘，居民除婦女外皆縶縶之，公飭令釋放。有某勇擄永榮莊布若干匹，公見之，欲以軍法從事。以故整隊而返，不至大肆騷擾。巳刻至法華，皂隸縶予于公館門首之班房中。居有頃，公坐堂訊供，二營官亦旁設座，予與莫姓對質。辭既窮，公命將皂隸所縶之鏈條解去，謂予曰："可至外邊用飯，即隨吾至大營。"午刻，予隨公至大王廟大營守候。至申、酉之交，營弁喚予入。有藍頂官員設小桌倚楹坐，操土音訊予曰："爾父與小景子有舊否？"予曰："無。""有宿讎否？"予曰："無。""然則曷爲莫姓賊供有火藥寄爾家乎？"予曰："不知也。"命予起。方下階，有傔僕復喚予入。引至東側廂，有紅頂官員在，予摳衣跪，即扶以起，相與並立而語，皆中州白，不可曉。既出，則有持令箭者與俱，跟行之。皂隸謂予曰："頃戴紅頂者，即吉大人也。頃所語者，蓋謂：'此賊無端誣陷，可惡之至，當即殺此賊，俾汝觀之。'故持令箭出者，將殺莫姓賊也。"予曰："時已晚，不及觀矣。"遂匆匆肩輿而返，合家欣慰。方縣尊之奉撫憲[札](扎)也，本限三更時帶兵啓行，公曰："是不可倉猝，當俟天漸明。"故得以無恙。設于三更即至，居民不知緣由，將謂潰勇滋事，勢必格鬥，則彌天之禍，其可測耶？予家感公厚德，即恭送"明察秋毫"匾式，嗣于滬城克復後懸之公館。是役也，如迅雷驟雨，頃刻即見青天，然卒不解其何故。久之，始悉顛末。蓋去年冬間，老人被押白蓮涇時，有森盛號管門者松江人王棣生，代號友奔走官場，得六品功牌，遂乃遇事生風，倚勢嚇詐，圖騙錢財。老人窺破其計，不爲動。迨釋放歸，又坐轎至予家硬索，卒不予，以此懷恨。莫姓即爲棣生抬轎者也，性癡呆，棣生指使伊僞爲奸細，且教以如是云云，可大獲，當與之瓜分。莫姓者聽其計，以致延頸受戮。至明年四月初五日，歲恰一週，棣生病，爲莫姓冤魂所攝，死極慘，可謂報應之巧矣。

自去年八、九月以來，上海水陸大兵雲集。北至于大王廟，西至于羅家灣，營壘相望，南則至高昌廟，沿浦直至王家碼頭，舳艫銜尾，旌旗蔽天。惟小東門外即是彝場，並無官兵阻截，城中火藥米糧皆從該處接濟，並有奸民販賣鹽菜，挑運糞穢，以故曠日持久。雖屢獲勝仗，且用地雷轟塌城頭數丈，卒不能得手。

至是年秋冬之交，臬憲湯公諱雲松建議于東門起直至北門，築圍墻數百丈，由是接濟之路遂絶。十二月下旬，有人自城内逃出者，述賊匪業已絶糧，百姓更苦不可言，樹皮草根，搜掘殆盡，有以鞋底牛皮燙烊作食者。除夕，聞炮聲震地，較平時尤甚。

五年乙卯，春王正月初一日清晨，東北隅烟焰直透霄漢。旋得確信，知已于是時克復矣。未幾，有執旗賊二十余名，被官兵追至程家橋，地方鄉民阻截，相與斬殺净盡。據云，賊首劉麗川即在其中也。初八日，與子詵進城一覽，滿城焦土，觸目可憐。晤親友之被陷城中者，告予曰："若再緩二三日破城，則吾輩皆登鬼籙矣！"蓋以並無牛皮作食也。嗣蒙各大憲撫輯殘黎，招集商旅，諭紳士設局辦理善後事宜，並諭大户捐輸鉅款，城垣、官署、學舍、黌宫，次第修造。期年之間，百廢具舉。上海本係萬商雲集之處，興復最易，曾不轉瞬而閭閻樂利，闤闠喧闐，較從前有過之無不及。然非有向帥長城之倚，爲蘇、常屏蔽，吾儕小人何以有此安居？故當日士民莫不頌向帥爲萬家生佛也。

六年丙辰，夏五月，撫憲吉公殉難九華山。

冬十月，弟子詵受知于學憲李小湖先生名聯琇，補上海學宫弟子員。

七年丁巳，冬十一月，官軍克復鎮江、瓜州。

八年戊午夏，孝陵衛大營失守，向帥退保丹陽。未幾，薨逝。幸軍門張公諱國樑忠義勇敢，蹶而復振，進紮孝陵衛。其爲士民所仰望，一如向帥。

九年己未春，大憲奏本年本省恩科及丁卯正科鄉試借浙闈舉行。

秋七月，奉旨準于十月補行。

九月，予小子昆弟皆赴杭應試，得以暢游西湖，極一時之樂。

冬十一月，下第。是科上海中式者連北榜共七人，爲數十年來所未有之盛。説者謂學宫移建西城，乃地氣靈秀之所致也。

十年庚申，春二月下旬，杭州省城失守。

三月初間即克復。時學憲孫蓮塘先生名葆元按臨科試，予應其試。松江居民驚惶遷徙情形，與天氣之陰晦，試事之潦草，視癸丑春間無異也。十四日，得家信，知老母病重，多方調護，卒不效。二十一日，戌刻，竟棄不孝等而長逝。搶地呼天，萬死莫贖。蓋自十四日星夜馳歸，至此纔八日，奉養無狀，彌切疚心。二十三日，未刻大殮，遵例成服，柩停陶然廬東偏。此間有章鐵珊學師諱安行及供布局友李子芑，挈眷口來避地，皆僦居麓莊叔父空房内。

閏三月二十一日，子善弟就入學，吉辰續膠。二十五日，五七，蒙親友咸來弔奠。

夏四月初二日，六七，在安國寺仗僧誦經。忽張姑夫自城中來述，云近日西路風聲殊屬欠佳。自此以後，訛言紛紛不一。十三日，咏春章師兄來述，備悉金陵大營業經衝散，張軍門退守丹陽，被悍賊攻破，殉難丹陽城外。常州、無錫望風瓦解。制軍何根雲先生坐守常州，兵齊餉足，賊至，不交一兵，不折一矢，即攜眷口下船逃至上海。和軍門行抵滸關，自縊身死。

十五日，因時事莫測，謹將先妣靈柩權厝金家池祖塋西偏，用泥土堆積封固。

十六日，潮漲時，有西兵十四船往西，據云至七寶紥營防堵。二十日，藩署課丁浦子眉踉蹌而來。據述，省垣于十三日辰刻失守，撫憲徐公諱有壬殉難，官紳士庶横遭荼毒，慘不忍言。現賊勢猖獗，不日將東竄云。二十一日，前往七寶之兵船盡數回東。而風聲之緊，日甚一日。

五月初五日，聞太倉、嘉定均失守。初八日，陳心農、戴少安來，奉縣尊劉公諱郇膏諭辦團練，飭各梱業每圖湊足錢一百千文，逢有警報，户出一人堵禦。即按名各給錢一百文，俟該錢用盡，再行妥定章程。十三日，青浦失守。十四日，松江失守。時立河北泥岡上，見有煙起。後二日與衆瞭望，煙起亦如之。十七日，更許方睡。聞炮聲不絶，披衣出門一望，見西南隅火光徹天。二十日晚，有官兵往西。二十二日，西南隅火光又起。二十七日午後，西面鑼聲大震。探知賊已至泗涇鎮，一時居民紛紛驚避。先是，聞省垣失守之信，囑内子挈兒輩避居俞在明姑夫家。有時風聲稍靖，則又回來。如是者率以爲常。是日，仍將根、雲兩兒寄俞處，内子挈三兒至西牌樓鄒姓寓舍。予于夜間亦往俞處，一路見火光直逼霄漢。二十八日，至西牌樓晤李子芑，述昨夜四鼓時老人及諸弟避至王滿泗橋汪雨田家。二十九日，辰刻歸家，見老人，知昨夜避至王笏山府上。鄉人均暗匿田間，雖顛仆不顧也。蓋是夜也，火光燭天，鑼聲震地，而並不見一兵，亦不見一賊。詢之西路親友，到處皆然，真奇事也。初，劉明府諭辦團練，鄉愚以爲自南京至蘇省節節重兵防守，猶且不能支持，今以上海一隅，無兵無餉，而欲使吾輩農夫力圖抗拒，不亦難乎？即在稍知事理者，亦不敢謂此舉之有成也。至是夜，賊至七寶鎮西市梢，被該處居民連放二炮，擊斃衝鋒悍賊，賊黨返奔。于是各路民團不約而齊奮，持械前往者不絶于道，立將泗涇克復，搜殺餘匪，聲威大振。旋聞中大橋民團亦已于昨日辰刻，隨同官兵克復松江郡城。

六月初一日，此處民團仍往西合勦，擒獲游匪二名，即送巡政廳訊明正法。惟昨日下來之兵勇紛紛退去，不知何意。初三日，青浦踞賊竄至童石村。初四日，嘉定踞賊竄至紀王廟鎮，諸翟、蟠龍均喫緊。初五日，于紀王廟西接仗，民團稍却。初六日，賊紥黄渡。初七日，青浦踞賊竄至北簳山。十四日，鄉團萬人潰于南翔鎮。自月初以來，各路民團無一日不出隊。有好義之家，括囷中白米製飯，甚者宰豕烹羊，團民經過，恣其飽食。而團民率早出暮歸，且紀律不嫻，更無統制，以故卒不能得手。十五日，江北人心瓦解，雖此處齊心協力，恐不能支。晚見溪頭有群烏自死波中，亦非吉兆。每至夜分，見舍北舍南神燈閃爍。十八日，父老子弟賽神宴會，約共保衛鄉里。二十四日，本圖練勇撥七人赴野鷄墩防堵。二十七日，松江又失守。

二十九日，午刻，七寶鳴鑼，至各團出隊，繼知爲謡言所惑也。三十日，申刻，鑼聲忽起。晚飯後，子詵率領團民至七寶。去後大雨如注。亥刻，得子詵信，知賊屯聚泗涇，大有東竄之勢。現各路團民麕至，約五鼓時出隊前往。是夜，四面鑼聲大震，各團赴援，絡繹不絶。

秋七月初一日晨，得子詵信，知前隊直抵泗涇，聲勢大振。乃延至巳刻，此間團民敗回，知追趕太騍，至吴楊濱地方被賊炮擊，各團潰散。午刻，子詵歸，知現在紮住曾家橋，兩面相持。予方攜根兒出門，行未半里，忽見婦女紛紛逃下，潰勇絡繹而來。詢知七寶敵不住，登時失守，予因避至笏山處。先時，内子挈三兒已至此間，各房俱至。時大雨如注。申、酉之交，雨止，予至西牌樓鄒氏寓舍。二更許，内子挈兒輩肩輿而至，老二房、小二房陸續俱至。初二日，四妹、福小姐至，子詵遷至朱家行盛宅。申刻，大雨如注。予冒雨至俞宅，向北一望，見新虹橋等處煙焰蔽空。三叔父至，知老人現居浦東俞伯題橋正美布莊上，囑各房遷去可也。初三日清晨，僱轎兩乘，攜眷口及福小姐作浦東之行。時根兒纔八歲，雖僱人背負，以路遠故，步行居多。巳刻，至華涇鎮，晤三叔父攜眷先在，因共唤一舟過浦。見該處居民安堵如故，不覺爽然自失矣。午刻，至三林塘鎮，于施月泉寓舍用飯。未刻，抵橋頭，子詵攜眷先在。陣雨又至。雨止，即至鄉間看房屋。初四日，身體欠爽，服張遠山方藥一劑，即愈。六弟子良及張子雲、月樵兩表弟亦攜眷至新橋。族人聞吾等在此而來就者，亦復川流不息。此處房屋不過三上三下，除布房、錢房、店面外，所空隙之地亦屬無多，而僦居之男女老幼幾至八十餘人，喧嘩擁擠，加以熱氣薰蒸，困苦萬狀。晚刻，同遠山、子雲至吴家村看屋。新橋人來，知謙益堂永榮莊房屋焚燬殆盡，予家幸獲保全。

初五日，同子雲至橋頭北面看屋，予與子詵及子雲定于借居吴家村，房主人爲吴若洲。正美布莊門首即是俞伯題橋，高與樓齊。立橋上北望，日則煙焰迷離，夜則火光照耀，炮聲更震動可怕。蓋此處離上海約二十餘里云。河下停泊難民船不計其數，每船總有二、三十人不等。其無船者，酷日沿途擾擾，苦極不堪。初六日，至吴家村收拾一切，一面僱人至周浦置辦雜物。是日，三叔父眷口同老二房遷至橋頭北面。初七日晨，隨三叔父趁顧子成船至闞港渡。巳刻，至朱家行盛宅，晤二叔父。未刻，至梅家弄沈宅，晤子詵。詢知大股賊匪潰而西走，新橋一帶焚毁不少。子詵箱件于前兩日運至笏山處者，一時焚掠無餘。用晚飯後至朱家行，大雨初過，泥滑難行。傳聞松江已克復。初八日，子詵隨二叔父過浦，予同安叔父、三叔父及子善至家，真是目不忍見，一片荒凉也。將家中餘物稍稍運出。適縣尊劉公下鄉安撫至虹橋,鄉民不知確實,望見旗幟,頗受一驚。是役也,僞忠王率賊黨二十萬,號稱百萬,巢湖船數千號,直抵上海。設僞館徐家匯天主堂,指揮賊黨環攻七晝夜。而城内兵力甚單,幸撫憲薛名焕、署藩憲吴名煦、縣尊劉,身先士卒,戮力同心。又有西人從浦濱施放落地開花,越城而過,直撲僞館左右。當之者輒糜爛,賊不能支,遂驚潰而一路往西,更肆焚掠。此間如李家濱、薄家灣、王家巷遭刦尤甚,房屋去其大半,死者更多。新橋被戕者爲項桂寶、施心保,受傷者爲永泉翁,被擄者爲闞忠、永泉翁之子桃叔、萃根之子炳官,連前日被擄之岱峰共四人,投河者爲老武,出隊受傷者爲項春和。謙益堂前後左右俱焚,中停四柩亦焚。自本月初一日以來,賊匪大隊往東攻城,而村民仍暗相團結,殺死游匪不少。昨晨與潰匪接仗,陣亡多名,李士美、薛繼如被害尤慘。賊匪殺人如草,此間蒲匯通流,浮尸蔽江,水臭穢不可飲。予有句云:"怪底浮脂方寸厚,潮生潮落血流紅。"賊匪所到之處,土匪乘之,搜刮殆盡。予又有句云:"一夜西風吹料峭,開箱莫檢舊寒衣。"皆實事也。初十日,從俞家宅回家,展拜宗祠,收拾房屋。未刻,同子善至虹橋看丁氏火燒場,傷心慘目。初,芝山令尊福卿兄歿,未匝月,柩停中堂,芝山遣人來問停與出孰便,予曰:"出之便。"芝山從予言,得以無恙。否則房屋被焚,靈柩不可問矣。十二日,薄具祭品以妥先靈。二十三日,二叔父、三叔父自浦東攜眷回。二十七日,聞嘉定踞匪竄至大場鎮。

八月初九日,託子善護眷口自浦東至西牌樓。初十日,内子挈兒輩歸。十三日前,沈東橋被擄,昨日得返,因去慰問。二十日,載少安來述,陳心農于七月初二日殉難陳涇廟東,情形可憫可敬。

九月初七日,薛春畬表叔來,互述流離情狀,爲之憮然。二十日,連日大雨不歇,風聲又吃緊。二十四日,爲保舉出力團民事,邀集各圖董保妥議。二十六日,賈雲階先生來傳劉公諭:"即日設立團練局,以資堵禦。"

冬十月初三日,初設虹橋團練局。八、九月間,城中設有團練總局。至是,本邑浦東、西俱奉憲設局,虹橋居二十之一也。該管七圖乃二十八保頭,二十七、十九、二十九保頭,二、三等圖是也。其法:按户出丁,謂之壯丁。十家中推一人爲長,謂之甲長。于壯丁中挑選尤精壯者,謂之奮勇。于奮勇中推一人爲首,使其率領十人,謂之團正。于每圖中推舉一人,使其率領團正、奮勇、壯丁,謂之團領。另雇熟悉路徑及膽大有機變者一人或二、三人遠去偵探,謂之探丁。壯丁不到防,團領、團正常川住局,奮勇則按日輪班,十日一輪,周而復始。每名每日給錢一百文,有時聞警出隊接仗,則每名每日給錢二百文。局中辦事者,諭一人總舉大綱,謂之總辦,其下有幫辦。諭一人統領奮勇,謂之統帶,其下有幫帶。又諭身家殷實者一二人經理餉需,謂之司餉。又諭武藝精熟者一二人,使其訓練奮勇,謂之教師。團正、奮勇有腰牌,有號衣,有竹盔。其器械有鳥槍、抬槍、矛子。除抬槍、鳥槍、火藥、火繩、鉛丸持票向城總局支領外,皆各局自辦,旗幟、金鼓亦自辦。其經費皆出之田捐。按田一畝,每日出錢一文,地保繳捐,以五十日爲限。諭話則有委員,催繳則有局差。有時經費盈餘,則繳儲城總局。有時支絀,則向城總局領取。法良意美,井井有條,惜奉行者不盡心實力也。初五日,寅刻,得七寶練勇局信,知青浦踞賊出竄,焚燒各處山頭。練勇者沈符卿,奉劉公諭招集者也。初六日,西路居民紛紛逃下。初七日,賊竄方家窑,旋竄泗涇,西望煙光密布。初八日,七寶傳鑼來,囑去築壩于龍珠庵地方,所以爲阻截賊船計也。是日,劉公帶隊至七寶鎮,回時臨局諭各地保。十一日,同星南、笏山、芝山、子善至七寶,邀同鎮董赴壩工興築。每泥一擔,給錢一文。夫方集而雨忽來,諸人漸散。予亦返舟至七寶,是夜同芝山宿舟中。十二日,西北風起,天氣驟寒,仍同東來諸君赴壩工。十三日,天寒甚。辰刻,至壩上,見泗涇民人紛紛逃下,詢知賊竄北簳山,游匪已到該處,爰督飭泥夫趕緊挑好。

十一月初一日,各圖團正、奮勇到防。初七日,晚刻,得諸翟局信,知賊匪竄過紀王廟,勢甚危迫,當即傳齊奮勇,準備出隊。初八日黎明,出隊至諸翟鎮。旋得該局信,知賊已退回黄渡,本局于上燈時收隊。初,本憲刊發團練章程,内載出隊接仗,每名給錢二百文,出隊不接仗,仍給錢一百文。此次並未接仗,本局照章給發。豈知該勇意殊不平,大肆喧擾,諸司事幾遭不測。繼知新涇局事同一例,亦被局勇肆擾。旋得城總局傳單,每名給錢二百文。嗣後出隊,照此給發。二十六日,祭旗饗士,置酒高會。

十二月初四日,晚刻,得新涇局信,知諸翟喫緊。初五日,傳集奮勇出隊。午刻,見西北煙光起。繼而嘩傳諸翟局失守,人心惶惶。初六日,出隊前往,衝至諸翟。適劉公整隊而至,賊即退去。此次賊擾諸翟,該處陣亡司事陳少逸諱常等及團民不下百余人,新涇局委員章蘭墅亦于該處殉難。二十日,備酒請教師趙金祥,旋即舉伊爲統帶。二十三日,出隊至野鷄墩。二十六日,收隊。此次賊竄南翔,設僞局僞官。真如、江橋一帶居民紛紛四散,故各局勇嚴守野鷄墩,以備不虞也。

十一年辛酉,春王正月初一日,軍事閑暇,夜與諸同事醵飲甚酣。初三日,予帶領局勇巡哨至七寶。十一日,城董戴少安到局。

二月初一晚,得七寶局警報,知賊踞鳳凰山,四出焚掠。初二日,出隊至七寶,進紮杜家行。初三日,退守七寶。晚得新涇局警報,當夜即將輪班勇赴援。初四日黎明,賊偷渡野鷄墩,居民驚潰。幸本局第二隊接應之師已到,立即擊退。昨紮七寶之師亦已調到,合隊渡江。有團正翟振明等生擒縱火賊一名,奪獲大旗一面,嚴惠高等奪獲抬槍一杆。初五日,予至新涇,將大隊撤回七成,留三成防守。初六日,賊勢稍靖。當晚收隊,擬明日换班再去,不意戎裝方卸而警報突來。據稱賊踪已至草頭庵、莊家涇等處,新涇危如纍卵。立即集勇,戌、亥、子三刻,連出三隊赴援。初七日,大隊至野鷄墩。見江北賊旗無數,統帶趙金祥飭勇分隊嚴守。賊騎衝至江邊,見有備而退。各勇渡江追趕,賊已遠去,當晚收隊回防。是役也,賊匪大舉自西路各山頭迤東北,至江橋、真如、南翔,地去百里,所在焚掠。本局及新涇、法華局勇馳驅六晝夜,無一刻休息,得以保全偏隅,不可謂非幸事也。初八日,探知西路民團已集,將黄渡僞局焚毁。初十日,探知西路民團不下二萬餘人,將重固、郟店等處僞局均已焚毁。十三日,探知西路民團少却,賊衝過黄渡千秋橋,一時居民驚潰。幸北路義民截其後,淞南人仍合隊向前,賊遂退去。二十三日,聞平湖失守,西南路頗吃緊,又探知西路民團已散,嘉、青踞賊均出竄,重固、觀音堂一帶賊匪充斥。前數日,由諸翟移住黄渡之良勇被圍,直至酉刻始得突圍而出。二十五日,探知賊在淞塘一帶焚掠。二十六日,西北角烟光火光不絶。二十七日,辰刻,西北角烟光愈盛,炮聲又震。得七寶局警報,知賊距盤龍鎮不過三里許,因即集勇,出隊赴援。二十九日,賊退,乃收隊。

三月初九日,探知嘉定踞賊竄至南翔,青浦踞賊竄至黄渡。幸非大股,可以無妨。初十日,官報房送刊條至,予以訓導,盡先選用。虹橋顧雅堂,賞加六品銜。蓋蒙劉明府于去年兩次克復松江案内詳請,大憲奏保也。二十日,始設盤查于本局門首。二十九日,起友助堂約課,限朔望日齊卷。時直隸吴小符先生名棐彝以司馬奉藩憲委辦吾邑西路團練,課卷即請伊閲改。每課文、詩各一首,參以民團雜咏數首。友助堂者,係蔣菉溪先生書額,子詵復撰聯語,張之壁間。其文曰:“某甲長,某團長,户籍一編,問誰無身家性命。亦簿書,亦軍書,毛錐三寸,居然是錢谷兵刑。”偶或無事,則即于此堂論文賦詩,彈棋舞劍,不可謂非好整以暇也。近又改制旗幟,按東南西北,分青赤白黑,並繪二十八宿于其上,花樣一新。

夏四月十一日,爲吴淞江撈淺事,至新涇局匯議。十五日,團正等移住定勇舊營盤。先是,野奴涇橋東首紮有定勇營,係八品軍功支淇帶領。現支淇移紮野鷄墩,因即于該營址起蓋草房,修造炮臺。禀請道憲發下劈山大炮二尊安設,以資防守。是日,祭旗演炮甫畢,見北面烟光,探知嘉定踞賊竄至江橋、廠頭等處。十八日,得新涇局警報,當即集勇出隊。午後肩輿至野鷄墩視師時,賊已退去,即傳令收隊。

五月十二日，午刻，探知嘉定踞賊突竄至黄渡紀王廟，直逼大橋，立即集勇出隊。十三日，叠接新涇局警報，知賊竄江橋，復派隊前往，與新涇局勇合隊，飛赴華漕、野鷄墩等處堵截。十四日，劉明府來視師，面諭本局勇紮野鷄墩。旋又奉調至華漕，與賊相持者良久，賊勢稍却。突接七寶局警報，知賊逼朱方橋，立即飛調原隊，馳赴該處援助。十五日，各局勇追剿至徐涇、陸家橋一帶，奪獲賊旗賊械無數，可云全勝。以局勇連日奔疲，是夜收隊。十六日，换班出隊，由七寶赴朱方橋等處巡哨。十七日，探知大股賊已退去，晚間收隊。是役也，賊踪出没，疲于奔命，不亞于二月初旬之一役也。二十三日，探知嘉定踞賊竄至大場、南翔、高家場等處，青浦踞賊竄至方家窑、打鐵橋等處。二十四日，申刻，得法華局警報，知賊逼野鷄墩，立即集勇出隊。行未半里，值江境廟局勇紛紛敗回。據稱，該局出隊至野鷄墩接仗，被大雨衝散，統帶曹懷民陣亡。此人忠勤素著，可憫可嘉。紮該處之定勇營亦被衝破，勇目支淇陣亡。是夜，賊踞新涇西首之山家宅。本局勇方與賊相持，突接七寶局警報，知北簳山前由七寶移紮練勇營被賊衝破，西路萬分吃緊，復派隊飛赴七寶。二十五日，本局勇之在新涇者清晨與賊接仗，孤軍難以抵禦，當即敗回。奮勇金桂芳陣亡，受傷一名，失去軍裝亦不少。巳刻，劉明府帶隊至新涇鎮，以故賊不至東竄南竄。方明府之未至也。此間危迫異常，塘南、塘北闃無居人，局友、局勇、局使亦俱驚潰。所留者，惟予與芝山二人。予見勢不利，又囑芝山飛騎至漕河涇局求救，予遂孑然一身。以軍事旁午，未晨餐，至此覺腹中飢甚，自去竈下覓食，僅得飯滯數片而已。未幾，明府兵下，人心始定。二十六日，臬憲湯公至，大兵紮法華、新涇一帶。大股賊退踞江橋，而游匪四竄。申刻，突至王家寺後面雙涇沚、袁家巷等處。因即集勇出隊，至該處堵禦。二十七日，賊氛愈熾。本局添勇出隊，一路至王家寺接應，一路至中新涇以杜旁竄。是晚，以王家寺鄉人滋事，駐該處之勇當即收隊，前赴七寶。朱方橋之勇疲敝不堪，亦于是晚收隊。夜間，芝山馳見明府于趙巷，禀明王家寺滋事情形。明府設短榻一張于鄉民麥柴堆側，更無几案，相與並坐小矮凳上，秉燭而語。護身兵勇俱伏卧籬根，距新涇西首賊踪不及一里，火光照見眉目。二十八日，本局勇于黎明馳赴中新涇堵禦。辰刻，華漕嘉勇營以糧絶潰圍。巳刻，西北路炮聲大震。探知諸翟各營被賊合圍，幸炮斃悍賊數名，固守無恙。游匪竄至吴家行南首，被各局勇堵截于七寶之北，不使南竄。是日，浦東楊師橋、三林塘、陳家行局勇至虹橋，略駐即去。二十九日，賊退，乃收隊。是役也，嘉、青踞賊糾合大股深入蹂躪，所至震動百里。西路官兵大營被衝破者七所，東路各局鋭氣大挫，新涇局已被焚毁，虹橋亦危如纍卵。幸明府調兵防剿，目前得以無恙。然自新涇至諸翟,所在村落被賊殺害焚掠,慘不可言。

六月初四日,同諸君到城,進縣署面辭董事,明府斷不準行。不得已,換禀同報銷册送進。二十日,申刻,次兒豐谷雲根殤。予自虹橋設局以來,每有警報籌辦防勦事宜,不暇顧家室,惟囑内子往南避難,或俞家宅,或西牌樓,或朱家行,皆寄居親串家。此次于酷日中倉皇驚潰,熱氣薰蒸,兒纔七歲,以感受痧暑,致發斑不出而殞,傷哉! 溯自省垣之陷也,上海一隅殆哉岌岌,奉劉明[府]諭辦團練,鄉民皆踴躍從事,然初無一兵一勇足資戰守。迨去冬諸翟局失守之後,奉撫憲薛名煥撥勇紮營,其徐國良帶者爲良勇,後改馬俊三帶,梁勝章帶者爲勝勇,梁安邦帶者爲安勇,又有東勇,均紮諸翟,屢遏凶鋒,頗稱勁旅。嗣後陸續添勇紮七寶者,練勇之後有崇勇,崇勇之後有德勇,德勇又紮泗涇一帶。紮華漕者嘉勇,潰散之後有鋭勇、貴州營。此外,又有勛勇、捷勇、勁勇、珍字營等勇,不可枚舉。雖聲威漸振,而騷擾不堪。予有《雜感》句云:“既被兵災仍苦賊,劇憐穀貴更傷民。”蓋其時米價騰貴也。團練大臣龐名鍾璐駐紮徽州會館者爲定勇,紀律嚴明,然又不能任戰。惟松江洋槍隊,係中營參將李恒嵩、外國兵頭華爾教習管帶,器精技熟,所向克捷,故謂之“常勝軍”。

秋七月十七日,總教師唐埽無、錢義洪到局校閱奮勇。二十八日,爲河工事進城,即返。

八月初七日,飭奮勇赴河工。初,吴淞撈淺,本局已託江橋局代辦。既而代辦不妥,仍歸自辦,共三百五十五丈,是日起挑,適劉明府臨河。初八日,頒到詔書,驚悉大行皇帝于七月十七日龍馭上賓。十五日,挑河奮勇盡數回來。十八日晨,至新涇,旋至張官渡。見北面烟光大起,有逃難過江者,詢知賊竄江橋,賊旗已插南市梢,因回至新涇局。午後,據探賊已退去。將晚,冒雨而返。是日,浦南亭林失守,該處兵勇潰至閔行鎮,大肆擄擾。十九日,衛城踞賊竄至南橋。二十日,竄至蕭塘,僅游匪數十人耳,距閔行鎮六里,而兵勇無一人敢過浦者。初,蕭塘鎮僱吕宋兵數百名,厚其口糧以資捍禦,至此亦未見得力也。二十一日,辰刻,南橋、亭林踞賊無故自退,仍回張堰、衛城。二十四日,劉明府帶領親軍並浦東各局奮勇,從周浦馳抵蕭塘,旋赴南橋。有兵勇滋事者,即嚴查正法。而該勇係馮協鎮管帶,遂與團勇起釁斗毆。該處鄉民復鳴鑼聚衆助團勇,互有殺傷,出隊司事局勇被戕者尤衆。明府爲馮營所劫,幾遭不測。二十五日,解圍。午後,明府由浦濱乘船赴滬。旋探知張堰踞賊退回平湖,衛城踞賊退回乍浦。

九月初二日,北路吃緊。本局出隊赴援,劉明府進駐新涇。初三日,接七寶局警報,知賊踞蟠龍。該局屯紮朱方橋之營勇力孤單,求援甚迫。當即派隊,前赴該處協防。初四日，賊圍諸翟營盤甚迫。時該營統帶梁勝章調赴南橋，聞警調回，行至七寶以北，賊匪充斥，勝章帶隊突圍而入，固守營盤，可稱勇敢。初五日，賊氛愈熾。本局勇進紮王家寺，團正嚴惠高遠去探聽賊情，被追落河身死。初六日，辰刻，游匪直至井亭左近焚掠。時予以督催餉船，從安國寺回至新港口，晤春畬、新畬兩表叔西來。詢知賊勢萬分吃緊，虹橋已闃無居人，局中人亦俱驚潰，惟子詵未行。予恐子詵有失，迅即沿塘而西，冒險過橋與子詵會，賊勢亦少却。初七日，本局勇退保程家橋，予夜至該處查點，並激勸衆勇協力固守。初八日，退保蔡家木橋。辰刻，賊騎衝入七寶北街，漕河涇局統帶沈月峰陣亡，七寶立時失守，塘南北市房焚燬大半。昨芝山赴七寶籌應朱方橋軍務，猝遭潰變，迂途而反，已下午矣。時本局勇之在朱方橋者被賊阻隔，信息不通，安危未卜，可爲寒心。幸統帶趙金祥整隊過龍珠庵橋，由溪南小路兜轉，得以全軍而返，真厚幸也。方七寶之陷也，游騎突至陸家巷東首報恩橋，局勇業經盡數出隊，危急萬分。幸蔡家木橋一隊望見賊旗，立即馳過新橋，至該處堵截，賊遂退去。是夜，將局勇全隊嚴守炮臺，戒勿輕動。初九日，仍分兩隊，北守蔡家木橋，南扼報恩橋。午刻，予率報恩橋一隊衝至七寶，適幫帶練勇雲峰自西路整隊而來，遂相與分頭巡哨。探知賊已遠去，乃于晚間收隊。是役也，賊蹤深入，直撲新虹橋，雖經馳驅堵禦，不至失事，然新涇局已于本年五月間被賊焚燬，此次又燬七寶局，西北藩籬盡撤。脣亡齒寒，岌岌乎旦夕莫保矣。二十二日，賊竄野雞墩，本局集勇出隊赴北新涇，適劉明府統兵至。辰刻，有德勇與賊接仗，生擒賊匪四名，斬首數十名，賊退江北。是夜，明府紮張家宅，本局勇奉諭紮屈家橋。二十三日，明府收隊，華漕、野雞墩被圍甚急，諸翟營亦被牽制。二十四日，團練大臣龐撥派幫帶定勇徐明經督隊，至北新涇迤西迎剿，在福居寺地方被賊突衝而潰，官勇間有陣亡者。二十五日，本局勇自北新涇馬家橋南至中新涇沿岸站齊，悍賊衝突數次，兀立不動，俟其稍懈，即渡河擊之。衝鋒陣亡者爲奮勇蔡炳、丁行和二名。是夜，華漕營被賊圍數十重，危在呼吸。幸中營参降李恒嵩由松江帶隊至七寶，一路賊匪充斥，並力衝進，遂解華漕圍，大獲勝仗，生擒二百余名，割耳三、四蒲包。賊匪驚潰至安浪渡地方，溺死新開之吴淞江者更不計其數。二十六日，賊退回嘉、青，乃收隊。近數日來，頗聞浙省杭城吃緊。

冬十月十三日，得城總局信，據稱杭城近得勝仗。

十一月十六日，奉縣諭"酌改團練章程，于各局奮勇之中再行精選年壯力强者，于近城處屯紮一營，日日操演，務成勁旅"云云。本局當即遵諭，每日按班挑選。二十八日，杭城失守，撫憲王有齡殉難。初，蘇撫憲薛委官解送之軍火米糧均被賊阻，不能解進，以至餉絶而潰，傷慘情形，聞之酸鼻。自十月以來，蘇省踞匪大股往攻杭城，故此處偶得息肩。

十二月，杭城踞匪由嘉興一路乘勝而下，浦南喫緊，衛城、柘林相繼淪陷，南橋、蕭塘均被焚掠。以故西南煙焰炮聲與嘉、青賊踞之境，遥相連接。邇來七寶頗有驚惶，本局聞警赴援者數次。十七日，奉賢失守。十八日，南匯失守。十九日，川沙失守。由是，浦東亦遍地賊蹤，民心惶惶，如涸水之魚，無從逃匿。二十三日，予至西牌樓，覓得寶善西半宅朱姓房屋三間，以爲盡室遷避之計。二十四日，聞警出隊。二十五日，諸翟大營奉撫憲薛令退紮張官渡，該勇沿路拉夫捉船，居民不堪其擾。二十六日，肆擾愈甚。時劉公陞任海防同知，蓮塘王公名宗濂攝縣篆，當即回明廳、縣，由本局僱夫代辦兵差。予與諸同事親赴程家橋、中新涇，指揮民夫彈壓，游勇雖稍爲斂迹，然避吾等之面，其肆擾仍未有已也。二十七日，西北風緊，黄雲密布。諸同事方在辦差碌碌，雪花大如掌，撲面而來。西路以諸翟拔營，空虛無備，賊匪猝至，警報突來。此處雇夫搬運槍炮軍火至張官渡者，又被該營拉掘濠溝，不得已，予冒雪去見該營統帶梁勝章，囑其查明放回。二十八日，雪愈盛，賊匪又竄近七寶。一面辦兵差，一面集勇出隊，備極艱辛。午刻，各營官囑代雇夫，催逼甚迫。有勇目冉永生更强悍不法，到局肆擾，諸同人被逼不堪，因于是夜封閉局門。二十九日，雪大如故，兵擾如故，賊警亦如故。夜分時，芝山以有事來商。雪擁及肩，道路不明，足無從入。自虹至新不過里許，而跋涉之苦不可言矣。據父老云，如此大雪，爲從前所未有也。三十日，雪止，而兵擾、賊警未止，西北難民跌雪而逃者紛紛。有張姓武生被賊刃傷，由此經過，血灑雪中。二更許，本局統帶王半耕來述，該處觀音堂于移營時寄有火藥數十甕，現即被該勇失火延燒殆盡，灰燼中又横屍一，恐禍叵測。予曰："此事當即禀明廳、縣，轉禀中丞，應無妨也。"因燙酒一碗與飲，俾禦寒氣，仍踏雪而去。近數日來，各村老幼男婦四散流離，或攖賊鋒，或斃雪坎，種種慘狀，皆由諸翟拔營之一舉。且兵勇退紮之處及所過之境，借搬運爲詞，百端肆横，甚有于昏夜風雪之中乘間假冒丑形，沿村殺掠，莫辨是兵是賊也。

# 卷　下

王萃元　輯

同治元年壬戌，春正月初一日，始見太陽，而大地積雪，四望無路。旋聞西有鑼聲，賊氛逼近，居民撥雪而逃，陷淖顛仆。予囑内子挈兩兒避王笏山府上。初二日，傍聞諸翟踞賊盡數退去。後有人從該處來者，稱此次賊數不下萬余，意欲竄衝東南，爲大雪所阻，就近擄掠，盡回蘇州。紀鎮、諸翟俱有僞示，要居民造册納款云云。是夜三更，又有微雪。初三日，漫天積雪，風涌如浪。予欲避兵禍，衝雪至徐家匯委辦本局團練蔣葆堂名繼麟公館中，一路拔履之苦，莫可言狀。初四日上燈時，予方與葆翁圍鑪小飲，忽本局統帶趙金祥匆遽而來，述子詵被梁營勇拉去。先是，有梁營勇目吴金標等到局，聲稱拔隊時有米船過境，曾于虹市拉一水手。及至上海，連船逃脱。梁營以該營勇失檢，將正軍法。吴金標無處申説，竟向本局尋事，滋擾不堪。時局中無人出場，事終不了。子詵因于傍晚到局，竟被吴金標等擒拿而去，合市嘩然。初五日清晨，予持葆翁手書進城，赴縣署申明子詵被拉情形。時劉公升任海防，仍辦團練事宜，留縣署。而此刻劉、王二公均在撫轅，惟晤門公，即將葆翁信飭差送至撫轅。少頃，該差回述："劉公閲信後回明中丞，立即發令箭于該營，飭其送回可也。"予旋至協和供布局禀明老人，又至總局述其情節，局中諸公均爲之憤懣不平。予返至供布局，會賈雲翁來，相與商酌。坐未定，忽趙金祥欣喜而來，述子詵昨夜至該營晤梁協鎮，説明該勇失米緣由，一證明白，業于三更許飭勇送回。初六日，予同賈雲翁進縣署見劉公，禀明兵勇滋擾情形，並告辭董事。公言："兵勇滋擾，當即轉禀中丞，行文該營，出示嚴禁。至告辭一節，不能准行也。"是日立春，内子挈兩兒自王家巷至西牌樓。初七日，予回至徐家匯蔣公館。是日，松郡官軍在廣福林大獲勝仗，生擒二百四十九名。以賊從西路踏冰而至，意圖乘險攻撲郡城，經官軍追擊，冰適解，賊溺水死者尤多。初八日清晨，踏雪回里。一路有異霜，如楊花飄撲，芒刺叢生，父老以爲未見。初九日，南風始至，寒氣漸減。蒲匯塘堅冰凝結，厚有尺許，亦數十年來所未有。至是冰路開通，小港仍然凝結。是日劉公帶兵渡浦。十二日，同子詵、子善乘船至西牌樓。時三叔父及子詵亦盡室避居西牌樓張姓房屋，因囑子善即于寶善堂中課厚田弟及根兒、味侄讀書。十三日，路始無雪，此間頗有新年景象。十四日，浦東踞賊從周浦竄至陳家行，直及塘口。十五日，同子詵步行回家。十六日，西北難民又至。據稱黄渡有賊船數百號，勢將竄衝東南。是日，奉劉公諭仍舊開局。午刻，有法國兵目隨委員蔣葆翁來。傍晚，驚悉浦東官軍及浦西出隊之各局勇被賊衝潰，陣亡及被追落浦死者不計其數，劉公亦幾遭不測。十七日，接城中信，知前練勇統帶沈符卿陣亡甚慘。符卿爲人頗有俠氣。邇以大股賊盤踞周浦、高橋，劉公諭令符卿點收民勇，進紮塘橋，會同各勇堵剿。賊黨來撲，衆寡不敵，以致紛紛潰敗，横罹鋒鏑，慘不忍言。本局統帶趙金祥向在本局訓練督率，屢次得手，此次奉劉公保舉都司銜，諭令過浦辦賊，倍加踴躍，竟與符卿同時陣亡。可惜！十九日，賊至蟠龍鎮，將設僞館。該處有難民逃來。是夜起，西天有白氣上衝。自去年八月起，西天有一星獨明而大，至本年元宵後始没。所見白氣，或即此星尚未没盡，其光從地中衝上，約有一時之久，夜深則不見。二十日，浦東高廟被焚，所駐各營兵勇均已潰散，而西北難民連日絡繹于道，據稱黄渡股匪在該處，各鄉鎮久爲賊踞之地，仍然擄掠。如安定、白鶴江等處，自賊設僞館後，居民被脅從蓄發，以爲苟安之計。至此，仍不免東向而逃。可憐發長數寸，不敢入官軍之境。西賊一退，仍即逃回故處。二十三日，西兵始發動攻克高橋，擒獲賊匪六百余名，該處鄉民亦助殺也。二十五日，何醒吾來快談。松郡月初擊退大股賊匪，皆李中營洋槍小隊之功也。洋槍小隊者，習西兵槍法，俱穿西服，不過真西兵數人在前領隊，而鋒鋭莫當，竟可以一敵百。二十六日，有撫憲發來滋事勇犯一名，插箭游街而去。二十七日，有馮觀察帶勇過境，至七寶駐防。南翔踞賊竄至吴淞江北岸，經野雞墩周營擊退。三十日，賊又渡淞，直竄至張方廟等處。經梁、熊兩營分隊迎剿，擒賊三十余名，立即擊退。而華漕、莊家涇之被殺者不少。

二月初一日，西兵火輪船七只進攻浦南，駛至蕭塘。初三日，有西兵火輪船西往攻剿青浦之説。黄昏時，西天火光閃起如電。初四日，探知楊家窑居民回去收取稻穗，賊將柴蕩放火燒盡，以故昨夜火光直透霄漢。初五日，喜聞曾帥名國藩大兵克復六合、江浦、天長、和州，現在攻剿金陵，已進紮雨花臺。午後，四面煙光密布，而西路尤甚。探悉賊竄打鐵橋等處，並聞西兵攻剿浦東，頗不得手。初六日，北賊突竄王家寺，立即集勇出隊。午後直逼程家橋南之龍潭，團勇迎擊，被賊奪去旗矛，幸站住不至失事。而該處離本局僅二里許，驟遭焚掠，居民一空。夜間有被擄逃回者，據稱賊謀明日竄衝本局，志在必得。初七日，傳集全班團勇固守炮臺，並分隊嚴守新橋一路。賊不敢犯，東竄至龔家宅、石家巷，南至井亭廟。午後，有撫標勇四百名過境至七寶,西兵六騎由此間率引團勇前往程家橋,賊勢少却。初八日,辰刻,賊馬隊突衝至井亭廟東,團勇並力站定,賊隊遂北。午後,西賊由龍珠庵橋偷竄至姚家角地方,煙光密布,莘莊居民逃避一空。黄昏時,西路火光大起,探係官兵于七寶北村焚燬民舍。當此賊勢萬分猖獗,南北官軍並不出隊迎擊。賊大股踞王家寺,探丁至程家橋地方不能再西。惟擄去逃出之人稱,賊于該處擄居民厨箱並田間屍棺,藉以堅築營壘,爲久踞之計。此間蒲匯塘北岸,自虹橋市西至董家宅,密插旗幟,新橋一帶則自俞家宅西至婁嘴箕口,亦密插旗幟,團勇更番站立,夜以繼日,肅静無嘩,使賊莫測其虚實。至沿塘迤北村莊,俱已盡室逃避,路上更無一人行走者。或有時回探賊情,則使其與團勇參立,戒勿喧嚷。初九日,終日安静。午後有杭民三人自賊中逃出,詢係去冬杭城失守被賊擄去,髮未滿寸。方在解送官長發落,豈知有漕河涇局勇史姓,强横狠戾,指爲真賊,鄉民從而和之,一時阻遏不住,竟將三人格殺。何人心之殘忍一至于此耶!黄昏時,賊火逼近炮臺不及半里,衆勇登高吶喊,連放大炮,賊不敢再近。是夜來撲三次,俱因吶喊而退,即吾等亦相與助勢,喉嚨幾爲之啞。炮臺幸得無恙,而虹新橋北之各鄉村大被焚掠。予自虹至新查點衆勇,望塘北火焰衝起,照見林葉,賊近火周圍跳踉,足影分明。初十日,予因餉需不繼,並連日籲請救援,毫無影響,于是日進城禀見劉憲,求其轉禀中丞,此時惟有請西兵援剿,或尚可爲也。本局以救兵之不至也,于昨夜傳鑼四處,齊集壯丁,數頗不少。辰刻,前往至程家橋,西賊見而馬隊即來,因壯丁後退,前隊團勇不敢迎擊,仍回守炮臺。蓋此舉明知無濟,然人事不容不盡耳。是夜大風雨,西北無聲,惟黑暗中逃來一人,自稱田阿忠,蕭山人,去冬在杭城被擄,並稱此次竄賊皆從常熟來,現在王家寺西築賊壘十余座,約有五千人數,僞總領姓駱,江北人。田阿忠查無别故,立即送官釋放。十一日,探知泗涇官兵昨日擊敗龍珠庵股賊,浦南朱涇聞又失守,郡城吃緊。予于申刻回局。是夜有雪,天氣甚寒,北賊逼近炮臺放火,派勇吶喊開炮,竟夜嚴守。十二日,西賊由龍珠庵南竄至娘娘廟、泖涇橋,離莘莊里許。北賊因張官渡官軍出隊,是夜火光稍遠。十三日,午刻,七寶及張官渡官軍南北會剿,甚不得手。吾等日夜支撑,精神困倦,各勇分守新虹橋,亦日夜疲勞,恐不能持久,而賊勢不少衰。有時立泥墩北望,隱隱見樹林中賊旗密布,游匪三五成群,往來擾攘。而各處鄉村人煙絶迹,鷄犬無聲。對此光景,未嘗不黯然魂銷也。是日,賊燒燬北顧及王滿泗橋高大房屋。十四日,辰刻,王家寺踞賊千余人突竄至虹橋北之王家濱、新橋北之田肚里,萬分凶猛。吾等戒飭衆勇將旗幟颺開,刀矛布列,抬槍在肩,鳥槍在手,裝滿火藥,點齊火繩,準備惡戰,而禁止喧擾,寂静無聲。悍賊馬隊連衝數次,屹立不動。約有一時之久,賊漸北竄,直至陸家宅地方,離法華里許。一路焚燬村落,烟焰蔽空。是日,以各勇齊心固守,于口糧外分别給賞。十五日,早間頗安静。至巳、午之交,衆勇方向北站立嚴守,而不虞賊至,由西面井亭廟一路兜裹而來也。初有衝鋒賊騎數十匹被各勇迎擊,斃馬二匹,竟死拒不退。旋見步賊蜂擁,不計其數,各勇料敵不住,即將新橋燒斷,遏其南竄。未幾,炮臺不守,賊氛大熾,衆勇潰散,局中人均站不住矣。子詵及芝山最後行,幾爲賊騎追及。予時以請餉在城,至未刻始得信也。自庚申十月奉憲設局,家大人命予兄弟隨同諸君子到局辦理,和衷共濟,而練勇籌餉,事事棘手。每逢西北告警,無役不從。蓋嘉定踞賊出竄,北路當之,青浦踞賊出竄,西路當之,而本局則當西北兩路之衝也。去年五月,賊毁新涇局,北路無障;九月,賊毁七寶局,西路無障,本局固已危如纍卵矣。然猶竭盡心力,百計捍禦。至本月初六日被賊而後,請援之禀不絶于道,中間惟有漕河涇、江境廟兩局奮勇出隊到境,而滬防大營曾不發一弁一勇來此援勦者,即請西兵一節,亦成畫餅。其請援禀詞以危急之至,有"卑局諸人不足惜,其如東南數萬生靈何?其如滬防大局何"云云,然亦卒不應也。而本局團勇五、六百名當數千悍賊,既無險要可扼,亦無濠壘可憑,只以義憤所激,支撑十晝夜,卒至力盡而潰,從此浦西一隅團防盡毁矣。當其吃緊之際,諸同事置身家于不問,各勇亦無懈志,故劉憲謂團練二十局,辦事認真推吾局爲冠。然勞而無功,亦何補哉!十六日,予自城中步至南郊,見難民沿街塞路,予欲往西探視。至日暉港地方,見西路煙焰透霄,旋遇鄉間人來指稱,賊氛甚逼,不可再西,並述清晨大霧漫天,賊匪猝至新、虹兩處,十室九焚,各處鄉村,半爲灰燼。午後得悉,昨日松郡常勝軍由泗涇衝至龍珠庵,擒斬賊匪不少。時予家眷口已由西牌樓至城,寄居蘇氏友人内宅,各房眷口亦分寄城中親友家。十七日,子詵始由西牌樓至城。十八日,張官渡官軍攻打王家寺踞賊,甚不得手。西賊又由龍珠庵衝近莘莊,被該處義民追退。二十日,浦東踞賊竄至高橋及高、陸兩行,該處難民紛紛争渡,其被擄被殺者尤多。二十一日,王家寺踞賊竄至塘北,被村民追殺擒獲四名。浦東岸灘游匪絡繹不絶,離城垣僅一水之隔,並不驚惶。二十三日,莘莊亦爲賊掠,大股踞龍珠庵北。二十四日,敬業書院甄别課,蓋烽燧逼于郊闉,而都人士仍絃誦不輟也。是日西兵出隊至浦東張江栅,頗有擒獲,一路追至高橋沙港,賊勢少退。二十五日,賊自莘莊竄至南馬地方、梅家街、西牌樓,人亂如麻。二十六日,撫憲薛同劉憲出西城到法華,撫憲並至七寶大營。二十七日,賊自莘莊南竄至顓橋一帶。二十八日,予自城至西牌樓。旋至家中,但見一片荒凉焦土,我宅族姓之屋十去其九,宗祠被焚,家譜亦毁,我家各房廬舍幸存十之五。時子詵亦自城中歸，將家中燬餘之物雇夫運至西牌樓。

三月初一日，王家寺踞賊偷渡蒲匯塘，東至梅園地方，南至王家橋、李家巷等處，居民被擄者紛紛。未刻，同子詵坐船到城，傳有曾帥致團練大臣龐閣部書，因録于左：“寶生尊兄大人閣下：小春望日，錢農部奉到惠書并讀大疏，規畫精詳，情詞剴切。農部復代述尊意，欲效秦庭之請，一拯吴會之危。聞命之餘，曷勝愧悚。國藩猥以菲材，謬膺重寄，自接兩江之任，即思親提一旅，馳赴三吴。維時部下不滿六千人，自宿松挈以渡江，駐紮祁門，徵兵調將，閱數月而各軍稍集。乃鮑鎮甫出在太而寧郡不守，李道才接徽防而歙、休遽陷，忠、傳、輔三僞王，劉、黄、石各悍黨，環繞徽境不下二十余萬，破我嶺防，截吾糧餉。又有數股繞竄江西，使我腹背受敵，幾于無日不戰，無地不梗。祁防稍定，徽郡隨復。入秋以來，事機漸順，安地各屬，以次攻克，敝軍始有出險之機，下游彌切望雲之念。然距去歲夏初受命時，已閱一年數月矣。當時定議亟圖安慶，以豔金陵之腦，進兵寧國，以拊昇、潤之背，意謂安慶縱難遽下，寧郡之師當可于上年先抵蘇境。不料波折如此之多，遷延如此之久，至今無一兵一將逮于蘇境，上無以慰九重宵旰之勞，下無以答三吴雲霓之望，此則寸心愧恨，終宵負疚而莫釋者也。安慶一埠，自克城以後，撥守各防，已分六處，更無餘力進剿。因令九舍弟馳赴湘中添募精鋭，將以新兵贊防各處，換出舊兵馳剿下游。曾經函商薛帥，擬此一旅先赴上游鎮江等處，職分所在，即無臺命，亦何敢視同秦越？重以垂諭諄諄，又籌巨款壹萬兩，與滬城協餉同時解到。高誼隆情，彌深慚感。已函催舍弟募練成軍，迅速東來。儻風波羈滯，到皖稍遲，即令李少荃廉訪先挈萬人前往，准于二月起行。水火之急，彼此共之，不敢愆期也。上海僻在東隅，不足以資抗拒。就蘇省現存之地而論，惟鎮江最據形勝，北可以聯絡淮、揚，南可以規復蘇、常，内可以俯瞰金陵，外可以屏蔽下游。敝處撥軍東行，當水陸佈置，先據鎮江，再分偏師，以防上海。上海東北皆洋，西南皆賊，于籌餉則爲上游，于用兵則爲絶地。即江南衣冠右族，避地轉徙，亦宜擇淮、揚通海寬閑之地，進退綽綽，不宜叢集。滬上地小人多，未驚先擾。凡戰争防守之地，宜有一種肅静之氣，民情慌擾，亦足以摇動軍心。若無事時預爲移民之舉，則有事時自無掬指之争。區區愚意，未知有當萬一否？”初三日，同子詵至彝場，適見西兵大隊在大馬路操演。初六日，西兵進剿王家寺踞賊。初七日，西兵進剿龍珠庵踞賊，頗稱得手。賊竄王家寺已彌月矣，堅築高壘，盤踞根深，非西兵斷乎難破。方西兵進剿時，適僞忠王發到援賊，號稱二萬，意圖來撲滬城，幸經西兵用落地開花連擊九炮，賊衆鼠竄而去。官兵于吴淞各渡截擊，斃賊千名，被西兵生擒亦不少。北賊既退，西賊尚堅踞龍珠庵。是日，又經西兵轟擊兩時之久。適李中營常勝軍亦至,四面圍攻,賊遂潰散。王家寺、龍珠庵周圍十余里盡是賊營,其中擄物甚多,西兵許鄉民搬取,所有生擒之賊裝火輪船載往西洋,不知將何作用。初九日,難民絡繹歸去,予亦自城至西牌樓。初十日,囑子善將被賊焚燬之蒲溪草堂前進,雇夫挑理碎磚,即將燬餘舊料搭蓋厨房一間。時子善居室被燬殆盡,因囑其携眷僦居予家。十一日,曾帥大軍由火輪船到滬,李觀察名鴻章奉調帶隊前來,聲威一振,大營紮南郊徽州會館。十三日,予家眷口亦自城中回至西牌樓。十五日,三兒豐翰傳染天花。十六日,法華鋭勇調往七寶,沿塘居民又被一掠。十七日,賊竄至蟠龍、諸翟,幸非大股,而被擄者不少。近日浦東灘賊大肆殺掠,慘不忍聞。十八日,西兵大隊約華爾兵,由高橋、塘口、南橋三路會攻浦東踞賊。十九日,西兵攻復周浦,西路官軍會攻青浦。是夜,東西火光直燭霄漢。二十日,周浦餘賊退踞南邑,西兵並不進剿,即行收隊。二十三日,浦東賊又肆猖獗,所至焚掠,無論男女老幼,大遭荼毒。二十五日,七寶官兵調至龍珠庵西駐防。聞浦南朱涇業經收復。二十六日,浦東川沙一帶,連日居民以周浦賊敗聚衆對敵,卒遭賊怨,見民狠殺,幾于靡有孑遺。蓋其慘酷較浦西爲尤甚也。二十八日,三兒天花吐瘢。近日城鄉天花盛行,百不存一。三兒初亦萬分危險,連服張惺齋方劑得以無恙,真厚幸也。三十日,官軍及西兵由南翔進攻嘉定。

夏四月初三日,李大營派勇千名至周浦駐紮。是日卯刻,嘉定克復,西兵之功居多。據説,西兵連放落地開花,賊仍固守,後用火龍一條轟擊而入,賊遂潰敗。諸軍由三門衝進,殺死數百名,城即克復。初十日,李中營會集各兵勇及西兵進攻青浦。十四日,未刻,四妹就西牌樓寶善堂寓舍于歸楊氏,方在匆匆送嫁,接捷音,知青浦已于今晨克復。十五日,薛撫憲奉旨辦理五口通商事務,江蘇巡撫着李鴻章補授,是日接關防印。十九日,各房以近日風聲稍靖,均攜眷回里。惟予家眷口仍居西牌樓,而予挈根兒回里,與子善同居蒲溪草堂。子善即于此間課予兒侄輩讀。二十日,劉憲升任按察,于是日統兵攻復新場,浦東賊漸遠竄,並聞南橋亦復。二十一日,蘇賊援應太倉,衝近嘉定。嘉興賊由章練塘竄過朱家角,直逼青浦城垣,西北煙火大起。二十二日午後,逃難船來。據稱,賊又竄至黄渡,直衝近紀王廟。二十三日,賊踞重固等處,蟠龍驚惶罷市。二十四日,難民船逃至,多係從安亭、菉葭浜來。前次賊退,該處肅清,一例薙髮。此次賊來,見人即殺,大遭荼毒。所來難民尚是初次遠逃。據稱,黄渡白鶴江又爲賊踞,數竟不少,有南京僞天王來之謡,而寶山亦被圍未解。惟聞南路奉邑已于昨日克復。二十五日,西兵出隊往南翔。二十六日,西北烟光大起,蓋嘉定交境又遍地賊踪矣。二十七日,聞西兵大隊至西北,決意進攻太倉。二十八日，西北路風聲愈緊。二十九日，賊竄蟠龍，難民紛紛逃下，匯蒲塘兩岸盡泊難船。溯自嘉、青克復後，官軍前往守城，内地如張官渡、龍珠庵等處並無一勇防守，較前日情形尤爲可危。

五月初一日，賊圍嘉定甚迫，官軍料難久持，因與西兵棄嘉城，退守東路。午後，賊突竄至王家寺，游匪直逼程家橋。此次賊至，因前日官軍並力進攻太倉，兵勇不得力，遂至潰敗，傷亡十之六、七，大挫鋒芒。賊大股乘機窮竄，所到之地，無人不殺，劉河等處民死數萬人。其得生逃者，自昆山以東俱向滬地而來，蒲匯塘、漕河涇、老閘、徐家匯諸港口盡塞難船。是日，各房眷口仍避至城中，予于夜間至西牌樓，望見西北路火光徹天。初二日，予偶患暑氣，遍訪醫生，俱已逃避不可得矣，幸疾亦漸愈。初三日，賊踞龍珠庵小渡船，南竄莘莊。聞南匯賊首吴姓率其黨五千人投誠劉憲，城即收復。吴姓自願攻破川沙，立功贖罪。滬城西郊，惟法華、徐家匯少有防守，而離城二十里外無一寸乾凈土矣。此次太倉一潰，領兵官之素有將才，如周士濂、梁安邦其人者俱皆不免，可惜可敬。吴淞姜營一軍向稱勁旅，亦潰去大半。總由于嘉、青克復時，所有賊物盡爲西兵奪取，功亦歸之西兵，故官兵不肯出力，以至于敗。連日營務處招集潰勇，有不願再充者令其回籍，如有四散逗留，許地方捆送懲辦。初四日，賊由七寶衝過新橋、虹橋，直逼徐家匯。西兵嚴守，賊勢乃止。時同居寶善堂之表弟張華山成婚娶婦，是日辰刻方待新[人]，未即席而賊氛猝熾，新人不及卸妝而逃，予亦挈眷急奔至張家塘晤陳蘭齋，蒙留午飯。晚刻，因便船進城，將眷口寄居城外王家嘴角新泰布莊樓上。初五日，賊竄至蔣家樓華村廟大肆焚掠，寇氛四逼。而城垣内外一切照常，飲酒賞節，談笑自若，不知一出西郊，數萬生靈流離無所，似咫尺之地，禍福天淵，亦事之反常者也。初六日，賊竄至梅家弄西牌樓，所在焚掠。東南直竄至漕河涇市梢，萬分危急。幸劉憲統兵追剿，賊勢始止。是日，李大營派開字等營紮新橋。初七日，賊南竄顓橋、馬橋。初九日，賊大股竄踞泗涇，有僞王者三，意圖西犯松江，東撲上海。十一日，新橋大營出隊至龍珠庵西。十二日，予隨三叔父自城至西牌樓，即同至新橋。適子誂亦在，見家中燬餘物件被兵搬取一空，雖前經子誂囑統帶親兵官韓鑒堂名鎮國將門條封鎖，亦無益也。蓋此間北岸祠堂後面爲親兵兩營，東面高阜爲奇字兩營，西高阜爲林字兩營，而南岸南宅之西爲開字兩營，該營統帶爲參將程學啓，威名最著。又南有鎮勇數營。四面皆兵，安得不爲白地？是日，聞松、青被圍，岌岌莫保。十四日，賊竄至小渡船。聞青浦又失守。十六日，官軍大隊往衝泗涇，不克而還。十七日，田中豆麥僅存十之四、五，連日催工收拾，纍墜異常。十八日，賊騎竄至七寶。十九日，官軍大隊往衝泗涇,雨阻而止。二十日,在西牌樓與子詵彈棋。忽于飯前三叔父驟起霍亂,醫治不效,漸漸增劇。二十一日,寅刻,三叔父遽爾長逝,實屬不測,當囑子詵到城辦喪具。予方與子善弟等料理喪事,忽股賊衝近,急反,掩其户而奔。東至張家塘,見北面煙光連接,炮聲震動,立脚不住,直逃至長橋左近。傍晚,回至西牌樓,于夜間爲三叔父成殮畢,即擕燈至長橋,宿友人布莊上。此次賊自七寶分兩路,北竄程家橋至龔家宅一帶,南竄王家橋至沈家堰一帶,兜裹新橋大營,號稱十余萬,勢甚凶猛。幸徽州會館大營發下援兵,分頭迎擊,賊勢始退,營圍亦解。各營官勇奮力出攻,擊斃僞聽王及賊目數十名,生擒、殺死、落河者不計其數,可云全勝。曾帥大兵,名不虛傳。二十二日,予自長橋到城。二十三日,大兵進剿泗涇,賊衆潰散,踹平賊卡、賊壘,燒燬賊營不計其數。西路賊蹤净盡,一律肅清。二十四日,浦東安靖,居民大半搬回。新橋大營抄有曾帥奏稿,知金陵于本月初三等日連獲大捷,克復秣陵關、大勝關,直抵雨花臺,紮營離城不及四里云。二十五日,予自城至新橋,見蒲匯塘賊屍蔽流,岸上橫屍亦不少,二十一日之惡戰情形可想矣。此間各家燬餘房屋均被兵勇拆毀,予家蒲溪草堂拆去前一架,兩厢及新蓋之竈間拆毁無存,塘北先塋均被踐塌。據説各營前被賊圍時,有潛藏空屋中放槍擊撲,有偷匿高冢邊乘隙突出,拆屋踐墳,職是之故。近日城鄉疫氣盛行,而傳染者難民居多。自西南門外至徐家匯、漕河涇,屍棺不絶于路,臭穢數十里,行人無不掩鼻。大營兵勇亦多疾亡者。二十七日,聞賊仍堅踞嘉、青,該處附近鄉鎮時有游匪出没。謹録是日徽州會館大營奏稿:"奏爲官軍連獲大捷,擊退大股竄賊,踹平賊卡、賊壘數十座,松郡解圍,滬防肅清,恭折馳陳,仰祈聖鑒事:竊西兵撤出嘉定,賊勢蔓延,松、青兩城危急支持各情形,經臣于五月初九日奏報在案。十余日來,賊圍松江,愈逼愈緊。該郡城扼浦東、西之中,毗接海、青,頭頭是道,一有疏虞,則上海亦難孤立。臣連日焦思熟慮,督令參將程學啓等從虹橋節節進紮,牽制松賊,並飭署藩司吴煦多運米糧軍火,從間道送入松城,批飭華爾會同松江府知府賈益謙、參將李恒嵩堅忍固守,伺隙出擊。咨催已革提督曾秉忠添撥炮船駛剿,多張援救以摇賊心,嚴懲潰退以堅軍志。華爾又將前次撥往寧波協守之兵星夜調回,以厚兵力。其各路潰勇不下數千,則分派將領招集强壯,資遣疲弱,免致散附郡城,哄動勾結。臣朝夕激勵本營,不時親赴前敵,三令五申,嚴整部署,以重根本而奪賊氣。初,賊據松江西門外妙嚴寺土山爲營,逼城最近,華爾以大炮轟擊其壘。南門外大張涇營盤先爲賊踞,我軍並力奪回,以通松滬要路。初八日再爲賊攫去,設卡搭橋,郡城至豆福濱道路不通。賊乘勢復踞西門土山爲炮臺,益高其壘,四門環攻,志在必得。華爾與賈益謙、李恒嵩集議,爲賊勢驟添,致死力于我，若非逼于後路，官軍必將有變。乃盡出所有大炮數十位，洋槍千余杆，與李恒嵩所帶中營檯槍、賈益謙所帶督標鳥槍，環堞分列。賊四處聚攻，則以大炮轟之，周圍馳驟，則以排槍擊之，兩日夜槍炮之聲不絶。初十日，寧郡調回之兵適至三百余人，與賊戰于豆福濱，毀其炮臺。至夜三更，火光四起，賊寂然無聲。華爾率常勝軍及英兵五十人，李恒嵩督所部九百人，分門出擊，斃賊無算，賊分股遁往西北。次日，華爾正擬往解青浦之圍，而賊仍在數里外來往，其大股攻撲青浦，圍數十重，危在旦夕。英國提督何伯于于十二日馳赴松城，商令華爾簡挑常勝軍于十三日夜半打破天馬山賊卡，由炮路衝入青浦，焚燒米糧船只，帶同隊伍惡戰衝出。英兵頭法爾師德被賊擄去。華爾且戰且退，十四日撤回松郡，並力防守。此初九至十三日，松圍稍松，青浦撤防，賊未遠退之實在情形也。自賊圍青、松兩城，大股分紮廣福林、塘橋，而厚集于泗涇以拒吾軍。距臣軍新橋前敵十余里，臣老營距新橋又三十里，港汊重重。賊狃于官軍之不能猝進也，方日夜添築營壘爲久踞計。臣欲親赴泗涇覘賊勢，即出不意薄其壘一創之。十一日，傳令開字營參將程學啓、林字營參將滕嗣武、親兵營通判韓正國等，各帶五成隊伍先往，臣親督副將滕嗣林、參將張遇春、同知張樹聲、守備吴長慶各營，于是夜四更啓行。程學啓等前隊已于黎明進逼泗涇賊卡，賊開槍迎拒，我軍整隊擁入，斃賊多人，生擒十余名，立毀其卡。餘衆竄過涇南，拆毀木橋。臣督軍繼至，望見賊營棋布，旗幟林立，聯絡横亘三、四十里。訊據生賊供稱，僞忠王、聽王、納王均在泗涇營内，要攻松江，再到上海報復洋人等語。時聞賊營掌號吶喊，當飭張遇春等分撲泗涇，誘賊出巢。大隊突出，我軍撤過橋口，以劈山炮、抬槍擊斃悍賊數百名，相持半日而退。十九日，賊騎數十衝入七寶，臣督春、垣、熊、樹各營馳至虹橋會齊前敵，各帶六成隊分路前進。至小渡船口，臣勒大隊憑河設伏，程學啓率洋槍百人越橋，直撲賊壘，連環開放，賊營人馬無聲。忽大雨如注，徐徐收隊。行不數里，雨止，賊出千余，摇旗吶喊。臣整軍回擊，賊復少却。而雨又作，急馳回營。二十一日，僞聽王陳炳文、僞納王部姓，糾悍賊五、六萬直撲新橋營盤，分十二支于附近地方縱火焚燒，周麾而呼，由南而北，自西而東，四面圍裹，蔓及法華、徐家匯、九里橋，已包過營後十余里，游氛直逼滬城，勢極凶猛。大隊圍攻開字營，填壕拔椿，洋槍大炮，並力死撲。程學啓以槍炮抵禦，燃火不及，即擲磚石擊之。賊隨死隨拖，隨拖隨上，屍與濠平，賊將藉以登。程學啓急以手燃劈山炮，就勢開壁門，大呼衝殺，賊圍稍却。又排墻抵進，我軍復退入營。自辰至申，如是者八、九次。親兵林字、奇字各營亦被圖數重，韓正國、滕嗣武、劉士奇各督放槍炮，擊斃悍賊數百名，賊更番迭上亦四、五次。臣接信後兩次專弁密函，約令内外夾擊，俱爲逆阻不能達。臣思賊並力攻撲前營，若不予以痛創，上海且岌岌莫保。乘其跳踉半日，氣力疲乏，及離巢稍遠、立脚未定之際，奮迅進剿，機不可失。遂于是日未刻，分派參將張遇春、游擊陳飛熊、訓導馬先槐三營爲左路，副將滕嗣武、林同知、張樹聲、游擊張桂芳、守備吴長慶三營爲右路，臣自督將郭松林、都司吴斌、王占魁爲後路，各帶六成隊進援。張遇春遇賊于徐家匯之九里橋，首先衝鋒，賊以萬衆扼橋抵拒，槍炮對放，屢却屢前。馬先槐率垣字營攻其左，陳飛熊率熊字營攻其右，都司張志邦同春字營攻中心，三路並力，賊陣稍亂。張遇春躍馬過橋，直取黄衣賊目。賊回矛刺傷張遇春坐馬，落地，賊呼噪擁上，張遇春翻身拔刀斫倒賊目，奪其馬，躍馬而上。張志邦奮前斬取賊頭，擲于賊陣，賊萬衆哄然，鳥驚獸駭。陳飛熊、張桂芳、張樹聲等乘勢繼進，追至營邊，賊數萬合成一路，復排大陣抵死鏖戰。程學啓、韓正國、滕嗣武、劉士奇等瞭見臣軍旗幟，賊陣摇動，各開營門一擁而出，横衝直刺，内外夾剿，賊盡棄槍炮器械，奪路狂奔，自相踐踏而死。臣于馬上接晤程學啓，詢悉該營弁勇被槍炮子重傷八十余人，陣亡十人，各營傷亡亦百余人。程學啓、滕嗣武各受槍子傷，幸不甚重。當即督同分頭追殺，直至七寶。天已昏黑，該逆連夜敗回泗涇。是日殺賊三千余名，落水淹斃及解散脅從亦數千名，生擒四百余人，奪獲洋槍、抬炮、馬匹、旗幟數千件。訊生逆供，僞聽王槍斃，僞納王負重傷而遁，各頭目死者甚多。二十三日，乘勝進攻泗涇。程學啓、劉士奇由曾家橋之右從打鐵橋進，韓正國由龍珠庵中路進，滕嗣武由龍珠橋左路進，直奔泗涇賊營。該逆喘息未定，見我軍三路來攻，不戰自走。當將賊營數十座全行踏毁，燒賊棚三千余個，一面並力追剿。賊拾死逃向昆山、青浦而去，其松江附近廣福林、塘橋、大橋等處踞賊亦全數遁走。此二十一至二十三日連獲大捷，力解重圍，踹平賊卡、賊壘，松滬各防一律肅清之實在情形也。臣查僞忠王糾合蘇、杭羽黨，號稱二十余萬，竄入浦西各路，幾有燎原之勢。雖經先行從事浦東剿撫兼施，收復南匯、川沙、奉賢、柘林各廳縣，斷賊援應，而該逆垂涎滬上，一日未忘。臣由上游帶來勇數本甚單薄，此次悍賊實有五、六萬衆，並力圍攻新橋各營，即欲截斷前軍，乘勢撲滬，全局安危，間不容發。幸賴聖主威福，軍士用命，參將程學啓等堅守苦戰，各將弁亦神速機赴，齊心奮勇，擊退巨寇，殲渠掃穴，肅清松、滬各防，固出于一時僥幸，非臣與督臣曾國藩始願所及。各將領臨敵勇往，以少擊衆，實屬異常出力，應懇皇上量予恩施，以昭激勸。參將程學啓可否以副將盡先推補，並賞加勇號副將銜。署江蘇撫標中軍參將張遇春已保副將，滕嗣武可否均請賞加勇號，張遇春並請以副將補用，游擊劉士奇、陳飛熊均請以參將盡先補用。知州銜藍翎通判韓正國，可否請加知府銜，並賞换花翎。守備張樹珊請留于兩江,以都司補用。其余出力員弁兵勇,容臣查明,擇尤請獎。陣亡弁勇,分別咨部議恤。所有官軍連獲勝仗,擊退大股竄賊,踹平賊卡賊壘數十座,滬防肅清,松郡解圍各緣由,理合恭折由六百里馳奏。伏乞皇上聖鑒訓示。謹奏。”二十九日,法華駐勇移紮北新涇。

六月初四日,賊踪稍遠,西北難民皆已回去。此次賊踞青邑,所有洋湘涇、歇馬橋等處燒燬一空,泖灘從未遭劫之地亦被焚掠,民不聊生。初六日,予挈眷口自城回至西牌樓。初九日,曾營有水師來滬。十七日,見抄傳,四眼狗僞英王陳玉成就俘。二十四日,官軍克復金山衛城。近日米價騰貴,蓋合江、浙兩省紳商士庶叢集滬城,食之者衆,而市上已無大米,將洋秈、牛莊秈稱爲白米,價每石十外千,合每斤七十文左右,父老以爲從前所未有也。城内外僦屋價直亦十倍于平時,而彝場房價更貴。當此時事艱難,而一切繁華奢侈之狀毫不改移。彝場上添設戲館、酒肆、娼樓,争奇競勝。各路避難僑居者,盡有迷戀煙花,揮金如土。人心如此,天怒尚可回耶?二十七日,官軍克復乍浦,李撫憲同黄軍門帶水陸各勇直抵周莊。該處有槍船户衛阿玉聚黨勾結,幾及三年。此次大兵猝到,將賊巢、賊卡盡行殲除。

七月初三日,劉憲派各團局挑取精壯勇丁,在城中九畝地習學洋槍,謂之鴻字營,較往年各鄉局輪班操演之事頗見嚴整。虹橋局挑取一百三十名,于是日送去。城中向募西兵防守,如邑廟、豫園、新學宫、也是園均被佔用,五月以來所有守城門西兵已撤回,餘仍居各廟宇。甚至先師大成殿亦竟僭入,而名宦、鄉賢、忠孝、節義等祠無論矣。初五日,新橋各營將拔往北簳山,弁勇至各鄉村捉船拉夫,滋擾不堪。初六日,親兵開、林等營俱拔往北簳山駐紮。十五日,官軍克復青浦。二十二日,蘇州踞賊東竄黄渡等處,圍攻青浦。二十三日,西北居民又有逃難東來者。二十四日,嘉城踞賊竄至真如,淞北居民紛紛逃避。二十五日,西北有長星衝犯東南。二十六日,賊竄至野雞墩。二十八日,賊竄至潭子地方,西至新涇陸家樓下。二十九日,賊竄至法華東之静安寺,西南直逼新橋、虹橋,煙光横亘數十余里。午後,有前踞南匯之降將劉玉齡擊賊于三涇西首,奮勇陣亡。徐家匯之西兵分守法華東鎮,擒獲黄衣賊目二名。

八月初一日,撫憲派隊追賊至范巷渡地方,西兵從北路出隊,賊衆少退。初二日,賊竄至法華東之新閘等處,西至新虹橋,過蒲匯塘,直至王家橋、蔣家樓,難民扶老攜幼,啼哭之聲不絶。予于清晨自西牌樓挈眷出門,行至朱家墳地方稍憩路隅,忽槍聲逼近,急望南而奔。至長橋鎮時,根兒暑症未愈,予與内子更替肩負。三兒步履艱難,已極疲乏,尋向友人處少坐。豈知坐未定,而難民滚滚逃奔,詢知賊已竄至梅家弄、西牌樓焚燒殺掠。不得已復望南而奔，至華涇鎮大昌布莊晤俞姓父執，因將眷口寄頓。午後風聲稍靖，予回至西牌樓探視，幸寓舍無恙，晚間仍至華涇。予之挈眷出門也，六弟子良及表弟張月樵皆挈眷同行，至是議合雇一舟，如明日賊勢再逼，計惟有避至浦東而已。夜間予挈根兒與子良、月樵宿舟中，見西北火光徹天。二更許，月樵驟起霍亂，勢頗不輕，幸帶有痧暑等藥，接連服下，漸漸見效。初三日，撫憲發下大兵追剿，親兵統帶韓正國從北簳山營帶隊至七寶。時股賊盤踞吴家行一帶，韓公匹馬衝入，大兵繼之，勇氣百倍，所向披靡。居民立高墩北望，以爲吾輩被賊焚掠，艱苦備嘗，今官軍如此出力，使人之氣也消。是日殺賊無算，地方一律肅静，韓公之功也。惜受重傷，卒至不起。此次賊自南翔、大場、真如、法華、北新涇、新虹橋圍轉不下五、六十里，東至沈家濱，賊騎游行離城僅二里許，勢極不測。幸撫、臬大憲飛調各路大兵親自督率，約會西兵，分頭追剿，得以頓摧惡寇。然如數日之風聲吃緊，而城内外及彝場安堵如故，方且日事娱樂，有艷羡之者以爲上海一城真洞天福地也，而有心人觀此光景，歎以爲不祥。晚間，予挈眷回西牌樓。初四日，賊已遠退，難民陸續回去。而法華、北新涇一帶横遭焚掠，歸者大半無家，連日被賊擄去者亦復不少。十四日，天上長星近夜不見，東方一星極其明赤，有芒刺四射。親兵等營自北簳山調紮新橋舊壘，吾家燬餘蒲溪草堂前經韓鑒堂略爲收拾，以作歇息之所。此次紮營，鑒翁仍居草堂養病。十六日，韓鑒堂以傷重痛劇，歿于草堂之中，可憫可敬！後予以弔奠詣草堂，見靈座懸有中丞李公輓聯，沈痛切實，其詞曰："渡江八千人，始信淮陰成國士。破賊十萬衆，可憐海上殞忠魂。"二十七日，聞南翔東南天真堂地方賊壘密布，又有東竄之謡。二十九日，西北賊勢鴟張，大營嚴加防堵。邇以新虹橋左近大受兵擾，苦不堪言，與城總局諸公商議稟請臬憲出示嚴禁，然亦無益也。各營統兵將領法令本極森嚴，而所紮地方終不免于騷擾。

閏八月初二日，聞華爾陣亡于寧波，吾郡失一保障之人，深爲惋惜。年來賊犯松城，堅守無恙，大半華爾之力也。繼此而管帶洋槍隊者，爲外國兵頭白齊文，崛强不受大帥節制。白姓敗後，繼之者爲外國兵頭戈登，屢立功績，忠勇不亞于華爾。十八日，金山官軍嚴防，以嘉興踞賊有混入里應之謡也。該處官軍鑿深廣濠溝，南達護塘，北接浦江，大勢可恃無恐。二十七日，官軍及西人有會攻嘉定之説。二十八日，官軍、洋槍隊會同西往。二十九日，西兵法、英會同西往。

九月初二日，官軍克復嘉定。初三日，新橋各營將拔往黄渡，弁勇至各鄉村捉船拉夫，滋擾不堪。初四日，親兵等營移紮黄渡等處。十二日，聞劉河賊去又至，大被焚掠。十四日，嘉定被圍吃緊，該處難民紛紛逃至東路，幸南翔、江橋、黄渡等處均有官軍紮守。十六日,西北炮聲不絶。十九日,嘉、青兩城吃緊,劉憲駐江橋。二十日,撫憲親率隊伍西往。據説黄渡、白鶴江大兵密布,與賊對江相持,勢甚吃緊。二十一日,官軍擊賊于黄渡,不甚得手。二十二日,官軍大敗賊于四港口。此次賊衆頗横,幸兵勇得力,相持數日之久,不敢東犯。九畝地洋槍隊亦去助打。據説殺死生擒不下四、五千賊,從此吾松七邑一律肅清,而四民漸漸復業矣。

冬十一月十七日,予自西牌樓回里,傭夫封築塘北列代先塋,並傭匠人將毁餘蒲溪草堂聊爲修葺,藉蔽風雨,而頹垣衰草,四無居人,雪夜挑鐙,時聞鬼嘯。吴淞河工近日奉大憲興作,以由滬至蘇必藉是河通師船也。通縣按田派夫,吾鄉鞠爲茂草之田,亦按五十畝出一夫。二十一日,聞嘉定在城官軍擊退蘇、太竄賊。

十二月初五日,常熟踞賊投誠,于是日收復。聞官軍攻太倉,衝去賊壘不少。初八日,松城洋槍隊以西兵頭白姓有騷擾情事,所有前調去之勇盡數調回九畝地。初十日,聞常熟被蘇賊圍守,幸黄軍門守禦,足恃無憂。蘇城齊門北,向有永昌徐氏保守一方,自省垣失陷以後,蘇州紳富多託處其中。邇因常熟投誠,永昌逼近,將欲爲官軍之助,謀復蘇州。惜舉事太驟,官軍未至,遂與蘇賊拒敵,以無後應,爲賊衝破其衆,永昌一方大遭荼毒,並聞徐氏一門多爲賊害。二十八日,西兵往太倉助剿。

二年癸亥,春王正月十四日,太倉屢次進攻,迄未得手。聞常熟被圍吃緊。

二月初三日,松城少卿黄師來述西鄉居民之苦,有慘不忍道者。平日産業富有三千餘畝,今不得食粥,以高粱子調湯充飢。至于其他日得糠者爲上等,而餓莩不知幾何矣。十三日,松城洋槍隊搶掠滋事,府尊將該犯勇正法,遂哄擁府堂,辱及華、婁兩縣,毆辱官長,大作不靖。十八日,聞西南賊偷踰濠溝犯金山,勢甚猖獗,業經官軍擊退。二十三日,聞福山收復,常熟得有援助矣。入春以來,予在家中雇夫填濠平壘,開墾荒田,並購買水木舊料,于墻東偏雇匠搭蓋小屋五間,終日碌碌。

三月初一日,自昏達旦,空中有鬼嘯,遍處皆聞。十一日,聞官軍攻太倉不甚得手,營盤被衝去者不少,賊勢猖獗,逼近嘉定僅五、六里。十五日,申刻,官軍克復太倉,由西門突攻其不備,賊無遁處,生擒賊首多名,殺死者不計其數。二十一日,聞昆山東、南兩門有官軍駐紮,作攻城之勢。

夏四月初六日,據蘇人説,昆山有官軍攻剿,蘇州踞賊膽怯,城中賊數亦不多。近又以多雨,胥門城垣潰有百丈之闕。

十四日,卯刻,官軍克復昆山。二十五日,報子來,老人以團練功奉旨賞加五品銜,星南族叔祖以訓導選用。

五月初四日,予家眷口自西牌樓旋歸新橋故里。初六日,聞蘇城聚賊甚衆,昆山官軍攻之,不甚得手。二十六日,聞金陵官軍克復九伏洲,截賊水道。

六月初七日,聞官軍近攻吴江,蘇賊勢窮,惡肆凶鋒,横涇、光福及洞庭山等處大遭殺掠,難民東向逃者紛紛。無錫亦大受賊害。十四日,吴江踞賊投誠,于是日收復。

秋七月初一日,聞西兵出隊,同官軍攻蘇州,約初七日辛亥爲期。初八日,聞官軍克復洞庭山。初九日,聞官軍克復江陰。初十日,藩憲諭被災較重之地方免田捐。時劉公升任江蘇布政使。二十日,爲虹橋左右歷年陣亡義民、殉難男婦共七十五人造册,具結繕稟請恤,呈忠義局。二十一日,予因事至西鄉,成即事一律,附録于後:"猶是螺峰九點遥,秋風故壘荻蕭蕭。荒村但有可憐土,野水渾無不斷橋。禾短瘦如人久病,草長狂似海初潮。我來一倍增惆悵,每到平蕪首重翹。"

冬十月初九日,聞官軍往攻無錫城。此間自親兵等營拔往以後,居民稍稍復業,而秋收極旺,爲從來所未有。奈宅里曾作戰場,鬼燐滅没,邇來人多疾病,若有物憑之者,因用道士設壇醮禳,並制文祭告,由是癘疾不作,居民帖然。十一日,聞官軍克復滸墅關,截住西路。二十二日,聞蘇賊突竄出胥門外,官軍敗績。二十三日,聞江陰官軍克復常州郡城。二十六日,辰刻,得捷音:蘇賊于昨日辰刻殺其賊首僞慕王,獻降官軍,城即克復。自庚申歲四月十三日失守,至今三載有六月,與明太祖攻克蘇城之歲月相符。聞中丞即于昨日午刻進城矣。二十八日,聞蘇州投誠者不下二萬余人,有僞稱王者八,經撫憲盡行正法。其慕逆所領賊衆未嘗甘心降服,亦並戮之。據云,日殺人無算,血流城池。

十一月初二日,官軍克復無錫。

三年甲子,春二月二十七日,聞浙省官軍于前六日克復嘉興郡城。

三月初一日,聞杭州省城于前月二十四日克復。

夏五月十八日,有官兵自嘉興奉調至曾家橋紮營,至六月二十六日拔往湖州。

六月十六日,午刻,曾帥大兵克復南京,僞天王洪秀全已于五月中服毒而死,戮屍梟示。僞忠王李秀成于七月初六日軍前正法。連日搜殺悍賊共十余萬人,僞王、僞主將、僞天將約三千余名,無一得脱者,人心大快。浙省惟湖州未復。湖州郡城前經該處鄉紳趙竺生先生堅守,聲威大振。趙竺生被擄殉難,城遂失守。至是年七月二十七日,經官軍克復,浙省全境肅清。溯自咸豐三年洪逆竄踞金陵,僭稱僞號,迄今十有二年,東南百姓遭其荼毒,慘不忍言。仰賴廟謨廣運,海甸廓清,從此安居樂業,熙熙焉爲盛世黎民也。豈不懿哉!

# 跋

《星周紀事》二卷,紀吾鄉遭難本末也。溯咸豐三年癸丑粵匪竄踞江寧省城,至同治三年甲子經曾帥大兵克復,計十有二年,蓋歲星一周天矣。其間荼毒之慘,流離之苦,與夫義民之殺賊,官軍之殄寇,凡身之所歷,目之所見,耳之所聞,莫不具載,以備遺忘云爾。

同治七年戊辰夏六月中浣,上海王萃元志

# 跋

《星周紀事》二卷，王萃元撰。萃元字子儼，上海新橋人。同治辛未歲貢，以軍功保訓導，歷官溧陽、震澤、丹徒、靖江、鎮洋、元和等縣儒學。清咸豐十年，太平軍既克蘇、常，複下昆山、太倉、嘉定、青浦，直逼上海。邑宰劉郇膏創辦團練，按圖出丁，分鎮設局，而以虹橋局務委諸萃元父鼎琳總理。萃元與弟萃龢遂秉父命，駐局規畫佐理。維時萃元年甫逾冠，血氣方壯，不避艱巨，踴躍從公，並于困苦備嘗之際，不廢筆劄，按日輯爲《紀事》二卷。所記兵事之成敗得失，人民之遷徙流離，皆其親身所閱歷，可爲咸同間上海兵禍之信史，兼足正《縣志・兵事篇》之譌闕，故爲詳校附刊。

上海通社識

# 上海曹氏書存目録

曹驤輯
楊興整理

# 整理説明

《上海曹氏書存目録》一卷，清末民初曹驤輯。曹驤(1844～1923)，號潤甫，上海人。少時曾入外國人所設蒙塾學習。同治元年(1862)，入英租界工部局任譯務。同治十年(1871)，入縣庠，附貢生。光緒初年，任上海縣署譯務，又任洋務局翻譯，還被遣考查留美歸國的學生。光緒十一年(1885)，隨駐英、法公使劉瑞芬出國，因病折回。次年承辦金陵洋務局，兼辦下關稽查局，任同文館西學教習。光緒十九年(1893)，奉兩江總督、臺灣巡撫之令駐滬坐探軍務。光緒二十二年(1896)，在上海籌辦自來水廠，供應縣城内居民使用。光緒二十三年(1897)，選爲上海城廂内外總工程局議董、城内地方公益研究會副會長，曾上書要求工部局禁止並且關閉公共租界内的鴉片煙館。宣統元年(1909)，提議在黄浦江建築浮橋，以便兩岸交通。歷任保安堂、棲流公所、和安學校董事，任上海教育會、縣議會議員。著有《壽萱堂詩文集》《憶椿居小草》《潤甫年録》，刻有《封海禁口論》《孝經儒行合編》《英文入門》。其中《英文入門》爲國人所編的第一本英文字典。

曹氏自稱爲北宋曹彬之後裔。明成化間從嘉定遷居上海，明末時已有人進入府庠學習。至清初順治年間，曹氏五世祖進士及第。其後曹氏科第繼起，軒冕蟬聯，成爲書香門第，爲上海有名的望族。曹氏先人酷愛著書，有大量的著作傳世。作爲曹氏十二世孫的曹驤，平時酷愛先世著作，常捧讀不釋手。由于時間久遠，加上遭受兵難，曹氏先世的很多著述散佚無存。所以他搜羅查閲《上海縣志》及曹氏族譜所載，並查各房所存未梓的詩文别集，旁搜遠採，共得曹氏各類著作百餘種，輯爲目録一編，題曰《曹氏書存》，以便于後人搜訪考查之用。全書先羅列有著作的曹氏先祖姓名，並結合上海曹氏族譜，介紹了每位祖先的字號及大致生平。然後依照經、史、子、集的順序，依次羅列曹氏先世的著述，並對每本著作的作者、卷數、刊行情況作了簡單説明，部分著作的内容也有介紹。儘管全書只羅列了曹氏一族的著作情況，但對研究清代上海城内的文化創作和學術發展具有相當重要的資料價值。

20 世紀 30 年代,《上海曹氏書存目録》收入《上海掌故叢書》。本次整理,我們即以該版爲底本進行標點。限于學識,標點難免有不妥之處,望大家多多指評。

楊　興

# 目　　録

序 …… 489
凡例 …… 490
作者名字編次 …… 491
正文 …… 493
跋 …… 500

# 序

驤自幼無他好，惟見先世遺集，每愛之如至寶，捧讀不釋手。先大人知余意也，恒另置一架，以供余取玩。比少長，迭遭兵燹，諸遺集散佚無存。余尋亦以家貧，無力攻書。習賈人業，奔走市廛，書籍之事，久不暇問。邇年來，以奔走微閑，稍習舊業，欲求讀先人諸遺集，竟十不得一、二。詢之各房，俱以兵燹，故散失殆盡矣。即有所存，亦皆朽蠹不全，爲慨然者久之。竊維先人之著作，先人之心血寓焉。爲子孫者，無以聚之，伊誰之咎？余用是留心博訪，隨在蒐羅，查邑志及族譜所載，凡先祖所著一切書名，盡皆摘出抄就，託各坊肆及諸友人處留意。訪尋邇來，頗有所得，然缺者仍多，終以未觀全豹爲憾。或名存書佚，或目在篇亡，手澤之墜，可勝悲歟！夫爲日愈久，則搜羅愈難。今值邑志新修鐫竣，因購查内載我族所著各集，較前志爲尤多，鈔録頗煩，名難盡記。爰就見聞所及，證以新舊志乘，參以族譜及諸家集所載，并查各房現存未梓各集，旁搜遠採，自先世至今，計得家集百餘種，輯爲目録一編，題曰《曹氏書存》。輯成即付剞劂，以貽族人，庶足爲搜訪考查之一助云。

同治壬申秋仲，十二世孫驤謹識

# 凡　　例

一、是編之刻，係爲蒐訪遺書起見。故備録名姓，使閲者一目了然，庶搜羅較易，不致混淆。

一、是編附于諸家集後，以便考查之用。故遵修輯家譜，及仿伯祖春林公編《譙國文鈔》之例。祖父之諱，謹虔敬自書，不倩他人代填。

一、先世生平有著作，未編專集，散見諸家集及他集者甚多，擬搜羅編就，再行補入，兹不列名。

一、是編俱仿邑志類聚條分，并抄其所繫解題。其採入文淵閣者，亦恭録《欽定提要》以志榮遇。至内有新添入各種書，邑志所未收者，間参己意注明，忘其固陋，閲者諒之。

一、是編雖經竭力搜尋，然不敢謂此外竟無遺漏。蓋二百年來，殘縑斷楮，薈萃頗難。凡我族人，尚希廣助搜訪，隨時增補。

一、各房現存未梓各集，有力者伏望付梓，或抄録數部隨房分給。庶日後不至散失，藏之永久，可廣流傳矣，是爲至禱。

# 作者名字編次

第三世　曹國楨字明衞，始遷祖諱孟春孫，二世祖諱誠次子，明寶山哨官。

第四世　曹六龍字君升，號南叟，明廩生。

第五世　曹垂璨字天琪，號緑巖，國朝順治丁亥進士，官浙江遂安縣知縣。

曹垂星字天策，號樵菴，業儒。

第六世　曹鼎曾字九和，號梅州，附貢，考職州同。

曹泰曾字彙初，號茹菴，康熙戊午舉人，官福建莆田縣知縣。

曹煜曾字宿臣，號麓蒿，附生。

曹炳曾字爲章，一字薏民，號巢南，附監生。

曹煌曾字省初，號葵園，監生。

曹焕曾字祖望，號春浦，别號野鷗道人，增貢生，理藩院知事。

第七世　曹培源字浩修，號半霞，廩貢生，任太倉州學。

曹一士字諤廷，號濟寰，雍正庚戌翰林，官至工科給事中。

曹培廉字敬三，號淞濱，附貢生，内閣中書。

曹培鯉字尺木，號禹門，例監生，考職州同。

曹傑士字電發，號超然，附貢生。

第八世　曹錫寶字鴻書，一字容圃，號劍亭，乾隆丁丑翰林，官至左副都御史。

曹錫端字菽衣，又字輯五，號菘畦，廩貢生，任江甯縣學。

曹錫黼字誕文，一字旦雯，號菽圃，例貢生，官至員外郎。

曹錫辰字北居，一字北樞，别號畏壘山人，例監生。

曹錫璜字伯熊，號書圃，附監生，布政使經歷。

曹錫棠字循南，號南枝，例貢生，布政司理問。

第九世　曹洪楷字範九，號梅峰，增生。

曹洪梁字甯伯，號雉山，附監生，官廣西龍勝理苗通判。

曹洪業字秉銓，一字日新，號梅莊，附生。

曹鴻熹原名洪陶，字範成，號硯香，又號曉峰，乾隆己酉拔貢，就職教諭。

曹洪儒字文伯,號需人,附生。

曹洪志字士心,號澹持,廩貢生,議叙縣丞。

第十世 曹樹翘字彦英,號春林,廩生。

曹樹真字璞如,號仰山,附生。

曹樹原一名樹遼,字掌名,號子春,優廩生,癸酉科選拔陪貢。

曹樹李字益之,號史亭,業儒。

曹樹珊字子鐵,號海林,廩貢生,任荆溪、昭文等縣學。

曹樹杏字魏英,號二香,廩貢生,任金壇縣學。

第十一世曹　棨原名耀棨,字嘉徵,號戟三,道光己丑進士,官河南新野縣知縣,改江甯府教授。

曹耀翔字起鳳,號砂雨,一號桐華,附生。

曹　晟字寰照,號静山,附生。

曹耀璨字民安,號琅軒,業儒。

曹耀鑾字幼枚,號右楣,附生。

第十二世曹　驊字雋伯,號吉雲,道光乙丑翰林官編修。

閨門

陸鳳池字元宵,自號秀林山人,曹一士繼室。

曹錫珪字采繁,自號半涇女史,一士長女,葉承室。

曹錫淑字采荇,一士次女,陸秉笏室。

曹錫堃字采藻,一士季女,陸秉笏繼室。

葉金支字秀華,鳳毛女,曹錫辰室。

陳蘭徵字谷香,曹樹烈室。

朱德芳字茝生,曹樹杏繼室。

# 上海曹氏書存目録

曹驤　輯

## 經　部

### 詩　類

《毛詩定》曹六龍撰。取唐士雅所輯《毛詩微言》，去其煩冗，以便傳習。

## 史　部

### 傳　記　類

《夷患備嘗記》曹晟撰，未梓。是集記道光壬寅西夷入寇本末，及五月初八至二十日夷人進口，十三日内辛苦備嘗，得之見聞之事，并附《瑣記》一卷。

《紅亂紀事草》曹晟撰，未梓。是集記咸豐癸丑八月紅巾起事，至乙卯正月克復，居圍城中，凡十有八月所歷之事，各繫以詩，并附《覺夢録》一卷，以寓懲勸。

### 譜　系　類

《明衛年譜》曹國楨撰。

《曹氏族譜》四卷康熙末，曹炳曾、一士、培廉、傑士同輯，刊本。嘉慶初，九世孫洪梁續輯，抄本。同治初，十世孫樹珊重修，抄本。

《劍亭年譜》曹錫寶撰。

《海翁紀年叙略》曹樹珊撰，未梓。

《二香歷年自述》曹樹杏撰，未梓。

### 地　理　類

《滇南雜志》二十四卷曹樹翹撰,未梓。自序云:"余游滇南,思有所紀述,索之故府,無可徵考,乃旁搜稗乘,就所及見,益以《通志》所載,上自唐虞,迄于昭代,凡天時人事之大綱,殊方外域僰猓之細故,件繫其事,譌者正之,闕者補之,分爲八門,合二十四卷。"

《續滇考》一卷曹樹翹撰,未梓。自序云:"天台馮再來宦滇時,著《滇考》二卷,自戰國迄有明,備舉兼收。顧自順治十七年至今一百六十年間,兵興拓土,改置添建,又有數大端闕而弗書。爰索野史,證以志乘,輯爲《續考》一卷。"

《滇小記》十二卷曹樹翹撰,未梓。自序云:"與《滇考》合爲一編。《滇考》專録典章,《小記》博搜神異,會而觀之,即以是爲滇之内外篇也可。"

《黔小記》四卷曹樹翹撰,未梓。

《苗蠻合志》三卷曹樹翹撰,未梓。

## 子　　部

### 醫　家　類

《應驗方》一集曹垂璨撰。

《萬全備急方》兩集曹垂璨撰。前《志》有。新《志》云:"其書係吴畮王翊輯,垂璨鑒定并序,以梓行故,删兹録之以備考。"

### 藝　術　類

《壽石齋題畫録》曹樹李撰,未梓。

### 雜　家　類

《覺言録》六卷曹垂璨撰。集古今嘉言懿行成此編。

《科名果報録》曹垂璨撰。

《絳帳遺規》曹樹真撰。

### 道　家　類

《焚餘漫咏》曹煐曾撰。自叙云:"年四十外,留心道典,遇穹窿煉師胡雲廬先生傳度,派名元洪。

復授職張真人門下，將富貴利名貪嗔癡愛，以及從前所草艷詞綺語一切焚毁，自號焚餘，著《野鶴》詩四章以見志"云云。婁東唐孫華、同郡焦袁熹序之，并附像贊及跋語甚多。

# 集　部

## 別　集　類

《經明閣稿》曹六龍撰。

《五石山房全集》曹垂璨撰。

《片玉齋集》曹垂璨撰。

《且閑亭集》曹垂璨撰。

《越游草》曹垂璨撰。

《明志堂集》曹垂璨撰。

《尺牘心聲》附《雜藝篇》，曹垂璨撰。

《茶隱居小草》曹垂星撰。

《容安居藁》曹煌曾撰。

《石倉世纂》曹錫黼輯，即以下五種。

《道腴堂詩集》四卷曹煜曾撰。《文淵閣存目提要》云："《石倉世纂》之第一種也。煜曾爲董俞弟子，故其詩聲律格調頗有師法。"

《放言居集》六卷曹炳曾撰。《文淵閣存目提要》云："《石倉世纂》之第二種也。與煜曾格律相近。"

《長嘯軒詩集》六卷曹煐曾撰。《文淵閣存目提要》云："《石倉世纂》之第三種也。專學晚唐，以纖麗自喜。"

《四焉齋詩集》六卷曹一士撰。《文淵閣存目提要》云："《石倉世纂》之第四種也。"

《四焉齋文集》八卷曹一士撰。《文淵閣存目提要》云："《石倉世纂》之第五種也。其論文之旨，謂古[人](文)之所以爲古者，乃意義之古，非詞句之古。有明潛溪、遵[巖](嚴)、荆川、震川，其文詞之近時者甚多，不以此損其古意。于麟、元美，字句之古，幾于無一不肖，而終與古遠。觀其持論，可以見其宗旨矣。"

《濟寰詩鈔》曹一士撰。附子錫端，姪錫寶、錫黼、錫辰之作。

《同蘭館詩》曹培源撰。兼精繪事，採入《四庫全書》。

《劍亭初藁》曹錫寶撰，并見《古雪齋集》。

《丁戊詩存》曹錫寶撰，并見《古雪齋集》。

《木蘭草》曹錫寶撰。驤按：《木蘭草》詩共百首，係劍亭公自序，余少時曾見之。其刻入《古雪齋集》者僅四十六首。

《容圃吟藁》曹錫寶撰，并見《古雪齋集》。

《古雪齋詩集》八卷曹錫寶撰。分《劍亭初藁》《丁戊詩存》《木蘭草》《容圃吟藁》等集，黄之雋、顧棟高序之。然皆爲中書以前所作。前《志》引祝德麟《悦親樓集》云："《古雪齋詩集》十六卷，則《續集》已成，猶未刻也。"驤按：伯祖春林公《譙國文鈔》内載，容圃公猶有未刊全集數十卷，遠在都門，無從搜輯。夫春林公時尚如此，何況今耶！不勝代遠年湮之感矣。

《碧鮮齋詩集》二卷、《詩餘》一卷曹錫黼撰。

《北居詩藁》曹錫辰撰。

《畏壘山人集》曹錫辰撰。《前志》云："棲空上人序，謂不必徵求典故，無非自寫性真。"

《杏花春雨樓集》曹錫璜撰。

《静寄東軒詩鈔》曹錫棠撰。

《醉吟軒藁》曹洪楷撰。《邑志》據《府志》補載"洪謨"，誤。

《宜雅堂遺集》四卷曹洪梁撰。

《梅莊詩鈔》曹洪業撰。

《十七峰間閣藁》五卷曹鴻翥撰。

《衣德堂藁》曹鴻翥撰。

《需人詩鈔》曹洪儒撰。

《和瑞堂詩藁》曹洪志撰，未梓。

《金門詩藁》曹樹奎撰，未梓。

《味經堂全集》二十八卷曹樹翹撰，詩集六卷，文集八卷，外集八卷，餘集六卷，未梓。

《春林尺牘》曹樹翹撰，未梓。

《聽雲仙館詩賦鈔》曹樹原撰。

《保文閣藁》曹樹珊撰，未梓。

《國香居詩草》曹樹杏撰，未梓。

《二香四六》曹樹杏撰，未梓。《邑志》列雜家類，今移。

《咸宜堂詩鈔》曹栄撰，未梓。

《琅軒詩藁》二卷曹耀璨撰。先府君所著詩文等藁，大半遭亂散失，後亦旋作旋棄，不留底藁。今從遺篋故簏中搜得詩若干首，編成二卷，并附《述事略》一卷，餘俟搜羅。

《古照軒詩藁》曹驊撰，未梓。

## 閨秀别集類

《梯仙閣餘課》一卷陸鳳池撰。《文淵閣存目》。舊《志》云:"鳳池自號秀林山人,曹一士室,常愛讀《離騷》,私語曰:'我愛《楚詞》,恐此生不永。'一士贈詩曰:'幽意閑情不自知,碧窗吟遍楚人詞。添香侍女聽來慣,笑説書聲似舊時。'已而果亡。"

《拂珠樓偶鈔》二卷曹錫珪撰。錫珪字采繁,自號半涇女史,一士女,葉承室。《文淵閣存目》。

《晚晴樓詩草》二卷曹錫淑撰。錫淑字采荇,一士女,陸秉笏室。《文淵閣存目提要》云:"承其家學,具有軌範,以性情深至爲主,不規規于儷偶聲律之間。"此本爲梁文莊國治點定,女史蔣季錫序。

《五老堂詩藁》曹錫堃撰。錫堃字采藻,亦一士女,陸秉笏繼室。

《效颦集》葉金支撰。金支字秀華,鳳毛女,曹錫辰室。

《安神閨房集》葉金支撰。

《谷香詩鈔》陳蘭徵撰,曹樹烈室。

《憶萱室詩草》朱德芳撰,未梓。德芳字茝生,曹樹杏繼室。仁和宋咸熙《耐冷譚》云:"朱德芳字茝生,上海明經芾齊公女。幼承庭訓,聰穎過人,詩筆清婉,早著芳聲。歸曹二香廣文爲繼室,琴瑟静好。著有《憶萱室詩》若干卷,可想見其孝思之篤。今録其十之三、四,不禁悲從中來矣。"

## 總　集　類

《古文軌範》曹一士評校,雲間張芳、孫芷林梓行。

《古詩唐詩約選》曹錫寶輯。

《海上詩鈔》九卷、《初續詩鈔》二卷曹錫辰輯。是編雖僅一邑,而上海文獻可藉以傳。

《唐詩七言律選》曹錫辰撰。

《三家合選》四卷曹樹翹輯鮑明遠、徐孝穆、庾子山三家,未梓。

《賦學津梁》曹樹翹輯,自周至國朝百篇,古今體並載,未梓。

《譙國文鈔》曹樹翹輯,未梓。自序云:"溯家集之原,自國朝爲始,閲十八月,得四十卷,門分類别,文體悉協于和平,綱舉目張,名次悉依乎昭穆。"

《國朝賦綜》曹樹翹輯,未梓。自序云:"自館閣以至試卷、行卷,共得三千餘首,依《賦彙》門類,編次百四十卷。今約選五百餘首,分四十卷。"

《皇朝賦典》曹樹翹輯,未梓。自序云:"首登館閣,非盛世之事不傳,次及膠庠,惟聖代之題始録,賦閲千篇,文編廿卷。"

《今四六題》曹樹翹輯,未梓。

## 詞曲類

《竹香亭詩餘》曹垂璨撰。

《采韻詞》曹垂璨撰。

《清輝閣詞》曹鼎曾撰。

《長嘯軒詞》曹煐曾撰。

《尺木居詞藁》曹培鯉撰。

《花灣詞》曹錫寶撰。驤按：春林公《譙國文鈔》内載此藁，亦在都門，故竟從闕云云。惜之今未知存否也。

《半涇園詩餘》曹錫端撰。

《無町詞餘》曹錫黼撰。

《四色石》曹錫黼撰。舊《志》有，前《志》以傳奇故删。兹爲家集，録存之。

《桃花吟》曹錫黼撰。同上。

## 制藝類

《南叟文藁》曹六龍撰。

《四焉齋文藁》曹一士撰。

《曹氏合族試藝》乾隆末，曹錫黼輯，名《濟陽家業》；曹錫辰輯，名《曹氏制藝》；嘉慶末，十世孫樹真續輯，名《歷試合藁》。今邑志載名《合族試藝》，從之。

《曹鴻書時文》曹錫寶撰。

《近科直省考卷穆如集》曹錫端輯。

《宜雅堂文藁》曹洪梁撰，未梓。

《需人文藁》曹洪儒撰。

《牧堂文藁》曹樹藩撰。

《十家文鈔》曹樹翹輯吴鳳來、徐長發、管世銘、顧禮琥、劉鳳誥、丁大松、謝麟書、李錫瓚、錢銑、曹洪梁十家，未梓。

《琅軒文藁》曹耀璨撰，未梓。

《右楣存草》曹耀鑾撰。

《古照軒文藁》曹驊撰，未梓。

## 詩文評類

《賦苑叢談》曹樹翹輯，未梓。采正史及諸家雜録所載説賦者，分爲六門，編成二十四卷。

## 附刊輯他家别集

《山中白雲詞》曹炳曾輯，舊《志》載。

《袁海叟集》同上。

《雲間二韓詩》同上。

《倪雲林清祕閣集》曹培廉輯，舊《志》載。

《趙文敏松雪齋集》同上。

## 金石類附

《曹泰曾循吏傳》黄山布衣宋和撰，婁縣張文敏照書。

《曹孺人墓志銘》同上。

《曹劍亭墓志銘》朱文正珪撰，劉文清墉書。

《曹氏宗祠碑記》婁東唐孫華撰，吴興趙孟頫書。

《重修宗祠碑記》曹樹杏撰，長洲丁士淳書。

《籍田賦石刻》曹耀翔書，藏咸宜堂。

# 跋

上海曹氏裔，出宋樞密使武惠王彬後。明成化間，始自蘇之嘉定遷居滬城。先世業醫，有三次還金之德。至啓、禎間，四世孫六龍首登府庠。順治丁亥，五世孫垂燦成進士。其後科第繼起，軒冕蟬聯，歷十二傳而不絶。門第之盛，爲海上諸族冠。同治間，其十二世孫驤慮先世手澤之散佚，乃有《曹氏書存目》之輯，頃得其原刻本，悉所輯頗多，縣志所未備，因爲付刊，以見曹氏一族人文之盛。驤字潤甫，邑庠附貢生，嘗隨使英、俄，著有《壽萲堂詩文集》《憶椿居小草》《潤甫年録》，刻有《封海禁口論》《孝經儒行合編》《英字入門》等書。

上海通社識

上海市教委科研創新項目重點項目（項目編號：13ZS095）
本書由上海文化發展基金會圖書出版專項基金資助出版

張劍光　主編

# 上海史文獻資料叢刊

【第一輯】

下

上海交通大學出版社
SHANGHAI JIAO TONG UNIVERSITY PRESS

# 華亭百咏

許尚 撰
王淑玲 整理

# 整理説明

《華亭百咏》一卷，宋許尚撰。許尚，自號和光老人，華亭（今上海松江）人，生卒年不詳，但宋寧宗慶元時仍在世，生平事迹無考。

《華亭百咏》編撰于南宋孝宗淳熙年間，許尚以華亭古迹，每一處作一絶句，共作詩百首，輯録成一卷。《華亭百咏》幾乎涵蓋了華亭地區所有的名勝古迹，如顧亭林、白龍洞、三女崗、崑山、佘山等。《四庫全書總目》認爲凡吊古的詩作，"大抵不出今昔之感"，許尚的詩由于主題比較集中，自然也存在這個問題，格意"多複衍"。厲鶚編《宋詩紀事》時只採録了其中的十首，原因就是"以其罕適新警故也"。不過許尚的詩總體而言格調"措詞修潔，尚不失爲雅音"。全書一百首詩作中，共有七十一首詩前作注，所注雖簡，但内容有較高的參考價值。華亭古迹，由于年代久遠，大多已經湮滅，而許尚詩的記録，"尚足備志乘之參考"，因而對研究古代上海地區的風土、人情、古迹而言，具有很高的資料價值。

《華亭百咏》現存常見的版本，爲清乾隆年間編纂的《四庫全書》本。莫友芝《郘亭知見傳本書目》卷一三談到《華亭百咏》一卷，"《四庫》依抄本"。此外還有民國年間上海商務印書館編輯的《叢書集成初編》本，民國李之鼎輯刊《宜秋館匯刻宋人集》的丙編中也收有此書。這次整理，我們以《四庫全書》本作爲底本，個别文字校以《宜秋館匯刻宋人集》本，書前的《四庫提要》仍加以保留。因整理者能力有限，書中不免有失當之處，懇請廣大讀者批評指正。

王淑玲

# 目　録

正文 …… 504
四庫書目提要 …… 515

# 華亭百咏

宋　許尚　撰

## 顧亭林

旦暮潮流急，東西逕路斜。
無從質疑字，共屬野王家。

## 顧府君宅

即顧亭林雲寺祠堂。

蕭蕭蘭若地，知是府君居。
祠事今誰奉，吾來一歎吁。

## 東菴異迹

在顧亭林菴中，有忠烈公像。近歲忽地裂數尺，中有風濤聲，以物探之，則應手火起。

地脉風雷吼，人疑湧海潮。
將軍英爽在，何物敢興妖？

## 金山

激浪聞澎湃，山神陰力多。
風濤歸指顧，海若敢誰何？

## 安公像

昔有僧沈海而死，肉身尚存。

浮鉢來滄海，皤然厭世塵。
補陀崖畔月，長照定中身。

## 寒穴泉

濆湧懸崖下，泠泠注不窮。
將期挹甘冷，弱水漸難通。

## 蘇州洋

又名金□□南舶欲入華□□□□此亭者必□□放蘇州洋蓋□□□□屬處舊蘇州。

已出天池外，狂瀾尚爾高。

蠻商識吴路，歲入幾千艘。

## 華亭谷

府南三里，入松陵。

瀰漫連迥野，潮汐往來頻。

慣識松陵路，重來不問津。

## 八角井

浚極疑無底，豐稜定有因。

沈沈中夜月，照影屬何人？

## 陸機茸

在谷東，吴陸遜生二孫，常于此遊獵。今名桑陸，又名吴王獵場。

二陸爲童日，驅馳屢忘歸。

至今桑柘響，禽鳥尚驚飛。

## 柘湖

展武沈淪後，波澄一鑑明。

桑田復更變，觸目揔柴荆。

## 秦女祠

狼秦崇苛政，有女亦蒙冤。

欲弔興亡事，神應恥重論。

## 唳鶴湖

洗蕩雲間路，瀰淪一水深。

月光零露重，遥聽九皋音。

## 三女岡

三殯知無有，香魂計已銷。

頻來吟楚些，歲久若爲招。

## 金山城

府南八十五里。《舊經》云："昔周康王東游鎮大海，故築此城。"

治盛周康世，東游豈信然。

城闉亦隳廢，門諜漫相傳。

## 前京城

府南八十五里。《輿地志》云："本海鹽縣，以地近京，故以爲名。"

廬落皆無有，依稀古堞存。

登臨認遺迹，林莽暮烟昏。

### 崑　山

歲久阡原變，平時草木深。
英才没黄壤，舊事不堪尋。

### 陸 機 宅

在崑山。

華第今何在，千年漫有名。
披榛問遺裔，寂莫一傷情。

### 谷　水

短櫂經由處，風披藻荇香。
中宵孤鶴唳，片月印滄浪。

### 秦皇馳道

歎息秦皇帝，何年此逸遊？
迢迢大堤路，千古爲嗟羞。

### 征北將軍墓

即陸禕墓，在崑山，有碑。村人疲于官吏征索，遂碎其碑。

崎嶇尋古隧，衰草隱寒原。
欲讀將軍事，豐碑衹半存。

### 鳳 皇 山

覽德來何代，慵歸丹穴藏。
甘心化爲石，萬歲瑞吾皇。

### 陸 寶 山

府北二十五里。

祕寶封堅石，山靈謹護藏。
欲爲中帑助，時復露光芒。

### 佘　山

祖傳舊有佘氏墓道于此，因名焉。

人與室俱化，陰森松竹寒。
時時見孤鶴，疑此守神丹。

### 集 賢 里

父老云：昔陳、陸諸公居此，因以爲名。

冠蓋游從日，欣然萃一鄉。

田原揔如昨，誰復嗣餘芳？

## 白龍洞

在横雲山頂，下通泖山湖，每風雨夜，有龍出入洞中。

呼吸湖中水，山椒寄此身。

洞門風雨夜，電火逐霜鱗。

## 石魚

雙鯉何年刻，悠然鬐鬣全。

登臨忽懷遠，尺素若爲傳。

## 秀道者塔

在佘山秀昔廬，此山有二虎侍之。後自建塔于山巔，建畢還，積薪自焚，止存碑銘。

辛勤成雁塔，俄赴積薪焚。

静夜耽耽影，疑來護刻文。

## 靈峯菴

在佘山，池皆金砂，後爲昭慶禪院。

路湧金砂地，高人此築菴。

爲詢林下客，妙語與誰叅。

## 芥子菴

林外三椽建，常思憩息時。

莫教嫌迫窄，中有五須彌。

## 泖山

府北七十里，在泖湖之中。

殿閣輝金碧，遐觀足畫圖。

維舟一登覽，誤陟小方壺。

## 三姑廟

在府南柘湖之側。湖中群蛟競鬬，水爲騰沸，獨不入廟中。

神居陰物護，梟闕捍洪波。

莫慮蛟龍怒，年來畏叱呵。

## 蓮巢

在青龍。陳氏疏地種蓮，爲休息之地，今已堙廢。

記得荷香裏，蛾眉唱採蓮。

千年鼉欲總，不見葉田田。

## 鬼　書

在聖果寺。昔常顯異于寺僧，自稱東漢烈士沈光，有書石刻。

壯士爲儒恥，捐軀志所甘。
無名豫青史，幽憤亦何堪。

## 孔　宅

在府北七十五里。昔有孔姓者，游吴居此，因名焉。又云昔夫子所居，忽有先聖□□一碑額曰孔村，人怪而碑之。

廟貌逾千祀，泥封古碣昏。
傳云素王宅，真贋與誰論？

## 崧　宅

府西三十五里。昔晉將軍袁崧居此，因名焉。

疆埸功成後，歸來卜一丘。
當時應種德，名字播千秋。

## 俞　塘

府東五里，往來之舟皆可揚帆。諺有云：“雖有珠千斛，不賣俞塘北。”

延袤三鄉外，東流與海通。
河神屢加意，颿借往來風。

## 鶴　坡

府東七十里，此地出鶴，俗呼鶴窠者是也。

索莫東郊遠，仙禽盡此藏。
夢回明月夜，林杪響圓吭。

## 砂　岡

府東三十五里，南屬海，北屬江，入土一尺，皆螺蚌殼。如是者三所，相傳海上湧三浪而成。豈誠然歟！

千里平砂地，聯通江海湄。
漫傳因激浪，疑是蚌成基。

## 御史涇

在府東。

疏鑿人何在，流功幾世餘。
農氓誦名氏，不數鄭公渠。

### 滬瀆

府西八十三里，即松陵江水，源出太湖，松江之民資灌溉之利。

泛泛松江水，迢迢笠澤通。
萬年知禹力，灌溉有餘功。

### 東堂

以下三咏，並在府治廳事之側。

廳在清閑處，金猊罩寶香。
令君今學道，來此吸朝陽。

### 思齊堂

伊昔絃歌治，能聲著海隅。
升堂想遺迹，勵志欲齊驅。

### 月榭

簷角銜墻固，明疏護翠羅。
公餘秉談麈，竟夕對金波。

### 濯纓亭

府前官亭。

輿梁斜倚處，簷影墜清流。
往往抽簪者，常爲孺子羞。

### 石獸

相傳昔常爲怪，夜則環市而走，遂斷其一足。以下二咏，並府東。

刻鑿知何謂，彌年亦有神。
宵行無足怪，一吼亦驚人。

### 震橋

昔姚庭輝宰此邑，謂主位頗虚，多宜客人，作亭以鎮之，又名虹橋。虹音降。

瓦木明丹堊，初期鎮此方。
石梁今欲圮，尤益富蠻商。

### 小隱園

妝點林泉趣，銷除市井心。
平生跧伏計，到此意偏深。

### 姚將軍廟

本在邑南，宰謂廟門面北不利，土人遂移至縣西以南鄉。以下二十八咏，並在府西。

陰功周邑境，南面固宜然。
毋復論民事，神今憚改遷。

### 趙　店

□□邑之□市東，名趙店，今有神□□□之趙店。

日日黄塵路，喧豗漲市聲。
神靈自安此，不欲變名稱。

### 望　雲　橋

父老云：立橋日適有瑞雲見。因以爲名。

憶昨登臨日，卿雲正四翔。
重來窮目力，天末起祥光。

### 石　幢

望雲橋南。此地昔有湧泉，云是海眼，立幢于上以鎮之。

矻立應千載，傳因海眼成。
蓬萊水清淺，曾不見欹傾。

### 普　照　寺

晉陸機宅，捨爲寺。

高門收畫戟，即此見精藍。
施予恩雖在，緇流絶不談。

### 彌　陀　閣

拄策徐徐上，回環佛頂遊。
九山俱在望，日斷暮烟浮。

### 羅　漢　院

邃宇中何有，台山五百尊。
云何困人力，金像揔塵昏。

### 丁　公　橋

相傳令威由此仙去，又名丁行橋。

令威仙去後，遺迹歎成非。
華表成烏有，何由見鶴歸。

### 雲　間　館

郵亭臨爽塏，宲霤架脩虹。
我亦輪蹄客，心期訪士龍。

### 福順廟

殿宇之上,烏雀不棲。

門垣雖蠹壞,古屋尚深沈。
烏雀猶知避,斯民盍致欽。

### 東嶽行祠

明主東封後,龜蒙望亦尊。
巍然此行宇,時許薦蘋蘩。

### 西庵

陳律師庵。律師常習儒業。

蚤爲儒冠誤,齊心學竺乾。
而今林下塔,夜夜戒光圓。

### 白龍潭

神物幽潛地,滄滄水接空。
不緣嘗應禱,誰識有殊功。

### 昆盧菴

勾氏香火中,有御書閣。

捫蘿通一徑,脩竹蔽中籬。
祇有奎章在,龍神暗護持。

### 西林

林外初晴後,斜陽滿芰荷。
頻來指靈鷲,此去路無多。

### 陸瑁養魚池

即西湖也,今爲放生池。

誰得陶朱術,脩治一水寬。
皇恩浹魚鱉,不復敢垂竿。

### 小湖

西湖之北一灣,名小湖。

獵獵風蒲外,淵淵明月秋。
詩翁浮短艇,弭楫看游儵。

### 湖橋

瀲灩湖光好,荷風六月涼。

倚欄吟不勸，魚鳥亦相忘。

### 唳　鶴　灘

湖之東南隅。

養鶴人何在，湖邊水尚清。
唤回中夜夢，灘上戛然聲。

### 泳　波　亭

在湖中。

吕梁觀已遠，沂水浴應難。
却倚亭前柳，時時照影寒。

### 風　月　臺

舊市舶司吴使所建。

夜静蒲萄皺，雲舒玉鑑涼。
築堂人不見，尊酒暗相望。

### 湖　光　亭

風月亭之西。

日暮蝦鬚卷，亭中雅燕開。
微風起蘋末，波影動樽罍。

### 道　　院

西湖之西，後爲延氏蔬圃。

净宇今何在，唯餘柏色新。
棲棲抱甕者，不是煉丹人。

### 異　　木

舊傳商人嘗夜夢有人自云："吾土地神也。能祭我，令汝宜商。"每歲商人夜半祭之，往往獲其陰助。

蟠根知永遠，曲幹聳蛟虬。
闤賈蒙私庇，年年此薦羞。

### 顯　忠　廟

以下十咏，並在府南。

俯拜祠堂下，遥思弼漢功。
吁嗟孝宣帝，忘德太匆匆。

### 東　　寺

世傳水陸池有龜數枚，聞講經聲，則緣隄而上，罷則復去。

愛此稜伽士，勤脩戒行成。
文黿亦知善，來聽講經聲。

### 證覺院

舊之無礙禪院。

有人明七浄，趮没締良因。
歎惜流風替，誰爲無垢人？

### 棲真菴

仙路多官府，真人未上升。
松窻霜月白，相對誦《黄庭》。

### 柳園

芳草池塘暖，東風桃杏繁。
春歸人亦散，寂寞鎖園門。

### 陸四公廟

又名陸司空。

晉傑云亡久，嘉名未遽湮。
嚴祠坐遺像，猶解福吴民。

### 南庵

堂壁有六祖畫像。

施水功成後，耽耽梵宇深。
升堂瞻貌像，默會祖師心。

### 姜庵

陰曀楸梧裏，烏鳴落日中。
九原人不作，明贊亦何功。

### 望仙橋

鶴駕乘風去，千年竟不歸。
石梁憑望處，空復白雲飛。

### 三洞庵

句曲山頭客，遨遊到市塵。
星冠頂霜月，夜半正朝真。

### 浄居院

昔馬者、法寧住此院，故俗又呼爲馬者庵。後法寧弟子亦住此庵。

明眼知何在,山門久寂然。
宗風未淪替,還喜一燈傳。

## 冰　檗　菴

王道所居。

鳧舄棲遲地,池流一逕斜。
先生久清苦,不肯競紛華。

## 圓　珠　菴

定回人寂静,繞鼻碧蓮香。
却認循簷月,摩尼發夜光。

# 四庫書目提要

《華亭百咏》一卷，宋許尚撰。尚自號和光老人，華亭人，其始末無考。是編作于淳熙間，取華亭古迹，每一事爲一絶句，題下各爲之注。然百篇之中，無注者凡二十九，而其中多有非注不明者。以例推之，當日不容不注，殆傳寫佚脱歟？弔古之詩，大抵不出今昔之感。自唐許渾諸人，已不能拔出窠臼。至于一地之景，衍成百首，則數首以後，語意略同，固亦其所。厲鶚作《宋詩紀事》，僅録其《陸機茸》《三女岡》《征北將軍墓》《顧亭林》《白龍洞》《俞塘》《普照寺》《陸瑁養魚池》《唳鶴灘》《湖光亭》十首，亦以其罕逢新警故也。然格意雖多複衍，而措詞修潔，尚不失爲雅音。所注雖簡略，而其時在今五六百年之前，舊迹猶未全湮。方隅之所在，名目之所由，亦尚足備志乘之參考。在詩家，則無異于衆人。在輿記之中，則視後來支離附會者勝之多矣。

# 静安八咏集

釋壽寧　纂
王淑玲　整理

# 整理説明

《静安八咏集》一卷，釋壽寧纂。壽寧，字無爲，號一庵，上海人，元代高僧，生卒年不詳。元末壽寧住持静安寺，以詩名于世，晚年編成《静安八咏集》，並請楊維禎作序。

静安寺風景獨秀，壽寧將静安的風景吟爲“静安八景”，名噪一時。“八景”分别爲：三國時所立“赤烏碑”、南北朝時所植“陳朝檜”、因神僧智嚴異行而流傳的“蝦子禪”、南宋仲依所建“講經臺”、東晉遺存防禦海寇的“滬瀆壘”、石佛寺中突沸的“湧泉”、淞江古渡口“蘆子渡”、壽寧所居的“緑雲洞”。壽寧在“緑雲洞”外種植了很多檜竹桐柏，邀群賢作詩，與之唱和，文人的題咏讚美歌辭被壽寧彙集，遂編纂成《静安八咏集》。書流傳後，影響很大，使得静安寺美景聲名遠播。

《静安八咏集》現存常見版本有清嘉慶年間吴省蘭的《藝海珠塵》本，民國年間上海商務印書館《叢書集成初編》就是根据這個版本印行的。此次整理，我們即以《叢書集成初編》本爲底本進行標點。限于能力，標點不免有失當之處，懇請廣大讀者批評指正。

王淑玲

# 目　録

序 …… 520
静安八咏事迹 …… 521
正文 …… 523

# 序

晋沈約築樓東陽，有《八咏》，後人宗之，有《瀟湘八景》《西湖八咏》。吴淞寧師以古歌詩名東南，今老矣，承編《静安八咏》成帙，持以見東維叟，曰："先生用漢魏樂府辭，録古史，寧不敏，先生方外友也，僭以騷人辭，成兹八咏：一曰吴碑，二陳檜，三鰕禪，四經臺，五滬壘，六湧泉，七蘆渡，八則續以寧之緑雲洞也。好事者將刻梓以傳，幸先生評而敍之。"余于是披閲諸和章中，如貢宣城《滬壘》，成廣陵《經臺》，鄭遂昌《雲洞》，楊山居《陳檜》，王逢之《滬壘》，馬弓之《鰕禪》，韓壁之《滬壘》，錢岳之《陳檜》《湧泉》，唐奎之《鰕禪》《經臺》，余寅之《滬壘》，顧彧之《經臺》《雲洞》，釋蘭之《陳檜》《滬壘》，陸侗、趙覲、孫作、張昱之《蘆村》《滬壘》《湧泉》，微辭奥旨，皆有起余者。牽聯成集，孰曰不可？

會稽楊維楨廉夫敍

## 緑雲洞志

淞東北去九十里支邑爲上海。邑之陰，古伽藍曰"静安"，建自孫吴赤烏年。古迹有七，曰吴碑、陳檜、滬壘、湧泉、蝦禪、土臺、蘆花村。今主僧寧，治丈室，兩旁雜植檜竹桐柏，積十年而所植林立，交菁錯翠，如蔚藍天。又自號曰緑雲洞。洞以續古爲《八咏》成，持以見東維叟，乞一言以序其首。吾聞漢殿有三雲，唐詩人有梨花雲，類皆託名于雲者。師之丈室，亦託于雲者耶！是雲也，非浮烟幻影，突立人境，而脱去刧灰寇斧，如在弱水三萬外，非師之福德雲耶。福德雲，出《隋書》。彼引領歔欷于嵩山之南，卒不獲逭，占氣于蹲狗走鹿，而訖保身，師之緑雲，謂福德非耶？吁！如彼慈雲，蔭浮世界，此佛氏心也。師能爲我叩蝦痴衲，海萌生亡聊，不翅涸地縞帶，食者梗咽而吐，亦可再甦以還負版否？更爲我釃酒海濤，弔虞將軍衮海者，二十年盪覆我邊堧水仙而去，五百人果無再聚洲島如田客者否？師曰："吾静者也，烏知許事。"乃取洞雲琴，歌《洞雲操》曰："火流空兮折荆枝，塵漲天兮篷不可支。依我洞兮緑下垂，緪我緑綺兮操青霞以爲辭。華山兮希夷，吾與汝兮來歸。"并録爲志。

至正甲辰夏五月二十日書。叟者，李忠愍公榜第二甲賜進士出身會稽楊維禎也。

# 静安八咏事迹

吴興錢熹德鉉述。

### 赤　烏　碑

孫吴赤烏中，天竺康僧會始入建業，刱寺曰建初。華亭繼有重玄，勒碑紀事。宋祥符間，敕名静安。至嘉定，依師以址薄江，遷是地，碑未徙而水嚙没之。

### 陳　　檜

檜，陳禎明中，藝寺之殿墀。唐陸龜蒙、皮日休有《重玄雙檜》詩。宋政和間，媚臣朱勔圖以進徽廟，遣使求之。暴風雨，雷震拔其一，留其一。寺遷，復移植之，今存者是。

### 鰕　子　禪

師諱智儼，性散逸，人或誕其爲，弗敬。一日赴胥村大姓會，會渡江，值漁者，迺貫鰕一斗，掬水啖之。約酧以施貲，弗獲，漁者怒，仍吸水吐活鰕還之，人皆驚異。越七日，趺坐而逝，肉身不壞，齒髮如生。會兵難，神變而去，世名"鰕子禪"。

### 講　經　臺

宋嘉定間，仲依師既遷寺，築土臺，日夕趺坐，露誦梵典，裒衆講習。至淳祐，忽示寂，塔其骨于臺之陰，而臺址猶存。

### 滬　瀆　壘

按《吴郡志》，松江東瀉海，而靈怪者曰滬瀆。瀆有禦滬壘，晉吴内史虞潭嘗脩之。又按《通鑑》，晉隆安四年，袁崧爲郡復新之，以禦孫恩，地居今寺之艮方。

### 湧　　泉

泉在寺之昜，廣袤者半尋，湆若温泉，突沸猶火鼎，俗呼爲沸井。有亭翼然其上，初依師將遷寺，以爲龍湫，遂定厥址。凡歲旱，禱于泉輒應。

### 蘆　子　渡

寺之乾維，舊有蘆子二城。東城延袤萬餘步，有四門，盡嚙于江。西城差小，遺址猶存。渡淞江者必由是取道，故名。

## 緑雲洞

緑雲洞者，寧師栖息所也。檜竹桐柏環植廬外，其層陰疊翠，落人衣帽，游者疑爲華易小有之境。趙湖州嘗書顔之，提學楊會稽爲志云。

# 静安八咏集

元　釋壽寧纂　壽寧，字無爲，號一庵，俗系佚，上海人。元末，住持静安寺。

## 貢師泰　字泰甫，號玩齋，宣城人。

### 赤烏碑

落日下石壁，秋聲響松枝。駐馬問老僧，何謂赤烏碑？豈昔四百寺，東吴首刱兹？適當黄龍際，乃繫赤烏時。斷碑久堙没，歲月勞爾思。深慙十州牧，恢復未有期。評曰：結亦忠厚。

### 陳檜

山中兩檜樹，峙立當左右。雲迴蛟龍蟠，雨暝鬼神守。枝葉多再生，質理皆左紐。秋風落蒼雪，歲月哀白首。嗟嗟刱業人，永歎禎明后。莫説禎明事，臨春正花柳。評曰：結甚佳。

### 鰕子禪

嘗觀《高僧傳》，心異鰕子篇。今游静安寺，目擊蝦子禪。老禪真得道，迥然息萬緣。聊復示幻化，遂奪造化先。秋風響幽壑，逸思淩雲煙。自憐非槁木，憂世常悁悁。

### 講經臺

淞江下落日，微行講經臺。異香與靈響，颯沓松風來。奇句。人生固大夢，天地餘刼灰。功名亦何物，徒使身後哀。評曰：誦之愴然。卓然依禪師，刱業何崔嵬。只今講經處，天花滿蒼苔。

### 滬瀆壘

避難吴淞江，出游滬瀆壘。世道苦變更，形勢總隳圮。我懷晉外臣，孰似袁内史？深慚盛時守，無策正邦紀。日暮仰北辰，天寒一星紫。尚想白登圍，無言淚如水。評曰：非此老無此言，忠義之氣，鬱然動人。

### 湧泉

江頭石佛寺，中有湧泉亭。亭虚鳥雀聚，水古虹霓腥。元氣傾地脈，汩汩不暫停。初疑蟹眼沸,復似冰花零。常聞有神龍,深卧潛炳靈。何由作霖雨,九夏清炎蒸。

### 蘆　子　渡

我游蘆子渡,步入蘆花村。村深野色静,江白天光呑。鳴鴻夜嚦嚦,宿鷺朝紛紛。飛花亂香雪,還思費公言。東南風塵裏,乃有此地存。永憐澄清志,嗒然欲銷魂。

### 緑　雲　洞

聞道赤髭僧,深居緑雲洞。被服青霞裾,朗誦金仙頌。緑雲三萬匝,白日光如汞。地闢給孤園,俗鄙醯雞甕。群仙集百草,乃是天龍種。還知人間世,黄塵十年澒。

## 成廷珪 字元章,廣陵人。

### 赤　烏　碑

盧涇水入大江馳,巋立重玄舊有碑。一去黄旗連紫蓋,幾回白馬過青絲。沈淵恨少中郎識,打字翻無薦福悲。水客不知前代迹,月明涼夜漫歌詩。

### 陳　　檜

千年老檜上青霄,三閣花飛不動摇。香骨自來盤左紐,苦心未忍棄前朝。蛟龍並立江雲黑,鸞鳳雙啼海霧消。想得龜蒙題咏處,殿頭風雨正蕭條。

### 鰕　子　禪

儼師示化當年事,先吐胸中一斗蝦。玉色尚餘真舍利,金襴不見舊袈裟。三生吹斷秋風夢,百結開殘夜雨花。雙樹日斜龍象去,沙彌空奠趙州茶。

### 講　經　臺

聞道前朝講經者,七十露坐青蓮臺。雨餘海客化龍去,夜半山精騎虎來。好句。天風蕭蕭貝葉動,白月皎皎曇雲開。妙句。自笑江湖倦游客,幾時欲築讀書堆。評曰:八句得名,非偶然也。

### 滬　瀆　壘

重玄寺後滬瀆壘,秋色荒涼地尚靈。鬼哭夜寒陰雨入,雁啼天黑水雲腥。好句。將軍經制名空在,内史孤忠血自青。老我一雙經歷眼,西風隨處泣新亭。評曰:悼古傷今。

### 湧　泉

聞説依師卓錫泉，長年洶湧梵宫前。沸波出海深無地，泡眼吹雲小有天。評曰：亦是佳句。孝子每看雙鯉出，妖奴曾報獨龍眠。有時白氣如絲上，化作甘霖散入川。

### 蘆子渡

舟泊東吴野水涯，秋容兩岸白鷗沙。四更落月翻銀海，十里晴雲吹乳花。好句。孝子經游收作絮，老禪歸去踏成槎。風塵滿地衣冠盡，留得江村隱者家。

### 緑雲洞

滬瀆城南古道場，洞天深處緑雲涼。雨昏不辨琅玕色，日轉都成翡翠光。春水滿溪鰕子活，午陰當户鳥聲長。華陽老客家何在，擬伴高僧坐石牀。

## 楊　瑀 字元誠，御賜山居道人。

### 赤烏碑

神僧闢寺赤烏年，紀績曾聞石上鎸。千載山陵幾遷變，行人空送打碑錢。

### 陳　檜

殿前雙檜鬱龍蛇，翠雨溟濛鎖緑霞。不逐後庭花片落，托根却在梵王家。評曰：可見此老志節，非與紛紛者同日而語哉！

### 鰕子禪

涼月空山照寂寥，鰕禪神化獨逍遥。吴淞千古依然在，一曲漁歌半夜潮。

### 講經臺

高僧昔日講經處，人去臺荒草木閑。華表不歸千載鶴，至今遺迹鎖空山。

### 滬瀆壘

袁公孤壘大江邊，露白江空月滿天。過客不堪重弔古，英靈中夜泣荒煙。

### 湧　泉

一勺温泉湧地靈，碧溪日夜散寒星。似疑海底蛟龍窟，六月涼生石上亭。

### 蘆子渡

路入西風十里秋，月明飛雪下汀洲。闗山著處皆戎馬，容得山人不繫舟。評曰：此詩頗有興趣，亦佳。

### 緑雲洞

緑雲洞裏緑雲深，翠竹蒼梧日夜陰。記得曾游借禪榻，天風滿送海潮音。

## 鄭元祐 字明德，遂昌人。

### 赤烏碑

鼂趺螭首立重玄，淪落蛟龍百尺淵。大手似聞皇象筆，老僧空記赤烏年。

### 陳檜

花飛三閣竟蕭條，萬木江南一夜凋。獨有禎明纓絡檜，霜皮剥落氣摩霄。

### 鰕子禪

名緇神異肯吹沙，鉢裏蜿蜒噴浪花。漂海不隨鰕國去，渡江還爲老漁賒。

### 講經臺

東土高僧大夢回，講經猶剩雨花臺。天龍去盡香雲散，滿地松陰長石苔。

### 滬瀆壘

東吴内史晉長城，滬瀆千年壁壘平。莫向月明悲往事，即今滄海已塵生。悼古傷今。

### 湧泉

湧泉亭子小冰壺，老蚌胎寒露濺珠。只許鮫人弄明月，懶隨龍叟澤焦枯。不凡俗。

### 蘆子渡

吴淞古渡水如煙，十里蘆花雪滿天。一葦可航還自許，老僧應不泛虚舩。

### 緑雲洞

長松鉅竹翠敷腴，爽氣清含雨露濡。不異茅君主勾曲，尚容元結隱猗玗。

## 王逢 字原吉，號席帽山人，江陰人。

### 赤烏碑

碑存赤烏年，僧指青燈夜。風雨寒蕭蕭，黄旗儼來下。評曰：詩人善想像。

### 陳檜

故國空蚯蚓，老檜餘纓絡。根地終系陳，不與庭花落。是紀句。

### 鰕子禪

神僧聊示現，俗眼爲驚睤。水净天空雲，何緣同一莞？

### 講經臺

縹帙白象籤，金書貝多葉。稍披四句偈，已斷七枝葉。

### 滬瀆壘

水怪移象罔，野火飛熠燿。丈夫殉節榮，足見呼英玅。

### 湧泉

甘香蟻邱漿，清涼金莖露。一勺遍大千，天龍不敢吐。

### 蘆子渡

秋風兩岸著，野水千家遶。隻履自東歸，零亂霜天曉。句好。

### 緑雲洞

龍歸驟覺寒，雞遠不知午。長年四簷陰，飀飀竹疑雨。評曰：自有餘韻。

## 釋壽寧 字無爲，號一庵，上海人。

### 赤烏碑

佛法闡兮重玄，國江東兮紀年。翠壁立兮高碣，瞰波濤兮硉矹。龜龍剥兮皇象書，千載一日兮傳赤烏。

### 陳檜

雙檜兮蒼蒼，藝重玄兮禎明。叶芒。蛟龍樛兮偃蹇，接葉蕤兮翔鳳凰。皎璚樹兮璧月夜流，望臨春兮使我心憂。評曰：騷人感慨。

### 鰕子禪

若有人兮慧如癡，啗生鮮兮俗見嗤。日而出兮暮而歸，亡寒暑兮亡渴飢。鰕既化兮鰕活而飛，千秋萬歲兮人是非。

### 講經臺

有美人兮滬之渚，徙神宫兮在蘆野。叶序。築高臺兮壘土，天花繽兮如雨。倏奄没兮谷成陵，蹇子之仍兮績乃成。評曰：多少涵蓄，也見後人不負山門。

### 滬瀆壘

築滬兮防海，叶喜。蘆之東兮滬之水，崧潭兮千秋。故壘巖巖兮枕江之流，風淒淒兮竹蕭蕭。叶評曰：朱絃三歎有餘音。

### 湧泉

坤之機兮下旋，湧吾水兮泡漩。一氣孔神兮無爲自然，吁嗟泉兮何千萬年。評曰：八題之中，此題爲悟道之題，坤機下旋，便説得湧泉活潑潑地，一氣孔神，又見寧之祖教滅而又不滅者。

### 蘆子渡

蘆瑟瑟兮水溶溶，望美人兮袁之崧。雁嚦嚦兮心忡忡，眺東城兮江之中。吾將踏葦兮歌清風。評曰：七縱七擒手看用事。

### 緑雲洞

萬樾兮森森，雲承宇兮陰陰。洞有屋兮雲無心，我坐石兮鼓瑶琴。耶之溪兮華之巖。叶今。雲之逝兮吾將曷尋。

## 韓　壁 字壁翁，饒州人。

### 赤烏碑

斷碣餘蒼蘚，高文記赤烏。浦深春水闊，天遠野雲孤。

### 陳檜

重玄古吴刹，雙檜尚陳時。悵惘臨春樹，秋風一夜衰。

### 鰕子禪

神僧兹遁迹，妙理自幽探。鰕子升雲漢，天花落寶龕。

### 講經臺

蓮葉石臺古，貫花金字封。座空人已去，護法有天龍。

### 滬瀆壘

山暝蒺藜黑，天寒燐火青。將軍身没後，衮海青蛟腥。評曰：五字老辣。

### 湧泉

光摇星彩亂，聲散雹珠圓。不爲將軍拜，玄機極後先。評曰：五字有餘，妙句。

### 蘆子渡

明月滿汀雪，西風兩岸秋。棹歌江上發，思與老禪游。

### 緑雲洞

竹雨曉蒼霽，松風陰碧圓。道人禪定處，神在蔚藍天。

## 唐　奎 字文昌，晉陽人。

### 赤烏碑

河水初潤瓠子決，東吴滬瀆復漫泄。重玄不見赤烏碑，悵惘波臣心欲折。玄龜抃舞蒼龍飛，江頭落日楓林稀。誰云杜公兩石在，安知陵谷千年非。評曰：句語超。

### 陳檜

禎明老檜高百尺，十畝蒼寒浸苔石。虬枝偃如東向松，霜皮慘若西來柏。金陵王氣當時誇,落日江村啼亂鴉。璧月滿天清夜静,玉簫吹落後庭花。評曰:一結尤見作手。

### 鰕子禪

誰云儼師示化所,餘香未絶天花雨。痴禪狡獪悉共知,嚼碎紅鬚化龍舞。評曰:鰕句有點丹神奇。痴禪化去蝦亦存,至今法門無盡燈。風雨幾度驚山靈,庭前柏樹猶青青。

### 講經臺

師遺臺石蒼苔厚,兔葵燕麥生禪肘。三字奇。當時公享七十年,石丈人中誰肯首。善調亦自好。我來作志寫長文,可歎昔人諛墓金。自喜文章如謝朓,湼槃重問遠東林。評曰:自高妙不妨。

### 滬瀆壘

吴淞江上袁公壘,千年何處尋遺址?石犀半落江水中,秋老蘆花三十里。五百馬塵今尚飛,啾啾赤子將安歸。月明古堞急鼓鼙,孤臣有淚空沾衣。評曰:書生憂國憂民,語有足感動人者,萬古而不磨。

### 湧泉

寶積湧泉泉已竭,重玄湧泉常汩汩。圓花深泡點波濤,亂撒摩尼走明月。大旱臨泉呼老龍,禱天愁殺桑麻翁。爲翁汲泉作霖雨,小泉一滴飛龍駿。

### 蘆子渡

耶城東來蘆子渡,萬頃蘆花失江路。明月清秋作雪飛,村中不見將軍墓。只今海内風塵昏,移家來就漁樵論。處處桑麻有閑地,紛紛桃李傍公門。評曰:亦有感慨。

### 緑雲洞

海村古洞雲連霧,洞門春曉松花雨。寒緑風生玉兔房,團光露濕金雞樹。隔林鳥聲無處尋,空堂答響如敲金。緑雲仙人解招隱,我欲避世投冠簪。

## 馬弓 字本勁,會稽人。

### 赤烏碑

江勢今從别處回,斷碑無復舊崔嵬。要知三國當時事,須信重玄此日開。凍折龜趺春作夢,爛侵魚腹夜生哀。鸞停鵠峙何由見,除是波神許載來。

### 陳檜

古木凌空百尺過,根蟠如石鐵爲柯。濃陰不礙金蓮座,虚籟猶傳玉樹歌。倦客解衣頻徙倚,老禪卓錫定摩挲。雲門寺裏梁朝柏,身上苔痕想更多。評曰:金蓮座、玉樹歌,誠爲確對。

### 鰕子禪

孤碣峨峨志儼師,食蝦還念活鰕時。塔藏白雁無新土,松偃蒼龍有舊枝。鯉物解令脩浄土,皮囊還是放生池。夜深風漾沙頭月,猶覺蜿蜒走碧漪。

### 講經臺

築臺岌嶪爲翻經,僧去臺空土自靈。獅子九頭從此坐,天龍八部昔曾聽。寶花盡向空中落,碧蘚猶遺雨後青。悵惘依師無復見,一龕燈影散秋螢。

### 滬瀆壘

千年孤壘大江湄,潮齧長壕地轉危。空憶旌旗屯虎旅,但聞簫鼓下龍祠。弩牙時共蒲牙出,烽火長隨燐火移。自古英雄俱已矣,行人臨眺不勝悲。

### 湧泉

湧泉亭下湧泉飛,即是人間鼎沸時。吼地不因金虎蹕,灑空還是石鯨吹。好句。一雙白足親曾濯,九曲枯腸疾可醫。安得臨流試新茗,共分秋露滑如飴。

### 蘆子渡

黄浦西來別有村,秋來一色浄無聞。休看神女朝行雨,且對江妃夜染雲。人噫酒醒呼鶴夢,心疑書罷散鵝群。老漁收拾眠晴雪,贏得鷗盟可共分。

### 緑雲洞

洞裏高僧與世違,當門自喜玉成圍。蒼龍每護雙環錫,翠雨時沾百衲衣。妙句。優鉢吐花隨手種,頻伽將影向人飛。桑田滄海無心問,惟見降龍日暮歸。

## 顧彧 字孔文,上海人。

### 赤烏碑

我游重玄寺,爲感赤烏碑。僧康初刱法,吴權必有辭。河山久遷變,制作同棄遺。空成薦福歎,尚念峴首悲。評曰:感慨迭宕。浯溪中興頌,石崖今何爲?評曰:借此題發所藴,非徒作也。

### 陳檜

菀菀雙檜樹,傳聞自陳時。陳時不可信,重此根株奇。下有左紐文,上有再生枝。天寒兩龍角,月白雙鳳儀。空山風吹雨,木客夜題詩。評曰:五字忽轉,老樹精卻從小□來。

### 鰕子禪

道心本無住，幻化亦已空。如何儭禪師，示迹驚群蒙。滄江一斗鰕，生死吞吐中。五字精緊。信有固可恨，苟無豈其朦。吾人尚窮理，佇目江流東。

### 講經臺

我懷依老禪，築臺夜繙經。風清貝葉動，月白雨花零。龍來自髯語，鬼走文貍聽。評曰：十字奇語。百年露遺址，雨冷秋冥冥。人生一大夢，鄙夫幾時醒。

### 滬瀆壘

江迴原野迴，海翻去聲。波濤起。征客期門歸，弔古滬瀆壘。平疇麥草青，澁土箭鏃紫。月黑動北風，寒雁聲在水。評曰：有餘不盡之味。丈夫澄清心，俛仰在萬里。

### 湧泉

冷泉激清寒，亭下常瀰瀰。洑洄蠙珠圓，聲散冰花突。似疑破海眼，無乃活地脈。孝子思出魚，老禪神動錫。我來會冥理，一氣涵太極。

### 蘆子渡

步出蘆子渡，渡轉蘆花村。結交漁樵客，絶迹公卿門。豈無叩角咏，僅有捫蝨論。東家蓄牛羊，西家足雞豚。亂離且避地，何必問桃源。

### 緑雲洞

昔我遊洞中，樹木未輿衛。今我遊洞中，煙霏雜蒼翠。鳥鳴鐘磬答，龍吟風雨會。天花開緑雲，色遍袈裟地。從兹有餘暇，囊琴探幽邃。

## 錢岳 字孟安，吴興人。

### 赤烏碑

名刹高開滄海邊，豐碑新建赤烏年。悲涼斷刻三江底，想像雄□六代前。潮落雁沙看古篆，月明鰕渚弔枯禪。中興賴有周郎記，回首吴陵慘暮煙。周郎謂周弼。

### 陳檜

上方雙檜鬱岧嶤，不逐禎明玉樹凋。雲擁鶴巢溟海暗，火枯龍骨艮宫摇。深根入地應千尺，老榦擎天已十朝。夜半木精聽説法，昔年亡國恨都消。評曰：此章全美。

### 鰕子禪

舉世争傳野衲癡，咱鰕聊復見神奇。十干天子俄驚活，五百聲聞總未知。落日胥村波渺渺，秋風蕭寺草離離。只留千古空龕在，靈迹蒼茫不可窺。

### 講　經　臺

潮打彎碕半欲摧,老禪稱土評曰:二字人未用到處。築高臺。旃檀林下談經坐,舍衛城中乞食回。江月夜摇金篆冷,天風時散寶花來。惟餘石塔殘陽裏,長使登臨過客哀。

### 滬　瀆　壘

袁公築壘吴淞口,廢址猶存滬瀆名。先駐孤軍防險地,已勝痴將假陰兵。濤春海岸喧鼙鼓,雲合江天擁旆旌。豪傑不將成敗論,千年青史見忠貞。評曰:知豪傑之不懼者,其岳乎!

### 湧　　泉

靈火暗通滄海脈,虚亭新構白雲隈。潭心象踏天花出,沙際龍噴石鉢來。滚月浪花翻玉乳,濺空霜沫迸珠胎。亦善形容。我來分得軍持滴,散作甘霖遍九垓。

### 蘆　子　渡

三江南上路斜分,十里蘆花接海門。落日斷鴻迷岸岸,西風飛雪暗村村。赤烏名刹今猶在,金縱殘營久不存。獨立蒼茫弔陳迹,幾回蕭瑟向黄昏。

### 緑　雲　洞

洞裏緑雲三萬頃,毘耶方丈隔雲深。青鸞舞處風生壑,白鶴歸來月滿林。曉色不分天女髻,寒聲都作海潮音。老禪擊鉢哦神句,不覺嵐花滴滿襟。

## 釋如蘭 字古春,富陽人。

### 赤　烏　碑

紫髯奮江左,建業開宏圖。赤髭入吴會,重玄啓浮屠。鼎足久矣折,石年猶赤烏。雄文没淵底,照耀驪龍珠。

### 陳　　檜

昔聞後庭花,今見禎明檜。雙劍列雌雄,每與風雨會。艮岳莫可移,夜挾驚雷壞。至今左紐枝,老氣發光彩。評曰:僧中此郎,不媿鐵門的派,林塘何可到?

### 鰕　子　禪

長懷鰕子儼,有如法華言。混凡人莫識,應供入胥村。斗鰕示神變,生死同一源。影堂見遺像,稽首重玄門。言法華,無人用到,此正切本題。

### 講　經　臺

我聞謝長鬚,翻經築高臺。遠公不可作,依師想重來。五千貝多葉,講誦喧法雷。文字性已離,禪定何時回?

### 滬瀆壘

内史晉袁崧,爲國作藩屏。孤忠禦强寇,不得全首領。滬瀆春草平,血青土花冷。水僊葬重淵,天誅付辛景。亦釋門中果報也。

### 湧泉

神僧卓金錫,撫掌湧泉地。突如漚點圓,怒作湯鼎沸。初疑蚌蛤胎,吐出蛟人淚。陸羽或可招,裹茶試清味。

### 蘆子渡

我行蘆子渡,西風寒日斜。海城有遺堞,黄蘆吹白花。征鴻下荒渚,野鳥依晴沙。逐彼天風去,一葦登海涯。

### 緑雲洞

清風滿壺天,緑雲迷洞户。竹日滿簾秋,松濤四檐雨。閑花落無聲,幽禽時自語。山中古秦民,不知今典午。

## 趙觀 字宗弁,澄江人。

### 赤烏碑

僧來天竺國,寺創赤烏年。碑碣前朝重,文章後世憐。秋風生大野,斜月墮重淵。有待龜龍負,圖書得共傳。此一結,方是作者。

### 陳檜

不識東朝檜,相傳故老言。理文俱左紐,后土自蟠根。氣迴青山瞑,陰寒玉殿昏。何須野王筆,圖畫至今存。用事正切本題。

### 鰕子禪

江頭憶老禪,秋思倍潸然。落日扁舟雨,西風獨樹煙。吞腥真是幻,吐活總成緣。更喜雲仍在,燈燈白日傳。

### 講經臺

高僧講經處,數畝土臺荒。石雨苔花厚,天風貝葉香。神龍時護法,山鬼夜啼霜。想見長松子,高秋落滿牀。

### 滬瀆壘

江上遺荒壘,人傳古戰場。露花朝裛淚,燐火夜流光。□□千年碧,邊雲萬里黄。英雄無復見,獨立思茫茫。

### 湧泉

試看庭前井,長年湧白波。蠙珠跳碧海,象緯没銀河。光泫鮫人淚,聲沈漢女歌。弊裘臨眺客,政爲濯纓過。

### 蘆子渡

蘆花十里塘,野色正荒涼。明月秋無際,西風雪有香。漁郎茆屋小,估客棹歌長。自媿無家別,經行百感傷。雖無意亦自可誦。

### 緑雲洞

小洞緑雲合,空山碧雨陰。竹梧秋瑟颸,松檜夜森沈。水簟琅玕濕,風窗翡翠深。何時謝塵鞅,同理月中琴。

## 余　寅 字景晨,華亭人。

### 赤烏碑

仙苑居群鹿,豐碑紀赤烏。三分遺故國,千載説浮屠。

### 陳　檜

海波浮玉殿,寶網拂珊瑚。座上來聽法,龍精即老夫。評曰:五字善融化。

### 鰕子禪

老禪不解事,眉白髩莖稀。曹溪一滴水,鰕子作龍飛。評曰:與唐奎辭同意。

### 講經臺

飛花掃香雪,古臺生白雲。娑羅雙樹下,人去寂無聞。

### 滬瀆壘

我過袁崧宅,重尋滬瀆津。英雄千載下,遺壘大江濱。評曰:二十字全美。

### 湧　泉

趵突回江脈,跳珠薄梵纓。勿令牛口涴,我耳與俱清。

### 蘆子渡

風冷花飛雪,秋清水到門。醉眠舩不繫,江月浄無痕。

### 緑雲洞

華蓋結空緑,洞門生晝寒。絪缊浮玉氣,石上有琅玕。

## 釋守仁 字一初,富春人。

### 赤烏碑

愛尋碣石訪重玄,三國遺文已邈然。翻憶中郎黄絹字,夕陽江上浪滔天。

### 陳　檜

吴楓楚柳逐煙空，陳檜依然護梵宫。可惜禎明歌舞地，後庭無樹著秋風。評曰：集中陳檜諸作，多用後庭花事，然惜雷同汎常，未有新意。鶴夢立此作，始似可誦矣。又曰：篇首起吴楓楚柳，比入來尤别。

### 鰕子禪

杖藜何處問鰕禪，迴首胥村鎖暮煙。一曲漁歌秋浦外，腥風吹滿渡頭舩。

### 講經臺

乞食歸來坐暝鴉，談經每到白牛車。東風柳絮吹晴雪，猶想天宫酌寶花。

### 滬瀆壘

隆安疆土已瓜分，猶擁孤軍戍海濆。悵望忠魂招不返，斷鴻啼雨入秋雲。

### 湧　泉

雲濤湧地濺璚林，誰鑿靈湫海眼深。百斛明珠收不得，月明涼夜聽龍吟。

### 蘆子渡

百里晴沙江水長，蘆花風起碧天涼。客舟曾泊西城下，滿地砧聲兩岸霜。

### 緑雲洞

緑雲尊者緑雲堆，十畝清陰護紫苔。彈徹松風琴一曲，華陽峰頂鶴飛來。

## 陸　侗 字養正，上海人。

### 赤烏碑

金人入夢興梵宗，重玄始創滬瀆東。紫髯紀年石且豐，大書赤烏卻黄龍。維松潮汐地不同，文章忽瘞洪濤風。龜趺螭首潛無踪，川后河伯還會通。奎星下燭娑竭宫，方信人間談色空，江水自白江花紅。評曰：結益精神。

### 陳　檜

鐵幹屈左紐，苔枝鎖空青。雨露承十朝，根心自禎明。願仗千佛蔭，羞向三閣榮。水月照纓絡，儼矣大士形。秋風動石頭，不雜玉樹聲。泰媪永訶護，恐化蒼龍精。評曰："水月照纓絡""恐化蒼龍精"，諸作未能如此想像。

### 鰕子禪

阿師不羈客，多爲俗所嗤。悟空本無説，非狡亦非癡。吐哺死活鰕，以此啓群迷。故寮尚明月，古渡空夕霏。遂思寂圓際，萬化同一機。

### 講經臺

我本有髮僧,勝迹俱參禮。焉知依禪師,築臺近松水。翻經三十年,貝葉不論篇。身影淡中月,心香清處蓮。土花蝕猊座,白日野狐卧。昔已踢破雲,任天蟻旋磨。優曇長輝輝,師應神夜歸。石鉢蜿蜒死,苔龕熠燿飛。傳燈幾時録,徘徊林下躅。誰復追前修,側想西天竺。

### 滬瀆壘

海波沸,石壘成;江水濫,石壘傾,當時半壁江南城。滬瀆迺捍踏浪兵。一散夜雨悲精靈。精靈尚西顧,化作燐火青。蒺藜昨日花冥冥,孤臣淚下空沾纓。

### 湧泉

元氣斡坤軸,不舍晝夜旋。四五窮其上,趵突萬刼泉。寧隨月盈縮,滚滚常自然。沸如沃焦起,汩若尾閭連。神虎恥來跑,驪龍懼爲淵。自天一數生,在理合後先。荒哉博望侯,空去求河源。美彼西方人,卓錫良有緣。評曰:"沃焦""尾閭"句好,"一數""後先"尤見道體。

### 蘆子渡

蘆村胥村南北路,舟往舟還古今渡。一笠天垂紫鳳飛,百枝水落青龍步。鯉魚風起夜未收,雪色葦花零亂秋。借得君山第三管,月中吹過滄浪洲。評曰:"鯉魚風起",忽然出一奇句。

### 緑雲洞

雲林氣蒼寒,百年老禪宅。清泠薝蔔香,太古蔚藍色。金鐘有時振,珠露不住滴。朝來自研朱,重將梵音譯。

## 孫作 字大雅,澄江人。

### 赤烏碑

夢遊重玄寺,與訪重玄碑。僧云寺顛末,始自孫吴時。有碑赤烏年,歲月略可稽。篆隸迹已瘢,追蠡制不遺。歷宋嘉定間,住持者依師。寺崩脇江濤,潮汐齧渺瀰。改邑不改井,此理真共之。一朝驚善幻,去彼欻在兹。龍君與海伯,錯愕了不知。驅蛟挽金繩,没此千歲螭。螭斷石不爛,漂流詎東西。勿憂泗鼎淪,會與漢鼎期。桑田有時復,神物更護持。我來恨不早,不見庸何悲。評曰:讀"漂流詎東西"至"神物更護持"句,起予者其孫澄江乎?

## 陳　檜

蒼蒼禎明檜，儼立佛殿阿。衆佛久蕭瑟，雙檜猶婆娑。物化有生滅，計數亦已過。數復不能囿，其論生滅何？皮無白蟻穴，色有青銅柯。知經幾人手，到此爲摩挲。我疑維摩身已化，病骨未朽空嵯峨。又疑彭聃老不死，霜雪覆頂頭長科。根蟠節錯幾百載，何物可徙如桑窠。乃知鬼神會誠有，霹靂下取煩撝訶。初時久遠謂封植，再植震撼誰遮羅。古人作計每難料，嗟彼亡國何其多。使皆建國若樹古，此檜那識韓擒虎。

## 鰕子禪

蛟螭與螻蟻，萬生誰不然。被褐懷瑾瑜，肯受衆目憐。一朝將脱去，始識愚與賢。舉手謝世人，化人自幽禪。幽禪本一默，變幻紛百千。默幻兩俱失，六鑿乃其天。致令四海水，出入毛孔間。西江不滿汲，此鰕誰云旋。雖死身如生，爪髮日包纏。公言本無死，無生回天全。嗟嗟異死生，一一同憂煎。憂煎不能去，生死何由捐。一鰕死則已，百鰕死可歎。焉知鰕死生，視我一吐吞。不聞儼公死，尚作不死論。今來儼公隱，寧與隱者傳。評曰：鰕禪詩起最好。

## 講經臺

依師昔未化，云此坐講經。師今化已久，臺尚講經名。天風韻鐘磬，彷彿經音聲。而況學法者，屬此兩耳聽。鈍根與利根，戢戢多于星。舉世欲類我，師何異螟蛉。當其受師禮，如水挹空瓶。虧盈盡滿足，大小終難平。臺空野草荒，燐火來青熒。師豈長在兹，辨舌翻雷霆。□排繞鬼神，不去羅幢旌。凄然石塔下，孤月懸中庭。

## 滬瀆壘

吴有滬瀆壘，兹隸松屬縣。豈惟人民非？城郭幾更變。聖人憂四海，初不恃障塹。如何一旅衆，强與海濤戰。長圍隱金城，萬馬來一綫。煙熛舞馮夷，健者猶悸眩。彼壘自增墮，此瀆誰代禪。以昭吉射讐，不使淮濟濺。洪波息鯨鯢，時平頌清晏。昔爲邊守障，今作天子甸。桑麻一萬頃，東注資沃衍。巋然梵王宫，兀此老黄面。偶來弔遺培，故迹猶想見。濕雲霾晨鐘，初日静芳甸。

## 湧　泉

逝川無停流，未足觀水性。湛然古不波，惟用鑒之井。入門憩兩脚，止渴望清泠。異哉止水温，百沸不一静。静固道人心，動亦爲我鏡。動静理茫昧，冷暖祇自省。譬之面壁人，久與塵事屏。六鑿俄搶攘，此病那可竟。龍爲至神物，腥寒乃其正。奈何宅温潭，怯縮蛙黽並。得非類湧泉，孤兔熸屢賸。蜿蜒雖已蟄，噴薄靡容輿。上人匪求泉,泉因上人勝。靈響禱輒遂,如汲赴修綆。何當燭鬚眉,洗我千刼净。晨茗投兹泉,聊試百斛鼎。

### 蘆 子 渡

吴淞東來三百里,派别松陵號松水。何年此地列兩城,千雉依稀照江汜。東西相望似連珠,大小欲學孤山孤。大城已逐江沙圮,小城猶在獨名蘆。君不見當時好城市,滿目黄茆兼白葦。又不見舩底邑千家,官渡于今屬蘆子。百年富貴一朝悲,高門大宅號狐狸。不信但看蘆子渡,日日舩開秋雁飛。

### 緑 雲 洞

緑雲千頃堆琉璃,雨洗煙霧生奇姿。忽然變滅不可記,月色照耀如天衣。天衣拂石鏘璚佩,萬籟微音出幽邃。藻荇浮空積水明,洞中緑雲光破碎。緑雲反覆爲師妍,師方宴坐交人天。是身如雲我何有,雲豈俄爾相周旋。人間萬事如轉燭,洞亦非空亦非緑。此題此歌良已多,桑下浮屠不三宿。

## 張　昱 字光弼,號一笑居士,廬陵人。

### 赤 烏 碑

寺碑莫説赤烏年,自古山河有變遷。火底岸頭俱是壞,幾多苔蘚與荒煙。

### 陳　檜

風雷一夜摧陳檜,不肯移根宋苑栽。爲在法王宫闕久,怕聽玉樹後庭來。

### 鰕 子 禪

能生能殺始成佛,或吐或吞何與禪。鰕子縱然真得道,還須達摩出西天。

### 講 經 臺

生公説法曾聚石,依師講經還築臺。風雨一燈深竹裏,老龍猶自化人來。

### 滬 瀆 壘

虞潭滬瀆存荒壘,傳是袁崧再築來。不盡孤臣今墮淚,露華清夜濕蒼苔。評曰:極有感慨。

### 湧　泉

陰火外然湯井沸,陽精内畜毒蛇藏。湧泉自呪依師後,無限涼雲布上方。評曰:起得奇。

### 蘆 子 渡

落日待船蘆子渡,知是古時蘆子城。一片連雲葭菼色,風迴猶作甲兵聲。

### 緑 雲 洞

寧師不出緑雲洞,要了區區夢幻身。四十九年能説法,更何分别雪山人。

## 吴 益 字敬夫,延陵人。

### 赤 烏 碑

片石沉沙定有無,投文我欲問天吴。事殊八字題黄絹,年有重玄載赤烏。仆拽豈因逢李愬,捫摩曾不逮鍾譞。欲憑龜碣尋真迹,直待扶桑水倒枯。

### 陳 檜

禎明對植自梁陳,立雪分明兩玉人。龍象本聽雙樹法,風雷先化一邊春。雲籠珠珞青加蓋,雨溜苔花翠滿□。惟有海鄉千載月,歲寒孤影最相親。

### 鰕 子 禪

憐師踪迹混塵埃,身向長鬚定裏回。豈以腥羶汙口腹,却因醉吐幻胚胎。鴨鳩地上雙雙去,魚膾江中隊隊來。正是禪心同一悟,青蓮偏向臭泥開。

### 講 經 臺

依師曾説無生法,揮塵慈雲滿太陰。花雨香飄獅子座,唄聲清振海潮音。紫苔剥落點頭石,寶剎莊嚴布地金。留得老年行道影,一龕燈火夜堂深。

### 滬 瀆 壘

滬瀆洲邊古壘存,寄奴曾此破孫恩。妖氛竟作沙蟲化,殺氣遥連海霧昏。鐵鎖沉舟漂掬指,漆燈嘯雨泣征魂。風濤時似當年戰,萬鼓聲交兩陣奔。

### 湧 泉

仲依曾夢寶山泉,湧出曹溪一派禪。未恨水晶和劍失,定知龍伯抱珠眠。虎頭禱雨年年應,魚目浮花箇箇圓。欲傍銀牀呼陸羽,松風榻畔煮茶煙。

### 蘆 子 渡

荻花開上古蘆城,一葉舟從野渡横。江月偏于洲上白,水風長作雨來聲。雁銜霜幹初傳箭,龍化冰絃已按箏。惟有漁家鄰古寺,夜深燈火隔溪明。

### 緑 雲 洞

多羅樹下禮金仙,緑錦雲開見碧蓮。翠蓋光翻林屋洞,青霞影倒蔚藍天。聽經許對孫思邈,訪道期逢葛穉川。愧我題詩同净社,三生曾是醉逃禪。

## 錢惟善 字思復,號如一道人,曲江人。

### 赤烏碑

康會來乾篤,重玄接建初。赤烏吴紀瑞,白馬梵傳書。江囓荒碑没,□殘古殿虚。至今安已静,敕額自祥符。

### 陳朝檜

金蓮無復舞,玉樹已成塵。詩讓唐名士,圖憐宋佞臣。地遷原有數,雷震豈無因。正直由天秉,沖霄聳一身。

### 鰕子禪

儼師性誕逸,人或指爲顛。不唱漁家傲,惟談鰕子禪。偶然吞一斗,何待施千錢? 開口吐還客,江清月滿船。

### 講經臺

嘗憶宋嘉定,依公來講經。空中花自落,坐下石能聽。歸鶴語千載,神龍朝百靈。禪身藏窣堵,遺影在空庭。

### 滬瀆壘

滬瀆東瀕海,魚鰕入網羅。旌旗屯戰艦,鼓吹雜漁歌。落日明孤壘,連天起巨波。袁虞不復作,折戟漸消磨。

### 湧泉

神窩疑通海,靈源别有天。火官司沸井,水母獻温泉。一境蒙甘澤,千村禱旱年。依師此遷寺,知是有龍淵。

### 蘆子渡

松渡依名剎,乾維屹化城。四門江水嚙,千古海潮生。晨得魚歸市,宵聞鶴守更。胡僧亦復見,一葦遡風行。

### 緑雲洞

我愛無爲者,幽栖一澗新。氣含雲水石,陰映柏梧筠。去日非來日,今人即古人。相過徵八咏,蒲舄遺吾身。

## 張 紘 字令儀,號約齋,上海人,正德戊辰進士。

### 赤烏碑

重玄建何始,傳自孫吴先。遺碑紀勳迹,表勒赤烏年。斷碣湮海蝕,黿螭混虬鱣。追思古文篆,沙明鳥迹堧。

### 陳朝檜

古刹有雙檜,挺峙千年喬。扶疎迴亭立,左紐虬鱗鐃。托根有神護,鬱鬱摩青霄。不緣後庭植,何從玉樹凋?

### 鰕子禪

異人多幻化,釋也悟空緣。去住亦何迹,無生吞吐間。鰕禪仍罔象,度滅顯慈舩。月明蘆子渡,猶然覩蜿蜒。

### 講經臺

依師築經臺,埏埴何年許。卓錫函丈前,時墜天花雨。講偈開真源,傳燈有遺苧。風落松濤聲,恍聞梵音語。

### 滬瀆壘

隆安復吴壘,袁君捍海屏。禦亂三江口,長驅百尺鯨。風濤鼙鼓譟,雲樹旆旌横。忠魂有餘怒,晝夜吼潮聲。

### 湧泉

黄山有湯池,青海有沸井。龍湫噴淞江,汩汩漾珠影。規武不越尋,氿池迴冷浄。晝夜無涸盈,霖雨神旱眚。

### 蘆子渡

昔因蘆子城,名傳蘆子渡。蒹葭遶岸洲,鷗鷺眠沙塢。漁郎棹歌歸,黄昏寺鐘鼓。千載城民非,静寺猶存古。

### 緑雲洞

古寺傍吴淞,晝静門常闔。徑深有洞天,翠蓋松筠合。出定誦楞嚴,清陰落僧榻。恍是緑雲窩,森沈不知雜。

《静安八咏集》具先朝名賢碩彦、遠公遊士,攬勝題咏所爲作。予家世居古刹之陽,少所游習,每欲攄一言以紀勝,未逮也。兹宦游歸暇,爰賦俚言八首,以酧夙念。若曰附和前賢,則吾豈敢!

# 淞故述

楊樞 纂

王淑玲 整理

# 整理説明

《淞故述》一卷,明楊樞纂。楊樞,字運之,自稱細林山人,松江府華亭人。博學多才,"學窺二西,文擅兩都"。嘉靖戊子(1528)舉人,官江西臨江府同知,卒于官。後以子貴,贈都察院右僉都御史。一生著作頗豐,有《言史慎餘》《火餘雜著》《雅歌譜》《傳心數學》《蒙養正訛》等。

《淞故述》是一部反映明朝松江府社會生活的筆記。據萬曆二十三年(1595)周紹節的跋稱,該書于嘉靖九年(1530)由周禋"手録而輯訂之,存諸笥中,爲家藏書",直到萬曆年間方才付梓。由此推知,本書的成書年代當在嘉靖九年之前。本書主要記述松江府的遺聞軼事,可以補志乘闕略。書中記録了松江府的地理、人物、行誼、藝能、文學、題咏、災異,以及官員政事、名人軼事、詼諧和各種瑣屑之事,對社會各個方面可謂是無所不載。尤其是《藝文籍》部分,記載了松江地區陸績《渾天圖》以下一百多種著作,對研究松江府的學術發展脈絡提供了豐富的資料。楊樞以華亭人寫松江當地事,所記内容大多應具有較高的史料價值。《四庫全書總目》卷七七有本書的提要。

《淞故述》現最爲常見版本,一是據兩淮鹽政采進本編成的《四庫全書》本,一是據清嘉慶年間吳省蘭所輯《藝海珠塵》而收録的民國上海商務印書館的《叢書集成初編》本。本次整理以《叢書集成初編》本爲底本進行標點。因點校者能力有限,標點不免有失當之處,懇請廣大讀者批評指正。

王淑玲

# 淞故述

楊樞　纂 樞，字運之，江南華亭人。明嘉靖戊子科舉人。官江西臨江府同知。

雲間九峰，陸、寶爲二峰。其土宜樹，人争取之，夷爲平陸矣。定庵曹公時中，擬以簳山補之，有《九峰補亡詩》："山頭日月長吞吐，山下亂石難名數。小者卧伏如群羊，大者蹲踞如虓虎。生材中矢因得名，十笏天留給孤土。玆山合補九峰亡，後世視今應作古。"又以盤陀石、雨花洞、玉竇泉、箭簳竹爲四咏，各有詩。先是鶴灘錢公福，嘗作檄小山補之，然小山蓋横雲之餘壤也，故又名小横山，勢不可二。簳在諸山之北，與鳳凰對峙，進簳次之，于義亦協。

湖泖之水，皆發源蘇之太湖，故每風自西北來，則水患暴溢。治水者，惟浚吴淞江入海，浚白茆以入大江。太湖之勢分，則松無水患，夏忠靖公嘗試之矣。正德辛巳冬，季司空充嗣復浚二水，動三郡之衆，費巨萬，當時頗有誚者。今十餘年，雖雨浹旬，而無大患，皆其力也。司空，四川内江人。

"山東未息馬，山西尚揮戈。急起州縣兵，北開白茆河。海風裂面天雨雪，山高水深不見月。萬人鑿土如鑿山，河邊死者誰收骨。白茆河成如白虹，百里直與昆城通。將軍不待驅鬼工，平地遂作魚龍宫。問誰愛民如愛子？華亭盛侯古莫比。昔去今還悲復喜，非汝身爲白茆鬼。盛之德，河之水，千古萬古流無已。"此清江貝公瓊贈盛彦忠《白茆歌》也。彦忠，廣陵人，元末年爲華亭丞。

"通海易，塞海難。請君反復思兩端，雨暘愆期致澇乾。此與時政還相干，人力回天亦良艱。惟是築堤護圩田，此策若舉人心安。單舸寡從相周旋，東西徧閲陌與阡。佚道便民省笞鞭，低者增築令高堅。破者補綴令完全，可以蓄洩防未然。道元《水經》有本源，守敬議論非腐酸。前元特設水監官，仁發姓任號月山。此老水利亦精專，令君奇胸萬卷蟠。取用不竭如淵泉，縱横曲直珠走盤。但厚民力毋傷殘，眼前活法人所便。古人陳迹亦蹄筌，吾君吾相聖且賢。將舉廢墜起陂偏，和氣充塞位兩間。堯水湯旱非所患，側聞西潭過高軒。移時不出吏候門，方且索我詩稿看。感君西臺舊歲寒，不惜千里披心肝。"此西潭陳公章寄祝水部詩也。弘治甲寅，工部徐侍郎貫治水江南，議開白茆港，洩水于海。時西潭貳瑞州，聞而寄之，録備一説。

西潭公以刑部郎中調佐瑞州,時太守尚縉適滿任,庫有餘銀,積至萬兩,將自入。公至守,知不可隱,乃欲以其半汙公。公不可,即請于上官,而附諸籍。門人錢福志其墓不及此,用表出之。

僉憲許公璘致仕日,里人有被誣者,以五十金託蒙古賽氏子丐公白之。公知其誣,直于官,得釋。而賽竟匿其金,不以酬。後里人以賽面質于公,公謝有之,前輩厚德如此。

宋太史潛溪先生,嘗作《松隱菴記》,有云:"今之細民,竭三時之力,欲其室廬之完,饘粥之充,而不可得。釋氏之徒,皆坐而享之,苟不力求其道,無忝于大雄氏之教,則因果之皎然者,甚可懼也。其論甚正,而足以寒緇流之心。今志不載此碑,當命其徒刻而傳之,亦不爲無助。"

王少參珪以戎籍入金山學,與羅義爲友,並有時名。景泰庚午,羅魁南畿,有司表其閭,珪誓不第不過其門。癸酉,珪舉于鄉,甲戌,第進士。人稱其有志,性剛介。成化中,郡守有恣科罰者,珪佯立券貸之,守慙而止。有縣令酷暴者,珪使人持其杖歸,暴亦少減。前輩剛直之風,今亡矣夫。

《府志》稱布名吉貝。按《南史・外夷傳》:林邑國吉貝樹,其華成時,如鵝毳。抽其緒,紡之以作布,與苧布不殊。則知所云乃北方之詞,而松人遂以爲布之名,誤矣。

《西郊笑端集》序有曰:"皇明初,松江之善詩者,御史袁景文爲最,判官陳文東、鄉貢進士陸宅之、江西僉事董良史、處士吴子愚輩,亦相頡頏。會稽楊廉夫,避地而居松,其才贍氣雄,震耀當世,則一時才士皆宗之,往往高古不逮,詭怪層出,又景文輩所不屑也。自後漸入纖巧,初學惑之,識者惟宗景文焉。"《雪航稿》序有曰:"顧謹中有'四壞奇簡知高皇',而有《經進録》行世。袁景文《在野集》之渾厚含蓄,識者謂遠逼盛唐。管時敏《蚓竅集》之清麗優柔,謂可與袁方駕。他若張樞、張璧、吴子愚輩,亦各成家,有足傳者。"按二序,東海張公筆也,雖爲良史公至言,而國初淞江詩人之評,則盡在是矣。

鐵崖先生,字廉夫,則維楨字當從木,而往往見其真迹有作"禎"字,嘗以爲疑。近偶以其所識歲月求之,始得其意。蓋國初諸王有諱楨者,先生之從示,皆入國朝書也。推此,亦可以驗其書之真僞。

《漳州府志》有王源者,字啓澤,龍巖人。同知松江府事,奏罷重額糧三十四萬餘石,逋負糧三十九萬餘石。豪民宋保等,號五虎,饞害鄉里,源以法繩之,五虎害息。刁民褚路等,誣奏二百餘家,謂以左道惑民,逮繫甚衆,悉平反之。以母老,乞終養,民遮留不可得,留其靴以去。今按《一統志》,源以甲申庶吉士,歷職方郎,知潮州府,而不及同知。前後《松志》,止載源姓名,而不著治績,此獨見于《漳志》,頗以爲疑。然《松志》宣德五年二月二十一日,勑減本府税糧,共計三十萬二千八百八十五石,茲固朝廷之德意,蓋亦必有先者。且知府趙公豫,是年始任,則此爲源所奏減無疑。及讀杜宗桓所上周文襄公書,謂兩奉詔書勑諭,自宣德七年以前拖欠糧草,悉皆停徵,則源所奏罷逋負之糧也。夫源功在松甚大,而今無有能道之者矣。嗚呼! 世固有爲而弗傳,獨源也哉!

浦江鄭珠,字彦平。元至正中,任松江等處稻田提領所大使。嘉定、華亭、上海之交,有田二十頃餘,既隸所中,而都水使者及江淮財賦府,復重賦之,民日困甚。珠爲聞于朝,免之。先是,徵民無藝,歲有羡糧萬餘斛,上下共利之,習以爲常。珠至,即命急還于民,吏争以無主名爲解,弗聽。乃計家口數分之,望門而拜者以千數。稻田所素號米穀之府,而爲之使者又總攬其綱,他人靡不思遂其欲,而珠日糴于市,處之猶貧人。宋潛溪先生銘其墓,載其事甚悉。按元季籍没米國珍、管明之田,以與丞相脱脱,故立稻田提領所掌之,而江淮財賦府,則領故宋后妃之田,以供太后者也。噫! 處權門角立之下,而能免復賦之田,當貨利羡餘之會,而能守不貪之寶,古之所謂能吏、廉吏,蓋兼之矣,可無聞也乎?

朱顯忠,如皋人。元季,嘗爲張士誠守松江。丙午冬,俞通海兵臨太倉,崑山、嘉定等處皆附。顯忠知天命有在,以城降。後守文州死節,贈鎮國將軍,見《功臣録》,而《統志》則繫于揚州。按《府志》: 丙午年,王立中爲守,則所謂守松江者,蓋閫帥之寄也。

元末,松江屢罹兵火,經史子集無遺,而教事幾廢矣。甲辰,王公立中來知府,首務興學,延五經師,訓迪子弟員,購求《十三經註疏》等書,藏于學,士習一新,自是科目人才甲江南。立中三子: 璡,吏部主事;汝玉,春坊贊善;汝嘉,翰林侍講。君子以爲善政之報。

景泰中饑,郡守賑濟,多申而少給,識者謂此人必無後,已而果然。孰謂天之視聽遠哉! 因並表之,以爲長民者勸。

唐陸宣公贄,松故無專祀。正德庚辰,推官周公佐始毁靈順宫爲之祠,請祀于朝。其略曰:"臣正祀典,國之大事。古先哲王,生于其鄉,没則廟食于其土,所以崇德報功,風勵天下。唐中書侍郎平章事陸宣公贄,世傳嘉興人,稽之載籍,錢起送贄弟擢第還鄉詩,有曰: '鄉路歸何早,雲間獨擅名。華亭養仙鶴,指日再飛鳴。'則贄之生于華亭無疑。時縣方爲鎮,隸于秀州,故贄爲嘉興人,而廟在焉。元至元中,縣始别陞爲府，且易今名，而贄之祠在故郡者，因弗徙。由唐以來，殆且千載，桑梓故墟，獨未有爲之祠者。稽之郡典，陸遜父子，華産也，翊戴孫吴，而三賢有祠，春秋致祭。贄之在唐，學究天人，志存經世，偶遭遇德宗，屬時多艱，謀謨帷幄，翦除群兇，功在社稷。文章節氣，師表百世，先正謂其功業赫然，心行不戾于聖賢之道，其視陸遜父子，以智謀翊戴偏方，不啻碔砆之與美玉。一祀一否，輿情未愜，非所以示褒崇之道，昭勸戒之方。府治西南，有曰靈順行宫，乃郡人以奉五顯靈官者，臣嘗因其爲厲，毁其像設，而廟固存，遂上白巡撫，改立贄祠，肖像其中。第祀典未昭，有司無所承命，以供祀事，乞賜詳定犧牲籩豆祝帛品數致祭，永爲遵守。"疏奏，下禮部，部乃令翰林撰文，官府于春秋次丁致祭。按松、嘉二郡之士，各以爲宣公生于其鄉，而不能決。周公此疏，誠斷案矣。

欒宗茂，浙仁和人，以進士同知府事。弘治戊申，署上海事，食河豚而美。既徹，問有餘，則侍卒既食之矣。更烹以進，倉猝不熟，下咽而死。卒懼，徙其屍縊厠中以自免。宗茂政事有可觀者，時以其自經也。槩以貪人懼敗者之常目之，亦冤矣。

河豚之美惡，前輩論之詳矣。予鄰有周姓者，與九人共食而死，其八人竟無恙。夫松人每以遇毒歸罪于修治之不佳，而不知人有虚實厚薄之不同，故有死有不死。且人参，藥之美者也，而人亦有不能勝者，况毒人之物哉！養大君子，不食可也。

定菴先生爲雲南僉事時，分巡所過，必有題咏書壁間。比反，則屬和殆盡，詞翰皆可觀。先生問之，始知爲從行指揮某也。後某以罪誤當落職，先生特釋之。及以憂歸，某持三百金爲報，先生卻之，復益五百。先生厲色曰："吾惜汝才耳，豈有私耶？"竟不受。

景泰中，有以進士第二人入翰林者，頗自矜炫。後因歸省，東海先生作文贈之。其略曰："昔司馬相如拜中郎將歸蜀，太守郊迎，縣令負弩矢先驅，鄙人榮之。沂公王曾及第歸青州，郡守軍帥率父老具樂郊迎，公乃從間道入謁，不敢當禮。論士者不必究其始終，于一端窺之，亦可知其成就矣。近時以儌倖一得，往往效相如所爲，以誇市竈婢，吾嘗竊爲世俗歎。今君賜告歸省，吾雲間之仕于朝者，道衣錦之榮備矣。予妄以沂公之事望之，亦挽流俗之一機也。"觀此，前輩直諒之風，猶可想見。

默易臺，鳳山朱應祥讀《易》之所也。應祥性迂狂，嘗謂錢文通公曰："予在默易臺，讀公詩之不善處，恨不得長竿一擊公頭也。"應祥于文通公爲後輩，而其放言如此。

夢菴陸潤玉之女，名娟，自少頴異，授以書史，輒憶不忘。長亦通敏，不妄言動。有索其父送行詩者，父不在，爲代作云："津亭楊柳碧毵毵，人面東風酒半酣。萬點落花舟一葉，載將春色過江南。”父歸責之，自是吟咏絶不及門外事。及歸馬龍，姑亡，事舅至孝。舅没，託以二女，乃置浄室，與之同寢處者十年。既嫁，始復夫室，無出，爲夫買妾而生一子。將卒，以所作稿悉焚之，曰：“非婦人事也。”夫婦人事筆硯者，恆有于天下，而有難能之事如陸者，豈能得哉！夢菴之孫稔厚交于予，故聞之詳。

定菴先生，西涯文正公門人也。八月十五，爲先生初度日。壬申歲，先生壽八十一，西涯寄詩壽之，有曰：“八十一迴秋月圓。”自是每歲必寄，有“八十幾迴秋月圓”之句，且謂當另起例。西涯既殁，松之士大夫猶循其例不廢。辛巳，先生壽九十，而以初度前五日卒，謂非讖歟！

府學鄉貢題名石，同知王源撰文，知府徐季書篆。按前後郡志，皆逸徐姓名，然與王同官，則其宦次當在趙公之前。

華亭丞俞仲巘，《志》逸其名，獨見于《清江集》之《霜林説》。且曰：“仲巘蚤歲讀書，績文有聲吴越間。其去而家于九峰也，人且以其抑鬱無聊，不能終日，乃以霜林爲況，則知動心忍性，懲其所已悔，而益所不能矣。”仲巘，會稽人，蓋亦因宦而居于松。

鄉貢進士許瓊，《府志》止載姓名，而他無所紀，惟東海有《送計廷玉復任序》。按廷玉宰封邱縣，藩臬皆考其廉愛，以不能事權勢，乞歸。當道不許，故復任，則其人亦有可述者。

成化末，有顯宦滿載歸者，一老人踵門拜不已，宦駭問故。對曰：“松民之財，多被官府搬去。今賴君返之，敢不稱謝？”宦愧不能答。

李宗伯至剛之子源，舉進士。其孫桓，方髫齔，出見。客曰：“令尊新進士。”桓應聲曰：“家祖舊尚書。”客有戲之曰：“兩猴解木于山中，小猢猻也會對鋸。”桓應曰：“一馬陷足于沙内，老畜生安敢出蹄？”時人稱爲“李做對”。後領鄉薦，仕終知府。

近見唐餝軒所藏黄汝申憲長手評宋仲雲、陳東文書二條，各與二筆法酷類，蓋學昌黎《樊宗師墓志》云。

錢文通公嘗爲其先人築墳北山，官没民助之。有舁土失期者，公怒詰之。對曰：“方在黄廉使墳上取土來，故遲耳。”公默然。吁！公之宰木，今亦幾盡矣。

松江學無專志，而其因革附見于《府志》，樞嘗欲輯記所聞，未果也。然廟學科目書器之類，具有可稽，而學之官遷代無恆，不可無述，謾具如左。

**學官表**

松之守令，咸有題名，而學官獨缺焉。豈不以其職之卑略之耶？然刑範之地，其重于守令埒,可無監觀哉! 作學表、官表。

| | 教　授 | 分　教 |
|---|---|---|
| 元<br>至元 | 張夢應,二十二年在任。 | |
| 元貞 | 馬允中,二年在任。 | 周囦,二年在任,學正。 |
| | 劉蒙。 | 唐純,二年在任,學録。 |
| 延祐 | 沈德華,元年任。 | |
| | 薛鐵,七年在任。 | |
| 重紀 | 林聖予。 | |
| 至元 | | |
| 至正 | 倪駿,九年任。<br>施瓛,宣州人。<br>陳仲微。<br>高志道,通州人,二十一年任。<br>馮恕,字仁伯,會稽人,二十三年在任。<br>陶植,錢塘人,二十五年在任。 | 孫成,直學。<br>胡存道,十六年任訓導,會稽人。<br>錢璧,字伯全,華亭人,十七年在任,訓導。<br>張誼,海昌人,十九年在任,學正。<br>張庸,松陵人,十九年在任,學録。<br>張節,華亭人,十九年在任,直學。<br>王文澤,字伯雨,華亭人,訓導。<br>邵亨貞,字復孺,淳安人,占籍華亭。以下訓導。 |
| 國朝 | | |
| 洪武 | | 林洵,字季文,浙江台州人,占籍華亭。<br>貝瓊,字仲琚,嘉興人,至正二十四年任,陞國子監助教。<br>楊基,字孟威,蘇州人,歷陞山西按察使。<br>全思誠,字希賢,上海人,召爲文華大學士,兼左中允。<br>邱民,字克莊,歷陞禮部侍郎。<br>王椴,字伯純,維揚人,十一年在任。<br>張樞,字夢辰,上海人,明經。<br>曹睿,字新民,永嘉人,占籍松江。<br>王彦文,華亭人,陞嘉興教諭。<br>葉原白,錢塘人,占籍華亭。<br>馬兼善,會稽人,占籍華亭。<br>楊斌,華亭人,官至清紀郎。<br>魏驥,字仲房,蕭山舉人,在任十二年,歷陞南京吏部尚書。<br>韓陽,字伯陽,山陰人,歷陞布政。<br>吴讓,華亭人,舉人。 |
| 宣德 | 鄭興宗,元年在任。<br>孫鼎,字宜鉉,江西廬陵人,舉人。九年,以浦江教諭陞任,滿九載,薦爲監察御史,總南畿學政。 | 瞿遠,元年任。<br>王溥,元年任。 |

**續 表**

| | 教　　授 | 分　　教 |
|---|---|---|
| 正統 | 王禮,江西人,九年在任。 | 劉瓛。<br>陳仲仁。<br>徐杲。<br>江漢,字朝宗,建陽人。 |
| 成化 | 葉粲,江西進賢人,九年在任。<br>因禮。"因"當作"周"。<br>魯璵,山陰人。 | 胡昇,福閩縣人。<br>周復,江西吉水人。 |
| 弘治 | 朱□,仁和人,五年任。<br>陳惟卒,慈谿人,十年任。<br>汪集,餘姚人,舉人,十五年任。 | 蕭雅。<br>鄧敏。<br>黄琮。<br>王文華。<br>唐珪。<br>朱鏶。<br>陳新。 |
| 正德 | 宋隆,趙州人,己未進士。五年,以同知降任。<br>彭錬,江西舉人。六年,以學正陞任。九年,憂去。<br>譚璋,廣西桂林人,舉人。十一年,以教諭陞,罷歸。<br>王度,臨海人,癸未進士。二年,陞南京工部屯田司主事。<br>程節,江西南城人,舉人,七年任。十年,陞鹽城知縣。 | 聞與。<br>楊霽。<br>周瑄,鄞縣人。<br>趙儒。<br>林汴,莆田人。<br>孫濟。<br>胡相,浙江永康人。<br>高朋,湖廣巴陵人。<br>胡慶,山陰人。<br>魏寶,廣西桂林人。<br>詹澤,鉛山人。<br>王魯,莆田人。<br>王儒,福建龍溪縣人。<br>劉祖震,湖廣華容人。<br>羅昕,吉水人,六年任。<br>李文,廣西馬平人,舉人,八年任。 |

華亭學聚奎亭,弘治辛亥,縣令汪公宣所建也。明年,東江顧先生清魁南畿,龍山張先生弘至第五人。嘉靖壬午,聶公豹葺而新之。東江先生有詩云:"三十年前慶落成,白頭重見此峥嶸。江山不息英靈氣,星漢遥增日月明。謾學魯人歌在泮,敢先周彦試吹笙。天機未欲分明語,夢裏泥金有姓名。"先生嘗有異夢,故及之。明年,徐内翰階賜及第。

府學天藻亭,己丑,郡守長沙熊公宇建,以藏《敬一箴》,教授程公爔書扁。

讀書堆,舊有大樹,成化初猶存。九峰曹先生泰有詩:"山中古木長松樹,剥落龍鱗大十圍。涉歷冰霜心獨苦,戰争風雨勢將飛。白雲留影落僧榻,金粉團香點客衣。四十年前曾見説,于今飽看坐忘歸。”

九峰《過黄浦》詩:“月照黄龍浦水黄,南飛烏鵲夜茫茫。晚潮天接海門近,秋草城埋滬瀆荒。道上人家金井塌,縣中官酒玉缸香。秋來直欲通宵飲,消得先生醉幾場。”中二聯逼盛唐矣。

顧利賓《過松江》詩:“吴淞三萬六千頃,震澤與之俱渺茫。鴻鴈一聲天接水,兼葭八月露爲霜。秋風漫引漁人笛,落日偏驚賈客航。三十年前此來往,塵纓猶未濯滄浪。”利賓,鎮江人,洪武中仕于朝。

成化中,有楊推官者,素疾一吏,常欲寘之法。弘治庚戌,知府鄢陵劉公入覲,而吏適役于吏部,紿劉曰:“銓曹有言有司之不職者,必曰松江推官,入對宜慎。”及審官至楊名,而劉不能對,遂至落職。吏不暇較,而責備之論,亦有歸矣。

正德壬申,流賊寇山東諸郡,江南震恐。松城四周,故有市廛,有司悉命撤之,復欲絶四濠之梁,民甚不便。龍囦戚韶有詩曰:“人情洶洶語浮囂,腹裏千愁未易銷。戰艦未收河朔賊,居民虚斷灞西橋。天須向曙星初滅,樹必經秋葉始飄。不似十年前意況,青樓明月唤吹簫。”此詩紀一時之事,而其命意亦不淺。

衛文節公,專祀于崑山,其祠堂記云:“墓在湖州,今玉屏山之麓,相傳有衛狀元之墓,蓋後人附會云。”

《擊壤歌》,民樂有賢令也:“姑緝麻,婦紡花,丁男在田女在家。吏卒不下鄉,官無横科差。老翁弄兒孫,逐影向壁拏。東鄰酒,西鄰茶,從朝至暮笑呀呀。布穀昨夜鳴,村村補桑麻。不違農作時,今年落秧早。愛民如子縣令心,無事擾民如此好。夫撒秧,妻採桑,農事已興蠶事忙。大麥蕁蕁秀,小麥莑莑長,菜花半稀青間黄。今年縣官好,民害不下鄉。田家得安業,出入無驚惶。日力豈敢嬉?夜共燈燭光。催了機上布,便是囊中糧。飢寒庶可免,逋負亦可償。不患心頭損新肉,只要眼前醫舊瘡。”此歌董良史所作,不知賢令爲誰。然國初,松之吏稱民安可想。

約菴陳公潮,以乙榜受學職,後陞知州致仕。張都憲璿,其門人也。正德乙亥,御史來視學,時松人欲入學者,争干于公,千金可坐致也。張就訪于家,見垣壁不治,意甚憐之。公曰:“視做秀才時,則已過矣。”張徐曰:“入學案猶未出,蓋若導之言也。”公曰:“予所不敢預者有三:壞名節,一也;驕惰人之子弟,二也;起奔競之風,三也。”張起拜曰:“受教矣。”公之介類如此,而且始終不渝,有足重云。

一川張君其性,東海之孫也。厥考後樂公,副憲廣西,駐兵平樂而殁。有通判某籍帳下,得餘金四百兩,勸性取之。性曰:“父死而因以爲利,可謂人乎?”豪釐無所取。後從甘泉遊,明理學,爲盛德君子,玆其一節云。

顧曦字東曙,松之老儒也。博學能詩,其《弔朱端常墓》曰:"玄堂千載寄崇阿,石馬無聲墓草多。故里尚傳前代事,浮萍應落逝川波。野人夜黑偷金盌,山鬼天寒泣翠蘿。莫問人間興與廢,夕陽回首自興歌。"東江先生以呈西涯公,公曰:"不意山林乃有此作。"

顧東曙能通數學,嘗攷晷度之數,纂輯成編。每未頒歷,可預知來歲節候宜忌之詳。一日,出示客,客曰:"此私歷也,得無犯禁乎?"始懼而焚之。老儒博學,而不知世務如此。

元伯顔盛曰:"上海有俞俊者,賦《清平樂》云:'君恩如草,秋至還枯槁。落日殘星猶弄曉,豪傑消磨盡了。放開河海襟懷,休教白鷺猜。我是江南倦客,等閑容易安排。'後仇家以其稿訴于官,厚貽獲免,而因以喪家。然則君子豈可易其言哉!"詳具《輟耕録》。

青龍、大盈之間多荒田,彌望皆蘆葦之場,甚至數十里絶烟火,雖有召募之令,無有應者。正德中,内江喻公來知府事,鋭意講求,乃議分設賑治,使民聚貨。貨通,則田易墾治,田墾治,則可以省闔郡包賠之苦,甚良策也。規畫已定,而天不慭遺,今未有續而終之者。

尚書伍公文定,嘉靖甲申,以操江蒞松,有"昔推常郡此盤糧,粟米陳陳盈十萬"之句。東江先生曰:"詩雖不工,而當時儲蓄之富可徵也。"按伍公推郡時,當是弘治末年也,而猶有十萬之積,況周文襄時耶!今之所以無者,其弊有二:逋負也,侵欺也。逋負固奸頑之常態,而亦有出于不得已者,猶可言也。若侵欺,則極爲可惡,何也?起運之外,存留以備賑濟,文襄之良法也。自易銀之法行,而濟農之倉虚設矣。積年之書手,慣役之糧長,每于領米易銀之際,則虚開姓名報官,名爲闗米大户,而實自入以肥家。至有一人而侵欺至萬石者,積弊相仍,莫甚于此。槩郡計之,其麗不億,此與文襄之意相戾甚矣。牧民君子,苟清此弊,自足濟農,何必爲勸借之令以速怨哉!庚寅,郡守長沙熊公宇頗究玆弊,痛懲其尤者三數人,時論快之,然竟亦未盡革也。

宋潛溪先生,嘗爲上海夏宗顯作壙記。夏,蓋洪武中糧長也。記稱其畏謹好禮,田賦皆先時而集,不煩徵索,愛惜細民,銖兩無所取,以長厚稱。夫先生之文,實録也,敢述之以告鄉人長賦者。

**藝文籍**

自言游得聖人之一體,而吴是以有文學。浙,吴之一隅也,漢晉以降,亦藝焉耳矣。然興元一詔,下悍卒之淚,開禧一疏,寒奸臣之心,謂皆虚乎? 進于茲道不遠已,作《藝文籍》。

《渾天圖》,漢鬱林太守陸績著。

《二陸文集》,晉平原内史陸機、清河内史陸雲著。按志,機著文章三百餘篇,雲著文章三百四十九篇,新書十篇,茲集所載無幾矣。崑山片玉,皆奇寶也,惜乎!

《四川清論》,散騎常侍陸喜著,借諸葛孔明以行。

《玉篇》《輿地志》《符瑞圖》《分野樞要》《續洞冥記》《玄家表外集》,梁黄門侍郎顧野王著。

《宣公奏議》,唐中書侍郎同中書門下平章事陸贄著。

《谷陽文集》,宋進士朱之純著。

《柳文音義》,進士潘緯著。

《洪範九圖九説》,進士陳伯達著。

《華亭百咏》,許尚著。

《静庵集》,進士胡琚著。

《雲間志》,迪功郎林明卿、直秘書省林至、尚書朱端常,同華亭令楊潛著。

《釋騷》,林至著。

《小醜集》,淮東提舉任蓋言著。

《後樂集》,資政殿學士、金紫光録大夫衛涇著。

《禮記集説》,直寶謨閣衛湜著。

《學易蹊徑》《四書説約》,田疇著。

《莊子註》,高子鳳著。

《樗齋詩集》,朱允恭著。

《秋聲集》,常州守衛宗武著。

《祛疑説》,儲泳著。

《通鑑筆義》,進士葉汝舟著。

《湖山汗漫集》,趙孟僩著。

《讀易管見》,進士衛謙著。

《古木風瓢集》,元淩嵓著。

《王泰來集》《中庸管見聚疑》《原孟》,夏侯尚玄著。

《九峰清氣集》,陸朋著。

《百善》《百忍》二圖,邵天驥著。

《易象發揮》《易孟通言》《童子問知》，吴江州陳宏著。

《原俗篇》，知新喻州羅璧著。

《水利》，宣慰副使任仁發著。

《藝經畫斷餘譜》，莊肅著。

《水利論説》《副墨集》《東山高蹈集》《瀼東稿》，教諭曹夢孫著。

《乾坤闔闢》《天地生成》《陰陽變化》《山川流峙》四圖贊，周之翰著。

《尚書制度圖纂》《自立齋詩文稿》，訓導王文澤著。

《松卿集》，安定書院山長任士林著。

《東白集》，任暄著。

《古漁唱》，陸厚著。

《史補斷》《丹崖夜嘯》《金聲録》《玉露吟》，笴隱生著。

《田家五行》，陸泳著。

《醉漁集》《草堂集》，馬麐著。

《續松江府志》《韻府》《群玉掇遺》，國朝錢全衮著。

《春秋叙事》，教諭曹宗儒著。

《五服集解》，盧子聰著。

《西郊笑端集》，按察僉事董良史著。

《蛾術稿》，訓導邵亨貞著。

《四書一貫録》《五經鈐鍵》《春秋透天關》《禮經約》《君子議》《歷代史鉞補正》《三史綱目》《富春人物志》《麗則遺音樂府》《上皇帝書》《勸忠辭》《平鳴瓊臺洞庭雲間祁上五集》《東維子文集》，前儒學提舉楊維楨著。

《四書備遺》《書史會要》《圖繪寶鑑》《説郛》《輟耕録》，陶宗儀著。

《在野集》，御史袁凱著。

《上海志》，訓導顧彧著。

《雪齋明鑑録》，潞州判官王默著。

《滄螺集》，國子司業孫作著。

《雙清集》《紀行詩》，給事中杜隰著。

《八音圖》《彭溪稿》，王震著。

《獨叟稿》，訓導曹睿著。

《九峰一叟稿》，杜桓著。

《砥齋集》，紀善錢驥著。

《詩傳旁通》，教諭王彦文著。

《蚓竅集》，長史管訥著。

《灌畦稿》，周彦才著。

《經進集》，太常典簿顧禄著。

《薇庵集》，參政任勉之著。

《五倫詩》《孝經旁訓》，沈易著。

《滇南稿》《隨筆稿》《西清餘暇自樂稿》，翰林學士沈度著。

《律解辨疑》，副使何廣著。

《樗菴集》，太常卿夏衡著。

《慎齋集》，焦伯誠著。

《杏園稿》，張年著。

《鳳城稿》《尚素齋集》，封中書舍人金鉉著。

《瀼東集》，教諭黄黼著。

《壯遊集》，按察使黄翰著。

《講餘集》，教諭錢復亨著。

《桂樓集》，范鼎著。

《夢菴集》，陸潤玉著。

《約庵集》，封監察御史張遜著。

《雪航集》，王桓著。

《大學説》，太學生張正宗著。

《瀛洲稿》《使交録》《歸榮集》，南京吏部尚書錢溥著。

《雲間通志》，承事郎錢岡著。

《文翰類選》，長史李伯璵著。

《政監紀行集》《備遺録》《交游録》《史咏》，布政使夏寅著。

《定菴集》，南京兵部尚書張悦著。

《易髓》，學正張璞著。

《鳳山稿》，進士朱應祥著。

《九三子集》，進士曹泰著。

《讕言長語》，教諭曹安著。

《雪膍詩稿》，上洋吴爰著。

《鶴城稿》《天趣稿》《面墻稿》《清和稿》《慶雲稿》《東海手稿》《東海文集》，知府張弼著。

《宜晚稿》《續稿》《宜晚文集》，按察司副使曹時中著。

《西潭詩集》，知府陳章著。

《學吟稿》《拙庵稿》《楚游録》《滇南雜稿》，副都御史唐瑜著。

《雪岑藁》，知府孫遠著。

《續通鑑綱目廣義》，訓導張時泰著。

《三江水學》，金藻著。

《鶴灘稿》，翰林修撰錢福著。

《東江文集》《松江府志》，南京禮部尚書顧清著。

玉屏山顧廷儀先生家，弘治中生瑞竹，定菴有詩："地鍾靈秀幾經年，造化從來本自然。出土一根元瑩玉，凌風雙幹欲參天。未論板蕩成臣節，絶似夷齊讓國賢。春雨滿林還有作，兒孫頭角看駢駢。"

袁方伯，幼依外家，受其恩，外家故軍籍也。及舉進士，不忍貳之，登科謾從其籍，後竟以此隸籍戎伍，不可解。

黄憲長，幼時嘗以事干于郡守，不聽，拂衣出曰："水上打一棒耳。"守怒，令作《水上一棒》詩，徐吟曰："誰把長竿杖碧流，一聲驚破海門秋。千層玉線開還合，萬顆明珠散復收。鷗鷺驚飛紅蓼岸，鴛鴦催起白蘋洲。料應此處難垂釣，急急收綸别下鈎。"守改容禮之。

正統中，松有兄弟進士顯仕者，素不相能。兄嘗題竹云："種竹不須多，多則令人俗。蕭蕭三兩竿，清風自然足。"其弟知之曰："誰云種竹兩三竿，冷落蕭疎不耐看。直須種竹三萬頃，摇動一天星斗寒。"其相激如此。

松人烟火之技，載在《通志》。東江有詩："萬變神奇火一絲，偃師當日未曾知。寶王流落浮空下，香女輕娟隔霧披。明月上時雷礮發，暗塵驚處火輪馳。詞臣正憶鼇山勝，爲報嘉賓緩緩歸。"此詩殆盡其變矣。

研江金廷桂，嘉靖丙戌歲貢，廷試第一，冢宰廖公紀以其鄉無賢範，授東光訓導。丁亥，疏請學官由貢者，乞倣會試例，從所在鄉試，許之，遂著爲令。有御史至學，問其名，令無跪。對曰："願天下之爲學官者皆無跪。"時論偉之。

張鳴鸞，字世和。正德初，會試寓京。時張文冕方黨逆瑾，官錦衣，氣焰赫然。燕鄉之與試者，窮極奢侈，以示得志，鸞獨不赴。識者尚之，任止金華推官。

張文冕得志時，有司立坊曰"文武聯芳"，以其父衔嘗第進士。既敗，乃徙坊于府學文廟之南，曰"大成宫"。嘉靖甲申，樞與長谷徐君獻忠、午江錢君思周倡議，謂以叛臣之故物,而列于聖人之門,非以妥神靈,示瞻仰也,請于巡撫東湖吴公廷舉,亟命撤之。

丙戌歲,長谷徐獻忠宅上生瑞芝九莖,郡守慎德何公鼇扁其堂曰"開光"。

廬墓割股,古人謂非中道,諒其志,亦不失爲孝子,但不可爲訓耳。定菴先生嘗廬墓,感白鳩之異,西涯李文正公有贈言"檜清陳泰"。嘗刲股肉愈母之疾,錢文通公爲志其墓,皆松之獨行也,可泯泯乎?

松人屋後多植護居竹,經幾年而茂密如簣,可蔽風雨,故名。志稱哺雞竹,誤矣。

佘山有黄巢洞,凡十八所,今多崩壞,間存甃磚。相傳爲黄巢之亂避兵者。

費榮敏公墓,在鳳山之陽,東海翁墓與之鄰。今張氏子孫以配享后土,蓋義起云。

《雲間通志》載《木棉花》詩,爲熊澗谷作,《松江府志》因之。然此詩乃見于方正學《遜志集》中。按《通志》爲正統間錢崗所修,時正學文字尚有禁,而集未行于世,崗或諱之,而託之熊歟? 必有能辨之者。

《一統志》曰:"李象賢,台州人,徙籍華亭。明《春秋》,贍文詞,洪武舉任本府訓導。子至剛,博學能文,亦舉明經,累官禮部尚書,兼左春坊大學士,預修《永樂大典》,出知興化府,卒于官。"又曰:"李至剛,永樂末知興化,德量寬宏,吏民化服。在任若無所爲,而一郡之人翕然大治。"夫《一統志》本諸國史,宜無不公,而前後《松志》,于至剛之事皆略之,豈解縉之評先入之歟? 然縉所評十人,劉儁其最下者,而儁竟死節交趾,得贈謚。則縉亦不長于料人乎?

孫華孫,永嘉人。元時,以醫名于松,蓋亦托而逃焉者。程雪樓時奉命採訪江南,華孫辭以詩,有曰:"率土豈無臣?"語工而意亦深婉。

《麓堂詩話》云:"張東海自謂文勝詩,詩勝草書,英雄欺人耳。"蓋不以其言爲然。《水東日記》云:"前輩謂游藝當先有迹者學,文勝詩,詩勝書,書勝圖畫,則知此蓋古語。而東海嘗稱以教人,人遂以爲東海自評也。不然,則東海嘗有吾死草書增價之語,而不及詩文,曷又自相戾也。"

神山,舊名仲鼉,伏首引尾,形肖鼉,故名。相傳是山歲出圓石一,爲鼉卵,後人鑿石其首,遂不復出。今其麓累累多巨石云。山之陽,有崇真院,院有神鼉仙館,其扁相傳爲吕洞賓書,篆宗垂露,筆法古雅。而中款回嵓書,亦流逸可愛。神仙,君子所不道,校其藝,固神品也。真迹爲太守吴黄洲持去,今榜蓋臨本云。

### 跋

《淞故述》者,余祖母舅細林楊先生所撰也。先生諱樞,字運之,細林其别號云。學窺二西,文擅兩都,親教其子中丞朋石及余父學憲公,俱成巨儒,博學雄文顯天下。嘉靖戊子,舉于鄉,仕臨江郡丞,卒于官。後以子貴,贈都察院右僉都御史。先生遺集頗多,是述其一臠也。述之詳,具先生自敘中,余王大父一山公與先生密戚,並家九山間。嘉靖庚寅五月,手録而輯訂之,存諸笥中,爲家藏書。公字維敬,官興國縣尉,致仕家居,杜門著述,以博雅好古聞于時。有《樵唱集》,纂書不下數十種,是録亦其一也。周、楊家多故中落,向未付梓,邇來吾鄉樂義之士,不啻古人,儻肯捐貲鋟傅,以補《松志》所不逮,其有功于前修後進,良不淺矣。敬陳巔末,敢告長者。萬歷乙未八月,周紹節識。

《修志備覽》附録

### 藝文

《一山樵唱》,江西興國縣主簿周禋著,憲副定菴曹公爲序。

《言史慎餘》《淞故述》《火餘雜著》《雅歌譜》《傳心數學》《蒙養正訛》,俱江西臨江府同知楊樞著。

《學道紀言》《叔夜先生集》,俱廣西提學副使周思兼著。

《西堂日記》《楊朋石遺稿》,俱巡撫都御史楊豫孫著。

### 墓

贈中憲大夫、江西按察副使楊溥墓,在蔡成涇之原,子贈福建延平府推官欽祔。汝南世德墓,在蔡成涇,葬處士周榆,子江西興國縣主簿禋,孫誥封工部都水司郎中雲鵠祔,太僕卿鳳峰沈公、尚書孫文簡公志銘。

贈中憲大夫、都察院右僉都御史、前臨江府同知楊樞墓,在蔡成涇之任淇浜,子大理寺卿豫孫祔,少師徐文貞公志墓。萬歷辛巳三月,提學御史蘄水李公時成給銀壹伯兩修墓,委松江府推官范公守己、府學訓導陳嘉學董其役。廣西參政楊銓墓,在廣富林八曲里,宗伯陸公志墓。提學副使貞靖周先生墓,在蔡成涇,太僕卿鳳峰沈公愷、前刑部郎中袁公福徵志銘。嘉靖丙寅正月,巡按直隸御史昌邑孫公夢豸表之,題其墓曰永豐。

陽烏澤廟,在蔡成涇,廟宇甚隘,中奉大士像,靈異。鄉人每于歲首一日,竭誠齋禱拈鬮,以卜歲之豐歉,無不顯應。

周、楊讀書處,在楊店萊峰,與朋石兄弟競爽,葩藻流聞,聲震一時。

一山書屋,公諱禋,字維敬,號一山。博雅好古,以詩文自娱。僻意山水之勝,築室于周家草，與同郡顧少宰東江、曹憲副定菴、孫山人東岑，結社觴咏其間。

無瑕和尚彈琴處，在佘山禪堂，周學憲《萊峰聽琴》詩云："山寺人迹絶，四花春正妍。獨行入深山，所求貴真詮。忽聞弦上聲，使我心悠然。此聲不在指，彼聲不在弦。聲聲詎無因，不在絃指間。思之若有悟，惟與静者傳。"

朱道人

不知其名，唐行人，初不識字。嘉靖四十一年四月，自言忽于紡紗時，性真發見，到九月，有童子報以示寂之期，在來年七月。四十二年正月，至佘山禪堂，謝去塵緣。四月間，始露消息于人，傳言漸廣。七月五日，周萊峰、夏陽衢往見之，問以輪迴之事，道人云："刼外修行，方免得不輪迴。一性昏迷萬事差，寧可有足無眼，不可有眼無足。這箇血心，切不可靠他，此是凡心。若是性真，廣大無邊際，這是正路。我從前苦拜師，俱不是。自去年忽然見性之後，方才曉得。"陽衢問圓滿未曾？曰："圓滿了。"問曾打破虚空否？曰："打破了。"問消息的當否？曰："的當，明日恐不能去。"曰："決要去。"萊峰問定心之法，道人指其心曰："這個怎教他不思想？在這裏做工夫，怎免得輪迴？"因指其上曰："在這裏做。"萊峰問如何做得？曰："這箇那裏照不到，正是廣大無邊。"問何不在家脱化，却到此？曰："有人言十方所在，萬人相送，連日擾攘太甚，定不得心。"問去後認得今日眼前人否？曰："怎麽認不得。"問火起是痛否？曰："就如燒這木頭。"七月六日辰時，沐浴畢，登山拜謝天地，放火自焚，安然而化。時大衆萬人，皆相顧驚異，合掌禮拜而散。

王孝子節

居任淇浜，業農。嘉靖辛酉年，父疾危甚，節不告于家人，以刀割其左股，作羹進之，父疾旋愈。楊公豫孫表其廬曰"白華遺響"。

災異

正德己巳、庚午歲，北鄉大水，湮没田禾。周一山作《憫農》詩："太息吴民當此刦，迭罹凶歲肝腸裂。去年七月禾將成，大雨翻盆盡傾没。水深半壁屋已摧，男婦赤脚行淤泥。一冬柴米真珠玉，留田售屋來充饑。今春鬻女翻鋤遍，又賣兒來蒔秧半。誰知五月苦淋淫，洗蕩膏腴無一片。九山乘雲欲化龍，樹林積雨昏濛濛。新漲滔滔渺無際，周遭稼穡沉無蹤。東家嗷嗷西家泣，何求花線供耕織。寂莫蓬門盡日扃，冷竈無烟米無粒。紛紛餓莩填溝河，萬姓活少亡猶多。總然勉强幾家在，屋漏那有茆來鋪。鶴髮臞翁筋力竭，皤顔老嫗淚垂血。今秋滿擬慶豐登，却變郊原河泖闊。老稚車戽欲救苗，饋餉不足形容憔。桔槔聲斷斜陽裏，水衝坍岸徒爲勞。荒邨漸覺人烟少，落日空聞蛙鼓鬧。風生畎畝浪聲喧，鬼燐熒熒相照耀。嗟彼蒼生圖苟延,天意如此何由全?寄聲憂國憂民相,亟爲疲癃解倒懸。”

隆慶三年,僉事鄭公元韶奉勅丈田均糧,天游居士朱大章作《均糧篇》,悉中時弊。附録。

均糧便,願均糧,當塗體國細平章。皇初奴屬崇畿輔,區晝宏規奠此邦。夏公稱土定科稅,開公籌算協高皇。按籍魚鱗供指掌,飛科升斗成邊疆。民訟存糧近糾舛,無糧皇土落何方?法久弊滋思變法,失調琴瑟待更張。均糧他郡未均松,引領顒顒望相公。相公歸來遮道訴,乞贊監司奏九重。九重軫念特監茲,奏書論薦鄭當時。豸袍分節督糧事,超拜綸音降玉墀。均糧得請慰蒼生,久旱甘霖荷聖明。從此兒童皆了了,掃除隱射稅糧輕。去年禾黍半登入,督責丈量星火急。限步畝均二百念,尺寸成規那不得。弓樣新頒索價高,號紙虛名供是實。都人供役到村中,争辦酒肴遠迎接。機織抛空明復來,夫婦相看有憂色。奮髯鼓掌意揚揚,小民束手如綿羊。民間一草禁勿犯,糧籍誅求竟不妨。犬牙偃月在相抱,町畦橫縱難較量。椎朴農家那習算,耳聽算子總茫茫。執我孔方移曠狹,由他毛穎變滄桑。久佃官田重納價,放舟河面亦收糧。幕宲飛籌聊覆較,吏曹假手肯参商。報稱公正皆持正,檢閲良民果善良。春來犂犢出東郊,盡驅此輩入西廒。廒中書算聚蟻垤,官府文移森蝟毛。食指萬餘縻廪粟,提編三載審丁傜。傜銀斂盡册未造,朝更夕改轉分撓。敗筆成邱空紙鋪,公私困弊日嗷嗷。城西魚肉趂好賣,可憐魚肉是民膏。辛勤造册值炎天,怪駡鄉民少送錢。鄉里乘風那敢後,摩肩揮汗道途邊。走向廒門怕呵禁,隔溪月落猶遷延。襦袴典傾稱月息,桔槔頻歇損苗田。照前田額科增重,愁嘆歸來夜不眠。溉水荷鋤晨起早,又聞下令點排年。排年貧,要更新,公家最息貧充役,差點偏教富作貧。臧獲千頭田萬頃,一丁不役非王人。坐圖數畝户瓜分,傍午追呼動比鄰。貼地霜飛餘勁草,淺池水涸斷纖鱗。海叟檢田應下淚,石壕吏怒不堪聞。禹圖貢賦松最饒,舳艫横江充轉漕。惠養元元宣德意,豈知鴻鴈告劬勞。呻吟病口願扶床,脈病研精始配方。果樹歲深蟲蠹齧,郭駝蹙蠹樹無傷。君不見,青蓮法界迷洞房,細柳軍營亘晝堂。列肆星羅休稅課,借棲蝸角應坊廂。庭除不治尤蕪穢,谿壑焉能剔垢藏?君不見,上中下等界三鄉,一鄉肥瘠又三鄉。卑伉兩鄉偏澇旱,中鄉平衍稍相當。請向願均庭上坐,更陳損益與低昂。君不見,揚灰砂磧荻蘆黄,跛扈沉波菱藕香。土著有人專此地,素封千户若爲强。君不見,田聯海若皆抛蕩,圩墾陽侯混積荒。平土植錐皆納稅,夜舟遷壑豈尋常?君不見,團竈丁男不記場,屯田卒伍半逃亡。公産役來空舊籍,歲輸耗減苦追償。君不見,吴淞吞泄貫三江,變作陂田半插秧。青龍雄鎮通海舳,河流湮塞罷耕桑。肯爲吴農理凋敝,早疏禹績報君王。福星一路照江南,問詢父母每停驂。興除利病公私便,簡策昭然共可探。明明天子大夫賢,致效芻蕘奏短篇。看取田疇歌子産,枉躭經術笑臨川。時隆慶己巳季夏望日,懷古眠畊書于抱膝廬中。

天游居士朱大章,字南孺,少司成文石弟也。少爲博士弟子,博學,能文章,試輒高等。及壯,以盲目廢舉子業。讀書每倩人誦之,即强記,至老不忘。所撰詩文雜著,不下千餘篇,惜以無子,俱湮没無傳。是篇洞悉利弊,亦其一斑也。

# 五茸志逸

吴履震　輯
張劍光　劉　麗　整理

# 整理説明

《五茸志逸》八卷，明末清初吴履震輯。吴履震，字長公，别號退庵道人，松江吕巷人。其父吴炯，萬曆間登第，曾于萬曆四十六年(1618)捐資壹萬兩助邊，得到當時士大夫好評。履震，明季諸生，熟讀經典。清軍佔領江南，履震從兄吴志葵起兵抗清被殺，履震只能“避難泖濱”，“甚至無容身之所”，生活十分艱難，後構“落葉居”陋室作爲自己的住所。由于身處社會動蕩變革時期，他從鄉賢故老口中聽到了很多傳聞，自己又親身經歷了不少事件，對地方文獻進行了廣搜兼采，加上他本身具有較豐富的天文地理、政事、教育、社會風俗、文學、歷史等方面的知識，遂撰成隨筆八卷。因爲五茸是松江的别稱，遂名其書爲《五茸志逸》，亦稱爲《五茸志逸隨筆》。書中記載的内容，時間最晚的是卷七中的康熙二年(1663)，全書的完成當在此年之後。

本書的記載，以明代爲主，部分涉及清代，有較高的史料和文獻價值。如對明末清初松江文人士大夫的生活習俗、政治態度、思想情趣、文學活動、詩文作品、雅事趣聞和宗教信仰等，有大量的記録。尤爲值得指出的是，本書對上海地區明末抗清的記録，十分珍貴。如關于夏允彝兄弟、徐念祖、李待問、吴嘉胤、孫士美等人殉難的經歷，可以增補史書記載的闕略。對于金山衛指揮同知侯懷玉一門及部下死義的記録，十分詳細，完整地描繪了明末金山衛軍民抗擊清軍的英雄事迹，表達了作者對他們英雄氣概的讚賞。此外，書中有許多明末天啓、崇禎至清初順治間的社會資料，如自然災害、物價、田賦、地理變化、科舉等内容，對研究明清之交的松江社會有着相當高的價值。

本書在清代編成後，一直没有刻版印刷，因而流傳不廣。此書主要有道光四年(1823)的王星農鈔本及道光八年的醉漚居士鈔本。此後，松江圖書館、華亭封氏簣進齋與金山姚氏懷舊樓據王星農本轉鈔。三轉鈔本中，封氏本最爲完整無缺。因而1963年上海市文物保管委員會據封氏本排印，同時參校另兩本。封氏本卷八“鞠瑗園”條，事涉雍正三年(1725)，應爲後人增入，出版時加以保留。此外，2005年外界流傳的用上海通志館稿紙抄寫的此書八册鈔本，實是1963年上海文管會版付印前的底稿。醉漚居士鈔本與王星農鈔本略有不同,如書前吴履震自敍在陳鑒補引和何竹序之前,書中的文字也略有差異。鈔本末所附道光八年跋和王星農跋也有很多雷同,但更爲詳細。此本 1997 年爲北京出版社《四庫未收書輯刊》影印。

本次整理,我們以上海文管會本作爲底稿,文字上和醉漚居士本略作對校,明顯有誤的作了改正。另外,醉漚居士鈔本後所附的跋,對理清本書流傳亦有一定的價值,本次整理時移録于王星農、沈祥龍二跋後。上海文管會出版時的説明,也一仍其舊,附于書末。

學識有限,錯誤難免,敬請學界批評指正。

張劍光　劉　麗

# 目　　録

《五茸志逸》序 …… 567
《五茸志逸》序 …… 568
《五茸志逸》小引 …… 569
《五茸志逸》序 …… 570
《五茸志逸》題詞 …… 571
《五茸志逸》補引 …… 572
《五茸志逸》序 …… 573
自叙《五茸志逸隨筆》 …… 574
《五茸志逸》凡例十一條 …… 575
**卷一** …… 577
**卷二** …… 612
**卷三** …… 651
**卷四** …… 689
**卷五** …… 723
**卷六** …… 754
**卷七** …… 790
**卷八** …… 832
跋一 …… 870
跋二 …… 871
醉漚居鈔本跋 …… 872
《五茸志逸》跋 …… 873

# 《五茸志逸》序

天下之事，廢興成敗而已，史官掌之。郡邑之事，修舉沿革而已，載乘掌之。獨有嘉言懿行，珠零玉碎，表表在耳目間者，闕焉無聞，將逐流而爲逝波。花因果證，銖酌寸量，灼灼在報應間者，忽焉無述，將遂幻而歸冥漠。或村虚谷杳，事遠人亡，問之鄉人，不能舉對。或朝章國典，居積諸遷，訪之子孫，茫然不知。遂使其美弗彰，其事弗著，其散軼泯滅，無可考究。悲乎！勢之遥，時之變，文之必取徵乎獻，此吴子《五茸志逸》之所由作也。夫"逸"之義大矣哉，志立于千古之上，超出乎人倫之表，黄唐虞夏皆奔走焉。皜皜乎揭日月而行之，以察乎世之汶汶，冰鑑在其胸中，今古莫逃乎朗識，超超乎尚矣。若夫彷佛世人之言，依稀識者之慮，不矯矯于濁世之沉污，乃斤斤于聖賢之法則，每欲爲一家之言，以求合于先民之矩式，此亦吾輩之所深嘉而樂與也。至于潛空集虚，藏幽入谷，或不得已而有言，則發天地之閉藏，闡民生之所欲，居己于蕩蕩無能名之鄉，而悠談渺論于無何有之域，"逸"矣哉！其大凡也，吴子生于名家後裔，當亂世之末流，發孤憤而爲言，抱直道而三黜。所以可欣可仰者，肅然録之；可駭可矜者，紛然録之；可考可核者，縷縷然述之；可興可替者，戛戛然述之。任進退于無心，聽衮鉞于自取，亦未嘗有所異焉。而其于世也亦無可無不可，知我罪我，逸事何容心哉。余與吴子兄弟交將五十餘載，今秋相期于小山而不至，相命以東籬而又不至，乃駕扁舟而討其爽約。吴子手一編示余曰："生平有志焉而未逮也。今已成此書矣，是以三駕而不果來也。子其爲我言之。"余何言哉！季子聘魯，觀十五國之風，名在《春秋》；璜溪主社，集一時之彦，名在勝國。君家有文而身爲獻也，是皆然矣。余何言哉！

梅源主人王昌紀題

# 《五茸志逸》序

予家申浦之陽，隔璜溪僅衣帶水耳。璜溪吴氏，以大節高義特著雲間。憶自齠齡即識太僕懷野公，深心古貌，雖解綬歸田，不忘國恤，蠲家給，助邊需，益更裁省設額，贍學宫貧士，諸士子登賢書膺簪紱者，咸首沐公惠不衰。敦教範俗，有古范文正、劉忠肅之風。弱冠得交聖階總戎，君時各負氣任俠，不世自命。迨余淪落一經，君執鞭弭捍疆埸，分符海上，寒氈片席，遂不獲與定遠、博望争雄矣。乙酉之後，君鼓汨羅之濤，予曳滄洲之枻。人僉曰："翟東郡、楊濮州之烈，君其過之。"予十年冰蘗，方且形悲山鬼，啼慘溪猿，適君之從弟湘草持一編示予云："家伯氏長公所志五茸逸事，不忍蕪一時聞見，冀吾子序數語并壽梨棗焉。"予閲之録瑜存美，志危忠，志孤孝，志孤芳隱貞，以暨佳言異論，禪迹仙踪，禽妖木幻，無不窮搜而備載。予因思五茸處幅員一隅，不啻黑子着面，特其地分斗牛之野，東南接溟渤，遥望扶桑日出之墟，西北列九峰，環控三江五湖，亘六鰲戴山之脉。其人多奇殫哲，礴閑氣于雲霄，結靈根于奥府，地固所稱逸也。因多逸事，天遂篤生逸人以志之。長公于懷野公爲從子，于聖階君爲從兄，明經不第，意廣才高，激揚先大夫之公忠，推挽前將軍之宏烈。幼安處北海而北海之人化之，子春居無終而無終之衆歸之，精神之所格也，樂易之所敷也。《志逸》成而上補國書之闕，下修稗史之遺，其于表彰風勵，又何如哉！然予猶有説焉。子長成《漢史》，足迹幾遍天下，故能假名山大川之勝，以濟其雄博浩瀚之才。康樂詩文沉鬱茂美，卓躒六朝，其遊覽之奇，至于躡屐懸輿，梯岩縋谷，亦謂元遠幽深之致，直在風嵐雪隝中耳。長公足不履户外，而記敍周詳若此，得毋曰"一隅之言則詳矣，語幅員尚有漏歟"！不知夫時有易不易，勢亦有可爲不可爲。古之人當皇路清夷，天風壯闊，徜徉探究，莫之限止。長公志苦行違，予知其不能出此也。夫使長公而亦有漢晉之日月山河，足恣其徜徉探究也者，子長、康樂何多讓焉！

黑酣道人張家璧書于東郊耕讀

# 《五茸志逸》小引

五茸固有志，弘正朝顧文僖公爲一代大儒，實出其手。越百餘年，方郡侯禹修屬眉公先生續修之。夫百餘年非甚久遠也，然故老所傳聞者不甚可考，大都得之學士之筆記耳。以余所見，如何士抑之《志略》、李節之之《人物考》、范叔子之《據目鈔》數種，非皆憫其遺缺，捃摭成書，以待集成者哉。二十年來，世經兵燹，因革興廢，是不一事，人物風俗，舉非舊觀。余每念生當其時者，有心之士，隨所見聞筆而記之，彷彿陶九成《輟耕録》，此真吾輩事。顧余有志未逮，而吴君長公可謂先得我心，志往事之不及志者什七，志近事之未及志者什三，總顔之曰《志逸》。記事并記言，使讀者忽若睹《家訓》《金鏡》等書，忽若睹《齊諧》《志怪》等書，更有若安石碎金，李長吉錦囊中物者，每一披覽，應接不暇。長公非大有心人哉！嗟嗟，長公誕育清華，淵源家學，幼無鮮衣怒馬之習，長有聚螢漂麥之勤，以彼其才，得遭時遇主，上必給筆札酒饌，縱觀金匱石室之藏，裁成一代信史，當無多讓。而數奇不售，宜其發憤著書，老而彌篤也。雖然，才如弇州，遇如弇州，以方龍門、扶風，當不是過。坐使煌煌昭代，有記無史，不得已而僅以史料見，于長公又何怪焉。夫龍門因父談而成《史記》，扶風因父彪而成《漢書》，今長公大父别駕公有《東吴逸史》梓行于世，而長公復有是編，豈非祖孫同志，世擅史才者哉！後之爲文僖、眉公其人者，諒不能舍是編而他求矣。

丁酉孟秋，通家社盟弟沈新之題于家之言遠堂

# 《五茸志逸》序

郡有志，所以補國史之缺。然或以勢取，或以情奪，求其真確無疑者，十不得一焉。所以可敬可喜可歌可泣之事，湮滅不傳者多矣。長公吴子，自其先王父别駕惺宇公，伯父冏卿懷野公，遺書不下萬卷。長公性癖嗜書及墨迹名畫、金石彝鼎之屬，美而甚富，左經右史，蕭然無累。日徜徉于紙上雲山，圖中邱壑，不問户外事，七十年如一日也。其恬澹不俗，蓋天性然矣。昔嘗精構一室，庭前累石爲峰嵐洞壑，淡然有子久、雲林筆意，余嘗目之爲壺巢。今已棄去，返于故林，如蠖屈蝸伏，扁曰"落葉居"，雖甑塵瓶罄，絶無咨嗟怨尤之色。手自抄寫，亹亹不倦，一切可敬可喜可歌可泣之事，郡志所不載，同人所不道者，凡爲若干卷，名曰《五茸志逸》。即蘭台石室之藏，何以異也。年已七十六矣，而神明壯旺，有嬰兒之色，撫曾孫而弄筆墨，古之所謂得道者非耶！

化石道人盛國芳淡餘甫撰

# 《五茸志逸》題詞

康回憑怒，柱折維裂。有心胸者皆如亂麻，惡能操不律與修史人争長也！雖然，縱談風月，當事者所弗禁，況桑梓間事乎！此延陵公不欲有言，而不能無言者也。徐偉長處當塗高閑，每有論説，皆托古人以見意。長公《志逸》，倘亦此意歟！亡友張雨堂，飄飄海鷗，于此書大加歎賞，貞居父子，逍遥人外者也，各肆披覽，此書得不爲異書，此人得不爲異人哉！合之郡先達種種論著，一以貫之矣，將不爲野史之集大成也哉！長公與余爲世講，讀其書如見其人，年已大耋，纂輯不衰，伏生、申公之流亞也。五茸文獻，公殆兼之矣。後之覽者，其慎毋忽諸。

若䯀道人唐孟融拜手識

## 《五茸志逸》補引

昔左丘明爲史官，又魯人習魯事，是有魯之《春秋》。孔子雖生于郰，而宋人也，仕于魯，思欲行其道，而斧柯不利，雉噫空聞，至年六十八始歸魯，而筆削其空言以垂後世。故曰："吾志在《春秋》。"又曰："左丘明恥之，某亦恥之。"素王素臣，豈偶然哉！余不佞，嘗仕于雲間，欲學陶公以弦歌爲三徑資，匪敢曰欲行孔子之道，而斧柯化爲叢棘，雉噫化爲鳳笯，幸八十日追踪彭澤，未嘗得罪地方也。計自仕而獄，獄而出，年已六十有八矣，是孔子筆削空言之日也，會吴湘草出其伯兄長公所撰《五茸志逸》稿示余。夫吴氏雲間之世家，猶魯之左氏，世以魯人習魯事，薈萃數百年之見聞，成一家言，若天時人事，郡邑沿革，山川古迹，政教風俗，情僞利病，訏謨清議，方言物産，與夫叢談諧謔，莫不燦燦彬彬，奔走筆下。又筆筆綺麗雅秀，而文不減左氏奇艷，吾將竊取孔子之筆削而爲之，冗者删，闕者補。蓋長公爲裨諶之草創，而大雲、湘草諸子爲討論，余稍稍修飾之以俟潤色者，則此書近可掩《雜志》《據目》之編，遠可駕南邨《輟耕》之録。彼細碎卮言，反覺其無味耳。嗟夫！後之視今，亦猶今之視昔也。此志不磨，此書不朽，庸詎非雲間千古之華衮斧鉞乎哉！毋曰余未得爲孔子徒也。

辛丑立冬後三日，嶺南友弟陳鑑子明氏謹題

# 《五茸志逸》序

長公先生少挺高懷，風雅卓爾，鄙俗之銷融殆盡，性情之遣放愈深。以言語議論妙絶天下，或痛陳可以當悲歌，或微詞可以充鐵筆。晚年世趨漸變，古道不興，先生之言見絀于時。先生又生于華胄，老而坎坷，田園散而半畝之宫不保，書畫失而一舫之載難求，侘傺困頓，仲長統《樂志》之論不復道矣。然而先生内足于己，蕭然不以累其胸，著作之志，至老彌篤。先生之言曰："左丘失明，厥有《國語》；子長腐刑，乃成《史記》。吾之爲此矻矻者，以存吾志，不可諼也。"《五茸志逸》一書，綜雲間之往事，述故老之傳聞，耳目所及，蒐輯無遺。況以中更鼎革，世改滄桑，新舊多端，實緣聽睹既繁且確，罔有異詞。夫作史之家，由來所尚，然乃事闕數世，人備九州，博採綈緗，非如親歷，是以疑信雜出，或失之誣。今先生居峰泖之濱，訪三邑之迹，記載無假于輶軒，闕文不設于夏五，而人情風俗，彰若繪圖，偉行佳言，瞭如指掌，誠一郡之良書，而當今之文獻也。余素從先生後，則景仰心儀者，先生之德直而不阿，先生之節介而有守，不獨譔述然也。而受簡披讀，想先生之心，不爲世攖，不爲境戚，乃能得之于筆墨，寸寸而累之，節節而志之，其精且詳如此。後之覽此書者，亦即可以知先生矣。

乙巳季夏朔，何竹題于潮陽之雙忠古廟

# 自叙《五茸志逸隨筆》

昔司馬温公聞新事,隨録于册,且記所言之人。吴枋亦自言效顰,因作《野乘》。余生也拙,既無山水之適,又絶無親知之遊,終日閉户作老蠹魚,間于胸臆有所是非,欲托古人見意,但愧身非史職,徒取譏耳。又以見聞不廣,核實失真,余滋懼矣。用是就五茸見聞,或故老耳傳,或時事目擊,即手録之,名曰《志逸隨筆》。大都採風俗,示勸戒,一切俯仰天人,經濟風流,卮言名理,可參廟謨,可資騷壇,可排孤憤,可助揮麈,可供捧腹者,無不收。而獨于今事今人,足爲懲往毖來,歷歷可參證者,尤弗輕略。所冀觸目感懷,臨流攬轡,縱非迷津之寶筏,亦爲適粤之司南也。客有規余者曰:“子僅僅一隅聞見,何異以螢焰争光明月,蠅聲較響震雷哉!”余應之曰:“獨不聞南柯事乎? 一螘穴耳,其爲君臣上下,興兆亡徵,兵機事要,種種描撫,已不勝書矣。五茸即彈丸,姑借是編作螘談可也。”喜我笑我,一聽覽者。若言劄記野乘,擬之司馬、吴枋,則吾豈敢?

退菴道人吴履震識

# 《五茸志逸》凡例十一條

"五茸"繫地也。生居澤國，不克如龍門氏之遊覽名勝、浣花叟之遍歷楚蜀，凡所纂録，大抵不越吾郡者近是。若等之野史秘笈，不無管窺蠡測之媿矣。

"志逸"繫事也。郡乘所載紀，先賢所撰述，亦綦詳矣。余老諸生，未獲與聞國家典故，于耳目聞見及涉獵史册，凡可勸懲備觀覽者，綴之簡端。宣尼所謂識其小者此也。

四方名賢，仕宦吾地，其政績可傳與詩文可采者，一一載入。不特以風有位，亦見往哲芳規，迄今未泯。此以人繫地也。

吾郡先達，其宦遊所至，游屐所歷，軼事異聞，足以觀感興起者，雖在遐陬殊域，亦必附見。此以地繫人也。

往哲嘉言懿行，或散見典帙，或得之舊聞，亦必具録，期有裨于將來，寧可遺于往古？間有白璧微瑕，一眚掩德者，亦附見一二。敢附《春秋》善善惡惡之旨，庶幾聖人思齊内省之意乎？

降祥降殃，垂諸大《易》；惠迪從逆，著于《虞書》。不特二氏因果之説爲然，其間報應昭彰，可垂勸戒。蓋采諸典籍所記者什之三，而得于共聞共見者什之七，非有所附會也。

吾郡名賢傳志、郡志之外，有《雲間往哲録》《人物志》等書，其中偉人碩士與高流隱逸、姓氏未著者，間爲拈出，亦發微闡幽，表彰潛德之例也。

國史或傳異人，郡志亦録仙釋。吾郡之托體烟霞、匿影廛市者，靈踪秘迹，往往有之。使觀者有所興起，亦祛塵遣俗之一助歟！

《齊諧》《諾皋》之書，《夷堅》《酉陽》之志，事涉虛無，語多瑰誕，閲者不無致疑。兹或有異事異物在耳目聞見之外者，必確有實據，非敢傳訛，不特可供異聞，亦以廣其博識耳。

達人名士，或片語解頤，或單詞發粲，雖無裨于正經，亦可暢懷宣鬱。偶一附見，聊以怡情，正如《世説》之例《排調》，非若《笑林》之録鄙事也。

或曰："古今記事之書，無不條分部列，以便稽考。兹之雜然彙載者，于義何居?”曰：吾本諸南村氏雜投甕中，縱埋樹下，亦猶行古之道也。按事分條列部，爲閲者如入五都之市，寶玩紛羅，如食五侯之鯖，珍羞互陳也。

退菴又識

# 卷　一

璜溪退菴道人吴履震長公　采輯
南村友竹散人錢　澐晴川　校録

楊廉夫元季嘗爲浙省試官，撤棘，有周天然者，敗冠敝衣謁之，謂閽人曰："與汝主言，我周天然也，來賣文耳。"閽人爲通。有頃楊出，延之入座，供枸杞茶。天然作詩十二韻，楊隨和之，乃言曰："僕有《鐵笛》詩，和之者衆矣，特未有賦，先生爲我作之乎？"天然頷之曰："老夫懶于筆硯，我誦爾寫。"矢口而出，鐵崖信筆書就。天然取視之曰："小楊亦能寫我賦耶！"竟拂衣起。廉夫留之不可，意其異人，使人尾之。見天然有巨舟泊北關外，僕從器用甚盛，蓋張士誠客也。

熊軫峰名宇，字元性，長沙人也。性高簡，能文工詩，爲松江守。有《郡齋賞牡丹》詩，其前半首云："和風湛露萬人家，欄檻當門一樹遮。正憶桑麻沾細雨，更添珠玉對名花。"熊侯在任時，適聶雙江亦以御史陞蘇州太守。雙江偶以公事來松，二公同舉進士，又同年中有才望者，軫峰設席于白龍潭款之。相與講學，各賦近體一章，雙江詩曰："重陽曾此坐探禪，回首風流又五年。霜醉高楓秋入樹，雪垂晚香稻肥田。應慚白髮虚栞鶴，偶繫黄花泛酒船。共笑此生真浪迹，息機焉得渚鷗前。"軫峰詩曰："不悟良知定悟禪，臨潭講學自當年。静涵龍德光騰漢，早事春農玉滿田。吹帽最憐憂國士，濯纓旋理泛江船。金蘭更接同心侣，千載風雩雲影前。"

吴獻臣字廷舉，蒼梧人。當正德初，以劾奏逆瑾，枷午門前一月，謫戍。瑾誅，官松江同知。嘉靖初，歷官都御史，巡撫南畿。何元朗初入學，適值公行部至松、常，一望見其顔色，短小黑瘦，舉動便捷，宛然一山猴也。察院中常畜小雞，自種瓜茄，有時正坐堂，忽念及雞雛，或瓜茄灌溉，雖徒衆盈庭，即棄之入内，俄頃而出，人以爲癡。然政體清嚴，人莫敢犯，且博極群書。至孔廟行香講書畢，問諸生五眼雞、三脚貓故事，諸生無有應者。又出薛子胡子粹言，分賜諸生，與今之俗吏迥然不同。爲松江同知時，適劉德滋爲太守。劉江西人，亦能吏也。舊例佐貳官各就私署理事，獻臣獨坐府堂上，凡太守舉動有不當者，即正言不避。一日捫一蝨置桌上，以唾作大圍，直視太守曰："看你走到那里去。"其剛傲凌物類如此。始令順德，執法不撓,御史汪宗器惡之。時有廉直縉紳已故,有不肖子,公笞之,業改行爲善矣。御史復逮此人至,欲其誣令受賄免罪,此人曰:“即死不敢誣賢令。”御史終不能有加于公。初公在太學,與南雍羅玘善,兄事之。玘病痢,公爲治藥餌,身負之登厠,晝夜十數反。玘既瘥,同舉進士。玘語人曰:“四十年前,生我者父母,後皆獻臣生我也。”公官至司空。謚“清惠”,有集行世。

鄉先生任公勉之歿,未葬,里長張琳編其子宏爲本縣養馬夫。宏訴于府,時太守上虞葉公冕也。教授張公知之,進府具言其事,葉嘆曰:“有是哉!”諭令歸治喪,不須入也。因榜于門曰:“今後均徭,故官子孫,一例優免。”任氏至今傳誦之。

壽光張公燭,隆慶壬申令吾華。十二櫃收羨餘千金進于公,亦舊例也,公驚異,悉籍其數以報南台,請補别額税。兩台旌之扁曰:“塵視千金。”今尚在公署之退食堂。

張石盤爲南直隸提學,所取文字,專尚清新,徐文貞爲其首拔,江南文體,爲之一變。其按臨松江,適巡撫姓劉者亦在松,劉先發,石盤設席餞之,贈以詩曰:“我送中丞君,黄梅三月雨。紫燕語雕梁,滑鶯坐春渚。風便快輕帆,花落怨東主。人生貴適志,適志應如許。”其詩在李塔匯寺壁。公名鰲山,乃簡肅公敷華之子。其子鳳林名秩,亦官翰林。三代皆才望也。

郡守賈待問涖任時,人歌曰:“隔床女兒問阿娘,那得床頭有布裳。娘言近日公差少,免典衣裳辦酒漿。”

太守何峻德去任,民謡云:“太守歸去松江府,只留門前石老虎。”又云:“大門之石獅墮淚曰:‘何獨棄了我。’”語亦善諷。

青浦令屠隆赤水公負才名,喜作興文學。以陸士龍死後,門人迎葬清河,爲立二陸祠于縣治,碑文膾炙人口。其祠柱書二聯云:“大旗一折黄雲凍,寶劍雙沉紫氣高。名士去爲天上宿,文章留作海東潮。”見者謂二陸有生氣云。

嘉靖丙戌間,徐長谷宅中生瑞芝九莖,郡守何公扁其堂曰“開先”。初長谷罷歸,語人曰:“越鳥南枝,自有靈性,鐘鼎尊重,不换我自在山林也。”

嘉靖間,姚公唐以丁未進士司理吾松。廉静不苟,居常痛父不逮養,長齋斷葷。以母喪離任,號泣徒跣,哀毁過傷,目腫出血,遂喪明,竟卒于家。今祀名宦。

洪武元年冬,司農丞杭公仲玉奉命來浙,經理田賦。

李浩字師孟,保定人。歸附初,奉命來爲二守。

茶陵陳某由兵部尚書出爲松江守,未期月政成,陞山西參政,時洪武二年九月也。同時通判方從善、推官孔道原、經歷石宗亨,具詳楊維禎《送山西參政陳公序》

中。郡志《守令〔題〕(顯)名》自洪武三年荀玉真始,前此俱軼其姓名。

吾松陸居仁博雅好古,工漢隸八分,尤能鑑别鐘鼎銘刻及書畫。嘗至都下,虞集、柯九思薦于朝,未及用而歸。所著有《墨史》《硯史》《印史》,後以所書篆瘞之細林山中。爰來徵詩,遂賦長句以寄。其歌云:"包羲卦畫龜龍出,頡偱造書鬼夜泣。俯觀鳥獸迒蹏迹,依類象形文字立。以迄五代咸東封,改易殊體靡有同。周官保氏教國子,六書大義開群蒙。太史籀文古少異,小篆從省自秦始。倉頡爰歷《傳學篇》,三家著述初傳世。秦燔經籍獄訟熾,乃當隸書趨學易。古文雖絶漢章行,尉律學童仍課試。東閣祭酒太岳孫,夙嘗受業賈氏門。閔悼俗圖昧所向,博采籀古加討論。揭示上下明指事,轉註假借形聲意。立一爲端亥畢終,分别部居不雜厠。亘千萬古知字原,昭若列星麗躔次。中興新學曰陽冰,入室操戈何背戾。二徐訓釋浩江河,仲也祛妄言不頗(徐楚金著《祛妄》,辨李陽冰之訛謬)。吴興張有爾傑出,復古正俗訂舛訛。布衣道士錢道住,玩在端如郭忠恕。三十六舉僅朱篇,蟬蜕遺踪不知處。席中如帶惡安西,鼓皮離囗良可吁。漢家去古尚未遠,成皋印文猶重摹。雲間囗囗苦嗜古,手校科蟲辨魚魯。明窗浄几風日佳,臨撫一埽千番譜。商彝周鼓真吾師,蝸扁沈着沙畫錐。鸞回鳳翥龍天矯,長戈短劍相交馳。書草日積充棟楣,保愛何啻璧與珪。細林山中一壞土,緗笈緘縢重閉之。于戲禊帖藏玉匣,終致温韜舉囗囗。亦恐虹光夜燭天,定有竊開窺筆法。冢頭秋草鳴寒蛩,埋文瘗筆同高風。後三千年見白日,好事應營馬鬣封。"

袁履善誕時,夢狀元錢福造之,命公名福徵。後又夢左太冲,語曰:"君即吾後身也。"故更號太冲。中嘉靖甲戌進士。爲人性敏,兼負梗直,凡拳枚指點,千百不差,人以爲挾術使然,而不知其特心神巧耳。爲比部主政時,上誅丁大司馬,怒曹郎,公疏職方王某無罪,乃編民去。已爲府州貳,左遷傅南陽王侃,直揭承奉之私,褫職歸里。以詩酒文弈自娱,與里人爲忘年忘分交。

范文若入庠時,年方十三歲,郡侯許維新喜其幼聰,乃出對云:"數仞宫墻,幸今日得門而入。"范即對曰:"九重丹陛,喜他年有路可登。"其敏捷如此。

周文襄公忱巡撫江南日,巨璫王振當國,慮其異己也。時振新作居第,公預令人度其齋閣廣狹,使松江作剪絨毯遺之,覆地不失尺寸。振喜極,以爲公有才。公在江南,凡上利便事,振悉從中贊之,乃知真心謀國者,自無形迹可避也。

楊髡發宋諸陵,有裒其骨葬之者。《輟耕録》所載以爲唐義士珏,瞿宗吉《歸田詩話》所載以爲林義士,周公謹《癸辛雜志》則以爲宋陵使羅銑者,蓋中官云。

國初土田之税,設糧長主出納而供轉輸。華亭夏宗顯者,奉法最謹,愛細民升斗無妄取，由是賦輙先時而集，同事皆則之。宗顯喪母毀瘠，及孀姊老而寠，迎養之，撫異母弟有恩，訓誨子弟勉于善，歲凶多賑貸，人稱長者。

吾松土産，綾布最著，許周翰守郡逾五載，不受一縑。陞任之後，織造塘長以其不除常例，織精綾二百餘疋，至京口送之，卒不受。因憶彭器資尚書集有《送許屯田》詩曰："浮梁巧燒瓷，顔色比瓊玖。因官財利疾，衆喜君獨否。父老争嘆息，此事古未有。"自註云："浮梁父老言，自來作縣不買瓷器，惟公一人。"何許氏之多廉節，今古一揆。洪容齋嘗惜許屯田之失其名，因并及之。

海上史鑄爲郡庫吏時，丁倭亂，出入多所乾没，無慮數萬。憲司廉其事，屢逮之，然數通賄于豪右，不及于患。江西黄景雲名文偉，中省元，舉進士，令上海，素聞其名而忿之。知其故賦長也，思所以甘心者，每逮賦長必追正身，至則稍寬刑責，年餘人争赴之。官捕史，史隨至，數其罪，立杖百棍斃之。黄退食後，見史常在側，呼隸逐之。隸曰："史已斃，何逐也?"頃之升堂，復見史立左右，遂神思恍惚，尋病弱而亡，人以爲史鑄之報。侵没官銀，罪宜也，而强死爲鬼，卒能仇天子之命吏，何哉?

張東海《漂母祠》詩："劉伶祠下坐吟風，漂母磯頭奠酒鐘。眼力還高蕭相國，能于饑餓識英雄。"

黄翰《托菜贈妓》詩："小葉青青大葉黄，百花叢裏逞風光。但嘗此味須嬌嫩，莫待南園一夜霜。"

張愷，華亭富翁也，每公務入城，會計出納殊爲憚煩。嘗書四字于座右曰："望城欲哭。"一日歸，焚香告天曰："愷志向閑逸，不慕富貴，願薄田二十畝，自爲耕稷，府吏不擾，老于山林足矣。"忽空中應聲曰："欲富貴則與之，此則不可。"由是觀之，造化于人，不靳功名富貴，而獨靳閑之一字。蓋閑是天地間大福，不易得亦不易享。故曰：不是閑人閑不得，閑人不是等閑人。

王少參珪以戎藉入金山學，與羅義爲友，并有時名。景泰庚午，羅魁南畿，有司表其閭，珪愧不第，不過其門。癸酉，珪舉于鄉，甲戌第進士，人稱其有志。性剛介。成化中，郡守有恣科罰者，珪佯立券貸之，守慚而止。有縣令酷暴者，珪使人持其杖歸，暴亦少減。前輩剛直之風，今亡矣夫。

沈恒齋名鉍，字建之。正德丙子，以蔭授光禄署正，陞知寧海州。興學校，省徭賦，補偏救敝，民皆向化焉。積穀萬餘石，時癸巳歲大歉，請于上官發倉賑饑，所活甚多。民有歌曰："寧海之民，太守生之。寧海之水，太守飲之。太守一去，誰其嗣之?"

約菴陳公瀚以鄉榜授學職，後陞知州致仕，張都憲其門生也。時正德乙亥，以御史來視學,松人欲入學者争干于公。張就訪于公家,見垣壁不完,意甚憐之。公曰:“視做秀才時則已過矣。”張徐曰:“入學案猶未出,蓋若導之使言?”公曰:“予所不敢預者有三:壞名節一也,驕惰人之子弟二也,起奔競之風三也。”張起拜曰:“受教矣。”公之介,類如此。

章公瑾,華亭人。手垂過膝,博古好學,規模雖略,典型猶存,實遜國之遺民也。永樂初猶存,能言往事。其居鄉有翟姓者,富傾一郡,燕客于堂,忽屋棟有水下注如汗,主驚疑。告座客曰:“諸君能識鑒否?”時公瑾在坐曰:“試嗅其氣,如木氣則有説。”因嗅之,果木氣也。公瑾曰:“新蓋不祥,禍且至矣。”月餘,朝廷以豪右籍之,家爲蕩然。

屠赤水令青浦時,建二陸祠于邑治之右,乃自撰籤語置祠内,令邑人以神道事之。有一隸違限,屠怒甚,欲加譴責。其人詭言謁祠卜籤云:“須今日投見,可免罪責,以故遲遲。”屠竟一笑釋之。

華亭人王可交業耕釣,一日棹舟入江,見中流有彩舟載七道士,聞有呼可交名者。頃之舟相逼,招可交過舟。一道士曰:“好骨相,合爲仙。”與之二栗,食之如飴。命黄衣送上岸,覓所乘舟不得,乃在天台山瀑布寺前。僧詰之,可交曰:“今早離家,是三月三日。”僧曰:“今已九月九日矣。”後辟穀隱四明山中。

王端號遯菴,中永樂丁酉舉人。教諭淳安。遇商文毅微時,公曰:“此千里駒也。”遂進而教之。後商登樞要,公已物故,商銜恩立牌于家,祀之如祖。始公謝事後,即築室墓傍居焉,適有應代巡者,淳安門生也,親至墓舍拜候起居,意公有所請托。叩之再三,終無以應,第曰:“今值歲荒,民不堪命,得與寬税,是惠及一郡,老夫受賜多矣。”應曰:“謹受教。”遂請于朝得蠲免。一時懽呼祝頌,闔郡糧里悉備厚禮叩謝,公俱却之。强之至再,各受一鵝。頃刻間墓前放鵝盈白,時比之王右軍。今其地名曰“放鵝莊”云。

龔侍御愷,性剛直,不能容人過,即府縣有失政,常面折之。惟堯山臧公守郡,雅相推重。龔卒,臧嘆息不已,謂僚屬曰:“老成云亡,吾輩不得聞過矣。”夫龔公雖戇,不失古之遺直,然非臧公,誰能容其忤己,以至感佩于死後耶!上海竈户有蔡蘭者,與龔裁比鄰。萬曆戊子饑,不逞之徒,互相摽掠,而蘭爲戎首,龔家被掠立罄。其後怨家共謀殺蘭,焚其屍,僅存一足,而龔不與焉。未幾龔家母犬生三子,蘭托夢于其妻曰:“我以積孽被譴,冥司罰爲龔氏犬。若念我,爲索歸,其三足者即我也。”其妻往視,果一犬三足,因告之故。龔恨而不與,畜于家。此犬極獰而警,以“蔡蘭”呼之即至,其報應如此。

小崐山有陳姓者,負人三十千不能償,被債主苦逼,欲鬻其妻又不忍,相持而泣。有客過之,問知其故,憮然曰:"爾所負多,雖鬻婦烏能償足耶?"贈以三十千,拂衣登舟,不告姓名而去。時嘉靖癸亥春三月事也。

國初多善書者,吾松二沈,聲名尤籍,受累朝恩寵。大沈正書倣陳谷陽,二沈草書學素師,章草宗宋克。文皇嗜度書法,嘗鏤其名氏于笏,塗以金,賜度。孝宗亦最喜之。太監秦文得千文帖以進,上悉取内府所藏校之,不能及也,喜而納之。明日召文謂曰:"昨帖得非由賣糖兒來乎?"蓋禁中言小兒賣糖,買者取其糖并奪其擔。文頓首謝罪曰:"售值若干。"上乃以白玉環賜之。

太宗徵善書者試而官之,最喜雲間二沈:學士度、少卿粲。而尤重學士,稱爲"吾朝王羲之",命中書舍人習其體。凡王言悉爲一家書,迄今傳習不改。

國初書學,吾松常甲天下,大抵皆源流于宋仲温、陳文東。至二沈先生,特以翰墨際遇文皇,屢遷爲翰林學士,故吾松有大學士、小學士之稱。民則不作行草,而民望時習楷法,不欲兄弟間争能。又聞之前輩言,民則早年書甚瘦勁,渡江以後務爲豐腴,姸媚效歐體,以合時尚。文皇每不喜歐筆,以爲纖竹編葦,有衰颯氣象。

吾松善畫者,在勝國時莫過曹雲西,其平遠法李成,兼師郭熙。蓋郭亦本之李成也,筆墨清潤,全無俗氣;張梅岩畫釋老,得吴道子筆法;任水監畫馬,有龍眠遺意。此三人傳派最正,可稱名家。其他如《圖繪寶鑑》所載沈月溪,亦未嘗見其迹。張可觀學馬遠,張子正學黄大癡,筆墨皆是,但不化耳。朱孟辨學山水亦佳,然只遊戲,未能精到。章公覲世謂之"章臘閘"。國初士人猶有前輩之風,都喜學畫,顧謹中《經進集》有《自題畫竹》詩。其後朱孔易、夏以平、金文鼎、顧應文之輩,世亦傳其畫,然筆皆濁,視前輩諸公,不啻數十塵矣。

任仁發字子明,號月山,松江人。官至都水庸田副使,以畫馬得名。中年後專意學李北海書,即得其法。

衛德辰字立中,華亭人。素以才幹稱,書學《舍利塔敍》。

沈月溪畫山水人物,學馬遠往往亂真,人莫能辨。

張中字子正,畫山水師黄一峰。

僧時浦號雨巖,居奉賢鄉接待寺,通經律。作詩,亦畫墨竹,三梢五葉而已。

趙雲岩温州人,寓華亭。喜畫花鳥,亦善墨竹。

夏以平工書法,篆隸高古。自中書舍人進太常卿。作畫有黄子久之妙。

金文鼎工書法,詩文流麗,畫得黄子久筆意。

朱應祥字岐鳳,其志高尚。草書與東海并重,寫竹尤奇。

吾松文物之盛，盛于勝國時。在青龍則有任水監家，陶宅則有陶與權家，祥澤有張家，下沙有瞿霆發家，小蒸有曹雲西家。雲西與無錫倪雲林、崐山顧阿瑛，聲華文物，可以并埒。吕巷有吕璜溪家，家開應奎文會，捐金幣聘四方文人，請鐵崖楊公爲主考。試畢，老鐵第甲乙，一時文人畢至，傾動三吴。張堰有楊竹西家，有不礙雲山樓，吴澤寫其像，元鎮爲布樹石，而諸名士題咏之，鐵崖書《竹西記》，趙仲穆作圖，而馬文璧諸公皆有咏，蓋風流文雅之逸也。干巷侯家，蓄古甚富，有玉觀音盈尺，白如凝脂，乃至寶也，什襲藏之。偶遭回禄，主人入樓，爲烟燄所蔽，抱觀音而斃。入國朝，吾松税額陡重，民大耗矣，幸累世培養，財力漸裕。至嘉靖中，華亭有雙鶴張氏、文石朱氏，上海有研山顧氏，江南舊迹珍玩，收藏過半，三公自負賞鑑家，殆無愧也。

陸文裕自跋《東園十三景》詩："所謂東園者，吾松陸氏景園也，其人無所見。觀園亭池館，幽絶雅致，而風騷流激，計亦一時之勝云。"卷中賦詩者十人，每人十三篇，凡百三十篇，如涿郡陶宗儀，吴郡楊基，富春吴毅，大梁董昇，上海馬琬，天台李世，嘉興郭亨，江右謝俊及倪樞、謝焕，皆當時手筆。卷今藏王中書子貞家。子貞後以餘卷贈文裕公，得詩凡九十一篇，賦者七人，曲江錢惟善，扶風馬文璧，竹素生衞毅，璜溪馮以墨，薔薇洞隱者謝復，吴郡傅著，平陽曹紹，有序，詩皆典型可諷咏。獨邵焕者題曰里人，意復孺之子姪云。復孺名亨貞，自淳安來家小蒸，後徙居横泖之上，號青溪居士。詩中往往有青溪語，則東園者豈當在横泖小蒸之間歟？倘高士扁舟杖藜，盤桓其地，時歌佳句，慰昔人于山光水色間，故家文獻得無恙而幸存，詎非郡中一快事耶！

張允孝字子游，號貞白道人。少遊薛方山之門。喜讀書史，評校書畫，與文衡山友善。性真，素不伍流俗。晚年移居沙岡北原，竹籬茅舍，簞瓢屢空，晏如也。行草宗大令，詩有陶、柳之致，家藏銅玉漢印，兼精篆刻。吾郡之賞識圖印者，蓋自公始。

張莊簡公詩："吴楚百川爲吐納，乾坤萬里屢登樓。相逢盡説波濤險，日日東流見客舟。"

眉公云："言行擬之古人則德進，功名付之天命則心閑，報應念及子孫則事平，受享慮及疾病則用儉。"

朱旅溪尚書恩在南京時，江中得一魚，解進，其大如舟。剖之腹中有一虎，以撑腹而致死也。張受所嘗道之。

楊鶴山之母九十誕辰，適雙鶴下庭而獲焉，顧侍御西岩題其居曰"來鶴"。

萬曆戊子，馮京兆勑齋公七十誕辰，亦有鶴自空而下。今馮園中有來鶴堂。

佘山騎龍堰後姚姓，鋤田得二小瓶，僅如筆管，兩頭相通，非銅非石，擊之不碎，焚之不燃。胡僧見之，重價買去。姚大喜過望，詰其何用，僧亦不諱，曰："此物有陰陽，陽瓶掩日。此乃陰瓶，可以掩月。"乃以微火置瓶中。時月上弦，忽然無光，衆大驚異。

何元朗云："予家自先祖以來，即有聲樂，見大人亦閑晏無事。喜招延文學，四方之賢日至，每燕飲，輒奏管弦爲樂，終歲無意外之虞。今百姓十九在官，身無完衣，腹無飽食，貧困日甚，奸僞日滋，公家逋負，歲以萬計。雖縉紳之家，徵租索錢之吏，日夕在門，其小心畏慎者，職思其外，終年惴惴不能帖席。此民情之休戚，世道之慘舒，君子亦可以觀變矣。"

吾鄉自陶南村撰《輟耕録》及《説郛》，嗣後陸祭酒儼山最稱博雅，徐長谷、何柘湖、張王屋、朱邦憲、董紫岡繼之。又與吴門文徵仲、王履吉交，故皆能泛濫恣討。而莫廷韓又游于四公間，復得其外祖常熟楊夢羽藏書。朱太史文石廣蓄宋版，而抄本書亦不下數十種，諸君捐館之後，散落人間，孫漢陽復得之，至今借讀，皆有朱氏收藏印記者。

吾松士大夫一登第後，則于平日同堂之友，及里中談文論道之士，謝絶惟恐不速，而日奔走于門墻者，皆言利之徒也。或云某處田莊歲可取利若干，或云某人借銀歲可生息若干，某人爲某事求一覆庇亦可坐致若干，則欣欣喜見于面，待之唯恐不謹。蓋父兄之所交與，子弟之所習聞者，皆此輩也。未嘗接一善人，聞一善言，見一善行，吾恐子弟雖有顔、閔之資，欲其從善難矣。諸公既讀書曉事，此亦理之易見者也，何昧昧若此，太史公所謂利令智昏者非耶！

世事因成敗，人情混假真，冤仇同骨肉，蘭蕙總荆榛。冷落無煩惱，殷勤受苦辛，争宜學聾啞，何必問疏親。此袁太冲黏壁語也。

錢鶴灘宦歸，遇歲荒，勸縣令發倉賑濟，未允。一日會飲酣，適酒色各别，令曰："紅白兩兼，醉後無分南北。"錢應聲曰："青黄不接，飢來有甚東西？"令即發粟賑之。

楊廉夫《題王節婦》詩曰："介馬馱馱百里城，青楓後夜血書成。祇應劉阮桃花水，不似巴陵漢水清。"後廉夫無子，一夕夢婦人曰："爾知所以無後乎？"曰："不知。"曰："爾憶《題王節婦》詩乎？雖無損于節婦，心則傷于刻薄，故絶爾後。"廉夫寤大悔，遂改詩曰："天隨地老妾隨兵，天地無情妾有情。指血囓開霞嶠赤，苔痕化作雪江清。願隨湘瑟聲中死，不逐胡笳拍裏生。三月子規啼斷血，秋風無淚寫哀銘。"後夜夢婦人來謝，不久生子。

王元美登泖塔，爲陸伯達所戲，迂道迫暝始抵泖口，垂渡大風驟作，賦此詞嘲云："陸郎妬我登泖塔，孤棹立作襄城轍。雖然暝色欲尼人，猶可寄波覓明月。亭亭乍聳青蓮花，黯黯如探黑龍穴。風輪鼓浪浪潑天，地軸欲裂天無權。雖無神足到彼岸，可有凡身超四禪。長年夜分報風止，謝叟興盡呼回船。小孤親挈玉筍白，老足數踏金鰲顛。歸來但誦十六觀，耨池窣堵俱眼前。曼殊室利爲予語，多寶塔旁覲龍女。袖得摩尼無價珠，他日湖心密相與。"

泖故由拳國，至秦廢而爲長水縣。俄忽陸沉而爲湖，曰泖。泖之言"茂"也，蓋當秋霽時，其水隱隱見睥睨坊市迹云，而水之所不盡者，僅周數百步。唐時有比邱如海，過而異之，以此金剛不壞之座，諸天、龍女之所擁護者，爲窣堵波凡五層以鎮之。塔成而登，則近而九峰，遠而娜如、岝崿、馬鞍之杪，俯而陽城、澱山諸湖之浸，無不入目，此其勝遂甲郡邑。又八百年，而比邱智明始構大雄寶殿，中塑佛、菩薩、羅漢聖僧像，傍翼以浄室庖湢之屬。智明化去，弟子自正乃悉捐其衣鉢與遊族姓所得者，置《大藏經》五千四百餘卷，爲傑閣以庋之。閣成，而塔院之事始全。其地雖宛在水中央，然獨爲諸流之所匯，于道里甚便。以故參方之隽，亡論大德且壽，或閲藏者，事羯磨者，或倦而借以安居者，咸望表而憩楫焉。

屠緯真隆《雲間十咏》：其《春申浦》云：峨峨楚王孫，遺迹在洪源。花朗妖姬映，溪虚野吹繁。空名青史挂，老樹白雲屯。氣折豪華盡，千秋恨李園。《顧野王讀書堆》云：希冯秀岩穴，高韻掩時賢。香浥花間露，清分竹裏烟。春莎平墓道，秋雨漲湖田。颯颯長林下，黄狐飲澗泉。《寒穴泉》云：靈岩開寶竇，玉樹冷朝暾。瀉落經雲葉，流來浸樹根。將因鑑毛髮，兼得洗心魂。坐對真清絶，山風吹石門。《吴王獵場》云：霸業在宣威，高原試合圍。後宫開騎吹，前隊捲戎衣。露落胡鷹俊，山空秋兔肥。雄圖收埜火，樵牧晚涼歸。《秦始皇馳道》云：風烟包九州，八駿報同遊。颯颯神鞭下，蕭蕭鬼語愁。松高清蹕響，雲白海風秋。自是無靈氣，三山實可求。《採花涇》云：澤國泛沙棠，波摇兩扇涼。並開青菡萏，雙映紫鴛鴦。玉管吹花氣，金杯薦月光。何如不入洛，長住水雲鄉。《黄耳冢》云：生來多慧性，死去即名村。亦有獮猴果，何論鸚鵡言。水深迷草徑，月冷吠花源。索落平原里，應憐舊主恩。《三女岡》云：三女臨妝鏡，千花嬌映人。金釵没黄土，玉骨化青燐。昔有宫娥侍，今爲埜鳥隣。繁華總如此，所以貴清真。《赤烏碑》云：高碣俯江潭，禪林嵌石龕。經聲秋樹冷，寶相夜燈含。歲久龜龍剥，波深罔象探。向來成壞裏，好語杜征南。《滬瀆壘》云：取酒臨秋澗，寒花故壘紅。血沉金鏃冷，兔嘯白楊空。鳥度悲風外，月明清露中。采蘋何處薦，流淚向袁公。

吾松名園，稱上海潘方伯允端豫園、華亭顧正誼濯錦園、拔雲門顧正心熙園。其間華屋朱樓，掩映丹霄，而花石亭台，極一時綺麗之盛。王鳳洲來遊諸園，自謂吾弇州山過之，爲賦一律云："踏遍名園意未舒，大都京洛貴人居。穿錢作埒難調馬，鏤石鋪池礙種魚。似比幼輿輸一壑，轉令元亮愛吾廬。興來呼得尖頭艇，煨蟻烹鮮恣所如。"

何柘湖云："夫人稟受之物，財帛金寶，皆有限量。如萬斛之舟，止容萬斛，稍多則沉矣。唐人小説中有'掠剩使'之語，言人命中財物若過其數，天遣一使掠去之。謂以橫事耗蠹其餘，適滿其命中之數而止。夫仕宦之家，積財鉅萬，營求不已，不過曰人孰無事，若財貨有餘，緩急可濟耳。然與其因事以儲財，不若預疏財以弭事。"此言與余意若有夙契，今世士大夫識此者甚少，故録之。又云："風俗日壞，可憂者非一事。吾幸老且死矣，惟顧念子孫，不無老娘態。吾家本農也，能復爲農，上策也。杜門窮經，應舉聽命，次策也。捨此則無策矣。吾兒略涉經史，親賢樂善，似可與進者，但其性不諧俗。故歸而結廬海上，修吾耒耜，期不失先人素業耳。舊有一春聯云：'誦詩讀書，由是以樂堯舜之道。耕田鑿井，守此而爲羲皇之民。'廬成，携子孫同處其中，尤不負初志，但時事慘惡，恐不能逸此暮景也。"又云："人當大着眼目，斯不爲小小者所動。如極品之貴，舉俗之所欽重欣羡者，不知天地間若彼者亦衆矣，吾見其人亦多矣，是安足動吾念耶！惟仁義道德之君子，雖爲之執鞭可也。"

龍門寺爲郡中古剎，亦最廣，聞坐化庵、南禪寺皆其别房。當嘉靖初，郡縣送諸生應舉，獨簪花于此，今存彈丸矣。沈明臣有詩云："埜寺荒涼甚，青天偶一來。佛身藏鼠雀，僧面滿塵埃。枉渚鳧空没，鄰墻菊自開。愴然回棹處，落日在蒿萊。"

静安寺在縣西北十里，中有赤烏碑、陳朝檜。

正德己巳、庚午，連年大水，西北田禾盡没。有周少尹名禋，字一山，作《憫農詞》曰："太息吴民當此刼，迭罹凶歲肝腸裂。去年七月禾將成，霪雨連綿遭淹没。水深半壁屋已摧，男女赤脚行淤泥。一冬柴米真桂玉，賣田售屋來充饑。今春鬻女翻鋤遍，又賣兒來蒔秧半。誰知五月苦淋漓，洗蕩高原無一片。九山乘雲欲化龍，樹林積雨昏濛濛。新漲滔滔渺無際，迥遭稼穡沉無踪。東家嗷嗷西家泣，那得花綫供機織。寂寞蓬門盡日扃，冷竈無烟米無粒。紛紛餓莩填溝河，萬姓活少死亡多。總然勉强幾家在，屋漏那有茅來鋪。鶴髮臞翁筋力竭，皤顔老媪淚如血。今秋滿擬歲豐登，却變郊原泖湖闊。老稚車戽欲救苗，饋餉不給形容焦。桔橰聲斷斜陽裏，水衝坍岸徒爲勞。荒村漸覺人烟少，落日空聞蛙鼓鬧。風生甽畝浪聲喧，鬼燐熒熒相照耀。嗟彼蒼生圖苟延，天意如此何能全。寄聲憂國憂民相，亟爲疲癃解倒懸。"

此詞形容民苦盡矣。

徐長谷《咏陸士龍草堂》詩曰："梵宇沉沉舊草堂，到來先問老僧房。山家秋盡林猶密，水國霜濃菊易黄。短褐西風空唳鶴，白頭何日更懷湘。前朝感慨知多少，禁得賢門淚兩行。"又《西渡谷泖》云："西望湖山去路長，冬寒水國轉微茫。千年丁令終歸鶴，一住并州即是鄉。風急雁鵝如共語，霜清蘆荻早先黄。由拳城北頻過路，莫有人疑是楚狂。"

玄宰云："余與仲醇，以建子之月，發春申之浦，去家百里。泛宅淹旬，隨風東西，與雲朝暮，集不請之友，乘不繫之舟，壺觴歡飲，翰墨間作。吴苑酹真娘之墓，荆蠻尋懶瓚之踪，固已胸吞具區，目瞠雲漢矣。夫老至則衰，儻來若寄，既悟炊粱之夢，可虚秉燭之遊。居則一邱一壑，惟牛羊是群，出則千峰萬巘，與汗漫爲侶。兹余兩人，敦此夙好耳！"

萬曆庚辰夏，上海川沙堡獲海船一艘，夷人二十一人。部使者鞫其事，其人有牒呈一紙，内書"經濟川使司兼水軍兵馬都統使"云云，右呈户曹，時萬曆八年二月日。有梁成貴者能書，因有詰問之者，成貴答云："係朝鮮國濟川島人，同往本國，遭風飄洋至此。乞由山海關放還。"訊以牒内不稱本國年號，終是假詐，成貴云："本國奉大明正朔，別無年號。因驗經濟川在朝鮮國南海中，如中國之瓊州然，蓋古百濟之地。"部使者以聞，詔歸其國。其舟中帶有異餅，徑三、四寸，厚三、四分，青黑色，明潤若凝膠，中穿一孔貫之。問其名，答曰"螋餅"，其衆争啖之。

萬曆乙未十二月，有異僧從普陀來，挂錫妙嚴寺中。日坐蒲團誦經，佛座下乾土忽生白蓮十餘本，踰八日方萎。丙申三月坐龕中，合掌向西和南者再，目遂瞑，吐火自焚。望龕羅拜者以萬計。

萬曆三十五年三月某日，鄉僕李某，黎明同舟數人至天馬山賣布，共見三日并出。先是金山衛人亦曾見之，海防二守繪圖以傳。

丐者張二郎，莫知其所自始，善泅水，伏水中能月餘不食，又蹻捷不懼死。時嘉靖甲寅倭亂，張應募，方太守雙江公令其哨探，數泅水入賊巢得真耗，且能斬倭首以獻。有銀牌犒金之賞，俱不受，請歸府庫，犒以酒食則受之。賊平，論功應世襲百户，郡縣加以章服，妻以妓女，却之，惟願乞食。夜卧嶽廟中，嬉嬉無憂色。後方開府江南，訪張，得之金剛足下。召令領犒，仍不肯受，與之酒肉，則欣然謝而去。

城南泖涇鎮趙穀者，捕盗之魁也。時嘉靖壬戌，南京刼盗，公行捕之不得，乃檄趙往留都，數日絶無影響。偶見一瞽目推命者于通濟門，曰："是可疑也。"即令人掮一木向瞽者面而撞之，瞽者回面而避。穀曰："是矣。"即尾其後。出通濟門七、八里,至一小房,入門。穀撫其背曰:"特來尋汝。"瞽曰:"吾知之矣,得非松江趙君耶?"兩目倏開,出酒脯相款曰:"君宜速還,至來月晦日到宅奉候,并有小贐。"穀見其言詞慷慨,侍者三、四俱精悍,遂允之,尋歸。至晦日掃户以待,竟不至。又十餘日,復抵白下訪其人,詰負約之故。其人笑曰:"前月晦日夜,君何睡之熟也。薄儀已留君床頭矣。"穀急歸視之,見大銀二錠,匕首一把,在其枕下,不覺汗流浹背,自此不復至南都。

馮南江《獄中自題》云:"你看我,滿口内,剛決決都是張巡牙齒。遍身間,癩斑斑都是豫讓肌膚。胸兒裏,脱的都是張良智。山河可改我志也難移,日月可掩我心也難欺。我將那,嚴顔頭,手内常提。你看我,子雲膽,渾身常披。我勸世上人,爲子的,爲親死孝何害;爲臣的,爲君死忠何愧;爲人的,爲綱常死理何畏。當死即死,臨危何用千般計。孔成仁,孟取義,這一點丹心不可昧,方顯是男兒志。"

嘉靖時《旱荒呈》云:某等住居去城百里之外,絶不通潮;岸畔離水一丈有餘,最稱高阜。自夏初而不雨,三時之望已孤;入秋來而愆陽,千里之踪若掃。鳩語不聞于澤畔,龜紋每見于田中。籲天而禱雨不應,挖地而掘井無泉。腹内者盡被抛荒,已野無青草;沿河者雖經插蒔,亦土起紅塵。幾顆雖秀,而無水以浸其根,終爲空殼;三眼俱齊,而無潤以滋其長,縱結無收。晚蒔者以根老而尚青,名雖稻而實則草也;早耘者以根嫩而先萎,豈非穀之不如稗乎!間有豆苗幾邱,復遇昆蟲爲變,大者先食其葉,名爲豆牛;小者繼食其花,呼爲豆虱。目下雖云未槁,秋來總是無成。切念民遭倭亂之餘,室如懸罄;今復飢荒之變,民命倒懸。壯者則趁工于水鄉,圖升斗之粟,而積勞以死;老者則枵腹于户内,無瓶罍之積,而待哺以亡。魚鱉盡于沙中,雞犬空于閭巷。水路絶而客商不至,活路難尋;人心變而貿易不通,盗心頓起。或幾日方成一布,晨出而先奪于强暴之徒;或積錢糴得幾升,暮歸而不到于妻孥之口。昏夜則穿窬接踵,白晝而搶奪成群。大兵之後而遇凶荒,離叛者十有八、九;饑饉之餘而遭盗賊,存活者十無二、三。况二麥罄于車戽之際,種子誰能復辦;衣服盡于典賣之後,祁寒何以克當。明年之荒歉可知,今歲之三冬難度。豈暇顧夫父母,亦奚有于妻孥。貿貿然來,悲號道路;怏怏然去,顛踣溝渠。目擊傷心,耳聞酸鼻。欲入城而訴旱,餓殍豈能行百里之程;思赴台而告荒,糟糠無以供一朝之費。瀝血苦情,伏惟垂鑒。

錢溥遊小赤壁,步蘇文忠公韻,有《念奴嬌》云:"三江既入,到今來、誰是風塵表物?秀列九峰,非夏口、亦有兩崖翠壁。烟鎖平原,雲横積石,欲弔情何雪?時歸典午,可憐失此雙傑。何異孟德當年,蒙衝蔽岸,一炬東風發。萬古功名同一夢,祇有文章難滅。夜静江空,猶聞鶴唳,聳起人毛髮。坡仙若在,要分兩處風月。"

雲間嘲酒淡,有作《行香子》云:"浙右華亭,物價廉平,一道會買個三升。打開瓶後,滑辣光馨,教君霎時飲,霎時醉,霎時醒。聽得淵明,説與劉伶,這一壺約重三斤。君還不信,把秤來稱,倒有一斤泥,一斤水,一斤瓶。"

成化間,華亭有其母再醮者,生一子。及母死,前後二子争葬。質之官,官判狀曰:"生前再醮,殊無戀子之心。死後歸墳,難見先夫之面。"噫! 判詞確則確矣,得毋傷前子之心乎? 但有母而争焉,不失爲孝,較之互推諉者,此殆可嘉。而竟拂其志,令其葬焉可也,但不必合于前夫之墳耳。

上海潘去華,自言鄉舉時,見一青衿與其友騎而歸,聯鑣道上,誦所試文,取正于友。誦至半,馬則噴首昂足,顛置青衿于地。青衿怒而鞭笞無算,俄而馬死。後復爲人,至三、四歲能記夙世事,曰:"我前生某青衿家馬也。"家人因問之,曰:"某聞某年某青衿馬,跳囓不馴,被笞而死,爾乃是乎?"曰:"然。余所以跳囓者,惡其文惡,故怒而至此。蓋余前生亦以青衿化馬,故文之美惡猶能辨之。"久之青衿往而訊問,果得其實。噫! 文之惡者不可入之馬耳,乃世之爲惡文者不自知其醜,而妄投于大人師長之前,豈謂大人師長之智不若馬耶!

隆慶戊辰春三月三日,上在朝,見百僚于文華之幄次。是日也,始開筵勸講故事。該首輔口講,不撰講章。于是少師華亭徐公講《大學》之道首節,莊誦正文三、四回。講曰:"夫大人者,繼天立極,有天下國家之大責任者也。有此大責任,豈可無此大學問? 此大學之道安在? 在明明德焉,在親民焉,在止于至善焉。人所得于天者,本是虚靈,欲障之則不明。正如一片明鏡,塵埃蔽之始昏矣,磨刮去之,依然朗照。故明之云者,在學問以復其初也。此明德者,乃烝民所同具,習染之則不新。正如一領新衣,垢膩污之始舊矣,洗濯去之,依然如新。故新之云者,在學問以變其習也。此明德本是粹然至善,惟執持不固則不止。正如一所安宅,主人移徙不定,始失所安矣。知其爲善,終始住定,有何改易。故止之云者,在學問之功持衡于人已間,必至此而後可也。修此三者,乃是大人之道,大人之學。古之二帝三王,務此而已,伏在留神日新其德。"上乃賜茶而退,聞者莫不悚然悦服。

文貞公《咏蝗》云:"海上蝗蟲舊日無,邇來人見互驚呼。横飛恣食公然去,好似前身士大夫。"此詞亦善諷。

吾松袁景文嘗館一富家,性疎嬾,師道頗不立。未幾辭歸,其家别延陳文東璧。陳懲景文故,待弟子甚嚴。一日景文過訪,文東適出,因大書其案云:"去年先生靡恃己,今歲先生罔談彼。若無幾個始制文,如何教得猶子比。"

吾松大宗伯李至剛，在永樂中預修《大典》。嘗入掖門，爲閽者："誰何之？"對曰："修史官。"後公以事落職，首戴平巾，仍入修國史。閽者問公，第曰："修史人。"時人譁然，以公去官爲羞死人，迨今傳爲口語云。

錢文通幼時即有文譽。郡中有一僧名善啓，字東白，亦有詩名，且能書，在永樂中召至京修《大典》。初居延慶寺，後爲僧官，住持南禪。周文襄公爲巡撫，重之，每公事稍暇，即往南禪與啓公晤談。時文通爲秀才，亦與啓公交款。一日學中散堂後，文通過訪啓公，以藍衫挂欄楯上，繼而文襄適至，屏避不及。文襄問："是某秀才藍衫？"啓公因稱文通之才，文襄隨請相見，索其舊作觀之，大加賞識，遂爲相知。後文通登第入翰林，文襄尚在任，因送郡東東倉基與文通作宅第。今錢氏東門之居，即舊倉基也。

上海葉中行，在永樂間以言事稱旨，擢爲錢塘令。清白自持，均徭役，簡詞訟，民甚德之，卒于官。浙江按察使周新爲文祭之曰："惟錢塘之江水，與公萬古同清。"

吾郡任氏世代讀書，後有勉之者，以太祖開科，松郡登第者自勉之始，官至參政。後又有孝友者，中鄉科，歷官長史，居鄉亦簡重。前輩如張果庵浩者，每一上司到，必約孝友同往晤，孝友不至，終不先入。此尚有前輩長者之風。

吾松蔣性中，號韋庵，官爲給事。世居鶯竇湖，清介無二。一日駕舟入城，止帶二村僕，因潮水不便，遣二僕上縴，自到舟尾梢船。適一糞船競棹，偶觸之，鄉人大加窘辱。二僕厲聲言曰："此是蔣給事，如何無禮？"蔣罵家人曰："哄人，此處那有蔣給事。"促家人縴船徑去。公一日泊舟江滸，有官船繼至相並，即過船對弈。適有一女子至江邊洗圊桶，此官呼隸人縛之。此女甫到家，即聞岸上有哭聲，將謂是此女畏責而哭耳，不知其已死矣。再三勸解，遂命釋之，而此女復甦。臨别語給事曰："明日我先去，公且未可行。"次日侵晨，見此舟凌風而去，上有旗號曰"江湖劉節使"，公遂不敢解維。是日開船者無不覆溺，蓋公之素行通于神明也。公爲秀才時，每夜讀，有一麗人與之相對而刺繡，或進茶獻媚，公毫不動問，亦不問其爲妖爲怪，如此者日久。忽一夜，留一小篋以囑公曰："他日得意，當即啓之。"迨登第時啓之，凡所應用冠服具有，始知其爲仙也。及後公將卒之年，又來索篋而去，未幾公即逝矣。公京行，遇内寺兇横者，公即持章劾之坐以法，宫掖肅然。及居家時，足迹不入郡縣，惟躬事田畝，牽犢饋餉而已。適有司造謁公門，公爾時笠帽野服，驅犢前往，隸亦不知其爲公也。但叩之曰："蔣爺在否？"公曰："吾當報知。"乃入易服而出，太守殊爲駭異。其清介若此，其爲有司欽重者亦以此。

張公悦爲浙江提學副使時，行至一處，比夜，有司稟公館素有祟不可息。公曰：

"惡可以此而回屈軺車,第休于是。"有司不敢迕。公既飲晚席,張燈而寢,俄見四、五小鬼到牀前嬲戲。公知爲祟,起坐榻上,觀其所爲。久之,一鬼升榻撓公面目,公奮臂擊之,鬼猶抗拒,公掣得其帽,以置于席下。復掣其手,大呼門外衛卒,鬼亦踉蹡四逸。持火燭之,其帽即皂紙所爲僧伽帽也,因命收去。明日,以示諸僚而焚之。公自宦歸,杜門燕息,公私事一不與聞。時見風俗奢侈,益崇節儉,以率子弟,常書屏間曰:"客至留饌,儉約適情,殽隨有而設,酒隨量而傾。雖新親不抬飯,雖大賓不宰牲,匪直戒奢靡而可久,亦將免煩勞以安生。"

曹介人藩于萬曆壬子入閩,至莆田,首訪故郡侯李多見家。侯止一子,號武弦,寄居城隍廟,蒙袂緝履,貿貿然出肅客,介人舉二布贈之。明日,衣道士葛衣來報謁,愈悉其貧狀,云:"世居鄉曲,存屋數椽,繼母夫人尚在堂,日啖麥飯三甌,猶虞不足。惟兒盤銘已列青衿,聊可繼書香耳。"介人聞而悲之,謂武弦曰:"予處客途,無力振拔。莆令李層峰,余鄉人也,君可覓一事,余代爲緩頰,倘數金可得,亦足以供君家饘粥。"武弦明日復來,曰:"昔先人守雲間,止飲泖湖一杯水。蒙公垂念,猶來訪其子孫。况先人守瓊州還,檢僮僕有携沉香數片入舟者,悉付之一炬,瓊人遂創立焚香亭。不肖何敢當公濫施,爲清白吏身後累。"請辭,介人益重之。因而談及家務,始知思弦公柩猶未大葬也,介人憮然,不覺淚下。遂向武弦曰:"吾當從吾鄉縉紳,爲令先公謀葬事。"是年冬介人入燕,盤銘至雲間,幸遇仲醇輩,採介人《募葬書》,具呈于徐巡台。批助顧氏義米二百,折價百金,歸了葬事,亦不負思弦公于九泉矣。

方禹修師相殉節以死,今原配夫人年七十二,與其媳力作糊口。吾郡之倖拾青紫,家累萬石者,皆師相所拔擢士也。月期兄弟,落落清貧,流寓雲間,無有過而問焉者。廉吏之後,古來共歎,豈獨莆田李賢侯哉!惜乎今日無曹介人先生其人耳!(沈貞居識)

顧東江登第時,西涯當國,甚愛之。時張莊簡爲吏侍,東江往謁,尚未考館選。莊簡公欲留東江在吏部,語東江曰:"我部中缺主事一員,君留我部中亦好。"東江曰:"書生但會讀幾句書耳,恐于政體亦未諳也。"莊簡曰:"君見但能照書本行,幾曾見差了?"亦可謂名言。

曹定庵晚年不與人事,客至則留飲,寫字作詩,有蕭然物外之意。一日候客,方入坐,輿夫見有鬥者,爲之勸解。鬥者誤折其二齒,泣訴于公。公曰:"彼自鬥,何與汝?應杖二十。今折二齒,可代之矣。"置不問,聞者服其家法。定庵嘗廬墓,感白鳩之異,西涯李文正公有贈言。

陳檜清嘗割股而愈母之病，錢文通公爲志其墓，皆松之孝行也，可泯泯乎？

定庵作壽藏，日往坐片時，曰："此中無朝無暮，無春無夏，恍似天地未判之初。"

張瀛海爲秀才時，設帳于五保姚氏，每見字紙，必拾之以付水火。一日偶拾片紙，乃世宗十四年制誥，公即手録熟記之。後辛丑廷試，策題正問及此，因悉書所記者，上以其對詳博，竟魁天下。

包汴子樫芳，中嘉靖丙辰科。捷報時，芳妻頗有驕姑之色。姑因勉公曰："君能奮志青雲乎？"公曰："吾子已登第，老夫何用此爲？"姑曰："終不甘婦之驕也。"時公已年逾耳順，乃奮志下帷，戊己聯捷，後官至僉憲。語云："子貴不如夫榮。"斯言信矣！

唐原善禎號西園，中成化丁未進士。任膳部時，每歲新茶進御，必先至司驗視，附其餘爲饋，曰樣茶者，分餽僚友以爲常。公曰："焉有上供之物，人臣敢私嘗耶？"乃戒諸門者，茶至必執策數而入之，無容入其餘。驗竟，復執策數而出之，由是樣茶俱絶。後公轉主客員外郎，所轄皆四夷，情狀不一，最稱難治，公一一調度皆得體。時哈密貢方物，粗惡倍常，數覬優給，乃悉折閲之。其人譁諸庭，累日不服，曰："吾主方物皆有數，今乃爾，歸必抵罪。"公徐曰："爾慮爾主罪爾耶？吾以尚書一咨關邊將，以邊將一咨關諭爾主如何？"衆皆愕然不敢動。蓋其物之粗惡者，皆其使之在途潛易也，其機敏聰察如此。

華令熊際華劍化曰："度梅嶺，懸車絶壁，累騎攘攘，如彈珠千仞，神骨俱峭，過此盡康夷耳。入平處，不先示人以易，山殊有意。"又曰："夢以昨日爲前身可，夢以今夕爲來世亦可。夢餘猶憶晝時事，即謂知已往可。旦日能道夢中語，即謂知方來亦可。"際華嘗謁比干墓，云："紂疑比干而剖其心，後世無不知比干之心者，乃知聖人正不必有心。"

錢福與謙初會試京師，謁李西涯。時有以司馬温公像求西翁贊者，公命與謙代作，即搦管云："拔茅連茹，公之在朝。青苗變法，公之在野。公之再起，是爲元祐。公之云亡，是爲靖康。"數語該括宋家治亂殆盡。文正爲之延譽于謝方石諸公，謂有掄元之才，既而禮闈果占元選。公爲文不屬草，是春會試第一，廷試策三千餘言，詞理精確，若宿搆者。彌封官以無稿難之，衆以爲科場必欲具稿者防代作之弊，今殿陛間衆目所矚，何嫌之有？時劉閣老得其策，嘖嘖不容口，乃請于上，遂賜福第一。公生數歲時，其父一夕夢有女子三人來，曰："汝兒錢福，他日科第與蘇州吴寬同。"乃詣蘇訪吴，吴尚困于庠，然人齊稱其才高學博，遂自謙曰："吾兒雖不敢望科第，使其名得偕吴君足矣。"後亦會狀發迹。顧東江丁内艱時，鶴灘以修撰家居來奠，不偕士夫，惟舊友四五人，如沈惟馨、王大用輩，有張姓業染者亦與焉。人持一錢，略具祭物。鶴灘手撰哀章，以片紙起草，祭畢，與諸人共享而去。前輩舉動，真率簡朴類如此。錢與謙宦歸家居，江陰徐氏以五百金爲修脯，延至家塾。時徐二子既中鄉科矣，居半載止改課三篇，日挾妓遊燕而已。時邑令某公雅好翰墨，推重公，一日邀爲君山之遊，預探“齊”韻中隄、臍、低、梯等難韻，戒吏人藏鬮于座，即席發之，欲以困公也。請題大觀亭，公遂援筆依韻賦曰：“水勢兼天山作隄，渚雲烟樹望中齊。直從巴峽纔歸壑，許大乾坤此結臍。胸次决開三極朗，目光摇蕩四垂低。欲騎日月窮無外，誰借先生萬丈梯？”席間縉紳無不賞歎。又一日，徐氏大開筵宴，于園亭賞牡丹，錢公已飲潦倒矣。門客有握玳瑁扇者，取而書之曰：“玳瑁筵前玳瑁扇，牡丹花下牡丹詩。老梅已在丈人行，曾占春風第一枝。”又聞其《咏楊梅》詩曰：“怪底吴人不出鄉，楊梅五月薦新嘗。西州一斗葡萄酒，南越千頭荔子漿。略着些酸醒酒困，了無點滓涴詩腸。渠家妃子如相見，添得紅塵一騎忙。”其爲邑人題卷軸者甚多。

唐公繼禄字子廉，中嘉靖癸丑進士，官至副都御史。性至孝，未第時家貧，其母嗜鵝炙，家常不繼。偶集宴一貴家，見鵝炙，美不忍食，暗裹數片置之袖中。會其家筵上失一金杯，一客起自檢其身，衆皆然。且及公，公曰：“不須檢，杯在我處，歸即持上。”隨以田售值，製杯以償，終不言，以母故有嗜炙之名也。既而持盃客來曰：“杯是我避飲暗匿山石隙中，以亡未及告耳。”索之果得。其家大愧，以故償者還之。

張東海《送羅綸謫官福建》詩曰：“烈烈轟轟大丈夫，曾從金殿聽傳臚。十年事業丹心苦，萬世綱常赤手扶。郭槐台前折枯柳，考亭祠下摘寒蕪。時人欲識襟懷否，天下浮雲事有無。”

董玄宰《過甫里》詩云：“誰知元度宅，又在五湖汀。隱几時生白，仇書幾殺青。鴨池春浸月，漁火夜浮星。自笑烟波艇，頻年問字亭。”玄宰曰：“氣霽地表，雲斂天末。洞庭始波，木葉微脱。春草碧色，春水緑波。送君南浦，傷如之何？”“四更山吐月，殘夜水明樓。海風吹不斷，江月照還空。”“宋畫院各有試目，思陵嘗自出新意以品畫師，余欲以此數處徵名手圖畫小景，然少陵無人謫仙死，文沈之後《廣陵散》絶矣。”

吾松蔡紹襄作江西貴溪廣文，于萬曆庚子秋入省應試。舟次瑞洪，見樟樹大十餘圍，内有荒祠，徘徊久之。是夕夢于樹旁與神相揖讓，神曰：“公中江和榜。”俄有群儒生突出，若相角狀。神語襄曰：“汝不必争，可隨我去。”襄數之得七十三人，覺而大異。至省即往藩司查應舉姓名，見鄱陽有江和，遍訪得見，遂與同寓，致殷勤焉。及放榜，江和果擢第一，襄中七十四名，果隨七十三人後，絲毫不爽云。

莫廷韓曰:"余嘗獨居山中,借榻僧舍。每見林巒新霽,鳥聲碎耳,巖扉初啓,雲山盪胸,山椒紫翠,正落枕上。仙乎仙乎!覺身世之欲浮也。"又曰:"余生平無深好,每見竹樹臨流,小窗掩映,便欲卜居其下。"

沈鳳峰曰:"夜來月色清絶,一碧無翳,小園諸品,影落清溪,掩映如畫。諸弟對影團坐,談諧雜俗,醉醒相笑樂,劇飲無算。命童子以吴音調鶴南飛,聲入雲杪。因念二十年誤落塵網,奔走折腰,豈知有四時之景?蒼松白鶴,猶笑主人歸來之晚。"

陸平泉見莫雲卿山水卷曰:"余家九山中,朝夕無非畫境。自來城居,此景爲樵人牧豎所乾没。展卷頓還舊觀,復起余芒鞋竹杖之想。"

莫廷韓曰:"讀書夜坐,鐘聲遠聞,梵音相和,從林端來,洒洒然窗几上,化作天籟虚無矣。"又曰:"山非高峻不佳,不遠城市不佳,不近林木不佳,無寺觀不佳,無雲霧不佳,無樵牧不佳。古之真曠士多托迹于名岳,要之山無隱士則林虚,故世有巢居子,山林道尊矣。"又曰:"晚涼箕踞,臨池自酌,閑設筆墨,撫古帖一二行,援琴而鼓之,神遊羲皇矣。"

陳眉公曰:"余每欲藏萬卷異書,襲以異錦,熏以異香,茅屋蘆簾,紙窗土壁,終身布衣,嘯咏其中。"客曰:"果爾,亦是天壤間一異人。"

莫廷韓最愛方于魯墨,嘗曰:"潘谷、奚超,世不常有;隃麋、松節,絶亦多時。元賞者睹古希今,恆情則貴遠賤邇。緑螺烏玦,獺髓龍膏。推轂峨嵋,齊盟易水。吾于方氏。殆無間矣。"又曰:"是人已入元心三昧。"又云:"方于魯造墨,汪司馬爲之評,謂墨以評重,固然。第方氏行世而後,知司馬之于名物辨而奇,不以文掩質,雖謂評由墨重亦可矣。"

陸平泉自稱九山散樵,不著姓氏,倦則偃息樵窩中。客造榻與語,輒謝曰:"余方遊華胥,接羲皇,未暇理君語也。"

嘉定人冒籍上海小試,憤其不容,大書通衢曰:"我之大賢與,于人何所不容?我之不賢與,如之何其拒人也?"上海人答曰:"我之大賢與,何必去父母之邦?我之不賢與,焉往而不三黜?"

嘉靖三十三年,巡按孫慎、參政翁大立,行文祭陣亡僧衆云:"葉謝之戰,打倒倭寇九名。易家浜之戰,官兵數千,止以僧衝鋒陷陣,官兵無一接應。是僧人墨流,直親上死長之忠臣;而將兵王臣,實偷生苟活之匹夫。所據已死僧人,即動支海防銀三百兩,建立大塔一座,備書各僧死事之義,仍將舊歲八團戰死之僧,一并收葬,以爲倡義之勸,以爲將官懦怯之戒。仍行學撰本院祭文一道行府,率領所官祭奠各僧。"其文曰:"嗚呼!聚散靡常,變幻倏忽。果孰主張,惟僧有定。亦復有寂,苦行百年。荼毗瞬息,哀哀大用。暨爾西堂,乙移古峰。何其慨慷,爾東我西。偶焉併合,寇鋒肆腥。意氣適協,薄彼不義。爲奮矛鎗,不忍而忍,覺鋒始揚。力盡無援,于焉致死。吁嗟群公,可謂忠矣。我茲巡行,爰司風紀。遘此禍變,痛傷曷已。勒文昭績,遺烈固存。永示不朽,孰謂空門。遣此奠儀,慰爾旅魄。光明想存,鑒之無斁。"

嘉靖三十三年十一月初九日,總兵湯克寬守泖涇,賊自西南環下。官兵初與戰,賊意亦畏縮交兵,而官兵無敢前,竟爲賊傷者千人。有王三女劉氏婦與焉,而擄入者受禍尤慘。蓋此日天氣晦黑,自卯至酉,克寬以謁巡按入城,兵無檢束,遂有此衄。代巡于湯,此事特恕,後代巡亦被論。據云此時殺死千餘兵,男女死者不計其數。有司申文,止云百十餘人被害。

嘉靖三十五年,侍郎趙文華奉旨祭告海神。時以賊巢沿海,設壇于得勝港。其祭文曰:"于維東海,東華所崇,百神是宅,萬靈所宗。高山大島,紀閱焉窮,蛟龍之窟,蜃氣斯融。沛爲甘霖,澍爲真澤,一潤所滋,無槁勿植。乃茲寇賊,倏起夷方,群彼逋逃,以恣猖狂。戕我東人,傷我稼穡,自丑逾寅,今已卯域。干戈載道,民生孔棘,事聞天子,震怒有赫。無何引罪,遣祀有勅,有文龍章,習禮秩秩。維是刀斧,金鎔玉液,有鬼有神,神不可測。鋒芒相指,維寇是克,期佑王師,元功是即。旌旗載道,振旅在夕,殄彼犬豕,執彼羶腥。以奏敷功,維神是賴,臨發告虔,誠懇有在。海宇肅清,神德維大。"

王石梁以進士掌教吾松,守正不撓。舊制廣文見府公必長跪,石梁對府公曰:"一郡士子皆公子弟,而余乃公子弟師也,當抗禮。"府公不能屈。後當丁祭,凡與祭官當齋宿,時府判以有宴會,侵晨方至。石梁語諸生曰:"那位官不齋宿,不宜與祭。"諸生因扶出三府,遂與石梁大哄,申文都御史吴廷舉。廷舉素執法有風裁,仰俯押解審問,三府以廢弛不職論罷黜;石梁以平日擅用竹片,罰俸五月,收其板。未幾少師王守溪歿,吴公謂府公曰:"誰當代我作文?"府公以石梁薦。及文上,吴公大賞,謂石梁曰:"汝有是才,用板不妨。"命取還之。

庚戌會試,徐文靖溥與汪伯諧學士爲主考,王守溪爲同考。一夕守溪送卷至堂,汪對文靖曰:"日來不怡。"守溪問以何故,汪曰:"以不得好卷。"既而曰:"昨夢一人餽一大錢,何也?"守溪曰:"昔人謂文如青錢,萬選方中,其有異卷乎?"汪曰:"又夢人餽黄牡丹三大本,何也?"守溪未有以應。時錢鶴灘有名場屋,守溪退而思之,大錢之兆,其在福乎?獨牡丹之説未得。楊介夫曰:"此亦福之兆也。不聞'洛陽相君忠孝家,可憐亦進姚黄花',爲錢惟演之故事乎?斯人也高科兆矣。"後果符其言。

萬曆丁未，昭慶寺得一異獸，云得之括蒼。其角雙，身有鹿文，馬尾牛蹄，性馴擾，日可驅六十里，鬻者蒙以虎皮。歲餘眉公得之，以置佘山，亦無識者。按《山海經》云："海隅之山有獸，狀如牛而馬尾，名曰精精。"《漢書・西域傳》："烏弋有桃拔，一名符拔，似鹿長尾，一角者或爲天鹿，兩角者或爲辟邪。"余疑辟邪稍近之。

吾郡龔仙湖軾與友人坐談，友人曰："人生在世，如風燭碌碌，爲懽有幾何？"龔曰："吾謂人生快活只一月耳。"友問故，曰："彌月剃頭即苦矣。"友大笑。

陸文裕爲山西提學時，晉王有一樂工，甚愛幸之，其子讀書，已倖入學宫矣。文裕莅任，即行文黜之。晉王再四與言，文裕曰："寧可學校少一人，不可以一人汙學校。"文裕之剛决，亦僅見者也。文裕以祭酒在講筵面奏外謫，將十年，乃自外藩内補。尋復翰林，奉命與尚書張文定公邦奇同修玉牒，日侍館閣，頗承聖眷。辛丑，自陳得歸，未幾文定亦南擢。越二歲，上在西苑語學士石門翟公鑾，以翰林無人，因問："張邦奇、陸深何在？"翟以實對，上曰："二人才識何如？"翟曰："陸遠過于張。"上曰："我記得曾出作提學官否？"翟曰："是外謫遞遷。"上復曰："是桂萼害他。"桂文襄往在内閣，以文裕面奏忤意，不意聖明猶記憶如此。

常熟楊夢羽名儀，官至按察副使，學頗該博。未達時，曾遊虎邱題詩，有"一聲黄葉楚天秋"之句。文裕登臨時，見之愛焉。過蘇，有極道楊夢羽之才學者，文裕云："是一聲黄葉楚天秋之楊秀才耶？願見久矣。"因造訪，握手極歡而别。後在嘉靖間同朝，相與尤厚。

徐文貞公歸里，遍召親故，一人取席間金杯藏之帽，公適見之。席將罷，主者檢杯失其一，亟索之。公曰："杯在，勿覓也。"此人酒酣潦倒，杯帽俱墮，公即轉背，亟命人仍置之帽中。只此一端，想見前輩之厚道。

王一鵬號西園，以歲貢爲太順訓導，善書畫，亦能奔走人。每一入城，舟次常滿，喜歌曲，常挾妓數人，中有名丹桂者，最有聲韻，室中又有侍姬三、四人。值路北村太守陞任，時王大參道甫、楊節推運之求公書畫贈行。此日西園留飯，其堂屋三楹，中間坐客，兩皆寢室，中着侍姬，飯畢作畫，其供筆硯圖書者皆侍姬也。蓋有姜白石之風焉。

陸平泉爲宗伯，議陽明從祀，欲俟論定。陶大臨曰："朝廷不難以伯爵酧功，何况廟祀乎？"平泉曰："伯爵者一代之典，從祀者萬世之典。"卒不能奪。

顧豫齋年甫弱冠，病血症甚危。見一白髯老人，自稱孫思邈，云："汝前世爲都御史，誤殺千人，厥明求索汝命。盍焚楮千塊，牲醴往西北方迎而止之，病乃可治。"乃依言具祭。夜復見其老云："與汝一白丸，可食之。"甫入口，覺香氣滿室，遍身出汗而愈。且囑云:“後莫作都御史,其地冤魂再生,必爲所害矣。”後以參政致仕。

陸平泉《自題小像》云:“一氣初,孰爲爾? 大塊中,始分剖。析形骸,判爾汝。群然生,曰人生。往而復,生則死。逍遥遊,還太始。我爲我,爾爲爾。”

何元朗家梨園甚精,曲皆手自校定。一日,集諸賢作劇,其弟禮部叔皮與焉。酒半,元朗問曰:“諸公知不佞搬演之意乎?”或謂公以大才不遇,以此洩其牢騷。有謂人生行樂,此亦足以送長日消永夜。公曰:“不然。今之士大夫,大率俳場優伶,隨人啼笑者耳。且里中兒纔識之無字,傲然以進賢驕人,故令諸奴傅粉,共耀蜉蝣之羽爾。”聞者爲之氣奪,其任誕大都若此。昔郭忠恕自放于酒,出則從傭乞飲街肆中。或詆其不倫者,曰:“吾觀今公卿大夫多此輩也。”元朗傲睨,千古一轍。

青浦令卓鈿,延平人,介而慎;沈雲楫,湖州人,貪而穢,兩令相繼爲政。卓已離任,士民將立碑懷去後之思,乃邑有與沈暱者,欲令兩人并立碑石。而郡尊素聞其薰蕕也,乃詢于衆曰:“卓、沈議共立一碑何如?”有孝廉起而對曰:“如有所立,卓爾沈同以其私。”太尊不覺撫掌,一郡盡稱確論。

近來儒童考試,自垂髫之稚,龍鍾之叟,靡不紛然求薦,分頭奔競,昏夜乞哀,略無顧忌。至府試一關,尤爲吃緊。辛亥年,郡守張九德曙海公,臨考時病蹇不能閲卷,悉聽三縣公爲政,而華縣張令尤疏于檢點,大犯清議。及府案出,童生不勝恚憤,至抬城隍神供公座上,敲鑼擊鼓,且搥府内衙雙扉幾碎,欲挾張太尊矢之神前。張公亦大憤,遣健隸擒數童大撲之,或塗其面貌,或併罪其父師,而狂恣稍戢,然郡體亦大壞矣。

郡守蔡增譽在任時,與鄉紳揖讓,每視爵位之崇卑,以爲揖之深淺。故民謡曰:“士夫腰硬,太守却腰軟;太守腰軟,士夫便腰硬。”蓋曲盡足恭之情狀。

周柳塘以進士起家,謫爲吾郡三府。事暇,一日遊村落,過干將山、谿山勝處題壁云:“閑來遊自好,景到此方奇。何必桃源問,漁舟花下迷。”後遷主政去,解郡時求書者踵至。

董紫岡號宜陽,好讀書,工詩,喜交海内名士,尤敦尚行誼。與弟宜旭分産,先爲文泣告先祠,推故産讓弟,而身任一切門外事。所藏書史石刻名畫千卷,獨究心當代典故、郡縣文獻。日坐一室,手丹鉛校勘,至丙夜不休。如友愛旭弟一事,尤非輓世人情所能。文裕公贈以詩曰:“汝家舊業天人策,漢室公卿第一流。猶有箕裘待華胄,杏花春雨曲江頭。”

徐鳳竹栻,其父素富,遇年荒,捐租以爲同邑倡,又分穀以賑貧乏。夜聞鬼唱于門曰:“千不誑,萬不誑,徐家秀才做了舉人郎。”是年鳳竹果中鄉榜,其父益積德,凡齋僧、拯貧、建寺、造橋,無不盡情盡力。後又聞鬼唱于門曰:“千不誑,萬不誑,徐家舉人直做到都堂。”後鳳竹官至兩浙巡撫。

張之象元超,號王屋。體貌傴僂,如不勝衣,而剛腸勁氣,亭亭物表,與人交,不以盛衰爲軒輊。嘗憤時俗炎涼,著《叩頭蟲賦》以見志。單門後進,稍有拔俗之韻,必多方延譽。其敗名喪檢者,即顯赫亦擯斥,不少假顔色。邑有董氏者,其後輩貴盛戇直,而尊行某故檮杌,偃然執分自倨,後輩不能平,遂指爲張姓訟而斥焉。公心異之,爲賦詩云:“秦庭未省非張禄,漢室原知是董生。”相傳以爲絶倒。又嘗渡泖,中流風惡,舟人皆失色,公神情恬穆,口占一絶,有“暗想生平何所懺。三辰晏起一科頭”之句。其詩爾雅冲淡,有魏晉風,爲文宏深奥衍。出入東西京,牀頭惟擁千卷,終身不識銖兩會計,以故家徒壁立。間從諸貴人遊,或羅綺滿座,公獨敝裘芒屩,披衿握麈,傍若無人。蓋公所挾持者甚重,不在世味中也。海内名公巨卿聞名願交者,望若景星。嘗從仕爲浙藩幕,即謝去。卜築于細林山麓,其地多怪石流泉,烟扉月榭,叢竹茂林,及諸仙釋名迹,苔封蘚没者,舊雖無物色,而公一一題咏,山靈遂爲生色。所著書集及纂輯先代者不下千卷,多藏于家。今録其《叩頭蟲賦》于左。

**叩頭蟲賦并序**

《叩頭蟲賦》者,晉傅咸之所作也。以其謙卑自牧,無往不利。余乃謂士之進退,必由禮義而得之,不得固有命也。彼之抑首脅息,情態可嗤,殆類夫奔諂餤熱者,枉己辱身,頗傷志操,雖時或有遇,非君子砥節之訓矣。故反其意,述此賦以諷當世之士,并以自鑒焉。賦曰:

伊介性之不回,本生理之至直。曾子勵士以宏毅,孔公亟美于剛德(介性剛德,人生而具)。高則抗首,卑乃席膝,體貌多端,從義所即。或送使于他邦,或承主之賜食(此下皆恭而有禮者);或感恩而必拜,或引咎而自責;或升堂而覲母,或見畫以興惻;或修敬于德公之門,或陳經于誕聖之日。仲尼却之而克當,祖征受之而兩得。説大人勿視其巍巍,爲弟子不懈于翼翼。近禮之恭,免辱遠恥;無禮之慎,其蔽也葸。彼奮身而絶脰,信忠臣之不二。雖喪元而甘心,又何恧于勇士(此皆具介性剛德者乃能如此)。惟在邦而如矢,則史鰌之所希。若枉尺而直尋,亦軻氏之所非。以此齊餓者揚目而不食,鍾離意得珠而固辭(寧可守正不阿,自全剛介)。周侯持法于細柳,蘇武建節于外夷。若乃王丹之餞陳司馬,特不拜以爲贈;汲黯之遇衞將軍,但長揖以致敬(此又歷舉古人之不屈者以爲證)。見甄后而不伏,固劉楨之守正。向小兒而折腰,斯陶令之解印。馬援藐帝壻而不答,顔含謁丞相而無佞。庾衮重施禮于人親,盧鴻以罄折爲忠信。

王祥欲以德而愛人，何點雖箕踞而奚病。至于孟嘉之不知落帽，卞彬之不吝投幘（雖近于傲物，而不屈之節自在）。孫楚參軍而稱命，鄭衆奉使而威敵。井丹被褐以淩座，嚴遵矯首以應辟。上交不諂，威儀是力。總諸賢而共然，蓋有作而在昔（作一總束）。何玆蟲之細瑣（方入蟲上），乃逢人而委靡，鮮英豪之骨鯁，多婦寺之詭隨。將無惠而致感，或望塵而下之。詎覩抗司徒之趙壹，焉聞動高祖之酈其。擎跽曲拳，槃辟佁儗，阿匼逡巡，傴僂骫骳。每低眉以趨承，時俯首而祇畏（以下形容叩頭情狀，總一佞媚之態，人常有是，物亦宜然）。似此物之佞媚，抑維何而比類。仰慚蝒馬之高潔，俯謝螳螂之勇鋭。足不能前，目不敢視，委蛇蒲伏，覆面掩地。莫謂周褒之胙，謬同魯繆之饋。乖嫣皓之哀誠，甚鄧通之恐悸。何關高鳳之解争，乃效謝鯤之拜賜。豈夏禹之樂其昌言，實蘇嫂之懾于高位。等摇尾而不殊，與崩角兮何異。匪飲酒而多儀，猶乞墦之可愧（昏夜乞哀，驕人白日，大抵如斯）。吁嗟而頭，辛苦無益，千醜萬辱，同彼施戚。羨舐痔之得車，忘吮癰之遇厄。徒自病于頷頤，又誰憫其爛額？如掬蘚則之膝，必忿恨而弗懌。借有朱雲之劍，雖斬斫以何惜（罪得當，使此蟲有知，亦當容身無地）。況窮通之有定，信運命之難更。干人者未必果腹，屈膝者安可復伸（彼甘心爲此者，原不知運命）。是以非義之錢，而趙勤勿屑；閹人之勢，則高允所輕。不有簡介之熙載，將無嚴整之曜卿。仲孫敢言而甚切，子高抗手而遂行。王無功久厭于繁禮，向元季自處以素情。田子方驕人以貧賤，宋使者正對于會盟（似此正氣之人，今古曾不數見，宜叩頭蟲之多也）。韋仁約獨立以司憲，江休映無屈于延明。願與璧而俱碎，慕藺如之敢于抗秦；觸屏風而就睡，感陳咸之篤于諷親。若夫獸如獬豸，咋邪是任，草稱屈軼，指佞于庭（物類中亦有具正氣者）。覩正氣之猶在，徵直道之可循。懦夫聞風而立志，壯士怒髪而挺身。與其曲鈎之囗囗，孰若如弦之守真（見守道爲正，所以諷世者在此）。寧同此强項之賢令，毋似彼黄頭之小人。厥咎頗深于子羽，是宜反責以斯文。又知微言之廣喻，請三復而書紳。

曹介人云："姚江楊大參督吴中儲，嘗言此地有三般糧長：一曰富家，一曰光棍，一曰現世報。蓋縉紳之墳草未宿，而烝嘗已絶；冠蓋之書香未斷，而飢寒已迫，真佛氏所謂現世報也。然此亦有司過，士大夫亦過。有司不矜惜士紳後裔，而魚肉啖之，不盡不休，故曰有司過。士大夫多買田産，多積財帛，爲子孫蛇蝎，故曰士大夫亦過。"

周思兼號萊峰，年十八爲諸生時，才氣横溢，下筆千言。嘗爲古詩歌，陸文裕公見而奇之，曰："吾年二十發解時，不辦生此語。"中嘉靖丁未進士，授平度州知州，多惠政。時藩府縱閹奴奪民産，有僉事捶其奴斃之獄，閹嗾王奏之，將擬重辟，當道檄公再訊，僉事竟得復官。旁郡飢民掠食，幕府將加勦，公曰："此輩赤子，飢求食耳，奈何擊之？恐爲變。"作小木牌數千，爲招輯語，散置四郊，皆就撫爲良民。銓曹考公行最，擢繕部員外，督廠清源。州人遮道哭送，立祠祀之。在清源，會河勢將決，公爲禱于神，募民囊土築堤，身立赤日中督之。堤成三日，而秋漲大發，民得無恙。已擢湖廣僉事，除宗府五將軍豪横，殲巨盜劉某于江黄間，聲稱尤籍。會丁内艱，前後哀毁骨立，服除竟不復仕，優游于林泉者逾七年，足迹不入官府。屬歲飢，食指不給，閉門食貧，終不爲人關説一事。時或操小艇，持圖書數卷，游吴越佳山水間，絶不令人知，其他隱德不可勝紀。廟堂方欲大用公，起擢廣西督學副使，竟遘脾疾卒。其所著有《西齋日録》《學道紀言》《周叔夜集》行于世。

莫雲卿號後朋，即方伯中江公長子也。早歲能文，有倚馬才。尤長于書畫，行草得米南宫真趣，與唐伯虎、文徵仲臭味相埒。以拔貢爲國子生，名重都下。生平惟杜門著述，不事干請。方以學行立幟，倏遘疾而亡。屠赤水有輓詩二律云："海内才名三十年，九衢風月五湖烟。終懷老父蘭膏恨，忍讀門生《薤露篇》。有客空愁陳絮酒，無人强起聽哀絃。知君定入遮須國，何似清虚小有天。"又云："客散高齋罷草玄，英雄何事苦無年。雲邊乍冷登山屐，湖上今閑載酒船。黄土老狐穿暮雨，白楊新鬼哭秋烟。墨池筆塚俱零落，過客澆墳濕紙錢。"廷韓貢歸，龍府推訪之，入門迎笑之曰："足下高才，何由此途？"廷韓曰："此皆門下不能獎成。"龍問其故，韓云："不聞龍子曰：'莫不善于貢。'"此亦可謂雅謔。

何元朗一日與廷韓同看須賈誶范雎雜劇，元朗曰："雎以一徒隸至秦，立取卿相，爲遠交近攻之策，秦取天下，大率皆其謀也。及功成之日，蔡澤以一言動之，去相位如脱敝屣，是可不謂豪傑哉！"廷韓曰："焉知范雎非見秦之少恩，不可以共患難，使人激蔡來代己，以爲避禍之計耶？"乃知有識者，其所見不大相遠也。

陸平泉曰："晨昏門户啓閉，内外出入，分别人情，安于所忽，每每易至疏虞，爲家長者亦當加意省察。"先達顧文僖公戒子曰："通宵出飲清朝卧，此是人家百弊生。"真格言也。

祀典濫觴，鄉賢爲最。子孫富厚，即僉壬皆蒙登録；子孫貧乏，縱賢達亦遭擯遺。鸞鳳鴟鴞，紛紛共列，且群數百人，而肩摩于五尺之座，殊不足爲世人勸。雲間陸文定公，熙朝人瑞也，上官共推其爲碩德重望，入之鄉祠，乃其子彦章諒乃翁不屑與噲等爲伍，遂抱歸特祠，萬衆争睹，士紳服其高。

吾松神醫秦景明諱昌遇，其先裕伯者，僑居上海。傳至芝石，以選貢歷官别駕。生公，少即穎異，十歲即善屬文。以病棄舉子業，而讀古方書，遂成名醫。一日行村落，見婦人淅米，使從者挑怒之，婦人忿詬。公語其家人曰："若婦痘且發，當不治。

吾激其盛氣，使毒發肝部耳。日下春應見某處，吾且止是，爲汝治之。"及暮如其言，乞藥而愈。青浦林氏子年方壯，公視之曰："明年必病瘵，歷三歲死。"明年病作，踰兩春竟死，其所决時日皆不爽。其或病至沉篤，人皆束手，遇之投劑即立起。嘗言法當死者，雖盧扁不能爲，苟有生理，勿自我死之可矣。以故藩王戚畹，上袞列卿，莫不争延以爲神仙。其爲人風流瀟灑，復豪邁不群，家有臺池花樹，歌姬舞女，彈鋏來歸者，無不饜所欲而去。時玄宰、仲醇及公，海内稱爲"雲間三仙"云。余妹倩董來伯好請仙，一日公赴乩，自書仙醫秦景明，病者請方無不效。所著有《澹香堂詩文集》及《痘疹折衷》等書行世。

華民有失水得救而反仇其人者，熊邑侯判之云："此真風波之民。一日風波十二時，人心無常，天地反覆，重門襲室，難道無欹檣折楫之時?"

陳眉公曰："凡傳奇所演先離後合，人生境界先合後離。父子夫婦合而哭，鬚髮合而白，齒牙合而落，手足筋骸合而拳縮，乃至歸地歸土歸風歸穴，豈不痛哉！然則世之遇境而多悲哭者，正如看到趙五娘剪髮，便墮下淚也，終是小兒作解事。"

周萊峰曰："余幸不甚貴，甚貴有重累。幸不甚富，甚富有重負。今于甚幸之中，而歉然有所未足，是將何求？是謂小人之憂。"

孫毅齋云："新第落成，市聲不入耳，俗軌不至門。客至命坐，青山當户，流水在左，輙談世事，便當以大白浮之。"

陸平泉曰："'蕭然埜趣忽在手，彷彿城西烟雨村'，此前人詩中語。莫廷韓懷徐孟孺讀書處寫入便面，是中滄浪雲樹，烟林勝致，歷歷如就掌上，便覺畫中有詩。君才致卓軼，胸中邱壑，偶爾遊戲出之，遽清絶若此。使加積習，其神詣當不數荆關，豈直與癡黄追後先也。"又曰："徐孟孺讀書城西，當水木勝處，日與雲樹爲伍。莫廷韓賞其幽致，以水墨出之，便面坐卧披之，可謂同味。雖然，長林埜水，此老境退閑人所宜。二君方抱利器，當振長風之羽，此中非可久栖，直游息耳。俟老夫他日汗漫及此，分半席與之，不待歌招隱也。'人生如夢蝶，世路總亡羊'，予晨起據案，偶閲《三國志》，得此二句。因思曹、劉、孫權、關、張，斯五人者，方其鼎足中原，瓜分三國，圖王奪伯，亦可謂蓋世大英雄矣。今世代屢更，江山如舊，寥寥千載間，此五人者，今安在哉？若以道眼觀之，真可謂蝸牛角上争雄，蝴蝶夢中鬥智耳。筆硯粗設，就案走筆書此，書罷據案投筆，不覺軒渠一笑而起。時年九十，江陵奪情起復，一時以守制論者皆從貶斥，察其意所固戀，似不可一日釋權位者。如令持服守制，亦不過三年耳。然不再三年，并其身不保矣，向所戀戀者何在？昔義山詩云：'未央宫裡三千女，但保紅顔莫保恩。'白日易流，紅顔難駐，怙權位者可深思矣。"平泉見贊寧《笋譜》曰:“禿翁老饞,不惜口業。好事者據爲食史,不知此乃淇園、渭川之刑書也。”

普照寺門首鑷工胡姓者,忽見街上有小片荷葉舒卷不已,一人拾置懷中去。胡叩之曰:“汝得何物?但欲見之,以决所疑。”及出示,乃至元錢三十文。又同郡夏氏僕,嘗見小花蛇盤還道左,行人捉藏于袖。人訝問其所以,則至元鈔二十文,此二事相類。然三十文、二十文直微末耳,尚必待主。今之積金蓄穀,倍息計贏,而孳孳爲利者,可不三思省鑒哉!

吾郡孫元璘言:“至正乙未七月六日夜,自平江歸,泊舟城西栅口。方掀篷露坐,忽見一星大如碗,色白而微青,尾長四、五丈,光餤燭天,戛然有聲,由東北飛入月中而止。時月如仰瓦,正射之無偏傍,若人以手置其中者。”

松江之横雲山,古塚纍纍然,世傳以爲多晉陸氏所藏,山人封生業盜塚。至正甲辰春發一塚,磚上有“太元二年造”五字。按太元東晉武帝時也,逆數而上,計九百一十餘年矣。或者塚有志石,恐事洩,秘弗示人。塚中得銅罍與壺、瓶、鼎等器二百餘件,内一水滴作獅子昂頭軒尾走躍狀,而一人面部方大,髭鬚蕭然,騎獅子背,左手握無底圓桶,右手臂鷹,人之腦心爲竅以安吸子,吸子頂微大,正蓋腦心,儼一席帽胡人。衣摺及獅鷹羽毛種種具備,通身青緑,吸子渾若碧玉。論製作膚理,則非晉人所能及,漢器無疑。必其生平寶惜而以殉葬者,誠奇物也。至秋,夏士安偶過生,生出售,捐五十緡得之。歸剔鑿沙土,飾澤蠟石,神氣百倍于昔,韞櫝寶藏,時以示博古好雅。一日爲有勢力者奪去,惜哉!

至正壬寅八月中,上海三十四保金壽家,有一已閹之雄狗,生小狗八。其一嘴爪俱紅,如鮮血然。犬之爲妖多見于占驗之書,而未有若此者。然男變爲女,男子孕育,聞之占者爲陽衰陰盛、主兵戈亂離之兆。若夫牡物而生兒,陽化陰也。又犬屬火,一嘴爪紅,紅亦火也,豈非主兵燹之變歟!

甲辰四月十五日,華亭五保楊巷邵浦雲之西清庵,廊屋一十九間,每間屋柱皆有聲。其聲若以桶覆水面而擊其底者,人以手按之則振掉而起,經時乃止。按《乾坤變異録》,人君宫室無故有聲,必主兵起,若民家亦主敗蕩。

又六月二十三日夜四更,松江近海處潮忽汎漲,人皆驚訝,以爲非正候。乃至辰時潮汎方來,則知先驟者非潮,乃水變也。後見湖泖人説,湖泖素不通潮,一日忽湧高三、四尺,若潮漲之勢,與此時同,而平江、嘉興亦如之。然此種怪異變報,有關時事云。

眉公云:“《通鑑》是古今天地人之綱骨,群書之關津也。要過關津,必須以《通鑑》批點精熟，理會透徹幾番。時文古文，别换異常精采，皆從《通鑑》得力。然後博之于經史百家二氏之書，得其精實，以治身，以治天下國家，自然根深蔕固，漸與豪傑比肩。若杜撰漢，如何幹得天下事來。"

高祖都金陵，就漕利也。而委江北于度外，得無懲宋之弊乎？故轉都北平，成祖以身捍之，防夷狄之患，而財賦仰給于東南，又得無懲元之弊乎？

眉公嘗記王文肅公云："會場不須多帶書籍，止覓兩直十三省試録，字字篇篇，細細批點爛熟，採四方之英華，助三場之精采，此必中中必高之秘法也。"

張白灘公有祖居，已售他人，其人欲棄之而倍其值。人謂公原主只應還原值，訟之官，彼安得倍取也。公笑曰："時價不同，如何强索之？"聞者咸頌。

顧東江以侍郎致仕還家，即築傍秋亭于西園中。園多隙地，可以蒔蔬。東江日處其中，課僮鋤灌，自輯農書，塗抹删改，細書于行間額上皆滿，書齋壁上以藥瓢貯各色菜子，便于拋撒。杜門自適，學爲老圃，若將終身焉。公之風流大節，過于尋常萬萬矣。

陸儼山云："蘭溪章德懋先生起爲國子祭酒，一見余遂蒙顧愛。嘗以事見，輒慰諭之曰：'大凡爲禮，貴敬而和，不必太跼蹐，令人氣索。孟子曰："説大人則藐之。"凡見有爵位者，須自量我胸中，有所不在其人之下，何爲畏之哉？'"既而與座主劉學士先生偶道及此，先生微哂曰："此公失言矣。孟子所謂藐者，是藐其勢位。若如此云，是藐其人矣。"章公接引之至，劉公析理之精，前輩之意見風度，蓋可見矣。

何元朗云："余在南館時，府公王槐野喜談西北事。一日言王晉溪總制三邊時，每一巡邊，雖打中火亦費百金，未嘗折乾，到處俱要供具，燒羊亦數頭，百物稱是。晉溪不數臠盡撤去，散與從官跟隨役衆，盡皆沾及。故西北有一警，則人人効命。時東南適有倭亂，余與陸祠部五台相遇于舍弟家，祠部方有贊畫之命，余舉似之。余曰：'當時法網從寬，故晉溪得行其志。使在今日，則台諫即時論罷，不能一日容矣。'舍弟云：'近日總督有馳數皮箱銀去者，不聞有人論之。'余曰：'此數箱之物，未必盡以自私，必有同其利者。既同其利，誰復言之？若如晉溪所爲，則論者交至矣。但昔之當事者，損己之奉以悦犯難之人；今之當事者，割犯難之肉以飼權貴，何怪僨事者之不踵至耶！'"

沈東老言："黄郡守潤書來，謂某當設教講學。予答之云：'吾松之人，皆諉于不能，而役于富貴，將流蕩忘反以終其身，無有求教于人者。教之不惟不聽，且詆誣以爲不足道，一郡之人皆然也。夫舉一隅不以三隅反，孔子猶不復告，況舉一隅而不聽乎？'某嘗有《勸學箴》曰：'天之所賦，與爾俱同。不爲桀嗇，不爲堯豐。欲之即至，求之在衷。顧乃自棄，不學而終。書此箴訓，覺我童蒙。'"

何元朗亢直放言，無所避諱，人謂非諧俗者所樂聞。朱司成象元曰："士君子各有所見，所見而不出言，終日如含瓦石，以媚悦博人一開顔，豈壯夫所爲？蘇長公有言：'事有不如意者，如食中有蟲，吐盡乃已。'此正公之通方脱略埃壒之表。"

僉憲許公璘致仕時，里人有被誣者，以五十金託蒙古賽氏子丐公白之。公知其誣，直于官而得釋，而賽竟匿其銀。後里人以賽面質于公，公謝云："有之。"前輩厚德如此。

陸平泉初姓林，會試時，郡守王華夢城隍庭下皆保林善人。問之，名樹聲。明日，召其外父李問之曰："汝壻平日何爲？"李曰："只是讀書，一事不苟。"是科會試果第一。

龔情少聘韓氏女，遘廢疾。或諷其改娶，情不聽，女亡始議婚。後登進士，官給諫終。爲義夫，世人所難，而公以仕宦雅操如此，可以風矣。

陸文裕《咏鶴》并引："余蓄二鶴于山居，標格異凡，實華亭種云。修吭高足，鳳翼龜文，鳴聲清亮，真仙人之騏驥也。往歲爲魯夫傷其一，孤雌匹處，若怨若慕，益深孤潔之趣。每加眷恤，日益馴擾，時望見余，輒鳴舞不已，若迎若導，余益憐之。丁亥之秋，予渡自水東，爲旬日之留，是鶴忽飛止寓樓之外，人共異之。"詩云："翩翩一鶴下雲中，正倚高樓落日東。憶得羽毛如昨夢，不教心力破長空。呼童護足防秋雨，看汝梳翎颺晚風。赤壁青田是何處，忘機聊與海鷗同。"

莫廷韓爲任光禄賦蒼潤軒鶴三絶：《買鶴》云："一庭蒼潤夜氤氲，雪羽蹁躚舞鶴群。仙署定知增雅事，月明清唳洗松雲。"《放鶴》云："忽看雙翥向秋山，苔色虚留一徑閑。此夜青天何處月，定爲笙馭出人間。"《歸鶴》云："庭下迴翔整雪衣，華池終自戀恩暉。分明尚語遼城事，盡道仙翁海上歸。"

華亭郁伯承喜客收書，家亦以是盡。山人吴元鐵嘗主其家，元鐵擁曲几，摩樹根爐，笑曰："余真富黔婁，伯承乃貧孟嘗也。"人以爲實録。

邑南之吕巷麵肆譚姓者，有一病驢，剖其腹，腸中多石子，褐色大如鷄卵，小如芡實，中空，有斗餘，見者皆異之。偶閲李竹懶《雜綴》云："辟珠生南海椰子、梹榔果殻中，堅如鐵，金剛不能損，名曰聖鐵。鮓荅生塞北馬牛腸腹中，堅白如石子，磨之可療奇疾。"天地精剛之品，動植俱有，不獨鷺糞之中有金剛鑽也。又按《留青日札》載："嘉靖四十四年春，有鄉人家屠一犬，腹中有白石三塊，如栗同胞，破之可千葉，入藥中能治瘡毒。"

楊維楨署名多種，稱鐵雅、鐵笛、鐵史、鐵仙、鐵龍、精鐵、龍仙伯、老鐵、東維子、抱遺老人、桃花夢叟、錦窩老人,又有稱邊上梅者,大都狂翰逸筆以自寓耳。

宋曾之開有清樾堂,元松江夏氏亦有清樾堂,然其名實本于唐盧浩然樾館。

吾郡夏愛閑收藏法書名畫,元至正丙戌普照寺火,延燒千餘家,而夏氏藏古之樓,巋然獨存,蓋神靈有呵護之也。

元任仁發字子明,號月山道人,世居松江之青龍鎮。年十八中鄉試,貳都水監。開江置閘,凡水政皆仁發主之。善繪事,常奉旨入内,畫《渥洼天馬圖》。所著《水利書》十卷。今人止稱任水監畫馬,蓋以藝掩云。

黄公望博學多材,如經史百家九流之術,無不通徹。初隱杭之筲箕泉,往來三吴,開三教堂于蘇之文德橋,至松與曹知白善。居小蒸,後徙富春,年八十六而終。戴表元贊其像曰:"身有百世之憂,家無擔石之樂。"蓋其俠似燕趙劍客,其達似晉宋酒徒。至于風雨寒門,呻吟盤礴,欲援筆而著書,又將爲齊魯之學也。此豈尋常畫史也哉!

松江西門有林屠者,繫一牛,將屠之。其牛觸地而繩解,跑之市肆,逢休寧汪賈跪而流淚。汪行不顧,又奔及之,復跪而鳴。汪怪之曰:"此牛畏屠,欲依余免。第余欲亟歸,不能挾以往,奈何?"問市中有好善者否,曰:"諸生王文茂在前。"汪乃携牛至其家,召林屠與之數金,以牛託王生,囑勿宰,汪賈遂去。至夜宿舟中,有盗數人刦之,忽有兵隊來救,獲免。盗既解,竟無一兵。舟子見有牛頭人身者,指揮衆兵,駭以語汪。已至夜分,汪又夢牛頭來云:"余爲牛主,部牛鬼以驅逐惡人,感公美意,故來相助。匪余,則公且失金而幾殞矣。"又二年,汪賈復至松,訪王生,其牛尚在,乃復跪地頓首如稱謝者。嗟乎!人爲萬物之靈,乃爲萬物之賊,而種種爲刲焬之慘,則何以超惡刦而證善果哉!不特殺牛爲重孽也。

平陽縣初築垂楊埭,屢築屢圮,官乃用牛以祭。時有了興法師在黄泉鄉,牛徑銜刀奔至師前,逐者踵至。師止其殺,解袈裟付之曰:"若以置埭址下,埭自可固,慎勿用牛。"已而果然,牛放山中。師建塔院咒牛曰:"汝能練泥乎?"牛俯首受役,塔成而牛死。師曰:"此牛已生善道矣,瘞之有香氣觸人。"余鄉有母牛被縛,其子牛銜刀以投河,主者覓得,竟殺而食之。其家盡生瘍,體潰而死。大抵牛之畏死特甚,而人之屠牛其禍亦甚,因閲了興師事,并記爲戒。

周叔夜云:"橙皮美則肉酸,橘瓤甘則皮惡。"精神所至,不能兩盡如此。或曰:"橙外美而橘内美也,故橘順氣而橙損氣。"

布衣王梨者,弱冠遊鶴城,會周叔夜談學。王曰:"我字兩戈相向。最不可有者,我也;最難克者,我也。"叔夜躍然,遂與定交。其後叔夜殁,王跋其遺書曰:"公同匹夫匹婦，而挺立于乾坤之内，慎庸言庸行，而超出于萬物之表。”可謂真知叔夜矣。

周萊峰與王宏宇會談學曰：“吾于窮通得喪，無復攖情，特未豁然于死生耳。”王曰：“學如用兵，須從險處設關據守，然後可下城邑。子未悟死生，則且以生爲樂，而于窮通得喪，能不攖情哉！”萊峰甚服其言。

人生功名，皆有前定，而鬼神機緘，多秘而不泄。馮公恩于嘉靖乙酉赴金陵應試，灼龜得兆文爲亂柴窩，術者曰不利，而公亦甚不樂。偶有老儒至，曰：“吾聞錢與謙比試時，龜兆與若同，而賢書名列第九，若或然哉！”及揭曉，果亦第九名。是年徐公獻忠與馮公同舟，夢公食韭而己飲茶，明日有友詳之曰：“馮當中九名，蓋‘韭’音‘九’也；徐當中四十六名，蓋茶字上廿八下十八，合之四十六也。”果各如其言。其詳驗如此，而讖數猶不肯輕泄也。

馮元敏曰：“梅有六德四功，白而不耀，香而不酷，瘦而不嬌，古而不樸，迎寒不怯，先春不競，此其德也。子可以調羹，可以已血，花可以解毒，可以已痘。此其功也。”

馮文所之姪大觀，以貧乞書于乃叔，欲爲郡守書記。其伯杜陵公聞而責之曰：“士大夫子弟不能爲官吏，則當守經史而爲士。若資性凡庸，不堪讀書，則止農夫可爲耳。即醫卜之類，尚然不妥，何至甘爲書吏隸卒，以辱其祖父乎？雖然，古之書記，賢者曾爲之，豈若今之趨走罔利，倫于隸卒也。至若耕農，乃本分正業，即士大夫退居，亦可爲之，豈必庸下？故蔣少參子徵終歲課農，語人曰：‘此不差强趨車前馬後，承顔順旨者耶！’”

徐文貞在位時，里人有惡王元美于相公，述其訕語。文貞謝曰：“元美與不佞最厚，吾不信以爲然。”客退，公語諸子曰：“文士輕薄，訕人其常也。但以此人才藻，吾即收之藥籠，豈可麾之門墻？收之則可轉毁爲譽，麾之恐譏訕不但出口吻，且入青編矣。”乃愈厚元美。丁巳春，吏部將以大計黜元美，公力救之。已又擬遷元美長史，公復力止之。穆廟登極，公首爲元美尊人訟寃，力引其兄弟出山，于是元美兄弟稱門下士，口語手録，無不稷、契、文貞矣。

華亭花園浜有一長年長老，精于《易》理，每日挾册占玩，讀罷涕淚盈衿。在昔宋時蜀有箍桶翁，明遜國時有雪庵和尚、補鍋匠，皆明《易》而隱者，乃知隱君子何代無之也！

何元朗藏蔡忠惠《安樂》《扶護》二帖，蘇文忠公《久上人》一帖，黄文節《眉州》《畢大事》二帖，後爲王元美收去。

上海徐公汝翼，夙稱清慎。時分察粤東，有屬令以百金藏書中爲公壽，侍者誤納之。退食檢得金，竟日不飯，爲書謝却之。其後右轄粤西，主鹽法，往日鹽官廠有餘利銀以充公費，郡司理徐懷北循例以七百金納公署，公面發赤，曰："是可汙人耶！"歸之庫以佐餉，自後遂以爲例云。

雲間有淡齋僧，每食白飯一盂，不食鹽酪。披一衲，數十年寒暑不易。富者供錢糈，受即他施，不頃刻留。問以經律，曰："愚未能習，但知有一佛字，又知有一善字。"居超果寺數十年，一日語其徒曰："我將去矣。"取一浴盤趺坐其中，頻令人灌水，水沾其膚，氣若蘭芷，病者飲之即愈。遠近争來飲，至數千人，僧無他言，但令人數灌。居一月，謂其徒曰："今可已灌。"合掌而化。其徒以龕覆之，香氣經月不散。

超果寺中有丐者姓侯，每出丐得錢帛甚夥，即以施衆丐，衆丐尊以爲主。每日羅拜，侯端立不動，夜即聚薪三十六堆，曰："此我三十六宫也。"自稱爲侯野王，夜必趺坐薪上，終夕無傾倚。久之忽召諸丐曰："我將他去。"恬然而化。其屍數日不變，諸丐爲葬之。後數月，超果寺僧至姑蘇，見侯于北寺。僧曰："若死矣，何爲至此？"曰："我無死。"曰："若今何往？"曰："無往。"曰："若有得乎？"曰："無得。"曰："若能教我修行乎？"曰："無修。"僧跪而問之，曰："必求善語。"曰："汝語世人，無多積，無殺牲，無妬人，此秘法也。升天以此，成佛以此。"已有一人趨來，忽仆于地，侯語僧曰："此食牛肉人也，爲我護神所擊。"言訖忽不見。仆地者醒曰："白日内何得有披甲神？"僧問曰："汝曾食何物？"曰："夜來飽餐牛肉耳。"僧歸言之，衆始知侯爲異人，一時因而戒食牛者甚衆。其後松人屢見侯于齊、魯間。

侯皇帝者，嘉靖時人，道其名也，世居清水石橋之左。少就塾師，即自稱朕。或以果食投諸生，必曰"朕賜卿"。已長，見貴家有一殊色女，曰："朕作皇帝，此女當在嬪御之列。"即《列仙傳》張果謀婚富室之意，時人遂以皇帝名之，然終身不娶。第構一椽爲寢處之所，即畫九廟圖于地，五日一羹，僅一飯一粥亦可。遇九日，必買麵爲祭品，分送隣家。有庠生沈姓者，鄙其爲丐而却之，侯頗不遜，生怒而訟之官，侯不爲意也。日無所事事，維攜一繡袋往來市衢，作丐者狀，人亦以丐目之。每遇市肆銀桶，必以手賺入囊中，有無不論也，然絶無乞食乞憐之語。街頭小兒戲拾殘果作泥丸，爲侯皇帝嗄程，侯見即取之歸。形甚短小，鬢髮蓬鬆，似半百以外人，絶不見其有異于人也。後流寓一人號貧極者，年可三十餘，面有赬色，日披髮走鬧市中，能以稻柴心作筆書大字。人皆訝其癡，亦有以酒飯食之，索其書匾者。會府學師某姓者，離家甚遠，居恆悒悒，思得近地一官事母，絶無人知也。一日學師乘輿而出，貧極從街頭撫其肩曰："爾性至孝，每欲得近地奉母。今佳音將至，如公願矣。"學師心異之，請入署傾蓋，貧極曰："今且無往，待信至，我當自來也。"一日晨往署中，謂學師曰："報喜者在西關外矣。"亟遣人偵之，果如其言，學師喜甚，且知其爲異人也。乃長跽請曰："不知以何者爲壽而可？"貧極曰："第取佳酒來。"學師遂延二友善飲者，共約進酒三尊，意人可一尊足矣。已三尊竭，二友俱醉，貧極絶無酒意，更索獨酌，連傾七尊而别。學師始大異，贈以金帛不受，第取一襖一靴服之。衆覘其動止，時往侯處列師弟而坐，私相謦欬，數數移晷，不知其所言者何也。未幾貧極去，侯亦尸解，人始知侯爲貧極之師，竟不得貧極所往。

吾郡有萬草庭，其書絶似陸文裕。

董玄宰云："吾宗大理公建一廳，極其宏麗，上梁之頃，族衆過而稱賀。一癡叔見大匠斧聲云：'何必如此堅固，異日拆卸恐反費力。'聽者無不驚駭，主人亦以爲不祥而惡之。今且百年，檐阿巍然，可見讖不足計也。"

澄鑒寺在中泖，唐船子和尚載月釣魚處也，近眉公修葺之。玄宰題其門曰："蒹葭蒼蒼，白露爲霜。"其幽勝可知矣。

沈度以善書爲翰林學士，許鳴鶴以能文爲中書舍人，朝士戲曰："學士不能文，中書不能寫。"

給事中張海等劾奏户部尚書楊鼎、工部尚書王復、南京兵部尚書薛遠、吏部侍郎錢溥，謂四方水旱，皆四人妨政失職所致，宜加罷斥，不允。時溥以進表至京，聞于途。既至，陛見後出。尚書尹旻等問江南時事，溥答以南直隸大熟，請以歸諸公；北直隸大水，皆溥與薛遠當之。旻笑曰："諺云：'女婿牙疼，却灸丈母脚跟。'"衆爲之哄然，傳聞禁中，以資笑具，溥不得已亦乞致仕。

錢學士在告，里居營第，役煩里旅。旅有惰者，學士譴之，蹙額對曰："病矣。"學士問曰："何病？"對曰："往時黄提刑營第，老夫實受役傷膂焉。黄之第今敗瓦頽垣矣，老夫猶疾病不即死。兹役之不力，何敢辭罪？"學士聞其言憮然，遂謝遣之。時有人聞之，爲樂府以諷焉："錢學士，瀛州人，玉堂金馬當青春。歸來故鄉廣田宅，築室役使官家民。不問老與少，荷畚負鍤來鄉鄰。老父負土殊殷勤，學士慰勞方逡巡。對言此乃黄翰土，學士流汗麾而嗔。君不見翰之惡，通于天，翰之死，何足憐？詎知富貴不可逞，覆車之戒猶昭然。"錢之墓在南橋鎮，今其後嗣蕭然，即坏土亦不保矣。

錢溥謚文通，在翰林時，預教習諸小奄，懷恩太監出其門下。懷嘗于聖誕日被賜金二錠，奏云："臣蒙恩至此，皆師父某之惠，願留此以轉奉。"會溥考績至京，懷以前金爲壽，因跪曰："與師父置一杯酒。"溥欣然受之，曰："當與房下作首飾，日日頂戴公公。"滿座聞之絶倒。文通在翰林日,文才敏贍,書學宋仲温入能品,名譽籍甚。四方以得其字與文者爲榮,一時碑板照四裔,可謂盛矣。當懷恩貴寵時,遂援引以至要路,當時亦有入閣之議,而時望皆歸吕文懿、岳蒙泉,畢竟用此二公。蓋交結内臣,文通之得力處在此,而損名處亦在此,士君子深當以此爲鑒。

何元朗初入京,見宣城衞公時,公已謝病,角巾私第有年矣。見元朗是松江人,有同鄉之誼,是日冠帶而出,坐定,熟視曰:"聞君與錢狀元遊,君今必高中。然老夫有一言,京城人多風土雜,兩角頭富兒勿與往來,門外花園中勿往飲酒。"何知其有爲也,敬聽而遵行之。其後數年,見士夫敗官者,幾人雖不盡同,大率皆違公之言者也。

東海爲南安太守,在郡日,有某布政將入覲,緘紙一篋,索公草書,爲京中人事。公笑曰:"此欲以書役我也。"止書四字,以塞其請,餘悉封還。

徐長谷見詩文之佳者,曰:"此人肚内有丹。"

莫中江曰:"淵明'犬吠深巷中,鷄鳴桑樹顛',摹寫鄉村景色,真千古絶唱。某舊有一聯,頗亦可意。"客請之,曰:"啄屋鷄已下,趁花蜂未還。"

李思弦曰:"古之知言易,今之知言難。古也蔽而詖,今也明而詖。古也陷而淫,今也通而淫。古也離而邪,今也洞而邪。古也窮而遁,今也達而遁。"

錢與謙髫時,從塾夜歸。家有客賞菊,揖之,客出對曰:"賞菊客歸,雙手摘殘彭澤景。"錢即應曰:"賣花人過,一肩挑盡洛陽春。"

莫廷韓過袁履善齋頭,適村人獻枇杷果,誤寫作"琵琶"字,相與大笑。屠赤水續至,莫避去。屠偶謂有莫君不可得見也,袁曰:"正在此。"因出見,而笑容尚在面。令君以爲問,袁道其故,令君曰:"琵琶不是此枇杷。"袁曰:"只爲當年識字差。"莫即曰:"若使琵琶能結果,滿城簫管盡開花。"令君再三賞譽,遂定莫逆交。

屠赤水與莫廷韓一日遊顧園,赤水觸口吟曰:"檐下蜘蛛,一腔絲意。"莫應聲曰:"庭前蚯蚓,滿肚泥心。"

國初上海全思誠與徽郡鮑恂、無錫余詮,并爲有司舉高逸,皆年七十餘矣。詔見賜坐,命爲文華殿大學士,皆不就。上曰:"以卿等高德,煩輔導太子耳。免卿等早朝,從容侍對,庶不負所學,何辭焉?"思誠等固辭,乃放歸田。廖學士道南贊曰:"粤自商山,茹芝冥鴻,寥落上下,千載數人而已。"

陸以寧語董玄宰云:"今日生前畫靠官,他日身後官靠畫。"

沈孺休感梁溪鄒學憲之恵,楚中攜祝京兆卷屬眉公跋尾贈之,題曰"此貧士報恩珠也"云云。題竟,戲語孺休曰:"卷入鄒先生,如馬入天閑,君得無有樂天放輅之嘆否?"一笑。

周北野名佩,以郎中致仕。其父輿字廷參,解元登第,爲翰林編修。兩世貴顯,家居北郭,有田不及數頃,室廬荒敝,惟杜門不與外事。父子皆能詩,今所傳有《周氏世鳴集》。

東江居家時,不甚與士大夫來往,雖同年如宋大參愷、張掌科宏至,亦不數相見。獨喜與顧味苓曦、戚龍淵韶、張一桂冕諸布衣遊處,而與顧尤厚。顧是一老儒,善詩,然東江于士夫中獨重周北野,而未嘗汎然交與。其所常會飲者,則有張鴻臚東園,乃莊簡公任子,劉南村名爲劉彈琴者,陳約庵以舉人官至州守,諸人皆薄宦,清貧無勢位者。蓋東江之所重,在此不在彼也。逆瑾竊柄時,朝士多屈意與交,惟東江抗不爲禮。鄉人張文冕用事,附和者皆美官,公絶不與通。有言公肯枉一刺,即高位可致,公叱曰:"吾足可輕動乎? 且我但知做官而已,遑恤其他。"東江少時從張友蘭學,後受經義于任孝友先生。當童幼時,二公即識拔愛重之。後東江貴顯,作祠堂于超果寺,歲時奉祀,可謂篤于故舊之誼矣。東江《館試初夏作》云:"金獸香殘晝漏遲,嫩槐亭院午風微。蜜房分子蜂初静,珠閣垂簾燕自歸。小碾試茶新瀹鼎,輕刀裁葛已成衣。故園遥憶三江外,梅豆青青笋過扉。"

陸文裕在翰林時,充經筵日講官。一日講罷,面奏曰:"今日講章非臣原撰,乃經閣臣改纂者。陛下有堯舜之資,當令諸臣各陳所見,則聖德日新,庶無壅蔽之患。"時桂見山當國,惡之,謫延平同知。

范長白年老得子,眉公作詩賀之。中一聯云:"良友驟聞開口笑,好兒定許踏肩來。"

孫文簡言若不出口。在南京主試時,何元朗在場中不第,後相遇于南都,文簡語何曰:"主司在場,屋中欲求得佳士,甚于士子之求主司,但一時不能知,無可奈何。"

徐存翁《咏蟬》云:"餐風吸露爾何求,嘹亮高枝未肯休。怪得幽人在空谷,可無一語報清秋。"

孫毅齋由中允陞南學士,世宗嘗顧近侍曰:"何久不見稀髩中允?"

徐獻忠字伯臣,號長谷。公博學才高,日讀書盈寸,爲文深厚典據,大類子長,間雜《東京》。所論詩,五言重魏晉,七言止取高岑而止,律止于大歷,而自爲詩,沉鬱秀采,出入諸名家。尤長于賦,如《布賦》一篇,憫念松人愁苦,能令循吏讀之酸鼻。生平無他嗜好,惟著書自娱,有《金石文》《樂府原》《吴興掌故集》《唐詩品》《水品》《四明半政録》《洪範或問》《春秋紀傳録》《大易心印》《四書本義》,及《分節參同契》《大地圖衍義》《山房九笈》《三江水利攷》。由鄉舉授奉化令。以節義自持，厭松俗侈靡，卜居雪川。郡侯袁汝是重公學行，每嘆峰泖佳麗，不能容徐公高德爲恨云。

陳眉公八十，王季重贈以對聯："帝欲見公公不見，蒙來求我我何求。"王季重《哭眉公》詩云："客自雲間至，眉公訃已真。少微驚入地，南斗更何人？妙月靈珠在，蒼葭字鐵新。連聞老友盡，每涕必沾巾。"

璩元與能詩，起家以搜套爲業。偶與一友争論，遂相罵詈，璩訴之張王屋曰："你何等樣出身，乃敢欺不佞？"王屋笑曰："此人必是賣草鞋者。"相傳爲笑。

陸平泉九十時，嘗自推詳本命，書之于卷云："己巳年干，辛未日主，月在丁卯，時屬丙申。辛乃陰金，丙丁壯火，兩干壯火夾一柔金，應主身弱論。所喜未日申時，未申兩支屬西南坤方，坤土生金，坤厚載物，雖云金弱火强，而金得土生，弱逢生旺。但丙丁二干夾一辛金日主，又當二月，月建在卯，木又生火，日主是弱。又兩干官煞太旺，夾一日主柔干，如身弱不能負重擔，故一生多火病，前後在仕途皆難進易退，畏怯不前。今運行戊午，歲干戊戌，戊爲陽土，戌類火屬，命安午宫，故多火病，内熱煩躁，心神不寧。八十運行戊午，(偏印)己巳，(七煞)丁卯，(日主)辛未，(正官)丙申。"

王弇州敍平生操觚而與交者，自前後五子外復得四十人，爲四十咏。首皇甫子循，次即莫子良方伯。《咏方伯》曰："俯仰子墨林，所睹無長者。莫公豈不文，宛若田父社。有抱不自璧，雖完詎爲瓦。飢來玩清泌，衡門亦瀟灑。時藻汰欲空，居然餘大雅。"此詩未盡公之百一，然公之文行皭然名流，亦自可見。

莫方伯八歲時即工于對。時因作樂，客命試之曰："擊鼓點成紅芍藥。"公即應曰："拈針繡出白荼靡。"

# 卷　二

嘉靖甲寅，倭寇雲間，董傳策以比部郎請急歸，携妻小泛舟避寇于泖涇。途遇寇，相去僅二、三丈，公倉皇欲赴水死，其從止之。倭熟視良久未動，忽少林僧追寇，公得脱。未幾入朝，上疏論嚴嵩杖闕下，上怒欲刑之，忽地震而止，遂戍粤西。公抵粤西，過曹溪，登塔，從一友四僧四僕。忽雷震塔中，烟火充斥，莫知所措。良久得出，則僧僕八人皆被擊死，惟公與友得全。公精五星，常謂人曰："我刑囚夾命宫，數當刑死，然遇三大難而得脱，則異數哉！"其後公以居家横戾，爲家奴郭道士所弑，蓋萬曆己卯五月初八也。先是公在泖涇遇倭寇時，有被倭掠去者還言："董公傍舟有旌旄，兵仗衆列，故不敢逼。"公常自誇以爲有神護。及被難前數日，見平日所撻死奴婢盡與索命，始夢城隍神謁見如下司禮，公南面受之。已忽神起，使二鬼以網羅之，乃遂被害。是夕有大星殞于其舍焉。嗚呼！公未喪德則神護之，公既失德則神殛之，信乎禍福無常，惟德是視也。公死後，有人死而復甦者，見公在地下，方白衣對獄，冥官責之，謂其酷暴自取殺身。然平生有二善，一劾大奸，一用金足色，故不致淪墮。公之被弑也，徐文貞欲隱其事，以他故置奴于法，庶可邀卹典。兩弟不從，討賊正法，直節如公，因此竟不蒙卹典云。公論劾分宜，廷杖下獄，瀕死飢渴，衆不敢進飲食，忽一人上呼董爺，擲饅頭四枚，尚熱，食之幸不死。後訪其人不得，此豈有天意耶！

徐文貞應試，夢着襴衫講《大學之道》章。既醒，曰："此下第入太學光景也。"是年捷南宫，入翰苑，後躋首揆。值穆廟初御經筵，文貞進講正《大學之道》一節。上聽罷，亟稱曰："還是這老秀才好。"則襴衫之夢亦巧矣。

徐叔明最厭山人，曰："山人當巖居穴處，而奈何日置足朱門也？漢時授侯者，皆遥授不之國，今諸山人亦當稱'遥授山人'。吾無計其詩詞工拙，即揭其目，但有簡某翰林、某給事等類者，吾不欲觀之矣。"有郡守謂馮元成曰："子知吴下三厭耶？如山人詩卷，與士夫干請之書、僧徒募緣之册是也。"一座絶倒。

馮元成曰："余居鄉日，見有建水陸齋壇浮屠治喪者，心竊非之。謂人生罪過，寧可以嗚梵誦偈釋，此至愚人所爲，非士君子所當循。有盛生者，合掌語曰：'公何毁佛?'余曰:‘余最信佛,若乃毁佛耳!釋氏之教,明心見性,而心性茫昧,觸爲罪過,乃以一飯一果一經一偈而求解脱,則心性可無明也。且爲惡一世,而能取贖于一兩日之齋,人亦何憚而不爲惡哉!是釋教爲人開惡門,非爲人導善路也。此豈瞿曇旨耶?'生以爲然。”

蝦子和尚名智儼,居静安寺。七月十五日村郭設會,寺僧赴請殆盡,惟儼在寺。有胥村人來寺齋僧,請同舟往。見捕蝦者,儼買一斗,索水噉之無遺。謂漁者曰:“齋回還汝錢。”至齋所無襯錢。還,漁者索錢,曰:“無錢還吾蝦。”儼徐云:“還汝。”乃仍索水飲,隨吐出活蝦,色紅無鬚,盈斗還之,人以爲異,名蝦子和尚。將示寂,斂蒲草爲萬餘繩,懸諸廊廡,即坐化。人競以錢懸繩,繩皆滿,遂以建佛閣,故静安寺有蝦子道場。寺前有湧泉,晝夜不息。泉外丈許有湖,湖中常出紅蝦,今尚有見之者。

原真字用藏,姓朱氏,上海人也。得度華亭興聖寺,戒行高潔。洪武乙丑微疾,索浴,書偈曰:“四十二年,無作無修。有生有滅,大海一漚。真歸無歸,心空浄遊。”

上海高昌鄉福田庵頭陀,蜀人也。七歲流入吴中,因卓錫福田庵。常遇異人,得其術,能吞碗,雖大雪,其所止處獨無。不祝髮,惟短髮蒙頭,故稱爲頭陀。不循戒律,每晨夕飲酒食肉,恣其飲啖,須臾酒傾一斗,肉可幾斤,人以爲異。能前知,王侍御圻舉甲子,未報前數日,每呼城隍土地可往賀,人謂其顛而不信,未幾而報捷者果至,後無疾而逝。既荼毘,惟心不化,其質堅,其色白。

朱癡者,上海高橋鎮人。佯狂乞食,手持竹竿,掛一蒲包,腰間亦以蒲纏束,冬夏蓬跣,卧亂草中,終歲不易,而略無垢穢之氣。市人與之食,多棄而勿顧,若欣然就食,食而歌,則其家必有所獲。病者得其蒲草,煎湯服之,立愈。久旱,或見其弄水,即有雨來。然性好駡人,語言齟齬而時有奇驗,四方聞者,争就視與之語,或應或不應,莫能測其意也。在鎮多年,一旦而去,不知所之。

新場陳守真,年七十五矣,尚童身,事母極孝,朝夕必拜。歲種棉花止畝許,而所獲倍于他人,藉此養母,所自食者粗糲也。每鋤田,恐損傷蟲蟻,則高擊木魚以祝其他[徙](徒)。花熟時,有人盗之者,恍惚若陳在焉。後竟無疾而坐化,時年九十。同時有張姓者,萬曆甲寅,百有三歲矣,善飯而步履矍鑠,每見守真,以孩子呼之。

陳常字用恆,世業儒,傳外氏邵艾庵醫業,即有名。永樂丙申,遣使下西洋,常以醫士從,洪熙、宣德間凡三往。常言海中行,以六十里爲一更,往過一千六百更爲萬餘里。所歷藩國,自占城至忽魯謨所凡三十國。爲人恭勤願慤,上官皆器重之。子孫能世其醫。

徐樞字叔拱，初家居華亭，後徙于龍華里。其先遇異人，授以《扁鵲神鏡經》，遂有所悟。父號神翁，樞少傳其術。洪武末，召爲太醫院御醫，累奏奇績，宣宗賦詩贈之。其子彪亦以醫名。景皇帝常問藥性，以人性善惡對；問攝生，以《素問》固元氣對。前後所著，有《脈訣辨明》《本草辨明》，行于世。

曹介人述江陵相公鈐束台省，台省不敢揚眉吐舌，絶無一人輕言説者，士人因編一謔語云："江陵謂選郎科道最難得人，即如孔門四科，未必人人可用。文選曰：'德行如回何如？'張公曰：'回也于吾言，無所不説（借《讀言説》之説），未可用也。''文學如商何如？'張公曰：'商也入聞聖道而説，出見紛華而説，未可用也。''政事如求何如？'張公曰：'非不説子之道，未可用也。''然則政事如由，但恐其好勇耳。'張公曰：'子見南子，子路不説。儘可用，儘可用。'選郎唯唯而退。"此雅謔可當台省韋弦否？

華亭五色泉，去松治西南數百步，相傳五色泉士子見之輒得高第。今其地無泉，止有八角井，云是海眼，禱雨時以魚負鐵符下其中，後漁人得之白龍潭。井水甘而冽，不下泉水，所謂五色泉者當是此，非别有泉也？

天地之大德曰生，世人之大罪曰殺。凡殺者大都殺仇殺罪，若乃禽獸于人，無罪而被刑，無仇而見戮，其爲惡不更甚哉！雲間一貴介，得一重疾，命僧禳之，僧夜夢神告曰："彼殺生過多。不能禳矣。"僧以語貴，貴曰："然，吾故合眼遂見家禽野獸，盈室滿庭也。當時止爲快口，誰知墮此大惡孽耶！"

華亭何訒庵之僕楊姓者，以宰犬爲業。一日得一肥犬，謂其妻曰："我且飯，汝燒湯，待飯畢宰之。"忽其犬推却釜蓋坐釜中，而楊姓者竟以屠刀自刺其喉而死，此蓋犬魂所附也。訒庵平日嗜犬，從此遂絶不食。

昔人謂非義之財不是真實，水火占其一，盜賊占其一，公家占其一，浪子占其一，五家有分，奈何獨以一身受罪？不若亟濟貧乏，以保家全命。雲間貴介有積財萬計者，或以積而能散，勸之不爲聽。馮文所曰："彼何常種得此福，而若乃諄諄耶？"凡物貨財聚則爲禍，散則爲福。

馮元成曰："余往黔中得一鸚鵡，性甚慧，效人語言，稱余公相。時余不携室，僅從一姬，諸婢媚之，令呼夫人，鸚鵡如所呼。姬甚喜，畜于雕籠親飼焉。偶余入内，聞其呼，曰：'此如君也，豈夫人哉！'鵡即隨稱如君。婢百引之，卒不稱夫人。姬乃恚，從余益陽道中，置之庭不與食。遭大雪，寒餓竟斃。余嘆曰：'直如弦，死道邊，鳥亦然哉！'葬之益陽官舍，爲《弔鸚鵡文》。繼自思曰：'余方視學政，豈可以文爲戲？'乃毁其稿。近見華亭范機作《鸚鵡塚志》，遒媚有思，不覺技癢，欲尋繹前文。

侍妾朱招余膳,見余閉目苦思,詰其故。余告之,朱笑曰:‘君子志其遠者大者,如椽不律可小用哉!’余頷之,以爲男子見不及婦人。出語汝照,汝照嘆曰:‘嗟乎!鸜鵒之困于二姬也。始不得一食,繼不得一文,豈所謂“蛾眉妒殺雪衣娘”哉!’一座絶倒。”

周保年三十餘未有子,一夜夢神授十八味藥方。既寤,知即五積散,曰:“是殆誘予施人也。”遂施藥酒三十石。雖異疾皆愈,酒盡復繼。後多男子,壽考令終。

至正丙戌中,下沙場有豪姓,動以危禍中人。有佃户行商,爲人所負,囑豪報之。豪因呼場吏誣以隱藏逃竈,吏不從,遣爪牙往迫,吏不得已許來日從事。是日忽二龍降豪家,窗户自相奮擊,攝一舟壓折豪左股。凡龍所過,良家纖毫無所犯,惟平日之强梁者多不免焉。

張賜字安仁,至正間常渡海覆舟,憑一篙浮没五晝夜,遇救不死。後有二孫:一曰衡,中永樂間進士。一曰覲,中宣德鄉科。今有《全生家慶譜》,劉定之、鄭朝輔撰文紀其事。

李文忠居貧力穡,平生一介不敢妄取。一日入城,得遺金三兩于厠中,自念“我得此固善,彼失者當何如?”遂留宿以待。頃之一人號呼至,曰:“吾父逋租繫于官,吾賣子以贖,適登厠而失。”文忠舉以還,其人請謝以半,亦不受。文忠挈舟還過唐行,舟膠入水,于足下又獲銀一錠,衡之乃倍于厠上者。

浦澤者,嘗與尚書張電同學于陸文裕公,後善書不遇,然官司强召之書,則堅持不往。平日好酒不睡,終身不娶。貴人争欲召致之,而未嘗干貴人。家徒壁立,而偶有得即布散不留,人争呼爲“小癡”。

百歲翁計信,無子有二女。年九十九,府縣公俱召而禮之,因表其廬曰“上壽”。

有僧光明者,嘗見人畜兩頭龜,異之。因買放于浦,隨圖而梓之,以因果之説勸世。

彭家渡西有一民,從其隣乞醬,以不滿欲爲恨。歸途見一死虺,取而復往,潛置之醬缸中。隣以六月六日作餛飩,以醬拌餡,煮之,湯既沸而不浮。更益火,如故。正疑駭間,忽晴天雲起,震雷一聲,見前乞醬者徑至醬所,手握虺以跪,死門外。其家始悟,亟取鑊中所煮者棄之。噫,孰謂天道不昭然者哉!

陳村有趙二者,仇其異母弟,欲殺之,懸樹上杖數百不死。弟號曰:“先醉我一杯酒,以大杖杖我,得速死爲幸。”趙如其言。方持杖向之,青天忽雷震,趙隨仆地而死,弟獲生。

盛鐵,洋涇里人也。有友人妻寡而貧,來依之,鐵收卹甚至。久而婦有狎意,鐵正氣拒之,以禮遣去。後鐵被倭逐,墮于黄浦,浮流經日,遇漁舟救免,人以爲不淫之報。

吴淞江由嘉定入于海,江口淤塞百年,民受其害。吉水龍遵敍,以御史左遷嘉定令之任,嘆曰:"事孰有甚于此者!"即日親涖其所,召父老講求水利,且多設施賚。踰月盡疏通之,復開支河多許,以餘利及旁縣,民號曰"御史河"。有役夫掘得一石碑,長尺餘,上有刻曰:"得一龍,河水通。"然則龍君之開河,亦有數耶! 後朝廷旌擢其官。

二十一保富人,占隣地造屋三間,被占者力不敵,只日夕焚香拜神而已。萬曆二年八月十二日,忽大風雨雷震,移屋于水中,占地遂空。

沈杏泉世業醫,尤精外科,有神術,世奉吕純陽畫像。一鄉人患背疽幾危,詣沈求治,途遇道人,授以丸藥曰:"汝亟持歸,服之可愈,我即縣前沈氏也。"數日後走謝,見壁間懸像,曰:"此正授藥者。"而沈益加敬。正德癸酉,杏泉子雲應試南畿,夢純陽曰:"十年賣藥陰功厚,一日登天雲影高。"遂領鄉薦。

萬曆庚子七月,川沙海洋中獲倭船一隻,有倭人四十九人,婦五人,其一乃女也,年甫十五、六。譯知爲琉球邑令女,以燒香娘娘山,爲颶風飄至。時郡守許維新,安置于織造局而飲食之。其女名阿梅,貌白皙。其四婦,一爲邑令妾,三爲婢。妾與婢裳用二幅,女六幅,以别嫁與未嫁。留數月,值琉球貢使至,許公遣人送至廣東,乘便帆歸故土。

郡吏有潘奎者,爲吏時,值太守馭下甚嚴厲,吏或啓口,無論當否即加責,人多畏之,無敢言者。縣有豪,殘暴甚,每箠楚臧獲,無完膚,甚至殞命。逃則誣以强盜,廣賂勾攝,冤殺無算。總前後所訟奴有四十餘,俱陷大辟。而豪與潘隔河而居,知其冤最多甚悉,恨未得當以白。會審銀,守召諸奴鞫訊,皆誣服無辨。既出,潘趨至守前伏地,請先受杖而後白冤,守見悃誠,亦爲霽顔以聽。潘乃述豪不法,出一簿,籍諸奴得罪事故及日月甚明,遂入潘言。復召奴訊之,果如潘言,悉放歸家,捕豪下獄。居歲餘,潘生子之夕,守夢諸神騎乘鼓吹送一兒至吏舍中,守覺而念曰:"此必潘奎家也。"月給擔米周之,所生子即恭定公恩。

馮元敏云:"樹果陽火所結,水族陰火所成,故晨食生果則致癰疾,夜食魚鱠則致腹疾。魚體象火之焰,多食魚未有不内熱者。故古人云'河魚腹疾'。凡泉不流者飲之成痞,急流者飲之成癭。"

張處士倫,宣德中同馬同知解税糧十萬斛赴徐州監收。中貴以倉庾既盈,拒而弗納,同知進退徬皇,計無所出。倫乃儒服入見曰:"人謂平江伯無善謀,果然。今統十萬人治河打淺,淺終不通。若以十萬人築城浚池,擴倉廒以接南運,待水發,旋運北入京庾,未爲不可。倘以十萬糧委之草莽,設遇兵變,將以資敵。”中貴驚其言,開倉貯之,得以竣其事。

吾松倭亂時,有新場盛太學濟時,募兵二百,皆海上販鹽精悍之人,號盛家兵。有家人盛廉者,亦果敢善戰。又有所募卒名郡辣胡,每飲酒,傾一石即赴敵,常單騎入倭陣,殺三酋而歸,斬獲一時頗多。後濟時録功宜爵百户,辭。以太學資選北城兵馬司,轉山東青州府判致仕。

上海健訟,視華、青尤甚。而海、蔡後益横,凡民間睚眦之仇,必誣告人命,遂有賒人命之説。蓋告時未有尸骸,待詞已准,然後或撩諸水,或竊諸壇,或盗諸槨,冒認親戚,動費檢驗,徑不結案,坐累傾家者甚衆。此風皆係訟師沈姓者啓之,其後遂成通患,凡當事者最宜痛革。

顧可大去縣四、五里而居。當倭亂時,驅數婦而前,計欲脱之,故持鋤舞弄。倭去婦而即可大,數婦遂得逸,而可大與一年少則被執矣。可大謂倭:“此年少有母,我亦有妻子,幸見舍。”作哀狀,倭皆憫而釋之。可大即國縉之父,後贈比部主事。

陸析忤于里人,時伊子明揚,髮甫覆額就童試,主司奇之,里人側目,錮以沉寃下獄,數年一編不輟。適屠赤水令青浦,忽二陸先生入夢,若有求于屠者。厥明,陸析父子纍囚而前,屠鞫其事異之,面試明揚,立就,大爲器賞,寃隨得白。後補諸生。入閩,謁屠先生,屠贈詩一律曰:“寶劍豐城合有神,斗間望氣自嶙峋。萬言不獨生前事,六尺猶存難後身。但自深心遊竹素,何妨矯首出風塵。白雲千里趨庭日,好訪名山向七閩。”癸卯中應天鄉試,屠客閩,復緘詩志喜曰:“聞道仙郎桂櫂回,呼童連進客中杯。雲間終躍雙龍劍,吴下原稱八斗才。金粟香生蟾窟冷,玉珂聲動馬蹄催。布衣身貴緣詞賦,簪筆初從絳闕隈。”時族黨交慶,里人亦與稱觴而趨蹌恐後矣。

宣德戊申四月九日,御製《醉太平》,賜翰林學士沈度:“三春暮,久晴一雨動歡聲。如膏潤物總敷榮,動吾民喜慶。秀添麥隴苗新盛,紅垂柳檻花交映。緑舒荷沼葉初生,盡道是豐年好景。”其二:“濃雲散,雨收花苑内鳴鳩。曉來喜見日光浮,暖融融永晝。麥苗潤澤添清秀,榴花濕映紅光溜。農夫鼓舞盡歌謳,是處處豐年醉酒。”又賜畫,所圖爲龍眼,色黄;爲鸜鵒二,色朱。御款十一字:“宣德二年御筆賜學士沈度。”御篆曰“雍熙世人”。爾時正偃武修文之日,萬幾之暇,留神翰墨。猗歟休哉!可想見雍熙盛世矣。

宣德戊申五月望日,御製《睡起》詩,賜右庶子沈粲:“真珠簾外薰風起,青瑣窗前午夢醒。寶鼎散烟香細細,石泉落澗響泠泠。閑看古畫消長日,旋煮新茶解宿醒。頓覺襟懷清似水,數聯吟罷不勝情。"學士兄弟並膺殊眷。由今想之,真是明良盛際。

喬味湖迨善秦越人之術。時值疫,公常夢八人,其一冠有微傷者謂曰:"盍儲池中萍?是可療疫。"後至一家,視所懸《八仙圖》,則吕仙冠略損。因怪之,如所夢儲萍。無何疫癘大起,每劑投萍少許,病者無不立癒。

華錦受胡梅林命,爲徐海諜事甚悉。當是時,有贊畫周述學爲胡公謀,遣間使説徐海歸順,而華錦往陰結其兩侍女,令説海。後海尋悔中變,欲殺錦,而錦以談笑利辯得脱,竟擒海云。

上海邑西南太平橋,去縣二十里而遥。居人曹望雲有女許字邑諸生朱宜完之子,萬曆辛丑卜日成婚。迓者入門,女見婦人數輩皆帕首,不睹顔色,心甚怪之,意不欲行。勉强登輿,舟至百步橋,女儐頗艾,衆群而狎之,舟側而覆,盡溺死焉。橋滸故有廟,先是有人言夢入廟中,若見有官司聽訟者,即詢其事。一人云:"訊姚婆事耳。"即女儐也。時禮人孔傳山見一人來呼,邑中某家明日早親,偕至中途不往,故得免于龍華之厄。因孔有孝行,人稱"孔孝子"云。

癸丑夏有武弁張,出海爲風飄去。見一大石門,即避風于中,有山有田,鶴高丈許,闃無人烟。張登山,見蘭花盛開,摘之即縮地中,隨采其葉,斷處有血,嗅之有腥氣焉。

青浦有陳玉崖者,字大年。善岐黄術,尤好讀書史。寄情詩酒,其《燕巢》詩云:"傍社經營鎮日忙,雕梁深處託行藏。銜分烟雨來芹徑,污點琹書近竹牀。纖草偶存春緑意,新泥猶帶落紅香。年年看爾携雛去,栖盡人間王謝堂。"時稱爲"陳燕巢"云。

上海顧太學家工針繡,《八駿圖》雖子昂用筆不能辨,亦當代一絶。董玄宰每勸太學令多繡大士像,以助生天作佛之因,正如繡鐵面説法耳。

張莊簡公少時遊嘉禾,有生甚傲,與公論文不合,遽起云:"汝松人,惡知文?"而妄矜如此。及公視學時,此生猶在庠也。公手其卷曰:"吾意子殊異,今平平爾,何傲睨若是?"生即叩頭乞罪,公曰:"吾偶憶前事,豈有校也!"置之次等。仍以卷示諸生,衆皆服。

顧東江嘗咏《初夏》詩,末句云:"故園遥憶三江外,梅豆青青笋過扉。"李文正讀之曰:"他日必恬退士。"與同年毛澄、羅欽順、汪俊相砥礪,稱四賢。五十三歲脱齒,連去其五,作《諭齒》詩曰:"山石有時頹,天星有時砌。矧吾露電姿,而汝復余寄。

絶肱斯壯夫，戀棧非良驥。揮手謝羅千，勇决真我契。”家有雙鶴，飛去止給諫張宏至墅。旬餘，公誕辰，給諫籠還之，作《歸鶴詞》。嘗晨寢夢虎入門，既醒方語家人。是日忽有虎趨府，太守喻子乾使卒斃之，取其肉以餽，作《除暴行》。感濟農倉周文襄時常積穀二十萬石，至是不盈千擔，作《松江歌送吴宿威太守》，備盡民瘼，見者酸鼻。

瑁湖侯氏有皂角一株，幹拂雲霄，蔭地數畝，蔚然如百間屋。東江聞之，買舟携酒，與其主共賞，爲記爲詩，一時稱勝事云。

莫廷韓《寒夜讀書記》曰：“良宵燕坐，篝燈煮茗，萬籟俱寂，疏鐘時聞。當此情景，對簡編而忘疲，撤衾枕而不御，一樂也。至如風雨蔽途，掩關却埽，絶人往還，圖書滿前，隨興抽檢，潺湲在耳，檐花拂硯。如此幽寂，二樂也。又若空林歲晏，微霰密雪，枯條振風，寒禽號野，一室擁爐，茗香酒熟，陳編諷誦，宛對良友。顧此景象，三樂也。”

李自華，吾松人，寄嘉善籍。嘉靖乙丑進士，廷試第二。家貧，其父傭工。數歲時，其父貸族人錢無償，被拘鎖，踰兩日而歸。乃責華曰：“汝何不讀書，爲我吐氣？”時華正把釣江干，父即出一對云：“下釣守鰲何日得？”華應聲曰：“揚鞭策馬即時行。”後顯達榮歸。族人郊迎，設燕請罪，父指其屋柱云：“此即我拘繫處也。”族人聞之，愧心赤面，惶恐憂懼，不久而卒。

成祖遷都北平，其宫殿碑牌名額，皆吾松朱孔暘手書。孔暘工署書，兼善畫。其子暉亦能書，官中書舍人。

沈泓母宋氏與母書云：“女奉親命，使歸于沈良人，修德以刑家，饁耕相敬，白首静好，是所願也。昊天不弔，奪其所天，傫然嫠婦，命之哀也，夫又何尤？藐諸遺孤，呱呱五月，冀其有立，繼詩禮而奉烝嘗，良人不死矣。日有媒氏，儼然來臨，愕且愧焉。夫臣之事君，二心者謂之賊；婦之從夫，二天者謂之淫。中流柏舟，南山磐石，亦已徵之顔色，告之話言矣。而舅氏未察，鷄鳴而出，或者哀其無依也，來謀諸父乎？母也天只，明告以志，若舅姑父母，合志同願，惟有蹈海而死耳。一身而事二人，九原可作，慚于心，泚于顙，女弗爲也。”讀之，書詞凜然，肅肅有冰霜之氣。泓于崇禎癸未登甲榜，建節母坊于西關外。當乙酉兵燹之後，牌坊毁廢者十之七、八，而是坊獨巋然魯靈光也，殆有天意焉。

宋霞峰堯明，中嘉靖甲子鄉試。有同年令仙遊，託之祈夢九鯉仙，已而報曰：“入廟時有人手授一紙，青書云：‘風送桂花香十里。’”宋知非甲科之兆。後謁選得縣令，坐事謫戍開原。公署有小亭，春帖失其右矣，左乃夢中句也，前定如此。

徐文貞公林居遘難，鄉民踵門詬詈。公曰："聽之。譬如犬囓人，人可囓犬耶？"因口占一絶云："昔年天子每稱卿，今日煩君罵姓名。呼馬呼牛俱是幻，黄花白酒且陶情。"真相度也。

朱太尊溱庵，清正不趨炎。董幼海謫戍家居，公時常候問。徐文貞秉國政，家奴有犯必懲，文貞公欲黜之。會大計，幼海起考功，而太宰將以不謹處朱，幼海大不平。知文貞意，即往謁徐，具道朱公當留。徐曰："此守有何好處？"董曰："無論其他，即其加厚門生，不畏老師，占其人品矣。"文貞從之，遂得留用。

沈東老爲江南巡道，巡江北。將至全椒三里，有訴狀者，公默識之。至院隨入，問："何處人？"曰："全椒。""何事？"曰："有冤。""何名？"曰："小羊。""有牒乎？"曰："無有。"公叱之，忽不見，索之不獲。因訪十年前有顧景祥者，爲弟所害，悟景下爲小，祥半爲羊，乃正其罪。

徐山泉名充初，讀書超果寺。晝寢，忽一人跪告曰："小人山西太原人，名毛班，求一葬枯骨。"且云："必有以報。"旦日遍訪不得。偶至西廡，見一屍棺，以燈視之，果太原毛班之柩，徐因作壙瘞之。今其墓在禪堂下。嘉靖壬子徐入場，見有一燈引道，至三場，問爲誰，曰："某毛班也。"忽不見。是科果領鄉薦。

萬曆丁未九月，海塘有二虎傷三人，逐至浙界而返。嘉靖壬子，有虎浮海傷人。正德己巳，北山有虎恣噬。崇禎壬申夏月，有虎在亭林鎮，但主念害之者，即攫而噬之，時稱爲神虎。

金鸞、金鳳孤貧力學，以詿誤繫獄，迫除矣。高頤元爲孝廉，憫之，貽書當道釋之。旦日，京兆張黼投詩頤元，末云："試看鸞鳳事，纔見狀元高。"

庠生丁文顯，萬曆丙午母顧氏有危疾，丁禱于郡神，自夕達旦。夢神告曰："汝母病不起矣，念汝孝，當爲汝寬解前生事。"母果卒，丁悲恨前生不知何事罪狀。忽一日，語父及弟曰："吾前生袁州二府也，堂尊與郡倅有隙，中傷之于直指。我知其枉，制于堂尊，不與伸雪，以此忿怒暴卒，訟之冥司。今堂尊已拘到，待我作證。城隍神有申文，臘月念四斷結，至廿三櫛沐整衣云，倅在門，明日辰時逝矣。"

松人日講風水，有數年不葬親者，有將父母之棺遷徙不已者。李海樓嘗作《地師》一絶云："九千九百九十九，踏遍峰頭辨妍醜。丹山一穴在人心，寄語先生曾識否？"可破千古之[謎](迷)。

孫毅齋兄守齋，少穎悟，十一歲時，從人觀競渡。父雪岑公欲責之，曰："汝能作一詩，當貰汝。"守齋應聲曰："艾虎懸門日，龍舟競渡時。屈原遺恨在，千古起人思。"

松城西門外壽少江開藥材行，揚州有商，載生藥值三百餘金，留頓其家，未幾而死。其妻子至松索之,詭曰:"已清還矣。"壽自此饒裕。數年進香雲台山,道經維揚,見商揖讓,同行者不之見也,即病,至雲台而死。

吾松府學文廟,隆慶間重修,木工刻木偶人十數,皆白鬚儒服,置之兩廡梁間,厭士子七科不中。萬曆乙酉,除之始中。

世宗時,主事海瑞直言時政,上閱之,時喜時怒。批曰:"大臣不言而小臣言之,中國之人不言而海外之人言之,忠哉忠哉!"又批:"這畜有比干之心,朕非紂也。"留中久之,下閣票旨。華亭相擬謗毀君父,決不待時。傳旨下,常熟力争,改秋後處決,上從之。是年聖壽六十停刑,至冬日晏駕,海得免。

松郡理刑繼廉王公,審魏黨李實案云:審得邵景明、周宏璧、周雍,松江府子衿也,讀孔孟之書,四維全缺;厠衣冠之列,衆醜備揚。不安儒業之常,不守卧碑之禁。乘逆黨魏忠賢竊弄威福,羶附群邪,亦思以井底么麽,步趨後塵。據周宏璧粗知文義,富貴熱中;邵景明、周雍學究老儒,習爲無賴。忽于天啓六年十二月,謂"吾儕株守,發迹何日?喧傳魏瑺極其專擅,趙孟當今,倘得一通姓氏,便可唾手功名",于是轉計魏瑺之心腹在東南者,莫李實若。而李實之臭味,作鷹犬者莫西湖淫祠司香火諸瑺,若借茲穴竇,定可鑽營。因詡詡然自以爲得計,歃血盟于道院,鼓枻馳至武林。除夕之夜,捧旃檀一樹,及紅燭一對,計五十斤,上以泥金書對:"匡時碩輔,九天簡注帝王師,長春風色;定國真才,五彩絲綸員嶠客,出世神仙。"五鼓到祠,身着藍衫,跪門以待。少頃閽人啓鑰出,見其傴僂拳曲,且駭可憫,訊其所以。三劣各吐姓名籍貫,各致傾向葵誠,瑺聞果招之入。三劣頂香膝行而前,百拜叩首魏祠,轉而參謁小瑺,馳報李實。實果驚喜異常,遣瑺趙姓者飽以酒食,犒以金錢,許以鴻便,傳致逆瑺魏忠賢。而三劣不覺魂飛魄蕩,謂一場好事,從天降矣。歸而日夜轉思,求所以呈身不可得,因謂方今請旨造祠一事,爲貢諛第一策,效颦此件,可以進身,遂決計令周宏璧飛騎入都。景明揑近里薛世昌等有請立生祠以昭崇祀一疏,内稱"四佐難三","六臣未五","重開日月","際會風雲"等語,以逆瑺遭逢遇主,爲政得君,故形容不啻出口,而中突入"雖伊周難爲比例,堯舜可與重光"二語,即此參詳。罪已在並祠孔廟之陸萬齡,請錫禮樂之某人上矣,而况拓基址則曰八十一畝,取九九以成陽象;葺宇舍則曰前殿後殿,借名號以類宸居。祝彼岡陵,則動以億萬斯年爲壽;正其穴位,則每以中央繼離爲詞。口口上公,尤爲舉世囈語;聲聲爺魏,豈係芹泮斯文?是可忍也,孰不可忍!亂臣賊子,人人得而誅之。咆哮閭閈,毒螫士民,儼然自命魏瑺心膂。靈通呼吸,覆雨翻雲,人不但不敢攖其鋒,且不敢忤其意;不但不敢抗以聲,且不敢拒以色。而横行白龍潭一帶,曰"某房應拆","某塚應平","某産原係官物”,“某房應入官司”,“某田禾應掩滅”,“某樹木應採芟”,“某匠作應來服役”,“某商賈應來效勞”。瞬盼洵沫,便成風雷,而三劣于焉圖飽谿壑矣。今日所列猶不過十之二、三,而諸被害之切齒怨毒,泣訴盈庭,特其緒餘耳。尤可異者,呈揭開稱正殿基址,煩俟嘉禾秀實,以净土掩蓋其上,義取萬寶爲根,示凝瑞氣之意。一切登記之簿籍,文移之往來,俱用舖户大紅紙劄,以昭喜慶。逆璫方深居大内,烏知吮癰舐痔,行徑有在四千里外之三劣哉?亦可嗤而轉可悲矣。夫以小人之心思,俱人所不及經之心思;小人之作用,俱人所不及見之作用。雲間三劣怪物,合之陸萬齡,今爲四矣。萬齡已擬大辟,三劣豈得獨生?第念祠工伊始,未耗民財,恐嚇雖多,贓私未廣。據其癡狂萬狀,酷類癲犬失心,概置極刑,稍爲可憫。且近奉皇恩浩蕩,即崔魏遺孽,尚得烟瘴偷生,則姑開一面,似亦推廣皇恩之一道耳。周宏璧主張祠事,親詣都門;邵景明獨肆鴟張,斂贓果腹,引例負戈,斷不爲枉。周雍見獵喜心,奔羶逐臭,與假充糧里之周仲卿,被賂心迷。單三、蔡陞插科走空,張乘父子斫金忠墳樹,各杖無辭。其冒頂薛世昌之薛筆客、張振聲、張履祥、王安等各照提。

萬曆戊申五月霖雨,望夕大雷雨,鳳凰山之陽有佳城焉,乃君一太史張祖墓也。是夕,有龍從穴前裂石騰空而去,老檜盡偃,河水汹湧三日夜。君一有詩云:“何年幽壑閟靈踪,一夜轟雷起蟄龍。扳躡無階看直上,嶺岩有畔豈相容。台空鳳去巢阿閣,洞暖雲深護石封。翹首天門應咫尺,片時風雨是遭逢。”逾七年而君一公謝世,詩爲讖語非耶!

崇禎己巳六月初五,袁崇焕矯旨殺毛文龍。至庚午秋八月,上怒其擅殺,屢下明旨:“海内咸若發蒙,因而知錢相國龍錫悮信奸督以自悮也。”至十月初三,松郡忽傳緹騎之逮至姑蘇矣,逮時即傳“駕帖有若無主使之者,邊臣亦何能爲,亦何敢爲”之語,則罪有所歸,惟未經面訊,故踉蹌而北。乃十一月廿七,又奉旨云:“逆督謀欵擅殺,導虜流殃,神人共憤。乃錢龍錫實與同謀,先既面囑,後屢書訂,交結依倚,匿情長奸。至于面奏陰庇,尤屬狡欺,輔弼親臣,豈應至是?朕據事推情,參看逆督原疏屢供,併廷訊面鞫招情罪狀,無可爲飾。朕惜國體,何敢輕移成案?緩視封疆,廷議既明,會讞已確,着監候處决。”本年十二月又旨下,因龍錫男爾進有《微臣素性謹凜》一疏也。旨云:“逆督通謀斬帥,屢供事情甚明。這本説京中面商,皮島以前有書相及,其爲私行可知。入軍斬帥,疏語顯然,若非通謀,寧肯任受?且前後入對,終無一言,更加曲庇,匿情飾奏,是何肺腸,豈得牽引同官,希爲諉卸?逆督所供書札往返,酌量圖款,情節已悉。朕因私書干涉正多,不欲株連,姑勿窮追,何以輒稱無證?朕任輔弼,重惜國體,若稍有疑議,豈忍苛求?乃孽由己作,法無可私也。有旨了,不必瀆陳。"

松人捉獲妖人馬道人,一名希常,一名文元,浙之海寧人也。有賀龍生、陸鍾奇、李裔蕃首訶,被馬道人嚇稱,某處某時兵起,多得金錢可保性命,且有遁法。太守張宗衡審云:"參看得馬文元者,如鬼如蜮,假雲水以爲名,託堪輿以自葢,自署爲八府主名,衆推爲一佛出世,敗于浙而潛于松。若非早擒,則峰泖爲鄒滕之續矣。陸鍾奇以子衿惑其術,與之偕至,其准照尚須勘定。"未幾咸斃于獄,鍾奇倖免死。然鍾奇本司寇五代孫,坐馬道人一案而敗其家聲,惜哉!

楊方壺在燕京,有同宦之僕,爲狐所祟,其主慮妨僕命,以問方壺。方壺曰:"書云以桐油塗下體,則狐當畏避。"僕如指,狐果嘷詈曰:"誰爲此術絶予者?"乃扼其僕之項而去。又云:邱進士志充,子美少年,有狐與隣而樓居,絶奇慕之,倩冰月欲壻其子。邱始堅拒而卒不能却,不得已而許之婚,遂諧伉儷。其居常服食,豐腆異常,邱且忘之矣。忽夫人至,知兒壻狐,大駭詫焉,欲絶祟端。以烈火大砲擊毁其樓居,斃其狐女并大小狐于焚燄中,老狐竟得踉蹡奔竄而去,且切齒曰:"與爾會于鎮撫門下,當泄此仇也。"邱舉家自喜患已杜矣。及外補憲司,私取庫中大鏹,命僕入都營謀陞遷,忽有青衣男女四人,尾至東廠首之。而事上聞,邱逮訊。是年方壺與張允素屢言之,至秋有西市之慘。

青浦士人張元白,名邦瑩,屢蹶文場。丙申春,晨謁真武祠,晚夢黑氣成團,少頃化爲大龜,人立而言曰:"子問功名,吾且報子以年壽。"問之,則云"六六"。及科試卜之,龜兆平平,良久有聲,卜人以大吉告,獲首薦賓興。迨後丁未十二年逝矣。夫六六之數,解者但知其爲三十六驗耳,安知其止二六也,前定如此。

華亭一廩生,名王麟,于丙午元旦夢迎綵亭,大書其一名王麟,而二字一在上,一在下,相去懸甚。及南北試榜出,則王獻吉元于北,鄒之麟爲南元,夢亦善謔哉。

雲間西城有銀工許姓女,嫁一市井無賴,甘以其妻媚一徽商,而利其厚酧,婦佯爲順從。及夫設酒肴以娱奸,而婦潛以利剪刺其喉死。崐人陳洪宇以岐黄行于松,女嫁張,青衿也。夫病死,而婦亦絶粒,以頭觸棺而死。今兩烈婦并祠于縣庠東隅,額曰"張許奇節祠"。二婦一以貞死,一以情死,其爲節烈一也。

顧中孚號預齋,嘉靖丙戌進士,爲人仁厚古朴。一日徐文貞訪之,留文貞午飯。公言:"不佞每日以百文爲資,今日留公,老夫費十日資矣。且公享習盛饌,不耐此草蔬爲也。"兩公相笑而别。馮大受少年鄉薦時,乃父勑齋與公厚,命子往候。時預齋在書室牀褥間,令僮請馮君入,命少坐,俟老夫起談。已而撫其額曰:"咄咄馮生,自汝翁聚諸生講課,汝爲蒼頭,抱余一見,以爲穎異,日後必大就。今果遂第耶?幸不負爾翁矣。然慎無自足，男子當爲，不止此也。”一茶敍話，偶案有餅四枚，命之食，馮曰：“方飽餐而來，心領而已。”公以紙裹置其袖中，曰：“爾不食，可袖歸以貽尊堂。”馮君唯唯謝出。

府庠生王孫勳，乃姚岱芝中表兄弟也。萬曆甲午春，王夢岱芝硃卷圈點，編面書“詩一房梁有年”六字，而仕籍無其人。明年乙未，始見梁登會録改吉士，意其主浙闈，而姚爲所取士也，已出爲黄門。至癸卯，梁副考兩浙，姚得雋。述此夢，梁曰：“夢時予尚爲諸生也。”

萬曆乙酉冬，陸彦章會試。除夕夢至一處，天色開朗，一山高峻，山上人頭墜下，大如車輪，爲家人金唐所得。後唐文獻中鼎元，取大頭者唐也。

上海父子進士止三家，皆隔四十年而發者。王霽天順庚辰，子泰弘治己未；潘恩嘉靖癸未，子允端壬戌，允哲乙丑；喬木隆慶戊辰，子拱璧萬曆丁未。俱四十年相去不遠。

宋堯明中嘉靖甲子，爲安遠令。山中多魅，白日呼人姓名輒死。有馮完者，倚徐相公聲勢，與宋素逋相忤，受瘴癘卧寺中。宋恐中魅猝亡，呈上司捕令還鎖其項下，完氣絶。馮養子挾相國長君訟江西撫按，宋謫戍遼之鐵嶺衞。五年遷開原、廣寧，獲交李寧遠暨大將軍李如松、金吾如禎伯仲，日登毉巫嘯咏。後從出塞，攝官承乏，釋伍歸山，竟生還矣。

苦吟先生者，姓黄名希度，字叔也，别號瑞河。世居干將山之陽，代有隱德。至先生生有異稟，清修雅素，不染一滓一塵，蓋庶幾所稱涅而不緇者。甫齊眉即有鼓盆之變，先生曰：“吾可以無妻也。”或曰：“不娶其無後乎?”先生曰：“吾可以無後也。”乃棄去舉子業，爲千秋計，雖四壁蕭然，而日誦《騷》《選》子史，及機、雲、陶、謝、李、杜諸集。若曰：“吾得與諸君同臭味，則一生願意已足，即窮約没齒無憾矣。”于是鋭意攻近體諸詩。凡朋儔之燕集、送贈、登眺、遊覽，以及于四時之蟲魚、草木、鳥獸，一有感觸，即搦管成詩，詩必求其工而後已。蓋先生之志，直欲一洗玉台、西崑之習氣，而力追開元、大歷之雄風。稍不合矩矱，則殫精竭思，每至廢寢忘櫛沐，即旦暮亦不知也。于是同社諸君見先生吟咏不輟，意先生之疲于詩也，乃以“苦吟”號先生，然先生方樂此不爲疲，且不自知其爲苦也。夫賈島一字，竟日推敲；許渾兩句，三年始得。古人以詩名者，何嘗不由苦心得之哉！是知苦者詩之妙境，臻其境必詣其極，雖南面王且不以易也，孰謂先生之吟真苦哉！故炎門利竇，人所共趨，先生不知爲何狀。珠玉軒冕，世所共珍，先生不知爲何物。室有令妻，嗣有令子，人情所眷眷焉，不容一日無者，先生且飄風視之，而終身不使爲累。故吟如先生，可謂空視所有，而獨有其詩矣，非得此中之真樂故耶！嗟嗟，先生以苦吟名，其名良不俗矣。彼牙籌會計之夫，欲以積聚銅臭之樂，易先生孤蹇高吟之苦，其清濁高下必有能辨之者。自先生以苦吟名，而干將山靈，遂爲生色，吾松貞白、友蓮二張先生，爲其清苦一生，僅以著述自娱，而不役役于窮途，故名垂峰泖也。今得苦吟先生，庶幾郡中稱真山人者，可鼎足而三矣。贊曰：大雅茫昧，高風罕睹。叔也冠出，鳳兮寡和。拾穗鰥遊，披裘樂卧。幻質神龍，埋名隱霧。吟成五字，肝膽幾破。稱真山人，先生獨步。

吴會戴邦正，中嘉靖乙酉南闈，年甫逾冠，論題爲《三代有道之長》，頗疑之。老軍服役者，見題紙即誦小學全段，乃豁然悟預教太子故事也。是科得雋，明年聯捷，豈天假之便乎？

莫天淳于天啓辛酉中南闈，數年前曾夢神書其手曰："左舉人。"不解也。後以母疾割右肱肉和藥以進，母病差，而右手不能舉動，即學左手書字，果中式。

超果寺有紫藤花，枝幹輪囷，盤曲池畔，春花時芬芳燦爛。壁有詩，乃孝廉李榮春作也。詩曰："屈曲虬龍不計春，一經冰雪一回新。香騰紫霧花熏日，緑蔭青溪葉護雲。寂莫不妨寒暑夜，相逢誰是去年人。夢魂時到五松嶺，猶惜當年未遇秦。"

松江庚子歲，郡守李再命責子衿趙伯龍，而群生鼓譟。幸宗師陳懷雲從寬，學政止革姚寅亮。癸卯，華亭典史陳縱隸箠死生員張大綸，數百生員鼓倡不已，爲首者袁思齊、思明、殷日車輩三人被黜，而思明倖免，未幾中丁未進士。

萬曆丁未，戴五山在京述常雲、李善二内臣云：神宗自播平，頗自喜，雖不親祀圜邱，而宫中有台，遥觀天壇燈起，知代祭禮拜，上亦拜。數日前戒酒葷，屏音樂，深居虔惕。上御牀無左右，中官至牀下，常以酒賜雲，雲不能支，展轉于地，呼萬歲不能成聲，即欣然而笑。每悔往昔以怒殺宫人，少斂天威。外國貢大珠，上命承運庫盡出大珠，無右之者。與皇后同視，開諸寶函，光耀殿宇，后曰："恐召火災。"是夕承運庫果災，珍寶燬盡，上加禮后焉。宫中多列邸、旅店、酒坊如外市，上常儒服携琴訪友，寵妃亦儒服迎入肆歡笑。后時效脱簪之諫云："庚寅以前常視朝登殿，后即以金佛像置御座下受朝。"蓋以受天下臣子拜稽爲惜福祉。又目疾，鄭妃以舌舐之而愈，又痔血不止，妃又舐之亦愈。妃性苛察，后寬裕，故禮數不衰。上天資敏甚，張江陵所上《帝鑑圖説》，初方指訓"聖狂"二列，次日召輔臣自首至末，背誦不遺一字，居正叩首頌聖。喜真行草書，侍從叩求，即爲舉筆，遒勁天成，今八座宫保家藏頗多。壬辰後，悟非帝王之體，即不親書矣。申瑶泉所藏草書扇面，及大書扁額凡二十餘，求觀者必焚香北面五拜三叩頭。其墨刻有鬻于市者，朝鮮使臣以千緡易一紙。

靖難時抄方氏海寧家屬，適金陵魏尚書澤謫海寧尉，匿其九歲子德宗。台人秀士余學夔寓于京，心知之，潛回，變形佯狂乞食于市。一日迎尉作狂歌，有“願效程嬰”語，兩日後復然。尉密致先生文稿并德宗，亟逃海，歷華亭、青村諸鎮，德宗結網爲日給。復潛入郡訪進士俞允，乃先生門人也，收育之。有歸田睢守任勉，亦先生門下士，與同年相信餽以金，後十四年允以養女爲館甥。初冒俞姓，後復改爲余，遷華亭白沙里，訓蒙。生三子，曰友直、友諒、友竹，後皆繁衍。萬曆己酉，督學楊廷筠創求忠書院，與撫台徐民式共成之，祀先生及其友魏澤、徐善、俞允、任勉，余學夔附焉。裔孫郡縣諸生余繼儒、忠胄、忠裔、忠祚，復方姓。

吾松何萬京，字叔鴻，何三陛之季弟也。父家貧不能課兒，每自誦習，年甫舞勺，而儼然有碩儒長者風。父病久，宵宿侍奉，悲痛摧肝裂腸。恐父知，拭淚相向。尋劇，醫無效者，忽問母曰：“人死可代乎？”母曰：“癡兒，人若可代，則代者多矣。”兒曰：“人不肯代耳。惟子可代父，吾計決矣。有兩兄在，母無憂。”母更慰解：“汝出此是二喪也。吾老兄貧，何以辦此？”京曰：“尚望父起，未忍深言。若必不可爲，將向水濱以江魚之腹爲棺，不必費貧兄半分也。”于是母子相慰，悲慟不已。自此旬月，每傍河邊柳下，向日出而拜，口喃喃而不得聞，大都請代父死語，人亦未暇覺察。父病日篤，長子治木，京艴然曰：“何遂作此不祥？即有急，吾將訴于上帝以代。”月既望，京倚父于牀，父絶粒喘甚，謂京曰：“天方炎，爲我辦布作殮具。”京語其姊扶父：“吾取布去。”乃下床密問侍姬曰：“視吾父尚可生乎？”姬曰：“病至此，何能生也？”乃亟出門號慟四奔，將謂其取布也。日未午，雨傾盆，抵暮不歸，母心動，憶前語，往視河邊，有兩履在。驚而探之，得京屍，正往日拜語柳下處。顔面如生，勺水不入腹。豈非孝感而天鑒之乎！

吾松袁景文，琴川時大本，共咏白燕，而造語用事無一字相同。大本云：“春社年年帶雪歸，海棠庭院月争輝。珠簾十二中間捲，玉剪一雙高下飛。天下公侯誇紫頷，國中儔侶尚烏衣。江湖多少閑鷗鷺，宜與同群伴釣磯。”景文云：“老去悲來不自知，舊時王謝見應稀。月明漢水初無影，雪滿梁園尚未歸。柳絮池塘香入夢，梨花庭院冷侵衣。趙家姊妹多相忌，莫向昭陽殿裡飛。”

金世昌者，出繼夏氏。嘗買廢宅，修葺廳梁，内鑿“金世昌”三字，不知何年何人所記。然其符合有如是之奇也。

成化甲午，時當大比，吾松張公時敏爲浙提學，首以王華與謝遷薦。其年謝發解而王擯，歸卧龍潛山。方伯祁陽甯公良以幣聘華爲子竑師，乃自浙抵祁陽。明年乙未,謝公狀元及第,甯公以書慰華。是夜,華夢在邑逐衆迎春東郊,衆舁白牛一,覆以赬蓋,旗旛鼓吹前導,方伯昌黎杜公肩輿隨後,自東門入至華家止。寤而未解,質明爲端陽前一日,竑侍晨餔,語之,屈指言曰:“是狀元兆也。”華曰:“何居?”曰:“牛,一元大武也;春,試期也。金色白,其神辛,牛丑也。狀元及第,其辛丑乎?鼓吹前導,所謂儀從,送歸第也,是歲京兆尹其杜公乎?”華笑曰:“有是哉!子之言殆隍中之鹿也。”竑請爲之記,私識之于《禮經》之末。迨丁酉,華復黜于主司,奔走江湖,夢之真妄不復記憶矣。至庚子領鄉薦,明年廷試果第一甲第一名,傳臚日送歸私第者果杜公也,一時湖湘之士盛傳是夢,乃匾爲“瑞夢堂”,徵應在六年後云。

上海盛坤少孤,母顧氏。時海盜王祥、王艮作亂,及于邑,邑人多竄。坤甫十歲,母病危,不能舉步。坤父存日,曾聘蔣女,女翁苕溪人,欲挈坤往苕溪,而棄其母,坤號哭不從,蔣舍之去。未幾賊數人入户,將甘心其母,坤引領前曰:“聞稚子血可以釁刀。”諸酋驚詫不忍害。已而寇退,以孝聞。後島夷訌,坤適行郊,聞變亟歸,失母所在,遍野號呼,得母于麥溝中,遂負母越疆避倭。無何母病熱口噤,醫藥弗效,叩乞于神,願減一紀以活母,母果痊。後將一紀,母病復作,多方不愈,坤于恍惚中若有告以鵝血可治者,坤以“鵝字從我,盍哺以我血乎?”乃刺血于酒灌母,母啓口而甦。隨割左臂一臠作羹以進,母霍然,初不令之知也。一日母思蛤羹,天寒大雨,遍市不得,坤循浦行,傍皇無措,忽一老嫗指浦水曰:“此處有蛤,須速下。”坤即解衣入水,不覺盈筐,登岸顧嫗立處,惟老樹婆娑而已。明年母復病,坤又禱于神,又割臂作羹進而愈。又三年母死,廬于墓傍,朝夕哀鳴,飛鳥和之,三年方返。

李安祥,上海沙岡望族也。時倭掠沙岡,擄祥父去,祥挺身尋父于賊中,遍訪父老。或有告之曰:“賊喜書生,而不喜言‘書’字,以與輸音同也。然抵巢覓父易得,奈鋒刃何?”祥謝之曰:“父母遺體,不能尋父,縱得完膚,亦偷生也。”遂儒服抵賊巢曰:“我識字人,父被掠,以身贖也。”賊得其父名于俘籍中,即出之,爲設飲食,令父子相見。父痛其子冒萬死而來尋己也,泣不食。孝子顧加匕箸,跪勸父食,酋益敬之。居數日,以令箭先護其父歸,而孝子留爲登記數籍。久之,厚贈孝子生還。後廩于庠,督學表其門曰“至孝感夷”。後以恩貢登乙卯鄉薦。

萬曆壬午,西鄉諸少婦以燈市入城。群入城隍廟,見侍立判官而戲之曰:“此美郎也。”一婦曰:“勿言,恐其夜至也。”是夕果所見者入室相昵,其婦貌豔倍于往昔,夫初惡之而不能驅逐。翁至廟,牒于神,是晚祟謂其婦曰:“尊神以我與汝有宿緣故耳。然秋後不復來,恐汝亦謝世矣。”以金爲别,因而共泣。婦以告翁,視其金十餘兩,有印記,如庫藏中物。隣人首之縣庭,驗之究非庫物也,命領金歸。翁以金改塑判官像,十月婦卒。

成化元年,上海地方十字廟農家,誦經颺旛。偶行者置牛皮于旛下,忽然雲合雷震,擊碎旛杆,牛皮不知所向。時屋上竹針萬計,皆長三寸。

松郡有公差往蘇投遞公文者,未至蘇,日已暮。恍惚見楊井孫與談鄉曲,且言:"爾詰旦投送郵筒,中有差誤,上台必笞,且三十也。亟叩首言差誤在官吏,乞憐無辜,當倖免矣。"至遞時,果然嗔怒,幾嚴懲矣。哀叩如其言,乃免責。差之德于楊,有如再造也。然其遇時,初以爲人,談之良久,始知爲鬼。語差云:"予前生秦檜也,以殺武穆,罪通于天,數世皆受戮。且前身爲娼,以殺死嫖客故抵命,今復然。子歸乞語我家人,速焚紙錢報予,免汝笞之德。"于是差歸,如醉如癡者三日,而語于楊之家焉。

袁履善嘗云:"山行舉兩袖若翼,可以從風,效之頗驗。"

王思質爲御史歸里,有同年巡按來訪,留燕,葷素不過十品。少益以糖果、海味之屬,饌有鵝,去首尾而以鷄首尾蓋之,曰御史無食鵝例也。時在世廟二、三十年,風尚簡古,而御史無食鵝例。乃萬曆至崇禎間,無論供奉上官,即鄉紳宴會,窮極珍異,水陸方丈,聲樂烟火,盡巧鬥靡,而雲間尤甚,庶幾大江以北稍存樸茂耳。嗚呼!吾松奢侈之極,莫砥狂瀾,奈釀成凋敝之象,而十室九空乎!亦大可慨矣。

上海王見韋名文榮,晚年登第後,夢王十朋以侍生帖謁。時年且老,私念豈能鼎甲乎?後列三甲,應除縣令。前一夕,又夢十朋以治生帖來拜,不解。明日選樂清,始悟前夢。至縣,修其墓,訪其子孫,又夢十朋來謝。未幾,獵人以虎皮送,云是十朋墓所獲也。

七寶徐天爵,好奉三元,極其虔敬。一日至蘇糴麥回,至泖中值龍下取水,聲如萬車上奔,船亦隨之。舟中見泖塔在船下數丈,徐懼甚,惟誦《三元經》。須臾船平空穩墜,麥亦無恙。既入小港,男女聚觀,云:"空中龍護一舟。"即此舟也。

朱涇鎮李熙宇,年六旬無子。室人年五十三,方育一子,不久而子仍殀,族人咸以爲此子非真。至明年五十四,又懷孕,復生一子云。

高頤元下第,同友渡江,有二人偕渡。中流舒一紙,長竟船,皆人姓名,同袍一人名在焉。叩之曰:"吾奉酆都令勾人者。"同袍大慟,舟人皆爲泣請,頤元尤力爲叩祈。二人曰:"幸遇我,可得生。若歸可齋戒七日,裸身覆繫板櫈上,家人盡出,爲十人膳具,我若夜半至則生矣。既脱,須作水陸道場,多焚紙錢。"言訖,二人忽不見。後果夜半至,撻同袍至百,食十人食而去,此友果無恙。

宋錦村居蕭塘,嘉靖三十年,見一道者乞食,狀異,心疑之。與酒食,更施銀五錢。道人復乞衣,宋即解贈,道人亦卸布衣曰:"留施後人。"未幾一僧至,宋以畀之。後倭入寇,宋以衣飾數篋置灰積中,遂爲寇所搜擒,宋盡獻之得免,命送至舟。舟泊葉謝港,舟中一酋長,錦袍大帽,見宋問曰:"跪者得非宋姓耶?"宋股栗應之。酋曰:"記三年前道者化衣乎? 即我也。"僧亦在,衣飾悉還之,寫字一條繫宋髮間,遇倭隨在無患。後乃知僧即徐明山,道人即汪五峰也。

黄浦南尹姓有妬婦,恨婢與夫通,痛撻不足,以鰻魚置婢陰,燒鐵灼鰻,突入立死,投屍于浦,乃誣婢爲人誘去矣。三年,婦患腹疼,延巫治之,鬼阻不容入,曰:"我訟冥司,三年方准,安肯干休?"巫强進,鬼即並坐其榻,進酒飯亦即同食,而婦亦卒死。

郡西塔下有人借堆米,一日見蜈蚣二,盤旋米上,長六、七尺,闊尺許,見人而隱去。口口廿九年,延覺虚師講經佛閣,忽大雷雨,塔七層,每層立一雷神,奇形怪狀。一神手探塔下穴中,提蜈蚣入雲而去,衆望之如紅布一幅,漸高漸小。至四十一年春,塔復雷擊,腥氣莫當。

上海潘方伯《豫園仙咏》,一曰《芙蓉慰柳》云:"嫩欲垂堤倦欲眠,君時我尚卧蓬間。芳菲偶逐清秋節,一夜霜高讓水仙。"一曰《柳謝芙蓉》云:"芳姿嬌面袂相連,愧我蕭條夾岸邊。衰葉願隨風裡盡,讓卿承露助鮮妍。"

張方伯所望歸田,其子婦忽有不起之症,忽作漢語,稱翁爲老先生,言己前生爲山東直指,以譴責罰今生爲女身,而幸爲翁媳,叨享有日,茲當去矣。問其僕從,云:"庭下諸人纍纍者,皆俟媳婦行者也。"

萬曆癸酉以前,西倉橋以木爲之。是年同知岳維華放糧,飢民站立橋頂,墮水死者六十二人。徐文貞公命家人湯顯一力建造。

萬曆壬辰,城南門外大張涇淤塞,方議開濬。九月内忽一夜頓深五、六尺,兩岸如刀斧斲削,人功不及。蓋橋傍有關聖祠,而其功神速如此。

松郡方塔影長三、四寸,遠近得之者輒利。嘉靖庚子,影懸東察院管氏門,適給諫龔情贅其家,是年領鄉薦。隆慶元年,影落白龍潭,中秋月色甚著,其後遊船簫鼓不絶,亦奇驗云。

張夫人鳳嫻《走馬燈》云:"狼烽起處陣圖旋,對壘無聲互占先。伎巧不分誰勝負,却疑勛業在凌烟。"

莫廷韓《題半老佳人》云:"寶鏡奩開嫁日妝,雲鬟蕭瑟點微霜。每逢花落傷春去,閑聽烏啼覺夜長。眉學遠山銷黛色,貌疑殘月減容光。却憐公子歸來晚,不似當年燕燕忙。"

郁文博，景泰時甲戌進士，清介廉厲。爲御史至憲副，一錢尺帛不妄取，妻孥貧窘，晏如也。有老蒼頭夜侍，泣語以家計日落，當爲子孫計。公怒曰："予如貞婦，守垂白矣，爾欲污我耶！"

曹泰字時和，景泰甲戌進士。英廟復辟，以景帝朝士不用，又朝會得匿名書，有誣泰者，詔逮問，緹騎至郡，郡守與抵門。守先入，欲其亡而任之罪，公曰："君命也，何所逃？"檻車詣獄，拷訊慘毒，自誣服。至冬讞，有擊登聞鼓者，曰："投書人在。日者小人有母，今亡矣，忍又以負他人乎！"請就法，訊之乃故中書某也。公得釋，而肢體已廢，還歸富林，以詞翰娱老。定庵即公之弟也。時人語曰："富林二曹，一時人豪。"

尊者左吉古魯，生西域三十餘年矣，渡流沙、涉黑水十五載，住東土者又九十餘年。人生百歲曰大齊，而師又益其半。前在都中，慈聖皇太后每切皈依，頻行賜賚。近卓錫金陵之準提庵。雙瞳紺碧，隆準虬髯，能通華言者十之八，音吐宏亮，雖少壯無以加，仙耶佛耶，殆莫測其際矣。達祖東來，不立言語文字，而師亦如之。問其要旨，亦不過曰"萬法歸心"而已。昔元奘取經西域，不啻數千百卷，師盡空而約諸心，要之心爲法門，心爲法宗，從門入者不是家珍。一宗既醒，何煩饒舌，謂三藏之數千百卷非多，而師之了澈一心非簡也。師所居不踰斗室，破衲木几，頂禮者遍南北，往往一接人面，即洞見其本來肺腑。又多前知，出一語輒驗，非心地明澈使然乎？向有西土國王曾以酖酒爲獻，師立飲三杯，豁然無恙，舉國駭異，敬禮倍加。我友姚季寅述其大概若此，其他奇迹尚多，莫可枚舉。

九峰旁有一小民出耘稻，得鱉于水田中，母一子四。歸煮其三食之，畜二小者于甕中。其人食後，寒熱大作，如感冒狀。醫云："脈不見病，想食一毒物所致。"其家急取二小鱉視之，皆五爪者。《本草》云："五爪鱉乃赤蛇所化，人食必死。"此人寒熱發後，遍體皮肉皆非已有，漸枯漸硬。已而背皮先裂，如脱殼狀，自頸至足而止，獨頭上皮膚未動。一日妻扶起食粥，其人仰面視屋，頭忽墮牀上，視之亦空殼也。卧床歲餘，始得起立。蓋食此毒物，必至喪身，此人偶不至死耳。

崇禎辛未，張子晉自燕還云："我松北運糧長張某事竣還，舟中有女年十六而豔，商船有男年十七而俊，兩舟并泊，每相視言笑，隣舟皆疑伺之。一日女汲于河，失足墮水，男亟躍入救之。初不習水，而黄河水疾如箭，遂皆没焉，撈之不得。有頃水面忽露衣袂，并力撈之，見兩人相抱不解。女尚有氣，男則死矣。亟倒懸出水，女遂醒，見男死，悲啼不已，曰：'是吾累死，豈宜獨生？'至夜半，男亦吐水而甦。兩船人皆驚異，謂兩人必有夙緣，當爲夫婦，兩父母俱允矣。男獨毅然曰：'吾不過惜此女之死，捨身救之，並無他念。今若成婚，是以我爲私若矣。'移舟而去，略無戀情。"吁，其魯男子之儔歟！因子晉失其姓字，但目之爲義商云。

楊朋石，世廟時號稱博雅，徐文貞當國，每事必咨訪而後行。上遭宫變之後，每晝卧而夜理萬幾。一夜，忽出三字問閣下如何解、如何讀，文貞疾召朋石至，問之云："此三字韻書所無，必皇上制以名三王者。"于是就文義作《字説》三篇進，上大喜。嚴世蕃以謗訕獲罪，世宗大怒，械至京師。嚴以萬金餽朋石，以三萬金轉致文貞，欲票秋後處决，介溪將詣闕待罪，以寬其子。朋石既收其金，入見文貞，文貞曰："東樓之事宜如何處?"朋石曰："聖怒如此，决不待時。"吁，東樓雖死有餘辜，朋石不當匿其金，而速其死也。朋石之無後而客死于楚也宜哉！又朋石出爲湖廣巡撫，到官久之，漸覺不省人事。一日坐書室中，忽高聲作問答狀，吏人皆驚。明日出堂，問此地有賴百户否，吏曰："先年有假賴百户犯法逃去，某官收真賴百户斃諸杖下。今來控訴者，求伸其冤耳。"楊念事已久遠，不之問。後每入書室，即有賴百户問答。會直指使者至，楊設酒黄鶴樓，見賴百户立樓檐上射楊箭，即時倒地，不數日而卒。吾鄉論者以爲非賴百户作祟，實于東樓一事見負心之報云。朋石夫人張氏，雅善文墨，歸楊後，夫婦競美。及朋石卒于官，布按三司弔奠者一切以未亡人帖辭謝，文詞悽婉，有足動人。楚中縉紳，罔不加敬。既護喪歸里，直指以下遣使齎千金助葬，云必得夫人親筆回帖爲驗。楊諸弟力求嫂氏受此金以分析，夫人執意不許，竟以辭謝帖授使人，而井孫等遂懷恨，夫人遂罹慘禍。

張七澤參藩西粤，嘗治蠱獄，其言甚詳，云："凡下蠱毒，必出女人之手，私相授受，不知蠱蟲所從來。"有某氏毒鄰人之女，訟于張。問："何驗?"曰："面黑，皮肉如綿，乃蠱毒也。"執問其女，不加拷訊而供，問蠱所從來，則厥母授之。問其母亦服，更欲詰問，慮株連過多而止。問："何以毒人?"曰："俗傳毒死一人，來生當作男子。得至于三，來生貴而乘轎。"追其蠱毒，出一小瓢，中有二蟲，大僅如粒，俱死矣。不死時有翼能飛，夜出覓食，晝歸瓢中，爲人所馴畜者，瓢中生糞即蠱也，投人飲食中，食而即死。張置其母女于大辟，夫亦不問，以不知也。

上海令鄒人昌，治短于才，專以諂媚鄉紳爲事。時姚通所、杜完三居諫垣，鄒過其居必下輿而步。時人爲之語曰："舟人不會撑，全靠摇着力。若還風水起，舵也少不得。"此語借字音善謔，聞諸京師。

嘉靖間，上海進士石英中負才放誕，目中無人。嘗拊乃翁背，曰："如此狗形，乃能生我。"後爲比部時，有侍妾與家奴通，石殺妾而肢解之，盛以食箱，遣人舁至城外將棄之。至城門，血從箱中流出，門者發視，人頭手足皆見，據實奏聞，竟坐棄市。

石嘗擬《文選》作《七宣》,詞義高古,人所不能解。竊謂以彼其才,少軌于法,便成令器,乃恃才騁情,肆言無忌,卒陷大辟,悲夫!

馮南江以御史建言謫戍,未赦先歸。一日有公宴,沈東老當作主,遣家奴往視坐客齊未,奴報曰:"此會老爺不赴爲妙。"沈問其故,奴曰:"頃馮爺云:'沈東老不自量,專欲與宴,占我輩坐次。'"沈立命整輿往。將就席,獨推讓南江曰:"今作主須英俊,我老朽坐下位可也。"座客皆失色,仍讓沈坐。酒半,沈謂馮曰:"君紗帽白蒸了,須曬方可戴。"蓋詆其未經赦宥,冠服不當私用也。馮雖剛厲,時亦隱忍。然古稱廉生威,沈非公正不苟,安能以此責人!

許繩齋守吾松,考童生,先公取一百二十名爲正案,次取鄉紳開薦亦一百二十名爲次案,最後出愛惜人才一案爲三案。榜其末云:"限于取數,以備後考收録。"時人爲之語曰:"首案是精銅,次案是細絲,三案是一塊錫。"至今以爲美談。

嘉靖間,吾松一太守能詩。一旦出府,見道間一老僧不起立,執問之,云:"因搆詩勿就,以致不聞呼辟之聲。"守曰:"汝既云能詩,帶入令賦老僧詩。"僧未呈,府公已作數首。使吏促之,僧獻詩云:"削髮嫌刀冷,看經認字遲。庭松今合抱,猶記手栽時。"守看畢,舉自作者俱棄去,曰:"我句雖多,總無加此二十字也。"

唐酉陽年十五時,和黃孟郊《庭前蠟梅》。其一聯云:"姿同籬菊偏凌雪,巧借江梅不待春。"張王屋賞之曰:"此等語已逼真盛唐矣。"《寄沈公路》云:"入夢壺觴諸子共,異鄉天地一身孤。"《咏明妃》云:"塞草莫迷歸漢路,夢魂猶得到京華。"又《咏盲》云:"春去春來惟聽鳥,花開花謝只聞香。"《金陵秋思》云:"赤土不消忠義血,黑波猶泛刼燒灰。"又:"市隱倦聞他俗語,岩耕思剪故園蔬。"又:"披緇鳳骨埋何處,定鼎龍髯去不回。"他若步驟唐人而絶相似者,如《秋懷》云:"砧續凄風天外斷,蟬驚殘柳月中疏。"又:"秋遍江南催落葉,寒深海北下飛鴻。"又《咏落葉》云:"銀床忽報秋光至,金谷徐看樹影空。"

徐文貞公卜葬地于湖州,慮歲久爲人所發,遺命初殮畢,開大門,令市中人入看之,衣俱細綿布,外着紅布袍,用猩猩血染之。及葬,諸子令家人護喪者各持糙碗一隻,滿盛煉熟油灰。葬畢,并碗覆之。時徐氏家僮千餘,計其所覆,遶壙四頂遍滿,結成一塊,復得土氣,後雖用鐵鎚利斧,不能侵也。

神廟中,初行税法,蘇州府城六門抽貨,吾松亦欲于跨塘橋設關。許繩齋爲守,執意不行,税監孫隆將騰章劾之,許即申文各上司求去。按君送之以詩,中記一聯云:"蠅頭貨物難窮詰,鷄肋功名好罷歸。"會蘇人葛誠倡義,因題請于朝,議設税關于滸墅,兩郡始得寧息,許亦留不去。

霍文敏韜爲少宰日,上疏言蘇、松賦額太重。以松華亭一縣言之,其糧額之數,較之河間一郡九縣尤多。

至正十一年秋七月,吾松郭氏子倣宋局製鸜鵒硯。製成,戈易山樵李纘以金購得,持贈顧玉山,且歌詩銘曰:“端溪文石質如玉,下岩涵蒼上縹緑。良工採材山之麓,琢磨精緻若膏沐,製成鸜鵒殊不俗。尾羽翛翛頸曲局,以咮啄桃水盈掬。姓陶者泓實其族,松煤爲雲内瀦畜。詞章統緒决川瀆,繄仲瑛甫誠善續。”

萬曆間,海濱高橋鎮有百歲張姓者,莫知其名。唐西陽就而問之,時冬月,在草屋泥墻下負暄。唐呼曰:“翁年幾何?”答曰:“吾生于癸酉,今百二歲矣。”唐曰:“汝何以頤養而得至此?”答曰:“吾早歲絶慾,凡事不用心,蚩蚩優優過日耳。”子孫俱無,甥侍養,亦七十餘矣。里中有助其糧者,衣食頗不缺。又二年卒,蓋百四歲云。唐有詩記之云:“今上龍飛汝週甲。”蓋生于正德癸酉也。

張東海爲南安太守時,通海市,外國人以交易至,必欲張書。張不敢私與,因請于朝。朝議以殊方重視中國,乃請及此,何必拒之,有旨命與。張因念云:“吾既奉旨書字賜外國,不當令其挂于室之偏。若以横披與之,彼必懸于中堂矣。”其不苟如此。

萬曆間,外國人乘巨艦泛海失風,飄至金山衛。兵卒擒以登岸,致于郡守。守鞫其實非寇也,縱之。一日入超果寺,題詩于壁。其前四句云:“我來上國過新年,細嚼梅花咽水泉。老母倚門年八十,孤兒作客路三千。”音調淒楚,恨不睹其全什耳。葭士因續成云:“我來上國過新年,極目山光别有天。老母倚門年八十,孤兒作客路三千。閑尋芳草經霜露,細嚼梅花咽水泉。欲上高樓漫迴首,不禁雙淚濕春煙。”

張五鹿座右《窒慾銘》云:“人生不滿百,七十古來稀。爲問緣何事,心迹每相違。精神日漸衰,髩容日漸槁。稺性尚依依,猶然不伏老。君不見南山北山石火光,閃閃星芒旋滅亡。又不見東原西原薤上露,點點明珠曾待暮。猛省前之非,細玩今之道。痛抑妄之興,謹保身之寶。延年固所祈,却病亦是好。不爾悔已遲,旦夕安能保?長繩不繫夕陽天,時時把鏡照君顏。更看同輩幾人在,請君佩此作韋弦。”

有夏方者,文貞媳季淑人其甥也。以吏員謁選時,文貞方掌部事,私授一典史,屬云明當出此。及期失去,仍拈得倉大使。可見窮通自有命,即宰相不能陶鑄人也,矧其下卑卑者可依仗之耶!樂得做君子,枉了做小人。

富貴之女宜量才而配,不宜專取門第。若專取門第,則鮮克由禮,婦未必賢,非邪則逆;壻未必佳,非愚則狂。此已往明徵,屢犯屢蹈者。

張海樵云:"吾松人常態,其富者往往愁貧,一則懼門户之擾,一則恐干求之及。其貧者往往裝富,一則爲稱貸之地,一則防侮慢之加。然貧者常多,而富者常少,貧者常真,而富者常假。何者? 松人好修邊幅,好炫外觀,本身影子已大,十錢而舉百錢之事;相對而視者眼眶又淺,百錢而爲萬錢之觀。兼之一健談,一輕信,動輒曰'某千金''某萬金',但計其初之存,而不計其漸之散。彼稱千金、萬金者,始既不實,終乃空虚矣,而其名猶昨也。不至于死,其誰信之? 第未審他處風土亦然否? 余以爲貧富雖云有命,亦顧自處何如。倘大厦將傾,即應移入小所。百凡收斂,量力而爲,尚可苟全,不至一蹶而仆也。吾松婚嫁,無論富貴者,男家盛其禮儀,女家豐其奩具,即中人之家,亦强爲觀美,毫無實際。即篋中衣飾,不久爲典中編號矣。愚意娶婦者多寡只應乾折,嫁女者多寡只應置產,以漸增益。不必回禮,亦無用奩具,嫁時止袱包一裹、田契一紙而已。如此庶幾敦本尚實,奢靡可汰,富貴長保。"此出自海樵張公語,大堪風世匡俗,特録之。

吾松白沙鄉有一馬姓小兒,方兩歲餘,乃長大如數歲者,多膂力。人以錢六千挂其臂,行步如常,不以爲重。一日其家一大板櫈倒于地,其父母使諸兒攙起,未及前。小兒竟以兩手托起,見者皆驚異,但未知其後日成立若何耳!

唐蘆溪泊舟橋下宿,夜半聞人呼曰:"知命者不立于巖墻之下,奈何泊舟于此?"公夢中驚醒,亟呼放舟,舟甫脱而橋即崩矣。

張述之往嘉定,雨中夜行。見岸上一人執燈呼曰:"某橋將覆,爾輩何冒險前行?"言訖,人與燈皆不復見,是夕橋果覆。蓋橋必有神司之,不當遭其阨者,則預告之耳。

上海久旱,邑令王公命道士築壇祈雨,令自徒跣行香。忽有民壯顧姓者,躍登壇上,取道士旗劍揮颺,久之自投壇下而死,當上壇時已與妻孥訣别矣。不二日大雨如注,令奇其誠,于邑中塑像祀之,題曰"異民祠"。

一鄉人歲朝卜一年種作。卜者云:"財氣極旺,一倍當得三倍。"其年糶米平常,以爲無准。一日載米入城,浦中遇巡船,將老人推倒坐身下,船中米盡數取去。不意老人被壓之時,巡捕腰牌竟爲老人解去,暗中賊與失主俱不識面。既去,其子大號。老人曰:"不須啼哭。速尋竹竿櫓槳,快入城去,還你有米。"至城,據牌上姓名覓此人,邀至酒肆盛款之。其人問有何故,曰:"適有訟事相煩。"飲畢,其人又問。老人曰:"昨晚所取米可將見還?"巡捕大驚,始知腰牌爲其所據,曰:"米已糶去,當以銀奉還。"老人曰:"一石還我十石,方不經官。"巡捕苦求,減至三倍,始還其牌。此老持銀而歸,舉家驚問,竟不言其所以。

方郡侯岳貢與錢海防、徐司理會飲。方行一令云:“黄梅時節家家雨,要的要,不要的不要。”蓋矜己之廉,而嗤錢之貪也。錢云:“杖藜扶我過橋東,不知我扶你,你扶我。”蓋自有倚仗,不全藉人之庇也。徐云:“點點楊花入硯池,近朱者赤,近墨者黑。”蓋居己在清濁之間而無染也。三公相視大笑。

徐文貞八十時,上遣使存問,海内能詩文者皆獻祝焉。徐裒集之爲刻榮壽録,而佳者甚少,惟王元美一序、敬美長律一章,可稱翹楚。文不及録,獨録其詩云:“十年雙袖斂純鈎,紫氣三台夜未收。聖祖固遺黄髪在,老臣寧侯赤松遊。捫心日月三無惑,掉首乾坤百不憂。緑野令公輸壽考,東山太傅愧風流。那知鵬息扶摇日,纔是鷹揚遇合秋。謝客畏教鐘鼎設,應門驚報璽書優。朱提上幣來天外,英簜行人下殿頭。衣出尚方仍拜衮,杖頭靈壽不須鳩。已將槐棘諸孫付,還恐蒲輪使者求。三泖層波連海屋,九峰環玉媚林邱。松苓樹樹看巢鶴,尊酒年年伴斗牛。但使君王常問道,肯將恩澤待封侯。”

助教許稚則、博士楊文弱,俱好詩文。唐西陽往候之,持《唐詩解》一部謁許。許延入坐,未定,許曰:“書未及看,先質所疑。適讀《文選》‘枯桑知天風,海水知天寒’,此二語何解?”唐曰:“枯桑無葉,豈知天風? 海水不冰,豈知天寒?”許撫掌曰:“此異人也,不必驗其所著矣。”自此遂成相知。

陸文定晚年居郡中,孤寂無以爲樂。語子伯達曰:“我自仕宦以來,久不聞農歌,今秋涼爽,欲往聽之。”伯達因覓樓船之穩者,坐公至九峰邨落間,呼農人就船側歌之,更相迭和,犒以酒脯。農人雲集,數日而返,亦老景一快事也。

上海秦鳳樓,性嚴刻,爲御史時每聞笞夾哀號之聲,深以爲快。及罷歸居家,家奴有犯,亦用此刑具。人畏之如蛇蝎,死後子孫亦遂陵替。後喬春元海宇請仙,乩書一律云:“登科曾作宦途遊,鐵面威風死即休。滿目榮華非故主,一堆骸骨葬荒邱。早知後嗣皆豚犬,何用當年作馬牛。秦漢江山唐宋得,前人留與後人收。”問其名,曰鳳樓也。時喬得其故宅,因四時祀之。

正德間,有張杏園者,松之名醫也。嘗治一人疾,其弟年少好戲,聞張診脈甚妙,越窗三重而卧一室,邀張入視。診脈畢,謂曰:“令兄病一劑可起,君之疾則無救矣。”其人即從床上躍起,大笑曰:“吾試君,初未嘗病也,君遂欲誘我金耶?”張曰:“君不飽飯而越高檻乎?”曰:“然。”張曰:“君腸已斷,不出半日便驗也。”果半日其腹一痛而殞。張視貧人疾不索錢,但令爛煮無鹽鷄一隻,啖之即去。嘗過一鄉人家,其家有牛叫跳不已,張曰:“急煮鷄請我,我爲治之。”鷄至而張盡食,隨以其骨塞牛兩耳。少頃,果見一蜈蚣從牛耳中出,牛遂安然無恙。其料事素若神仙,無不曲中,不獨脈理精也。

沈虛明亦吾松先輩名醫，初爲小兒科，既而大方並精，聲震海内。嘗往姑蘇，夜宿一家船坊中，見其家禱神迎醫，徹夜不息。及明，問其門者曰："宅中何人患病?"答曰："主人家娘子臨産昏迷不省，故旁皇無措耳。"沈曰："若入告主人云：'松江沈虛明在此。'娘子病我能療之。"門者馳告其主。主亟迎沈入，見滿座醫士皆云："不識此症。"沈曰："諸君少坐，我入視之。"令去産婦被，但以單被蓋之。少頃出曰："亟唤收生婆候，兒即下矣。"諸醫者問云："何術療之？神速如此。"沈曰："兒已出胞，因手捧母心，故至昏迷。今我以針刺兒手，兒手覺痛即縮去，自然清爽，兒亦隨下矣。看兒手有針眼，此其驗也。"視之果然。沈復曰："人身穴道一百有八，心口一穴，《鍼經》所禁。今因兒捧母心，不得已而用耳。如略深少許，即刺着心，必致死矣，非可嘗試漫爲者也。"諸醫皆欽服其言曰："此神術也，非我輩所及。"

唐西陽少時發疹，失于調理，因致痢，經年不瘥。醫士何南枝用升麻、人參服之，痢少止。黄碧梧聞之嘆曰："升麻主提，人參主補。一提一補，名曰關門燒火，病必歸于目。"不數日而目盲，黄能先見于未然，術亦不淺。

沈捉鱔，仙山鄉細人也。少不務耕稼，而習于水，每取田間鱔蟹蛙鱉，賣以爲日給。又能于浦中急險之深穴，以口咬鰻而出，日可數斤不止。嘉靖時倭寇擾亂，結營于浦東，太守方公廉募兵民有能探得倭寇虚實者，賞銀五十兩。沈應募而往，潛行水底，直至倭營，取其一刀而還，且言倭寇多寡。方公果以一元寶與之，沈以大物難得，因請貯庫以爲晚年養老之資，方許而與印票。厥後寇平，方亦去任，沈持票領銀，胥吏取而互分之，沈得無幾，捕鰻如故。一日咬鰻竟入其腹，攪傷心肺而死。噫！古云利害相因，沈生于鰻而死于鰻，有分外之得而不使爲己有，孰若耕織之民，勞苦終身，而無外患哉！

世宗晚年，徐文貞當國，姻家陸鎧爲錦衣衛指揮使，最得權。時上好方術，寵陶真人。一日陶自宫禁出，裕王侍衛多人，操刀刼之，且曰："殿下長矣，汝何不勸皇上早建太子?"陶窘甚，勉應曰："入宫即言之耳。"入宫直言其事。世宗召鎧授密旨，陸出即設酒遍請裕王侍衛，酒酣盡送鎮撫司杖殺之。事畢始言于徐，且問是舉是否，徐嘿無言。又問亦不答。陸知處此不妥，請入書室向徐求救。徐曰："親家奈何作此，置殿下于何地?"陸又哀求救策，徐曰："更無復計也。"居無何，世宗晏駕，陸飲鴆自殺，穆宗籍其家。當是時人心洶洶，惟慮禍延于徐，徐語人曰："弗憂，當時我亦力諍其非。皇上所明知者，不相及也。"

孝廉夏景華，嘉靖間赴棘闈。夜夢人告之曰："汝但封銀五錢，包上寫己姓名，侵晨至大中橋上，逢人即送，莫言所以，則中矣。”夏未以爲信。至明夕，復夢如初。夏以所費甚鮮，竟如其言往，乃接銀包者，神樂觀道士也。已而京兆簽道士寫榜，榜將終，主考手援四卷，酌定正副，自念某人某人，夏景華亦在内。道士注意此人，聞言即寫，主考亟呼止之，乃姓名已登榜矣。主考云：“名錯矣。”道士曰：“光景的景字，華夏的華字。”主考但言曰：“此人數當中也。”至今傳五錢銀買一舉人。

一秀才考遺才不録，忽夢大指上開一桂花，不解所以。愁悶無聊，于南都街上閑步，忽衝巡御節道，欲鞭之，大呼曰：“我乃秀才。”御史遣馬上人送與督學，問果是秀才否。馬上人欲縶以索，此生不肯。馬上人曰：“相公諒必是秀才，但恐逸去，難以回覆。只將大指一縛，袖手而行，不失體面。”此生忽悟前夢，遂與縛之，且語曰：“汝但説某爺送秀才在此，我當重酬。”馬上人竟如其言。宗師訛以御史送到，必是要補遺才，遂以其名達京兆，得進場而竟捷焉。

莫中江《遊泖塔》一律云：“遊倦歸浮泖上槎，偶因風便到僧家。飽嘗菰米分齋供，坐近爐烟檢法華。仙梵有時飛奏樂，香台何日聚成沙。濤聲夜撼魚龍窟，起步寒塘落月斜。”

孝廉董文水，父爲描金匠；姜神超，父係老童生。兩人既登賢書，松人巧爲之誚曰：“二公遇諸塗，姜爲舉手曰：‘兄苗而不秀。’董亦舉手曰：‘兄亦秀而不實。’”蓋姜父至老尚就童試，雖子已雋秋闈，而必欲得青衿以遂素志，故孝廉不得已往柯宗師處，跪門直陳其隱。柯于發案後另送一名入學，以遂其衣衿終身，故有“秀而不實”之戲云。

唐西陽之尊公，晚年日誦一絶云：“老遲因性慢，無病爲心寬。紅杏難禁雨，青松耐歲寒。”又誦一詩云：“典却春衫辦早廚，老妻何必更躊躇。瓶中有醋堪燒菜，囊里無錢莫買魚。不敢妄爲些子事，只因曾讀數行書。嚴霜烈日皆經過，次第春風到草廬。”

松郡東南控海，其塘易潰。方公岳貢守郡數年，欲建一功，以志不忘，舉海塘波濤衝擊之甚者，壘石堤之，請孝廉吴繩如董其事。吴素性狷介清凛，旦夕臨視，惟慮築之不固，且不損民間一文，時謂之“鐵梗海棠”。有一鄉紳亦與其事，初至即于石匠每人索銀五兩，方聞贈以十金而遣之，時謂之“秋海棠”。塘之始築，方計費繁，概郡田每畝增銀八釐，約得八千餘金。華令羡其利多而不獲與事，時謂之“垂絲海棠”。第此海塘波浪衝激，崩塌不常。今歲八千，而明歲又八千，塘未固而民已瘠矣。元末開黄河之弊可鑒也。

何元朗有子早亡，孫松谷雖爲文學，猥無足稱。元朗知身後無志狀，將終，索筆書曰:"啓足啓手,知無愧于父母。殺青書帛,亦足尚友古人。捫心坦腹,可以對日月三光。出言吐詞,料可以當天下豪傑。香浮居何良俊行,擲筆而瞑目焉。"

董柏山諱傳性,嘗集古今詩史爲一集,加以箋帙,名曰《詩史》。有書一樓,卒後其子以爲無用之物,不論宋元古板,抄録祕本,概以五釐一册售與書賈,得值只五十金。後其人變賣得五百餘金。吁！古人謂積書以貽子孫,子孫未必能讀,此君不惟不能讀,亦且不善賣,可哀也。

朱爾師,閔行人。少入贅,適有一富翁至,不識爾師,問其岳父,方知爲朱。因驚起立曰:"我以朱老先生不是老先生,不意老先生即是朱老先生也。"連説數轉,跼蹐不安,聞者掩口。

太學顧天宇,乃亭林之弟,多鬚,人呼爲二鬍子。嘗葺一書室,羅列古玩。一日邀莫廷韓飲,謂顧曰:"羅玩太繁,且撤其半。"顧如其言,撤畢。莫曰:"還有一物宜撤,恐兄發怒。"顧曰:"誠宜撤,何怒爲?"莫曰:"得兄出去,此中便可着眼。"座客大笑。

徐文貞罷相歸,鄉紳有請宴者,見徐以饅壓扁而食。他日又會飲,見饅頭皆扁,徐怪而問之,答曰:"聞太師愛扁,故改其制。"時呼諂諛者爲扁饅頭。又有一鄉紳宴客,每進一殽,必言其來歷。進羊曰:"遣使至艾祁買者。"進蚶蛈曰:"遣使至寧波買者。"如此非一。至進鱸魚鱠,不能别言所産,則曰:"此物山妻手製。"觀此二事,則諂媚情狀,形容殆盡矣。

陳洪宇以其女節烈,故數入縣有所干請。華令熊劍化笑曰:"烈婦亦有封君耶?"陳眉公之子夜出,遇典史巡更,呼其下馬。典史不下,陳厲聲曰:"我翁名動公卿,小官敢不下馬?"時人號爲山人公子,此與烈婦封君切對。

張七澤守衢日,民間一婦淫蕩無恥,夫愚蠢,無姑而有舅,舅每禁戢之。媳恨,計誣陷以箝其口。一日會舅與人飲,醉卧牀上,媳乘其醉就與之淫,誘其吐舌而咬之,偕其父母持舌以訟。張拘其舅至,則以無舌而不能言,且狀甚慘,而情事有疑,于是親詣其家。至舅卧所,見壁上俱有血迹,帳幔尤多。張乃折其婦曰:"舅若姦汝,汝咬其舌,則血應污汝床。今在舅床,必汝乘其醉而誘之淫以咬者,罪不在舅也。"稍加拷訊,供伏無辭,坐以大辟。一府頌其神明。

華亭有一人,係軍籍。家雖小康,累年軍來勾丁索詐,苦無已時,移居而避者屢矣,最後遷至北幹山居焉。親友爲其謀曰:"此事須得兵房書吏于軍册中改去軍籍,庶可免累耳。"其人鄉愚,不悟舊册之難改,而信以爲然。偶一夕有舟住宿其門,問之,則府兵房胥人李黑也,即邀至家,殺鷄爲黍,明旦復盛具款之,商搉此事。黑見其人愚蠢,家復殷實,即設誑曰:"此事須得百金。"其人曰:"得免軍籍,百金亦所願也。"既而黑歸郡,即僞出府牌免勾丁,其人即以田五十畝售金五十兩與黑,以踐前約。居歲餘,而勾丁者復至,其人始悟黑之誑己,而悔無及矣。偶一日薄暮,水旁獨立,見野田中一人持燈半明半滅而來,近視之,乃黑也。執而詰其前事,黑即相從至家,入後門絶無影響。其人驚疑,猶不意其爲鬼。久之,黑之子尋至其所,謂其人曰:"我父往年設計誑賺汝百金,今死矣。云當作牛以償,令吾贖之。夢甚明切,故特來訪。"其人疑信相半,往視牛屋下果生一小牛,毛色參錯,有"李黑"二字。吁!冥司照鑒如此,負心事可漫爲哉!

徐文貞家居,因齒落作一詩云:"憶昔西清食大官,愧無韜略佐金鑾。少時牙齒今多落,知是明王儆素餐。"觀此小詩,亦不失相度。

華之陸釣灣有諸姓者,以换船牙保爲業。船之貿易,必經其手,每慮買主不果,必先索買主酒食,以爲不得不成之勢。有一家長齋奉佛者,欲買一船,諸至,急索酒食。其家云:"荒村即腐酒亦難覓,安取葷腥?"諸見室中有伏雌,不顧其齋素,自往廚中取刀宰之,并將其伏卵盡煮而食,交易去之。無何,諸有子六歲,忽患病,日夜呼云:"有子母鷄群共啄其肉。"不勝痛苦,數日而死。吁!鷄雖小物,亦當用之以禮,今烹其伏而戕其卵,貪殘之甚,尚不能逃其報,而況有大于此者乎!

李宜散儒賦性正直,有巫人能降神,用火燒紅鐵鏈執手中,或挂頸上,公疑其術,親往看之。因謂曰:"汝既有神,我出一對,汝能對我方信汝。"即念曰:"神自神,人自人,神豈可附人?"其巫倒地良久乃起,曰:"爾爲爾,我爲我,爾焉能浼我?"公問:"汝何去多時?"曰:"我少不讀書,行至江邊,遇吕純陽爲我對者。"

張堰有吴韶者,字舜樂,别號南崖,武宗時文學。松地瀕海,先年尚未有塘,每洪濤汎濫,淹没廬舍。南崖與中丞畢公善,議築海塘,以砥水勢。凡浙、直沿海堤塘,皆南崖進策,畢公所議築也。中丞欲題請授以水利一官,吴辭不受,乃以一邑水面糧屬之,收魚鱉之利,以供酒資,給帖爲照,後人利之。正德己巳秋,積雨旬日,百川横潰,松南瀕海之地,皆成巨浸。塘之外水勢甚下,爲塘所域不得出,南崖議開塘數處,暫瀉暴水,以活沿海之民,書告太守翁公理。書後附一詩云:"怪雨顛風苦不休,怒濤連陸海雲浮。萬家貧屋皆沉竈,何處弦歌獨倚樓?肉食可無謀國意,布衣徒切爲時憂。生平許國心常在,白髮平添此夜愁。"翁以"弦歌倚樓"句,謂譏其連日設宴,而不爲民祈請,遂不行其策。翁後接同年周給事書云:"寧紹之地,小民暫開塘岸,去水而得生。"翁憶其言,追悔無及。

郡侯方禹修問陳眉公云:"俗呼物爲東西,而不及南北,何也?"陳答曰:"南方火,北方水,水火民間至足,故不復稱。"此特隨口應答之辭耳。俗稱東西,不過錯舉以呼物,初無取義。假如孔子作《春秋》,獨遺冬夏,豈亦因其至足而棄之耶?

錢元沖爲進賢令,小民行商者,以妻贖與人,議幾年取贖,生子女歸其人。厥後其婦與後夫相得,且戀子女,不肯歸原夫,往往興訟,元沖悉斷還原夫,且嚴禁之,此惡俗也。

何半峨爲閩中學憲時,彼處生員,或欲遠出,或行商者,以衣巾贖與人,議銀若干,幾年取贖。其人儼然以衣巾入府縣,而制藝通者竟入道考科舉,上人知其習俗,不之問也。更有甚于江右之風矣。

張溪吴仲禹與方沖宇爲友,方長吴八歲,日與吴手談,議十錢一局,方輸至二百。吴曰:"須償清前負,乃更就局。"方尋思久之云:"貧難得錢。我長君八歲,每位次必坐君上,今餉我百文,并前所負作三百文,賣位次與君。後凡飲酒拜客,必列君下。"吴笑而許之。厥後果坐吴下,鄉黨叩其故,無不絶倒。

何半峨名萬化,幼時童試,青浦令鄧公出題"曾子曰唯",出論"吴公治平爲天下第一"。何完卷,呈鄧覽之,大悦。即以題出對云:"孔門多賢,曾子獨聞一貫。"何應聲曰:"漢庭諸傑,賈生驟得三遷。"鄧曰:"汝後日位望必在我上。"是歲何遂以首冠入泮,而後聯登甲第。

吾松郡侯李思弦,初爲吏部郎,持銓鯁直,廷臣忌之,出爲吾松守。性仁愛,士民戴之如父母。未幾以京察去,士民欲保留之,當路不肯題請,乃塞城西門以留行,欲以激怒上官。鄉紳怒李不狥干請,急欲去之,乃走告兵憲江鐸云:"松民有反狀。"鐸欲乘機立軍功,引兵至,欲誅爲首者數人。陸文定家居謝客已數載矣,至是亦出至賓館,送李起行,且曰:"老夫不至此地久矣,今以太公祖賢者,特出一送。"因作詩贈之云:"一曲驪駒祖道邊,單車此去總蕭然。八旬解組陶彭澤,萬姓留賢寇潁川。宦況由來清似水,世情誰信直如弦。寄言弋子休猜忌,寥廓冥鴻入遠天。"既行,百姓執香哭送者萬計。江因陸公之出,不敢加誅于民,執監生彭汝讓、文學蔡寧等以塞責。李公作《棠溪吟》,士民至今傳誦之。夫公多善政,郡志載之詳矣,其有未及悉者,因識之。有一寡婦以忤逆訟其子,公視其子年甚少,貌非惡人,問之無一言。公謂嫗曰:"汝以忤逆告,即斃之杖下何如?"嫗曰:"幸甚。"使隸重鞭其子,嫗不動色,公疑焉。謂嫗曰:"汝出託親速速買棺來,吾鞭之死耳。"嫗出,公密遣吏潛隨之,云有私語者即捕至。尾嫗出北郭,果有僧持銀爲買棺木,吏即執以報公。公案鞫即得姦情,坐僧罪,笞其母,釋其子焉。又有二人争一栲栳,訟之公,公問其各盛何物,一曰盛米,一曰盛菜子。公使吏破之,果有菜子墮出,乃鞭言米者,使償其栲栳之值。公又聞獄中人有繫者,索錢不已。一日呼一梳篦者至,問曰:"汝篦頭一人幾錢?"答曰:"常例止五文,倘遇富貴人,或可多得耳。"公曰:"吾亦照常例。"篦畢,復問汝囊中積趲幾許,對若干,公取其銀秤之,數不合,曰:"汝何誑我?"責十板下獄。明日坐堂,即遣吏提出,索昨所秤之銀復秤之,已去其半。問:"何費?"其人實對,禁子若干,牢頭若干。公一切呼至,命悉償之,各加痛責,賞梳篦者銀三錢,名壓驚,自是囹圄肅清,不敢苛索。又有一富人以女許人者,其婿名李二,年長而極貧,告請離婚。公曰:"汝欲離婚,必厚償其茶禮。既云有五金之聘,須償以五十金方可。"其人決于離異,即持五十金至。公復謂曰:"必令汝女來我面諭之。"其父即率女至。公遣吏呼儐相樂人,即于堂上作樂,雙拜成婚,且語其父曰:"汝言婿貧,今得此五十金,亦可自活矣。"郡人莫不嘆服。厥後公解郡,李二保留塞門,且拽白旗要約,兵道江鐸執之,斃于杖下。

李思弦以考功去郡,諸生擁之堂皇不得出,爲作《去去吟》示諸生云:"去去去,且向天涯去。豈無故鄉心?故鄉留不住。出門天地寬,未必終無遇。别淚有千行,别情無半句。留此難爲情,只是去去去。"(此下有《棠溪吟》一則,見第八卷。)

范叔子濂作《空明子》,松守詹、縣令王俱怒其竊議,追版焚之。上其書于撫台,撫台批云:"昔嘗爲士,而今爲民矣。夫士也而以非法懲之則辱士,夫民也而以語言罪之則罔民,仰本道釋放。"道尊怒之,擬杖。顧涇陽遺范書曰:"天下有道,庶人不議。天下無道,道路以目。在當路不當以無道處公,在公當以有道自處。"一批一書,俱語約而意盡。(别見第八卷范廷啓條。)

楊廉夫與陸宅之結詩社,一日楊詣陸,陸出揖,坐定,問楊有新篇否。楊曰:"有《美人》一絶。"令誦之,云:"清溪水清不可唾,小鳥飛來玉箇箇。美人倦舞春風前,桃花面皮吹不破。"陸問更有所作否,曰:"有《楊花》一絶:風捲楊花上繡鞋。"陸艴然入内,出片紙云:"孔子没二百年而有楊墨,杜少陵没二百年,爲楊墨者乃君也。"遂與絶交。

廉夫昔有二鐵笛,字之曰"鐵龍",後亡其一。崐山顧仲瑛得蒼玉古簫一具,號玉鸞,遺鐵崖配之。翁甚喜,復以書來索《賦玉鸞謡》,志來自云:"至正甲午三月既望,界溪顧瑛書于柳塘春。"其謡云:"七寶城中夜吹笛,舞按白鸞三十隻。個中小玉號細腰,尾拂廣陵秋月白。伐毛蜕骨秋風裡,素頸圓長尺有咫。中虚一竅混沌通,上有連珠七星子。羿妻久閉結璘台,弄玉求之遺簫史。調得仙家别鵠聲,吹落虎頭金粟耳。桂園仙伯楊鐵翁,昔豢洞庭雙鐵龍。雌龍入海去不返,雄龍鰥處璚林宫。宫中夜夜泣寒雨,幽咽悲啼作人語。然犀莫照玉鏡台,買絲難繫藍橋杵。虎頭憐之爲媾婚,并刀剪紙招鸞魂。鸞之來兮洞房曉,恍然枕席生夜温。鐵仙翁,笑拍手,左瓊瓊,右柳柳。瓊瓊細舞柳柳歌,起勸虎頭三進酒。畫堂龜甲開屏風,翠烟凝暖春雲濃。大瓶酒瀉鸚鵡緑,滿頭花插鴛鴦紅。鸞兮運居巢,龍兮弄横竹。君山月落大江秋,黄姑星隕崐岡玉。不須再奏合歡詞,且聽和鸞太平曲。太平曲,斷還續,一轉一拍相節促。諧宫協徵宣八風,寒谷能令生五穀。鸞龍台上鳳凰來,萬歲八音調玉燭。"

陸公美文定之孫也,雅善詼諧。有一甲科,居平惟耽時藝,鮮藏古籍。其子初爲諸生,見儕輩盛誇文史,亦欲案頭陳設,自就文坊間買《史記》。信手翻閲,偶值年表,驚訝而問賈人曰:"此何爲者?"公美在側應曰:"此所謂横畫耳。"一市傳以爲笑。蓋松俗以不識一字爲眼不識横畫耳。

陸文裕嘗以夏月往蘇,見撫台有所干請,覓一僻地泊舟,偶近沈石田所居。石田乘涼晚步,見陸舟而問曰:"若非好船耶?"主船者曰:"上海陸爺,奈何非好船?"石田曰:"古人寒不出,暑不出,今如此盛暑而出者,必非好船矣。"陸于舟中聞之,爲之返棹。然此語一則見石田之道氣,一則見文裕尚修毛羽,今時不惟無恥之者,亦無有聽之者矣。

袁福徵履善,嘗訪屠長卿于四明。屠罷官居貧,間有諛墓竿牘,隨得隨費,釜常生塵。袁至,屠正坐窘,袁問:"家有衣服可典乎?"屠曰:"惟存圓領一套。"袁曰:"速典辦酒食。"居數日,所典又盡。問:"更有他物否?"屠曰:"惟老母養一猪可賣。"賣得銀兩許。袁曰:"今不得入君手,分作幾包,日給一包備用,銀盡即别,途費自有,不煩君需也。"越日,果一揖而别。此亦先達中一諧謔韻事。

袁履善嘗遊武林,于昭慶寺覓寓,僧見其衣冠垢敝,忽之,謂袁曰:"屋已租盡,止有一房,有柩在内。"袁曰:"即此可居。"一二日,袁密往拜方伯,方伯問所寓,曰昭慶某僧房。明日方伯答拜,使吏問松江袁爺住處。寺僧遍叩,杳不得其人,尋思柩中間着白布袍者姓袁,豈其人耶？叩之,袁曰是也。僧窘,隨打掃一精室請袁進居,袁曰:"我既寓此,即于此中晉接可耳。"僧再三哀請,袁始進精室中接見方伯。僧隨叩曰:"老爺此來何事?"袁曰:"我有布二千,得發賣乃可歸。"僧曰:"但請老爺安居敝室,此布小僧即當凑銀奉用。"翌日果厚值而歸。

府郡東金家衖,有一賣布童子,年可二八,時抱布往來衖中。一日爲人殺死,投于厠中,其父母尋至,買棺貯屍,置于衖側,聞之官。時章允儒令華,親往相驗,囑其父母曰:"且勿燒埋,我必白其沉冤。"仰天祝曰:"冤魂有靈,速示報應。"有頃,見群烏于破樓上相撲鳴啄而墮地。章即問樓中何人所居,民對以快手父子,章識之而去。翌日總甲報云,棺木上有書凶手姓名者,章捕其人至,不加拷掠,但問曰:"汝素與何人有仇?"對曰:"平生無仇,惟近與一快手有隙。"叩其姓名,即破樓中人也。章呼快手至,給與紙筆,令其書。辭曰:"不識字。"章曰:"汝做快手,豈有不識字之理?棺上所書必汝筆也。"即加拷訊,不服。捕其父鞫之,父畏刑,即招稱曰:"此童子自墮樓死。"章復訊墮樓之故,父不勝箠楚,乃實告曰:"我子詭言買布,留此童飲酒。盤桓至夜,留宿比之。童子不從,疾聲呼救,兒恐四隣覺,推墮樓下。未死,慮其號呼,以斧斫其腦而斃,隨舉其屍投于大厠中。"章乃置其子于大辟,舉邑服其神明。

吾郡有邊成者,拳棍師也,膂力絶人,不肯爲朝廷用,而樂爲商賈用。賈船得邊,江海中不憚夜行矣。嘗于江中遇盜,邊乃藏身,賈以爲背己,懼甚。盜取貨物將盡,邊出語盜曰:"我本吴下貧人,藉賈爲活。今無所歸,願請入夥。"盜曰:"爾有何能?"曰:"我善使棍。"邊得棍則無敵矣,群盜十數人俱被邊打入水,止存三老者。問:"汝欲活乎?"皆叩頭流血。邊語賈人曰:"是汝貨物,一一取還。盜舟所有,皆歸我矣。"因送賈至所往之地,登岸揖别。又嘗至京師,諸拳棍家欲與比試,邊懼其聚黨困己,乃僞稱爲從者,言:"邊師父少出,諸客且坐,吾當煮茶以餉。"乃取一毛竹,以手捏碎,皆成細條,入爐燃火。衆皆驚曰:"從者如此,其師可知。"立散去。又少林三僧欲與比技,邊曰:"明打則一人對一人,如欲群打,須從暗室。"適在一寺,遂閉殿門滅琉璃火,抱殿柱騰躍而上,安坐梁間。三僧互相搏擊,料其已疲,乃從梁跳下,更加幾拳,三僧憊去。自後更無敢與比較者。蓋邊雖有力,亦多用智,厥後亦以壽終。

陳元善蘇人也,嘗客于上海談氏。家有一母鷄,已畜十八年矣。一日元善與主人茗飲,鷄忽舒翅伸頸而逝。元善宿書齋,有美人叩户稱主人女,慕君故薦枕席。問其年,曰十八,晨往夕來者歲餘,歸吴亦至,陳疑之而不能絶。有訝其貌瘦,令治符術,而來如故。或教以置《周易》,且誦《金剛經》,女乃却不前。一夕與衆宿一所,女猶復至,陳呼衆共逐之。是物窗外呼元善名曰:"吾往無錫託生矣。主人十八年不宰殺,彼蓋延算未艾也。我數後年爲主人婢妾,生子以報其宿緣耳。"

楊璋字伯玉,舉弘治丙辰進士,授主事還家。郡守喻公張筵爲款,喻賜優人一卮,公正色非之。丞光禄時,中旨索鵝腦數頭以飼畫眉,公對中使力言。上怒,降謫合州州同。後三遷四川副使,致仕歸。有司敦請鄉飲,公辭以幼時曾遊平康里,不敢與飲。子秉道,有父風,然性剛不容于時。孫允繩,號抑齋,官給練,疏論時政,言切直,忤時相。已巡視光禄,按劾所司不法事,遂中奇禍。方下獄時,子應祈匍匐橐饘,日省父獄中,退而蓬跣蓐食,號泣籲天,祈以身代父死。疏具欲奏上,母黄夫人泣止之曰:"楊氏自祖父世傳僅爾一脈,爾尚未嗣。假令復蹈不測,徒殉身無益也。"焚其草。居久之,孝子已舉子,竟不食而死。與其母訣曰:"兒不能代父生前,死而暴父冤地下也。"嗟乎! 父死國,子死父,死國者死忠,死父者死孝,父子忠孝,并命一時,傷哉! 應祈妻袁氏封君,與山公女也。應祈死時,袁氏年方二十四,生子孝廉忠裕,纔五十一日,號天慘地,屢圖身殉,徒以子在,忍死苟活。舅抑齋公棄市,氏抱孤兒隨二櫬南還,毀容垢面,哀痛倍常,四十餘年猶一日也。且能教子成名,有古斷機剪髮之風。嗟乎! 吾松楊氏,忠孝傳家,累世有人,當與伯起并稱千古矣。

錢師周號午江,字君輔。嘉靖辛卯鄉舉,由縣令廷評遷思恩守,不樂仕。有詩云:"歧路莫教行處錯,急尋三徑拂茅堂。"遂歸卜築横雲,足不入市,扁舟峰泖間,典衣至盡,老而益貧,突烟常冷,陶然自如,八十九卒。

吾松世族任勉,字近思,洪武進士。時知鄱陽,太祖遣使廉察仕宦,使者至其家,止茅舍三間,父灌園,母紡績。使問:"子安在? 何門庭若此之蕭索也。"父曰:"吾但令兒子作清官耳。"使紿以客遊至鄱,有札寄否,因遺書與子,略云:"天道福善禍淫,甚可畏也,勿謂已安已治而懈忽,勿謂已能已足而驕矜。"此書達上并所居狀,上嘉嘆而旌之。公别號薇菴,致仕,享年八十有九。其祖居城南清水石橋,子孫讀書至今,舊迹有恩榮、致仕二碑石在焉。又妙嚴寺西張思雲祖居,其先以訓蒙、丸散爲業,亦國初舊屋。吾鄉朱門華屋,居無幾何而易姓者,不一而足,惟此兩姓家址,巋然獨存。

陳禎字景禨,洪武中以人才知襄陽。冬月參撫台,天寒泊舟,望田中有稻一枝,色青,異之。登岸而視,乃從骷髏中出。禎沉疑必有冤,乃想韓道清姓名,令人偵訪。至村沽酒,有人市肉求益,店主曰:"我有名韓道清,賣肉不須秤。"遂擒鞫之。得其謀殺之情,立置之法。

錢文通居喪,廬墓有虎異。劉文介贈以詩曰:"滿庭芳草半間雲,苫塊凄清守故墳。殘月悲風雙淚眼,落花啼鳥幾春分。隔林哮虎經時遁,繞樹慈烏入夜聞。起復于今榮近侍,願移仁孝答明君。"

顧英字孟育,天順己卯鄉薦,知廣南府。時民有楊姓者,兄弟争産,訟于公,各以百金爲賂。及聽訊時,公問:"所争幾何?"弟曰:"兄匿五十金。"公曰:"若争五十金,乃以百金求勝乎?"因出其金而分償之,兩人愧服而去。

金澤寺僧辨字如海,戒行精嚴,尤工詩。曹定庵贈以詩云:"雲間惟愛此僧閑,錫杖芒鞋懶出山。瓦鉢盂中清净水,布袈裟上木連環。無聲無色詩千首,聽雨聽風屋半間。春滿上林誰是伴,白雲飛去又飛還。"

蒼山禪師，滇南人，名智定，姓葛氏，生點蒼山。隆慶間來松江，遊超果寺，與徐文貞、陸文定、陳太岩、蔡山泉相契。太岩贈以詩曰："亦知到處山堪住，爲問尋山路有無。法向登壇揮玉塵，心從入海見明珠。三峰晏坐纖雲净，五岳經行片月孤。聞説慈航能度世，願從半偈出迷途。"蔡山泉詩云："歷盡千山與萬川，却來吴下息行肩。杖頭明月依然在，一度看來一度圓。"又云："試説醍醐滴滴涼，殷勤便祝煉西方。知君非是攀摩詰，只爲其中滋味長。"

尚衣縫工云："上近體俱松江布，本朝家法如此。太廟紅紵絲拜裀，立脚處乃紅布，其品節又如此。"今富貴佻達子弟，乃有綾緞絨爲褲者，暴殄何如，奢侈之俗，紈袴之習，吾松更甚于他方。毋論膏粱勢厚，棄菅蒯而賤羅綺，下至輿臺僕隸，咸以靡麗相矜詡。江北齊晉，便有古樸之風矣。嗟嗟，中流之砥，安睹朝歌、勝母之鄉哉！

沈長水先生云："年來獨喜青蒲冥坐，凝塵滿席，無思無爲，澹然遊乎玄同之域。豈惟忘世，兼亦忘道，若將以此終身焉。自此之外，烹芝朮，啜茗葉，焚香掃地，聽鳥披林，或對清風明月，邀之共坐片時而已。"

李觀察希顔，居東郊洞涇，止茅舍三間。有門生按台來謁，見屋宇卑陋，曰："老師何不擴之？"曰："無力辦此。"曰："門生任之。"公曰："這便是民脂民膏也。"乃不敢復言。

黄憲副居七寶鎮，曹侍御居烏泥涇，相距十五里，徒步往還。一日同自城中歸，雨雪甚，中途借宿民家，燃竈烘衣。見牀頭釀，許厥明償以錢，開瓮敗而醯矣。兩公興豪，啜而盡之，大笑，共卧廬中，至明而返。

馮南江有布衣交曰郭默齋名濟者，公在詔獄時，惟濟同起居，納橐饘，屢易寒暑。又率太夫人行可公擊登聞訟冤，得減戍。而濟卒于旅，公哭之慟，乃撫其子女，授以家室，又給田四十畝，宅一區，而報其德焉。

龔方川、范中方同舉庚子，是年中方館于市，雋後仍到館課業。時親友有以鼓樂賀龔者，范窺之笑曰："許大功名，播弄如是。"

馮海翁字存樸，事母至孝，即近出入，必長揖以告，具甘旨以悦母。母疾篤，每日嘗其糞，夕叩北斗，求代其死。母半載而痊，子竟以勞瘁而卒，歿時呼母三日不絶聲。時稱爲苦孝先生，即南江公之祖也。

張東海《咏顧節婦》詩云："北溪高塚對橋門，節婦芳名萬古存。瞑目終酧同穴志，苦心曲盡撫孤恩。寒烟蔓草無行迹，淡月梅花有斷魂。客子往來休濯足，溪流從此不曾渾。"節婦乃生員顧倫女，張匡妻也。

錢鶴灘《咏節婦郁氏、孫氏》詩曰："年少何堪喪藁砧，持身不愧柏舟吟。金刀曾剪延賓髮，黄卷常存教子心。鏡裏孤鸞無對影，琴中别鶴有哀音。佇看旌表門閭後，同被天家寵澤深。"節婦乃侯權妻與側室也。

工部郎宋臣女，字葉方伯萱孫周。三載而周殀，女甫十七，以死自誓，父母不能奪其志，惟衰絰苦守，日夕哀號。凡四十六年卒，與葉生同兆，嘉靖丙辰年也。

許公維新守郡時，最重封翁鍾公薇。一日許公問政所急，鍾公但言前守李公多見、司理畢公自嚴，兩人長者，從來得民心，無如二公。夫鍾公不言事而言二人，此龐参見任棠對也。一日，許公又從容問公曰："公常導我以思弦太守，倘亦有事可指乎？"公嘆曰："余初以李公相望，以今觀之，公亦不能爲也。李壹意寬善縱舍，有青衣攝事者失期久，命杖之，其人曰：'請言狀而受杖。'乃徐徐解襪以足示曰：'走成瘍矣，尚可杖乎？'公大憫恤，呼醫治，慰遣之。公能爲乎？"相與一笑而别。

王明時號後陽，居官廉平，居鄉恬静。登第四十年，歷官州府藩臬，垂老不能保居第，及其身棄之他氏。其詹言醒語，皆膏肓藥石。自中州歸，不以三公易母氏一日之養，母年九十而終，人稱其孝。乃孫鍾彦以鄉科授工部郎，崇禎末，死于國難。

北禪院有樟，歲久枯瘁。隣人患瘡穢甚，僂行至一橋，見道人枕二瓶卧，問："子骨不俗，何窮至此？"告以病，曰："無妨，隨我至院。"入門揖枯樹曰："樟先生無恙。"是夜月色微明，俄林影婆娑，謂患者曰："汝但採葉浴瘡，當平復耳。"是歲疫癘時行，土人採服即愈。陳必達題云："雲鎖虚堂四壁空，吕公曾此問樟公。如今不見仙人過，大樹蒼蒼夕照中。"

吴哲以詩名，賦《文丞相集》云："忠臣就死古來多，丞相偷生脱網羅。要爲春秋明漢賊，忍題風絮泣山河。綱常道在詩千首，骨肉情長賦六歌。留得精誠等光岳，奸魂佞魄奈愁何。"

洪武間，袁海叟偕王叔明、王元吉、錢伯雲、張夢辰、金聲振元夕觀燈，會于蕭塘隱君吴景元家，以"燈"字爲韻賦詩云："七人四百九十歲，吴家堂上看花燈。皓首龐眉方滿座，金杯玉椀出清冰。三寸黄柑渾似蜜，百壺春酒況如澠。今日相逢總知己，老夫歡喜欲飛騰。"海叟《題陶宅》詩云："酒到愁腸味自醇，花因白髮更精神。兒童休笑燈前舞，老子今存死後身。何處江湖爲樂土，誰家門户有閑人。多情獨有陶徵士，醉過清秋不厭頻。"《望南村》詩云："野水縱横不計源，雜花前後自成園。魚蝦欲上人人取，烏鵲歸來處處喧。但得茅茨容老大，即將耕鑿付兒孫。淮南未定江南亂，潦倒無歸却斷魂。"

吴南崖作《插秧婦》詩云："邂逅誰家窈窕娘，倒移蓮步水雲鄉。裙褰鷗鷺迷烟迴，手學蜻蜓點水忙。帶雨摘來青滿地，順風分去緑成行。高歌一曲聲難和，愁殺多情陌上郎。”

顧東江《菜園》詩:“緑嫩青酣井字畦,柳塘東畔竹林西。阿兒暴富人應妒,歲晚平添百瓮虀。”

鶴灘少時與顧公清、沈公悦齊名,時稱三傑。嘗遊小赤壁,放歌云:“五茸西來横九峰,一山崒嵂山之中。上有石鼓大如斗,扣之響應聲鼕鼕。下有赤壁山,前立如崆峒。徘徊登覽意未已,千態萬狀撫其容。初疑伏羲定八卦,河洛之象留其踪。又疑神農嘗百草,吐出一點青芙蓉。更疑大禹疏鑿施神功,波濤洶湧鯨鯢雄。怒驅六丁拔出天地骨,一柱鎮壓吴江東。蒼苔何茸茸,石澗何溶溶。黄猿夜嘯嶺頭月,白鶴晝唳巖前風。自想老夫狂遊四海五湖二十載,誰知此山之趣真無窮,何日結廬倚古松?”時人稱六丁二句爲奇語。鶴灘《十峰》詩序云:“九峰在松,各有勝概,而瘦石綉苔如小山石壁者蓋少。余與定庵、鶴坡躋其秩,號爲十峰,湊句爲券。山靈其服諸,或争名嫉秀,讓我以擅爵,吾得請命于藏垢納污者焉。若曰地靈人傑,一言爲終古軒輊,則我豈敢?”詩云:“何年秀氣天所鍾,壁立瘦骨友蒼穹。一起一伏騰虬龍,放鶴亭前十八松。况有石鼓聲鏗鍧,豈容冥落横雲東? 天地之數始必終,何獨吝此于吾松。便須插脚入九峰,九老唯唯咸心從。”

董玄宰《小赤壁》詩敍云:“吾郡九峰之間有小赤壁,予頃過齊安,至赤壁下,其高僅數仞,廣容兩亭耳。吾郡赤壁三四倍之,何以小爲? 昔名人鹵莽如此,山靈負屈,因爲解嘲。”詩曰:“吾松山有九,皆以海爲沼。東海既以大,赤壁安得小? 風穴秘精靈,雲門削鬼巧。口鼻鬥嶙峋,鱗甲呈夭矯。雖無須彌寬,未可嶇嶁眇。而我遊齊安,何由淩縹緲。時平兵氣消,霜落江聲悄。回思平原鶴,誰是枋榆鳥? 恰如黄池會,吴楚争可了。將無山嶽靈,蒙彼里俗狡。歸語東陽生,扶筇事幽討。石言曾莫逆,壁觀習枯槁。田成球琳賦,屋用辛夷獠。太守握紅雲,冠帔山容好。靈蹤儼如舊,贅龐勿以澡。兩家争激昂,輶史正顛倒。嘉名公等錫,一壑從予保。手寫大江詞,峨嵋翠可掃。敢應北山招,終事東坡老。”

國初普照寺東方殿一禪房,有祟不可宿。一越士來宿此房,然燈讀書,忽聞吟曰:“譙鼓鼕鼕已二更,寒窗猶有讀書聲。”生即續云:“遊魂何不歸鄉去,辜負洛陽花滿城。”窗外忽聞笑聲而去,自此遂絶。

孫雪岑太守與青龍塔下長老善。雪岑晝寢,夢長老入卧内,醒即舉子,令候長老,已示寂矣。子即文簡公也,文簡晚年好聽木魚聲。

泖塔僧劉朝用,故華亭獄卒也。性仁慈,日買魚蝦水屬放生。一日有售生魚者,劉解橐,而盜窺金欲攫之,將沉于泖中。會澱山邏卒過,見一黑鯉魚入盜舟,卒索魚,劉得救免。卒欲執盜,劉力解之。先是郡囚諸文源越獄,劉與獄吏倪某法當代,庭鞫時争死,竟坐倪,劉遣歸。過泖舟覆得生,遂祝髮爲僧。亡何,直指慮囚,劉度倪不免,祈請大士以經加首。胡跪朗誦,忽現形直指前,直指驚叱,左右莫見。異而問故,倪微露狀,遂得免。

徐文貞家居,爲新鄭修隙,憂之。僧妙有云:"惟日誦《楞嚴咒》,可以解消災難。"文貞令合家茹素,日夜誦之。至二十日,新鄭果報罷矣。

董玄宰有紀綱朱姓者,家資巨萬,適遷居西門,設戲酌以宴隣居。朱以隣人皆菜傭,不屑與之周旋揖讓,令其奴子相陪。隣人恨之,各出白鏹以犒優人曰:"願君輩爲吾輩一洩此恨。"優人唯唯,乃演兀朮拜轅門。韓元帥問兀朮曰:"㺚達子你的鼻兒何這等大?"答云:"稟上大元帥,這外面是假鼻子,還有真鼻子在裏面。"時座客無不絶倒。

郡北鄉王姓者,府吏起家,田連阡陌,收飢民爲奴僕,吞併田舍,奸巧而婪。時甲申大疫,王五子五媳并夫婦皆病卧,僕盡逃亡。府命主簿至鄉施藥,而王門閉,毀垣入,但見數犬恣啖人肉。有識王吏面目者,離披委地矣。男婦十餘口,尸蟲四出。一衰年杖者告簿曰:"王吏倚官致富,莫敢誰何,今爲天誅耳。"

行者吴道真,章練塘人也。患瘤,下垂耳根尺許,傭工三十餘年,積錢可八萬餘。人勸以娶妻生産,不應。挾而入泖塔,傾囊葺毁圮不怠。囊竭,忽夢白衣大士以兜羅綿手拂其耳。旦起,失瘤所在,其感應如此。

魏忠賢勢焰時,華亭庠生張官者,思獻媚于忠賢。道經子路廟,入問休咎。方下拜,台有石爐,從空擊其首即斃。陸萬齡蒙顯戮,此受陰誅,見小人之報不爽。

名醫張頤字養正,醫術甚妙,峻己不屈。周文襄撫吴時病痢,命郡守延之。張適居憂,郡守欲其暫釋衰絰,張不可,達之文襄。文襄許其隨便入見,未命坐,遽伸手令診,張僵立不爲動,文襄急命之坐。診訖,索黄連二斤,煎汁二十升,三進之,痢尋愈。曰:"公盛氣,非常人,不敢以常法治之。"公服其識。

萬曆戊寅冬月,吾鄉澱湖水,居鄉民夜聞數萬兵馬聲,啓户視之,若有火光。及曉,見湖濱忽現樓台人物之狀,近視皆冰所成也。有若階級者,若山徑者,若短垣者,若老樹者,峰巒層叠,不異真山。百里之内,觀者接踵,咸以爲奇。按史載金末河冰,自成花卉鳥獸之狀,巧于繪畫。元至正間,汴河冰成五彩花草,三日方解。我朝正德中,文安縣水忽僵立結爲冰,高五丈許,圍亦如之,中空可容數百人。後數日,賊過文安縣,鄉民避入者甚衆。土人謂之河僵,史官楊慎書之實録中,皆不可思議事也。

陸儼山出入館閣，前後幾四十年。每見國朝前輩抄録得一二事，便命其子熟讀而藏之，蓋士君子有志用世，非兼通今古，何得言經濟？此先儒所以貴練達朝章。朱文公有言："知古不知今，葉正則也。知今不知古，陳同父也。既知古又知今者，吕伯恭也。"今世學者，儘有務爲博洽，不究心當代事故，一問及朝廷典章，及一代之經制沿革，怳如隔世。縱才華邁衆，恐其見諸施爲，自至窒礙，宜識者目爲俗子，無足怪矣。

曹介人于萬曆己未孟秋遊太和，遇居士張海雲者，年九十餘，耳目聰明，筋力矯健。與之談，大都雜用《鄉黨篇》中精實語，而尤以保精攝神爲主，真黄庭之嫡派也。辮髮杜道人捲舌不談，談則纚纚不休，謂"室中多着一物，胸中多着一障。兒孫田宅，皆屬此身贅瘤。視兒孫田宅多寡，便可卜壽短長"。其言極可砭世人膏肓。

吴石湖宴客，以胡桃裝就而後籠罩，公屢裝不就。一僮先以桃下罩内，用碟盛起，公撫膺嘆曰："民僞日滋矣。"

松江府門首石獅子一對，傳自古昔。其東邊獅子右腿黑質白文，成"松江府"三字。曹介人嘗謂生長其地，未及察視。後見《蓬窗日録》載此，遂往視之，果見"松江"二字，犂然天文，但"府"字稍糊塗耳。松本作淞，宋代以累傷水患去傍，而石字已先之矣。

眉公《好人歌》曰："天地生萬物，惟人最爲貴。人中有好人，又是人之瑞。好人讀好書，好人懷好意。好人行好事，好人入好隊。好人遵五倫，好人敬天地。好人不使酒，好人不鬥詈。好人不鬮賭，好人不勢利。好人不刻薄，好人不怪異。好人畏法度，好人不暴戾。好人不謀占，好人不欠税。好人不慳吝，好人不妄費。好人不怨尤，好人不妬忌。好人不妄言，好人不謗議。好人必救苦，好人必仗義。好人恩不忘，好人怨不記。惡人罵好人，好人不答對。惡人打好人，好人只躲避。好人雖吃虧，自有便宜處。日日嬉嬉笑，夜夜酣酣睡。有甚閑憂愁，有甚閑思慮。不勞官府拘，不怕閻王繫。好人衆所欽，好人鬼神懼。好人有光彩，好人有滋味。好人有受用，好人有名譽。富貴做好人，件件行得去。貧賤做好人，衣食自然濟。少年做好人，到底决成器。老年做好人，福壽增萬倍。惡人做好人，消盡平生罪。好人做好人，傳與兒孫繼。我要學好人，又恐學不會。但願好人多，替天争口氣。"

婦人有謚，吾松周禋妻沈氏，即萊峰之祖母，婦道備修，閭里共推重之。及卒，細林楊公採群議，謚曰"端懿孺人"。

戴昌字景亨，少勤學，無書不讀。書法得歐、虞體，兼工丹青，效黄子久，日以書畫自娱，别號且閑居士。兄景升昕，陳州知州；景元春，南京兵部郎中；景暉曦，刑部員外郎，皆掇科第，獨景亨屢困場屋，應貢入太學。張東海送以詩曰："東吴四戴總能文，小戴青雲志未伸。皁櫪久淹千里足，通都終遇九方歅。春風桃李雖誇早，秋水芙蓉更出塵。聞説月中丹桂樹，高枝偏待後來人。"

至正丙午正月，常熟陷，松江府印造官號，給散吏兵佩帶，以防奸僞。號之制作，畫爲圓圈，繞圈皆火燄，圈之内一府字，以府印印府字上，圈之外四角官花押。民謡曰："滿城都是火，府官四散躱。城裏無一人，紅軍府上坐。"不二月城破。悉如所言。

何柘湖自敍平生，于文學性獨近之。髫年侍經師課藝，輒覆古文其上，朝夕諷之。比長樓居，發憤者垂二十年，或挾册行遊，忘墮坑岸。家藏書四萬卷，名畫百籤，古今名人墨迹數十本，三代鼎彝二十餘種。始家東海上，選貢太學，得南翰林孔目，僦屋住青溪之傍，號青溪漫士，三年罷去。時海上居火于兵，不能歸，旅寓者又五年。徙于蘇，得元覺寺故地居焉。幾一年，歸得楊氏園，築丙舍，架小樓，鋤地種蔬，植枸杞，手摘作供。居凡五易，而燕息之處皆以四友名。四友者，莊子、王摩詰、白太傅與公爲四也。性放曠誕傲，殫志著作，莫中江稱其文法劉向、司馬遷，詩本蘇、李，而近體出高、岑。至其醞釀群籍，勒成一家，意匠縱横，不假繩削也。有《何翰林集》《語林》《叢説》《書畫銘心録》。玄宰云："《畫譜》中載尚書能畫者，宋時有燕肅，元時有高克恭，在本朝余與鼎足。"高彦敬尚書載吾松《上海志》。元末避兵，子孫世居海上。玄宰之曾祖母則尚書之雲孫女也。然則玄宰之好爲山水，倘亦有因乎！

弘治三年，會元錢福狀元及第，上爲句曰："春闈得士，狀元元是會元。"詞臣應制曰："曉殿遷官，少保保爲太保。"

鍾封君《倭奴遺事》，載少林僧兵月空，用鐵棍格殺賊倭三十餘，下馬斬級。賊有仆而未死者，反刃傷之，兵遂潰。余見幻爲上人云："賊所傷者他僧，葬佘山塔下，非月空也。月空後居杭州集慶寺中，壽至八十餘，今萬曆間方示寂，其法嗣至今盛于集慶。"

鶴灘《紅指甲》詩："金鳳花開色正妍，佳人染得指尖丹。彈箏亂落桃花片，把琖輕浮玳瑁斑。拂鏡火星流夜月，畫眉紅雨過春山。有時托臉尋思處，疑是胭脂點玉顔。"

# 卷　三

天台王叔潤，洪武間爲華亭縣佐，《感時》詩曰："天星夜落水犀軍，又見吴宫走鹿群。睥睨金湯徒自固，倉皇玉石竟俱焚。將軍只合田横死，國士應無豫讓聞。風雨明朝寒食節，麥盂誰上太妃墳？"天兵破蘇，士誠就擒，其妻劉率姬妾登齊雲樓，令家僕宸寶自焚而死。其黨無一人死者，故詩哀之。

錢鶴灘《自題小像》曰："瘦骨稜稜如怪石，彩眸炯炯映青山。"

佘山慧日禪寺，陸文定公詩云："覽遍青山幾問禪，閑雲白日自年年。鶴窺挂衲空餘線，蝸飽殘編半雜涎。春暖林間來乳燕，月明枝上静啼鵑。誰燒柏子敲金磬？爲報花開十丈蓮。"

陸宗伯年九十二，許周翰以二詩贈之云："秩宗禮樂四朝天，九十精神又二年。健體抱珠龍自卧，方瞳照日鏡雙懸。南宫履散文昌後，北斗樽開海屋邊。始信春秋長不盡，南華果有大椿篇。""南極星懸東海旁，春分一度一輝光。人間弧矢傳真氣，壺裹樓臺攬大荒。早已三年成抑戒，羞從四皓定儲皇。廣成怪得前身是，問道于今有聖王。"

許周翰《贈唐酉陽》詩云："驪歌清絶兩吴鈎，别去幽人幽更幽。大瓠經今隨我去，明珠暗豈向人投。聽餘流水勞師曠，讀後編年憶左邱。世事鄉心關不住，因君且繫木蘭舟。"又許周翰作《贈董玄宰督學楚中》云："詞臣分遣布中和，天上初携繁露過。虎觀經生帷下少，龍門賦客郢中多。行車春雨生芳杜，卧閣秋風老薜蘿。郵筩幸能題一字，真從宋玉倚陽阿。"《别鍾面溪》云："封公何嬌矯，無事不超群。蠟屐先遊客，登車常冠軍。字依家太傅，詩學沈休文。飽飯携殘卷，東皋看海雲。"《别元宰》云："五載登龍意，一朝倦鳥情。偷閑仍晤語，得代便長征。海上餘劉向，中原入邵平。所希當世泰，離合總同盟。"《訊元宰病》云："海天漠漠到離居，《七發》何能困子虚。狗監已難逢得意，文園何復病相如。將因良友停征棹，獨悵清言隔卧盧。願以冰壺常自愛，平安先問後來書。"《題小赤壁》云："吴楚黄磯大會兵，東風吹火成烟平。青山染盡英雄血，不忍重題赤壁名。"《望天馬諸山》云："五年湖上幾經行，畫裹青山望裹生。遂使于今將去郡，蒼松白石笑無情。"

吾松城南吴姓，以争繼立訟于周翰，其題案牘云："泰伯由來起大吴，偶從譜牒見雄圖。子孫百世猶争繼，讓國當年事有無?"

《松江秋泛賦》云：澤國秋晴，天高水平，遥山晚碧，極浦寒清，循遊巨區之野，縱泛吴江之澨。東瞰滄海，西瞻洞庭，槁葉微下，斜陽半明，樵風歸兮自朝暮，汐溜滿兮誰送迎？浩霜空兮一色，横霽景兮千名。于時積潦未收，長江無際，澄瀾方興，扁舟獨詣，社橘初黄，汀葭餘翠，鶩鷺朋飛，别鵠孤唳，聽漁榔之遞響，聞牧笛之長吹，既覽物以放懷，亦思人而結欷。若夫寇敵既平，霸圖初盛，均憂待濟，同安則病，魚貪餌而登鈎，鹿走險而忘命。一旦辭禄，揚舲高泳，功崇不居，名存斯令，遠識先明，孤風孰竟。又若金耀不融，洛塵其蒙，宗城寡捍，王國多雄，拂衣洛土，振耀江東，拖翠綸兮波上，鱠蟬翼兮柈中。倘即時之有適，遑我後之爲恫。至如著書笠澤，端居甫里，兩漿汀洲，片帆烟水，夕醉酒罏，朝盤魚市，浮游塵外之場，嘯傲人間之世。富詞客之多才，劇騷人之清思，緬三子之芳徽，諒隨時之有宜。非才高見棄于榮路，乃道大不容于禍機。申屠臨河而蹈瘞，伯夷登山而食薇，皆有爲而然爾，豈得已而爲之？則有執簡仙瀛，持符帝柱，晨韜史氏之筆，暮拂使臣之斧。登覽有澄清之心，臨遣動光華之賦。何從欲之流滋，慰遠遊之以懼，肇提封之所履，屬方割之此憂。將濬疏于匯川，其拯濟乎畛疇，轉白鶴之新渚，接青龍之上游。濯埃垢于斷袂，刮病膜乎昏眸。左引任公之釣，右援仲由之桴。思勤官而裕民，乃善利之遠猷，彼全身以遠害，蓋孔臧于自謀。鮮鱗在俎，真茶滿甌，少回俗士之駕，亦未可爲茲江之羞。

《弔二陸，賀新郎》詞：倩綵郎傳語，問陸家、兄弟翩翩，今歸何處？留下文章藏萬壑，時作雲烟吞吐。漫徙倚，朱闌凝竚。闌外瑁湖誰管領？嘆先生、舊宅僧分住。天下事，盡如許。英雄總被虚聲誤。覽遺編浩嘆，寂寞一邱寒土。惟有春風長來往，催却幾多人去。但歲歲、垂楊自舞。今日我來懷古後，笑後人，又以今爲古。留此曲，伴鷗鷺。

張東海《假髻篇》："東家女兒髮委地，日日高樓理高髻。西家女兒髮垂肩，買妝假髻亦峨然。金釵寶鈿圍珠翠，眼底誰能辨真僞？夭桃窗下來春風，假髻美人先入宫。"當路啣之，乃出領郡符，竟不得調而終。其《下第歸途題金山》云："揚子江頭幾問津，風波如舊客愁新。西飛白日忙于我，南去青山冷笑人。欹枕不離鄉國夢，敝裘猶帶帝京塵。交遊落落多星散，閑對沙鷗獨愴神。"一宰官見而嘆賞久之。邵二泉作公輓詩云："張公不作南安守，只説文章止潤身。滿路棠陰棺蓋後，忌公還是愛公人。"

王鳳洲《贈周萊峰尊公竹窗先生》云:“主人卜築吴淞曲,數步茆齋一窗竹。主人清節凜難覩,况與此君共朝暮。嬋娟曉拂籠瑞烟,主人自汲湘江泉。寒飈永夜天籟發,主人高歌互相答,疎影歷歷聲珊珊,入簾秀色翠可餐。主人爲主竹爲客,倦鶴閑雲各分席。當時共勵隱操堅,可憐老却山林間。誰道新篁發平地,咫尺便有摩空勢。嶰谷裁將鸞鳳音,山中盡吐龍蛇氣。即看雨露天上來,無數琅玕次第栽。主人不樂何爲哉。”

張莊簡公嘗語費文憲曰:“有爲四川監司者,詣余請教。余曰:‘川行甚險,州縣小官携妻孥往,實以軀命博升斗之禄也。脱有不幸,則舉家葬魚腹矣。’君輩幸毋以微罪去其前程。”先賢存心之厚如此,誠後人所當佩服。

徐文貞公《林下對》云:“安閑始覺歸田好,老健方知妒婦賢。”

馮南江示諸子云:“昨約三十日與諸子會文,早看曆,五月無三十,今更約六月初二早過作文。昔人謂:‘明日復明日,明日何其多,日日待明日,萬事盡蹉跎。世人苦被明日累,明日無窮老將至。’今我以明日爲老矣,欲以今日而觀諸子之成,諸子其可安于明日,延挨而自悮耶!今定每月會考期于後,看過發此帖子于六兒,粘諸書樓,以爲訂約云。夫中式前場,詞理格調,俱合程度,更出新意,迥異庸常,使主使得卷躍然,快心豁目,頓生精彩,然後萬選萬中,取科第如拾芥。若詞不順承,理致舛晦,句段不明,長短倒置,助語雜疊,一意重出,如此文字,徒誤終身,何由上進?諺云‘若是功夫深,鐵楮磨繡針’。汝輩只是早年去師,日不拈弄,以至如此。及今尚可猛省,每日做兩篇,大小題各一,庶幾猶望成器。若自以爲是,不能下人,吾末如之何也。兒輩真有志科第,不枉此生,便與兄弟訂盟,考期外日日限作二篇,大有事故,亦補一篇。如自無定見,送題進我點出,做文完送進直批。有大不停當處,即用改過,務使文稿盈箱積案。一題作後,遍尋名作,細看比量,不及處便與牢記,務求與高並乃已。如此而不中,無是事也。諸兒其三復父訓。凡做秀才,須要立志遠大,不可便要奢侈華麗,以阻刻苦進修之志。我做秀才時,只是布衣素服。至中鄉試,纔穿紗員領。中進士至二年出差,方服絹褐紅圓領。大凡進學便要思想出學,學是苦門,易進而難出,非加意文字不可,細説與兒孫知之。既請張鶴峰伴講作文,可急請來已三月矣。監生難做,監生官亦難做,要會考會文,得科第出身方可。董玄宰、陸阜南以兒子各請盛崐南,每日刻定七篇,俱中前列。陸敬齋作文每日七篇,高中如拾芥。何不效之?且近來世情物態,愈變愈巧,愈奇愈苛,安常者莫知禦,守道者莫能立。故中材之士,多局于趨向,卓犖之英,易墮于迍邅者。人謂不夷不惠爲居身之珍,亦是不得已遷就之説。若孔子則謂“言忠信,行篤敬”,雖蠻貊可行,此是持身之大經。孟子謂"愛人者人恆愛之,敬人者人恆敬之",此是交際之大幾。大經正則言行顧,斯可以篤恭同人己,而無不愛不敬矣。大幾察則言行修,亦可以寡過立愛敬,而能公己公物矣。向見吾兒志欲惇古而太簡,事從直徑而太疎,恐難免乎今之世也。慎之慎之!吾兒誦法孔子,則温良恭儉讓,此是忠信篤敬之條目也。安此則聖,勉此則賢,一貫之極功也。吾兒其圖之,老父時望之。知汝輩皆務修進場,此特小戰,如拾芥事耳。來日入棘闈,持巨敵,有千萬人,吾往之,勇則可,稍怯則不競矣。汝父年高,如飢待哺,如渴待飲,不知兒輩中何人能飼我作安飫人也。近日汝母輩來説,我夢最靈,時來問夢。我笑云:吾望兒輩亦如夢。吾夢未來而强説之,是夢中説夢也。曾示諸兒修身以俟命于天耳。大命聽天,言及此我即畏敬若弗勝,汝輩自勉之。若膺天之命,便思何以報天之貺,兢兢若弗勝便是大器。有長進之人,後來事業可卜。若假陳言數篇,倖取名第,便盈滿誇己眇人,便是不能勝當之人,將來事業决無大可觀者。此我往往驗諸人,合諸天,無毫髮差謬,兒曹慎之念之。今年田稻,秋來雨水益漲,西北二鄉田房漂毁湮没者多,鄉人入城,見寺院中嗷嗷啼飢,途中餓殍不少,將來不審何如。此等民瘼,兒輩亦當留在念中。若忘民瘼,讀書何用?中舉何用?只是到手主張,這一輩難也。不然國家三年一科,每科拔起千人,要他何幹?餘無他囑,修德待命,四字盡之。"

董玄宰云:"東坡《海棠》詩,山谷書之,倣長沙縱筆,特爲奇逸可喜。余至黄州,過定慧院,海棠圃猶存古址,花亦尚開。"

莫廷韓曾買李易安墨竹一幅。

王右丞有《松江圖》,爲項氏藏册。

眉公云:"余出不能負向平五岳之笈,入不能闢香山五畝之園,惟買舟襆被,于郡城内外名勝處,避客息躬。倪尚書經鉏堂所謂'每月一遊則日日可度,每歲一遊則可閲三十年也。'"馬嵞雪上人觀音閣、龍樹庵橋柳堤、超果寺紫藤、嘉樹林、孫漢陽東皋雪堂、馮咸甫竹素園、顧氏濯錦園、顧氏熙園、朱文石文園、寶勝庵、寶蓮庵、郭外禪居、庵山、雪山、小崐山、天馬山、佘山、小赤壁、白龍潭、唐氏拙圃、陸君策畸墅、泖塔、范象先梅花樓、神山芸香書屋、金澤寺、洙溼釣灘、萊峰書屋、機山下平原村、瑶潭、白石山房。

眉公云:"深竹中築一亭,榜曰避世,此東坡語。山谷論竹爲逸民國,又陸放翁咏竹爲瀟湘侯。余欲作一聯云:'錫汝逸民國,封爲瀟湘侯。'"

鍾賈山僧慧解者,自乙酉國變後,終日行吟澤畔。有一室扃户甚固,戊子冬圓寂。衆視其室貯廢碎磁器盈石,蓋平日從街衢泥沙中有明朝年號者,不惜拾取如珍藏。夫老衲方外人也，猶然寄忠藎于瓦礫。彼鬚髯如戟，素稱名士，乃甘獻年號以求榮利者，亦獨何心！

孝宗極喜沈度字，當時御筆清逸豐潤，實類沈體。常命禮部徵其子姓，得度四世孫世隆，特授中書舍人，且宣索其家，得其遺像卷，因撫而嘆曰："沈先生出矣。"卷有楊文定溥所著傳，文貞士奇、文敏榮金、文定幼孜、胡祭酒儼、曾學士棨諸贊，並留内府不復降出。

高季迪嘗贈袁海叟詩曰："清新還似我，雄健不如他。"其事雖無考，然兩言者，蓋實録云。

陸文裕尊公與福嚴寺老僧景燮極相好，嘗中夜對飲。時文裕甫八歲，侍几，老僧云："夜深燒燭短。"即應聲曰："話久引杯長。"老僧大喜，以文裕能記杜詩。不知爾時實未嘗讀杜詩也，其夙慧如此。

吾松陸紹春，爲山西凌川縣主簿，挈僕陸馨，隨于任所三載。一日謂馨曰："予夜夢不吉，將辭世矣。第去家千里，未得顧命之人，奈何？"馨曰："同寅胡公，其人忠厚可托。"紹春即檢五百金付胡，而馨亦自罄私囊四十餘金附之。詰朝紹春果卒，逮暮馨亦無病而亡。其妻在家亦于此日夢馨告曰："我于某日偕主翁辭世矣。"覺而言于主母。至夜其妻竟自縊于卧被中，亡何陸之訃音至矣。問其期適符，夢兆之應如此。

楊廉夫常謂蠶有六德，衣被天下生靈，仁也。食其食，死其死，以答主恩，義也。身不辭湯火之厄，忠也。必三眠三起而熟，信也。象物以成繭，色必尚黄素，智也。繭而蛹，蛹而蛾，蛾而卵，卵而復繭，神也。

張東海《過蘇步坊》詩曰："東坡昔日此閑行，此地遂留蘇步名。何似章惇瘞毛骨，子孫羞認祖先塋。"按東坡投荒嶺海，惇實爲之，而後世流芳遺臭乃如此，孰謂人心無春秋哉！

楊鐵崖選《大雅集》，獨取《海叟咏蚊》一首，末云："東方日出苦未明，老夫閉門不敢行。"蓋言元政酷烈，王室如燬，而小人貪殘如蚊蚋嘬人。至明朝革命，人若稍可安矣，然明而未融，蚊蚋尚未盡去，故閉門而不敢行。似有譏諷之意，此首集中不載。

戴主事春言："吾松有衞生者，手大指甲中有一紅筋，時或曲直，或蜿蜿而動。或曰此必乘雨濯手，龍集指甲也。衞因號其指曰赤龍甲。一日與客泛河，酒半，雷電繞舡，水震蕩，衞戲語坐客曰：'吾家赤龍得非欲去耶？'乃出手于船窗外，龍果裂指而去。語云：'神龍變化不測。'信哉！"

唐伯虎有風流遁數千言，皆青樓中游戲語也，吾松郁伯承家有藏本。

徐長谷《品惠泉賦》序云："叔皮何子遠遊未歸，汲惠山泉一罌遺余東皐之上。方静掩竹門，消詳鶴夢，奇事忽來，逸興横發，乃乞新火，煮而品之，俟何子歸而謝焉。"

眉公云："學書僅摹石刻，而不多見真迹，便是虬髯未見唐太宗也。"

元時有一全真道人，寓太古庵。一日取二鰍魚，一黄一黑，大小相侔者，用藥塗利刄，各斷其腰，互换接綴，首尾異色，投于水中，浮游如故。郡中衞中立以盆池養之，經久不死。

陶九成于秋七月，飲于泗濱夏氏清樾堂。酒半，折正開荷花置小金卮于其中，命歌姬捧以行酒。客就姬取花，左手執枝，右手分花瓣，以口就飲，其風致又過碧筩遠甚。九成因名爲"解語杯"。

西蜀敖公選筮仕上海，清嚴絶俗，在官五載，未嘗見其笑容。課最，入爲御史。去官之日，僅携三簏，不加扃鐍，所貯破衣敗絮而已。獨訊獄過于刻覈，事涉人命，即羅織鍛鍊，無一得免。公後居喪爲母營葬地，乘馬山行，忽有大鳥從空中奮翼撲之，馬驚墮深谷中，肢體糜潰以死。因念此公清德，不宜罹此慘禍，或者治獄枉濫之譴報歟！

張叔翹云："近世士大夫解組之後，精神大半費于宅第園林，窮工極麗，不遺餘力。然未有能長享者，非他人入室，則鞠爲茂草耳。夫容膝易安，會心匪遠，但使俗塵不染，胸次蕭然，則江山風月，卉木禽魚，觸景皆供我樂矣。奚必名園華厦哉！"

大參鳳峰沈公善草書，當其興豪落筆，頃刻數十行，直驅雲霧而走龍蛇，可謂入藏真之室矣。乃公自謂學書最晚，依驟古法。今觀公字體遒逸，不束于法，自名一家，譬之神駿騰踔，蜚步絶塵，不在馳駈控馨間也。

梅道人畫竹入妙，吾松孫雪居用硃筆追倣之，咄咄奪真。如淮陰侯拔趙幟立漢赤幟，以奇取勝也。

米元章守漣日，以好石廢郡事，幾爲楊次公所按。雪居解漢陽歸，室中蕭然無長物，獨手撫奇石，置蒼雪庵，坐卧玩之。夫已謝郡，料不爲人所按，然與世異好，將不中米顛之癖耶！

河豚味美，能毒人，然不食此魚，不知魚味。世常有飽其毒，而食者不廢，是欲饜三寸舌，而擲一死試之也。世間果何物而值一死者哉！陸平泉云："家東海魚羹秔飯，飽食半生，獨于此不一染指。""荻芽乍長，河豚正肥"，客有舉東坡資善堂語嘲余不知味者，姑以前言漫對之。

平泉云:"蠶與蜘蛛,均蟲類也,其吐絲同。然蠶之用,衣被天下,終以此斃,而不能庇一縷,蛛獨安食其生者。蠶受食于人,以其用自殘,蛛僅僅于周身,幸不爲人取材也。因食于人者,能不免耶? 抑無用者之獨全也。是皆物理之可推者。"

成化二十二年八月十二日正午,天宇澄霽,皎無纖雲。松江城郭中人,見空中駕一小舟,從東而西,又折而東,落于序班董俊卿樓上。市人往觀者塞道,細視之乃茭草所結者。時俊卿之父已患耳瘡,乃曰:"此船來載吾也。"瘡果不療而卒。

馮孝標從其叔祖元敏公,至仙遊九里河祈夢,仰見天際"丙丁"二大字,其字青色。每向友人談此夢,僉不解其故。至三十年後,丙年丁月丁日捐舘時,國號已改革矣。

三原王公恕巡撫江南,雲間錢學士溥面譽盛德不已。公曰:"得毋有所干乎?"錢曰:"即此明哲,非人所能也。"以訟狀出諸袖中。公曰:"此事難行。"錢曰:"彼憐我,數至數餽,似不可拒。"公許之。又出一狀于袖中曰:"諺云: 一客不煩二主。"公笑曰:"足以答公譽矣。"

袁凱忤太祖,詭得風疾。上每念曰:"東海走却大鰻魚,何處尋得?"遣使拜爲本郡學博。凱瞠目熟視使者,唱"月兒高"一曲。使者還奏,乃止之。(海叟白燕庵中有楹聯云:"春風燕子依然入,大海鰻魚不可尋。")

陸宅之善諧謔,每語人曰:"吾甚愛東坡。"時有問之者曰:"東坡有字有文有詩,君所愛何居?"陸曰:"吾愛一味東坡肉。"聞者大笑。

張磊塘亦善諧謔。一日赴文貞席,食鯧魚、黄魚,庖人誤不置醋。張云:"倉皇失措。"文貞腰捫一蝨,以齒斃之,血濺齒上。張云:"大率類此。"文貞解頤。

曹定庵入城,必令二人操小舟,身自持舵,或祭祀則躬採蘋藻。久之舟壞,公惟徒步往來。太守吴公鉞惠以舟,署曰采蘋,恐公不納,乃令士大夫題咏成帙而後致之。公重守雅意,惟採拾事宗廟則駕,否則置之水濱。定庵居廣富林,不輕入城市,郡邑長初至,一通謁歸即杜門,守令至亦不接見。年八十,不復冠帶見賓客,止氈帽布袍,日常惟賦詩飲酒而已。富林里中有焦生者,數有横逆之加,公勿與較。一日酗酒惡詈,其僕以告公,曰:"吾不聞彼駡,但聞若駡耳。亟去勿多言。"時方春耕,生又以白堊書公名于牛腹,且捶且駡。僕復以告公,曰:"雨至當濯去耳,庸何傷?"生又陰遣人伺公出,遺之嫚書,公佯謂:"若主折簡召我耶?"即徒步詣焉。其家辭以他往,公曰:"我坐待若主歸也。"生不得已乃出,公談話良久,無一語及他。已笑謂:"日過中矣,能脱粟相待乎?"生勉爲具以進,相與酧對移晷,歡然而别,此生于是媿服終身。即此一事,曹公盛德,非今世所有矣。

華亭著姓曰顧、陸、朱、張,張起彭城,輔吴三世有功。其後與丞相濮陽興議立孫皓不合,遂散其族于東上三郡,今三郡之張獨盛于華亭。入明朝,各以所居地名其家,如白灘之世爲石幢張,其一也。其他若城河、漕涇、龍華、塘橋、陶行、鶴城、三節、石牌、儒林,諸張之名甚衆,而漕涇爲莊簡公之派,城河爲莊懿公之派也。

吾松郡守,若進賢黄公之剛果,保定趙公之清静,上虞葉公之廉明,稷山王公之方嚴,常山樊公之簡易,鄢陵劉公之沉毅,宜春劉公之詳密,順德何公之精明,皆表表著見,爲世聞望也。

張黼上海人,未第時嘗夢人語之曰:“汝名先狀元。”覺而思曰:“吾其殆乎,第豈有登狀元先者?”及會試榜出,名在二十,而鉛山費狀元宏在二十一。幼時又嘗夢神示府丞,莫測其故,及致仕,果有府丞之命。

徐長谷精于術數,每多奇中。嘗與董子元過一友家,退而私語曰:“此君會有鼓盆之變。”已而果然。子元問何以知之,長谷曰:“向見其新易扁額曰‘賢科接武’,接者妾也,以妾當門,非喪偶之徵而何?”

陸君策丙戌會試,夢場中作表,旁有一人謂曰:“吾羅一峰也,君之表文甚佳,第中間當更易數語。”覺而心喜自負,以羅公乃前丙戌狀元也。及入闈作表,且脱稿矣。適唐元徵過,索其卷疾讀,謂文脉有不接處,爲作數語益之。既去,君策乃憶夢中事,惘然自失,唐公果以是科狀元及第。

陶振字子昌,號釣鰲子,又號臞叟,歷仕教職。洪武初以佃官房謫戍,撰《飛龍在天賦》《紫金山賦》《金山賦》三篇。表上,高皇帝嘉之,去戍籍得歸。隱九峰之間,授徒自給。忽一夕爲虎所噬,王達善以詩輓之,有“昔爲海上釣鰲客,今作山中飼虎人”之句。夫國初法峻,子昌以微過戍讁,歸而又不克令終,亦可憐矣。

包子德生于嘉靖三十年辛亥二月四日,髮未燥而日本島夷躪入中國,自閩浙大江而南,蹂破百城。時徐文貞柄政,天下兵四集于松,以故城得完,而鄉之奔潰者多矣。穆廟初立,訛言采童女,子德是年甫十七,隨俗婚于某氏,不兩歲而亡。至神宗九年,再娶某氏,年九十五而終于宏光之元年,蓋繼室而爲夫婦者七十二年,此古今所僅見也。

神山名秀林山,或稱辰山,在華亭西北二十餘里,列九峰之四,僻在一方,而自然幽秀,自古神仙往往托迹,實震旦之靈阜也。張七澤覽茲佳勝,睠焉有懷,乃録梁簡文帝所作,銘之曰:“閣號天井,山稱地維,碧鷄金馬,越瀆梁池。懷靈藴德,孕寶含奇,此亦仙岫,英名遠摛。昔有鷺窟,不燒净土,邁彼高蹤,搆茲法宇。引葉成帷,即樹爲柱,石砌危横,崖階斜豎。白巘途遠,丹源路深,長林萬頃,偉木千尋。竹裏看博，松間聽琴，捐氛蕩累，散賞娛襟。”吾郡九峰之勝，擅名東南，而古來題咏絶少，借此作銘，足使山林生色。

簳山舊云“土宜美箭”，故名。陶南村《林岫軒記》，叙諸山之勝，曰：“鳳凰天馬，横雲細林，崐佘薛笴鍾賈，圭峙屏列，巉絶窈曲。”按字書，笴，箭幹也。《郡志》元季有笴隱生，居簳山，因以目號。而《陶集》又有“笴西高處士壙志”，則此山蓋舊名爲笴，今人罕知之者。

泰昌年間九月，上海杜氏有馬孕而病。及産一胞，得石子十餘枚，大者類鷄卵而扁，色蒼潤如玉，小者差大于菽耳。按《輟耕録》此名鮓答，蒙古人祈雨用之，浸以浄水，默持密咒，淘漉玩弄良久，輒有雨來。又謂走獸皆産，惟牛馬者最妙。

泗涇有兩人對弈，適聞雷震，戲相謂曰：“詎便擊我？”須臾忽不見。良久，聞地板下有號呼聲，啓視之，則兩人在焉，竟不知從何而入。其髮相對綰結，不理自解。兩人遂終身不省人事。

上海有馬三梧者，行道中，忽遇雷霆，一霹靂針落其腋下，此人竟無恙，但惶怖累日而已。俗謂雷神好戲，觀此二事良然。

徐寅陽始冠時，其父太常倣古行冠禮，欲得郡守爲重。守乃堯山臧公，性方嚴不可干以私，而獨與鳳峰沈公善，太常因託以請。沈見臧公，徐言：“存齋冢孫冠，借重公祖訓誨之，老公祖以爲何如？”臧公斂容曰：“人家一小兒戴帽子，何關府縣事？”沈公一笑而出。

錢塘范十郎二女，俱爲雲間富民陸氏妾。長曰鶯鶯，寵甚，早世。次曰燕燕，與群妾並埒。陸病且貧，鬻所居棲墓廬，群妾皆散，燕燕獨存。食貧者十年，陸死自鬻以葬。事見宋人《隨隱漫録》。

《郡志・宦迹傳》載，陳寧洪武元年知府事，未幾政成，遷山西參政。按廖道南爲寧傳曰，寧以洪武二年由兵部尚書出知松江府，遷浙中行省參知政事，尋復召爲御史中丞。宋濂常稱其出守劇府，剗累政之積弊，登難集之積賦，政令所及，精采一新。今《郡志》履歷與廖不合，而政績亦絶無所見，似當考正，無令賢守泯泯。

太祖嘗登鍾山擁翠亭，詞臣扈從，給筆札賦詩。時應制者八人，秦裕伯與焉。裕伯在吾邑雅有才望，惜當時不以詩賦傳耳。

張七澤少時，嘗見人將飲，先以一指漬酒，于案上畫一圓圈，而連點之，不解其故。及從宦嶺上，乃知彼地多蓄蠱毒，置飲食中，入肆沽飲，作此法禳之，則蠱不能害。

水蜜桃獨上海有之，而顧尚寶西園所出尤佳，其味不亞于生荔枝。又有一種名雷震紅，每雷雨過，輒見一紅暈，更爲難得。

邑之山林塘有射鳥者，生平殺鳥雀無數。一日行經神廟前，忽有群鳥飛繞啄之，驅之不能解。及倉皇入廟，扃户不敢出，群鳥仍聚而噪呼，竟日不去。逮暝始得脱歸，不數日而死。

趙思愛真定壯士也，嘗遇盜，被脅不從，矐目斷手足，投之于阱，幸而不死。久之創愈，猶能以兩半臂舞六尺棍，旋轉如飛，人莫能格，市中觀者如堵。辛酉冬曾至雲間，見者咸驚咤以爲神。

嘉靖甲寅，倭夷攻青村城，驅所掠鄉民臨濠斬之，以懼城中。有一人將被刃，忽躍而渡濠，又一躍而遂及城上。衆皆驚問，乃曰："吾不見有城也。"又小説所載，有人墮井中，仰望天光，注想久之，不覺竦身飛出，與此相類。語云：神能飛形。蓋實有是理也。

張七澤初選比部，李易齋謂曰："此雖冷曹，然僚誼最好。"一同僚曰："此如貧家兒，既無財産可争，兄弟自無相尤耳。"衆皆稱其善喻。

楊給諫允繩，當世廟時，南方倭夷内訌，連年未平，嘗感憤上疏曰："近來督撫之臣，涖任謝恩，必有常例銀兩餽送權要，大者數百，小者數十，名曰謝禮。至于任内有所題請，開送揭帖，則又伴以儀物，名曰候禮。又歷任頗深榮名美擢，或地方有事希求脱任，或有罪而求彌縫，或失事而求覆庇，如此數遂不貲。大率此等銀兩，在省取之布政司，直隸取之府州縣。有司既爲巧取，承迎不無德色，督撫諸司自知非法接受，亦有靦顔，既入牢籠，實難展布。使在平日猶不能振揚風紀，建立事功，况軍伍之時哉。則其玩愒陵夷，蔑法誤事，又奚怪也。且有司賄賂督撫，皆取具于民間，而近來督撫交代頻繁，則有司需索又加苛刻，不肖者又因之影射乾没，其間指一科十，椎膚剥髓。即今江南四野邱墟，赤地千里，區區孑遺待盡之民，猶苦掊刻侵削之患。臣恐民窮盜起，莫知終極，異日國家隱憂，不止海島之間已也。伏望勅閣部大臣洗心易慮，正己奉公，割絶朋昵之私，迅掃苞苴之習，此則澄源平倭之要道也。"此疏張侗初從實録中拈出，載《倭變志》。

陸太僕劬思，己丑登第，時當館選。文定公貽書戒曰："于家則虞滿盈，于國則妨英俊。毋趨捷徑，毋昵權門，乃我子也。澹泊静退，此吾四字家箴，兒謹佩之足矣。"書至都下，聞者無不嘆服。

包元達戍湟中，徐鳳江遺以《美人圖》，公咏之曰："能憐征戍苦，拂素惠名姝。色並王嬙麗，人應漢代殊。無端過絶塞，豈亦嫁單于？行雨衣猶潤，凌波襪尚濡。佩懸于闐玉，環綴大秦珠。團扇秋風早，單衾夜雪俱。臉桃寒未落，眉柳凍還敷。

本效當熊節，寧貪射雉娱。恃容翻見枉，掩鼻詎憐誣。長信恩何在，高唐夢有無。轉蓬隨雁度，明月伴人孤。旅思驚羌管，歸心托漢繻。含顰雲亦慘，洒淚樹爲枯。倘購千金賦，應還九折途。”公以建言獲譴，此詩蓋以自寓，而忠愛之意溢于言表，略無牢騷不平之感。

白玉蟾有《泛舟松江》詩曰：“白酒黄封冽以妍，鱸魚買得一雙鮮。舟行無浪無風夜，人在非晴非雨天。醉熟不知天遠近，夢回但見月嬋娟。垂虹橋下星如織，雲滿長洲水滿川。”

松俗婚嫁，貴顯之家率用一蓋前導，然或青或黄，必隨其家官品，不敢踰越。近來即庶民富室亦多僭用，甚至厮輿之賤，家稍温者，必借爲美觀，且蓋必用黄，即青亦不屑矣。濫觴至此，可爲一笑。

張王屋初入都謁選，時世廟方事元修，諸臣競以青詞媒進，文貞素知公才名，諷使爲之，中翰可得也。公曰：“爲我謝相公，張生豈作青詞者耶？”文貞聞之不懌，公竟選得浙之臬幕。及之官，同邑秦少説爲僉憲，待公頗峻，又數以筆札役公。公曰：“士即一命，當以職事自効，何能爲捉刀人？”遂飄然投劾歸。

戴伯玉令曲江，暑月謁上官歸，經山中，渴甚，見澗水清澈欲飲。從者力諫有毒，伯玉嘆其妄言，竟飲之，還署即腹疼而卒。可不戒哉！

顧東江與曹定庵最相善。定庵卒，東江以詩哭之云：“公昔還山我出山，吾歸公已厭人間。名高白傅身仍健，詩比陶翁意更閑。鄉里後生遵楷範，廟堂諸老問容顔。玉屏西面青塋列，時有遊人拂蘚斑。”讀此詩，其推服曹公至矣。至修郡志乃不爲公立傳，僅附見于其兄時和小傳中，第曰“以學行稱”而已。夫曹公政迹行誼，師表一代，可傳者甚多，何得以四字盡之。或謂兩家子弟搆隙，東江不無私憾，然千古輿論之公，誰能終掩？

郡有富人目不識丁，乃好藏古法書。嘗閲晉帖，見王右軍《蘭亭序》，語人曰：“此公武弁也而工書，更自難得。”聞者掩口。張肅之言山陰有王姓者，好附會名閥，或問：“君去右軍幾世？”答曰：“我乃民籍也。”二事正相類，可入笑林。

郡有屠狗者名沈三，一日狗方就縛，忽作人言求免。沈怪而且怒，亟殺之。越一日，忽持刀狂走自刎死。此天啓壬戌十二月事也。

郡人張昉工詩，家甚貧，或竟日不能舉火。青浦令屠長卿聞而造訪，避勿見，餽以金勿納，索其詩亦勿與。嘗曰：“吟咏以抒性靈，消歲月則樂志，若以介軒冕，丐糈潤則苦情。”人皆稱爲名言。公號友蓮。

袁祠部用晦爲諸生時，嘗言：“釋道敬事仙佛，日必焚香誦經，吾儒何獨不爾？”

書齋懸孔子像，每日晨起肅拜畢，即斂衽端坐，朗誦《四書》一章，然後治他事，終歲率以爲常。

張七澤夙慕趙清獻公之爲人，及出守三衢，實出維桑之里，詢其後裔殊寥寥，僅一守祠生趙承寵，而家亦赤貧，年三十而未娶。張捐俸爲之求婦，里人以太守公屬意，始有應者。七澤去任聞已生子。

任公環同知蘇州，值倭亂，躬擐甲胄爲士卒先，連戰皆捷，偶失利。有庖人徐佩者，服公服給賊，佩見殺而公獲免。後論功擢山東僉事，兵備蘇州，已復加副使。蔭一子，千户世襲。吴人建祠祀公，而徐佩之後得世充府皂隸守祠，至今不絶。夫任公有大功于朝廷，子孫食報宜也。徐佩身代公死，足稱義烈。且東南半壁，藉公再造，佩實貽之，佩之功勝斬馘多矣。一隸恐未足示酧，或令其子孫世襲百夫之長，亦不爲過。

武夷之勝，古今相傳。吾郡陸文裕公經武夷，先觀瀑布泉甚奇，羽士特出一朱匣，爲公焚香開示曰："此魏王仙子頭也。"魏爲秦人，當昇仙時所蜕骨，今藏之三千年矣。公諦視，見廣額獨異，色滋潤可玩，略無枯朽狀，公嘆異久之。近聞上官以觀此頗費迎送，已瘞土，不可復見。

顧東江自儆聯云："須知得宇宙内事，皆己分内事，則能以方寸之心爲千萬人心。聲色貨利意無不遂，樂矣而憂在其中。利慾火牛，宴安鴆毒也。操修綜理，日不暇給，勞矣而逸在其中。作德日休，有備無患也。事須盡出于己，理必有獲，善須博取于人，德乃可大。事親若曾子輿，纔成得一個可；多才如周公旦，着不得半點驕。悟塞上翁之論馬，則事至而勿驚；知百里奚之飯牛，則物來而皆順。責人者心常不足，修己者樂自有餘；不厚望于人則無怨，惟自責于己乃有功。家法無多，能正身則能正事；歲功不爽，有東作則有西成。儘前行者地步窄，向後立者眼界寬。立得正纔行得通，做得小方做得大。直也如弦，縱道邊夫復何憾？比而得獸，雖邱陵亦奚以爲？以義處事，義既立而家有成；以利存心，利未得而害已隨至。"觀此數語，處身處家，無復遺理。

文僖公節録《陸放翁家訓》數段，公自跋云："雨中觀《水東日記》有感，因節其尤切于事者録示子孫。若向上事業則不止于此也。"其曰："天下之事皆成于困約，而敗于奢靡。"又曰："爲善乃士人常事，今乃規身後福報。若市道然，此吾所深恥。使無禍福報應，而可爲不善耶。"又曰："常人之情，見他人服玩不能不動心，此是一病。但念此物吾若有之，竟亦何益？使人欣豔，于吾何補？"又曰："訟訴一事最當謹始，使官司公明可恃，尚不能必當。或官司雖無心，而吏人佐使亦何所不至。事後悔之,固無及矣。鄰里所争,不過侵占地土,逋欠錢物,及兇悖凌犯耳,徐徐諭之可也。"李漢老作叔父成季墓志云:"居鄉則以困畏,不若人爲哲。"真達識也。是皆名言,可以誦法。

吾松海陬,有地名三沙者,其一蜆沙,岡袤亘數里餘,掘地皆蜆沙丈餘,不知何時聚蜆沙之多若此。

莫中江嘗稱唐荆川詩,謂"直追沈宋"。其《送程太史謫潮陽》詩曰:"白晝鮫珠落,青天蜃閣分。"又:"啼猿三下淚,明月兩離居。"《贈張相公》詩:"儒生東閣承顔色,酋長西羌識姓名。"《咏珠燈》詩:"出海鮫珠猶帶水,滿堂羅袖欲生寒。"置之初唐,真不易辨。人常從公遊,夏月席藁不施茵帳,即白鳥嚼膚不顧也。出則小艇一葉,僅容二人。嘗語學者有富貴氣,于詩文必不佳。又言近來文章不以用世,而以媚世也。名言哉!

郡有馮氏之婦將産,使元敏公詳之曰:"未知所産若何?"時元敏執鍵,語之曰:"必男也。鍵爲牡,管爲牝,所執牡器是男祥乎?鍵從金,其必在庚辛日乎?"已而温州王應鍾來,自謂數學無敵,元敏書宙字使之卜,對曰:"字十畫爲《兑》卦,《兑》爲少女或女也。"元敏曰:"否否。人十月而生,十畫其應也。宙字之首與宇字同,其爲天也。下爲由,則男字之出頭也。又爲申之半,其必在丙申月内乎。"既而果生男于丙申月庚申日,一一不爽。乃知古人數學,皆是意測,非有他異也。

秀野橋癡阿六,姓張,篾工之子也。頗得仙氣,矢口而言,無不中款。陸劬思子公履問以終身,答曰:"金帶結果。"公履自謂日後官可郡守。無何進香茅山,抱病逆旅,病篤報至,劬思倉皇無措,以金帶鬻棺,其言神應如此。

泖西有沈介石先生者,精于藝菊,常自言:"予性嗜菊,自少至老,朝斯夕斯,行止坐卧,惟菊是知,與此花作五十年交矣。"得種四百有奇,其滋培灌溉另有妙法,故花亦迥出尋常。崇禎庚午,余嘗訪之,東籬下五色燦爛,瓊瑶奪目,不啻身遊丹宫絳闕中。有一種其花朵大如碟,劈中分界,黄白各半,奇絶可愛。余曰:"此果原種耶,抑造作所致乎?"介石笑曰:"嗜久成癖,癖久而與花神遇,此呈奇獻巧者,殆神爲之耳。"所著有《菊譜品評》,兼附栽法。

正德間吾松陸潤玉,號夢庵,工詩,有《夢庵集》。時沈貞吉慕其才名,延爲西席,訓其子周,即石田先生也。

何元朗寓居吴門時,嘗過皇甫百泉小飲,百泉次日作詩來謝,中一聯云:"甕非隣舍酒,鱠是故鄉魚。"後元朗移家歸松,王玉遮來訪,泊舟河下,酒半作詩贈元朗,中一聯云:"門柳舊五樹,江鱸新四鰓。"夫二詩撫寫皆工,但中間稍有不同,而體貌殊别,乃知詩家作用變幻,不可以神理推,不可以意像測,情景日新,由人自取。顧東江最賞元朗《咏牛女》中一聯云:“情隨此夜盡,恩自隔年留。”

書家稱三宋:宋克、宋廣、宋璲。廣字昌裔,吾松人也,書學素師,兼善行草,亦入能品。

張王屋《集唐雅徐賢妃》詩:“井上夭桃偷面色,檐前嫩柳覺身輕。”何元朗曰:“覺字悮矣,當是學字。蓋夭桃當偷其面色,嫩柳猶學其身輕,始有意味,若覺字則索然矣。”王屋以爲然,遂刻學字。

張莊簡公有《感懷》詩云:“世情人事競紛紜,獨倚閑庭厭見聞。多少變遷如醉夢,尋常翻覆似風雲。是非未必終無辨,得失還應久自分。撫景有懷何可已,漫憑詩句寫云云。”又云:“鬅鬆年來漸漸蕭,一牙已落一牙摇。侍郎屢轉更三部,甲子重逢歷五朝。宦况中天明月浄,鄉心邊海白雲遥。更思食禄將何補,無奈滿懷歸興饒。”又《步懷》云:“六街風景四時春,車馬喧闐一片塵。可嘆古今長似此,不知换盡往來人。”其二云:“春風和絮滿林間,蜂蝶偷香競往還。何似滄江幽静處,青山長伴白鷗閑。”又《暮春偶成》:“春風飛絮滿長堤,况復沙塵路欲迷。遐想南方當此候,鷓鴣啼徹杜鵑啼。”其二云:“陰霾漠漠暗春城,老眼看花可獨明。宦興淡然無所繫,鄉心都屬子規聲。”《讀〈易·損卦〉大象有感》云:“懲忿心清涼,否則如熱火。奚翅爲人災,亦有自焚禍。”其二:“窒慾聊自修,縱慾真自伐。似此生死關,相去不容髪。”《寓懷》云:“日月無停轉碧霄,昨宵今日又明朝。榮華過目塵棲草,世事驚心鹿覆蕉。花向四時開更落,潮隨二氣長還消。悟來物理皆吾性,生意滿腔真趣饒。”《示子》云:“立志莫他適,用功休暫遲。更能務寧静,便是出身時。”《暮秋偶成》云:“萬卉彫零日,蕭然眼界空。山容依舊在,水色與天同。菊老香逾遠,楓衰葉更紅。晚情多景趣,吟好送飛鴻。”《題倪雲林卷》云:“平時自擬見幾先,詩畫留情棄宅田。何事後來逃難日,却于漁艇爇龍涎。”《題扇》云:“伯牙不常無,子期不常有。高山流水音,世人聞得否?”《題梅》云:“歲寒興味一般清,終日相親似舊盟。琴弄有聲渾適趣,羅浮無夢竟忘情。月明東閣扶笻立,雪滿西湖載鶴行。更愛春風摇落後,儘多青子可和羹。”《題子陵祠》云:“自是先生識趣高,却將聲勢等鴻毛。釣臺不似雲臺險,肯脱羊裘换錦袍。”其二:“山下祠堂傍水開,每多行客拜祠來。當時若脱羊裘去,千載何人説釣臺。”其三:“榮華只作等閑看,生計依然一釣竿。千古桐江江上路,清風猶自逼人寒。”其四:“客星久隕釣灘頭,景物推遷幾度秋。獨羨芳名垂萬世,青山長峙水長流。”《示子書》云:“予于世途中,見古人得失之驗。自三公至士人,凡和惠恭温者,雖亂世亦享有遐福。驕奢淫惰者,即治世亦多所不堪。驗之今人,殆亦皆然。特人昧于淺近,不能深察而默識之耳。竊念自少問學,無所指明,雖欲究理,未克反身,近始覺悟,補過莫及。所謂行年五十,方知四十九年之非,蘧伯玉吾師也。汝二子方繼志習學,宜汲汲乘此可畏之時,是訓是則,惟日不足,冀無後日之悔,乃可謂能子矣。且今處父母之邦,尤宜慮以下人。每思孔子接人,温良恭儉讓在鄉黨,恂恂似不能言,聖人尚爾,我當何如?必更若婁師德所謂唾面自乾,抑亦可以平心易氣,而益進于學矣。千里示訓,舉一遺百,《自警篇》不可不觀,當與《小學近思録》並置坐隅,知一句,行一句,斯可矣。"

王克敬字叔能,元時爲浙江行省參政。時松江一大姓,歲獻漕米萬石至京師,其人既死,子孫貧且行乞,有司仍歲徵,勿足則雜置于松江田賦中,令民包納。克敬曰:"匹夫妄獻米,徼名爵以榮一身,今身死家破,而又已奪其爵,何可使一郡之人連受其害,國家寧乏此耶!"具奏免之。

吾松太學顧正心,號清宇,苦于踐更,助義役田四萬餘畝,朝廷旌之,免其徭役,一時承役者頗沾其惠。迨後佃户與田保表裏爲奸,較之初時,取租僅得其半。已後方岳貢守郡,没入此項,作爲公費,即着輪役者取租輸税。豈知佃户田保積蠹已久,每累役人鬻妻子以免血杖,甚至無償者死于縲囚,而顧氏子孫亦爲賠償此項,以至售田園而徙出鄉者有之。所云"作善降祥",斯言欺吾哉!

先太僕懷野公助邊之舉,出于至誠,急公論者謂其義高于卜式,璽書褒奬,建坊表異。有司爲公立助邊册,免公裔徭役焉。鼎革後,郡守盧名士俊,貪虐無厭,無事生端,從助邊二字生端詐害,將公嗣子誅求無已,不一載而家業蕩盡,幾不能奉公烝嘗,言之真堪痛心。昔人云:"好事不如無。"旨哉斯言矣!

吾松錢璧字伯全,中元至順壬申進士。嘗納一女鬟,風姿秀麗,其室勸伯全私之,伯全正色答曰:"我育之以侍巾櫛耳,汝欲敗吾德耶!"即具貲嫁之。

曹介人分授兒輩詩云:"人壽即期頤,瞬息猶如寄。青鬢變華顛,迅捷如奔驥。俗眼戀紛華,醒固不及睡。百年忽腐骨,誰愚復誰智?憐余錯經營,擾擾幾半世。年纔逾耳順,容顔已憔悴。造化大圈子,骨肉總兒戲。産在猶爾我,寧分棄與置。恆産非累人,幸弗爲産累。膝下無頑兒,安敢望良嗣?富或埒猗頓,權或壓梁冀。道民睁白眼,僅僅黔驢技。彼若有興隆,此必有廢墜。夏熱仍冬寒,循環屬四季。白屋换朱門,餓夫勝千駟。名利徒自争,長策在素位。貧固惹人嘲,富亦來人忌。廩廥不在畦,金璧不在笥。守業豈爲難,接物乃非易。談笑藏戈矛,時時現魑魅。誠覓禦侮人,終莫如兄弟。爲爾貽豐芑,長枕與大被。"

梁溪華某者,富人子也,雅慕鶴灘公,以厚幣納交,公不受。而里中老儒薛河東，乘間潛謁華氏，冒稱公師，華氏張筵款之。生據上座，富人子磬折行觴。未幾，而蒼頭絡繹報公入邑矣。薛皇迫請出更衣，因馳詣公跽請曰："以小子之不良，無能餬口于鄉也，而借公之重，以覓錢刀于茲，罪矣，請以死報。"公笑而慰遣之。因過華氏漫語曰："所不辭跋涉者，爲吾先生庚癸謀也。"華乃出橐中數十金資薛。薛既得志，復往海上，如所稱梁溪者。已而使酒淩其逆旅人，逆旅人覺其詐，以詰公，公曰："雖非不佞師，實不佞友也，幸毋急若。"生乃得脱，公之處人類若此。

鶴灘遇郡邑每落落，太守劉琬頗憎之，嘗語人曰："此白眼兒，奈何負一第而不置吾輩睫間也，獨無急吾時耶?"公不顧。已而守偶以事撻丞，丞恚甚。已而丞失官，疑守也，誣守受贓千金。部使者入其言，幾露章矣，然守實廉節方介人也。公聞之，駕一舟之吴門，力爲守明其無他，部使者乃釋守，公亦不言。會守謁謝使者，使者好語慰曰："知君有胡威之清，非錢太史，幾負賢守矣。"太守太息曰："不意士大夫之疎我者，而援我乎!"已守歸，欲暱之，而公疎之如故。未幾公卒，守往哭之，出資爲治葬，復作享堂，以報公知己之感。

佘山茶實與虎邱伯仲，眉公嘗云："深山名品，合獻至尊。"惜收置不多得也。

高拱與徐存翁書云："僕不肖，昔在館閣，不能奉順公意，遂至參商，狼籍以去。暨公謝政，僕乃召還，僉謂必且報復也，而僕實無纖芥之懷，明示天下以不敢報復之意，天下之人固亦有諒之者。然人情難測，各有攸存。或怨公者，則欲僕陰爲報復之術；或怨僕者，則假僕不忘報復之名；或欲收功于僕，則云將甘心于公；或欲收功于公，則云有所調停于僕。然而皆非也，僕之意蓋未得甚明也。古云'無徵不信'，比者地方官奏公家不法事，僕實惻然，謂公以元輔家居，豈宜遂有此也? 且兔死狐悲，不無傷類之痛。會其中有于法未合者，僕遂力駁其事，悉從開釋，亦既行之矣，則僕不敢報復之意，亦既有徵可取信于天下矣。蓋雖未敢廢朝廷之法以德報怨，實未敢借朝廷之法以怨報怨也。念昔僕典試時，嘗以題字致先帝疑，公爲解護，實心感之。當公不悦僕時，僕曾明告公云：'公即仇吾，然解先帝疑一節，終不敢忘，必當報効曹公而去。'言固在耳，公不記憶之耶? 固當日初心，無敢變也。夫既有以取信于天下，則乃可以有辭于門下，故敢奉書布區區之意。今以後願與公分棄前惡，復修舊好，毋使藉口者再得鼓弄其間，則不惟彼此之幸，縉紳大夫之幸也。丈夫一言，至死不易，皇天后土所共鑒臨，惟公亮之。不宣。"

宋堯俞上張江陵書云："伏聞哀訃，朝野震驚，以爲相公不日跣奔歸矣。而聞諸道路，天子下曠世之典，將使相公不得終喪。僕愚以爲相公留，天下蒼生幸甚；相公去，天下萬世幸甚。相公名已遂矣，功已成矣，天其或者愛相公而奪尊大人之年乎!

欲留者情，必去者禮。今相公欲徇兩宫之命，自附于温驃騎之儔，竊恐四海之内，百世之後，不以相公之自信者信相公，而以不肖度相公。且令群臣以疑樂羊之心動主上，則主上疑。主上與群臣交疑，而合之以風影之事，異日者雖百口何以自文。曩者國家當土木之後，安危係于肅愍公，然公懇志終喪，景皇莫奪。方今覆盂安瀾之日，正相公行禮知足之時，誠以此時飄然魏闕。服除後主上不忘老臣，安車屨命，而後從容就道，豈非主臣之盛軌歟！即不幸而謗訕風起，則先皇之靈在天，主上之鑒如日，老臣亦何藉利器要津以防民之口也。故當去而去，其禍微；欲去而不得去，即禍不及其身，其禍重。人亦有言，擇禍莫若輕，惟相公裁察。”

劉琴樂名鴻，其先世忠肅公爲宋丞相。善琴，公其後裔，能世其學。宣廟時召公至京，焚香賜坐，聆公高山流水之音。及公歸松時，有御札贈之云：“冰絃亂叫夜鶴，金徽急瀉秋泉。此夜長亭送別，白雲故里三千。送琴士劉某還華亭，子子孫孫誰敢差役？”因賜一匾，額曰“古今徵召之堂”，堂在小蒸。

董玄宰云：“東坡戒殺，自謂經憂患之餘，今有不罹世網而深念物命，薄滋味，養慈悲心者，尤可尚也。”

萬曆丙午七月，華亭趙某詣青浦探親，舟行次見一人立舟上，諦視之，則亡僕也。驚問之，答曰：“承役冥司，今將追捕三人耳。”問三人爲誰，則曰：“一湖廣人，一即所探親也。”其第三人不答。又問：“得非趙某否？”曰：“然。”趙大駭，至所探親家，則已聞室中哭聲矣。益駭甚，趨棹返舍。僕曰：“君且無怖，及夜吾不至，則君免矣。”趙問何故，曰：“于路見有爲君解者，以君闔門戒殺也。”夜果不至，趙亦無恙。

思宗初年，極喜看陳仁錫批點《資治通鑑》。嘗云：“秀才看《通鑑》，豈有帝王不看《通鑑》？”陳眉公作書報唐鶴公曰：“皇上云：秀才看《通鑑》，豈有皇帝不看《通鑑》？弟亦曰：皇帝看《通鑑》，豈有秀才不看《通鑑》？謹此奉覲。”

張叔翹備兵蒼梧時，云總府後山有椿樹，其大連抱。萬曆辛亥七月三日夜，忽有火從中出，樹立焦燬，而根株尚存。《淮南子》云：“老槐生火。”而《抱朴子》云：“山中夜見火光者，皆久久枯木所作。”凡木老皆能生火，不獨槐也。

隆慶三年戊辰春正月，民間訛傳京師差内臣按屬索江南女子入宫，自淮以南，縉紳士庶之家無不驚駭。雖稱老成持重者，竟不能安其室。媒婆禮贊日逐追迫，男女婚定者，自九歲以上忙促嫁娶，未婚定者出其子女于通衢，任當婚者掠娶，貧賤不計焉。或道路説合，姻配雖成而兩家姓名不通。或女髮未燥，竟得鬚鬢斑白之老夫。境内鼓樂之聲晝夜不輟，花燭之會貧富同懽，而飲食物價頓增十倍。一月以後，訛言竟寢，民皆撫掌成笑林，然白璧已委之匪類多矣。元至正間，江南爲繡女訛傳,十年無嫁娶,此再見焉。鼎革後丙申秋八月,條有此訛言,鄉城貴賤之家,無不如癡如夢,有司再三出示禁止,莫之止也。并録于此,以爲後鑒。至康熙壬申十一月,訛傳點繡女,民間嫁娶更甚于前,月餘方止。

嘉靖三十六年丁巳二月,妖光見。三月,妖火見,民大疫。八月,妖魔流變。先是嘉興府民毛銓崇信異術,山東馬道人能以妖法惑衆。銓子年十二,道人潛往見之,即下拜,驚曰:"此吾主也。"詢其狀不言。道人請以瓮注水,屏人照之,見其形,龍成五彩至尊冕旒也。舉家大駭,道人請秘之,由是好異者咸拜從。道人用法水照人影,冠服儼然,自三公九卿以下,皆有名號。人以千緡獻者授九卿銜,藩臬兩司亦不下數百緡。照影鬻爵,賄官如市,事頗彰聞。有門子求浙東兵道不得,與毛銓詬詈。銓兄子恐事敗,告變,府遣吏捕之。馬道人逃,銓遂破家。初道人惑衆,能剪紙爲兵,刺人肌肉,人多信之。至是敗露,聞其紙兵亦流遍松江,遇夜頗能作祟,遠近相駭,目爲妖魔。家置水瓮,至則洒之,輒滅其迹,人始知其爲紙魔也。

青浦楊長倩述敖東谷先生英曰:"予改刑曹郎,大司空崔公命予曰:'子知用刑之法乎?夫用刑之法有時也,有節也,因人也。以時言之,辰巳以前囚多枵腹,不可刑也。日夕嚮晦,萬類俱息,人身血氣各有所歸,不可刑也。以節言之,人身血氣冲和,受刑則變,血本赤者變而紫焉,氣本温者變而熱焉。若先刑上體後刑下體,則血氣之變者奔注于腰膂脾胯之間,其毒稍緩,猶可支也。若先刑下體復刑上體,則血氣之變者沖灌于心肺之竅,其毒不亦烈乎!是以君子刑其一,不刑其二。以人言之,彼孱弱之夫,膏粱之子,見刑而畏者也,一經考訊,罔不供承,能保其無枉乎?强梁嚚訟之徒,其悖戾之氣足以玩刑也,終日煅煉,莫肯輸服,豈可信其口中雌黄,而直待之乎?凡此者皆當旁求密察以得其情,不可專恃刑也。惟慎之。'"

製筆之法,桀者居前,毳者居後,强爲刃,弱爲輔,參之以檾,束之以管,固以漆液,澤以海藻,濡墨而試。直中繩,勾中鈎,方員中規矩,終日握而不敗,故曰筆妙。筆賈毛端章嘗與楊長倩言:"予筆見墨,如火炮之見火,故妙。"又言:"作大字筆不在頭大,筆小而堪作大書者乃佳。"

萬曆戊申歲,楊店香濟庵中忽産白燕一雙,僧以爲奇。而是歲楊明庵家中亦有白燕,毛羽如雪,雙睛如火,嘴足皆如珊瑚,真可愛也。至壬子,楊氏所居嘉藻樓下,忽睹白燕一隻,不知何所從來。自此家多怪異,及冬楊之母氏卒,二子相繼而亡,乃知白燕非佳兆也。因考元末吾松亦有白燕。崇禎乙酉春,松江東城門首,有白燕巢于其上,遂有乙酉之變。

楊長倩云:"戊申八月二十四日,日方西,兀坐樓上,寂無音聲。顧見松葉中有鳥,亦兀然垂頭斂翼,意境之閑,予與相較,了無差别。因口占數語:‘我栖高樓上,形影相盤桓。鳥宿深樹間,悄寂無往還。人鳥不相知,意味亦復然。笑彼噏噏者,風波起眉端。’吟罷,鳥亦婉囀數聲。適有俗履至,又默占曰:‘誰推雙板扉,使我劃然起。此中有佳境,不能以告爾。’”

華亭令章允儒未第時,嘗令人市魚得一鯉,厥狀殊常。剖之,中有物蝘蜿似龍狀,章令送之江。章是秋遂捷。

陳眉公家有大石,云是松樹所化,其半猶帶松皮。

嘉靖十二年六月中,魖魍地方白日蛟起,禾苗蕩盡。四十年五月十四,佘山前起蛟,水湧丈餘,地成河。萬曆二十五年五月廿八,鍾賈山起蛟,崩西南方一角。三十六年五月十七,鳳凰山起蛟,張東海墓前倏成潭。

戴五山家多種竹,笋初生必編籬護之。櫻桃熟時,若有鳥雀必張網以驅之。因讀范石湖《田園雜興》,知古人已然。詩云:“種園得果僅償勞,不奈兒童鳥雀騷。已插棘針樊笋徑,又鋪漁網蓋櫻桃。”此詩曲盡田家之情狀。

干溪小普陀僧一念者,茹胎素,目不識丁,真實苦行。夏則露坐齋蚊,冬則解衣衣人。每食必施鳥,以木魚向樹頭擊,則群鳥畢集肩背,就掌取食。始知無機心者,鳥亦忘之。昔李白與東岩子隱徂徠山,養奇禽十許,亦就掌取食,又不足奇矣。

吾松地名大蒸、小蒸,在積水中,草樹蓊蔚,團聚成村落,其名取“氣蒸雲夢”之意。子昂夫人管仲姬,小蒸人,子昂往來其地,因作《水村圖》。又爲管公造樓,醉李竹懶常泛泖,因經其處,舟中寫《大蒸小蒸圖》,爲好事家收藏。

麻衣和尚日諢市中,飲酒傾樽不醉,食魚肉數斤不飽,倒街露卧,人意其爲神仙中人。常聽其腹中如雷鳴,此其真氣磅礴故耳。

周萊峰云:“含齋居士嘗謂予曰:‘《大慧語録》學者當日逐玩味,如儒家《大學》《中庸》相似始得。’余因言購求之不獲,近于朱文石家借得宋本,初讀即有省處,閑嘗以提撕一法質諸含齋,含齋不答。中山以爲‘禪性本具,須是提撕’。平泉則謂‘趨向既定之後,猶于心思意識上纏繞古人,以無義味話頭塞斷心路,使伊胸中别通一綫。若初學用之,未爲得力。’予謂無字公案。昔人謂之總攝元奥之初機,三公所指雖各不同,要之俱有攸當也。生死事大,無常迅速,汝思兼倘因三公之論,以得大慧老師不傳之旨,所謂朝聞夕死,吾無憾焉耳矣。”

楊鐵崖在松,嘗遊盤龍塘,夜抵普門寺宿。盜伺其亡,席捲所蓄。黎明家人往白之,先生賦詩不輟,語客曰:“老鐵在是,區區長物,又奚惜焉?”衆服其量。

沈鳳峰吏四明之年,適倭夷入貢。使者俱如京師,餘從者館于四明。時以癸未之變，方懲往轍，人言洶洶，即士大夫之家相率外徙，以爲民望。公一日校士，戒門者毋納客。忽聞擊鼓，啓而詰之，乃報夷有警，曰："人從京師來云，入貢者俱被誅，餘從人皆恐，將若有他意。"公笑曰："有是哉！"即以檄諭之曰："入貢者若等來王之義，懷柔者國家撫夷之仁，豈有效義而被誅者乎？必訛傳也。"檄出，而衆皆帖服。又一日早堂，方坐，見夷人不待號召，踉蹌而入，怒目髮指，厲形于色。微見譯者在古柏樹下與之誶語，問之曰："欲索往年没官錢，憲司不允，故特來與公争耳。"公正色曰："汝家有汝家之例，我朝有我朝之法。汝往年犯順，錢已没官矣，豈有復還之理？此必譯者紿汝，汝無爲其所誑。"譯者計窮，復與誶語，刺刺不休，竟魚貫而出。又一日送客江亭，方坐定，報者衣袒面赤言甚卒遽，曰："夷人群聚于市，喃喃偶語，日出而聚，日中不散，不知意欲何爲？"公笑曰："既來也，焉能禁其不聚；既聚也，又焉知其不散。何勞爾遠來耶！"乃杖之于庭，公則歡飲如常。夜歸過市，寂無人矣。嗟乎！一夷之來，而告警者三，公皆不爲之動，當其時稍爲眩惑，則墮其術中矣。昔人謂"失聲于破釜，却步于虺蜴"，皆悲其失常度也。蓋其慎哉！

楊淇園督學南畿，值歲祲，欲救諸生荒而乏儲，乃令白丁納穀千石給予衣巾，寄之學校，每縣二人。時有歙令張公濤者，進曰："昔年惟有儒童，今增一班稻童，亦是異事。"楊公默然無以應。竊令諸子入泮宫時，止拜尼父耶？并拜后稷耶？松人乃集《四書成語》撰文嘲之，大堪捧腹。時萬曆戊申歲也。

山東苦旱，萬曆乙卯秋，先太僕從留都至京師進表，取道德州。時久旱，有半年不雨者，流徙載道，扶携老幼，不忍睹聞。時知州即公門生馬明瑞，因與停驂而禱，禱而甘澍立至。公不勝色喜，問之土人云："及今得雨，枯苗尚可復生，以秀而實，數日無雨則槁矣。未耕之田猶可種豆，數日後雨，只可種蕎麥，但需朝夕沾潤，是得雨甚少，獲利甚多。"公曰："何不以人力爲之，變溝洫而爲鑿井乎？往見燕京菜户，一井灌一圃，則農家爲之可灌百畝。何則？菜頻索水。穀種月沾一水足矣，小岸以界田塍，次第流注，浹旬而遍，非取必于旦夕也。旱而鑿，澇而置，再旱浚深以資其利，有益而無損。井足百畝則爲中田，岸界八方，倣井田之制。田不足百畝，則爲旁井，鑿高以流下，隨田多少而大小之。此法甚易而可行，甚員而不泥，一家刱始千萬家仿效，此救旱小補之道也。"著爲圖論，授之馬君，利播于德。至今東方雖旱而不受旱苦者，皆公之遺惠也。語曰：仁人之言，其利溥哉！

府學一生，把持郡縣，時人稱爲學霸。一日索詐南禪寺僧，僧貧以鐘餽之，作白鏹三兩。松人戲語曰："取法乎上，僅得乎中。"（乎、上、中借作和尚鐘。）

張朗字希周，號五湖，華亭人也。少治經生業不售，遂屏迹郊衢，寄興觴咏，日把玩紙爐石磬，以適遯世之志。性狂不羈，飲三釂，頭面皆赤，然留連達旦，亦不逃席。同劉聖與爲莫廷韓弟子，俱以癡稱，而公爲最。常集廷韓堂中，韻客滿坐，有姬數十，竊窺屏後，公大呼不絶，作飢鷹搏兔之勢，諸姬鼠竄，致遺簪舄。莫顧笑曰："人號卿癡，正見今日。"又同宋石門、陳眉公諸君，飲披雲門外柳堤，轉歸途次，公以廢牋作臉子，裸坐舡頭，非歌非曲，清喉宛轉，音響清絶，觀者如堵，了不爲怪。詰之曰："此風雲戲也。"其狂大都類此。能詩善書，自成一家。尤好蛩聲，當清秋物化摇落之時，而其聲雄振古砌幽叢間，何異烈士暮年之想，便狂叫深喜，幾失天地。自名其居曰鳴秋館，有集若干卷未梓。

萬曆辛卯正月，張應宿從小崐山西賢村過，見水中有光如燭，迹之得一礎石，方廣二尺，中有石紋，隱隱現一兜頭大士像。迎供超果寺西方殿，瞻禮者以水拂石即現，其像向西而立，宛然吴道子手筆。固知無量聖僧，遍滿沙界，段成式《寺塔記》先天幀事實類此。(張平泉有贊，見第五卷。)

鶴灘《明日歌》："明日復明日，明日何其多。日日待明日，萬事成蹉跎。世人苦被明日累，明日無窮老將至。晨昏滚滚水東流，今古悠悠日西墜。明日明日能幾何，請君解我《明日歌》。"

顧思之能爲悲喜之詞以調諸妓。當花月之夜，朋從滿前，忽發狂言，妄陳新境，雖珠宫金屋，不難納妓于中，以快其意，諸妓無不撫掌大笑。已而狀及衰頹，喻深病苦，指席草爲軟棺，名埜火爲肉槨，閻羅起于舌端，羅刹生于口内，苛責負心，細張巧罰，令合歡之被忽改冰池，連理之枝悉森刀樹。俄而奈何橋下業水騰波，枉死城中鐵丸亂雨，凄風黑夜，啾啾羨姊妹之歡娱；旅魄孤魂，黯黯尋鴛鴦之盟誓，備諸惡境，歷萬業條，諸妓又無不顰眉大哭。人皆謂紅粉之雍門云。

王鶴坡作《兩鶴文》，其詞曰："錢君與謙與予爲文字交，過從無虚日，而日亦無虚會者。性皆好鶴，故與謙號鶴灘，而予竊以鶴坡名，松之人因呼爲兩鶴，好事者又往往形諸詩篇。嗟夫！鶴一也。今與謙已飛翔衝突，獨叫閶闔，參黄鵠與鸞凰，無負于鶴者也。而予猶低徊偃蹇于荒涼寂寞之濱，豈不有媿于與謙之鶴哉！予少不更事，動不與時合，輒遭訕罵，豈天將窮愁其身心，折挫其豪氣，使之困窮拂鬱以養其鶴之全哉！不然，則屈信之機，自有一定而不可移者，固不必惄惄于與謙之亨，而戚戚于予之厄也。或曰：昔有善相馬者，遇兩馬同駕，一以爲國馬，一以爲凡馬，今君擬與謙之鶴，其所謂與國馬同駕者非耶？予曰：《易》不云乎：'鳴鶴在陰。其子和之。'《詩》不云乎：'鶴鳴于九皐，聲聞于天。'予與與謙之意，蓋取其聲鳴之相和，氣類之相召，若退之所謂二鳥相鳴相詡之意。初非有意屈信之間，欲叫號而扳附之也。是以知之者固以此予之,而不知者亦以此非之。予又曰:以屈伸而是非之者,勢也。勢不同而天之所以與我者則同,予但知盡其在我而已矣。遑恤其他,意不自盡。復係之以歌曰:一鶴來自東海隅,高視闊步真丈夫。一鶴翩然與之俱,餐霞飲露骨相孤。一唱一和同步趨,衆鳥却避不敢呼。長灘大谷胡爲乎,放此二鳥相嬉娱。一鶴已自遊天衢,蜚聲不獨驚三吴。一鶴尚作山澤臞,俗輩往往嘲狂迂。天生兩鶴本不殊,先放一鶴爲前驅。行當相從叶笙竽,帝亦聽之吁且都。造物不知有意無,汲汲進取非良圖。吾安吾命理則那,力追健馬酒一壺。請君爲我歌此歌。"

女未嫁而以死殉其所許之夫,世類以張良、陶潛爲言,乃敖清江謂許之而納采問名,則夫死而無二者,義也。然以言乎妻道未迎,婦道未廟,子道未醮,可以無死也。《春秋》女在國稱女,在途稱婦,故女未廟見而死,則不遷不祔,壻不杖不菲不次,歸葬于女氏之家,示未成婦也。况聘而未行者,張莊懿公仲子蚤卒,都城趙氏即輿至夫家守制,守臣上其事,旌之曰趙氏張節婦。顧東江曰:"言婦則無所附麗,言女則已離其家。若以爲不當旌者?《禮》曰:"取女有吉日而女死,壻齊衰而出,既葬而除之。"夫死亦然,此則禮之正也。"

邢侗侍御訪張之象,時方卧病,侍御直造其榻,藥盌瀡具狼籍滿前,握手慰勞,恨相見之晚。問公所欲,對曰:"老人無他嗜,惟嗜邱壑。"因出其所著《賣書買山》詩曰:"不恨空囊索貫無,尚餘書卷當青蚨。余今自喜專邱壑,覽得天成一畫圖。"侍御欣賞不已,因檄邑令贈買山錢。

天馬山里人有九十六叟,陸文定公訪之,矯健殊甚。文定口占云:"甲子已周添六六,大齊將届少雙雙。"蓋言其九十六也。時文定方七十,不意竟成詩讖,而是叟即于此年卒,後文定以九十七而卒。

洪武乙丑、丙寅、丁卯三年無收,而吾松尤甚,飢民無計,將兒女煮食。有司不恤民瘼,猶徵糧不已。百姓作《傷時事》詩云:"暫爲乞丐恥踰墻,難過迢迢白日光。不免鬻妻傷大義,且先烹子療飢腸。滿爐火燄心肝熱,一釜煎湯骨肉香。寄語肥甘當道者,此時尚忍復徵糧?"

松富人丁姓者,壯年無子,其妾懷娠,丁禱于真武云:"如生男,長成當携至武當,焚香以答神貺。"至六歲,丁踐之,率其子命二僕相隨以行。甫至山,其子患痘死。丁悲慟,進香畢,載櫬抵家。妻駡其夫曰:"止有一子,何故先期寄歸?"丁大驚喜,視之果其子也。

廉憲張受所云:"鄉飲有不可與者三:請不從公則高士以爲恥,偶非其類則賢者以爲辱,酒不成禮則大賓以爲慢。"真名言也。

吴石湖《贈華亭逸民陳允中耕織偕老》詩云:“白日相看歲月長,石田茆屋共徜徉。一犂時雨栽新秫,五畝薰風養嫩桑。生事儘堪供伏臘,功名却好付兒郎。太平有此真宜羡,欲擬邠風賦短章。”

張太守紘,陸文裕師也,厭城市,去邑北數里居焉。多種木棉,親自鋤收。任建昌守,建人來迎,公適在田間。問公:“守居何所?”公指示之。潛歸從後門入,冠帶出見。建人視新太守,即田中叟也。

廬陵孫鼎,以鄉貢爲府學教授,與郡守趙公豫抗禮曰:“公一郡之父兄,我子弟之賓師也,請以賓禮見。”郡公從之。後遇宴科貢士,孫竟上坐,平日止長揖。越十年督學南畿,取府學科舉僅二十四人,一郡驚駭。孫曰:“吾止取能中式者耳。”是科揭榜,中二十二人,其二人後科亦中,果如其言。

張烈登第,其父中山公書《十警》揭之壁。其一曰:毋受人進獻,侈畝宫而詭縣公名田也。其二曰:無令吾門有怒馬鮮衣,憑厮養爲窟穴者。其三曰:無以衣冠通郡邑自潤,而人畏若乎?其四曰:無令隸兒横于市,而奸賈豎之什一也。其五曰:無徵厚利,無剥佃户。其六曰:無念舊仇,以傷容德。其七曰:謹尺一,慎姓名,毋喪節而承羞也。其八曰:無逋税課以勞里中。其九曰:無忤于善良而惬于惡德,無尊重富厚而侮辱困窮。其十曰:燕享有常,豆觴有數,無恣殺而損慈也。

張水部常爲《三守銘》曰:“不能詐,寧守之以直,惟其然,故無悖于德。不能諂,寧守之以貞,惟其然,故無傷于誠。不能貪,寧守之以廉,惟其然,故無愧于天。”因自名“三守子”云。

嘉靖甲寅倭亂,兵憲任環督兵吾松,其子遣人候問,作家書答曰:“吾兒絮叨萬言,只是要我回衙,何丈夫氣少而兒女情多耶!倭賊流毒,多少百姓不得安寧,爾老子領兵不得除討,嚼氈裹革,此其時也,豈學楚囚對兒女相泣幃榻耶?後來事未知若何,幸而承平,則父子夫妻享太平之福;不幸而有意外之變,但臣死忠,妻死節,子死孝,咬定牙關,大家成就一個是而已。汝母前只可以此言告之,不必多語。兒輩莫曉人生自有定數,惡滋味也常有受用處,苦海中未必不是極樂國也。讀書孝親,無貽父母之憂,便是長聚首,亦奚必一堂哉!”

光州胡公守雲間,聞孫漢陽雪居言白龍潭之勝,命舟出遊,招二三名士與俱。時石閭楊公爲孝廉,而董玄宰、俞彪先爲諸生,五人角巾埜服,莫辨誰何。已有藍筍呼舟小住,則檇李馮太史開之也。並載往返,敷衽論心,入夜而罷,雲間傳爲雅事,有施之圖畫者。胡公忘分忘年,遂成彦會,與真長問孝廉船,皇甫倒蹤迎縫掖相類。彼井底蛙作邊幅拒人,何足道哉!

周文襄公撫吴,有一册自記日行事,纖悉不遺。如每日陰陽風雨,晝夜詳記,人初不知其故。又嘗于金、焦二山各委一僧,日具風水以報,給與數健卒。一日有告糧船失風,公詰其"失船于何日? 午前午後? 東風西風?"其人不知妄對,公一一語其實。其人驚服,詐遂不得行。

文襄夜卧,常留暗燈及筆硯木簡于榻傍,寤則籌度政務,有得即書于簡,旦起行之。一日閲一死獄,欲活之無路,憂形于色。使吏抱成案讀至數百回,聽至一處,忽點首喜曰:"幸有此可生。"遂出之。

顧豫齊晚居逸老堂,自號懶真子,息交遊垂三十年。客有獻玉杯爲壽者,引滿獻客,已而以瓦缶亦引滿飲,謂客曰:"味有異乎?"其曠致如此。年八十九,居常呼其仲子正心問之曰:"兒乎? 汝兩日曾學喫虧否?"

董子元好學而貧,王司寇、袁考功、莫方伯爲置數畝一廛,無異爲戴安道營剡上宅,江文通買半頃田,誠一時勝事。何元朗《贈移居》詩云:"終年常寂寂,知是子雲居。門外無深轍,篋中惟故書。同人俱遠達,將子獨何如? 帶索猶堪樂,無煩羨得車。"

周萊峰于甲子元旦肩輿入市中,有無賴醉指先生曰:"夫夫名爲善者,吾試衆辱之。"乃呼其名而詈。先生歸,使人召之來,其家叵測。先生好諭之曰:"若幸遇我。毋犯他冠蓋,恐不汝宥也。"笑而遣之。其人從此斷酒終身。

趙文肅公貞吉,高才負氣,好談禪。時范鹿園恬雅,精于禪學,以淮上閫帥如京師。文肅公訪之郊外,與之談禪,議論蜂湧,鹿園不答。文肅大喜,歸語人曰:"僕今日降却范鹿園,與之談論娓娓,鹿園惟有唯諾,不能措一語。"陸平泉聞而嘆曰:"此是鹿園降却趙公,何言趙公降却鹿園也!"

有小璫以事干巡城御史,不應,則踵門而詈,御史怒,執而笞之。群璫趨之司禮中貴所,欲奏訐御史,徐文貞業爲解得免。而御史乃劾璫,璫恨甚,結黨百餘人,要御史午門毆辱之。都御史王廷擬疏糾群璫,以問文貞。文貞念疏即行,璫争自匿,欲得其主名,則且展轉不可究詰,萬一彼先之以誣我,禍且叵測,先朝事可鑒也,乃遣人致司禮之用人名尚文者,語之曰:"諸貴人群毆御史,業何處置?"文倨謂:"内外各有體,相公毋但爲御史惜。"文貞曰:"吾非爲御史惜,爲國家大體惜,且爲司禮諸公惜耳。"文怪問何謂,文貞曰:"毋論御史王臣,即天子臨御之所而群毆人,能保上之不怒乎? 諸公何不以時詗得其人,而速奏治之。即外廷有繼者,其輕重在諸公手,而上必不怒,諸公體固在也。"文悦,以告其長滕祥,悉得其主名奏之。王廷疏繼上,群璫窘不能自匿。又無可以宛轉道地者,悉就逮,杖其首惡三人,皆發邊戍,餘九人各杖六十，爲南京浄軍。

世宗時，言事諸臣事無論大小輙争，上久而厭之，諭輔臣徐階等責其欺肆，令詳處。階言："言官遭際昌時，思欲報答，非敢爲欺。第氣性粗率則言或過當，事出風聞則語有失實，不諳事體誠有之。謹録聖諭轉示，使各改省。"而同列尼之者云："奈何不擬薄譴？"階曰："即上遽有譴，我曹且力諍，而乃導之譴乎？"則曰："如上諭詳處何？"曰："今改省即處也。"及疏上，上亦竟勿罪。

吾松廣文李鶴峰諱霆，方家食時，有同里楊姓者延置西塾，寢處一樓，夜夢有人告之曰："此汝第三子所居也。"已而生海樓公諱日章者，行第三，癸未登進士，官至憲使，竟置此居。然夢時海樓猶未生也。

嘉靖間，松江水利通判許贊，出吴淞江口，見人争看一古墓浮動。許令一吏詣墓上看石刻云："《易》卜吉，龜告凶，五百年後水來冲。松江水利許贊通，扶我過江東。"許遂爲之移葬。

隆慶元年時，吾松郡守哀貞吉，係嘉靖己未科，世宗以"哀"字改"衷"。因考奇姓不一。天順甲申進士査茂，音與"陜"同，英宗改"陜"。萬曆戊戌進士姓丱，音貫。休寧醫人團一元，士人卑自牧，與鎮江火桂林，皆奇姓也。又考孟母姓仉，音掌。

馮元敏述貴州地羊驛，民夷雜處，多幻術，能以木易人之足。郡丞某過其處，記室二人皆遊于淫地。一人與淫，其夫怒易其一足。一人不與淫，其婦怒亦易其一足。明日彳亍庭前，丞駭問其故，即逮二家至，曰："汝能復其舊即已，否則關白諸司，治汝以採生赤族之罪。"二家各要其人至作法，足果復焉。及丞還，復過其地，二人復至其家，其淫與不淫猶昔，然與淫者兩足俱易，久之展轉死。不與淫者寠然，且受婦法，忽爲鬼物陰教之，藉手即以其法制婦，婦兩足自易焉。是人得歸，復享高壽。其子登辛未榜，與元敏同年，故言之甚悉。

李子昭者，松江府提控案牘李宗慶子也。婢刁氏有娠，妻恚而箠楚不息，因多食海蟄與冷水，胎既墮，血上衝心而死。不數日鬼怪百出，妻得奇疾，宛若死者，但只心胸微温，肢體不僵。其家就牀褥作竅，任其便溺。時以少飲納口中，輙咽，不與亦不言飢。經三年餘，形容枯槁，無復生理，家人益厭之。一夕忽詣舅姑前，舅姑驚疑其爲鬼，呼家人悉至，取火燭之。泣曰："妾爲亡婢訴冤，攝至冥府，即今嶽祠也，命妾與婢質對。妾曰：'汝懷孕時，打罵則有之，然未嘗令汝吞藥墮胎。'婢仇執甚堅，妾不得白，遂招承，枷禁幽圄中。日得小叔以餅餌粥飯之類相餽，故不餒。今復送妾還，入門弄其兒，戲撻之一下，兒哭，遂推妾置牀上。即若夢覺者，但倦怠之至，勉强至此。"舅姑曰："汝既被禁，何得自釋？"曰："會上帝有赦也。"急呼小郎妻問之，曰:"適聞兒子驚啼云,夢見乃父擊其首。"小郎蓋提控之次子泰甫,爲其妹夫金可大所殺者。此婦居府城西,復强健生兩子。書此以爲世之妬婦戒。

至元壬寅夏,松江府前勾欄鄰居顧百一者,一夕夢攝入城隍廟中。同被攝者約四十餘人,一一皆責狀畫字。時有沈子亦夢與顧同,鬱鬱不樂,家人無以解之,勸入勾欄,觀排戲。顧獨以夜夢不吉,不敢出門。有女官奴習謳唱,每聞勾欄鼓鳴則入。是日入未幾,棚屋拉然有聲,衆驚散。既而無恙,復集焉。不移時棚覆壓,顧走入抱其女,不謂其女已出矣,遂斃于顛木之下。死者凡四十二人,内有一僧二道士,獨歌兒天生秀全家不死,其死者皆碎首折肋。亦有壓而倖免者,見衣朱紫人指示其出,不得出者亦曲爲護云。

至正丙午八月辛酉,上海浦東俞店橋南牧羊兒三四,聞頭上恰恰有聲,仰視之見流光中隕一魚,其狀異常,自首至尾,僅僅尺許,但闊大而短。是日晴無陰雲,亦無鵰鶚之類。又可怪者,日晡時市人鬨然指流星自南投北。橋下一細民家取其魚,妻乃鹽而藏之,聞者争就觀焉。或曰天隕魚,人民失所之象。

語曰:兀坐齋中,不能損我命中之有。營求道路,不能益我分中之無。即一飲一食,自有數存。

七寶市東南三、四里,有牧羊兒,年十七、八,于岸側見一紅蜚蜞入穴中,遂掘其穴欲取之。恍然身在穴中,有宫室官府之屬,乃推此兒爲主。其父母怪其不歸午食,尋之得其羊。晚歸紿父母以他故,明日又往,復如之。由是密言于兒輩中知愛者同往,則任之爲輔佐,轉相告語,往者皆獲如意。乃潛揭榜于郡中,招諭示衆。時鎮守官沙的萬户提所管軍人徑往捜捕,獲之,及其餘黨皆下獄而死。時洪武乙酉年事也。

陸放翁在杭都成一詩云:"世味年來薄似紗,誰今騎馬客京華。小樓一夜聽春雨,深巷明朝賣杏花。矮紙斜行閑作草,晴窗細乳戲分茶。素衣莫起風塵嘆,猶及清明可到家。"墨迹在吾松曹雲西家,因扁其樓曰"聽春雨"。

青龍任水監月山,以畫馬得名。其子名三縣丞者,由父蔭得官,生三子一女。至正中北人有楊姓某官,因亂僑居任氏舘舍,一子聘任女。其子生而騃,任所不知也,常登墻頭矙其女。任氏父兄皆惡而賤之,欲絶婚而不可得,遂遷延其婚期。楊後北歸,音耗不相聞,任以其女復受南鄉某氏聘。及迎婚者至門,其女遂剪髮而泣曰:"奈何一身而有二夫?吾將奉佛終身焉。"閲其室多佛書圖像之屬已久,卒不諧。久之得楊氏子死信,女後爲女冠,廉潔而終。

常西瑛,李耀卿學士之子,回回人,居松江。一日與家人飲酒,妻以所插金篦揭肉而食。偶有客至，瑛出迎，妻即入廚，具茶飲客。客去，尋金篦無有也，疑爲女奴所盜，杖之致死。密以賄賂其父母，得免訴訟。久之，家人與里巷會茶，中有老媪首插金篦，熟視之，乃向所失物也，詢之是買于賈者。及詢賈者之所從來，云于人家整屋瓦合漏中得之。蓋是時有肉在篦上，爲貍奴銜去，墜于彼也。故凡事當詳處，失一小物而致殺人，其家夫婦不久而卒。

愚民惑于妖巫，雖官爲嚴禁，莫之能止。上海一富家，平日不信巫覡，一日營屋，巫者令匠人造木人置柱栱中，數年其家不寧。叩于巫，巫言有魘勝于柱栱，發而得之，乃詰之匠者，告以巫前所使。聞于官，巫服罪。時縣尹何子正大禁淫祠巫覡，皆由此始。

澱山在華亭西五十里，有禪寺曰普光王，山昔在薛澱湖中。有道人登禪師者，始結屋于岩山之上，四面多漁家。自道人構庵以來，居人採捕，竟日不得魚，因就師問其故。師曰："但以爾舟載土培我山者，當遂所願。"既而果然。自此遠近歸之，積果既成，因以建寺，名普光王。山常因浮屠放光，故爲塔神名號。在宋朝有勅書封伽藍神，相傳秦時邢氏三女爲之，曰三姑。《雲間志》亦著邢女事。澱山前元時潮沙湮湖，今在平陸。

松江前元時，有一黄冠陶谷庵，居谷水坊西，得服椒術。冬月單衣，時或揮扇，不用枕，昂首而寢，名曰懸枕睡。

上海莊蓼塘，宋故家也，家藏書至備。前元文宗時，講筵語及唐聶夷中詩，上詢其有文集否，諸學士皆以未聞對。或進言莊氏藏書之富，遂特旨下訪其家，果有聶集。上之，敕授教授以旌之。厥後高麗以金千兩易之，不允。子孫後亦不振，而莊氏書多散失矣。

華亭夏椿義士家，嘗蓄一龜，尾有十二支，云是一千年生一支。每歲冬月作一木匣，以稻草屑韞藏之，凡若干年。一歲將藏龜，龜眼出淚，至冬遺火焚燎屋宅，而龜亦隨死。

廉夫有《香奩八咏》，瞿宗吉和之。如《花塵春迹》云："燕尾點波微有暈，鳳頭踏月悄無聲。"《黛眉顰色》云："恨從張敞毫邊起，春向梁鴻案上生。"《金錢卜歡》云："絨錦軒窗聞笑語，採蘋洲渚聽愁吁。"《香頰啼痕》云："斑斑湘竹非因雨，點點楊花不是春。"又《以鞋杯題沁園春》詞云："一掬嬌生，宫樣新裁，蓮步未移。笑書生量窄，受渠儘小，主人情重，酌我休遲。醞釀朝雲，斟量暮雨，能使麴生風味奇。何須去，向花塵留迹，月地偷期。風流到手偏宜，便豪吸雄吞不用辭。任凌波南浦，惟誇羅襪，賞花上苑，抵勸金巵。羅帕高擎，銀瓶低注，絶勝翠裙深掩時。華筵散，奈此心先醉,此恨誰知?"

孟養大字直夫,青浦朱坊里人,文林郎華里公仲子也。公少孤,不問門外事。不善飲,對客銜杯,臼頭斂頤,鼻端著桃花色,飄飄乎山澤之臞也。性嗜雪,每六花飛舞,躡屐探奇,吟咏忘返,十指凍欲墮,猶然作冷淡生活,人目爲襄陽後身。與陳眉公、馮咸甫輩倡和龍門吟社。吾鄉自袁景文後,五言名家寥寥,得公振起,復見古雅。平生事母至孝,友人徐澤夫憐其貧甚,特製紵袍贈之。公泣謝曰:"吾母緼袍著體,不免啼寒,吾忍以此華其躬耶!"固辭不受,識者高之。惜彼蒼不造,遂令早凋。有《除夕宿景峰僧房》詩云:"遠公嚴戒酒,不敢問屠蘇。"其秉操可覘。集若干卷未梓。

吾松向無詩僧,惟金澤頤浩寺下如海善詩,與唐時貫休、皎然相上下。如海寓金陵時,有一武弁見其詩嘆服,率其子請教。如海試以對云:"鴉去鴉來,帶早晚兩朝之意。"其子不能對。如海即屬對云:"雁南雁北,分春秋一别之情。"于是其名遂著。有潤州金郡侯往謁之,臨别賦句云:"西風揚子江邊柳,落葉不知離思多。"當是初唐佳句也。一日遊吴門,登城樓,有弔古之思,適沈石田、唐伯虎諸公喝韻倡和,如海密聽其韻,先就一律請教云:"翩翩兩袖拂城樓,樓上看雲豁醉眸。花亂何妨蝴蝶夢,天低不礙老僧頭。羲農立極名還在,吴越争雄事已休。吟罷不堪天欲暮,閑雲扶我落歸舟。"諸公聞之皆驚詫,以爲吴下安得有此高僧。石田遂邀歸,與諸公酧和數日始别。抵家見寺中桃實正美,摘一柈致石田,田即取絹畫一桃貽之。

楊廉夫初居吴山鐵冶嶺,號鐵崖,後遷松江,又號鐵笛道人。卞宜之作《鐵笛詩》云:"一夜清冰百鍊鋼,曾翻宫徵事虚皇。裂開黄鶴磯頭石,驚落青鸞鏡裏霜。仙子珮環新樂府,翰林風月舊文章。道人清節磨礲久,却笑桓伊獨據牀。"廉夫大喜之。

王修微從西子湖入雲間,才人慕之,輻輳兩淮之間,修微拂曙峭帆泖塔矣。因訪眉道人于白石山寮,燒燈市魚,詩酒以外不暇及也。此來如鴻飛雪中,莫可踪迹。作《點絳唇》一詞記之云:"涼雨初晴,放舟獨坐遊三泖。寺門僧少,一點鴻來攪。返入空門,竹底柴門小,杯兒倒。燈前句好,雪裏留鴻爪。"又詞云:"仙翁笑倒,同志如君少。有甚風吹來了,日月忙,乾坤小,利名擾擾,還是閑人好。不妒不貪不老,醉薰薰,没昏曉。洞門深杳,樵牧何曾擾。一片野雲縹渺,白的猿,青的鳥。山圍水遶,圖畫天然巧,寸寸異花香草。地無塵,松枝掃。"

古人看書畫,一要師法古,二要人品高。人品不高,雖工亦減價矣。張節之先生見人收蓄黄廉使翰草書,即令裂去,云:"好人家却收此人筆迹。"其疾惡如此。

楊石閭尊公號南谷,《訓子書》云:“昔李斯隸也,見倉中鼠食稻粱,無人犬之驚,厠鼠食不潔而驚于人犬,遂感憤而就學于荀卿,後來拜相封侯。若等今日明白是厠中之鼠,不肯向上讀書求個出身,他日將父母皮肉糜于杖撻,祖父家産盡于有司,有無限不好處,庶民不可做,秀才不可久,此等念頭當如疾痛之在身。古人云:父母惟其疾之憂,吾憂若等之憂。若不自忘其憂,而體吾之憂,真孝子矣。如數日後便作故常,則此書亦伯魯之簡耳,吾奚暇憂若之憂乎?夫子説惟其疾之憂,不止説疾病,凡不做好人,不肯向上,不肯力學皆是。若專主疾病説,則父母之心,但調理一精壯不肖子即已無憂。異日無賴,百般墮其家聲,反是快活,有是理否?從來讀書,即懸梁刺股亦無傷生之事,只恐今日不讀,姑待明日,明日不讀,又待異日。將來年漸長,心漸粗,淩侮日多,七尺無可安之地,荒疏太甚,逢人多不學之羞。後時即汝輩亦將自悔而不知,擺脱必難,攻苦無暇,晚矣晚矣。”

周萊峰訓子云:“元兒吾長子也,汝母以庶子存于胸中,但當知嫡母之恩,備盡孝道,乃吾志也。人家嫡妻悍妒,多有不相容者,即性命尚或不保,豈能享有田宅乎?汝但思此,則孝弟之心油然而生矣。節兒吾嫡子也,汝無以嫡子存于胸中,但當知事長之禮,如楊椿之事楊播,司馬温公之事伯康,乃吾志也。《論語·學而》一篇,孝弟爲首,勉之勉之。”

吾松黄廷鳳,作滇中大理府丞,云:“此中俱用肥,海中小介蟲也。每一粒爲一莊,四莊爲一手,二十手爲一索,每索值銀六釐。又衙役于本官開印日,以紅紙繞案,求本官書‘天官賜福’及‘新春吉利’等字,麾之不去,應之愈多。”今松俗亦然矣。

黄孟威署鶴川云:“此間有鄉民李合者,傳聞其祖傳受秘密僧教,得金騎龍神像,祈晴雨無不驗。人家有婚喪之事,但以厚餉餉合,天即晴,不然則雨,歷歷奇驗。余始不信,後試之果鑿鑿不爽,竟不曉其何術。”

玄宰云:“余十七歲學書,二十一歲學畫,今五十七矣。有謬稱許者,余自較勘,頗不似米顛作欺人語。大都畫與文太史較,各有短長。文之精工具體,吾所不如。至于古雅秀潤,更進一籌矣。書與趙文敏較,各有短長。行間茂密,千字一同,吾不如趙。若臨倣歷代,趙得其十一,吾得其十七。又趙書因熟得俗態,吾書因生得秀色,趙書無勿作意,吾書往往率意。當吾作意,趙書亦輸一籌,第作意者少耳。古人云:右軍臨池,池水盡黑。假令耽之若是,故當勝余,于趙亦然。米老云:吾書無一點右軍俗氣,吾畫無一點李成、關同俗氣,然終莫之許也。正恐余所自評,猶類隣兒不覺醜耳。”

昔蔡君謨書《晝錦堂記》,每一字輒書數十,擇其合者存之,名爲百衲碑。吾鄉陸文裕公每書常廢十餘紙，書家之不欲自見其瑕如此。

蘇端明畫枯木竹石贈賈耘老，欲好事家給米周賈者方與之。董玄宰曰："余書畫浪得時名，潤故人枯腸者不少。又吴中贋筆借余名姓行于四方，余所至，士大夫輒以所收示余，余知其僞而不辨。此以待後世子雲，又不知蘇公有此否也。蘇公好爲人作書，但几棐筆精，張箋素以俟，便得乘興，若求其書必不可得。余亦不喜人求對面作書，即勉應之，亦不能工。又俗子自稱解書者不應也。"

玄宰云："昔阮居士手自蠟屐曰：'未知一生着得幾兩屐。'余自十七歲學書，今七十二歲矣，未知一生紙費幾何，筆退幾何。在禮部時，高麗進貢使者，詢知余坐堂上，便謂異事，想筆迹亦流傳彼中故耳。"

吾郡普照寺，士衡故宅也。勝國時有碧溪上人與趙子昂遊，得其所書文賦，特爲精妙，士林諸君子皆爲題咏。不知何時流落好事家，後爲項子京所摹刻，以較真迹，無復遺恨。

玄宰見周萊峰先生小景雲山十餘幅，絶類米虎兒、高尚書；又見行草書，不減蘇玉局、黄涪翁；與其詩得三絶。曾遊楚中，以一瓣香薦于先生遺愛祠。少時讀先生論數十篇，至今不忘。前輩風流，今日殆盡，良可興慨。

吾郡朱文豹，以韜鈐爲冠軍，常待詔闕下，仰畫蘭自給。畫蘭深得文太史風韻，書法頗類大蘇，兼精篆刻。

吾郡畫家，顧仲方中舍最著。其遊長安，四方士大夫求者填委，得者如獲拱璧，幾欲作鐵門限以却之。

孫雪居《香圓圖贊》："林實是珍，用驅醲郁。譬之得朋，居然比玉。炎散瑶光，秋垂結緑。猶烝栗然，飽霜已熟。匪規而圓，不風而馥。傲然晚榮，奚遜甘谷。江陵洞庭，將毋奴育。老雪圖之，契爾幽獨。願借餘馨，聊寓余目。"

眉公以懶爲清事，蓋高閑不塵，無如一嬾。嘗讀南唐野史，見吴含靈道士曰："人若要閑即須懶，如勤即不閑。"眉公深得此意。

十保張澤市，有欄涇橋傾圮。癸巳三月，里人修造，工甫畢，橋樁爲行舟觸損。其舊橋穿爲木工劈開，内有字一行云："此横路下子光汝言、子義汝足共裝彩造。"其半面色似降香，香亦如之，不知何解。後來或有證驗，因記之。按金人伐宋，香岩寺木造舟，木中有文云："栽松種柏興唐日，解板成舟破宋時。可惜香岩千載樹，等閑零落歲寒枝。"木心有字實類此。

居官清者必須寬以濟之。如吾郡郡守方禹修，一任十三載，勵飲冰之操，宦橐蕭然，第性執偏聽，不無草菅民命。更設奇刑，如木板拔手指甲之類，故宦子弟犯楞蒲者，即酷暑罰以長跪終日，不肯容情，清矣毋乃刻乎！公丁甲申之變，備嘗囚楚，卒斃于流寇之手。嗟乎！報復之數，豈廉吏亦不免耶！書此以儆居官之清而刻者，至若貪酷兼濟，尤當深省。

戊子歲，眉公隱居沈大夫園，四周雜樹花木，是小桃源；時雨初晴，荷鉏灌園，是小于陵；教授諸生，是小河汾；橋斷水西，不聞市喧，是小考槃；短舟徜徉池中，一爐一琴，可濯可釣，是小五湖；挾此數者，仰天呼白，有談名利者，則揮手謝之，是小神仙。

存問之典，古未有也，自漢始然，特行于韓徵士、龔大夫，未聞有以爲大僚華寵者，迨明朝亦不多見。華亭惟徐文貞、陸文定，上海潘恭定，罕遇之寵。吾松以三公膺之，不爲不榮矣。

徐文貞嘗云："雨時便住晴時出，難道人謀不勝天?"眉公云："道眼傲骨，當必有味于此言也。"

張七澤參藩守潯江，偶閱平南一牒，愬青衿之横者目爲泮虎。

待足何時足，知足常足。等閑何日閑，偷閑便閑。此仙訣也。

《松江府志》云："三泖乃古由拳縣沉没。每天晴泛舟，見其中井欄堦砌，宛然分明。"正統九年夏，曹安赴舉之南京，舟過泖中，適倚舷，忽見水清處街砌如故，古迹不泯如此。

吾松有僧無瑕者，托身緇素，雅嗜清修。晨起布席，必焚香埽地，拂拭几榻，即茶鐺糜釜，亦必親自滌器，不容一人染指，斯猶外潔也。獨與之接遇，雖寒暄竟日，不過清言雅謔，絶不作僧人菩提語。亦未嘗次且富貴家，假元修建造之疏，以希布金設齋之供。其與緇流處，若將浼焉，不屑與之偕，此其中必有大過人者矣。董孝初曰："余遇無瑕上人廿年，上人往團蕉東郭，每深樾澄秋，溪烟沉雨，余時偕高流異人與終日相對，儀律楚楚，湛然深穆，不作椎喝遊戲語。是本色住山人，雪頭霜骨當在寒山、拾得間矣。"陳繼儒贊曰："志亦潔，行亦潔，埽地焚香夢亦潔。這老漢真無瑕，僧中僧，杰中杰。"

雲間詩多散佚不傳，間有刻者。佑君張啓，少負風流，老耽吟咏，終于青衿。有孫得雋，先公而卒。君瑕璩之璞，工山水篆隸，刻《蘇長公外紀》，强項不少下，詩骨亦如之。希周孟養夫，傲骨骯髒，野逸自適，常從袁峻陽、章鹿苑西游秦晉，詩與書皆矯健。賓之宋懋觀，久客燕邸，其詩雋朗，文度趙左，詩畫雅淡；明之宋懋晉，畫贍于詩；幼君蔡懋孝，美髯多酒態；季常葉之經，歲薦愚公，許身孝廉，皆終博士師，並好稱詩。瞿彌隆釋麟，聖清張積源，子野施紹莘，皆韻士，詩詞秀麗，翩翩無豪貴之習。享年不若季常、希周，而俱傷伯道，人甚念之。

眉公居佘山，有頑仙廬、含譽堂、邁庵，在南山之麓者也。有高齋、清微亭，在山之中央者也。有點易亭、水邊林下、磊砢軒，在山之西隅者也。有喜庵，經山之上下必取道焉，此依山近岸者也。山有松有杉，有梧有柏，有樟有梓，有椿有柳，有桃有李，有石楠有修竹，其下有梅有杏，有紫薇有老桂有古楓，更多西府玉蘭，石榴大柿，異種芙蓉，高柄大紅藕花。石刻有東坡《風雨竹碑》、米元章《甘露一品石碑》、黄山谷《此君軒碑》、朱晦翁《耕雲釣月碑》。墨迹有顔魯公《巨川誥》、倪雲林《鴻雁泊舟圖》、良常《草堂圖》、黄鶴山《樵阜齋圖》、錢舜舉《茄菜圖》、梁風子《陳希夷圖》、梅道人《竹蓧圖》、趙松雪《高逸圖》。吾明文、沈以及玄宰不暇記。山裝有漢鈎金鳩頭杖、槲葉笠、箬笠、楊鐵崖冠，水上座松化石，陸放翁松皮研，米虎兒硯山。山友有田父漢丈人、且且先生、阿誰公，方外有達老漢、雲栖老子、秋潭和尚、麻衣僧，蓮儒慧解微道人，時來作伴。荒山向無兔，今有兔矣。向無畫眉，今有畫眉矣。向無客，今有客矣。遠羡桃源，近羡子真谷口。東坡云："行年六十，世間滋味已略見矣，此外除見道人皆無益也。"然哉！

一御史巡按松江，與太守有舊。席間戲言曰："鱸魚四腮一尾，獨占松江。"太守應云："螃蟹八足兩螯，横行天下。"

陸平泉《題老少年》云："人爲多憂年少老，草爲無憂老少年。"

陳眉公《告衣巾呈例，請衣巾以安愚分事》："竊惟住世出世，喧寂各别，禄養色養，潛見則同。老親年望七旬能甘晚節，而某齒將三十已厭塵氛。生序如流，功名何物？揣摩一世，真拈對鏡之空花；收拾半生，肯作出山之小草。乃禀命于父母，敢言告于師尊。長笑鷄群，永抛蝸角，讀書談道，願附古人，復命歸根，請從今日。形骸既在，天地猶寬，偕我良朋，言遂初服。所慮雄心壯志，或有未縻之時，故于廣衆大庭，預絶進取之路，伏乞轉申云云。"胡太守批云："國家雅意巖穴，日求故劍，而本生年方青妙，學見本原，本府豈容遽遂其高？况成己成物俱是德性，而有我有人終屬分别，非本府所願聞也。仰該學官勸諭此意，仍令就學肄業，俟後少爲國家出力，從其初志，未爲晚也。"

周文襄公賑撫吴時，有二詩："蕭蕭匹馬過長安，滿目飢民不忍看。十里路埋千百塚，一家人哭兩三般。犬啣骸骨形將朽，鴉啄骷髏血未乾。寄語當朝諸宰輔，鐵人聞着也心酸。"又："艱難百姓實堪悲，大小人民總受飢。五日不燒三日火，十家關閉九家籬。隻鵝祗换三升穀，斗粟能來八歲兒。更有兩般堪嘆處，地無芳草樹無皮。"

青浦商榻地方有一老嫗,年可六十餘,頷下有鬚數十莖,長寸許。友人姚仲浹親見之。

墨池一派,推重三吴,而吾鄉獨以工書遇主者,前有二沈,後有二張。沈公度至學士,粲起翰林,至大理寺少卿。張公駿至大司空,電至少宗伯。又沈太僕鳳峰、張南安東海以草書勝,得顛素筆。陸學士儼山以行楷勝,得李括州、趙吴興筆。而莫方伯以蒼遒勝,廷韓以秀媚勝。至若董玄宰,聲實烜赫,更超諸賢之上,真吾朝之羲獻也。

吾松書家,如任子明仁發,王伯静默,朱孟辨芾,陳文東璧,衛立中德辰,章拱辰弼,曾心傳遇,顧謹中禄,皆名載書史,而以子孫凋零,無從簡括其點畫矣。

丙戌十一月初七日,朱涇鎮有張姓,以屠爲業,其妻産一男一女。男三手,女一手,右一臂,左兩臂。

青村劉叔翹言:"有住房人負其房銀三分,死三年矣。叔翹一夕夢其人托夢云:'某負公銀,今送納。'及覺,頗異之。是日有客至,宰鷄爲黍,剖鷄腹中有銀一塊,恰三分之數。"

武林星家顧心印,喬居于松。有子弱冠,卒于荒歲,因訟其父于冥司,冥司拘其父對簿。時冥司吾松錢元冲也,斷心印償其子債,方可生還,蓋心印前世負其子二百餘金。其子方取許償,以凶歲夭亡,是以訟之也。心印唯唯,願償。元冲因令其轉生,作功課薦之。大都冥司二百餘金,陽世以三十金之紙綻便足相償矣。時心印轉生,半途復遇鬼卒牽一白猿來,與心印互易腸肺。後心印竟喜食果,不食腥羶,或曰猿猴好果耳。

上海徐文通妻陳氏,嫁文通五十七日而文通死,陳氏自經。有司上聞,旌其門,此正統年間事也。

徐文貞在京時,每遇同鄉親友,有求必應,有謀必忠。非獨受惠者銜感,即故鄉同官者,皆因以轉薄爲厚,化疏爲親矣。

嘉靖庚戌,烽火達于都門,哭聲聞于宫府,獨文貞大興土木,改造第宅。肅皇帝遣人偵視,而心始安。

《癸辛雜志》云:"折梅花插鹽中,花開酷有肥態。"試之良然。眉公于乙未正月十四日,舟過鍾賈山,大雪,探梅僧院。僧出酒相餉,因論前事。僧言以醃豬滚汁熱貯瓶梅,却放榮結子。

衛文節公涇專祠在崐山,其《祠堂記》云:"墓在湖州玉屏山之麓,吾松玉屏山相傳有衛狀元墓,想因山名之同,故附會其説耳。"

正德末年，普照寺西居民于古井得巨甎無數，皆有“衞仲英”三字。仲英膚敏之子，與文節公從兄弟也。涇爲松人明矣。

洪武間，松江太守黄輅字子威，江西進賢人，吏員出身，有能聲，不獨蘇州之有况鍾也。

海濱有二秦氏，皆云裕伯後。秦文解先自邗溝來，而裕伯常寓揚州，或當近之。秦監生鈿家收有裕伯上中書書草，云其閘港住宅即裕伯故居，初有敕書樓，被燬。按裕伯在元時已有盛名，北方文章多出其手，吾《邑志》宜題曰《流寓》。今閘港有裕伯題橋，訛而爲俞伯奇橋云。

張一鳳字隱之，號象岡，華亭世家子。嗜酒樂游，家事日替。或招飲涉山，冒險以從，妻孥卜其方不知也。鄉社沈湎，浹旬彌歲，妻孥覿其面勿能也。每醉輒作蝦蟆舞，舉座無不掩口絶倒，人目爲癡仙。僦居西塔巷，顔一椽曰客散，好吹洞簫，有鳳音，稱吾松一絶。孫雪居、莫廷韓得公履迹爲喜，已徐太學拉往善權寺。日晡澡浴，忽一老僧啓户，頭臚如雪，公謝曰：“風勁無開也。”僧去。至夜，老僧復至，諭曰：“我覺靈乃汝前身，後三年當覓我矣。”旦叩寺僧，知爲開山鼻祖。公遂夷然賦詩云：“明知老衲是前身，一路紅塵五十春。來世定從衣鉢往，深山禪静好棲真。”越三年，忽一日公復賦云：“獨立人間十九春，嚴霜曾不繞吾身。罔極未酧終有恨，此身卒爾付歸真。”又云：“混氣歸天及太空，靈光一點性圓通。歸時不礙堂堂路，未必他生不再逢。”吟罷瞑目而逝。書宗大令，畫法太癡，有集失傳。

陳友諒據江西時，改元天啓，明年四月又改天定。熹宗年號何以沿襲？豈當年在朝諸臣無識典故者耶！草草如是，余于爾時已知國運不久矣。

秦裕伯大名人，從父仕元，累官至福建行省郎中。會世亂，避地上海以養母。時張士誠據姑蘇，遣人招之不應。吴元年太祖檄下，松江起之，裕伯時對使者曰：“受元爵禄二十餘年，背之是不忠也。母喪未終，忘哀而出，是不孝也。不忠不孝之人，何益于人國？”乃固辭，稱疾不起。後太祖復手書諭之曰：“海濱之民好鬥，裕伯智謀之士，而居此地，苟堅守不起，恐有後悔。”裕伯不得已入朝，遂拜待制。裕伯博辨，善爲詞説，常言古者帝王之用武臣，或使愚使貪。其説雖本于孫武，然其言非也。夫武臣量敵制勝，智勇兼盡，豈可爲愚？攻城野戰，捐軀殉國，豈可爲貪？若果貪愚之人，豈可使也？

陳寧初名亮，茶陵人，仕至御史大夫，與胡惟庸同賜死。洪武二年，以兵部尚書出爲松江知府，政甚嚴酷，時人呼“陳烙鐵”。

永樂十年壬辰科，新進士得除僉事，吾鄉黄汝申翰擢江西僉事。有十年此官者，是科有數人，亦是異數。

大理少卿沈簡庵，"草聖"擅名一時，真、行皆佳。尤長于詩，有集二千餘首。先生端厚謙和，好奬與後進，取予甚嚴。常有季訓導者，介先生之友求草書，且欲識姓名。先生忽有思曰："得非曩訐奏有司者耶?"遽却之。其友翌日固請，先生爲易題訐某以外之，其介又如此。

正統四年，廷試榜出，華亭錢溥原博，倣宋人王十、李三之詩自誦曰："舉頭暫且窺張大，伸脚猶能踏小張。"

沈夢萱先生資深，永樂中舉，略通書史。吏部試《招撫四夷》榜，納卷獨遲，衆請斥之，尚書取卷閲其首云："普天之下莫非王土，率土之濱莫非王臣。"遽曰："是何可斥也!"遂得終篇，第優等，授山東新城知縣。先生弱冠娶毘陵巨族鄒氏，詣謝日，婦翁出名畫命題，即走筆成一律。其警聯有"玉沙十里江郵暮，鐵笛一聲烟雨秋"之句。

松江一塔被雷，凡七層簷鈴皆失去其舌。

李西涯晚年致仕家居。臨殁時，其門生故吏滿朝，西涯以平日所用袍笏束帶硯臺書畫之類，分贈諸門生，東江亦得數種。

康對山與吕沃州談文，極稱鶴灘《陸賈新語序》，嘆服以爲不能加。

沈鳳峰和易坦蕩，真有蘇長公眼中"未嘗見一不好人"之意，遇兒童走卒亦煦煦然愛之。每早起即作詩寫字，稍暇則拈碎石作盆池小景，令人悠然有林壑之想。凡燕席遇戲劇，按拍節歌，有不叶則隨句正之。終日無一俗事在心，終歲無一俗客到門。

文衡山最喜評校書畫，何元朗每見必挾所藏以往。衡山披覽盡日，亦盡出所蓄，常自入書房中捧卷而出，展過復捧而入。更换幾卷，雖數反不倦。一日早往，衡山手持一卷語元朗曰："昨晚得一詩贈君。"元朗讀罷曰："恨無佳軸，得老先生書一挂幅甚好。"衡山曰："昨偶有人持絹軸求書，當移來寫去，即覓一軸補還可也。"遂爲書一挂幅，詩曰："高天厚地千年句，虹月滄江百里舟。君似南宫抱深癖，我于東野欲低頭。蒼苔白石柴門迥，寂晝清陰别院幽。自笑子雲甘寂寞，故人粗糲肯淹留。"後題云："元朗自雲間來訪，並載所藏古圖書見示，淹留竟日，奉贈短句。"高天厚地，乃孟東野詩中語也。

太祖時，吾松始以徵聘仕于朝者，有朱孟辨常觀。《洪武聖記》孟辨以翰林院編修改中書舍人，則知國初尚有中書省爲政府，故中書舍人官在編修上也。朱號滄州生，而能詩，工四體書，亦善畫。

顧東江一飲必百杯,然未嘗見其醉容。每盡一杯,則于手背旁一捋,恐其有餘瀝也。故至終席,桌上與杯盤中無一點沾濕。徐存翁亦一飲必百杯,竟日不起坐,杯中不剩餘瀝,大率與東江同,然存翁平居無客不飲。東江與諸子每夜團坐話家常,必欲盡量,東江但吃小杯,而存翁雖連浮數十大杯,亦不動色,其量似優于東江。東江之色稍嚴,而存翁則竟日欣欣,甚得酣適之趣,此皆深于酒德者也。

"昔公孫宏對策漢武之朝,有曰:'心和則氣和,氣和則形和,形和則聲和,聲和則天地之和應矣。'故陰陽和,甘露降,五穀登,六畜蕃,嘉禾興,朱草生,水旱調均,此和之至也。《中庸》曰:'致中和,天地位焉,萬物育焉。'觀今日上下之心,和耶不和耶?傷天地之和氣者誰歟?使盲風怪雨時作者誰歟?凶年飢歲,老弱將展轉乎溝壑矣。思天下溺由己溺之,思天下飢由己飢之者誰歟?庖有肥肉,厩有肥馬,民有飢色,野有餓莩。當此之時,爲民父母,不以己溺己飢之心處之,而泛泛然迎請超果寺觀音大士至普照寺,有同兒戲具文。祈禱安能召和氣而回戾氣哉?爲今之計,莫若謀行救荒之政,平糴價以紓民力,行賑濟以救飢貧,寬商税以通客旅,清獄訟以伸冤枉,察奸吏以禁賄賂,抑小人以待君子,通下情以療民瘼。凡可以弭災異而召和氣者,盡心力而爲之,憂國爲民,出于一念之誠,則大士不須祈禱而慧日自呈,人事和而天理見。惟閣下留意幸甚。"此松江僧順昌祈晴上官府疏。順昌原姓趙,名孟僩,宋之宗室,年十七,文天祥辟爲參謀。天祥北去,居吴越數年爲道士,居松江北道堂。又五年爲僧,名順昌,自號三教遺逸。改道堂爲本一菴,今郡城北庵是也。臨卒辭以訣曰:"文山之客,千古忠貞。"

陸平泉少時與弟阜南負笈從蒙師,適舖中見一傴僂丈人,阜南爲之竊笑。師曰:"此天刑之民,汝輩莫笑,可即其人作一散破。"阜南信口云:"學子路負米不負,見聖賢鞠躬甚恭。"平泉云:"觀天文不足,察地理有餘。"時阜南年方七齡,平泉長三歲,英英露奇,難兄難弟,識者已卜其他日成就矣。

吾松嘉靖辛丑甲辰科,如陸從大、袁福徵,尚乘馬拜客。近來即新入泮者,宦家富室,紗羅彩旗,不下數十對,其他鼓樂禮儀之盛稱是,奢靡極矣。返樸還淳,寧有日乎?吾松名爲富庶,而滄桑易變,不可長保者,止緣生財有限,而耗財多端。凡宫室苑囿,服飾器皿,妾媵輿從,餽遺飲饌,娼優舟馬,送迎婚喪,無一不極其華靡,而加以重役厚斂。賭博成俗,告訐成風,迎神賽會,其費不貲,市虎里猾,姿其所啖,又多一切無益妄費,如之何其能久也!

一僧募緣,日坐大姓牛舍下誦經,知牛性好鹹,將鹽遍擦頭面,與牛餂之。習熟,向主人僞云:"夜夢牛是我父,今償債滿,合告歸。"主人出牛與認,一牛獨吮其面不置，遂信而與之。乃將牛歸作脯，以細臠鋪衲衣中。至富人門下趺坐，以此療飢，終日不食，惟啜茗而已。主人奇而詢之，答云："願千金重蓋羅漢堂。"主人許焉。約以某日持付，渠留一僧履爲信。至期往，則是僧匿影不見，矚他僧俱不承認，惟引大姓遊羅漢堂。忽睹其中一羅漢，酷類募緣僧，而足無一履。履又合，不覺駭拜，以爲活佛出世，遂納前金而返。究其因，乃是此僧預塑己像而爲之者也。

包鴻臚杞，侍御公節元子。公建言杖戍莊浪，鴻臚萬里省親，不辭勞苦。穆廟初銜詔至山東，餽遺悉不受。開府洪公强之，泫然泣曰："先公司理此方，惟啜杯水，某敢以行役污先人名耶！"洪公感悼，問之輿論，移文學道，從祀名宦。

萬曆庚子，吾松楊太史石閭主江右試時，有蔡紹襄者，亦松人也，以貢爲貴溪訓導。入省應試，夢神告之曰："汝中江和榜。"及放榜，蔡中七十四名，而第一名解元乃江和也，夢之巧符如此。庚子江西試官是楊石閭，非董玄宰也，現有試録可查。

崇禎癸酉九月，吾松秦御醫景明，因赴浙江巡撫之招，泊舟楓涇里。忽聞岸上有夫婦相持而泣者，公怪而詰之，乃其佃户顧某也。曰："吾向負公銀十金，今將鬻妻以償公。"公曰："吾不汝責，何爲乃爾？"顧曰："鬻之可得十四金，以十金償公，以四金自營，苟延旦夕。公雖不吾責，其如自營之無資何？"公即出囊銀四金以贈之。此係周公遠、陳壽卿、田伯龍三公同在舟中目擊者。

璜溪有墨樵者，閱歷亂離，嘯歌自得，借隱闍黎，攤書南面，翛然于獨清獨醒之際，彷彿武陵避秦人也。不著姓氏，余亦勿問其爲何如人，但次韻以贈："不效吴剛桂斧樵，高懷偏喜墨悲豪。斫開毫際花飛舞，斬去心中蓬起苗。手闢硯田司鈇鉞，書漂黑水掌刑曹。客卿傲隱幽懷僻，恍惚桃源舊種桃。"

吾松陳詢號汝同，其爲人，心地好且有德。其同年編修梁諲疾，語家人曰："朋友中惟陳汝同，子女可托也。"陳聞而諾焉。及諲卒，經理其家事，無不曲盡。其篤于友誼如此。

徐文貞督學江西，道遇毛伯温尚書。過其舟，毛曰："君得毋飢否？"呼侍者捧大盤四，其二裝炙鵝，鵝皆大臠，其二裝饅頭，大如盌者各五十許。又不置筯，以手掇之。銀碗二，使注酒，長啜大嚼，旁若無人。時文貞年少，勇于酒，互舉無算，歡然而别。毛曰："公大器也。"

丙戌年某月日，有二青衣持燈至，召佟府班演戲。從至一大厦，座客皆章縫，但禁優人不許鳴金，優人疑之，竟以鳴金而散。詰朝已失大厦，乃一荒塚耳。此與《西樵野話》記弘治癸丑事同。

世宗時，松江府學教官程爋，以鄉進士涖任，務砥礪名節，以身爲諸生先。直指使視學,一生于講末致頌詞,賞紙倍。當道出,爔惡其諛佞,取紙散諸生,斥責之。公字文純,建昌南城人。

朋友一倫至與君臣父子等,謂其能以道義砥礪我,文章誘掖我也,我有過舉能箴規我,我有隱德能稱揚我,聞我有蜚語能昭雪我,惜我有患難,不憚被髮纓冠而拯援我。倘其不然,則與無友均矣。彼狎昵相徵遂,酒食相呼召,浸淫五交,漸逼三釁,非損友乎哉?世上惟一種村落間樸茂野人,或有素交,終身不改。自讀書人一列青衿,便分町畦,考居優劣,嫉妬横生,友誼于此時已開其隙端。甫叨鄉薦,而接昔日庠序中友人,已有倦容矣。及登甲第,而接昔日鹿鳴宴上友人,又有倦容矣。同筮仕于朝,暨登要津,履膴厚,而接昔日瓊林宴上友人,又有倦容矣。主人出肅客,尊嚴如天帝,久坐不閑談,惟咯咯然聞咳唾聲如啞,客先問不能遽應如聾。亦有盛衣冠深拱揖,周旋折旋如傀儡,心中復自忖曰:“夫夫也胡爲乎來哉?”絶無切切偲偲氣象,是彼一可羞也。或有雞初鳴,即挾刺候門,閽者怒目叱之,急探袖中金贈閽者,且連揖曰:“亡奈何姑容我入。”閽者驅之,立馬厩下,磕睡幾番,始報主人出。膝行而前,至不敢仰視,婉媚如妓,便嬖如奴,將平時雅誼一朝都抹殺,此又一可羞也。更有一種貪嗜勢位,視朝廷官爵爲私家物,不喜人先登,好陵軋好排擠,甚則聚黨相攻擊如仇讐,慘于戈矛,酷于弩矢,且流餤餘毒,致連累至數十人,毫無怵惕。又有一種蠅營鼠竊之輩,遇小小銖兩,垂涎不已,放利而行,包羅殆盡,即平日素交,恬然賣之,倏忽變幻,驚神駭鬼,曾不思天壤間羞惡廉恥爲何物。嗚呼,友道至今日而陵夷極矣!世界甚寬,世態甚狹,敗壞大倫,一至此乎!金蘭空爲置簿,惟有廣絶交論堪佩服耳。

# 卷　四

木蘭舟者，其高如屋，廣二尋，深加四焉。挂席處爲軒，顔曰乘雲御風。稍進，則外方丈，顔曰木蘭舟。歷梯而下，越三級，折而入，爲内座，有榻，貯圖史書畫。置博山爐，樹佩劍，懸素琴。再進爲龍窩，置象牀一。又進則夾室，庋以兔藁潃灎，及敦牟卮匜。又進則左湢右厠，計且七室矣。出由外座梯而升，越七級，顔曰飛雲閣，可坐數十客，華簟高張，朱闌内屏。其後爲庖爲丹室。此吾松参知華陸姚公舫也。公嘗謂人心不能冥，則身必有托，然而設闤闠則囂，飾臺榭則侈，逃蓬藋則槁，探遐阻則艱，故自託于兹舟也。舟所行，傍市爲居，即野爲廬，倚園爲林，憑崖爲山，濟渡爲梁，凌颸爲騎，無所不適。至若皓魄代燭，輕烟結幙，沆瀣當餐，天籟成樂，雪則瑶池，霞則丹闕，濤則素車，嵐則翠壑，延賢不必開徑，逃俗不必鑿垣，避暑不必懷冰，凝香不必樹蘭。可眠可眺，可吟可嘯，可遠可近，無所不得。蓋公自盛年解組而歸，于世若塋鶴閑雲，人望之幾同列子御風而行矣。

裒訪古帖，置之几上，其益有五：消永日，汰俗情，一益也。分别六書宗派，二益也。多識古文奇字，三益也。先賢風流韻態如在筆端，且可以披其遺行逸籍，交遊宅墓，四益也。不必鈎揭，日與聚首，如薰修法，自然得解，五益也。

北簳山有沈宗正者，每秋設籪取蟹。一日見二、三蟹相附而行，近視之，一蟹八足皆脱，二蟹舁以過籪，因嘆曰："人爲萬物之靈，每見兄弟朋友親戚之間，往往有相争訟，乘人危困而擠陷之者。水族之微，有義若此。"遂命拆籪，終身不復食蟹。

吾松顧遜齋鎮静端方，有古人風。嘗舟行墮水，猶讓老者先登，其不苟如此。世有乘人之危而下石者，見人之困而冷眼袖手者，真遜齋之罪人也。

嘉靖壬辰，彗星見，臺察馮恩疏論太宰汪鋐爲心腹彗，二相爲門庭彗，乞斬三奸以謝天下。復品列諸大臣得失，上怒，下詔獄，榜掠無完膚。挺身出長安門，觀者嘖嘖嘆曰："是御史口膝膽骨皆鐵。"稱爲"四鐵御史"。

董子元《送幼海戍南寧》詩曰："朝陽彩鳳久無聲，海内驚傳此一鳴。報國何辭身骫髒，危言直許志澄清。他年青史看題字，此日炎州漫紀行。知爾平生期不負，白雲紅日總關情。"

李方城少患血症，時在留都，有神醫劉橘泉診其脉云："君無甚病，若他日得有官職，壽止七十。若不得官，當至九十。"後萬曆己卯中副榜不第，果九十而終。方城在金陵道院養病，面壁静坐。一日見一道人謂之曰："如此静坐，即真至九十無益也。"余有方爲君傳之，當法天地之自然，其法曰："夏三月絶慾，則外感不至。冬三月絶慾，則内病不生。"公永守其戒，果至耄卒。

世宗好更禮制，欲絀孔子王號，易像爲木主，于籩豆禮樂皆有所抑損，而首揆張孚敬緣上指而發之，下儒臣議，相顧無敢異同者。文貞時爲編修，獨條其三不必、五不可，狀甚辨。疏上報聞，孚敬坐朝堂，召文貞盛氣詰之。文貞徐理前説，且曰："高帝盡革嶽瀆號而獨不革孔子者，何也？"孚敬詞遁曰："高帝少時作耳，安可據？"文貞曰："高帝定天下而後議禮，寧少耶？果爾，明公之議四郊，何以力據高帝少作？"孚敬頰盡赤曰："爾謂塑像應古禮否？"文貞曰："塑非古禮。然既已肖而師事之，何忍毁也。"孚敬曰："程氏不云乎：'一毫髮不似吾親。'可以親視之乎？"文貞曰："有一毫髮似吾親，毁諸可乎？且明公能盡必列聖之御容，無毫髮不似乎哉！即何以處之？"孚敬語塞。

顧東江與修《孝廟實録》，書妖人李孜省事，焦芳與彭華有隙，誣其附以得進，欲東江以風聞書。東江云："據實直書，史職也。他不敢與聞。"焦不能奪。中官蔣琮誣逐臺諫，涉歷既久，章疏雜沓。時逆瑾方熾，僉畏觸其黨，莫敢涉筆。東江潛披精核，盡載其實，有嫌而欲節略者，絶不爲動。

徐文貞佐銓時，年僅四十三，榜戒語于堂自警。故事吏部大僚鐍車門，接見庶官不數言，以示嚴正。文貞曰："若爾，何以能盡人才也？"乃折節修詞色而下之，見必亹亹咨訪邊腹要害，吏治民瘼，間及寒暄語，冀以窺見其人。見者亦自喜，願爲之盡，文貞益有聲縉紳間。尚書熊浹雅重文貞，托以肺腑，而文貞亦爲竭力相與，勵廉節，獎恬退，振淹滯，抑躁競，時論翕然賢之。

華令陳鑑祭陳卧子文：維明之燼，百城草靡，八月兵火，魚潰鳥離。時予來松，嘆公忠義，過公之廬，已爲賊據。吹毛坐公，予不謂然。緣茲滋釁，門火池延，獄予厄予，于今三年。或傳公死，或傳公仙，或傳公去閩，或傳公入滇。黄鶴既舉兮何不摩天，神虬既逝兮何不深潛。乃爲挺刃所執擊兮，乃爲琅鐺所拘攣；揮白刃以肆毒兮，人百身其舍旃。予驀見公之鬚眉兮，儼生前其如玉；髮縱𦆠其無恙兮，羞吾曹之髡禿；奉几案而覆之巾兮，私爲位而一哭。嗚呼哀哉！緬予友公，始于燕京，再于會稽，感公肺腸，重公文章，王李之後，大雅洋洋。天喪斯文，舍子孰匡？公心在明，如日在天，一腔熱血，三載孔艱。龍性難馴，鶴髮難芟，義形于色，志溢于顔。漢之北地,宋之文山,公有良朋,亦有懿戚。爲夏爲徐,生耶死耶?爲宋爲李,出耶處耶?公有愛妾,亦有孤兒,藏耶獲耶?嗚呼哀哉!拘公者么么蟲蟲,侶公者曖曖朦朦,拜公者斐斐濃濃,報公者豐豐隆隆。五月十三,竹醉千叢,若祭關公,當祀卧龍。

華亭有李元者,性嗜酒,人以酒鬼目之。其人甚貧,一身之外無餘物,執役幕府,日得數十錢,即沽酒而飲之。村醪濁釀,見輒心怡,不擇味也。瓦罐破缶,得酒即傾,不擇器也。鰥居五十年,始求一老嫗,則知其生平無他嗜,而惟此杯中物晨夕不離。常醉而歌曰:"干戈縱横兮四海清,四海清兮何日太平?何日太平兮我將醉,我將醉兮舞霜清。"蓋出之詼諧,而以其意變亂其詞者也。丁亥夏,松之鎮將叛清,欲舉兵反,而恇怯寡謀,使其屬李魁刺兩廳于案席之間。兩廳者同知楊、推官方也,同事者度其難成,執而縛之,魁亦就戮。酒鬼隨幕府繫,其家人輩輒取其輕資重寶以遁,酒鬼掊瓮發醅,獨斟酌之,玩弄雞雛睨視幕府而大駡曰:"若輩已殺盡,汝何以生爲?"一時見者咸錯愕,其人慚甚,以木囊其首,俟其醒而縱焉。卒不屈,自縊而死。嗚呼!以彼厮隸下材,猶能顧名若此,世之號爲士大夫者,竟汩汩以生,吾不知其視酒鬼何如也。

何元朗嘗謂:"古今豪傑,獨范蠡、東方朔二人。東方朔能嘲哂帝王,范蠡則玩弄造化矣。"此亦可謂名言。

陸平泉嘗言:"仕局中脂韋迎合。工巧媚以佞要津者,一似優人登場作劇,憂喜悲笑,曲盡情態,以取人意,然不過一餉間俱成空矣。"每誦斯語,令人神竦。

吴人嗔妄言者,輒云"揑目生花",亦有所本。《傳燈録》云:"但如揑目。妄生空華。"

松人駡僧,俗語輒云賊秃。按梁荀濟表云:"曲躬供貪淫之賊秃。"則此語自六朝已有之。

主事石英中,號子珍,既繫獄,夏文愍憐其才欲出之。會世廟命賦《明妃詩》,夏使石代賦以進,末有"漢宫水泠泠,流出明妃心"之句,特蒙御賞。文愍徐言此石主事代臣作,上頷之,然卒不可救。蓋世廟雖好文,而必不骫法,故臣下凜凜不敢犯也。一代治體,嚴肅跨越前後,洵不虚耳。

萬曆己亥三月,上海二十九保民婦有娠。一日坐機中,忽覺喉間作惡,嘔出一小兒,長四、五寸許,形體都具,但落地即不見踪迹。

張進士本嘉過朱静庵寓齋,見案頭藏墨,不類凡種,戲賦短吟索焉。詩云:"笑我臨池興轉多,年來偏以墨爲魔。卿卿倘惜邀風雨,不復黄庭换白鵝。"想見前輩風致,趣絶。

漕涇太學生楊周，字啓東，生三女。長適包志，生子節、孝，封太孺人。次適侍郎董玘，封恭人。次適京畿御史顧潛，封孺人。三女並沐恩綸，時論美之。

郡有諸生戴無求者，與楊仕相識，往視之。仕坐法當死，非大力者不能脱，戴有故人某公在要路，攬爲請託。楊欣然遣一幹僕挾重資隨入都，爲之緩頰，而某公不聽。戴乃僞作一書遺之當事者，又不聽，仕竟斃杖下。而戴與楊僕所挾，詭言餽某公三百金，竟入私橐矣。歸松未幾，復往廣陵索逋。白日忽遇仕于道左，戴大驚，踉蹌而還。抵家，仕亦隨至，詬誶不已，因此得病，不數日與母妻相繼而死，冥司報應可畏哉！

張七澤守衢時，偶出城，民間有迎婦者，肩輿不避而過。業命隸人逮輿夫至，將笞之，轉念婚禮嘉事，一被譴責，新婦且驚懼，而舅姑又以爲不利，則一家不安矣。第諭之以上下有體，不宜唐突，叱之去。想見前賢用意之厚。

龔尚孝者，吾松東郭小民，年甫弱冠，倚父販賈以餬口。一日有數人至肆中，坐談良久散去，孝視其坐處，有遺金在地，即默藏之，雖其父不知也。明日見數人踉蹌而來，一人且泣且言，謂失金正在此地，孝詰其所失色與數，一一皆合，悉以還之。此人感德，願以半贈，尚孝笑曰："我如欲得，豈不能盡匿哉？"謝以遣去。

上海喬士岡時敏，聞潘恭定精于衡文，髫年時以課藝請正，求决榮枯。潘云："此老進士也。"後果以六十歲登第云。

嘉靖三十二年癸丑二月晦，松江府同知張仲爲其妻趙氏所殺。仲江西南昌人，中庚戌榜進士，少有才名。官郡丞不樂，遂恣酒宣淫，狎溺嬖妾，常醉後嬉戲。縱其妾楊氏冠帶南坐，爲問理狀，桎梏趙爲罪人，己爲厮役而笞之，趙積不能平。是夜仲飲于司理袁汝賓署，酣甚，宿于外館。趙引妾唐氏、婢菊花，秉燭直入卧所戕之，最爲慘烈。倉卒袁司理至，詰趙氏無所言，惟自請死。事聞，趙自縊于官舍。夫仲以少年才子，縱妾不檢，卒以取禍，可爲當官之鏡云。

嘉靖壬子春正月，華亭縣災，知縣黄朝聘，閩人也，以公事出，守庫吏何敏學在焉。火起，堂庫俱焚，縣藏燬幾盡，惟兩廊文卷獲存。縣令不敢上聞，亟事修燬，議遂寢。庫藏爲乘機所竊者，竟忌于投鼠云。

周萊峰理學名賢，兼善丹青。嘗自題其畫云："聖人有言：'不作無益害有益。'今以士人從事于丹青可乎？余嘗有詩云：'莫嫌芻狗元非道，須識烟霞總是天。'"

吾松别駕孫應岷，勸俗謡云："茅屋陋，只要掃，修理及時難得倒。人間都作好樓臺，三日不開便生草。黄菜葉，白鹽炒，只要掩得肚皮飽。若貪滋味强安排，先須俯仰生煩惱。"

徐益孫曰:"吾有目有足,山川風月,吾所能到,便即屬吾,吾便是山川風月主人。"

陳眉公築讀書臺于小崐山之陰,邱壑狎主,峰泖來賓,頗稱勝概。常作《臨江仙》詞云:"婉孌北山松樹下,石根結個巖阿。巧藏精舍恰無多,尚餘檐隙地,種竹與栽梧。高卧不須愁客至,客來埜筍山蔬。一瓢濁酒儘能沽,倦時呼鶴舞,醉後倩僧扶。"

楊朋石女,青浦生李光初之配。李君不起,斷一指于棺中。是時子大節纔二十六日,後十三年庚戌絶粒死。李之先有健齋翁,割心救母,操刀小廟中,血濺佛坐,世稱爲李孝子大節。後遊蘭溪庠,爲浙中名士。惜哉未得四十以死!

松江鱸,煬帝所謂金齏玉鱠,東南佳味也。

可觀法師字宜翁,華亭戚氏子。一日聞舉唱曰:"般若寂寥。"忽悟云:"如服一杯降氣湯。"魏杞鎮郡,請主北禪寺。適當九日,上座云:"胸中一寸灰先冷,頭上千莖雪未消。老步只宜平地去,不知何事又登高。"魏擊節嘆賞。有《圓覺手鏡行卷録》。

孫漢陽十月便以薪草縛橘樹上,眉公云:"此爲木奴著裘。"

莫廷韓有米海嶽石,遠望之其色元,近視之其色澄碧。高約七、八寸,長徑尺,多峰巒洞壑,叩之聲清越。雖天燥,蒼潤欲滴,下刻"雲卿"二字。

泖西蒸溪之北,世家曰曹繼善,其先自宋文恭公後,五世孫由温之許琫家于松。子姓有稱貞素處士者,居安雅堂,蓋學士虞集之書也。

世人于蘭亭肥瘦二本,互有去取,陳眉公獨以爲飛燕、太真,俱是國色。

陳眉公云:"據《瘞鶴銘》詞,所葬乃吾鄉華亭鶴也。"

元時,華亭沈瑞得大癡畫法。

嘉靖末,徐文貞在政府時,典銓爲嚴文靖公,竝加意人才,故郎署如李公世達、陸公光祖、曾公同亨、余公敬中,一時承其意,搜剔殆盡。偶諸郎宴飲舉令,余曰:"今日之會不必投瓊射覆,但各舉林居名士一二人。不當,以大白浮之。"余即舉關内傅應詔、山東崔孔昕,衆謂得人。時傅以郡守終養,崔以司理詿誤,久居里中,因同白徐公。公曰:"吾聞此兩人久矣。"遂起用之。

閩廣多種木棉,紡績爲布,名曰吉貝。松江府東五十里曰烏泥涇,其地田土磽瘠,民食不給,因謀樹藝以資生業,遂覓種于彼。初無踏車椎弓之製,率用手剖去子,線弦竹弧,置案間振掉成劑,厥功甚艱。國初時有一老嫗,名黄道婆者,自崖州來,乃教人造捍彈紡織之具。至于錯紗配色,綜線軋花,各有其法,故織成被褥帶悦。其折枝團鳳棋局字樣,粲然若寫。人既傳授,競相製造,轉貨他邦,家亦就殷。嫗卒,衆爲洒泣立祠,幾時享之。越三十年祠毁,鄉人趙愚軒重立之,後復毁,無人爲之再建,而道婆之名日漸泯滅。神宗朝,方伯七澤張公復建祠于寧國寺中,春時香火雲集。

張東海守南安,有兩家耕牛争鬬,訟之公。判云:"兩牛相争,一死一生。死者分剖,生者同耕。秋收成熟,賣價平分。"各無罪,人服其公。

朱孟辨在西掖,夜坐剪燭聽雨。偶閱錢叔仲所畫古木寒鴉小景,不覺技癢,因畫蘆洲聚雁以配之。適友人黄德謙在座曰:"似瀟湘水雲景也。昔年過二妃廟,今復觀此圖,恍然重遊,但少苦竹翳深耳。"遂添叢篠其間,殊有天趣。并賦一詩云:"夜窗聽雨話巴山,又入瀟湘水竹間。滿眼冥鴻誰得似,碧雲飛去又飛還。"

眉公題自畫云:"儒家作畫,如范鴟夷三致千金,意不在此,聊示伎倆。又如陶元亮入遠公社,意不在禪,小破俗耳。若色色相當,便似富兒持籌握算,俗僧以鐘鼓禮懺,此何足污吾筆耶!"

眉公云:"小春忽釀新寒,念高閣敞房。酸風旁射,無如密室置木榻。坐圍爐,羅列書史,香柑叢菊,點綴几上。南榮照窗,暖風逗入,與逸民高僧共憩其下。向晚懸燈,燒茗作團圞坐,此冬餘處士尋常供也。古人以偃曝爲白醉,高卧爲黑甜,因題一對于楣柱曰:天子容白醉,賢人送黑甜。可謂實景。惟泖橋香印齋,不負此數語耳!"

眉公云:"'戲'字,'虚'字着一'戈'字,凡戲雖非真殺機,然戲言戲動中,往往有時害人,非虚戈而何?"

甲午八月,眉公遊秣陵,賈客以白磁盆貯五色石子,索價甚高。其石出六合山瑪瑙澗中,村人裹糧負鍤,雨後覓之。山深無人烟,往返六十里,甚則飢餓得病幾致死者。于是土人從澗旁結草棚,以市酒食,而負石者始多,此風近日始見之。

余嘗見董玄宰臨《研山圖》,最高者爲華蓋峰,右有月岩,雲天欲雨,雲出其下。左有方壇玉笋,下有池,滴水少許,經旬不涸。不假彫琢,渾然天成。

余友鄧章甫者,澄江名士也,携筆牀墨匣西走石城,于秦淮渡僦室而居。居不甚大,額曰"如舫",中設木几素琴,茶鐺酒具,無不畢陳。名人騷客披其帷者,不減袁安牛渚之遊。其品豪邁不群,與人交,氣誼直干霄漢。兼善細書,微如毛髮。嘗于瓜仁半邊寫律詩一首,又于粒麻上寫"國泰民安"四字,真異人也。名公贈以詩賦記贊,名曰《語小編》。

南翔有寓僧虚舟者,金華人,以記室祝髮。有一瓜仁,乃象牙琢成,一面畫十八學士,琴上有弦,棋局上有路有子,筆筒内有筆,案上有卷,人俱並肩而立。又皆著色,第無眉目耳。一面寫七言一絶,旁有年月,下云"七十二翁祝培之戲寫"。又有二圖章,一圓一方,此余所親見者。又有小畫十幅,俱以箸寫,漁翁居其八。亦甚異矣。(葭士記)

雲間西郊外有私鹽港,里人建一石梁。乙酉八月,清兵殺人如草,倉卒間居民涉水逃避,大半溺死,幸有此橋,得渡者幾千人。

澱河西雙溪有張凌元者,[性](姓)奇放。嘗造一舟,不甚大,僅容一榻一几,中貯書畫玩好之具。每興至,便放舟于遠山亂水之間,嘯歌終日,興盡則返。舫號一葉,中有聯云:"有山水便住,無風波即行。"時萬曆戊申歲水災,民不聊生,張赴京上《水荒狀》,乞賑松民。上覽奏允之,以張籍青浦,即免青浦漕白二十八萬,撫按高其義,旌其門曰"叩閽請命"。

張王屋《西堂賞菊記》:庚戌之秋,九月既望,海上諸賢偕會于沈氏之西堂觀菊。是會也,主四人:沈叔明與其弟叔倫,乃子汝施、汝白是也。賓二十五人:顧克載、顧道夫、應夫、張子采、奚世卿、秦子宣、姚如晦、陸子開、唐世具、馮子喬、韓元和、高宗越、宗魯、陸思豫、王章甫、喬啓仁、顧汝修、汝達、汝所、唐子廉、朱邦憲、浦時濟,其謝病不赴者董子元,以事故不與者張子貞,最後至者一人,則山人是也。爾時秋雨新霽,風日開朗,祥雲如綺,朔雁南翔,芳菊盈庭,良朋萃止,縱飲酣暢,從性所適。克載適彈評花品,裁較淺深,如九方皋之相馬,不以元黄得其精秘。道夫、思豫則花下對弈,互相勝負,如幽燕老將,百戰不回。如晦、子喬則狂歌嘯傲,浩思凌霄,如蘇門鼓吹,林谷傳響。章甫、宗越、邦憲、汝達、汝所則商謎藏鬮,呼盧博戲,如三河年少,走馬鬥鷄,雄氣奪群,奇矯無敵。子采、子廉、子開、汝修、叔明則羯鼓傳花,音節殊妙,如禰正平漁陽摻撾,四座改容。元和、宗魯則清歌艷曲,宛轉合度,如秦青拊節,忼慨悲壯,響遏流雲。應夫、啓仁則對菊閑吟,回環不輟,如滄浪雅歌,托興元遠。世具、世卿則徘徊闌檻,欣賞忘疲,或秉燭觀花,或持盃嗅菊,如長卿之悦文君,繾綣殷勤,鍾情獨切。應夫、汝達則不勝杯酌,亡酒而去,如三閭大夫,獨醒不亂。時濟則肆飲沉頓,長跪不起,如劉伯倫之頌酒,意氣尤奇。子宣則獨據胡牀,抱膝酣睡,如如來疲卧津梁,無思無夢。叔倫、汝施、汝白則周旋俎豆,楚楚可愛,如芝蘭玉樹,森映户庭。若夫箕踞花前,蕭然自得,放浪形骸,無所仿佛者,則山人也。嗟乎!四美畢具,二難兼集,感浮生之易度,懼勝會之無期,遂各賦咏,敍厥衷懷。山人性本曠達,頗慕風流,謬從賢俊接杯酒之歡,宜有傳述以示來者。因次第記之。

上海沈叔明《瘞菊文》：孟冬望後，清霜滿空，朔風撼樹，庭菊半凋，衰顔舊態，依依相向，若不忍棄予。予追念一秋伴我寥曠，或零落未晞，或明月斜白，或幽香入座，或迎風若舞若狂，若賡若勸，助予酒懷詩興，宛在三山蓬島。予神契心憐，亦不忍遽委籬落，同混泥沙，遍摘奇英瑞萼，貯以錦囊，鱗次平鋪，瘞之小圃蘭臺芝砌間，使花神含笑，得正首邱。予復酹椒漿而些之以詞，恐緑珠之墮畫樓，玉環之縊馬嵬。香魂豔魄，雖千載之下，九原有餘愧矣。詞曰：厭縟觀兮東皇，愜金飈兮清商。辭梁園兮繡幙，托衡茅兮幽芳。靡冶容兮媚世，寧玉碎兮凌霜。期靖節兮心賞，流千秋兮餘香。

泖涇爲松南巨鎮，多好古博雅之士。有以詩擅名者三人：一爲王鶴坡，名良佐。一爲戚龍淵，名韶。一爲張一桂，名冕。鶴坡舉于鄉，由校文至邑令。龍淵以韋布終。一桂爲諸生，多病。三人以詩相頡[頏](頑)。鶴翁詩如古仙劍客，超脱塵外。龍翁詩如燕趙奇士，矯抗自信。桂翁詩如山僧埜老，吐露真實。孫毅齋録之爲三詩翁評，以俟知音者訂焉。

西郊《笑端集序》有曰："皇明初，松江之善詩者，御史袁景文爲最，判官陳文東、鄉貢進士陸宅之、江西僉事董良史、處士吴子愚輩，亦相頡頏。會稽楊廉夫避地松江，其才贍氣雄，震耀當世，一時才士皆宗之。往往高古不逮，詭怪層出，又景文輩所不屑也。自後漸趨纖巧，初學惑之，然有識者惟宗景文焉。"雪航《稿序》有曰："袁景文《在野集》，渾厚含蓄，識者謂遠逼盛唐。管時敏《蚓竅集》，清麗優柔，謂可與袁方駕。他若張樞、張璧、吴子愚輩，亦各成一家，有足傳者。"按二詩序，東海張公筆也，雖爲良史公至言，而國初松江詩人之評，盡在是矣。

河豚之美惡，前輩論之詳矣。有周姓者與九人共食，而死者八人，周竟無恙。夫松人每以遇毒歸罪于庖治之不佳，不知氣稟有虚實厚薄，食性不同，故有死有不死。且葠爲補氣之藥，而人亦有不能勝者，况毒物哉！養生君子，不食可也。

讀書堆舊有大樹，成化初猶存。九峰曹先生泰有詩曰："山中古木長松樹，剥落龍鱗大十圍。涉歷冰霜心獨苦，戰争風雨勢將飛。白雲留影連僧榻，金粉團香點客衣。四十年前曾見説，于今飽看坐忘歸。"

九峰《黄浦》詩曰："月照黄龍浦水黄，南飛烏鵲夜茫茫。晚潮天接海門近，秋草城埋滬瀆荒。道上人家金井塲，縣中官酒玉缸香。夜來直欲通宵飲，消得先生醉幾場。"

正德壬申，流賊寇山東諸郡，江南震恐。松城外四周故有市廛，有司悉命撤之。復欲絶四濠之梁，民甚不便。龍淵戚韶有詩曰："人情洶洶語浮囂，腹裏千愁未易消。戰艦未收河朔賊，居民虚斷灞西橋。天須向曙星初滅，樹必經秋葉始飄。不是十年前意況，青樓明月唤吹簫。”

《擊壤歌》美賢令也：“姑緝麻，婦紡紗，男在田，女在家。吏卒不下鄉，官府無横差。老翁弄兒孫，逐影向壁拏。東鄰酒，西舍茶，從朝至暮笑呵呵。不違農作時，處處插秧早。愛民如子縣令心，無事擾民真個好。婦夜眠，夫起早，催了機上布，便是囊中飽。飢寒已無患，逋負不須惱。”此董良史所作，不知賢令爲誰。然國初官清民安，可想見矣。

張一川名其性，東海之孫也。考後樂公副憲廣西，駐兵樂平而殁，有通判某籍帳下，得餘金四百兩，勸性取之。性曰：“父死而因以爲利，可爲人乎？”毫釐無所取。後從湛甘泉遊，明理學，爲厚德君子，兹其一節云。

元伯顔盛日，上海有俞俊者，賦《清平樂》云：“君恩如草，秋至還枯槁。落月殘星猶弄曉，豪傑消磨盡了。放開江海襟懷，休教白鷺疑猜。我是江南倦客，等閑容易安排。”後仇家以其稿訴于官，厚賄獲免，而因以喪家。然則君子豈可易其言哉！

青龍、大盈之間多荒田，彌望皆蘆葦之場，甚至數十里烟火斷絶，雖有召募之令，亦無應者。正德中，内江喻公知府事，鋭意講求，乃議分設鎮治。使公聚貨，貨通則田易墾治，田墾治則可以省合郡包賠之苦，甚良策也。規劃已定，而天不慭遺，今未有續而行之者。

宋潛溪先生嘗爲上海夏宗顯作壙記，夏蓋洪武中糧長也。記稱其畏謹好禮，田賦皆先時而集，不煩徵索，愛惜細民，銖兩無取，以長厚稱。夫先生之文實録也，述之以告鄉人長賦者。

周西隱名揄，萊峰先生之曾祖。常行田間，見有遺鏹，驚訝曰：“荒僻何從有此乎？”乃發橐驗之，實僧所募鏹也。迹僧而僧不得，後令人往他所招之。僧至，其語與橐中數合，遂還之。僧割其半以謝，公笑曰：“割若半者，何若挈而全收之，乃遠求子耶！”必不受。一日，操小舟入城，途中見兩舟人相鬨。其一人倉皇，公問其何迫急乃爾，曰：“産婦危殆，欲入城求醫，是以迫耳。”公即舍舟與之，不問其姓氏居處，但告之曰：“吾家草裡周也，事畢以舟歸我，我入城可緩。”竟徒步歸。其厚德如此。

張載寧跋《滎陽鄭府君夫人博陵崔氏合祔墓志銘》曰：“此志傳以爲崔鄭同穴之驗，吾鄉董玄宰、陳眉公兩先生皆未深攷，亦復傳訛，語具《品外録》《容臺集》中。余宰濬訪得原刻，初猶以礜墓薄之。眉山王恪，好古士也，共余以會真年月參之此碑，則此崔夫人者，計其生年，尚長雙文四歲，然後一破此惑。王君謂博陵、滎陽世爲婚媾，何必鶯恆，斯論篤矣。而予復謂鄭君姓名本傳不載，豈實甫、漢卿輩其言反足徵信耶！況鄭又諱遇不諱恆也。第此碑入地千餘年而始出，出又百餘年而予兩人爲之辨其誣，文之行世固有幸有不幸哉！"

徐長谷《爲董子元跋東坡帖》："晦翁謂字至蘇、黄寫壞了，蓋晉人之法，曠夷疏暢，了無鑿痕，蘇、黄傷巧耳。然亦自有沉着可玩，不似今人苟且落筆也。此帖東坡《爲與可書園池三十首》，筆法矩矱尤其得意，而詩人風趣過三昧矣。後附《中山松醪》一首及《陽羨》二帖，可以觀其涉歷抱負。吾十年此興未能一了，觀之又作一感，如與故人談舊事，政自不堪也。然東坡終不能居陽羨，自是缺緣，吾他日殆將何如也。遂爲子元言之。"

張世美《謝宋大參樗庵分送芭蕉啓》："承分惠芭蕉嘉種，謹對使拜嘉，敢以短啓奉謝。竊惟梅寄隴頭，遠托江南之春色；菊傳栗里，清延籬下之秋光。物待人標，情從物貺，顧茲嘉種，實曰靈苗。天然性體之虚，大展枝葉之異。落花飛絮，僧素常以揮毫；界紙抽書，路延昔曾琢句。高人常對，静者偏宜，況纖絲作布，可禦朱夏之暑風；逮甘液凝房，不減金莖之湛露。小庭故有手植，近時適被雨傷。蒿萊僭長，未遑補復之謀；基地久虚，尚待分携之惠。詎蒙雅念，特賜遠頒，荷長者之高情，復寒家之舊觀。茲蓋大參文丈早謝簪纓，晚躭雲壑，覆鹿悟鄭人之夢，對雪契輞川之圖。生意則悦庭草而不除，精神則欣榮木而致爽。惟玩物而有得，遂推己以及人。獎借既多，寵沾尤渥，榻添雨中之清響，牕分葉底之緑陰。增我曠懷，益茲雅趣。自今竹君梅丈，敢同一視之尊；此後桂友松鄰，永作百年之玩。無任感德，倍切馳情。"

蔣性中迎其母太夫人來京師，作堂居之，而以其禄敬養焉。且圖古之賢者，如老萊子之類于壁，而求諸公之詩，朝夕歌之以爲娱。太孺人喜而告之曰："吾聞古之大賢，有以養志爲務者，汝盍成吾志。吾昔壯時勤于紡織，助汝父以興其家。汝父棄遺，而汝孑立無厚資，吾紡織愈勤，朝而絲縷，暮而布帛，凡家用悉賴焉。今幸汝讀書成立，而吾已七十八矣，不復能有爲。汝宜記吾勤苦以勸示子孫，吾志足矣。"性中再拜受教，遂名堂曰"勤織之堂"。

顧氏北園扉題額未定，商之于玄宰，曰："此最難事。王百谷山人作齋，借南林大樹，題曰南有，取南有喬木也。山人王崐齋曰：'此地須屬君，若南林伐去其木，當題南無。'聞者絶倒。"

楊啓東女嫁包志，生二子，曰節、曰孝。節方五歲，孝二歲，志卒。母嚴督二子力學，夜課時各分一大黄香，香盡乃寢。又令二婦侍側供女紅，候二子課，少懈即譙讓不已，内外翕然。節應試南畿，母令老僕隨行，與之一簿，日記兒所爲。節是秋中式，鹿鳴後有邀飲于妓家者。及返，僕即以簿呈母，母大慟數之曰："汝方進步，遂置身不正之地，後何以立身?”節長跪不敢仰視，親族勸解，命杖十板乃已。松人稱母之賢過于孟母。後二子相繼舉進士，母訓之曰:“守身奉養，粗糲亦甘。饕誸敗官，牲鼎爲惡。”二子服官廉慎，爲南北御史，節忤楚閹，戍莊浪衛，孝劾嚴嵩，請告養母而歸，俱以直節著于時。

上海徐夔號蒼梧，鐵崖門人，作《棉花詞》云:“木棉生高岡，皎皎白如霜。小株二尺短，大株五尺長。苞含玉塊磊，華吐金蒼黄。西風木棉白，莘莘舒太陽。南州朱陳村，采花如采桑。大婦携筐出，中婦亦離房。小婦才二八，荆釵洗紅妝。旦日拾一斗，薄暮盈一筐。天時半九月，秋氣肅已涼。東籬蟲絡絲，西樹烏啼霜。官賦日已迫，民業日已荒。單衣兒號寒，白頭親在堂。今年備冬事，何以爲我償? 嗟嗟木棉花，代我食口糧。種時一何苦，用時一何傷。婦姑相對泣，經絡不上床。但知給賦税，不識成衣裳。青樓錦機女，方織紅鴛鴦。”

曹時和《和錢學士小山赤壁謡》云:“横雲小山何奇哉，壁立萬仞丹青開。嵐氛晴飛曉谷雨，土花暖暈春巖苔。穀城豈無山，輔相生奇才，至今雄峰傑石争崔嵬;終南豈無山，羽翼人還來，至今紫芝燁燁留餘輝。達人志士一登覽，足以開胸懷。横雲小山倚寥廓，雙鳳不來斷鳴鶴。孤雲在山月在天，吁嗟萬古成寂寞。先生功成乞身歸，一片閑情落邱壑。才高調壓坡仙詞，興趣遠過謝康樂。皇恩浩蕩春光濃，酒杯瀲灩真珠紅。便須解帶博一醉，萬事不顧浮雲空。先生先生歸去來，聲名與此山終窮。”

吴石湖詩云:“半村半郭住，臨山臨水邊。門前養鷄犬，柳外繫漁船。兀坐不漏屋，數畝常熟田。了却王家税，匡牀任我眠。”

梅道人《墨菜銘并序》:“菜，草類也，其熟否與五穀同，豐饉以可食也。故羞王公，薦鬼神，奉貴長，便民食，罔不需是而具。然味薄，肉食者賤之，甘之者必有守有爲之士也。或者圖是，亦豈無意乎?”雲間陸君仁閲而爲之銘曰:“惟土之生，厥草萬彙，可薦可羞，乃彙之貴。其色病如，非有舜華之麗;其芳韜如，寂甚芝蘭之氣。美甚飄摇，玉食者棄，薄甚藜藿，尚德者嗜。民固不可一日有此色，士則何可一日忘此味。摘不厭稀者爲情親，齕不厭根兮爲厲志。啜簞菽而飲瓢水，不必具其茹;拔家葵而却國錢，奚忍攘其利。坐牖外而致飽，于以見其有容;食其老而舍心，于以存其生意。固宜入學者持是以命舞，見師者執此以爲贄。形萬乘之夢寐，可以齊九重之玉陛。奉宗廟以賓祭，可以和鹽湆于鉶器。菜乎菜乎，人孰識爲至味? 吾爲菹之，(姓)以享上帝。”

吴次仲字之仲，稱青蓮山人。少習舉子業有聲，以數奇棄去。會吾松司理翠岩黄公督學南畿,知郡中有二儒,一朱大南,一則公也。命有司禮聘入庠,公獨固辭。當路聞之,僉曰:"此加于人一等矣。"鋭志攻古文詞,詩宗大歷,文仿西京。爲人慷慨自喜,重然諾,尚意氣,絶不事干請,稍不當意即拂衣而走,所至貴人皆倒屣迎之。易簀時猶呼其子曰:"公子王孫芳樹下,清歌妙舞落花前。常人有此意興語乎?"又大呼曰:"清風明月不由乎我,更由乎誰?"稍間,端坐以逝。

雲間元末明初詩人:陸居仁字宅之,號雲松野褐。孫華孫字元實,號果育老人。周之翰字申甫。俞鎬字孟京。吴哲字子愚,號淡雲野人。錢璧字伯全。黄璋字仲珍。梁天佑字佑之。宋處仁字智民。錢元方字彦直。全思誠字希賢。鄭昕字彦昇。錢惟善字思復,號曲江,錢塘人,寓華亭。陶宗儀字九成,號南村,丹邱人,寓華亭。楊維禎字廉夫,號鐵崖,會稽人,寓華亭。朱芾字孟辨,號滄洲生。胡謙字彦恭。馬以默字淵如,號彈鋏生。釋永彝字古鼎。沈震字伯修。王宗誼號歸耕。吴韶號南崖。張以文。

陸文裕《唐詩絶句序》:"昔東萊吕成公著《卧遊録》,以適物外之趣。近時都太僕元敬,亦有《玉壺冰》之作。予嘗欲題其書曰《山林經》,云:丁酉之歲赴召,出蜀下三峽,道荆襄而北。河山巨麗之觀,靡日不有。時歌古詩以慰羈旅之懷,因裁取若干首,欲爲一編,若輔二書而行者,亦猶經之詩也。予少弱而病,病益弱,故每退焉思苞藏之計,今六十有二年矣。竊念自先人祥禫塋域之日,以其餘力創爲精舍,鑿池種柳,栽花蒔竹,當古淞江之上。漸歷年歲,蔚爲林藪,泉石亭館之勝,徒往來于奔走之日耳。萬一聖明憐而賜歸,得有其適,將命童子按聲習之,以娱老景而消長日。是編也,安知非予之鼓吹耶!及京歸,刻之儼山堂中。"

文裕公《古詩對聯序》:"《禹貢》三江故道,惟婁與松可尋,而松江入海處亦已再易。今吾邑後一水,名吴淞江,自西南來,入黄浦,合流赴海。海口置戍亦名吴淞,曰江灣、曰舊江者故在。惟東江無復攷證,書傳稱東南流者爲東江,今震澤東南流者,自嘉興經長泖,由府治而東北折則爲黄浦,雖其移易稍有不同,而黄浦决知其爲東江故道無疑。余家自先曾祖竹居府君,卜居于黄浦東涯,已百餘年,而子孫蕃行,内外族人已及千指。余近買田頃餘,于江上作樓六楹,正當松東二江之合流,被以蒹葭,帶以楊柳,隔峰樓閣,一望如畫。樓外有土岡數里,隱若城郭,宛轉有情,樹宜木棉,因名之曰木棉坂,期以男耕女織于此焉。老暇日倚欄極目,風月無邊,乃取古人詩句默契焉者書之壁間,每一登臨,輒擊節歌之代賦焉。"

眉公與諸友登塔絶頂,謂友曰:"大抵做向上人,决要士君子鼓舞。只如此塔甚高,非與諸君子乘興覽眺,必無獨登之理。既上四、五級,若有倦意,又賴諸君子慫憑,此去絶頂不遠。既到絶頂,眼界大,地位高,又賴諸君子提撕警醒。跬步一差,易至傾跌,只此做向上一等人榜樣也。"

方鵬復劉邦伯書:"蘇松税額之重,其所由來遠矣。執事詢及此,吴下蒼生之福也。豈嘗有所感慨于中,思所以處之乎?然鵬書生也,其詳未敢知,其略則幸聞之父老,質之前輩矣。謹摭以述,而區區愛莫助之之意寓焉。暴秦十五而税一,文景三十而税一,光武初行什一之税,後亦三十而税一,晉隆和畝收二升,五季錢氏據兩浙畝三升,宋王方贄均兩浙田一斗。元耶律楚材定天下田税,上田畝三升,中田畝二升五合,下田畝二升,水田五升。我朝天下田租畝三升五合,蘇松畝五升三合,後因籍没,依法租額起税,有四五斗、七八斗、至一石者。蘇在元時糧二十六萬,張氏百萬,今二百七十餘萬矣。又攷松江夏寅所撰《政[鑑](監)》云:宋賈似道欲建富强之策,用劉良貴、吴勢言,買官户踰限之田,可得一千萬畝,歲收租六、七百萬石而餉軍,沛然有餘。由是浙西六郡,買田三百五十餘萬畝。初買田時,務欲數多,不計田之美惡。及收入之際,田或少或瘠,佃者或貧或頑。凡有所負而不足之數,悉取償于田主,六郡之民于是大困。賈既怙權,凡言公田不便者,遂加斥逐。賈既去國,北軍已抵昇、潤,言者乞罷公田之籍以收民心,然邊事日急,竟不及行。及元人入臨安,遂以其租爲餉軍之利。終元之世,六郡官田之數不復減矣。逮洪武、永樂間,遞減重額官田,而民猶以爲重也。如松江一府,宋紹熙間秋糧十餘萬石,今則七、八十萬石,嗚呼重矣!莫非王土,何官民之分?一視同仁,何輕重之異?井田之法,三代聖王之良法也,自秦而後莫之能復。官田之籍,奸臣悮國之弊政也,自宋至今,猶踵而存。有司動以國用爲詞,不以民命爲念,可勝嘆哉!據此二説,此蘇松税額之所由重也。執事有意攷證而區畫焉,則吴民竝受其福矣。先正不云乎:'寬得一分則民受一分之惠。'惟執事留意焉。"

明鄭昕《至松江》詩:"路入雲間去,青雲上錦袍。水連三泖闊,山擁九峰高。白鶴嗟何及,鱸魚興亦豪。淒涼千載事,釃酒向亭皐。"

楊基《寄鐵崖》詩:"不見雲間楊鐵史,寮中七客近如何?老來詩句疎狂甚,亂後文章感慨多。長笛參差吹海鳳,小瓊楊柳舞妖魔。春明且盡春遊樂,莫解梁鴻《五噫歌》。"《錢岳》詩:"老仙才氣輕韓李,流落江南道不窮。野史欲藏神禹穴,直書曾上大明宫。蘭舟夜蕩鷗邊月,鐵笛秋横鶴背風。陶寫惟應賴詩酒,薦賢何必效山公。"《楊謙》詩:"神武門前早挂冠,辟書不敢入吴關。人間富貴千金易,一代文章獨步難。干將龍吹三泖上,辰鈎星在五雲間。東山樂事年年勝,玉女金童舞彩斑。"

老客婦者,會稽楊維禎先生,以高科進士仕元三十年,今行年幾八十。而新天子以前朝老文學，思一見之，將延入禮賢館，遣翰林詹同奉文幣詣門起之。先生謝使者曰："豈有八十歲老婦，而再理嫁衣裳者耶?"明年再遣松江别駕追促不已，賦《老客婦》詞一首，上徹黈聽，且曰："皇帝勿强吾所不能則可，否則吾有蹈東海死耳。"上允之。已而賜安車詣闕，廷留百日。禮文畢，史統定，即以白衣乞骸骨。上成其志，勿授爵賞，仍命同送還山。史館胄監之士，祖帳西門外，行路之人望之如神仙。吁！客婦之謡，伸矣天衢。太史曰：李斯客婦于秦，不能去而服五刑。楊雄客婦于莽，不能去而卒投閣阽于死。若會稽老客婦，遇明天子，而克完其志節，其一時客婦之幸耶！抑萬古名教之幸耶！

《老客婦》謡："老客婦，老客婦，行年七十又一九。當年嫁夫甚分明，夫死猶存舊箕帚。南山阿妹北山姨，勸吾再嫁吾力辭。涉江采蓮，上山采蘼，采蓮采蘼，可以療飢。昨來夜過娼門首，娼門蕭然驚老醜。老醜自有能養身，萬兩黄金在纖手。上天織成雲錦章，織成願補舜衣裳。舜衣裳，爲妾佩，妾元不是邯鄲娼。"

宋濂《送鐵崖還雲間》詩："皓翁八十起商山，喜動天顔咫尺間。一代遼金歸宋統，萬年禮樂上春官。故鄉每憶蓴鱸鱠，天路懶隨鵷鷺班。不受君王五色誥，白衣承詔白衣還。"(鐵崖《正統辨》，抑遼金而崇宋，故景濂詩云然。)

鐵崖《自題鐵笛道人像》："道人鍊鐵如鍊雪，丹火鐵花飛列缺。神焦鬼爛愁鏌邪，精魂夜語吴鈎血。居然躍冶作龍吟，三尺笛成如竹截。道人天聲闞天竅，媧皇上天補天裂。淮南張渥人中傑，愛畫道人怒吹鐵。道人與笛同死生，直上方壺觀日月。"

癸巳六月三日，雅集永侯王子萬竹園中，與沈貞居談及吾鄉先輩詩家。貞居憶張佑君聯云："三千客散黄金盡，十二樓空紫燕飛。"何勾吴一聯云："明月那家非萬里，懷人何地不三秋。"絶似唐音，因録之。

明考功司主事夏允彝，手書遺言："少受父訓，長荷國恩。以身報主，無愧忠貞。南都既覆，猶望中興。中興望杳，何忍長存。卓哉吾友，虞求廣成。勿齋繩如，子才蘊生。願言從之，握手九京。人孰無死，不泯者心。修身俟命，敬勵後人。"

萬曆己丑，進士李尚衮，一日訪陸文定，適有二客至。李見其素冠敝服，以凡流目之，不與遜讓，倨而上座。及文定出接，敬禮特甚。李因問姓氏，知爲弇州昆仲，悚然自媿失禮于名達。歸家終日慚恨，竟抱病而終。此亦可爲傲睨不恭之戒。

庚寅七月之望，上海喬香海夢其亡弟君共，于紅牋上示以四詩。記末一聯云："桃李也知鶯夢斷，故隨風雨卧三更。"文人結習，死未能忘如此。君共殉節，私謚毅愍先生。

大名蔡春臺觀察三吴，清刻特甚，三吴士夫怨之入骨。吾郡惺所許公按大名，以閨閫事捕其夫人，幼子名允之，纔四歲，俱入獄，尋解去。至庚子凡二十二年，許自山中出補御史，監北畿試事，蔡子適以是秋捷，竟相對晤，若巧值者云。

眉公《題張果老倒騎驢》云："天下多少人，無如這老漢。不是倒騎驢，萬事回頭看。"唐鶴公和云："砥柱有杖藜，老漢在手裡。回頭看世間，不如驢背矣。"又云："夷險在世途，覷破惟老漢。驢背穩無波，轉眼且看看。"眉公云："題張果老又翻一案，妙甚妙甚，恨不使輦上諸公見之。"

地利不如人和，斯言良信。如甲申之變，都城九門，流寇乘之如拉朽，果失之地利乎？抑失之人和乎？吾松當承平日，有擴城之議，奸宄希報大户，鄉紳包攬居間，紛紛如築舍時。霞城許公對郡尊云："果欲擴城，須先用千金辦毛竹。"衆問云何，公曰："開毛竹斃盡松民，或有濟耳。"府公一笑，議遂寢。信乎仁人之言，其利溥哉！

馮元敏《與莫後朋書》："昨李臨淮入弟廬中小語云，兄有奇石欲備殉。噫！石殉兄，石不負兄也。兄殉石，能無累石耶？兄齒頰有青精芬，慎持之，無入半點長安人氣味，他年庶不負一片石爾。又聞石爲米元章家物，元章先獲，兄後襲焉。先獲者不能與石共數百年，而後襲者乃欲有元章所不能有以萬世耶？萬世果能有耶？即有奚益耶？且兄茲舉也，愛石耶？仇石耶？夫以一抔土與石共使其不入朱門，不近俗士，窮天地而黯然高處，自恣于無何有之鄉也，石且得全其貞潔乎？則謂兄之不愛石不可，然是時兄解天弢，而石更不得解也。兄墮天袠，而石更不得墮也。以常存之物，而偶不常存之人，窘然囚拘之，不使其吸風飲露，友清泉而倚蘭蕙乎？則謂兄之不仇石亦不可，仇石者兄也，愛石者兄也，信兄愛者石也，信兄仇者石也。吾爲石計，且颺然而飛去，不受兄仇，亦不受兄愛也。爲兄計，其縱志舒節徜徉大冶，自生而自死耳，曷置仇愛于石耶？石頑兄僻，計未行乎？姑請移至敝齋，吾當具三酌，一以澆兄磊塊，二以澆石，一慶之，一唁之可乎？夫兄事奇事也，弟語奇語也，以奇語道奇事，資嗢噱于長日中乎，毋過也。"

萬曆甲申三月九日，馮元敏采茗于虎邱之竹亭，龐眉老僧扶杖出林間，揖元敏而語曰："公豈無童而躬爲采也？以是敦樸勤勵之心，何事不可爲？何道不可進？貧僧居此，歲更甲子矣，陸子餘、文徵仲皆吾檀越也。竊見先輩士大夫，居身物外而游心天際，其風流韻致至今可想。每遇良辰，二三知己角巾野服，扁舟往來，班荆席卉，語言竟晷。即遇貧僧輩，猶然相與起坐，談咏狎昵無忌。近日來者率貴客，張華筵，僕從祁祁，入門叫呼叱咤，使貧僧望如貙虎，震懾不敢近。吁嗟階前之樹曾無幾臘，而人心不相及若經數刼，此何以故？豈氣數使然歟！貧僧不能以文章學術察人,而能察人以色貌。先輩鼎貴而意味儒生也,後人乍顯而氣勢勳戚也。先輩以天下爲家,徜徉坦蕩,譬如靈鳳雲鶴,凌霄漢而依寥廓。後人各以其家爲家,拘迫齷齪,若兔之營窟,鼠之隙穴,拮据終日而已。嗟乎!天空海闊,境界本是無礙,而奈何以阿堵故,囚拘七尺爲不肖子孫酒色之資,愚亦甚矣。吾視先生之貌,見先生之采茗,知其素心人也,敢以是言慰勞先生。”時李生日孜亦在亭傍,聞而笑曰:“謬矣。釋氏平等,苟以道眼觀,盡皆素侶,而何置黑白于其間?”僧曰:“子不聞菩薩慈悲,知世道波靡日下,胡寧不悲?貧僧惓惓慫恿後人仿依先輩,正爲平等心也。”元敏于是莞然,投筐而書其言。

陸文裕與所親論延平云:“此處却寬廣,有田成段落,源頭活水,分塍而浸。時正見秋黄之際,至此雖描畫不能盡。鮮魚白飯,輕徭薄賦,盡可治生,即仙界無以過此。府署在山限,皆列平巖,環蔽堂宇,流泉繞階,徐入廚中。時時拄杖登臨,溪山皆入几席。風俗甚佳,皆樸實勤儉如古人。卜居無以過此,吾弟能飄然一來,可商確也。近松俗澆獰,差役煩重,觀此一書,不覺神情飛越。”

徐存翁殿試第三,時夢吕仙將一具仙骨盡换其骨去,醒時猶隱隱知痛焉。

李豫亨云:“人生衣食之外,俱爲長物,但人苦不自足耳。”余嘗謁一老僧號高峰者云:“一衲可支三、四年,一履可支數閱月,他無營心,惟早間持鉢往市,乞一鉢飯,則大事畢矣。”禪家有事于心,無心于事等語,良有以也。吾儒若能存此一鉢飯心,省許多勞攘,以此守家,可以儉約而養德,以此守官,可以廉潔而全名。

金溪胡九韶造詣修潔,家甚貧,課兒力耕,僅給衣食。每日晡,謝天賜一日清福。其妻笑之曰:“一日三餐淡菜粥,何以爲清福?”九韶曰:“我幸生太平之世無兵禍,又幸骨肉飽暖,榻無病人,獄無囚人,非清福而何?”余家世璜溪,賴祖宗佑,得温飽優游無事。自乙酉之變,避難泖濱,流離轉徙,飢渴備嘗,甚至無容身之所,始信九韶清福之言良然,今之享清福而不知者亦多矣。

徐文貞居恆每戒子弟曰:“處無競之地可以遠忌,處無忌之身可以遠謗。”真名言也。

吾松張貞白先生名初,出于文待詔之門,書畫有出藍之譽,與何元朗齊名,而廉介過之,時稱“雲間伯夷”。隱居沙岡之楓庵,四十年不履城市,高風類陶靖節。嘗自言一生好色,都無所遇。晚遇羽生,遂深相結契,誓終始不相背負。已爲時勢所迫,羽生竟適人去,先生徬徨不能忘,陽臺屢夢,珠淚偷彈,長吟短句,積累成帙。四方騷人韻客各相酬和,遂成勝事云。

吾松謡云:“秀野原來不入城,鳳凰飛不到華亭。明星出在東關外,月到雲間便不明。”郡守張公上任，欲應“明星”句，由東關外入。過一橋，疑是明星，問下人曰：“此橋何名？”答云“張塔槁”，張公不悦。甫三日，遂患疽背而卒。

唐純宇言己爲孝廉時，其尊公韋室歸自將樂，以千金屬之，戒勿散，俟懸車後分析于汝輩。純宇受而埋諸倉屋中，入地二尺許，以冬舂米百石積其上。歲餘，因發米而易新者，啓視其金則無有矣。疑爲奴輩所竊，細視埋處傍有裂，循此而掘至壁，金在焉，去舊所已丈許矣。至寶流通，不樂爲人所蓄。國初大庫中金盡飛去，書生得其二，蓋不虛云。

里人姚仲恭至劍南，其述鹽井甚詳。川人善相地，作井必山麓石上鑿之。入地五、六尺，斧鑿不可施，則鍊精鐵作器如木桶狀，高可尺許，以繩爲柄，向下撞之，如舂米然。復以竹爲撈石筒，制機于底，刮取石屑出之。川中有大竹，圍可二尺許，象井闊狹，入地一尺，即下一筒，如今人以磚甃井，且防淡水之出，雜于鹹水也。入地五十尺則無地矣，然後以竹作吊桶其底，入水則開，水滿輒合，以轆轤上之，置鐵鍋中，煎之即成鹽矣。

王元美遘家難後，築小祇園，極泉石花竹之勝。里中有文學過之，題石上云：“男兒累石易，父祖積金難。忘却終天恨，翻成動地懽。峻嶺悲高位，深池痛九泉。哀魂招不返，疑是望雲山。”元美見詩大哭，命刻之石。

朱蒲包，上海乞兒也，天將雨必入河濯手，浴則大雨必至。王相公荆石聞其名，特往看之。蒲包素顛狂，相公至，略不減損，但説“我那曉得仙，你家不要畜豬，踐踏門徑，至傷體面”。贈以綿襖受之，隨即授之他乞兒。王初不悟其言，後果有梨園王朱之事。

夏忠靖公原吉，由尚書來治蘇松大水。詢延父老，晝夜經營，雖盛暑不張蓋。浚黄浦，導洪水歸海，于蘇浚白茆塘、劉家河，水患乃息。扁舟單車，遍歷遐僻。嘗夜過唐行賦詩云：“雲間西北唐行鎮，夜半歸來月滿船。三百青蚨欲沽酒，恐驚雞犬惱人眠。”公仁民愛物之心，即此詩可見矣。

王元美作《眼罩》詩云：“短短一尺絹，遮盡長安色。如何眼底人，對面不相識。”此以況嚴嵩蔽錮世宗之聰明，使遠近之情不能上達也，京師人傳誦之。

許周翰守郡日，防海兵得琉球人，公送之歸。琉球人不火食，却善釣，得魚以指按其首，從尾食之，至首而大嚼，即顧愷之食蔗漸入佳境意也。

周文襄公忱巡撫南畿，蘇松常郡積欠糧數十萬石，公才略超邁，思慮周詳，延訪父老，革弊便民。往歲正糧一石加耗八斗，或抵石而猶不足，公爲設法僅止六斗。積有餘米以備賑貸，名曰濟農，歲省米六十萬石。又以金花銀一兩折米四石，以省重額之田，民咸便之。在任十九年致仕。後有舉其法而紛更之者，弊孔百出，資儲一空，民追念公德，久而不忘。

錢文通任子岦，以蔭歷官都察院經歷。故事御史出差，皆由經歷，故十三道咸與相好，否則遠方、邊方及之。錢素結交武宗幸臣錢寧爲同族，聲勢甚盛。錢丁母憂歸，御史東郊巡按蘇松，訪察者恆酷刑死，與錢甚厚，大家畏懼，重賂錢即釋，爲錢建一坊曰贊憲。後錢復起，陞雲南知府，十三道惡其專横，查其修理各道錢糧多侵尅，奏逮赴詔獄，追贓遠戍，暴卒，家道傾費。時錢寧以宸濠黨典刑矣，此後經歷由進士任，著爲令。

張莊簡公致仕回，廳事榜云："老疾手戰，不遠送，不换茶。"待府縣亦然，送至中門而别。副都御史張公誥由貴州巡撫致仕回，廳事南面止設一椅，爲郡守劉公德資坐，同知推判亦列兩傍，然皆安然無言。今時則異然矣。

陸文裕嘗語云："士貴博古，亦要通今。博古而不通今，無用之學。通今而不博古，無體之學。"

吾松士大夫致仕歸，一味美宫室，廣田地，蓄金銀，豢妻妾，寵嬖幸，多僮僕，受投靠，負糧税，結府縣，窮宴餽而已。未聞有延師訓教子孫，崇儉樸，抑嗜慾，擯趨承者。子弟習于奢侈，不肯力學，而交結匪類。父没之後，田宅奴僕俱屬他姓。故宦吾松者，每稱松士大夫代人置田借房居住，良有以也。夫前鑒不遠，何不去此數端惡習，而積陰德以貽子孫乎！

吾朝松郡守，惟安肅趙公豫、常山樊清簡公瑩爲最。華亭令，惟永豐聶貞襄公豹、巴陵方簡肅公純爲最。上海令，惟宜春劉公琬、莆田鄭公洛書爲最。趙爲都御史，前九年考滿復任，六年致仕。樊仕終南工書，聶終兵書，方終户書，劉後復守松，終副都御史，鄭爲名御史卒。後有善者，終不及諸公之盡美也。

尚書似鍾先任南畿巡撫，華令汪公宣、上海令汪公澤卿俱被杖。松謡云："一口似鍾，打得汪汪聲不響。"今之巡撫輒慮其超擢臺省，彈章報復，敢加杖乎？

似鍾與巡按何姓者同任，俱無善狀，故時人語云："似都堂不似都堂，何巡按是何巡按？"皆因其姓以譏之。

永樂丁酉應天鄉試，第一楊珙，第三韓著，第五朱忠，三人皆上海人。由府學科舉入試，中後皆舉進士。

北方衛學，雖多有貢，無增、廩，如遼東俱巡按主試，以優作廩，以次作增、附，則與各處同。南直隸止金山衛一學，三年一貢，向來軍民生争攘，督學不能决。裁庵楊公按松歲考，將一學生員照北方例，定優次附。遇貢，次優之年深者充之，衆始無争。後翠岩黄公至,援福建衞學食糧例上奏,始有廪、增,如各縣學。然三年二貢,比之縣學爲勝,但科舉額少,中式者不多耳。

宋南渡時,衍聖公隨至衢州。有一人至松江,因家焉,居三十六保,素貧。闕里外孫郭允禮爲松郡判,訪得之,申呈命以衣巾朔望陪有司謁文廟,上司行香亦參從焉。翠岩黄公督學按松,命有司月給糧一石如廪生,遂以爲例。

松俗好結遠姻,非貪利趨勢,則以門第相匹。南宗伯朱旅溪夢得二鹿,爲子娶平湖陸光禄之女爲媳,女嫁吴門陸冢宰之子,以應二鹿之夢。誰料朱子豪俠外遊,不入房室,陸女遂得顛疾寡居;而女適陸冢宰之子,又夫婦不諧,以終其身,此一證也。又嘗記鉛山費公女,明慧能文,嫁宜興吴尚書子。少年多外好,而疏于伉儷,女鬱鬱成疾。臨亡作書數百言,末綴詩曰:"嚙指題詩寄老親,洞房辜負十年春。西江未必無門第,錯認荆溪薄倖人。"公見之號慟幾絶。二事可爲好遠姻、趨勢利者之戒。

董慎庵家貧,布衣終身。生二子,長取祭酒陳公詢女,次取張莊懿公女。二公皆止生一女,俱賢淑。今世士夫締姻,每尚門第,計貧富貴賤,誰肯以達尊之女嫁韋布之家?且其女又不富貴驕夫族,真盛世之事也。

世廟時,上海張電、嘉興談相有寵。張任序班陞中書,以内艱歸,奪情起復,陞尚寶司丞卿、太常寺少卿、通政使、禮部侍郎。病卒,贈工部尚書,予祭葬,再蔭一子入監,始終恩遇不衰。談以中書舍人歷官侍郎,亦以内艱歸,詔起復,托疾欲俟終喪。上怒,兼程至京,命法司議罪,擬斬,至冬處决,家人俱逃亡,暴尸三日。鄉人仕京者,斂銀買棺以喪歸。二人始寵皆同,而後事頓異,遭際有幸有不幸若此!

張莊簡公貧而力學,年三十七始登進士,後任浙江提學副使。稱謝遷有狀元之才,後果以鼎元及第。陽明父冢宰海日王公華,公取儒士入場下第,不願入學,後科仍以儒士中式,後亦中鼎元。二公皆出公門下,故人稱莊簡知人。

一老僧素善修持,年七十餘坐化,七日後尸不壞,漆其身而作座以供焉。後爲野僧竊去,至今其庵名曰坐化,在南門内。

吾松先達善飲者,祭酒陳公詢,英廟聞其能飲,鑄一銅人虚其中,召陳面飲。陳飲一杯,即注一杯于銅人中。至晚,銅人滿而公不醉,仍叩首謝恩出。

徐文貞嘗自言,爲編修時與二内戚痛飲,不用小杯,輒連日夜,二戚俱以酒亡,後致仕回。一日延舊友數人,以二巨杯行酒,一賓一主,未嘗少間,客醉而止。

陸文裕爲司業,爲祭酒,爲丁丑會試分考,又爲山西、浙江提學,徵入爲詹事學士。堂中對聯云:"步玉登金,十八人中唐學士。升堂入室,三千門下魯諸生。"蓋實録也。

陸文裕與嚴介溪同乙丑進士、庶吉士，入翰林，皆以病假。介溪先起入京，迂道至上海訪文裕。文裕外謫，陞江西参政，分守袁州，道過介溪鈐山堂。時介溪爲禮侍，寄公詩云："浦東吾昔登公堂，豈意公復渡吾鄉。海内交遊同骨肉，天涯涕淚各參商。"公後入爲太常卿，兼翰林侍讀學士。世廟南巡承天，命公掌行在翰林院印，御筆塗抹"侍讀"二字。介溪贈公詩云："行朝特視詞林篆，御筆親題學士名。"亦實録。

宗伯朱旅溪仁厚有餘，而諧謔不羈，口才尤捷。一同袍士夫倚其背云："竊負而逃。"公即答云："襁負而至。"一太平同年至其家，會筵食魚，其人云："狀如松江之鱸。"公隨云："寧作太平之犬。"相顧一笑。

曹定庵年八十九，不復冠帶，客至惟氈帽布袍而接，聯詩飲酒不倦。其生辰在中秋日，坐師李西涯作詩送之曰："明年詩社合更年，八十九回秋月圓。紅燭猶能映緗卷，烏紗曾不愧青天。三更海鶴通仙夢，八曲鱸魚上錦筵。獨拜尊前知有日，客星今到五湖邊。"公八十生辰作詩，其第二句云："八十年來秋月圓。"次年即云："八十一回秋月圓。"朝賢屬和者數人，自是每年必寄和。

楊鐵崖寓松江，樓名小蓬臺，在百花潭上。别有拄頰樓、草元閣，皆爲東吴勝概。閣在迎仙橋西北，成化間猶存。

方伯止軒夏公名寅，吾松人物領袖。性好學，爲理學名臣，著有《政鑑》四帙。嘗言人有三可惜：有書不讀一可惜，此日閑過二可惜，此身一敗三可惜。

北宋時，上海未立縣，設市舶司，通諸夷交易。海中廣闊，特築寶山爲號，使見山停泊。後寇舟每于此登岸，或北入劉家河，南至柘林，受害不淺。然此人工所築，有土無石，去之亦易，特有司不爲耳。

明初，上海民錢鶴皐作叛，太祖命魏國公討之。至蘇，令葛指揮爲先鋒，聞砲聲震懼，脅從皆農夫，持耒耜以戰，遂就擒，俘至京伏誅。鶴皐頸血皆白，太祖異之，以爲厲鬼首，命天下祭厲鬼，皆稱無祀鬼魂錢鶴皐等，至今猶然。

世宗時吾松忠諫有四臣：首侍御南江馮公恩，以彗星求直言，劾張、方、汪三臣。汪欲殺之，律無正條，比上言大臣德政擬斬。值昭聖太后姪建昌侯在獄，以后故停刑不决，張、方去位，汪亦罷歸。馮長子行可刺血書奏乞代死，謫戍雷州赦還。次侍御蒙泉包公節，巡按湖廣，顯陵太監廖横惡，包劾之，反爲中傷，被逮廷杖，戍莊浪永不赦，卒于戍所。次幼海董公傳策，與張、吴二公疏劾分宜，追究主使，幾斃杖下，謫戍南寧。次給事抑齋楊公允繩，先言大臣要錢，分宜不悦，又劾光禄丞胡膏貪污,胡係相臣至親,二相共比誣,以絞罪至冬處决。穆廟初,馮以衰老大理丞致仕,包贈光禄少卿,董起用終南禮侍,楊贈與包同,賜祭蔭子。

松宦有仕至大參某姓,素慳吝,常與一同僚往來,或一留飯,止小菜糲粥而已。時官甲未立,一里老自鄉來辦糧,問:"曾飯否?"答云:"已過。"即云:"欲留飯,奈汝已食何?"他日復往,又問:"飯未?"答云:"前次蒙許飯,我今尚未食。"即叱云:"汝爲人不直。前次未食反言飯過,今日已食反言未食,何也?"止命童取饅頭四枚啖之。時饅頭二文一枚,市人索錢勿與,延至冬,採敗荷葉償之。一住房人常市魚肉食,宦見之問故,答云:"爲人在世,只爲衣食,死後惟此腹隨吾去耳。"即云:"我所見與汝異。魚也不吃,肉也不吃,死後不怕此腹不隨我。"衆皆傳笑。後中風而卒,人謂其多蓄,而子孫貧甚。後數年鬻房于他宦,其宦家拆一小軒,軒之地板平頂上下皆藏白鏹,遂爲所有,瘞于他室。後此宦亡,其子孫秘不發喪,移父尸于空所,遍覓藏物,三日後始斂,兩目皆爲鼠食。夫前宦鄙吝積金以貽子孫,子孫不能有,後宦横富自以爲幸,死之日兩目不能全。諺云:兒孫自有兒孫福,莫與兒孫作馬牛。旨哉斯言!

吾松有回回墳,其俗不食肉及人家熟物,人以鷄魚等生物餽之者,必親手宰烹,仍同衆食,若果酒則不論。每月至同類家坐齋一次,其法坐于浴盆,以熱水從首澆下,浴畢,坐牀一晝夜而起。人死棺斂,即載至回回墳,集同類誦《回回經》,先去棺底,掘土埋之,仍覆以土,不擇日時,隨澆水,三日方止,欲其速化,不封不樹。

上海十八保瓶山道院,相傳爲韓蘄王犒軍處,酒瓶與土堆積如山,故名。至今有掘得瓶者,以之貯花,絶勝銅者。曾于梅源沈大雲齋見之,瓶長尺許,上下匀圓,作深褐色,插花其中,色香可留數日也。今土既平夷,瓶亦罕見,遂訛稱爲平山耳。又道院前有一橋一井,井逼院門東,在橋左稍偏。萬曆甲申秋夜,雷雨大作,忽移至河邊,與橋適對,石甃如故,離舊址五尺餘矣,人皆異之。時縣令許公以徵粮按十八保,聞之亦往觀,不解其故。陸文定命建亭其上,董玄宰書"天移井"額,唐元徵爲碑文,今稱北橋鎮。

上海昔年北宫前有一魚,自海水來,湧于浦邊岸側,潮退不能去,漁人計捕之。見魚身人首,但無手足,人畏而不敢食,亦無市者。一徽商賤價買去,煎油百斤。(下有崇禎已卯一則,見八卷。)

徐文貞《咏四面蓮》云:"四面花開玉露滋,曉風翻雨葉垂垂。泉明酒思濂溪癖,憑仗盆池借一枝。太華峰頭幾夢遊,若耶輕舸亦難求。小池寂寞憑誰遣,面面花邊看白鷗。"

華亭有寒穴泉，與惠泉味無異，邑人知之者甚少。

按長泖，考之《搜神記》，名爲谷水。稽之陸機詩，而知谷水陽即崐山陰。徵之《寰宇記》，而知谷水即華亭谷。今以谷水爲長水，泖爲由拳縣基，誤甚。

吴王獵場，《舊圖經》在華亭谷，東吴陸遜生此，子孫常所遊獵，後人呼爲陸機茸，今稱五茸本此。

吴淞所一軍，倭人憚之，稱爲白頭蟲。宗、馮兩百户，見倭舡近城，倉卒與敵，爲其所殺，有司不恤，反歸罪于二人，自後人以爲戒。

國子監錢糧，例不刷卷，故諺稱"金祭酒，銀典簿"。陸儼山陞司業，稽考錢粮，其實空虛，適送供堂皂隸銀數兩，見色如黑銅，陸笑曰："可爲銅司業矣。"

《松江下三江圖敍説》："《史記正義》曰：在蘇州東南三十里，名三江口。一江西南上，七十里至太湖，名曰淞江，古笠澤江。一江東南上，七十里至白蜆河，名曰上江，亦曰東江。一江東北下，二百餘里入海，名曰下江，亦曰婁江。其分處號三江口。顧夷《吴地記》：松江東北行七十里得三江口。庾仲初注《揚都賦》：太湖東注爲淞江，七十里有水口分流，東北入海爲婁江，東南入海爲東江。蓋淞江之有婁江，如岷江之中江、北江、九江，其實一江耳。昔賢以此解松江下之三江口，非以爲《禹貢》之三江也。《吴郡續志》云：淞江入太湖，一自長橋流入同里犂湖瀼西白蜆港入薛澱湖，一自甘泉橋由淞江尾東華潭湖，自急水港至白蜆港入澱湖，而注之海。以《正義》《吴地記》求其實所在，則淞江北行七十里分流者，尚在今崐山之境。説者徒欲尋求二江，而不知由淞江細弱，所以奇分之水遂不可見。《續郡志》云：崐山塘自婁門歷崐山以達于海，以劉家港爲婁江，意亦附會也。"

張東海云："中國古無摺扇，常見王秋礀記元初東南夷使者持聚頭扇，當時譏笑之。我朝永樂初始有，特僕隸下人所持，以便事人耳。及倭國充貢，太宗遍賜群臣，内府又倣其製以供賜予，天下乃遍用之，而團扇革矣。今惟江南婦人猶存其舊。"

吾鄉松江鱸以張翰得名，然史不載其《秋風歌》也。歌曰："秋風起兮佳景時，吴江水兮鱸魚肥。三千里兮家未歸，恨難得兮仰天悲。"初齊王冏辟翰爲掾，冏執朝權，翰遂命駕東歸，其識度在陸平原、清河上。

先達有言："當官不接異色人。"又曰："不應與小人作緣。"真名言也。今士大夫風俗一變，求田問舍，則牙儈滿堂，請託居間；則胥吏入幕，怙勢作威，壟斷財賄；則輿臺厮養，娼優下賤，皆列上賓。爾汝酣歌，徹夜達旦，不復知有廉耻事矣。蔡興宗自荆州刺史被徵還都，時王道隆任參國政，權重一時，躡履到興宗前，不敢就席。良久方去，竟不呼坐。中書舍人王宏爲宋太祖所寵愛，謂曰："卿欲作士人，得就王球坐乃當判耳。若往詣球，可稱旨就席。”及至，球曰：“君不得爾。”宏還，依事啓聞，帝曰：“官人我所得命，士人故非我所得命。”唐文皇讀《春秋》，至閽殺吴子餘祭，問：“閽何人耶？”衆不敢對。李綱曰：“國君不邇刑人，以爲輕死之道。”帝曰：“朕邇刑人多矣，能不慮哉！”今吾所見士大夫之門，非特無士人氣，且又出刑人之下者，詎可令蔡興宗、王球見也！

子猷税地種竹，笑謂人曰：“何可一日無此君！”竹以虚中通外，歲寒彌堅，故昔人往往喜與把臂入林。眉公愛竹，獨愛其參差玉立，直有淩霄之氣。回視草藁花色，以脂粉媚人者，一遇風雨，闌珊狼籍，不復有特出草莽之志。今里中朱門子弟，皆此類也。吾願以竹望之，庶有長進。蓋花歲減，竹歲增，竹于世有實用，而花以容事人故耳！

眉公云：“庚甲自春徂夏，滂雨不止，山中雲物不變，真可娱老人也。輒念南宫父子猶落畫境中，不若吾家風雨時，皆我畫材耳。當以示玄宰，爲題‘話雨’二字。”

江南一賈人，雅慕東海書，必欲親見其揮毫，願以數十金爲贈。適東海遠遊，其使者欲紿之，乃置一代筆人于書室中，南面而坐，侍者環列，使賈人從牕外窺之。書完出授，賈人投金大喜而去。語云：“目擊之事，猶恐未真。”其賈人之謂乎！

松江祭賽本郡大神，刑牲焚楮，肅拜而退，可以已矣。近有巫人，每于祭畢，復用筶卜神歆否，或祭此神而卜彼神，或一祭不准而卜再祭，貧民無知，稱貸還願。蓋其弊有四：曰褻尊神，曰惑愚俗，曰妄費財，曰多殺牲。如此俚俗惡習，須府縣示禁祭祀，不許巫人至廟。如妄言禍福，别生枝蔓等情，地方報官懲治，不惟神明之廟貌尊嚴，而小民亦省不經之費，尤正直聰明者所必喜也。

蔣性中爲給事，有司以故事爲立表于門。時鬻竇河水溢，人久病涉，公曰：“與其榮我家，毋寧利我鄉乎！”即移所費爲石梁于河上，往來便之。

張東海云：“楝樹花開，石首魚來。”此海鄉之常談也。然聞之四明、三山、廣東諸處，石魚來又不在楝花開之時，可見方言俗諺，非通論也。

陸士衡云：“千里蓴羹，未下鹽豉。”如《松江志》咸載此語，而不知“千里”云何也。近考千里湖乃在溧陽，亦産蓴菜，士衡仕金陵，此“千里”正指溧陽河耳。“未下”又訛爲“末下”，益失其義矣。記此以俟修《松江志》者采録云。

毗陵謝廷蘭先生《辨惑編》，明理扶世之學也。元時吾雲間有儲泳先生《祛疑説》，亦有足采者，然其學未明理，反以滋人之疑者不少矣。俟選其得當者，附《辨惑編》而刻以傳世，可乎？

《東海記》云：“鋤禾日當午，汗滴禾下土。誰知盤中餐，粒粒皆辛苦。誦此詩，真仁人惜福之言也。"又諺云:"白米飯好吃田難種,鮮魚羹好吃網難張。"今之膏粱紈綺之徒,婪其味而知其艱難者誰耶?

上海進士趙廷言諱綸,嘗爲内江縣令,識拔趙大周先生,有善政。時有利姪財,手刃七人者,紿爲盜,公片言折服,衆驚以爲神。蜀素無雪,是歲雪盈寸,蝗不入境,禾一莖五穗,士民刻石稱三異。

蔡懋昭字允德,舉嘉靖庚子,歷官三十餘載,守思州多善政。居家蕭然,四壁不蔽風雨,有時不能舉火,至以鞋襪質錢,壽九十。

朱豹字子文,父曜以貢爲提舉。豹登正德十二年進士,守父訓,居官廉謹。爲御史,發粟活數萬人,命釋大辟囚三十餘人,以忤時謫守福州。聞父訃,徒步三千里。父存日,行里中不乘輿,昆弟衣履相易,而敝不知也。子察卿。

郁山字子静,正德辛巳進士。守温州時,張永嘉大治第,强市民居,公謂曰:"相公居朝喜稱伊、傅、周、召,居家顧不肯爲蕭何、李沆耶?"或曰相公能螫君,公曰:"人生榮枯皆有定分,相公何能損我?"卒于官。

潘恩字子仁。撫河南時,徽王世子載掄掠良家子女,占民田,殺不辜十百事,公與御史發其罪狀,廢徙失國。伊庶人忮惡尤甚,首鎩其鋒。

楊樞字運之,舉嘉靖戊子,擢辰州二守,司清軍新淦。練子寧死靖難、姻親遠戍者,勾攝不已,公申文清軍道,以"文皇帝嘗言'子寧若在,朕尚用之',今姻黨受累,非所以作忠而遵帝命也"。于是練黨得免勾攝,皆公之力。

馮行可年十三,《叩閽刺疏》云:"臣父恩幼而失怙,大母吴含飴哺之以長成,不幸私憂過計,欲爲陛下作吠奸之犬,而頓忘逆鱗之戒,遽陷大辟。念祖母吴年已八十餘,憂傷之餘,僅僅氣息。臣父今日死,祖母當以今日亡;臣父明日死,祖母即以明日亡。臣父死臣祖母復死,臣煢煢孤立,寧得不死?惟冀陛下縛臣置辟,而赦臣父,得以苟延二命,則陛下戮臣不傷臣心,臣被戮不傷陛下法。謹延領以俟白刃。"有旨法司更審,得減戍雷州。穆廟初,部使者列上公前事,得旌爲孝子,表其廬。

王元美語沈嘉則:"朱邦憲遂爾長逝,覺吴淞以東無復有風雅俠烈事,真令我痛深。"

眉公云:"口中不設雌黄,眉間不挂煩惱,可稱烟火神仙。隨宜而栽花竹,適性而養禽魚,此是山林經濟。"又曰:"白飯香蔬,自有淡中滋味。明窗浄几,豈無静裏神情?故君子讀書,隨處浄土,閉門即是深山,惟在自得其趣耳。"

侗初《訪隱》詩云:"萬物皆是客,天地常爲主。臯鶴聲于霄,淵魚還在沚。訪友過花間,尋僧穿竹裏。憑虚擊水鮮,入嵐採薇芑。庭無剥啄喧,室罕高軒趾。對酒詩興濃,酒醉亡憂喜。碌碌何爲乎? 華髮添星矣。秋來葉可樵,溪深泉亦旨。木榻輕重茵,蒲團勝羅綺。持竿釣江月,提筐摘蘭芷。書積滿床頭,栽梅不一里。矮屋蔽叢林,疎籬間荆杞。荷耒省田疇,賡歌習耘耔。賢愚總是空,孰是孰非是。鹿豕有餘遊,何必牽黄紫。天生堯舜君,而無堯舜子。"

李日華六十,獨畫一松自壽。題句云:"人常誤許棟梁,吾意欲逃斤斧。蕭然自領清風,何論千古萬古。"公有對聯云:"日長破睡嘗《黄孋》,夜久添燈勘《墨兵》。"《黄孋》書名,《墨兵》史名。

杜韋號采仙,鴛湖軍士女。父母以貧故鬻之,遂墮吴門烟花巷,非其志也。質極慧敏,既淪落即不受覊紲。性嗜潔,尤好施予,見貧者告急,輒解囊贈之。量不勝酒,獨喜對佳客銜杯。私心籲天,願得世間一多情奇男子,當委身事之。已而徙居華亭,聲籍甚。吾鄉莫廷韓素豪于青樓,見韋容止秀麗,言詞嫻雅,即詫異曰:"此蓮花坐上人也。"時孝廉范牧之與方衆甫、唐元徵、陸以寧暨上海陳子有輩聯十八子社,方以文藝稱吴中旗鼓,一見韋即嬺于情,若有夙契者,韋即以身許牧之。牧之晨夕荒淫,廢棄家事,若曰"吾得此則意願已足",不暇計其他矣。于是社中諸君極言相戒,牧之不聽,乃賃屋檇李,僑居以避嚴室。牧之伯父太僕公遂以事聞于郡侯王公以修,侯憐牧之才下令嚴捕,牧之托俠客崔世達挾韋投泗州寒山胡羡梅家,胡乃當世之魯朱也。侯以捕不得加極刑,韋聞之,泣對牧之曰:"吾處于安而致無辜于桎梏,仁者不爲。且侯不得吾不已,何累諸人爲?"乃甘死以見侯。侯以爲祟也,訊鞫備楚,議賣入官。兩人淚盡繼以血,曾無一義士援手其間者。會山西賈衛同庵年八十餘矣,見而嘆曰:"吴下無人至此哉!"即捐百鏹贖韋,挈居維揚。候牧之春官北上,出以從行,牧之雖私喜,而爲伯氏凌逼已成痼疾矣。隨有傖父張心湖,即韋寓主也,先局詐未愜意,復追至途中大呼曰:"會試舉人,安得竊罪婦而逃?"兩人錯愕無計。牧之嘔血數升,檢囊中以五百金與之。自是長途狼狽,甫至都而卒。韋哭之甚哀曰:"吾必相從夜臺,令後世知君有隨死之妾,庶可藉以相報。奈旅櫬伶仃,故緩死爲歸計耳。"會牧之弟允臨赴京,韋即扶柩以歸,途次廣陵,見長年理維楫爲渡江計。因撫棺號慟不勝存没之感,且念"同社諸公相戒及君伯父窘辱,皆藥石也,奈何戀戀情緣,致有今日。吾縱欲得一棺與君同穴,亦何面目見江東父老? 蓋柩得所托即思速死以見牧之,亦籌之熟矣。"是夕命女童取香湯就沐,次日由大江抵老鸛嘴,見波濤洶湧曰:"此靈均窟宅也,覩范丰神正其時矣。"乃手握牧之所授宣和硯、滇碁一躍入水,允臨亟命拯撈不得,即殺牲遥奠,以其生平愛玩器物抛入中流,致弔而返。其張傖抵松未及解橐,見牧之造其室而斃,吁神矣哉!

張真子者,妓女也,與其妹張六爲吾松一時名妓。好飲酒,意氣激揚,能盡淳于一石。太學郁承彬與之契,因歸焉,從郁就試北省。郁下第無聊,以詩學遊諸公卿間,真子遂潛結京師諸貴人室。會郁客死,殯殮皆如禮,且扶柩歸葬于松。甫畢,以隻身返燕都,倡禪室元寂之教,且假岐黄之術以行其機械之巧,出入帶網冠,加袍服,自號真子,翕然爲五豪家所宗慕,從遊者甚衆。供用侍御極靡麗之盛,而律身亦井井不渝,郡中諸孝廉歸悉道其事。庚戌秋復還松,冠服如男子,招摇城市間,且爲孟野掃墓而去,時人都名其妖者。逸史氏曰:"張真子豈不稱女俠哉? 夫士流懷瑾握瑜,不得志則泯泯無聞以死,而真子一妓耳,當郁之客死,扶柩閑關,而以英姿弱影往來若飄風然,且當京師輦轂之地,能以禪宗醫學名動公卿,亦可想見其用世之略矣。古所稱紅拂、梁夫人輩何讓焉! 雖然天下亦寥廓矣,未聞有爲真子者,而真子獨以松女見奇,得毋爲賽兒之買禍者耶!"

吴人沈恒川以禁方特著而深于情,與校書秦生善,誓偕白頭,垂橐納之。秦生才艷傾一時,私語恒川曰:"某幸托體君子,奈何寄輕薄吴兒齒牙中。"[恒](垣)川頷其意,爲徙就檇李僑居焉。屬當湖沈公子張甚,漁獵名姝,勢在必得,有以生言于公子者,疾令壯士數十闌入寢樓,手舆之而去。恒川惶急無能校,憤惋欲絶。僂行微迹之,聞已秘生園,居重垣複閣,固衛甚嚴,洒淚躑躅而返。知進士俞公廷讓,市義結交多胆略,委心求計。俞曰:"若破鏡求合,而不得古洪許俊其人,滋啓禍耳。今海内奇男子二,吾鄉崔世達,華亭張應宿,得一可辦也。今崔已横鶩元菟、樂浪間,而張仆病不能赴,吾奚爲若謀矣?"恒川扼腕嘆曰:"悠悠東征,遠莫致之。何物張公,非以冠軍從開府平浙亂者耶! 即病,願因先生而見之。"言訖泫然。俞爲心動,同剌舟造華亭,則冠軍顛髮種種,幃燈匣劍,枕陰符雜書,偃卧慈雲社中,謝病不能肅客。俞就枕褥卧語,引恒川拜牀下,以情謁,冠軍微笑曰:"老革憊矣,毋能爲役也。"恒川前拜,詞益哀,冠軍遂躩然起,提鈐奮髯,願得秦生若何狀,已命榜人亟發,直抵公子園。排闥呼秦生安在,挾與同舟,門者驚顧辟易,争鳥獸散。冠軍徑用别棹歸,不造恒川,恒川即日投藥囊,載生隱吴市。郵致黄金爲冠軍壽,辭,更爲珍玩數器進,復辭。公子失生怒甚,召門下必牒排闥者甘心焉,後知華亭張冠軍應宿,乃寢。

富人娶二妾,屬一名士取名,一曰忠奴,一曰孝奴。或問曰:"妾名取忠、孝,何也?"答曰:"孝當竭力,忠則盡命。"細味之殊可警醒。

李玉如者,諸生也,泗水李郎中之後,與莫氏爲中表。莫涵甫次子公衡喪偶,聘李女爲媳,入門之夕,仍出宿書齋,人以爲駭。至年餘,睽違如故。後歸寧,莫不招,李亦不去，二婢伴之。一婢懷娠，父母怪而詰之，曰：“姑娘交感所致。”後婢産男，而李女亦漸生鬚髯。後冠巾服袍，至拜親友，儼然一男子，玉如無子竟有子矣。

董原漢請僧作佛事，竟忘持蓋。有僧張姓者與公借用，公戲出一對云：“黄羅傘張和尚，焦葉葫蘆。”僧無以對。後語莫廷韓，廷韓笑指階下耘草者曰：“此人姓包而少髮，即可對矣。”云：“破網巾包辣籬，忒皮芋艻。”聞言絶倒。

袁太冲天姿英敏，數歲時，將暮從塾師散步，公獨往他徑採花。師出對曰：“隔岸採花，偷却一枝春去。”公曰：“入宫攀桂，携將兩袖秋回。”又父執奇之，謂曰：“大袁郎應作大元。”公隨口應云：“高弟子必登高第。”

錢鶴灘幼時，人令作散破題云：“張豆腐，李豆腐，長夜思量千條路，明朝起來依舊做豆腐。”公破云：“姓雖異而業則同，思無窮而分有限。”又俗語云：“羊角粽，鹿角粽，東家接來西家送。”公破云：“以物之象象乎物，以人之惠惠乎人。”

徐文貞少與王百谷同學，師令作雨破，王云：“破枕上之客心，救田間之農苦。”徐云：“雲龍方會合，寰宇盡沾恩。”兩公事業已于二破占之。

宋石門偕眉公訪三高士墓，具牲醪，陳鐵冠以祭之。詞曰：“衆墓纍纍，湮山填谷。先生之宫，尚衞樵牧。來奠一觴，春草空緑。異代知己，慰而幽獨。”文出眉公筆，鐵冠係鐵崖物也，今爲眉公寶藏。

鐵崖楊公寓雲間，適檇李貝廷臣，以書幣爲蕭山尹楊本中乞《吴越兩山亭志》，并選諸詞入題咏，于時楊尹已移官嘉禾矣。公即爲命筆，稿將就，夜已過半。俄門外有剥啄聲，啓扉視之，則嘉禾能詩者人執金繒，乞公留選其詩。公笑曰：“生平于三尺法，亦有時以情少借。至于詩文，則心欲借眼，眼不從心，未嘗敢欺當世之士。”遂操筆批選，止取鮑恂、張翼、顧文煒、金炯四首。公語諸人曰：“四詩猶爲彼善于此，諸什尚須更托胎耳。”然被選者無一人在，諸人相視驚駭，因乞寬假，得與姓名，至有涕泣長跽者。公揮出門外，滅燭閉關，嘆曰：“風雅掃地矣!”

施八峰用幼有慧性，從社學歸，由壽安寺過時，遇鄉進士曹時用于前，見其不類凡兒。時壁上有畫虎，曹屬對云：“畫虎有威終是畫。”施應曰：“攀龍無志莫教攀。”其敏捷如此。

鶴灘數歲時，自塾竊出，適遇其父與婢芹香戲。婢方選菜，父頰爲泥手所污，而不虞其爲子見也。及至塾，責子閑遊，罪以詩，指燕爲題。鶴灘即朗吟曰：“雙雙紫燕語春暉，亂逐東風上下飛。欲採芹香猶未得，嘴邊空帶落花泥。”父知諷己，爲之内愧，而心實喜其慧也。

楊有爲九南，弱冠入場，場題《文武之政節》，中講人存應兼君臣，而公止言君，蓋失記註耳。主司批云:“場中並説君臣,子獨説君,得尊君體,因中式。”及揭榜,有爲見批嘆曰:“我若記明,豈偏説耶!”

龔葑塘名轍,秋試三場俱患瘧,勉力完卷而甚簡古,題號房云:“大戰連三瘧,天公意若何? 欲將降大任,故爾折磨多。”及房師閲卷時,隣房適至,一云是老年舉子,一云是少年功力未到者,争辨不已,因云且中選觀之。及揭曉後謁本房,則少年也。問之,以瘧對,主司嘆以爲天命云。

上海張汝聰秋浦,丙子科試遺才時,本府徐四尊閲卷,偶與蘇州府四公對奕,宗師忽至。時張卷在几,因問曰:“有奇卷否?”答曰:“正閲未完。”即閲之,寫一“取”字,謂曰:“姑取之。”及拆號乃張卷也。是年徐又分閲經房,題爲《居之無倦》,一卷中以尊五美屏四惡作柱,徐遲疑挾卷起行,至主考堂,窺其所爲。門者以爲謁見,遂鳴一板,徐倉皇入謁,呈卷問曰:“此卷以二句作柱是否?”主考答曰:“此亦子張本色。”遂中式。徐笑曰:“豈又是張汝聰耶?”拆卷果然。

徐裕湖好行善事,居家施藥施棺,人有踵門以母死乞棺者,公與之金。家人踪迹之,本無母也,欲追其金。公曰:“我業已與之矣。我施棺以惠死者,今施金以惠生者,事豈殊耶!”置不問。

馮勑齋妻弟吴某來謁,訴云:“有友負會銀十金,乞一書告理。”公云:“且留便飯,有處。”飯已,入内封銀五兩送之曰:“吾素不干府縣,若發一書求爲追取,君得毋有所費乎? 若然止可得半耳。我以五金償,毋謂不足也。”吴不敢當。公曰:“第受之。一以息争,一以全守,且世間亦少一事也。”人咸頌其德。

吴石湖初任有司,不事鞭扑。及致仕歸,與客談及盗事,公曰:“世無真盗。”客問故,答曰:“我在任,審盗事,問之未有承認者。”客曰:“賊不打不招。”公曰:“吾曾責至數板,終無承認者。”客爲匿笑。石湖性坦率,雨中著釘靴接上司,及歸已夜深矣,夫人先睡,公不脱靴登牀。夫人驚問,答曰:“五更將出升堂,脱而復著,恐又多一事也。”聞者絶倒。

僧了願不知何許人。崇禎初,吾鄉范文若爲南兵部主政,出,僧挽輿駡曰:“冤家冤家。”碎擷其衣,乃却走。范怒鞭之,送下西城獄。僧入獄殊不以鞭爲苦,凡獄中罪人病卧者悉牽挽之,舉獄擾亂不寧。獄吏以白司城,司城白范云:“此僧顛狂,擾亂獄囚不寧,請出之。”范許之,僧出獄,即趨江邊。群兒從而觀之,僧至江履水面如平地,至江心而没,咸謂此僧顛而死矣。後人見之六合寺中,顛而乞食如故。凡獄中所經牽挽者俱起,未幾范爲家奴所弑,傷處即僧擷衣處也。以炎天晒衣,兒輩方悟。

裴仙名慶,蘇州人,販鮮爲業。常遇異人授以吞吐煉氣之術,裴受而習之,精化爲氣,不復有慾,漸疎其妻。妻私與人通,裴知之勿發。一夕見妻與所私者綢繆,直趨至前,其人遑遽,裴曰:"無恐,我欲安放此婦,天明遍告里人,且立券不取值。"實告之曰:"我修煉無從得食,汝納此婦供我三年飯足矣。"越三年而道果成。嘉靖乙酉三月朔,凡五嶽進香者,俱見一人坐絶頂,非人所能到處。久之太平道士來蘇,見之即下拜,呼爲大仙,云前日坐山頂者即此人。裴語人曰:"道士妄言耳,我何常得仙術。"道士往龍虎山報知張真人,真人遣使迎之,不肯往。真人曰:"須具舟檝,推裴入舟,竟至廣信可也。"裴至真人府,佯爲顛狂,每食畢輒毁其器。歷數日,真人備修銀器,自後遂止。忽一日夜半,入真人堂擊鼓,人驚問之,曰:"今日小天師下降。"及真人舉雄,計其時日正夫人成胎之夕也。吾松薛公某爲廣信府别駕太守,某率府僚往訪裴。薛曰:"天下安得有仙人?"守曰:"姑往看之。"及至裴所坐定,未通名姓,裴即呼曰:"薛先生,天下安得有仙人?"同來者皆失色。問以他事,亦笑而不言。顧豫齋少多病,後得方士傳坐功法遂愈,爲江西分守道,訪裴。問己年壽,裴曰:"君是生肉,我是熟肉。"無他言。後顧年九十餘而卒,生熟蓋主修煉説也。

陸平泉九十歲,子彦章于適園之側,復闢隙地爲臺池竹木。遇風日晴美,花晨燈夕,請公遊之。公御軟輿,群子弟左右傍掖,往往浹日窮漏,行遊而歸,觀者謂之神仙。居恆無運氣服食之法,惟晚膳畢則徐步堂中,以五百步爲限。

吾松倭亂後,立功死事諸臣,徐司寇達齋言于當道,捐資立文忠、武烈二祠于九峰書院舊址。其一時貞女烈婦不受辱于倭者,亦立祠于谷陽門,以表揚風教。惜九峰書院今爲荆榛,祠遂泯矣。

徐文貞暨司寇,同母弟也,母顧夫人。幼時求婚者,問之日者,輒云無子。蹉跎近三旬,而思復公喪偶欲聘之,日者仍復云然。思復公曰:"我已有子,正欲得無子者,可免吉甫之過耳。"遂委禽焉。後生文貞入相,司寇八座,則日者之言豈足信耶!

三高士墓在天馬山東麓,墓下出黄泥,山户藉以射利,日被開墾。嘉靖中,陸平泉、錢午江求得之,各立一碑表識。三十餘年樵牧無禁,復在叢棘蔓草中。陳眉公具揭于燕海防,復爲葺理,豎立穹碑,而沈裕文醵金剪荆棘、培封墜,始成先賢之墓。所異者正統中陳仲仁修,今樹碑者亦陳仲醇云。

華令聶崇野,江西人,催科甚嚴。不如數者,庭中立一木,以繩縛兩手懸之。士夫盛淳庵往謁,問曰:"此何法也?"曰:"弔民罰罪。"盛笑曰:"非也,此之謂立柱就要。"聞者以爲善謔。

鶴灘家居時,往來九峰。一日至赤壁山莊,同飲者皆隣父老也,請公行令。公曰:"今日在田間,當以稻色爲令,各説一句。"公即云:"弔殺鷄煮香羹湯。"二件皆稻名也,一坐思之不能言。

華亭學宋時有狀元坊,爲衛涇立也。景泰間,葉守冕重建于豐樂橋下,題其柱曰:"九重華選魁多士,千古清風起後人。"時目爲攀援,以涇非華産也。宏治己酉,西門火,坊亦燎,時人議曰:"燒却假狀元,真狀元出矣。"明年鶴灘果大魁,讖亦不誣矣。

眉公買舟載書,作無名釣徒。每云:"當草衰月冷,鐵笛霜清,覺張志和、陸天隨去人未遠。"

眉公讀劉蜕《文塚銘》,嘆曰:"漢陵唐寢,鞠爲荒草冷烟。此塚却留千古,每讀一過,輒欲以大白澆蜕墓前曰:劉生勸汝一杯酒。"

孫毅齋丁未主會試,自警欲得真才。及入場,夢人以帽罩首,并蒙兩眼,驚覺曰:"豈爲是舉失官乎?"閲卷愈詳慎。及揭榜,夢前人取帽去,復閲所録卷殊平平耳,乃嘆曰:"古紗籠之説不誣耳!"

陳夢庚字長錫,居官以廉簡名,鄉稱長者。四十無子,至僊遊祈夢,夢平泉宫保來候,莫之解也。年五十七始得子,方悟平泉得伯達時,公與同年,兩公夫人俱係李氏,又俱素不育,尤爲符合,夢亦神矣。

華亭縣學黄一曾,字孝先,雋聲嘖嘖。壬寅除夕,夢迎榜,上標云"癸卯解元黄一曾",自以爲佳兆,但"卯"字傍有三點,"元"字下有"黽"字,竊疑之。至三月,其妻父至市見賣黿者云:"泖中所得。"以爲應夢,即買而放之泖中。及五月録科優等。二十一日許郡守維新去任,孝先泛舟送之,遇風波覆舟而亡,則(則)泖黿之夢,其水厄之先兆歟!

徐達齋夫人宋氏有賢德,所生惟中書君球,乃爲公置諸媵。所親謂曰:"媵多愛分,子多財分,何不自爲計?"夫人曰:"不然,多媵則事任,多子則族昌,奚不可也?"言者愧服。

唐御史珣應試留都,過江時同舟者七人,皆他郡士。中流有兵官舟,儀衛甚盛,傍舟而呼曰:"中有唐珣秀才否?"衆驚懼,促其出。公起應,兵官曰:"可將行李過船。"公惶悚坐兵官側。復問:"秀才飯否?"對曰:"未也。"乃呼具飯。飯已,旁一人跪請曰:"午時。"兵官曰:"急下手。"公失色。兵官曰:"汝無懼。汝同舟者某人爲前世某事,某人今世爲某事,我奉上帝命誅之。汝前程遠大,故來救耳。"回顧前舟已覆,而兵官舟忽達燕子磯,發行李送公上岸,望船上一旗曰"利濟侯"。公登第後,傍宅建一廟祀之,甚著靈應,云即今北門總官衖口者。

孝廉曹某,富林人也。買一葬地,將起工,夢一衣冠人曰:“君穴稍讓我十步。君不失富貴,而我將得安體魄,不忘報也。”覺而曰:“穴已點定,夢何足憑?”掘地得碑,乃宋衞涇葬處也。啓棺,衣冠儼然,見風而化。棺乃沙板也,取歸作榻,其衣冠人影如畫,刮去之,仍然。曹後得顛疾,而家業蕩盡,子孫零落,人謂發塚之報云。

季文仲如斗,數歲時侍父、師夜酌。父雁山公曰:“色有五,春來草木皆緑,無異色,何也?”師無以答。文仲曰:“春爲青帝,其色青。而黄爲中央土之正色,春時木旺能剋土。而緑爲蒼勝黄之間色,則草木皆緑。亦陰陽相剋之義乎!”父、師大賞嘆。

錢午江從檇李回,由三塔灣過,得一對曰:“西水驛西,三塔灣頭三座塔。”久不能對。一日請乩仙求對,乩不即動,衆哄然笑,以爲可以絀神仙。頃之乩動書云:“北京城北,五台山上五層臺。”衆驚賞,後寫云:“我爲此對行遍天下。”

董玄宰云:“知我舉業者惟石簣、臺山二老。”又云:“鄉試墨義季文子篇,有論是非不論利害。會試孟義,過文有何可以要君也? 要君何可以割烹也? 此最得意處。主司不曉君子之道,即在夫婦能知能行處造端,即下文卑與邇也。場中作時昏然不解,中後兩載始悟出。”又云:“寫大字與細楷不同,止用墨而不用筆,今人都昧此法。”又云:“做舉業不怕作輟而怕心散,如人久客,念念只想家中,纔有入處。”

眉公送吴大行聯:“世事局棋須慢着,雷霆砥柱莫輕投。”

眉公曰:“今之立言也,非極富貴人則極貧賤人,以貧賤人可以放言也。”

何宗元云:“楚中迎春,獻技甚奇。有二十臺,臺上立人,人手中執扇,扇上有小兒歌舞。”

有道之象,不係容止。若留心于服飾間,一紈袴子弟而已。徐澤夫嘗言:陳中舍虬淮,滿身貧子氣。

陳文璧字廷璧,從魏文靖受經。甫冠,領永樂甲午魁選。乙未登第入翰林,預修《五經性理》。辛丑授湖廣石首知縣,興廢舉墜,植仆鋤奸。遇虎暴,捕得去爪牙縱之,患遂息。入覲被誣免歸。子浩,正統七年進士,終臨江太守。

沈富二號雪泉,華亭人,與陳文東、二沈學士從楊鐵崖遊,著有《忠諫補遺》,以録革除間諸公,爲鄉里仁厚長者,霽其曾孫也。

蔣給事性中寓京師,與侍郎于謙聯舍。蔣生子,賓客致賀,訂日會期。及期勑具,忽聞于公喪母,蔣曰:“于家方哭殯而吾宴客,非人情也。”遂罷筵而易以他日。

張莊簡公爲吏部右侍郎,一日過費文憲公。公自述其平生善病,語移時始别,以一緘相贈。文憲視其題封,則字扇一握,手帕一幅。發緘,扇面備書養生語。文憲病中佩服,感公之教,于飲食嗜慾喜怒致謹焉。

沈通政禄居京師,配張淑人,昭聖皇太后姑也。昭聖父壽寧侯,歲貢生,家貧,選后時,費多出于沈,后甚德之。沈後選通政司經歷,一日内批特陞通參,臺諫有言非例,孝宗即寢不行。九年始陞,又九年陞通政,又三年陞通政使。卒贈禮部侍郎,祭葬蔭子,皆舊典也。以帝后至尊,不肯一撓公法。乃沈公自致功名,非以懿戚求通顯也。

周北野佩居北城濠畔,矮屋數椽,草樹疎落。有直指遺書幣,遣一吏謁之,應門寂然。遥見一老人,角巾短衣,摘豆籬園,徐出而迎,即北野也。人皆戲稱爲百解先生,謂公一切嗜好如纏索解散耳。

北野家居儉約,饔餐不給,每與顧東江、曹定庵偕遊峰泖閑,隨僧蔬食,無他供具,詩篇酧和,甚適也。郡守熊公宇每公餘輒造請,以酒脯自隨,公亦不更設一味,談對彌日别去,亦不報謁。鶴灘一日携一魚訪顧文僖,文僖留酌,錢曰:“今日之會何可少北野。”遂以魚酒共詣,同歡飲。抵暮周更縷肉切麵益之,錢訝爲過腆,留連賦詩乃散。

錢衮爲諸生時,奉先最虔。常署祀門曰:“事之如生,祭之如在。”晨謁朝參,出入必告。祭前一日,具新筆浄硯,雖盛暑必衣冠書祝文。一日祭時,屬子壻陳矩俾沐浴,帷諸門左。矩夢數老人曰:“汝在門,吾儕來赴宴。汝未有,允徐當與也。”明年果生子。

馮南江爲侍御,巡視上江。會世廟遣璫設醮齊雲山,馮亦往行香。拜畢,内官以長柄香爐付之,公曰:“此守土官事也,我出使官不同。”遂不受。

馮逵字惟中,號時齋,乃侍御父也。時侍御爲童子,父每訓以持己守官,忠義廉節。夫時齋故農家,而其語皆縉紳士大夫所爲之事,鄉人迂之,毫不爲變。未幾病且瞑,顧侍御曰:“能憶吾言乎?”侍御謝不敢忘,頷之而逝。故制詞有“養親躬負米之勞,教子謹忠廉之訓”。

馮第壽祉堂成,侍御母太夫人跽公堂下詔之曰:“吾始教汝直,汝好直而不得其方,徒以狂戇而觸忤雷霆,罪在不赦。賴聖上寬仁,畀汝以生。又終使汝得有此堂,殆將示天下好直者,始獲罪而終受賜,以勸在位,意在斯乎?上之賜汝厚矣。”侍御爲矍然拜謝而起。

楊鶴字鳴臯,華亭漕涇人,少補諸生。入南雍與楊慎、毛亨相契,授紹興府知事。自常俸外,鹽醯皆取之家。尋歸養母,坐客常滿,偶無客至,奴僕候于水次。友人張一桂貧而死,方沍寒,悉載含襚諸物下至米鹽,從百里外哭之,既葬始歸。凡賑人乏、急貧交類此。尤留心東南財賦,著《救時論》《田賦議》等篇。子亨,其子也。

龔全山以直諫廷杖謫官,嘗語錢野汀曰:“人只做得命裏官,卑污只此官,剛正只此官,豈能逃命外耶?枉自卑污耳。”

葉桐山爲河間通判,治餉宣府。當更代日,積羨餘三千金,公悉置不問。主者遣一吏持至中途,以成例請受,公曰:“不受羨即吾例也。”命歸之。晚居春申故里,饘粥不繼。一日梅雨中,童子張網失一大魚,公爲呀嘆。夫人聞之曰:“三千金却之,一魚能值幾許?”公亦撫掌大笑。

先太僕懷野公,萬曆庚辰登第,未廷試歸,郡守閻邦寧來謁云:“公既進步,須不改舊時光景方好。”公謹受命。次日答拜,舊規帶忠靖冠,服錦綉,閻一見曰:“此何服飾?出何典?”公遂易儒衣冠。可見閻能責善,公能服善,猶存古風也。

沈文系字公緒,以恩選令新寧,弟可紹以鄉薦令景寧,名皆從絲。先是父傲漁公鶩夜歸,見女子避雨檐廡下,公即避去。之西湖道院假寐,夢上帝授色絲兩絢,後生系、紹。孫匡濟,天啓壬戌進士。

潘絅字美中,嘉靖十七年學使馮公午山試諸貢生時,輪貢者吴臣,而陪貢者五人,乃不次擢絅。吴失意,不勝憤涕。絅即慨然具呈,力讓于吴,馮公爲改容允其請,乃移檄風示合屬嘉獎。以東吴高誼,守朱潤、令朱執中皆有旌額,明年貢入太學。

朱承順字履敬,世居泗水,安貧樂道,别號夷白。年四十始學詩,與張西谷、徐伯臣結社。性高簡,居家動遵禮訓,四時烝嘗,必先期手自滌器,臨祭如在。著有《夷白稿》。

劉仲禮字用和,上海人,以《春秋》明經辟召至應天,授承事郎。遇靖難師入,不食七日而死。二世孫劉鈍,鈍兄銑,永樂間以會計事坐法繫京師,鈍婚二日即趣裝護行。後兄思歸,鈍陰乞使者代兄。兄歸紿父母,謂弟寖病道卒,父母悲哀而已。會刑部訪善書者,獄吏以鈍聞,試之大稱意,爲釋其罪而禮遣焉。比歸夜午,家人驚以爲鬼,鈍具告其故,父母對泣,兄自愧逃去,鈍亦不明兄之紿已也。後二子名璵者,中乙卯鄉薦,知建寧府;名玉者,子兗,汀州通判。兗子非元,懷慶推官。

上海胡秉中,洪武初舉人才,知行唐縣。務以禮化俗,製祀先、孝順節義,教民讀書三圖,名曰“諭俗圖”。入覲時以此圖獻上,命頒行天下,仍温旨嘉之。

雲間錢子雲,博學工文。黄冠野服,脱略世累,飄飄有神仙風致。築一室鴛湖上,命之曰“藏六窩”,語本東坡,因爲記。

陳至孝,弟至友,臨江太守浩孫。浩多著述,書法歐、虞。孝能世其家學,有《韻府摘抄》《銘筒集》《雜纂》《筆耒集》《席門諸稿》。時同里姚來鶴,唐文恪受業師也,其弟來鵠,俱能端矩矱,教授生徒。或久别,輒執手涕洟,白頭孝友,晚世所難。

張德昭字彦明,邢臺人。至正間尹華亭,刻廉清白,妻子皆化之,衣粗食淡,終三年無怨也。會稽楊維禎撰《遺愛碑》,錢袞爲刻八字頌于郭門,曰"公平廉明,勤儉慈讓"云。

劉邦本邠州人,以鄉科任常州通判。丙辰署上海,倭寇猝至,萬衆攻圍,劉與士大夫合謀守禦,出官帑二千金備犒賞,人争用命,城賴以全。

海忠介開府江南,巡撫至松,有司預飭官署堂柱,俱用綵繒,以紅毡襯地,色紵承塵。海一見大笑曰:"好好一個人,如何走入戲房裏來。"亟命撤去。

萬曆辛巳,中州吴三省任董漕二守,起鄉薦,篤實有守,取嚴一介。兩臺委攝邑篆,例有火耗羨餘,餽公四百金。公驚問:"此從何來？若受此,何以下見祖宗?"即覈數報部,一毫不染。

郡侯李多見,以計典去任,辭鹽臺,過常山。常山唐令之屏進餞,以餅供之。公不舉箸,唐訝其治齋也。徐叩之,應曰:"老母在舟中,未治午膳,請以遺之。不妨與公蔬果共話耳。"唐命更取,公力辭,即以餅遺餽,與終飲而别。即此可以想見公之廉節。

# 卷　五

世廟夜夢"䰠""䰡"二字，曉起命内侍檢《玉篇》諸字書，俱無此字，不知何解。問之閣臣徐階、高拱，俱無以對。再問東班諸臣，俱不知。徐云："容臣細檢字書。"上曰："朕已遍檢已無矣，不知夢此何祥，靈固甚靈，瞿若帶懼，卿其詳攷，以啓朕疑。"階叩頭出。至寓與中翰楊豫孫及長公璠，遍查字書，不得其解。楊歸對其夫人張氏言之，張曰："我嘗閲《道藏·法海元珠》，有此二字，乃鬼來求食也。"急索《法海元珠》某卷，果得之。明晨捧《元珠》入對，上大喜曰："小鬼求食，令祠祭司于各廟宇壇壝莫不致祭。"而楊夫人之博洽，惜乎存齋不以上聞也。

松江水利通判。嘉靖八年嶺南陳禧字天祐，正德丁卯舉人，任水利通判，下車日即奉上檄治水。公乘單舸東瀕于海，西溯于江，中歷湖泖浦涇溪匯，經理濬治，冒寒暑，凌風濤，遽以積勞卒于官。後來海忠介開江治水，多循公之迹。而《郡志》何以不紀其功，并其官名亦不登于府佐之列，細攷其故，《舊志》自正德末年止，《新志》崇禎中修，應自嘉靖元年起，而眉公諸人艱于遠稽，僅自嘉靖十三年以後纂起，將十餘年内之官司悉從挂漏，不獨陳别駕一人而已也。特志之以告後之修郡乘者。

松郡瞽而能詩者有唐酉陽，前嘉靖中有朱大章，號天游，朱文石從弟也。幼患痘失明，穎慧絶倫，令小僮哦詩，入耳不忘，遂能詩。其《贈寺僧》一絶云："一鳥不鳴萬樹稀，如來寂寞火燈微。老僧曝背閑無事，割片殘雲補衲衣。"

何叔皮祠部爲諸生時，偶疾篤，謂其室宋氏曰："吾已矣，若少年也，善事後人。"宋號泣即夕自盡，以明己志，而叔皮竟無恙。後登第，感宋之節，終身不娶繼室。

金同蓮好讀書，年老病篤，張白灘往候之，金猶欹枕執卷。白灘曰："書負君矣。"金曰："寧書負我，毋我負書。"

宋徽宗内庫所藏玉盃三：其一名教子昇天，内外光潤，絶無纖埃。杯口三面聳出螭頭如生，真神物也。二名八面威鋒。其三則單螭作把，外多花紋甚細，瑩白甚于教子，而神稍遜。其一其三向在吾松朱尚書旅溪家，孫少愚、文岩分得之。文岩不能守，以教子杯典吳門三百金，已而從兄司成文石公以原銀贖歸。而單螭杯在少愚處者，亦歸司成矣。司成捐館，無子，立弟太學文泉子爲嗣，而諸寶玉器則司成夫人陸氏謹司之。萬曆壬午秋，陸氏卒，陸宗族無不垂涎其家業者，乃訟太學于浙。平湖劉令逮至圜扉，衆瓜分其有。陸有顯者曰："兩玉杯至，太學生還矣。"于是亟取獻之，杯到之夕，太學之室胡氏忿然曰："太學之禍，此爲祟耳。"睨杯欲擲之地。左右失色，請曰："如太學何？"胡曰："且休矣，猶當辱之。"乃出錢二十五文，沽平湖薄酒一尊，斟玉杯中，遍賜廝養臧獲。明日上獻，下午出太學于獄。又明日張筵飲太學，懽然而歸。後四十年太學之子本洽成進士，適陸之孫諱鍾奇者，以馬道衡謀反一案，松守張宗衡置鍾奇于圜扉，陸氏歸璧于朱，鍾奇獲免死。本洽以杯祭其父，即碎其杯于像前，松人無不以爲美談。語云："象齒焚身，懷璧爲罪。"斯言信哉！（又見第六卷。）

神宗誕生，世宗不欲布告中外，華亭議曰："雖非裕王之嫡子，實陛下之冢孫。"世宗頓懌，皇儲由是克定。

馮元成云："余癸未遊黔西永洪庵，在萬山深處，僧徒謂建文君駐此三十年，尚有墨迹。後自滇而粵，不知所往。初來有兩比邱與俱，抑葉希賢與程濟耶！相從卒相散者，豈物色之急，不能終捍牧圉耶！"

會稽董侍御頤齋公，始在太學，無僮僕，夫人躬執炊爨，拾穢遺暴以爲薪。仲子中峰公玘年二十三，弘治己丑會元及第，猶與父共寢。始婚夕，雞鳴猶侍側，屢遣方去。少宰歸時，吾松徐存齋以學憲謁，設饌，魚蔬淡泊，盛以大盂，數舉筯焉。

正德、嘉靖間，南岳僧楚石，本北人，年一百七十歲坐化，藏普通塔下。時有白籐和尚，年一百三十；無極和尚，年一百二十。又有友體俗姓陳，松江人，以僉憲禦倭，兵敗逃山中爲僧，住浄瓶岩，八十一化去，以肉身塑像，皆高僧也。陳僉憲當攷其名。

青浦白鶴港港西，有夫子衣冠墓，土人稱夫子堂。

宋季鷹嘗曰："粵人呼引盜人曰蹱。山東饑，盜皆潛孔道田家，日昃相與卧歌于途，視客裝可圖，則群起掊擊掠財，厚酬田家，各鳥獸散。蹱猶言脚也，言若賊之手足，抑亦心膂矣。"

袁海叟《蘇李泣别圖》詩云："猶有交情兩行淚，西風吹上漢臣衣。"而選不及何也。

春申浦邊有白廟者，乃商舶記程處也，歲久頹圮。順治癸巳春，有徽商途行，遇雨投之，見大士像零落雨中，因問僧修此須幾何，僧以百金對，商遂解槖施與。僧見重貲孤客，地僻人稀，因密屬行童共縛之，將欲加害。適浦中巡邏船見一豔妝女子趨入廟中，若私奔狀，巡卒疑之，泊舟坌入。聞内有落落聲，從隙窺之，見一人蹝蹋壁根,僧及行童各舉大杖亂撾其腦。邏卒破壁而入,擒僧救商。及搜覓女子,了無踪迹。既聞商言,始知大士現身救度商人也。邏卒以聞于官,斃僧于獄。嗚呼！佛之于人,豈遠也哉!

丹徒令張文光,其兄某與楊方壺爲乙丑同榜,嘗言其弟文光前生之事。一老僧病時,語弟子云:“余某日化矣,當投某處王氏爲男,男止十年耳。”亡後,弟子果偵王氏于某日生男。甫生,即能言:“我爲若子十年,當以痘疹亡也。”王氏愛之如掌珠,慮其言,乃詭名爲女,飾以金耳環。一日被人盜其環,并耳扯之流血,父母大驚呼。至十齡果發痘而卒,于卒時又言:“當往生張某家,且中甲科爲官矣,父母可就視我。”王夫婦果探聽張門,張乃巨室,且伊長子,乙丑得甲榜,門閥峨峨,人不敢通。而初生孩又從内室言:“我前生父母在門,何不令入視乎?”張父母大駭以爲怪,意欲棄之。兒曰:“我非怪也,前生事余實悉記。方且大爾户,何訝爲?”乃令王父母入。一見,兒笑語鑿鑿,且曰:“留我前生父母在,弗歸也。”張果留王母與生母共育之。兒長,果中式,令尹丹徒。方壺勅封歸途,艤舟訪張令,述伊兄言而訊之,則云此真實非妄,至今耳傍環痕尚在。輪迴因果之説,信有徵矣。

范文正涖青時,母疾,思甘泉,公乃籲禱感動,有泉泓然出焉,因而愈疾。後人甃石爲井,用治丸劑多效。僉謂公仁孝所感,遺澤至今不泯云。范公亭在西南城隅,其十六代孫惟一銘云:“毖彼洋溪,醴泉斯湧。實維先公,惠及感動。青人仰公,甃石如珙。溢注靈虬,膏凝雲涷。起疾回殘,功不旋踵。千萬斯年,澤流彌永。”

俞楓谷名均,以江右名家來守吾松,多惠政,兼擅詩才。以鳴琴之暇,時抒金石之音。咏《半畝閑居》云:“何必廣爲園,半畝足蒔蔬。何必崇爲臺,數椽足貯書。北窗有孤梅,梅影日蕭疏。南榮有叢桂,寒色在衣裾。青山片片浄如拭,緑疇靄靄還如織。性不喜事事轉稀,口不談玄玄亦得。洗竹澆花寄遠心,釣水耕雲趁餘力。人間新局豈堪聞,天上舊遊那解憶。但願親朋日日來,酌酒焚枯皆帝德。”

宋幼清幼時即穎異,年七齡嘗讀《豫讓傳》,起白其父曰:“讓欲刺襄子,而襄子生之,是復以國士遇讓矣。彼智伯雖不若范中行之衆人遇讓,然豈有再生之恩如襄子哉? 不識又何以報之? 故爲讓計,惟有諫智伯之多行不義耳。諫而不聽,先伯死之可也,與伯偕死可也。刺而不中,飄然遠引可也,漆身吞炭,毋乃過乎?”其尊人喜之,出以語客,無不擊賞曰:“此兒不凡。”一日有家讌,坐客皆父行,孝廉某肥,素有黄犢之目。酒酣,某父行抱之加于孝廉之頸,笑叩曰:“爾今坐此云何?”對曰:“騎。”復問曰:“騎誰?”對曰:“騎黄。”孝廉乃佯怒大呼,故欲傾之地。乃尊亦佯怒,坐客亦佯來勸解,乃徐對曰:“吾言騎黄鶴耳。”舉坐驚嘆,以爲機警絶倫。

三國吴張昭爲婁侯。按婁,秦之縣名,屬會稽郡,漢初因之,東漢及魏晉皆屬吴郡,隋省。唐始置華亭縣,屬蘇州。五代晉時屬秀州,宋改秀州爲嘉興府,而華亭仍爲屬邑。元陞縣爲華亭府,隸嘉興路,尋改爲松江府,以府北有松江故名。國朝因之,直隸京師。今又分華亭之半爲婁縣,事雖紛更,而取名暗合于古。初守土者奉撫按行議名曰東華亭、西華亭,疏上駁其不根,乃改今名。人但知崐山縣爲古婁,而太倉爲婁東,嘉定爲秦疁縣,亦音婁,姑蘇自婁門而出者皆婁也。《越絶書》云:“婁北武城,闔閭所起。”婁東百里坑,古長人坑,從海上來,故曰上海。稽其始則吴名婁,而析爲華亭,又析爲上海,又析爲青浦。今而還析于婁也,豈非暗合者耶!

錢溥《出使辭安南國書》云:“辱祖送千里之遠,此固敬事朝廷以及行人之禮渥矣。乃金帛載加,溷我行李,則王所以愛之者適所以涼之也,又焉用是? 夫禮無加貨,事無二成,古之使者常謹于此。用是返璧,幸毋見訝。”

高新鄭頗修華亭隙,吴中監司承望風旨,多摧辱之,追逮紛紜。徐文貞意不自得,門下吕生智士也,召與之謀。吕生曰:“此獨去新鄭可耳,吾當爲公行。”乃持千金至京師。會莊皇帝崩,高公與江陵張公同受顧命,吕生喜曰:“吾事諧矣。”乃使客説高公曰:“大行皇帝握公手而以少主屬公,公何以自効哉?”公曰:“誓捐軀報國,無足言者。”客曰:“固也。今事有最急者,非公莫可行。高皇帝時改大宗正院爲宗人府,而以秦王領之,晉、燕、周、楚爲之貳,公所知也。”公曰:“然。然靖難之後不復設矣,今奈何?”客曰:“宗人令雖不設,而國無長君,儲貳未建,則親王未之國者不遣,豈非祖宗深意哉! 正德中欲令榮王就國,則廷臣動色而争之。土木之變,非郕王在朝,宗社之計,未知所定也。今主少國疑如此,而公晏然,奈何言報國乎!”高公懼然曰:“此先帝神靈教公言也,敬聞命矣。”客退,則吕生宣言傳入宫中:“高公將援立外藩,不利于社稷。”皇后皇貴妃聞之大驚,且不信,乃令妃父李偉造高公探之。高公曰:“親王領宗人府,祖制也。今當復之。”李還報曰:“信矣。”乃夜降旨責高公,即日屏出國門。吕生名需,號水山,塘西人,老而負俠,有縱横之術。出自何心隱之門,又號光午。

相傳長泖爲由拳舊縣,漢末沈没。每天色晴明,水面無風,則見水底屋脊瓦石焉。萬曆元年,新築青浦城,苦無石,父老言于邑令,使人入水得石甚多。今城頭多石,多長泖中物也。

孔平[仲](中)《談苑》,稱華亭鶴出于下沙,多從海外飛來,遂遺産焉。凡胎生者真鶴也,不食魚蝦虵鱔,止食稻粱。若好食魚蝦虵鱔者,鸛合所生,乃卵生也。胎生者雖甚馴熟,久須飛去,卵生者不能去也。

松江鱸魚，長橋南所出者四腮，天生鱠材也，終日色味不變。長橋北近崐山所出者三腮、二腮，味鹹不及橋南。長橋即垂虹亭。

吾鄉金澤有水一方，出蓴菜，其根如荇，其葉微類初出水荷錢，其枝丫如珊瑚而細，又如鹿角菜。其凍如冰如白膠，附枝葉間，清液泠泠欲滴。其味香粹清柔，略如魚髓蟹脂，而清輕遠勝。半日而味變，一日而味盡，比之荔枝猶覺嬌脆矣。其品可以寵蓮婢藕，惟菓中之櫻桃，花中之蘭，可異類作配耳。昔張季鷹因秋風起忽動蓴思，袁石公曰："蓴之妙爾爾，季鷹棄官，不爲折本矣。"

宋堯明號霞峰者，七歲時出嬉遊庭前，有客咏《隔簾看鏡》詩，久而不得，忽應聲曰："秦嶺望來雲冉冉，楚臺看去雨濛濛。"時胥臺袁公、衡山太史皆戟手嗟賞，競抱持云："公少時請夢于仙遊，夢入廟時有人手授紙扇如掌，書曰：'風送桂花香十里。'如是遂覺。"後有廣文之選，署旁一小亭有聯榜柱，其右失矣，讀其左則"風送桂花香十里"也，乃驚嘆曰："人生有定，其可移乎！"

徐髯仙霖號子仁，金陵人。七歲能詩，九歲能大書，自後精研六書。李長沙見之曰："此周伯温之流，吾不及也。"善製小令，填南北詞皆入律。武宗南巡，召試《除夕》詩百韻及應制詞曲，皆立就，語多詭諷。上嘗乘月幸其家，命置酒，家無供具，以蔬筍鮭菜進御。上大喜，爲之引滿，酣暢而去。已而數幸其家。御晚静閣垂釣，得一金魚，宦官争買之，上大笑失足落池中，衮衣沾濕。快園有宸幸堂、浴龍池，紀其遇也。賜飛魚服，扈從還京。每夜宿御榻前，與上同卧起。將授官禁近，固辭。文徵仲寄詩曰："樂府新傳桃葉渡，彩毫遍寫薛濤牋。"爲名流傾慕如此。後世廟繼立，威武近幸皆逮治坐罪，而子仁超然無所連染。愛吾松山水清幽，久居茸城，自號曰九峰道人，爲雲間寓公。

嘉靖甲子，耿公定向以學使者倡道東南，與焦公竑、李公士登入留都明道書院，而公爲都講。隆慶丁卯，公復簡集郡縣之孝秀講學于中和書院。時先別駕應科試，拔華亭第一，因赴講席。聞公訓曰："士必有遯世不見知而不悔之根器，而後可以載道。必有行一不義殺一不辜得天下不爲之力量，而後可以立身。"又曰："自唐虞至今纔四千年，吾生世五十年，已得八十分之一，不可爲不壽。故作風波翻世道，長留日月照人心。"公之胸懷，何其高曠也！

昔楊子雲賦《甘泉》，精思夢腸出而殁。郭路夜定舊説，絶于燭下。董玄宰年八十三，其彌留時猶爲方禹修作書，擲筆而逝，世以蟬蜕稱之，亦可謂以身殉書者矣。

沈鳳峰評張南安書："如龍蛇盤走，變化不測。"豈惟人莫之知，雖南安亦不自知也。

張村居先生,東海父也,居鄉治家,卓然不苟。所立家訓頗多,其略曰:"爲吾後人者,生子雖多,不可無教。生女雖多,不可不舉。娶婦必德門,不必富貴。嫁女僅可給衣奩,不必過豐。疾必迎醫,勿事禱禳。喪祭以禮,勿用僧道。故舊不可忽遺,勢要不可趨附。"

王元美一日在弇園縹緲樓招眉公飲,時坐客有以東坡推元美者,元美曰:"吾嘗叙東坡外紀,其文雖不爲我式,而時爲我用,意常不肯下之。"眉公曰:"先生有不及東坡者一事。東坡先生不喜作墓志銘,而先生所撰志銘不下四、五百篇,較輸老蘇一着。"先生大笑。已而偶論及光武、高帝,先生曰:"還是高帝闊大。"眉公曰:"高帝亦有不及光武一事。高帝得天下後枕宦者,光武得天下後却與故人嚴子陵同卧,較輸光武一着。"先生更大笑,連進眉公三、四觥。爾時想見前輩如此清謔,了不可得。

楊椒山讀書容城寧國寺,寺門有屠者,夢神語:"楊某忠臣,家貧力學,汝合供具。"覺而訪之,一見奇公,旦晚供不輟。公固止之不得,三年不倦。公登第,屠者不復見。爲諸城令,屠者來謁,入問治狀,曰:"好好。"竟欲去。公贈之二十金,絹一疋,屠者笑曰:"吾不爲金來也。公良苦,安所得金,而以予我也。"辭不受,止持一縑去。後公被難,每秋讞,屠者必侍張夫人母子入京。稍後,及公赴義,張夫人母子不知也,獨屠者在。公至西市見屠,受命經紀藁葬,設奠痛哭而歸。蘭溪王海齋曰:"予受華亭徐公命,送椒山西市,見屠者,惜不請其姓名。"

張侗初云:"吾家却金堂舊有四箴,先太史本其意而潤飾之。箴曰:士大夫當爲子孫預造福,不當爲子孫求福。謹家規,崇儉朴,訓耕讀,積陰德,此造福也。廣田宅,結姻援,争什一,鬻功名,此求福也。造福者淡而長,求福者濃而短。士大夫當爲此生先惜名,不當爲此生市名。敦詩書,尚氣節,慎取與,謹威儀,此惜名也。競標榜,邀津貴,鶩矯激,習模稜,此市名也。惜名者静而休,市名者躁而拙。士大夫當爲一家用財,不當爲一家傷財。濟宗黨,廣束脩,救荒儉,助義舉,此用財也。靡宫苑,教歌舞,奢譙會,聚寶玩,此傷財也。用財者損而盈,傷財者滿而詘。士大夫當爲天下養身,不當爲天下惜身。省嗜欲,減思慮,戒忿怒,節飲食,此養身也。規利害,避勞怨,營窟宅,守妻子,此惜身也。養身者嗇而大,惜身者羶而細。"

余友李叔衡,諱九星,縣庠生也,偕其室康氏從父宦于浙。歸途婦偶失足墮水,舟子援之,氏曰:"吾爲婦人,不能檢束,而此手爲人執耶?"歸至家不食而死。此與五代時王凝妻李氏事相類,惜未白其事以表彰之。近雖採入新志,余復重揭之,以媿世之忍恥以偷生者。

郭璞妙選吉地以福其身,利其後,而身不免刑戮,後亦衰微,則其書已不驗于一已矣。吾松王孫熙子元瑞,父子進士,家世業農,里人稱爲善人,祖父皆火化無塚,是豈因風水而貴哉?

徐禎稷官蜀時,土人張網江流,獲一首,題《金兜鍪》云:"前將軍張飛,凜然如生不敗,魁梧異今人。數千年浮沉水中,一旦出人間,此何意耶?"僚寀相傳,嘆異累日,具禮葬之山中。按《三國志》自右將軍遷車騎將軍,不知何以稱前。豈閬中之役,復有後命耶?

楊廉夫鐵冠重四錢六分,向藏太醫高鶴琴家。垂老病困,眉公以文徵仲《望湖亭》畫一軸、王履吉楷書、阮嗣宗《咏懷十七首》卷,當錢買之。是日臘月二十一,公私之逋如蝟,猶能抽力置此,見者笑爲吴癡。

楊宦有紀綱喻悦卿者,于明季曾詐白沙灣張姓銀四兩五錢。後十年,其父卒,一日託夢于子曰:"汝曾詐白沙灣張姓銀,今我爲豬在其家,腹下有三撮白毛爲記,三日内將付屠户矣。"其子夢覺,急倩人往其家買豬,其價恰值四兩五錢。歸至家,給其食,久爲廝養厭棄,悦卿夫婦自爲供養。久之漸聞于人,覺不雅,移養長生庵,而悦卿亦悔過自新,奉長齋,不復問世事。子詐父償,不審何故,豈作俑者其父耶!

六保民蔡姓者,妻與人通姦。一日荷鋤而歸,向妻索茶,妻飲之,隨覺腹痛,不一刻而死。時鄰里親戚認爲急病,莫之覺也。至壬寅五月初四,大雷雨,擊一犂田楊姓者,書其背云:"三年前某月日藥死蔡姓者也。"可畏哉! 天有記性也。

康熙二年八月,松江西門外有一傭工病篤,醫禱無資,又無親知可援。婦云:"予有姊在泆涇,或可救援。"因趁日船,行至中途竟分娩,胞血淋灕,舟子厭惡之。時日將暮矣,欲置之岸側,婦已昏迷莫知所適。有同舟者心竊憐之,出銀三錢付舟子,必欲其送至姊家。姊見之,隨以銀二兩速送之歸。其夫正在危困,見妻生子,又見銀,滿懷懽喜,自是病亦漸愈矣。一舉而活三命,功豈渺小哉! 余閱《南史》有嚴植之救危病于塘側,事頗相類,故志之以示好義者。其同舟之仁人,尚欲訪其姓氏。

方伯張叔翹往備兵蒼梧,已參藩守潯江,著《梧潯雜佩》。其記蜀符載《送楊衡遊南越》有云:"五嶺風候,惡加餐飯。日飲酒數觴,可以佐助元氣。"蓋遐方風氣與中土殊絶,起居服食最宜慎重。清晨常有嵐霧鬱塞,日晏始開,故晨起不可太蚤,少飲酒乃出視事,午後不宜飽食。尤忌露坐取凉及數數沐浴,皆能致病。

狀平泉陸公者,謂公高風漸遠如陶元亮,而無瓶粟之窮;耆老宿德似高伯恭,而無夷立之危;禄位名壽似郭汾陽,而無魚朝恩之譖;遊戲禪宗如白香山,而無伯道之悲;潛神羲畫似邵堯夫,而無冬夏之苦;忠信篤敬似文潞公,而無子方之辱;守正不阿似司馬君實,而無介甫之争,遂爲古今完人。

徐鴻州當官二十四條，示子禎稷守夔州云：端身範以示表儀，勵廉隅以保名檢，重倫常以彰教化，篤恩義以厚風俗，精聽理以通冤抑，詢利弊以救疾苦，慎刑獄以恤元元，輕賦斂以寬民力，重農桑以阜民生，訓文行以興士學，矜孤獨以惠困窮，簡詞訟以安生理，禁浮薄以挽薄俗，尚儉素以節財用，謹簿書以核吏奸，慎文移以通上下，致誠敬以重祀典，豫蓄積以備災荒，訪耆德以示意向，懲奸横以伸善良，守法度以維風紀，習武備以防事變，明出納以遠嫌疑，體人情以布慈恕。

有一老吏，于縣令初任，即觀其舉動而品目低昂，區爲三等。一令密知之，召而問焉："聞汝能品第官長，試言吾可置何等？"對曰："凡到任問民間疾苦者，上也。訪公門情弊者，中也。問錢糧多寡者，下也。"令深服其言。徐鴻洲述。

張東海《送子會試》詩："出守南安便道歸，治裝送爾赴春闈。舟車到處須防險，爵禄隨天每慎微。直道遜詞真要訣，權門利路是危機。傳家保世惟清儉，富貴休忘著布衣。"

朝廷以賢否辨仕路，公庭以曲直平民情，里巷以是非正風俗，其爲盛世無疑矣。徐鴻洲云。

司馬温公之在雒也，文潞公、范忠宣相約爲真率會，脱粟一飯，酒數行，過從不間十日。文有詩云："啜粟儘甘顔子陋，食鮮不愧范郎貧。"范和云："隨家所有自可樂，爲具更微誰笑貧。"三公極得救弊之意，又能惜福養財。吾郡洪洲王公，每録之以告同志。

周萊峰語云："天下事若心厭之便增幾倍勞苦，若心安之便有無數自在。謀身無萬全之策，不如委命之爲安。處世無百中之慮，不如任理之爲適。"

楊廉夫曰："予自壬辰兵興以來，遭罹死地者凡四五矣。今以松江郡守顧公之招，予客于府庠，退處一室，顔之曰'心太平'，人怪之。顧公是之曰：'昔香山居士之詩，自謂"我自羲皇代，先從心太平"，居士嘗歷險難，身獲太平而心未獲太平。先生歷險難，身不太平而心實平焉。'予謝之曰：'他人有心，予忖度之，子之謂也。'因銘室曰：嘻割争，絶揖讓。爾一身，天地長。心獨遊，在羲皇。"

顧東江教庶吉士，陶鎔造就，一時出門下者，若江右舒芬、廣南倫以訓、建康陳沂、貴溪汪佃、關中馬汝驥，至今稱爲一代雅流。

孫毅齋三典文衡，新鄭高相國拱、婁江王司寇世貞、新安汪司馬道昆，皆出其門。

潘公定恩筮仕守祁州，其夫人曹躬教民間婦女紡織，祁民賴之，爲立潘母祠。今北土之布肅寧最盛，去祁百里而遥，意是其遺教耶！

張鯢淵仕宦閩中,《禁左道榜》:"疫癘之作,固屬天行。若夫死生大數,雖司命無如之何,豈因巫禱邪術,可以僥倖萬一者? 未有巫祟猖狂于白晝,冥船交鶩于通衢,妄建行宫,擅設儀衛,牌竊巡狩,示號法王,如近日閩中風俗之惡者也。倘係邪神,則妖不勝正,斬伐汙瀦,夫豈能逃? 若其爲正神也,上之不言成功,去民甚遠,下之禦災捍患,祀典有常,而顧甘巫覡之矯誣,耗愚民之貲蓄,徒博祭賽紛紜,鉦鼓震耀,以供欺世惑民之假借,竊爲其神羞之矣。總緣淫巫妖道,倡言蠱説,以至于此,無論爲王法所必誅,正教所必闢。即爲受病之人計,而冥幻恍惚其心神,叫嘷驚擾其耳目,絶湯藥而勿御,禁酒肉而不親,不速之死亡乎! 爾民崇正即是保生,祛邪乃以遣病,毋聽誘惑,自墮冥行。本院以提衡風俗爲己任,此後有若等奸民,定行左道惑衆之律,立置重典,且有西門豹、狄梁公、張忠定之故事在,本院自愧不逮先賢,然見義之勇,亦所不敢讓也。"

洪武初,將召楊廉夫用之,令近臣促入京師。廉夫託疾固辭,作詩曰:"天子來徵老秀才,秀才懶下讀書臺。商山肯爲秦嬰出,黄石終從孺子來。太守免勞堂下拜,使臣且向日邊回。袖中一管春秋筆,不爲旁人取次裁。"或勸上殺之,上曰:"老蠻子正欲我成其名耳。"遂縱之。廉夫赴召時帶四角巾,聖祖問何巾,對曰:"四方平定巾。"上喜,因頒其式于天下,令倣爲之。

東吴澤國也,以水爲勝,自天目發源歷杭、嘉而東,五百里間回旋曲折,若龍盤地中者不知其幾。至松江而播爲二: 其一北流蜿蟺九峰間,出通波門,以合于吴淞。其一東流是爲黄龍之浦,氣勢宏偉,實惟松之巨川。兩支分流夾郡城而東,以趨上洋,而皆會于海,其間迴旋曲折,若龍蟠地中者,又不知其幾。蓋東吴之秀,實在于是。而黄浦之一支,南入于金匯塘者,其曲折尤多,人呼其地爲曲水邨云。張東海仿朱子《武夷九曲歌》,爰作《棹歌》十章,使名家子弟歌之,風動之意間存焉,亦曲水一段故事也。其歌云:"司馬橋西百曲流,舟行一曲一回頭。酒旗招我還來醉,自笑行人不肯休。""潮來滚滚港水濁,潮退悠悠江水清。田家不問潮清濁,灌我青苗總有情。""朝行船也暮行船,來往東西直似弦。多少後生嫌港曲,問渠原不會行船。""早禾有穫晚禾豐,只爲潮來曲水通。笑殺愚民懶疏濬,却將赤地怨天公。""常言丞相愛開河,却是恩多怨亦多。待看三年五載後,人心恩在怨消磨。""若個開河最有功,金匯塘口有徐翁。種田得利行船便,盡在春風和氣中。""大船匾闊小船尖,只販魚鮮不販鹽。草堂指點姚家宅,日夜書聲在水南。""葛仙門外畫闌橋,日日春風送酒瓢。沉醉不知賓客散,玉童猶唱月兒高。""百丈難縴兩櫓摇,小浜曲没半回潮。且來司馬莊前泊,白飯金虀玉色醪。""百曲流泉萬頃田,黄雲割盡緑雲連。村村社鼓家家酒，都祝皇明億萬年。"顧東江效東海體，託詞漁者，復作歌以繼之云："黄河萬里出崐崙，絡地經天赴海門。欲知百折東趨勢，請看江南曲水村。""曲水村中景最幽，也宜杖履也宜舟。白沙翠竹灣灣路，楊柳芙蓉歲歲秋。""水勢回回岸勢斜，水邊隨處有人家。漁郎放棹沿溪去，一路東風吹柳花。""溪雨迎潮溪水渾，鱸魚出水白如銀。赤鱗不顧竿頭餌，出没波濤自有神。""櫂歌聲起釣舟迴，野鴨鴛鴦四散飛。只有沙鷗往來慣，中流側目看人歸。""東灣沙積岸生嘴，西灣水囓岸生坳。長歌一曲無人聽，百曲溪頭月又高。""水面無雲月出早，水面雲生月出遲。雲生雲散原無定，潮落潮來自有期。""驪山葬龍銀作海，華清洗兒玉作池。玉池銀海黄沙滿，江上漁郎夜夜歸。""紫蟹肥行鞠有霜，紅蓮登岸白蓮香。何人漫説桃源好，便有桃源是異鄉。""司馬莊前碧玉橋，黄龍浦上畫蘭橈。弱流此去知非遠，借我長竿釣巨鰲。"

張電字文光，號賓山，上海人也。公書宗李北海，有烟飛霧結之形，而楷書以二沈爲模。以布衣從陸文裕至都門，夏文愍見其書而賞之，以儒士薦入朝。受知世廟，供奉館局，授序班，列中書符丞、太僕少卿、太常卿、兼司經局正字，改通政司使，遷工部右侍郎、禮部左侍郎。蓋上授公書，有太廟額，有金殿額，有仁壽、永禧宫額，有睿宗獻皇帝銘旌及慈孝獻皇后神主，有恭上皇天册表及皇天上帝玉册，有九廟神主、九廟災詔，有聖諭字式，有御製碑文寶軸，有平邊告祖文，有庚戌科進士題名記，皆刻之金石，頒之中外者。而世所得《消痞帖》，特其小者耳。總之大制作非出公手，不足以當上意，且有留滯月餘，需公至而書之者。故公之侍上也日親，而上之眷公也亦日厚。有元老諸學士所不能得，而公獨得之上者，如荷上任使，如駕幸承天則命扈行，景仁殿奉慰、仁壽宫瞻拜、永禧宫進香則命與輔臣偕，入禁苑則命與遊，燃燈則命與宴，泛海則命入龍舟，東嶽廟祈禱則命行禮，至永明殿則命代拜。至其受上賚予，則賜御製詩，賜平安字，賜勤慎忠誠字，賜《道德經》斗母像，賜茶，賜牽羊，賜上尊，賜衣白雲雁、麒麟、飛魚，賜銀瓢繡袋者各一，賜曆者六，賜祭品脯醢者二，賜御前品物者五，賜錢鈔者三，賜如意丹、生脈散、香薷飲者四，賜金十兩以至五十兩，賜幣自一表裏以至四表裏者三十有七，而服玩器用之以時賜，酒飯之以日賜，端午、除夕諸品物之以歲賜者，又不一而足也。其被上恩寵，寶訓、實録成則宴謹身殿，母卒賜祭葬，又賜驛歸。内殿竣工，蔭一子，考績又蔭一子，孫卒又移蔭其次孫。改給三代誥命，又推及其前母。或疾病則數次賜藥，諭内閣時上寢食狀，迄乎既没，而念之者不少衰。又以公侍從久，特贈公禮部尚書。沈學士而後，以書致位通顯，被異數，享盛名者，惟公一人而已。當公之未入都也，以傭書從沈水南先生，一日率其門生數輩,携公同出西郊。至亭橋上,見一相僧,就而物色焉。僧相水南,謂:"非科甲中人,亦非科甲中官也。"其相王百谷、顧豫齋、左山,皆曰:"官至兩司。"衆竊以爲三人官職,何以相同如此,不覺失笑。其相張白灘,則曰:"此公非道則科。"相徐文貞,便聳然動色曰:"此宰輔器也。"時文貞年十六,尚未知名,同學皆輕之,不覺又笑。衆因指賓山謂曰:"且相此君何如?"僧亦聳然曰:"此位名爵亦高,稍亞小相一二級耳。"衆乃大笑。僧曰:"諸君弗以爲笑,我所言後來當無不驗者。"至後水南以應貢官郡丞,晉階中順大夫,服金緋,百谷官憲副,白灘官給事中,豫齋、左山官參知,文貞以鼎甲三人爲世宗朝名宰相,而公以能書薦,不數年官至亞卿,一一如僧言,乃信此僧亦神相也。因傳公而并志之,亦以見人之榮進,自有數云。

宋樗庵任廣信府,一日往候張真人,有一藍縷道人在坐,真人出茶供,道人從袖中以棗二枚分致之,樗菴殊不屑也。道人仍袖棗飄然而去,真人曰:"此純陽先生也。"樗庵欲追之,真人笑曰:"已過洞庭湖矣。"樗菴窅然若有喪焉,曰:"吾失之矣。"後數年,門首有一丐者,向樗庵曰:"别來未久,君顔竟爾憔悴耶。"將一櫛掠其髯而去,時亦不省其爲仙也。後經掠者,皆變蒼爲黑甚矣。仙不易遇,亦不易識,金馬歲星,漢武不知,上清童子,鄭生罔測。又如昌黎于仲子,雖至戚亦不相信,于樗庵公又何疑?

靖難之際,忠義冠裳,表表史傳,無俟臚列矣。時州縣官朱寧等二百九十人,皆遠避去,無姓名可考。吾松有同知募勇戰士入援,後文皇即位,解至京師,不屈磔之。考之《府志》,竟遺其事,近得之殘編中。公姓周名繼瑜,是當配享方正學,使千載下知松江府有履蹈奇烈之周同知,以視胡廣、金幼孜、楊榮輩,孰爲邱山,孰爲蟻垤也!

神宗時,上海有蕭姓者,其妻與人姦,慮夫知覺,一夕乘夫熟睡,將刀割其勢。夫死,託言急病,蓋棺後,無一人知之者。其家有一犬,終日向人奔嗥,里人異之,即以其夫急死事訟其妻于官。此犬銜婦衣至公庭,隨自囓其勢。官因詰之,婦始伏辜,問成大辟,每年解審,犬必與之俱。一日渡黄浦,役人厭煩,竟投犬于浦而死。嗟乎!犬義而人不義,誠獸之不若矣。此事人輒疑之,且謂古無是事。昔譙縣崔仲文畜犬,會石和以丁奴易之,不從。和殺仲文奪其犬,犬囓和,守仲文屍,爪浮土掩之。尋牽和衣訴官,和伏誅,此晉義熙中事也。冀州石元度母犬育一子,愛之甚,元度烹子啖之,母候骨投地,斂置一窟,移葬于桑間,日夕向桑嗥,逾月乃止,此宋元徽中事也。謂古無是事者過矣。夫犬能禦盗咋奸,解難報恩,傳記所載,縷可考也,故予書此證之。人心尚存,其亦有所感也夫。

天啓丁卯歲，京口載罹凶荒。圌山之陰，天産石粉，其色白，錯者紅，其味甘，其質膩，咀之馨，其液可摶不滲，餒者充，飢者塞，尫者跂而立。山去城百里而近，董玄宰輿而觀之，其擔者溢阡陌，採者闐于邱，登陟間趾可掬也。天地之大，奇出不窮，理無而事有，氣鼓而物奮，自非睹記之餘，千載之後，安知不與補天之事，同疑其悠謬哉！眉公云："韋應物詩：'澗底束荆薪，歸來煮白石。'讀者謂其寓言。按《晉書》鮑靚爲南陽守，嘗行部入海，遇風飢甚，取白石煮之以自濟，則實有是事矣。"今瑞石想亦類是。

董玄宰外遷學政，期年即告解歸。沈幼真作書慰之云："春初見門下予告書，屈指計程，此時當在淮揚以上。昨具區先生從貴郡來，知台節入里門矣，浣慰曷可言。往三十年前，僕與長洲相公同在館下，一日踏長廊間，戲言我衙門中人物，須如白香山、蘇黄門，不諧世波，小小磨折，乃足洗發文章，刻厲風骨，如竹貫霜，方有冽氣。若一生只在鳳凰池頭，紫薇闌下，挖金鳴玉，忙忙汲汲，便登樞事，恐終帶幾分俗氣。一時館丈爲之破哂，哂其言之不審也。今年春長洲公過我齋頭，因笑謂予曰：'冽氣今如何？'僕亦笑答曰：'乃俗氣則無之矣。'門下召還禁近，旦暮間事，爲誦前言，以當抵掌。浮雲世路，從古則爾，豪傑胸中，包羅天壤。人之品局，自有本色，世上亦烏能增損我也。"

松郡西關外有癡阿六者，佯狂垢污，人不敢近。發言顛倒，亦多奇中。時麻衣和尚居龍潭，癡常攜酒訪之，箕踞對談，語刺刺不休，聽者亦莫之解。意古所謂韜光内蘊之士，何代無之，豈獨使寒貧焦光，擅奇林壑哉！

吾松許令則諱經，才優八斗，卒老青衿。其作《蝶説》云："凡蠕動之屬莫不羽化者，往往清出于濁，蠢變爲靈。其類至繁，不可枚舉。村居少事，巡行墟落間，所見蝶化，不一而足，大都緑從豆化，黄從菜化，黑從橘化。五色儇翻，穿香唼粉，搨作圖本，猶堪誇示畫院諸家。其初形質至醜，觸目生憎，飛騰之日，全失故我矣。橘蠹如黍，食葉後遂如蠶，據枝吐絲，懸身似繭。若遇晴烘風燥，率以三日破殼而出，然其兩翼濡粘，非日力透晒，則不能飛動。若甫離舊胎，遽思飛越，片時躁急，每顛落蛛絲螘穴中。欲栩栩隨蒙吏俱仙，其可得乎？因思人生不能雄飛，當安雌伏，頭角未露，固宜深藏。即羽毛既生，尤宜静戢，舉足一失，塹網滿世，雖聳身琅霄，尚虞罡風吹墮，况泥沙汩汩，滓汙挂體者哉。或曰：深山道士，有十月懷胎始終不能出世者。吾于蠹伏，得内丹焉。嗟乎！誰謂漆園寓言，非其觀化也。"

從來名賢作詩者，宗陶如白樂天、柳子厚是也，即東坡亦有《和陶詩》百餘首，自謂不甚媿淵明。我松郡侯許周翰，其清真淡素，有淵明風度，有《飲酒和陶詩》二十首,大爲松人傳誦。

徐文貞解相印歸,同陸文定耦影林下,尋法喜之樂。時馬嵴山房有雪泉禪師者,談玄説妙,欣然會心處,抵掌笑言,即城烏林鳥,欲驚欲止,與霜月相凌亂,兩公殊無倦色。如裴休黄蘗,子瞻了玄,可皆入畫圖中。

玄宰嘗謂眉公曰:"吾曹無他覬,博得一活,勝人足矣。"眉公曰:"公有三無:筆下無礙,眼中無翳,胸中無殺機。此三者皆公壽徵也。公己丑榜最號得人,而嗜名者名不立,學道者道不效。公乘運委蛇,身名俱泰,天下以公之文章翰墨,比于米襄陽、蘇眉山,雖恩寵知遇不如,而公有元章之悦生,無子瞻嶺海之困頓,則所謂博得一活勝人,公真饒有之矣,而况更有必不朽者在也。"玄宰大笑,以眉公爲知言。

宗室登賢書,自天啓辛酉始,江右則瑞昌王孫統鉓首應其盛。鉓至崇禎戊辰得雋,是科吾鄉曹勳會元。先是周相國延儒嘗夢閲《登科録》,見鉓名在會元上,私擬謂必殿元也。及題名在三甲,以爲夢當不驗。未幾館選,鉓名列第二十,其二十一則曹勳也,始訝夢之奇驗如此。

夢兆有必應者,吾松鼎元文獻唐公。其尊人名勑,號澹窩。其從叔號鵰谷者,一日寢于兄之堂,夢有星岸然盤跚而走,獨垂一印大如斗。厥文則奇曰:"勑子魁,碧眼瞳朦,朱髪葳蕤。"鵰谷心動,起告其兄。召占者卜之,得鼎之六五,鼎黄耳金鉉。占者曰:"金鉉印纍纍也。夫勑爲澹窩先生名,其後必居鼎之首。"時尚未舉元徵,及元徵弱冠,雖才名雀起,而家中落,此堂寄他人手者已多年,而今始得克還舊物,一如占者之言。于是繪以金書,雕以藻文,題曰"占星堂"。

崇禎丙子歲,管待庵先生爲郡學師,有一老僧來訪之。先生曰:"是僧實百有四十矣。猶記余七齡時,從先君燕邸,此僧即如是顔貌服色來,云已七十。今余七十七矣,計其年然與否與?"且述其言曰:"我從終南來,終南山蛇神虎怪,悉稱眷屬。呼眷屬,則皆諾諾無所惴。精舍七十二所,中間一大溪,良辰美景。僧詣溪旁呼眷屬:'吾輩欲渡,當以何日至也。'如期而大蟒蛇昂首岸上,僧徒跣足聲佛,履之而過,綿如也。登岸回首曰:'當以何日還。'至則又昂首彼岸,春秋兩渡焉。每精舍中,石屋石牀石几石磴,皆天然具,微風吹蕩,無一塵留染。每一精舍又各有二猴,掇奇蔬異菓,供餐備饌,擔負絡繹,將盡則又繼之。風飄落實乾糒,拾取不盡,未嘗空乏。"其言如是。在松兩月,一日杖挂草履而來别先生曰:"老僧從來脚底闊,今與君别矣,忽不知所之。"其言未來事都中。王永侯四十無子,問之,曰:"君不乏嗣,四十二歲某月日當至矣。"後果年月日時一一不爽。僧號三聖,其真聖僧也。

己巳春,董玄宰留湖上一月。時李和仲、陳仲因日夕侍側,見求書者盈坐,鐵限幾穿。時先生年將八十矣，運筆如飛，應接不暇，墨汁淋灕袍袖間，真神仙中人也。一時楮扇價湧貴十倍，市肆爲之一空，此亦湖上一段佳話。時湖上耳目之奉，足極天下之娱。獨于樽俎間慨所憒憒，一經庖人手，更無可口者，如讀中原紫氣等詩，入目可厭，又如讀老生帖括語，出口已臭。玄宰謂和仲曰："湖中廚子，功勝大黄。"的非戲語。

吾松孫雁洲先生，曾手栽紫藤，僅如寸許，爲鄰兒摘去，幾無萌芽。郎君侍洲公乃復引之而上，今將六十餘年，遂能蔭及半畝，乃孫世聲構一室于藤下。大可圍四掌，其根如癭鉢，其枝如懸鎚，其花如絳雪紅霞，其客踞而坐者如飛猿宿鶴，其主人翻經如面壁僧，飲酒如醉道士，横琴如黄葛埜人，肅客如桃源漁父，往往皆倚藤爲勝。眉公每造藤下，彌日忘返，倚徙涼陰，香霧欲寒。而眉公不去，直以主人真堪宴坐是藤，又借主人爲勝也。寒山埜幙，蒼藤滿牀，觸轄回車，夫豈在物！

張東海草書，本之芝、旭，出入素書，而不離二王法度，識者比于太華三峰，黄河九曲，非虚語也。當時品格嚴重，即上衮中貴人求之不能得。後出其家藏及散于人間者合刻之，曰《鐵漢樓帖》。公爲南安守，築鐵漢樓以祀張九齡、劉安世、李綱諸公，公亦可以配享無愧云。

渡泖過崇福古剎，見梁棟楣柱多松雪手書，寺僧寥寥，不復如元時蜂房蠡室矣。宋末泖西多巨室，好賓客，嗜圖史，故避兵者歸焉。如曹雲西子弟園林莊舍，見于貞溪海編可考。今丁氏、蔣氏、鄒氏相望，猶有雲西之風。《碎金帖》爲鄒元愷所藏，亦松雪之功臣也。

眉公訪秋潭老人于黄葉庵。臨出，秋潭不忍别，一手秉燭，一手挽眉公，小出徑旁，曰："新篁解籜，如緑玉杖矣。"眉公因題贈云："木邊鬼火時一點，樹下頭陀絶四鄰。欲别携燈看新竹，自開門送自關門。"黄葉四面，泥壁其光可鑑，叢桂婆娑，薔薇半立半仆。

楊氏九華公之先，有德茂者，當洪武初刺目以避徵辟，故子孫不落聲利，猶有先民之遺風。眉公常操小舟訪長倩于泖中，因拜德茂公墓，鐵笛一聲，群鷗皆發，有鼂然大笑出于風檣之下者，皆曰眉道人至矣。

沈臨秋名泓，其先出自吴興休文之後，始祖惺吴公登元進士。洪武間有得四者，剖胸取肝療祖疾，以孝聞。數傳有愛松者，歲飢代輸一區糧，明年飢復然，以俠聞。又其後鳳皐公之妻宋氏，能古文詞，二十有三而寡，矢志撫孤。泓有手書刻《郡志》，泓中崇禎癸未榜進士，有《易憲》行于世，國變後遯世爲僧。(宋氏書見第二卷)

陸儼山云：平定州東浮山，即女媧氏補天處，其煉石竈尚存，所産諸色石可燒。

每歲上元夜，夜置一爐當户，高五、六尺許，實以雜石，附以石炭，煉之達旦，火焰光上燭天，天爲之赤，至于今不廢，此所謂補天也。蓋女媧繼太昊而誅共工，是時火德中微，民生甚樸，未能盡火之用，况樵薪之利尚微，是故制此以通昏黑之變，輔烹飪之宜，所以開物成務，將以補天所不及耳。後世焚膏繼晷，爝火代明，亦其義也。方士家本列子之言，以爲燒丹接氣之術，故神其事，世遂惑焉。此可破千古之疑。

神清洞在河南潁陽縣倚箔山，神清字見于石壁上。眉公晚年卜築曰神清之室，義當取此。

徐文貞弟陟登第，貽書爲誡曰："官司詞訟，彼勝則此負，理屈而負，猶不免于怨直者，况更唧冤人家。差役彼脱則此受，富者役于官，猶不免破産，貧者寧不至覆滅，故于外事宜一切不理。子弟家人，干擾郡縣，淩虐鄉民，利則歸彼，惡則歸我，故宜朝夕禁約。"

王季重爲松郡廣文，有《五簋齋銘》："請則不敢，未能免俗，留則所願，客今不速。饗或一牲，器不破六，惜命養廉，推心置腹。天地此數，神人共福，雖非豐腆，未嘗不足。何以將之，魯酒脱粟，何以概之，園蔬便肉。何以娱之，琴書棋局，何以樂之，山青水緑。"

唐荆川嘗卧病泖上，吾鄉陸子野訪之，見榻間止一褥，薄且敝。公曰："衰年病骨，頗覺冷硬不堪也。"子野即贈以一褥，公笑曰："子野破我儉陋矣。"

上海之鶴沙有蔣氏女，生元元統甲戌。年十三，夢白衣大士摩其頂曰："汝有身毒國夙緣，當出塵，受五戒。"且錫其名曰道本。覺白其夢于母，即絶葷，日夜誦梵經，戒行嚴肅。越八年，告訣于母曰："某年月日當逝，求浄祝髮。"二親遂其請，至期沐浴坐化，時年二十一歲，至正甲午三月廿八日也。荼毗日，五色烟起，舍利如凝珠，異香經日不散，送者以千計，無不驚異其事。

康對山善琵琶，常與妓女同跨一蹇驢，令從人齎琵琶自隨，遊行道中，傲然不屑。陸儼山嘗至關中，以對山舊同在館中，特往詣之，相與共談舊事，即取琵琶鼓二三曲，欷歔者久之。

玄宰云："父子書家，自二王後有歐陽詢、歐陽通，徐嶠之、徐浩，本朝則吾郡莫方伯與其長公廷韓耳。余師方伯而友廷韓，每論兩家之書：吾師則應規入矩，騫翥迴翔，似正反奇，超俗即雅；廷韓則風流跌宕，俊爽多姿，醖釀諸家，匠心獨妙。廷韓如五陵豪俠，寶劍金丸，意氣自喜；吾師則似温伯雪子，正容對客，望之意消。廷韓游道既廣，賞鑒之家，無不遍歷；吾師人地高華，知希爲貴，晉人之外，一步不窺。故當時知廷韓者有過父之目。然吾師以骨，廷韓以態；吾師自能結構，廷韓結構多出前人手迹。此爲甲乙,真如羲、獻耳。"

莫君全爲乃祖方伯公刻《崇蘭館法書》成,擬乞言于玄宰。夢方伯公命作行草書,書右丞詩,有一星字,歷歷在眼,乃信慧業交知,雖代隔河山,精神猶然冥契也。

莫廷韓云:"余常喜寒夜讀書,擁爐秉燭,兀焉孤寂。坐久佐以一甌茗,神氣益佳。爾時聞童子鼻息,足當一部鼓吹。或風生竹樹間,山鳥忽囀,倦魔都盡,往往徘徊達曙,强就枕席。又當晚涼箕踞,臨池數酌,或弄筆墨,援琴而鼓之,神遊羲皇矣。"

顧東江云:"在京師時,適衍聖公知德迎女于李西涯。將還,涯翁設宴,公卿畢集。時熱甚而雨,周松露司徒即席賦詩二首,和者數人,皆爲'瓢'字所窘。傳及涯翁,則詩已盈卷,且迫祖道矣。翁涉筆書云:'交情好託舉三弄,聖學誰傳飲一瓢?'觀者嘆服。蓋是日王太僕濟于座撫琴,而顔瓢事在孔氏尤切,諸公未嘗用也。其第二首抒思未得,予舉鶴瓢杯事,或疑平仄未諧,翁不顧,疾書云:'對舞豈須花作陣,深杯未藉鶴爲瓢。'遂成壓卷。"

張東海題方正學卷後:"篤信好學,守死善道,宇宙之間,僅見此老。九原有知,亦足慰先生于萬一矣。"

董幼海轉北吏部主事,赴任時,何元朗語之曰:"當今第一急務,莫重于守令之選,亦莫過于守令久任。蓋守令親民之官,故縉紳輩凡有志爲朝廷幹事與百姓造福者,獨守令可行其志。若遷轉太速,則自中才以下,一切懷苟且之念。且至地方必一二年後,庶乎民風土俗,可以周知。今近代守令不及一年半載,則是地方之事,尚未盡悉,已作去任之計矣。故雖極有志意之人,不復有政成之望,亦往往自沮。及至新任之人復是,不知地方之人如此,安望天下有善治哉!"

余素性喜搜訪古今遺編,一日從肆中得《皇明開科會試録》,係洪武四年者,乃開科之始。其目曰"記録題詞"。知貢舉官二人,忠勤伯右丞相汪廣洋,左丞相胡惟庸。主文官二人,禮部尚書陶凱,侍讀學士潘庭堅。考試官四人,侍讀學士詹同,司業宋濂,吏部員外郎原本,前貢士鮑恂。場中先經後《四書》一篇,題名曰《四書疑》。二場《論語》誥表各一篇,無判。三場策一篇,録中都無程文。想規制未定,尚爾草草。其《四書疑》云:"孟子曰:'由堯舜至于湯,五百有餘歲,若禹臯陶則見而知之,若湯則聞而知之。夫禹臯陶湯于堯舜之道,其所以見知聞知者,可得而論歟!'孟子又言:'伊尹樂堯舜之道。'《中庸》言:'仲尼祖述堯舜。'夫伊尹之樂,孔子之祖述,其與見知聞知者,抑有同異歟?請究其説。"蓋洪武三年庚戌始開鄉試,至次年辛亥各省會試止二百人,中式者百二十人,狀元吴伯宗授員外郎,餘及出身俱授主事,同出身授縣丞。會元俞友仁亦縣丞,高麗人金濤三甲第五,授安邱縣丞,後濤還本國爲相。是年詔人才以德行爲本,其罷天下舉人會試,至十七年方定三年大比之例。禮部所存國初《會試録》止洪武四年一本,自十八年至三十年皆缺。想建文諸臣死難者,多係是科以後進士,故盡毀之。楊文貞謂國初三科猶循元制作經疑,至二十一年戊辰,始定今三場之制刻録。

有一先達禮白嶽,因月黑漫投柳碕小逆旅。先有赭頰長髯據案者,旁二客佐飲大劇,無復顧忌,縷數天下津要,百貨所殖,亹亹若睹,已臧否京輦百司,又非刺時宰。每一激烈,輒一拍案,相與引滿。鯨吸既醉,慢罵呼主人曰:"吾鷄鳴時當少出,有嘗行李寄樓,毋令人窺。"主人唯唯惟謹。念必江湖大俠,一夜快其談吐。近曉,登樓無所有,惟血剥狼鼠皮一竿倚柱而已。

有一智尼擁高貲,與貴室往還,深垣密扃,雖白晝莫能窺也。曾一罹暴客,鄰人集炬捍之。既散,尼割一書册給衆,令明旦相質取酧金。自是歲每一二發,率割質如故。一少尼廉其非盗,實鄰者僞張以取酬,因欲相訐。尼曰:"不可。吾歲捐所餘以豢若曹,令遠近知,盗終不勝捍,猶樹兵意也。訐之自撤備而樹怨,吾不復安枕矣。"

吾松名醫徐樞,字叔拱,號足庵,受業楊廉夫。洪武二十七年,徵諸名醫分侍諸王,授秦府良醫正。永樂十二年,改棗强縣丞。明年用薦者言,召入太醫院掌御藥,尋判院事。宣德元年時,公以焚黄請,天子眷念甚,錫以詩畫皆御筆,一曰贈,一曰賜,又錫尚方什物、祭器及金帶、狐裘,特命馳驛陛辭。天子憐公老,詔出宫人陳氏,偕内侍袁亨、陳福給事,明年遂乞致仕去。後公歸里中,出入必以兩内侍扶掖。後殁,三人皆從葬,誠哉異數也。其先世之墓在天馬山,蓋白玉蟾定穴焉。宣德賜詩云:"雲間秀毓人中英,襟懷磊落冰壺清。群書博覽析理明,《青囊》《金匱》尤研精。濟人利物心秉誠,江南江北馳芳聲。峨冠博帶屬老成,軺車應召來我京。醫人醫國咸見稱,回生起死知通靈。掄材持授官品榮,蒼顔皓首延遐齡。賜爾鳳誥彰爾能,追封仍顯爾所生。竭來孝思攄衷情,懇告祭奠歸先塋。朔風獵獵征帆輕,長江萬里烟波平。故鄉晝錦光熒熒,壺觴新舊歡相迎。私恩公義當竝行,北轅宜早登回程。兩全忠孝惟在卿,汗簡千載留清名。"又賜還鄉詩云:"太醫老卿八十餘,胸蟠千古岐黄書。髩含白雪面紅玉,長紓錦綬鳴璚琚。光華近侍今三朝,致恭和保功業高。五花鸞誥寵先世,南望飛雲心孔勞。歸榮遂爾追遠情,吴淞江水清泠泠。春風花開景明麗,待爾重來朝闕廷。"

宋幼清自甲午從華亭徙居村落,遺一貍而去。及再入城,則已就食鄰家。間入其室，亦爲竊肉而來，非有戀戀之意也。一日見擒于小奴，鄰家肆詛甚急，因命縱之去。奴堅執形象曰："產于斯，育子于斯矣。"幼清曰："向者見我掉尾，見人掉頭，非親我而遠鄰，食仰我也。今棄我如蹝，避我如仇，非親鄰而遠我，食仰鄰也。我執我權而失之，鄰俟我失而操之，貍直與權而俱去。貍固無失，鄰食貍以争貍，鄰亦無失，而我兩失之，我又將與誰争乎？貍乎？夫澄也，東西南北之人也，而又不能如胡寬之于新豐也，遺將不止于貍。與其并失于後，不若漸失于前，失之始今日矣。吾不若人得人失之迂也。"又一年而貍歸，死于吾室，童子欣然曰："曩者羈之啗之而不留，奈何卒死于吾室也？願夫子討其罪，取皮以禦風，取肉以賜丐。"余曰："嘻，其就鄰勢也，猶黄權之降魏乎？久于鄰者恩也，猶豫讓之感智氏乎？歸死不忘本也，猶慕容翰之還燕乎？有古人之道三，亦何罪？且生不能來之，是不惠也。死不能哀之，是不仁也。就死于我而戮之，是不武也。剖胎破卵而麟鳳爲之絶迹，非所以招携也。"曰："然則投諸水乎？吾不忍其飄飄也。埋而裹焉，吾不能恝然也。爲之棺以葬，吾不欲其同于人也。裹之房箔而埋之户外。君子曰：觀乎貍之歸死，而知李陵、衛律，罪通于天矣。"

松江西門外金沙灘無蚊，郡人暑月常移舟宿其間。荆州江右岸有李姥浦，浦中偏無蚊患，梁元帝《金樓子》云："荆州高齋無白鳥。"白鳥，蚊也。北京某街蚊多，某坊蚊少，其無蚊處雖帳幙可無設。滇中環湖多蚊，而寶珠寺乃絶無影響，其理殊不可曉。

丁亥四月十六日，中軍詹世勳殺吴帥標將李魁、吴著、喬世忠、王興邦、黄國禎、孟學孝，參謀戴之儁等，以七人首級貯之華亭縣獄中，并隸卒八、九級。至五月十三日，陳黄門子龍被執，躍入跨塘橋死，乃割其元。會日暮，令貯之獄。時華令陳鑑以事見縶，爲位而哭，作祭文哀之，爲通國所傳誦。詰朝懸之西門樓上，數夜，有書賈葉思劬賄邏卒以他級易之，得葬富林焉。獄之頭顱同一函櫝，獄衆埋之馬路西北隅，因中元日市冥衣以薦之。中有一衣，式清朝者，焚之不化，豈七人英爽，存没不忘明，即一服不肯假借耶！此事甚奇，志之以備採入野史，祭文見第四卷中。

一品考十八年。隆慶少師徐階一品六考滿十八年，加伯爵俸，賜勅獎諭，蔭子錦衣衛千户及宴，備極恩禮，公蓋四膺勅獎矣。按李韓公自左相國太師近三十年，是時不考滿。楊文貞自少傅至少師凡十九年，九年後通不考，此外無考十八年者。　　萬曆九年五月，少師太子太師、吏部尚書、建極殿大學士徐階八十，遣行人賜勅諭存問曰："朕聞古者公孤在朝，則坐而論道，更老在學，則憲而乞言。惟尊賢尚齒之儀，實褒德勸功之典，睠焉耆碩，著有勳庸，世咸仰爲達尊，朕豈靳于殊數？

才優王佐,學擅儒宗,早馳譽于清華,歷試功于盤錯。簡知皇祖,晋陟台司,履忠順以事一人,持廉靖而先百辟。當僉壬之既黜,更治化以維新,懲貪污而仕路肅清,獎忠直而真才彙進。申明典制,多安邊裕國之籌,默運樞機,有尊主庇民之略。定邦本于危疑之際,宣上德于彌留之中。翼我先皇,嗣基圖而撫方夏,保予冲子,升儲貳以奉宗祧。方倚重于黄扉,遽乞閑于緑野。後先多績,朝廷資其典型,終始完名,寰宇想其風采。自天純佑,俾爾壽康,届兹八旬,斂時五福,匪直先民之楷式,實維盛世之禎祥。朕祗遹先猷,追惟舊德,粤稽功載,申錫寵章。兹特遣行人凃時相賫勅存問,仍賜銀五十兩,大紅紵絲蟒衣一襲,彩幣四表裏,以示朕眷。于戲!衞武雖在耄勤,箴儆不忘于國。晋公已解機務,安危猶係其身。惟我宗工,不殊前哲。其茂綏繁祉,慎保修齡,尚謀黄髮之詢,用慰蒼生之望。欽哉!" 嘉靖四十四年,公有疾,上遣御醫徐偉視疾,中涓賜猪、羊、甜醬瓜、茄、酒、米如例,已復出尚方珍劑二瓶,命司禮貴臣王本齎手札諭公:"痰火一疾,惟須自慎。既不可用寒劑,又不宜名降火。又有謂痰隨氣降,此非治法也,但仍以涼平性品用之,便消順耳。又青州白丸子,真者亦效,非其本地合者無益。至于牽扯背痛,當以祛風順氣之劑間服之,亦可少資云。" 嘉靖甲子,賜公教子昇天蟒衣一,係上手擇有珠者。 末年,命宫中不得名華亭公,稱徐閣老,亦異數也。 公謚法:道德博聞,大慮克就,謚文貞。

父子兄弟貴盛一時。隆慶初,徐公階以少師當首揆,而弟陟爲南少司寇,長子璠以太常卿掌尚寶司,次子球、少子琨俱爲少卿。歸田後,孫元春舉進士,亦爲太常卿。

致仕後加官。萬曆中,養病禮部尚書陸樹聲加太子少保。

一郡同科兩解元。順天徐光啓,應天吕克孝。

會、狀兩元。弘治庚戌,錢福。

一榜同胞三兄弟。壬子,張拱端、履端、軌端。

父子提學。廣東僉事潘恩,陜西副使允哲。

朱烈婦者適姚氏,其夫起于單寒,名遂湮没。其夫年少從戎,與喬將軍一琦同殉難,殆亦偉俠人歟!婦矢志靡他,家苦困窮,飾翠花爲業。抱三月之孤,十七年無變志,比屋闤闠中,人罕見其面。即鄰媪往還,一切謝絶之,可謂遇難而行貞者矣。烈皇帝八年,遭回禄,婦夜半熟睡驚起,闢户將奔,自視之猶裸也,姑亟掖之遁,婦羞澀不禁,竟蹈火死。

萬曆十七年,市人李從謙弟從正,年十五歲,有老母同居,以撚線爲生。一日鄰家失火，急迫中從正救母，母得出，而身不得出。從謙突入救弟，烟焰蔽目，棟梁傾壓，俱作煨燼，二人手足相並。士大夫有詩歌："弟爲救母焚，兄爲救弟焚，孝友俱可憫"云云。

七寶鎮徐永齡名壽，少負意氣，人多中傷之。正德間，一按院過鎮，即于鎮上擒壽，將置之法。已而過石橋十餘處，橋上俱鐫里人徐壽建造，按院嘆曰："此義士也。"立釋之。

上海人張京嘗爲胥，曉算術，喬時英作令，因携之臨海。同儕中有不睦者，張爲解紛，因并詬張。張怒甚，獨坐。忽見齋前樹杪有具冠裳者，長尺許，冉冉而下。至張所坐處，則已數輩皆成偉人，車從儼如官府。顧見後若將軍者四人，以手擊張首，須臾悶不知所爲，第發狂大叫。有頃蘇，高公因遣張歸。途中間復作，椎所坐籃輿皆碎。既到家，復見所謂冠裳者。及醒，叩之茫然，不知是何妖也。

顧龍海嘉靖壬子應比，夢人以大砲裝其頂，舉火而聲不發，而再而三俱如之，既寤以爲不獲雋矣。或解之曰："君必第四人。"及發榜，果以詩魁第四。

朱璧、馮電二人，少同筆硯，意甚親厚，後電賣酒爲業。一人時賒其酒，電不與，其人恨之。及犯盜，誣指電爲渠魁。下獄時，璧爲刑房吏，一見哭曰："子無辜。事至此，我當周旋。"日供其酒食，且養其妻子于家。正德末年，電當解蘇，璧亦隨之。電泣曰："我受子恩，死必有以報子。"及電死，璧即市棺而殯之。纔入舟，即發狂大言曰："我馮電也，受兄大恩，不能生酬，今隨兄至家，爲奴以事兄，兄勿懼。且日以四塊冥楮置盒中，有使令我力爲之，不敢怠也。"及歸，言之家人，初亦懼。鬼曰："無懼我。今得爲兄奴，凡事可相委任。"自是受人賄送，必告曰此可此否，得預爲之計，無一敗者。如欲買物，置銀于盒祝之曰："馮公買某物來。"少遲得其物于盒内。坐此家日豐阜。一日往蘇，鬼隨行至閶門，大哭曰："不好了，被宋相公收去作奴，與兄永别矣。"自是寂然無聲。

靖難後，誅戮臣僚妻子，發教坊，或配象奴。松江謝氏題詩于衣帶間，赴武定橋而死。其詩云："不忍將身配象奴，手提麥飯祭亡夫。今朝武定橋頭死，要使清風滿帝都。"

張大年，華亭人，以俠聞。建文壬午年，太常卿黄子澄逃匿蘇州，捕之甚急。子澄過沙河，或言執之以獻，富貴可致也。大年曰："如此富貴，我何愛焉？"既被執，闔門受誅，連及甚衆，大年亦爲仇誣黄黨，在獄久病。子浩稱冤闕下，奏凡十八上，遮臺官馬泣訴得入，侍父療疾，大年竟得宥還。

捐田贍族，我松向無舉行。成化間，顧太守草堂公爲義莊以贍宗族。後草堂之孫東川、曾孫小川，皆能繼承先志。後新橋里人王緒，于族有貧者割田賑之，至六百餘畝，邑侯李維周、鮑奇謨兩公俱旌其門。

余外伯祖景坡曹公，于穆廟時以大行從群僚入對，沐宋硯之賜，家藏五世矣，因作積石堂。其從曾孫勳歌以紀之曰："穆皇神聖世清夷，文章召對殷疇咨。我家大行與盛事，亦喜承恩賜墨池。墨池黯黯不盈尺，見者謂是下岩石。端明殿中供奉來，宋篆分明鐫款識。曾聞太白賦《清平》，玉環捧出沉香亭。又聞米顛懷賜硯，墨汁淋漓趨下殿。一片千秋銅雀瓦，橫槊賦詩亦復可。即今子孫惟抱槧，文采江南譜羲獻。慚無偉伐勒燕然，呵凍年年寫黃絹。"

吾松觀察華陸姚公，平生雅好泉石。自解組歸，歲數寓遊，復選地構堂吴山之上。堂據名勝，西湖諸峰，四顧環映，效奇左右。公携勝侶夷猶觴咏，至則淹旬浹月焉。昔人謂山水游覽，衣冠仕宦者不常有，雖然，山川風物，何嘗限人。公胸次夷曠，韵致冲逸，所至放浪泉石，託意于浮俗之外，較之蹀躞聲利，汩塵途而不返者，不夐然若出閬風元圃外乎！

顧東江歸田後，憂卹民隱，著《傍秋亭雜記》，編中紀事非一類，而係于吾土者加詳焉。今先生去世既遠，而民力益困，使先生在今日，其憂不啻往時，其言之切，又當何如也？考之先生別集，其詒書當道論民隱者，常一而再，當時用民力亦因其言稍寬也。目擊時政，追憶往哲，不勝浩嘆。

國事僨壞，皆因將官受賄買和，總督虛張報捷，當事日納其重賄，即濫冒功賞以爲常，而包藏禍患，將來有不可勝言者。隆慶朝，上海王圻在道發其事，疏中言頗切直。時趙大周以閣臣署都察院事，即昌言于朝曰："衙門中有王御史，方纔成個都察院，且言臺省諸臣，身任國家之重，今分受幾車白銀黃鼠，即不顧朝廷利害矣。大臣固當如是耶?"于是諸老一聞，遂銜之切齒，以爲大周私于洪州，洪州即陞僉事，繼遭貶謫，而大周亦蹴言官論罷矣。孰謂隆慶一朝刑政果無缺失耶！

盧鴻字浩然，亦曰鴻一。玄宰題《戲鴻堂帖》："飛冥易肆高，戲海書家妙。將開鴻一堂，或免斥鷃笑。"用此事也。嚴君平爲冥鴻鍾元常書。如飛鴻戲海，又宋劉次莊有《戲魚堂帖》，而浩然亦有《草堂圖》行于世。

麻衣和尚欲嘗買一舟，作船子和尚行徑，有施以金者，悉持付酒家胡。他日邂逅，問："船泊何處?"曰："泊在糟邱。"其任達如此。然觀其一瓢一鉢，飄然自由，且不欲爲桑下三宿者，醉翁之意，夫豈在酒乎？其所與遊，上自王公貴人，下及販夫小子，皆平等一視，無所阿亦無所忤。醉後語默似别有乾坤，游戲神通，又絶不以前知自負。其坦懷任化，放浪形骸之外，則固依然竹林之達，竹溪之逸也。眉公曰："此真人也,非顛仙,非散聖,率意而動,故無機。衝口而發,故無擇。無機所以寧,無擇所以靈。”數言其殆爲師傳神歟!

有橐鴿和尚者,行負一橐,遇空闊處,趺坐良久。啓橐,鴿冲出飛繞一匝,師舉橐,鴿即投入。有人問曰:“爲是師識鴿歸? 爲是鴿知師意?”師曰:“總不是麽,乃是汝心自爲湊逗。”曰:“有時橐舉鴿不至,鴿至橐不舉如何?”曰:“恁汝卜度,畢竟意旨何如。”師踢翻橐,縱鴿不知所往。所謂海闊從魚躍,天空任鳥飛,可悟禪機。

新安一友人,述輓村主人,其先窖藏穀十餘屋傳其子。一日發之,悉化爲錢,又復禁閉。迨其孫時,栩栩飛出,一一貼壁,拂之不下,俄化爲字,令儒者辨之,一一都是好文。鄉里鬨稱:“輓村家有文章。”就視窮詰,皆錢穀轉轉幻化,異哉!

莫廷韓喜延獎寒士,有貧友多兒女累,公書行草一篋以給其婚娶。雪中遊越,洞開船牖往來,燈下縱筆寫意,輕烟遠靄,無不高淡超逸。一日偶作雲山小景,座客争欲得之,乃竟呼盧,得采者攫之而去。嘗著《送春賦》,手書數册,書法精妙。皇甫子循稱之曰:“以翔鸞翥鳳之姿,而模行雲殢雨之情。”王元美曰:“廷韓此賦,恍惚阿嬌出長門,小玉枕臂掩袖,盼睞殊不勝情,然勿令少年見也。”張肖甫以大中丞撫越,公至倒屣迎之,一日之内,名傾浙士。少謁王遵巖先生,先生愛其才,贈之以詩云:“扁舟泊近西淮柳,客舍時沽南市酒。路果紛投駿馬前,山衣寄换新鶯後。”又云:“風流絶世美何如,一片瑶枝出樹初。畫舫夜吟令客駐,練裙書卧有人書。”爲名流推服如此。疾革時,尚與友對弈。客曰:“公憊矣,何事于此?”公曰:“非是無以消長晝,已較勝負。”收其子,翛然而逝。時年五十一。

林道乾者,揭陽縣吏也,負罪竄海,有千艘萬衆,通安南、占城、舊港、三佛齊諸國。佩諸國印,相小琉球三年,謀篡不成。萬曆戊寅,以舟師四百突至碣石,乃惠州邊衞也,將士皆譁愕。時吾松宋堯武守惠,即舟諭以禍福,道乾仰天嘆曰:“吾少年見侮鄉曲,此來欲一逞。明公以德綏我,逆之不祥。”檢部中女子十八,皆惠人,并前後招安告身若干,委之泥沙,順風揚帆,管絃嘈雜不絶者久之。道乾雖波濤戈戟間,而酣謔嘯歌,左右女郎皆能校讎書史,舟中女樂數部,身爲顧曲周郎,亦一時盜俠之雄也。

莫廷韓云:“種花不須種菊,竭三時之力,以供數日之賞,余性懶不爲也。”菊時,則覓一小艇,酒榼自隨,訪有菊之家,間往就觀,如王郎看竹,不問主人可耳。孫漢陽曰:“秋水之論,固是妙處。又不若寫菊一枝,懸于齋室中,日與對玩,燕坐啜茗,不獨省費,且又免主人見嫌也。”

禹航鮑赤城令上海時自云:“少時病,昏然若至冥司。猶憶其榜聯云:‘無冤讎不成父子,有恩愛方是夫妻。’”有不解者質之,先生云:“當是冤讎惟此必釋,恩愛非此不極耳。”

癸巳上巳，吾郡有士人禊于虎阜，浙中亦有至者，推吴梅村主盟焉。無名子題詩劍池云：“千人石上坐千人，時節清明烟火新。寄語婁東吴太史，兩朝天子一朝臣。”

順治中，巡按御史秦世禎按吴，發逆撫土國寶奸惡，贓累數萬。寶懼誅，自經死，吴民快心焉。繼秦至者好爲長夜飲，無名子大書其門曰：“三吴士民題贈某老先生云：去年今日此門中，鐵面糟團大不同。鐵面不知何處去，糟團日日醉春風。”吴俗以嗜飲者爲糟團，御史得書，判其尾曰：“知道了。”仍揭于門，杖門者三十。

靳文僖公貴，丹徒人，繼夫人年未三十而文僖公卒。比老，其孫爲嚴氏客，默有助爲之奏請旌典，事下禮部。禮書吴山曰：“婦以節旌，制也。但今令甲所載，孝子節婦之類，擬爲匹夫匹婦，發潛德之光以風世耳。若夫士大夫之家，何人不當爲節義孝順者乎？文僖公身爲鼎臣，夫人已受殊封矣，奈何與匹夫匹婦争寵靈乎？”執寢不行。一日吴山以入直西苑，與徐文貞遇，文貞亦以爲言，山正色曰：“相公亦慮閣老夫人再醮耶？”華亭語塞。

葉榭鎮朱氏，亦舊家也，留一古鏡，大可三、四尺許，塵垢滿面，與鐵無異，置之牀下久矣。一日適有磨鏡者來，令磨之，纔磨三寸許，而松江一府規模俱在鏡中照出。磨者駭異，置之堂中，不告主人而去。主人一照亦大駭異，遂不敢復磨，而仍置牀下。後以倭亂奔走，鏡亦不知所之。

嘉靖甲寅，有業觀枚數者，卜者必執一物示之，以决休咎。有士遊學于外，聞母病詣卜，以所携釐等爲問。卜者曰：“尊堂已不諱矣。”士問故，曰：“此物乃枯骨在木中，豈吉兆耶？”至邸果聞訃。又一嫗以媳臨蓐，久不分娩，握粟出卜，以布囊米携杖至卜者之門，乃爲犬所囓，驚墮囊米于地。卜者問其何事，嫗告以故，卜者曰：“汝媳已分娩，舉家歡笑矣。”嫗問故，曰：“米包墮，是胞出也。犬囓爾杖，杖竹也，竹下有犬，是一笑字，笑吉兆也。”嫗歸，果生男，而家人解頤矣。

隆慶六年壬申十二月，大學士張居正等進《帝鑑圖説》，奉聖旨：“覽卿等所奏，具見忠愛懇至。朕方法古圖治，深用嘉納。圖册留覽還宣付史館，以昭我君臣交修之義。”是編屬禮部尚書陸樹聲書其簡端，其校讎者則文學喬承華也。蓋當江陵柄國，明良相得極歡，此書首爲獻納之資，而實上海喬水心所撰輯者。

吾松風俗，每于上元日遠近迎燈，村簫田鼓，名曰鬧元宵。眉公醉後曳杖往觀，退而讀書梅庵，惟一燈熒然耳。因記楊用修《元夕桐梓驛》詩云：“截石孤峰古驛門，青羌吹笛報黄昏。三家村裏無燈火，千樹梅花作上元。”此詩若爲眉公山居設者。

又記東坡《從九曲觀燈》:"去從者,獨行入可久禪師堂,了無燈火,但聞薝匐餘香。"仰嘆題詩云:"不把琉璃閑照佛,也知無盡本非燈。"有客從豪門來,誇詡燈宴,若嘲公冷淡者。公曰:"我有二燈,惜君眼不見。一曰楊用修梅花燈,一曰東坡無盡燈。"客聞之,意消而退。

吾郡有兄弟二人,曰大范、小范。大范議論多準繩,確然若不可拔。小范剛勁孤硬,少緣飾,口吻滚滚,有面詈而無腹藏。兩公出行衢市上,里中兒及貴人長者皆回車避之,曰:"此華亭二范也。"而兩公亦落落,意不可一世,瞪目掀髯,如鸞鶴摩騰,龍象蹴踏。至今父老見少年負氣者,曰:"爾才亦大、小范耶!"大范以鄉進士刺萬安,即訥齋先生。小范即叔子先生,以著書自豪,所著有《草木子》《據目鈔》,提衡人物,嘅嘆風俗,誠吾郡之月旦陽秋也。

王修微,七歲喪父,長而才情殊衆,扁舟載書,往來吴越間。一日遇麻衣和尚,問究竟若何,曰:"君數年後當有變。"問何變,曰:"變作一老嫗耳。"修微自知色不足恃,即歸吾松許霞城作如夫人。麻衣之言,即子瞻點化琴操語,琴操悟徹爲尼,惜修微猶未能超俗耳。

松守有與錢鶴灘善者,一日詣門懇題《秋江獨釣圖》,且云:"能于四句中着十個一字。"鶴灘信手題云:"一簑一笠一漁鈎,一個漁翁一個舟。一櫓一帆兼一槳,一人獨釣一江秋。"守自是服其大才。

大宗伯典三禮,勑九卿,觀禮樂之容,故稱容臺。古禮部尚書兼學士,惟蘇子瞻、周平園領之。南秩宗差冷,京山李公本寧與玄宰接席而來,不久引年,特賜馳傳歸,亦二百年容臺未始有也。

魏文靖驥署松江府學時,學中弟子員夜半猶聞讀書聲,魏公携茗粥慰勞之。其後名臣輩出,而魏公官八座,壽至九十有八,詳載《郡志》中。今青青子衿,于有司之訟庭日親,博士之學舍日疏,而敢望其弦歌彬彬乎?士大夫日夜望其子弟傳書香,而有師無書,書不出于主人,而出于先生之巾笥。若聚書家塾,則子弟自當額手快幸,倍加誦讀,而忍玩日愒月以負聚書者之苦心乎?古人號稱藏書家,如宣獻邯鄲少蘊延之,其書樓之華焕,卷軸之浩繁,號稱古今甲觀。不數傳而流落于蠹腹酒鴟之間,甚則手觸如新,僅博得酒家胡一醉者。嘉惠後學如此,天必以魏文靖報之無疑矣。

許周翰爲松郡守,嚴事平泉陸公、勑齋馮公、溟陽蔡公。萬曆辛丑二月九日,值陸平泉九十誕辰,公書錦褉稱壽,後題爲"前辛丑會元陸某",喧闐鼓樂,踵于陸公之門。面祝云:"前六十年今日,正是公頭場嘔心作文字時。今日之頌,爲後來興起。"

郡中稱爲盛典。是年張公以誠登巍科,以此語爲佳讖。至公解郡,置酒話別,三公辭艱飲,公捧三甌粥進之,其真率篤敬如此。

宋遜庵参知巡金滄時,見劉將軍綎少年立功黔中,列駿馬五十餘,跳躍其間,往來輕于舞蝶。當征遼陽時,于大營斬三大牯,頭隨刀落,刀三提而已,時稱爲飛將軍。惜東事之敗,失于輕信黠諜之詐,遂至喪師辱國。議者謂總戎衆而無元帥,似唐九節度之師。余嘗請仙,將軍赴乩云:"頻年兵火動邊書,一別離家十載餘。短劍看來寒入夢,長纓借去嘯成虚。劉公揮淚髀生肉,范老傷心背發疽。頸血也隨春草碧,肯因頭白賦歸與。"誦之令人有横槊磨盾,悲歌出塞之思。

遼陽之役,上海喬一琦以遊擊從劉將軍趨寬奠,出馬家寨,深入三百餘里,克十餘寨,血戰四晝夜,以無救援投崖碎首而死。公于《天啓乙丑元日于李長蘅齋降乩詩》云:"當年裘馬五陵徒,俠客場中氣亦粗。待詔明光渡遼海,彎弓玄菟扼强胡。一身轉戰三千里,四月軍坑十萬俘。回首故園惟有泪,精魂夜夜向東吴。"誦之凜凜有生氣。

馮時可字元成,辛未進士,累官按察司。以千秋之業,爲海内名宗。由薊門歷河洛、荆、蜀入夜郎,去國天末,作《西征集》。自粤入楚入浙,往來萬里,三歷藩臬,作《超然樓集》。里居吴閶,作《天池》《石湖》諸稿。晚年自山西涉羅浮,踰金齒,中航彭蠡、洞庭,作《後北征》《燕喜》《滇南》《武陵》諸集。又如《寶善編》《藝海洞酌》《五經諸解》,文有關係。性不喜生産,室無長物,寒士貧宗,人沾其潤,爲吾郡詞人之冠。

嘉靖中,上在西城召太醫,令徐偉入診龍脈。進殿,蒲伏膝行,見上坐小龍牀,龍衣曳地,不敢以膝壓衣。奏曰:"皇上龍衣在地上,臣不敢前。"上遽以手摳衣,出腕而診。偉但一時語耳,出至直廬,手札賜内臣曰:"偉言龍在地上,足見忠愛。地上人也,地下鬼也。"賞賚甚厚。偉見札,惶懼失色,自謂若有神祐。使誤稱地下,罪萬死矣。世廟嚴而多忌諱,誤有所犯,罪至不宥。偉偶中上旨,非慮所及,故且喜且懼。偉即吾松太醫徐樞之後,此與唐李泌語合。泌對德宗曰:"臣若苟合取容,何以見肅宗、代宗于天上。"此稱謂法也。凡人言死則曰"見某于地下",若人主之祖父,曰"見于天上",此亦不可不知。

跨塘橋西里許,爲馮廷尉恩之墓。公生時,以堪輿家言,泖水入城太迅,故于古浦塘築基數畝,建樓閣浮屠,爲金星之秀,人名爲馮家墩。馮公在世廟時爲直臣,抗疏謫戍,乃塑周、孔、夷齊、子房、武侯、狄梁公、文文山像于閣,歲時致祭,以寓自方之意云。

陸平泉《贊超果寺石觀音》云:"玄黄既肇分,白石即受質。斯時未有佛,云何能應現。千刼皆佛化,難以時節拘。刼初與刼終,常居寂光上。石本無情物,其頑無與等。初無感通者,云何佛示像。微塵刹土中,塵塵皆是佛。有情與無情,本來同一體。吾願天地人,見石非見石,見佛亦非佛。但見無量光,各自心中發。遍照十方界,明如日月燈。十方諸品類,盡得諸佛智。"

閩人崔殿生,以明經入對。素志欲謁孔陵,及試後南歸,紆道謁曲阜拜陵。聖裔某某密語殿生曰:"舊秋八月,陵中哭聲動天地,百里盡聞,徹三晝夜而止。其吾道將衰乎? 比辛丑八月,遂起奏銷之禍,罪及孔氏,殆先徵耶!"崔至松,友人林岱生面述其言。

王世焯,上海富室,爲中書,居京師有年。北兵南下,世焯謀任安撫之職,歸故鄉,儼然行欽差事例,炫示威福,人莫不畏而羨之,凡挾私倚勢者如蠅之集。後托言復命去,至崐山界,忽頭後患一小瘡,仆卧不能起,宛轉叫號三、四日即死。家人斂其尸入柩,頭忽自落,細視之,頭項胸背俱已全潰矣。

王西園爲郡先輩名流,蓋與錢鶴灘同時,酬倡甚有高致。玄宰得其日記數册,每遇書畫題咏,隨手記録,如周密《烟雲過眼録》之類。想見其人絶去俗事,山水畫亦老筆紛披似啓南本色,其寫生拙中有巧,非時師所能湊泊也。

衆生有胎生、卵生、濕生、化生,玄宰以菩薩爲毫生,蓋從畫師指頭放光拈筆之時,菩薩即下生矣。佛所云"種種意生身,吾説皆心造",以此耶。丁南羽在玄宰齋頭寫大阿羅漢,因贈印章曰毫生館。

唐仲言喪明,雖寄目于人,然傲骨棱棱,不肯讓人。其《壽眉公七十》云:"少爾七齡原是弟,勝予一字亦稱師。"在秦淮與弱侯、本寧、伯敬聯詩社,焦、李甚重之,惟伯敬以平實爲嫌。仲言聞之曰:"《詩》貴《大雅》,有唐諸名家,何曾作牛鬼蛇神語。若欲取好竟陵,亦甚易易。"一日拈出奇句投之云:"行騎過橋乘月去,遠山收雨插天孤。"伯敬大爲擊節,因曰:"人言仲言奇,我曰無奇。今日方信仲言奇也,仲言之奇自今日始。"後伯敬詩歸出,仲言有唐詩十集,互相標榜,兩人遂成玄黄矣。

徐存齋勸世云:"奉告列位善信,念佛是第一好事。但念佛不要只是口念,須要心念。所謂心念者,是心心念念在佛。如佛説諸惡莫作,便一心一念不作惡業。佛説衆善奉行,便一心一念修行善果。富貴的不去倚勢凌侮侵害那貧賤的,其貧賤的不去逞刁欺賴誆詐那富貴的。在家裏孝父母,敬兄長,不欠錢粮,不宿娼,不賭博,不使大秤小斗,見人不去搬弄是非,教唆詞訟,如此纔是真念佛。佛必陰加保護,現在無火、盗、官司、疾病之苦,身後無地獄、餓鬼、畜生之苦,子孫無流離殀絶之苦。

若全然不知念佛,果然必有冥禍。若只口裏念佛,如俗所謂佛口蛇心,却也全無功德。我年七十二歲,做官五十二年,歷事頗多,見作善作惡之報頗明白。故此真心奉告,千萬聽之信之。"

陸儼山云:"予遊金陵,觀大功坊、回龍巷,想見當年君臣之際焉。又從父老問中山王時事,其蹙元帝于開平也,闕其圍一角,使逸去。常開平怒無大功,王言:'是當久帝天下,吾獲之,主上又何加焉。將裂地而封之乎?抑遂甘心也?既皆不可,則縱之固便。'開平終不以爲然。嗚呼!深遠矣。"辛卯秋,上海喬減堂過舊京,見所謂大功坊者,已撤爲藩司公廨。或言中山孽孫困憊,爲人受杖取傭錢,藩司宫林愍而厚遺之。減堂有《大功坊歌》,頗載其事。

一物儀乃前輩倪文正舊式,單狷庵用此意惠曹峨雪春酒甚奢,峨雪賦謝云:"驚看春瓮滿船頭,知是柴桑第一流。比屋尚慳過緑埜,連城真擬貺青州。尋常古道師前輩,咫尺高蹤隱故侯。買得窮村黄蜆在,也堪風味佐觥籌。"

陳一夔,華亭人,名章,號西潭。成化壬戌進士,與趙栗夫兩人交甚厚。一夔爲人質直平易,殊無町畦,好作詩,醖藉典則。如《咏秋懷》云:"人老漸驚生白髮,家貧未辦買青山。"然其性倔强,遇事有不可意,必云"我只不作官乃已耳",其心輕功名如此。後以刑部郎調佐瑞州。時太守尚縉滿任,庫有餘金,積至萬兩,將以自入。公至,守知不可隱,欲以其半汙公。公不可,即請于上官,以入公費。其《贈栗夫》詩云:"菜市街西新卜居,豆棚瓜蔓共蕭疎。胸中富有書千卷,誰笑家無擔石儲?"栗夫得詩,撫掌大笑,答云:"風流故與時情别,樗散偏于酒趣深。未老便爲投紱計,知公天性在山林。"

陸儼山與楊升菴論字,儼山云:"譬如美女,清妙清妙,不清則不妙。"升菴戲答云:"豐豔豐艶,不豐則不豔。"儼山首肯者再。石渠録云:"天廄無瘠馬,宫禁無悴容,故韓幹畫馬亦肥,升庵論色似左袒豐腴者,亦自得此中真趣耳。"

馮具區精于茶政,手自料滌,然後飲客。客有笑者,眉公戲解之曰:"此如美人,又如古法書名畫,可着俗漢手否?"

崐山周壽誼,年一百十三歲,生于宋景定年間,而鄉飲于洪武六年,卒于鄉飲後五年,子孫皆有百歲。陸文裕跋其世壽卷云:"三代而下,惟宋失天下爲無罪,惟元興最爲事變。嗚呼!能夷人數百年宗社于强弓健馬之間,而不能禁一老坐觀其子孫澌滅瓦解,何其快也。公手挈華夏之禮,以還華夏之主,于克華夏之日,何其奇也。偉哉言矣,周亦偉人乎哉!"

玄宰爲眉公寫《苕帚庵圖》,枕上憶夢中作《苕帚庵》詩云:"茅茨還太古,苕帚表清浄。龍卧氣成雲,豹隱文亦炳。天人淡然粮,松柏獨也正。"久未有以續成,姑書以識之。丁卯中秋又題:"仲舉無心除一室,盧鴻有句寫千峰。欲參苕帚閑中意,一帶秋山雨後容。"

余舅氏介人曹公所藏趙文敏家書、楊鐵崖與友人書,俱出自兩公手迹。趙云:"父家書付由雍收。廿三日到錢塘,諸友相見喜甚,邀飲者無數,恨不能飲耳。十五哥、姐夫若來,可善遇之。屋東果子樹可早容葉老移了,東房内零碎書可收了。梢公歸,途中寫此不一。父家書付匸。"此字想是花押。楊云:"自兵火後,故人都如隔世,死生契闊,邈不相聞。乙巳到吕巷溪,迤邐到太湖盛宅,滿擬南潯詣使廳弔死問生,兩到盛港,而風輒引之返也,迄今悵然。徐攝馳書來,甚慰所懷,兼有土物之惠。珍重眷予,恩意無以爲喻。《松月記》久已脱稿,必欲老夫親筆登卷。今日平旦,肺氣不壅,眼亦不花,女郎洗硯勸書,急展縹卷,客來把玩,皆稱老鐵秋來得意之帖。先府君墓文,則付之小兒副墨録去。中秋前後憩松月清涼界中,不妨補親筆也。立秋三日,抱遺老人楊維禎頓首。　　松月軒主者。　　丁、趙兩生無字附便伻,當爲予詰其故。"

庾開府詩云:"對君俗人眼,真興理當無。"吕文靖詩云:"賀家湖上天花寺,一一軒窗向水開。不用閉門防俗客,愛閑能有幾人來。"眉公山中閉門時,常以庾公詩謝客。客來時,常以吕公詩自慰。

郡守喻均見飢荒作募文,遍告鄉紳富室,擬各捐助賑飢。衆有吝色,均侃直,凡鄉民告飢者,輒怒及富貴人。于是小民訛傳太守教之搶奪,各鄉惡少百人爲夥,白晝刦掠,而亭林尤甚。太守倉卒偕華亭尹張集義往撫,縛首從數十人,亂遂止。太守留心民瘼,能勸募賑卹,是賢守也。鄉紳素封,不能承濟世活人之念,直守財虜耳。今崇禎三五年來,米珠薪桂,百物騰踴,較之萬曆飢年更倍之,司牧者惟縉紳是昵,求爲喻公之募,不可得矣。民間疾苦,何啻秦越之視哉!

范叔子論吾松賦日重,役日疲,《小東》《大東》之詩,即松民之詩矣。司牧者等元元于牛馬,四方郡縣,自正額外,有司分毫不得誅求。如方衆甫在冀州,夜集二三門生談文,良久出堂,無燈火供應,絶不爲覺。刺史不敢索,索之亦無應者,風俗人心,兩存廉樸。

萬曆庚寅,按、學兩院同時按臨,有交請席。府縣有公宴,以監生富户充其役,鬥奇獻媚于有司。方五月盛暑,品物豐美備具,不可縷指,大都一席足破中人之産,奢靡之極,安所底止。又聞按臺以趨承之極,謂府守詹公、華令項公曰:"兩年兄莅兹土,可謂福人。"嘖嘖羡賞不已。夫觀風之使,不能黜浮崇樸,而獎嘆淫靡,中流之砥安在？今日世趨，愈波靡而不反，更可慨也。

陸文定壽九十七，嗜龍眼，龍眼遂價貴一方。又武林一老叟壽踰文定六歲，而嗜蒸豚。又二老母，一嗜米飲，一嗜川椒，壽俱九十以上，旁觀復效法之。又一老人，清晨服蜜湯一杯，倘其永壽，而諸蜂乏食矣。嗟乎！攝生雖君子所不廢，而死生有命。聖謨洋洋，故夫子僅登古稀，豈其養生之無物？顔淵早夭，將毋簞食以傷生，而有耄耋期頤，負販于道路，曾饘粥之不繼者也。則知文定以積德延壽，于龍眼何與焉！

莫廷韓與何士抑書云："足下有寧馨文而脱一第耶？""寧馨"二字，今人都誤用劉禹錫《贈日本僧智藏》落句云："爲問中華道學者，幾人雄猛得寧馨。"寧馨猶言這樣也，寧馨兒亦作是解。

松之南浦亭林鎮，昔年顧野王、趙松雪隱淪之地。近有蕭姓名中素者，其人肄業木工，終日持斧運斤。時而興至，則吮毫呫嗶，朗吟舒嘯。余見其一室之内，斧鑿刀鋸，隃糜不律，錯然互陳。其詩如《咏十友》《和陶》《和陳》及《朔風吟》諸什，讀之窮情極變，引物連類，善言其志，足以感人動物者。神廟時，有陳織屨、譚叟諸人，殆其儕歟！鍾退谷嘗述張慎言曰："自今入市門，有寄迹傭工，藏身下里者，急須物色之。"余于蕭子亦云。

松郡倡築城之役，張元超戲之曰："却笑此行同傅説，奈無奇夢動君王。"

李東陽五、六齡時有神童名，郡守以午節拉之觀競渡，令賦即景，且促之急急聯來。應聲曰："急急聯來急急聯，大行皇帝未期年。山中草木皆含淚，太守江邊看畫船。"時有國喪也，守爲回車。袁非之述。

《遏糴議》：三吴米價稍翔，作俑者爲官米之説，令富家各出米若干，減其價與小民。時即有遏糴之令，遏糴者不足以禁其私出之他方，而徒使三楚江右之米不至。且報大户，人必以有米爲諱，厚賂吏書求脱，而不肯當大户之名。又夏秋之交，人實有米者少，大户不必有，有者不必大户，徒使人情驛騷，吏書得賄，是貧富交困也。且光棍與舖行表裏爲奸，未糴二、三石，已報十數石，徒使此輩受其利，小民仍不沾其惠。况官米不足以給，不得不許小民兼糴私米，乃遏糴之令甚嚴，不問他方并邑中人，凡來糴者皆并禁之。或糴自他方來者，或往鄉中糴入城者，市棍遇之，輕則詐分，重則徑奪，不禁也。有米者既以米爲諱，而糴者復禁之，于是粒米無出，小民大困矣。且官米之始，即有數萬餘石，糴者許自一斗以下。今官米日益乏，乃取一口一丁者驗其繇，祇許日糴一升，且不論其居止。南者調之北，東者發之西，人糴某行某舖，填其名，不得移易。于是鄉民日奔走數十里外，而日糴此一升，得不償勞,愈以困矣。大抵今之居官者,不必民果受其利,但博一減米價,惜貧民之名,即爲法殺人不顧也。且素不讀書,即“遏糴”二字,初未能解。夫遏糴者,五伯所不爲也,然其所爲遏糴者,乃秦不肯輸之楚,魏不肯輸之趙,如秦飢晉閉之糴云爾。其國中移民移粟,未嘗不通也。故數千里内,或飢或稔,猶賴以無恐。蓋各國自有其土,自有其民,故私而禁之。今所遏乃在一邑中,嚴爲防禁,有者不得出,無者不得入,有無不相通,是令有米者積之無用,無米者坐而餓死,即戰國之君有此法乎?此法一行,民皆溝壑矣。大凡歲即未至大凶,多爲官府弄成景象耳。況物價必非官府所能抑降,抑則愈昂,通則自平,此法即行之至善。細民受其利,富民被其害,亦非良法也。何則?抑富之意,毫不可使細民知。知其抑之,是教之奪也。或曰:但使我邑之米,不出之他方,可乎?曰:不可。他方亦民也,我邑獨宜生,他方獨宜死乎?且我邑之米,糴之他方,他方之米,又糴之我邑,事勢自然。如山東豆麥,江右三楚之早米,不知幾千萬來此三吴也。假如彼處亦禁而不來,三吴何以自給?但平日不論凶豐之歲,人但持錢到市,便已有米,故不患無米,但患無錢。使人患無錢猶可,使人患有錢而無米則奈何?高明君子,萬萬存之胸懷,他年或水旱,慎毋以此遏糴爲例也。

董邃初《與王按臺啓》:敝邑海上,幾于無田無民,無粮無法矣。夫何以無田也?田之累重,人去之惟恐不速。中人之産,每里人不得一焉。謂之無田也可。何以無民也?民不化而爲家奴衙蠹,則盡于家奴衙蠹,而良民之能充里中幹公務者,十不得一焉。謂之無民也可。何以無粮也?粮不入于官,不留于民,而鼓奸胥蠹棍之腹,百畝之粮,能彀縣前幾人歌舞酒肉之歡?何怪民不聊生,庫不可問,官之參罰無了局。謂之無粮也可。何以無法也?法不足以禁奸,而緣法爲奸,適以長奸,愈繁愈玩,愈急愈擾,謂之無法也可。兹幸祖臺攬轡臨之,凡諸豪奴、衙蠹、粮胥、縣總、衙官,比較勢豪封屋樁田、武斷酷烈諸大害,已盡在光明燭照中,澄清有日矣。而目前最急,尤在急委賢能官,吊取三、四年内該縣派徵粮額,查與部院原頒會計果否脗合。其間絲銀勺米,合之動千動萬,在官乎?在民乎?此乘今綜覈賦役與祖臺按部查盤之日,所當直窮到底者一也。尤其急者,在革買輕粮。粮一也,獨南運、行月、三倉、恤孤等,因其耗省,便立輕粮名色,重價賣人,每石至有二、三十兩者。買者賣者皆非有田有役之人,納者收者不知出入于誰何之手,以致南粮有欠至二、三年,解户破家不能完而逃者,孤貧有經歲無給而派對支者。海邊軍有石米,僅得銀五、六錢而半充使費者,剥軍害民,參官誤國,以恣奸人之利。此何爲者?若送作人事,益屬可羞,况求之不得,往往取怨,尚可一日仍此覆轍耶。此所當亟行照田牽派,合縣均沾,搗其窟穴,以清狐鼠者二也。二者之外,又有帶兑。夫官民甲兑,各盡其田而止,奈何立定分數,民多官少?則以民甲併帶官甲,以少省旗甲之需,似無不可。然往往賣與倉棍,額挂名下,米不入倉,士紳或嘗其小利,管數人不顧其大害,臨兑輒逃,玷害實多。計不如一革盡革,粮各照田直剪,此併兑之名可也。敝邑賦役之害,難以筆罄,而此其極重,必不容不變者,敢因明問而略及之。

上海談華峰爲童子時,夢神摩其頂曰:"汝心向善,應增汝禄算。"後果髮白變黑,齒落更生。初無導引服食之術,或問翁何德所致,曰:"無他,惟自幼奉《太上感應篇》,念念不違耳。"玄宰載其事于《海漚十五帖》,萬曆年事。

慧解上人姓鍾,生有至性,具善相。與群兒聚,不好弄,性喜壘塊成塔,稱贊佛號其下。及長,日記唐詩詞數首,無多月而吟咏合律。如"先買一雙迎客鶴,後開半畝種蓮池",其幼時句也。

# 卷　六

予閱《菽園雜記》,陸容登進士,觀政工部,父執徐孟章謂容曰:"仕路乃毒蛇聚會之地,君平昔心腸條直,全不使乖,今却不宜如此。座中非但不可談論長短得失,雖論文談詩,亦須慎之,不然恐謗議交作矣。"以今觀之,兼有殺身流徙之禍,瞻言百里,前賢之言,信當佩服。

何元郎述李西涯當國,極喜延納獎勸後進。一日有一門生歸省,兼告養病,西涯集諸門生賦詩餞之。衆中有石潭者,才最敏,詩先成,中一聯云:"千年芝草供靈藥,五色流泉洗道機。"衆極稱賞。西涯將後一句抹去,令石潭重改。衆愕然請曰:"此詩絶好,不知老師以爲未善,何也?"西涯曰:"歸省與養病原是二事,今兩句單説得養病,不及歸省,便是偏枯,且又近于合掌。"衆因請老師改之。西涯即援筆書云:"五色宫袍當舞衣。"衆共嘆服。蓋公于弘治、正德之間,爲一時宗工,豈偶然哉!

松人信尚巫覡之事,一有疾病,輒祭禱祈禳。至田野小民,終歲稍儲蓄,即公私逋負,箠楚血流,忍不出手,言及鬼物事,傾囊倒廩,不少顧恤。沈鳳峰之祖東樓翁嘗嘆曰:"吾松人真若狂矣。吾聞之,自洪荒以來,不知幾千萬年,生生無窮,天地不足以容鬼矣。故曰人死而爲鬼者妄也。"乃著《崇正論》數篇,授之子孫,囑曰:"吾百歲後,當憶吾言,毋相惑也。"

沈鳳峰云:"余未見黄州赤壁時,竊謂小赤壁尚乃爾,况所謂大者,不知作何狀貌。及承乏楚中,以職事次黄,見所稱赤壁,徒塊然粗石,屹立江上。初不見有詭異峻絶之形,止以坡翁一夜之遊,兩賦傳播,遂名貫宇宙。獨吾松横雲山之赤壁,方沉没于荒烟莽蒼之間,無單詞隻句之及,是何彼之遭而此之不幸也。嗟乎! 豈惟兹山,古今高才勝流,往往混迹于蓬蒿而弗聞者何限。僕每道此,未嘗不扼腕拊膺,爲江山人物一慨。自後陳眉公與董玄宰築臺于其上,名爲讀書臺。玄宰書于壁云:'世事紛紛如臭拏,何不登山讀我書。'使海内知吾松有所謂小赤壁者。是吴楚皆有赤壁,均之千百世重矣。"

陸文定與眉公書:"數日諗承道候,静攝高居精舍,密邇僧寮,當資禪定,證大安樂矣。昔廬山慧日著《禪本草》,謂禪之一字,性甘凉,能安心臟,袪邪散滯,清神益智,駐顔色,除熱惱,善解諸毒,調衆病。故凡聖尊卑服之,能脱除苦惱,如縛得解。自來佛祖以此一藥,療衆生病,號大醫王。而湛堂禪師復箸《炮炙論》,謂一切藥當明其體性,如法炮製。先須選藥物精純者,以法流水浄洗,去人我葉,除無明根,秉八還刀,向三平等砧上剉碎,用性真空火微微焙之,入四無量臼,舉八金剛杵,杵八萬四千,以大悲千手篩篩之成塵,塵三昧煉八波羅蜜爲丸,不拘時候,煎一念相應湯下,前三(三)後三圓眼藥後,除八風二見外,别無所忌。此藥非世間方書所載,後之學醫上流,試取《禪本草》,并依此炮製服之,功效不可盡述。右藥不載方書,不假炮製,若依法服之,不瞑眩而一切病當脱然去體矣。此儂所爲嘗試而有效者也。右上仲醇徵君文几,八十九翁陸樹聲頓首啓。”

宋景濂《題定武舊本帖後》云:“昭陵既取《蘭亭》後,詔供奉各臨之,惟歐陽詢奪真,因勒石禁中,所謂長安古本也。五季之亂,石流落人間,慶曆中爲李學究者所獲。宋景文公帥定武,復得于李之子,匣藏庫中。熙寧間薛思正來爲守,惡其打搨有損,乃刊别本以應求者。已而思正之子紹彭,潛摹勒他石,易古本歸長安,且鑱損‘湍’‘流’‘帶’‘古’‘天’五字一二筆爲識,是則定武已有二刻矣。其後又有棠梨板本,洎馮當世、錢仲耕、曹士冕、范序辰、悦生堂、親塘李氏等本,不啻五十餘家。雖皆祖定武,而其筆意相去,殆若天淵之隔矣。今觀子固所藏,肥不剩肉,瘦不露骨,其殆長安之初刻者歟!雖賈魏公積至八十匣之多,求其如此本者,恐指亦不能多屈也。子固爲趙文敏兄,嘗爲吾松北庵寓公,此卷留藏本庵,嘉、隆時猶及見之。漫録于此,以俟後之辨《蘭亭》者。”

景濂云:“予幼時聞文皇遣蕭翼賺《蘭亭序》于辨才事,頗疑之,以爲文皇天縱人豪,未必爲是瑣屑也。及覽劉餗《傳記》云:《蘭亭序》因梁亂流落人間,陳天嘉中爲僧智永所得,至大建中獻之宣帝。隋平陳,又獻之晉王廣,即煬帝也。帝不之寶,僧智果從帝借搨。及登極,竟不從果索。果死,弟子辨才獲焉。文皇爲秦王日,見搨本驚喜,乃貴價市羲之書《蘭亭序》,終不至。及知在辨才處,使歐陽詢求得之,以武德二年入秦王府。由此而觀,辨才之師乃智果,非智永,求《蘭亭序》者乃歐陽詢,非蕭翼也。汝陰王銍性之采餗所載,謂餗父子世爲史官,是正文字尤精,其言當不妄。遂詆蕭翼之事,鄙妄狹陋,僅同兒戲,且云:‘秦邸不能遣臺臣,文皇始定天下,威震萬國,尩殘老僧,亦何敢靳一紙書?’其意正相合。予疑于是頓釋。或者猶云:辨才所居雲門寺,有翼留題二詩,秦、晁、黄三公皆信而不疑。此固不足取以爲據,至若閻立本繪辨才、蕭翼圖,則出于何延之等傅會,謂爲立本當時之所親見尤非也。今閲此卷,遂執筆詳識如此。年耄神昏,未必能中乎理,又俟博雅君子定之。”此宋景濂《跋西臺御史蕭翼賺蘭亭圖後》者,爲朱文石太史家藏,因録之以俟後人攷證。

吾松有藏宋學士《魚籃觀音像贊》,余因録之,以識魚籃之義,兼示衆生,解脱五慾,同歸覺路。景濂云:"予按《觀音感應傳》:唐元和十二年,陝右金沙灘上,有美豔女子挈籃粥魚,人競欲室之。女曰:'妾能授經,一夕能誦《普門品》者事焉。'黎明,能者二十人。女辭曰:'一身豈堪配衆夫耶!請易《金剛經》,如前期。'能者復居其半。女又辭,請易《法華經》,期以三日,惟馬氏子能。女令具禮成婚。入門,女即死,死即糜爛立盡,遽瘞之。他日,有僧同馬氏子啓藏視之,惟黄金鎖子骨存焉。僧曰:'此觀音示現以化汝耳。'言訖飛空而去。自是陝西多誦經者。烏傷劉某命括人吴福,用金碧畫成一燈,月旦、十五日展而謁焉,請予敍其事。序已繫之以贊曰:惟我大士,慈憫衆生。耽着五慾,不求解脱。乃化女子,端嚴姝麗。因其所慕,導入善門。一刹那間,遽爾變壞。昔如紅蓮,芳豔襲人。今則臭腐,蟲蛆流蝕。世間諸色,本屬空假。衆生愚癡,謂假爲真。類蛾赴燈,飛逐勿已。不至隕命,何有止息。當知實相,圓同太虚。無媸無妍,誰能破壞?大士之靈,如月在天。不分浄穢,普照皆了。凡皈依者,得大饒益。願即同歸,薩婆苦海。"

孫大雅《題姚元澤錢譜序》云:"士之好古,雖近于癖,然而不失爲君子。若小人則寧有是哉?始吾鄉之士,有以三千緡易一古罍。或笑之曰:'我有三千緡,易二銀甕矣。'士曰:'吾與子二銀甕而取一罍,有諸?'笑者不能答。二人之言皆有理,而好貨之言,正爲小人。嗟乎!以一言而君子小人于是乎辨若是,則士之好惡,可不謹哉!而元澤之藏,吾又有以識其爲君子矣。"

張侗初先生在長安時,閑日謹閉門。或無過客,則科頭坐斗室,不衫不袖,啜茶以供冷腹,至終日突不烟,性所適也。或俸錢所入略贏,輒之書賈,貸其值之半而讀之。賈人徵利,局促不堪,則傾囊而應,大率囊纍纍空者多坐此。夜惟一榻一衾,獨故鄉同志者至,則抵足而寢,論古今之概,夜分不倦。客來無論新故,度是日有酒數升,則欣欣强之坐,且語且嚼,倒瓶而止。遇交際勞攘,筆墨繁困,則子夜焚香,誦《楞嚴》一兩段。自言性魯,故不甚解,聊以淘汰渣滓而已。似此客居,幾忘歲月。每念諸生時,杜門不通世事,于世頗不宜,而獨好讀書,至錢不得裹紙中,山妻操作,枵腹相視,乃始爲談經傭以餬其口,又不肯誤人子弟。好行其直,非分所得或得之有故者,不屑向俗人較量,往往唾千金于途,傲然不顧。其食貧固宜,第拙此一事,而幸不没我恬淡所好。今來長安中,遵而行之,粗能自樂。向令當日略有徵逐妄想,轉念墮落,涓涓江湖,決防誰砥,是今日客子冷落,大爲一身苦海矣。嘗憶執友郁孝廉先生之言曰:"書生解爲文,寧解爲人,亦猶是也。先定其草稿而後真焉,蔑不工矣。”先生没十二年，此語至今耿耿也。余不忘先生之言，其敢忘我諸生時耶！

張少塘以室人病，卜賽神，計費三兩。少塘乃以銀分作十封，召親友貧者贈之曰：“我知破財爲福而已。”室亦旋愈。

董玄宰之遊長沙也，往反五千里，雖江山映發，蕩滌塵土，而落日空林，長風駭浪，感行路之難，犯垂堂之戒者數矣。古有風不出，雨不出，三十年不蓄雨具者，彼何人哉！先是玄宰之遊檇李也，爲圖岷山讀書臺小景，尋爲人奪去，及是重倣巨然筆意，以志餘慕，余且倒衣從之，不作波民老也。

“赤日無閑人，緑天有傲士。種樹不幾株，清涼總相似。”此緑天庵詩也。玄宰夏日北牕展玩是圖，兼爲臨之，頗得清涼滋味。

袁石公與玄宰書云：“不佞常嘆世無兼才，而足下殆奄有之。性命騷雅書苑畫林，古之兼斯道者，惟王右丞、蘇玉局，而摩詰無臨池之譽，坡公染翰，僅爲枯竹巉石。不佞將班足下于蘇、王之間，世當以爲知言也。”

陸平泉《題卞和泣玉圖》：“卞和獻玉，三上而刖足，爲之抱玉以泣。君子曰：‘和非知玉者也。’夫玉三上而不售，是遇玉者之不幸也。玉何損也！自泣以明玉之非石也，又何加于玉哉？且玉之貴于天下也，以知之者鮮也。天下之不知玉者多矣，欲一一以明之也，足其可勝刖哉！”

《郡志》云：“金釵糯，米粒長，三月種，七月熟，最宜釀酒。金釵乃糯米之名，見《西溪叢語》。劉夢得詩：‘酒法得傳吴米好。’正指此。”

袁伯修過董玄宰問曰：“近代畫苑諸名家，如文徵仲、唐子畏、沈啓南輩，頗有古人筆意否？”玄宰曰：“近代高手無一筆不肖古人者。夫無不肖，即無肖也，謂之無畫可也。”袁石公聞之悚然曰：“是真見道語也。故善畫者師其神，不師其迹，如必規規焉取其形似以爲肖，是猶呼傅粉抹墨之人而直謂之蔡中郎，豈不悖哉！故善繪人者，眉後三紋而已。善繪山水者，雲中一角而已。論畫求形似，見與兒童鄰，賦詩必此詩，定知非詩人。”

周萊峰卧病山中，彌年勿瘳，于是盡謝藥餌，圖所以養其内者。或謂先生曰：“子之病久矣，而勿能療，夫子毋乃痼于鬱乎？治鬱之道，非藥石所能濟也，自慰而已。自慰者有術焉，求之于内，不若求之于外。何者有心于忘憂，此憂之所以不能忘也。故莫若寓之于物。心寓于物，而憂遷焉，久之而忘矣。此之謂治鬱之道。先生謂物之可寓意者，莫若書與畫。”于是購得趙松雪馬圖一本，塵垢蒙其上，敗且齧者半矣。拂拭之，縹而帙之，糜者去之，絶者續之。雖不加潤，而神彩自倍。乃置之座右，玩視勿釋手，因自喻曰：“以雪翁之迹而竟湮于世，爲塵垢之所蒙，爲人之所敗,爲物之所齧,然積百年而卒遇識者,余何鬱鬱自苦也。”如是者數日,而病去什七。既又自喻曰:“晉楚之富,趙孟之貴,非不炎然盛也。然欲與圖中諸賢相聚于垂楊之下,飲酒賦詩,俯仰宇宙,心無所繫,形無所拘,不可得也。淮陰之勳,博陸之忠,非不炎然盛也。及其敗也,雖欲效圖中廝隸,亦不可得也。余又何鬱鬱自苦也。”如是者數日,而病去什九。嗟乎!舉國之醫,莫能起余之痾,而竟取效于敗腐之一圖。一圖之爲力,非有湯熨之能,非有鍼石之功,而積久之疾,爲之灑然以去。此豈歧黄之書,果不可以盡信耶?抑養生之道,真有在也。佛氏謂人世爲苦海,言其爲百憂之所聚也。以孱然之身,而百憂聚焉。是以禽獸之壽有常,而人之壽無常。非無常也,剥蝕之,朘削之,雖欲盡其天年,不可得矣。然則斯圖也,又余之所恃以長年者歟!

陶宗儀僑居華亭之泗水,時朝廷設科求賢,郡守薦之。九成曰:“今天下已太平,趨事赴功多龔黄輩。使我擊壤而歌,以爲太平之民,不亦可乎?”時有弟曰宗傳,擢代縣令;曰宗儒,爲選曹郎,九成之意,以爲一家不可以俱仕,以妨賢路,故力辭之。結廬泗水之上,飲水著書,日坐皋比,横經而講肄之,桃李盈門,時人多高其志。

張東海赴南安,道經毘陵。時陸詹事簡方得告南歸,張訪之,適展墓不及見,乃索紙筆題一絶于陸之世經堂,徑去。詩曰:“雲意模糊雪意兼,六龍城下晚風尖。始知東閣先生貴,不放南安太平參。”詹事歸,急追之,已遠矣。既去,復令驛吏裹送武城梨數顆,亦侑以詩,有“毘陵驛裏餽生梨”之句。蓋叶梨爲離,亦戲也。此後不復一見以終,遂以爲讖。

吾松某爲新鄭簿,歸里述:高中元回籍,將謁家廟,其伯兄都憲公捷尚在,厲聲曰:“汝居相位而致彈章交劾,何面目入見父祖?”相君跪泣而請,乃始許入。夫以都憲之面數弟過,相君之知非跪請,皆能忘形骸,以真肝膽相切磨者,不第忘名位矣。

上海王文炳,隆慶辛未進士,司理四川敍州。州有小洞名九絲蠻者,孟獲後也,時出刦,據險有關曰凌霄。孔明有留言:“若要凌霄破,星在月中過。”有曾省吾,初任旁邑,幾爲蠻斃,後撫蜀乃討之。公爲贊畫,見邸報有星過月中,乃以五月五日乘蠻醉懈,攻而大破之,馘其王阿大、阿耆等,活民數萬,設城衞等。晉秩,七十致仕。

慈溪有秦揮者,言其族弟秦三,力貧養母,忽雙足病臁,百藥不效,成廢人十年矣。路逢一道士曰:“吾能療汝。”試治左足即愈,并療其右足。道人令市一雨傘,引至城上,令閉目執之,戒曰:“勿開。”以手扶之,耳覺颼颼之聲,睨之在大海中,驚怖復瞑。少時住足海上,非塵世矣,山中沃顔皓髮老人數十輩,道士前揖。老人指三言:“若無夙骨,何以携之?”道人曰:“伊家祖龕中有《太上感應篇》一帙,傳數世矣,每爲子孫解誦，世有善根，故收之耳。"未幾三思母，堅請歸。道人曰："汝果無夙骨。"乃聽之歸，仍扶之如往狀。至一雉堞住曰："汝可歸矣。"乃定海城樓也，計時旬有三日矣。夫家藏經篇，遂邀上仙接引，若時誦讀勤行，其功德可勝量哉！戴五山述。

張侗初《寶日堂集》，許周翰敍云："世調廉修砥行，讀書中祕，口誦手披，不捨寒暑，立朝卓然自信，行其所安。熹廟時天變，陳八事，末言宫闈，大拂乳媪逆璫褫籍。五年天子訪落遺佚，起家少宰焉。時瀕行，裒次其文，問序故侯侯圃。侯盲矣，能識公諸生文，不能識公館閣大臣文。夫學期明道，文期適用，不會此意，欲讀世調文，未許也。"

沈大参《東老集》，陸文定敍之云："東老恬于仕進，其歸老泉石，惟有著述而已。歿後，子孫欲梓其文而無資，縉紳爲醵金助之。昔嚴劍南爲杜甫卜草堂于允元，資戴符買山，覽先生遺文，孰無愛而欲傳之心乎？"

吴稷字舜弼，號石湖。公穎敏敦慤，舉正德甲戌進士，授金華司理，與蘭溪章文懿講學質疑。移調惠州，與魏莊渠、李谷坪切磋。守官冰蘗，通民隱，懲奸宄，中丞聶榮襄移文諸郡，期一一如之。惠州有海豐令以墨黜，猶治事，公露檄馳使逐之。令爲按君鄉人，乃大忤，右遷荆府長史，服除改徽府，公皆不薄其官。進《賢王箴》《芸窗賦》，以寓規誨。歸老于家，足迹不涉公庭，與唐荆川、陸平泉參證求仁致知之學。年逾大耋，猶著《衍壽編》以自勖。卒後，耿天臺督學政，登堂拜奠，採輿論，祀鄉賢。所著有《自得園稿》《石湖漫筆》《史綱纂要》，藏于家。而《皇明正學編》，尤裨世教云。

萬曆辛丑歲，榷税事起，無賴狙獪，因緣巨璫，相爲奸利。自商販作務以及菜傭，細瑣畢税，市人洶洶。遂期于六月初三詛于元妙觀，爲首六十人，名曰團行，不呼而集者萬餘人，同聲相應，以某巨魁爲討，環其廬而拘之。會已亡，乃縱火不取一錢。有私其入者，共擊殺之，惟罪人是討。當是時，事起倉卒，蘇守與長、吴二令欲問主者爲誰，卒不可得。蟻聚五日，榜示萬端，無一解散者。越八日，忽有壯夫袒肩摇蕉扇突衆而出，長揖太守前曰："余爲葛成，實倡是舉，請戮成以申國法，餘人乞置勿問。"太守義之，顧司理稱嘆者久之，于是招諭衆曰："爾曹迫刼至此，非探丸殺人者比。"下令散其黨。成獨詣郡請囚，太守爲之流涕，遂亦罷税。成既自誣服，兵使者杖之瀕死，遂以成名聞之撫臺。撫臺方欲得罪人，亟以成名上聞。然事起月之初弦，成尚居崐山，七日聞變，方入郡觀奇事，不覺爲義氣所激，實非戎首也。時天氣晦冥，盛暑竟如深秋，淫霖不止，幾于飛霜。當事者始擬重辟，後漸輕減，一時傾動，争欲識荆。至有貌其像而祀之者，祈禳咸應，人目之爲“葛將軍”云。眉公重其人，與之交，乃成亦嚴事眉公，常執爨竈下，見人熙熙，令人起奪席之思，俗稱將軍。眉公曰：“是人氣韵開朗，似有道者，非斬將搴旗之倫也。”因又稱爲葛道人。

張叔翹備兵蒼梧云：“粤俗輕生，每以小憤輒採斷腸草吞之，入口毒發，死不旋踵。而此草遍生田野間，即芟刈不能盡也。土人云：‘斷腸草見人輒自摇動，若招致然。’中其毒者，急以熊膽或山羊血灌之可救。瘴氣自會城而外，諸州郡皆有之。二、三月有青草瘴，八、九月有黄茅瘴，其毒尤甚，宦遊者視爲畏途。獨薪米食物頗賤，故小吏亦樂就焉。叔翹官此郡邑，以故官見告者月無虚牘，大都死于瘴耳，因是每加意寬恤。嶺外蓄蠱毒者，類皆獞婦爲之，有蠱蟲，有蠱藥，又有彈蠱、拍蠱、蛇蠱、蜈蚣蠱、蝦蟆蠱。其説曰：‘蠱有神主之。中其毒者，神攝其魄。’至蓄蠱者家，爲之力作，且能潛移財物，爲之致富。叔翹攝府篆時，訊蠱頗悉其狀。”　宋梅摯官嶺表，著《瘴説》，略曰：“仕有五瘴，急催暴斂，剥下奉上，此租税之瘴也。深文以逞，良惡不白，此刑獄之瘴也。晨昏酣宴，弛廢王事，此飲食之瘴也。侵牟民利，以實私儲，此貨財之瘴也。盛蓄婢妾，以娱聲色，此帷薄之瘴也。有一于此，神怒民怨，安者必疾，疾者必殞。雖在輦下，猶不能免，何况遐方。”

馮元成云：“滇中茶花甲海内，種類有七十二，大于牡丹，若火齊雲錦，爍日蒸霞。滇中氣候，不寒不煖，裘葛可無備。山川閑遠，土地廣平，城郭街衢，壯麗整潔，士女裝束言語如金陵。惟多風，《舊志》‘雨師好黔，風伯好滇’。滇郡曹溪寺有泉，泉三潮，每日在辰、午、酉三時。貴州有泉，一日五十盈五十涸，人稱聖泉。滇中有六詔，詔之爲言王也。巨酋有六，各爲詔云。”

陶氏《説郛》一百二十卷，上海郁文博敍而刻之，自稱宦學，家有萬卷樓。嘗賦絶句云：“白頭林下一耆儒，終歲樓中校《説郛》。目力心思俱竭盡，不知有益後生無?”又云：“少而從父宦遊數年，壯而出仕四方廿九載，耆老而歸林下十四年，年七十有九，猶校書以資暇日，此其人何如也?”亦只弘治年間人，今文采風流蕩然無復有存者，可嘆也。吾鄉後進，有能讀書好事如郁先生者乎？則其人品之相去，傳流之久近，當更何如?

關帝本字長生，見上海喬伯圭所佩小玉章，其質古，而篆法俱古。偶閲帝本傳，知此章爲漢物無疑。

李北海所書《雲麾將軍碑》有二石，一在蒲城縣，其筆瘦而健，一在良鄉縣學宫，其筆肥而整，然不能辨其孰爲真迹。莫廷韓曰：“良鄉爲是。”蓋嘗訪之華州張維明，云：“蒲石出趙文敏。”蓋文敏喜北海而效之者也。在蒲者裂爲三段，河南劉遠夫謫官其地,以鐵葉束完,遂成全璧。在良鄉者,學官規以爲礎,置之草壤間。時李于美聞之,一夕輦至衙齋,爲亭庋之,而匾其齋曰"古墨"。士大夫皆聞而歌之,又爲刻《古墨齋集》以紀其事焉。

温日觀,吾郡人,寓武林瑪瑙寺。與趙松雪兄弟友善,寫蒲萄似破袈裟。眉公得一畫卷,卷末題詩云:"往往來來舊破瓢,此心未了漫徒勞。如今不作輪廻夢,只走人間這一遭。"此詩懷浄土也。

吾松之山,機、雲以古賢爲名,鍾、賈、薛、佘以居人姓爲名,唯南幹、北幹以山之形勢爲名,鳳凰、天馬以鳥獸爲名。神山原名辰山,在諸山之東南,次于辰位,今作神者,訛也。大都江山自開闢以來,何有名字,皆世諦流布相承踵耳。詞人挾江山以爲境,江山亦以詞人爲境,"齊魯青未了","澄江浄如練",是爲山水傳神寫照語也,山水亦樂得之。

張元超曰:"昔石田有詩云:'筆踪要是存蒼潤,墨法還須入有無。'畫家旨要,盡于此矣。"

蘇學士謂晨飲爲"澆書",李黄門謂午睡爲"攤飯",余友單藥園用以咏詩云:"攤飯何須琥珀枕,澆書奚用瑪瑙杯。閑來獨立溪橋上,時看隣翁叱犢歸。"

唐元徵《題陸君策畸墅》云:"竹茂經冬悦,泉香帶雨新。"

陸文定榜柱聯云:"烟霞真富貴,翰墨小神仙。"

嘉靖間,泖涇鎮一農家有桃結實,中一實獨大,幾如小升,以餽其鄉之老翁。老翁疑之勿食,問曰:"汝家植桃何所?"曰:"茅舍旁耳。"鄉老曰:"汝歸,第揭茅視之。"農人如其言,見巨蛇四、五,穴于茅檐下,微鄉老幾中其毒矣。凡異物皆桃類也,切須慎之。

玄宰榜于廬曰:"石能性介真吾友,竹解心虚即我師。"有樓在城南,以陳徵君仲醇數相過從,題曰"來仲"。兩人登此樓,除法書名畫外,别無閑雜事。

吾郡秀林山,碧桃井、洗句泉,最爲幽絶。

吾松賦額繁重,一始于宋景定間賈似道賣民田爲公田,再始于元大定間朱清、張瑄等籍没,三始于張士誠之增賦。

陸文定艱嗣,五十八始舉伯達。及見成進士,官行人,乞終養歸。又及見孫曾者兩代。

嘉靖己未人日,楊升庵在江陽,以畫像寄何元朗諸公。諸公相約過九江,觴之齋中。齋南向,先生像在壁間,諸君不肯背之坐,各東西席,如侍側之禮。比邱園瀾罌中泠泉見餉,覓得陽羡供茶一角,烹泉爲供,以宣甌注之,焚沉水于爐,作禮畢就坐,各嘖嘖嘆曰:"今日乃得見升庵先生,幸甚。"文伯仁遂作《人日草堂圖》,諸君以人日題詩寄草堂,遥隣故人思故鄉,分韵各賦一篇以寄楊。

無錫有華叟者,嘗夢一黄衣跪而請曰:"吾修道三十六年矣,來日大難,唯爾能救之。"次早有三、四客過叟丙舍,臨池捕魚,得一巨鯉,恰重三十六斤,烹以餉客。是夕復夢黄衣讓曰:"今日之難,爾竟不能脱我,我業且爲爾子矣。"未幾果得一子。不數歲而叟亡,里惡少慕其厚貲也,日夜糾此子鬥鷄走馬,冶遊平康,六博累巨萬,鐃産立盡。此子年三十六亦夭矣。黄衣之報,何其委宛若是哉！陸伯生述。

張侗初《春社素言》曰:"少而壯,如奔車追風,過眼不及。壯而老,且冉冉焉,倒海之流東莫止也,吾甚懼之。寸陰尺璧,良有深理。故古人恥修名之不立,而悲行業之無見于時。嗟乎！人生精强神旺,能幾何時？孺色而慧辨,如朝花含露,能幾何時？持粱齒肥,無室家之累,寬然歲月,能幾何時？遇名師,論道指示,相揭相規,能幾何時？無疾病時變,安坐飽筆墨,能幾何時？數者,皆人生之大樂也,習焉而視爲常,然則轉以佐其濫放。吾見夫精神之溢,而爲奔趨飛動也。吾見夫孺色慧辨之鶩于世故人事,而莫之返也。吾見持粱齒肥之相矜于華膴,而爲不實之厄也。吾見顯人貴遊,諛言相推,小數相羈,而引繩批根之浪而爲歡也。吾見安坐之棄穀而食稗,舍己南畝而耕鄰疇也。嗟乎！此數者,又人生之大痛矣。去其樂而即其痛,人情哉？毋亦有大迷者存焉乎？夫匠之圬,輪之斲,射之彀,俳優之傳奇,小數也。業而專焉,不見異物而遷焉,是以學之而能成。若夫辨士之揣摩,鬥士之决勝于疆埸,文吏之積磨勘而成簿書,立名立功,無不皆然,而况于士。士之文章,士之性命也,不一勞不可以永休,不暫静不可以久動,不鏖戰不可以勝人,不入重淵不可以得驪頷之珠。是故精神不可以不收攝,志量不可以不發舒。收攝之法,絶嗜欲,省交際,捐除人事,超謝淫朋,耳目無營,合并一路。一日不得,思之積月,一月不得,思之積年。思極而通,鬼神爲助,姑布不必相體骨,詹尹不必拂龜策。星家之甲子不驗,形家之龍穴不靈。到此獨往,自信造化都在吾手,此亦吾儒錬性立命法也。凡人之情,從苦而甘,從憤而樂,神氣凝定,則自覺讀書境界儘寬。升沉非譽,如浮雲過影,與我身毫無關切,小勝勿喜,小挫勿怒。其于人也,曹好勿汰,曹笑勿沮,讀聖賢書,能補聖賢所未及,窮古今理,能開古今所未有,此所謂發舒志氣,萬物不能牢籠者也。夫男兒七尺蓋地,既讀書識字,明理義,嘗學問,何往不利,何求不得,何事不可爲,何志不可就。章縫當定名世之業,粤漢宜敦掀揭之基。昔韓魏公云:'今日受天子一顧問,明日受宰相一獎語,喪其所守多矣。'夫天子、宰相之温言好語,且不可受,而况其他。沾沾齒牙,不中情之聲聞,何足引動我哉！瞯破此關,便是自立男子，朝則爲正士，鄉必爲聞人。予嘗記執友郁履臣之言曰：'書生解爲文，寧解爲人。'亦猶是也。先定其草稿，而後真焉，蔑勿工矣。夫今日佔畢而習一先生之言者，皆異日朱丹其轂，而幹世濟物之草稿也。故予敢爲社中告，以精神志氣兩言爲社中勗。時乎時乎，願與我同社交勸勉，且要之白首無忘也。"

眉公《善惡報圖説敍》："夫禍福之報，至于千變萬化，而要之不在天，不在人，而在于我之一心。古人不云乎：'一念不起，鬼神莫知，不由我更由乎誰？'此善惡之原也。曰其心既變，其形不得不變，此報應之原也。曰積善之家，必有餘慶，積不善之家，必有餘殃，此報應自然之理也。曰人而爲善，雖未得福，禍則遠矣；人而爲惡，雖未得禍，福則遠矣，此善惡報應之即事即理者也。曰善且不爲，而況于惡乎，此其説空矣，而實導不肖者無忌路也。曰有意爲善，雖善亦私，此其説精矣，而實塞賢者精進門也。日見善如不及，見不善如探湯，此真識見也。曰勿以小善而勿爲，勿以小惡而爲之，此真入頭也。曰他人爲惡，我獨爲善，何爲不可，此真擔當也。曰君子成人之美，不成人之惡，此真覆載也。曰擇其善者而從之，其不善者而改之，此真綿密也。曰惠迪吉，從逆凶。曰言悖而出者亦悖而入，貨悖而入者亦悖而出。曰愛人者人恆愛之，敬人者人恆敬之。曰夫人必自侮然後人侮之，家必自毁而後人毁之，國必自伐而後人伐之，此真報應也。曰聖賢人禽，曰禎祥妖孽，曰囹圄福堂，此真圖像也。嗚呼！此我所謂不在天，不在人，而在于我之一心者也。"

相傳桃源山千里無雜禽，惟二鳥往來桃花觀中。每貴客至，輒先鳴號，人率以爲占。余友喬減堂曰："若止爲貴客先鳴，武陵源渾沌鑿矣，請以一丸泥彈之。"

石守道作《怪説》，以議楊大年之文體。吾鄉國初有王彝，字宗常，作《文妖》，以疵楊廉夫之制作。宗常有操行，文本經術，洪武初以布衣召修《元史》。其議廉夫者，謂其文不明道，而徒以色態惑人媚人，所謂淫于文者也，作《文妖》數百言詆之。

眉公年二十時，夢謁文昌曰："汝左膝一骨可補之。"命司禄神持一骨二寸許，斜插而入，覺後若有生動。

戊子四月，上海縣大風雨雹，傷人畜樹木禾稼，一雹有六、七斤者。　己亥春，上海之二十九保鵲巢于田，群鵲營之，大可圍二膝。　三月二十六日，有白光如斗，從西北來，曳尾如練，久之向西南墜，其聲若雷震，在申酉間，《五行志》不知主何妖祥。是歲夏秋，海舟入江，京口大焚掠。

上海喬餘生負奇落拓，遘異疾，云身遊廣利宫中，大士謂曰："龍宫多寶藏，所少者文章之士。汝不可言是讀書人，恐被稽留。"嗟乎！凡多寶藏處，輒少文章耶？多寶藏者愛慕文章，豈復人間世之多寶藏者耶？以大士力，猶慮多寶藏處埋没文章，亦能使世間多寶藏處悉愛慕文章否耶？書此一笑。

吾鄉有官奉常而歸，餽者迓者，往來觀者，填路駢陌。既而族姻交賀，即仇之者亦恥愧謝過，獨鄰居一室扃鎖遠别，若避寇然。有怪而問之，愀然曰："所貴錦旋者，謂其得時行道，庇吾鄉里。今或竊一名，得一官，即起朝富暮貴之想。名愈高，官愈尊，而用心愈謬，武斷者有矣，庇奸慝，持州縣者有矣，是榮一人增一害也。其居日以廣，其隣居日以蹙。吾入山避之不暇，何以賀爲？"

丁亥冬，邊海地鷄别生距，有飛去者。時無博物，不能曉五行占。按《班志》：貌不恭則有服妖，則有鷄禍。鷄有冠距，文武之貌，不爲威儀，貌氣毁，故有鷄禍。此則殆毁冠裂裳之明應也，抑角距兵象，其亦有兵革之事起于在下者歟？

包長明與李存我少時，受知于學使駱武康，以童年入上海庠，試皆前茅，最爲忘形交。一日李戲謂包曰："爾庚幾何？"包即應聲曰："可不待問而知也。"各以其名相戲，而兩公皆登甲榜。李死于國難。

太倉方氏有老翁，歿後仍歸課理家務，與人言談，但不見其形耳。吴江錢子孟孝廉嘗過其家，初猶寂然無聲，其子先爲通款，翁即響應，與子孟酬對終夕。子孟親爲吕公原道之。

余友人于康熙癸卯年道經王江涇，其鄉有高年夫婦，夫年九十九，婦年九十七，鄉之年七十、八十者，皆稱晚輩。爲之稱觴上壽，問何修得此期頤，自云一生無氣，别無頤養法也。見其柱聯云："百歲天下有，齊眉夫婦難。"

《爾雅》世以爲周公作，然只小學之書，但學者尚要讀經，先須認字，認字不真，于經義便錯。吾松前輩顧文僖公，其平居《韵彙》不去手，亦欲認字也。

何元朗云："昔衡山文先生每戒其子孫曰：'吾死後，若有人舉我進鄉賢祠，必當嚴拒之。這是要與孔夫子相見的，我没這副厚面皮也。'"

楊鐵崖云："東坡《跋石恪三笑圖》，以爲三人皆大笑，至衣服冠履皆有笑態，其後之童子，亦罔知而大笑。永叔書室圖三笑于壁，想見石恪所作，與此無異。然坡翁所跋三笑，不言爲誰。山谷特實以遠公陶陸事，陳賢良舜禹《廬山記》，亦謂舉世信之。有趙通者，作《廬嶽獨笑》一篇，謂遠公不與修静同時，修静元嘉末始來廬山，時遠公已亡三十餘年，淵明亡亦二十餘年，其不同時信哉！後世傳訛，往往如此。使坡翁見之，亦當絶倒也。"

曹介人遊天平山，其下有白雲寺，寺爲范氏功德院，宋参知政事魏公之先隴在焉。公三世贈太師，俗稱三太師墓，義莊附墓下，今子孫猶遵守先法不敢廢。介人遊覽畢乃嘆曰："范公睦族之意至遠也。吴中俗最澆薄，家業稍饒裕，都不肯葺墳墓。棄先世所授田園廬舍如脱遺，輒挾其輕資，選佳麗勝地，稱爲寓公，優游卒歲，孰念清明寒食時？誰奉麥飯于父母之隴乎？冠婚喪祭，俱不相聞，兄弟果途人乎。”故介人每過范公祠下，必徘徊而不忍去也。

馮南江語諸子云：“士大夫要立名節之心，與圖利擇便之心一也。我則惟知有君親，了不知名，不知利，以此傳汝。”

馮淮字會東，居安亭，好吟詩，往來松江上禪寺，吟咏不輟。嘗以踐更蒲伏公庭。青浦令屠公赤水知之，命釋服延坐，會東儼然南坐，時人兩賢之。

徐文貞當國時，一子弟戴金線巾，衣絲紵褶，闖入府。臧公繼芳撻之，其人言相門子弟，曰：“正所以教師相子弟也。”

昔人評石之奇，曰透、曰漏，畫石之訣，亦盡于此。趙文敏嘗爲飛白石，又嘗爲雲卷石，又嘗爲馬牙石，此三種足盡石之變。孫漢陽嗜石不減米顛，生平畫石甚多，大都推其意爲之。若使米公見之，堪僕僕下拜矣。

吾松秦山有蒙山茶，乃石之苔蘚也。其味甘而洌，其萬年松長僅一、二寸，採而置之書册中，即經年取出，以津潤之，其色葱翠可愛。

包元達戍莊浪衛九年，每家報至，但問老母無恙，即焚其書，他事勿顧也。

胡儼筮仕爲華亭縣學教諭，年尚少，而能以師道自任，勸勉諸生。每至夜分，雖隆冬盛暑不廢。

永樂甲申，夏原吉賑華亭，登超果寺一覽樓，因題一律云：“我愛雲間第一山，登臨直倚最高闌。金鰻不起泉光暗，青虎長眠暮草寒。雨歇九峰争獻翠，風回三泖遠呈瀾。翛翛白髮佳公子，還肯分煨似懶殘。”

宋末月麓和尚，居吾松北庵，即宗室趙孟僴、文山之客，松雪兄也。

眉公云：“人生江南是極樂國，而又以男子身，際清朝，丁康年。老親許余以二十有九解青衿，爲逍遥布衣，余因此得讀未見之書，眠漸高之日，優哉游哉，聊以卒歲。門生故人過余酒罍，間搜一、二故聞以應之，削忌諱，置臧否，皆古人清賞之事而已。兒子竊聞手記，投古盎，埋海棠岡下，積久編成數卷，題曰《太平清話》。”

顧清宇有唐朝人兄妹共寫《法華經》七卷，細如蠅鬚，後題云：“燕子女丁。”問之無能知者。楷法甚精，今爲張謀遠珍藏。

宋松皮硯，吾松朱太史文石齋中物也。硯有墨，偶失浣滌，出之，墨彩如新，聲清質細，目中罕睹其耦。

子昂亭林碑，其真迹曾粘郡民屋壁上，王野賓買之，轉售項氏。

陸平泉云：“讀書須尋出書中眼目，始得佛家所謂人天法眼是也。”

沈啓南《寫三檜圖後跋》云:"虞山至道觀有所謂七星檜者,相傳爲梁時物也,今僅存其三,餘則後人補植者。而三株中又有雷震風劈者,尤爲詭異,真奇觀也。暇日中與子壻史永齡往觀焉,永齡因請圖之歸,而爲翁西村先生之玩,并書歸途所得詩于後:'昭明臺下芒鞋緊,虞仲祠前石路迴。老去登臨誇健在,舊遊山水喜重來。雨乾草愛相將發,春淺梅嫌瑟索開。傳取梁朝檜神去,袖中疑道有風雷。'時成化甲辰人日。此卷向藏項子京家,今歸王農山。"

松之南陸,陸氏代爲衣冠望族。有佳公子名彦章,生而有氣節,讀《孟子》至養氣之論,深有感于心,自命其齋曰"養浩",鐵崖爲之作記。

璜溪有義門夏士文,歲聘文行之儒爲弟子師,六籍子史下及百氏之書凡數千卷,皆插架于西廡之齋。童子雁次,早夜諷誦,聲徹行路,因名其齋曰"書聲",亦廉夫爲記。

新安程商携一白鼉至松,楊彦閶置之樓上,夜作烏烏聲,遂還之。

一人獨享之樂:焚香,試茶,洗硯,鼓琴,校書,候月,聽雨,澆花,高卧,勘方,經行,負暄,釣魚,對畫,漱泉,支杖,禮佛,晏坐,翻經,看山,臨帖,刻竹,喂鶴,養魚。

薛素素,金閶妓女也。聲色妙絶一時,宛轉絲竹,工五言詩,兼工丹青。善挾彈走馬,被彈處皆成龍鳳。弄王孫于股掌之上,無一當意,而獨善袁六郎微之。嘗説微之曰:"君骨相多武,宜早從軍。今四方有事,妾願與君俱西。"微之恥如磨鏡人,弗之諾也。頃之島夷跳梁高麗,素素欲爲浣沙人,因而刺之如班定遠,微之笑而言曰:"毋多言,大辱國,且食肉者謀之矣。"素素曰:"吾非嫠婦也,其敢惜宗周之闕?抑不幸爲婦人,幸一當微之,而不得在軍中。昔羽葆鼓吹者,彼何人斯?"因掩鏡泣數行下。已而武林金中丞鎮閩,卒以他妓女蠱關白于死,夷始旋師渡海,朝鮮獲安。宋幼清聞中丞之出是謀也,喟然曰:"吾乃今知謀及婦人,兵氣不揚,徒虚語耳!"六郎袁福徵子。

《鶴林玉露》談山居閑適之趣,可以動悟,政恐纓緌之流,以爲不情語耳。玄宰自出春明門來十餘年,日涉此境,深解其趣,故時書之,不敢以貽貴人,惟一邱一壑與吾同好者,方爲拈出。所謂一日清福,上帝所靳,吾輩不可不知,足爲達者笑也。

蔡忠惠公進小團茶,至爲蘇文忠所譏,謂與錢思公進姚黄花同失士氣。然宋時君臣之際,情意藹然,猶見于此,且君謨未嘗以進茶干寵,第點綴太平世界一段清事而已。東坡書歐陽公滁州二記,知其不肯書《茶録》,玄宰以蘇法書之,爲公懺悔,否則蟄龍詩句,幾臨湯火,有何罪過?凡持論不大遠人情可也。

明興,公車業幾三百年,海内稱大家者四,而吾鄉曰錢與謙先生。嗣後雄鳴一時，無暇枚舉，最著曰董玄宰先生。與謙解肌浣胃而溢精光于鬚眉，玄宰浴碧萝紅而固神理于骨髓。兩先生文具在，兩先生之精神久而逾新，豈非聖賢面目，經其寸管，復有耀采增輝之助乎！

徐孚遠《訕蜂文》："蜂之爲物微而爲類衆，共在一宇，採取以釀，擇利而順時，似有智者。貴者驕蹇不事事，驅使其隸治生，畢出無留，又似有禮者。畜益多益恐不足，未敢嘗食，脂澤滿房，將没世而遺無窮者。然其釀液甚甘，人得食不厭。俟其已熟，號曰蜜者，爇火攻之，蜂大駭，舉其族遠竄，素所蓄積，委棄無所携。持取者剥割盜盡，大樂之，亦無慚恧者。向使以其腹量少欲寡取，無遺于人，豈有所患哉！貪不知止，以傾其藏，悲夫！余嗤其所爲若是，爲文以訕之。其詞曰：嗟汝蜂，汝形絶陋，情逸不持，驅羽戢戢，偶衆而嬉。割榮捨華，曾不量訾，瞋目纖腹，尾距足齎。嚣叫勃呶，挾毒出奇，抵觸芬馥，疾刺若錐。凡汝險賊，非性所爲，挾中競外，欲以保貲。智小慮大，經營不怩，釀之信芳，閉固匪賫，嗛嗛之食，于萬年斯。其中傑蜂，自號曰王，偉形異質，備兹服章。驅爾力作，春乃大穰，魚獵英豔，委填下房。常恐内虚，計口宿粮，徵斂嚴切，群蜂旁皇。政出不議，擔負盈倉，藏厚物妬，非智所詳。焚林睹燧，曷守厥疆，唶唶群奔，前免後僵。竄身依草，曾不携將，故巢狼藉，回瞻茫茫。吾悲夫蜂，爾甚愛爾之居，而不知患生于有餘。爾幸保爾身，寄身且安如，昔富不貲今爲虚，胡不寡營淡慮安其初。余聞多藏厚亡，物猶如此，悲夫世人之盡爲蜂也。又聞之最貪穢者，名捨命王，道俟驢馬，噆血滿腹，爲脚夫所撲殺。則人之卒歲營營，不顧利害，至死靡悔，覩此能無惕心乎！"

旱既太甚，有求雨者託神言默遣示曰："吾觀下土，富不澤貧，貴不澤賤，甚者親不澤親，在在誰非旱境？吾觀衆生，貧難求富，賤難求貴，甚者親難求親，人人誰肯應求？平等相求，尚多不應，汝去天不啻萬里，乃望有求立應耶？汝但反求，當作澤物想。汝雨及人，我雨及汝矣。"

馮元成曰："文章士人之冠冕也，學問士人之器具也，節義士人之門墻也，才術士人之僮隸也，德行士人之棟宇也，心地士人之基址也。先君常以此教不肖，而諄諄然令其厚養心地。"又曰："用人以觀察心地爲正，以駕御才術爲權。"

横雲山背天馬，左環小赤壁，控水南流；右抱小崐山，控水西去。斧如者石，鋸如者砂，分布縈迴，練如者水。樵舍農莊，漁棚菱筏，簇簇蒹葭荷葉間。客舟來往，輒起坐桅檣下飽看，四、五里翠壁丹楓，應接不暇。

《老是庵食譜》：梅花用以點茶，薝蔔、玉蘭用以蘸麵，牡丹用以煎酥，玫瑰、薔薇、茱萸用以釀醬，枸杞、鹿葱、紫荆、藤花用以佐饌。其餘豆荚、瓜菹、菜苗、松粉，又可以補笄脯之缺。

陸平泉《七夕戲作藥名》詩："烏頭挽髻晚妝梳，輕粉香銷隔歲餘。净拂石牀頻倚待，蕭蕭遠志獨愁予。歲歲萍花别使君，河車漫駕石榴裙。莫言今夜情膠漆，只恐南星報曉雲。竹葉頻傾琥珀香，遥看青黛鬱金裳。從容莫話當歸事，滿地槐花夜未央。"

陸文裕云："園中晚菘菜肥白，連根一截，用甜水煮成清湯，極有自然滋味。侵晨空心啜碗許，最宜養脾利膈。白芥子時嚼數顆亦好。"

倪雲林《三月一日自松陵過華亭》詩："竹西鶯語太丁寧，斜日山光澹翠屏。春與繁花俱欲謝，愁如中酒不能醒。鷗明野水孤帆影，鵲没長天遠樹青。舟楫何堪更留滯，爲窮幽賞過華亭。"

陸羽《茶經》，品第諸水，兼收松江者，非指吴淞也。吴淞江濁流不宜茶，宜茶莫如泖。志稱谷泖水極清泠，可釀可茗，議者方之惠麓云。

佛氏起浮屠，然燈與考鐘也，大都新耳目，邀福于未來世耳。若吾松泖水綿亘數十里，兩涯水道紛錯，茭荻蔽之，鼓楫中流，全藉浮屠爲指南。夜黑則標燈爲幟，昏霧四塞，則鐘聲導之，此于民更有利焉。

萬曆十六年大旱，舟膠，人行水底，有得古器物者。一人往小蒸，見古階長亘五、六里，半出水面，翌日，聚衆來觀則隱矣。

大盡、小盡，月滿三十日爲大盡，少一日爲小盡。月之盡日猶年除日也。宋朱希真辟地廣中，作《小盡》詩："藤州三月作小盡，梧州三月作大盡。哀哉官曆今不頒，憶昔昇平泪成陣。我今何異桃源人，葉落爲秋花作春。但恨未能與世隔，時聞喪亂空傷神。"又宋人以臘月二十四日爲小節夜，三十日爲大節夜，今吾松人稱小年夜、大年夜，古今語大略相同。

雲林《寓松》詩："已從鷗鳥狎雲深，老我無機似漢陰。采采菊花猶滿地，蕭蕭霜髩不勝簪。南游阻絶傷多壘，北望艱危折寸心。好在吴淞江上水，青猿啼處有楓林。"

陶宗儀《機山懷古》："昭侯功業在人間，二俊文章若可攀。西洛竟從王穎辟，秋風不逐季鷹還。平原村迥家山静，華表雲深鶴夢閑。有客艤舟來弔古，空林落葉雨潸潸。"

陸文定云："予嘗讀'齊景公有馬千駟'章，掩卷三復。因思後世有以齊景公稱人者乎？在匹夫或恥以爲不足爲。有以夷齊稱人者乎？在王侯亦安且受焉。匹夫之于千乘，王侯之視餓夫，相去遠矣。然匹夫羞比于千乘，而王侯願附于餓夫，讀者可以深長思矣。"

嘉靖某年,松江地生白毛。有黄色如駿者,長尺餘,在在有之。民謡云:"地上白毛生,妻兒老少一齊行。"時倭寇焚掠,民人逃竄焉。　壬戌,大飢,餓殍相枕,浮水者甚多,魚蝦至肥,分文可得巨魚五、六斤。　十二年六月,魖魍地方白日蛟起,禾苗蕩盡。　四十年五月十四日,佘山前起九蛟,水湧丈餘,陸地成海。　壬子,有二虎浮海傷人。

隆慶乙巳九月初八日,暑如盛夏,雷震。次日,大寒如嚴冬,雷震達旦。

萬曆己丑正月,雨木冰,如筯下垂,民饑。　乙亥五月十三日,漕涇海溢,俗謂海嘯,邊海飄决千餘家。鹹潮入内地六里餘,淹死禾稼無算,螿蚏自此入爲民害。　壬午七月十七日,大風,拔樹木屋宇無算,瓦片吹空中如燕雀,而晝夜不止。花豆淹死。　癸未正月朔,地動。自松江至秀州,至有泛舟龍潭者,水亦震蕩久之。又雨血,點腐有紅色如漆。　辛卯七月十八日,上海海溢,自一團至九團幾百里,飄没廬舍數千家,男婦死者二萬餘口,六畜無算。十九日,近海民從海灘屍拾物,忽潮至,而大雨不息,城中水深二丈。訛言倭至,急閉關,城外號呼震天地,啓關納之,軋死者數十人。浦上競渡,爲風濤飄没者又不可勝計。又海溢之夕,有奉白蓮教者十二人,往海上和佛,以風雨借宿一民家,并其家二十一人,夜半悉決海中,無一人存者。又一夫婦寢熟,忽潮頭撞屋壁,驚起,水已過半腰。夫挾兩木,妻抱一子,附磨床飄入海中,三晝夜不死。每潮至,夫婦覿面者三,後不復見其妻。三、四日後東南風,夫得順流而還,其臂髆皮肉爲兩木磨見骨。又兩人飄入島幾月,遇客舟載至寧波,送還故土,而廬舍飄没已不可問矣。　二十五年五月二十八日,鍾賈山起蛟,崩西南一角。　三十六年五月十七日,鳳凰山起蛟,張東海墓前倏成潭。　丁未九月,金山衛海塘有二虎傷三人,逐至浙界而返。　戊申夏,有龍見于龍華寺側。初自西來,口吐火,焚禾十餘畝。以尾略點,浦中水涸露底,須臾水合洶湧。龍鱗白于銀,目光如炬,首有一神立其上,所謂尺木也。

崇禎壬申某月,有異虎在亭林鎮,但主念害之者,即攫殺之,人稱神虎。　九年十一月二十七日,長至後一日,是夕天雨血。松江西門外三里直至郡中,有親見在街途石上者。

萬曆壬辰七月初十日,有星貫月而過。按《輟耕録》載:此變自漢、宋、元僅三見,而元時星入月中,月如仰瓦納之,遂有楊完者苗軍之亂。是年壬辰有此大異,而吾松無其應,或分野不可攷耳。第東方鬬白猖獗,正在此時。

順治十八年四月,新場方姓猪産一象,隨即死。按嘉靖壬子年,新場倪家猪亦産一象，明年倭亂。

按雨血之變，漢建平四年，山陽湖陵雨血，廣三尺，長五尺，建平乃哀帝之年號也。又唐天寶十三年，宫中紅雨，色若桃花。此二朝，一寵董賢而兆亂，一寵太真而明年七月即有馬嵬之禍，其非吉兆明矣。不數年而有甲申之變，然則變豈偶然哉！

嘉靖丁未，大風，泖塔上見古木爲蜃，出没巨浪中，駭人不可近。丙申，風狂兩驟，咫尺莫可辨。忽有異香，絪緼起塔中，塔頂金光獨現。甲子，五色光現，圍繞塔院周遭數百武，光中水平如鏡，光外波濤涌起數尺，移時乃止。

鬼車，惡鳥也，當風雨晦冥夜，亦常飛鳴過村落中，鴉鴉一聲，曾無引類。傳聞此鳥有九頭，一頭常流血，血滴屋宇，便涉不祥。于是人偶聞其聲，必譁然呼犬擊鑼逐之。惟萬曆庚戌閏三月廿四夜黄昏時，驟雨一陣過，忽聞是鳥聲，如在檐際，愈聽愈近，城市鄉村，家至户到，更餘始絶響，即嘉、湖、蘇、常皆鳴。惡聲遍江南何耶？頗可入《災異志》。

蟹出華亭三泖者最佳，生于通波塘者特大，故鄉人呼爲泖蟹。又亭林湖于天聖末生白蟹，瀕江之人，以價倍常，靡有孑遺，止一年而種絶。

吴俗有"蝦荒蟹亂"之語，蓋取其披堅執鋭，有兵象焉。歲或暴至，則鄉人用以爲兵徵也。

《雲間志》：方言謂人曰渠，自稱曰儂，問何如曰寧馨，謂虹曰鱟，言罷必綴以休，及事濟受記簿(音勃)相之類。如謂此曰箇裏，謂甚曰忒煞，謂羞愧曰惡模樣，謂醜曰潑賴，問多少曰幾許，事相邂逅俗謂之豆凑。按吴越風俗，除夕隣人互擎炒豆相迎，僉搦而交納之，且餐且祈曰："凑投。"投去聲，蓋此語所出也。

《雲間志》：海人諗候云："山擡風潮來，海唑風雨多。"擡謂海水擡起常所，迷望之山，皆在目也。此説似怪。或云蜃氣爲然，唑(音鹺)俗云萬喙聲也。

喬減堂《北遊記事》云：白猿長尺許，謂之硯頭猿，置几上能爲人磨墨，解棋琴諸戲。有衣服器用卧具凡數箱，索價千金，以七百售去。又高麗進黑鷹一，重十七斤，上喜。其善養鷹者，勅以御史顧仁妻配之。又進火鷄四，以燒紅煤炭與，即接而食之。

吕巷南五里村名南陸，壬寅十一月初八，河中有蜈蚣百萬，俱長尺許，結成毒陣，順流而下，亦異事也。

《鐵網珊瑚》一書，係弘治年間孝廉朱性甫所輯，所載皆宋元名公記咏題跋未經鐫刻者。閲之觸目琳瑯，如入山陰道中，令人應接不暇，誠寸璧零珠也。自鼎革以來，富室典籍，不無星散，余聞之茸城書賈童象南，稱有是書。前八册向爲晉陵毛子晉收藏,又八册象南得之,復爲子晉重價購去。其餘八册,今在王榕夫處。因記之,以俟他日延津會合,當不虚司空賞鑑爾。

余友人唐鶴公《感嘆》一絶云:“世情誰假又誰真,總是刀藏笑裏人。惟有嫦娥忘勢利,家家遍照不欺貧。”

屠緯真令青浦時,署中九月著桃花,至臘月而葉不殞。緯真戲呼曰“歲寒桃”,賦詩云:“暗入冰霜裏,春風竟不知。何言碧桃樹,不及青松枝。”

吴淞景物四時皆可,而春秋爲最。蘇子瞻云:“知有江南風物否?桃花流水鮆魚肥。”陳堯佐云:“扁舟繫岸不忍去,秋風斜日鱸魚香。”陸魯望云:“三泖涼波魚蒓動,五茸春草雉媒嬌。”時用章云:“野店喚呼雙酘酒,漁舟争買四顋鱸。”

陸伯生《泊舟泖塔》詩:“如此煙波地,輕舟或可停。浪中孤寺白,雲外一峰青。沙暖鷗争席,林香鳥聽經。寂寥三泖上,誰識少微星?”

徐存齋《咏白牡丹》一聯云:“漫憐冶色能傾國,自識芳心不染瑕。”

“得魚網底重,摘果樹頭輕。”“薄暮邀賓惟紫蟹,小春覓味更黄魚。”此上海孝廉金雲溪句,所著有《墨戲亭稿》。

上海潘方伯少子號陽吾,家有園林之勝,冠絶江左。詩句翰墨,亦擅當時。其《咏園亭》句有云:“繞砌皆流水,無煩更鼓琴。”

余表伯祖田隣浦,好義樂施。先太僕幼孤,資益宏多。公晚年卜築城南,蒔花種竹,與名流賡咏,超然物外。陸宗伯重其品,贈以詩云:“依城傍水結爲家,柳緑沙青半宿鴉。雙耳厭聞城市語,倚門只是看桃花。”眉公有《遊田先生桃花記》,載《晚香堂集》中。

徐存齋以嘉靖癸未第三人及第,至萬曆癸未殁,止旬日而臚唱,不及聞見也。陸平泉以嘉靖辛丑會元,至萬曆辛丑九十五尚存,又逾三年而殁,真盛事也。

陶九成自青年既研究六書之法,備知文字相生之意,乃辨析古文篆、籀,分隸、行、草諸書異同,并載其人而附見焉。先之以帝王,次之以名臣,又次之以才士文人。起自三皇,迄于國朝,凡名一善者,悉具録之。其事核,其論確而有徵,皆遍採史傳及前脩所著書,不復以異議參乎其間。名《書史彙要》,書成釐爲七卷。又常覽雜記傳一千餘家,多士林所未見者,因仿曾慥《類説》作《説郛》若干卷,曾所編者則略去之,君子謂其尤精博云。

華亭之七保有松隱寺,始于唯庵禪師。嘗謁石室珙公于霞霧山,公告之曰:“子去我而求憩息之所,其必松江之華亭乎!華亭民富而趨善,富則樂于施予,趨善則可化以我佛之道,其必有以處子矣。”書“松隱”二字授之以行,師如其言至華亭郭匯之陽止焉。郭匯者,去華亭二十里,赤松之所注也,前有查山,後有九峰,皆先哲逝化之地。師憶懸記,遂結茆而居其中。里人聞之,捐金帛捐土地之籍來上願,師止勿去,遐邇相繼,輦石與土,堙匯增址,以相其役。創建始工于元至正壬辰,越二年,而佛殿僧宇所宜有者皆具,取石室所書,名之曰"松隱庵",宋學士景濂有記。

玄宰戲爲評古次第,晉唐墨迹第一,五代唐、前宋圖畫第二,隋唐宋古帖第三,蘇、黄、米、蔡手迹第四,元人畫第五,鮮于、虞、趙手迹第六,南宋馬遠繪事第七,國朝沈、文諸妙繪第八,祝京兆行草書第九,他名公雜札第十,秦漢以前彝鼎丹翠焕發者第十一,古玉珣璣之屬第十二,唐硯第十三,古琴卓然名世者第十四,五代宋精板書第十五,怪石嶙峋奇秀者第十六,老松蒼瘦、蒲草細如針杪并得佳盆者第十七,梅竹諸卉清韵者第十八,舶香蘊藉者第十九,夷寶異麗者第二十,清茶法醞第二十一,山海異味第二十二,瑩白妙磁、祕色陶器不論古今第二十三。外是則白飯緑齏、布袍藤杖,亦爲雅物。士人享用,當知次第,如漢凌烟閣位次,明主自有灼見。若僅如俗賈以宣成窑脆薄之品,驟登上價,終是董賢作三公耳。

曹介人云:"雲間以九峰三泖聞于世,然九峰故無奇特,以環拱郡城西北,遂竊不虞之譽。當秋九八月間,好遊人不如登泖塔佳。出郡西從五浦塘南行二十餘里入泖湖,湖廣袤十八里,近泖橋者名大泖,近山涇小而圓者名圓泖,東西長亘數十里而稍狹者名長泖,是爲三泖,而一片水實相連接,無所界限。浮屠據大泖中央,築基載之。基晝夜爲水波齮齕,外築小隄護之,殊覺幽雅。基僅四、五畝,佛閣、方丈、精廬、香積廚,以至登稻之場,藝瓜菜之圃,種種庀具。浮屠勢固不能干霄,然以四周無障礙,可遠眺望。躋攀及數級,北可見郡城中瓦屋如雲屯,東南見沃壤億萬頃,當黄雲覆野,直是成一片金色界。西見澱湖,澱湖廣袤六十八里,又西可見沉湖,湖之廣袤亦六十八里,殆漆園氏所謂'九州外又有九州'者耶。薄暮時落日滉漾,水底如絳紗籠瑪瑙盤,真是小李將軍一幅水天落照圖。幸及月夕,月似與水争奇,久之不肯相下,兩光終混爲一色,短視人朦朦尤不能辨别,第見百萬金背蝦蟆,湧躍碧波中。是時把酒浩歌,頓忘此身之在水晶宫也。余絶愛之,蓋松人素好勝,自慚故鄉無佳山水足壓東南勝遊,乃覓九點中一片頑石色稍赬者,强名曰小赤壁。余愛此泖塔,視中泠具體而微,又不致怒濤作雷霆聲駭人,乃亦名之曰小金山。數數邀丹青家作圖,第及寫林木薈蔚,殿閣參差,及四面風帆相往來而已。至其一段蒼莽恬淡景象,終莫能圖也。他時或遇畫院高手,定能描寫逼真,三泖其俟諸。"

吾松鄉語有云:"一蟹不如一蟹。"又云:"依樣畫葫蘆。"此皆有本之言。按陶穀使吴越,忠懿王宴之,因食蝤蛑,問其族類。忠懿命自蝤蛑至蟛蚏凡取十餘種以進,穀曰:"一蟹不如一蟹。"宴將畢,又進葫蘆羹相勸。穀下箸,忠懿笑曰:"先王時庖人善爲此羹,今依樣撰來者。"穀一語不答。蓋穀久在翰林,不獲大用,俾其黨因奏對言,穀宣力實多,微伺上旨。太祖曰:"翰林草制,皆檢前人舊本,不過依様畫葫蘆耳。何宣力之有?"穀乃作詩,書于玉堂之壁曰:"官職何由生處有,才能不管用時無。堪笑翰林陶學士,年年依様畫葫蘆。"太祖薄其怨望,遂决意不用。

玄宰云:"畫家初以古人爲師,後以造化爲師。我見黄子久《天池石壁圖》皆贋本,昨遊吴中山,策筇石壁下,快心洞目,狂叫曰:'黄石公,黄石公。'同游者不測,余曰:'今日遇吾師耳。'玄宰所見子久畫不下三十幅,當以《浮巒暖翠》爲第一。"

洪武十年,宋學士景濂乞骸骨歸,華亭朱孟辨作詩紀其事送之。其一曰:"天語叮嚀出紫微,特將文綺送卿歸。愛卿秉志如金石,留取裁成百歲衣。"蓋瀕行聖祖諭曰:"卿事朕十九年,忠誠可以貫金石,故有是賜。卿今六十有八,可待三十二年後以作百歲衣也。"其二曰:"楮鏹親頒當酒錢,賜金不獨二疏賢。想應心醉君王德,慚愧長安市上眠。"公既受文綺之賜,復出寶鈔數十錠與之曰:"卿東歸當酒錢也。"其三曰:"城上春雲短更飛,念卿此地迹將稀。臣身願作隨陽雁,一度秋來一度歸。"聖祖一日携景濂步午門西城上,顧謂曰:"卿來此迹將稀矣,可能再見否?"景濂曰:"老臣身未就木,當一歲一來也。"

玄宰持節楚藩歸,曾泊祭風臺,即周郎赤壁,在嘉魚縣南七十里。此地凡雨過,輒有箭鏃于沙渚間出。里人拾箭,請以試之火,能傷人,是當時毒藥所造耳。子瞻所賦赤壁在黄州,非古赤壁也。

松水原委,管子曰:"水之出于山而流入于海者曰經水,入于大水入海者曰支水。"松郡之水,上源天目山,下委海王,距數百里,瀠洄澎湃,其承受原水之來者爲湖爲泖,而導引委水之去者爲浦爲江,此松郡大脈絡也。

曹峨雪,弱冠以文請正于李竹懶。先生閲其文曰:"君是陶石簣、馮開之一輩,他日定不作第二人。"嗣後峨雪屢困場屋,辛酉始領鄉薦,戊辰會榜果作第一人。竹懶素善繪事,因寫梅一枝題贈云:"曾看未開先着眼,春來驚見最高枝。"蓋亦自負衡鑑之不爽也。

周馳《松江》詩云:"江間小艇數乘能,活計今如船子僧。近喜老妻能斫鱠,欲令稚子學扳罾。"又云:"久客思歸歸未能,題詩附與遠還僧。吴淞江上鱸魚美,何處人家不下罾。"

吾松俗語稱方底員蓋,自北齊以來蓋久矣。《顔氏家訓·兄弟篇》云:"娣姒之比兄弟,則疎薄矣。"今使疎薄之人而節量兄弟親厚之恩,猶方底而員蓋,必不合矣。

陸瞿彌《題眉公高齋》云:"曲尺排床安病叟,循環設食待詩禪。桑林咽雨雙鳩醉,蓮浦窺魚一鷺拳。聞説先生近多事,茱萸灣口捕魚船。"瞿彌寡嗜好,眈山水,旁涉繪事,無不敏妙。奈未銷青鬢,輒掩黄沙,壯志曷伸? 遺文誰續? 竊嘗評其詩如米顛袖中石,嵌空玲瓏,又如姑射真人,吸瀣露,餌茯苓,談烟霞縹渺事。

自《集古録》《博古圖》諸書流傳,而天下名人侯王塚墓破掘殆盡矣。有得一器而其值爲百爲千爲萬者,人何苦而不破掘哉! 塚中古物,最能害目,吾鄉顧光禄精于鑒賞,徵收頗衆,失明者十餘年而卒。

墳取來潮。陳眉公曰:"地師云: 江南乃平洋地,專取落水爲主。以世間之水,無不東流耳。然吾松浦上董戴二墳,皆賴布衣所定。墳前但有浦潮,而並無西水一勺到塘。蓋西水但能從浦入海,而必不能分灌于沿浦溝港者勢也。然則江南葬地,竟當重來潮,而不當用去水,此皆《玉尺》所不載。其取潮之法,則《玉尺》所謂'因水立向'四字盡之矣。若專論龍脈入堂局及去水者,皆盲師也。"

何元朗至姑蘇,在衡山齋中坐,清論盡日。論及石田之詩,衡山曰:"吾鄉沈先生,但不經意寫出,意象俱新,可謂妙絶。一經改削,便不能佳。今有刻集,往往不滿人意。"因口誦其率意者二、三十首,亹亹不休。如予所見其《題畫》詩云:"幽居臨水稱冥栖,蓼渚沙坪咫尺迷。山雨忽來茅溜細,溪雲欲墮竹梢低。檐前故壘雌雄燕,籬角秋蟲子母鷄。此處風光小韋杜,可能扶我一青藜。" "四簷霜雪草亭孤,析木當門凍雀呼。詩骨坐寒須酒暖,隔江還要放船沽。" "雲壑風泉處處宜,詩囊酒榼大家嘻。人來人往春無主,日短日長天有時。墮蕺林亭看蟻競,插花山轎愛蜂隨。野僧未識登臨樂,静自關門笑客癡。"此等詩皆率意清新,亦復情景皆到,與集中如出二手,乃知衡山之論不虚也。

玄宰先生與先太僕同己丑廷試,余以年家子時未弱冠謁見先生,求取一字。先生以余居長,名履震,字余曰蜚孟,因寫一扇贈余。詩云:"故國池塘倚御渠,江城三詔换魚書。賈生詞賦傷流落,祇向長沙住歲餘。"先生外遷楚中學政,不久遂賦歸來,故其詩多感慨云。

顧仲韓詩句:"欲延月意窗從破,恐礙荷花麝罷焚。"與莫廷韓皆秦川貴公子,時稱"雲間二韓"。顧名斗英。

成化壬寅,陳白沙應詔之京,道過南安。張東海時爲南安守,欲用曹參禮蓋公故事,款留數月受教,白沙不可,東海不能强。有詩云:"玉枕山前逢使君,西風吹破玉臺巾。"巾乃白沙自製,類華陽巾,直方而無襞積者。東海將謂諷己,遂以一絶激之云:"白沙村裏玉臺巾,不耐風吹易染塵。莫笑烏紗隨俗態,宋廷章甫是何人?"白沙得詩,將謂東海侮已太甚,便口占《玉枕山》詩云:"一枕横秋碧玉新,金鰲閣上見嶙峋。使君得此原無用,賣與江頭打睡人。"東海和答云:"炎瘴多收一雨新,獨看天柱聳嶙峋。横秋玉枕真無用,自是乾坤不睡人。"天柱峰,亦南安照山也,蓋東海欲自依天柱,而以玉枕與白沙云。既而又作一絶曰:"客囊羞澀客衣單,却買南安玉枕山。縱有枕頭那得睡,鷄聲吹入紫宸班。"又云:"寄語江門打睡人,而今天地正芳春。覺來莫管閑花鳥,須掃崐崙頂上塵。"復繼之一絶曰:"青茸鋪榻玉枕横,白雲爲被天作帡。東海先生睡不着,日月當天正大明。"未幾,武選郎蘇文簡由廣東使還,具道白沙之師吴康齋亦千載人物。東海方悟,不惟深喜得聞前輩名德,有所持循,且以謝玉臺巾之過,漫賦一詩云:"耳根何處得浮塵,浪説康齋識未真。風月周臺燈火夜,伊川路上見斯人。"因遺書白沙曰:"玉枕山不必買,當長揖白送矣。"

成化間,妖人王臣者,以左道事中貴,得授錦衣千户,請爲上合大丹,以採藥爲名,擾害地方。時臣過南安,東海目覩其驕横,作詩嘆曰:"過嶺囊箱下瀨船,丁夫晝夜少安眠。薄田蕩盡猶輸税,惡客時臨横索錢。窮髮東南皆赤子,舉頭三尺有青天。不才無力甦民困,食禄乘軒自赧然。"

宋徽宗時,朱勔領花石綱,有龍鱗薜荔,費銀二千兩。東海偶見薜荔,感而賦之曰:"薜荔長龍鱗,相看似可人。聖明無艮嶽,那值二千金。"又《咏寒號蟲》云:"得過且過,飲啄隨時度朝暮,得隴望蜀徒爾爲。未知是福還是禍,得過且過。"

眉公云:"王弇州有'文章九命',其夭折中南北朝强半居多,大要少年能文章者居半耳。文人好勝,好勝則難下。又好奇,好奇則難夷。又好名,好名則難淡。又好豪,好豪則難約。又好客,好客則難静。又好酒色,好臧否,則難默,難入道,又難老。此文人習氣爲之祟也。悠悠文冢,半是禮殤。落落頑仙,定優才鬼。余何言哉?但爲不識字無名田父足矣。"

蔡季直于庚午秋過維揚江善卷寓,座有新安三、四客,各擬出所藏示蔡子。見李營邱《雪巖寒溜圖》,米南宫仿《争坐位帖》并《天馬賦》真迹,楊鐵崖鐵冠,黄子久《爲曹雲西畫卷》,柳河東《蘭亭詩》,蘇子瞻書《維摩讚魚枕冠頌》,顔平原《裴將軍詩》,曹武惠公、林處士和靖有跋,黄山谷書《咏懷詩》,馬遠《十二水》,陳居中畫《蘇李相見圖》,懷素臨《苦笋帖》,米元暉鑒定倪迂畫二幅,張長史《柳枝詞》,沈石田跋宋元圖二册,劉松年《高房山畫卷》,趙承旨長幅山水中有虎渡河頗奇,蘇子美《草書歌行》,筆法顛縱,亦一名家也。季直《雪朝》詩云:"雪花撩人清入肺,千山萬山凍如蜎。曉齋影抱梅花睡,攝衣起飲未能醉。醉後吐詩作光異,濡盡兔豪香字字。"

陸瞿彌《同珂月登龍潭佛閣遇雪》云:"填平我佛河沙界,展盡滕王蛺蝶圖。"亦奇句也。

張南山天駿有《四命婦》詩,其一爲《竹夫人》。

吾郡金雲卿,自號耕樂,良史圖之,君子賦之。復請于楊升庵,仿賓戲作《耕樂解》,文載《升庵集》。

萬曆癸丑春,曹介人赴公車北榜。一日同年相約候周司業文岸,擬書刺,將加"晚"字。介人争之曰:"吾輩既入仕後當守官箴,未入仕前當養士氣。吾松陸文定公幼時與高才結社,既才領歲薦,罷教官歸,彼此書刺,皆稱眷弟,人兩賢之。今必欲于年弟上加'晚'字,將手裂此七寸紙矣。"友人乃止。揭曉畢,介人病蹇卧,文岸來候病,撫牀而語。介人遂漫陳前事,文岸亦曰:"太倉有某貢士,與荆石相公總角交也,坐必對面,帖必書弟,稱呼僅爾汝,懽然相得也。偶某老謂之曰:'荆石翁官極品,恐不宜講敵禮。'貢士他日過相家,帖開官銜,椅列于側,稱必曰太師。荆石大驚詫,貢士曰:'乃某老先生教我也。'荆石長太息曰:'兄一團天真,竟被某老鑿破,可惜可惜。'"介人謝曰:"友道已隳,藉我兩人共維之。"

余閱《硯北雜記》云:"揚子江中沙田,田户每歲旦取一瓶以稱水,水重則是年江水大,水輕則水小,歲歲不差。"

金陵全盛時,顧東橋與宴集必用教坊樂,以箏琶佐觴。武宗南巡,樂工頓仁隨駕至北,在教坊學得金元人雜劇詞,何元朗家小鬟盡傳之。老頓言此曲懷之五十年,今供筵所唱皆是時曲,此等詞並無人問及,不意垂老遇知音也。

青浦薛道山有任水監墓,崇禎庚辰年,土人掘土,其壙如屋,棺懸于中,見其首係金鑄者,約重五十金,爲衆攫去。按水監失其名,何葬無首,必罹法而子孫鑄金爲首耳。志書亦不詳也。

青浦一土阜,相傳陸平原墓,蓋葬其衣冠也。萬曆初,有一金蛇見土阜上,土人掘之,得一銀首并銀器。後聞之官,各抵罪。

沈鳳峰云:"昔張子孝矜嚴好禮,雖遇妻子若嚴君焉。人或謂之詐,張曰:'吾則誠詐,人皆詐惡。我獨詐善,不亦可乎?'"

張載寧《辭世詞》:"虚名廿載著人間,晚歲空勞學圃閑。漫賦歸來慚靖節,聊存正氣續文山。君恩未報徒憂悴,臣道無虧在克艱。寄語千秋青史筆,衣冠二字莫輕删。"(其一)"生死蜉蝣一瞬過,于今頂踵正堪摩。三年碧釀千秋血,方寸丹悱萬丈魔。比宿定知親日月,騎鯨猶是怯風波。六旬往矣聊乘化,無事空嗟老去何。"(其二)

顧禄字謹中,華亭人,洪武間太常博士。善詩歌,有《過鄱陽》詩一聯云:"放歌今日容豪客,破敵當年想至尊。"聞入禁中,聖祖盡進其作。一日近臣入便殿,見上所御處有禄詩數帙,蓋深喜之也。

壬辰六月,華亭之干巷隕霜。按晉咸寧三年六月,汲郡廣平、陳留、滎陽隕霜。梁大同三年六月,朐山隕霜。唐證聖元年六月,睦州隕霜殺草。元仁宗延祐四年六月,盤山隕霜殺稼五百餘頃。京房《易傳》曰:"興兵妄誅,茲謂亡法,厥災霜。"

書畫本高人之事,非讀書萬卷,胸中筆下無半點塵俗者不能工。李長蘅嘗與王昆翁云:"兒輩患不好畫耳,未有好畫而不肯讀書者。昔人云:'我常自教兒。'此非解嘲語。不然亦當如淵明詩云:'天命苟如此,且進杯中物'耳。"毗翁在西湖,見張女郎乞長蘅畫柳,題云:"斷橋堤外柳如絲,愁殺春風煙雨時。見説美人能愛畫,的應將此鬥腰肢。"法相一小僧亦乞畫柳,題云:"西湖煙柳斷腸絲,只合將來鬥翠眉。料得禪心應不染,也應和墨寫風枝。"

玄宰云:"臨帖如驟遇異人,不必相其耳目手足頭面,當觀其舉止言笑,真精神流露處,莊子所謂'目擊而道存'者也。"玄宰曾書《古詩十九首》,自鍾、王以至蘇、米,各擬爲之十九體。

簡文云:"會心處不在遠,翳然林木,便自有濠濮間想也,覺鳥獸禽魚,自來親人。眉公歲寒齋中大不容斗,而花竹娟秀,魚鳥近人,焚香啜茗,有象外之致。此非所謂會心不在遠者耶!"

眉公既橅子瞻《南華》《妙高》二帖,他日復得《煎茶》《聽琴》詩各一篇,玄宰亦得三《馬圖贊》,皆奇絶。會勒石已竣,藏之篋中。眉公曰:"君豈書家抵鵲村耶!"

楊有爲號九南,舉嘉靖己酉鄉薦。公狷介自持,壬辰長至前一日遘微疾,沐浴更衣而逝。以貧不能葬,孝廉張齊顔作文以求助于郡中曰:"廉侔陳仲,貧過原思,生平唯守一編,家業空餘四壁。足絶公署,當道至不識其姓名。高卧窮村,交遊莫得望其顔色。寧甘凍餓,特恥干求。生之年常并日而餐,死之日至藁棺而殮。又況天乎不弔,竟奪伯氏之孤;室有未亡,堪憫黔婁之婦。凡我同類,誰不關情?擬捐厚賻之資,以助薄葬之備。"言言皆實録,識者哀之。齊顔字伯復,萬曆己卯舉人。

張昉字元昃,號友蓮。公負雋才,力貧苦學,文宗歐、曾,五七言詩,典則有大歷風。尤長于真草書,臨摹山水,皆得晉元風骨。性不嗜王公大人之譽,故行年七十,無所知名。屠長卿思見之,先索書畫手卷,以醵金爲壽。公謝却之,卒不得見。陸伯達爲假僧寮一椽,時佐酒米,公曰:"此賢者之惠也,不妨我廉。"郡人兩高之。

馮元成曰:"古之文簡,今之文繁。古人碑碣志銘,苟無關係則不書。唐以來韓昌黎最爲大家,其志銘等文具在,寥寥僅一二百言了然,然當時且以諛墓譏之。至于今或一敍數千言,一傳數萬言,荆川所謂'山河大地,不能作架子,誠有味乎'其感嘆也。是故君子之文,寧損無益,寧慎無濫,寧拂人子孫,無違人月旦。"又云:"昔錢公輔甲科高第,王荆公作其母太夫人墓銘,但云:'子官于朝豐顯矣,里巷之士,以爲太君榮。'公輔意不滿,以書冀改。荆公云:'文自有真,不能改也。明一科甲,即市井小兒粗知詞賦者皆可得,何足道哉!故謂里巷之士,以爲榮名,天下有識者不然也。'"

華亭金山廟瀕海,乃漢霍將軍祠。相傳云:當錢武肅霸吴越時,嘗以陰兵致助,故崇建靈宫。淳熙末,縣人因時節競集,一巫方焚香啓祝,唱説福沴。錢寺正家幹沈暉者獨不信,心語譃玩侮,所善交相勸止,恐其掇禍。巫宣言詈責之,暉正與争辨,俄蹌踉仆地,涎流于外,若厥暈然。從僕奔告其家,妻子來視,拜巫乞命。巫曰:"悔謝不早,神已盛怒,既卒録精魂付北酆都,死在頃刻,不可救矣。"妻子徬皇無計,但撫尸泣守。暉忽奮身起,旁人驚散,謂爲强魂所驅。沈笑曰:"吾故戲諸人耳。"巫悚然前出,闔廟之人亦捨去。

馮五玉筮仕澄海縣,有一僧訟妻爲人拐去者,五玉哂其言之無當,笞而遣之。一訟田爲人偷去者,五玉曰:"汝田有何字號?屬何鄉保?"其人曰:"竟不知去向矣。"亦怪其言之不根,笞而遣之。事後訪之,五臺山僧世有婚姻,如大相寺僧妻稱梵嫂,則知有拐妻事矣。海邊潮水無常,人皆編木作筏,填土承種,或臨潮水洶湧,木筏漂蕩,無可尋究,則知有偷田事矣。二事驟聞之,俱屬可笑,徐審之,皆爲實事,是以臨民者必先觀風問俗。楊升庵有《海簰》詩,即葑田也,浮于水中,東西往來。

董玄宰家多姬侍,各具絹素索書畫,稍有倦色,則謡該繼之。購其真迹者,得之閨房者多。

唐仲言嘗過虞山訪錢牧齋,酒間,誦《兩都》《二京》《江海》諸賦,杜、白諸長篇,鏘金戛玉,琅琅不遺一字。

曹涇楊氏,藏蔡、蘇、黄、米真迹一卷。

山人馮雪竹,少喜爲詩,詩出而上海陸文裕亟稱之。與張通參遊匡廬、武夷還,而示歸震川遊詩一編,震川戲曰:"馮先生之雪竹,必求之匡廬、武夷間耶?"先生曰:"我甚愛雪竹,故人以雪竹呼我,因以名我軒。今我已老,匡廬、武夷不可復至矣,雪竹則何所無之?請子記之。"

孫漢陽工丹青,花卉尤稱絶技,爲人豪邁不羈。一日遊平康里,妓不相識,以衆人遇公。公忽挈其紅衫浸之水中,旋飛灑于羽帳,隨用筆寫絳桃一樹,閃爍豔麗,見者如入桃源。適維揚一大賈至,咋舌曰:"此仙筆也。"訊之,知爲漢陽戲墨,出重貲購之。從此伯樂一顧,而嫫母聲價亦頓增矣。想見前輩風流趣致若此。

吾松多奇童,宋存標子思宏,四歲即能書,六、七歲能作大字,今普照寺匾額,是其八齡時所書也。曹思邈子曄,後改仲暻,李愫孫暘,俱六、七歲能作草書。曹子酷肖其父。張溍子繼志,數歲善畫,居然作家矣。一時風尚乃爾,要其成就,正未可預必也。暘字寅谷,學憲李愫之孫,年甫六齡,善書,握筆甚固,能作大字。時撫按至松,皆延至公署,設席相款,抱之膝上,殊無畏懼,立書數紙,無不嘖嘖賞歎。吾松何多寧馨,豈峰泖靈秀所鍾耶!

松人呼素昧平生者曰陌面不相識,恐是"蔑"字,即《左傳》所謂"昔吾見蔑之面"之語耳。又稱事務爲"事際",按《南史》,王晏專權,明帝雖以事際須晏,而心惡之,註事際爲"舉事之際",二字恐出此。

眉公有雪堂古玉印,摹作印章。文湛持曰:"此印非眉公不敢用也。"

李本寧先生云:"譔述家學病不博,博又莫病于不雅。每掇菁英于類書,然自有類書以來,莫著于歐陽氏之《[藝](事)文類聚》,第其剪裁割裂,率更本謀。令尚古者每每寓目殘編,興懷完什,欷歔追憶,不能自已。邇來此種最盛,雜厠並進,雅俗不辨,求其通古今,鏡成敗,爲經世之具者,其馬氏之《文獻通考》乎？其上海王氏之續乎?"

萬曆辛亥季秋望後三日,馮元成至滇,宿九鼎山,去中州萬里。是夜月輪不改,清光倍明,先生賦詩中一聯云:"是時望後已三夕,瑶臺玉鏡無虧蝕。"何地遠而天象盈虛有如此異耶!

南京廊檐之外,各架軒市貨。朱蘭嵎未第時,曾與市人詬,誓毀之。及佐司空,與丁改亭清故道,凡室在衢旁者盡行拆毁。民謡曰:"朱侍郎,丁都堂,廢舊制,拆民房,刀兵起,作戰場。"先太僕時署光禄,上疏遂得停寢,以弭民亂。

湘陰宋端,成化間知華亭縣,以雲布一端獻其師華容黎侍郎淳。淳題其外封曰:"昔之縣令,拔茶種桑。今之縣令,錦上添花。"不受,還之。

萬曆壬寅五月,海風吹琉球夷六十至南匯,當路請歸之。有愛滅麻各門者,以疾物故,時郡守許周翰爲封而悼之以詩云:"白雉同夷骨,華棺送此生。鄉人哭盡返,異域塚旋成。宿草魂寧識,寒潮恨豈平。海壖風雨夜,徐市不勝情。"公又囑云:"願吾民羸博視之,勿毁棄也。"

王建《逍遥公谿亭》詩:"稀疎野梅人移折,零花焦花雨打開。無主青山何所值,賣供官税不如灰。"大抵園林興廢,足資傷感,如平泉告誡,不無遺譏後人耳。吾松顧正心建熙園于東郊,千金輦石,破垣而入,今其後嗣售花石以給薪水,買者以石鎔灰,所謂"不如灰"者,今直求爲灰矣。滄桑屢更,達人觀化,宜何如也。

眉公云:"文人之有硯,猶美人之有鏡也,一生相親相傍,莫切于此。"五月梅雨釀濕,不便展法書名畫,時出古硯拂拭洗滌,斯時眉公與玄宰有鬥硯之會。每每相見,輒嘆曰:"鬥硯不難于鬥畫哉!竟無勁敵耳。"

《孔子遺履圖》,乃宣和庫中物,題跋甚多。眉公亦寫二語云:"君子所履,小人所視。"

孫漢陽竹倣文湖州,蘭倣鄭思肖,時寫人物,兼帶梁楷,寫石兼帶米芾,寫水兼帶馬遠,縱橫點綴,皆有根據。其寫生古則趙昌、黄筌父子,近則沈石田、陸叔平,皆能抗衡。至于文房諸玩,隨意拈寫,不肖不止,十指間真有陶冶,雖宋畫苑諸名手,未能夢見也。所居東郭草堂,多列法書名畫于秋琳閣中,盤礴觴咏,客至如歸。退則游戲爲此,胸中無纖塵留翳,繼之者罕有其儔。今作《廣陵散》矣,一嘆。

陸平泉家世習農,稍長獨嗜書。其尊人驅就田,跣而耕,蘆刺入足趼中。事桔槔,仆而傷股,歸則挾書避人讀之。從杵臼間習爲文,拾殘紙録文以呈族兄某,驚以爲奇,勉就學。公父未之許也,乃館于吾里璜溪,時范中方亦館璜溪。嘗適范館,經屠肆,血湔公衣,公亦相忘。乃屠者瞠目而視,復有誚讓語,公亦知而勿問也。先贈公同野受業于公,知之甚悉。

眉道人嘗謂:"棋能避世,睡能忘世。然棋類耦耕之沮溺,缺一不可。睡同御風之列子,獨往獨來。善哉希夷,吾老睡鄉矣。"

東禪塔爲鐵崖小蓬閣之鄰,賈安宅戲題之曰:"小蓬閣西一管筆,著書今付鐵春秋。"

俗語有所祖,吾松謂愚者曰不知鼎董。《爾雅·釋草》云:"藬薡蕫。"註:"似蒲而細。"不知鼎董者,豈不辨菽麥意乎?

語不堅確曰活脱。《釋草》云:"倚商活脱。"註:"草生江南,高丈許,大葉,莖中有瓤,正白。"活脱者,豈靡然如草意乎?

熟習者曰熟脱。《法華·文句記第一》云:"但成佛時而熟脱之。"

人來而避曰閃。《説文》云:"陜(音□),不媚前却陜陜也,閃作陜。"

手推曰搪。《方言》:"搪,張也。"《廣雅》作:"揨,云距也。"

物之鎔釋者曰洋。劉熙《釋名》云:"餳,洋也。煮米消爛,洋洋然也。"

擘橙橘之屬曰扒。《廣雅》云:"扒(音八),擘也。"

隱迹曰畔。陳後主時謡云:"齊雲觀,寇來無處畔。"

手取物曰摣(音查)。《方言》:"凡取物泥瀆中謂之扭。"或作摣。劉熙《釋[名]

(文)》云:“摣,义也。五指俱往也。”

事穩曰妥貼。杜詩:“千里初妥貼。”

餽人曰作人情。杜詩:“粔籹作人情。”

珠曰珠子。相如賦:“明月珠子。”

少年曰後生。《儀禮》:“兄弟之後生者,舉觶于其長。”

座主曰老師。《子華子》云:“天下老師先生,端弁帶而説。”

官之有職掌者曰管事。《李斯傳》云:“管事二十餘年。”

物之闊者曰扁。崔融《大禹碑》:“螺書扁刻。”《後漢書・東夷傳》:“辰韓人生子,皆以石押其頭令扁。”劉禹錫詩:“壓扁佳人纏臂金。”

田畔曰田頭。《後漢書・王丹傳》:“載酒殽于田頭大樹下。”

所以閉門者曰閂(音拴)。范石湖《桂海虞衡志》:“閂,門横關也。”

不正曰差(去聲)路。唐詩云:“枯木巖前差路多。”

貌不颺曰鄒搜。大慧禪師自贊其像云:“鄒搜斂似天。”

蒸棗以桐油入五色緣飾曰油(音牗)。蔡襄《茶録》:“珍寶油其面。”自註:“油,去聲。”

生子曰養。《韓詩外傳》:“王季立而養文王。”

扶持曰擡舉。白樂天《高荷詩》:“亭亭自擡舉。”

負而不償,許而不予,皆曰賴。《晉語》云:“已賴其地而又愛其實。”

虚而少實曰空頭。《北史・斛律金傳》:“空頭漢合殺。”

習氣曰毛病。黄山谷《刀筆》:“此荆南人毛病。”

匠斲木而復平之曰鉋(去聲)。元微之詩:“巨礎荆山采,方椽郢匠鉋。”

牽船之索曰彈子。《癸辛雜志》云:“鍾會呼捉船索爲百丈。”註云:“百丈者牽船篾。”

熱而不甚曰温暾(音吞)。樂天《開元寺詩》:“池水暖温暾。”

博戲者立一人司勝負曰頭家。唐英華、薛恁有《戲樗蒲頭賦》云:“鑒坐中之奔北,非爲席上之司頭。”

濕飯曰爛。《爾雅》云:“摶者謂之糷(音爛)。”

有所倚曰靠。范政明《岳陽風土記》云:“江道回曲,或遠或近,雖無風濤之患,而常靠閣。”

枇杷之枇(音琵)。張祐詩:“生摘枇杷酸。”

物之柔潤曰滑撻。東坡《秧馬歌》:“聳踊滑汰如鳧鷖。”公自註云:“汰音撻。”韓昌黎《答張徹詩》:"磴蘚澾拳跼。"注曰:"澾,滑也,音闥。"姑舉一二,以志其概。

余請乩仙,有柳仙自述因果云:"我本隋煬帝遊江都時所植堤柳,然我豈敢爲妖? 只因有一宫女名媚娘者,爲帝賜死,埋我之左,陰府憐之,未收鬼籙,遂假魂于我,遠近皆來致禱。後遇大唐狄梁公斥去淫祠,我遂投在民家。其家適遭回禄,棟瓦俱灰,而我以餘靈未息,宛然無恙。蓋此時媚娘已去,我獨因人民拜禱,聚爲精魂,衆人之靈,即我之靈也。時梁公已還朝,民復褒祠我,我享血食數十年,厭處人間與俗子爲交,飄然有凌雲之思。我本非仙骨,不能飛昇九天,聞雲房祖師與我師鍊藥島上,我于雷雨中附龍尾飛去,獲見我師。師以我在江干,雖受享祀,未嘗爲孽,遂置我于座下,終日聞道,得餐雲霞并諸仙靈藥。我自是隨師步趨,往參北斗,我始得隸名仙籍,與桃花仙同位。今人不知此因,謂我爲妖,故師收我,何不思師道最尊,豈以妖爲弟子? 況如祖龍、漢武,百計求仙,未嘗一遇,正以彼凡心未脱,故相乖阻。我本輕世,得奉仙踪,幸君聞我言爲我立傳,我當有以報君也。非獨白我前因,且以示凡心未脱者,此亦我師意也。昔紫姑神欲託子瞻以不朽,媿余不足爲仙重,然亦何惜尺寸紙,不使世人知乎! 紫姑神名何麗卿。"

癸丑歲,曹介人在京遇利西泰,問利公尊庚幾何,答云已無五十。時公正五十,云無者爲已往也。接其論,多奇致新趣,正如腼膏炙炰之後,而忽進以水陸草藻,嘗者當自味也。介人爲刻《畸人》十篇,是亦公之《桓譚》矣。又遇一短人,長不盈尺,與介人酬酢,彬彬不失賓主禮。時有一老嫗爲之應對,向老嫗曰:"曹相公南方人,須看好茶。"按《漢武故事》,東郡送短人長七寸,名巨靈。《神異經》西方有鶴民國人,長七寸。《山海經》東北極人長九寸。元至正乙巳,平江金國寶袖腊人出售,長六寸,五官俱備,鬚髮色黄,間有白者,遍身黄毛長二分許,乃男子也。相傳至元間世祖受外國貢,以賜國公阿你哥者,無何即死,因剖背剜去腸臟烘乾,至今無恙。意介人所遇者,殆其儔歟!

夏嘉遇字繩北,華亭人,庚戌進士。初授保定推官,擢南吏部主事,補北吏部員外。以事忤魏閹,謫配于平望驛爲胥靡,竟死于配。崇禎登極,湛恩死事之臣,嘉遇獨遺焉。夫平望在鴛鴦湖畔,唐張志和昇仙處,得嘉遇一死,又增此地一故事矣。茅元儀《二十八忠》詩曰:"千載郎官拂袖歸,白鷗移向釣魚磯。羞同傅説乘箕尾,好伴元真共席飛。"

眉公與元美王公游弇州園,元美執酒四顧,咏謝靈運詩云:"中爲天地物,今爲鄙夫有。"眉公戲問曰:"輞川何在? 蓋園不難,難于園主人。主人不難,難于此園中有四部稿耳。"元美樂甚,浮眉公大白。

陳眉公于己酉冬日訪超果寺覺虛師，作草庵楣柱聯贈之："佛法無多子，人生有幾何？無法爲人説，將心與汝安。少不如人今老矣，我無隱爾何言哉！"

松有從蜀歸者，述成都居民七十萬户，自鼎革後僅存六十餘家。相傳北兵臨城，流寇張獻忠盡屠居民而去，自云"讓國不讓人"。

唐仲言同朱敬韜北上至徐，問季札遺迹。有草一葉特起作挂器狀，土人言此草生無定處，歲必易所，亦奇草也。

松江墨刻六種，其一爲元宋仲温《戲書趙子昂舟中蘭亭十三跋》，真楷行草蠅頭小書，大小不一，舊藏華亭沈民望家。正統中，吉水楊政惟効以侍御改松江司理，令善書者摹刻于郡，後有訓導會稽陳賓跋。一爲章草書杜甫《前出塞》詩九首，吴僧善啓舊藏此本摹刻于寺，其字絶佳。一《與俞仲几書》，亦鍾字，今爲仲几諸孫俞珙勒于石。一趙子昂行書千字，絶佳，惜碑破碎，今翻刻本有僧善啓跋。一子昂真書《鐵佛寺鐘銘》，絶妙，在鶴沙報恩懺院。一鮮于伯機真書千文，亦佳。以上皆郡中碑，今不可攷。

倪瓚送虞勝伯之雲間，求雍公先生遺書，云："虞勝伯徵君，隱居行義，家甫里，垂二十年，不以名姓求知于時，道園先生其從叔祖也。先世雍公遺文，道園欲求不得，勝伯必欲以意購取之。聞此書藏松江俞子中推官家，俞已没，而子俊州尹，其弟能假以歸勝伯，非仁人義士之存心乎？州尹我故人也，因書以爲之請。陶蓬大尹見之，當有以教我也。詩云：川谷沄沄逝水波，雍公勛業未消磨。况當異代求文字，尚有文孫校舛訛。京國不聞收汗馬，草萊終見没銅駝。誰陳聖主賢臣頌，奈爾陰山《勑勒歌》。"

近來孝廉見郡守，皆穿花員領，唯禎稷徐公獨服舊袍。維新許公特與揖曰："君真世家子也。"又有見縣公者，風揭紅衣鮮麗，熊令劒化一見即出。或訝之，熊曰："適賓館中有婦人，不便周旋耳。"

郡守岳貢方公，號禹修，湖廣襄陽人。在郡十三年，清操嚴厲，頗著丰裁。以郡守拜相，實出特簡。未幾，遭甲申之變，殞于賊手。子幼家貧，松人憐之，迎其櫬葬于華亭之五保。

朱司業大韶，多蓄古玩，以教子昇天玉杯爲冠。卒無嗣。婦家陸氏搆訟及其弟大英，禍且叵測，大英出寶玉爲請，訟稍解，竟擬戍。後大英子本洽登癸丑進士，官比部，上疏白寃，榮贈得如例。適陸氏子爲少年所誘，繫松郡獄，其叔詹簿過松，通姻好，歸前璧，并侑千金。本洽焚黄時持杯酹父像，立碎之，仍捐金置田，以餼學宫。比部得復父寃，一時稱爲孝子。詹簿幹蠱，亦並賢之。

此二杯乃宋徽宗時物,後入大內,爲劉瑾偷出,以贈旅溪尊人憲副公,以報其獄中周旋之德者。文石爲旅溪姪,故得之。文石亡後又無子,爲弟文泉所得,更有一玉戒尺,後歸早服。(《葭士記》)

馮南江所善友張永思,博學善楷書,與徐文貞亦文學交也。永思年七十,有節母年九十餘矣,馮常召飲不赴,間至亦僅嘗一味,曰:"母所未啖,某何忍食?"馮知其意,每召張必先以膳遺其母,張受而供母,始退而赴飲。孫汝霖,亦能孝謹,動繩禮法,里稱善士。

馮泰事母最孝。一日之京師,中途忽思母,即命返棹。其曾孫師程事孀母,奉養備至,每食視母爲進止。母好施,一一給之。卒後有一猫卧其柩下,四十九日始去,墓田苗生五穗,人以爲孝感。

徐侍御宗魯,父病瘍甚劇,公徒跣風露中,覓醫藥不得,仰天大哭。恍惚有神語曰:"八角井邊有金絲草,可爲膏而治也。"得之果愈。

國初詩人黄仲琪,贈謝員謫吏臨洮有詩云:"九霄風翮舉清秋,萬里飄然汗漫遊。莫謂流離舍初志,即看登用納嘉猷。黄河太華供詞筆,紫鳳天吴在客裘。及早歸來拜家慶,故鄉終不似并州。"

楊基將歸吴中,留書雲間齋舍云:"讀書喜逢明主知,直節不受儒官欺。男兒自當萬夫敵,少壯恥爲童子師。江總還家何草草,仲尼去魯獨遲遲。子雲亭下春消息,白雪梅花開一枝。"

李空同云:"松江陸子儼山,以予久不造謁,遂蒙嘲咏。然陸子往許以小楷《南征賦》貺我,久亦恪焉。予得反嘲戲之,兼詢後約。"詩云:"甚欲來餐張翰魚,只緣難换會稽書。關西夫子莫浪謔,北海先生久索居。"

黄憲明與顧文僖柬云:"來諭云:府主留修郡志。夫志者所以志一方之事,凡人物、風俗、政事、賦税之倫,無不該載,即古之一國史也。前輩修者間雜以私,致後之觀者不甚信服。今執事于是非筆削,可不加意于其間乎?且執事行將入閣,而操天下刑賞之大權,于此亦小試耳。謹拭目以俟,幸毋使後之視今,猶今之視昔也。"

張拙字汝吉,能詩,善篆隸,隱居不仕,陸文裕引爲善友。嘗和陸《白槿》詩,陸大擊節,推爲擅場云。詩曰:"懶隨宫女候羊車,欲嫁潘郎鬢已華。誰向上林承雨露,自甘僻壤飽烟霞。幽情肯許題紅葉,澹影常教占白沙。却笑阿嬌金屋貯,最深恩寵不藏瑕。"

何元朗著《語林》,悉依《世説》分類,語雖不及義慶之俊,注實可方孝標,不下樓者十九年。今板燬于火，好事者宜重刻之。王元美摘《世説》，取《語林》補之，名《世説新語補》，人愛其簡便，遂相争買，二書全部，遂不甚行矣，亦天地間闕事也。嘗記元朗效白體一律："行樂難逢在晉京，人生那得俟河清。只教世去難忘酒，縱使貧來不廢情。粉黛連宵皆好月，管絃逐日有嬌鶯。天公倘與百年活，肯向西方覓化城。"此與香山絶相似。

張次璧演《雙真記》成，朱敬韜謂其譏己也，心甚銜之。會直指路公按郡，跪門訟之，直指付之一笑，不之問。諸鄉紳欲稍全朱體面，取板劈碎之。朱曰："板雖劈，如蒙恥何？"張茂卿聞而笑曰："辟則爲天下僇矣。"

郡守閻月川，以洳松時年近七十，尚有九旬之母，夜則就母榻而卧，伺母聲息以爲安。後讀《闇然堂雜纂》，亦極稱其孝行。

包前石，蒙泉子也。病篤時倚几上，眉公往候之，問所苦，曰："背疼。"曰："何不用醉公牀？"答曰："先公未嘗用此，吾何敢用？"其孝如此，亦不愧乃翁乃叔矣。

袁太沖同二縉紳在賓館中，坐久。一曰："司馬相如日擁文君，好不樂否？"一曰："宫刑時却自苦也。"袁閉目摇首曰："温公吃一嚇。"

張夫人王鳳嫻《送夫入京》詩云："西風吹妾千行淚，明月隨君萬里行。今夜推窗望南北，不知何處是金陵。"《掃夫墓》詩曰："荒塚狐狸啼月夜，孤舟嫠婦泣黄昏。今宵若遂同遊願，省得明年又斷魂。"

眉公云："余幼時見端溪硯有三種：曰巖石，曰西坑，曰後歷。石色深紫，襯手而潤，幾于有水，叩之聲清遠，石上有點，青緑間暈圓小而緊者，謂之鸜鵒眼，此乃巖石也，採于水底，最爲貴重。其次則石色亦赤，呵之乃潤，叩之有聲，但不甚清遠，有鸜鵒眼，色紫緑，暈漫而大，此乃西坑也，土人不甚重。又其下者，石青紫色，向明側視，有碎星光，照如沙中雲母，石理極漫，乾而少潤，叩之聲重濁，亦有鸜鵒眼，大而偏斜不緊，謂之後歷石，土人賤之。西坑硯三當巖石之一，後歷石三當西坑之一，則其品價相懸可知矣。自三十年前，見士大夫言，亦得端溪巖石硯者，予觀之，皆西坑石也。邇來士大夫所收者，又皆後歷石也。豈惟世無巖石，即西坑者亦不可得而見矣！"

楊抑齋在告時，有日者對陸宗伯曰："楊公爲門下同年，其命當死國難，公勿勸之出。"宗伯曰："此公已無宦興，安有此日，而言悮矣。"一日楊忽投刺别宗伯還朝，宗伯心動，且知公意已决，不可復阻，猶疑星術之言，未必奇驗。已而聞變，宗伯爲之憮然，悔不豫引日者之言而力挽之。

唐仲言在陪京，與李本寧太史結詩社。時李年將八十矣，每寒夜懸一燈于帳中，使兩妾卧身之兩旁以煖體，公則閱書，至二更餘方卧，其老而好學如此。時焦弱侯亦與仲言連詩社，每邀仲言飲必入内，婢妾俱在列行酒。公壽至八十，是日攬揆，賀客滿堂，置酒演劇，夜半無疾而逝，若仙家之尸解云。

山東一貴人，中年無子。後生一子，頭面俱好，上身有肩無臂，下身有股無腓，然有陰。貴人以艱于舉子，乃留之以爲人種。及長，仍有男女之欲，因爲娶婦。每欲交合，抱置腹上，一婢捧其臀而推之。後果生男，身皆完好。此君坐與客語，極有致趣。又喜觀打獵，家人抱上馬背，亦能夾鞍而坐。一日馬跳過坑塹墮地，家人馳救之，體無傷也，里人呼囫圇鷄。此貴人與許稚則同年，稚則轉述之唐仲言。

華亭八保有一乞婦，有足無臂，以足穿針，自爲縫補，但不能動剪刀耳。欲便水火，其夫扶抱之。比部郎張某曾言一人有手無足，執兩木橛而行，能登華山絶頂，亦一奇也。

嘗記范香令了願事已數年矣，因范得禍之慘，并備載其始末云。香令初號老子，其爲人輕儇跳躍，狂態可笑。時雖登賢書，人猶以頑童目之，老子本非范出。初范氏有女嫁于姚姓，不期年而夫死，有遺腹，其姑待之虐，故不欲歸姚而歸于母家。密語其嫂曰："我知嫂亦有身，我若生男嫂生女，必易之。我何愛于姚？而繼其祀也。"未幾嫂果生女，而已所生者男，祕不令人覺，密易之，而姚氏子竟爲范生矣。及香令舉于鄉，姚姓有族長號蜃樓者，年老而惷，不料事不可爲，而訟之于官，言香令實姚氏子。香令怒，于當路處極言其妄，痛責之，姚老不能勝，竟死于堂皇下。後香令歷官至廷評。居家，夏月坐庭中，有家奴劉龍者，香令收其兒媳，没其家資，非當也，龍忿之，藏刀袖中，詭言入謝叩首，立刺香令，并刺其母。母先死，香令經宿而卒，亦上海一大變也。香令未被弑之前二日，邑人有請仙者，久之不至。已而忽大書曰："天遣勘逆子惡婦事，故遲耳。"未幾，而范氏之變作。彼劉龍者，其亦天假之手耳！

英宗命修《大明一統志》，以備一代制作。萬曆間，復取府州縣新創者增入之，既大備矣。然郡縣標名之始，則未詳也。張叔翹查攷各郡邑所經歷，原其始而詳志之，名《幅員記略》，此書惜未刊行。

張七澤言三衢有白果樹六株，枝葉無異，每歲果生時，即于皮中腫起，其大日增。至果熟時，取刀劃破樹皮而出之，多可得數石，味亦如常，名曰胎生果。

有一產婦，兒久不下，遣僕迎沈虚明先生。時虚明方宴虎邱，不能應召。方秋時梧葉滿庭，沈因拾取數葉授其僕曰："可持歸去，煎湯飲之，兒即下矣。"已而果然。人問其故，沈曰："醫之爲言，意也。梧葉得秋氣而落，煎湯飲之，產亦宜然，非有他也。”沈兼通儒書，全部《綱目》俱能口誦，此真異人，不當以方技目之。

龍門寺楊鐵崖《聽雪軒》詩：“老夫聽雪龍門寺，淅瀝霰鳴飄雪多。龍噴雨花天作瑞，象占雲葉氣生和。月明蟹過銀沙岸，風細魚沉玉海波。萬籟一空天地老，誰憐聲色老婆娑。”

南京刑部侍郎徐必達，家居，病且革，呼其子語曰：“頃有兩青衣如伍伯狀，執我至一處，宮闕巍峨，殿上一人衮冕而坐。青衣逼令予跪，予不肯，青衣呵曰：‘汝尚不知冥府神殿，上坐者閻羅也！’余不得已而跪。王初以好言相慰勞，尋取惡簿檢閱，即拍案曰：‘汝在世爲官，奈何有許多惡迹？’余不服，王以簿擲示之。余覽畢，因訴曰：‘實者固不敢辨，但其中多有不知者。’王曰：‘汝既在官，舉族作惡，罪狀皆歸于汝。’余不敢言，但請曰：‘我爲官豈無一善可録？’王復取善簿示之，凡二十事，俱用淡墨書之。王曰：‘汝若有意爲善，則用濃墨書矣。今淡墨者，皆偶合者耳。雖然，據汝惡迹，應判爲蟲蟻。今既有此，改判爲牛，力作贖罪，還汝人身。’”言訖，口如牛鳴而逝。此乃徐里嘉興人所説，因記之。

華亭令王廷錫，武林人，有二姪，居清波門外。長爲諸生，次布衣，有强力，與人謀必盡力，晝與人往還，夜則爲冥府判官。人覺其異，因問冥中事，王曰：“我必請諸冥王方敢述。”居一日，語人曰：“我已請矣，曰勸人爲善者，不妨陳之。未來之事，不許泄也。”憲副錢從卓有女早殀，問王曾託生否，王曰：“我見之矣。入門先令斷其兩足，乃下獄。”錢泣曰：“何用此慘刑？”王曰：“因其生時以白綾裹足故耳。”其嫂係文學妻，求隨叔一觀冥司，王曰：“嫂往恐驚怖不便。”强之，乃令嫂卧，攝其神以往。令兩冥役掖之行，果見枷鎖者無數。冥役從後一推，驚而覺。此語聞之武林人，特記之。

泗涇李宜散，諱儒，正德辛未進士，官南刑部郎中。有二女，長爲唐士雅祖母，次爲姚龍津夫人。一日携二女行大浦中，忽見烟雲四合，疾風大作，見一黑龍下取水。公與二女坐舟中瞷之，相去僅數丈許。龍首下垂，龍尾上指，鬚髯開張，目如懸火，略不見其作用。水從上奔，如萬具桔槔戽水聲。食頃而去，真若天崩地裂，倒海傾河。舟在岸傍，絶不摇動，非神龍之默護耶！

宜散係大行王公之壻。王嘗出封，乘肩輿行深山中，遇兩虎，僕從皆棄輿奔竄。公坐輿中，衣冠整肅，虎至就袍而觸者數次，乃去輿丈許，相對而哮，山石震動。騰躍而去，僕從始返。公封王畢，即致政歸里，亦以驚悸成疾矣。王、李俱名流，一瞷龍髯，一脱虎口，亦大奇也。

張溪一友人家有蜂房，高可尺許，如七級浮屠狀。每層及寸，有棟有柱，宛然殿形。頂結螺髻爲覆，周遭細起，皆如片雲，極製作之巧。吴寧文爲作記，特詳悉焉。近康熙二年，六保地方民家有一蜂房，結成宫殿樓閣，工巧異常。余友蔡飛梁目擊。

眉公《八音詩》："金谷花明日正長，石牀冰簟碧梧涼。絲成步障開雲錦，竹擘雙簫吐鳳凰。匏葉翩翩緣水岸，土花點點綉山塘。革除俗事惟開卷，木几閑披一兩行。"

顧東江典南都試，夫人有姪與試，覬推惠得關節。夫人伺先生浴，親供盥濯，遠童婢，乘間因請于先生。先生張目摇首曰："夫人勿輕言，恐有鬼神聞之。此係王家重典，造化主張，我何敢妄爲也？"夫人慚懼而退。

徐文貞嘗言："我生平自誓三不敢薦：薦醫係人之死生，薦師係人子弟之終身，薦婚姻係人子女之一生休戚，故皆不敢。"旨哉斯言。

隆慶庚午，南昌衷貞吉守松江，録科偶遺一二名士，求補甚難。衷曰："天下無場外舉人，即我不明，亦子之數，録而不第，徒勞何益？"此確言也。

徐洪道係七寶人，家居吴門，其所佩玉環甚鍾愛者。適客成都，泊舟江漢之湄，蚤起盥濯，悮墮于江中，鬱鬱不樂，念之不置。後屬玉工配之，意無愜者。一日之閶門，見江右商人盤中一環，頗類己所失者，即以善價易之。因訊其所由來，曰："往于江邊泊舟，值水涸，從灘頭亂石間拾之。"夫以寸環而失諸江漢之險，隔吴蜀幾千里之遥，入于異鄉游客之手，究竟不失爲故物，事亦奇哉！乃知天地間得失離合之數，大都類此。

萬曆庚戌，上海一民家娶新婦曹氏，年十六，其父母住虹橋，當吉日，宴而嫁之。其嫂餽以茶，方授受間，盞忽中裂，各持其半。已而女登輿出門，室中有數鬼號聲不已。抵夜分，行至百步閘口，女已覆舟，而男女隨從同溺死者三十七人。蓋百步口爲黄浦支流，湍悍而渾濁，不宜有閘。閘則衝激勢横，積沙内壅，以故舊不置閘。上海令悮聽好事之議，而一時縉紳又多爲風水計者，遂與附和成之，徒耗萬金，反爲民害，數年間破舟覆溺者不計其數。而曹女之禍，特舉其一耳。幸而閘口旋亦衝塌，郡邑知其爲患，寢不復修。然前此之禍，則已無及，豈非好事與營風水之咎耶！故仁人君子，必不可輕舉妄動，以貽禍階，慎之慎之。

松江舊屬，止華、上二邑。嘉靖中割華之北、上之西數保，添建青浦，而隨有兵荒相繼。時徐文貞在閣，主議革之，仍以其地還之兩邑。萬曆初，復言兩邑北鄉多負税，蔡汝賢爲給事，建言復之，意實爲故友朱省祭房業計也。文貞家居謂所親曰："昔我議革，人或呰之。今者議復，人或幸之。呰者謂其不便于己，幸者謂其便于己也，然皆非計也。此昔而裁當者，將來必思我之革。而尤蔡之復，但恐無救于民耳。”後果不三十年,而四郊凋[敝](敞),民不聊生矣。夫松之北鄉,皆瘠土荒區,以是民多逋負。自兩縣割分,亦欲一體征徭,民亦何堪?且增一縣冗費,是以民不能支,十室九空,莫不服徐而憾蔡矣。乃知老成謀國,自有達識遠猷,非新進書生膚臆所及也。此青浦興革利弊之炯鑒,生事喜功,仁人所戒。

周萊峰先生喜談理學,篤信經傳,與陸平泉言,輒舉濂洛諸大儒語,旁引曲證,娓娓不休。其與李中條往返尺牘,不下數百幅,多玄言梵語及品鑒書畫,鑿鑿有據。蓋先生博雅清修,刻意問學,以是善病,猶好之不置。年未五十,已修文地下。今牘中所謂“結生死緣”,“催玉爐鉛汞飛去”者,多自悼云。

# 卷　七

世人多沉湎慾海，眉公詞云："紅顔雖好，精氣神三寶，都被野狐偷了。眉峰皺，腰肢裊，濃妝淡埽，弄得君枯槁。暗發一枝花箭，射英雄，應弦倒。　病魔纏繞，空去尋醫禱，房術誤人不少。這煩惱，自家討，填精補腦，下手應須早。快把凡心打叠，訪仙翁，學不老。"

張東海柬高崖山曰："山林之興短，猶勝市朝之味長，恨不即斷塵鞅，與公屑石而餐，席雲而卧。"

眉公《郊居樂》云："垂楊小橋，紙窗竹屋，焚香燕居，握書一卷。客來則尋常茶具，本色清言，日暮乃歸，不知馬蹄何物。"

昔人欲避暑曰："泰岱松何如洞庭月？峨嵋雪何如瀟湘竹？"余應友人曰："更得元龍百尺樓，卧以檀香青玉枝，樂不樂也？"　緩步東皐，有個幽人書屋，啓雙扉，庭除方幅。前牕喬木，後窗修竹。轉西廊，别藏巖谷，小澗低橋，寒碧落紅相逐。坐亭軒，菁葱膏沐，花屏蝶宿，柳塘鴛浴。掃庭除，彈琴一曲。　山居勝于城市，蓋有八德：不責苛禮，不見生客，不混酒肉，不競田宅，不問炎涼，不鬧曲直，不徵文逋，不談仕籍。反此者，是儈牛店販馬驛也。　居山有四法：樹無行次，石無位置，居無宏肆，心無機事。　《山居吟》云："紅蓮米，紫蒓羹，飯後摩腹東村行。村中有古寺，松竹多縱横。與僧博弈罷，溪閣忽秋聲。網三魚，射三鶯，蔌既陳，酒復清，採菱剥藕供先生。不衫復不履，無姓亦無名，如此真率味，休傳到市城。"　風雨颯時晴，荷葉青青。雙鬟捧着小紅燈，報道緑窗廊底下，蕉葉分明。　枕簟嫩涼生，蘭蕙香清。朝來新吐百餘莖，撲得流螢飛去也，團扇多情。　落紅點苔，可當錦褥。草香花媚，可當嬌姬。莫逆則山鹿溪鷗，鼓吹則松聲鳥囀。和根野菜，不讓侯鯖。帶葉柴門，奚輸甲第。此砥世語也。　背山臨水，門在松陰裏，草屋數間而已。土泥墻，窗糊紙，曲床木几，四面攤書史。若問主人誰姓？灌園者，陳仲子。　不衫不履，短髮垂雙耳。携得釣竿筐筥，三頭四尾，九寸鱸，一尺鯉。菱香酒美，醉倒芙蓉底，旁有兒童大笑。唤先生，看月起。　萬緑陰中，小庭避暑。洞開八闥，几簟皆碧。忽聞雨過蟬聲。風來花氣，不覺令人自醉。

顧龍涯嘗以冬月詣張王屋，王屋著羅衣出接，因問曰："寒月何爲服此?"王屋曰："我有口占，誦與君聽：人生七十古來稀，滿腹文章不療飢。兒孫自有兒孫福，老夫含淚著羅衣。"時先生子孝廉洞庭公已卒，孫岱淵冬温之禮有闕，未幾以春闈下第，歸至鍾賈山，望家不能到，卒于舟中。人每以此事議之，謂非享爵禄之器也。張氏三世孝廉，兩世不仕而卒。三世子念諱藎臣，任長樂令。

王屋有《薄粥》詩云："薄粥依稀三兩甌，鼻風吹動浪花浮。分明一派西湖景，只少漁人下釣鉤。"有《晏食》詩云："東廊走盡又西還，日過中庭尚未餐。寄語夷齊休遠遁，此間便是首陽山。"

張聖清造一舟，名曰自在天，凡釣竿、詩卷、薰籠、隱囊，以至尊罍、管絃之屬，無一不具。客至，命酌酒一觴，棋一局，醉則命侍兒迦陵弄新聲，聖清按紅牙，倚紫簫和之，渺渺度烟際而去。

眉公云："余置一小舟，白板朱闌，垂以細簾，横敞半窗，可以受月當風。中着松几，有爐爇香。有瓶供花，詩卷酒罌，筆牀茶椀，具體而微。布帆二丈許，畫冷雲瘦鶴，順風而翔于蘆花楊柳之間。"

洪九霞《家居十二戒》：卯辰飲酒，未晚脱巾，近午梳櫛，向三光及西方溲溺，信口穢罵，喜訊傳説陰事及訛謡妖語，箕踞横股倚跛而卧坐，當食發嘆，見客不長揖，聚談淫褻及食案戲劇，詆毁人事以佐談鋒，妄想不可爲不可必得之事。

錢鶴灘云："天下有二難，登天難，求人更難。天下有二苦，黄連苦，貧窮更苦。人間有二薄，春冰薄，人情更薄。世間有二險，江海險，人心更險。知其難，守其苦，耐其薄，測其險，可以處世矣。"

先别駕惺宇公，以《詩經》中隆慶應天丁卯榜。先太僕懷野公，以《禮經》中萬曆己卯榜。别駕公自榜其堂聯云："賦獻兩朝，世際聖明沾雨露。奎聯二卯，家傳詩禮振圖書。"其林下聯云："青山知我宦情淡，明月照人歸興長。"

盛彦忠，廣林人。元末年爲華亭丞，開白茆河，清江貝瓊作歌贈之曰："山東未息馬，山西尚揮戈。急起州縣兵，北開白茆河。海風裂面天雨雪，山高水深不見月。萬人鑿土如鑿山，河邊死者誰收骨。白茆河成如白虹，百里直與昆明通。將軍不待驅鬼書，平地遂作魚龍宫。問誰愛民如愛子，華亭盛侯古莫比。昔去今還悲莫喜，非汝身爲白茆鬼。盛之德，河之水，千古萬古流無已。"

曹介人藩云："主人翁田産財物與六種共享，謂水、火、盗賊、貪官、不肖子、刁奸奴也。昔人戲稱富翁爲六一居士，亦善謔矣。但滔天之水，目所未睹。燎原誠可畏，豈能延燒隴畝？緑林豪客，力難席捲。墨吏數十年或一見。刁奸奴果善耗主金錢,鼠張狐假,然擯之逐之,操縱在我。唯家有不肖子,非愚實愚,非頑實頑,非狂癡似狂癡,自謂智慧足以拒諫,脣舌足以飾非,奇計惟聾瞽父母,而十手十目所指視,悍如也。路人已燭其底裏,父母衹得其梗概,恬如也。微諷之,懵如也。法語之,褎如也。訓誨毫無悛改,遽棄之,則恐相去不能以寸。擯逐之,未免葛藤不斷。訟于官而以三尺繩之,又不忍見其觳觫。朝思暮算,絶無長策,呑聲飲恨,相與没齒。家資眼見糜爛,烝嘗定爾斷絶。視水、火、盜賊、貪酷、刁奸諸種,貽禍最慘。不肖子年及垂髫,父母非不知其敗類也,姑寬之,冀其改圖。既而日恣,稍箠楚焉,遂相夷矣,父母無可奈何。又慮其玷家聲也,曲爲隱蔽,冀其内省。不肖子不知父母之苦心也,跅弛如故,甘居下流,擅舉祖父約束而踰越之。輒自負曰:‘我能跋扈,何勇也!’阿家翁權作癡聾,乃反竊笑曰:‘老兒何憒憒若此。’父母諄諄訓之,舌僵唇腐,筋骨倦矣,又自喜曰:‘吾親懦,令不行矣。’凡憲典所禁,與名教所不容之事,亦請嘗試之。今日踰垣,明日胠篋;今日開騙局,明日弄機關。形迹大是敗露,面無一點赧容。惟厭父母在堂,礙其手足,旦夕跂望父母棄世,冀得專其家柄。及至父母甫亡,訑訑然自鳴得意。粥不歠,面不深墨,嘻笑一如平時。麻衰竹杖,視爲弄具。有數日不及殮,以致親之耳鼻爲狗彘食者矣。有陳酒榼于柩上,戲呼柩中人盍起而猜枚者矣。有卧柩側,而高腔短調者矣。喪事匆匆,亟圖分析,曾不顧魂魄之在殯,而脊令之在原者。屋廬惟求完整,田畝惟求多得,或賂遺田奴,希得膏腴者。凡父母日用細瑣諸物,靡不懷挾提挈以去,紛紛藉藉,奔馳于道路,宛如遭逢亂離逃亡景象。親鄰宗黨,共爲姍笑。不呼之爲葫盧爺在郎者幾希,因睨而視之曰:‘此兒盡堪我輩魚肉也。’共挾技而投之,期于必中。或呼盧,或長夜飲,或充闈闥,或逐狗馬,或妓女,或孌童,或骨董,或侈宫室,或擴苑囿,或築爐養汞,或陷之繇役,而令其策應不給。或陰説以行爲骫法亂紀,而默操其死命。或慫恿之鬩墻,使剪其羽翼。乃復競煽浮詞,大興訟牒,奔走郡縣之庭,無時休息。居間于縉紳,彼則十抽其三、四;打點于胥隸,彼則幾與爲瓜分。嚇詐欺騙之術,愈出愈奇,神驚鬼駭,不肖子猶怡怡然,如燕雀之處堂而不自覺也,家室且若埽矣。于是初粥書籍畫品而食,稱爲蠹魚蟲;賣田而食,稱爲蝗蟲;售房而食,稱爲白螘。及其終也,粥奴僕而食,稱爲大蟲。至于大蟲,而不肖子之計亦窮矣。猶號于人曰:‘父厚藏,兄某得之,我無得也。弟暗襲之,我無幾也。’宗黨親鄰,罔不掩口而笑。輕之如草芥,賤之如犬豕,厭惡之如糞壤。不肖子猶復蒙袂輯屨,貿貿然來,踵先世交知之門而跪乞曰:‘一時無奈,願念夙昔舊誼,以賜少許度日。’旦往焉,暮又往焉。人惡其咕聒,以致舉杖而叱逐之。如吾鄉丁榜眼溥之子,至今人作話柄。國家將亡,必有妖孽。妖孽孰踰于不肖子哉？嗚呼！主人翁有田産財帛，與其蕩費于不肖子，不若付之滔天烈焰及盜賊烏有之鄉之爲愈也。"

董玄宰性極坦率，善滑稽。一日過吴元水留飯，適吴有鄉親至，一傖父也，與董同席。玄宰問曰："公尊庚?"其人曰："癸亥生。"且曰："小兒已入學。"玄宰云："公與今上同庚。"其人不解"今上"二字，就吴索問。元水曰："董老先生言你與皇帝同年。"其人悚然曰："萬不及一。"玄宰曰："他不如你，他兒子不曾入學。"聞者絶倒。

唐元徵將北行，用石芸窗選日。石用紙書呈云："明日申時行。"

莊虞廷入泮時，纔十三齡，往邑三尹囑事。尹望見即曰："十二、三歲小秀才，也來説事。"答曰："七、八百斤老主簿，只管愛錢。"尹笑而從之。

錢鶴灘見人家出嫁女泣，贈以詩云："上轎何須粉泪垂？嫁時宜喜不宜悲。明朝春透酥胸裏，要你歸時不肯歸。"

袁履善年八十餘，骨健如鐵。每賦一題，如時鮮澗芹之類，意艱詞刻，雲間作詩者多效之，蘇人目之爲松江派。王元美一夕與諸名士宴集，諸名士競賦古體，元美曰："可擬袁履善體。"移時方成，惟元美賦《得羅漢》一篇酷似，猶記其中一語云："民脂罄土災。"袁中郎極喜之，每以語人，人無不絶倒者。

張司令，元時人，忘其名，富而好禮。慕楊鐵崖名往迎之，鐵崖謂其不知書，勿應，司令乃延鮑恂爲師受業焉。後迎鐵崖乃往，席間以妓奉酒。妓名芙蓉，酒名金盤露，鐵崖題云："芙蓉掌上金盤露。"妓即應聲曰："楊柳樓邊鐵笛風。"因楊號鐵笛道人故也。鐵崖撫掌笑曰："妓能文，其主可知已。"辭去時，司令出米滿載送之，云是鵠粮。鐵崖素愛鵠，不能却，隨訪顧阿瑛，召其鄰之貧者，分給而去。

陸文裕嗜古玩，羅列一室中。聞魏莊渠先生過訪，悉撤去。

張莊簡公元旦拜竈，有家犬坐于竈上，衆大詫，公具冠服拜竈如故。子孫問之，曰："見怪不怪，其怪自敗。"

唐元徵游心禪悦，有鈍榜狀元印，蓋取其大慧語。

周萊峰將赴湖南，乞言于雷古和。雷云："廉者多刻，須以爲戒。"

吾鄉荇菜爛煮之，其味如蜜，名曰荇酥，《郡志》不載，遂爲漁人野夫所食，此見《農田餘話》。俟清秋水清時，載菊泛泖，膾鱸擣橙，并試前法，同與蒓絲薦酒。

陸儼山云："余往謫延平歸，宿建陽公館時，薛宗鎧作令，與小酌署軒。是歲閩中大雪，四山皓白，而美人蕉一枝，盛開紅花。世稱王摩詰《雪蕉圖》爲奇格，不知冒雪着花，乃實録也。"

徐孟孺欲删《史記》褚先生所補，王元美云："漢人之語幾何，而忍去之也?"

武林吴山雲居寺，有中峰竹爐麻鞋，鞋長尺四、五許，及半身相。吾郡北庵亦有中峰像及絲笠在焉。後其像歸璜溪圓通庵供奉，其自贊云："幻人非此相，此相非幻人。若唤做中峰，鏡面添埃塵。請向挂東壁，日日生陽春。"并自書。

船子和尚肉身，在泖涇法忍寺。後爲人摹擬塑像一尊易去，亦宛然如生，廣額細眼，左手如撚指狀。相傳肉身時指中常出光明。

吾郡泖湖金澤寺旁多莼，劉孟熙云："永興湘湖莼菜，三月盡采賣，至秋則無人采矣。"此語止見一方耳。春莼如亂髮不足異，秋莼長丈餘，凝脂甚滑，季鷹秋風，正思此也。按書至冬爲猪莼，又名龜莼，秋末冬初曰塊莼，四月曰雉尾莼。

徐念祖字無念，文貞公曾孫。北兵未至時，松人皆遷避于鄉，徐曰："吾居先人賜第，國恩在焉。我死于此，必不遷也。"初三城破，其夜與家人飲，歡若平生，書絶命詞粘于壁焉。其家人十七人，以次就經。一女年甫六齡不能縊，趨而投于井。其詞曰："我家世受國恩，豈應偷生玷辱祖宗，有負累朝恩澤？今日一死，可謂甚得其所，含笑入地矣。但恨行年五十，老大無成，不曾報國一日，爲祖宗羞，故不敢衣冠而縊。所未瞑目者，不能終養繼母，幸有兩弟在，只得負不孝而去矣。兩弟勉之，毋貽我身後之痛。向奉祀神主，不敢擅焚，已恭寄三弟處。弟其將我所寄些須囊橐，付與後人變賣祭祀，歲奉烝嘗，九原若知，感激無盡。第自今以後，誰復有朝夕捧瓣香，向祠堂恭揖者，因此大痛耳。我室我女，義不受辱，已先自盡。我可無憾，閣筆長笑而逝。有來我家者，此紙萬勿毁壞，以留遺骨肉也。所同死三人，皆義人也，有仗義者乞以薄棺殯之，九泉均感。老母在前，不敢縊于中堂，謹就書室中自盡。同盡者孫汝賓、孫采、倪喜三人也。乙酉八月初三日，喜終居士徐念祖無念書。"

吴家胤號君錫，字繩如，以孝廉爲刑部郎，爲人嚴毅有守。先是管築海塘，纖毫不染。北軍破揚州，與同鄉都御史李受沾、太常卿張元始，約同死難。及北軍過江，吴尋舊盟，李曰："我還未死，當别有主意。"張曰："我一子甚貧，一子甚懦，不若君諸子皆英武。"吴歸謂其家人曰："張、李云云如此，然我志决矣。"五月十八日至廿三有薙髮之令，吴步出，寓高座寺，囑其家人買棺一具。家人初不肯，强而從。廿三日區處家事，有田一百八十畝，有債三百兩，囑諸子償所負而均分其田，以十畝與家人張二。張垂泣，謂之曰："我得正而死，死得所矣，又何泣焉？"飲酒數杯，危坐至五更，以帛縊于雨花臺方正學祠前柏樹上。

馮元敏云："雲間之俗，不數年而三變也。始而富者好行其德而急人，繼則富者操其權而致人，今則富者皆自稱貧而從人乞貸，有入而無出，免怨而獲名矣。噫嘻，何其愈巧而愈下哉！昨見乩仙語云：'東聖惡僞，西佛仇浮。'此輩兢兢一生，爲鄉黨自好,終造阿鼻業耳。”又云:“雨于行路時頗厭,獨在園亭静坐高眠,聽其與竹樹颼颼相應和,大有佳趣。又讀書苦俗客至,得大雨杜剥啄亦甚適。嘗與友人萬璧同坐窗外,倚一篷,雨滴其上,淙淙有聲,璧請去之。余曰:‘何故?’璧曰:‘怪其無端起我舊恨在眉頭耳。’余曰:‘舊恨如夢思,舊夢亦是一適。’故稱舊雨新雨,感慨媒也。人生無感慨,一味歡娱,亦何意趣?”

泖涇朱瞻菉,名璧。周文襄按部至松,躬造其廬,商搉政務,如奏改南京禄米于各府關支,減存松江濟農倉米十五萬石。文襄欲請官之,固辭。後又輸粟佐邊,特旨建尚義坊以示旌賞。孫觀光,舉嘉靖丙午鄉魁。

景泰乙亥,歲飢,郡民董昂、趙璧各出米四百石,例授冠帶,二君力辭。郡侯葉公冕書“崇義”二字名其堂,廉憲袁愷爲記,璧有堂名“尚義”。子錡,登成化戊子鄉榜。

乙巳丙午,吾松連遭饑饉,百姓流離。瀼東黄顒作《飢民行》云:“去年五月民阻飢,充腸麥飯連麩皮。幸有瓜桃實堪摘,窮民庶得全流離。今春民飢尤苦劇,野無瓜果家無食。民間斗米七百錢,布疋寧論兩相值。家家饘粥青菜多,長啜瀲灩生微波。嗷嗷衆口待哺急,二麥在田將奈何。男求女乞向街市,黑瘦伶仃狀如鬼。相看但欲填溝壑,無力種田愁欲死。民飢民渴誰復悲,况膺差徭供驅馳。我行見此心哽咽,泪筆寫作《飢民詩》。我詩欲使民牧知,顧憐瘠民無自肥。”

有自海上來者,見捕黄魚船必用猫,須雌者,黄白黑三色俱全而善叫,不惜重價求之,有一猫而二、三金者。詢其故,則云:“聞猫聲則群魚至。”徐憲副守夔州,部民每有訟猫者,言其價數十金,爲人所毙,故訟之官。詢其猫何能,曰:“能入水捕魚,雖幾十斤者亦可得。”以是取利,故價高而珍重耳。

董玄宰爲楚中督學,閲卷之後,嘗畫木石山水之類,謂諸生當珍藏之,傳者以爲美談。昔米南宫上蔡京書,謂被謗之後,携家以行,人多舟小,因畫一艇于行間,覽其事者至今大噱。以玄宰觀之,何代無賢?

世傳仙游九鯉湖夢有奇應,王洪洲僉閩時,走人祈官爵所至。夢人言:“官與城隍廟隔壁。”既寤,不省何謂。已浮沈幾二十年,督楚學政,其公署正逼城隍廟。雖遷轉秦中,竟以此挂冠,夢亦神矣。

張賓山電以善書給事陸文裕門下。嘗有相士瞽而揣骨者,一日同數輩詣相,皆負時望者,自謂青紫可拾芥。瞽者一一品其高下,皆無當于心。至賓山,獨曰:“此三品金帶相也。”人皆笑瞽爲妄言,即賓山亦不自信。後以書受世廟知遇,官至工部侍郎。

上海有一滎陽君,其子少年眷戀一婦,遂得心疾。取婦之夕,婦已至門,忽發狂裂衣，不能成禮，舉家錯愕無措。一老蒼頭出自竈下曰："此脂粉怪耳，不難治。"亟覓一螺向壻身撮之，口中喃喃若詛狀，須臾而愈。即索衣裳，成同牢禮。

路按臺按吾松，有吴江陳烈婦，于對簿時自刎柏臺之下。徐孚遠有《祭告城隍》之文，其詞曰："蓋聞匹夫匹婦，其微也，不能動一吏，其發憤且死，則能動天飛霜崩城，往志昭然。吴江烈婦陳氏，含怨而死于此，土神其聞之乎？神之哀感此婦，亦有如人者乎？有甚于人者乎？神其已爲申愬天帝，揚其芳烈乎？其有所牽制瞻顧，不使上聞乎？雖以職不敢不聞于天帝，毋乃隱其重者，舉其輕者，使此婦之冤不盡聞者乎？今神已左右此婦，使之得驂鸞鶴，從列后上朝于天帝者乎？其或帝閽九關，虎豹狺狺，不使得前謁者乎？抑此婦孑然以死，無冥錢以貽神之下執事，而彼凶人日以酒食巫覡鼓舞于神之前，神亦懵懵于人言，憎其死者，愛其生者乎？幽冥之事遠，心昏然不能昭見，然聞神之靈爽，異于列域，閭閻小民，時以小失負心，則神能禍福之。今此大事也，神獨可以弢緘靈爽，汶汶而已乎？遠聞天帝體察下吏，不遺纖微，神不上聞，天帝必自聞，將復遣貴神按刻此事，神何辭之有哉！神血食于此土有年矣，當福祐吾民，不逢災害。遠聞東海枉酷，三年不雨，此婦之酷，復過東海。不幸適在此土，幽憤所結，必有慶忌舞河，蜫蟲群飛之患。此土之民，耕作罷勞，上供國運，下贍吏禄，徵輸科斂，爲天下劇。若重以旱災，胥焉若焦，當有黍稷馨香以祀神，神復當晏然享之也。神其使巫咸之屬，抱此幽魂，告以此方，其所寄寓，無或徘徊不歸，行厲于吾土，其疾返其故居，報怨泄憤。堯水湯旱，我勿與知。其或幽途間隔，域界間阻，神其使國殤群厲，冥導此婦駕虬螭從風雨以往，無或薦辭止此，神其許我，遠此郡不平人也。素有三閭懷沙之心，鮑焦槁木之志，神其鑒之，必非一日。以此責神，神其毋忽。"張夫人時年七十又六，《弔陳烈婦》詩云："氣貫青霄節凛霜，多君一死振綱常。肯匀媚臉更他姓，寧使孤兒泣路傍。怨魄夜號雲黯黯，貞心時共月蒼蒼。我來泣血情難罄，聊寫遺芬記恨長。"其二云："貞操勁節亘長空，萬古留芳寸鐵中。袖冷麝膏惟漬淚，鏡分鸞影棄妝紅。誓全遺體家難顧，欲保孤兒計已窮。匍匐號天輕一死，哀猿聲斷起悲風。"夫人甥女楊雲容和韵云："一片冰心凛似霜，于君應不愧綱常。寧揮白刃歸泉壤，豈惜朱顏委道傍。勵志下能酬素願，香魂上可達穹蒼。相憐唯有三更月，分炤靈帷伴漏長。"其二云："心堅金石氣凌空，無限冤情一紙中。誓守盟言從地下，致令貞血染階紅。愁聞稚子啼聲慘，忍聽嚴親泣路窮。指日綸音旌節至，千秋青史誦高風。"

包蒙泉節以直指按滇，其于大理行臺，有《對菊》及《點蒼山》詩云："金天持節下南荒，叢菊空庭競吐芳。草緑不知秋已暮，花寒因感露爲霜。欲迴客鬢消愁思，聊啜英蕤命晚觴。爲問故園籬落下，秋來曾挺幾枝黄。”　“吏散庭空静掩扉，點蒼西望翠霏微。雲裁玉葉和烟潤，瀑濺珠花映雨飛。石洞經秋龍不起，松枝將暝鶴初歸。泠然忽動餐霞思，擬陟丹梯一振衣。”

朱察卿字邦憲，號醉石。早歲即厭薄經生，志在不朽業，事母兄孝敬備至。生平重干進，多義俠。有監軍使者，故常德其父福州守豹，諷使奏謁，當以軍功起家，公謝去。族人寒士待公舉火者，傾囊濟之無吝容，王元美常比公爲郭林宗、徐孺子云。公鋭情著述，文逼《西京》，五七言詩婉麗《爾雅》，具體錢、劉。有《邦憲集》十五卷行世。

吾郡顧鳳翔中萬曆壬辰武殿試第一。吾松自開國以來，絶無武科出身者，至萬曆丙戌始中進士一名，己丑中二名，壬辰中三名，而顧屬榜首。松人始日聚談兵，即俎豆經生，駸駸乎皆有稱干躍馬之志矣。

嘉靖己亥時，邑中忽多魚。始焉一網得數斤，已而一舉網輒數十斤，甚至彌望濡沫，魚頭盈水面，價甚賤，味亦不佳，如此半月復舊。萬曆三十六年，魚多亦復如是。大都有水災則魚多。嘉靖年間，一日大風忽起，風中有紅蜻蜓隨飛，不止數十萬，偶落庭除，草木皆滿，頃之無孑遺。

上海故無城。嘉靖癸丑倭變，縣宇焚燬幾盡。六月以後，都指揮韓璽率僧兵月空、無塵等力戰，斬獲頗多，倭始遁去，民稍息肩。方侯遂乘間度定基址，命李通判旦暮督工興築，數月克就。于是東南雉堞巍峨，始有金湯之固。

柘林係濱海之鎮，東距青村所二十五里，西距金山衛二十六里，舊無城池。自巡按尚維持議建，而以富民衞姓者充其役，内設把總官一員，兵五百名，公廨一所，沿海民竈，遷實其中，旦暮警守，爲東西應援，足稱犄角之勢。川沙堡與柘林同築，西距南匯所四十五里，北距吴淞所八十里，内列官兵，守備亦固。

王子奇，金山衛人，以揮使起家，事父母至孝。母有痰疾，子奇吞其痰，母垂愈。總戎福建，所産荔枝等物，絶不嘗口，曰：“吾親所未嘗也。”初未有子，夫人劉氏以婢侍之，不納。後爲置一妾，詢其父爲金千户，還之，不責聘資。與士卒同甘苦，一介不取。居鄉掩骼飼飢，汲汲如不及。他日行海遇大風，嘆曰：“我心無風波，神明終不以風波戕我也。”竟無恙。

嚴分宜柄政，官無大小，皆以賄聞，而館職尤重。世蕃知吾郡陸平泉無所挈，第使人索松綾二百端，當以翰院與之。陸公謝曰：“本不敢希翰苑，又實無一綾，惟公所置之。”遂不往謁。張龍湖，公之座主也，爲之解于分宜。分宜曰：“彼陸生者何自妄大！”張曰：“蠢人不足較。”乃令出試，以南宫舉首，不得已仍授以館職，而意終不釋然。龍湖憂之，乃私以錦幣四雙、白金四十，使人持候分宜門下，復召陸云："吾爲君謁謝相公。"陸從命往。龍湖又使嚴太史介之同行至門，張公所遣使持金幣者以刺授陸，使自爲獻。陸公大愕，嚴告之故，陸公不言，懷其刺而入，一揖而出，終不出刺。分宜出送二公，見門左持金幣者，問曰："此誰所具？"陸曰："不知。"竟不獻而出，分宜大恨。陸授職未幾，又以告去矣，數告數起。歷南雍南部時，文貞當國，公亦落落也。至萬曆改元，以大宗伯召，在位踰年，與内閣論事不合，復稱疾告歸。

世宗好長生。乙丑會試，題"夫政也者，蒲盧也。又民之秉夷，好是懿德"，上問内臣："蒲盧是何物？夷是何義？"徐文貞對曰："夷是有恆之義，蒲盧是長生之物。"

李中條見夤緣尊貴者笑曰："一措大上書宰執，稱述功德，何異火居道士稱臣，上表玉皇上帝乎？"

吾郡有張姓者，業儒不就，輒擲筆謝去，論兵説劍，走馬獵狐兔爲俠，往來三吴中。歸則鳴琴在堂，座客長滿，而亦慷慨周人之急，名隱隱起。一夕有客卒至，體服甚偉，鋒穎横出，鬚髮直指，腰劍手一囊，血淋淋下滴。問曰："此非張俠士居耶？"曰："然。"張揖客甚謹。坐定，客喜動顔色曰："夙恥已雪。"張問故，指其囊曰："其首也。"且曰："此去有一義士，欲報之。聞公義甚高，可假十萬緡，得諧所圖，吾事畢矣。"張立應之，客曰："快哉！無所恨也。"乃留囊首去，告以返期。及期不至，張慮以日出而囊首見，遣家人出而埋之，乃豕首也。沈鳳峰聞而嘆曰："自易水之歌止，而海内無俠士千年矣。即有亦雞鳴狗盜之徒，要之蹈白刃，視死如歸者幾何？唯囊首酬金之俠至，而爲田先生、高漸離之風者亦遠矣。"

張莊簡公與莊懿公，皆以尚書同居東南城濠上，中隔數十步。兩公元旦入城祝釐還，皆往朱待詔家拜節。待詔者，吾松櫛工之稱也。兩公舉朱爲老鄰，即賤必肅章服拜之，櫛工則戴老人頭巾接兩尚書，具茶送之而去。當時風俗之厚如此。

唐公洵知福州府時，歲旱，到官之日，霖雨滂沛，人皆相賀。先是迎公者，援故事請先謁藩臬，公曰："未成婦而見姑嫜可乎？"卒先之任。

陸平泉以宗伯請告，諸大老送之。時李公巳、趙公錦皆在座，趙公曰："觀老先生此行，使天下也曉得朝廷之上有不愛爵禄之臣。"李公曰："陸老先生實有病，他豈是爲家忘國的人。"兩公此語，實是兩篇大文字。

袁白燕海叟墓，在吾郡東城外龜蛇廟之東，即今白燕庵是也。

大參莊元楨詮次《雷廟始祖記》云："予生平每稽之志林，聞之父老，即知雷陽有靈公廟，每歲鄉人送雷鼓雷車入廟。其事始于州民獲卵，亦甚奇。今予代匱守土，亟訪其情事始末，爲之敍次以明焉。按《南越志》：漢元鼎六年，伏波將軍路博德平南越，置南海、合浦九郡，復置合州，即雷州之舊名也。州南之七里曰英靈邨，有居民陳氏諱鉷者，無子，業捕獵。家有異犬，九耳而靈。凡出獵，卜諸犬之耳，每一耳動獲一獸，其動多則三、四耳，少則一、二耳。一日出獵，九耳俱動，陳氏喜曰：'今日必大獲矣。'鳩其鄰人共往。抵原野有叢棘密遶，犬自晨守吠，至日昃無一獸出。獵人謂有虎豹藏焉，共伐木，俄獲一卵，圍尺餘，殼色青碧，携而歸置倉屋中。良久，片雲忽作，風雨雷電交至，陳氏大恐，即抱卵至庭，盛以小桌，遂爲霹靂所開。內有一男子，兩手有文，左曰雷，右曰州。陳氏收而養之，名文玉，資性徇齊。至南陳大建二年登第，官本州刺史，有異政膚功。歿後此地震雷狎至，于是郡民具請改州名，始改合爲雷。又具請廟食，就州之西南岡置廟宇，塑神像十三，中一像衣緋擁笏冠通天，扈從十二像，應十二方位，各執乂劍斧鉞，至雷公、雷母、風伯、雨師及輪鼓、電火等項，各圖列廟。每歲春秋，刺史躬祀。至梁開平四年庚午，黎賊符孟喜倡亂不輸税，廣州工部尚書陳襄直發十二戈船伐黎，駐州之西南白院渡，移州之官舍于白院。至梁乾化二年壬申八月十六日，颶風忽發，廟忽失二梁，莫知所在。時奉常吴從殷一莊在英榜山之地曰略讓村，距州五里，此地供一石神像，二梁乃在神像之西。陳司空率屬詣驗，知神擇地欲遷，托風雨移梁也，令刺史構材建廟于此，自是有禱輒應。有捨活鷄活羊禱者，夜爲狐虎攫去，明旦狐虎皆暴死廟前。有借名修廟深入村落騙錢財者，未得入手，即于其地反接兩手，號呼求釋，自言其故。其家聞之，亟備牲酒修禳謝過，始得活。一守廟夜宿者，見有車蓋呼擁直抵正殿，疑爲刺史至，蒲伏而迎，倏忽不見。其廟田一帶禾稻輒被所塑馬食之，田家見而以泥土擲之，黎明塑馬已沾泥，田家怖甚，乃就廟之東北置佛殿，勅額廣濟禪寺。僞漢廣州劉龔大有十三年庚子正月十五日，廟前一井，忽聞音樂導至正殿。明日有龍行遺迹，鱗甲印地，香氣流涎，久而不散，司空具奏聞。是年八月，命內官薛譽重建廟宇，增置兩廊三間，勅封爲靈振王，欲改石神像爲廟。土地因遷像從西轉殿東，百夫舁之不動，鑿其根愈鑿愈深，始知神不許遷也。僞漢劉鋹大寶十三年乙巳，命賜冠帶牙笏衣帳祭器若干。宋真宗祥符元年戊辰正月吉旦，吴千仞曾伐石記此，語多蕪雜。余考其始末而訂之。"

徐文貞督學浙中，有秀才結題内用"顔苦孔之卓"語，徐勒之，批云："杜撰，抑置四等。"後此生領卷，將受責，自陳云："太宗師見教誠當，但'顔苦孔之卓'實出揚子《法言》，非生員敢杜撰也。"公即立起應曰："本道僥幸太早，未嘗學問。"遂揖本生云："承教了。"拔之前列，衆情大服。

明處士夏之旭《絶命詞》："我于甲申春遭先帝之變，已無意人間世矣。奈以家累牽纏，妻沈氏死于乙酉三月，于五月幼子復死，遂削髮于竹籬庵。不幸八月松城破，予弟彝仲殉節。余時欲與弟同死，因孤寡幼弱，弟堅囑余留看孤寡，遂靦顔視息，焚修奉佛，不入城市，不見親友，此松郡萬耳萬目不可掩也。今年四月間，忽傳吴鎮有復明之舉。余曰：'徒使生靈涂炭耳。'遂避迹松塘荒僻之地。一日方督耕田所，忽有憲牌坐予爲陳子龍叛黨，捕役先擒予次子詣私室，酷刑逼詐。予時聞知，不覺髮指眥裂，欲挺身就戮，獨念叛無實據，入以不赦之條，皇天后土，實鑒臨之。但今之所謂叛，乃明朝之所謂忠也。彼加我以叛名，乃加我以義名耳，何妨一笑受之。有勸余者曰：'土撫臺公平詳慎，何不出辨，而遽自裁？'余曰：'我生平豪傑自命，今以方外自處，何等高潔。乃囚首屈膝求活于公府之庭，不亦羞當世而負生平耶！'然不死于家而死于聖殿，幼讀聖賢書而死聖賢地，之旭死于聖賢之教，非死于清朝也。爲清朝之官者，苟良心不死，天理猶存，于枉死者亦動一念乎！抑予更有説焉，人壽幾何，富貴幻泡，幸當事者少存慈祥，寬釋冤累，以求免于刼運循環，未必無少裨也。慈憫衆生，饒舌勸化，又自笑其婆心矣。"

吾郡宋南野名璟，字克純，號菊存。正統辛酉，以詩領鄉薦。乙丑登第，拜河南道御史。風裁卓卓，數言事，都御史王文誚讓其多言。故事御史有疏，皆請印于其長，公嘗以疏請印于文，文迎笑曰："宋君復有所言耶？"取疏視之，乃劾己疏也。大怒，抗章自辨，且深詆公，公坐謫江西安福縣典史。景泰癸酉，爲浙江同考試官。天順初，文誅，起知大庾縣。爲御史時丁外艱還家，家有牛，常蹊柳氏田，柳氏格殺牛，而遣其子弟詆毁公，公勅家人無與競。柳氏有狂子，醉駡良久，躍入水中，公使人援出之，易以己衣，迎置上坐，謂曰："與爾家世好，而奈何以小忿隳之哉？"呼牧牛兒鞭之數十，使人以肩輿送柳氏子歸，且謝其父老，父老大慚。

倪元鎮《寄松江判官張德常》詩，後題云："陰陽冥隲，宜少留意。閑居尚不可爲之，况身有職任而值飢者易爲食時乎？仙官分置洞宫，亦如世間局任者，吾德常兄固知之也。"此皆盛德之言。

玄宰爲眉公摹雲林一幅，題云："陳仲醇悠悠忽忽，土木形骸，絶似嵇叔夜。求之近代，唯懶瓚得其半耳。仲醇好瓚畫，以爲在子久、山樵之上，政是識韵人了不可得。　　余爲寫雲林山景，一似吕安命駕。"

上海潘學憲伯明爲柱史歸，偶有人持玉印來售，其文曰"雪堂學憲"，謂此蘇長公物也，以一金得之。未幾出知黄州府治，後有東坡書雪堂在焉，其題名下即此印。

屠長卿爲青浦令，梁伯龍來謁，長卿命演《浣紗記》，遇佳詞起爲壽，否則罰以兕觥。《浣紗記》係伯龍筆。

陸平泉像,諸寺作供者甚多。先生自題其上曰:"豈有文章置集賢,也無勛業到凌烟。只應畫作老居士,留與香山結浄緣。"

孫雪居以紫檀做古製刻三雅杯,銀絲填漢篆字。客至抛骰行令,么二季雅,三四仲雅,五六伯雅。守漢陽時,山民劚石,石之内坎有白龜在焉,獻而放之于江。當石未破,不解何緣有此龜。

陶南村云:"會波村在松江城北三十里,其西九山離立,若幽人冠帶拱揖狀。一水並九山,南過村外以入于海,而溝塍畝澮,隱翳竹樹間。春時桃花盛開,鷄犬之聲相聞,有武陵風概,隱者停雲子居焉。一舟時放中流,或投竿,或彈琴,或呼酒獨酌,或哦咏陶謝韋柳詩,殆將與功名相忘。常坐予于舟中,作茗供,襟抱清曠,不覺度成溪山好一曲。主人即譜入中吕調,命洞簫吹之,與童子棹歌相答,極鷗波縹渺之思。"

陸平泉《題陳仲醇贊》:"粹然其容,闇然其衷。中逃名于山澤,早脱迹于章縫。身同霧豹,學擅雕龍,乃其尚論古人也。質行爲陳仲弓,豪氣爲陳元龍,我儀圖之將毋同。"

吾鄉曹雪林言,乃祖雲西公盛時,嘗築臺以錫塗之,月夜携客痛飲,稱瑶臺。一時惟常州倪雲林、崐山顧玉山可相伯仲,他若貲富而文彩不及者不與焉。

楊廉夫云:"至正九年春,予遊松之明日,邢臺張叔温携數客來見。中一人昂然長,臞然清,言議風發可畏。問爲誰,則曰袁景文氏也。其先世由錦城僑居于松,其父可泉以詩鳴。"

小崐山爲二陸讀書處。眉公無以爲供,乞名花以代蘋蘩,故云乞花場,王元美及馮元敏皆有記,中有澆花井。後偶見書中,孟縣西南舊河陽城内,東晉潘岳亦有澆花井。

眉公于甲申春與徐孟孺過王敬美先生,先生喜迎曰:"新買一靈璧石,又水仙盛開。"携此二種過籬薋園,賞緑蕚梅,緑雲覆庭,甚樂也,其風流如此。

李韜叔從北平歸,見薊門邊城外牛首山下有五色芍藥雜出,邊地無異江南。

吾鄉青龍莊蓼塘肅,嘗爲宋祕書小史,蓄書萬卷,且多手抄者,其目以甲乙分十門。未幾歿,子孫不知保惜,遂散亂無幾。至正六年,修宋、遼、金三史,詔求遺書,許酧以官,江南藏書多者三家,莊其一也。繼命危學士素即家選取,子孫恐兵遁圖讖,干犯禁條,急付祝融,及收拾餘燼,存者又無幾。其孫群玉悉載入京,覬領恩澤,竟布衣而歸,書之不幸如此。

張叔翹所記《梧志》載賈雍者,事甚奇異。漢武帝時,蒼梧賈雍爲豫章守,出界討賊,被殺失頭,仍馳馬還營,諸將士咸來觀。雍腹中語曰:"諸君視有頭爲佳,無頭佳乎?"吏泣曰:"有頭佳。"雍曰:"不然,無頭亦佳。"言畢而仆。又《夷堅志》載:宋方臘反時,有人被斫去頭。其子從亂尸中覓得之,舉體温軟,不忍殯殮。數日後瘡口漸愈,成一孔,啾啾作聲。其家以薄糜灌之,竟漸强健,不異生人,且手能作草屨,運動如飛,有人親見而紀之。

《譚苑醍醐》,其敍出自楊升庵,疑爲升菴書,止一帙五卷而止,疑爲不全之書。及見莫廷韓所抄亦止五卷,其跋云:"此書吴人盧熊所著,洪武間人也,書亦該洽可尚。"方知非楊氏書,第不審更有下帙否? 當訪之藏書家。

陸平泉曾與唐荆川共謁陳少陽祠,因指祠額曰:"此額曰祕閣修撰,何不榜曰太學生陳東之祠,使後世知太學中亦有此等人?"荆川云:"不如此不足以見高宗悔過之美。"兩公之言雖不同,其有裨于世教則一也。

楊鐵崖自敍云:"吾未七十休官,在九峰三泖間殆且二十年,優游光景,過于樂天。有李五峰、張句曲、周易癡、錢思復爲唱和友,桃葉、柳枝、瓊花、翠羽爲歌歈伎,第池臺花月主者乏晉公耳。然東諸侯如李越州、張吴興、韓松江、鍾海鹽,聲伎高讌,余未嘗不居其右席,則池臺主者未嘗乏也。風日好時,駕春水宅赴吴越間,好事者招致,效昔人水仙舫故事,蕩漾湖光嵐翠,望之者呼鐵龍仙伯,顧未知香山老人有此否也。"客有小海生,賀公爲江山風月福人,且貌公老像以八字字之,又賦詩其上曰:"二十四考中書令,二百八字太師銜。不如八字神仙福,風月湖山一担担。天年直至九十九,好景常如三月三。小素小蠻休比似,柳枝桃葉尚宜男。"先生四世祖楊佛子,年九十九。先生嘗自言遇憂不憂,遇病不病,遇喪亂不喪亂,胸中四時長自春也。自號嬉春道人,名其所居窩曰春不老,有《嬉春小樂章》一百篇。先生八十,精力不衰,瓊、翠尚有弄璋弄瓦之喜。

李雁山爲憲副時,見滇南寶井中一石,有中官以三百金得之。石中有玉蒼蠅二頭,羽翼皆動,置几上能辟蠅。又言爲工曹郎,董夏鎮河工,濬河,有魚腸劍,劍柔可繞腰如帶圍,翁中丞得之。又言曾見一爐,冪上有十二孔,應時出香。

張岷崍定浙兵之變,轉北少司馬,過華亭尋雪庵和尚。雪庵蜀人也,少與公同窗,公至已死,拜而奠之,立石作銘志其墓。

魏文靖公驥所著《松江水利輯要》,傳于世,恨未得見之。僅有公撰斷碑,在北門外陸文定園西荒草中。

陳眉公嘗嘆天地間殺人最多者有三,曰死于刑、死于兵、死于歲。曾與包明羽集古來爲吏不酷者數卷,爲將不殘者數卷,救荒不倦者數卷,總題之曰《種德録》。

四時之景，莫如初夏。眉公嘗夜飲歸，作增減字《浣溪紗》云："梓樹花香月半明，棹歌歸去蟪蛄鳴。曲曲柳灣茅屋矮。挂魚罾，笑指吾廬何處是，一池荷葉小橋横。燈火紙窗修竹裏，讀書聲。"雪景莫若山，山雪莫若月夜。余嘗目擊而賦四言詩云："夜啓岩牖，淡而無風。月直松際，鷄鳴雪中。"蓋實景也。

董玄宰在廣陵，見司馬端明所畫山水，細巧之極，絶似李成，而《畫譜》不載，以此知古人善于逃名。

陸平泉云："求子者，男女止服健脾藥。萬物皆生于土，勿用熱劑，恐傷元氣。"此言極正而有驗。

公喜購佳紙筆。或謂善書者不擇紙筆，公曰："此謂無可無不可下，惟務其可者耳。"案頭不蓄琴，客曰："昔陶靖節蓄無絃琴，君并琴不蓄，視靖節又進一籌矣。"公曰："此近于貧漢自傳，王夷甫口不言阿堵物耳。"

隆慶元年丁卯科，楚侗耿公手書扁對，鏤板送中式諸公云："雖由此脱泥塗，休便忘了秀才寒微酸氣。就從今登要路，須常記得天子作養洪恩。"其扁額則書"泰初拔茅"。是科先王父以華亭科舉第一入場得雋，今扁對具存，懸之草堂。仰見前賢策勵至意，并志先人知己之感。

眉公嘗言二十年前，閻蓬頭許余學道，令讀許真君《太陽元精論》，自是即大暑能坐卧赤日中。年來懶習此法，頗以炎蒸爲苦，即廣堂匡池，高梧修竹，蔭映翳然，往往移榻卷簟，遷徙不常，如絶無養者，内甚愧之。因思此時田野耕芸，道途推挽，其匍匐狀，殆不可言。又思獄中囚人，無寬閑澡浴之樂，但增雜穢疫癘之苦。轉視此等，又如天上人矣。京師每年奉明旨熱審，他省未有行者，若仁人君子，請定爲例，末減者清理一番，重囚在繫者務遣的當。幕官掃囹圄，滌枷杻，以廣聖主好生之仁。暑月無得濫受詞，無得輕羈候，不時弔監簿，查囚數，以爲治狀高下。務使眼前火坑，化作清涼世界。此只在當路者念頭動，舌頭動，筆頭動，一霎時耳。

閉户即是深山。嗟乎！應接稍略，遂來帝鬼之譏；剥啄無時，難下葳蕤之鎖。言念及此，入山唯恐不深。

陸平泉勸方便十則云："尋方便，在濟貧，飢寒良可憫，推解莫厭頻。尋方便，在敬老，光景迫桑榆，居食須安飽。尋方便，在息争，群小喜相搆，和調仗端人。尋方便，在伸枉，鑒彼覆盆冤，周旋脱羅網。尋方便，在憐才，美哉後來俊，勿惜齒牙推。尋方便，在矜愚，昏柔莫輕侮，啓翼須勤劬。尋方便，在撫孤，伶仃悵無依，顛危亟相扶。尋方便，在撫下，僕從皆人子，百事從寬大。尋方便，在掩骸，白骨雖已朽，魂魄實堪哀。尋方便，在除惡，寧獨忍斯人，惡除良民樂。"

楊鐵崖晚年卧起小蓬閣不復下，直榜于門曰："客至不下樓，恕老嬾。見客不答禮，恕老病。客問事不答，恕老默。發言無所避，恕老迂。飲酒不撤樂，恕老狂。"

陸文裕生平最忌不祥語，其《贈張水南詞》中有云："尋個水龕雲島，千休百了。"相知者爲之駭然，明年竟殂。

沈東老，夏止軒壻也。沈在止軒樓上讀書，每至五更，止軒在樓下以杖擊樓板催起讀書。如是者五年，舉業大進，後登甲科，爲名臣。翁壻夾普照寺而居，寺左右各建一坊，曰冰清、玉潤。

上海沈孝廉雲卿擢國子學正，夢一囚婦再拜曰："妾名迎春，以冤入獄，乞公釋之。"已而丁憂補任，夢如初。陞汝寧三府，公宴畢，太守謂沈曰："適有婦人迎春犯事，君初政，試一鞫之。"沈愕然道其故，遂白婦冤。計沈夢時，婦尚未獲罪也。

萬曆丙戌，吾郡杜孺懷時騰以石埭掌教會試。子宗彝，孫士全，三世同入會場，京師人士無不往觀。

松郡四賢，爲張季鷹、陸士衡、士龍、顧野王。向無專祀，陸文定剏建四賢祠于超果寺，後圮。先太僕重建于寺之西來堂，張王屋又建祠于神山崇尊道院，歲兩祀之，亦是勝事。

吾郡諸大老堂聯各有意趣。如朱旅溪家云："碧水丹山，容一老笑談風月。黄扉紫閣，有諸公整頓乾坤。"陸文裕云："一方風教仁人里，三世冰銜學士家。"潘恭定云："履富履貴履盛滿，如履春冰。保身保家保令名，若保赤子。"徐文貞云："庭訓具存，老去敢忘佩服。國恩未報，歸來猶抱慚惶。"沈鳳峰云："身入兒童鬥草社，心遊太古結繩時。"

有一友人素不度理，道聽塗説。偶謁張白灘，張欲戲之，故語他友曰："近來三閣老争論朝事，遂至攘臂，聖上遣六部九卿置酒和釋，亦大奇事。"此友信之，遽造沈鳳峰處傳述。沈笑曰："此語從何來？"友曰："頃張白老親對某言之。翁若不信，遣使偕往訊之。"沈如其言，張大笑曰："出門不認貨矣。"

松俗多龍陽之癖，其好之甚者，每艱于舉子，如朱文石、孫雪居、陸咸齋，不一而足。林宏齋嘗語咸齋曰："公欲生子，乃從不能生子處用功。"子安從得，可謂藥語。

瓦氏者，女帥也，調至松，娩身纔四日。聞夫與倭戰被圍，曰必須親往，乃握雙刀乘馬殺入重圍，翼夫而出。已而回首，不見其夫，復轉鬥，竟救夫婦。

曹定庵嘗云："茶湯不及菊湯，菊湯不及白湯，漸近自然。"馮元敏亦云："衆味莫如白粥，諸飲莫如白湯，貴真貴淡。"與人交亦然，此皆有見之言。周萊峰云："食淡勝于肥甘，食後方見。即貧賤勝于富貴，當亦如是。"

陸平泉會元登第,尊公志梅翁送家眷入京,與郡守王公華索船。王問左右:“封公何等冠服?”答云:“青衣小帽。”王云:“既如此,不必相見,臨行可報我。”及行,封公仍舊衣帽,王終不引見,但贐餽冬舂米一担。若在今日,不知謁者何等冠服,贐者何等禮物矣。

宋仲温克過雲間,館于徐彦民家。游樂數日,臨行寫陶詩一卷送之,真、行、草書、章草四體俱備,約長四丈。後餘紙寫竹石,真奇觀也。徐之子不能守,鬻之錢尚書原溥。展轉易主,今在上海陳滬海家。

馮南江聘徐南湖女爲其子文所之室,婚啓云:“南湖兄,南江弟,是豈人爲?八令愛,八小兒,良由天合。”至今傳誦。

王達宇不蓄婢妾,或問其故,公曰:“我無他意,只愁臨終時,一幼婦數小兒啼哭,令我目不瞑也。”

沈度從戍滇南,有日者談命奇中。沈以己造試之,日者驚曰:“是當顯貴,歷官清要。”沈笑謝之。見所書“命館”二字不佳,乃作二大字易之。都督瞿能鎮滇,偶見之,問知爲沈筆,因延爲弟子師。未幾入朝,命沈偕行,館于南楊學士家。時成祖博求善書者,南楊以沈薦。召見,試書稱旨,授翰林典籍。寵眷日隆,命誥勑俱效沈體。累官翰林學士。沈云:“臣弟粲,其書勝臣,亦被徵。”粲官至大理寺少卿,世稱二沈學士。孫藻元,孫世隆,俱以能書授秩。古今以書際遇,無如沈氏。

孝廉楊回山止一子,方周歲,暑月旦暮啼不乳,亟延王啓雲視之。王曰:“從我則生,否則不可救也。然須以百金壽我。”楊謹奉教。王乃于堂中圈一石灰,置兒其中,屏去乳母。兒啼甚,移時睡去。王索香薷飲,俟其覺,以藥一丸授之,隨瘥。蔡寧訒問曰:“子何術而神若是?”王曰:“乳母甚肥,天又暑,兒愈哭則乳母愈抱不忍釋,中熱太甚,所以啼不乳。我俾之哭散熱氣,即愈矣。石灰畫圈,醒後投劑,不過假以索謝耳,此所謂術也。”蔡爲之撫掌。

張東海舊有一友居東土,東海至留酌,相陪者鄉人李恆齋。東海一見曰:“此君南人北相,子孫必昌。”竟日談論,悉依名理,東海甚敬之。約爲婚姻,竟以女字其子桂軒公。李世居竹岡,唯事耕織,張氏所生子始讀書爲三尹,今遂爲巨族,屯部南湄,大參約齋,臬副易齋,皆其後也。可見前輩眼力之妙。

北庵本一禪院所藏瓜裏佛,以圓錫盛之。匣僅如盂,内雕成一山,圓如盒。用檀香刻成三世佛,觀音、文殊、普賢、彌勒、地藏,觀音兩旁有善財、龍女,十八阿羅漢,大不踰兩黍,而耳目手足毫髮畢具,真鬼工也。所藏畫,有趙文敏《滚馬圖》、貫休羅漢。

上海秦曉江家有桃一株，質幹並瘁，將爲爨下薪矣。嘉靖己未春，其子鳳樓公會試，此桃忽然再榮，榮且花，花且盛，賓客共賞，而泥金之報忽至。豈非花神預報耶？沈鳳峰爲作《瑞桃記》。

吾郡近來縉紳多躋上壽，陸平泉九十七，蔡溟陽九十，顧豫齋八十九，王留庵八十八，潘恭定、吴貞石八十七，徐文貞、馮南江、沈鳳峰八十一，馮勑齋八十，董漸川八十二，袁太沖、張受所八十四，王洪洲八十六，董玄宰八十三，杜完三八十二，若八十以内者不可枚舉。聞歲星臨吴分，想當如此。近姚永濟亦年九十七。

方礪庵涖華亭時，值歲荒，乃豎碑于大門外，横書"拙令勸民"，下分兩行云："飢饉之年，凡事要省，省而又省，不飢不冷。飢饉之年，凡事要忍，忍而又忍，不盈不損。"余謂此言不獨凶歲當然，守此終身可也。

徐文貞門下一醫，極稱其子之慧，且曰："小兒不屑讀韓、柳、歐、蘇文，日惟看秦漢文耳。"文貞曰："秦漢前有一書，更古宜看。"醫請問何書，文貞曰："《黄帝素問》。"

徐公獻忠、馮公恩、葛公桂，嘉靖乙酉應試，同寓承恩寺一室，貧不能具房金。將揭曉，潛運行李至江船，買一生鵝籠置寓中，而鐍其室。館人聞鵝聲，以爲三公尚在也。旦日俱中式，報捷者沓至，室中無人，止一鵝耳。已而三公俱至，向僧大笑，厚酬之。

崇禎壬申秋，我涇六鈞灣水中有黑氣。夜中望之，如火燒木。人以磚塊拋之，有聲，折斷，已而復續。始十餘丈浮水面，漸高至三、四尺，長至百餘丈。月餘乃滅，人莫測其何物。

蔡龍陽由浙右轄遷蜀左，時江陵當國，嚴禁驛遞，公率蒼頭持行李附蜀商歸舟，第云探親，舟中與商人迭爲賓主，了無城府。及抵省下，報知守道，官吏人等來接者雲集，蜀商驚怖叩頭請罪。公曰："今不用驛遞，欲獨買一舟則太費，説明又不好相與，所以不言，何必介意？"

嘉靖辛丑會場，將拆卷次第五魁，原以陸文定作元，然各房紛紜議論。主考曰："不必多言，將五卷拆開，曾中鄉魁者即冠多士。"時文定以庚子魁南場，主考喜甚，遂中元。

松俗婚禮，必用花髻，以紙爲之，價之多者至二三金。新婦到門，禮人斬蔗。徐文貞云："國初念小民不能備鳳冠，故以紙冠代。今既有金銀冠矣，安用此爲？至于新婦到門，正要吉利，乃將蔗一刀兩斷，殊爲不祥。"故此二事，文貞家獨不用。

孫雪居輯一書，名《雪堂日抄》，俱手録，皆古今來清曠雅達之事。遇花卉、鼎彝、異鳥、怪石，即圖其形，共二十本。

林宏齋爲都諫時，適吾松有金山衛改州之議，蓋因南鄉濱海，錢粮難于催徵耳。二守杜于盤賫捧入都，宏齋問："敝鄉近來有何善政？"杜答云："唯有改建金山州以便徵粮，爲第一善政耳。"宏齋曰："然則各鄉錢粮不清，將隨在建一州乎？譬之讌客者，肴羞有限，廣召庖人治之，祇見其不堪大嚼矣。"杜還，舉其言告當事，議遂寢。

嘉靖丁未考庶吉士，以"寶善"爲題。朱文石落聯云："願以堅貞比金玉，纖瑕無累作純臣。"世廟見而悦之，御筆加圈，拔置第三。

鄉間有一大姓，子方周歲，值熱天，遍身疼痛，啼哭不休，延請諸醫，束手無措。王啓雲後至云："能以十金酬我，一刻即愈。"主人唯唯。乃煎甘草湯浴兒，未幾兒即睡去，半日方醒，已不作痛矣。主人大喜，出銀酬之。因問小兒何病，王云："此是乳母抱兒從柳陰下納涼，爲刺毛螫耳。若預説明，君豈肯以十金酬我？"衆人大笑而别。

侯廷言名綸，宦浮梁，官邸設二屏，各書數語，足資儆惕。其左曰："圓者被人譏，方者被人忌。不方與不圓，何以成其器？至圓莫如天，至方莫如地。天地之大也，人猶有所議。況我疎鄙流，竊禄尸其位。人或譏我圓，我圓思以智。人或忌我方，我方思以義。醒者彼自醒，醉者彼自醉。俯仰規矩中，靈臺了無二。"其右曰："物之香者莫如蘭，物之清者莫如竹。蘭香香于天下草，竹清清于天下木。彼棘果何物，雜于蘭竹中。小人之惡固可惡，君子之德尚有容。不見仲尼尚遭陽貨怒，孟軻曾被臧倉沮，誰知造化本無私，善惡難逃消長數。"

朱餘山欲延師訓子，謀之張磊塘。張曰："松不乏名士，若欲真學識，莫如泗涇范君人傑，尚未入泮也。"朱即往延之，讀其門聯："檻外江湖遠，山中歲月長。"喜曰："已卜其非凡流矣。"明年到館，布衣敝帽，謁餘山乃伯尚書公，儼然據上座。主人非專請，必不肯漫然陪客。朱族豪奢，每相過從，必乘四轎，魚貫而行，范居首，尚書次之，毫無假借，尚書亦大加敬禮。次年范改名惟一，應童子試，舉縣第一，次即其門人朱公大韶也。後俱登進士。

顧東江初入學時，值歲祲，有常情所不堪者，而公安貧固守。有富家欲結納公，公書座右曰："毋徇物而爲所溺，毋狎物而爲所乘。"公自少立志如此。

衞元洲，家莘莊，偶栽花掘土得一豆色瓶，瓶中有一磁碟在内，瓶口甚小。不知此碟何以能入。

衞橘樂作壽藏于莘莊，開土得古錢，銹蝕不辨年號。下有水涌出，急將土掩，愈掩愈涌，無可爲計，乃仍將錢置故土，其水立止，遂成壙。後作昭穆穴，亦有錢，大者如酒杯，但無水耳。

萬曆戊子大旱，郡西南李塔匯塔仰盤，有一物盤旋其間，狀如猴，數日方去。或云此旱魃也。

沈鳳峰捐館四年，文集梓成，校讎之責，屬之陳五松。陳以日課弟子，未暇展閱。萬曆乙亥五月望，陳晝寢，夢沈讓曰："子負我。"陳驚請其故，曰："余山中之素業，唯此集耳。今已刻成，幸畢我志，校讎之責，惟子是圖。而奈何其置之也？"陳惶恐受罪，忽寤，于是亟加釐正。世所傳《環溪集》是也。

朱文石，嘉靖癸卯中第二名，後丁未成進士，選入中秘。癸丑分校禮闈，所取士王公一鶚鎖榜。時王方弱冠，朱戲曰："何不再讀三年書，可得前列？"王答曰："門生徼幸鎖榜，則後邊幾千人皆被門生擠住。老師止有尤迴溪一人，不能擠上，乃知門生勝于老師矣。"文石大笑。

周按臺觀所與周萊峰同遊王宏宇園，觀所曰："遊人園亭，即吾所受用。若生欣羡，即是苦因。"時徐達齋富甲一郡，亦不造園，嘗曰："余有四園，一在城中，三在城外。"蓋指顧亭林、顧清宇、孫雪居、何繩武四園也。興到則携尊一遊，與自己者何異？省却多少精神財力。

有諂屈太甚者，陸平泉見而惡之，以爲小人。周萊峰曰："此人可憐，要人懽喜，反以取惡，徒自勞耳。"

褚孝廉元水，爲鄉民斫其祖墓槿樹，訟之俞令君瞻白，祈重治之，言之至再。時吴元水在座，笑曰："老父母已知尊意，公便便言唯槿爾。"令君亦大笑。

南門外一妒婦，知婢懷娠，日夜痛毆。既娩身，逼令棄兒于水。婢不得已將兒繫之木板，以一釵置兒衣間，冀得收養。適一婦持木椎浣衣溪上，見而收之，方用手援兒，椎忽墮水，流至妒婦門，爲其婢所得，懸之壁間。不兩月盜入其家，即將木椎椎殺妒婦，其夫方知兒之溺水也。後六年，拾兒之婦偶至婢所，見木椎認爲己物。婢問失椎之由，云："爲撈兒滚入波心。"復問兒衣間有何物，曰："有一釵，今尚在。"婢即索釵視之，果已物也，重酬其乳食之費，携子歸。張友蓮作《木椎記》。

孫鼎，廬陵人，宣德甲寅任松郡教授。時遇國喪，衰服赴府，誤反其冠，一府皆反，孫請正之。太尊趙公豫曰："吾倣先生也。"孫惶恐謝罪。其爲時所慕若此。

顧挹江，文僖公之孫也，善鼓琴。每夜有一狸竊聽，怪之，乃仗劍逐狸入大穴中，掘得一琴，古色蒼潤，聲亦清越，遂名爲狐狸琴。

萬曆戊子，泖塔重飾如來三像，眉間寶珠偶損其一。有鳥銜一巨珠置前，因取填眉，光瑩大小如舊，中間第一尊額上者是。

萬曆丙午，王獻吉順天發解，門扁曰"鴻逵接武"。至己酉，包鴻逵亦發解順天，王扁若爲先兆。

馮南江爲南御史,巡江。值江風大作,舟幾覆。及曉獲濟,乃作一詩,有"險道原來自有天"之句。後抗疏被逮三載,瀕危始得謫戍,遂成詩讖。

徐文貞爲相,一日世廟御札賜徐云:"卿齒與德何如?"文貞不能答,亟延楊朋石、陸五臺問之,亦難測上意。少頃文貞長男仰齋從外來,衆以御札告之,仰齋曰:"德者,冢宰歐陽德也。上問家君齒與歐陽孰多耳。"因即以對,果合聖問。

嘉靖乙卯順天鄉試,首題"仁以爲己任"二句,次題"必得其名"二句。司禮巨璫見首題之下有死字,欲以脅主考,宣言于朝曰:"'仁以爲己任,不亦重乎'之下,不知是何語?"徐文貞應曰:"就是必得其名,必得其壽了。"巨璫默然,衆服公應對之妙。

宋槜庵恤刑陝西,有一青衿無辜擬大辟,公一力出之,旋登第,欲報宋恩未果。疾革,囑其外孫進士孟學易云:"他日若宦江南,須了我此願。"後槜庵孫名憲解白糧至京,半遭沉溺,半爲歇家侵漁,負官税幾二千金。逮至都下,時已赤貧,計必老死囹圄矣。適孟公爲司徒,問知爲槜庵孫,極力周旋,捕諸歇家完其半。復移文至松,令買宋産者加價足其數,又贈二十金爲還鄉之費。孟公爲外祖報德厚矣。古云:"積陰德以遺子孫。"槜庵有焉。

孫文簡不信陰陽家方隅禁忌,每云:"天道無常,常與善人。豈有廣布凶煞,不論善惡邪正,觸之遂禍乎?人不自力爲善,專信術家之言,惑矣。"

宋石門名旭,號初暘,近稱畫家名手,與趙文度齊名,寓居吾松前後二十年。王懶軒名常,江右人,中書羅龍文子也,避難至海上五十餘年,改姓爲王,詩字俱佳。所鑄尊彝之類,大有古意,人争購之。二公可稱雲間寓公。

朱尚書旅溪有僕朱達,識劉瑾于微時,勸主交瑾。後又料其必敗,勸主絶之。往來書札,用計盡滅其迹,此何減崑崙奴!

廣東布政司庫多積貯,官吏每以查盤折耗抵罪。萬曆甲申,吾郡蔡龍陽陞粵左轄,疑之,乃細檢庫中,見有白蟺蛀成若銀屑者,銷之得銀若干兩,始知折耗之故。申文兩臺,而曩者官吏之冤始白。

陸家山醫道甚神。一日求醫者盈門,俱與藥而去,獨診一人脈。公曰:"須少待。"此人候之良久。公出曰:"汝尚未去耶?吾切汝脈,似非人類,何不自省,待我説破。"其人即跪請曰:"某實狐狸,修鍊已三百餘年。"公曰:"皆因汝夜出奸淫,得此驚疾。吾今與汝藥,則疾自愈。若仍蹈前轍,再來吾必有以制汝死命。"此人遂叩頭唯唯而去。後三日夜半,忽庭中陳豕肉半肩,佐以玉帛。其家人咸駭異,公笑曰:"此必狐狸所獻也。"叱受之。

蔡龍陽隆慶戊辰會試，其卷本房已棄去矣。夢人語曰："此賢人也，不可失。"如此者再，始異而收録。蓋公生平醇謹，雅稱賢者，冥冥中天實佑之。著有《螽斯集》一編，能廣延人嗣。

張東海嘗曰："吾夢中得二恨語，恨司馬遷早死，《史記》之書不完。恨蘇東坡早生，伊洛之道不信。"

二府李公豸署華篆，考童生納卷時，公目其人，自標年紀。姚四山兄也，面白，標二十歲。姚五山弟也，面醜，標二十五歲。五山笑謂四山曰："既經官標，我當爲兄矣。"

張青源烈，嘉靖己未登第。其卒後三十年，一人從嶺南來，忽携公家書至，處分家事甚悉。末云："余已爲此處土神矣。"字迹如其生前筆，私記則清河世家，即公平日所用者。其弟受所公每對人言之。

青浦二十四保一大家娶妾，生毒瘡，棄之于野。乞丐見而收養之，數日不死。女忽思食肉，適有數盜在孟婆墩祭賽，丐者乞肉，即與一臠，懷歸食婦。食未盡者懸之樹枝，爲蜈蚣所食，毒侵肉中。婦食之，瘡爲毒發，旬日全愈，其色更麗。丐欲送歸，婦不許，曰："我當終身從君耳。"遂爲伉儷，生一子。丐者日操小舟乞食，其婦言笑不苟。

松人稱兄爲阿哥，稱友人之僕亦曰阿哥。璩元與訪莫廷韓，乃令其兄張蓋。廷韓心知之，命其僕曰："可取飯與璩相公阿哥吃。"在座無不絶倒。

正德間，西門外下塘居民徐守誠，有家人張阿猫，年十二、三，不慧特甚，日好睡，睡必夢冠帶立朝。偶至跨塘橋賣菜，高卧橋端，適一内相舟過，阿猫溷入縴夫中，直至嘉善縣。是夕内相夢一神人語曰："明日武曲星有難，須救之。"内相侵晨起視，第聞一縴夫墮水，乃阿猫也，急令人撈救。呼至舟，問曰："汝縴夫乎?"曰："否也，某徐氏之僕張阿猫，不知何故至此。"内相曰："汝能隨我入京否?"阿猫唯唯。久之内相托管金帛，無毫髮私。諸同事者不能爲奸，恨阿猫不置，誘至酒肆，舉大硯擊損其一目。正喧嚷間，内相適過其地，遂罪諸同事者，而愈益嬖阿猫。後冒功任錦衣百户，出使江南，特訪守誠，以五十金爲壽。守誠初不知爲何人，閉門不納，後知是阿猫，始延接而受所餽。

施八峰名用，才子也，陸文裕深器之。偶謁何太尊，何即文裕門生。時未有迎賓館，陸至儀門，儔衆中望見施，即請相見。大聲曰："以子之才，必登金馬，今乃囚首囚服耶!"太守問此生爲誰，陸曰："既稱知府，則一府之中不可不知。有一施生，而不識何耶?"太守慚謝。

徐文貞家居，祀先每帶大帽，穿大紅曳𧝓，人不曉其故，蓋直廬之服也。

按明内監劉若愚《灼中志》云：曳𧝓，其制後襟不斷，而兩傍有𧜬。前襟兩截，而下有馬面褶，往兩傍起。惟自司禮監寫字上至提督止，口各衙門總理管理方敢服之。紅者綴本等補子，青者否，蓋内臣服也。（《晴川記》）

沈虛明幼科獨步。一貴公子將之官，沈送之，囑曰："公子出痘，切莫用藥。上痘不必藥，下痘藥亦無功，中痘須藥扶持，然未必得人，則不如不藥之爲愈也。"既而貴公子之子出痘，不藥竟愈。沈歿後，王啓雲亦有時名，嘗語人曰："稚子有恙，勿輕服藥，此要訣也。"二君言，當識之。

邢華峰之子，萬曆庚戌端陽日捕一蝦蟆，以墨入其腹，倒懸八日不死，至第九日擊斃之。不三日邢患病，目見蝦蟆大如車輪，曰："與汝何仇，必欲死我。我已訴之冥司，汝死當亦如我。"邢腹若有物，痛極，亦八日死。由此觀之，戕物命以爲藥，藥即效亦不仁甚矣。書此以志醫人戕物爲藥之戒。

顧豫齋性戇直。撫臺方公雙江過松，諸縉紳公讌，問曰："老公祖何時再來？"方曰："明年四月再會。"顧曰："恰好徐雲岩到家矣。"方默然。雲岩者文貞長子，仰齋舊號，方公再來，正爲其歸也。

徐文貞當國，諸紀綱見二守王公鶴年，王亦屈一足答禮，時人遂以扯脚呼之。偶縉紳進謁，客衆椅少，王連呼椅兒。顧豫齋笑曰："已而已而，今之從政者殆而。"

張東海好穿緑衣，日作字，右肩常袒。時沈大理粲嗜酒，赴席必曰："後日再來。"二公偶聚首，沈曰："老張愛着瓜皮緑，偏袒右肩。"張應聲曰："小沈能吞竹葉青，慣伸後脚。"

王鶴坡《中秋賞月》詩云："孔孟文章原皎皎，禹湯事業本堂堂。"孫文簡笑曰："中秋賞月，何故勞動四公。"

莫廷韓得奇石，色紫，下有"米芾"二字，峰巒不可言狀。莫喜曰："更添齋中一培磊塊。"顔其齋曰石秀，又刻"雲卿"二字于上。

天馬山三高士墓前一塚碣題曰："天放老臣吴公之墓。"不知何代人物，《郡志》亦不載。

萬曆己丑春，海洋中浮出一艦，長三十六丈，艙如之，檣半之，闊八丈，鎖鑰以金銀，頭艙髑髏無數，謂是昔年老鸛嘴者，不知是否。

陸平泉、范中方嘉靖庚子應試，自負必捷，兩家之僕遂以主中榜前後爲賭，後一名罰銀一分。及揭榜,平泉中第五名,中方中第十一名。時中方尚未聞報,其僕已知名數矣,不覺長嘆。中方曰:"既不中,作速開船。"僕曰:"已中矣。"中方曰:"既得中,何故如此長嘆?"僕曰:"只累我輸銀六分,故不快耳。"

永樂間,部符賦民銅急,遣使捕後期者,錢存善與焉。其弟汝明詒使者言:"老母賴兄終養,緩期實我罪,我當行。"存善曰:"我主家事,罪在我。且弟老母愛子,我當行。"兄弟争行大慟,使者對之亦感泣。驗籍,卒以存善行。汝明送至姑蘇,會宥免,兄弟偕還,鄉人兩高其義。後汝明以子溥貴,贈侍讀學士。

陸文裕云:"登山涉水之際,專事賦詩,反礙真樂。不若極躋攀眺望之興,歸而追憶所遇,歷歷在目,然後發之詩文。"此言甚得遊覽之趣。

成化間,西門外有張宗逵者,獲一龜,畜之于庭。長可四寸,色純元,脊如馬鬣,四旁周列二十六點。點皆高起,大者如豆,小者如半豆、如米粟,或疏或密,歷歷可數。張東海云:"使羲、禹今日見此龜,又安知不發一端理數以教人? 如古所稱河圖洛書者耶!"遂作《異龜志》。

袁海叟避禍時,佯狂自辱,令家人以糖拌米潛置籬落間,公匍匐食之。時上命公爲本府教授,使者見取食不潔,遂奏爲真病得免。

陸敬齋敭歷中外,諸子尚幼,所有圖書服飾,出必自隨。陞江右大參,值祭享,焚化紙錢,飛火松棚,悉遭灰燼。向來積貯,反因陞遷喪盡,天下事不可料如此。

宋遜庵平日作宦,只是信命,從不夤緣。偶因座主王東岑起少宰,有意提携,因破戒贐以三百金。王擇日北上,衆官候送,至期不出,問之卒矣。遜庵從此信命益堅。

戴損庵于嘉靖乙巳除夕,同兩兄聽讖語。見一婦人開門,三人齊問:"我輩明年中式否?"答曰:"左右不中,問他何用?"三人喪氣而歸。明年損庵竟得捷,因憶三人是晚齊立,損庵居中,婦云左右不中,則損庵之捷隱然矣,乃知讖語不爽。

勝國時法網疎闊,徵税極微。吾松僻處海上,頗稱樂土。富民以豪奢相尚,雲肩通袖之衣,足穿嵌金皂靴,而宫室用度,往往踰制,一家雄據一鄉,小民慴服,稱爲野皇帝,其坟至今稱爲某王坟塋。名士逸民,都無心仕進。終元之世,江南登進士者止十九人而已。入明朝來,吾郡元魁繼出,文獻甲于天下,第民苦賦役,十室九空,無復往時豪富之風矣。

隆慶時,上官惡江南富民專利,有犯必罰至數十百金,嚴刑追納,自謂爲國儲財。陸平泉語當路曰:"與其積財以待事,不若安民以省事。"真格言也。

肅宗狩承天,詔選善書者給事行在,夏文愍以上海顧從禮入見。時上御秘殿,軸簾召使前，見顧面如玉，跪罘罳前燭下，光映左右，大稱旨，曰："此白皙書生，出金花箋命書。"又問姓名曰："崇禮耶？"對曰："臣從禮。"遂授中書舍人。

張賓山電以布衣入都，善書，受知世廟，官至禮侍。其得君甚隆，前已志之詳矣，兹又漫記三事。張一日給假還邸第，上命書古賦一篇。張書完，即與諸妾暢飲，不覺大醉。上遽召内侍掖之而行，至五鳳樓下方醒，速遣家僮至寓取所書賦，良久而至。張方手接，已爲值門内使椎死家僮矣，乃捧賦跪丹墀請死。上取視，龍顔大悦，見張醉狀，第連呼酸子而已，遣之歸。一日張在上前作書，上亦據其案視之，見張所用柴心筆問曰："此筆佳否？"對曰："臣用此筆頗便。"又問曰："每枝價幾許？"對曰："二分。"又問曰："卿家尚有幾枝？"對曰："止十枝。今用其一，尚存其九。"上顧内侍曰："可將銀一錢八分至張電家取筆來。"須臾至，果九枝，與張言合。張初在夏桂州門下，上賜夏一御札，夏漫書數字于札尾。後數日上仍索此札，夏窘甚，召張曰："此事須君一担當。"張不敢辭，乃徒跣跪上前，稱醉後偶污御札，請死。上于燈下熟視曰："非卿筆也，去。"上于是怒桂州而愈益愛張矣。

袁海叟古詩學《選》，七言律與絶句宗杜，格調最正，故何大復、李空同稱其爲國初詩人之冠。近有以高太史爲過之者，高較袁稍闊大，然不能脱元人習氣，若論體裁，終是袁勝。

莫廷韓工署書，有一張姓友求書齋扁，莫嫌其齋名欠雅，乃書"張子房"三字遺之，座客爲之鼓掌。

錢漸庵云："家庭不幸，所遭父母妻子兄弟，要如大舜之能化者，斷不可得，只是一'耐'字，儘可相處。"

周萊峰嘉靖庚子入場，逞其才思，七作浩瀚，二、三場雙行謄寫，主考嫌其太馳騁，置下第。時監試惜其才，語主考曰："譬如星家寫流年一本，亦須酬以銀米，豈有三場如此，而不以一舉人酬之乎？"

來科公患羸疾，十攄其五，遂得雋。公自三場甫畢，讀書不輟，同事者曰："何太急也！"公曰："如得雋則計偕在邇，不然，用防明年歲考，何得爲急？"世有如此用功而久處青衿者乎！

董子元有文名，爲貴溪相公所知，許以中翰。會考選，置公名第一。世廟竟點第二、三名，後置公名第二，又點首尾兩名。始信官爵有命，遂歸。

朱元圃嘉靖壬子二場作表完，忘寫"臣無任瞻天仰聖"數語，以爲必貼，不意竟得雋。後查何故，蓋因謄録生疎于查檢，竟將朱卷謄完，至表尾始知，即欲棄去，則前功可惜，不得已寫"云云"二字于尾。閲卷者疑爲謄録偷惰之常，遂不問，而朱得中式。

唐曾城拙于宦，偶從袁太沖廢圃得湖石，色澤文理，絶似靈璧，令童子剔洗蘚苔。上有錢鶴灘題句云："清時誰肯信君平，高卧偏深木石盟。對此蕭閑無俗事，一爐沉水一函經。"曾城喜曰："此詩若先生投贈余者。"因移置書齋前。

華亭幾務煩劇，諸生之事干謁者殆無虚日。俞瞻白在任，偶一日大雨，庭無諸生之迹，適青浦令抵郡，俞曰："今日有一奇事。"青令叩之，曰："今日無一秀才到縣。"

鄭公思齋令上海，初涖任，謁文廟畢，即索諸生試作。庠師以十卷呈之，閱畢，令一門役舒掌，置各卷指間曰："以此持去，不可紊亂。第一指一卷，次年即聯捷。第二指一卷，久之成進士。第三指二卷，終鄉舉。第四指六卷，以青衿終矣。"俱一一不爽，第一即潘恭定也。

唐柳溪侍御，韋室公自化之父也。以家饒，令君編其役時，韋室業已遊庠，每試必先都士。入應踐更，令君曰："是汝父耶？若大族，我當更若役若何？"韋室出，聞之父。柳溪變色曰："若遂移之宗人乎？亟承役，不然，何面目入祖廟見先人乎？"乃仍之。

王竹莊讀書齋中，偶一夕夜半，有偷兒越竹籬而入，公尚呫嗶未卧，識其面，乃鄰人也。戒之曰："汝幸遇我，他人必就縛矣。今後慎毋然。"明晨遺以脱粟，其人深媿。年餘，其人乘歲朝特詣拜謝，低聲語曰："蒙公教戒，已改行矣。"因言某于除夕夢公家門首豎二紅旗，一書"元"字，一書"魁"字。故事登科者止有縣旗，是年公之子諱洪號鶴城得雋，學諭傅公以縣庠止一名，異之，添送一旗，上書"元"字，此人之夢若符合焉。

世廟甲辰，江南歲祲，斗米二錢。有司勸富家出粟平糶，以濟貧民。徐公壽倡言曰："願准豐歲時值以糶。"同事者争尤之曰："官不過欲出米耳，未嘗抑價也。子欲爲德，而不虞以爲例乎？"公唯唯，至家悒悒不自得。子方壺公問故，公述所以，曰："減價則違衆，不減則貧民餓死自若也。"方壺曰："易耳，爲廣升巨斗，每一加五焉，是名雖不減，而糴者已得實益矣。"公欣然曰："善。"遂行之。于是籍里中貧户，得八百餘家，量口給糴。間有無錢者，則貸之棉花，令織布以易粟，徵足花本則復貸之，不能織而有力者，則使之舂，老弱不任役者，始施賑焉。自夏徂秋，六閱月而止，里中賴以獲全。及孫鴻洲父子相繼登第，贈公徵仕郎。

閣頭陀嘗語陳眉公曰："却疾延年，無如曝背。"每見日出，輒曰："好藥好藥。"

陸平泉好行方便，至老不衰，待佃户尤加厚。每戒其子孫及其僮僕曰："農夫歷盡四時艱苦,方得有此秋成,不可不深體恤。收斛切勿用大斛,看米色寧寬一分。凡遇水旱,多給工本,不責其償,冬間免荒米務從厚。凡佃户有訟獄,有疾病,必多方周護之。五旬免壽米,如加爵則又倍免。六旬以後,凡得一孫,即加免租若干。”故陸氏之佃户,家給人足。公八十五歲時,病困垂危數次,親友爲禱于廟。一老友忽瞑去,經宿方甦云:“見老農百餘人伏堦下求保哀切,城隍神命吏奏聞,忽天使駕鶴下降,神俯迎上殿,開讀云:‘陸某加惠農夫,種德四十餘年,再增一紀之壽。’”後果九十七乃終。

華亭獄卒朱清,性慈祥。有黄玉者,善士也,受誣繫獄。仇家持十金賂清斃玉,清佯受以告玉。玉方驚哀懇,清曰:“無驚,吾生平誓不作此等事。”日以所賂爲玉治膳,兩年而玉故。一日清偶出郊,忽見玉呼曰:“上帝憐我良善,無罪斃獄,勅爲勾攝痘司。城北張翁晚年得子,出痘甚危,爾往用水一盞,默呼我名者三,與兒飲之,即愈,可得五十金謝,聊報昔年活命之恩。”清往,如法治之,舉家驚以爲神,酬儀果如其數。

顧東江遊鶴涇田舍,《過黄耳寺》詩云:“山靈應道我歸來,一徑新添雨後苔。高柳直從江路見,細花還傍竹叢開。百年天際雲千變,萬事林間酒一杯。記得吾家老開府,當年嘗勸陸郎回。”

嘉靖時,華亭有丐夜宿古廟中,聞神語左右曰:“明日吕純陽師過,須洒埽以待。”丐者驚喜。凌晨起視,至日中而餒,乃語廟前業巾唐姓曰:“我夜聞如是,今迫于餒,將往乞食,君爲我伺之。”唐候至日昃,果有道人衣素,坐廟門檻。唐奉以清茗,遂把袖稱大仙求度。道人笑曰:“汝癡人耶?我非仙也。”唐懇益力,道人不得已,相與出東門。瞬息已至春申浦,謂唐曰:“我從空而行,未卜税駕幾何時也。今且飛渡,汝能無墮水乎?”唐始恐懼,因叩頭不已。道人曰:“我無長物,顧漁鼓中有墨徑寸,今歲將旱,汝磨墨作字投田中,水應不涸。”唐舒手受墨,已失道人所在,悵然而歸。未幾果大旱,如道人言,輒驗,求字盈門。已而墨盡,以他墨作字,竟無驗矣。

上海高橋有朱丐兒,嘗爲人奴,已而辭主人,因乞于郙,生平未嘗出村。有村中人商于他縣,出行遇二虎,忽見丐兒從山頭挾虎而上,其行如飛。商人驚曰:“是吾鄉朱丐兒也。”呼之不應,歸語市人。市人驚曰:“丐兒是日未嘗遠行,第見挾兩貍歸籬中耳。”冬夏露處,雨雪不侵,以蒲囊裹體,施病人煮湯,飲之輒愈。市人餽之衣食,即分給飢寒,如拒而不受,其家必有大殃。縉紳士庶問休咎者無虚日,後不耐酬應,一夕失所在。(又見第二卷)

海忠介之批鱗也，世廟震怒，繞殿行竟夕，拔面上肉刺都盡，召華亭定議斬之。華亭請其疏下，遲數日不擬。上督促至再，華亭俯伏泣曰："臣豈敢成陛下殺諫臣之名?"上怒始解。忠介深德華亭，後開府江南，爲華亭處分田宅，實君子愛人以德也。第奉行稍過，遂致華亭不堪，四郡士夫，咸爲華亭解紛，謂忠介曰："聖人不爲已甚。"忠介曰："諸公亦知海瑞非聖人耶!"縉紳悉股栗而退。

徐文貞司理延平時，與科臣俱謫。科臣先謁御史，請以客禮見，御史殊不快。俄而通延平推官見，御史方慮其紊分，而徐文貞已跪舷前通姓氏矣。其循理守分如此。

高郵邵伯河即白馬河，一望極天。昔年舟行河中，不特風濤之險，刦賊恣意殺人，往往與長年共謀鼓檝而遁，彈詞家載蘇縣令事，可駭也。江陵奔喪歸，惡其狂瀾。時吾郡芹泉曹公鉷者，以判官力董築堤之役，踰年始成。至今行兩堤間，真如明鏡中也。時人稱爲曹公堤。

宋幼清云："帝王廟光武與漢高南面，非禮也。子不可以齊父，則孫不可以齊祖，宜以光武侍側。不然，爲簾間隔之可也。功臣廟以列侯侍六王，非禮也。列侯與六王皆天子之臣，則宜功多者居左，次者居右，皆南面可也。秋祭文廟，例宜用冰，不然，臭穢不堪矣。"

崇禎九年，時海塘未修，忽一夕漕涇地方有大魚入港，潮退，魚不得去。土人數百，持刀斧直上魚背，恣意取割，魚固自若。剖腹中有人，衣帽如故，包袱具存，想其人墮水爲魚所吞也。魚長可三十餘丈，重則不知幾千萬斤矣。肉甚腥羶，只堪煎油。脊骨每節約三、四尺餘，廣稱是。人争取之以作舂米臼，脅骨可作板櫈，其尤長者可當略彴。始信南華老子之説非誕也。

雲間自夏瑗公、陳卧子倡幾社，丙子春日會文于陸氏慶麟堂。卧子云："夜得一夢，見文定百歲坊有金字扁，書'定而後能静'三句。"時首作即拈是題，至壬午南場出是題。陸氏兄弟應試者六人，是科得雋者三人：慶衍、慶臻、慶紹。夫以文定之盛德，固應世濟其美，而夢兆預徵，其發祥正未艾也。

雲間威靈公，其靈爽並于五嶽，四方禱祀者如市。崇禎壬午歲，廟貌頹圮，羽士欲修葺，苦于歲荒不給。因禱之神，刻一票如徵糧式，進香者如某保某區人納紙若干，填明票上焚之，隋以紙價投櫃中，不數月得金錢數千矣。是舉也，于神有益，于民無擾，可稱經濟。

干巷有莊癡者，爲蒙師，落落自異。一日忽棄家依止荒村蕭寺，或浩歌，或痛哭，舉止不類平時，言事每多奇中，人共指之曰癡，更疑爲仙云。日行乞于市，市人争以酒食投之。冬夏一衣，數年不易，而香氣襲人。一卧累日不起，起即歡笑若對語狀，寺僧訝之。癡曰："我與諸舊侶敍語耳。"有張某將之官，叩癡曰："此行有險乎?"癡曰："梅嶺最險。"中途遇風濤，舟幾覆，登岸見有梅嶺碑，乃公冶長筆也。數千里之外，癡能預知如此。里人往普陀，大智師曰："汝里莊仙，我所不及，不知師何從識之也?"己未春，忽語寺僧曰："四大不常，幻緣有盡，我將逝矣。"逝後十餘日，有商見之丹陽道中，與語良久，尚不知其羽化也。

李可庵，工部南湄公子也，自言少時所衣者唯短布單衫，長不至骭。及遷居塔水橋，其尊人恐外觀不美，乃以沙緑布製一衣，兩袖不完，更以他色布足成之。可庵自云："服此衣，見諸人嘖嘖稱郎君今日有美服矣。噫，計爾時其嘉隆之際乎！若在今日，奴隸之子，少得主人翁盼睞，争以羅綺相誇矣。"

陸平泉《題王昭君圖》云："使毛延壽而圖此，則後世無此圖。今此圖傳寫人間殆千百世，當時按圖進幸者俱泯滅無聞，觀此，雖未減毛延壽可也。"

吾松佘山亦有茶，與天池無異，第採造不如法。近有比邱來自蘇，以虎邱法製之，味與松蘿等。老衲亟逐之，曰："無爲此山開羶徑而置火坑。"蓋佛以名爲五欲之一，名媒利，利媒禍，物且難容，况人乎！

龔方川往爲直指，當按粤西，慘然不樂，往見嚴介溪。介溪曰："我往嘗使粤，所歷山川奇麗，快心駭目，至今夢寐未嘗不在彼中。邇來雖叨黄閣數年，蒙塵觸穢，往來一衢，何如彼中官司，南面芙蓉也。"龔後至粤，每行得勝處，輒嘆曰："是閣老夢寐不如者。"人生東西南北，唯天所命，唯君所使，若恥不善地，猶恥惡衣惡食，孔子所謂不足與議也。

眉公云："古人以蘭爲香祖，余欲結茅，四面雜蒔蘭花，題曰香祖庵。有柱聯云：異人常在漁樵裏，老鶴多眠蘭蕙中。"

眉公自弱冠應童子試取第一時，徐文貞索其試卷。公即以童生冠服謁之，文貞因問云："學而時習之何義?"對以"不輟"。文貞云："如國有荒事，即就荒時查考。如有兵事，即就兵時查考。如有大禮大樂，亦然。此真所謂時習也。又有因文見道者，如贈河南撫按，思河南何事最急。如送陝西撫按，思陝西何事最急。即此類推，自然研究得切，考據得真。正如夏買葛，冬買裘，畢竟比平時買葛買裘不同。"

徐文貞《與申瑶泉乞救荒書》："年來老病增劇，不能出門。邇值淫雨爲災，田疇淪没，老幼號哭，聲徹幽棲。强起乘小舟至近郊，則平原百里，巨浸渺然，豆麥秧苗，無一存者。時見破屋敗竈，出没波間，飢殍殘骸，縱横于側，不勝凄斷，掩目奔還。若以公之仁慈睹之，將有怵心傷神，嗚咽涕泗，慘于覽監門之繪圖，痛于觀地獄之變相者。故僭爲一書，上之政府。自來災傷蠲免，皆只就存留中減免分數，而吴中存留甚少，無救于災，故每次恩澤，特虚文耳。此在往時尚爲無補，況今大災耶！百萬士民，咸仰望朝廷破格蠲除，于以救未死之民，爲國家億萬年留供輸之地。三公雖同以天下爲己任，然公于其間，實多鄉邦之誼。憶公拜相時，吴中士民，皆舉手稱慶。若己與有榮，則所以上紓聖明南顧之懷，下憐父老子弟垂涕之道，而副其翹跂之勤，非公今日事耶！"

眉公格言："知希則貴，身隱焉文。雖差樹遁世之藩籬，亦半立藏身之門户。既爲男子，忍與草木俱灰，露盡英雄，乃以神仙退步。我思古人得四先生，曰范少伯、魯仲連、張子房、李長源。""莫直于矢，而括囊之時多。莫直于繩，而蟠屈之時多。莫直于黄河，伏流萬三千里，而千里一曲之勢多。故曰：大直若詘，其道委蛇。"又曰："勇于不敢則活，此名臣經世之上術，神仙住世之上訣也。""後生輩落騷雅二字，則讀書定不深心。落意氣二字，則交遊定不得力。"

洪九霞云："無處不可讀書，無刻不可讀書。若有等待，有揀擇，便不成事。好文集成一部，日間吟玩，須尋味其神髓，如出我手一般。閑暇時切須潛玩經書，透露得入，臨文自有發揮。若待考時趲看，便慌忙憒亂，耗散精神，文愈不佳矣。"

吾松陶叔明有畫帙，題曰《無聲詩》。

董玄宰云："吾松書自陸機、陸雲創于右軍之前，以後遂不復繼響。二沈及張南安、陸文裕、莫方伯稍振之，都不甚傳世，爲吴中文、祝二家所掩耳。文、祝二家，一時之標，然欲突過二沈，未能也，以空疎無實際。故余書則并去諸君子而自快，不欲争也，以待知書者品之。"

孫漢陽以宋復古殿瓦爲硯，瓦色黄而帶白，製頗古。

楊廉夫鐵笛在張仲仁處，其色有羽緑，損而多坎，吹之不能成聲矣。

萬曆間，吾松著書立言者，當推學憲洪州王公圻父子祖孫，藏板最盛。

吾鄉見心顧氏，見一舊石璞甚雋，鐫"雲根"二字，又旁鐫一"堅"字，涪翁物也。

玄宰云："余性好書而懶矜莊，鮮寫至成篇者，雖無日不執筆，皆縱横斷續無倫次語耳。偶以册置案頭，遂時作各體，且多録古人雅致語，覺向來肆意塗抹，殊非程氏所謂用敬之道也。然余不好書名，故中稍有淡意，此亦自知之。若前人作書不苟，且亦不免爲名使耳。"

孫士美字公粲，華亭人，以孝廉爲舒城廣文。禦流賊有功，擢深州守。深地邊倒馬、紫荆諸關，虜一日夜可至城下。戊寅十一月十三日，賊精騎三萬踐滹沱冰而過，屯城東三里楊家村，公密遣壯士段容嗣、諸生趙應泰，運神機砲擊殺無數，并殺賊首十四王子。賊憤甚,于十四日列八大營壓城而陣,索子女玉帛。公怒叱之,引弓殪二賊。十五日攻城益力。十六日四鼓,以火箭攻城東南樓,間以飛燄,燎人頭髮,守者不能立,城崩二丈有奇。公立蕪蔞亭督戰,士民相率牽公衣使避難,公厲聲曰:“此是我死所,去將安之?”衆雨泣而散。次子芝玉不忍去,公曰:“嗟乎,不及顧若祖矣!”語未畢,賊已至前。公大駡,即引佩刀自刎。芝玉哭,急抱持公,賊連刃芝玉并仆地,又争前刃公,碎其顱而去。太公諱訥,遇賊于州署,亦駡賊死,一門遇害者凡十有三人。夫人李身中五刃一鎗,死而復甦,乘間扶出城,疑其鬼神也。而芝玉死一日夜亦甦,卧積尸中三日,賊去乃得出。于是公長子芝秀聞變,跣行三千餘里至深,覓公父子遺骸,仍走伏闕下,疏言死事狀甚悉。上下所司覈實,有詔贈公太僕少卿,太公得旌典如甲令。先是流賊陷霍山,勢甚張,新令方受事,出謁上官,公以廣文身自登陴,獎率士庶,凡三月不解甲,賊由是三至三却。而公每戒家人:“即城破吾死城上,汝曹無落賊手。”太公亦曰:“勉之,死職義也,吾亦不惜餘年。”其家庭忠孝天植如是。而深未破前,一日公題詩蕪蔞亭,有“他年青史上,莫載罪臣名”之句,嗟乎,壯哉烈乎! 睢陽而後,千古一轍矣。公死時,年五十有三,太公年七十有六。郡守方公奉旨表其閭,又建祠鍾賈山之側,英爽赫然,過者齒擊,公父子于是乎不死矣。

吾郡稱三沈,東老霽榮壽令終,人皆知敬,惟馨先生才敏與錢鶴灘並駕,尤爲顧東江推重,惜乎貧死,乃無聞焉。苧湖翁以貢占一官,三子皆豪傑,亦勿第。郡中藏書富者烏溪龔與朱,上海唐與陸及談,獨著書刻板擅名三吴者,苧湖家爲盛。

釋氏《華嚴經》註,謂五百賈客入海採寶,值摩刼魚王開口。船去甚疾,船師問樓上人何所見,曰:“見三日及白山,又見水奔趨入大壑。”船師云:“三日者,一是日,二是魚目,白山是魚齒。水奔趨是入魚口,我曹死矣。”時舟中人各稱所事無驗。有優婆塞語衆曰:“我等當稱佛名字,佛爲無上救苦厄者。”衆人同稱南無佛,其魚先世曾受五戒,以得宿命智,纔聞即自悔責合口,船衆命存。吾郡沈行人謹,嘗奉使日本,見海中風促舟擱水島上,百餘人以鐵椎竿撑之,自晨及午不動,自分舟破必死,舟中皆憂泣。卜且吉,復如前撑之。其島忽沈,始知是魚,向竿椎不覺,大可知也。沈又云:“使魚鼓鬣,舟亦覆矣。”危哉! 此與《華嚴經》所載事相類。

莊懿公有大度,爲刑書時,夜以事急欲質明題奏,張燈坐,自促吏書,夜半始就。吏忽袖倒燭污之,吏大驚,叩頭請罪,公曰:“悮耳。”復促令書竟,達旦不寐,了無怒色。

宣德間,三寶太監乘海舟數十艘,往東南諸番採異寶,松江道士徐宗盛隨往。

既歸云:“一日泊舟海島,舟中數人登遊,見林莽間蹊徑,疑有人家,遂躡其踪覓之。遥見一人長丈餘,頭目俱人,急趨來,掠一人頭啖之,衆驚走。其人已攔截歸路,拔藤穿人腮間,若貫魚狀,以大石壓藤兩頭而去。衆始知是獸,共折藤急走。甫下舟,獸三、五俱來,在山頂上望,以手招之,不知是何獸。《山海經》獄法山有獸,狀如大人,見人則笑,名狎,豈即此食人者耶?”又云:“往某國,山中多獸。舟中有善獵者,持毒矢往,遇一獸甚巨,逐群象來,其人懼,急緣木避之。獸攫一象飽食而卧,群象亦莫敢去。其人視之熟,試發一矢,驚哮,知其可毒。更連發三矢,避樹間。獸大哮跳躍,山谷震動,猶噬他象二、三,須臾死。群象悲哀指示,若欲馱之。其人熟解象意,下樹馱往一坑谷,蓋象所解牙處也。群象各卷牙,復馱送出,又拜伏去。其人報舟中人往解牙所,縱取牙歸。又剥所噬死象并巨獸皮。獸狀高,口在項下,足矮身團圞若屋然,疑其爲象虎也。”

漕涇顧惟信自言,十五、六歲時早起,見鴉群漫空,飛來入海,屋瓦泠泠有聲,視之錢也。以升拾之,得十八文。又聞宋檜雪先生云,官京師時,夜聞屋瓦聲,詰旦熟視之,錢皆側立瓦壟間,此亦是錢飛所墜也。

吾松凡大讌筵中,有沙糖獅子等物,其來久矣。唐張之路誣李泌受嚴震金獅百枚,德宗料是沙糖獅子等物,果然。則此物自唐已有之。

白苧湖東南,彌望皆草地,生野百合,莖葉絶似珠子百合,開花紅似渥丹,根如蒜。正德辛未,松民大飢,凡居郡城北者,餒死殆盡,墟里蕭然。居南者聞此根可食,日有數百人往草地掘之煮食。夏生者倍大,食之不苦,且有香味,志之以示後人爲救荒之需。春初生者味苦,且民未經識。或有誤得他種毒死者,此又不可不知。

沈户侍時暘欲營别第,東有神祠,擬爲屋以遷之,卜之吉。及屋成,舁神像不可動,衆皆尤公。公曰:“我前求神,神既許我矣。”乃重謁而卜之,卜仍吉,而像卒不動。公曰:“此神不靈,非我之咎也。”叱其衆毁之。土飾既盡,而中甚堅,視之乃一枯楊樹。當時塑者蓋就樹爲之,雖數百人不能動也,衆于是釋然。嘗聞塑神像者,類取生物以爲靈,如蛇虺梟狐之類,此亦黠巫狡匠欲假是動愚俗也。

雲間九峰,陸寶爲二峰,其土宜樹,人争取之,夷爲平陸矣。曹定庵擬以簳山補之,有《九峰補亡》詩:“山頭日月長吞吐,山下亂石多難數。小者卧伏如群羊,大者蹲踞如虓虎。生材中矢因得名,十笏天留給孤土。茲山合補九峰亡,後世視今應作古。”又以盤陀石、雨花洞、玉寶泉、箭簳竹爲四咏,各有詩。先是錢鶴灘嘗檄小山補之,然小山蓋横雲之餘壤也,故又名曰小横山,勢不可二。簳在諸山之北,與鳳凰山對峙,進簳次之,于義亦協。

湖泖之水，皆發源蘇之太湖，每風自西北來，則水多暴溢。故治水者惟浚吴淞江入海，浚白茆以入大江，太湖之勢分，則松無水患，夏忠靖公嘗試之矣。正德辛巳冬，李司空充嗣復浚二水，動三郡之衆，費巨萬。當時頗有誚之者，然至今無大患，皆其力也。司空四川内江人。

弘治甲寅，工部徐侍郎貫治水江南，開白茆港洩水于海。陳西潭寄詩祝水部云："通海易，塞海難，請君反覆思兩端。雨暘愆期致澇乾，此與時政還相干。人力回天良亦艱，唯是築堤護圩田。此策若舉人心安，單舸寡徒相周旋。東西遍閱陌與阡，佚道使民省笞鞭。低者增築令高堅，破者補綴令完全。可以蓄洩防未然，道元《水經》有本源。守敬議論非腐酸，前元特設水監官。仁發任姓號月山，此老水利亦精專。今君奇胸萬卷蟠，取用不竭如淵泉。縱横曲直珠走盤，但存民力無傷殘。眼前活法人所便，古人陳迹亦蹄筌。吾君吾相聖且賢，將舉廢墜起詖偏。和氣充塞位兩間，堯水湯旱非所患。側聞西潭過高軒，移時不出吏候門。方且索我詩稿看，感君西臺舊歲寒，不惜千里披心肝。"

宋太史潛溪嘗作吾邑七保《松隱庵記》，有云："今之細民，竭三時之力，欲其室廬之完，饘粥之充，而不可得。釋氏之徒，皆坐而享之，苟不力求其道，無忝于大雄氏之教，則因果之較然者，甚可懼也。"其論甚正，而足以寒緇流之心。今志不載此碑，當命其徒刻而傳之。

楊廉夫維禎字當從木，而往往見其真迹有作"禎"字，常以爲疑。近偶以其所藏歲月考之，始得其意。蓋國初諸王有諱楨者，先生之從示，皆入國朝書也，推此可以驗其書之真僞。

元末松江屢經兵火，書籍焚廢殆盡。永樂甲辰，王公中立知府事，首務興學，延五經師訓迪子弟員，購求《十三經註疏》等書藏于學，士習一新，自是科目人才甲江南。中立三子，璡吏部主事，汝玉春坊贊善，汝嘉翰林侍講，君子以爲善政之報。

景泰中飢，郡守賑濟，多申而少給，識者謂此人必無後，已而果然。孰謂天之視聽遠哉！表之以爲長民者勸。

顧斌字德章，弘治舉于鄉，屢躓公車，終興寧知縣，發最晚。二子中立、中孚，早年同登嘉靖丙戌進士第，友人賀之，公曰："老夫如登天，兒曹如拾芥。"

樂宗茂，浙江仁和人。以進士同知松江，弘治甲戌署上海事。食河豚而美，既撤，問有餘，則侍卒既食之矣。更烹以進，倉卒不熟，下咽而死。卒懼，徙其屍溢厠中以自免。宗茂政事有可觀者，時以其自經也，概以貪人懼敗目之，亦冤矣。

督兑某,部差也,至松,松紳具公酒設于徐眉齋宅,食河豚而美。更索之,急製以進,食已而死。徐氏窘,謀之華令澹石公。公入視之曰:"此被毒麻悶耳。"命以眠轎舁入署後,因此乃設糧道云。時先帝朝也。(《若蒐記》)

成化己丑,丁溥以榜眼入翰林,頗自矜炫。後因歸省,東海先生作文贈之,其略曰:"昔司馬相如拜中郎將歸蜀,太守郊迎,縣令負弩矢先驅,鄙人榮之。沂公王曾及第歸,青州郡守軍帥率父老具樂郊迎,公乃從間道入謁,不敢當禮。論士者不必究其始終,于一端窺之,亦可以知其成就矣。近時以僥倖一得,往往效相如所爲以誇示竈婢,吾嘗竊爲世俗嘆。今君賜告歸省,吾雲間之仕于朝者,道衣錦之榮備矣。予妄以沂公之事望之,亦挽流俗之一機也。"觀此,前輩直諒之風,猶可想見。

華亭丞俞仲巘,志逸其名,獨見于《清江集》之《霜林説》,且曰:"仲巘早歲讀書績文,有聲吴越間。其去而家于九峰也,人且以其抑鬱無聊,不能終日,乃以霜林爲況,則知動心忍性,而益其所不能矣。"仲巘會稽人,蓋因宦而居于松者。

華亭學聚奎亭,弘治辛亥縣令汪公宣所建也。明年顧清魁南畿,張宏至第五名。嘉靖壬午,聶公豹葺而新之。東江有詩云:"三十年前慶落成,白頭重見此峥嶸。江山不息英雄氣,星漢遥增日月明。漫學魯人歌在泮,敢先周彦試吹笙。天機未敢分明語,夢裏泥金有姓名。"先生嘗有異夢,明年徐階以第三人賜及第。

眉公云:"教子弟者,每作一文,先藏一刻文圈點留着,俟文成而示之。如暗中得三光,欣躍異常,此課法之捷法也。讀書宜隨時而讀,如此時苦旱,宜拈《喜雨亭記》及《祈雨故實》,古文古詩如"宣王憂旱"之章等類,使之熟讀,令心目與時令相感,最能觸發聰明,此誦讀之捷法也。"

陸平泉病起,與林貞恆内翰云:"病卧小齋,夜數刻不能成寐,會雷雨初霽,急起披衣,追涼庭下,放歌香山居士詩一二章,撫胡牀爲節。時明月正中,清風自下,猶恐吹落庭葉,復鼓掌一笑而止。時無賞心,孰與共此? 因呈貞恆,以代晤語。"

《贈真和尚藤枕》云:"佛家等浮世爲幻界,當知黄粱大夢,不獨在吕翁枕中也。老僧静中打睡時,于何處安身?"

眉公嘗聞前輩云:"夜行切不可以刃物自隨,吾輩安能害人,徒起惡心耳! 此名言也,保身之道,切須記之。"

曹介人云:"仕路戲場也,甲科最矣,猶分兩歧。韶年者如貴介公子,自負知音,挈伴嬉遊,丰度翩翩可賞;暮年者如梨園赴聲,荏苒歲月,恐爲識者批評,盡心力而爲之。稍露色相,若鄉科之入仕也。技非絶唱,勉强徵逐,竭其筋骨,敝其喉舌,終不得與秦青輩稱同調。次之爲貢,次之而官恩生,又次之而監,則如影戲偶戲,借人喉下取氣,聲色自覺索然。又次之而雜流異等,乃沐猴之戲耳,群兒争逐之噪之,猴亦驚獝跳躍而已。”

尚書伍文定,嘉靖甲申以操江涖松,有“昔推常郡此盤糧,米粟陳陳盈十萬”之句。東江先生曰:“詩雖不工,而當時儲蓄之富可知。”按伍公推郡時,當是弘治末年也,而猶有十萬之積,况周文襄時乎! 今之所以無者,其故有二: 逋負也,侵欺也。逋負固奸頑之常態,而亦有出于不得已者猶可言也。若侵欺則極爲可恨,何也? 起運之外,存留以備賑濟,文襄之良法也。自易銀之法行,而濟農之倉虚設矣。積年之胥吏,慣役之糧長,每于領米易銀之際,則虚開姓名報官,名爲闕米大户,而實自入以肥家。至有一人而侵欺至萬石,積弊相仍,莫甚于此。概郡計之,其麗不億,此與文襄之意相戾甚矣。牧民君子,苟清此弊,自足濟農,何必爲勸借之令以速怨哉! 庚寅,郡守長沙熊公宇頗究茲弊,痛懲其尤者幾人,時論快之,然竟亦未盡革也。

何仔云:“余少遊松江干山,宿李昇郎中宅。近山有虎啖一人,時二十一日。余問之:‘咬何處?’云咬下腿。憶十五、六歲時讀《洗冤録》云: 虎之咬人,如猫之咬鼠,初一至十五咬上身,十六至月終咬下身。果然!”

研江金廷桂,嘉靖丙戌歲貢,廷試第一。冢宰廖公紀以其鄉無賢範,授東光訓導。丁亥,疏請學官由貢者乞倣會試例,從所在鄉試,許之,遂著爲令。有御史至學,聞其名,令無跪。對曰:“願天下之爲學官者皆無跪。”時論偉之。

無瑕和尚彈琴處在佘山禪堂,周萊峰《聽琴》詩曰:“山寺人迹絶,四花春正妍。獨行入深山,所求貴真詮。忽聞絃上聲,使我心悠然。此聲不在指,彼聲不在絃。聲亦詎無因,不在絃指間。思之若有悟,惟與静者傳。”

王孝子節居任淇浜,業農。嘉靖辛酉年,父疾危甚,節不告于家人,以刀割其左股作羹進之,父疾旋愈。楊朋石表其廬曰“白華遺響”。

上海民張守愚,住十八保,妻岑氏。始以無子求之普陀山,連胞生二子,一名海音,一名海幢。後家道日豐,遷居佘山高梁橋,其妻連舉三女,俱棄之。後至崇禎十五年,時妻已四旬餘矣,懷娠十四月,一胞連生五女,中有一無首者,俱不育,而其妻亦亡。此見棄兒之報。

吴興臧繼芳守吾郡,以清白稱。比遷楚臬使,卒于官。僚友檢其橐裝,罄如也,唯一竹簍封置空齋,舉之頗重。諸大夫疑曰:“此中有物乎?”藏護以候公子,至則啓視,乃一藥磨也。諸大夫且笑且嘆:“昔鬱林守載石壓舟以歸,公其人矣。”

夏忠愍蒙難西市,暴其屍,諸門生故吏莫敢出,惟吾郡顧太常東川諱定芳公,負公屍歸邸第。或曰:"爾不畏嚴袁州耶?"太常曰:"士爲知己死,即觸怒要人無問也。"嚴聞亦頗義之。

嘉靖以前,吾鄉先輩登第者,歸皆徒步拜客,但張蓋耳。自嘉靖辛丑,張公鶚翼約諸同年曰:"吾遲暮掇一第,堪僕僕奔走耶!"諸公入里同用轎,背約罰,故轎自辛丑始。

蜀僧普首座,自號性空庵主,參見死心師,居華亭最久。雅好吹鐵笛,放曠自樂,凡聖莫測,時爲偈開導人。既而欲追船子和尚故事,乃曰:"坐脱立亡,不若水葬,一省燒柴,二免開壙,撒手便行,不妨快暢。誰是知音? 船子和尚。高風難繼百千年,一曲漁歌少人唱。"乃别衆曰:"船子當年返故鄉,没踪迹處妙難量。真風遍繼知音者,鐵笛横吹作散場。"即語緇素曰:"吾去矣。"遂于青龍江上乘大盆,張布帆,吹鐵笛,泛遠而没。

眉公云:"凡祖諱及名人與鄉郡先達名字,皆當榜貼壁間,恐子孫有因而相仍者,不可不慎。"

錢學士溥在京師時,除夜同大理沈粲在夏考功宅作一春聯,求沈寫贈之。曰:"座上無氈,且喜身安心内樂。"方搆思下句,夏遽云:"吾已得之矣。"對曰:"門前有粟,誰憐眼飽肚中飢。"夏公諱愈,清介而貧,其家對倉而居故也。錢至新正三日,送米六十石。

董子元《城南十咏》:余嘗遊城南,偶訪遺迹,慨焉興思。竊擬王右丞輞川故事,因賦絶句云:

吴王獵場。吴陸遜生此,後人呼爲陸機茸。　　吴王古獵場,迢遞清川曲。日暖雉媒嬌,五茸春草緑。

谷水。《神異傳》云:"秦之長水縣,水極清泠,通三泖。"　　窈窕華亭谷,清泠一水深。莫言陵谷事,滄海總浮沈。

鶴唳灘。在谷水東,鶴飲此水,其聲則清。陶宏景《瘞鶴銘》亦云:"壬申歲得于華亭。"　　本自仙人驥,空傳《瘞鶴銘》。何人殘夢裏,千里憶華亭。

瑁湖。晉陸氏爲養魚池,以陸瑁居此曰瑁湖,亦曰舊西湖。　　吴國風煙異,猶傳陸瑁湖。年深魚已化,夜雨長菰蒲。

陸機宅。晉平原内史陸機與弟清河内史雲宅里也。《八王故事》云:"清泉茂林,機、雲遊此。"　　洛陽人不歸,寒烟莽平陸。烏鵲自相呼,秋風禾黍熟。

八角井。在機、雲宅傍,歲旱投鐵簡于中,禱雨輒應。　　靈泉下通海,鐵簡投可入。倏時風雨來,知有蛟龍蟄。

黄耳塚。《述異記》云："陸機有犬名黄耳，自落遣其致書，復馳向洛。後死，歸葬于此。"　黄耳傳書日，那知後代名。一坏秋草裏，猶有首邱情。

五色泉。葛洪鍊丹湖上，丹成投水中，後涌五色泉，時又舒光如赤虹貫天。湖上丹初就，波翻五色霞。不須勾漏去，此地有丹砂。

讀書堆。梁黄門侍郎顧野王所築，嘗于此修《輿地志》。有墨池，有寶雲寺趙魏公書碑，今在亭林鎮。　南朝讀書堆，落葉無人埽。墨池鎖春雲，空門掩秋草。

百花潭。楊鐵崖先生寓此，上有小蓬臺、草元閣。　潭水日悠悠，當年子雲宅。不見草元人，空來問奇客。

黄山人希度，嘗與閻頭陀游處半載。臨别，閻密緘一紙予之曰："可置衣帶中，有急開看。"黄後渡泖，風浪大作，舟幾覆，亟啓視之，則具記此日當遇險，誦觀世音名號可以無恙。如其言，舟忽隨風飄至泖塔，獲免。

眉公嘗曰："予有三友：茶以苦口，名曰争友；酒以其不離手，名曰執友；香以其不離左右，名曰密友。"　嘗書于范象先壁云："象先時與予相對，如遇桃源漁父黄葛野人，乃予實謝不敢，惟當風日蕭淡，焚香一爐，從紙窗木榻旁摩挲舊碑殘墨。或得韵人小幅懸置壁間，卧遊數巡，便覺不履不杖，烟巖在袖，好花初開，胆瓶注之，潠水剪枝，無風生韻。兩人如此度日，勝于清涼國矣。《詩》不云乎：'豈其食魚，必河之魴。'"

范長白夫人徐氏，乏允子，欲卜宜男者。長白戲曰："子不問卜。"徐曰："丑不冠帶，以君視之，何足信耶！"以范貌陋故也。其善謔如此。

崇禎十三年，松江東門外天雨針，其細如綉針，但無針眼。人家釜底都畫龍虎或花草，或寫一佛字。

崇禎辛巳年，米價陡貴。春末價已二兩五錢，自立夏後三月不雨，種不入土，飛蝗蔽天，野無青草，米價增至三兩，民不聊生。盗賊蠭起，乘機搶擄者不一。内翰姜神超于方太尊前商米價，一言不合于衆，遂搶擄其室一空，撫臺移檄誅爲首者三人。是歲竹竿匯余仁甫家多厚藏，其奴陳丑糾合鬮賊蔣廚等操戈入室，被主識破，竟以斧弑其主，詰朝爲巡兵所獲。方太守綁丑于余門典刑，號令于秀野橋，餘黨悉令自盡。中有徐姓者，倉皇奔走，終日無歸路，因自去縊于南門外楊樹上。太尊示諭不許收尸，大快人心。是歲可異者，田稻于八月中已成熟矣，忽于廿二夜陡作寒威，繁霜冰片，在在有之，計所收每畝不及斗粟，即有收者僅十之二、三耳。因此小民嗷嗷待斃，自秋徂冬，死于歲者幾千萬人，西郊外孟婆墩日焚尸幾百，傷心慘目，有如是耶！　是歲十月癸亥朔，日食良久。

甲申之變,吾郡有《即事詩》云:"玉殿曉鳴鐘,丹墀燎火紅。百官稽首處,不是壽寧宫。莫怪倪汪輩,寥寥只數人。長陵昔靖難,留得幾忠臣?"

甲申六月,浦東祝姓一家被奴弑,死三命,八團王姓焚掠甚慘。因延及江灣、大場等處,逆奴群聚,向主人索鬻身文契。南翔前後左右約數十家,有不與契者即焚其廬。最後一張姓者以利刃殺出,擒獲賊首送道。時太守陳亨以官兵持憲檄捉拿賊首某某,梟斬五、六人,杖死數人,亂方息。

弘光乙酉歲,友人華孝先設教武塘,見其地孫聖芳家,有李生黄瓜,占云:"李樹生黄瓜,百里無人家。"是歲北兵殺掠浙直,慘不忍言。

太守李正華號茂先,北直獻縣人,以恩貢知吾松。爲人狷介,不畏强禦,縉紳莫得干請,衙役不敢玩法。鼎革以來,巨寇猖獗,公至捕群盜,立斃杖下,無一幸免,境内肅清,民得安寢,皆公賜也。松民皆曰:"龔黄而後,鮮有其儔。"其如京師專以賄交,公曾無一絲媚當路,竟以不及去職。報聞,郡士民慟哭,爲之罷市。公有對聯書府門:"是非秉天理之公,一任知我罪我。賞罰協民心之正,豈肯殺人媚人。"其示三縣聯:"三泖魚貧,量闊海涵,尚慮頳尾興嗟,何忍横加多袖網。九峰鳥散,機亡甕抱,猶廑弓影驚栖,豈堪重布絆脚絲。"

攷《舊志》,梁大同初分婁縣爲崐山,是爲崐山地。唐天寶十載,以吴郡太守趙居貞奏,始割崐山南境立爲華亭。今茂先李公,以華亭事煩,歷年逋欠,縣令多因之去官,特請于朝,建婁縣,議以西倉城爲縣治,而以西南鄉隸焉。後二年復遷于附郭,以朱司成故宅爲署。然華之東北鄉半屬富室,易于徵輸,而西南鄉則濱泖,地瘠賦重,民不堪命矣。夫民猶魚也,得水則生,失水則死,今婁之民,其在沼矣。蚤見之士,誦譚大夫詩,有不潸焉出涕者乎!神宗時,吾松有好事者,欲割華亭之三分益金山衛,另作一縣,幸孝廉宋懋澄上書于房師吴司理之甲,極言利害,其事遂寢。今其書刻在孝廉《九籥集》中,言言碩畫,惜吾松謀國者未之見耳。

人但知小人之能誤事,而不知君子之尤能誤事也。小人誤事,猶可解救,若君子而誤事,則末如之何矣。何也?彼蓋自以爲君子,而本心無媿也。故其胆益壯,志益决。孰能止之?如李公之贊立婁縣也,余不無有憾焉,聞公解組時甚悔此舉。雖然,悔亦無及矣。然或後來明府洞悉分縣之害,爲萬姓請命,仍歸華亭,此亦億萬生靈之福也,余不無有望焉。

上海令彭長宜,海鹽人。苦心撫字,一清如水,居官日用,取給于家。至北兵渡江,解綬去,百姓攀轅苦留,出佩刀欲自刎,百姓乃聽之。上海素刁悍難治,感公之德,改爲馴良,其去也皆泣下沾襟,送至百里之外。公歸家,不食而死。初按君表薦中有稱爲"東海聖人"者,今邑人以此四字作匾榜其祠。

金山學周之逵,以貢任揚州江都縣訓導。城破之日,冠帶投井而死。

弘光時縣考童生,提學奉功令,以納銀準入院試,上户六兩,中户三兩,下户二兩,繼則一概三兩二錢,華亭納至千人。

張世清者,行劣生也,在鄉武斷暴横。乙酉歲被仇家以謀反告,遣兵執之,搜出金幞頭一件,人遂稱曰野皇帝。逮至府,杖九十六,縊殺之,仍釘于門示衆。有作史語戲之曰:"張皇帝,九十六而崩。"

吾松一士夫,述宣德中差太監賞賜某閣老回,問閣老第宅何如,太監云:"在小巷中,甚狹隘,前有某省祭官房塞住,又不肯賣。"宣宗云:"我爲買之,蓋大房子與他。"即召都御史顧佐,諭之意。顧以上意達之,省祭曰:"我房自祖宗來住,不肯賣。"顧曰:"天子命亦可拒乎?"曰:"我不曾犯天子法,我房不該入官。"顧以其言復命,上怒曰:"天下都是我的,敢如此抗我乎?"顧佐曰:"天下是陛下的,法度是天下的。望陛下曲全法度。"前命遂寢。嗟乎! 省祭難得,閣老亦難得。使在晚季,安能跼蹐自安? 涵容末品,直待天子命而訖不從也。

華亭三十七保有謝宏所者,爲横于鄉,積惡已久。兼之不孝于母,不仁于妻,丁酉夏五月,母若妻訟之于府太守郭公,笞而遣之,出府門被仇家群毆,歸家三日而死。死後托夢于子曰:"我今爲蛇,將圖報怨,暫潛迹檻下,汝可日飯我,毋爲汝母知。"詰朝覓之户下,果有一小蛇,赤色長尺許,因每日飯之,食必盡。其母不知,問曰:"鬼無形聲,所嗅者氣耳。連日所供飯安在?"子遂白前夢,其母亦以飯食之,終懷前怨,竟不食也。忽一日,雷電閃爍,擊死庭下。復托夢于子曰:"我已受天誅,衆怨不能報矣。"夫一人耳,生也不良,死復爲蛇,性惡之説,存亡不變。不有天刑,孰殄窮凶? 此白起、秦檜所以世世被戮也。

石浦里中吴孺人者,其隣有何氏夫婦,泛舟生理。一日何嫗密囊百金寄吴所,且曰:"即我子勿與聞也。"後萍蹤無定,相繼死他方。其子何鳳亦蘸斷别廛,絶往來者數歲。及吴疾革,知嫗已死,遣人遍覓其子,出囊金授曰:"此若母所寄者,今始還若,我可瞑目矣。"其子感謝而去。此叔世男子猶難之,况女流乎! 有《還金傳》。

吾鄉錢世貴官南都,乙酉北兵渡河,踉蹌言歸,以三百金寄同郡顧汝則。錢抵家隨殁,顧以八十餘歲老儒,匍匐至松,訪其子還之。此亦今人中所絶無而僅有者也。顧名民表,爲府庠生流寓金陵者。(《貞居記》)

徐文貞以元輔歸第，有縣令誇于前曰："晚生做了二十餘年舉人，走遍江湖，世事也多學得些，自以爲多能也。"公徐應曰："便是老夫做了五十餘年進士，一些世事也不曾學得。"謝文正閣臣致仕，一縣令將拜之，先令皂役探其在否，皂役漫應之，而公已他出矣。令以爲慢己也，即其門杖皂役，公佯不知。一日相見，令曰："聞得宰相吸得三斗釅醋，老師吸得幾斗？"公徐答曰："老夫狠喫得兩斗，存一斗，讓與先生們大家用之。"覺二老吐詞，晚輩之狂妄躁率者當以爲鑒。

陳眉公居佘山，每至深冬，招王昆翁入山負暄，飯後步至西山脚，藉束藁坐低檐下。久稍欠伸，或命童子少進酒脯果物，視夕陽墜神山乃歸，如是以爲恆。昆翁初頗不耐久坐，眉公不聽起，曰："日中有芒，如物之芒刺，其騰騰隱隱透入骨者是也。久乃覺之，不久則不覺。"昆翁試之，通體快活，眉公嘆曰："閣蓬頭去後，與我共此真率之樂者，惟昆翁耳。"《真誥》云："日有九芒，月有十芒。"方諸宫有服日月芒法，眉公得力却在此。

董玄宰視學武陵時，方鎖院試諸生，忽命駕之德山，徘徊覽咏。抵暮歸，乃放諸生出院。此一事想見前輩風流，若在今日，不免掛彈章矣。

沅江爲洞庭西汊，當五溪下流，水族頗繁，家以網罟爲活。縣無城郭，令開門即見魚蠻子與烏鬼鸕鷀，出没烟濤中。吾松王昆翁作令，有詩云："半是居民半沙鳥，不知何事也除官。"又云："割得水雲剛半頃，此官須唤作漁翁。"皆實録也。每歲季冬廿四日，令出與士庶縱觀打魚，此例不知起自何時。癸酉冬，漁船千數，鱗次縣門，曰："官不出，不敢漁。"令乃至隔江，布席沙上，下令曰："如故事。"于是擊檝如雷鳴，江聲如鼎沸，銀刀玉尺，飛擲水面。有以縮頭鯿來獻者，一頭重可二十斤，吾江南所無也。日昳令起，衆船皆集。縣人家家以烹鮮爲樂，漁人賣魚買酒，婦子無不霑醉，亦一時快事也。昆翁諱廷宰，别號鹿柴，其品沖澹雅素，堪與摩詰媲美。其作沅江令也，民既漁户，俸僅漁錢，行更漁艇，無非漁之是托，勝坐金穴中矣。

范四知，荆司馬本澈部將也。在滃州時，忽于途次墮地，昏瞶欲絶，良久甦，奔告荆云："頃見總戎吴聖階公披朱甲，騎白馬，從東而來。召某入天妃宫集諸帥會飲，盃盤狼籍，賜我三爵曰：'爲我寄語荆公，十日間當有内變，監軍其慎之。'"荆不之信也。不數日而黄斌卿以舊隙攻荆，荆合門盡歿，范亦陣亡。此張遴白海外親見。

曾眉字遠山，華亭令君陳子明諱鑑之妾。其《寄懷子明》詩云："世態浮雲休更休，春風不暖黑貂裘。歸來共對虎邱月，何必佳人字莫愁。"令君廣東人，解組後寓居虎邱。

吾松一友往吴門看張幼于,見其齋中設筵,幼于獨居主人位,默若談對。問其故,曰:“我宴亡友張王屋、董子元、袁中郎、莫中江、周萊峰五人。吾念所至,輒與心語。”友笑曰:“以君所邀,諒諸君必赴。”

徐文貞在相位,語所知曰:“老夫今日譬如鷄母方宿,若行動定有一群雛隨去,君輩慎弗相近。”斯語可思。

山鳥每夜五更,喧起五次,謂之報更,蓋山中真率漏也。眉公居小崐山下,梅雨初霽,座客飛觴,適聞庭蛙,請以節飲。自題聯云:“花枝送客蛙催鼓,竹籟喧林鳥報更。”可稱山史實録。

宋王贄《過吴江》詩云:“吴江秋水灌平湖,水闊淵深恨有餘。因想季鷹當日事,歸來未必爲蒓鱸。”言時不可爲,飄然遠遯,豈爲蒓鱸?至《題江東三賢》贊曰:“浮世功名食與眠,季鷹真得水中仙。不須更説知幾早,只爲蒓鱸也是賢。”其説又超然矣。

曹介人嘗宿天台華頂峰,早起見白雲從山腰擁出,濃厚成團,如綿如絮,急向僧家覓磁瓶,舉杓挹雲,滿貯瓶内,用紙數叠密緘瓶口。携至武彝,戲出瓶中雲贈一詩僧。僧簪瓶口紙成穴,雲從瓶中出,縷縷如篆烟狀,盤旋檐際,逾時冲霄漢去。因憶古詩“山中多白雲,不堪持贈君”,想未登華巔耳。

眉公答熊經略:“古今負屈,無如岳少保、于少保。同時同志之友,誰肯慷慨論列,剖心瀝血以明之?直待鋒燄平,議論定,恩典加,在國家曾無分毫之益,而兩公已受萬分之苦矣。豈獨一台臺困網羅哉?不死即是君恩,人心即是天意。伏願平氣慎言,静需緩,急宣召,更有進者,以素患難之學問,參了生死之工夫。四大非真,寸陰可惜。福堂之内,恐不當作尋常擲過也。”

語云:“擇禍莫若輕。”不知擇福亦莫若輕。夫福之爲禍根也明矣,可不兢兢慎所擇乎!

天下本無事,庸人自擾之。以庸人而擾事,禍猶淺。若以才智者擾之,禍且叵測矣。

有客杭歸言:“朱祐明擁五百萬之貲,而遭《明史》之禍。”方聚談于市,忽一浙商大聲言曰:“君知祐明之慘,未知乃一段因果之報也。祐明之父,木工也,傭于某寺。見一室封鐍甚謹,問主僧,僧曰:‘向年一宦過此,留寄桐油五十簍,今竟杳然不至。恐其或至,故不敢啓鑰耳。’朱疑簍内必有宦資,如商賈貨價,何至此而不來售乎?于是與僧乞借一簍貨之,冀得蠅頭以贍家。倘客來取時,當裝一簍以補進。僧以朱素誠實,勉與之。朱携至家,發簍,油内皆黄白物也,所得以幾千計。于是朱厚賂僧，甚言油之得價，將銀抵油所值，而悉裝至家，得黄白幾萬，乃經營致富。後七年，有七人來寺，索前所寄油。僧以朱處押取對，客大驚，即召朱至，竟云：‘原油在家，可速取去。’于是客與老僧偕往。朱謂老僧曰：‘汝不必去矣。’客拉之同行。中流有械船卒至，俱殺而沈之。時四方多故，且遠客，竟無蹤迹，遂至富稱敵國。人以爲天道冥冥，而有今日之報，莫不舉手加額，君輩可不聞乎？”

天啓末年，漕涇海灘普濟廟東沙中忽見一街，長可里許，兩畔尚有頹竈井坎之迹，遊人拾得瓶罐之屬者比比。獨一人名潘七者，于積腐薪中得銀三錠，重十一兩。又梁姓得一小瓶，類黑酒壜，今尚在東鄰童家。其街凡三晝夜，忽不見矣。

康熙二年秋間，東土人民大疫，死者十二、三。春申菴民家一婦死，埋土中已四日矣，忽棺中大呼救人，于是聚衆啓棺，而其婦已活，裸體坐起。其夫扶至家，乃云：“始出門，忽至冥漠之所，見翁姑在焉，問：‘汝何得至此？此死所矣。’始大駭。姑遂牽引往叩三官大帝，遂行文查之，覆云：‘尚應陽壽五年，速令返陽。’且令速去衣服，不然宅舍壞矣。故得復生。”彼處居人彭子復云：“其棺尚在埋處，上有紅布覆焉。”

亭林何伯明，素奉佛甚謹。康熙癸卯十月初七，有男年十四病死，一日復甦云：“向一處所，見亡母手抱一小兒，見之大驚云：‘汝未該死，何爲來此？’導令速返。問母手中兒誰也，云：‘是汝弟，不識耶？’及門而醒。”

茸城一衙役，夜坐，有叩門者，聲甚熟。及啓視，見一人，亦忘其姓氏矣。坐語，索食牛肉燒酒：“當語汝一要事。”役問：“汝誰氏？”曰：“某也。”役驚曰：“汝死矣，何來此？”曰：“無甚事，但少索食耳。”役懼，云：“燒酒尚有，牛肉俟唤鄰家買來。”鬼曰：“如此則不必矣。”竟飲燒酒小菜竟。役問所云要事，鬼云：“前破城時，前後殺戮諸鬼，今盡出爲厲矣。人犯者則多病死，汝夜間不宜出户。”言訖，出門不見。

江西商人王東白，于順治年間，携布吾里貨賣，因談昔年客于雲南沐府云：“昆明池中有一月于水底，夜夜光明不撤，土人以淺舟張布帳遊之。其光照耀，四座生輝，每于晦夕則遊人絡繹。土人云：‘此螺中寶珠也。’滇南極刑則用象殺之。人犯不赦之罪，則裸縛而投諸老象，老象則蹲卧閉目不動。掌刑者呼詔法來，象開目聽讀犯由，已而復卧閉目矣。如是者三次，則以金牌法刀復讀犯由，後云：‘汝若不殺，則併殺汝。’象則起身環人而走，乃以兩齒挑人擲入雲中，幾于無影。少焉復落故處，遂用兩齒破腹出腸，象遂躍入溪中。土人以稻草洗牙，三日不食。”噫！象固有知獸也。

明時蔣莊鎮有人母老，夜與孫女同宿。入更時，母即脱然而去，至五更，冒露而歸。如是者既久，里中屢失犬豕、小兒。一日，女告父云："奶奶夜去曉還，非一日矣。今奶奶臀上一尾已盈尺矣。"子媳遂疑之。母亦稍覺，欲去，于是里中環廬而視，母即奔走囑人，而衆擊斃之。視其下體，已生毛矣，因投諸井而壓之。後爲典中更樓基址，明末樓圮。今爲諸盜出没之處，暴横十餘年，賴郡守李正華悉捕杖殪八十餘人，一方清肅。此豈先兆之于怪母歟？

震澤洪少山，俠而富者也，開標朱家角，垂老置一杪板。後做柩時，紋中現出"少山"兩字，此亦佳城之兆歟！

明季甲申秋間，松郡滿城夜聞犬吠地中，狺狺達旦，明年遂有屠戮之慘。按與宋靖康時事同一轍，天之歷數，豈誣也哉！

順治丁亥，米價四兩。庚寅辛卯，棉花每斤一錢。辛卯八月，米每升五分，如此兩月餘。戊子己丑，鹽每斤一錢。

# 卷　八

嘉靖戊午，烏程潘仲驂以翰林降松二守，宛平倪光薦爲華令，士子聯云："松江同知，貪酷拚得重參。華亭縣令，清廉宜乎光薦。"按使者以聞于朝，因黜潘而擢倪。

松江郡守黎遵訓，同知史涇，通判樊顯科，華亭令倪光薦，上海令牛鏡，士子戲聯云："犂鈍牛蠻泥徣壏，使得煩難。"無有對者。隆慶庚午，海忠介巡撫江南，鋤抑豪貴，而過于執拗操切，以致刁風横行，縉紳巨室，鮮有安寢者，時有聯云："海潮震蕩，滿朝黄甲盡翻身。"亦無能對者。

舊例金山衛生童，由掌印指揮考閲，似不相宜。故隆慶初，督學使以學官科貢生出身者主考，而武弁雜途不得參與，因屬府守兼之，遂爲永例。嘉靖間，通判李豸署華亭，録科舉，指揮西昌言掌金山，考儒童，時有聯云："李通判，無供給，非養君子之道也。西指揮，考童生，焉知賢才而舉之。"各因其所出題目以爲聯，甚爲切當。是年又于南禪寺覆試童生，又有聯云："西指揮考科舉，偃武修文。南禪寺選遺童，援儒入墨。"

海公爲政，刁風四起，華亭有投匿名狀者曰："告狀人柳蹠，告爲勢吞血産事，極惡伯夷、叔齊兄弟二人，倚父孤竹君歷代聲勢，發掘許由坟冢，被惡來告發。又賄求嬖臣費仲得免，今于某月日挽出惡兄柳下惠，捉某箍禁孤竹水牢，日夜加炮烙極刑，逼獻首陽薇田三百餘畝，有契無交，崇侯虎見證。竊思武王至尊，尚被叩馬羞辱，何况區區螻蟻?"激切上告，海公見而悔之。

夏繩北爲保定節推，一教官來謁，年老跪不能起。繩北使人掖起之，因告之曰："汝今遇上司巡歷，汝但具揭告病，我悉與汝周旋。我轉官之後，汝即告歸。"此教官感繩北之誠，待秀才極好，常俸之外，無他需索。自繩北内召，此教官遂致仕。繩北云："我想做秀才，食餼守貢，何等辛苦。我若去之，彼妻子且不保矣。"觀此存心，足徵盛德，宜其後嗣之昌也。子長泰，字季葆，登順治乙未科進士，歷官刑部主事。

閻蓬頭初習静于茅山，普陀大智來參下拜。閻坐不動，大智曰："君本宋時人，受我拜不爲過，但要此臭皮囊何用?"以杖擊其腰，且曰："既能通靈，要來便來，要去便去方可。"閻諾之，即往南京馬百户家，謂其妻曰："我要浴身。"其妻送湯至，浴訖，語人曰:"我少坐,汝等不要來干擾。"少頃往視之,目已瞑,端坐于木榻上。其身今在茅山乾元觀中。

顧文僖一日拜客,于輿中聞有呼顧子廉者,驚視之,所應之人,一屠沽兒也。呼而問其名亦同,顧曰:"名出汝父,難令汝改。字則改之,稱維潔可也。"其人以貴人所命,每自呼爲維潔云。

雲間宦室以才名者,朱司成大韶妻陸氏、平湖冢宰光祖姑也;楊中丞豫孫妻張氏、平湖方伯大忠姑也;范憲使允臨妻徐氏、蘇州少卿泰時女也;張進士本嘉妻王氏、華庠生時亮女也,俱能詩文。而徐尤博學,有詩文集名《絡緯吟》,王有《焚餘草》,陸、張、徐俱無出,而張又死于暴叔之手。王雖有子汝開領鄉薦,然早寡,而子先母卒,豈有才而無福乎?

松江舊有"日月河通出狀元"之讖。成化時,朱太守欲濬之,遍問居人,莫知其地,乃下令舉城開濬,日月河必在其中。次年弘治己酉庚戌,錢福聯捷,果應其兆。萬曆甲申,喻均爲郡守,以城中水涸,令主簿王迪遍濬之。乙酉丙戌,唐文獻聯捷鼎元。己亥,太守許維新又遍拓城河,毀屋去岸,龐典史董其事。而庚子辛丑,張以誠又聯捷。屢試屢驗,讖亦神矣。

李福達者,劉瑾門下客也,避罪于吾松朱尚書旅溪家,善幻術。一日于腰間解一囊,傾出居家必用種種,且曰:"予能設席宴客。"適一日有客盈座,不見其買辦,而酒肴畢陳,不知其從何而來。凡酒數巡,壺觴自爲移舉,不煩一介。又時貯水于盂,横架一箸,剪紙人浴之,盤戲箸上下出没水中,而紙人不濕。又一日,朱之子弟往浦上觀潮,潛約各備一騎,而不及李,以試其術。及抵浦,李則跨一板杌四足奔馳而至,與馬無異。因對衆曰:"可食矣。罍榼未到將奈何?余能爲諸君致之。"隨入一僧院,揖金剛像,而像亦還揖,且相對語久之。僧見之大駭,以爲非常人也,趨而迎之。李曰:"我正欲告僧衆,神謂我欲焚此院,罪爾等破戒律,墮欲坑也。"衆僧俱祈解甚懇,即具盛饌以款李,而衆咸得醉飽盡歡。又一日,于朱公子首拔一金簪,投之水中,朱艴然不悦。李笑曰:"公子何量隘乃爾。試歸檢之尊寵第幾箱中,可得也。"果如其言。又一日,朱尚書延福達至家,戲令作主。須臾,窮極豐腆,乃尚書諸女郎醵飲群珍也。又一日,謂尚書曰:"我將之燕,須二紀綱爲伴,數月奴送至燕而歸。"明日尚書登山,李忽從天而下。返吴門,爲從奴所告繫獄,枷鎖不能加,爲獄中人日治酒肴,無不致飽。戍滇中,故事兩人與俱,李約兩人:"若欲取滇中符驗,第歸家俟我,三、五月玄妙觀會,毋碌碌萬里也。"及期已在門矣。酒飲二役,身入浄室,扃户甚固,明晨啓户,符在手矣。抵京口逆旅,扃户秉燭坐,主人密視,李黄袍幞頭南坐,甲士牽叛奴立坎中,坎深四、五寸。奴無一言,惟漸短,手足俱没。李徐起滅燭就寢,主人股栗。曉起渡江去矣。

楊椒山赴西市後,王元美往至相門哭之云:"坐萬代駡名矣。"時元美尊公總制宣大,與元美書曰:"汝之一哭,老夫之首不保矣。"初元美官至憲副,弟敬美未第,時有門客對其尊人曰:"二令郎禮闈戰捷,當于煙墩上報喜。"凡邊有寇警,則舉烽火,必自外而入,無自内而出者。後敬美第,客如言報之。其尊人以久處危地,求以小失議罷,托臺省以烟墩事劾之,不過欲免歸耳。不意分宜怒元美之哭,即以此事坐失機論斬。瑯琊有入幕之賓,係吾松人,知之甚悉。

顔公嶧臯,上虞人,以進士令上海,自言善屬對。華令喻齋張公曰:"生上虞,知上海,生而知之者上也。請年兄對之。"顔思良久,竟不能對。

山東畢自嚴,號白陽,登萬曆壬辰進士,司理松江。日用惟菜腐,必以公價,無絲毫擾民。操守清介,馭下嚴厲,人不敢干以私。一日署府事升堂,門外忽有荷被囊而來者,出青衣着之,呼隸報曰:"叔父至。"畢趨出,叩首而迎,即于門外語曰:"我營生某處,汝父知便道,囑我傳諭汝,須做清白好官,來家方許相見。"畢請家書,曰:"我臨行亦從汝父討家書,汝父云:'付以書,似屬我爾有私囑,弟面命可也。'"因邀之入衙内,叔曰:"吾豈爲汝做官,有所希冀而來耶?入則啓人之嫌,且亦非汝父無書意也。"遂挈囊而去。

宛平倪光薦,號東洲,登嘉靖丙辰進士,官華亭尹。性慈守介。其父訓之亦嚴,隨養于任。凡所行,入則必告,少有誤即厲色,甚或責而辱之。其于錢穀,毫無染指。一日于衙内開印匣取俸銀,父見之,大怒曰:"此從何來?非攘諸君,即剥其民。讀聖賢書,受朝廷禄,乃甘爲此乎?"倪跪而告曰:"此乃兒俸,庫吏適封進,姑隨便置此耳。"父曰:"此匣蓋以藏印,豈爲汝貯銀耶?即屬俸銀,亦豈居官之體?"即索板杖之。倪再三叩頭祈免,恐爲隸役竊見,但逡巡畏縮,如是者數四,而後得釋。後倪大計入京,兩袖清風,于當路無所餽,人頗擠之。賴文貞極力揄揚,得遷給事。後官至工部侍郎。

徐封公方壺,乃龔方川先生門下士也。常述先生課子弟最嚴,不少假借。每謂人曰:"宇宙間所竝尊者,天地君親師。天地有覆載恩,君王有平治恩,父母有生育恩。如何深重,而師亦與焉?何可不思參配其恩,且以他人之子弟,而尊事我等于父母終其身。我苟無恩,而偃然當尊,豈不厚愧?故我必欲成人子弟,是以嚴也。"又榜于講堂曰:"誤人之子弟,何異殺人之父兄。"先生立心如此。方壺公受封後,鬚鬢已白,往見先生,凛凛如門下時。在先生嚴訓,猶不減于坐絳帳時。

松民耕織之外,無生計者以捕魚射鳥爲業。應天巡撫徐民式最嚴捕射之禁,乃歲當大歉,而催斂煩苛,民日就斃。迨其歸也,宦橐不下百萬之蓄。厥後張光縉知松江府,而魚鳥之令亦嚴,乃其取諸民也,亦復不亞于徐。夫乘輿濟人,孟氏猶病其不知爲政,茲二公者,惠及蟲魚,虐及黎庶,獨不知仁民而愛物耶!

七寶徐氏北莊,湘竹一林,佃人周姓者斫取幾竿,插引扁豆。逾歲發枝葉成叢,時嘉靖丙寅歲也。次年三重于隆慶丁卯科鄉薦。又東莊池畔有小篾竹,延生百餘根,佃人亦斷取數竿編爲樊圃,内二株大發枝葉。次年竹竿成行,延及數丈。時萬曆庚子辛丑,三重子禎稷聯捷。乃知竹生之瑞,應于文運。

許郡守維新周翰公,其曾祖某弘治間錢福榜進士也。許涖松時,錢氏子孫微甚,有爲厮隸者,許公訪之,捐俸爲贖故居,卹之以産。又居之以官舍空房,月給以米,相見未嘗不爲之嘆息,篤通家故舊之誼。如許公者,當于古人中求之。

張少坡,華亭十保人,爲華亭禮房吏。隆慶丁卯,耿文宗按臨宜興,四府童生告考時,常州府守李幼滋,耿之里人也,同松守朱茹入院,童生懇之不遂,群童鼓噪,裂其冠蓋。李訴于耿,耿大怒,朱守力辨不聽,欲提松童之倡者以正刑法。朱執不從,被劾改調。耿公因遷怒而提該吏,張白于華尹聶廷璧,廷璧止之曰:“上怒不測,往徒死耳。盍僱代焉?”張曰:“僱代獨非命乎? 且某非自作之孽,上或見原,倖未必死。與其解必無倖之童生,不若解未必死之該吏也。不則何以息童生之禍,而薄府縣之愆乎?”遂詣院。時耿公亦薄其罰,止杖四十而返,守令皆賢之。後家亦日富,子浦南入國學。歲值荒歉,又大賚以周貧困。後萬曆壬子,孫拱端、履端、軌端兄弟,同登鄉榜,人以“三鳳”目之。丙辰,履端登甲第,乃知仁厚之報云。

徐鴻洲云:“凡事莫逃于理,人苟據理以論事,鮮有爲所蔽者。七保舊有五代時檜,《郡志》載之,鄉人呼爲羅漢松,大可五六抱,蔭覆幾畝。中有女貞一,桑一,亦大丈許,茂鬱蒼然,枝幹奇古,遠方人無不物色之。萬曆庚辰,爲一巫王勤所殘,萎朽殆盡,殊可痛恨。初閧傳此樹有白氣,衆方議立廟,舉賽三、四日後。又傳樹上有人,爲神所縛,號召人姓名曉示禍福,衆皆争道而趨,聚觀盈野。余度以理,茫無所據,令人往擒之。衆皆錯愕,以爲不可。余曰:‘神能作祟,我自當之,與若等無與。’僕乃舉足緣樹梢牽其衣,縛者知不售詐,墮地而去。衆惑始釋,追執而訊之,曰:‘王巫使我,許我以大醉也。’旋視樹之穴中,則木屑、稻糠、花核、帛紙之類悉備,約二、三斛,俱已半灰。衆始知向之白氣,巫所爲也。樹心已焦,不逾年而枯槁殆盡。夫千年之木,斃于一巫,數也。向使不窮其詐,則賽社諸事一起,而煽惑糜費,爲風俗人心之害,可勝道哉! 故知凡遇不經之事,皆當持之以正,揆之以理,毋輕信妄述,因循附會也。傳聞此樹春時樹杪有火大于斗,赤而無燄,或上或下,或延行至里許,人以神火稱之。蓋木能生火,千年之久,受氣已深,聚精會神,宜有變幻。故初有白氣,余亦疑是此理。至于縛人,愚而可笑。向非執其人,木屑糠紙,終不得見,則王巫之術,竟無敗露之日矣。以訛附訛,衆人之惑,將何時而釋哉!"

潘恭定恩,初任祁州守。一夕曹夫人夢神人掖二童子,手執丹桂,語夫人曰:"太守有大造于祁,聲徹上帝,錫二子以昌其門。"遂先後舉允哲官學憲,允端官方伯。

華亭有一叟,方燕坐間,見故人某入户,訝曰:"君死久矣,胡爲乎來哉?"其人曰:"我奉陰府檄捕數人,而君亦有名。吾故先來報君,可亟理家事,月餘而吾檄至,君即去矣。"叟乃以家事清理,并囑其子曰:"吾爲某作媒,聘某氏女。今女家嫌壻貧,欲背約,若吾死,則中其欲矣。"即捐金以助其娶婦。越月,而持檄者不至,僉以爲幻耳。一夕,其亡友復造其庭曰:"別後君行何陰德,而上聞天帝,乃增君壽一紀。"噫,積善延年之説,詎可謂其悠謬也!

萬曆丙午秋,七寶里中有一婦,奉主母命持禮榼訪親故家。時會酷熱,于途中四顧無人,遂解衣河畔,投水而浴。猝遇惡少攘其衣并禮榼而去,婦叫號水中,徨迫欲死,幸田父聞之往視曰:"爾無慟,吾令老嫗借爾衣。"嫗即以衣來,拉其婦歸田舍。田父問狀,知其少年爲某也,即走少年家數其罪,爲少年毆之幾斃。嫗奔救之,而其婦則大恚曰:"奈何以吾故而害及老人?"輒自經,嫗歸而其婦已絶矣。嫗駭且憤,亦復自經。田父則仰天慟曰:"吾何以生爲?"隣右方慰解間,忽風雷大作,惡少立擊死,而婦及嫗已霍然醒矣。噫,孰謂天道夢夢也耶!

大司馬聶公豹宰華亭時,徐文貞方弱冠,公于諸生中獨偉視曰:"此公輔器也。"爲之擇配擇師,不啻親子弟。及文貞官學士,聶公以兵使者坐詿誤下詔獄,文貞力救之得釋。已而驟起,旋登大司馬,皆文貞推轂也。語曰:"國士遇我,以國士報之。"信然哉!

王文恪嘗典南畿試,臨行,錢鶴灘曰:"公此去須首舉顧清,文壓衆望。"已而果然,當時嘆服兩公爲巨眼。噫,若在今日,則彈章接踵矣。

洪武時,吾松有漁隱先生者,姓楊名仁壽,自少卓犖多奇氣,作字仿鮮于樞。子景和,應人材舉,拜東昌守。坐酗酒不敬,罹大辟,以漁隱戍邊。邊帥亦習鮮于字,或薦漁隱于帥。帥方作字,漁隱從旁曰:"豎筆不得法。"帥怒曰:"汝書之。"漁隱即肆筆一揮,帥不覺嘆服。因問所欲,曰:"某年七十,惟願老死鄉里耳。"帥即日放還。東海先生曰:"景和偶以酒失犯奇禍,漁隱工墨卿一藝耳,卒脱戎伍,以大耋安首邱,小善不可無,小惡不可有,此其鑒矣。”

陸文定公辛丑登第時,先一夕郡守黄公華夢謁帝庭,庭下集數百輩,口舉陸某善士也,守覺而異之。未幾報會試第一,守嘆曰:“此君素行,直通神明耶!”

平泉嘗同諸翰林謁嚴相國,階次黄鞠盛開,衆方争先入揖。公于後大聲曰:“諸公莫擠倒陶彭澤。”一時相顧駭然,公略不爲意也。

劉存德守吾松以愷悌稱。一日至東郊外,見某氏豎屋頗高敞,正值升梁舉樂,公即下轎,入其門呼其人曰:“爾能作家起大室,是我好百姓。”命取花紅賀之,孰謂不有循吏風哉! 若在今日,擬報富户,多方索詐矣。

徐文貞公視學兩浙時,以冬月行部三衢。公于風雪中,見四、五輩踉蹌崖岸良苦,令左右問曰:“爾何爲者?”對曰:“是赴考秀才。”公曰:“此吾門弟子也,忍令寒頓乃爾。”命别舟載之,餉以酒,不問其姓氏,此真作人盛事也。不問姓氏,尤爲得體。

吾郡張水部烈魁鄉榜後,家亦貧,日閉户啜粥讀書。性善飲,時乏杖頭,則脱巾爲券,絶不通郡縣一刺。

上海半段涇一民家種南瓜,剖之,中得一馬。姚通所親見之,以爲此地必有馬,詢之,則種瓜之家,乃馬户也。其地常有馬交,故孕馬耳。此事亦怪,而姚之識亦不凡矣。又邑小南門杜家畜一馬,一日産一卵,青碧色,給諫亦見之,以爲此馬病,其言亦有理。

上海有沈雲浦者,嘗爲湖廣寶慶之新化縣主簿,挾其子往。後子以病物故,市棺,其蓋上書“庚子八月製”五字,即其子之生辰也。夫生死相越于數千里之外,而墮地之時,即爲之製櫬,其數之前定若此。

崇禎三年,上海縣南有虎,但傷人而不啀人。蓋海中有虎頭鯊魚,云此其所化者,倭未亂時常見之,後遂罹倭患。又邑西南龍華寺之塔,有龍盤踞其顛,自遠望之甚分明,近惟見雲霧。

孔有德亂,已半年有餘,竟未得平。時吾郡王獻吉守膠州,先獲一奸細。獻吉釋其縛,縱令觀府庫衙齋,謂:“帑藏已空,室家已潰,百姓他徙,僅一空城耳。有德即至,吾以身殉之,將奈吾何?”與之金,縱令去。後有德竟不至。此與慶曆中高郵州守晁仲絢事相類。

往時郡守遇其屬甚嚴肅。上海令某不法,郡守某用蒲鞭焉。後直指使者不喜守,欲中以事,呼問六曹吏,諸吏皆唯唯。有一曹周某者,獨言守無他。即有他,敢笞令乎? 使者語塞,守竟獲免。夫以一功曹能挺然于直指使者之前,而不阿是非,其人亦不凡矣。聞即萊峰之尊人號竹牕者。

奚憲副良輔居官廉,居鄉未嘗爲人請託。其門生以直指行部上海,一人被訪,以數百金爲封公壽,欲公一緩頰。封公從容與之言,竟不可,然其事卒賴公以白,竟不取一錢也。家甚貧,夏無絺綌,冬無裘綿。婢生一子,欲棄不舉,有鄰家竊舉養之,姓邵名承恩,爲縣學諸生,其人亦磊落長者。

語云:"人不可以逆料。"信哉斯言! 海寧查公志隆,嘗失于吾郡潘元和;常山詹公思虞,嘗失于吾郡唐之屏,是富貴不可以逆料也。吾郡宗伯抑所唐公與學憲洪洲王公居,相連址並,間有微嫌。時唐有枚卜之望,且又春秋鼎盛,而王公則已七十餘矣,其奴子輩以是爲雌雄。亡何而唐已捐館,王公年幾至耄,精神强健不衰,則是生死亦不可以逆料也。

王洪洲以嘉靖己丑登第,守開州,多惠政。去後,士民立公生祠。至三十年後,公已居林下,適夏月腰患一癤,作楚殊甚,亡何即愈。爾時開州士紳有以書問公起居云:"于某月日瞻拜公祠,見尊像腰間微有損處,業已爲公整飭裝好矣。"計其時正公瘡愈時也。志氣所動,神情所孚,即塊然木偶,猶爾效靈若此,事亦奇哉! 又聞彼處士民有災,禱于公即愈。時公尚未捐館,何神異乃爾耶! 亦理之所不可曉者。

向來考試童生,多割卷之弊,在處皆然。吾郡洪洲王公督學楚中時,試京山縣,先别駕署其邑事,謂王公曰:"邑有儒童朱一龍者,雅負能文名,每府縣試必録高等,道試輒不利,如是者數矣。其父酷嚴,督責無所容,至求死不得。"王公曰:"且視其此舉如何。"既而發案,則此生又在孫山外矣。公因呼此生命呈落卷,乃其卷宛然第三人也。王公因令入學,而逮書吏及童置之法。後朱登乙丑進士,選蘇州司理。此以見先别駕之憐才,亦見王公能虚心受言也。

范廷啓者,字叔子,爲諸生有聲。不得志,嘗著一書曰《據目抄》,又一編曰《空明子》,多直書時事。而其人有不可顯言者,則隱其名曰若氏若子。然其人雖秘,而其事難掩,忌者因携以示當道。編中常直書當道名,當道亦大惡之,屬府公欲斃之杖下。幸不死,因械送中丞朱公鑑塘。朱公見其書大喜,好語謂曰:"汝書極佳,第不謹,亦宜稍自晦。"竟破械縱歸。嗟乎! 一書生著書,致不能容,而欲戕其生,且所貴野史者,正以削忌諱,而又不許申董狐之筆,則公道何自而明乎!

高太史雪峰,其封翁南田公,嘗夢一僧踰垣而入,因舉先生,遂名承禪。己卯鄉舉題"舜亦以命禹",主司見其名,以禪爲嫌,更之曰祚。封翁家居,復夢一僧踰垣而出,意甚不懌,以爲必無佳兆。既見所易名,始悟僧去之故。然夢僧入奇,夢僧出更奇。

上海顧尚璽季子曰奎英者,少年好遊戲揮霍,一時嗜利小人,各中其好。有以馬中者,用胡桃嵌棗喂之。一人携蟋蟀善鬥,欲買之,其人不可,因以一金質之。故與其僮刺殺蟋蟀,即持金加子金來贖,顧漫曰:"死矣。"其人竟仆地大哭曰:"吾恃此以生,今死之,是死吾也。"號哭不已,因許償一金,哭如故。又益以一金,亦復哭如故。直至四、五倍,其人方含淚而去。游浪太甚,不久而赤貧如洗矣。又奎英仲兄曰斗英者,有天姿,善弈工書,又能詩,性豪俠,亦揮金不顧。喜奢華靡麗,家僮無不簪玉衣縞者,門下多食客,藉以爲常。後病翻胃,任意而食,隨口而嘔。每窮奢極欲,嘗以二十金市餅以供其饜。後公死之日,家無遺資,賴陳太僕扆海施木以戢其身焉。倘所謂物極而返者耶!

何爾復云:"余幼時見分水唐公延客,客食柿僅一嚗,分水公謂此君不得飽死。蓋賢者觀人,正不在大也。余嘗與人同食班魚,止食肺。又嘗與人同食魚蟹,魚止擇目,蟹止擇螯。凡此皆非迓福之道,而取嫌于人,又小事矣。"

孝廉龔爲光舉萬曆丙午,嘗拈先有司三句爲文,乃串做者。後入貲北雍,將應比,夢關真君遣一人囑曰:"首義依舊勿改,第三義弗粘帶上文。"及進院,則先有司三句也,憶夢中語,一字不改。孟題故曰"責難于君謂之恭"二句,舊説本泄泄沓沓,亦以夢中語絶不相粘上文,房考韓仲雍極意賞之。主考以爲無此體格,欲不録,韓公當填榜時竟入龔名,遂得舉。及謁見,韓公體貌酷肖初夢之人,乃知凡事皆前定也。

萬曆丁酉科,一儒者請箕仙,問:"今歲解元何人?出于何處?"仙云:"串非串,中非中,十之兄,善事親,無遠近,水鄉人。"比亦不解,及揭榜乃吕克孝也,則知非串非中是吕字,十之兄是克字,善事親非孝而何?水鄉者以吕公係青浦籍也,其應驗亦神矣。

萬曆四十八年,青村地方有一婦年已七十有餘,忽一日見一無首人以小兒擲其懷中,老婦恍惚竦懼,以爲必死之兆。其夫曰:"勿憂,昔我父爲倭所殺,故無頭。憫我無子,故送一兒耳。"亡何,老婦懷孕,果産一男。

上海童南逸于天啓元年二月間,在無錫道中,見一行翔空,似鳥非鳥,頃刻而群飛蔽天,鏗然有聲,向西北去,人以爲錢神出現也。又姚仲泰年十四、五時,暮見翔銀無數,往東南飛,其聲亦鏗然。又山人何爾復嘗記其室人言,少時見銀翔外祖中庭,欲墮不墮,競持竿撩之,竟颺去。向以爲世間無此事,今知非妄,而守錢虜得無慮此否?

天啓三年四月,學院孫之益移文録科,華亭考童以蹛踏死者二十人。一童之父青衿,以送考與子俱斃。一童年僅十四而死,又能文,已而其大父自經死,母亦死。

人常聞南察院中鬼嘯，太守張宗衡于死者家令僧誦經普度，各就其地招魂，皆白衣冠向院悲號。時縣令郭如闇，廬陵人，無經濟可知。

崇禎辛巳年，旱魃爲虐，蝗飛蔽天，吾松爲甚。初斗米六百錢，至次年斗米幾千錢矣。許令則經有《東臯述事》詩云："斗米何堪幾百錢，荒村終日斷炊烟。似教汰俗寧知儉，故遣飢刑挾化權。畿輔析骸行旅絶，漕河坼腹寇氛連。他方尚説江南樂，俯首潛思天監年。"　"豪家高廩積西東，秦越相逢意豈通。自古多藏亡亦厚，于今平糴法將窮。蜀神降揖黄承事，海國誰思富鄭公？聽我杞憂皆失笑，請從下箸看何充。"　"親見神皇御太平，塵紅露積欲銷兵。祇因賜姓驕元昊，無復封尸似孟明。朱邸血流龍種殞，白波氣盛虎臣驚。猶聞轉餉勤加派，敢謂青苗不可行？"　"草衣水食我偏能，八口何由盡學僧。多斛羨收鄰舍麥，枯池難下野浜菱。細思煮石終難爛，妄意蹲鴟或可蒸。戛戛鐘球空作響，忽飛涼雨打牕棱。"《鴉食蝗》云："群鴉啞啞向空噪，共啄飛蝗爲食料。鴉鳴當頭人所嫌，此時對之皆嘻笑。鴉忠鵲佞久已分，蝗來鵲避如不聞。從知縱惡容奸輩，偏挾衣裳楚楚文。顧視鵷雛何足嚇，蝗生本具鳳凰食。但教醜類付殲除，何必雌雄問匪黑。九江鄴縣亦偶然，介蟲出地已多年。楚豫之間蝗化虎，食人百萬血流川。天兵所在成烏合，空幕遥占徒示怯。安得神鴉舞鸛鵝，鶻拳齊擊妖氛滅。鴉飛自藏春城西，上林有樹無心棲。如今功罪不明白，怕惹群兒挾彈泥。"

曹介人云："丁未春瓊林宴中，年踰耆者兩三人，有嘲之羨之憐之者。"余曰："世上那得盡是甘羅。當今寧遠伯李寅城已八十六歲矣，佩大將軍印，鎮守遼陽，邊人爲之懾服。睢州李幼莘，己丑進士也，七十始第，今又十九年矣，尚宦遊南廷尉，耳目步履俱無恙。以二老律之，此新郎君稚子耳。"

先太僕懷野公，于萬曆四十六年八月捐資壹萬兩助邊，且言："昔人助邊得官，士林爲恥，今臣以休官助邊，非有他覬，望勅户部收受。"户科官應震言："炯有官非求進，無子非求恩，宜表章之以風勵群臣。"史臣董其昌云："世宗時倭亂用兵，里居士大夫史際等有助餉者，璽書褒奬進階。遼事起，助餉者惟黔國公沐昌祚與吴炯而已。士大夫顧有因官致富，金穴銅山，田連州郡，曾不肯捐一文錢濟國家之急者，猶復坐致高官，自謂得計，其人賢不肖何如也！"

許繩齋守吾郡，其德政多矣。父老言：同里有龔和者，南運糧長也，糧船將發，已差某主簿押解。忽上司行文至云，須用府官南運，四人俱束手無策，哀懇縣總暫壓此牒，願出十金。縣總云："須四十金方肯發船後啓牒。"其中一人曰："太守精明，不若哀求之。"四人果同進稟，許笑曰："此上司套牒，我不作准。爾輩速催主簿登舟,我自回白上司,無慮也。”即此一事,不唯有才幹,亦且有擔當,便于民者多矣。

徐文定負經世之學,首取明農,裒古今田里溝洫之制,桑麻之宜,下至于蔬果漁牧之利,以荒政終焉。有草稿數十卷藏于家,未成書也。陳子龍從其孫得之,慨然以爲富國化民之本在是,遂删其繁蕪,補其缺略,粲然備矣。大中丞張國維、郡侯方岳貢爲梓之。後五載,其家上疏進御,思宗哀嘆故輔,與一子官,贈太保,頒其書于郡國。

滿溪沈五如《題眉公苕帚庵》:“茫茫天地間,若個無煩惱。讀書苦不中,既中苦不早。兒女苦不育,既育苦不好。田宅苦不多,壽考苦不保。富貴苦不全,征輸苦不了。種種不快意,黑頭人變老。坐君苕帚庵,諸妄一時埽。佐以釣詩鈎,相期樂壽考。”

言有銜口而應者。如華亭莫佑祖,富監也,時送親于張溪。其日大雪,陪送者向莫云:“老親家雖在縲絏之中,此蓋目不識丁,指雪以通文也。”後莫歸家,爲奴子犯人命,縣公項東鰲向垂涎莫富不遂,竟波及而置莫于獄。唐元徵莫之内弟也,時尚孝廉,爲莫懇宥于項者再三。項曰:“待先生明春傳臚榮歸,自然領教。”元徵恨而返。迨明春果廷對第一,報至,莫獄釋矣。夫以莫之獄,唐之鼎元觀之,何言之巧符若此!

璜溪里有友陸成甫,名承贊者,四十無子,欲娶妾。請仙問休咎,仙即作詩四句遺之,中一句云:“帳中顔色宜檢點。”僉不解其故。時萬曆三十六年水災,浙人有挈妻求售者,陸見其婦頗有姿色,因納之。亡何,其夫于夜半挈多人從陸卧室中搶去,則仙詩信可驗矣。

一商人有罪,將三百金倩董玄宰緩頰,縣公知之,先置商人于獄。玄宰往爲申理,未及啓齒,縣公云:“有一對請教:石獅子口内含珠,吞不下,吐不出。”玄宰知其諷己,信口對曰:“紙鳶兒胸中有線,放得去,收得來。”兩公相視而笑,隨釋商人,竟置不問。

卜筮之書,不經秦火,不知揲蓍何以無蓍斷,相傳止《焦氏易林》。又吉凶不驗,後之斷者,往往斷章取義,各以己意推測。如詳籤語然,吉凶字面,皆所不論。如吾郡朱節推大年問功名,筮得《屯》之六三云:“即鹿無虞,惟入于林中。君子幾不如舍,往吝。”解之者曰:“即,就也。鹿,鹿鳴宴也,可以不憂而就,若瓊林宴則非吾有。君子見幾,不如舍去,往則可羞,吝也。”厥後止中鄉舉。又如吾鄉周孝廉一暘,場事畢,筮得《中孚》上九,爻云:“翰音登于天,貞凶。”解之者云:“此飛騰之兆也。”果得中。又有兩人問科名者,前後至俱筮得《離》之九四云:“突如其來如,焚如死如棄如。”解者謂前人中魁元，後人應遭火患，果然。或問故，曰：“前來者得陽數，故截上句斷之。後來者得陰數，故截下句斷之。”亦有理矣。

張主政烈既掇兩魁，每以殿元自負。京師有相字者，遂書一“非”字問傳臚名次，其人云：“二甲六名。”復問當除某官，云：“二品衙門六品官。”問某部，見左三點是水，答云：“是水部。”及唱名，果如之，授官除都水司主事。吁！亦神矣。

沈虛明，小兒科之盧扁也。有府公招之視疾閫中，夫人諄諄告其子之病源，沈若無聞。府公訝其不應，對曰：“夫人是對公説。醫生知道了。”其言即讀書明理者，亦不過是矣。

世人謂有財即可當兒子，以財能養生也。故五金獨金銀以子稱，若銅鐵錫則無是矣。有味乎言之哉！

凡事之來，有不如意處須着力含忍。蓋非人之情有厚薄，即我之遇有順逆，臨時但當付之一笑，過此便如浮雲。此不惟與物無忤，且心無係累，即長生久視之道，亦不出此。

吾松張五鹿先生座右《懲忿銘》云：“難容忍處能容忍，乃聖賢心。有是非時辨是非，真癡騃漢。”

余遊醉李，見禪院中有一對聯云：“事無了局丢過去，心有動處放下來。”

唐酉陽咏雪，自一字以至十字者云：“霏，霏。臘盡，春歸。集微霰，揚素輝。凍雨成質，因風入幃。王子宵乘艇，袁安晝掩扉。光映孫康書案，冷侵蘇武征衣。梅方綻蕊花先落，柳未抽萌絮乍飛。孤鶴驚山山珠作樹，漁人喜處處玉爲磯。自憐囊中沽酒錢久乏，轉覺驢上吟詩興已非。朝來見千村萬落如寒食，第不知請粟何人入紫微。”詩意工切，膾炙人口。

眉公云：“我讀異書，或遇名人，聞一麗句，見一奇字，便隨手録出，以備偶然之需。”此誠博古者之捷徑。

吾郡顧氏東園羅漢堂前有石一座，高四、五丈，從吴門載歸，舟沉泖湖。探之得一石底，則此石之盤也。再索得石，取歸置之。種凌霄其傍，棱然獨立，爲諸石之冠。今顧氏以役累廢家，園無拳石，鞠爲茂草矣。嗟乎，宋之花石綱，天子且不能保有令終，何况士庶哉！

馮元敏云：“予鄉亭林邨有人死七日而蘇，云病漸時，見兩卒逮之至一危橋，將渡。有牛頭者守橋，止卒曰：‘渡此則不返矣。是人久不食牛肉，可憫也。’引之見一官，官曰：‘若命且盡，爲汝戒牛，且能勸人，今姑釋若。’使兩卒導之歸。及甦，則妻已適人而方營殯殮。里人異其事，乃醵金復其妻焉。”又錫山王給事聞卿甚嗜犬肉,恣爲屠以付供膳。一日釜中犬嗥,未幾嗥于牀,又嗥于井,而人莫見也。及垂絶,則犬聲震耳。蓋二者乃司耕司守之物,殘之傷德蔑義,宜其報應若是。書此以示戒。

《墨莊漫録》志宋建炎戊申二月二日,秀州華亭普照寺塔,與泗州普照寺僧伽塔,同日俱焚。蓋寺舊有塔,今人自不知耳。

七保松隱朱氏爲望族,有桂一株,約可百五十年物,大則兩手圍之,照映數丈。香聞數里,遠近望之若金屋,真奇觀也。

嘉定真如鎮之南,有古桂一株,大可十圍,枝葉蔭數畝。花開作淡白色,秋香初發,遠近人多有携觴其下者。(《賁園記》)

張澤有姚氏墓,荒蕪久矣,至其裔孫某驟領鄉薦,即毁鄰屋,復爲新塋。其東崇垣峻宇,相望巍然。或有不奉命者,則以威凌逼。里人唐酉陽作詩刺之云:"庶人墳,鄰屋逼。舉人墳,鄰屋拆。"世態炎涼如見。又云:"此墳纍纍二百年,寒食何嘗挂紙錢。遠族之孫舉鄉薦,非祖而祖光輝多。去年割地三尺餘,今年直欲傾其廬。"模擬驕横之狀,昭然在目。至後云:"君不見,驪山茂陵高插天,二世之後無人烟。當時四海任所作,豈復有屋當其前?"直逼初唐矣。至末云:"速拆速拆莫停留,世事正如風轉燭。孟嘗高臺一日傾,無數牛羊上塚牧。"至丙戌三月,清兵過鎮,牛馬千群,溲溺殆遍,竟成詩讖。

誰庵一鼠,日出就僧行,聽誦《金剛經》。一夕忽用前一足枕首若曲肱狀,伏經而逝。

沈相爲衛庠生也,三入南闈不第,遂放意詞章。所著有《繡鞋塚記》《水滸情節》《三花草》,奇情逸致,快人意見。惜身歿後,伊子不肖,不克守其遺書。

眉公云:"讀書而爲儒,三世必有一紗帽。讀律而爲吏,三世必有一紅帽。"

范長白與一友人書云:"文人之硯猶美人之鏡也,五月梅風釀潤,不便展法書名畫,則出古硯摩挲洗滌之,亦是韻人一樂。"(又見第六卷,爲眉公語。)

陳眉公嘗在王荆石齋頭,見有宋牋一紙,可長十丈,米元章細楷題其首,謂此紙世不經見,留以待善書者。米老猶自謙若此,今人何不自量工拙,輒亂塗箋扇耶!聞此箋後爲董文敏作書曰:"米顛所謂善書者,非我而誰耶?"

宋李之彦東谷所見,謂:"寘其親于荒墟,已爲非禮,然則數世不葬者,反得爲孝子乎?每見近世富貴之家,一遭大故,狃于堪輿之説,尋龍問穴,純爲生者福計,不爲死者安計,甚至延及數十年。後家計凋零,子孫夭喪,或經暴風苦雨,或寄敗垣蕭寺,或付烈炬,或沉河伯者有之。父母何仇,而乃以此相報?是以人子不幸遇親之喪,不論地之佳否,有祖塋可祔,即不必别營。有平地可爲,即不必刻選。不論家之豐歉,略去薦修鼓吹一概餘文,便可措辦大事。當兵戈擾攘之日,曲突預防,尤宜急葬。更可異者,里巷小民,質錢稱貸,亦循送死之虚文,而不忍炮烙其親之肢體。至于小康之家,多有此風者,皆因富强者慮其妨己,而漁利者乘之我慫耳。嗚呼! 東家之西即是西家之東,吾深望仁人君子,共體此意。即不必麥舟相助,而惠澤已屬不淺。"

玩好之物,久而爲妖,往往破家殞命,人亦何必嗜之。吾鄉有覓古玩者,一日偶見一白定爐,須價六兩,謂一足少損,止以一金獲之。往碾玉舖中去其足,售顧氏亭林,得四十金。復售董玄宰,增至六十金。又轉售醉李項氏,益至二百五十金。無何而程季白之事起矣。程嗜古以名不以實,聞定爐之名必欲得之,輸價八百。值熹廟間携爐至京,補一中書秩,每挾爐爲奇貨,同列忌之。因聞之魏忠賢,遣人求之,不得,遂誣以謀逆,下獄身死。古不云乎:"匹夫懷寶,乃喪其身。"不特此也! 蘭亭之帖,殉葬昭陵,猶爲人所發,流至人間。蔡邕之迹,鍾繇捶心嘔血,卒不可得,後乃破棺而取。前哲尚不能保所愛若此,世之嗜古者其鑒之。

王毅宇,經生也,設教廣富林。見人涉水久而不起,以詢土人,謂無橋梁可登,并無舟楫可渡,鄉人冒險輕生,多有致死者。王惻然矜之,遂傾家資及館穀可得三百餘金,兼命里人募化,擇日興工,造爲石梁,名景山橋,而己親董其事。一日忽夢雲端中人餽一朱紅盒至,内有"天孫"二字,以爲祥在其子,而其子瑶林竟以諸生終。至孫庭梅、庭柏,連舉進士,其夢始驗。

乙未季夏六日,吾郡李司理季考通庠,課文之外,以秋柳題徵詩,諸人皆落衰柳字義。嘗聞唐酉陽一律云:"春意方闌暑又徂,由來弱質易凋枯。只堪埽葉供茶竈,寧復垂條蔭酒罏。紫陌自憐曾繫馬,白門誰信可藏烏? 不須含露迎人泣,漢苑秦陵半有無。"

謝球孫字稚荆,泖濱人。家世素封,性復好義,明末捐貲重建斜塘兩橋,鄉先達咸折節下之。丙申春舉鄉飲大典,知府李正華延以爲介。時府學保舉廩生,係其至戚,柬至之日,即抗聲詈之曰:"二十年寡婦,爾何必要强我嫁? 設我果與鄉飲,死何以見諸先生于地下?"因即削髮爲僧,具僧難沾禄一詞以辭。吁! 受禄先朝,置身八座者,猶然靦顔求仕,而謝以布衣卓然不苟,亦異人哉!

余藏徐文長水墨牡丹一幅,韵致筆氣,超逸絶倫。其自題云:"毫端紫兔百花開,萬事唯憑酒一杯。茅屋半間無得住,牡丹猶自起樓臺。"詩亦奇爽,得之如獲拱璧云。

張澤西南一里許爲廟涇，田畔年久，水冲岸墮，得一銘磚，乃《唐陸處士墓志并序》："處士諱曇，字文廣，其先吴郡人也。祖諱光，父諱朋。處士幼承嚴訓，長有令望，風義洋洋，遠近欽矚。經學至美，筆法尤精。不仕明時，邱園樂道，禍不讓善，殲于哲人。以開成元年寢疾，至于二年丁巳歲暮春之月四日終于私第，春秋五十有二。以兹年孟夏月二十一日安厝于華亭縣南二十五里，村號茆墖，以平原新塋禮也。處士娶吴氏，生四子，長曰行肅，次顧師，次杜老，次稜婆，悉以童稚之年而知孝弟。恐時移代變，林隴凋摧，刻石刊磚，永爲不朽。銘曰：浮生寄世，電影難留。嗚呼良士，埋没荒邱。魂魄兮歸天，形骸兮入墓。親戚兮悲傷，兒女兮號訴。"其石今藏種福菴中。

此地又有諸葛瑜夫人墓，因在水際露其棺，邨民争趨視之。尸骨已盡，有古鏡等物，上有志石，乃亦唐開成年所葬。棺中有開成大錢千餘，皆散在村中，有見之者。亡友張雨堂能誦其墓志。(《若㒨記》)

乙酉錢塘盧子明家，鷄孵九雛。其一三足，二在前，一在後。丙戌見上海一鴨亦三足。或云有此種，以後足懸縮，故不能入水，名旱鴨。

戊戌三月初旬，偶隨家君南還埽墓，于閔行相近邨店中，見一三足鷄雛，二足如常，一足横生尾上，直而不曲，不能行動，傳視久之。此余父子目擊者。(《裕躬記》)

明末時，有四川僧隱然遊京肆中，偶從市肆見有貨石子者，約二百餘，中有一石大如拇指，色純青，光潤可愛。僧亦不辨爲何用，漫問其值，賈對以六文錢足矣。市歸愛之，時置諸古玩之旁。一日偶留書上，所壓處字忽隱不見，因異之，以告識者，曰："此墨珠也，功能滅字。"傳聞一刑部，以七十金市得之。

有老于海者云："至一洋，值天晴日皎，忽見水面浮一物，方廣十餘畝，爛然如銀。俄而漸漸起豎，又似半天屏架。少頃吼焉有聲，天風頓作，黑浪奔飛。究之，此爲千里鱟魚，食魚既久，積骨漸多，故張威以吐之也。"

聞龍王宫殿仍取民間樹木爲之。陝西函谷關外有山，山産巨木，積數年必一採。吾鄉有人嘗至其處，忽一夕風雨大作，遥聞斧斤鋸鑿聲，里人譁傳龍王採木。越三日，入山視之，則見合抱之材，交横地上，枝葉盡脱，如人工使然。且株各有記，孰梁孰棟。又七日，風雨復作，溪水陡漲，比天晴視之，木已取去無遺，止餘一梁陷泥沙中不能去。又數日，復從風雨中携去。蔣君致和嘗述之。蔣君名藹，十保張澤鎮人，善畫，非妄誕者。

吾松潔缺，有漁人獲一物，人形而肥，短髪垂後，異而釋之，仍復入水，與人拱揖而别。後有識者云："此鮫人也。"閉之空室，俟其飢而食之以魚，思家則泣，淚悉成珠,剪其髮織綾絹,是名鮫綃。

有于市上見空青而以水養之者,僧憨融云:"不久此寶將壞矣。蓋此爲天地之寶,須日月光華及膏露潤之則生,若用人間水土則敗矣。"又云:"取空青之法,不用斧錘。先將杉木鑿竅,約如空青廣大,將寶嵌入。後用金剛錄鑽之始得。"

天馬山下有一民舍,賃人居住,居之者不寧,屢屢遷去。後有賃者,見家堂上四周以泥封裹,狀若燕巢懸梁,每聞哭聲,惡其不祥。一日拆毀家堂,有一螟蛉大如車輪,見者駭異,以鋤斃之,其家始寧。事在順治己亥。

玄宰自贊云:"平子《思元賦》,香山《池上篇》。壯心俱誤汝,愚貌亦悠然。僻學屠龍氏,忘機狎鳥來。維摩非病病,莊叟不才才。"

盛文甫者,廣東人也。僑居于松,以釀酒爲業。于順治戊戌之秋,一日適他出,其妻某氏當壚。至傍晚,見一人衣冠而過其門,其居臨水,其人向水而奔,幾有投溺之狀。氏急喚兒援之,乃一醉漢也,即延至家,令其安寢。寢處與氏卧房僅間一壁,夜半其人忽作呻吟聲曰:"余海鹽學生也,姓陳號友于,來訪友,不覺劇飲而醉,不識此何地也。"氏云:"夜見君沈醉投河,故喚兒援君耳。"至旦,復授以餐,友于别去曰:"余實蒙恩,他日圖報,勿敢忘也。"是日文甫亦歸。鄰有混名鄭赤脚者,其人素行不良,能鼓弄唇舌,變亂是非,忽謗氏夜來挈一儒生作姦狀。文甫聞之,怒髮衝冠,不問其由,痛捶氏立斃之,且曰:"婦人無行,自我殺之。有隣爲證,亦復何尤?"兩日後,方市棺,正欲鳴之公庭,而友于亦至,備禮酬謝。文甫一見友于,如對仇敵,飽以毒拳,且云:"公庭有法不赦。"是日天際晴朗,雷電陡作,氏從棺中立起,而鄭赤脚已擊死在盛門首矣。文甫始白氏心迹,隨向友于謝過。友于終感氏恩,因以其女許字援己之兒。嘻,異哉!明明在上,莫謂彼蒼憒憒也。

王瀚字元達,太倉人。弱冠遊庠,穎慧爲多士冠,常留心禪悦。崇禎甲申之變,棄儒入禪,皈依靈隱具德大師,法號願雲,參話投契。爲尊重弟子,付法後,入江西廬山開堂。丁酉年冬,集衆受戒,戒滿散訖。復有一人後至,前來請戒,師云:"是期已過,不便重起。"其人遲留不去,師云:"前日何不如期而來?今無及矣。"其人怫然曰:"和尚目中有人否?"師云:"我目中無人。"其人曰:"我能生人,能殺人。如何目中無人?"師云:"我未有生,焉能有死?"其人言下有省,即下拜自陳本末云:"我乃鶴神也,願依座下受約束。"師一一爲之説戒,并囑遵守毋犯。將去,神云:"弟子别矣,無以爲敬,願開山田以供常住可乎?"師允之。神云:"當即于今晚從事。若大衆驚恐,聞鐘聲即止。"言訖而去。是夜風雨大作,聲若雷奔,勢傾陵谷,大衆怖駭,懇師求救,師安諭無恐。少頃益甚,殿宇摇撼,震蕩欲崩,大衆又哀懇,師云:"且鳴鐘。"

鐘鳴即止,昏翳頓開,星月交朗。詰旦神復來謁云:“弟子願開三千畝。因鳴鐘太早,止開一千,請師出視。”師從其請,舉步視之,見山前林木岡阜皆爲平壤矣。有僧從廬山來,爲我友董得一道之甚詳。

婦人僞爲男子,人知有木蘭與黄崇嘏耳。近上海浦東有吕某者,自國變時其妻被擄,吕已鰥居久矣。後十五年,見一雄健丈夫,腰刀扣馬,至其家索酒食。問云:“汝何姓?室誰氏?外父何名?”吕一一告之。其人隨抱頭而哭曰:“我即爾室也。關山遼隔,靡日不思。近奉旨尋夫,是以得歸。”隨解鞍頭白鏹約五百金,付吕作生計。此順治己亥年事。

吴興茅鹿門先生,海内文宗也。一日過雲間與陸平泉談藝時,投卷者履滿户外。先生閲先王父卷,拍案笑曰:“此卷雖無師傳,却是穩中。”又閲黄廷鳳孟威卷則曰:“當以明經得官。細閲其文,肝經有病,應有目疾。”時先王父幼孤,家貧不能從師,得之攻苦自成就者,後膺鄉薦。黄君實眇一目,以選貢仕至二千石。異哉先生之品藻,問功名者奚必叩諸詹尹,質之姑布哉!

凡州郡邑有日航、夜航,一以白晝通商賈,一以供急務者之宵渡。順治己亥正月初十夜,吾松人甲與乙者,以昏黑同上夜航,不問姓氏,互以囊橐置舟中而卧。甲囊止錢千緡,乙囊則白金百鎰也。比至泊所,各誤負其囊而行。甲到家知非己物,不欲以非義得之,欲歸之原主,因往泊所少待,乙果踉蹌馳來。甲問其故,乙以實對。甲遂告之,且留歸厚款焉,隨以原金還乙。乙受而中分之,不可,三分之,又不可。乙因密封十金藏甲室中,飽食而去。至黄浦渡,見渡舟在中流,颶風怒號,全舟覆没,見旁有三、四漁舟,慫恿救溺,且願以十金爲撈者酬。洪波迅濤中,止拯一人,其人感救生之德,因挽乙至其家,請以一杯爲壽。乙同至,叩門登堂,始知其人即甲之子也。父子感泣,即以前十金爲漁舟之償。留連旬日,盡歡結納而後行。嗚呼,人謂蒼蒼者遥耶!向使甲利乙之物,乙正以亡金自苦,何暇發救溺之心,甲之子不爲波臣者幾希矣。

嘉靖丙辰二月,上特命蠲華、上、青及嘉定四縣錢糧。時南方用兵,供億日煩,財用告詘,百姓奔走避亂,草栖露宿,苦無寧日。巡按周如斗目擊民瘼,思與安息,遂上言四縣之民,首被兵凶,危苦特甚。上允其奏,特命蠲免四縣錢糧,以示優恤。時糧米入兑,漕艘運至濟寧,得邸報追還,按給小民,不失升合,懽聲振野,民如更生矣。如斗餘姚人,號觀所,初巡蘇松,地方多故,湛恩寬解,撫民如子。按事竣還,民遮道留之,上命復巡。後遷督學御史,三年即巡撫應天,士民戴之如父母,立生祠于縣左祀之。

周文襄公巡撫時,往來皆乘小轎,驛站遇村莊僻處,遍訪民瘼。時華亭五保有王雲槐者,夏月林下乘涼,公至,與並坐説里村間事甚悉。俄而從者至,始知爲巡撫,叩頭請罪。公笑而撫之,且畢其説而去,其心勤民事如此。然自視歉然,有《感懷》詩一首云:"日宴忘餐夜半興,簿書煩惱爲無能。秉心初擬逢衡鑑,任意寧知越準繩。法在恤民民反病,事因除弊弊逾增。前非未悟羞蘧瑗,敢歎微軀踐薄冰?"

二月十九俗呼爲觀音生日,善信男女無不拈香禮拜,吴越、燕都尤盛。曹介人逢優婆塞輩而詰之曰:"死觀音如何與他做生日?"優婆塞不能答。介人笑曰:"汝輩既茫然不知,可惜口頭空念。蓋緣平日大衆虔禮供奉,有時懈怠,不能日日斯念。前代祖師,遂揭開此日,喝醒大衆,頓于此日起崇奉心,是人心中觀音,從今日生也。愚夫愚婦,滿腔盡是慈悲,善念忽起,福履日增,豈不深爲可慶?是爲大衆慶生,非爲觀音慶生也。不然,觀音菩薩不生不滅,寧有易簀而稱忌辰,亦寧有懸弧而稱誕日乎!汝輩借他泥塑木胎,堅持心中大慈悲可矣。"

眉公云:"世人但愛秋月,而不知秋日之妙。白雲碧漢,大勝平時,桂落庭間,乃契斯語。"

元楊榮字子華,號晚春,河南歸德人。少有大志,忠孝自負。由胄監登進士第,歷官禮部尚書,改授平江路總管。會島夷出没無常,奉詔移鎮松江,建牙于松之漕涇。追明太祖紹元統,知公文武全才,檄下松江起之。公以元臣,堅避不赴,行人迫徵,除監察御史。會營南京諸宫闕,命公督率軍兵匠役入湖廣採木。時深山中多虎豹,兵不能却,公乃沐浴齋戒禱于天,檄城隍諸神而責之曰:"山林藪澤,天子之土。杉柏梓楠,天子之材。某與卒夫,天子之臣民。山川百神,唯天子是主。飛潛蠢動,惟天子攸育。虎豹雖猛,何得違命?今與神約,期三日滅虎豹。三日不効,期以五日。五日不効,期以七日。七日不効,是神終無意于滅虎豹也,某當親帥官將與虎豹相角。神不能克,人獨克之,恐貽神羞。"越三日,虎豹皆斃巖下,一時傳爲異政。太祖嘉之,有白金文綺之賜。尋遣行人召公還朝。其子和卿,遂留爲松人。嗣後子孫科第蟬聯,若子亨、繼禮、汝成,所稱漕涇楊者是也。

李處士懷古,諱世邁,雲間人也。二十喪偶,終身不娶。以訓書爲樂。性嗜茶,茶種甚多,茶具極精。寡言笑,取與不苟,每月以初十、二十、三十日爲期,與客接對,他日不相晤。又好雨,自號喜雨翁。其舉止動静,與恆人迥異。遐哉懷古,洵可懷也。

正統間,兩京設提學御史各省僉事。南直督學彭公勗,永豐人,决科,郡庠取十五人,華庠取十人。或以爲少,公曰:"我所取者皆决科,若是足矣。"乃揭榜,兩學薦名者二十人,錢溥第一,徐觀第三,張恭第五,所遺者五人耳,其精鑒如此。後南畿督學最著者,無若衡水楊宜,取陸文定爲首,范維一、朱大韶、周思兼、謝應徵、袁福徵俱前列,兩科俱捷。嘉靖甲子、隆慶丁卯,麻城耿公定向所取各庠,批首范廷言、盛當時、陸承憲、高洪謨、先大父惺宇公相繼中式。至今稱目力之高者,必首三公云。

翁興賢鼎元,正春之父也,以貢歷金山學職。金山衛武弁忌文盛,爲木將軍射文廟,甚者毁棄聖像爲魘術。翁素究青鳥家言,捐俸濬泮池,去木將軍,復得聖像于污泥中。未幾,張翼軫、徐光啓、李凌雲、張鼒、葉有聲、杜喬林、吴楨相繼皆登巍科,拜相入詞林者不一而足,皆公之賜也。

陸文裕公以詹事推少宗伯,同郡孫文簡亦以詹事副之,世廟獨用文簡,常稱文簡稀鬢中允,蓋屬意久矣。文裕竟卒于家,贈少宗伯。文簡以太子少保大宗伯致仕,贈太子太保。公少穎敏,有人以紅燭令作破,應聲曰:“色似朝霞,光同夜月。”在詞林沉默敦篤,即張桂氣燄不忍加傾。居鄉存厚道,不忘故舊。子克宏,號雪居,以乃祖爲延平守。又號雪岑,所以志也,絶無紈袴公子態。後以蔭補漢陽守,不久賦歸來,而林下好客之興,不減孟嘗。于東郊外築一居,名東臯雪堂,結構高雅,中列古鼎尊罍法書名畫,不下倪元鎮清秘閣、雲林堂之勝。公能詩,善隸書及章草,兼工花卉人物,兼倣米家山。人得其片紙隻字,不啻木難火齊,可謂能世美矣。

吾松包氏,原籍嘉興。其始祖鴻,隱居不仕。父鼎,池陽太守。欲棄官歸,意未决,鴻附重緘無他言,唯左太冲《招隱》詩而已,池陽遂歸,歸後學仙無所遇。今其子孫代有冠冕。

陸儼山死三日而甦,語其子楫曰:“取筆記我語。我病漸時,不見若輩,覺身坐廳事,有黄衣二人跪于庭云:‘奉大王命召公。’余方欲置對,忽身已坐輿上,黄衣前導,隨者數十人,皆舊隸物故者,余心甚駭。輿者如飛至一城,輿者跪請曰:‘當去輿徒步。’頃刻已失輿,兩人挾而走,足不着地。至一城,黄衣又跪請曰:‘請改服。’不覺已易衣矣。又良久,抵一城,甚高,樓櫓皆如京城制,可十餘里。至闕門,門數重,大殿巍然。有王者冕旒坐殿上,一黄衣先入唱曰:‘奉命追松江陸深已至。’王起座曰:‘入之。’余從東階廡下北面立,王南面視余呼曰:‘子淵識我否?’余曰:‘殿下莫非當年蔣燾乎?蓋余爲諸生時相習耳。’從者呵之曰:‘奈何犯我王諱。’王曰:‘此我故人,無迫之。’因曰:‘子淵爾官應居一品,壽應登八十,以犯三大罪十二小罪,故官降三品,壽减一紀。’是年余方六十八歲,聞是語,駭曰:‘深得無死耶?’王曰:‘非死何以至此?’因命吏取詹事簿籍來。須臾吏取簿籍至,余閲之,見生平言行無一不記，其末以朱書總核其罪。余因丐王，幸念夙昔，使得畢其壽命。王曰：‘此非寡人之所得專也，主在上帝。寡人爲故人受罪，姑假以兩旬，俾治後事，其毋爲子孫計。’命黃衣送之出。已出門，復呼入曰：‘若兹來也，于地獄無睹，何以傳警乎？’黃衣又導觀諸獄，景象甚慘，目不忍視，狼狽而走。至街衢，所見冠蓋往來，如長安道上，皆朝士久歿者，或下車與敍寒暄而别。出城，從高原上行久之，甚昏黑，忽見一燈微明。既近，則其尸卧于牀，心惡之，黃衣推之使附乃甦。又兩旬，而黃衣復至，儼山遂長往矣。”

至正元年閏五月初一日，華亭修竹鄉四十三保朱謝里民家竹林中，忽見大士一身從地湧出，質類芝菌，形如雕琢，光彩照人。數百里中一時驚動，遂即其地立大悲閣。

俞允字嘉言，華亭人。洪武二十七年進士，拜楚府紀善，改魯山令。尋遷禮部主事，奉命使楚。坐還報失期，謫判長沙。少時爲人踈節，倜儻不羈，然能力耕事父。父性樂施。一日有道人羽衣策杖而過之，因止宿焉，父命侍食，侑以美器。道人執隕其一，允殊不以爲意，遇之加禮。明日道人出，遇少年某博于市，旋博得一器以歸，其器絶類昨所隕者，曰：“器固無恙。”蓋道人姑以試允耳。道人每與少年博必勝，允因笑而問曰：“技可學乎？”道人曰：“子有奇氣，異日當爲天子命吏，是不足學也。”遂别去。允乃悟，始折節爲儒，補博士弟子。是時江南甫定，經學失傳，允獨得三傳于蠹簡中，玩味久之，欣然有得。以《春秋》舉于鄉，至是果舉進士，歷前官如道人指。其後之長沙貶所，中道暴卒，已而復甦。先是允病既革，以易簀待櫬于沙門七日矣。忽有醫者貿藥而至，或戲之曰：“寺有死者，可復生乎？”曰：“可。”入取青囊，出藥一粒，納允口中。有頃得嘔數聲，霍然竟起，于是家人大喜，競以金帛酬之，俱無所受。訊其姓名亦不答，第云：“長沙有白鶴大仙廟，盍往修之。”俄失所在，然後知其爲白鶴仙人也。人或以問允，始言疇昔事，謂我實神遊其地，而未嘗往也。及至官訪之，果得白鶴廟重建焉。居七年以壽終。隆慶間進士汝爲者，其六世孫也。

馮南江有僕馮勤，其父傭者也，素多病，日者謂其短造，甚憂之。問一道士何以延年，道士曰：“若爲傭不能積德，惟勤灑掃惜字紙，乃可延耳。”于是市帚日掃街衢，見字紙即焚之，後壽至八旬。

馮南江父子忠孝，人人知之，然當被逮拷掠時，訛言洶洶，欲籍其家，家人奔潰。其母吴氏挈孫行可入京，瀝血爲疏，奏曰：“兒戇無狀，萬死有餘罪。但妾臨年，不忍見子刑戮，願身贖孤以延嗣息。”事雖不報，而行可卒申其説，末減戍雷，猶得補考績，封吴太孺人。世廟英明，寧得溷請，蓋亦深鑑慈德而默以旌之矣。御史歸，遂葺慈訓堂以居。今郡治南有忠孝祠，即其舊址。

吾郡異人唐西陽，諱汝詢，五歲而瞽，目不辨點畫。其伯兄士雅先生，巨儒也，居恆口授以《千家詩》，即能成誦。後授以《四書五經》《左》《國》《史》《漢》《文選》諸書，即能全篇自誦，不遺一字。久之，貫串經史諸子百家及稗官言。而最喜作詩，有《編篷》《姑蔑》等集行于世。前太守許周翰延見賜粟帛，許公曰："學生有四個小兒八只眼，不如先生一隻也無。"巡鹽使者楊修齡旌其廬曰"耳學淹通"。又捐俸爲公刻《唐詩解》及唐詩十集。時海内名公如李本寧、焦弱侯，延公至白下，聯詩社于秦淮，作可賦亭，四方物色者户履常滿。公自幼喜作詩，一日客有咏臘梅者，公和之。中有一聯云："姿同籬菊偏凌雪，巧借江梅不待春。"時張王屋先生見之，擊節嘆賞，問誰爲此者。客語之故，曰："此唐聲也，後日必成名家。"時公尚在髫年也。

吾郡顧參議中立嘗語人曰："天道禍淫，不可不知。"陸中丞垹，嘉善人，其子中錫，穎悟絶倫。一日與某生倚門，有美婦過焉，中錫心動。某生慂之，投牒神祠曰："願得陰庇，以遂桑中歡也。"中丞方寢，夢神來語曰："若子無禮，吾得請于帝矣。若子當魁天下，今削爲老儒。某生者本無禄，兹且抽其腸。"既寤，召中錫責問之，以實對。語未畢，忽報某生稱腸痛絶矣。中錫自後愚鈍終身。

華亭市肆，有一物如桶而無底，非木非竹，非鐵非石，既不知其名，亦不知其何用。凡數年，無過而問之者。一日有海船老商見之，駭愕有喜色，撫弄不已。叩其所值，其人亦黠，意老商必有所用，漫索三百緡。商喜而償其三之二，遂取付之。因叩曰："某實不識爲何物。今已成交，必無悔理，幸以告我。"商曰："此至寶也，其名曰海井。尋常航海，必須載淡水自隨，今但以大器滿貯海水，置此井于中，汲之皆甘泉也。"《范石湖集》載海中大魚，腦有竅，吸海水，噴從竅出則淡，疑海井即是此魚腦骨也。

吾郡王堯相字師舜，號容齋，于書無所不窺，尤究心國朝典故。從比部郎恤刑河南，公舉歐陽公語"我爲死者求生，求生不得，我與死者兩無憾"，以微諷比部。時有一用斧殺人事，公潛以"用"字改做"甩"字，曰："姑易一字以全一命乎?"其宅心仁厚如此。自題齋曰"容齋"，日箕踞咏吟其中。嘗曰："我無他過人，獨于人無所不容，事至物來，理恕情遣耳。"人以是服其度量。

陸郊字子野，號三浦。公貌古行高，貧不自給，趺坐讀書，兼摹古人法書名畫以自樂。董宗伯傳策謫戍廣西，公作詩送之，有"千言抗疏緣明主，萬里從軍奈老親"之句，爲人所膾炙云。公詩法陶徵君、孟襄陽，書法虞世南、顔魯公，俱得其骨。所著有《子野集》。

陸應陽字伯生，號古塘，即三浦公子也。少負儁才，甫弱冠即長于古文詩詞，真草書法顔魯公、歐陽詢，求索者常滿户外。詩宗大歷，文宗曾王。平生熱腸坦腹。常客長安，有詩酒名，海内縉紳聞雲間陸伯生至，輒倒屣傾蓋。然公性狷介，絶不干以私。嘗自傷數奇，不爲造物所憫，則舉杯而問之曰："天乎天乎，何使陸生至此乎？"每每意氣激烈，興致豪邁，足稱雲間高士。所著有《遊燕集》《廣輿記》《樵史》。

張昉字元昃，號友蓮。少負儁才，苦貧力學。文宗歐、曾，五七言詩典則有大歷風。尤長于真草書，臨橅山水皆得宋元風骨。性不近王公大人，故行年七十，無所知名。嘗題《漁父》一絶云："挈罶坐釣秋江湍，沽酒容易求魚難。世間好物不在速，三尺鱸魚晚上竿。"

孫得原字本卿，號雁州。三十病羸，支離牀榻者五年，遂棄舉子業，以詩歌自娱。尤工篆隸楷書，縉紳輩每愛重之，時時過公説詩問奇。公病足不能行，縉紳遂醵錢買一蹇驢給之，驢迹所至，童婦皆呼策驢山人。公有屋數椽在東郊外，隙地半畝，悉植名花，明牕净几，日與同志吟嘯，怡然自得，題其居曰"衡門之下"。

陸中行字伯輿，弱冠補博士弟子，即究心濂洛關閩之學，旁及于内外陰陽九流諸子百家，冀爲通儒也。慕太史氏遨遊四方，擊楫渡江，走桑乾、太行，歷燕秦晉魏故墟，弔古偉人傑士之墓。欲從戎獨當一面，以試其奇，會數奇，裘敝而歸。築室于放鶴灘，雜植名花怪石，箕踞吟嘯其中，所咏有"不羈天地闊，無事日月長"之語。公多巧思，嘗製一畫舫，外列爻象，内具茶鐺酒竈六博棋枰之屬，每乘舫探奇，雖窮鄉童嫗，咸嘖嘖呼爲家山先生。善鼓琴，又工樂府，興至輒浮白浩歌，自比于嵇中散、桓江州云。

郡先達許公兼善，舉于嘉靖戊午科。時親友稱賀填門，其封翁東川公，則抱其孽之子向親友曰："僕他日誥封當在此子。"爾時公已六旬，少子方彌月，聽者無不掩口竊笑，以其舍登科之長子，而屬望于不可知之孩穉也。自後兼善以鄉科終縣令，且不及封，而所抱之子，則樂善惺所公也，以隆慶辛未登第，年僅二十四，旋擢臺諫。翁果以御史拜封，年踰九十。所謂事有可知而不可知者，類如此。

陸文裕公書與朝士云："僕之迂狂，蹶而不悔。近得秘法，朝參之餘，杜門焚香，參禪習静，雖書册盡皆埽去，乃大有益。"此更歷世味語也。

吾郡先輩有官至别駕者，上官遣勦苗洞，誘其降而殺之，盡取其有。徑歸，不下數萬金，室中匱櫝俱滿，又散置地下，久之聞諸器中俱啾啾作聲。嘗引李海樓至内室聽之，若有唤者云："我要去，我要去。"如此數月，乃出其所藏置田産，不數年蕩費如洗。近年搜括嚴氏金一百九十餘萬兩,入江西庫。時有我鄉士夫在庫,方監收,忽聽聲吼如牛,四顧寂無人迹,蓋財貨所聚,默有司者。與五代袁正發積錢盈室,室中有聲如牛,事俱相類。

吾松張瀫山判温州時,與夫人陸氏之任。未至城數十里,見天色已暝,倦甚欲少憩,俄見火光隱隱若人居。比至使人叩門,見一老嫗擁爐,一少婦織紝,聞叩即開門迎接。公誡其下曰:“吾上任之吉在明旦,不可緩。夫人少息,天明徐來,未晚也。”遂與二子先往。夫人及二女下車進休,坐未定,嫗謂婦曰:“何不治茗以獻?”婦曰:“諾。”汲水舉火,乃以兩足代薪,侍女驚見大呼。時從人環屋假寐,亦群聲大呼。向者屋宇什器,泯然無迹,唯存空林而已。可見山中鬼怪,每每有之,不獨火光爲然也。

陸文裕書室前植牡丹一株,每開花不數朵。是年三月,忽盛開百餘,尤極艷麗,人争異之。是秋文裕得首捷,蓋先兆云。李海樓年二十六歲,應鄉試夜,夢桂樹上開牡丹四十二朵,常舉以語人。是年果發科,聯捷,至四十二歲解官,自謂已符夢數,不謂壽至六十七歲。自發科至捐館,正合四十二年之數云。

文裕嘗語人曰:“文字當各寫胸次。落筆成家,如江河之潤,日月之行,乃可傳後。”近多繩趨尺步,摹擬字句,曰吾學班、馬,吾學韓、柳,左矣。故公有一札云:“過于摹擬,頗傷骨氣。昔宋時有優人誚館閣者,穿破碎之服,揚言于衆曰:‘吾李義山也。’被三館諸公牽撦至此。今日《文選》、杜詩,亦可謂牽撦盡矣。”

家蓄玩好,不獨喪志,亦有因之而召禍者。昔吾松有名家蓄一古琴,實未必奇也,名聞于貴公,貴公求之不得。其後陷之于法,因囊裹獻之。貴公以示琴工,琴工曰:“僞也。”聲嘶而勿越,反甚怒,更搜括其家,羅織之至于破産,其人發憤而死。嗚呼,琴一物也,有之不足以昭德,私之適足以取禍,然則尤物亦安可專有哉!古云“匹夫無罪,懷璧其罪”,信然。

萬曆己未,文宗駸曾駱公,按松試畢,語諸生云:“余數年前夢遊一境,在水中央,唯見寶塔巍峨,佛像莊嚴。余因得税駕于斯。”諸生因舉泖塔以對,公即屏騶從,角巾野服登焉。觸目所見,與夢境一一不爽,不覺流涕,自謂數終于此矣。于是與上人心鏡,趺坐磕膝,説無生話,即捐資置香燈油田以垂永久。而郡縣學博及諸生,各有詩賦勒珉以紀其盛。駱公詩云:“十年夢境可堪尋,江上浮槎試一臨。水月倒懸祇樹影,天風常送海潮音。杯浮野渡占僧定,閣映空明沁水心。飲啄人生原已定,君平何事問升沉。”公遂挂冠歸,不逾歲而捐館。

萬曆辛卯,府學鄉試諸生失科。壬辰會試,由府學出身者皆不第。先是徐文貞第左有重恩坊,是年遷建橋東,民謡曰:“重恩坊過了河,府學生員脱了科。”又知府詹思虞遷教授衙據德齋,建魁星閣基前,以墻垣蔽塞西道,教官皆從學前出入,民又謡曰:“府學秀才,只進弗出來。”果驗,詹公悔其事,改建如舊。

佛字橋居民龔楷家,八月開梅花一朵,且紅梅變爲緑萼,尤爲奇異。時楷晚年得一子,人皆以爲瑞。范濂作二絶贈之云:“中秋新月尚垂絲,豈是庭梅破玉時。爲愛鳳雛應獻瑞,故將春色借南枝。”又:“曾見紅梅綴異芳,陡翻緑萼鬥新妝。枝頭一朵秋先發,堪並君家桂子香。”自後此梅連開數十朵。

西郊外范昶,字子範。有一鸚鵡,每賓客滿座,或吐佳言如屑,或朗歌詩章,鸚鵡即從旁宛轉唱和,若會心者。時或疏雨淒風,當梨花寂寞,爐烟欲盡時,鸚鵡即昂首鼓翅而舞,翠鬣低回,不啻霓裳羽衣,釵横髻墮也。若更深沉籟,明月窺人,或鳴短琴,或吹紫簫,復出其長音餘弄,與焦桐枯竹相應發,能令羈客拊心,孀姬飲血。子範故絶愛重之,一時雅遊亦無不知子範家有鸚鵡者,等于山陰之鵝,元康之燕,龜蒙之鳧矣。一日鸚鵡忽無疾死,子範悵悼幾廢寢食,因檢開元時華清進御有白鸚鵡,上與玉妃俱呼爲雪衣娘,尋爲蒼隼所斃,玉妃傷之,賜瘞苑中,名鸚鵡塚。于是子範亦謀所以附麗其事于華清者,遂擇竹間一隅,壘石玲瓏,賓客咸白衣冠而葬之。子範復憐其平生以多慧自取羈紲,戲與同人謚之曰慧業先生。嗚呼,先生至是,可謂不負其明慧聰善矣! 因即塚邊殘石,勒其事而繫之銘曰:“汝舌如簧,而不免于鋃鐺。汝身如綺,而不得以山居而巢處。吾葬汝以盈尺之棺,一壞之土,令汝差勝于朝青雲而夕調鼎俎。謂余好事乎? 而則有華清之鼻祖。”

松人攀轅留郡侯李多見,終不得遂借寇之私。侯亦相對泣,爲《棠溪吟》以示惜别。其詞曰:“少小事姑嫜,嬾拙强撑持。夫子見斥逐,大義當乖離。奈此乳下兒,號泣牽吾衣。兒號既慘切,母心亦傷悲。母出與廟絶,兒行欲告誰? 阿爺千人杰,後母稱賢姬。兒慎加餐飯,母子長相依。棄置汝中野,我行心自知。駈車難復顧,惻惻心中悽。”令讀者益增悲惋。

嘉靖癸丑,上海縣方治弓弩甲冑,而藏兵之室,竟夕聲吼,五鼓時旗端俱現火光。又華亭治試新銃,方裝藥加碪,立庭除未焠火,忽齊發聲甚震,一邑皆驚。時張尚書經行部至松,嚴裝出門,放炮炮裂,飛鐵殺其輿從一人,張震駭幾斃。旋爲趙文華所劾,竟罹伏鑕之禍。

西倉舊無城,自甲寅倭亂,築堡得勝港,駐兵以禦之。後以倭息,慮官糧失守,隆慶戊辰,知縣聶廷壁移築西倉城,因改倉木橋爲三洞石橋。而西水往來,由馮公墩、跨塘橋至是三鎖。自崇禎庚午年,郡侯方岳貢復取顧氏義租增飾其城,添設官廳,屋宇一新,自西望之,頗爲松城生色。

吾松有可笑者,如皂隸偶得居止,即整一小憩,以木板裝鋪,庭蓄盆魚雜卉,内列椅桌供玩之類,輒自號曰書房,竟不知此輩所讀何書也。迨至國變後,此輩直與縉紳交際,而所居者儼然畫棟雕梁,更不止有書房矣。

松俗雖稱淫靡,向未有女幫閑名色。有吴賣婆者,見醫士高鶴琴無後,傭身與生一子,吴遂以女俠名,而富宦之家,争延致之。吴因托名賣婆,日以幫閑逞淫爲生,工製淫具淫藥,縱酒恣歡。因起家千金,乘輿出入,號曰三娘。一日遇唐大參于途,輿人皆醉,撞破大參輿。唐怒,擬送有司懲之,不果。會甘按院至,有里人施山者,公舉男女幫閑爲地方除害,吴始伏辜,而潘道姑亦與焉。潘以少年爲私妓,有名,適人失望,乃歸浄土,山并株連之。縣令項公各杖三十下獄,獨坐吴贓三百,禁錮終身。

自徐文貞罷相,新鄭當國,有報復之議。故巡撫海公、兵憲蔡公,遂開告訐之門,奸刁無不藉口稱復仇,于是訟牒如山,宦家無不躡迹矣。孝廉何三畏,倣梁元帝《鮑泉春日》詩體爲《忘仇》詩一章,頗足警世。其詞曰:“人生本無仇,誰苦搆仇讎?無讎即無怨,有讎即有憂。讎人祇讎己,相讎乃相觸。讎伏則晏安,讎發則鴆毒。大讎不共天,次讎不反兵。君子好讎辨,小人好讎争。我不生讎端,人不造讎孽。胸中無讎腸,口中無讎舌。失亦不讎得,辱亦不讎榮。既不讎親黨,又不讎友生。彼或讎我名,且或讎我直。讎興如沸騰,讎成如錦織。天地豈讎德,鬼神豈讎仁。日月照讎障,風雨拂讎塵。外勿讎我身,内勿讎我慮。讎起讎旋滅,讎來讎即去。何不讎青山?何不讎白雲?山雲詎讎爾,爾讎讎殺君。”

自白蓮教與無爲教起,而愚夫愚婦煽惑奔赴若狂,男女混雜,姿意姦淫,遂倡爲磨臍過氣之説,極其可醜。有奸僧陳賓竹者,挾採戰術甚奇,不假氣力,運動若神,能令婦人承之者,攤手閉目。時上海吏員康姓者,妻妾皆爲淫姤,後事敗,蔣通判以嚴刑斃之市曹。時有“削髮復犯法,出家又帶枷”之誚。

吾郡烈婦陳氏,字文學張士震。甫諧琴瑟,即事刀圭,殊鮮畫眉之歡,第修舉案之禮。歷辛酸于閲歲,委伉儷于重泉。藐亡遺孤,唯有一死,惆悵罄如之室,蹉跎斧若之封。夫骨未埋,婦腸如結,嗟女鬟之既鬻,盼馬鬛之無期,顧隻影以增悲,撫寸心而加慟。不亡奚待,視死如歸,仰藥吞金,天留英魄。寢苫絶粒,人羡剛腸,瀕九死而不回,浹二旬而長逝。彼孫姬截耳,尚覺捐軀之難;若荀女還屍,猶覺就義之晚。孰與夫從容慷慨,兩無遺憾,一日千秋,凜然如生者。如此也,匪獨窈窕淑女,怏睹而興嗟,直令魁梧丈夫,遥聞而切慕。一時士大夫及聞風咏節者甚衆,遂成鉅集。

僧無夢者，常在吾郡村中募化，手持木牌，題詩二絶云："心爲車兮身爲軾，車動軾隨何意息。交梨火棗是誰無，自是不爲荆與棘。"又云："身爲客兮心爲主，主人和平客安堵。若教主客不安寧，精神必定隨君去。"養生之道，不過于此。

聶大年讀《楊廉夫集》，題云："文章五采鳳凰雛，酒債詩豪膽氣粗。白髮草元揚子宅，紅妝檀板謝家湖。金鈎夢遠天星墜，鐵笛聲寒海月孤。知爾有靈還不死，滄桑更變問麻姑。"蓋廉夫母夢金鈎入懷而生，别號鐵笛道人。避亂松江之泖湖謝百里家，有四妾，名竹枝、柳枝、桃枝、杏枝，皆善音樂，每乘畫舫，恣意所之，豪門巨家，競相迎致。

嘗見《蟬精集》載一詩云："黄犬東門事已非，華亭鶴唳漫思歸。直須死後方回首，誰肯生前便拂衣？此日區區求適志，他年往往昧知幾。不須更説蒓鱸美，但在松江水亦肥。"閲此可想見其品，惜不傳姓氏。

張士誠據吴中，江南名士多往依之，所不可致者惟楊廉夫一人。一日聞其來吴，使人要于路，廉夫不得已乃至一賓館。時元主以龍衣御酒賜士誠，士誠聞廉夫至，甚喜，即命飲以御酒。酒未半，作詩曰："中原歲歲烽烟起，海上年年御酒來。如此烽烟如此酒，老夫懷抱幾時開?"士誠見詩，知不可屈，亦不敢强之仕。

張東海人品、詩、字，一時之望。休致既早，子皆成名，殊無一事累心。蘇州别駕周德中稱爲神仙太守，東海製十絶答之，今止記其三。又有長短句一篇，意尤高古，皆集中所不載。詩云："歸休太守似神仙，布被蒙頭日晏眠。却怪門前來熱客，馬蹄踏破紫芝烟。"又："古今何處有神仙，鶴駕鸞驂總浪傳。莫信空同鄒道士，刀圭入口亦徒然。"又："歐陽自號無仙子，卓識真知冠古今。弱水蓬萊在何處，愚夫白骨紫苔深。"歌云："東海先生歸也，南安太守新除。一挑行李兩船書，被人笑道癡愚。書也書，寒不堪衣，飢不堪煮，收拾許多何用處？况而今白髮蕭疎，坐黄堂之署，乘五馬之車，那得工夫再看渠，又將載到南安去。古人糟粕，誰味真腴。枉説道，黄卷中，時與聖賢相對語。"公嘗與謝公鐸自戲其所能，云："書不如詩，詩不如文。"又云："大字勝小字。"此亦英雄欺人之言，然其草書實足名于世也。

楊鐵崖避地吾郡，嘗有一貴遊子破產流落，數踵先生之門，一日竟持先生所購倪雲林畫去。左右請發之，先生曰："吾哀其困，使往見一達官，以畫爲介耳，非盗也。"其務掩人過如此。

大參元禎莊公，素持誦《金剛經》，自爲諸生以迄歸休，無日撤誦。于崇禎庚辰四月初三日晨起，覺室中多旃檀香，因啓窗仰見天際，碧空現彩鷁三只，中有多人，船首有荷花一盆,船梢有一人,手擎一斗,不知何祥。想公素持咒誦經,專心信佛,故佛亦顯異。倘所謂慈航非耶?宜公年至耄耋,而精神倍旺也。

郡守方公廉守吾郡,一日忽訛傳島寇從西關入城中,居民競奔東關出城,男女一空。公坐堂上,聞變神色不動,徐曰:“必無此事。”指顧間,六房吏胥并門隸盡走,公呵止四隸,令舁輿,一童子持印,即出西關,不見寇,乃與童子駐西關城樓,令四隸東出呼市民使還。俄頃遂定,諸士大夫見公,問何以不懼若是,公曰:“吾知賊寇必不能猝至,即至亦寧可避耶?”諸士大夫服其神識。

張思敬號丸伯,華亭人,以貢爲學博。外舅許氏歿,分受百金,公妻納篋中携歸,公作色曰:“此許氏資也,安得歸張氏哉?”立命妻還之。伯兄有急,每割産以濟。母歿,遺公首飾數十金,適仲兄坐窘,傾囊授之。叔給事張承憲,有門人某典試南畿,給諫故有恩及之,至是密緘關節呈給諫。給諫子尚幼,唯公赴棘闈,招公授之。公曰:“一介至微,不以道義勿取,此可以非道義得哉?假令得之,有何面目列縉紳中也?”竟不受。

徐存齋爲大宗伯時,同郡孫公承恩亦以大宗伯掌詹事,二公對巷而居。徐賓客甚盛,延接不暇,孫以生平寡交,退食,閉門深卧而已。一日布袍静坐,負暄讀書,其僕竊語曰:“同爲尚書,他家車馬盈門,我家鬼亦不至,我等何望?”孫公聞之,呼其僕而謂曰:“任爾等他往,留我一人在此,教鬼負去何如?”其廉静若此。

吾郡求忠書院,爲方正學建也。一日按院觀風,有儒童告考,張太尊命學博往試之書院中,緘二題,一曰“人力所通”,一曰“鼻之于臭也”。時人爲之語曰:“貢院求忠書,監場方孝孺。不見人力所,但聞鼻之于。”

華亭令聶豹,上海令鄭洛書,同時有雋聲,然兩人議論不相下。一日同坐察院門側,人報上海秋試罕中式者,聶公笑曰:“上海秀才下第,只爲洛書。”鄭公應聲曰:“華亭百姓當災,皆因業報。”

吾郡沈文浩,字克宏。性豪宕,隱居玩世,不肯作柔媚態。門無雜賓,所交者惟莊簡、東海、南山諸老。素構一小樓溪上,每月上登樓,與諸老作玩月會,興到輒浩歌投壺,淋灕觴酒,因自號東樓翁。重然諾,故人曰:“得千金易,得公一言難。”嘗雪夜泛海上,扁舟載薪米歸,見居民烟火蕭條,間聞野哭依稀隨悲風起,喟然嘆曰:“生惟同土,休戚共之,可忍委溝壑耶!”盡以所載與之。公即鳳峰之祖。

趙公豫守郡時,侍郎周公忱有所經畫,必與之議。公每見訟者,非急切事,則諭之曰:“明日來。”始皆笑之,故有“松江太守明日來”之謡,不知訟者乘一時之忿,經宿或平,或衆爲勸解,因而息者多矣。比之鈎距致人,而自炫明察者,其存心何啻霄壤。

陸平泉嘗謂眉公曰:“古人言天地如逆旅,不知此身亦小逆旅也。看來造物是房主人,我們皆是借房住的。若限定幾年便不許住了,此謂大限已盡。”眉公曰:“雖然,若借房人平日安分守法,不得罪于房主,彼此相得,再容他多住數年,亦有此理。”此又聖賢修德凝道之説也,平翁笑而點首。

佘山慧日院佛像落成,徐文貞入山中,奉世廟欽賜蟒衣一襲付僧圓寶,因賦一絶云:“單衣露冷宿曇華,誤綰宫袍傍帝家。拈向山門君莫笑,細看還是舊袈裟。”丁酉,陸平泉八十九矣,亦以衲衣一襲付慧日院,手書偈于衲之表云:“解組歸來萬慮捐,盡將身世付安禪。披來戒衲渾無事,不向歌姬爲乞緣。”此二事與東坡解帶留鎮山門,同一風流也。

王龍溪謂陸平泉云:“他人以戒定慧,救貪嗔癡,公須以貪嗔癡,救戒定慧。”此語何等尖新,然龍溪之拖泥帶水,視平泉九十而清名皭然者,竟何如耶!

王弇州狀徐文貞云:“世皇如白日之麗天,而忽爲震雷迅霆,公徐劑其震迅之勢而爲霖雨,是故似難而實易。穆皇如白日之麗天,而浮陰時時翳之,公直欲解剥其陰翳而復爲白日,是故似易而實難。”

張莊簡公、莊懿公宅在東門外龜蛇廟左,孫文簡公宅在東門外太清庵右,顧文僖公宅在西門外超果寺前,當時與四公同榜同朝者,其居在城市中皆已轉售他姓矣,惟四公久存至此。昔東海張公世居草蕩,既仕,其家買宅于陶行橋,公聞而甚悔之,曰:“子孫必敗于此。”公六子五廢産,獨一子三世傳而賢書不絶,雖不盡如公料,要之城市不如郊外,郊外不如鄉邨,前輩之先見,真不可及也。

徐文貞之舉也,實于思復公宣平官舍。甫一歲,而女奴抱窺眢井墮焉,夫婦號而出之,則絶矣,居三日忽蘇。五歲,思復公以宣平考績還,道括蒼嶺,公復自輿而墮,其下巨石深峭,必無全理,顧夫人慟哭而已。既而衣絓于樹,從容下,卒不死。思復公又嘗寓公于古刹讀書,刹故多魅,僧苦之,公宿而魅不出,思復公始心異公。閲歲補寧都,挾公以從。嘗歸自他邑,公出迎,思復公戲謂公曰:“父遠回,子遠迎,父子之恩,天性也。”公應聲曰:“君居上,臣居下,君臣之義,人倫哉!”十五歲而補學生,年二十二廷對,大司寇林貞肅公俊得公對策,謂當第一,以屬内閣。時少師楊文忠公廷和居首揆,用子嫌不預讀卷,諸閣臣持故事,謂林公所取抑居第三。公故居近西城隅,瀦水曰少湖,常讀書其傍,因以自號。當公拜首揆日,少湖水忽作五色,湧起高七、八尺,踰兩時始息。

曹定菴居廣富林,年九十四。將終時,郡守孔公遣吏送米一石候問,使者致詞云:“太守敬老大人米,若不佳責舖换送。”先生云:“平生不害百姓,今垂殁,乃以我故害百姓耶?”辭而不受。因手書答云:“老夫不食三日矣,恐虚大夫之賜,謹辭。”先生未卒前一日,書于几席間云:“今日午時,天地晦冥,風雷震撼擊撞,此時吾當逝矣。”子孫以爲怪。至期,天地晦冥,果如先生言。先生乃肅衣冠焚香拜天地祖宗畢,端坐瞑目而逝。

萬曆己卯,蘇松水災,徐文貞與張江陵書云:“自琨兒行後,以老病增劇。又伏念翁輔佐聖主,日有萬幾,不宜以寒暄常談,上溷聽覽。故累月不奉書,惟仰祝台垣禔福日隆而已。玆僭有稟瀆。東南諸郡,財賦所出,而蘇松爲首,此翁所素知也。自隆慶庚戌間吏玆土者,不思以端己裕民爲政,而專導之以囂訟,教之以争奪,民靡然斲喪其廉恥之心,毁棄其忠厚之俗,攫攘微利,骨肉爲仇,舊族故家,所在破敗。彼其意以爲富者之財,散入于貧,則貧者均當富矣。豈知人情得財既易,用財亦輕,加以奸惡之徒,競相誇引,淫奢飲博,視如泥沙,訟墨未乾,而空乏如故,而富者之家,衰落不可復振。蓋里巷之間,無富裕者數年矣。去歲風蟲爲孽,田止半收,盡其所入,僅輸常賦。幸朝廷有折兑之令,稍存糠粃,苟延旦夕。深冀今春豆麥成熟,接濟飢荒,而三月以來,霪雨不止,溝澮盡溢,江湖亦盈,千里平疇,竟成巨浸。猶冀水涸補插秋苗,詎意西水不消,海潮增漲,田高而岸固者竭力車戽,僅救百分之二、三,否者人力莫措,唯相與哭視沉淪而已。蘇松之人,素恃耕作,一失農業,更無可以謀生。于時百姓欲望官司發賑,則庫藏久虚;欲詣大家稱貸,則倉廩告匱;欲望貿布易粟,則邇年商旅不通,布無所售;欲往鄰郡行乞,則四郡俱遭水患,出無所之。强者刦掠以偷生,弱者吁嗟而就斃。巡撫胡中丞適在西郡,親見其然,憂苦焦勞,寢食爲廢,其所上疏,讀之可謂危迫矣。然于顛連困悴之狀,則以新奇繁猥,實猶未能盡陳。至于窮鄉僻里,軺車所不經,其晝夜悲號之聲,夫妻子女對膝抱頭,悲哀悽慘之形,即中丞固目有未睹,而言固有未及也。仰惟聖上聖仁廣遠,子視萬民,我翁道崇致主,心存濟世,計于一物失所,猶惻然動情,况忍視數百萬之衆,漂屍填東海乎?又况財賦之地,祖宗所由以興者乎?又况自星變以來,豪猾奸雄,日懷倖亂之心,至今未已乎?竊以爲有非常之厄數,必有非常之恩澤,然後可以消弭保綏。今必望斷自君相,檢嘉靖三十四年及四十年所下恩例,及察今胡中丞所請,破格加卹,庶遺黎獲存,災患潛杜。若付有司,拘泥舊文,僅減免存留分數,不能有所補益也。且階聞治民者,未有事而卹之,則天下賴以奠安,而廟堂之上,猶得伸以爲恩,縮以爲威,常不失其尊。若事至而後卹,則受者不以爲惠,而其輕重多寡喜怒聚散之權,乃更倒持于下。縱能委曲彌縫,勉强收拾,而目前之費,日後之憂,皆將有不可勝言者。然其機甚隱,其萌芽甚微,非仁慈如翁,明睿如翁,孜孜計安社稷,不避嫌怨如翁,莫能知亦莫能任也。此天下所以胥翹首企足而望翁也。階伏山林,行且就木,本不宜更論政理,但念受國家之長養垂八十年,而受翁之深知今亦三十餘年,每思効尺寸以贊皇上如天之鴻施,揚我翁無疆之休聞,不愧古所稱老臣益友者,故敢冒譏出位,忍笑迂闊,而具以陳于台座。倘蒙俯察其心,少垂聽焉,豈惟階之榮幸。臨楮無任戰汗仰望之至,不宣。"

江陵復文貞書:"恆雨爲災,下民墊溺,皆執政匪人,積怨干和所致。假令明主循漢故事,策免大臣以消災沴,則不肖必在汰黜之首矣。捧讀台翰,不勝愧悚。先是撫按疏至,上覽之痛惻,已面奉特旨議處。乃蠲恤之令,猶屯膏而未沛者,非靳也,以故事必勘明而後可定分數耳。茲奉台教,令地曹覆顧掌科疏上,謹再擬旨,申人主子惠之意,慰黎民仰望之心。俟勘疏至,即破格蠲貸,必不敢虛文塞責,以重得罪于元元也。人旋,謹百拜以謝台教。"

張莊簡公養生要語:"節飲食以養其體,節嗜慾以定心氣。午後飲食宜少。不以脾胃熟生物,煖冷物,不以元氣佐喜怒。慾心一萌,當思理義以制之。夏至節嗜慾,冬至禁嗜慾,嗜慾四時皆損人,但二至陰陽分時尤損人耳。第能于怒時遽忘其怒,而觀理之是非,亦可見外誘之不足怒,而于道思過半矣。人能于病時移其心如對君父,謹之畏之,静久自愈。"公歷官至南京兵部尚書,參贊機務。納政歸數年,年八十乃卒。嘗自言爲刑部主事時,奉使暑行渴甚,見井泉欲飲不敢,但含漱過即吐之。其慎如此,宜其享有永年,而不罹于陰陽之患也。公操履純潔,始終一致。弘治初,與三原王公宗實、安成劉公紹和,同心輔政,選舉公明,前後皆不能及。雖自律甚嚴,而待物不苛,每見後進,輒教以讀書在識嘉言善行,不必徒作詩文。自警編一書,朝夕在手。蓋公之學,以治心養性爲本,而非炫博争妍,以逐時好者也。其居在郡城南門外,牌坊有"完名全節"四字,乃玉音也,公真可謂無忝矣。

暑天遠行遇井,須漱吐三、四口乃可飲,否則導熱毒氣入腹,往往傷生,不可不慎。此予所聞于先哲者。(《賁園記》)

徐文貞爲浙江督學時,有二生争貢,譁于堂下,公閲卷自若。已而旋有二生遜貢,譁于堂下,公亦閲卷自若。頃之召而謂曰:"我不欲使人争,亦不能使人讓。諸生未嘗讀教條乎? 連我也在教條裏頭,作不得主,諸生但照教條行事而已。"由是争者讓者皆自息。

周萊峰問陸平泉云:"吴康齋謂三綱五常天下元氣,一家亦然,一身亦然,此言何義?"平泉曰:"古人有言: 天下雖亂,必有一方太平者。一方雖亂,必有一家太平者。如大舜,父頑母嚚象傲,烝烝乂不格奸是也,即此便是元氣。”

吾郡懷遠將軍侯端,金山衞世襲指揮同知。永樂十三年,有倭船十二隻,猝泊城南,官民出走。公出東門,去城三里,地名楊家團,屯住兵卒,單騎至海塘偵之。時潮退,倭船大不能上,各欲乘小舸啣尾而進。公望見當先一船有紅衣酋,遂策馬入水,沙深浪湧,馬幹沾水不能前。公以佩刀斷而乘之,將近,一箭斃紅衣者。賊即麾旗止其後隊,復回大船,悉衆而上。公料勢鋭未可攖鋒,且慮其識放箭時所坐白馬,返至海塘下,適有牧羊者,手刲羊血以塗其馬,馬盡赤。還駐楊家團,却領軍出南門,不量彼己,輕與交戰,全軍潰,遂南門入。公在團下,令持束薪,伺賊盡入城,趨至船邊,悉焚其十二艘。賊據空城,進無所獲,退無所歸,勢窘甚。公遂率其衆而前,至東門,門閉不得入。趨南門,亦不得入。轉至西門,弔橋已斷。公祝其馬曰:“我命不絶,汝當努力,不爾我與若俱死矣。”馬욉然一躍,直逼城濠,倉卒間墜一劍于地,馬啣起授公。公既入西門,顧後軍無一接濟,公與賊巷戰數十合,且戰且馳。賊衆咋曰:“好將軍也。”至衞前,賊以所掠布疋旁午于途,以罥馬足,欲生致公。公以一劍挑布,以一劍斷之,賊咸仆地,指天摇手,驚爲神人。賊又以長鉤鉤公,著左膊,公不爲動,墮甲而去。復出東門,收集散卒,奮勇入城,盡殲賊衆,無一生還者。公平日以膂力聞,府治石獅高丈許,以腕挈之行百餘步。又嘗馳過牌坊下,交抱楣上,兩股夾馬懸之。南匯地方有虎傷人,公殺之烽堠下,至今土人呼爲侯公殺虎墩。

金山衞指揮同知、掌印管參將事侯懷玉,一門忠孝紀略:乙酉五月,北兵渡江,一時縉紳居恒以節義自負者,皆望風送款。郡邑長吏,以解組爲高。侯公父子相對慟哭曰:“我世受國恩,立志守死,義也。”先是杜文焕從南都來,乃從旁勸公降,其長公却之,獨散家財募死士,夫人輩亦鬻環珮釵釧之類以佐軍需,而長公忠勇剛决,次公沉静多謀。公一日到演武場欲斬文焕以示衆,文焕覺而逃去。公世本名將,至是益加奮勵,遂移文會吴淞吴帥赴義師。六月初三五鼓,公留長公守城,自與次公率兵前往,會兵于松江南演武場。時值霖雨,公結寨雨中兩晝夜,兵紀肅然。吴帥初八日至,蓋公奉吴帥節制者,面請曰:“某願以精兵前往獨當一面。”帥遂命公鎮守金山城。公即日馳歸,飭長公、次公及陳國賢、西天默四人協守四門,軍威大振。已而嘉定城陷,當事者皆書生,即司馬沈猶龍雖共起義,不過作太平威儀。公進謁曰:“我輩坐困一隅,危在旦夕,爲今之計,莫若設伏于青溪前後方四、五里之間。不然,大事去矣。”復以條略上之,請身任其事,俱不聽。公知勢不可爲,拜疏由海道請救于閩中。遣使後,公父子朝夕向天拜泣,冀其得達,望援兵之至,庶幾恢復于萬一。巡視城上,終夜不休。長公夫人吴氏,捐簪珥以享勞士卒,且戒之曰:“國事如此,即以身殉之,恐猶未濟,何需此身外之物爲?”長公嘗指宅後池水,謂夫人曰:“脱有危急,當死于此。”八月初三,松郡城陷,長公欲手刃夫人及二女,決死以戰,太夫人力沮之。公父子痛哭恢復之無期,立死戰旗于金山衛城上,士卒無不垂淚欲前者。長公時率精兵抵郡挑戰歸,堅守半月餘。及糧盡,公遣兵出城取糧。十九日夜分,北將李帥精騎萬餘薄城,圍之數重,遲明發紅衣炮十餘擊城,城中亦放炮自救。至午時,有馬指揮以勸降書進,公即軍前肢解之,從城上投示李。李亦失色,令健卒人持一炮從水關發之,如猿猴相引而入。公令壯士進即斫之,池水盡赤,積尸填濠。城上兵傳水西門破,有下城者。北兵以鈎梯上城,遂不能復禦矣。城陷,公父子帥兵巷戰。凡七戰,斬北兵五百餘騎,公兵傷亦相當,李復却。諸生楊寅東者有貳心,從後掣公勇將陳國賢肘,遇害。李得勢大呼,衛軍披靡而散,公遂被執。長公被創,奔至中途,臨河殺馬投之,嘆曰:“吾死毋爲敵用也。”到宅前,追者至,執長公喝之跪,長公瞋目大駡曰:“吾爲天朝世官,食禄有年,奈何欲辱我?我即碎身,決不跪爾以負君國羞祖先也。”敵以刀擊其頸者三,卒不屈。敵曰:“是好漢,還他全尸死。”縛之射七箭,挾頰貫心,了無懼色,駡不絶口而斃。是時西天默亦死。公被執至松城,蓋乙酉八月二十一日也。李成棟使郡守張銚勸公降,又以寅弟帖投公,公對使碎之曰:“我願至文廟前速死耳。”時皆欽公忠義,至華亭學前解公縛。公先拜文廟,又向北拜先帝訖,夷然就戮,意氣自如。初城陷時,次公以計脱,聞公見執,急出追從公。公臨刑,次公欲先公死,公目止之,絶而復甦,以領父尸還殯請于李,許之,并撥一舟以送焉。至九月二十日方至衛殯,長公肉色尚如生,異哉!初北兵未至,太夫人憐長公夫人有娠,携之出城,得不死。公諱承祖,字伯武,號懷玉,遇害時年五十有九。祖龍潛公爲世廟時名將。長公諱世禄,字公藩;次公名其偉,號美漢。公弟仲錫,姪世鼎,年十四,父子相從公,俱被害。公屬吏僚友揮僉陳大綬,子元爵;又揮僉蕭懋功,子鳴球;揮使西胄,子宿;千户孫世藩,百户董維勳、姚銑、阮國柱,皆極力佐理,俱被害。士卒朱辛、孫立、秦章、姜超、艾璠,力戰被殺。廝役陳振素,管班徐某,門役周係,卒伍周文域子,年十三,公被執時追隨左右,長號不去,皆被害。又十二歲小童駡敵不屈死,尤見公之得人也。遊擊驍將祝俊卿爲鄉約長,聞公被執,手刃其眷屬而自縊。又祝二元以白梃狙擊敵兵,鄉勇鳳氏父子兄弟開户納公,敵兵至殺其家數人,皆表表死節者。同官姜君羽死難,其子七官撫尸不去被殺,七官妻毛氏,見公姑被害,亦赴井死,一門十七人俱自盡。公先世中都人,一世祖林從高皇帝起義,積功爲京衛指揮同知,傳孫敬莊公端,永樂中調父子金山衛世守。旋有倭夷入寇,敬莊殲之殆盡,擢爲南京坐營都司僉事。四傳至玄孫龍潛公諱繼高,即懷玉公之大父也，以吴淞裨將起家，屢奏膚功，實授驃騎將軍都督僉事，二子斗岳早逝。公以嫡長爲大父鍾愛，早授方略，年十六襲祖職爲指揮。上臺委以督屯，屯政舉，改視衛篆，篆務克修。自是一總舟師徼海，一總堂卒治邑。已而治青邨，治寶山，治江陰，治柘林，所至蒐乘補卒，剔伏慝，急芻粟，政績流聞可誦。後有請仙者，俟公懷玉降乩，問以俗事休咎，不答，但挽筆書云："海涯俠骨劍芒新，抗虜孤城意氣真。麟閣功名曾未穩，浪翻首領贈他人。"遂去。

順治乙未四月間，閔行鎮席氏店有酒傭者，蘇人也，積有數年，得百金，附店之貨舶歸蘇。行至盧區水溪，爲操舟兩人所縛，將刦其物而殺之。傭度不免，遂慨與之，但求全尸。舟奴果如其請，入傭囊中，沈諸白蕩而去。適有漁艇，舉罾得囊，解視有人，猶蠕蠕動，少焉甦，具告所以。漁人送之席店，店驚異，厚賞漁人，匿傭以俟。越數日而舶歸，舟奴言傭致謝，且擾其飯。主人亦問舟奴："今曾飯乎？"曰："未。"主人曰："且飯。"即令酒傭行食。奴見之，跪倒請死，席氏遂縛二奴送之府，斃于獄。

亭林西南有前岡橋，多溺鬼害人。戊戌九月一日，鄉人莊伯華早行，爲三鬼所導，將至水邊，忽逢白鬚翁戒忽從彼。已而至淺灘，迷悶欲絶。吴君某後至，聞暗中有落落聲，遂扶起唤之，乃近日搆訟仇家也。吴知爲鬼所魘，然恐事涉嫌疑，坐守至醒。已及旦矣，莊大驚，感之，携歸置酒和好，并息前訟。噫，事之巧合有如此。

崇禎己卯二月十九，金山衛城南海灘，有大魚如屋，長四、五十步。首若巨舟之覆，舌如積濘，目無珠，而珠孔如三石缶，腸如棟柱，中如敗靛。脊之兩旁各有筋三莖，大于股。皮青黑而紅膚，肋上平光如漆，脅下有縫如裙褶，深可三寸。鋸者鑿者，聲如擊柝，見者無不相顧錯愕。

浦中怪異，往往不測。順治乙未春，海舶屢進剽掠，大爲民患，上官責令地方造大鐵索横截之。至施設時，連覆四舟，溺死四人。至夜入更時，居民聞有聲如炮，隨見火輪萬炬，照耀水面。哨卒以爲海舶臨境，飛報上海令，軍民徹夜奔潰。及旦，寂無踪迹，縣令責報者令秘之。

里人金惟蘭，仰食于海者，云從馮氏舶出洋，避風瞿山煖水澳，而舟泥不進。以篙刺之，平滑莫可用力。舉視篙頭，有涎甚腥，知爲大魚所載。共濟之人，皆焚香羅拜。忽見水中一片翹起，捲覆船口，上青下紅，厚三、四尺許。俄又徐翻入水，而舟遂行。回視澳中，水擊數畝，乃知爲大鱯也。南人呼大鱯爲地青云。

紹興布商余拱辰，俠士也，視其耳鼻，皆缺不全。詢之云："年三十時，曾作黄州丞，押解金花，道經廣西山中。曉行過早，而驢逸先行，霧中忽一物如屋，向下籠罩若網羅然。俄而黑暗，轟轟有聲，騾已離于坐下。其熱異常，摸耳鼻已銷爛矣，知爲巴蛇所吞。幸腰間有解腕利刃，拔出亂刺，覺磊磊落落，其行甚疾，遂并力穴脅以出，則爲冷風所吹，頭面兩手痛不可忍。絶而復甦，見巨蟒如岡死于側。黎明覓徑，已離道數十里矣。聞僕隸呼覓聲，始得俱出。事聞，有司皆憐而資助焉。越旬而安，則耳鼻已如此矣。"嘗聞巴蛇吞象，豈虚語哉！亭林蕭芷厓親見其人，故述之甚詳。

明季蕭孟芳，于八月望日早行至海濱。日將出時，于薄霧中，見一巨鯉，紅色大如舟，自海騰上，直至雲霄，僅盈尺許，復下于海。如是騰空者三，而終入波濤中，應是化龍未得者。

東土一村壩，有一茆菴臨流，一老僧主之。有龍陣自北來，其勢拔樹壞屋，老僧伏地以俟。有頃起視，屋宇佛像几案俱無恙。出門視河，則不見矣，驚而四顧，乃在庵後，而庵已移于河之南矣。乃知龍陣之幻有如此。今此庵尚存，因之香火愈盛焉。

上海談侍郎倫，景泰丁丑進士，觀政吏部。時鹽山王忠肅公爲冢宰，風岸孤峭，意輕南士，見公矍然曰："南方有此人耶！"因授驗封主事。甫一年擢員外，又擢郎中。公性開朗，忠肅愛之。英廟每見忠肅輒以公隨，上問之，忠肅以公名對，曰："臣老矣，于聖諭恐有遺忘，此郎代臣志之，且其人可信也。"上因欲大用之。忠肅謂公年少資淺，他日用之非晚。久之，累官工侍。忠肅之病也，侍湯藥于左右。及其卒也，祀之别室。夫忠肅薦公于上，而不欲其早用，公不早用而不憾，夫忠肅没且身祀之而不怠，真古道相與者矣。

莫中江先生居常談論詩文，煦煦言笑，無異寒儒。唐荆川寄莫公柬云："大率讀書以治經明理爲先，次則諸史，可以備攷古人經綸之迹與自古理亂成敗之幾，次則載諸世務可以應世之用者。此數者有根本枝葉相凑，皆爲有益之書。若但可以資文詞者，則其爲説固已末矣。况好文字與好詩，亦正在胸中流出，有見者與人自别，原不資藉此零星簿子也。雖古之以詩文名家者，其説亦不過如此，况識其大者乎？向見子良舟中所携書，多非要緊，竊以今之世，清修自潔如子良，篤學勵志如子良，而或不免耗精力于無用。至于最當留意者，或且束閣而不暇觀也。以余與子良知愛之深，乃不敢不盡其愚，俟面晤時更有請也。夫以中江如此窮研博學，尚謂多非要緊，可見前輩高賢，不肯輕易放過人如此。"

陸平泉《燕居日課》云："以書史爲園林，以歌咏爲鼓吹，以理義爲膏粱，以著述爲文綉，以誦讀爲菑畬，以記問爲居積，以前言往行爲師友，以忠信篤敬爲修持，以作善降祥爲因果，以樂天知命爲西方。"

董玄宰有血侵周玉，中刻一小山，四面繞以水文，四寸長。予諦視之，此冒玉也。《周禮》云："天子執冒圭四寸以朝。"冒之云者，契勘圭璧，爲作僞者也。今玄宰者，其形如帽，亦約有四寸，山水者河山帶礪也。玄宰大以爲然。玄宰又有印曰畫禪。

董子元嘗讀司空圖《休休亭記》云："量才一宜休，揣分二宜休，老而瞶三宜休，乃依先人舊業，卒老于王官谷。"孫昉嘗自稱四休居士，客問其説，曰："粗茶淡飯飽即休，補破遮寒暖即休，三平二滿過即休，不貪不妬老即休。"客曰："此安樂法也。"因即三休以决出處，四休以養性靈，合而稱之曰七休居士。

唐元徵云："今天下有三事没處法：燕中士大夫得疾無良醫，秦晉人種田無時雨，三吴縉紳子弟讀書無家教，一味但靠人耳。"陳眉公因曰："無醫則保養，無雨則穿渠，無家教則慎擇交遊。此便是没處法中之處法也。"

眉公于萬曆壬午，館于元龍姚氏。有僕吴忠勤于掃拭，俟眉公寢，輒樓下鼓琴，或拍漁筒以適趣，眉公異之。時延與相對，出一詩呈政，乃《桃花詩》也："游子訪桃源，桃源在深處。不必問漁郎，谷口隨花去。"後托疾辭主人，眉公送入小崑山，爲焚香道人。

眉公顽仙廬座右銘："争不急之辨不如養默，處不切之事不如養静，助不直之舉不如養正，恣不禁之費不如養福，好不情之察不如養度，走不實之名不如養晦，近不祥之人不如養愚。"

"陸瑁河邊水漫流，谷陽城外問漁舟。鱸魚正美蒓絲熟，不到秋風已倦遊。"此陸平泉因張江陵當國，趨炎者不啻蠅蠕，因作此詩，遂解組耳。（一本作"遂作此詩，解組而歸"。）

陸文裕在京，邸中榜世廟御撰一聯云："抑人是自抑，揚人是自揚。"先太僕榜其堂曰："東山不改棲雲志，北極時懸捧日心。"

陸潤玉之女名娟，自少穎異，習書史，尤長于詩。有索其父送行詩者，父不在，爲代作云："津亭楊柳碧毵毵，人倚東風酒半酣。萬點落花舟一葉，載將春色過江南。"父歸責之，自是吟咏絶不及門外事。後歸馬龍，姑亡事舅孝。舅歿托以二女，乃置浄室與之同寢處者十年。既嫁，始復夫室。無出，爲夫置妾生子。將卒，以所作詩文稿悉焚之，曰："非婦人事也。"潤玉號夢庵。

彭魯溪、袁與山社友也，與山子太沖公，年甫八歲，常侍側，自稱小相公。彭因試以對曰："願爲小相。"公應聲曰："竊比老彭。"彭又令其背書，見書腦裂碎云："書腦經年葉落，爲恁風霜。”太沖對曰：“燈心徹夜花開，因何雨露。”彭大稱賞，以女字之。後翁壻同登嘉靖進士。

章鹿苑居超果寺東隅，舊爲文學王君居。王之子偶出，爲祟所附，自言山東某縣學增廣生，倭亂時來松訪舊，爲亂兵所殺，游魂無歸，因嗚咽口占曰：“霜凝畫角鼓聲沉，血滿刀頭怨氣侵。魯地别來吴地死，從教飄泊到如今。”其意欲王申文城隍廟轉牒山東，一路無礙。王如其言，爲祭遣。鬼將就道，復口占謝曰：“銅雀臺空歌管稀，孤魂飄泊久無依。從今試上東山望，目斷雲間一雁飛。”因出門仆地而醒。越一日，復作囈語，王問鬼：“何故復至？”云：“感君提拔，無可報德。但居此宅，定得聯捷，勿棄他姓。”後王貧甚，竟售之鹿苑。甫入萬曆，乙酉、丙戌果聯捷。

李宗伯之子源舉進士，其孫桓方髫年，出見客。客曰：“令尊新進士。”桓應聲曰：“家祖舊尚書。”時人稱爲李做對。後領鄉薦，仕至太守。

黄翰幼時，以事干郡守，不聽。拂衣出曰：“水上打一棒。”守怒，呼令作“水上打一棒”詩。黄吟曰：“誰把長竿杖碧流，一聲分破楚天秋？幾層雪浪開還合，數顆銀珠散復收。鷗鷺驚飛紅蓼岸，鴛鴦催起白蘋洲。料應此處難垂釣，急急收綸别下鈎。”守乃改容禮之。

曹定庵連遭荒歲，自處甚薄。邑父母陳公應和贈以三十金，不受。曰：“彼取之窮民者，以周我之窮，吾何忍受？”時鄉紳富饒者，俱受陳公之惠，定庵老而益介如此，相去遠矣。

松俗尚奢，近復益甚。按臺甘公訓民崇儉示曰：“吴下人所以不能儉者，恐人嗤其陋也。故富者棄産，貧者揭債，以競侈靡。卒之棄盡無産，債多無償，不免至于飢寒。獨不畏人嗤笑乎！”此言各宜書之座右。

諸午泉得一峰石，高二丈，儼似人形，幞頭大袖，名爲待漏。石從漕涇楊氏重價得來，左肩有“九天閶闔開宫殿，萬國衣冠拜冕旒”二句，非刻非寫。每至天將雨，氣蒸石潤，十四字昭然可誦，殊不可曉。

塘橋富氏，其先有老嫗，家藏一寶物。有四老人備酒造訪，求見其寶，嫗治具留四人飯，以瓦壺盛酒。四人飲至醉，復請曰：“寶可得觀乎？”嫗曰：“寶在目前，即此瓦壺也。不火而酒自温，愈飲而酒不竭。”一老醉甚，把玩間失手墮地而碎，四老跼蹐殊甚。嫗笑曰：“凡物成毁有數，何必介意？”賢哉嫗也！

泗涇有李姓者，素行不檢。萬曆癸丑春，夢其父曰：“汝今年必無生矣。”某叩其故，曰：“冥司訟汝者衆，我只得拜求，衆俱消釋。但汝曾祖及祖亦來訟汝，我實無可奈何，再三求宥，曰爲汝斫伐墳樹耳。”至六月病劇，口中喃喃，唯云“伐樹”而已，隨死。書此以爲子孫伐墳樹之戒。

郡東門外小庵僧慧雲者,一日其徒偶出拾田螺二枚,投灰池中。後徒復偶經過其地,忽然身仆,口中喃喃云:“吾與汝何讎? 投于灰池而死。今日必須償命。”有人來報慧雲,亟往視之,囈語如故。慧雲曰:“汝既枉死,待我誦經超度何如?”遂應曰諾,于是扶之歸,卧牀累月,經完病瘥。始知無寃不報,慎弗殺生。

南禪寺僧毛胥峰,有道人名繼松者,相隨良久。萬曆十五年四月,一夕毛忽夢伽藍神曰:“某月某日,天雷擊死繼松,可早命之出,毋污山門也。”毛大異之。至日,早買香糕一封,令繼松往鄉探親,而不言其故,意其必死矣。乃明日繼松復歸,毛歷叩其所見,云:“至中途雷雨大作,避入小廟,餒甚,啖糕。適見蟻千萬沿途,因念我餒,糕尚不充,此物從何處得食耶? 乃將餘糕飼之,而雷亦收聲,餘無見也。”毛驚喜,乃告以所夢。繼松大哭,從此懺悔長齋。夫以餘糕飼螘,有何功德,乃免此大禍? 豈非一念之善,足回天心耶! 人慎勿以小善而不爲也。

上海一富室某,延慈溪王公福徵爲西席,不數月而逐之。不意明年王聯捷,令嘉定,去上海不百里而近。富室負慚,窘甚,乃以二百金延王之姻家,設教三年,得免報復。又青浦楊怡山,遇閩人蕭公奇勛圖館不就,有凄涼之色,乃問須館資幾何,答曰:“須三十金足矣。”楊遂留款數日,臨行如數贈之。蕭後官黄門,左遷太倉州貳,怡山之子九華公亦已登進士矣,蕭公乃以千金爲壽。二事施報不同如此,人奈何不自處于厚也。

徐方壺與同里蔣氏交厚,蔣以訟事冗費,舉田園一區售之公,公時值而授。數年後,公忽召蔣飲,出其券以還曰:“昔爾告急,貧不能助,受爾産,非心也。今計數年租入,衡售産之值,已足相當,今直歸汝業耳。”蔣驚曰:“産已售公,則租入乃公物也,奈何以償原值?”公笑曰:“我與君厚,豈屑屑計利如市人耶!”蔣乃拜受。但此事公未嘗言于人,即家人亦不知也。後曾孫銘恆病,恍惚見有老人爲社公者,常扶掖之,言其故甚詳,且曰:“余以生平醇謹,得長此土,感君祖恩,故相報德。”病者甦,爲人言之,始知公有還産盛德之事,宜其子孫貴顯也。

華令熊劍化微時,家貧。嘗渡江設帳,一日遇相者云:“相公今歲某月日應卒。”公爲驚愕危疑,即辭别主人,主人因以一歲修金送公,公堅辭其半。主人固授之,遂拜辭别去。舟次江側,見男女二人哭泣極哀,公叩其故,曰:“某宦家厮役也,主失去十金,誣某夫婦盗之,訟之官,百口難辨,思鬻妻以償。奈妻義不忍離,因欲夫婦入江,是以泣耳。”公聞之色變,即慨然傾囊與之,夫婦泣謝而去。公抵家食貧,弗悔也。及相者所决日期,竟無恙。語夫人曰:“余以相者之言,恐身死他鄉,是以歸耳。

今既徼倖，當終館職以報主人。”及至館，主賓相見，驚喜交集。是夜于館中夢神告之曰：“君有陰德，上帝已益君壽。”旋登進士矣。後果聯捷，爲吾華令，復擢御史。

吾郡曹某應試南畿，寓中有婦，昏夜來就。曹驚趨出，欲往他寓借宿。行至中途，見燈火喝道而來，向古廟中擊鼓升堂，曹潛伏廟側。聞殿上唱新科榜名至第六，吏稟云：“某近有短行。”上帝削去：“應何人補？”神曰：“松郡曹某不淫寓婦，德行可嘉，即以補之。”曹聞，且驚且喜，至友寓借宿。及揭榜，果第六。

董玄宰《儆世言》：“見美人時作虎狼看，見黄金時作土苴看，這中間享了多少清福。讓他説話，我只閉口，讓他指點，我只袖手，這中間省了多少閑氣。我施有恩，不求他報，我縱有怨，不與他較，這中間寬了多少懷抱。忍不過時，着力再忍，受不得處，耐心且受，這中間除了多少煩惱。世情濃釅處淡得下，俗塵牽纏處斬得下，這中間息了多少妄想。緩步當車，晚食當肉，寡營是智，無病是福，這中間討了多少受用。收得放心，戒得忿怒，薄得世味，遠得嗜慾，這中間省了多少精神。既不作俑，亦不好事，既不損人，亦不利已，這中間消了多少災厄。”

蕭山魏公驥，永樂三年以鄉貢爲松江府訓導。有狂生戲着公衣冠，又一生曰：“寧著此卑官服耶？”公聞不怒也。時袁忠徹以善相至松，一見公，即握手曰：“二品貴人也，壽百歲。”後公至南吏部尚書，松江二生皆充吏，當受役。公退，猶待以弟子之禮。公清正自持，雖王振亦禮重之，贄見惟帕一方，振不較也。公薨前一日，鄉人王文正家有石隕自天，公吟曰：“生平不作虧心事，一點靈光透上天。”壽九十八。

華亭靈官殿前有筆工褚姓，萬曆中得瘵疾，數年不愈，倩醫診視。醫云：“須服人參。”褚以無資不服藥。一日有道人過其門，笑謂之曰：“能出二十文錢，爲我辦一齋，當愈汝病。”褚自度無生理，謝以好言，而褚兄與嫂乃代之出。適數丐至，道人將錢分施之，隨于壺瓢中出藥七粒，聚褚指甲中，大如胡麻，曰：“汲新水服之。先服二粒當起，起後更服二粒，將如平人。餘供佛前，俟人乞與之。”褚蔑藥小，意欲并吞，道人力禁乃止。服二粒便兩手翼几上雀然起矣，一門盡譁，觀者如堵。更進二粒，行步如無病人，于是合門競拜。道人嘻笑而出，酬之錢不受，叩其寓，云在姚藩臬華陸家。去經靈官廟，見一人癭大于升，道人撚癭蒂再三，應手而墮。市人争看落癭，道人已不知所往。已而褚抵姚第訪之，都無影迹，但見閣上所供純陽仙師像，儼然所見道人也。

陳眉公曰：“萬物生于土，人生于孝，故孝字從土，萬物無土，便不能活。人而不孝，便無生理矣。”

封公張希曾，號隆陽。偉貌修髯，亭亭玉立，學問淵博，議論風生。一日董玄宰與公乞烏鬚方，公以玄宰號思白，復柬云："兄翁思白，緣何思黑也？"其滑稽類此。

有客過眉公巖棲草堂，問是何感慨而甘栖遯，陳拈古句答曰："得閑多事外，知足少年中。"問是何功課，曰："種花春掃雪，看籙夜焚香。"問是何利養，曰："硯田無惡歲，酒國有長春。"問是何往還，曰："有客來相訪，通名是伏羲。"眉公居山中，有客問山中何景最奇，曰："雨後露前，花朝雪夜。"又何事最奇，曰："釣同鶴守，果遣猿收。"

玄宰云："人心自有真文章，多被殘編斷簡封錮了。人心自有真鼓吹，都被妖歌豔舞湮没了。"又云："性既喜淡，雅好清談。正聞客至，忽報花開，倒屣迎之，向泉對弈。一局未了，家人出酺，止一古碗，品無兼味，任意所如，清歌暢咏。有琴在牀，有酒在尊，有麈在手，有榻在旁。"

鞠瑗園云：李公之分婁縣也，以華賦繁重，故爲不得已之舉，議者猶謂其害民。嗚呼，昔之害猶小，而今之害何如乎！雍正三年間，江撫張名楷題請割分大縣，他郡不可枚舉，第就吾松四邑，今則分而爲八，華分奉賢，婁分金山，上分南匯，青分福泉。彼之意似爲裕國便民，獨不思建一縣官，多一縣官之騷擾，添一胥役，多一胥役之侵漁，其爲害豈淺鮮哉！未幾而張撫以虧空被逮矣，又未幾而張撫就戮矣。以一言而殃億萬生靈，此報誠不爽耳。

# 跋　一

右《五茸志逸隨筆》八卷，乃璜溪退庵道人吴履震所輯也。退庵當易姓之際，取吾鄉故老傳聞，及身所親歷，一切可勸可懲之事，秩秩然書之，遂成一家之言。向聞有是編而未得一見，今偶獲睹于藏書家，因借而録焉。其中魯魚亥豕，姑仍其舊，亦闕疑之意也。

道光四年歲次甲申仲春月，星農氏記于三近館舍

# 跋　二

吴長公《五茸志逸》,載明代諸人嘉言懿行,文體雅潔,間有采入郡邑志者。向無刻本,流傳絶少,此册乃道光初星農王氏手鈔。星農不知何許人,蠅頭細書,雙行夾寫,無一筆苟,前輩之勤學如是。書爲歸安凌麈遺先生所藏。余自鳩江旋里,先生以此贈行,什襲藏之,以待他日校刊也。

光緒戊戌沈祥龍識

# 醉漚居鈔本跋

右《五茸志逸隨筆》八卷，乃璜溪退菴道人吴履震所輯也。退(春)[菴]世本簪纓，身逢鼎革，閉户著書，取故老傳聞，及身所親歷，一切可勸可懲之事，秩秩然書之，遂成一家之言。昔之修《郡志》者，曾取之以爲藍未。向聞有是編而未得一見，癸未秋偶獲覩于藏書家，假歸録于計簿上，不足以供清玩也。玆于館課之暇，重爲移書。殁缺處聊以見于他説者補之，錯見處審其志之，比類而删之。末則以曹千里《説夢》一卷附于其後，猶不免有拖沓煩複。以及魯魚亥豕，則姑仍其舊焉。

道光八年戊子長至后一日，醉漚居士鈔竣，識于相在書室

# 《五茸志逸》跋

《五茸志逸》，吴履震撰，錢澐（晴川）校録。履震字長公，别號退庵道人。明季諸生，世居松江吕巷（璜溪），爲明末吴淞總兵吴志葵（聖階）之從兄。乙酉（順治二年）志葵抗清被執，不屈而死，履震"避難泖濱，流離轉徙，飢渴備嘗，甚至無容身之所"，老而坎坷，伏處田野，構室曰"落葉居"，發憤立言，薈萃故老耳傳，時事目擊，自天文地理，政教人事，土風習俗，方言諧謔，廣搜兼採，成隨筆八卷，多府縣諸志所未載。五茸乃松江之别稱，故名其書曰《五茸志逸》。卷中于明末抗清死義諸人，如夏允彝兄弟之絶命詞，徐念祖、吴嘉胤、李待問、孫士美等之殉難經過，均予輯録，金山衛指揮侯懷玉一門死義，記載尤詳。履震殆爲當時之有心人！原書三百年來，迄未鎸版；傳本亦罕，僅見松江圖書館、華亭封氏簣進齋與金山姚氏懷舊樓之鈔本三種，皆源于道光初年王星農鈔本，惟封氏本完整無缺，餘者佚王昌紀序，而張家璧序又同爲殘篇。今據封氏本付排，而以另兩本相校，文中間有脱訛，凡無佐證者，未爲勘正；而事涉迷信者，概未刪節；至封氏本第八卷末"鞠瑗園云"一條，爲後人所增，亦存其舊，以供參考。

上海市文物保管委員會

一九六三年三月

# 雲間據目抄

范濂 撰
袁凌傑 整理

# 整 理 説 明

《雲間據目抄》五卷，明范濂撰。范濂(1540—?)，字叔子，松江府華亭縣人。諸生，博學多才，胸懷大志。然憤世嫉俗，不得志，故終身未仕。其道德文章受到不少文人學士的稱頌。所著除《雲間據目抄》外，尚有《杜律選注》《四書理解》《草木子》及《空明子》。本書因主要記雲間之事，而且所記必據目之所睹，故名《雲間據目抄》，成書于明萬曆二十一年(1593)。

本書共分五卷：卷一人物，卷二風俗，卷三祥異，卷四賦役，卷五土木。書中對明代松江地區的人物活動、社會風俗、生活習慣、自然災害、社會經濟、城市建築和園林等都有比較具體的描繪。所記材料十分真實，貼近當時的實際生活，對全面深入瞭解明代松江地區的社會歷史和發展狀況，有着重要的史學價值。

在書中，范濂對時事有很多直接的評論，“提衡人物，概歎風俗”，“有慨于衷，寓目即書”，被《五茸志逸》作者吴履震稱爲“誠吾郡之月旦陽秋”。但由于書中常有批評當道者的言論，遭到當權者的懷恨，“屬府公欲斃之杖下”。後被“械送中丞朱公鑒塘”，因朱氏十分喜歡他的文字，才把他放出監獄。因而范濂的評論反映了明朝士大夫對政事的看法，對研究明中後期的政治有着較重要的學術意義。

《雲間據目抄》目前主要有以下幾個版本：李筠嘉慈雲樓所藏清代舊抄本、清代范聯枝一寒齋刊本、光緒年《申報館叢書》鉛印本、民國十七年(1928)奉賢褚克明重刊鉛印本、民國初年上海進步書局《筆記小説大觀》本。1983 年，江蘇廣陵古籍刻印社用排印與影印結合的方式將上海進步書局《筆記小説大觀》重印，收在第 13 册。1997 年，松江縣地方史志編纂委員會將《雲間據目抄》收入《松江文獻系列叢書・史料專輯》，内部印行。

本次整理，我們以奉賢褚克明重刊鉛印本(下稱褚氏本)《雲間據目抄》爲底本，以清代舊抄本參校標點。在點校過程中發現，除褚氏本外，其他版本于書末均脱佚“《豫園略》”“豫園”“青浦邑”及“范叔子曰”四條，共計脱文一千六百三十多字。褚氏本所附《豫園略》,與今主要流傳的潘允端《豫園記》,在文字上略有出入,表述上有所不同。考慮到褚氏本文字數量上最多,我們遂以這個版本爲底本進行標點。本次點校時可能出現的不妥之處,敬請讀者多多批評指正。

袁淩傑

# 目　　録

序 …… 879
**卷一**　紀人物 …… 880
**卷二**　記風俗 …… 899
**卷三**　記祥異 …… 907
**卷四**　記賦役 …… 919
**卷五**　記土木 …… 928

# 序

往余受業博士，讀諸家草，至范叔子一家言，汪洋自恣，軼輓近而遊高明，有味乎其言之哉已。余對公車邂存，吾丁明府稱述叔子義甚高放，達而多奇，好修而倬詭，與其文合，私心愈益向往。比令海上，得交叔子歡，則見其人森森乎如開玉府，僊僊乎若乘白雲，而行廣漠，蓋非天壤間恒有也。未幾，余以苫次去，叔子送余黄龍之浦，慇勤贈言，把衣惜别，欷歔久之。吴中信多奇士，第得叔子，靡論其他。迺今令秦中，目皆傖父，拊缶而歌嗚嗚。當是時，思一見叔子，若醴泉甘露，安可得也。而公覲章丈適携其所撰《雲間據目抄》，屬余弁諸簡首。夫空谷聞足音，輙喜矧讀其書，奚啻跫然欣躍而爲之序。按《據目抄》凡五紀，曰“雲間”者，就雲間一郡之事書之也；曰“據目”者，爲一郡實録，必目所睹記則書之也。叔子生于嘉靖庚子，自十齡以外，涉世凡四十餘年，其間人文之高下，習尚之污隆，財賦之增減，與夫災祥薦至，土木繁興，其爲時屢遷，其爲變不一。顧郡乘闕久矣，不有紀述，百世而下徵文獻、觀理道者，何以考諸？此任世道者所宜深念也。叔子早謝學宫，與世齟齬，其負抱瑰瑋，不獲自試，遠迹江湖，放情魚鳥。有慨于衷，寓目即書其事，核其詞，辯其論，侃侃博綜一郡之典章，而昭數十年之鑒戒。概于立言君子，叔子信不朽哉。詰士懷奇抱異，不得感會雲龍，遭佐明主，樹竹帛之勳，而徒循尺寸，以希有聞。曷若托千秋而垂大業，夫馬之喻叔子，蓋辨之矣。先是所著有《空明子》八篇，詆訾當世，或病其過激。余謂叔子憤世之士，遇事感發，不能避諸筆端，然皆天下之公論。若以意愛憎，妄溢好詞曲加醜詆叔子，無是也，尚論者諒之。

萬曆癸巳孟春，賜進士出身知三原縣事獲嘉高進孝撰

# 卷　一

**華亭叔子范濂識**

## 紀　人　物

昔者太史公謂由光義至高，獨惜其文詞不少概見。而孤竹二子，乃幸其賢于孔公，聲施後世。嗚呼！其旨深哉。故豪傑之士，能以功名表見，彪炳史册，所謂才與遇合者也。其有數奇運蹇，特立獨行，或功與勢違，或名與時背。如屈子自沉，伍胥賜剄，甚且困阨蓬纍，曾不得借君侯階前盈尺之地，一吐其奇，而賫志以没。若此類者，亦可悲矣。向微逸史氏闡發幽潛，以備載筆。異日或有采風者，尚論其人，何以稽焉？故予紀四十年來郡以内所睹記人士，皆就其不得志于時者，摭拾行略而次第之，以俟後之君子，無由光之憾云。

## 吴　稷

吴稷字舜弼，號石湖。公穎敏敦慤。年十五，居父喪，戚而有禮。治經屬文，精勤雅贍。舉正德甲戌進士，授金華府推官。時蘭谿章文懿公家居，公虚已質疑，政學並進。會永康右姓馬甲辱其邑令，公據法繩之，拂上官意，移調惠州，得與魏莊渠、李谷坪兩公切磋。守官冰糵，裁省冗役冗費。暑月行縣，疎釋繫囚，置規過櫃于郡門，以通民隱。立保甲法于七邑，以懲奸宄。中丞聶滎襄移文諸郡，期一一如吴惠州。有海豐令以墨黜，猶治事，公露檄馳使逐之。令爲按君鄉人，乃大迂，不得薦。遷荆府左長史，服除，改徽府。公皆不薄其官。進《賢王箴》《芸窓賦》，以寓規誨。致仕歸，老于東城之坰，非公事迹不履廛。有司延鄉飲大賓，間一赴之。服膺莊渠、谷坪兩公求仁致知之學，四十餘年，潛思實踐。間有疑信者，則與唐中丞順之、陸宗伯樹聲參互演証。年逾大耋，猶著《行壽編》以自勗。卒後數月，督學耿公登堂奠謁。旋採輿評，秩祀鄉賢祠。所著有《自園稿》《宦游稿》《石湖漫稿》《破愚録》《史綱纂要》，藏于家。而《皇明正學編》，猶裨道脉云。

## 馮　恩

馮恩字子仁，號南江。由嘉靖丙戌進士以行人出勞兩廣大帥王文成公，因薦束脩爲弟子，文成公甚器之。已，擢御史，分司留臺。先與刑曹抗論，執訊獄牒體，尋疏論留守魏公不得越江役衛卒。時汪御史大夫鋐愎而險，能窺伺上旨，沮折其屬，又阿諛時相，數更職守自固。公疏論之，有"身軀不滿五尺，罪惡貫于四凶"之句。會上方喜新貴人，議分建南北郊，又欲令皇后出蠶北郊，而擿其不合者，以邪徒鬭之，中外惴惴。公獨抗疏，援古親蠶郊祭之禮，極陳時政乖違災變，勸上速停二議，開言路，且以堯舜之用元愷，而唐宋之徇林甫、安石爲戒。當公具草時，分宜得逮，後俱報聞，公益感奮。會彗星見東井，遂抗疏論汪鋐爲腹心彗，并及二相臣，宜亟罷。復倣范希文《百官圖》例，悉品諸大臣得失，詞甚峭厲。上怒甚，馳緹騎逮之，下詔獄。適汪大夫遷太宰，以例會審南闕門。汪執筆，令校卒持公轉膝面之，公即起立不跪，辯甚强項。汪遂以上言大臣德政律，著公情真，法當斬。公挺身出不顧，觀者皆嘖嘖歎曰是御史鐵膝、鐵口、鐵膽、鐵骨，相傳爲"四鐵御史"，且録其語流播中外。及冬，當就法。有遺公藥者，公曰："御史陳事不當，惟有伏歐刀都市，伸明主三尺耳，何以藥爲？"後得減，戍雷州，後赦歸。雷人祀之十賢堂，以配宋寇準、李光輩。公材大蚤廢，居恒慷慨，謂猶可爲德于一鄉。出橐貲，買瘠田，募貧人佃之，教以計然之策。會有天幸，旁畝益拓，所入漸廣，乃推贍三族之貧者若干人，又贍布衣交貧者若干人。會倭亂，有士女避徙者，公皆授廬佃餮以濟之。大飢疫，煮粥劑藥，所全活甚衆。穆廟初御極，旌諸言事者，公年七十餘矣，銓曹難其老，疏進大理寺寺丞，再加朝列大夫。死之日，弔者如市。郡邑大夫請祀鄉賢。所著有《芻蕘集》，行于世。

## 周思兼

周思兼字叔夜，號萊峰。公年十八，爲諸生。才氣横溢，下筆千言不能休。常爲古詩歌，陸文裕公見而奇之，曰："吾年二十發解時，不辦生此語。"舉嘉靖丁未進士，授平度州知州，多惠政。時藩府閹縱奴奪民産，有僉事某者，捶其奴，斃之獄。閹嗾王奏之，將擬重辟，當道檄公再訊，僉事竟得如故官。旁郡飢民掠食，幕府將加勦，公曰："此輩赤子，飢求食耳，奈何激之爲變？"亟作小木牌數千，爲招輯語，散置四郊，皆得就撫爲良民。銓曹因攷公治行最，擢繕部員外，督廠清源州。人遮道哭送，立祠生祀之。在清源，會河勢將決，公爲禱于神，募民囊土築堤，身立赤日中督之。堤成三日，而秋漲大發，民得無魚乎之患。已，擢湖廣僉事，除宗庶五將軍豪横，殲巨盜劉某于江、黄間，聲稱尤籍。會丁内艱，前後哀毁雞骨，服除，竟不復仕。優游林泉者逾七年，足迹不入官府。屬歲飢，食指不給，閉門食貧，終不爲人關説一事。時或操小艇，携圖書數卷，游吴越佳山水間，絶不令人知。其他隱德，不可勝紀。廟堂方大用公，超拜廣西督學副使，竟遭脾疾卒，朝野惋歎，諸生請祀學宫，因私謚公于鄉，曰"貞靖先生"。公文駕軼蘇長公，詩歌類太白；已，稍出入歐、曾，詩宗王、孟。善行草，兼工小畫。所著有《西齋日録》《學道紀言》及《周叔夜集》，行于世。

范叔子曰：陳仲子三咽井李，以名行自持，亦苦矣。孟軻氏猶斥其矯廉，何刻哉！輓世薦紳，營營逐利，雖有陶朱、猗頓之富，日事干請，如飢犬乞憐，甘爲有司褻慢。當此之時，得一陳仲子者，豈不猶然稱巨擘哉！迺有閉户食貧，如萊峰先生者在也。嗟嗟，哲人既逝，我將安放，其先生之謂與！

## 包節

包節字元達，號蒙泉。舉嘉靖壬辰進士。公孝友天植，忠義性成，秉道嫉邪，毫髮不假。兩使滇閩，再按湖南，能令豪右權奸屏迹歛手，風裁凛然。會忤奄豎，誣以震驚陵寢，謫戍莊浪衛者十有二年。聞母弟殞謝，哀毁而卒，識者惋歎。公文宗西京，五、七言詩有開元風骨，皆窮而益工。莫方伯如忠，比之虞卿云。所著有《包侍御集》六卷、《范詩類選》三十卷，行于世。

范叔子曰：節與弟孝，時稱"兩包"，即予同里人也，家君嘖嘖道其少年讀書事甚悉。然兩公皆奇才博學，相繼脱穎，並爲國朝名御史，迹其一時，詎不赫赫稱盛哉！乃兄以戍客死，弟以病殀折，竟不得收善後遐齡之慶，豈亦天道忌盈與？此昔人所以喻塞翁也。邇者輕猥譾劣之子，幸廩學宫，遂多盛滿。嗚呼！孔公傷器小有旨哉。

## 張之象

張之象字玄超，號王屋。公爲人，體貌傴僂，如不勝衣，而剛腸勁氣，獨立物表。平居議論臧貶，務持正不阿。與人交，不以盛衰爲軒輊。常憤時俗趣炎，乃反傅咸意，著《叩頭蟲賦》以見志。單門後進，少有拔俗之韵，必多方延譽。其敗名傷檢者，即顯赫，亦擯斥不少假。邑有董氏者，其後輩貴盛，戇直而尊行。某故檮杌也，偃然執分自倨,其後輩不能平,遂指爲張姓訟而斥焉。公心異之,爲賦一詩云:"秦庭未省非張禄,漢室原知是董生。"相傳以爲絶倒,後訊者竟據此剖其事。公富于學,故其詩之工緻多類此。自謂一生不欺暗室。常渡泖,中流風惡,舟人皆失色。公神宇恬穆,口占一絶,有"暗想生平何所懺,三辰晏起一科頭"之句。公既性不偶俗,獨喜閉户著書,冬夏不輟。其詩爾雅冲淡,有魏晉風。其文閎深奥衍,出入東西京。床頭惟擁千卷,終身不識銖兩會計,以故家徒壁立。間從諸貴人遊,或羅綺滿坐,公獨敝衫竹蹻,披襟命麈,旁若無人。蓋公所挾持者甚重,不在世味中也。海内名卿鉅公,聞名願交者,望如景星。四明豐存禮,豪士也,讀公文,詫曰:"天生老豐,何復生此子?"邢子愿,東魯逸才,生稍晚,意公已化去。後行部至松,喜公尚在,數存之里巷,爲置買山錢若干。其他先輩,若金陵顧華玉璘、許仲貽穀,吴門蔡九逵羽、文徵仲徵明、王履吉寵、彭孔嘉年,吾鄉徐伯臣獻忠、何元朗良俊、董子元宜陽,皆與公爲莫逆交,塤篪一時,此可知公臭味矣。公常稍從禄仕,爲浙藩幕,即謝去。卜築秀林山麓,其地多怪石清泉,烟扉月榭,叢竹茂林,及諸仙釋名迹,苔射蘚没。舊無物色者,公一一題咏,山靈遂爲生氣。所著書及纂輯先代書,不下千卷,藏于家。公有子,諱雲門,登隆慶庚午鄉薦,先公卒。孫齊顔,弱冠領萬曆乙卯薦。奇才潔行,卓犖一時,人以爲公厚積之報云。

## 董宜陽

董宜陽字子元,先世汴人。南渡,徙居上海、吴會,又徙居沙岡。人稱"紫光先生",復自號"七休居士"。公于書無所不窺,獨究心當代典故郡文獻。游太學,名動都下。屢試弗第,遂棄去制舉業。工古文詞,詩法高、岑,晚嗜元、白體。文法先秦,間出入曾、王家。楷書倣永興,行草法智永。生平嗜好惟書史古石刻名帖。日坐一室,手丹鉛校勘,至丙夜不休。與同里張玄超、徐伯臣、何元朗,號稱"四賢"。所游海内名人,即顧司寇璘、文待詔徵明、許奉常穀輩,卓然以文名家。尤敦尚行誼,與弟宜旭分産,先爲文,泣告先祠,推故産悉讓弟,而身任一切門外事。先廷尉有故人,開府婁江,公奉書往謁,開府迎公甚恭。幕下客願以金錢爲壽,居間有請,公面叱曰:"若視我何如人哉?"拒不納。故家世膴仕,而落落如寒素云。所著有《名臣琬琰通録》《金石録》《雲間詩文選略》《先哲金石録》《近代人物志》《雲間百咏》《松志補遺》《上海記變》《中園記》《金石林》諸書,藏于家。

范叔子曰:予讀唐史,見温彦弘將改葬祖父,筮者曰:"若葬兹地,當害兄而福弟。"彦弘曰:"若得家弟永康,我當含笑入地矣。"嗟嗟,兄弟之于人大矣哉! 古人何乃不有其身而有其弟與! 紫光先生以文學名不足多,獨其友愛宜旭弟,爲文告廟,推讓故産,此豈輓世人情所能耶? 庶幾與彦弘相上下者乎?

## 徐獻忠

徐獻忠字伯臣,號長谷。公學博才高,日讀書盈寸。爲文深厚典據,大類子長,間雜東京。所論詩,五言重魏晉,七言止取高、岑,而上律止于大歷。而自爲詩,沉鬱彩秀,出入諸名家。尤長于賦。如《布賦》一篇,憫念松人愁苦,周委詳盡,能令循吏讀之酸鼻。生平無他嗜好,惟著書自娱。有《金石文》《樂府[原]》《吴興掌故録》《唐詩品》《水品》《四明半政録》《洪範或問》《春秋紀傳録》《大易心印》《四書本義》及《分節參同契》《大地圖》《行義山房九笈》《三江水利攷》等,各自爲集,藏于家。真草書法蘇、趙,爲世所珍。由鄉舉,授奉化令。以氣節自持,不能折腰俗吏。時同鄉沈鳳峰愷爲副憲,公與節推楊樞爲屬吏。樞先謁愷,愷命侍坐。適公入,趨南坐,不少遜,愷意不懌。公怒曰:"而豈以我不能爲陶彭澤耶?"後公坐誣挂冠,愷有陰擠焉。公厭松俗侈靡,卜居霅川。郡侯袁汝是重公學行,每嘆泖峰佳麗,不能容徐公高隱爲恨云。

## 何良俊

何良俊字元朗,號柘湖。公綺歲從經師游,即厭棄制舉業。耽嗜古文,博綜九流,研味四始,兼抱經濟。思效一官,竟以數奇,僅拔貢太學。宰相憐其才,起家拜南翰林孔目。甫考滿,即謝官歸,縱浪煙霞水石間。覃志著作,文法劉向、馬遷,詩宗蘇、李,而近體高、岑。晏息處,皆名"四友齋"。四友者,維摩詰、莊生、白樂天與公爲四也。公自爲記,及書屏示客。與王左輔、趙中丞兩書,皆公生平實録。晚嗜聲伎絲竹,寢興必先奏樂。非過自奉,乃其所期待者不淺耳。與弟進士公良[傅](傳),時稱"兩何"。所著有《何翰林集》《何氏語林》《四友齋叢説》,行于世。

范叔子曰:張、董、徐、何,雲間所稱"四賢"也。其以文學行誼,倡和一時,詎不偉哉! 令此四賢者,出入金馬門,爲玉堂仙子,誰曰不宜? 乃幸則爲折腰吏,不幸則爲老縫掖。使天而可問乎此曷故焉? 而巍科膴仕,往往畀之謭才凉德之夫。噫! 兹所謂命耶。

## 馮行可

馮行可字見卿,號勑齋,即御史公恩長子。當御史下獄時,公甫十三歲,即伏闕上書白寃狀,括髮,短後衣,蹩躄長安街中。見一要官輿過,即攀跪泣請,其詞絶酸楚不忍聞,皆掩耳,促舁者疾過之。又二載,會冬事迫,乃刺血書疏叩閽,大略言:"臣父恩,幼而失怙,母吴含飴哺之,以長成有今日。不幸私憂過計,欲爲陛下作吠奸之犬,而忘逆鱗之戒,遽陷大辟。竊念祖母吴已八十餘,憂傷之深,僅僅氣息。臣父今日死,祖母當以今日死。臣父明日死,祖母即以明日死。臣父死,臣祖母復死,臣煢然一孤,寧得不死?惟冀陛下哀憐之,縛臣置辟,而赦臣父,得以苟全母子二人之命。陛下僇臣,不傷臣心,臣被僇,不傷陛下法,謹延頸以俟白刃。"納言陳經見而憐之,爲封上。有旨法司更審,御史公遂得減戍雷州。海内翕然,稱馮公父死忠,子死孝云。甫弱冠,舉嘉靖庚子鄉薦。家居時,佐御史公爲義。已丁母金孺人喪,蔬食不入内者三載。穆廟初,部使者列上公前事,特旌爲孝子,表其廬。公博學贍文,竟以蹇數,久困公車。謁選,得光禄署正,擢應天府通判。所至有惠政,而清操若冰蘗,人稱不愧馮御史兒。已擢貳守,致政歸,杜門養高,絶無私謁。日以孝友之道,誨其子弟。即鄉閭後進,皆仰公爲師表。部使者屢疏起用,公不就。朝命公爵秩,復旌其門,時稱異數云。有子大受,領萬曆已卯鄉薦。方以詩文雄傑時流,且日樹隱德。故馮氏濟美,遂爲東吴之冠。

## 李豫亨

李豫亨字元薦。少穎異。十餘齡,從父海樓公官游湖襄。會剪大潙寇,公從旁籌策,一座皆驚。客歸,補郡博士。已入貲爲國子生,卒不第,授鴻臚序班。時新鄭當國,公條上國計三議,新鄭深器之,欲大用公。公無宦志,歸築室西湖上,與龍溪王公講學,多從游者。抵武夷,生徒益衆。公自五經子史,旁及山川、象緯、兵農、財賦、醫卜、堪輿,暨二氏之學,咸窺精藴。所著書有《推篷寤語》《自樂編》《三事遡真》《格致明辨》《自樂窩詩草》《梅花百咏》,所輯書有《寒谷回音》《藥籃春意》《廣記攬玄》《珊瑚枝》,揔若干卷。工署書行草,具體趙承旨,有石刻行于世。

范叔子曰:國朝以制義取士,士即長于制義,亦卑卑腐語耳。幸與的者,曰甲科,輙侈肆尊大。令不由此途進,雖周、孔之德,游、夏之學,亦敝帚矣。元薦窮百氏家言,不下五車,竟阨于一第,俗吏猶然以貲郎目之。噫!貲郎豈皆讀元薦腹中書者耶？彼俗吏何以當甲科也。

## 楊允繩

楊允繩字翼少，號抑齋。舉嘉靖庚子鄉試，辛丑下第。往受業唐荆川先生，講良知之學。日置黑白二圈，以志善惡，即昔人投豆之説，其精進力行類如此。甲辰成進士，以行人擢兵科給事中。時分宜嚴嵩當國，公首上簡輔臣，廣録用，以隆治化疏，尋劾勳臣本兵之不職者。又歷上拯弊安攘諸疏，言中理窾。已奉詔册封河南王府，遂乞歸，計不復出。會倭亂，憤激時事，趨駕還朝，即抗疏數千言，内及閣部大臣餽送不訾，蓋指嵩相言也。嵩啣之。適巡視光禄，有寺丞胡膏者，嵩客也，公廉其貪污，虚冒物價狀，劾之下法司。嵩既無計免膏，又切齒公，乃嗾膏反誣公譏訕。嵩從中灼之，世廟震怒。廷杖下錦衣獄，擬絞。在繫者五年，嵩患之。因星隕如雨，占者以天示變，咎在臣下不忠，遂列公名上，請刑以應。庚申十月朔，公遂赴西市，朝野寃之。先是公家居，性行峭直，無所避。一郡佐峻行敲撲，適公過，聞號呼聲，立假其榜，紿云將以懲奴輩不當意者，佐爲懾息。郡侯方廉送别公，亟言志在退休，公正色斥之曰："公不欲做官，元旦不當晨趣姚醫士門賀節矣。"姚故徐司空達齋客也，方面赧不懌而退。嵩子世蕃鶩縱，邀公飲，有二客皆朝紳，不速而至。世蕃令兩童子持朱墨筆點其面，爲闖席者戒，公默不語。世蕃深啣之，竟以此賈禍。語云：太剛則折，楊公有焉。公有子曰應祈，性至孝。當公下獄時，前後三草疏，最後走平坡山中，劚靈芝三本，將獻上請代父死。會世廟不測，皆爲母黄孺人所阻。乃身服皂隸衣，行長安街，毁容骨立。念未舉子，姑以藥餌自扶。已得今孝廉公忠裕，甫三日，覘知給諫公禍不解，入獄永訣，絶食而卒。聞者莫不失聲。越三年，分宜難作。又四年，穆宗御極，推諸言事者，贈給諫公奉議大夫、光禄寺少卿。諭祭一壇，廕忠裕爲國子生。又用李都諫用敬言，逮膏抵死。迄萬曆戊子，忠裕領鄉薦，聲籍籍士林，人以爲忠孝之報。

范叔子曰：上山不避猛虎，下海不畏毒蛟，烈士不當如是耶？諒哉吴中丞之銘公也！雖然，謂天有知，何刑公之生而又夭其子？謂天無知，何録公之歿而又榮其孫？豈其理之不可信耶？雖然，不僇公忠，不盈嵩惡。嵩惡彌盈，公忠彌著。嵩也遺穢，公也垂芳。孰謂天之成全公者無意哉！

抑齋公在告時，有日者對陸宗伯曰："楊公爲門下同年，其命當死國難。公勿勸之出。"宗伯曰:"此公已無宦志,安有此日?而言誤矣。"一日,楊公忽投刺別宗伯還朝。宗伯心動,且知公意已決,不可復阻,猶幸星術未必奇驗也。已聞變,宗伯時爲憮然,悔不宛引日者言力挽之。

## 龔　情

龔情,字善甫,號方川。公生而穎喆,髫齒能日誦記千言。舉嘉靖癸丑進士,授行人,奉使景寧藩邸。峻卻餽遺,擢禮科給事中。值歲議軍興北胡、南粵諸道,赤白囊旁午,警報歲數失稔。公首疏飭邊防預儲蓄,蠲南北額外之徵,均兵餉以蘇偏累,復疏上詔取太倉銀。兩省中推公敢言。會勘伊庶人不法狀,忤當事者,指摘貳德清。尋歷陞南虞部郎,報罷。公少日聘韓氏,已其女遘廢疾,或諷公改圖。公不聽,竟其女亡,始議婚。其大行端謹,類如此。性喜博古,屬文著作,宗《韓非子》。有撮殘稿,藏于家。

## 龔　愷

龔愷,字次元,號全山。第嘉靖丁未進士,即給諫公從弟,時稱"兩龔"。授慈谿令,視職廉慎,治釋神明。去縣日,民攀留者遮道,至截鐙去。入臺,試御史。會咸寧侯仇鸞倡馬市,公首署疏論之,杖闕下,得不死。已按西粵,吏不職者,先望風去。尋列靖江王不法狀,疏上,大征粵寇,爲當事者忌。出爲山東參議,多惠政。晉湖廣副使,以疾作引歸,杜門不事私謁。郡邑大夫造請,必爲指詰疵政,靡不屈服。公雖峭直清嚴,待族黨外戚,務敦厚道,識者稱公爲古之遺直。竟以考察降調,交口寃之。

范叔子曰:吾郡自嘉隆以來,其以兄弟掇巍科,爲望族者,何比比耶。獨兩龔在臺諫,並諤諤有聲。居鄉亦稱兩君子,即以功名相終始,奚愧焉。乃竟坐誣挂冠,而家聲亦不永世。身歿未幾,子孫多寥落,鮮克自振者。豈盈虛之數有定耶?語云:"天道無親,常與善人。"豈欺我耶?

## 王相堯

王相堯字師舜,號容齋。公生而岐嶷,音吐若鐘。早歲,即爲陸文裕公所器,補博士,名鵲起,已入貲爲上舍。公于書無所不窺,尤究心國朝典故,及濂洛闗閩之學。時分宜爲祭酒,叩公經濟,迎刃而解。故于諸生中,絶憐愛之。一日,選從比部郎,恤刑河南。公舉歐陽崇公語:“我與死者求生。求生不得,我與死者兩無憾。”以微諷比部。時有一用斧殺人事,公潛以“用”字改“甩”字,曰:“姑易一字,以全一命乎。”其宅心仁厚如此。嘉靖癸丑,島夷内訌,上海議築城,巨室以廛價高,多梗議。公獨奮然,先撤屋輸地于官。城完,公破産居多,囊貲亦罄,公遂絶意進取。闢一舍,題曰“容齋”,日箕踞吟咏其中。常曰:“我無他過人,獨于人無所不容。事至物來,理恕情遣,訌侮甯及我哉!”人以是服公度量。公學博行高,乃以數奇屢蹶。當分宜柄國,或勸公往謁,美官可立得也。公愀然曰:“士固有命,吾豈以干謁取榮耶!”後世廟登遐,覃恩宇内。部使者列上公行,例授銜河南光州判,從公卹刑有惠政故也。壽考而終,海上稱爲耆碩。

## 董體仁

董體仁字元善,號海觀。以子貴,封南京工[部]侍郎。公沉毅博洽,早歲試博士,輒高等,竟蹇一第。年四十餘,應補序貢,推讓其同儕之老而貧者,士論咸高其義。時公伯子傳策,已成進士,直聲振海内。恬淡自如,一不爲意。每憐族黨貧苦,爲置義田若干贍之,有范希文之風焉。仲子進舉,隆慶丁卯薦。季子傳文,廩學宫,皆一時名士。

## 袁福徵

袁福徵字履善,號太冲。公誕時,封公夢狀元錢福造其第,故名福徵。初號潛冲,一夕,公夢左思語曰:“君即我後身也。”因更號太冲。束髮廩學宫,舉嘉靖甲辰進士。初比部主政,論北地囚。庚戌,晉爲郎。會虜大入寇,肅皇帝誅丁大司馬,怒諸曹郎。公袖短疏,疏職方郎王某無罪,奉旨編爲民去,遂名動公卿間。已出守復州,里役負魚課者,祖孫繼死箠楚下。公捐羨鏹立出之,移貳齊安。其屬邑麻城有柴山,連亘二百餘里,劇寇萬種。公潛師夜進,悉殲之。民至今立祠祀焉。會丁父艱,服闋,起貳隴岷。岷迫西番夷,公以孤臣,走萬里絶塞,一意拊循。甫五月,左遷傅南陽王。王甫辮髪,大國母垂簾,諸軍校爲豪魁者乾没莊邸,孱弱不能令。公至,則搜剔奸蠹,悉按以法,人不敢犯。藩府故事,有左右長史,視殿閣臣;有正副承奉,視司禮監;承奉員缺,例于府中以次補陞。疏名奉請,無自内出者。兩閹豎某某,詐爲王疏以聞,下宗伯覆議,令之官,非特旨也。公廉其實,具揭科部及撫按兩臺,題參僞狀,縛詣闕庭杖之。以是忤中貴,褫職歸。居恒日以詩文棊酒自娱。凡里中顯晦少長,皆爲忘年忘分之交,絶無軒冕俗態。時客游吴越、金陵佳山水間,終歲忘歸。與太倉王元美、北地李于鱗,並馳名海内。元美常贈公以詩曰:"蒼顔此日圍棋叟,青鬢當年同舍郎。出僅一身何假鍤,行逾千里不賫糧。永論錙素皆親屬,纔得湖山即故鄉。似爾蕭疎吾亦易,檻猿籠鳥更茫茫。"真得公實録云。公文法顔延之,詩具體杜工部,行草得蘇長公真趣。有著作數十帙,藏于家。

## 張仲山

張仲山字仁卿,號五鹿。公雋資邃學,爲先輩徐獻忠所推轂。食廩學宫,有聲,性至孝。所授弟子束帛,即以備旨髓奉親。伯、仲君皆食貧,公推父産之腴者贍之,而以瘠自居。已伯、仲中廢,并取瘠者,公亦不爲意。伯常以逋被繫,公色動曰:"吾壁立,且甘之耳。忍繫兄耶?"傾囊出之,待宗族姻黨務敦厚道。所教授弟子,皆爲名士,有西河之風。識者咸期公爲大器,竟阨于例,不及貢。有司數上公材行,部使者相繼下書,旌其門。邑令屠長卿輩,延爲鄉飲大賓。同志者播之詩歌,以彰懿美。有《紳裾誦義録》。

范叔子曰:予讀唐史,見牛弘弟弼嗜酒而酗,射殺弘駕車牛。夫人迎謂曰:"叔射殺牛,大是異事。"弘曰:"已知。"讀書自若。嗟乎!有兄如此,雖有長舌,將安施焉?余觀五麓君推恩伯、仲,有古人風,而朱孺人率能以義佑之。其子善,又能世公家聲,禔身淳厚。如受徐長孺托孤,周旋懇至,即朱文季不負張堪知己之言,見《後漢書》。周仁榮善體楊公道假宅之意,見《元史》。曷以尚焉。故予觀五麓君之刑于,而知其賢于人遠矣。

## 楊有爲

楊有爲字後可,號九南。舉嘉靖已酉鄉薦。公處奔競紛華之世,獨能狷介自持。壬辰長至日前,遘微疾,沐浴更衣而逝。以貧不能葬,孝廉張齊顔爲文求助于郡中縉紳,其詞曰:"廉侔陳仲,貧過原思。生平惟守一編,家業空餘四壁。足絶公署,當道至不識其姓名。高卧窮村,交遊莫得望其顔色。寗甘凍餓,特耻干求。生之年,常并日而餐;死之日,至藁棺而斂。又況天乎不吊,終奪伯道之孤。室有未亡,堪憐黔婁之婦。凡我同類,誰不關情?擬捐厚賻之資,以儲薄葬之備。"言言皆公實録,讀者哀之。

## 莫雲卿

莫雲卿初名是龍,字廷韓,號後朋,即方伯如忠伯子也。公賦質岐穎,蚤歲能屬文,日誦記數千言。稍長,即攻古詩文詞賦,有倚馬才。律宗杜工部,文法西京,尤長于書畫。行草得米南宫真趣,間寫張旭,畫宗黄公望,皆爲世所珍。公性豪舉,不拘小節。嘗嗜弈,終夜較不倦。有相知好雅潔者,邀坐斗室中。焚香煮茗,兼供佳膳,輒亹亹亡歸。與先輩文徵仲、唐伯虎臭味相埒,絶無松人俗態。以拔貢爲國子生,名重都下。歸則杜門著述,不事干請。生平矜恤貧士,傲睨富貴人。間或陰植親友,亦絶不令人知。方以學行立幟吴下,倏邁疾而亡,聞者浩歎。所著有《筆麈》及《廷韓集》,藏于家。

范叔子曰:廷韓以曠世逸才,竟蹇一第。時或使酒罵坐,以舒不平。予嘗從間解之曰:"足下抱千秋業,當是宇宙内第一等人。何有于此輩啄腐鼠嚇者哉!"廷韓深服予言,時過辱推獎。一日,吴門王伯谷薄暮抵諸宜甫齋頭,宜甫邀予陪飲,有兩春元,不速而至。同席久之,聞暮鐘,將散去。適廷韓泛酒龍潭歸,頗有意宜甫。因携一妓及諸友偕來,擬取醉。遇伯谷、兩春元,若不懌。甫舉杯,忽把予臂語伯谷曰:"足下知吾松此君乎?"伯谷云:"與予善。"廷韓曰:"此君食貧苦學,坐中富貴人不足敬。可敬者,此君耳。"予復戲解之曰:"莫大得無酒癡,作故態耶!"嗟嗟! 今雖欲再覩廷韓狂態,不可得矣。故廷韓死,予每哭之失聲。廷韓生平,鄙牙籌會計,惟蓄圖書數千卷,及古名人字畫數千幅。年甫半百,倏焉長逝。肉未寒,妻女遘暴疾,一日以死,僅遺一孤,煢煢孑立。幸長女適潘方伯季子雲騤,卜地海上葬之。著作多湮没不傳。嗚呼,何天之不仁于廷韓乃爾哉!

## 朱朝貞

朱朝貞字孟元,號中宇。家藏宋譜乘,實晦翁先生之裔。公王父諱昴者,以平蠻奇功,爲武廟時名御史。父孝廉公諱承祊者,與郡中莊小山、周萊峰二三先生,締筆研氷櫱之交。鄉薦四十餘年,囊槖如洗。公淵源家學,少爲邑庠南雍宫弟子。聲噪起,數奇。九躓棘闈,嘆曰:"大丈夫安能雌伏? 然何可奪司命者權。吾每竊寐李永和,擁書萬卷,不假南面百城也。"遂棄去公車業,窮日夜爲囊帙蠹魚,兼咀茹釋氏諸書。間與衲子話無生,或偕騷選侶勝唫眺。偶及著作,曰文必東西京,可無辱子墨客卿;詩必開元、大歷,可無卑宫商,乃其才足辦耳。爲人悃愊坦衷,然落落寡合,不喜遨遊大人先生,市蜣蜉之譽。嘗謂:“古逸民如冥鴻野鶴,莫可籠罩。今奈何林泉于朝市,煦濡于軒冕。此又何如終南捷徑耶?”乃著《胡盧篇》以見志,并《踏雪草》《蚊賦》行于世,《武丘吟草瑣言》《織屩集》藏于家。

## 俞顯卿

俞顯卿字子如,號適軒。成萬曆癸未進士,授刑部主政。公邃于理學,禔身嚴毅。早歲舉孝廉,即留心民瘼,有范希文先憂後樂之志。穆廟末年,奸民誣告絶田,牽連騷擾,幾至煽亂。公爲呈詞,令耆民羅奉等,抄呈巡撫張佳胤。具奏停止,民賴以安。已公立朝,會一勳戚與公同官者,褻慢不經。公抗疏論之,坐誣挂冠。家居杜門清修,敦尚孝友。執父喪,蔬食三載,復鬻園以成葬禮。士論高之。

范叔子曰:始于闈鄰,卒于金虎,果哉!先民之畏比周也,公獨不念此乎?且夫肩鴻鉅者,必有所忍,乃克有濟。公不能隱忍于一時,以須公論之自定,亦亟矣哉。雖然,天下無兩是,亦無兩非。以公之疏而黜其人,即以公之疏而并黜公也,果孰是而孰非耶?時事可知矣。

## 徐益孫

徐益孫字長孺,號與偕。公少孤,十歲喪父,奉貞母陸孺人教,日下帷讀書,厥有成立。年十七,補博士,已入游國子,名傾都下。所至公卿大夫,比于黄叔度云。事母至孝,居恒教授弟子,束脩皆以供肥毳。母死,遂絶意進取,捐太學符繻焚之,示不復出。結廬墓側,昕夕悲慟。郡邑大夫請上其事以旌異,公辭益力,其奏記有曰:“益孫既賴母以成身,當立身以報母。不能揚名以慰母,何忍借母以竊名?未能從殞,以是偷生,莫可抒哀。敢希幸進,反覆三思,只欠一死。”讀者比于《陳情表》云。年未半百而卒,衆共惜之。

## 陸　郊

陸郊字子野,號三浦。公貌古行高,常貧不自給。怡然趺坐讀書,臨摹古人法書名畫以自樂。前後監司守令熟公名者,時時欲交懽公,公不屑也。董宗伯傳策爲國學博時，疏論嵩相，謫戍廣西，諸名公哀詩送之。獨公詩有“千言抗疏緣明主，萬里從軍奈老親”之句，爲人所膾炙云。公詩法陶徵君、孟襄陽，書法虞世南、顔清臣，俱得其骨。所著有《子野集》行于世。

## 陸應陽

陸應陽字伯生，號古塘，即三浦公子也。公少負儁才，甫弱冠，即長于古文詩詞。真草書法顔魯公，間寫歐陽詢，索者嘗滿户外。詩宗大歷，文宗曾、王。平生熱腸坦腹，善赴人緩急。乃無端坐友人事詿誤，衆皆扼腕。每傷古道日偷，士風不振，力欲挽回狂瀾。岦岦形之意氣激烈，而位卑言高，動罹薄俗非笑，公亦不爲意。客游南北十餘年，足迹幾半天下。縉紳公聞雲間陸伯生至，輒倒屣傾蓋。公益自珍，絶不干以私。興甚豪，舉嘗自傷數奇，不爲造物所憫。則舉杯而問之曰：“天乎天乎，何使陸生至此？”故公客長安，有詩文名，有狷介名，有酒人名，且爲申、許二相所推轂，足稱雲間高士。所著有《游燕集》行于世。

范叔子曰：伯生與予同游黌序，即督學耿公所取士也。其間奮翼巍科者，幾二十人。獨予與伯生爲老博士，然皆能以古文詞表見于世。伯生猶善客游，其所歷覽名山大川，岦岦賦之詩歌，以攄其牢騷拂鬱之氣，亦雄矣哉。乃所謂奮翼巍科者，先夭折四五人，與草木同腐者，又幾七八人。倘以吾兩人較之，昌黎氏所謂孰得孰失，必有能辨之者。

## 余　采

余采字元亮，號秀州，先世方正學先生之後。革除間，避居海上。公剛毅有志操，面折不容人過，亦不妄取人一錢。庠中後進，望若嚴師。常與婺士同舟，其人道卒，公出貲斂之，終不責報。倭亂時，寓郡城。每同家君閑步，忽遇少婦冶容者，公面壁避之。家君問其故，公答曰：“目不視邪色。”其生平嚴正，類如此。僅以需貢作教，樹立多名士云。

## 朱察卿

朱察卿字邦憲，號醉石。公早歲，即厭薄經生，志在不朽業。事母兄孝敬備至。

生平重干進，多義俠。有監軍使者，故常德其父福州守豹，風使奏謁，當以軍功起家，公謝去。族人寒士，待公舉火者，傾橐濟之，無吝容。王司寇鳳州，常比公郭林宗、徐孺子云。公鋭情著述，文逼西京，五七言時婉麗爾雅，具體錢、劉。有《邦憲集》十五卷行于世。

## 張　昉

張昉字元昃，號友蓮。公負儁才，力貧苦學，宗歐、曾。五七言詩，典則有大歷風，尤長于《選》。真草書臨摹山水，皆得晉元風骨。性不嗜從王公大人市蚒蛴之譽，故行年七十，無所知名。邑令屠長卿思一見其人，而索書畫手卷，以醵金三兩爲壽。公謝郤之，卒不往見。蕭然一身，不能濟餒。陸大行彦章爲假居僧寮一椽，時佐酒米。公曰："此賢者之惠也，不妨吾廉。"郡人兩高之。

范叔子曰：身將隱矣，焉用文之？古人重高士，良有以也，今之托名山人者，何比比哉。乃迹寄林泉，心懸富貴，旦暮奔走，射利沽名，而叩其中，且空空無當于用，是陽慕山人，而陰濟其小人之私也。媿之矣，媿之矣！予觀昉之才藝，足稱名家，乃能隱約没齒，不求聞達。即以方之爰旌木鮑焦諸賢，寧甘立槁，獨耻干求者，奚讓焉？故予每見昉，必稱曰真山人。

## 孫得原

孫得原字本卿，號雁洲。公少有俊才，治舉子業。二十而病羸，支離一床者五年。遂棄去故業，以詩歌自娱。尤工篆隸雜楷，縉紳間絶愛重之，時時籃輿過公，説詩問奇。公以病足不能行，縉紳遂醵錢，買一蹇驢給之。郡中故無騎驢者，騎驢自公始。故驢迹所至，兒童娼女皆呼"策驢山人"云。公又以孝稱，事母魏孺人，雖晚年，猶依依膝前孺子慕也。詩有《黄山谷、蘇東坡遺音》《精舍一椽》《左圖右史》者。四十餘年而卒。

## 陸宗行

陸宗行字伯與，號家山。公弱冠補博士，即究心濂洛關閩之學，而旁及于内外陰陽九流諸子百家，冀爲通儒。已慕太史氏遨遊四方之志，擊楫渡江，走桑乾、太行,歷燕秦晉魏故墟,弔古偉人傑士之墓。欲從武弁,中當一面,以試其奇。會數奇,敝裘帶索以歸。築室于放鶴灘,雜植名花怪石,箕踞吟嘯其中。所咏有"不羈天地闊,無事日月長"之語。公多巧思,常製一畫舫,外列爻象,内具茶鐺酒竈、六博棋枰之屬。每乘舫探奇,雖窮鄉兒婦,咸嘖嘖呼爲"家山先生"。公善琴,又工樂府,興至輒浮白浩歌,幾失天地,自比于嵇中散、桓江州云。晚年,會馮廷尉公季子敏卿舉進士,爲兵部郎,即公表弟也。一日顧謂妻子曰:"天豈真虛生我耶?吾氣尚壯,不忘擊築探丸之懷。矧有弟在燕中,吾將一往。得盡交天下賢豪長者,而幸于一遇,庶不負此生。其如征橐何?"乃出所幸姬鬻之。策劍趣長安,竟無有知公者。因窮愁旅邸以死,敏卿聊爲脱驂,扶櫬歸之。識者扼腕。

范叔子曰:予嘗讀王文成公《瘞埋文》,見一吏目携一子一僕,赴官于煙瘴毒癘之鄉,三人一朝死于途。時文成公謫爲驛吏,命童子持锸往瘞之。因爲文,欲招其游魂而還之故鄉。又悲所謂吏目者,即偕子僕食力于家,未必凍餓以死。何至徇升斗之禄,而死非命乎?夫吏目徇升斗之禄以死,文成公猶且悲之。今家山先生所徇者安在哉?而乃同于吏目之死非命也。假令文成公目覩先生之變,其爲悽愴之詞以吊,又可知矣。予今老矣,平生坎坷,大都與家山同。獨能以義命自安,而不役役于窮途,自謂加家山一等云。

## 范允謙

范允謙字牧之,號芴林。舉隆慶庚午鄉薦。公多才情,夭而客死。其子象宣屬山人陳繼儒爲《外傳》。予特附録之,令讀者知公爲當代逸品云。陳繼儒曰:"余宅鄰牧之,少聞牧之以情死,不敢問父老。比十年,奉化人之教,略已定情,乃始許牧之子[象](必)宣作《牧之傳》。范生牧之,名允謙。伯父太僕,父光禄,爲文正忠宣公後。牧之復以庚午舉鄉進士。生而頎,廣額頤,頰而下小削,目瞳清熒,骨爽氣俊,不甘處俗。華亭世家子,出必鮮怒,錦衣狐裘,舞于車上。童子駢肩而隨,簪玉膏沐,如婦女之麗。牧之見之,往往内愧肉動,毛孔蝟張,輒障面去。牧之居恒單衫白帢,着平頭弁,與諸少年頡頏而游。游遇豪貴人,牧之欠抑唯諾,陽嗛不敢言。衆以爲是生也,寒酸不上人眼,意輕之,牧之迺快。或坐客小覺,則拂衣疾趣出,亟遣追呼者問,牧之飄風逝矣。性嗜書,無所不讀。能跳梁于翰墨間,有才子致。客非韻,斥門者不納。納必以名香清酒爲供,或晏語夜央,喜不嗜寐。童子更燭割炙,復張具,如客初至時。屋下雞鳴,猶聞鼓琴落子聲,及醉而嘯者。至是四方之客日益集。牧之恢張心胸,厚往薄來,故雜賓亦稍稍得進。而未幾杜生之事起。杜生者,妓女也。以風態擅名,慷概言笑,自題女俠,與牧之一遇于閶門,目成久之。退而執手嘆曰:'吾兩人得死所矣。君勝情拔俗,余亦俠氣籠霄。他日枕骨而葬太湖之濱,誓令墓中紫氣,射爲長虹,羞作湎澳女兒,下指鴛鴦,上陳雙鵠。'言罷大泣。衆驚其不祥。嗣後淹繫旬月,無復顧禮,毁頓精神,廢輟家政。客乃有爲文告神以絶牧之者,牧之答曰:'僕聞虧名爲辱,虧形次之。諸君子具當世賢者,僕雖不才,忝惠莊之遇舊矣。諸君子一旦攝齊束帶,矢之神前,擊鐘伐鼓,以絶鄙人。一時觀者,莫不駭遽狂走,謂僕當得夷族之禍,以至于此。甚而造作端末,飛流短長,筆之險糜,付之尸祝。無煩檢考,遽定爰書;不須左驗,遂成文案。是忠告之義,同于擿抉;捃摭之過,近于文致。使僕不能含生于覆載,强息于世人,辱云甚矣。僕亦何人,其能甘之?惟有蹈東海而死耳。'牧之既深情,膠粘不解,而復爲諸客所激,若圓石遇坂,轉觸轉下,勢不得不與俱盡。會太守窘杜生,出辱之庭,牧之忍愧,以身左右翼,多卑詞。太守徘徊不令下鞭,然終不許牧之以一妓女燼。黜賣杜爲賈婦,牧之佯諾。陰使人贋山西賈,得之,以藏于别第,俄載而與俱長安。居長安不三月,牧之病肺死。牧之既死,杜生敕家人裝其喪歸,而以身從杜入舟。忽忽微嘆,間雜吟笑,如無意償范者。至江心,命具浴,浴罷更衣,左手提牧之宣和硯,右手提棋楸,一躍入水。左右驚視,不能救。初見髮二三尺許,浮沉旋瀾中,已復飀起紫衣裾半褶。復轉睫間,而生杳然没矣。余聞牧之事光禄公秦淑人,及遇弟允臨,斤斤孝友,名教人也。因緣爲祟,卒耗俊姬何哉!漢高、項羽,英雄絶世,劍鋒淬人,眼不爲眨,乃心銷神枯,終不敢斷虞、戚之愛。夫二公賴有此舉,小足破俗,不然,項乃倔强老革,龍準公一村亭長故態耳。語曰:天下有心人,盡解相思死。世無真英雄,則不特不及情,亦不敢情也。牧之者,得無老氏所謂勇于敢則殺者歟!定盟且誓,永焉不諼。沉恨幽疑,泮然涣釋。兩人可謂誠得死所矣。使杜遲回獨生,或不欲生,而無幸以不汙病死,寥寥千古,含怨何期?今而後知杜生之有以謝牧之也。或曰:君家蠡首倡風流,而唐杜牧之奇宕挑達,半卧粉黛中以老。君于牧之,則諱姓;于蠡,則諱名。垂二千載而合爲范牧之。嗚呼!然與否與?贊曰:余與牧之子象宣游,生駒俊鶻,抑何其似牧之也。象宣入國門而遇平康里,則疾回其車。市有倚門而眺者,耻若面黥,惟恐唾沫形影之及。象宣少孤,心不能記牧之短長肥瘠,而能不失尺度,如是,父豈必身爲教哉?夫曾子子父之相反,而趙括之讀父書也,爲人後者其奚擇也。

## 倪邦彦

倪邦彦字伯獻,號藹寰。綺歲,即沉静好學,志操不群。弱冠,由博士入貲爲國學生。以數奇,八蹟棘闈,遂謁選,授光禄大官丞。會穆廟覃恩,得封乃考新溪公。有子甫英,業領順天鄉薦。公喜曰:"新沾寵命,子列賢書,可自慰矣。奚必躋巍陟膴爲也。"旋擢桂林别駕,即致政歸。居鄉,嫉俗之誇嚴蕩軌,淫窳澆墮,欲以古道力挽之,因更號"一溉子",取嵇中散所謂"爲稼于湯之世,必一溉者后枯"之義也。以故賑貧恤孤,不惜傾橐,有平仲希文之風。遇寇起海上,議城役兵。與有司計無所出,公首義曰:"卜式賈人子耳,猶能爲縣官輸粟實邊,况吾輩耶!"即捐貲佐之。時里中幸免倭患,實推公之功。嘗倣應休璉之義,作《百一感》篇行于世。唐太史文獻讀之,比于《蟋蟀簡兮》諸篇,識者服其知言云。今孝廉公益樹懿行,聲籍士林,人稱爲仁者之後。

## 錢　廉

錢廉字貞夫,號介石,吴越武肅王裔。公性嗜學,雖治《詩》,然《易》《書》《禮》《左氏春秋》,無不精研,背誦無漏。弱冠補博士。試輒高等,竟八困棘試。督學楊公嘗手其卷嘆曰:"子其文忠、李廣乎。"僅以應貢,得豐城教,尋轉會稽。公訓士,以經學爲先。士皆驚詫曰:"公豈康成、夏侯、高唐、公穀合爲一人乎!"再轉教授鄞臺,鄞臺必走陸可至,而公事母沈孺人至孝。時孺人春秋高,公嘆曰:"昔王陽廻馭,非以親故耶。吾奈何忍挾母氏陸走黄塵,以苟升斗也。"遂投劾歸。生平醇謹専慤,不與物忤。雖御子弟僮僕,未嘗輕加迅厲。所著作甚富,子姓皆奉公命,不付剞劂,以是無傳者。病篤,猶無日不晨起櫛沐,衣冠談書史。一日,命其子良輔、良軫,講鄒、孟、孔子《登東山》章,極言《紫陽訓詁》語。已得曹溪汗下悟矣,竟掩卷端坐,拱手而逝。已復徐開目曰:"死生之際,其究竟若此哉。"遂歿。人以爲公得蟬蜕云。

## 陸從大

陸從大字履貞,號寶峰。有雋才。弱冠,即以儒士領嘉靖丁酉鄉薦。辛丑成進士,補福清令。值海溢民飢,捐俸賑之。歲大旱,禱雨,雨輒應。士民裒公所作《喜雨頌》,及民間謳歌,爲《如郊録》,行于世。時守令未有久仕者,公獨以士民借寇衆,令清七年。始轉廷評,尋陞工繕主事。會廷推,公妙詞翰,遂奉旨,同張某等七人,更直制勅,蓋一時異數云。竟以京師大疫,夭于官。公重義好施,不啻飢渴。有同年孫某,謁選客亡,公脱驂賻之,歸其二子。里人張某者,遊閩中,訪故舊,黜不納,幾乞于市。公宦其地,哀而收之,捐俸三十金,爲治裝歸。内戚某,嘗以産售公,伺公之官,輒盪乎其産,公亦不爲計。以故捐館之日,宦橐如洗,時論高之。所著有詩文若干卷,藏于家。

范叔子曰: 張某困閩中事,父老至今能道之,然皆稔稱公,而切齒其斥張者。時公乃夭而遺孤,彼其子方貴且盛矣。倘所謂無天者非耶! 未幾而斥張者,赤族之禍起。公二子,曰萬言、萬里者,竟崛起襁褓,克紹公家聲,而孝廉君孝友之德,尤光里閈。嗟嗟,孰謂天道果遠乎哉!

## 潘允哲

潘允哲字伯明,號衡齋。登乙丑進士,爲新蔡令。高等調煩義烏令。囹圄中縲囚爲空,青草蔽地,徵爲南御史。所建白大計,皆著爲令。守齊安,民嚴之如鬼神。擢副使督學關中。故事,外臣不得乞休沐假。公一日從郵中得父恭定公手書,語多失詮次,公心動曰:“翁其殆乎!”即解印綬歸。同官者覺而覓公,則跨一款段,出關久矣。中途,果聞訃,哀毁骨立。未抵家五十里,輒號跣而前,哀動道路。其治母夫人之喪亦然。家居,布衣蔬食,遇者不知其爲憲副公也。人有緩急于有司,屬公居間者,公陽却之,而陰爲緩頰,白其冤狀,不令其人知也。人或竊知從公謝者,公輒面赤,遜謝無有也。應門傳刺,僅一老蒼頭。仕宦二十餘年,又爲恭定公元子,家徒壁立。戊子歲祲,米價騰踴,公時時不給。以故鄉黨間,無不頌公者。卒之日,知與不知,皆爲流涕。丹旐所過,父老争插竹,挂紙錢其上。自公家達墓所,凡二十餘里,家至户到。又共爲詞謡,集諸子弟歌爲變徵聲,以佐薤露。其詞曰:“民有秉彝原好德,長公雅度何温克。早歲賢聲遍鄉國,既登朝貴無驕色。身章悃幅厭華飾,禮度謙謙心翼翼。公之存兮共矜式,公之殁兮咸嘆息。仕兮未躋樞鼎職,齒兮未届耄與耋。或積之豐兮報之嗇,胡天夢夢不可測。竹枝森森沿道側,紙錢飄飄豈易得,三代民心此遺直。”音聲悽朗,一唱百和,觀者填途塞巷,至輀靈輭不得行。其感人之深若此,蓋海上一盛事云。

范叔子曰: 余所紀一時,人皆就其不得志于時者。衡齋公既以蚤歲登進士,仕列金紫。恭定公爲之前,方伯爲之季子,人生足矣。則何以入紀也?曰:以志造物之變也,以志人心之猶古也。余辱與方伯公友善,得衡齋公隱德爲詳。以公之德,即官至台鼎,壽躋耄耋,何所不可?乃禄不配德,壽不配名,悲矣!余又觀吾鄉數年來,風頑俗薄,盗跖、夷齊往往倒置,而上海尤甚。然公喪也,担夫紅女,無不嘆息泣下。至插竹之事,幾足與雷陽並傳。非所謂三代遺民也耶!余故重惜公,且以公爲世鏡也。因捉筆紀之。方伯公宏于經濟,朝野傾注,與公同。宦橐如洗,好行其德,亦與公同。獨禄位稍顯,晚年林壑自娱,名壽方悠悠未艾,予故未敢入紀云。

# 卷　二

華亭叔子范濂識

## 記　風　俗

風俗自淳而趨于薄也，猶江河之走下而不可返也，自古慨之矣。吾松素稱奢淫黠傲之俗，已無還淳挽朴之機。兼之嘉、隆以來，豪門貴室導奢導淫，博帶儒冠，長奸長傲，日有奇聞疊出，歲多新事百端。牧豎村翁，競爲碩鼠；田姑野媪，悉戀妖狐。倫教蕩然，綱常已矣。居間捉筆，且噱且嗔。余始爲諸生時，見朋輩戴橋梁絨線巾，春元戴金線巾，縉紳戴忠靖巾。自後以爲頑俗，易高士巾、素方巾，復變爲唐巾、晉巾、漢巾、褊巾。丙戌以來，皆用不唐不晉之巾，兩邊玉屏花一對。而少年貌美者，加犀玉奇簪貫髮。騌巾始于丁卯以後，其制漸高。今又漸盈紗巾，爲《松江土産志》所載者。今又有馬尾羅巾、高淳羅巾。而馬尾羅者，與騌巾亂真矣。童生用方包巾，自陳繼儒出，用兩飄帶束頂，近年併去之，用吴門直羅頭法，而猥兒更覺雅俏。瓦楞騌帽，在嘉靖初年，惟生員始戴。至二十年外，則富民用之，然亦僅見一二，價甚騰貴，皆尚羅帽、紵絲帽。故人稱絲羅，必曰帽段。更有頭髮織成板，而做六板帽，甚大，行不三、四年而止。萬曆以來，不論貧富，皆用騌，價亦甚賤，有四五錢、七八錢者，又有朗素、密結等名。而安慶人長于修結者，紛紛投入吾松矣。

男人衣服，予弱冠時，皆用細練褶。老者上長下短，少者上短下長。自後漸易兩平，其式即皂隸所穿冬煖夏凉之服，蓋胡制也。後改陽明衣、十八學士衣、二十四氣衣，皆以練爲度，亦不多見。隆、萬以來，皆用道袍。而古者皆用陽明衣，乃其心好異，非好古也。綾絹花樣，初尚宋錦，後尚唐漢錦、晉錦，今皆用千鍾粟、倭錦、芙蓉錦、大花樣，名"四朶頭"。視漢唐諸錦，皆稱厭物矣。羅初尚煖羅、水圍羅，今皆用湖羅、馬尾羅、綺羅，而水圍羅又下矣。其他紗紬，更易不可勝計。布袍乃儒家常服，邇年鄙爲寒酸。貧者必用紬絹色衣，謂之薄華麗。而惡少且從典肆中，覓舊段舊服，翻改新制，與豪華公子列坐，亦一奇也。春元必穿大紅履。儒童年少者，必穿淺紅道袍。上海生員冬必服絨道袍，暑必用騌巾緑傘。雖貧如思丹，亦不能免。更多收十斛麥,則絨衣巾蓋,益加盛矣。余最貧,最尚儉朴,年來亦强服色衣,乃知習俗移人,賢者不免。婦人頭髻,在隆慶初年,皆尚員褊,頂用寶花,謂之挑心。兩邊用捧鬢,後用滿冠,用倒插。兩耳用寶嵌大鐶。年少者用頭箍,綴以團花方塊。身穿裙襖,襖用大袖員領,裙有銷金拖,自後翻出挑尖頂髻、鵝膽心髻,漸見長員,併去前飾,皆尚雅裝。梳頭如男人直羅,不用分髮。蝶鬢髻皆後垂,又名墮馬髻,旁插金玉梅花一、二對,前用金絞絲燈籠簪,兩邊西番蓮俏簪,插兩、三對。髮股中用犀玉大簪,横貫一、二隻,後用點翠捲荷一朵,旁加翠花一朵,大如手掌。裝綴明珠數顆,謂之鬢邊花,插兩鬢邊,又謂之飄枝花。耳用珠嵌金玉丁香。衣用三領窄袖,長三尺餘,如男人穿褶,僅露裙二、三寸。梅條裙拖,膝褲拖,初尚刻絲,又尚本色,尚畫,尚插繡,尚堆紗,近又尚大紅緑繡,如藕蓮裙之類。而披風便服,併其梅條去之矣。包頭,不問老幼皆用。萬曆十年前,暑天猶尚騌頭箍,今皆易紗包頭。春秋用熟湖羅,初尚闊,今又漸窄。自吴賣婆出,白晝與壯夫恣淫,後以包頭不能束髮,内加細黑騌網巾,此又梳裝之一幻。而聞風效尤者,皆稱便矣。

范叔子曰:衣飾之制,特男婦與時高下之細節耳。但前人之飾,愈清愈雅,而秖爲導淫之資識者,不無感歎也。矧奴隸争尚華麗,則難爲貴矣。女裝皆踵娼妓,則難爲良矣。良貴不分,烏睹所謂仁厚之俗哉?予又觀豪華公子,或昵龍陽,或喜優孟,苟可結其歡心,炫其觀美,即下體褻服,靡匪綺縠。而小人遂得恣意暴殄,漫無顧忌。乃志士固窮,懸鶉百結,求一蔽體而不能也。若此者可勝慨哉。

綾布,乃松郡中土産。昔年綾尚厚重,今皆用輕且薄者。而王江涇綾,始亂真矣。雲布,松人久不用,近年有精美如花絨者,價與綾等,士人間服之。餘布無奇,獨憎蘭花色、桃紅色,又尚紫花布。紫花原出真如地方,今東土遂爲佳種。

鞋制,初尚南京轎夫營者。郡中絶無鞋店與蒲鞋店。萬曆以來,始有男人制鞋。後漸輕俏精美,遂廣設諸肆于郡治東。而轎夫營鞋,始爲松之敝帚矣。所可恨者,大家奴皆用三瓖官履,與士宦漫無分别,而士宦亦喜奴輩穿着,此俗之最惡也。宕口蒲鞋,舊云"陳橋",俱尚滑頭,初亦珍異之。結者皆用稻柴心,亦絶無黄草。自宜興史姓者客于松,以黄草結宕口鞋甚精,貴公子争以重價購之,謂之"史大蒲鞋"。此後宜興業履者,率以五、六人爲群,列肆郡中,幾百餘家,價始甚賤,士人亦争受其業。近又有凉宕口鞋,而蒲鞋濫觴極矣。

松江舊無暑襪店,暑月間穿氈襪者甚衆。萬曆以來,用尤墩布爲單暑襪,極輕美,遠方争來購之。故郡治西郊,廣開暑襪店百餘家,合郡男婦,皆以做襪爲生。從店中給籌取值,亦便民新務。嘉靖時,民間皆用鎮江氈襪。近年皆用絨襪,襪皆尚白,而貧不能辦者,則用旱羊絨襪,價甚省,且與絨襪亂真,亦前所稱薄華麗之意。

戲子,在嘉、隆交會時,有弋陽人入郡爲戲,一時翕然崇高,弋陽人遂有家于松者。其後漸覺醜惡,弋陽人復學爲太平腔、海鹽腔,以求佳,而聽者愈覺惡俗。故萬曆四、五年來,遂屏迹,仍尚土戲。近年上海潘方伯從吴門購戲子,頗雅麗,而華亭顧正心、陳大廷繼之,松人又争尚蘇州戲。故蘇人鬻身學戲者甚衆。又有女旦、女生,插班射利,而本地戲子十無二、三矣,亦一異數。

華亭熟酒,甲于他郡,間用煮酒、金華酒。隆慶時,有蘇人胡沙汀者,携三白酒,客于松,頗爲縉紳所尚,故蘇酒始得名。年來小民之家,皆尚三白。而三白,又尚梅花者、蘭花者。郡中始有蘇州酒店,且兼賣惠山泉。自是金華酒與弋陽戲,稱“兩厭”矣。

河豚有毒而味美,昔人所以有直得一死之説。上海最尚此品,而郡中用者絶少。故淡水河豚,漁人得之,皆棄去。萬曆以來,河豚稱海味第一,而競食海河豚,即淡水河豚亦食,郡中遂有煮河豚店。且初食時,人猶畏毒,或露天煮,或張蓋煮,或加甘蔗解之,或銀器試其毒。而雞犬有食河豚子者,輒死。近年煮河豚如煮肉,絶無忌憚,即雞犬厭飫其子,更覺精神。乃知輓世人物腸胃,皆毒如虺蜴,非河豚所能傷也。

嘉靖時,四門絶無遊船。自隆慶初年,僅數航入郡。而松人用以設酒者,無虚日,自是游船漸增。而夏秋間泛集龍潭,頗與虎丘河争盛矣。先是城中方塔,影長三、四寸許,不論向背遠近,偶得其影者輙利。如《輟耕録》,亦載其倒懸夏監運小室内是也。嘉靖庚子,影懸東察院曹氏門,適給諫龔情贅其家,遂領鄉薦。至隆慶元年,塔影落白龍潭,而中秋月夕甚著。其後遊船簫管不絶,亦一奇驗云。

設席用攢盒,始于隆慶,濫于萬曆。初止士宦用之,近年即僕夫龜子,皆用攢盒,飲酒遊山。郡城内外,始有裝攢盒店。而答應官府,反稱便矣。

細木家伙,如書棹禪椅之類,余少年曾不一見,民間止用銀杏金漆方棹。自莫廷韓與顧、宋兩公子用細木數件,亦從吴門購之。隆、萬以來,雖奴隸快甲之家,皆用細器。而徽之小木匠,争列肆于郡治中,即嫁裝雜器,俱屬之矣。紈絝豪奢,又以椐木不足貴,凡床廚几棹,皆用花梨、癭木、烏木、相思木與黄楊木,極其貴巧,動費萬錢,亦俗之一靡也。尤可怪者,如皂快偶得居止,即整一小憩,以木板裝鋪,庭蓄盆魚雜卉,内列細棹拂塵,號稱書房,竟不知皂快所讀何書也?

賣婆,自别郡來者,歲不上數人。近年小民之家婦女,稍可外出者,輙稱賣婆。或兑换金珠首飾,或販賣包帕花線,或包攬做面篦頭,或假充喜娘説合。苟可射利,靡所不爲。而且俏其梳粧,潔其服飾,巧其言笑,入内勾引,百計宣淫,真風教之所不容也。

松郡雖稱淫靡,向來未有女幫閑名色。自吴賣婆出,見醫士高鶴琴無後,傭身與生一子,吴遂以女俠名。而富宦之家,争延致之,足迹所臨,家爲至寶。吴因托名賣婆,日以幫閑富室爲生。工製淫具淫藥,縱酒恣歡。自是起家數千金,乘輿出入,號曰“三娘子”。一日,遇唐大參于道,輿人皆醉,撞破大參輿。大參怒,擬送有司治以法,不果。會甘按院至,有里人施山者,公舉男女幫閑,爲地方除害。吴始伏辜,而以潘道姑與之同事。潘少年爲私妓,有聲,以適人失望,乃歸浄土,山以舊怨株連之。縣令項公各杖二十下獄,獨坐吴贓三百兩,禁錮終身。山呈詞有曰:“名爲賣婆,實則吴歌北曲;假以尼姑,實則飲酒食肉。”時論快之。

幫閑雖經問遣,而此輩踵相繼者不絶。陳按院至,有武生風某疏論地方便宜五事,内及幫閑一節,大爲民害。次日解審吴三娘等,各杖三十。因令遍舉若干,株連男婦幾數人。而賣婆一輩,妖娸靡不脅息。按君例每歲到府,必訪緝巨惡與衙門積蠹,而此番獨重幫閑,亦時事一變。

惡少扛打,盛于蘇州,昔年撫臺翁大立幾被害。此風沿入松,以至萬曆庚辰後尤甚。又名撞六市,分列某處某班,肆行强横。有瞷鄉人持物入城,設計誑騙至深曠之處,半騙半奪者。有同赴官理訟,爲仇家賂集,架禍扛打,而其人無所控訴者。有白晝偷摸,地方結扭送官,適遇黨與救解脱去,反受侮虐,如俗所稱炒鹽荳者。諸如此類,不可殫述。幸知府詹公,獲西郊葉姓者,擬以重辟,衆始稱輯。然不過大車之風,終非格心之化。況此輩皆由三十年來,承平生育,兼以生計甚難,禍必日熾。若更遭倭亂兵變,則乘勢猖獗,必有不可勝道者。此東南之隱憂,智士之所預料也。

刁告乃松人故態,而未爲異常。自文貞公罷相,適新鄭當國,有報復之議。故巡撫海公、兵憲蔡公,皆有意魚肉徐。而告訐者遂乘風紛起,株連蔓引,日以千計,鄉宦無不杜門者。一日,海公按臨南察院,放告,詞訟堆積如山,海度不可閲,取火焚之。時刁民皆囚服破帽,率以五、六十爲群,沿街攘臂,呌喊號呼。而元輔三第前後左右,日不下數千人。徐人計無所出,第取臭泥糞,貯積廳門,見擁入者,即潑污之。如野史所載,張角妖術作亂,用猪狗血破之也。一日,甫達曙,有刁民六、七人,潛伏門左。時太常公璠方草行露宿,意其乘間出入,得曳而侮之。不意爲徐人所窺,預定計啓門延入,第云老爺幸人少,正好議事。刁民乃揚揚得意而進,不虞其爲紿己也。甫入,門即扃閉,擁健兒百餘,取泥糞,自頭至脚,且塗且灌,鬚髪以内,無不沾足者,遂逐之出。有詐跌赴地死者,健兒争溺其口。刁民力屈不能忍,出從河頭滌面。而居民受徐意者,争手磚石擲之。刁民帶泥糞,且吐且詈而去。余有内親劉仰河,寓徐第河南。余鄉來,偶宿其邸,晨起目覩,捧腹竟日。

范叔子曰:文貞公入相二十年,亦何負于松人耶?由今之日,而遐想當年,大都陰受其福,而未嘗陰受其害也。乃新鄭釁萌,海、蔡釀禍,則刁唆蟻聚,凌虐蠭起。一時人心,若謂徐氏父子,可一朝置之死地者。未幾而新鄭去位,海、蔡繼黜,則文貞公猶然文貞公也,太常公兄弟猶然太常公兄弟。而向之乘風聚衆,肆爲不道者,皆狼顧喙息,莫可誰何。不知松人亦何樂而爲此哉?嗟嗟,松人不足責也。吾獨惜新鄭賢者,身居相位,其可爲國家造福者何限,乃區區以報復之私,爲松民起刁釁耶!且予讀其病榻遺言,則雖哀鳴之日,終不能釋然于罷相之事,亦褊心矣。吾松孝廉何三畏倣梁元帝、鮑泉《春日詩》體,爲《亡讐》詩一章,頗足儆世。故附記于兹,俟識者採爲藥石焉。

> 人世本無仇,誰苦搆仇仇。無仇即無怨,有仇即有憂。仇人祗仇己,相讐乃相觸。讐伏則晏安,仇發則鴆毒。大仇不共天,次仇不反兵。君子好仇辨,小人好仇争。我不生仇端,我不造仇孽。胸中無仇腸,口中無仇舌。失亦不仇得,辱亦不仇榮。既無仇親黨,又無仇友生。彼或仇我名,且或仇我直。仇興如沸騰,仇成如錦織。天地豈仇德,鬼神豈仇仁。日月照仇障,風雨拂仇塵。外弗仇我身,内弗仇我慮。仇起仇旋滅,仇來我輒去。何不仇青山?何不仇白雲?山雲詎仇爾,爾仇仇殺君。

田産交易,昔年亦有賣價不敷之説。自海公以後,則加嘆杜絶,遂爲定例。有一産而加五、六次者,初猶無賴小人爲之,近年則士類效尤,靦然不顧名義矣。稍不如意,輒架扛搶奸殺虚情,誣告紛紛。時有"種肥田,不如告瘦狀"之謡。如范太僕死,有祖父賣過田産,歷經加絶,而子孫以奪占告者。有家人婚配,生育多年,復捏奸搶誑告,希圖赫詐者。雖各坐問遣,漫無警懼,不知此風何年得息?海公名臣,竟爲東南造此業障,亦千古之遺恨。

上海健訟,視華、青尤甚,而海、蔡後益熾。凡民間睚眦之讐,必誣告人命,遂有"賒人命"之説。蓋告時未有屍骸,待詞已准行,然後或撈諸水,或竊諸壇,或盜諸槨,冒認親戚,動費檢驗,經年不結,而累傾家者者甚衆。此風原係東土訟師沈姓者啓之,其後遂成通患。至縣令敖選,凡告人命者,必坐實究問。其意正猶懲俗,而不意刁民方爲得計,故久而愈甚也。

行使假銀,民間大害,而莫如近年爲甚。蓋昔之假銀可辨,今則不可辨矣。昔之行使者尚少，今則在在有之矣。昔猶潛踪滅迹，今則肆然無忌矣。甚至投靠勢豪，廣開兑店，地方不敢舉，官府不能禁。此萬姓之所切齒也。

縉紳呼號，云“某老某老”，此士夫體也。隆、萬以來，即黄髮孺子，皆以老名，如“老趙”“老錢”之類，漫無忌憚。至幫閑一見傾蓋，輒“大老官”“二老官”，益覺無謂。而倡優隸卒，呼號尤奇。

歌謡詞曲，自古有之，惟吾松近年特甚。凡朋輩諧謔及府縣士夫舉措稍有乖張，即綴成歌謡之類，傳播人口，而七字件尤多。至欺誑人處，必曰“風雲”。而里中惡少燕閑，必群唱“銀絞絲”“乾荷葉”“打棗竿”，竟不知此風從何而起也。又婦人罵人，必曰“活邢敖賊犯”。邢敖者，隆慶時，華亭越獄盗也。縣令張燭抉其目，暴屍于市，不意竟爲潑婦口實。

倭亂後，每年鄉鎮二、三月間，迎神賽會。地方惡少喜事之人，先期聚衆，般演雜劇故事。如《曹大本收租》《小秦王跳澗》之類，皆野史所載，俚鄙可笑者。然初猶僅學戲子裝束，且以豐年舉之，亦不甚害。至萬曆庚寅，各鎮賃馬二、三百疋，演劇者皆穿鮮明蟒衣靴革，而幞頭紗帽，滿綴金珠翠花。如扮狀元游街，用珠鞭三條，價值百金有餘。又增妓女三、四十人，扮爲《寡婦征西》《昭君出塞》，色名華麗尤甚，其他彩亭旂鼓兵器，種種精奇，不能悉述。街道橋梁，皆用布幔，以防陰雨。郡中士庶，争挈家往觀，遊船馬船，擁塞河道。正所謂舉國若狂也。每鎮，或四日，或五日乃止。日費千金，且當歷年饑饉，而争舉孟浪不經，皆予所不解也。壬辰，按院甘公嚴革，識者快之。

泗涇居民，私創小武當，翕然稱爲靈應，松民進香者如歸市。越三年，爲萬曆[辛](幸)卯，郡有奸徒二十餘人，忽謀建小武當于南門外，演武場西，前後殿宇，窮極壯麗。富者捨料捨財，貧者捨身捨力，日以千計。起工之日，奸徒拈香，邀請各宦破土上梁。因得乘機聚斂，置産買妾，縱酒歡歌。而百計哄誘愚民，尤極可笑。如從民間募化銅錢，先貯西郊外一好善者之家。每若干斤爲一包，每包用紅布封之，約二百餘包。卜日，以鼓樂迎入超果寺，鑄造香爐花瓶，扛者皆簪花纏紅，以重其役。鑄日，先期報知施主檀越，及遠方聞者，皆至寺中捨銀捨炭。鑄畢之日，先迎爐瓶入廟，約重四十餘觔。前用王靈官開道浄街，沿門東沖西撞，極其無耻。已又卜日，迎祖師登殿，亦用王靈官浄街，戲子妓女約十餘班，鼓樂旂燈無算。復扮背勅捧印員役，竟不知勅印從何處得來。男婦道遊拈香念佛者千計，士人皆迎請祖師入門南坐，供茶，再拜而送。正所謂白日見鬼也。幸甘院按臨，索起事者，各杖四十，擬徒，命有司限日拆卸，以供修學之費。時王靈官暴風日中如芻狗，不能作威福，奸徒抱恨,擊折其臂,而祖師遷龜蛇廟。善謔者名之曰"出宅基祖師",聞者捧腹。

倭亂後,翕然尚白蓮道教及無爲教。白蓮教者,燒香念佛,如僧家修四方之類。無爲教者,併佛像香供而廢之,即父母之喪,不作祭享,竟不知此教從何處入來。于是愚夫愚婦,煽感奔赴者若狂。而男女混雜,恣肆奸淫,遂倡爲摩臍過氣之説,極其可笑。有異僧陳賓竹,挾採戰術甚奇,不假力氣運動,而龜頭呼吸若神,能令婦人承之者,坦手蔽目。時上海吏員康姓者,妻妾皆爲淫垢。後事覺,蔣通判以嚴刑斃之市曹。時有"削髮復犯法,出家又帶枷"之誚,至今以爲談資。賓竹死,聞有竊受其術者。

學詩、學畫、學書,三者稱蘇州爲盛。近年此風沿入松江,朋輩皆結爲詩社,命題就草。其間高才美質,追踪先輩者,豈曰盡無?而間有拾得宗子相、屠長卿涕吐,湊拍俚語,便號詩人者,抑何多也。其他字畫,災紙災扇者,不可勝道。苟爲縉紳物色,即自列千古名家,曰某爲米某、爲趙某,則大癡叔明也。嗟嗟,何古人曠世一見者,而今且比比于松耶!近來各學及士夫,承奉有司,每遇慶賀,必用上等泥金册頁手卷,遍索詩畫,裝綴錦套玉軸,極其琛重。即黄、米真迹,稱最得意者,亦不曾享得世間此等供奉,大似可惜。但詩與書畫,乃是上一截作用,學者縱未入室,不失爲佳。第須涵養造詣,各臻其極,方入品藻,未可遽自誇詡也。

春元用布圍轎,自嘉靖乙卯張德瑜起。此何元朗所致慨也,自後率以爲常。然士子既登鄉科,與衆迥别,則以肩輿加布圍,亦不爲過。獨近來監生、生員通用,似覺太早耳。尤可笑者,紈綺子弟爲童生,即乘此轎,帶領僕從,招摇街市,與春元一體。此微獨覘父兄無家教,即子弟自爲已地,原不宜如此。蓋童生人品未定,不知終身作何狀,正宜習服勤勞,勿使惰慢。况處松江澆薄之俗,朝華夕零,變態立見。幸久承蔭庇,不失爲福人。一有不虞,鄉黨之欺凌,官府之差役,亡可翹足待也。况復耽情柳陌,肆志宛丘,則今日乘軒,異日隨轎,識者已竊笑其後矣。惡可徒狥目前之盛,而不爲終身之慮乎?予觀郡中甲科名宦,幾二十人,不忍記其姓名,一死之後,子弟之淪落者、受辱者、飄流者、鬻身者、役累者,惡可勝道。總之,皆前車覆也。前車覆矣,後車不戒,是使後車而復哀後車也。而興言及此,未免過激,然予以長者之道,望後進之士,即不見亮于紈袴,庸何傷哉!

士風之弊,始于萬曆十五年後。然迹其行事,大都意氣所激,而未嘗有窮兇極惡存乎其間。且不獨松江爲然,即浙、直亦往往有之。如蘇州,則同心而仇凌尚書。嘉興,同心而訐萬通判。長洲,則同心而抗江大尹。鎮江,則同心而辱高同知。松江,則同心而留李知府。皆一時蠭起,不約而同,亦人心世道之一變也。第吾松江,近來士子舉措互有得失，識者不失異議耳。姑舉一二言之。如東鄉富民費仲，扛打生員陸龍基；西鄉富民馬可觀，扛打生員劉致和。此以强暴凌孤寒諸生，聲之有司，從重問遣，何壯也。間有無耻之徒，捏情需索，則陋矣。縣學前，舊有七星潭，徐司空盛時，侵爲基。諸生建議拆卸，開復故址，何正也。乃指徐氏爲奇貨，若欲并其三第而去之，則苛矣。牛市涇風水，有關學校，諸生議開浚，亦理也。但此涇歷鄉宦馮、季、陸、徐，皆有侵塞，獨委罪于監生陳大廷，不能無意，况其第屬主政殷廷樞，議遂寢，則餒矣。縣學舊屬莫是鰲修，未幾圮壞之。屬監生顧正倫修，諸生督過之者甚衆，恐其蹈莫之弊也。正倫殫力改造，宛如創始，遂至傾家，而學前空地，責令插屏種花，亦苛矣。保留詹侯項令，不憚千里奔赴兩臺，此以子弟而保留公祖父母，雖涉攀附，情可原也。但未及半月，又往公舉徐文貞公祠，遂爲督撫劉公、按院甘公所不滿，含垢忍耻而歸，則醜矣。凡此皆緣人品賢不肖，參錯其間。故有一義舉，則生一惡道，士風之所以日習于不競也。但士之所處在清苦，其勢不得不流而爲近利；所望在進取，其心不得不趨而爲好名。不知近利好名，正今之士人對病藥石也。先民有曰："善不可爲。"又曰："善且不可爲，而况于惡乎？"此萬世之龜鑑也。嗟嗟，世道愈漓，法網愈密，亦可畏矣。吾願同心之士，日以中原之詩相勗焉。其庶乎無忝于衣冠也哉！

# 卷　三

華亭叔子范濂識

## 記祥異

祥異之説，有徵于天文者，有徵于地理者，有徵于人與物者。雖小大不同，而爲禍福幾先之兆，捷如影響，此觀風者所必稽也。然以予所睹記雲間四十年事，則祥瑞恒少，而灾異恒多。故並書之，以俟識徵之君子，爲考驗之一助云爾。至倭亂，係地方大變，附録焚殺大端，而戰守不載。

松江雖潮汐往來之地，自古未有通泖者。嘉靖庚戌，泖始潮，而民謡有曰："潮通泖，出閣老。"越壬子，徐文貞公諱階，果入相。拜命之日，相傳潮頭突至城内元輔舊第前，湧起丈餘，人咸詫異。後果爲太平宰輔幾二十年。國初以來，郡中代不乏巍職，而相自文貞公始。

癸丑正月朔，日有食之，晝晦。至初六日，黑日亂墜，自辰至未始息。觀者罷市。

二月十七日，府橋南承流宣化坊，即今東南保障坊也，頂忽墮地。民謡有曰："青天白日無風雨，宣化承流落了頭。"次日，同知張仲過坊下，有怪風亂捲灰塊擊其蓋，如雨雹然，蓋警之也。仲竟不悟，甫及半月，遂遇戮難。

三月朔，府同知張仲被妻所殺。張仲者，江右人，即今洪陽張相公族兄也。由進士刺廣德，陞前官。性鷙悍，嗜酒色，妻趙氏，二妾楊氏，三妾唐氏，婢菊花，有一嫂。楊氏工冶容，仲溺愛之。每署中家宴，令趙等行酒事楊，稍不從命，詈辱備至。在廣德，即共謀殺之，而未有間。至松江，適知府劉存德入覲仲署府，是日赴公宴，醉歸，共楊氏寢。漏下一鼓，趙等偕家奴張栢入卧所，各持刀斧亂砍之。方及楊，爲巡卒所覺，幸免。詰旦，推官袁汝是收趙等于獄。供曰："縱妾凌妻，忿恨謀殺。"事後，仲弟孝廉倬至，趙等俱勒死獄中，衆共寃之。時姜祖吕戲擬四六供詞，傳播人間，内有"終夜飲酒，楊其客而張其主。二人傳遞，趙爲婢而唐爲奴"之句。

上海張港栅居民曹清，夫婦五口。一夕，爲怨家所殺。有司大索其人，不得。

聞東浦一力士周臻，有荆、聶之行。小民被寃無訴者，延致之，待以上客禮，臻若許諾，必夜入其家，闔門殺之，人不能覺。時遇害者七家，儲姓其第一也。清之死，豈亦其人與？不然，豈其類與？

二十七日，倭賊三十五人，泊船五團劫掠，殺金山衛所百户王忠。後此倭沿海抵杭州。

柘林有民間産一兒，頭生兩角，甫墮胎，即逸入床下，作唧唧聲，父母怪而斃之。里中惡少以爲夜叉，争牽示鄉民爲奇觀。予亦熟視久之，而上海倭亂紛紛疾。

地産白毛，有黄色如騌者，長尺餘。鄉邨城市，在在有之。民謡曰："地上白毛生，妻兒老少一同行。"時倭亂焚殺，百姓逃竄，家室俱空，人以爲奇驗云。

四月十五日，倭六十四人，由六團搶小舟渡浦，直擣上海縣境。時未有城，知縣俞顯科遁走，倭大肆劫掠而去。

五月初七日，倭賊千餘，從太平寺竹家橋掩至。市民潰散，恣其掠取。糧船泊浦上者，悉被燬。十二日，賊復入寇，北自海口，南自周浦，共三百餘舸。指揮武尚文、縣丞宋鰲統兵舉戰，倭伏兵四起，武尚文戰死于西蔓笠橋，宋鰲戰死于縣橋，殺傷民兵甚衆。縱火焚盪，邑里爲墟。二十七日，賊復至縣市，鎮撫吴賢接戰，死之。後三官死難者，皆停柩于妙嚴寺。總督楊宜、巡撫曹邦輔、按院周如斗親臨其棺祭奠，哭甚哀。

六月二十七日，倭二百餘，駕白海船三艇，泊上海北營前，殺黎指揮、胡鎮撫，焚燬縣宇及民房數百，而殺戮士民，擄獲男女無算。各鎮如周浦撥賜莊等，尤極慘酷。

甲寅正月十八日，賊蕭顯駕七巨舟，率倭三百餘，突入吴淞所，進逼上海東門外，登樓俯瞰城中。海防董僉事攖城固守，城土新築，多崩壞。董命神鎗手備壞處，中賊輒斃，遂解圍。後此倭皆僧兵所殺。

三月二十七日，有八漁舟揚帆追一倭船，自漴闕焚舟，直抵松南門。倭止九十餘人，燒新造大海船十艘，及南倉糧二厫，大小民房四百餘家。此倭直抵金陵，殺戮淫垢無算。後返蘇州木瀆，徵松之土兵，盡殲之。

四月初五日，倭五百人，由上海陸道抵松東門，進逼城下，掌教韓崇福射死二酋。自弔橋放火，北抵俞塘，南抵板橋，約七、八里，煙焰燭天，三晝夜不息，城中震恐。時一染坊，有二女頗艷，以足小，倉卒不能走避，父母用大染缸覆之，竟付烈焰，見者揮涕嘆息。韓氏一門争死，韓號似松，逸其名，乃府庠生也。群倭兵似松，其妻號救，倭併殺之，子號母，亦遇害。迄今人語被禍之慘，而赴義之決者，必以韓氏爲口實。

四月十一日，倭八百人，泊大船小橫潦涇，分劫追趕。男女溺死大橫潦涇者，六百餘人。秀南橋至小倉橋，比屋延燒殆盡。泖東西，如張莊、楊扇、高澣、吕巷等鎮，無一倖免者。時董宗伯傳策攜妻女輩避洙涇，遇倭陡至，不能行。適郡中徵兵初到，與倭列陣，未及鬭。宗伯舟隔倭，僅兩田岸，擬挈妻赴水，葬魚腹矣。乃倭竚立熟視久之，竟遁去，遂得脱。已而有鄉民爲倭掠入陣者歸，衆問其故，曰："此時第見旌旄兵仗列其地甚整，故倭不敢近。"乃知大貴人遇難，未必無鬼神呵護云。

五月初一日，倭七百餘人，從松南門列隊，抵西關長橋，遣四酋逼城。城上放火炮，斃其二酋，又土兵殺死一酋。倭退入白龍潭寺，殺數百人。自後分投劫擄，久扎上橫涇馬中舍家，予亦幾罹鋒刃者數次。六月初三日，滿載而行。總兵湯克寬圍之葉榭，盡殲之。至今名爲得勝港。

大疫，民避倭城居，有闔門死者。漕涇富室顧良佑，予表兄也，寓府學魁星樓左，一家二十五口，僅存一子。八月初一日，倭千餘盤據柘林，奸民投爲鄉導，分劫嘉興、湖州諸鎮。沿塘民居，焚掠殆盡，將士不敢議剿。至十二月初五日，賊乘夜雨雪，入青村所，城軍皆酣睡不覺，劫擄財帛婦女，悉歸巢穴。縱火城樓，殺死二千餘人，一城爲空。此倭後多疫死，及出海，又爲颶風决没，亦天降之罰云。

乙卯二月初六日，遞運所驛吏飛騎入城，對從者曰："來矣！來矣！"民誤聽曰："倭來矣！"已而又曰："倭入城矣！"男女奔竄如蟻，莫可禁遏，相失子女金帛衣錦者無數。時楚兵百餘，分守城樓箭臺，皆卸甲拋戈而走。知府方廉携一、二門役出迎倭，計以身殉。至鶴城書院，從人皆棄去。方公獨行，了無怖色。翌日始定，呼驛吏撲責之。正德庚午九月，以張文冕棄市。文冕訛言屠城，居民皆爲逃生計，十[日](月)乃息，與此變同。文冕乃係太監劉瑾用事之人。

三月初七日，倭寇五千餘，突至上海。董僉事率兵戰浦東陸家園。兵溺死浦中者六百六十六人，亦一異數。倭酋有紅衣乘白馬者，持雙刀衝擊甚鋭，海防兵陳瑞挺身獨鬬，竟斬之。賊始懼而退，瑞口啣所斬者，截浦而泅。城上觀者，咸詫異其勇。董僉事立署爲千長。

五月初五日，倭八百餘人，因王江涇敗北，渡浦，從松往蘇，參將周璠、把總婁宇追至唐行。倭伏民房，窺軍半渡出擊。璠赴水死，兵民死者千人，一鎮若沸。

丙辰五月初一日，倭一百五十餘艘，自吴松江入，泊上海北宫，登岸焚劫。造竹樓三乘，置兩輪于左右，併力攻城，歷一十八日。先十六日，倭佯退。至十七午夜，潛伏城下，梯而入。幸健兒楊鈿大呼："一倭已登城！"戮殺鈿。有土兵奮搠刺倭墜地，群衆起推磚石墜壓。適潮至，倭奔，溺城河死者六十七級，遂解圍。上海至今廟食楊鈿。十九日五更，乘潮南下，直擣閔行，守浦兵皆逃散，男婦奔投入城，溺死踐死者無算。二十日晨，倭船由斜塘往蘇，爲吴江水兵衝殺數十級，乃轉入西關，大肆焚劫，煙火七晝夜不絶，視癸丑東關之變尤甚。各鄉鎮分衆殺掠，二十七日解去。

六月初七日，破桐鄉縣。倭駕千艘東下，聲勢孔熾。由泖涇泊吕巷，分投四出。如張堰、松隱等鎮，焚刦一空。十六日，兵道董邦政坐南察院，併殺生擒倭四十一人，暴屍右文衔。自後海上土兵頗精，倭來者無生還。浙總督胡梅林計收賊首汪五峰、徐明山、毛海峰等，患遂息。

逸史氏曰：日本倭夷，無論三代，即漢唐宋以來，亦未聞其大爲中國患也。惟隋煬帝時，有日出天子致書日没天子之侮，與單于貽吕后書相似。至元興十萬之師伐之，全軍覆没，始知倭之爲横。至太祖御極，遂潛通胡惟庸謀反。自後沿海二萬餘里，由粤閩達遼陽，無歲無倭夷侵掠之患。説者謂朱清、張瑄通海運，交搆釀禍，似亦有據。成祖以後，幸大將劉江奮勇克捷，盡殲其衆，倭始奪氣。馴至嘉靖癸丑，爲亂浙、直者幾五年，其禍又熾。國家始南稱"倭"，北稱"虜"，比于前代，又增一番海防之費矣。壬辰，關白首破高麗，聲言入犯。羽書旁午，致勤當宁旰食，且聞倡首其中者，皆内地英雄亡命爲之。此後歷年，竟不知爲患，又當何如？豈千古所無之變，一旦獨熾肇于大明耶？通達如賈生者，宜深味乎桑土之詩乎！

戊午秋八月，民訛傳有狐狸精，夜入人家爲祟。遭之者如寐魘，有爪傷人。或云江右人入吴地爲盜，剪紙人馬，作妖術。家用金鼓警守，聲振天地。或貯水待之，達曙乃息，即商賈泊舟之處亦然。然竟未有見者，亦不知所終，與成化甲辰夏秋間訛言相似。

辛酉夏五月，大雨，徹晝夜不息者數日。平地水深丈餘，田禾淹没無算。至秋，水益潦。父老僉云，此水在昔所無。迄今人語水災，輒挽是年爲例，亦異數也。時世宗朝，政尚寬厚。大議蠲賦，每畝僅輸斗粟而止。

壬戌大饑，餓殍相枕于道，而浮水者尤多。時魚蝦至肥且賤，民間出分文，可得巨鯽五、六斤。人以爲魚蝦食餓殍，故生育甚易云。時鄉宦馮廷尉公恩，倡義煮粥賑饑，遠近賴以全活者頗衆。後二子，如京兆行可，以德行著，學憲時可，以文學著；孫孝廉大受，以詞賦著，皆廷尉公陰德所培也。

丙寅十月朔，城隍廟火。先是松江民俗，每重禱獻，而于城隍廟尤甚。如祈病祈福，富室用全猪羊，貧者用三牲猪首，日無虚晷。僉云城隍有靈，能禍福人，别府絶無此事。每年清明日、十月朔，府例以鼓樂送城隍神主，出北郊壇祭，無祀鬼神錢鶴皋等，此有司公務也。奸民甘清，乘機聚衆，刻一木像，面目肌髮如生人者，易去木主，各備彩旂、燈、旛、鼓樂、戲子等項，先以香紙告廟，許出廵日，身自排列迎送。有事羈不到者，候城隍還廟，聽道士唱名責罰，如陽官一體行事，而嚴憚過之。是年十月朔，旂、燈各千餘，極華麗。幡百餘，皆珠穿，或贅以珠帶。增日月扇，尤奇美。戲子乘馬者十餘班，鼓樂煙火無算，雖王侯不能擬，官府不能禁。是夜迎入廟，火從廟中旋起，烈焰障天。人以爲神不能安，故有天譴。自後禁民不得如前，而執香迎送木刻城隍，至今猶爲故習。

隆慶戊辰正月朔，天色慘淡，朔風甚烈。亭午，西郊外秀野橋油坊失火，延燒數百餘家。風捲火如團，飛渡河，竹木行悉爲焦土，六畜死者無算。河中操舟者火燎鬚髪立盡。

二月十五日，府學生員楊井孫盜殺其嫂張夫人。先是井孫長兄曰豫孫，弱冠舉進士，歷官僉都御史。井孫其六弟也，補金山衛學博士。會嘉靖甲子，豫孫督學楚中，而耿定向楚人也，督學南服。因試井孫高等三名，即以名次，轉入府學充廩，亦奇遇也。未幾，豫孫陞前官，卒于任。夫人扶柩歸，井孫偕兄蒙孫、萃孫逆于途。知兄有厚蓄，亟欲分有之。旋泣棺首問嫂："吾兄宦貲何在?"夫人素忌嫉諸叔，且揣知問意，答曰："無有。汝兄素廉謹，第遺囊耳。"井孫等大怒。比歸，日夕與某某者謀。僉曰："殺夫人，貲可入而據也。"百計酖之，夫人謹防，不得間。時有力士汪孝，蓋刺客者流也，井孫捐金購之。先爲八拜交，後屬以殺夫人事，孝謝唯唯。會豫孫忌日，夫人設醮，出玉帛寶器，悉焚之，以付死者，井孫等益怒。是夜，先令楊芬、楊苞爲内應，促孝直入夫人卧所。夫人甫就寢，據床哭豫孫甚哀。孝前執夫人，夫人曰："奴輩利吾財耶?"孝曰："利夫人命耳。"夫人度不免，第曰："願更衣。"孝遂手搏夫人于地，以架上瓜鎚鎚殺之，即豫孫前導器也。夫人頭破，血髓濺墻屋間，極慘烈。一老儒賦詩哀之，有"挂墻千點血琳琅"之句。旦日事聞，華亭知縣聶廷璧往驗之。井孫兄弟佯泣而前曰："此係内則事，不敢辱明公。"聶已解意，命健卒踵前後，廉其狀。諸兄弟知不免，乃聚議曰："吾輩皆貲郎，弟幸備員。弟伏罪，他日或可冀上官憐。"乃同詣聶待命。井孫污夫人多穢行，身任謀殺事。聶遂以井孫爲首，以汪孝、楊芬、楊苞爲從，蒙孫、萃孫擬徒，卒于獄。越十餘年，井孫赴市曹，時論快之。楊井孫爲諸生時，適耿宗師倡道南畿，令有司聚徒講學吾松，乃井孫與生員林士博爲首。及井孫赴獄，士博執手送之别，泣甚哀，曰："吾道南矣。"聞者捧腹。

己巳，海中丞建議開復吴淞江。時民謡有曰："若要此河開，除非海龍王來。"適董其役者，龍同知、王推官也，人以爲奇驗。第此江，爲吾郡水利要道，湮没既久，幾成平陸。海公調停允當，不煩國課，不費民財，計日奏功，士民至今稱頌。越三十年,當事者以東南水利漸淤,特請簡命憲臣一員司之。時許副使應逵出官錢,首濬吴淞江,聚工就役,溺死疾卒者甚衆。且吴淞海口,名"老鸛嘴"者,俱坍入海中。相傳有一大船,前後十餘艙,約長數丈,浮没不常。人不能躡,竟不知何物也。自潮汐往來迅速,且渾濁易積,而郡城内外支河,旋開旋塞,民甚苦之。

訛傳欲拘攝童男女赴京,没入官。于是男女年十歲以上者,悉苟合成婚。與《輟耕録》所載至元丁丑夏六月事絶類。雲間婚禮,首花髻,故鄉語每稱花髻下夫妻,即經語結髮之謂也。是年肆中無以應,有一髻而移借三、四家者。其他菓菜衣飾,坐此一時騰貴。

壬申夏六月,醫士高鶴琴南園開瓊花一朶,狀似蓮,色微紅。時人以爲金蓮寶相,觀者如市。

萬曆乙亥夏四月朔,日蝕。是日,天色晴朗無纖翳。亭午食圓,白晝如晦,仰視星斗燦爛,踰時始吐微光。余平生見日蝕,惟此爲奇。且憶是年毒熱,農夫耕牛,多中暑死者。後戊寅十二月不寒,可稱兩絶。

五月三十日,漕涇海溢,俗謂海嘯。邊民飄决者千餘家,鹹潮入内地六里許,淹死禾稼無算。三年水尚鹹,田皆赤鹵。蟚蚏亦自此入,至今大爲苗害。

丁丑冬十月,彗星見西方,大如車輪,氣焰上沖如噴,狀甚可畏。時予客宜興,赴大宗伯萬履菴宴。適平頭來報,予同宗伯出覩。宗伯老臣,亦駭爲大異,葢疑江陵柄國所致也。此彗踰年不散,至後漸微芒而長竟天,且移入吴越分井,或以爲水灾之兆,果驗。

戊寅十月初二日,汪孝越獄。先是楊井孫計免罪,每從獄中説亡命者逃,而井孫安坐不動,冀爲上官所憐。是日,以酒醉獄卒,孝挈强盜數人,排獄門而出。天已薄暮,予時居郊外,偶入城,與錢穎湛語。錢居私路巷,適巷中鼎沸,曰:"賊越獄矣。"争閉門避之。已而孝等自獄西沿河走,擬從普照寺出西關,不意先聲至。有蔡飯店者,閉栅門堅拒。孝度不可越,回至縣前,遇蕭木匠,將奪其斧,頗易之,竟爲蕭所斃。餘黨皆從屋上走,登靈官殿,兵民手磚石擲者,徹夜不息,二日始定。踰年,井孫又説獄人越如前,爲知府閻邦寧所覺,遂棄市。

冬十二月,大雨雪,河冰堅凍不開,六畜死者無算。時郭宗師在宜興,發落科舉,生儒皆從陸往。予由無錫鷄山沿太湖取道,見湖中一片皆冰。

己卯五月初八日,禮部侍郎董傳策爲家人盜殺。傳策少奇敏,弱冠舉進士,授國子監學博。與吴時來、張翀抗疏劾分宜相公,謫戍廣西,直聲動海内。會世宗殂落,遺詔起言官,傳策由原官歷陞南京禮部侍郎。以鄉人張雲納賄事,坐誣回籍,怏怏不得志。奈性氣剛戾，待下嚴酷，而蒼頭亦乘機爲聚斂計。有垂死杖下者，輒假傳策命，扛至富民家誣詐之。鄉人包從道不能堪，集仇家二百餘人訟上官。上官念傳策直臣，姑置勿究。而傳策益不悍，居家鷙毒日甚。于是家奴郭道士等十餘人，自度必死于傳策之手，不若先殺之爲快。是夜，直入寢所，傳策覺，逸牀下，奴輩以火帚逼之出，用刀斧亂砍之。詰旦，有司蔽城門，索諸奴，下獄。踰年，剮于市。

壬午七月十三日，大風拔樹屋無算，瓦片吹空中，如燕雀飛，兩晝夜不息，花荳皆搖落。因憶庚午秋，予失風燕子磯，江水爲沸，若從天而下。時客舟覆磯前者十四人，兩漁舫争挽救之，得九人而還，與此變相同。

癸未正月朔，地動，自松江至秀州止。朱孟元、徐澤夫時汎舟龍潭，潭水亦震蕩久之。天又雨血點腐，有紅色如漆。至三月，而徐文貞公卒。人以爲天重憫大臣之象云。

雲間舊傳，爲有“日月河通出狀元”之讖，相傳在普照寺南。成化丙午，樊侯瑩鑿之，錢福果中鼎甲。甲申，居民朱思義建議復疏故道，丙戌乃中唐文獻。又傳府學文廟兩獸角，有毫光燭天。予時已謝學，不及親見。乙酉九月，顧正心西園開牡丹花一朵，時一民家請仙，仙自稱曰：“侯皇帝也。”衆問仙何來，遲曰：“適往顧園看牡丹耳。”衆異，往觀之。

丙戌二月十二日，日暈，有連環圈。從古未見，因圖其象，以垂記焉。五月，盛時成賃從包家橋徐侍御問野園，園中李樹忽發嫩條數十枝，開梨花甚盛。未幾時，成病危，妻子俱不藥，人以爲梨花之兆。

丁亥五月初四日，大雨。徹晝夜不息者數日，平地水深丈餘，與嘉靖辛酉之變同。

戊子五月，大水。七月二十一日，大風拔樹屋，甚于壬午，田禾悉没。冬至，糙米一石價銀一兩二錢。

己丑正月，雨木冰，如筯下垂。民大饑，米值每斗一錢六分，麥荳稍損，而菓菜油鹽之屬，無不騰貴，有一鵝而值四錢者。里人勞姓，以諸物價鏤板示鄉民，且有編爲歌頭曲尾，刻木傳播。木冰之變，《輟耕録》載：至正乙巳二月有之，狀甚奇怪，如樓閣、人物、冠帶、鳥獸、卉木，百態具備。且高林大樹，珠葆羽幢，彌望不絶。五日乃解。

四月，鄉民聚衆刦掠。先是知府俞均見民間饑荒，作募文，遍告鄉宦富室，擬各捐銀米賑饑。衆有吝色，均性氣戆直，意梗其議。凡鄉民告荒者，均輒怒及富貴人。于是百姓訛傳曰：“太守分明教我們搶矣。”時各鄉惡少無知，卒聚百人爲夥，白晝入人家刦擄,而亭林尤甚。均倉卒自知啓釁,惶懼無策。偕華亭知縣張集義往撫之,縛首從十人以歸,亂遂息。識者謂此舉遲三日,幾成大禍。

八團刁民蔡蘭,乘風聚衆抄搶。有鄰人王才者,家頗殷實。蘭飛語嚇之曰:"此輩頗有意于君家。君若陰厚我,我爲君弭其禍。"王遂以十金爲壽。翌日,蘭復糾衆搶之。倏遘暴疾而死,乃托夢于妻曰:"我負王才,竟爲司命者判三足狗于其家。若可索歸,善養之。"妻如其言,抵王家。王曰:"夜來累生三狗,第無三足者,若夢未可據也。"越數日,一狗忽病,腐一足,王陰知其爲蘭也。畜以衛家,捷猛如狼,人不能近。

五月大旱,至七月不雨。時傳有魃爲虐。民間種茄菜花荳,皆槁死。田有不及種者,有種而立視其死者。諸物騰貴,兢食糟糠,饑屍載道。

何孝廉三畏,園中産黄芝四株,紫芝五株。至明年六月,産黄芝三株,紫芝三株,故名"芝園"。

徐氏舊宅東廊民家,生一犬,四頭、八足、兩尾。

華亭有子弑父者。邑人蘇克温,故御史恩子也,由貲郎爲按司守令。性乖戾狡獝,不近人情,居恒待妻孥輩如仇。凡遷移旅舍,先設監房一所,以妻孥禁錮其中,僅通一竇進食。自奉最豐潔有餘,甯朽腐,不以食妻孥,故舉家争欲噉其肉。一夕,克温醉,諸子以被蒙其頭,據腹蹲殺之。有司按如律,會撫都周至,怒曰:"我在江南,豈有弑父子耶?"亟命出之。僉謂周腐儒,故云然。而知克温隱惡者,謂此舉似有天意。先是克温聽選,以父恩善文貞公,故客其門。時有里人馬姓者,携貲客于京。克温覘知之,往納交,叙鄉情甚密,其人已篤信克温。克温乘間紿之曰:"聞君將以某日歸,而孤身涉數千里,得無患盗乎?我當爲君寄貲徐氏官肆中,索會票若券者,持歸示徐人,徐人必償如數。是君以空囊而賫實貲也,長途可帖然矣。"馬姓乃深德克温,即以一百五十金投之。克温佯入徐肆,若爲其人謀者。出持贋票示之曰:"貲在是矣。"其人亟持歸,付徐人。徐人以爲贋,不與,乃奔赴京,語克温曰:"若紿我,我將無生。爲之奈何?"克温已料其必反,預計以待。復作贋票如前,且佯索徐家書付之,狀種種可據。其人復亟持歸示徐,徐不與,復如前。于是泣别妻子曰:"我爲蘇盗,計此行無生還理。"抵徐州,丐而死。是日,克温生一子,與其人死期相合。及長,首倡殺克温之謀。故人以爲天道好還之報,而周公釋其辜,亦不無鬼神默相之意云。

庚寅,上海有麥瑞,自兩岐至四岐、六岐者,從古所未有也。故大饑之後,民賴濟焉。

七月,新場民丁北隱家,一雌鴨生子一年矣,漸變爲雄鴨。聲音毛羽,皆易其故。丁以爲怪,殺而食之。

辛卯,上海有婦弑翁者。婦某氏,乃優人朱姓之妻,有殊色,與里中惡少辣者私。翁見,語婦曰:“若縱宣淫,豈無富人可交?何至失身乃爾。”婦由是忌翁。與辣者共謀殺之,以翁屍剖入甕中。事敗,成獄。

青浦有孫小四,奸七歲女。女坐病死,有司按以法。

秋七月十八日,上海海溢,自一團至九團止幾百里,飄没廬舍千家。男婦死者二萬餘口,六畜無算,從古所無之變也。十九日,近海居民持撓鈎竹木,從海灘撩屍,拾遺物。遇潮至,群起登岸。訛傳曰:“倭子來矣。”時大雨,徹晝夜不息。内地之民,紛紛投入上海城。至二十一日,城中水深二尺餘,卒聞倭至,亟令閉門,城外叫號聲振天地。知縣楊馭文登城問其故,啓門納之,軋死城下者數十人。而渡浦爲風濤没者,不可勝計。海溢之夕,有十二人奉白蓮教者,往海上和佛。以風雨驟,不能行,借宿一民家,并其家爲二十一人。夜半,悉决海中,無一存者。又一夫婦方寢熟,忽潮頭撞屋壁有聲,驚起,水過半體矣。夫挾兩木,妻抱一子,附磨床,旋飄入海,三晝夜不死。每潮至,夫婦覿面者三,後不復見其妻。至四日,遇東南風,夫得順流而還。臂膊皮肉爲兩木磨去見骨,其竭力可知。又兩人飄入一島,歡處者幾月。遇客舟過,大呼救命。客泊舟,載至寧波,送還故土,則廬舍皆成海道,不復識矣。里人憐之,捐金謝客。

八月,府學鄉試諸生失科。壬辰會試,凡由府學出身者,皆不第。先是徐太師第左有重恩坊,是年遷建橋東。民謡有曰:“重恩牌樓過了河,府學生員脱了科。”又知府詹思虞遷教授衙據德齋,建魁星樓。基前以墻垣蔽塞西道,教官皆從學前出入。民謡又曰:“府學秀才,只進勿出。”果驗。詹侯悔其事,改建如前,而教授衙則從諸生議,命監生陳大廷、范允恒董其役。

冬十一月,雷電時作。至晦夜,大震。有十二保民沈才者,就瘞十五年矣,是夜發其槨,暴棺于道。鄉人謂才生時,與其兄海山專務侵欺,兄死獄中,而才獨免,故有此報。噫!雷霆信神矣。豈能爲天下盡擊此輩哉!

壬辰夏六月初五日,府儀門一座忽摧前半架,壓七人,四人隨死,三人半生俱廢。時知府詹思虞方坐堂,目擊其變,捐金備衣棺斂之。越三日,而府前潘恭定公内臺總憲坊墮地。

七月初十日,漏二鼓,有星貫月而過。據《輟耕録》載此變,自漢、宋、元僅三見。而元時星從西水關飛入月中,月若仰瓦,納之。遂有楊完者苗軍之亂。

八月初四日，佛寺橋龔楷家，開梅花一朶，且紅梅變爲緑梅尤奇。時楷晚年得一子，座客以梅爲瑞，凂予作二絶贈之。其一云："中秋新月尚垂銖，豈是庭梅破玉時。爲愛鳳雛應獻瑞，故將春色借南枝。"其二云："曾見紅梅綴異芳，陡翻緑萼鬬新粧。枝頭一朶秋先發，堪並君家桂子香。"自後梅連開數十朶。

二十七日，新場居民嚴四者，以賣鍋爲業。其家一母猪，僅產三猪，其一人頭、白體，鼻方而長，前兩蹄乃人手，後二蹄乃猪形也，作嬰兒泣。嚴以鋤擊之，哭聲甚烈。醫友錢青芝偶至其地，親往觀之。後訪東土友人諸竹居，言亦相合。

大漲涇，爲潮泥淤塞。方議開濬，忽九月内，漸深六尺，兩岸如刀斧斲削，人工所不及也。橋邊有關帝廟，頗赫奕。故一時居民，皆歸功頌禱云。

超果寺南一民家，產一角鷄，冠如僧家兜帽，分披之頂兩旁，中突起一角，甚鋒鋭。因攷鷄之種類，有名珍珠者，有名吐綬者。天大旱，則產之，如商羊兆雨是也。今歲亢旱異常，意此鷄亦吐綬云。

十月初五日，廣明橋藥肆中失火，兩岸延燒百餘家，東至醮樓，幾不免。詹侯衣紅遥拜，取活猪投火中壓之，自一更至四更乃息。先三日，居民夜聞鬼哭聲甚哀。是夕，童姓紙肆中，牝雞忽啼，火旋起。次日，府南一人薛姓者，午後入井，撈取夜所投銅錫器，井水如沸湯，其人號救。衆垂繩從之，繩斷復墮，皮肉皆腐爛而死。是時天色亢旱，城内城外及上海，不時火灾，而亭林、七寶尤甚。初八日，城中火一日五起。

十月，顧鳳翔中武科會試第一。吾松自開國以來，絶無武科出身者。萬曆丙戌，始中進士一名。己丑，中進士二名。是科壬辰，中進士三名，而鳳翔居榜首。松人始日聚談兵，即俎豆經生駸駸乎皆有稱戈躍馬之志矣。

十一月，西郊外范梟作鸚鵡塚，范機志其事。索郡中士大夫，侈爲詩歌以彰異，因附録之。　范機曰：鸚鵡平生不可考。長公子範以庚寅秋，得之海上趙生。其卒，則壬辰冬長至前之九日也。長公精廬一椽，陳設圖史、茶鐺、酒竈之屬，無所不有，其旁則置鸚鵡。每賓客滿座，或吐佳言如屑，或朗歌名章逈語，鸚鵡即從旁宛轉唱和，若會心者。性尤喜雨，時或霂霡一簑，佐以凄颷，梨花寂寞，爐煙欲死，鸚鵡輒昂首鼓翅而舞，翠鬣低回，不啻玉人一部《霓裳羽衣》，釵横髻墮也。若深更沉籟，明月窺人，或鳴短琴，或吹紫簫，復出其長音餘弄，與焦桐枯竹相應發，能令羈客拊心，孀姬飲血。長公故絶愛重之。一時雅游，亦無不知長公有鸚鵡者，等于山陰之鵝，元康之燕，龜蒙之鳧矣。一日，而鸚鵡忽焉疾死，長公悼悵，幾廢食寢。因檢開元帝時，華清御有白鸚鵡，上與玉妃俱呼爲"雪衣娘"。尋爲蒼隼所斃，玉妃傷之，賜瘞苑中,名鸚鵡塚。于是長公亦謀所以附麗其事于華清者。會君駿黄君闓亭有隙地,流泉脩竹帶其左右,名花如繡,芳草如茵。君駿與諸君,時時班荆箕踞,行歌弔古其上。遂擇竹間一隅,壘石玲瓏,盛以漆棺文緆,賓客咸白衣而葬之。長公復憐其以多慧,自取羈紲,戲與同人爲之謚曰"慧業先生"。嗚呼,先生至是可謂不負慧業矣。既葬,會座客有誇余以瘞鶴銘者。因即塚邊殘石,勒其事而繫之銘。余銘不知視所謂華陽真逸,孰爲後先。然千古山陰墨妙,于今絶矣。華表游魂,不笑鸚鵡爲李之所得,孰與仲多乎?因并爲鸚鵡一慨書之。　銘曰:汝舌如簧,而不免于琅璫。汝身如綺,曾不得山居而巢處。吾葬汝以盈尺之棺,一[抔](坏)之土,令汝差勝于朝負青雲而夕調鼎俎。謂余好事乎?而則有華清之鼻祖。

癸巳正月初四日,府丹墀内有黑氣一道,沖天而上。二月十五日,知府李多見以京計去任,合郡士民四行保留。兵道江鐸統兵緝獲,始息。先是李侯甫蒞任,頗有意昭雪民冤,不免濫受訟詞,遂爲大姓所苦。然侯能以片言折獄,且無成心。閒有覆瓿者,侯亦剖折允當,故士民翕然稱其明。又馭下嚴刻,自甘清苦,搜剔奸宄,峻却餽遺,故士民翕然稱其廉。侯又不靳施與,時多利澤,即匠役鋪户,必計工給值,絶無留滯,故士民翕然稱其惠。據侯一時政績,庶稱循良之最矣。第侯生平,才高意廣,不能取容。先在北銓,已經調謫。近在南武,又黜浮躁。松民陡聞,如失慈母。先有好事者,刻一保留文榜,遍貼曉傳。于是三縣士民,各出己見,亂書語言。或貼府縣照壁,或揭闠門鬧市,即獄人丐户娼優,靡不到矣。府前日有萬餘人,伺侯出,必擁入府堂,號呼動地,侯亦相對泣,爲賦《棠溪吟》,以示惜别。其詞曰:"少小事姑嫜,懶拙强撑持。夫子見斥逐,大義當乖離。奈此乳下兒,號泣牽我衣。兒號既慘切,母心亦傷悲。母出與廟絶,兒行欲告誰。阿爺千人杰,後母稱賢姬。兒慎加飧飯,母子長相依。棄置汝中野,我行心自知。驅車難復顧,惻惻心中悽。"讀者益增悲惋。衆赴按院、兵道保留者,不啻歸市,縉紳及春元諸公亦往。然上官以侯蒞任未久,不宜得民如此之速,且知朝廷大計,勢不可挽。故凡遇士民進白,皆婉詞以對,若無意爲留侯計者,松人益惶惶無策矣。于是有倡塞門之説,以激動上官,募民運磚石,掩西闗者;有倡投櫃之説,爲侯立去思碑者;有竪白旗,書攀留李太爺者;有願率衆到京,擊登聞鼓,白留侯狀者。如此紛紛累日,鄰近府縣流聞,僉云松民似亂矣。會通判陳九官者,與侯同去官,訛傳松人欲詰其征橐。而鄉宦林景暘有家奴揭民榜一紙,衆遂疑其阻撓,兢爲非語中傷之。因訛傳松人非果欲留侯,不過爲抄搶計耳。于是兵道江公懼地方疎虞,統兵直入郡境,泊舟驛前。先提兵房該吏,及巡捕員役,杖責有差,復訪緝倡義者,杻械而去,内及監生彭汝讓、生員蔡汝中。松人皆狼顧脅息，莫知逃遁，兵公意猶未釋。幸陸宗伯力救，乃出安民榜一道，衆始帖席。陳通判亦乘間促裝，獨景暘爲衆口所鑠，姑隱鄉曲避之。時兵公贐侯十二金，侯不納，且以賓禮相見，衆益詫異。越三日，侯戒行，即三月初四日也。是日大雨，父老争先入府慟哭。府以西，家用香燭供侯，大書"清廉李太爺長生之位"。百姓執香泣送者，不可勝計。檀降氤氳，幾徹九霄。陸宗伯自致政歸，絶不及公門，獨進府謁侯，且從雨中治酒餞行，真盛事也。侯在途，念松民情厚，覩郡治河山風物，必欷歔弔歌，依依不忍捨。又以彭、蔡禁錮太倉獄中，逡巡蘇、杭山水間，遇士宦，必流涕沾膺曰:"彭、蔡兩生，未嘗識面。乃以不肖之故，久沉客獄。不肖非有胸無心，安能悻悻然去則窮日之力哉?"聞者莫不爲侯惋歎。後兵公洞悉前情，屬袁、畢兩推府究問。但始事之日，業已申呈各衙門，終難曲庇。故各擬徒杖，實覆甑之寃也。自古有借寇之説，惟吾松此舉，不惟無益而且得禍，深爲可憫。幸無大害者，陸宗伯與王邑侯之功居多云。

四月望後，郡城内外盜賊蠭起，而盜亦兇狡異常。甫薄暮，即群入人家摽掠，皆從屋上走，捷如飛。至五月初四日，獲盜十五人。縣侯王公命捕者，以金鼓迎四城門示衆。是夜復有盜五、六人，持兇器刦橋灣張姓者。至初七日，有婦女一人，撞入市。此婦工于竊盜，日戴兩髻，或黑而入，則白而出，服色間日一换，令人莫能識辨也。是日，盜佛寺橋東徐姓者一玉圖書。追至橋上，摶去一衫一裙，僅存一褌。已至西城脚下，爲惡少并其褌去之，裸體而行。婦年可三十餘，[體]亦肥白，故觀者如堵。自西門抵北門，又從北門轉西而南，兩旁不下萬餘人。即深閨少婦，靡不出視。父老僉云:"從古所無之事也。"其婦恬然不爲意。次日，即端好服飾，往來市間。

# 卷　四

## 華亭叔子范濂識

## 記　賦　役

賦役兩端,東南重務。非特國計所關,而民俗之存亡隆替,皆由于此。涖兹土者,撫按有司苟留心民事,何嘗不首談賦役哉。但賦日議薄而卒不薄,役日議輕而卒不輕。故積久成疲,凋瘵已極,有識者且未卜所稅駕矣。今國家南北交兵,當事者莫可誰何,有督逋加税之令,急于星火,此昌黎氏所謂民就窮而斂愈急,可勝慨哉!予記賦役也,蓋敘吾松因革大略,而附狂瞽之見,亦竊有望于志士仁人之採擇云爾。

松之田賦,自宋端平元年,華亭令楊瑾行徑界法。其籍,自畝之圍,則有歸圍簿。自圍之保,則有歸保簿。自保之鄉,則有歸鄉簿。自鄉之縣,則有都頭簿。田不出圍,税不過鄉,版簿甚明,賦税就實,足稱良法美意矣。使令皆如其人,此法至今存可也。元入中國,定天下田税,上田每畝三升,中田二升五合,下田二升,水田五升,此以貊道治天下,賦雖輕,不足法也。至張士誠據吴,而蘇、松之版籍,蕩揺盡矣。國初,籍没土豪田租,有因張氏義兵而籍入者,有因虐民得罪而籍入者,有司概以租額起糧。每畝四五斗、七八斗,至一石以上者,且以私租爲官糧,不便輸納,遂有二、三石納一石,四、五石納一石者。故洪武受命,天下咸稱得所。而蘇、松獨流移載道,良有以也。至宣德五年,周文襄公忱巡撫江南,有杜宗桓上均額之説,甚詳甚善,公竟不行。顧文僖謂此公必有深意。蓋時方減税,復議均糧,其勢難並行也。已而文襄疏請,得減松郡税糧三十萬二千八百八十五石有奇。又請極重官田,極貧下户,並從輕折。每金花銀一兩,准平米四石;闊白布一疋,准米一石,算銀三錢;三梭布一疋,准米二石,算銀六錢。計該府共得輕折米四十八萬二千六百八十七石有奇。夫小民既蒙減額,又獲輕賫,其恩渥矣。東南雖百世尸祝,公豈爲過哉?行之既久,所謂極重官田,極貧下户,遂倒置于吏胥奸宄,而輕折高下之弊,不可窮詰。嘉靖間,歐陽巡撫括該府額賦,一則派徵,每平米一石,准銀四錢。凡本折悉照此例,始得一洗前弊,而耗亦從此大減矣。行之既久,則産去糧存之弊,因之紛起。隆慶三年,生員張丙蕴建爲清丈均糧之説,請于當事者。當事者是其議,請于朝,乃簡命僉事鄭元韶董其役。元韶,即本府同知也。于是廣詢輿論,分上中下三鄉以定斗則。華亭每畝科正米二斗四升五合,上鄉加耗一斗二升,中鄉七升五合,下鄉三升,護塘外者免。上海每畝科正米二斗二升五合,上鄉加耗一斗,中鄉六升,下鄉三升,護塘外者免。其各最低薄者,或二畝三畝方折一畝,有五畝七畝折一畝者。若青浦分自二縣者,田則科則,悉仍其舊。于是共計平米一百二十三萬八千六百餘石,内增竈蕩米二萬二千六百餘石。緣民竈相參,易生影射,故概丈概徵,以杜弊端,民間遂稱公平矣。但近海之田,以其斥鹵瘠薄,兼時有風濤飄决,故另議每石折銀四錢,計平米八千一百六十九石五斗有奇。又去海稍遠者,每石折銀五錢,計平米一萬一千三百六十九石有奇。餘皆腹以内田土,一例五錢算徵,本折並派。而東鄉三十六、七保等區,又以瘠薄援例告折者,有司概徇民情,輕折四錢,計平米一萬石有奇。則于起運存留之數,不無太損。于是以田之甲者移之乙,而民間又有增賦之議矣。矧時久弊生,征斂無法,則上官之詭寄,吏胥之挪移,圖書之飛灑,奸宄之侵匿,其患又有不可勝言者。萬曆十七年,巡撫周至留心剔蠹,設爲經賦二册,合用會計凡例,共二十八條。如檄李兵道,又可謂曲盡人情,故一時奸胥,賴以稍輯。而有司徵比,庶幾可規。獨詭寄一端,惜其不能併去,至今二十年。寧夏之變、朝鮮之警,上嚴旨令開府督逋,爲備兵計,于是巡撫劉公以遞年書册清查,刻日嚴追完納,且遺對聯,令有司懸之迎賓館云。力田以給公上,庶民且然,積穀以肥私家,吾輩何忍?松之士民,始有變産輸官者,而向來影射侵漁之弊,又爲之一洗矣。夫以諸公皆經世之才,而留心于東南之一賦,其規畫調停,委曲周密,可不謂無遺策也哉。即通達如賈生,安所置喙也。然以予觀之,文襄上矣,歐陽次之,如周如劉,僅可謂之救弊,而未可謂之仁也。大抵詳于法者,法雖工而適以困民之力,久之且有法外之遺奸。仁以濟法者,則裕乎民,而因以得民之心,久之且貽國祚之永福。嘗觀正德六年,巡撫張鳳議復文襄折徵舊例。時華、上耆民嚴泰、朱禋等,指陳利弊,盛稱文襄,而歸罪于華亭之董令,末云:“老民不知先年何故金花銀准米四石,布疋准米二石一石,却乃錢糧反多。今者金花銀不過一石九斗,白銀不過一石七斗,不知錢糧何故反少?”此其言,即任仁任法之驗,可考而鏡也。今松之民,凋瘵極矣,水旱頻仍,饑饉薦至。號稱殷富者,以供輸供役,而十室九墟。策名縉紳者,以尚侈尚奢,而虎皮羊質,譬之善病之夫,耳目口鼻,非不猶然人也,而膚體血脈,銷鑠幾盡,蓋惴惴焉不能畢其命矣。大司農猶指東南爲奇貨,日以誅求督撫,督撫日以誅求司牧,司牧者下其令于里役,稍不從命,鞭笞備至。小民則售子鬻妻,罄家蕩産,巨室則賣絲糶穀,剜肉醫瘡。幸國計稍充,當事囂囂然自爲得計曰:“我能爲朝廷足國用矣,我能爲民間驅積蠹矣,我能爲東南征積逋矣。”有人心者固如是乎? 故予叙三縣稅額,而贅以《裕民七議》。

華亭縣,額徵平米五十九萬五千九百三十三石八斗有奇。除護塘外,平米八千一百六十九石五斗零。每石折銀四錢,仍作本色。又有改折平米八萬九千三百四十八石八斗零,止納折銀四萬二千八百七十三兩八錢五分有奇。抵作起運,實該驗派本折二色平米四十九萬八千四百一十四石四斗有奇。

上海縣,額徵平米三十九萬一千二百二十三石四斗五升零。除改折平米四萬六千九百一十三石四斗有奇,止納折銀三萬二千五百二十一兩八錢六分零。抵作起運,實該驗派本折二色平米三十四萬四千一百九石有奇。

青浦縣,額徵平米二十二萬八千九十石五斗零。除改折平米四萬一千四百五十九石二斗有奇,止納折銀一萬九千九百六兩六錢九分零。抵作起運,實該驗派本折二色平米一十八萬六千六百三十一石三斗有奇。

一議五等之均。 賦稅之法,鄭僉憲以三等起科是矣。而上中下三鄉,殊爲未當。如西鄉稱上,乃有一畝,僅租五、六斗,或八、九斗。一遇旱潦,輒無粒者,概目爲上而重斂之,可乎? 南鄉稱下,乃十一、二保有一畝,得糯米租一石二斗,且旱潦無虞者,概目爲下而薄收之,可乎? 東北稱中,乃僅種花荳青秧,天稍亢旱,民束手矣,概目爲中而盈取,可乎? 故予以松郡之田,當列五等。如城市,係商賈輻輳,民居稠密之地,列爲上上。西北皆膏腴,列爲上。西南爲中,東南爲上中,南北爲下。如是,而又精覈其低薄池蕩,與新荒舊荒之別,履畝而稅,則輿情允愜,民亦無亂于上供矣。壬辰,華亭項知縣擢户科給諫,建議改折三十八保等荒區,民皆誦德。

一復折布之例。 松民善織,故布爲易辦。而文襄以布代銀,實萬世良法。况今北邊,每歲賞軍市虜合用布疋,無慮數萬。朝廷以帑藏赴督撫,督撫以帑藏發邊官,邊官以帑藏賫至松郡。而牙行輩指爲奇貨,置酒邀請邊官,然後分領其銀,貿易上海、平湖希布,染各樣顔色,搪塞官府。中間轉折虚費,動以數千,于國計更何益也。合無撫按奏請合用賞邊布疋數目,該用價銀若干。聽兵部議定布式廣狹長短,令三縣令頒示小民,并隨時酌處其價,務要公道,使民樂輸。民有欠金花,自一錢起至一兩者,聽其照式輸布。或有合用三梭,及可充本郡兵餉者,亦如邊布,頒式准收,則上省無益之費,下免難辦之苦。前不失文襄之遺意,後亦便有司之徵求。未必非裕民足國之一助也。

一議助額之方。　松郡田賦至一百二十餘萬，亦云極矣。第可議減，不可議增。如郡治内城脚，有軍營地、飲馬池若干，今皆爲有力者起建第宅，則此地不屬之官，屬于民。而所謂營與地，特虚名耳。合無奏革虚名，照則起税，而即以其税，均入于一百二十餘萬之額。又各鄉民，每歲有新填池蕩，開墾積荒，通計十年，可得百有餘頃。謂之升科，而即以所升者，均入于一百二十餘萬之額。其或坍江坍泖，苟可修復故道，不妨動衆勞民，萬一不可，亦藉升科補之。此雖萬分之一助，而擬之加賦者，則異矣。

一停優免之例。　每歲均徭，例有優免，而弊極多端。如竈户一丁，例免該田二十四畝，而貧竈無田甚多，皆爲鹽場大户。花分濫免，此弊之最著者也。其他鄉宦舉監生員，升降、進退、死生，朝暮變態，安能一一審覈，毫無滲漏乎？其間必有當免而不免，與不當免而免者，秖爲奸胥出入之竇而已。合應概縣減數徵派，以杜弊端。雖祖宗恩例，君子當存愛禮存羊之心，而俗所稱拯頭救脚之説，亦今日權宜處置之一策也。

一調額外之征。　松賦正額，民已不堪，而額外又有均徭、練兵、開河、織造、貼役、加耗，種種不經，難以枚舉。則如上鄉三斗六升五合起科之田，計有五斗之供矣。况兼凶荒賠納，其利安在？而士民亦何樂于有田也？然諸費斷不可少，而民力漸不能支。合無奏請于兩京雜費内，如蓆板、顔料、芽茶、録笋，及宗人府公侯駙馬公主供應等項，量裁十分之二。又于所屬地方，徵門攤、局鈔、魚課、匠板、生儒、吏胥援例銀兩，及撫按有司贓罰，酌量充補，庶幾減一分，則百姓受一分之惠矣。此其説，雖妨衆難行，而得任事如文襄者，未必非救弊之一助云。

一嚴詭寄之弊。　詭寄之妨賦有二：其一，自貧儒偶躐科第，輒從縣大夫干請書册，包攬親戚門生故舊之田。實其中如本名者，僅一百畝，浮至二千，該白銀三百兩。則令管數者，日督寄户完納，及有司比較結數二百七十兩，已足九分，便置不比，是秀才一得出身，即享用無白銀田二百畝矣。積以十計，則每縣無白銀田，去二千矣。况十不足盡乎？又况所寄愈多，所侵愈甚乎。其二，自鄉宦年久官尊，則三族之田悉入書册。其間玩法子姪，及妻族内親，如俗所稱老婆舅之類，輒謂有司無可奈何鄉宦，而鄉宦又無可奈何我們。于是動輒欺賴，僅與管數人倨倩代杖，遷延歲月而已。故一官名下，有欠白銀一千餘者。夫一官以千計，則十官以萬計矣，况又不止十乎？故祖宗爲詭寄立法，恐隱漏大户，而不意今日之弊，則有在此而不在彼者。故嚴查之法，須將各宦書册，每年自十月立限，至來年二月止，撫臺先于二月以内，弔取書册，府縣即將管數人同册解查。其有完納無欠者，着有司以禮旌異。

欠止二、三百兩者，即將兩京應解錢糧起批。着落管數人，催取批廻，限日繳報。至五百兩以外者，先將管數人坐贓問遣，仍行嚴提本官子姪監追，則彼此無樂于詭寄，而弊可潛消矣。

一定會計之則。　糧數自丈清後，雖有定額，而每歲徵收，則憑會計。有一年米多而銀減者，有一年米少而增銀者，有一年銀米相埒者，遂使奸貪吏胥，得以挪移出入其間。而輸納者，亦不得據爲長例，骩法莫甚于此。合無以國家經費，較數歲之中，立定等則。如三斗六升五合起科，田歲輸一斗六升五合爲倉糧，以二斗折銀爲金花。餘中下二鄉，亦以例推算。即遇凶荒，或減米幾升，減銀幾分，令人曉然，屈指可計。此所謂賦有定法，民有常供。在上無會計之煩，在下杜疑影之弊，正合郡士民所稱快，而何當事者不一念也。豈其中有不容不計乎？抑多首尾之畏，故因襲而不肯振刷之乎？竪儒所不曉也。

記役。　志載唐宋以來，役有立法，互有同異。惟楊瑾設爲義役，又置役田，以充其費。蓋合熙寧僱役、元祐差役而變通之，可謂百世稱善者。本朝役東南之民，皆從均徭編審，而獨注意于糧長之一事。故祖宗之法，必取丁力相應有行止者充之，其制亦未嘗不善也。特以法久弊生，時移事改，或貪墨之吏，務瘠民以肥家；或奸詭之徒，争舞文以玩法。故議裁議處，其説紛紛，而終鮮良策。識者隱憂，試以邇年因革之大略言之。吾松之重役有五，一曰庫子，一曰長收，一曰解户，一曰公務，一曰收倉。庫子有各庫不同，而惟縣堂爲最。蓋一縣雜費，與迎送上官，種種不經，俱責成于庫子。故歲用四名，每名費千金有餘。至癸丑倭亂，督撫不時按臨，皆用庫子爲支應大户。而其役始濫觴，充之者鮮不破家矣。是役遂議革，而以買辦鋪陳之類屬之庫吏。然而縣之分費，有必不可免者，竟屬之長收。長收者，自海中丞用一條鞭法，歲收兵白徭銀，始終其役而名之者也。長收雖屬收銀，而其費與庫子相埒。如各上司按臨，例有迎風飯、下馬飯、閲操酒、送風飯，動以數金計。而時值暑天，隨腐隨易，則一酒而費數金者有之。其他種種雜差，不可勝計。兼之縣令賢否不同，有需索常例火耗，交際餽儀，與一府各衙門吏書皂快，指爲奇貨，動輒干求。有不如意，即怒目嗔詈，此其費幾二千金。而華亭十二櫃，每月輪值一名，謂之當月。是無庫子之名，存十二庫子之實也。至知縣楊東野，雖號稱敏吏，而承奉上官，實爲超格。時長收正屬監生顧正心，正心又江南豪華公子也。上官至，責令擺酒。正心多方覓水陸奇珍百餘品，而細菓如松杏、蓮心、瓜仁之屬，裝綴若魚鱗，高一尺有奇。器具壺盃，皆用古窑金玉。此規一立，動費百金。于是上官争以楊令爲能，以松江爲富麗，而長收之役，始濫觴矣。自是正心令姜姓者議革，而以總催充收銀之役,謂之櫃收總催。無大户,收銀不過二十兩。支放一畢,即令交代,蓋取衆擎易舉之意也。華亭每歲用一百名,分列十櫃,上、青稍減,此其役視長收較輕。而火耗常例,及衙門雜費,猶故也。每名計費銀三百兩,而破産傾家者衆,且以支應上司酒席,不時弔取貲郎富室充之。如庚寅,按院、學院同時按臨,兩院有交請席,府縣有公宴兩院席。其一用監生顧正心,其二用監生陳大廷,其三用監生宋啓明,各争奇鬥品,求媚有司。時五月,有肥紫蟹,重斤餘者,鮮鰣魚,五、六斤者,餘品精美豐潔,不可勝道。宋備攢盒二具,費銀三兩。知府詹公、華亭項公,皆按院同年也,按院嘖嘖嘆賞曰:"兩年兄蒞兹土,可不謂福人哉!"此風沿至于今,日甚一日。是去十二長收之名,存百餘長收之實也。于是民間共稱不便,而建議者又紛然矣。公務糧長,在未清丈時,每保用五名,凡本保本區錢糧,責令催辦輸納,而以里排佐之。自後包攬之奸出,而欺蠹之弊生。兼之歲無定額,户有積逋,有以賠貼傾家者,有以收侵坐法者,有以積累亡身者,其害不可殫述。故鄭道均糧後,遂議革。于是以官户之糧,并之書册,以巨室之糧,歸之囤户。而以十排年,充催辦小民之役。十排年者,即所謂里排,司一里之事。第一年爲總甲,第二年爲該年,第三年爲催辦,第四年爲塘長。又以甲首副之。此乃祖宗定役,不由均徭點差者。今獨重辦錢糧,第令從民間依期督促上倉納米,赴櫃納銀,而錢糧毫不經手,亦取衆擎易舉之意。且杜侵漁賠累之奸,此法終不可變者也。然公務之弊,在于侵漁,而里排之弊,在于容隱。蓋十人同圖同産,則以一人蔽九人,而十人遞相爲蔽矣。此不侵之侵也。公務之患在包賠,而里排之患在准折,蓋圖中必有富民,里排豈無假貸?一或逋負,則富民必藉口勒掯,而里排亦不敢吐氣矣。此不賠之賠也。且荒區荒圖,編僉充數,乃有家無擔石,丁無餘口,遂列于排年者,既殫力于催徵,又奔命于赴比。加以皂快之拘提,歇家之酒食,吏胥之恐喝,所費多歧。遂至賣田宅,鬻男女,流移遷轉,不可窮詰。近年常熟顧襟宇、吴江孫質菴兩公建議,大相水火。然以予觀之,則得失相半,未可左此而右彼也。當事者緣索糧長所由始,又合武進縣每圖編僉之説,廣其爲糧長,間亦可謂究心民瘼者矣。但解户之役,有細布,有南北運,有徐州、鳳陽非不稱鉅,乃所患者不過風波盜賊之險,而其機每係乎天。苟天不爲災,而益之以津貼之饒裕,則奏績而保家者,常十之九。收倉之役,有迎送監司,有綱司話會,有開倉修廒,非不稱費,乃所患者不過收貯出兑之煩,而其機每係乎年。苟年值其豐,而佐之以明幹之有司,則計日而成功者,常十之十。壬辰冬,甘、劉兩臺以軍兑,先屬官户,次及囤户。倉收止備存留三倉,其意雖省役省民,而偏重宦家,也難久試。故此二役者,第取家道殷實之人充之,又得良吏調停其間,則執役者有成議之可據,不得逞奸以逃于法之外。按役者有成規之可約,不必骫法以徇乎下之情。此役之無煩于深計者也。獨櫃收催辦,雖歷經議處,旋弊旋革,而時生隱患,終乏遠圖。恐良、平持籌,蘇、張掉齒,亦不能爲東南建萬世之利矣。予不自揣,敢以迂闊,謬參四議,豈云有補于國是,聊以備顧問于將來。

一嚴里排之僉。　里排者,輪年僉役。官無編審之煩,挨甲奉公,民無扳累之苦,誠經久可行之良法也。但既屬催辦,則今日之里排,即昔年之公務矣。若以貧窮無告之人濫充其役,能保必無前弊乎? 故編審之年,須取丁力相應者爲上,以有丁無力、有力無丁者爲朋名。如本圖無人,不妨通融計議,或以客户田多者充正役,而以圖民之曉事者副之;或取殷實之户,免其大役,而分當幾甲,則承役得之。公輸自裕,閭閻可無困苦逋逃,而糧税亦免侵漁拖欠。此法雖千百世可行,又何紛更之議乎?

一清比較之法。　徵限以十日爲期,而限銀亦定數。如第一限,每圖限納白銀二十兩,而辦或不等,有浮于數之外者,有如數者,亦有納至十七、八兩者,有納一半者,有僅止二、三兩者,多寡勤惰逈然矣。乃比較之日,一概赴比,甚至鞭笞同用,漫無差別。不惟增役人一番盤費,而奸頑藉爲口實,遂令樂輸終事之民,懈體而不前。此縣令昏逾之通弊也。合于先期一日,各排年將辦過銀兩數目,開報區總。如限二十兩,納至十五兩者,區總即省發在圖催辦;其不及者,聽第名開數,押齊候比。而區總勤惰,即于比數内驗之。如區轄三十圖,而赴比仍三十人,其罰即與排殿者同科,則賞罰既明,勸懲自著。且民不擾,而事不煩,正司牧者所當留意也。

一議官收之法。　櫃收之役,稱最不便者,獨以在上有需索,在下有干求,在納户有勒掯耳。愚意府縣設管糧官各一員,正謂財賦之區,欲令職專其事也。今縣之管糧,曰通判者,日令分理詞訟,僅供領運一差,而于徵輸大務,既不可托,亦無効用,豈朝廷命官之意哉? 合無奏請如華、上等壯縣管糧者,須選鄉科清年有望之士。蘇、松等府管糧者,須選甲科已試盤錯之賢,責以專董錢糧,分毫不令外與,即上司亦不得另有差委。如十月初旬開倉,則一應倉務,俱屬管糧衙料理。及已經開櫃,則以倉務歸之堂官,擇一近縣衙門,如鶴城書院之類移民。本官選撥已經一考吏二名,能寫老成書手四名隨侍。堂設十櫃,以東五櫃收官户,西五櫃收民户,俱許人户自行投櫃。每白銀一兩,加耗銀四分,以便傾銷。吏書人等,止許驗封登串,發寫納户銀兩數目,不許別與分毫。收至五日,本官會同知縣,并封貯庫,以防盜賊之患。其小民,自分數起,至四、五錢者,不必納櫃,但照每限始日,本官量給串票于各區總,小民竟從區總交納,仍索串票爲據。至赴比之日,區總并封投櫃,即持串票,候本官照驗。用過若干,復量給串票若干,以省騷擾。府管糧廳,許不時分巡各縣,到倉閱糧,到櫃閱收,仍體訪官吏口碑,遞送正堂,填寫考語。如有門役生事之人,即便拿問。每三限畢,弔取官户大户書册,細驗納過數目,有無多寡,嚴行比較。凡係糧税詞訟,悉聽告理,轉申正堂,以杜濫受。此法一立,則需索干求勒掯之弊,俱已潛消。不惟可省收頭重役,而國計亦賴考成,且不虛設官之命,實東南長策也。但糧税出入,最易染指,官雖擇人遴選,能保終必得人,須嚴行賞罰,方示勸懲。如官吏三年最績,則吏准一考,官擢不次,其餘執事人役,亦須厚其工食,使得資生。倘稍有覬覦更張,即聽堂官,指名參究問遣。庶幾有志之士,争自濯磨,不至卑卑無用如今日矣。

一議供應之役。　縣中雜費,廉吏俱可裁省。獨供應上司,雖夷齊爲吏,亦不能免。若非委之大户,則一應酒席,何從措辦?合無一縣,每年議取大户十二名,拈鬮分月,專候上司按臨供役。而所供者,亦止設酒一事,更無别差。計各縣整年之内,約有四月不免,尚餘八人爲曠。則于交歲時,另議四名插入,仍拈鬮值月,以備來年。夫一歲而僅役四人,[貽](賠)累既不爲多。一役而僅供一酒,其費亦不甚巨。如是而民不稱便者,未之有也。若華、上壯縣,歲不乏一二人,即以曠役者分委傾銷,量亦不爲煩苦,何當事者計不出此,徒取嘵嘵之口稱寃哉!

范叔子曰:賦役之事,余特記四十年以來,因革損益之大端,及予一人之淺衷薄識已耳。其他挂一漏萬,與經生擘畫之所不及者,何可勝道也。然以今之時勢論之,賦之所望者在薄,而今則不容不厚矣。役之所望者在輕,而今則不容不重矣。厚不已,則財盡;重不已,則力疲。雖謂小東大東之詩,即松民之詩,奚不可哉?撫養調停,亦在上之人日留意焉耳。不觀之馬牛乎?始而責之耕十畝計耳,責之走百里計耳,終而日益之,又從而鞭笞之。馬牛雖賤,其能堪乎?司牧者,等于馬牛,奚忍哉?余又詢吾松縉紳云:四方郡縣賦役,自正額而外,有司不得分毫有誅求。如方衆甫在冀州,夜集二、三門生談文,良久送出,堂無燈火供應者,絶不爲意。而刺史亦不敢索,索亦無有應者。此微獨覘風俗之朴,亦能養上人之廉,其益非淺鮮也。若吾松賦日厚,而俗愈奢華,役日重,而供益謹飭。故臨蒞兹土者,但覺富庶之邦,而不知膏血之暗抽也。征求需索者,但覺意欲之適,而不知民生之日蹙也。獻納貢輸者,但求免禍譴之及,而不顧身家之敗亡也。姑舉一細事而論。如御史按臨,有下馬飯、閱操酒,縣令先定大户充役,每席用嘉餚四十味,糖食四十味,菓品四十味,而攢盒、煖盞之類無算。一遇暑天,不時更易,動費百金。而其間置辦物料,憂其難精;應對侍使,憂其或忤;縣令稽查,憂其苛責;皂快恐喝,憂其無厭。惴惴焉如臨深履薄,不能畢命。乃上官至,僅供一餐之資而已。倘得清介如海中丞者,愓然思曰:吾何以飲食之故,勞民動衆若此?即嚴行裁革,未必非地方一助也。况由此例推之,苟不便于民者,悉從節省。其爲小補,又當何如?譬之貧病之夫,雖乏膳脩藥餌,恣其安享,而本原之地,不加戕賊,縱不能躋之仁壽,獨不可苟延性命于旦夕乎?嗟嗟,論而至是,悲矣悲矣!余本山澤之臞,無用于世,即舉松郡而陸沉之,亦何損于不肖?乃嘵嘵爲賦役侈口者,顧生于斯,長于斯,且目睹流離困苦之狀,則桑梓之愛,自有不容不言,而言亦不容不詳且切也。異日者仁人君子,或不遺蒭蕘,因而援手松民倒懸,余又何惜出位之罪哉!

# 卷　五

## 華亭叔子范濂識

### 記　土　木

土木之事，在在有之，而吾松獨甚。予年十五，避倭入城，城多荆榛草莽。迄今四十年來，士宦富民競爲興作，朱門華屋，峻宇雕墻，下逮橋梁、禪觀、牌坊，悉甲他郡。比之舊志所載，奚啻徑庭。予因聊述更新大略，以見侈靡。至城池、公廨、倉儲，係朝廷勅建，予前目覩者，雖不能悉其制度廣狹，記之以備參訂。而上、青兩邑，及鄉之邨鎮，考覈未確者，不敢槩述。

郡城，係張士誠所築，高丈八尺。嘉靖癸丑，知府方廉增高七尺，又增築箭臺四十，臺建一廊房。每城二十垜，建一穿廊，爲守兵憩息之所。後城備漸弛，廊房日傾。壬辰春，數聞倭警，僉議修復故制，以時詘而罷。

上海故無城。癸丑之變，縣宇焚燬幾盡，幸都指揮韓璽率僧兵月空、無塵等力戰，斬獲頗多，倭始遁去。方侯遂乘間度定基址，命李通判旦暮督工興築。數月克就，于東南雉堞嵬峨，實稱萬世金湯之險。

青浦邑名，志所不載。自嘉靖庚子，以糧税無徵，議建于郡之西北，離府七十餘里，地名青龍，歷知縣楊瑶、吕調陰幾十年。值徐文貞公入相，有稱不便者，壬子議廢。又二十年，而今少司馬蔡公汝賢爲給諫，疏議復之。蔡即其邑庠生也。復從民所欲，移建唐行鎮。首令邑者，石繼芳也，明敏練達，爲循吏最。凡城池縣宇，乃學宫察院倉儲之屬，皆其鼎建。而運籌有方，公私不病，是郡之乾位，厥有百雉之雄，其不失由拳遺勝矣。獨以役重賦煩，人民凋瘵，識者不無杞國之憂。顧更化善治，亦在上之人何如耳。石公歷官至兵憲，壬辰寧夏之變，爲亂軍所殺。青民聞而寃者，交口于道。

柘林，係海濱之鎮。東距青村二十五里，西距金山衛三十六里。舊無城池，自巡按尚維持議建，而以富民衛姓充其役。内設把總官一員，兵五百名，公廨一所。沿海民竈，遷實其中，旦暮警守，爲東西應援，足稱犄角之勢。川沙堡與柘林同築，南距南匯所四十五里,北距吴淞所八十里,内列官兵守備亦同。

西水次倉,舊無圜城。自甲寅倭亂,築堡于得勝港,駐兵禦浦。後以倭息,慮官糧失守,移築西倉城,因改倉木橋爲三洞石橋。而西水往來,歷馮家墩、跨塘橋,至是爲三鎖。

范叔子曰:松江保障之法,莫急于築新城。蓋隆、萬以來,生齒浩繁,民居稠密,幸享承平,足稱富庶。倘兵燹陡發,驅民入城,無論鄉鎮,即四郊外十里許,計男婦不下二十餘萬矣。竊恐郡城方不踰九里,容蓄幾何?澤必竭流,薪必燎骨,穢必塞道,更加疫癘暑雨,則露宿者必號呼動地,有萬萬不可勝道之苦。況昔年人民猶知安分守法,今之惡少,兇狡百出,安能坐縛手足,久困饑餒乎!此勢之必然。而城小人衆,亦兵家之大忌也。故有識之士必以築新城于西郊爲首務,而當路者輒以錢糧缺乏爲辭。不知此城之役,費銀不過五萬兩,當以半出之官,或扣改折,或借存留,以半出之民,或估門攤,或假樂輸,則公私兼舉,諒可計日奏功矣。苟得任事如周文襄忱、方侍郎廉、海中丞瑞者,毅然行之,亦何患不濟哉!若僅僅惜目前之小費,逡巡推托,異日倭寇突至,如嘉靖癸丑之變,則四郊之殺戮焚燬搶劫,不知費銀幾百萬矣!況禍幾不測,并其舊城而失之,則府縣之帑藏,士宦之積蓄,又不知費幾許千萬矣。興言及此,豎儒不禁杞國之憂也。語云:圖大事者,不惜小費。予日望之。

濟農倉,在郡治仙鶴觀西河以南,皆張氏雙鶴田也。又西折而北,爲小教場。倭亂時,予寓張田之左,見韓掌教練兵倉中。後文貞徐公當國,撫按奏請改濟農倉爲元輔三第。大工之日,匠役皆以千計,聽金鼓作息,張田遂歸徐氏。以其半建倉厫,及民房二三帶,令蒼頭居之,有司遂以小教場改今預備倉。又以南水次倉改今演武場,并儲糧于西水次倉云。

濟農倉以西,皆細民傳舍。自文貞公列第于東,其弟少司空陟,即捐金羅致其址,建今司空三第太平橋以南,亦增池園竹木之勝焉。橋故高,今夷其頂。郡中府治西南,此地最號荒凉。自六第並建,而徐氏蒼頭厚蓄者,争起精舍于南旁。壬辰,徐少卿琨又建新第于南禪寺前。故東至南水關,西至放鶴灘,北抵元輔舊第,蔚然皆瓊樓玉宇。梯城一望,如魚鱗雜沓,即陳隋宫院,恐不過是。吾松土木之盛,此爲第一奇云。

放鶴灘左,即周御史舊宅,餘僅民居數椽。馮廷尉公羅致之,列爲前後二第,幾百畝,而太學生曾可居,尤極廣饒,内多亭榭花石之勝。谷陽門内,稍折西南,爲徐文貞公舊第。又其南,爲費千户宅。徐太常公璠改今水西園,而以小湖匯于城水者，堰其北，爲畜魚池。小湖，即志所載陸氏西湖遺迹也，太常公析仲子元普居之。元普改舊第爲門樓，建平格堂。于後擴園，以東爲姚林，起石橋，納巽水之勝。方議鼎新，惜未竟其志而卒。

合掌橋以東，有莫氏旌表亭。亭之左，即孝廉王之路所建宅也。又其東，皆民居。陸宗伯樹聲貿其址，改今尚書第，王孝廉作其宅，遂歸于陸。今進士公彦章居之。顔其堂曰“大椿館”，以後有大椿，而宗伯公暮年，進士公在告故也。

佛字橋三第，大参王教羅致民居建之。今東第屬張太常明政，西二第屬主政章憲文。因闢門于私路巷鶴城書院左，林太僕景暘建冏卿第。林氏世居普照寺南，以賣生藥起家，至今人呼爲“林生藥”。故景暘貴顯後，仍卜居其地。東北抵寺基，西至陸侯神路，共數十畝，前後皆壯麗之居。寺前，建三世冏卿石坊，亦赫奕。而坊下石橋，與寺中明堂，皆景暘一力更新之。先是景暘爲諸生時，從雨中過橋，偶然傾跌，因盟諸心曰：“他日苟富貴，無忘修此橋。”至是果恰其願，亦念所格也。

軍儲倉以西，唐大参本堯建世中丞第。

脚牌衖左右，最湫隘。徐鴻臚隣、陸太學述祖、孟太學至大，共起六第，前後如墉如櫛。徐地多軍營，今徐、孟皆易姓，陸正丁盛。時瑞鹿橋北，爲城之西隅，兵憲李日章並起四第。東半多菴基，西半多營地。今三屬大参宋堯武，而李公孫紹文僅守其一。大参公又于沿城闢爲園池，建小亭其上，雖無花石臺榭之勝，亦得曠野清幽之趣云。

通波門水關以西，折而南，即本一菴後也。姚大参體信貿菴基田，徐起大第。

陸門以東，沿城爲飲馬池，池南爲柳家衖。倪孝廉甫英集民地，建大第，不惟屋宇壯麗，而氣象廣爽，足稱豪士之居。倪氏世家東土之新場，祖父代有隱德，以倭亂遷入郡城，而孝廉公尊賢敬士，益昌大世澤，故氏遂爲詩禮名家。

大吴橋北塊東，皆姚氏基。張大行從津、錢廷評志學建三第，錢左第，屬今蔡少司馬汝賢。柳家巷稍折而北，陸宗伯建適園，蕭疎雅淡，若幽人墨士之居。宗伯公自爲記。相傳有柳御史讀書臺，遺迹在焉。

## 附：適園記

循城之址，稍南百步，得棄地焉。疏抉叢穢，就其下者爲池。亭于池之上，累石以當其前。亭之左，折爲樓。樓四達以望遠，樹竹木其間。飾堂之舊者，以待賓客。屋于其旁者，爲茶寮。總之曰“適園”。園之始，余自南雍謝病歸，會以其地售者，余適有之，以其地之湫隘棄于時，故易售。而余方倦游，思去煩以息静也，故得之，若以爲適者。然以余之苦于驅疾病，以事奔走也。既休吏鞅，返初服，以便居息，則求以愉懌心志，寄耳目之適者，實藉是焉。故予每憩是也，于泉石之亭結，雲物往來，花木喬秀，禽魚之下上飛泳者，日與之接，耳目所遇，皆樂其爲己有也。凡予之所爲適者若此，而余因是以觀造物者之所有。若泉石、雲物、花木、禽魚，所爲麗于兩間，挾光景以與之游衍者，物各有以自適，而吾于是託之以寄其適焉。如是者固日交于前，有以取之不禁也，則不惟余去煩息静者之所宜有。蓋自造物者之有是也，而我與物之所共適，非一屬于己，可專而有之。則余于是將不有超然而自適者乎？如是，則余園雖小，而余之所託以適焉者大矣。是不可以不記。

府治北，朱司業大韶建大司成第，後建文園第。即故御史蘇恩廢宅，園即卜氏墳也。大韶擴其址，内多朱樓華屋，掩映丹霄。而園中花石亭臺，極一時綺麗之勝。其弟太學大英宅，並建于西。大韶無子，生平亦無一善狀，獨窮極聲樂飲饌，及古器玩好之物。一死之後，妻奴盜搶無算。大英憑藉兄勢，戇直寡諧，有力者争起而魚肉之。不踰年，第宅皆易姓。司成第屬陸都運從平，大英宅屬褚孝廉用章，文園屬金吾徐有慶。金吾時舉宴稱觴于大人前，故顔其堂曰“愛日”，屬太倉王司寇鳳洲銘。

## 附：愛日銘

太師徐文貞公秉政于嘉、隆之際，蓋冬之日也。當其歸里時，春秋六十有六，而其元子太常卿仰齋公，甫四十，以官侍養。備志物之奉者，十有六年。而文貞公始遺家政于仰齋公，而公遂爲德于鄉，今年六十一。而其元子太常卿正夫，復請急歸侍公養。正夫亦甫四十，而其子有慶已爲金吾太師。蓋三世皆三品上，文武忠孝，天下艷稱之，以爲人倫之極。而正夫所以奉仰齋公，視仰齋公之奉文貞公，不啻也榜其堂曰“愛日”，以寓懼喜之切，而問銘于世貞，世貞敬諾之。其詩曰：“去之日，日不我留，何以寬公？淳醃脙羞，俾以妄憂。來之日，其日昉昃，何以饗公？膋臅酒炙，俾以娱夕。鐘鼓喤喤，爲樂未央。化國之日舒以長兮，公以子徜徉兮。鐘鼓闐闐，爲樂蟬聯。山中之日如小年兮，公以子偕咸籛兮。”

大司成第左爲顧中舍正誼第，前後與朱相埒。後建書齋禪閣數百椽，詩廊一，韻廓一，以便騷人題咏。内列奇石圖史，蓮池亭榭，種種色色，皆成雅觀。正誼又建濯錦園于東郊之北,俞塘、古木、修篁,亭午可窺星斗。而土岡一勝,宛如山麓。其下響泉溷溷,巧奪化工。至敞閭堂、天琅閣,令人處蓬壺中,不知有塵世事,真名園也。正誼好摹畫,亦欲力追黄、米諸名家,獨點綴光景于土木竹石間,尤爲長技。若更移之筆端,則公望叔明瞠乎後矣!

中舍第後,皆膏腴田也。董太學九皋起建新園,日費萬錢。園中清泓畫閣,不減紫微玉真,雲間士民遂爲談資口實。董之父,即廷評公志學,平生善居積致富,而其子以緒餘供之一園之費,亦何足異云。

東馬橋之左爲范氏二第,皆范太僕惟一所建。西第有嘯園,内皆深邃廣闊,稱富人之居。馬嵴寺最號荒僻,俗傳日薄暮即爲鬼魅之鄉。有僧雪菴、悟空,相繼修葺。故僧寮佛宇,皆焕然改觀,可稱雲間浄土。寺之左,即陳太史懿德舊第。今孝廉何三畏撤而更新之,後擴爲園,曰芝園,幾數十畝。内有觀濠堂、歌風館,及亭臺竹木之勝,屬陳繼儒爲記。何孝廉居恒不治生産,即歲入租税,或四方賢豪有所餽遺,悉以供一園之費。凡良辰佳節,張燈設宴,招詩人社友,集于其中,庶幾得泉石之趣云。

## 附:觀濠堂記

昔摩詰圖畫輞川,香山命篇池上,皆以討天機于逝者,非止託心賞于冷然。有美吾師,實弘斯理,偶剪蓬蒿之徑,漸成桃李之溪。止水一泓,爲山半簣。漚磯清淺,花枝笑于鏡中;雉堞參差,人影形于樹杪。璧月映柳,鳧鷺在汀,停雲澹而無言,芳草萋兮不斷。四園秀色,翠籠薜荔之墻;一道晴霞,霜暈芙蓉之浦。枯蘭吐蕙,槁木蒸芝,神仙于此樓居,大夫從之賦作。醉來刻竹,清歌散渭畝之陰;倦以據梧,幽夢仗鬱林之石。夕陽殿角,蕉葉扇而鹿眠;點雪爐頭,茶烟横而鶴避。紅亭客散,碧芷風生。門設欲關,簾鈎半上,憑軒踞狻猊之鼎,隱几披龍馬之文。身侍羲皇,地鄰濠濮。登斯堂也,盍往觀乎? 魚鳥親人,鬚眉可鑑。謙而善下,舍喆士之虚心;浄以納瑕,得碩人之雅量。淡成君子,信薦王公,進退近于中庸,安流類乎無兢。澄懷觀道,何如世上之風波;抱膝鼓琴,聊爾胸中之邱壑。

馬橋東南,舊爲曾氏族。顧太學正倫、正心擴其址數十畝,列建諸第。其間華屋朱樓,如書雲閣、紅霞閣之類,不能殫述。而西第朴菴,爲江南第一精舍。且修梧緑柳,掩映河橋,方之槐閣,未知熟爲伯仲。正心又建園于東郊外明星橋左,縱横距一頃有奇。内列朱廊數千椽,而羅漢堂前後,脩篁怪石,尤爲絶勝。但園取娱情適意,非以殫精勞神。顧君務廣其地,越數十餘年,志猶未竟,識者不無甫田之譏。

東察院左爲張氏二第,即刺史星所建。前後十餘帶,皆堅緻精工。入其室者,稱爲一塵不到。今屬孝廉姚簣。

理刑廳左李人龍建柱史第,今屬徐太常元春,改爲冏卿第。内有園,以所得朱司成文園,號徐氏東西園。宋中丞賢之第,即其子光禄邦所建。又内有堂,曰“百順”,東有坊,曰“貤封”,皆取娱親之意。

中千户所,後爲僉憲盛當時第,即已故孝廉楊允儁所建也。盛更新之,通平橋于西北,以便大街往來。

中千户所西,爲施孝廉大諫宅。又其西,爲陸大參萬鍾柱史第,即馮中舍豹所建。其址皆顧雕印族氏居也。今大參建石坊于第左,爲青龍之勝,而夷望仙橋之頂配焉。谷市橋與興聖塔通,亦以堪輿有妨,故大參蔽其道,建關帝閣鎮壓之,而移道于沿河,民亦稱便。馮中舍爲徐大常仰齋門下客,與元輔第同時起工,人咸異之。肉未寒而易姓。

望仙橋南爲張氏雙鶴園。張在日,范太僕謀得之。于是張守維者立契,有“待父天年,恁從管業”之語,至今爲松人口實。而不肖子孫,争踵效之。太僕又擴其址,並建兩第于坐化菴之右。今一屬孝廉陸萬言。

龍淵南爲給諫龔情第。情爲諸生時,夢卜居一方川之南,故號“方川”。後偶得此基,形勢宜北面,適有龍淵之勝,宛如夢中,亦異數也。此給諫面語予者。給諫盛德長者,乃肉未寒,業已易姓,衆共憐之。龔第稍折而東南,爲馮孝廉大受建竹園。内有玉立亭之勝,清峻絶塵,而梓潼閣俯瞷膏腴,春夏吴歌桔槔,頗得城市山林之趣。孝廉公自爲題詞:“鶴城别業,龍門新搆。門臨緑野,閣瞷青山。曲阻長堤,周環芳沼。偶借人境,聊爲吾廬。園名竹素,妄托千秋。迹寄東山,自甘小草。朝華夕秀,乃造化自然之文章。秋月春風,亦四時各具之光景。地隨心勝,遠以韻增。非如石尉金谷,敢稱李相平泉。入林惟與七賢,開徑暫容二仲。問奇方許,看竹何妨。清虚日來,風流自命。但有琴書之樂,而無車馬之喧。且以逃名,因之樂我。”

城隍廟西何太史良俊舊第内有園。顧正心擴建大第,極弘敞,王孝廉善繼卜爲鄰,僅建一廳,有干霄之勢。相知者皆憂其難繼云。

會星橋以南,皆馮廷尉公列第。以次起建者,中第有三層閣,高十餘丈,與元輔新第争雄。

集仙街西新宅,林太僕景暘建,前後皆巍峨壯麗。太僕富貴人,而築室亦喜富貴態。余嘗登其園廳,見大書“福壽康寧”四字,因戲語友人曰:“令此公與元鎮同時,則兩公必自相水火矣。”衆以爲雅謔。

新察院以西王兵憲會並建兩第,後爲園池。會平生善吝嗇,而于土木規模頗覺豪爽。故左第廳,爲郡中之冠。

府學西爲高禮部仕之第。前後深廣,皆子姓以次起者。仕獨選勝于西郊外二里許,爲瑶潭之居。内皆高樓廣厦,列植奇花怪石,四圍膏腴,六頃有奇。潭中巨浸汪洋,可當西方小閬苑。繞潭以南,古木森森鬱鬱,絶類虎丘。北建高閣數楹,俯瞰清泓躍錦,而九峰亘北,翠若列屏。仕逍遥此地,不入城市三十年,稱雲間高隱。

徐文貞公大學士坊,原建谷陽門外弔橋東堍。自回禄之後,移右文街。後建少師坊配焉。西關内又建四世一品坊。

柱國坊,原建元輔中第。後以堪輿有妨,移至接官亭。

郡西科甲坊,先爲葉方伯木坊,以徐司空廢,故易石坊,並列合郡科甲名姓。

南察院東兄弟名卿坊,爲陸尚書樹聲、都憲樹德建。

科甲聯登石坊,爲副使季膺建。

府南治青宫太師坊,爲徐階建。會元坊,爲陸樹聲建。都憲坊,爲陸樹德建。内臺總憲坊,爲上海潘恩建。

通波門内父子進士坊,爲上海潘恩、潘允哲、潘允端建。

千户所西柱史坊,爲萬鍾建。東登金榜坊,爲吴哲建。館驛前掖垣補衮坊,爲鍾宇淳建。

九峰書院御史坊,爲許樂善建。

上海縣城内三世學士坊,爲陸深造建。

文宗柱史坊,爲王圻建。

三世二品坊,爲艾可久建。

上海鄉間十九保沈莊塘大京兆、少司空二坊,爲談倫建。

以上諸坊,爲諸公獨建者,附録之。而歷科進士坊,如六俊同登之類,不載。旌表亭,亦仿之屬,予目中僅睹兩建。其一旌盛鶴妻宋氏者,始建理刑廳河南,今遷錢明宫右;其一旌楊允修妻何氏者,始建集仙街西,今遷望仙橋北。

秀州塘,自府治西南,直抵嘉興。三泖之水,皆從此分流。東入横潦涇,故每歲沖突不常,民苦病涉。于是徐文貞公歷建石橋,爲萬世之利。其一吉陽匯橋,其二石湖塘橋,其三五厙橋,其四玉帶橋,其五斜塘橋,其六減水橋,其七築黄橋,其八太平橋,其九泖橋,皆文貞公一力建造。其十義河橋,水利許副使建。

南關外登山水橋，大漲江橋，舊用磚砌者，萬曆壬辰，改爲石橋。西倉橋，舊以木爲之，自萬曆癸酉同知岳維華于糧饑民站立橋頂，墮水死者六十二人。故文貞公命家人湯顯，一力建造跨塘橋，乃雲間第一橋也。成化間，知府王衡重建，極其堅固。至萬曆十四年，橋頂頗欹弛。有僧某者，與封老人謀，一時拆卸更新之，欲爲募緣射利計。踰年不能畢工，人民病涉。有司按其罪，得上海居民楊仕一力成之。

跨塘橋西里許，爲馮廷尉公恩之墓。公生時，以堪輿論泖水東流入城太迅，故于故浦塘中築基數畝，建閣樓浮屠，爲金星之秀。至今呼爲馮公墩。又公在世宗朝抗疏諸執政，謫戍，乃塑周、孔、夷齊、子房、武侯、狄梁公、文文山之像于閣中，歲時致祭，以寓自方之意云。

松城四郊外，如南北兩門，素號荒僻。年來雖民居稍密，而土木未有大興。惟南關外張刺史星建園于演武場北，張大行從津建園于普濟橋南，陸孝廉彦楨建梅南草廬于阮家衖，可稱鼎足。陸園雖無奇花怪石，而樓閣數重，曲折巍峨，堪以吟風弄月，與張刺史園中見一堂争勝。至東西二門，係商賈輳集之地，故倭夷回禄之後，宦室富民，或以次更新，或以次修復，遂成都會，而西尤加三倍于東。壬辰，聞倭警，識者僉議築新城爲容蓄計，以當路無任事之人乃止。

白龍潭北，地名壓鸛浜，山人唐文濤建拙圃。方可四畝許，而列植奇花名卉，種種綽約，隨地點綴光景，皆古雅秀麗。至大樹堤棣蕚堂，清氣冷泠襲人，能令坐客忘歸。時人戲名之曰“水磨園”。白龍潭寺，自倭亂焚燬，兼以巨室侵佔，山門遂廢。萬曆十一年，有僧實誠者，募建大雄寶殿，始于十二月十二日，落成于十九年六月。殿以東，邑人爲陸宗伯建見賢堂，供生像，以寓瞻仰之意。而織造内使孫隆，即宗伯高足弟子也，故捐金若干，命方僧景峰修復故址，門徑列植松柏，頗覺清幽。而堂前空基，正議改作，異日奏功，庶稱名刹云。又聞孫貴人有意爲龍潭點景，與武林六橋争勝。倘此舉成功，便是吾輩晚年樂地。蓋日望之，奈成虛説。

東禪寺折爲菴，曰寶勝。隆慶三年，有海雲僧名圓濟者，自靈隱遊錫，慨然圖維新之。因謀于陸宗伯公，從有司請帖修造。宗伯公爲記，即命予屬草者，附録之：

> 郡城東之百武許，爲東禪寺，尋折爲菴，一曰寶勝。其地踞城之東北隅，多茂林修竹，平楚良疇，北枕九峰，嶙峋獻狀，亦禪林一勝地也。第室多荒落，僅蔽風雨。一老僧負衲其間，香一縷，出其竇而已，余甚惜之。已得今海雲上人，來自靈隱。上人饒戒行，通内外典，足迹嘗遍天下。偶遊錫其地，慨然圖維新之，乃謀于余。而故事僧徒不得私有興創，余遂以屬之郡邑有司，給與券帖。上人始奉明約，拮据其事。時有檀越漢陽孫

君、大參陸君，出帑助搆，諸檀越亦輻輳，凡踰年而落成。門從一側徑入，松篁蒼蔚，綴以群芳，即杳然别爲一天矣。其右廡，室凡三楹，舊故有茅舍一椽，上人所撤而新也，仍其額曰“慧林”。中爲堂五楹，以奉世尊大身，與法鼓華幢，諸種種莊嚴法界所居，余定其額曰“法會”。其左廡傑然起者，則慈應閣，上人時與客據梧揮麈，説法其間，額亦余所定。餘爲香積、爲定室若干楹。余又考寶勝者，實東禪之故署，不可用，復易之爲“青野禪棲”云。菴成，而縉紳學士之游于郊者，輒過閣中，侈爲詩章，琳琅壁間。余亦時從藍輿舁來，聽説世外，其勝遂聞于郡中。久之，上人以記請。余竊有慨于禪室佛廬之存，往往不以地勝，而以人勝。吾雲間船子道場，名于天下。乃余向者一過其下，求問其所謂萬峰軒推蓬室者，已陸沉于煙波瓦礫間。僧徒咸慌傖，叩以夾山船子之迹，莫能應者，爲之慨歎不能已。而兹菴以荒落萊蕪之境，一轉爲深覯洞幽，堂室翼如。雖佛氏所謂因緣離合，而締造艱難，厥功豈淺鮮哉！故所願嗣上人者，其善護持之，息心了義，永奉神居。俾金姿玉相，遂爲千年之宫，而無若陸沉于烟波瓦礫。以寄人之慨，則微特不負上人今日創始之功，亦且于億千萬佛所種諸善矣。謹書之，以俟來者。

泗涇鎮西北隅，有祥澤道院舊基。萬曆十三年四月初一日修復，改名小武當。又建後殿，供聖宫聖母。東南隅，有觀音廟。萬曆十九年十二月修建，改名小普陀。前爲鐘樓，山門後爲觀音大殿。又建三洞石橋，曰“普渡”。每歲進香如歸市，皆檀越徐承思一力爲之。

横潦涇，建真静菴。先是有尼曰真如者，武林人也。嘉、隆間，訪道雲間，遂卓錫焉。適陸宗伯有孀女，歸海上張氏者，事佛甚殷，頗與尼善，因謀所以居尼者。故宗伯捐資，置田地十七畝，請有司給帖創造。前爲大士殿，後爲文昌閣，旁爲香積禪寮。其間繪飾，寶相珠宫，華藏法幢，種種莊嚴，皆真如所募建也。始于隆慶五年，落成于萬曆十六年。郡方伯莫如忠題曰“真静菴”。徵文于杭州張瀚、嘉興天官陸光祖，兩太宰碑記。

泖塔，名澄照禪院。自浮屠外，僅僧寮數椽，景甚荒凉。隆、萬以來，有住持僧名自正者，殫力募化，以次起建。于隆慶六年，四圍築堤，以爲外護。下闊十餘丈，上累砂石，皆募工運土，用費浩繁。萬曆六年，建寶藏閣于院後，爲貯經之所。七年，築放生石臺。十年，建開復禪堂，集名僧修誦。十八年，建潮音閣，以供大士。前後莊嚴弘敞，遂爲東吴第一名刹。僧號心鏡，長洲縣人也。師祖諱智明，號無相者，崑山人，精究禪理，尤解攝生。萬曆三年臘，戒住持，沐浴，端服袈裟，留偈别僧侣，趺坐脱尸。遠近士宦，自陸宗伯以下，靡不與祭。故泖塔之有無相，即曹溪之有

六祖也。心鏡得其衣鉢,益饒戒行,建立勝果。特其餘事,予併志之,俟他日傳高僧者採焉。附名公詩:

## 王世貞五言二首

莫言吴地小,但覺四天寬。面面芙蓉鏡,層層薜荔冠。一泓鵝眼碧,九點鷲頭丹。唄響波聲合,漁歌夜色殘。經歸龍藏易,僧結蜃樓難。我醉聲聞酒,誰施法喜飱?倦從禪榻卧,間借佛書看。猶有餘根在,羞人識宰官。

康會來江表,由拳已陸沉。五湖三畝地,千古一叢林。不壞金剛座,長抽碧玉簪。火齊摇塔杪,菡萏湧波心。汝有志公錫,何勞長者金。聚沙緣自昔,填海願如今。一粟分僧鉢,三衣借客衾。魚諳放生樂,鳥和諷經音。小受靈山戒,藍輿日日尋。

## 屠　隆 清浦邑侯

空王臺榭入虚無,忽湧中流大地孤。不放秋聲到城郭,且分清嘯與浮屠。星河暈月來香霧,神女淩波出夜珠。一日逍遥吾亦得,自將濁酒酹菰蒲。

## 沈嘉則

沙棠桂楫駐氷壺,縹緲浮屠插漢孤。十二層闌開净土,三年浩刼作清都。亂帆天外相先後,獨鳥波心乍有無。月出空江堪掇贈,美人親捧大秦珠。

## 馮夢禎

烟水蒼茫見一丘,天開法界倚中流。檻前無地鄰鮫室,象外標奇結蜃樓。潮勢欲吞雲夢澤,鐘聲遥帶海門秋。到來已覺機心盡,何處滄波起白鷗。

## 莫雲卿

孤懸寶塔削鴻濛,日暮樓船秋色中。楊柳景疎仙令席,菰蒲風落梵王宫。空山雨過搴高鳳,長泖天低截綵虹。良夜月明清嘯在,金燈爛漫水痕紅。

上海雖與華亭相埒，予厭其風俗粗鄙，故常倦游，獨以潘方伯仲菴公交善。或經歲一歷其地，則朱門華室，亦如櫛比，崇墉不可殫述，而獨稱潘氏爲最。如方伯公所建豫園，延袤一頃有奇。内有樂壽堂，深邃廣爽，不異侯門勳貴。堂以前爲千人坐，又其前爲巨浸。巨浸之中，多怪石奇峰，若越山連續不斷。面南一望，令人胸次洞開。措大當之，不覺目眩股栗。大江南綺園，無慮數十家，而此堂宜爲獨擅。堂之左，即方伯公讀書精舍也，内列圖史寶器玩好之物，如瓊林大宴，令人應接不暇，足稱奇觀。附潘方伯《豫園略》:

余舍之西偏，舊有蔬圃數畦。嘉靖己未，下第春官，稍稍聚石鑿池，搆亭藝竹，垂二十年，旋作旋止，未有成績。萬曆丁丑，解蜀藩綬歸，一意充拓，地加闢者十五，池加鑿者十七。每歲耕穫，盡爲營治之費。時奉老親，觴咏其間，而園漸稱勝區矣。園東面架樓數楹，以隔市塵之囂。中三楹爲門，扁曰"豫園"，取愉親悦老意也。入門西行可數武，復得門，曰"漸佳"。漸佳西可二十武，折而北，竪一小坊，曰"人境壺天"。過坊得石梁，穹窿跨水上。梁竟面高墉中陷，石刻四篆字，曰"寰中大快"。循墉東西行得堂，曰"玉華"。前臨奇石，曰"玲瓏玉"，蓋石品之甲。相傳爲宣和漏網，因以名堂。堂後軒一楹，朱檻臨流，時餌魚其下，曰"魚樂"。由軒而西，得廊可十餘武，折而北，有亭翼然覆水，曰"涵碧"，閣道相屬，行者忘其渡水也。自亭折而西，廊可三十武，復得門曰"履祥"，亦東向入。履祥巨石夾峙若關，中藏廣庭，縱數仞，衡倍之。甃以石如砥，左右壘奇石，隱起作巖巒坡谷狀，名花珍木，參差互列。前距大池，限以石欄，有堂五楹，巋然臨之，曰"樂壽堂"，頗善丹雘雕鏤之美。堂之左室曰"充四齋"，由余之名若號而題之，以爲韋絃之佩者也。其右室"五可齋"，則以往昔待罪淮漕時，苦于驅馳，有書請于老親曰:"不肖自惟有親可侍，有子可教，有田可耕，何戀戀雞肋爲?"比丁丑歲首，夢神人賜玉章一方，上書"有山可樵，有澤可漁"，而是月即奉解官之命，故合而揭齋焉。嗟嗟，樂壽堂之搆，本以娱奉老親，而竟以力薄愆期，老親不及一視其成，實終天恨也。池心有島横峙，有亭曰"鳧佚"。島之陽峰巒錯疊，竹樹蔽虧，則南山也。由五可而西，南面爲"介閣"，東面爲"醉月樓"，其下修廊曲折可百餘武。自南而西轉而北，有樓三楹，曰"徵陽"，下爲書室，左圖右史可静修。前壘武康石爲山，峻嶒秀潤，頗愜觀賞。登樓西行爲閣道，屬之層樓，曰"純陽"。閣最上奉吕仙，以余攬揆，偶同仙降，故老親以"徵陽"爲小字。中層則祁陽土神之祠，蓋老親守祁州時，夢神手二桂，携二童至，曰:"上帝因大夫惠澤覃流，以此爲爾子也。"已而誕余兄弟，老親嘗命余兄弟祀之。語具祠祀中。由閣而下爲"留春窩"，自窩而南爲葡萄架。循架而西，渡短橋，行竹阜，有梅百株，俯以敞閣，曰"玉茵"。玉茵而東爲關帝祠。出祠東行，高下紆廻，爲岡、爲嶺、爲澗、爲洞、爲壑、爲灘，不可悉紀，各極其趣。山半爲山神祠，東有亭北向，曰“挹秀”。挹秀在群峰之坳，下臨大池，與樂壽堂相望，山行至此，藉以偃息。由亭而東，得大石洞，窅窱深曲，幾與張公、善卷石争衡。由洞仰出，爲“大士庵”。東偏禪室五楹，高僧至止，可以駐錫。出庵門，奇峰矗立，若登虬，若戲馬，閣雲礙月，蓋南山最高處，下視谿山亭館，若御風騎象而俯瞯塵寰，真異境也。自山徑東北下，過留影亭，盤旋亂石間。轉而北，得堂三楹，曰“會景堂”，左通“雪窩”，右綴“水軒”。出會景，度曲梁，修可數十武，梁竟即向之所謂廣亭，而樂壽堂以南之勝盡于此矣。樂壽堂之西，搆祠三楹，奉高祖而下神主，以便饗奠。堂後鑿方塘，栽菡萏，周以垣，垣後修竹萬挺。竹外長渠，東西咸達于前池，舟可遶而泛也。樂壽堂之東，别爲堂三楹，曰“容與”，琴書彝鼎，雜陳其間。内有樓五楹，曰“頤晚樓”。樓旁庖畐咸備，則余棲息所矣。容與堂[東]爲宅一區，居季子雲獻，便其定省，其堂曰“愛日”，志養也。大抵是園不敢自謂輞川、平泉之比，而水石之適觀，堂室之便體，舟楫之沿泛，亦足以送流景而樂餘年矣。第經營數稔，家業爲虚，余雖嗜好成癖，癖無所悔，實可爲士人殷鑒。若予子孫，惟永戒前車之轍，無更培一土、植一木，則善矣。

豫園東方伯公建大第，延袤之廣，樓閣之華，不能悉述。獨光禄君雲駮新建世春堂，視樂壽堂更加高敞，當爲土木一奇。半堂涇内，潘恭定公建大第，内有“四老堂”，恭定公恩、温州判惠、刑部郎忠、光禄君恕，兄弟四人也。恭定公年八十餘，而弟最少者亦七十，故特建此堂。疏泉種竹，觴咏其間，因額之曰“四老”。時恭定公二子允哲、允端，業爲藩臬大吏，少子允亮，亦京朝官。間請沐歸覲，出則金紫銀艾，翩翩輝映；入則懸曲旃奏，鐘鼓綵侍。彌日歌歡之間，人謂香洛耆英非一姓，而陸賈、李遷哲之儔，徒以酒食選耳，皆于公無擬，足稱一時絶盛云。

青浦邑建立未久，亦無鄉宦巨室。年來雖屢有興作，第寥寥民房數椽而已，不逮華、上十分之一。若需之三十年後，科第蟬聯，則土木鼎足而三，未可知也。培養富貴，其在司牧者乎？故附見于此，且致厚望之意云。

范叔子曰：以上自城池而外，皆府治内土木大略，而瑣細與不經目者不載。由今癸巳，遡觀四十年以前，則予所見，荆榛草莽之區，悉化爲瓊瑶錦繡之象矣。矧繼此而興者，方繩繩乎未可量也。夫故宫禾黍銅駝荆棘，則忠臣義士每爲欷歔浩歎，而不勝其存亡隆替之感。以予所睹記，皆由倭亂瘡痍之後。而一旦躋之全盛之域，視昔人所遭，可不謂幸矣哉！顧盛者衰之伏也，物極則反，自古記之。土木至今極矣，則災土木者當爲何物也？有識之士可預占矣。

# 雲間雜志

佚名　纂
劉芳心　整理

# 整理説明

《雲間雜志》三卷,撰人闕。《四庫全書總目提要》認爲“舊本題明人撰,不著名氏”,但在下卷中記載了顧氏東園、北園,“後遭鼎革,二園皆成榛莽”,因此推斷作者爲清朝初年的華亭人。

《雲間雜志》一書主要記録了明朝萬曆以前的松江軼事,其中大部分爲明嘉靖、萬曆之間的事情,内容主要涉及倭寇内犯、奇人異事、家宅異象、自然災害等,所載事實可以與正史相互印證。四庫館臣認爲書中記録的“徐階爲首輔時,忤旨下獄,會地震,幸得赦免”一條,正史中就没有記録,可以補充史書記載的不足。此書爲研究明嘉靖、萬曆年間松江地區社會發展狀況提供了豐富的史料,有較高的學術研究價值。

清代編撰《四庫全書》,將《雲間雜志》列于存目中,館臣使用的是浙江巡撫採進本。乾隆年間,陸烜從商人手中看到該書,遂收入《奇晉齋叢書》中。這次整理,我們即以此本爲底本進行標點,并將《四庫全書總目提要》列于書後。因點校者能力有限,書中不免有失當之處,懇請廣大讀者批評指正。

劉芳心

# 目　録

**卷上**……………………………………………………………………………… 944
**卷中**……………………………………………………………………………… 952
**卷下**……………………………………………………………………………… 961
四庫全書總目提要…………………………………………………………………… 970

# 卷　上

明　華亭撰人　闕

平湖陸烜　訂

萬曆壬寅，有失風一舟飄至海岸，乃暹羅國人，人皆偏髻。其船户尼失由弗多、弗人藥斯竭等四十九人，夷婦阿眉姐等八人。巡撫批發各處守港兵船分養。來年正月十五日，差官馬文憲送至福建軍門，俟有通番便船帶還。適彼國貢使來請，遂與之。方夷婦在舟，與舟卒通，聞已懷娠，後竟不知若何。

嘉靖三十二年，倭奴入寇，江南殘破。分宜當國，妄奏寇平。時徐文貞爲次相，其子仰齋入都，將謁分宜，文貞恐其應答差誤，商議兩日夜，始謁分宜。他無所問，惟訊江南倭寇若何？仰齋答云："勢甚猖獗。"分宜不懌。文貞知之，率仰齋請罪，始釋然。

朱太史文石，用米二百斛購何柘湖假山一座，名青錦屏，透徹玲瓏。太史寶愛，移置文園，築青錦亭賞之。太史捐館，縉紳某載之而去。不兩月，縉紳又故，青錦屏遂卧草間。後文園屬之徐奉常寅陽，有客進曰："青錦屏乃兹園故物，彼以計得，且今死矣，可取而歸也。"奉常忻然，即令人舁歸。不五年，奉常復故，此石不知流落何處。

松江府儀門東狻猊，左足石理隱約有"松江府"三字。

徐師菴中舍喜延方士，偶問一客："搬運之術有之乎？"客曰："有，容訪求奉謁。"歲餘，客果至，持一硃砂符來，曰："公等俱趺坐，焚符當有驗，切不可驚呼。"師菴如其言，乃于俞養初家試之。至二鼓，聞屋上有鐵索聲，久之，見火星滿庭，旋入室亂飛。師菴大恐呼童，而火星滅矣。旦視之，室中古錢盈地。

郡西門内有小西湖，徐文貞舊居正在湖上。嘉靖辛亥，湖中潮涌，忽高丈餘，是年文貞入相。

朱太史文石，生平愛聚古玩，商彝、周鼎、名畫、法書、寶玉無算，都貯熊祥閣中。太史没後，夫人陸氏珍藏如故。萬曆壬午七月初，忽白氣一道從閣上起，冉冉南去。不十日，陸又殂，寶物散盡，乃知是寶玉氣也。

錢文通公築墳,有舁工失期者,公怒詰之。對曰:"方在黄廉使墳上取土,故遲耳。"公默然。

董幼海爲比部時,論劾分宜,遭廷杖下獄。死而復甦,不勝飢渴,衆畏分宜,不敢進食。忽一人自上呼"松江董爺",擲饅頭四枚,尚熱,拾而食之,賴以不死。後訪其人不得。幼海嘗語人曰:"某生平無德不酬,獨有此人活命之恩,竟不能報。由今思之,彼何人斯? 乃肯冒死爲此。"

萬曆庚戌三月廿四日,大雨。初更時,滿城聞鬼嘯,似在几席間。比旦,訊之城外及各鄉鎮,皆如之。後又聞嘉興、杭州、蘇州亦然。

萬曆三十三年,郡東十五保地方,馬生一卵,鍾面溪親往觀之。其大如兩盞相合,中惟清水,而外作青白花紋。

郡西門外採花涇顧氏,有臘梅一株,其來久矣。風清月白之夕,時見一女立樹下,亦不爲祟,殆花神也。

國初,有一高士,自號全翁,不知其姓名,或云亦係顯宦之後。元季避兵泖濱,耕田讀書爲樂。倪雲林慕其人,訪之。翁但極言好名之失,且曰:"君輩得毋山林養望以爲名高者乎?"雲林有愠色,遂辭去。後江南名士多就徵,多不免,人始服翁之高。今聞其裔爲平湖陸氏甚盛云。

方正學被難,尚書魏觀抄没其家,憐其無後,密令幼子隨母航海來松,投方門人俞山月,俞令此子冒姓爲俞。後欲贅爲壻,嫌其同姓,遂改爲余。今余氏子孫繁衍二百人。萬曆己酉,督學楊公淇園行下司理,查方氏子孫,命悉復原姓,仍捐三百金建坊祠,改鶴城書院爲正學書院。忠臣有後,理所宜然。

莫廷韓曾寫一畫,酷類大癡。徐孟孺、彭欽之、張伯復在座,俱欲得,然不能私也,乃各呼盧,伯復得采,欣然取去。

李福達善遁法,改姓名逃至松郡,館于孫雪牕家。衆請觀其法,乃隱身廳柱中,呼其名即應。又試搬運之術,書一符,焚于廳中。少頃,黄白爛然。復書一符于門,忽一無所見。

林仁甫家鶴城書院之左。萬曆癸巳,濬地得銅印一文,曰"鶴城子",古色蒼然,何偶合若此。

孫雪居宅在東郊,最稱雅潔。其敦復堂,則旦夕棲息者,中陳古玩彝鼎,真一塵不到處。捐館後,未幾,此堂一邊作爨,一邊牧猪,恐華表之鶴,異日必不集此。

龔全山愷建言廷杖,每語人曰:"汝認得四十御棍打不死的龔御史否?"

范叔子濂,著《據目抄》,直書時事,語侵郡邑,然多風聞。後朱撫臺鑑塘公收繫郡獄,王懷我曰:“孔子作《春秋》,而亂臣賊子懼;范君作《據目抄》,而貪官污吏懼。”衆謂范必死矣。已而械解撫臺,幸不深罪。第云:“此後再不可如此。”則足以殺其軀而已。釋歸,無異再生。

楊細林樞爲臨江二守,攝郡篆,午飰偶以銀魚作羹,忽躍出十三尾于几上,楊悉取食之。須臾,報越獄大盗逸去者十三人,楊曰:“不須錯愕,當悉成擒,銀魚示異,我已盡吞之矣。”明日俱捕至。

正德間,吾鄉一大家蓄一古琴,實無奇也。名聞貴公,百計求之弗得。後中以禍,始獻之。喜示琴工,工曰:“僞也,聲嘶而弗越。”乃盛怒,羅織之,至破其家,其人憤死。

倭夷入寇,海上治兵甲,藏兵之室,竟夕聲吼,旗端五鼓時俱現火光。最異者華亭縣治,試新銃,方裝藥加碪,立庭次,未焠火,忽齊發,聲響震一邑。

張尚書經奉命剿倭,無功,爲趙文華劾奏,未報。張從吾郡出城,城門放炮,炮碎飛鐵,殺其輿人,張竟罹伏鑕之禍。

嘉靖癸丑,倭奴内犯,吾郡久不聞鼓樂聲矣,忽南城内一小户成婚,偶用鼓吹,按院命即擒解。時吴都憲悟齋公爲郡司理,禀曰:“留此一些,還像太平光景。”得免捕。

上海沈孝廉某,擢國子學正。夢一囚婦再拜曰:“妾名迎春,以寃入獄,乞公釋之。”已而丁憂補任,夢如初。陞汝寧三府,公宴畢,太守謂沈曰:“適有婦人迎春犯事,君初政,試一鞠之。”沈愕然,道其故,遂白婦寃計。沈夢時,婦尚未獲罪也。

董幼海爲家奴所弑,郡大夫捕諸奴鞠問,無不承服。内一奴駭甚,府公問:“額上一斧是汝用手否?”奴叩頭曰:“腰間是小人用手,額上怎敢?”

馮萬峰老僕名陳榮,祖遺栗木麵杖,歷四世矣。偶欲洗浄,方置河中,竟冉冉而去,狀如遊龍。急撈之,無蹤矣。陳曰:“失杖前二夕,曾覺杖在壁間跳動。”

馮南江爲諸生時,貧至徹骨,友人憐之,薦之朱尚書蓛溪公,謂一往謁,當得米數斛,可以少濟。公隨往見,據上坐不少遜,尚書不懌,無斗粟之贈。友人訝云:“何不降氣,乃自苦若此?”公曰:“吾豈以活秀才换彼死尚書邪?”未幾,登第拜侍御,以直諫顯。

隆慶三年,盛重之之母有心疾,痛不可忍。重之徬徨無計,夢神云:“鶩血可療。”方夜半,無從得鶩,自念:“鶩者,我也。”于是,引刀割左臂,血瀝酒進母。俄而臠肉作羹,復啜之,病尋愈。後萬曆二十一年,沈應正亦割股救母,人共賢之。

舊青浦地方一土阜,相傳陸平原墓。萬曆初,墓上時見一金蛇。後被人發其墓,得金簡一,狹而短。金蛇見形豈爲此耶? 陸有身無首,以白金補成。墓中銀器甚富,衆競取之。後聞之官,各抵罪,而黄白亦費盡矣。

徐文貞爲首揆,世廟賜佛一尊,着馳驛送歸。時文貞弟鴻臚翠微欲歸,乃啓文貞,即遣送佛。比至家,用金字大牌書“欽賜馳驛”四字樹堂中。

宣德間,西門外一民家,偶蓄一桃。既熟,巨如甌,以饋隣家杜母。母曰:“一樹止生一桃,又特巨,不可食也。”却不受。民持歸,共食之,全家死。後掘桃,有巨蛇斗許,盤踞樹下,杜母真智婦矣。

丐者張二郎,莫知其所自始,善泅水,伏水中能月餘不食,又蹻捷不懼死。嘉靖甲寅倭亂,張應募。方太守雙江公令爲哨探,數泅水入賊巢,得真耗,且時斬倭首以獻。有銀牌犒金之錫,俱不受,請歸府庫,犒以酒肉則受。賊平,論功應世襲百户,郡縣加以章服,妻以妓女,却之,惟願乞食。夜則卧嶽廟中,嬉嬉無憂色。後方開府江南,訪張,得之金剛足下,召令領犒金,仍笑不受,與酒肉,則忻然謝而去。

卜者張甲居北城濠,術甚驗。倭亂時,隣人俱入城避,張卜之云:“賊必不到此。”妻孥促之,不爲動。既而,賊突至西城,去其居僅里許,妻孥哭聲動地。張乃倉皇登舟,舟小人衆,全家覆溺,張死。賊從泖湖去,張所居竟不至。

嘉靖癸丑,倭初至海上,屯下沙鎮,止三十六人,最稱梟捷。操院察公可泉招僧兵百餘人,其首號月空,次號自然,傍賊結營。一賊舞雙刀而來,月空坐不動。將至,身忽躍起,從賊頂過,以鐵棍擊碎賊首。于是諸賊氣沮。後賊埋伏草房中,縛人妻女,令其夫紿僧,詭指他路。賊追至,殺數僧,僧遂去。

嘉靖甲寅,倭逼郡城南門外,有登山主橋最高,一倭取板門蔽身,登橋以覘城中。時郡搏韓公善射,立女墻,流矢穿門貫骨,倭墮河而死,韓薦陞通府。

佘山宣妙寺佛像極精,僧云:“昔有工來自江右,塑諸像,經歲方畢,諸刹罕儷。後病,僧欲延醫治之。工曰:‘我想像憶度,已盡吾神,今此軀殼,安能再生?’竟死。”

吴俗信鬼,人病不服藥,聽巫賽神,費出不貲。雖至破家,甘心無悔。正德末年,路公迎來守松,乃赫然下令,捕其渠魁得若干人,悉寘之法,餘悉竄出境。由是諸巫日夕咀咒公,後公以美擢去,始戢。

高新鄭當國,與徐文貞有隙。時張按院、蔡兵尊承望風旨,思甘心徐氏。凡賣過田産,准許回贖,或加價,波及闔郡,刁訟成風,夜卧不得貼席。民謡云:“種肥田不若告瘦狀。”時事可知。

徐文貞林居遘難,鄉民或踵門呼名駡詈。公曰:“慎弗校。譬如犬噛人,人豈可噛犬耶?”因口占一絶云:“昔年天子每稱卿,今日煩君駡姓名。呼馬呼牛俱是幻,黄花白酒且陶情。”

徐文貞家居，高中玄脩舊怨，文貞不免驚畏。忽夢一虎嚙其左臂，文貞舒拳擊之，虎隨斃。醒而自喜，知其終不能爲害也。不半載，中玄見逐。

徐文貞居林下，有邑令來謁，誇曰：“晚生做了二十餘年舉人，世事也都學得些。”徐曰：“老夫做了五十餘年進士，一些世事也不曾學得。”令大慚。

嘉靖己丑七月，吾郡飛蝗蔽天，幸颶風大作，驅蝗入海。遺種在地，得水即化爲蟹，食稻，有司奏爲蟹災。

上海庠友顧某，嘉靖壬午赴試，泊舟唐家墳。霏雨中見有女子極娉婷，掠其舟而西，顧凝眸久，女亦回顧。顧叩其何往，曰：“將訪外大母，少選當至。”晚果來，顧留宿，衣盡解，獨留左襦。未明去，曰：“幸相訪于陸花冠家。”後訪陸，見一畫像，則其女也。因病左足癱瘍，夫家悔姻，憤死。唐家墳側，則其外大母塋。顧聞之，大駭。

朱道人松，法名德安，唐行鎮人也。嘉靖甲寅，年五十二，已有二子二女矣。始茹素念佛，不解文字，語言樸野。曾于五臺山遇師，得密語，即不問生事。佘山宣妙寺僧無塵，留居寺中。癸亥正月八日，忽覩大光明中有二童來迎，因與衆約：“六月六日午時，我將坐化。”至初三日，即不食。初五日，就池浴，浴竟趺坐。厥明，僧俗聚觀者約二千人，乃令舁龕至山頂，整衣登山，迅速如飛。向龕拜者三，北向拜天者三，東西向拜大衆者三，乃入龕。至午刻，無塵爇香一握入龕，火起，道人東西舉手作辭衆狀。須臾火熾，燎及鬚髮，猶摩面合掌，端坐而逝。

萬曆三十六年，郡大水，民幾爲魚矣。賴撫臺周公懷魯請賑請捐，得免溝中之瘠。至今讀其疏，令人酸鼻，真仁人之言也。通郡士民作詩文頌之，彙爲帙，名《大東輿頌》。

龔方川爲刑科日，奉旨勘問伊藩事。其至戚受賄，公不知也。素慈仁，加刑諸幼，聞其悲號，不覺墮淚。大起物議，左遷。

張宗伯天駿居東門外三里橋，郡公訪之，時已及午矣。公曰：“寒家離城遠，親友至者必留午飯，然止肉腐而已。老公祖下顧，須宰一鷄。幸弗訝其菲。”郡公欣然飽去，世兩高之。

沈清婦吴氏與隣媪何氏善，何密寄百金于吴，曰：“即吾子弗聞也。”後何遷去，夫婦相繼死，久無音信。吴病革，遍覓何不得，得其子，乃出囊金與之，曰：“此若母所寄，今歸若，我目瞑矣。”其子拜謝而去。

朱旅溪應對敏捷，在比部時，太平府一同年謔之曰：“狀如松江之鱸。”即應之曰:"寧作太平之犬。"

楊宰雲樓公最疾上舍貲郎,充役者必追正身,大半被撻。至于酒食腴餘,分犒諸公,尤覺難堪。顧清宇嘗曰:"人之所以爲人,藉有此孝弟忠信禮義廉恥。娼家八者全無,故曰:'亡八。'吾輩不敢棄去孝弟忠信,至于禮義廉恥,則澌滅盡矣。"自命曰"亡四"。

朱太尊泰菴居官清正,不屑趨炎。時董幼海建言,謫戍家居,公時加候問。而徐文貞秉國,家奴有犯必懲,文貞欲黜之久矣。會大計,幼海適起爲考功主事,時太宰將以不謹處朱公,幼海大言曰:"奈何欲黜良守?"太宰曰:"此貴鄉徐老先生意,公自與講解。"幼海曰:"姑少待,某即往矣。"隨謁文貞,具道朱公當留。文貞曰:"此公有何好處?"幼海曰:"無論其他,即其加厚門生,不畏老師,足知其品矣。"文貞不得已曰:"此貴衙門事,請自裁處。"幼海復太宰,朱遂留用。

典客李公中條,請學武林。偶宿湖墅一門生家,夢一卒持帖到門,云:"晏爺相訪。"中條出接,見公黑面多髯,衣冠偉然,交拜而别。及起,則湖墅諸公相率懇中條作晏公廟碑,始大異之。文完,亟往拜。廟去寓所僅數百武耳。

張東海作《假髻篇》,諷刺時事,當路銜之,出守南安,不得調而終。邵二泉作輓詩曰:"張公不作南安守,只説文章止潤身。滿路棠陰棺蓋後,忌公人是愛公人。"

萬曆十五年正月十四日,木冰。是日寒甚,雨滴樹上,即凝爲冰,愈滴愈凝,長約寸許,風動樹錚錚有聲,兩日始消。明年大水。

嘉靖十二年六月中旬,魖魍地方,白日起蛟,禾苗蕩盡。又嘉靖四十年五月十四日,佘山前一起九蛟,水湧丈餘,平地成河。又萬曆二十五年五月廿八日,鍾賈山蛟起,崩西南一角。又萬曆三十六年五月十七日,凰凰山蛟起,張東海墓前倏忽成潭。

萬曆丁未正月,迎春之日,不知何故訛傳是日大盗入城刼庫。郡邑前擺列兵器,下春即閉城門,究竟無事。成化甲辰夏秋間,訛言有物入人家,遭之者如寐,魘或能傷人,咸鳴金擊柝,驚守達曙。嘉靖戊午八月亦如之,訛言狐精將至,鄉市皆徹夜鳴鉦。又嚴貯水,有物過處競以水灑之,一着水即倒,視之皆剪紙人也,踰月始息。

正德庚午九月,民間訛言大兵將到,居民出走,城中幾空。至晦日,又云兵已至矣,婦女有入井死者,十餘日始定。萬曆丁亥,東土訛言倭至,海岸男女無不鼠竄入城。葉謝渡口四十餘人共一舟,舟小人衆,至中流覆没,無一生者。

萬曆乙亥四月朔日未刻,日食,既星斗滿天,蛙聲大作,闤闠中即有乘搶奪者,各家門户俱閉。

倭入寇時，城東房屋焚燒幾盡。至張氏三節坊，倭亦舉火，内一倭摇手曰："好人家也，勿火。"乃知人誠爲善，醜夷尚然感化，况同類乎！

成化丙午八月十二正午，天宇澄霽，適空中駕一小舟，墜城西董質軒樓上，觀者塞道，視之乃茭草所結。時質軒已病，曰："此船來載我耶！"尋卒。

何祠部良傅娶宋氏。爲諸生時，病篤，語宋曰："吾已矣，若善事後人。"宋號泣，即自盡，而公病竟愈。公感其意，終身不復娶。

嘉靖間，昇平日久，武備甚弛。三十一年夏，有倭船飄至寶山，人不滿百，皆飢困。吴淞所廵邏百户馮舉，與隊長屈倫，率所部欲擒之，僅殺一人，墮水。賊衆持刀奮鬬，二人并廵江百户宋元爵俱被殺，賊據上海民家楊氏，數日遁去。賊知沿海無備，遂大舉入寇。

上海從無城。嘉靖三十二年，極受倭焚刼之慘，邑里爲墟，郡守方公雙江始議築城。數月間，幸賊不至，城遂成。

嘉靖三十三年，賊首陳義詐投盧參將帳下，得入上海城，期爲内應。會邑人徐某，曾被擄，義令其搔癢，見義左股有一大黑痣，後逃歸。遇義在酒肆飲酒，亟報官擒之，驗其左股果有痣，即就戮，餘黨皆遁。

嘉靖乙卯三月，我兵與倭戰于浦東陸家園，不利。倭酋有衣紅乘白馬者，持雙刀衝擊，我兵陳瑞挺身獨鬬，竟斬之。瑞口啣所斬首，截浦而泅，賊懼乃退。

癸丑倭亂時，范中方尚居泗涇。聞賊至，急攜家眷行至陳方橋，暫住一大家。明日有人來報，賊果至泗上，中方曰："吾本泗上宦家，賊必問所往，安知其不來襲我也？明須急行以避之。"遂連夜西行。後知是夜賊果至陳方，刼掠而去。

董漸川避倭，全家住舟中，視賊所向，以爲趨避。一日，泊城西吕港涇，抵暮心動，即令放舟而南十餘里。明日，傳言賊焚刼西門外，諸大家夜半酣卧陸家墳内，去董泊舟之所僅數百武耳。

倭亂時，郡理悟齋吴公守西南城，雨久城裂，勢甚岌岌。公盡撤官兵，僅以箭手數千人與賊相持。開府周公石厓驚曰："兵何寡耶？"吴曰："賊見我兵衆，將盛爲之備。寡則疑，疑且退矣。"已而，賊果遁去。

嘉靖三十三年六月十三日，倭至南倉場，焚燒所造海船，煙焰蔽天，勢將臨城。東門外人擁萬計，求入城不得，哭聲震天。時司理吴公悟齋大啓門納之，或有危之者，公曰："吾寧以一官博幾萬生靈也。"

嘉靖丙辰五月初一日，賊圍上海。積十七日，内外援絶。賊作長梯，置兩輪于下，乘四鼓時守者多倦寢，賊百餘人匍匐渡濠，舁梯倚城墻。一賊躡級將登，適城夫楊鈿躍起，登女墻吶喊，賊從下以鎗戳之，鈿墜梯上，賊亦墜。于是城上砲石如雨，賊退而涉濠。會潮大至，賊溺死濠中者六十七人，皆披重鎧，持利器，頭大于斗，口圓而小，色黝黑，知爲真倭，其精鋭盡于此。

倭入寇時，總臣張公有親兵取人一縑，郡司理吴公悟齋鞭之數十。張怒，讓吴，吴不爲動，徐對曰："公用兵以安民也，忍庇兵殃民乎？"張愧而止。

孫省祭名鏜，莒州人。習騎射，負氣不羈，商吴越間。嘉靖甲寅，倭亂吾郡，廣募勇士，孫倡義而來，願戮力殲寇，及輸己貲助軍餉。郡侯方公雙江壯之，參政翁公見海試之藝，蹶張超乘，趫捷無倫，所佩雙刀，衆莫持舉。會兵憲任公爲賊所窘，諜者告急，翁公即以孫往。孫望見疾呼，馳冒賊圍，脱任于難，不無輕敵心。亡何，賊黨西渡泖滸，孫突出賊後，逆戰竟日，矢盡弦絶，後援不至，還至石湖橋。遇伏，被刺死，時年三十四。

瓦氏者，女帥也，調至松。娩身纔四日，聞夫與倭戰被圍，曰："必須親往。"乃握雙刀，乘馬殺入重圍，翼夫而出。已而回首，夫又被截，復轉鬬，竟救夫歸。

倭亂時，撫按令傍海居民各自團兵禦敵。獨十五保盛太學紫亭一枝，號"盛家兵"，最稱無敵。有家奴盛廉者，果敢善戰。又有所募卒名邵搭辣胡，每飲酒，傾一尊，即赴敵，嘗滚入倭營中，殺三酋而歸。紫亭積功至世襲百户，願改文階，乃爲青州三府。九年，陞提舉。

倭亂時，南匯所城中有李三兒者，驍勇善戰，共殺十餘倭，倭亦必欲殺之。然三兒恃勇輕敵，一日立城之睥睨，大叫曰："李三兒在此，敢來戰否！"于是倭奴取鳥嘴銃七把，一時同發，三兒被傷死。次日，覓貌類三兒者，仍立睥睨叫喊，倭置若不聞矣。其姪震瀛公，時方十六歲，具呈尚代廵仰山公，爲三兒乞恩。尚奇之，試文一首，甚稱賞，送入衛庠，後登科甲。

徐長谷云："倭刀犀利，可制者惟大片毛竹拒打，其刀必折。此朱倭制馭徐倭之説也。述告備倭者。"

# 卷　中

明　華亭撰人　闕
平湖陸烜　訂

徐長谷善觀天文。嘉靖癸丑，倭亂。六月初三日之初昏，南天赤氣布滿，辰方忽見蚩尤旗。長谷次日作書達方郡守云："蚩尤之下，天罡主之，理當大戰。南匯嘴正當郡東南隅，若韓公果是日合戰，必勝。蓋今之癸丑，歲星在辰，歲之所在，戰伐必克。昨爲戊子日，戊爲我，子爲彼，赤氣生戊土，而辰拘子水，此戰賊必破敗。"是日酉時報至，果戰勝，賊盡散去，如長谷言。

陳汝同景泰初爲翰學，閩人梁編脩譚語家人曰："交遊中，惟松江陳汝同心地好，且有家法。吾今病已甚，孤子女可托也。"陳敬諾。及譚卒，陳經紀其家事，無不曲盡。嫁其女，得松人黄瑜，後參閩政，竟以梁之喪歸其鄉。

南匯所一人，擄于倭二十年，贖身娶婦，遇便舟挾婦歸。前妻尚在，伉儷復合。因棄倭婦，行乞于途。倭婦無他能，惟造酒，一日夜即可飲。人鄙其丐，不傳其法。

徐南湖父病瘍甚劇，公徒跣風露中，覓醫藥不得，向天大泣。夢神語曰："八角井有金絲草，可爲膏治之。"得之，果立愈。

西僧利瑪竇作自鳴鐘，以銅爲之。一日十二時，凡十二次鳴。子時一聲，丑時二聲，至亥則其聲十二。利師同事之人郭仰鳳，住上海時，上海人倣其式，亦能爲之。第彼所製，高廣不過寸許，此則大于斗矣。

沈昕峰云："董環亭之僕某，棄家爲僧，結小菴焚誦。夜有物如獸，面醜，口大于箕，向僧而坐。至第三夜，僧乃燒炭盈盆，俟其至，傾炭于口，忽然不見。旦日蹤迹之，乃大柳樹一株，離菴里許。樹有一竅，甚巨，炭在其中，斫之流血，怪絶。"

曹定菴未卒之前一日，書于几席間云："明日午時，天地晦冥，風雷震撼，此時我將逝矣。"子孫以爲先生好怪。至期，天地晦冥，果如先生言。先生乃肅衣冠焚香，拜天地祖宗畢，端坐瞑目而逝。時年九十。

侯公端金山衛世襲指揮，以膂力聞。府治石狻猊，以腕挈之行數步，仍置故處。嘗騎馬過柵門，手抱横木，以兩股挾馬懸掛，人皆駭異。南匯地方有虎，公格殺之烽堠下。後人呼其地爲侯公殺虎墩。

周文襄公巡撫江南，巨璫王振當國，慮其異己也。時振作新第，公豫令人度其齋閣，使吾松作翦羢毯遺之，覆地不失尺寸，振極喜，稱其才。公在江南，凡上利便事，振悉從中贊之。

海狗腎近來以爲至寶，宦青、登、萊者，求之不可得，真者價值六十金。萬曆癸丑四月，吾松南匯所海中，網得一狗，漁人不知其高價也，烹而食之。

鑷工張姓者，其妻爲五神迷惑。夫每出，必向床祈禱，往何方得利。稽之于筥，不爽毫髮。然每日所得銀，不過五、六分耳。妻告神曰："胡不多與，以滿其欲?"神曰："不可，此人福薄，多則禍至矣。"

陳樂雲之妻，黑瘦無比，亦爲五神所迷。每卧三、四日不起，備言神之夫人甚妬，妾五、六人，如陳妻之輩又十餘人，不過奔走給使令而已。神廟中亦治紡織，夫人方命陳妻執爨，隨命其彈花，陳頗難之。夫人大怒，令神責陳二十五板，永不許差用。陳醒時疼，甚喜曰："雖病，神必不至矣。"居數日起。

嘉靖間，吾郡大旱，報荒。石首方公爲華令，槩縣牽作五分。或曰："趙甲全熟，錢乙全荒，奈何?"公曰："此熟彼荒，即一户之産莫悉也。設有低昂，其弊滋甚，雖監司屢駁，堅執不移，即無報荒造册之費，亦無往來踏勘之煩。"後糧白各減半，萬姓懽呼。時三十六保圖書金姓輩受賄無算，悉以還民。據一圖且然，他圖可知矣，此真善政。

胥塘周氏女名喜姑，嘗救活二雛燕于蛇螫。明年女卒，燕來哀鳴。家人告以墓所，即飛往哀鳴而去。

雁橋莊有桂二株，徑踰五尺，崇鬱壯茂，數百年物也。嘉靖癸巳秋，忽開花，皆五瓣，人共異之。

本一禪院山門木檻紅色，不知何木，歷幾百年不損。假令金石久之，亦有磨滅，此檻竟不可曉。

沈學士度，從戍滇南。滇有日者談命奇中，沈以己造試之，日者驚曰："是當顯貴，歷官清要。"沈笑謝之。所書命館字不佳，乃作二大字易之。都督瞿能鎮滇，偶見之，詢知爲沈筆，因延爲弟子師。未幾入朝，命沈偕行，館于南楊學士家。時上博求善書者，南楊以沈薦，召見，試書稱旨，授翰林典籍，寵眷日隆。令凡誥勅，俱效沈體。累官翰林學士。沈云："臣有弟粲，其書勝臣。"遂亦被徵，粲官至大理少卿，世稱二沈學士。孫藻、玄孫世隆，俱以能書授秩。古來以書際遇無如沈氏。

潘衡齋爲御史，日得一古玉印，螭紐血斑，文皆柳葉，莫能辨識。後示博古者，辨爲“雪堂”二字，且曰：“必蘇長公物。”歲餘，陞黄州守，登雪堂，瞿然有感，因出玉印示僚友，且歎事之前定，就印文摹而大之，以顔其堂。

陳效參，善鼓琴。少時，遇江右人鄒仰竹者，至其家學琴，留三月餘。鄒無行李，止小皮箱一，舉之輕甚。每缺用，則取水銀一二兩，盛于小罐。火方熾，出藥一粒投之，水銀旋死，煎之則成紋銀矣。其藥碧色，重四分八釐。煉過百金，其藥仍在，且不損絲毫。後有一孝廉欲傳其法，鄒不肯，竟遁去。效參啓其皮箱視之，中有大士前小鞋十餘隻，皆不成對者。不知此物何用，亦不知此人何人也。

郡西有胡文明者，按古式製彝、鼎、尊、卣之類極精，價亦甚高，誓不傳他姓。時禮帖稱胡爐，後亦珍之。

吾松紫檀器皿，向偶有之，孫雪居始倣古式，刻爲杯、斝、尊、彝，商以金銀絲，係之以銘，極古雅，人争效之。

相子先，華亭人，善奕。太祖召至京師，與鄞人婁德達偕入見。上命二人較藝，子先自謂“天下無敵手”，視德達蔑如也。上顧中官，取一紙置局下，子先不測上意，竟不經心，德達聯勝。啓視，乃給冠帶告身也。子先竟不得，怏怏歸，劉誠意作文送之。他日榜于門曰：“天下棋師。”有野僧來較，僧實高，而佯北以誘之。明旦，大集友人，子先連敗，遂輟其榜。

張莊簡公見風俗奢侈，揭屏間以示人，曰：“客至留飯，儉約適情。肴隨有而設，酒隨量而傾，雖新親不擡飯，大賓不宰牲，匪直戒奢侈而可久，亦將免煩勞以安生。”又張南山尚書歸榮《家訓》云：“爲吾後人者，生子雖多，不可不教；生女雖多，不可不舉。娶婦必德門，不必富貴；嫁女僅給衣奩，不必過豐。疾病必迎醫，弗事禱禳，喪禮必依禮，弗用僧道。凡故舊不可忽遺，勢要不可趨附，甚至貧乏不能存，寧爲餓夫，毋爲奴輩，常處人後；毋入公門，常受鞭罰。此皆羞祖辱身之事，不可不念。孝弟忠信、禮義廉恥，立身之根本，成家之要務，子子孫孫，世世守之、勉之。”近來松俗違二公之戒多矣，不可不家寫一通以自警。

萬曆丁未四月，龍盤李塔匯浮屠，雲霧迷湧，但見其頂，食頃乃散。塔上闌干，俱有龍爪迹，人都見之。

靈哥者，山東濟寧州猴也。自言汴宋時純陽先生賜丹一粒，吞之，得飛行變幻之術。金元時，往來兖、濟間，談禍福甚驗。至明朝尤神。正統間，吾郡張公璞爲濟寧學正，相與交密，時時留學舍酣飲。或人形琴奕，深目多髯，着撲頭襴鞹，曰：“此宋士人服也。”數攜珍果相餉。一日，懷中出柑橘，曰：“吾從洞庭山得之。”他日，張之幼子請見，不許，曰：“是兒無良心。”張懇之，乃夜召其子出，一見遽舒手胗其臂，怒而去曰:“吾謂其設心不良,果然。”其子蓋摩得其猴毛也,由是交絶。

正統中,錢學士溥、憲副博,兄弟素不相能。兄嘗題竹云:“種竹不須多,多則令人俗。蕭蕭三兩竿,清氣自然足。”弟和之曰:“誰云種竹兩三竿,冷落蕭疎不耐看。直須種竹三萬頃,摇動一天星斗寒。”相激如此。

相傳長泖爲由拳沉縣,每天色晴朗,則見甃砌石堦。萬曆元年,築青浦城,苦于無石,父老言之邑侯石公岱宇,泅水採之,果得巨石無數。

錢傅巖良輔,嘉靖辛酉,已有聲邑庠。夢一鯉魚,腮上插杏花一枝,昇天而去。自負頗不小,竟下第。至萬曆壬午,歸德沈公鯉主試南都,方中式,計夢時尚在二十二年前也。

隆慶三年七月十四之夜,松邊海地面風潮大作,殭屍從潮滚入城市,婦女棲止樓閣,水一蕩漾,閣亦旋傾,鮮得免者。

隆慶二年,訛傳京中點綉女,一時男女盡皆配合,不論長幼、良賤。有垂髫即笄者,有乳臭爲夫者,孀婦亦皆再醮。禮人樂工,晝夜不息,肴菓之價騰湧,月餘方息。後因婚娶不倫,往往成訟,已無及矣。

郡守趙公豫,每見訟者,非急事則諭之曰:“明日來。”始皆笑之,時有“松江太守明日來”之謡。不知訟者乘一時之忿,經宿氣平,或衆爲解紛,因而息者多矣。比之鈎鉅致人而自爲名者,所存何啻霄壤。

上海陳村趙二,欲殺異母弟,縛樹上,杖數百不死,更擬大杖。時值晴朗,忽迅雷一聲,趙仆地死,弟獲生。

郡南門外捕魚者某,携網至黄浦邊,大雨,急歸。至中途,避雨柳樹下。雷電交作,眼前通明如火,其人驚伏在地。頃之雨歇,見所持漁竿皆成寸段,竪泥濘中,裂網作方塊,覆竹上,大小無二。

徐文貞當國,按院陳公文峰建青宫太師坊,上扁之日,按君率屬北向行四拜禮,獨太尊堯山臧公挺然獨立。按君問曰:“府官何以不拜?”對曰:“此特相公空銜耳,且通衢拜跪,亦不雅觀。”按君默然。

米價之高。嘉靖甲辰、乙巳旱災,每石一兩五錢。萬曆丁亥水灾,次年每石一兩六錢,麥每石銀一兩,人啗糟糠,繼以草根木葉。若棉花價每觔賣至六分,則惟萬曆壬子歲也。

華亭小民周應文,以父患心疾,醫禱無效,乃齋告大士。一日,忽剖開胸五、六寸,深三寸,思欲取心赴普陀以獻。乃入海不溺,飄流二十餘里,至柘林鎮,坐石自如,不覺痛楚。千户胡某先因母病,乞藥大士,得方,憐而與之,歸以奉父,父病隨愈。孝子之天神共佑固如此。

七寶鎮徐永齡,名壽,少負意氣,人多中傷之。正德間,一按院過七寶鎮,即于鎮上擒壽,將置之法。已而過石橋十餘處,橋上俱鐫“里人徐壽建”,按院閱竟歎曰:“此義士也!”立釋之。後其孫三重、曾孫禎稷,皆舉進士,亦善人之報云。

顧豫齋七十外,分析家産,命諸子日供錢百文,預懸書室。徐文貞與豫齋少同學,壯同官,老同林下,嘗訪豫齋曰:“一飯公猶可備,今日一談何如?”豫齋指壁間錢曰:“若留公飯,須費千錢,是使吾無十日之資矣。”文貞只得辭去。後文貞薨,豫齋往弔不哭,第曰:“公去,我隨來矣。”前輩何等率直。

姚龍石作家山,用五十金買得主峰,甚鉅甚玲瓏。載至門首,似此石跳躍,舟覆,竭力舁之,終不能起。

郡西東塔衖居民陸姓,萬曆壬子,出海商販,同舟者一百二十人。至第三日,風駛舟撼山麓,衆欲登山,見牛大于象,異獸滿目,有噬人之意,不敢登,而舟中水大至矣,溺死大半。餘者各憑竹木,聽其飄蕩,賴東南風,一日夜飄至定海者八人,遥見海岸矣。岸上疑倭奴浮水而至,箭銃俱發,又斃六人,其二人則被生擒。訊知爲中國人,解道,驗無他故,放歸,陸其一也。

本一禪院所藏花利佛,以圓錫匣盛之,匣近如盂,内雕成一山,圓如其匣,用檀香刻成三世佛,觀音,文殊、普賢、彌勒、地藏。觀音兩旁有善財、龍女。十八羅漢大不踰兩黍,而耳、目、手、足豪髮畢具,真鬼工也。

倪新溪母陶氏,哭子喪明,已十一年。忽一人踵門曰:“吾能療瞽。”時其孫上成均,宗黨會餞具在,其人曰:“諸君但少留此視之。”發囊出鍼,鍼目兩眦,目頓能見物。撫其孫頂曰:“吾久不覩汝,今成人矣。”新溪德之,手百金謝,其人不受而去,衆以爲神。

上海秦曉江家,有桃一株,質幹並瘁,委棄籬落間已二紀,將爲爨下薪矣。嘉靖己未春,其子鳳樓公會試,此桃忽然再榮,榮且花,花且盛,賓客共賞,而泥金之報適至。

陸文定尊公志梅翁,飲酒無算,每歎無對飲者。左右進曰:“有一箍桶者量頗高,然安敢對飲?”翁曰:“第呼之來。”至則先傾酒二罈于缸内,各執大碗,彼此共酌,須臾而盡。次又傾二罈,將罄,其人忽曰:“願得些少鹹菜。”翁喜曰:“此求救兵者,彼必負矣。”未幾復盡,再傾二罈,不及竟,而其人已醉,翁竟醒然。

鄉父老有陸璿者,嘗言周文襄公爲侍郎廵撫十九年,爲尚書廵撫又二年,百姓不知有凶荒,朝廷不知有缺乏。或問其故,曰:“當時濟農倉米常數十萬,一遇水旱,便奏聞免糧，奏上悉准。所免之數，即以濟農倉米補完，俟豐年仍足前數。所以民不知有凶荒，朝廷不知有缺乏也。”

成化戊戌，濟農倉積米，諸厫皆滿，尚餘七萬石，寄積于水次西倉。時顧東江之父可閑公，以老人選差監守，自戊戌至丁未凡十年，始得放完，蓋其所積既多，挨陳放支，次第不及故也。當時米粟之多如此，故水旱不虞，未聞空乏有如今日者。安得起周文襄于地下，與之講有備無患哉！

伍尚書文定公，嘉靖甲申，以操江蒞松，有“昔推常郡此盤糧，米粟陳陳盈四億”之句，詩雖不工，而當時儲蓄之富可徵也。按伍公推郡時，當是弘治末，猶有四十萬之積，況周文襄時耶。今則絶無，濟農之倉虛設矣，爲之一慨。

弘治庚戌會試，主考徐文定公夢人餽一大錢，又夢人餽黄牡丹三本。時錢鶴灘有聲場屋，王守溪曰：“大錢之兆，其在福乎？獨牡丹之説未得。”楊介夫曰：“此亦福之兆。不聞‘洛陽相君忠孝家，可憐亦進姚黄花’，爲錢惟演故事乎？斯人也，高科必矣，而非端士。”是科會試、廷試皆第一，而不克終。

《硯耕餘録》云：“採花涇顧宅，于萬曆壬寅三月初五日，聞庭前草中有聲嘖嘖不止。隨掘之，得一草長尺餘，具人形、手足、頭面，與人無二，且有陽道。掘起時尚能作聲，即以刀截其頭，出淡紅水，而聲亦息矣。”

景泰間，選内侍九人，于文華門廡讀書習字，欲取翰林二人教之。時太監王忱、舒良，以嘗從錢原溥學，示之意。錢不悟曰：“萬千好處，不肯玉成我，何又以此見屬？”王、舒乃傳命内閣，推舉倪、吕二公，不踰月，俱陞侍講學士，時被顧問，賞賚優渥。錢始大悔。

張雙鶴六十餘再娶楊氏。初婚時，楊語女儐曰：“阿翁何得常至閨中？”女儐曰：“此若夫也。”楊大哭。後生子一，即大綸。不十年，楊故，雙鶴殯之。事之不可知如此。

萬曆中，歲飢，人情惱惱。一當事者令人擬告示禁約，俱不稱意，乃取一白牌大書八字曰：“飢民必救，亂民必斬。”

古云：“詩有别才。”吾鄉馮子潛不曾讀《四書》，詩儘佳，有集行世。又一友，少讀書至《雍也第六》，即棄去，後作詩亦有奇句古語，當亦有據。

金澤寺側有業販者，嘗遊寺中，見一羅漢背有一孔，手探之，得金字《金剛經》一卷，持至吴門，識者，曰：“此子昂真迹也。”即以二十金買之。販者乃悉破羅漢背而取之，遂成富室。

莫廷韓得一古琴，梅花斷紋，聲極洪亮。後廷韓卧病，忽一日此琴七弦俱絶，尋不起。

文無害唐思橋，華亭十二保人也。屋後有一樹，樹下有五神廟。唐之僕婦爲神所魅，唐惡之，伐其樹爲梁，而令僕婦他徙。未幾，唐雉經死，正懸此梁，而僕婦竟失去一乳，失時無血，亦無疼痛，後婦亦無恙。

洙涇鎮趙穀，捕盗之魁也。嘉靖壬戌，南都刼盜公行，捕之不得，乃檄穀往。至留都十日，都無影響。偶于通濟門見一瞽目推命者，曰："是可疑也。"即令人肩一木向瞽者撞之，瞽者回面而避，穀曰："是矣。"即尾其後，出通濟門七、八里，至一小房，入門，穀撫其背曰："特來尋汝。"瞽者曰："吾知之矣，得非松江趙君耶？"兩目忽開，出酒脯相欵，曰："君宜速還，至來月晦日，到宅奉候，并有小盡。"穀見其言詞慷慨，侍者三、四，俱精悍，遂許之，尋歸。至晦日，掃户以待，竟不至。又旬日，穀復抵白下，詰其負約之故，瞽者笑曰："前月晦日，君何睡之熟也？薄儀已留君床頭矣。"穀亟歸，視之，見大銀二錠、匕首一把在枕下，不覺流汗浹背，從此不敢至南都。

宋徽宗内庫所藏玉杯三：其一名"教子昇天"，内外光潤，絶無纖埃，杯口三面聳出，螭頭如生，真神物也。二名"八面威風"。三則"單螭作把"，外多花紋甚細，瑩白甚于教子，而神稍遜。其一、其三向在朱尚書旋溪家，孫少愚、文巖分得之。文巖不能守，以教子杯典吴門三百金，已而從兄司成文石公以原銀贖歸。而單螭杯在少愚處者，後亦歸司成矣。司成捐館無子，立弟太學文泉子爲嗣，而諸寶玉器，則司成夫人平湖陸氏謹司之。萬曆壬午秋，陸氏卒，陸宗族無不垂涎其業，乃訟太學于浙，平湖劉令逮置圜扉，衆瓜分其有。時陸有顯者曰："兩玉杯至，太學生還矣。"于是，亟取獻之。杯到之夕，太學之室胡氏忿然曰："太學之禍，此爲祟耳。"睨杯欲擲之地，左右失色，請曰："如太學何？"胡曰："且休矣，猶當辱之。"乃出錢二十五文沽平湖薄酒一尊，斟玉杯中，遍賜厮養臧獲。明日上獻，下午出太學于獄。又明日，張筵欵太學，歡飲而歸。後咏白公成進士，具疏辨寃，取原杯以還，立碎之。

近來，中國人都從海外商販至吕宋地方，獲利不貲，松人亦往往從之。萬曆三十七年，焦慎君偕一僕商于彼，歸而渡海，爲六月十八日。舵壞，風飄至鬼山。山不甚高，長可百里，有廟在上，中多白骨，廟内外白鏹遍地。不幸舟過其下，即爲亂石所破，有死而已。于是有力者剖海舟，裂綿編筏，作歸計。焦亦令僕佐之，編訖，僕舉身跳筏曰："官人不得相顧矣。"焦號泣呼之，不應。不意筏輕浪大，遥見諸人盡溺，而僕亦飽魚腹矣。所存惟貯水一器，頗巨，焦以三木架其三面，而與同事者三人共坐其中，解裙爲帆，時二十四日也。日啖生米少許，幸風駛三日夜，見漁舟，疾呼救命，出大銀錢二贈之。漁人翼至舟，知爲閩地，月餘抵家。假令當時偕僕登筏，又安得獨生哉！乃知天意有在。

上海北橋瓶山道院，舊有井，逼院門東。萬曆甲申秋夜，雷雨大作，忽移至河邊，石甃如故，離舊趾五尺餘矣。里人報知，邑侯許公親往驗之，陸文定命建亭其上，董太史名“天移井”，唐宗伯爲碑文。

孫文簡所居之左爲太清道院，當路欲舉其地畀公。公曰：“此童時所釣遊也，其羽流亦舊所交與，吾既不能營葺，忍奪之乎?”又一葬地與公第密邇，公榮歸，其人欲徙去，公不許，乃築墻以障之。只此二事，何等忠厚。其子雪居竟無後，天道殊不可曉。

王季常，萬曆壬子科場畢，在聚寶門内忽遇其父留菴公，言家事甚悉。且云：“汝今年第二篇不得意，不中矣。”忽不見。後揭榜，季常果下第，然無他異。

干山圓智寺有磚塔，歲久將傾，因重建拆開，内有舍利子數粒，如雨花臺小石子，瓦匣盛之。又一銅觀音，古錢斗許，其金字經一卷，見風即化。

嘉靖癸丑，魖魍鎮一婦忽生鬚，時縣差以事攝其夫，不得，從壁間窺之，以爲男也，遂攜至邑，觀者如市。

萬曆辛卯六月初四日，西湖道院内小方池水，忽作五色紋，頃刻變幻，至初八日方止，觀者如堵。

杜韋者名娼也，與范孝廉允謙一見語合，情如膠漆。孝廉故瘠弱，病且淹淹矣。伯中方公患之，訟于官冀得杜絶。孝廉囚服公庭，言詞酸楚，度不能久留，乃偕之燕中，未幾卒。杜扶柩歸，且且渡江。是夕沐浴，衣孝廉所製衣，凡孝廉所悦詞曲數闋，一一向柩前歌之。又將孝廉所作詩，朗吟數首，天將曙矣。命酒致奠，哀不自勝，乃啓蓬牕，躍入江中而死。

嘉靖乙未，西門外楊氏造小房，築短墻于外。忽照見松江城影，宫室人畜，市井貿易，歷歷可見，近地尤爲纖悉。一時喧傳，郡邑官長皆來視。楊氏懼，以墨塈之。或承紙其上復見，究不知爲何故。

張家宅地方，一婦爲五神所迷，來時服飾甚麗，必攜酒榼，黄白之器盈案。其婦侍酒，常留一老嫗作伴。神云：“此嫗餒矣，可與之食。”令此婦攜去。嫗卧，目見銀鍾内菓甚富，第不能起食耳。飲畢，五神留其一，與婦同宿，率以爲常。

西門外染坊内一人，與某妓情厚，欲娶無貲，時時對泣。時西郊演神劇，二人移舟往觀，旋登馮氏西臺，泣不自已，各解足紈緊纏其身，共躍急流而死。

松俗婚禮必用花髻，以紙爲之，價之多者至二、三金。又新婦到門，禮人斬蔗。徐文貞云：“國初，念小民不能備鳳冠，命以紙代，今既有金銀冠矣，安用此爲？至于新婦到門，正要吉利，乃將蔗一刀兩斷，殊屬不祥。”故此二事，文貞家獨不用。

倭據新場，殺人無數。一人被傷太重，夜半方甦，聞人云：“此人合在清净處者。”乃挨至家中。不意明日倭復至，此人急走過橋，倭已對面，遂跳入水，倭用刀殺死，乃知清净處即水也。

彭魯溪、袁與山，社友也。與山子太冲公，年甫八歲，常侍側，自稱小相公。彭因試對曰：“願爲小相？”太冲答云：“竊比老彭。”彭又令其背書，見書腦裂碎，云：“書腦經年葉，落爲恁風霜。”太冲即云：“燈心徹夜開，花因何雨露？”彭大稱賞，以女字之，後翁壻同登嘉靖甲辰進士。

曹定菴家居，有人到門大罵，家人禀知。公曰：“知他罵何人？”後呼名大罵，家人禀曰：“今呼名矣。”公曰：“世豈無同名姓者？閉户可也。”不三日，罵者竟死。公語家人曰：“使前日一與較，今日生多少口舌矣。”

倭亂後，夜聞鬼泣，雖衆喧鬧，泣自若也。第云：“倭子來矣。”便寂然。

徐文貞甫一歲，其父攜之任。山路險峻，舁夫失足，文貞墜深谷中，舉家痛哭，幸依桂樹枝，從容得不死。衆抱起時，文貞正熟睡也。廿年相業，豈無神護？

徐裕湖偕陳效參數輩，往海鹽塘看日出。時方五更，諸公列坐塘上，仰見一龍從南來，作黄金色，首尾鱗甲，纖悉可覩。食頃始滅。

某姓遷葬其母，歲久，棺木已朽，僅存枯骨。一奴面而嬉笑，歸郎發狂，云：“我赤身在此，汝何得笑我！”叫號終夕死。

鄉間一大姓，有子方週歲，值熱天，遍身疼痛，啼哭不休。延請諸醫，束手無策。王起雲後至，云：“能以十金酬我，一刻即愈。”主人唯唯，乃濃煎甘草湯浴兒。未幾，兒即睡去。半日方醒，已不作痛矣。主人大喜，出銀酬之，特問小兒何病。王云：“此乳母抱令郎納凉，爲刺毛所着耳，故以甘草湯浴之。若豫説明，君豈肯以十金酬我哉？”衆大笑而别。

朱同玄住莘莊鎮，隆慶甲申，被盗。未幾，盗就擒。追出賊書一封，乃糾同夥者云：“適有好酒一缸，無人喫得，願借快馬二十匹，前往莘莊嘗之。”

顧豫齋生時，其父夢尼父攜一童畀之，覺而生公，左足拇有一玉麟頭宛然。

# 卷　下

明　華亭撰人　闕
平湖陸烜　訂

馮文所云:"漢諸侯王皆遥受封之國。今之山人,皆不在山,而日置足朱門,亦當稱遥受山人矣。"

顧少參左山與一山人善,出行卷相眎,首作"元旦有懷三閣老",左山云:"到除夕,亦當懷我輩矣。"

近有節婦之父、山人之子,俱布衣也,輒乘大轎拜客,衣冠僕從甚都,人稱爲"節婦封君""山人公子"。

上海寶山地方,嘉靖癸丑,民家畜一雞,鼓翼長鳴,作人言曰:"燒香看和尚,一事兩勾當。"後倭夷進香陽山,風便,焚掠累歲,卒破縣治。

隆慶辛未冬,海上來一巨魚,長十餘丈,濱海人競割其肉售之。其肉煮之難熟,且如敗絮,不可食。

曹定菴爲黔中分廵,所過必有題咏書壁間。比反,則屬和殆盡,詞翰俱佳。訪知從行指揮某所作,後某犯罪當落職,曹特釋之。及歸,某持千金爲報,公却之曰:"吾惜汝才耳,豈有私耶!"

信史載:"萬曆辛丑八月,上海長橋南有流丐,豢數猴,日假扮戲爲生,夜則縱入人家攘竊,不意猴逸去。鄉間婦女間被淫污,一婦堅拒,被猴裂乳而死。自是,各村夜篝燈,擊柝以禦之。後被獵人殺死,乃安。"

萬曆丁未九月,金山衛海塘隅二虎至,傷三人,衛卒逐至浙界而返。相傳嘉靖壬子,有二虎浮海傷人。正德己巳,北山有虎食人,俱真虎。若成化甲辰,村落訛傳有虎,乃盗蒙虎皮竊豕者,夜不辨,遂爲虎耳。

崇禎五年,有虎踞于浦南沙岡,後從漕涇被獲,不甚傷人。

神山舊名神鼉,伏首引尾,形肖鼉,故名。相傳是山歲出圓石,以爲鼉卵。後人鑿其首,遂不復出。山之陽有道院,顔曰"神鼉仙館",相傳爲吕洞賓所書,篆宗垂露,筆法古雅而中欵,真神品也。其迹爲太尊吴公黄洲取去,今榜蓋臨本。

縣南夏氏欲穿井,術者謂門内外數尺間皆吉,疑而卜之東門陳氏,視兆訖,曰:“異哉!内外皆有井,内井有寶玉氣,浚時須慎之。”既穿三尺許,有石板,其下乃鴛鴦井,門内者有古窑器數百枚,惜多爲淘井者所碎。

馮南江論劾方公獻夫,罪死。其子勅齋,年十四,日哭長安街,攀貴人輿訴之。偶方公過,勅齋亦攀輿泣訴,方曰:“汝父今何在?”勅齋曰:“朝廷欲殺一諫臣,而宰相不知,尚謂國有人乎?”方默然。

馮南江爲南侍御,廵視上江。會世廟遣内相設醮齊雲巖,南江亦往行香。拜畢,内相以長柄香爐付之南江,南江曰:“此守土官事也,我出使官不同。”遂不受。衆服南江一時權變之妙。

永樂中,吾郡大水,朝廷命通政趙居任治水。嘗登超果寺橋,令居民插茭蘆水田中,曰:“望青亦可也。”民不悟,從之,後皆據以起税。時有“白水徵糧趙通政”之謡。

又萬曆十五年、三十六年,霪兩連旬,一望皆成巨浸,止蒙折糧,得免加耗,而正項白銀,徵七緩三,明後年一切追納,小民何堪之。

勝朝水蕩,畝徵六十文,以實計之,爲錢三、四文而已。成化三年,撫臣邢宥括得業蕩,畝税米三升,猶以爲重。弘治末,加至五升三合六勺。嘉靖間,則六升有奇。至萬曆間,增至一斗矣。

章鹿苑,居超果寺東隅,舊爲文學王君居。王之子偶出,爲祟所憑,自云山東某縣學增廣生,倭亂時,來松訪舊,爲亂兵所殺,游魂無所歸,因嗚咽口占曰:“霜凝畫角鼓聲沉,血滿刀頭怨氣侵。魯地别來吴地死,從教漂泊到如今。”其意欲王申交城隍廟,轉牒山東,一路無礙。王如其言,爲祭遣鬼,將就道,復口占謝曰:“銅雀空臺歌管稀,孤魂漂泊久無依。從今試上東山望,目斷雲間一雁飛。”因出門仆地而醒。越一日,復作囈語。王問鬼何故復還,云:“感君提拔,無可報德,此居定得聯捷,勿爲他姓得之。”王貧甚,竟售之鹿苑,甫遷入,萬曆乙酉丙戌聯捷。

萬曆庚戌,徐金吾維岳入都,將小船載米入官舫,道經泖涇萬安橋,水最急處也,舟覆,二僕溺死,撈屍不得。明日得一屍,乃女人無頭者,二僕竟不得。相傳橋下有物,如鱉頭,見則覆舟殞命,不可不知。

萬曆己酉六月,上海徽商家烹一鱉,内有胎,胎中一小兒,長二寸,眉目畢具。時顧無懷在潘同江家。同江,則徽商之居停主人也,無懷親往觀之。

衛玄洲家莘庄,偶栽花掘土,見一石皮下有荳色瓶,瓶中無他物,止有一磁碟在内,瓶口甚小,不知此碟何以能入。後瓶已碎,其碟伊子涵谷猶藏之。

衛橘樂作壽藏于莘庄,開土得一古錢,繡蝕不辨年號,下有水湧出,急將土掩,愈掩愈湧,無可爲計,乃仍將錢置故處,其水立止,遂成壙。後作昭穆穴,亦有錢,大者如酒杯,但無水耳。

萬曆戊子大旱,郡西南李塔匯塔頂仰盤,有一物盤旋其間,狀如猴。數日方去,人疑爲旱魃云。

沈東林云:"南鄉一家以耕種爲生,有大樹一株,遠在數百武之外,樹影落其釜中,歷歷可見。一日送酒之田,飲畢,將壺掛樹枝,竟忘攜歸,則見釜中樹影,宛然錫壺在也。"

龔方川嘗卧至夜分,倏然而起,持燈坐中堂,歷唤家人,分處某事某事畢,則仍就寢,旦日問之,毫不知也。每歲必有四、五次,家人習熟,殊不爲異。

我松郡城園囿之勝,以顧氏東園、北園爲冠。東名熙園,大可百畝,中有水一泓,汪洋浩淼,樓閣環之,真酷似仙山樓閣者。而羅漢堂、梅花東廊數百步,尤玆園最勝也。第東脩則西壞,令子孫難守耳。北名濯錦,廣不及熙園之半,頗有山林之致。顧君實復建一堂,可坐百客。堂成未幾,君實棄世,後遭鼎革,二園皆爲蓁莽。

蔡公龍陽從筮仕司理至開府粤西,歷宦三十餘年,始一歸省,食淡衣素,無異寒儒,後陞南少司馬。歸見市上有賣鯧魚者,偶向僕言之,其子烹之以進。公大怒曰:"此時魚價必高,窮口腹若此,非與我共守家業者也。"棄不食。夫儉,美德也,然以少司馬之貴,食一魚何過哉!况甘旨之奉,何忍棄之。

徐氏有富僕某,無子。病革,邀其主仰齋至卧室,囑以後事。仰齋見其帷幃以貂皮爲之,又見一五彩服,驚視之,乃中衣也,而以蟒龍裁製,仰齋不悦而出。

倭夷入寇,廵檢宋敖等三員統兵出戰,俱歿于陣。停喪嶽廟,按臺周公觀所哭之慟曰:"汝三人得死所矣,不知吾輩若何耳。"此善于激勵人心者。

《樗齋漫録》云:雲間酒淡,有作《行香子詞》嘲之。其詞曰:"浙右華亭,物價廉平,三道會買箇三升。打開餅後,滑辣先馨,教君霎時飲、霎時醉、霎時醒。聽得淵明,説與劉伶,這一餅約重三觔。君還不信,把秤來秤,有一觔酒、一觔水、一觔餅。"此詞譏淡酒最工,但不知何年何人所作,起語"浙右華亭",豈尚屬嘉興路耶?

倭夷焚燬西郊房屋無算。寇平,主者重建,其瓦礫悉棄之跨塘橋外水中,倏忽成堆,于是馮侍御南江因而填土,衛以巨石,宛然一洲矣。乃建寺觀、樓臺于上,傍創忠貞祠,祀泰伯、文王、周公、夷、齊、留侯、武侯、狄梁公、文文山,凡十人,命曰"廻瀾臺",夏日遊人多登之。

我朝草書以張東海爲最,蓋其操縱闔闢,無不如意。且姿態横發,不襲前人畦畛,疑顛素以後,優入妙品,世所謂"糾蚓驚蛇",未足喻也。時求書者塞户,遠夷求慕,至以十金購書一紙。百餘年來,真迹蓋寥寥矣,其玄孫太史君一公,重價搜訪,亦不易得。

張東海守南安日,布政某將入覲,緘紙一篋,索公草書,爲京中人事。公笑曰:"此欲以草書役我也。"止書四紙,以塞其請,餘紙悉封還。

南門外某姓一妬婦,知婢懷娠,日夜痛毆。既娩身,逼令棄兒于水。婢不得已,將兒繫之木板,以釵一股置兒衣間,冀得收養。適一婦持本槌浣衣溪上,見而收之。方用手援兒,椎忽墮水,流至妬婦門,爲其婢所得,懸之壁間。不兩月,盜入其家,即將木椎椎殺妬婦,其夫方知兒之溺死也。後六年,拾兒之父偶至婢所,見木椎認爲己物。婢問失椎之由,云:"爲撈兒,滚入波心。"復問:"兒衣間有何物?"曰:"有一釵,今尚在。"婢即日索釵視之,果前物也,重酬其乳食之費,攜其子歸。張友蓮作《木椎記》。

閻太守月川公,蔬食布衣,蕭然如貧士,僚屬、鄉紳有所餽遺,通不受。偶司憲范公岫雲語閻曰:"晚生有菓一小盒,欲獻太夫人,不敢輕致。"閻曰:"試取來。"果一小盒,内潭笋二莖,衢橘四頭,風菱二十枚,山藥二株。閻忻然曰:"尚欲禀之老母。"時太夫人年已九十三歲,傳言俱受,謝别。旦日,貳守知之,乃備菜菓十二盒送進,閻公不勝憤詈,帖亦不受。

衛庠向無科第,有之自曹雲閣始。

董思白乃尊名漢儒,少爲諸生,已故。萬曆己丑,思白會試,夢與乃尊同榜,自以爲不得中矣。揭曉,思白中第二名。董誼菴,名漢儒,同年進士。

董公懌守綿州日,見藏金甚多,不顧,亟以土掩之。一僕取其二錠,公曰:"此銀必不可動,動則十指俱壞。"蓋恐嚇之,非真有所見也。其僕至家,十指果墮盡。

沈東林于華亭縣治西中亭橋見一物,猪頭狗身,觀者肩摩。

嘉靖戊午,董幼海論劾分宜之子,已而吴公悮齋、張公鶴樓相繼論奏。董既與徐文貞至戚,而吴、張又文貞癸丑會試所舉士,嚴疑文貞陰主之,嗾典獄者置三人死律,脇引文貞。三人被訊慘毒,絶而復甦,終持初志不變。

小崑山陳氏者,負人三十千不能償,爲主人所逼,欲鬻其婦,不能自决,夫婦相持而泣。有客過之,問知其故,憮然曰:"所負多,雖鬻汝婦,烏能償也?我不忍見汝夫婦生别。"陳大喜,謂客悦其妻,呼出令拜客。客曰:"無用此爲。"贈以三十千,拂衣登舟,不告姓氏而去。

錢鶴灘家居,有客言江都某妓動人,公即整裝而行。適巡鹺使者,公門人也,珍重邀公,公辭。隨訪妓,知已嫁鹽商矣。乃往謁商,商亦答拜邀酌。公具道遠來之意,祈一見妓耳。商許之,出妓把酒。酒酣,妓出白綾帨,請留新句,公遂書一絶:"淡羅衫子淡羅裙,淡掃蛾眉淡點唇。可惜一身都是淡,如何嫁了賣鹽人?"仰天大笑而出,旦日竟歸。鹺使蹤迹之,已去遠矣。

顧挹江,文僖公之孫也。善鼓琴,每夜有一狸竊聽,恠之,乃杖劍逐狸。入大穴中,掘得一琴,古色蒼潤,聲亦清越,遂名爲狐狸琴。見《琴雅》。

有一學究,設館鄉曲,輒稱"錢鶴灘我門生也",主人以此甚敬之。忽一日,錢訪主人,學究大窘,乃往舟中謁錢,長跪請罪。錢云:"有何不可?"頃之登岸,即稱業師,執弟子禮竟日。後學究入城謁謝錢,錢因語之曰:"嗣後慎勿復爾。"前輩長厚如此。

楊玉山者,松之富商也。成化間,以税事至南都,遇妓張小三者,稚齒雅容,不肯就門户。楊一見語合,遂捐數十金成婚。踰月,楊欲歸,張願隨之。楊以婦妒堅辭,然歲必三、四至京,留連旬月,所贈遺已千萬計。二十餘年,楊田産一空,婚嫁無策,怏怏失明。張聞之,直造楊氏之廬,拜主母,捧楊首大慟,乃悉出向所贈金珠,具粧嫁其二女,并爲二子納室,留侍湯藥。一年楊死,復脱簪珥殯之,守其柩不去。既免喪,其父母强之不歸,訟之禮曹,移牒逮之急,不得已,泣别其靈而去。至家不面一男子,考終于舊院。

諸午泉得一峰石,高二丈,儼若人形,襆頭大袖,名爲"待漏石"。從澧涇楊氏重價得來,左肩有"九天閶闔開宫殿,萬國衣冠拜冕旒"二句,非刻非寫。每至天欲雨,氣蒸石潤,十四字隱隱可讀,殊不可曉。

徐文貞公識見超卓,言詞敏捷。嘉靖乙丑會試,《中庸》題"人道敏政"一節,《孟子》題"《詩》云天生蒸民"一節,世廟問文貞:"蒲蘆何物? 彝何義?"文貞奏云:"彝是有恒之義,蒲蘆乃長生之物。"上悦。又聞嘉靖乙卯順天鄉試,首題"仁以爲己任"二句,次"必得其名"二句,司禮巨璫見首題之下有"死"字,持主考甚急,宣言于朝曰:"'仁以爲己任,不亦重乎'之下,不知是何語?"文貞應曰:"就是必得其名,必得其壽了。"巨璫默然。

青浦北地名孔宅,《志》稱: 孔聖三十四代孫楨,事隋爲蘇州刺史,僑寓于此,遂居焉。地有梁紇廟、孔子廟、顔淵井、宰我墩、咏歸橋、瞻在軒及先聖衣冠墓,年遠廟像剥落,墓址傾頽。萬曆乙巳秋,陸伯生倡義脩復,焕然一新。伯生歷舉其靈異,云嘉靖間,里人掘聖墓,聞其中隱隱作雷聲,懼而退。又聖像側有顔、曾二像,島夷犯境,毁曾像,俄一人帶兩纓者與戰良久,寇遁去。人疑子路之靈,故塑像以配。又孔墓向屬雷氏完糧，雷貧，乃負聖像至郡，哀訴。賈侯新其像，送歸，免税。是年，麥秀兩岐。又萬曆某年，土人伐廟樹，口鼻流血，乃止。又殿傍老樹鸛巢，其上殿瓦悉污，一夕，風雨拔樹，鸛皆擊死，而片瓦不動。又脩殿完，有七十老人，緣梯繪棟，失足墮，竟不死，真有神護。

徐文貞督學浙中，有一生結題内用“顔苦孔之卓”語，公批杜撰。後散卷，生稟曰：“此語出楊子《法言》。”公曰：“本道科第早，未曾讀書。”遂揖生，云：“承教”。衆情大服。

萬曆二十二年八月，有人在平湖帶一黄色牝雞至郡西門外，三足，後有兩竅，各自生卵，衆共見之。

徐文貞公居首揆時，偶有一事觸聖怒，命逮下獄。禍且叵測，會地震，立免。此松人所罕知者。

張少塘之室抱病，卜當賽神，計費銀三兩，少塘唯唯。至祭日，乃如數將銀分作十封，召親友之貧者，贈之曰：“我知破財爲福而已。”其室旋愈。

郡東門外蟠龍塘普門寺側一無主古墓，爲里人張雕盗發，有志石，乃宋時錢参政良仁妹，諱惠凈，封孺人，生一男五女。破棺無穢氣，顔色如生，口脂面澤若初傅者。冠服亦不朽腐，得金銀首飾器皿甚多。至脱其繡履相玩弄，人以爲異。

司獄司前，日河橋上，横架一石，即橋闌也，長如其橋。戲輕搔石端，彼一端即聞其聲，向來爲人所搔，石上遂成一坎。

徐長谷，郡中賢者，夏日送客出門云：“科頭跣足幸勿罪。”一人竊聞之，以爲送客宜有此言。一日，衣冠送客，亦云：“科頭跣足幸勿罪。”客笑曰：“君誤矣。”此人正色曰：“徐長谷豈有誤？”

吴友以蚊比妓，咏蚊一闋，寄黄鶯兒，録之：“名賤且身輕，遇炎凉，起愛憎。尖尖小口如鋒刃，叮能痛人，叮能癢人。嬌聲夜擺迷魂陣，好無情。偷精吮血，猶自假猩猩。”

唐橋富氏，其先一老媪，家藏一寶物。有四老人備禮造訪，求觀其寶，媪治具，留四人午飯，以瓦壺盛酒。四人飲至醉，復請曰：“寶可得觀乎？”媪曰：“寶在目前，即瓦壺也。”不火而酒自温，愈飲而酒不竭。一老醉甚，把玩間失手墮地而碎，四老跼蹐殊甚，媪笑曰：“凡物成毁有數，何必介意。”賢哉媪也！

華亭之鶴，多稱下沙，蓋自海外飛集其地，非下沙産也，高大異常。嘗聞鶴性飛集此地，常數月不易其處，故羅者每踵迹得之。

倭亂時，一公差差往廣東調兵，路忽遇虎，負往一大樹下，抓土覆之，徑去。公差倏其去遠，急緣樹杪避之。少頃，引一巨獸至，背濶方平，頭似虎而巨，若以此人作供狀。不料已去，獸遽怒，搏虎食之而去。

萬曆己丑春，海洋中浮出一艦，長三十六丈，艙如之，檣半之，濶八丈，鎖鑰以金銀，頭艙髑髏無數。謂是昔年塞老鸛嘴者，不知是否。

萬曆丁丑冬，澱湖傍忽湧冰山，約高數丈，長二里許，峰巒洞壑無所不有，月餘融釋。四方來觀者無虛日，特以堅滑不可登耳。先是，湖中冰堅不通舟楫。一夕，傍湖居民聞萬馬之聲，從牖中窺之，見燈火千餘。及明，乃見冰山，始知神所爲也。

萬曆三年夏五月晦，大風，海濤山立，怒號而西注，敗塘于漴闕六百五十丈，又敗塘于白沙二百丈，漂没廬舍百十區，民死者數百人。潮乘其缺，日再入，流溢泒分，遍及四境。而潮味鹹，所過禾麥荳蔬立槁。適歲旱，民不能灌溉，賴楊父母臚山公冒暑循海行二百里，具得其狀，以白兩臺監司，各捐贖金千餘兩。擇吏董厥工，凡數月，塘成，長八百五十丈，高厚各一丈五尺，趾加厚二丈，民甚賴之。

隆慶三年，丈田均糧，僉憲九石鄭公、郡守洪溪衷公，謂泖塔在湖心，渰没不常，遂得免科，給帖存照。萬曆元年，復建青浦，泖以西俱屬焉，獨泖塔基因不起科，仍隸華亭。

七寶鎮寺西有羅漢松一株，大可四圍，中空，有冬青木寄生，其大且如斗矣。萬曆二十年，有一巫妄稱五神棲止樹上，潛置火樹中，以愚遠近，曰："此神燈也。"越三日，不意火大發，千年之木遂成煨燼，豈不可恨！

武弁張赤虬，出海爲風所飄，見一大石門，即避風其中。有山有田，鶴高丈許，間無人煙。張登山，見蘭花盛開，摘之則縮入地，隨采其葉，斷處流血，且有腥氣。

孫雪居製一舟，名"雪蓬"，制作古雅，可坐十人。雪居捐館，此舟屬之陸咸齋。未幾，咸齋卒，有吴興筆賈茅姓，素縱肆，謀得其舟，往來吴越，居然士夫。至癸丑夏，茅入舟，忽見孫、陸二公共坐舟中，大駭，隨得心疾，狂呼奔逸，其父用鐵索錮之。此雪蓬爲之祟也。

相傳袁海叟避禍歸，佯狂自辱，令家人以糖拌米，潛置籬落間，公匍匐食之。上命公爲本府教授，使者見其取食不潔，遂奏爲真病，得免。

徐師菴宅，將燬之前月餘，凡空房邃至，及橱篋廩庾之内，無處無火，煙從隙中出，啓之，火燄燄也。至燬之夕，如數十人從内喧嚷而出，廣厦百間，頃刻燬燼。

錢涇橋北有二尼，姓方者禁足，袁姓者迎賓。各宅眷争先布施。數月後，一隣人夜聞關房内笑語聲，旦視之，扃户如故，乃從隙中窺見佛座下一穴，正通關房。袁夜分而入，未明而出，乃密報里排地隣共驗，袁者爲尼，方者乃僧也，于是逐去。有

"方和尚盗圓尼姑"之謡。

《都公譚纂》云:"松江上海縣十字廟前,有農家誦經颺旛。偶有行者暑倦,置牛皮于旛下,忽陰雲四合,霹靂擊碎旛竿,牛皮不知所向。但見農家屋上,竹丁萬計,皆長三尺許,人皆異之。"

郁華谷,徐文貞姻家也。郁貢期尚遠,文貞特懇宗師周公觀所,令其超貢,周恐衆心不服,乃集諸生諭之曰:"天子至尊,設相公引薦一人,則用之乎?"衆曰:"然。"宗師又曰:"天子尚然,何况本院。今存翁老師特薦郁子超貢,本院不得不從。"諸生謂:"何衆唯唯。"郁遂膺薦。

孫毅齋之兄守齋,少穎悟,十一歲竊從家人往觀競渡。比歸,其父雪岑公欲責之,諭曰:"汝能作一詩,當貸汝。"守齋應聲曰:"虎艾懸門日,龍舟競渡時。屈原遺恨在,千載沅蘭思。"可謂敏捷。

嘉靖壬子春,徐長谷同一二友人步郡治前,見賣鱟魚者。徐問曰:"吾松向無此物,汝從何處得來?"對曰:"網之黄浦中。"徐歎曰:"介冑之物忽至,兵兆可憂也。"同行者迂其言,來年癸丑倭亂。

阿紅者姓王,京師人,父故,遭水灾,其母偕其子王應龍及紅,就食長女之嫁于徽者,附漕艘而下。時紅年十三,妍麗無比,中途有嘉湖樂户徐姓,一見紅,慕其色,欲以重價居之,母兄不應也。乃謀之土人,土人曰:"誠捐五十金,保爲君致之。"徐應曰:"諾,第須送過大江耳。"土人亦應曰:"諾。"乃覓輕舸,艤漕艘旁,夜鑿漕艘,水大入。王媪睡夢間,令應龍收拾行囊,身以被裹紅,置舷上。時滿船驚擾,土人遂攜紅入輕舸,挂帆而南,果至京口付徐,酬亦如約。徐攜歸嘉禾,教以清歌。歲餘,載至蘇、常二郡,所入千金矣。最後至吾松朱家角,大爲角中諸院所珍重,而紅母兄之在長女家者,念紅不置,遂于吴下遍訪不得,乃以萬曆辛亥六月過松,至莊家行遇紅,時紅已年十七,且悲且喜。徐無可爲計,詭曰:"當合作一家耳。"未幾,計令應龍市肉,屠者毆之,令人報其母。母急赴子難,而徐放舟如脱兔矣。紅號泣三日夜不休,徐惡之,乃以木錐錐其兩脛,遂不能行寸步,仍泊舟朱家角僻處。後應龍母子緝知,奔告青浦捕衙,俱逮至邑中。有陸老虎者,爲徐畫策,擁應龍至一蕭寺中,逼寫鬻妹身契,僧頗憫之,决北牖,令應龍疾走。途遇蕪湖染工數輩,備述其故。中一人曰:"邑中無正官,錢神爲政,子寃何從白耶?何不走郡中訴之。"應龍曰:"善。如赤手何?"此人乃倒橐典衣,得一金,畀之,間道同至郡,具訴二守陽華朱公,訪實,斷紅還其兄,斃徐于獄,而陸老虎諸人,俱置之法。醫者姜姓受賄,妄言紅係流火,并撻之闔郡。無不頌朱公神明也。

乾隆戊子十月，余方卧病浹旬，忽有吴興賈人，携示《雲間雜志》一册，亟取披覽，則其中所載，如倭亂始末，及五神迷祟事甚詳。他若方正學有後、青浦孔宅等，皆非瑣瑣載記者。又所載國初有一高士，自號全翁，即烜遷平湖始祖，先人有顧德嘉言，爲之雲礽，允宜亟表，爰付剞劂，而謹識于後云。

胥山農陸烜

# 四庫全書總目提要

《雲間雜志》三卷,舊本題明人撰,不著名氏,下卷載顧氏東園、北園一條稱:“後遭鼎革,二園皆成榛莽。”則國朝人撰矣。所記皆明萬曆以前松江軼事。中載“徐階爲首輔時,忤旨下獄,會地震,幸得赦免”一條,其事爲正史所未載,殆委巷之談也。

# 懷舊雜記

張文虎 撰
季怡菁 整理

# 整理説明

《懷舊雜記》三卷，清張文虎撰。張文虎，字孟彪，號嘯山，又號天目山樵、華谷里民，南匯縣（今上海浦東新區）周浦鎮人。張文虎是清咸豐至光緒年間的著名學者，一生著述甚豐，尤精于校勘、音律。他將校勘經史群書時的考訂以及心得，結集爲《舒藝室隨筆》《續筆》和《餘筆》；他所撰寫的序跋、論説、書劄與雜文，則結集爲《雜著甲乙篇》《賸稿》《舒藝室詩存》等，其著述總題曰《覆瓿集》。此外，他還著有《鼠壤餘蔬》《舒藝室尺牘偶存》《舒藝室詩續存》《湖樓校書記、余記、續記》《蓮龕尋夢記》《夢因録》等書，後收録在《覆瓿集續刻》中。《懷舊雜記》是《覆瓿集續刻》中的一種，由閔萃祥根據張文虎生前所撰著述、資料編集而成。

《懷舊雜記》寫作時，張文虎原定爲四卷，内容涉及上海南匯地區文人的日常生活、教育、學術、遊學交友等文化活動，以及風土人情、歷史事件等各個方面。第一卷叙周浦，第二卷叙南塘、張堰、秦陽、廊下，第三卷叙郡城松江，第四卷叙安慶、江寧諸舊遊。由于身體的原因，最後一卷没有起草。書中前兩卷比較完備，第三卷並没有完全寫成。最後書的整理工作經門人閔萃祥及錢仲轂、張鳳山等當時名流的幫助，于光緒十九年刊刻，完成了張文虎的遺願。

《懷舊雜記》雖卷數不多，但叙述詳備，内容十分豐富，文字簡練、樸實，且以地區劃分，體例清晰，便于閱讀。如卷一對周浦鎮的鎮貌市容的描述，對周浦建築的介紹和周浦文人學子的紀傳，都有相當高的史料價值，是研究清末上海南部地區歷史、文化的重要資料，值得引起學術界足夠的重視。

張文虎的《覆瓿集續刻》目前只有刊于光緒十九年的刻本，南匯人張鑫（即張鳳山）校刊。本次整理，我們以上海圖書館收藏的這個刻本作爲工作底本。原書前姚光發序、張文虎像、顧蓮的贊文都一併保留。因整理者能力有限，書中難免有失當之處，懇請大家批評指正。

季怡菁

# 目　録


弁言 …… 974

像贊 …… 975

**卷一** …… 977

**卷二** …… 984

**卷三** …… 992

跋 …… 999

# 弁　　言

頤生足下：上月中旬頒到手教，知嘯山未刊遺著陸續刊竣，甚慰鄙懷。嘯山精心博覽，不名一家，世徒以校讐、書數、音律之學稱之，皆皮相耳。其不立門户，易氣平心，近世諸儒自番禺陳蘭甫先生外，未見有此人。雖零星小種，皆足以啓導後學，況其詩文乃晚年未及入集之作，尤非他家外集可比。吾子悉心校讐，又得錢子仲穀、張子鳳山力任剞劂，嘯山有知，應含笑九泉矣。委作弁言，追念嘯山，平生相與之深，其何敢辭？然老病日深，不事鉛槧久矣，每一搆思，輒不能寐。欲倩他人爲之，恐無以質餐友精華，衰竭莫可彊爲，願吾子之諒之也。諸種均承賜讀，《懷舊雜記》刷印後幸賜先覩，此外雜存零種爲《覆瓿集》目中所無者，鄙意宜集外別行離之，則雙美也。老耄不能多黷，諸惟諒詧不宣。姚光發頓首。

嘯山太姻伯大人七十有八小像
子華沈壽康寫

古貌古心經師人師無籍而興江海之湄寡欲多聞名臣傾禮陶鑄羣才多士式軌少微既隕餘光燗然後有作者視此遺瑒

世愚姪顧蓮贊門人閔萃祥書

# 卷　一

## 南匯張文虎孟彪

余所居里在邑城西北四十八里，曰周浦鎮，舊志謂即元下沙場杜浦司地是也。周浦之名，不知所自始，俗偁澧谿，殊無謂。余謂宜名儲里，以儲華谷名也。

周浦鎮街有内外棋盤之偁，蓋皆十字形也。而居中者爲姚氏南蔭堂，俗云姚家廳。據譜，姚世籍河南，宋南渡時遷至松江，再遷至今南匯地，逮明成化間已三世矣。有承事公諱塤者，忼慨好善，始于其處建積慶橋，至今便之，呼爲姚家老石橋。後過僻野，遥見母雞率群雛啄食荒冢間，近之，忽不見，知其異，因建此堂，旁築廛舍，招集商賈，遂成市肆，爲南邑首鎮。姚氏聚族而居，子孫緐衍，道光初稍衰。咸豐辛酉遭粤寇之亂，堂遂燬，而姚族亦多離散矣。南蔭堂額爲文待詔書，今亦燬。

外棋盤街之港東街，俗曰旗杆街，以朱旦平鑑與子冶子良裘名也。旦平博學能文，雍正癸卯進士，以年老重聽就甯國教授。冶子，雍正甲辰進士，歷官詹事府少詹事。旦平所編《古文評注便覽》，自三傳、《國語》《國策》《史》《漢》、歷朝唐宋八家，旁及《家語》《莊子》之類，并及古今人評語，間下己意，皆有條理，刻手亦佳。余少時尚及見人家案頭有此書，今則村塾通行翻板不絶者，惟《觀止》耳。旦平讀書處曰静觀樓，今亦燼于粤寇。

静觀樓北數舍，余家老屋在焉。先徵仕公少孤，予復少孤，于先德惘然。但聞父老言，先祖克明公爲人任俠好客，戚友多依以爲活而已。賈君曉春嘗爲予言，聞之傳説，有鄉人晨起抱布入市，過君家門首，見肩輿從内出，視之，中乃君祖也。此向所未見，駴甚迹之，由水步登大舟。私問從者，云："往某處。"懷疑不釋，賣布返，探之，乃知頃已逝矣，殆爲神也。先世譜失，不知所自始，衹知出自張家浜。張家浜者，自港東街直北，過溯源橋，折而東是也。據利造橋張氏譜言：宋南渡時，自豫遷松江，再遷周浦鎮。明初，族頗盛，人偁張家浜。及成祖驅富民填燕京，有金一公者，挈長子伯江公北徙。其仲子仲清公婚于利造橋鄔氏，遂家焉。季子導江公則居鎮之列船橋，别爲一支。而遍考兩譜世次，皆無端倪，不敢漫附。先祖没後，先徵仕公以屋多人少，賃于他氏，而别僦三椽于南蔭堂之旁，取卜鄰之意。及予總角，即就傅于姚氏蒙塾。先師東渠夫子諱煒球。所課雖皆童蒙，而每爲之講貫字義，課餘命之屬對。以予稍能領會，教以聲律唐詩，漸進以古唐人賦、《文選》、明人制義。師嚴氣正性,不苟言笑,而架上書籍任予翻閲,未嘗禁,曰:"汝能解甚善,但不得塗抹耳。"師自課甚嚴,屬文如宿成,詩喜袁簡齋,脱口即是。予亦輒效之,師曰:"袁詩得其性靈意趣可矣,其輕薄不足法也。"嘉慶庚辰院試,題爲"可以託六尺之孤",師暗用《三國志·諸葛亮傳》,大爲學政姚文僖公所賞拔,入松江府學。師益勤于學,閑則兼治醫書,有神悟。道光癸未春,師課予及同學輩,命亥初卧,丑初起,治盥頮,師亦起命題,日以時藝律賦相間,師亦如是,限天明脱稿,午後繕正,至昏時課誦畢,則作試帖及雜體,亦日相間,必脱稿而後就寢。及院試不售,師以爲恨,而予稍怠于業,師怒與之扑。然是秋,師以霍亂卒,而徵仕公亦以是冬病没。予日窮促,明年遂就館訓蒙矣。

泰庵太夫子諱伯驥,嘉慶丁卯舉人,就職直隸州。州同學行誠篤,見義必爲,著有《五經劄記》。上海李心庵户部序云五卷,而所見刊本則止一卷,豈有所散佚邪?

守璇夫子諱煒琛,東渠師之長兄也,府學歲貢生。閉户課徒,不問外事。予幼時見以爲可造,輒善視之,每館課時,亦預焉。有所請,必詳爲講解,未嘗厭倦。卒,年八十一。所著有《洪景堂詩集》十卷、《躔垣一覽黄河溯源竟委圖考》二卷、《前明治河圖攷》二卷,《分省水利圖説》《地理雪心賦注》皆未刊行,佚于咸豐辛酉之亂。孫小稽有元,廪貢生,少孤,育于祖,今以軍功得五品藍翎。

惺齋夫子諱煒琥,東渠師次兄也。東渠師既卒,命以所業就質。予早歲文蹶弛不就軌範,每抑之。既而謂諸及門曰:"若輩非其倫,毋效之也。"予既就館浦南,歲時祭埽暫歸外,惟歲科試郡寓一相見,而夫子以近境不得意,又丁火太夫人憂,哀毁致病卒。嗣君若一其鈞,少孤力貧,訓蒙以隸書篆刻,承家學,著有《周浦紀略》,予嘗爲序之。

曉山夫子諱景福,諸生,亦東渠師族也。性舒徐不迫,困于有司試多年,怡然無怨怠。及其得之,亦無懽容。常誡諸弟子無欲速,此足以爲時俗箴砭也。

吾里言風雅者,首推馮墨香先生金伯。先生以廪貢生選句容訓導,工詩書畫,尤富收藏。乾隆間主修縣志,著有《國朝畫識》《墨香居畫識》《海曲詩鈔、續鈔、詞鈔》。先生女蘭因女史玉芬,與上海歸佩珊懋儀齊名,有《静寄樓詩詞》。

朱雪鴻先生清榮,邑諸生,居南市。與先祖克明府君友善,有公事必走商。博學多聞,通醫經、術數,喜儲華谷《袪疑説》,爲之箋釋。著有《祖洲詩草》。子琴村先生南枝,亦與先祖爲紀群之交。道光壬午舉人,官清河訓導。好提奬後學,借人書有蠹損者,必爲之整理。子蔭松鳳笙,廪貢生,署陽湖訓導。亦通醫。以乃祖所箋《袪疑説》屬校,予以詒金山錢氏編入《續藝海珠塵》壬集。又所藏唐雷霄琴,内款"咸通某年雷霄造"。案雷氏善斲琴,見《樂府雜録》,殆不易得,今後人不振,不知所歸矣。

丁書圃先生許秦,與朱居比屋。性耿直,爲里嚴師。詩宗陸放翁,有《芳藹齋集》行世。子繩本,咸豐辛酉駡賊被戕,人曰:"不愧丁先生子。"

祝秋田先生文瀾,邑諸生,居北市。嘗刲臂愈母病,盛夏不袒裼,恐見傷痕也。品學端厚,《易》以康節爲宗,詩效明七子,間涉吴梅村,書法大歐,工白描仕女,著述等身,遭寇竝失。

蔡曉峰先生鋼,竹濤裔孫也,監生。嗜吟咏,所居曰其順堂,常集丁書圃、祝秋田、蕭亞史諸先生于此,一時偁風雅藪云。夫人朱愛秋庚,工詩,唱和無虚日,爲先生所心折,著有《愛秋詩稿》。

姚瀛三先生愚堂,能詩,工書畫,通音律術數,談笑詼諧,與予爲忘年交。嘗夏晚納涼至先生處,先生取壁間笛,箕踞庭中小桌上吹之,忽畜犬自外跳躍而入,盤旋起舞,口中嗚嗚然,笛止亦止,予爲之大笑。自後每詣先生,請作之,屢次不爽,其游戲如此。然有惡少年詢其鄰女者,先生正色不與語,其人慙沮而退。先生所居在中市西偏,所謂石子街也。

張海珊先生庭樹,貢生,居市西南隅,謂之西圈門。舊有園亭,道光來漸傾圮。先生山水學文待詔,喜用乾筆,淡于科名公事,不受獎,年踰八旬卒。同治已巳,予自金陵回周浦,從西市移居僦先生衍慶堂左廂,凡住八年,主人爲先生曾孫。所謂園亭者,止疊石存耳。

閔一法先生亮,邑武生,世居新場。精眼科,以術來往吾里,且結姻,遂家焉,實予表姑壻也。豪于酒,善弈,其致力時,于馬上挾譜精思之,既而閲琵琶譜亦然,皆名于時。卒,年六十五。子忠孝。號晴巖,傳其眼科,客死于鄂。次月嵩忠連,遷居郡城,亦以眼科名。

周金垞墉,廩監生,居市東。工山水、花卉、篆刻,豪俠仗義。中落,游廣東,爲廣守所重,既而以母老辭歸。中途遇盜,喪其資斧。川沙同知何公士祁聘修廳志。淹蹇以病没,年未五十,愛其才者惜之。

計芥舟布衣,泰,後改名渤,字介生。幼孤寒,依其叔賈于市。偶得吴梅村詩殘本,效之,遂工詩,有欲羅之門下者,不可。中歲遷上海,以訓蒙爲業,妻以鍼黹佐之,或比之梁、孟。著有《孱守居詩》,王菽畦觀察録入《可作集》。

吾里于氏有東于、西于之目,兩于皆居西街。東于曰雙璧堂,以奢侈先中落。西于曰紹澤堂,世儉樸,人多謹飭。予所見者有甜齋佑安、迪齋佑吉。甜齋,監生,沉静雅飭,篤于行誼。迪齋以廩貢生候選教諭,書法趙文敏,参以蘇、米,工水墨畫,兄弟友愛，怡怡如也。甜齋子充甫爾大，道光癸卯優貢生。好學深思，工詩兼詞，書亦如其叔。爲人狷潔，不苟取與，與予相善。新邑志田賦、橋梁、水利得其力爲多。迪齋季子松唐爾棟，諸生，通醫，以調理氣機爲主，求診者如市。遇貧苦者不受酬，或且代償藥值。其所受酬積之，以備周恤，不妄用。年餘四十没，不知名來哭者甚多。其從子澧尊卣，諸生，英年篤學，潛心注疏，後來之秀，當首屈一指。

張惠篬兆熙，歲貢生，海珊先生族子也。居中市大街，後遷南後街，爲守璇夫子入室弟子。品學淵源，步趨必踐，授徒暇則詣師門，研究經史，旁及地輿醫術，每至移晷。人謂"能繼武不愆者，一人而已"。遭寇傷顱，不死，旋病卒，年六十四。

王望溪渭熊，周金垞姊壻也。先世以甯波籍居川沙，再遷周浦。性誠篤，外和内介。畫山水涉獵諸家，尤工墨竹。道光甲申，以火中落，依人賣藥。咸豐末，遭寇播遷。賊退，其子世彦予弟子也，約同居西市。予客皖江之七年暫歸，移居西圈門，君亦先移北市，已病矣，屬爲題其《獨立圖》，無何卒。世彦孝侍惟謹，人頗稱之。

姚魯琴煒楷，東渠師族也，居油車衖。父培齋廷槐，善寫蘭，明醫，尤精痘科。魯琴得其傳，門庭如市，猶勤心研究。舟輿道路，手不釋卷，所詣益進，應手取效，有仙人之目。没後有遺影，曰《未濟圖》，予嘗爲題之。初，于松唐及同里李時香德照，皆從君學醫。君曰："得吾道而先行于時者時香也。松唐之行，當在其後，而名則過之。"已而果然。時香，予友甘棠之子。甘棠，名春棣，久困童子軍。及補諸生，年蓋四十矣。

賈曉珠允明，諸生，居張家浜，祝秋田先生之甥，亦其弟子也。多聞緒論，與予爲總角交，幼相唱和，咏梅有"一枝寒破隴頭煙"句，爲計芥舟所賞。五言喜效《選》體。中歲習醫，晚遭寇。其稿與秋田先生著述竝没。

黄月瑚乘燿，居悦和橋，張惠篬高弟，邑諸生。詩喜袁簡齋，曉珠嗤之，然亦服其敏捷。中年困于諸弟，以瘵疾卒。

賈葵卿國炘，後改榮禧，曉珠族也。居中市東大街，有肆。應才豪于談，棄帖括援例，捐小官，游楚蜀，訪故人不如志，僅得詩一卷而已，因繪《松菊猶存圖》以寄意。予嘗爲填詞。既而遭火難，益窘，惘惘以没。弟蓉卿國焘，後改榮懷，道光甲辰舉人，文辭富贍，書亦豐腴，隱然翰林風采，乃以内閣中書改府同知，需次陝西，竟客死。

王泖秋珠樹，居東市，即周金垞故宅也。爲火星垣入室弟子，廪貢生。雅淡能詩，畫如其人。父竹鄰朝棟，以孝偁，慷慨好施，親友有待以舉火者，亦能畫。

賈步緯者，曉珠族孫也。幼學賈，後篤志天算，讀《數理精蘊》《曆象考成》，盡通其術。今在上海機器局司擺印書籍，于西人對數、代數、微分、積分之術，蓋亦窺其奥矣。

朱雨牕作霖，張惠篬弟子也。幼孤露，將廢學，惠篬捐其脩脯，時賙之，遂爲名。

諸生,能詩詞、駢體、籀篆、分書。上海某君撰《墨餘録》,得其助爲多。今南匯新《志》君實收其成。

丁竹村秀甲,書圃先生族子。亂後貧乏,閉門授徒。其聰穎者導以對偶,意頗諄切。閑則栽花種竹,以詩自遣。嗣君璞人慶玉,工人物花卉,又善以朱筆鉤摹篆籀、朱文、白文,有如鐫刻,且古雅勝于真者,絶技也。竹村兄柳塘春熙,諸生,亦與予善,早卒。

道流陸滌齋字錦文,忘其名,居西市。精卜筮之術,于干支五行生剋制化,能析其微,有奇驗,兼通壬遁。予幼好術數,每與之談,謂予曰:"小道不足以致遠。子宜究心儒理,毋屑屑于是。"此語至今猶在耳也。

趙醴源大令秉醇,上海　,贈光禄寺少卿升之先生文哲第三子也。乾隆乙卯舉人,由實録館議叙授湖北監利縣知縣,歷署恩施、鄖西等縣。凡在鄂二十三年,告歸,卜居吾里之北街。置田贍族,好書畫香鑪,精于賞鑑,與祝秋田、姚瀛三諸先生相往來。予有時旋里,亦相從談笑,諄諄有古人風。其季子簡甫枚,監生,候選縣丞。咸豐辛酉罵賊死　,賜邺如例。

大令從孫星甫紀勳,幼與喬鷺洲重禧齊名。應童試時皆冠軍,主試者不能決,命背誦經書,則喬爲流利,乃定之。後亦同以廩貢生入監肄業,議叙訓導。君爲人惇實,與東渠師至契。工詩賦駢體,見予"對花朝中酒,翦燭夜敲詩"句,曰:"將來一詩人也。"亦折節下交。後遷住郡城,予至郡必訪之,握手道故,憶東渠師未嘗不相對憮然。星甫從兄序甫繼勳,嘉慶己卯順天舉人。道光甲辰,予自京師回至臨清,遇君適選泰興教諭莅任,竝舟南下,樂數晨夕,距今三十八年矣。聞已卒于任所,其家遂留于彼。

大令從子君復林,候補知縣,以病不赴。時至周浦,與秋田、瀛三諸先生游,予亦與焉。子芸伯□□,嗣爲大令孫,居周浦。予僑居之張氏乃其戚也,故常相見。忠信不欺,能書,亦喜爲詩。

曹桐華耀翔,上海諸生,居市南。予從曉山師游時,正館于曹也。儉樸無華,書法歐、趙,後歸鍾、王,不輕落筆。

王犖舟滋,慈谿諸生,有别業在吾里中市,歲來間住。與瀛三、曉珠、月瑚及予相得。喜談論,背誦經書如瓶翻水,貫串意義,無少窒礙。好觴客,酒酣耳熱,聲震四壁。一别如雨,聞以抑鬱没,幾五十年矣。

勞羿卿權,浙江仁和人,居塘栖。家故藏書,喜傳刻秘籍,群從皆然。咸豐辛酉,避寇吾里,寓八竈灘。來訪,恨相見晚。顧多病,醫者輒與以補劑。予曰:"視子狀貌乃溼證，不宜補。"醫泥之，歸，竟卒。君嘗謂予曰："舊藏有錢唐范介兹景福《春秋上律表》，未刻，病間當檢以付子。"予欣然，會危篤，不果。

張雲槎先生慕騫，少華内翰熙純孫也。居張江柵，諸生，籍隸上海，與吾里諸前輩相善。詩詞外，兼工度曲。嘗于賈曉珠處得先生手稾一紙，葢鄉試回抵常州，從某君借閱《曝書亭集・葉兒樂府》，和其《折桂令》五闋，今秖憶其首闋云："問何人妄想封侯，黄盡兼金黑敝貂裘，一半佯狂，三千冷眼，五十平頭神先往。下失記一字。門走狗嘲争，解麟閣圖猴，自對歌休，何處天涯，著個閑鷗。"其末自題一律，云："填詞强借曝書亭，沐手添香再拜曾。五百里程猶繭足，十三回客久模棱。下失記兩句。片刻木犀花下坐，莫嫌草草過蘭陵。"其爲人志趣可知。先生詩著録《海曲詩鈔》，而南邑修志采訪者無聞，上海新《志》又無附傳，姑記于此，以志吾過。

金冶堂先生在鎔，邑城人，官福建永定巡檢，爲人忠厚樸訥，無雜職習氣。嘗爲予言，在官時某歲大饑，人相食，兵役一空。一日出署散望，四無人影，俄聞隔壁似有人聲，從隙窺之，一人持刀割一屍，屍瘠如柴矣。乃取腠就火炙食之，顰慼棄去。復剖腹，腹中纍纍出之似是字紙，其人大哭，亦死。至今思之，猶爲心悸。

王曉篷先生熙，歲貢生，居航頭鎮。孝友無間，接物謙和。讀書崇實學，而無門户之見，于《易》絀鄭氏爻辰，于梅賾古文謂多聖賢遺文，宜節取于詩，守傳箋而不信魯頌沙尊之説。于《春秋》隱元年經惠公仲子則主《穀梁》，于《左》桓十六年傳衛夷姜則從《史記》爲宣公夫人，僖十五年賈君則從趙固爲申生之妻。其持論如此。或勸其著書，則曰："前人已言者，何待言？未言者，又何敢輕議？"教鄉鄰子，諄諄如親子弟，盛德君子也。子藹儒履階，以博覽名，佐修南匯新《志》。

火裕堂先生始然，諸生，居百曲。一門皆能詩，而先生步武唐賢，尤擅其勝。有《小瑶池吟草》。子星垣文焕，蔡曉峰先生壻也，道光癸卯優貢生。文辭敏捷，古學尤著名，與東渠師爲中表，互相推服。中歲後肆力于詩，嘗輯海曲詩以廣馮氏之選。會病卒，未成。著有《夢花齋詩稿》。

儲旭樓龍賓，諸生，華亭張滄霞克儉弟子也，居沈莊鎮。少倜儻，文如其人，聞其父以賣鹽爲活。旭樓幼育于儲氏，儲亦窶人也。長能盡孝侍。及稍充，又迎生父母事之，人無閑言。惜中年逝世，未盡其才。

陳雲莊大章，諸生，居邑城。其叔祖母，予從姑也。詩喜涵泳深細，音在弦外。少與計芥舟常唱和，有《望杏山莊詩》，予嘗爲序之。

顧金圃祖金，諸生，居二團。喜聚書，通天文算學，與賈步緯友善。咸豐三年，土匪陷邑城，與叔思恩募勇入城，夾攻破之。事聞，以訓導用，賞戴藍翎。其敦行好義，爲衆所偁。晚歲多病,同治十二年卒。

王子勖蓉生,居邑城。咸豐己未舉人,海州訓導,以軍功賜同知銜,藍翎。歸,主講惠南書院,經其指授者皆破壁飛去。分纂南匯縣新《志》,尤矜矜于風俗。少時從父古春之佑先世,姓左涇縣教諭時,嘗作《羅浮夢傳奇》,規橅玉茗,人服其綿麗。配夏氏菊初,有才,早世,有《棲香閣詩賦遺稿》。子勖子保如,予孫女壻也,諸生,喜繪事。子勖曰:"是子畏作制藝,而山水花卉涉筆便似,殆夙根不可强也。"

陳雲亭爾賡,居邑城。少爲賊擄,得間繞道逃回。廢書治生,母訓嚴,無習染,然諾謹信,爲衆所重。來宰是邑者胥倚之,邑志之成,終始其事。

丁慈水宜福,歲貢生,居紫岡。詩文下筆立成。當咸豐辛酉之亂,奔走逃難,目擊世事,有《新樂府》一卷,直言無諱,讀者皆謂得未曾有。繼室姚吉仙女史其慶,予弟子也,唱和静好,有《雙聲閣詩鈔》。其所著詩詞、駢體、散文,凡若干卷。臨没,謂女史曰:"吾無德以遺後人,惟此心血,俟兒輩長成付之,毋暴露于外,落妄庸人手也。"有華約漁孟玉者,亦諸生,詩與君齊名,困頓場屋,乍食餼,旋客死江北,著有《百花草堂詩詞稿》。

馬健齋元德,居六竈。道光己酉拔貢,句容訓導。同治元年,吴建瀛投誠,君獨從前令鄧公賢芬,入城受降,人服其膽。書法顔、柳,詩文不苟作。分纂南匯新《志》。嘗欲重注王文簡《古詩選》,以補聞人舊注之失。

張鳳山鑫,利造橋支裔也,監生,居六竈鎮。生十三月而孤,母唐氏,賢孝知大體,苦節撫育,教養兼施,動必以禮。鳳山以貧棄儒,習賈起其家,喪葬盡力,爲母請建坊表。節資僅温飽,而好善不倦,重訂族譜,寒暑不辭。以暇讀書,臨法帖,時時述母訓,猶流涕。人曰如母賢,宜其有此子哉!

時文八股,利禄之階,衆所向往,外是而言筆墨,則相率而笑之矣,而我邑爲尤甚。近得二人焉,曰顧秋巖翯、艾譜園承禧。秋巖居黑橋,歲貢生,篤實無外,好喜爲詩、古文。詩喜李昌谷、謝皋羽。文則意在孫可之、劉復愚,不肯作尋常語。予告以當由文從字順入,先讀古書,厚積以待其化,勿沾沾求異人。譜園居横沔,而籍隸上海,諸生,明通政使可久後也。喜攷證之學,爲求志書院高材生。

葉秀,居新場鎮,薙工也,能仿四王山水,幾于神似。時趙醴源大令以賞鑑自負,每售之,或曰:"葉秀作也。"大令曰:"能充吾目,技亦可矣。"又善葉子戲,偷撅虚摭,同坐者無能覺。吸淡巴菰以兩計,煙不出口,久乃徐噴,作大小圈,疊成塔形,奇矣。然聞有人能噴煙作樓臺、仙鶴形者,又出葉秀上矣。以上以周浦鎮爲主,間及寓賢。其散在同邑者次之,多有已見《縣志》,然詳略互異。

# 卷　二

## 南匯張文虎孟彪

華亭南鄉近海之區，在金山衛城東北曰大潭，俗曰茅柴蕩，今飾其名曰南塘。南塘張氏聚族于斯，蓋自國初以來。予童時嘗見虚谷刺史應時，于閔氏談笑，聲振四壁。道光甲申、乙酉間，則于閔氏晤。刺史從子嘯峰鴻卓如舊相識。丙戌，應試郡城。君時負笈湯繹山先生門下，與予寓處相望，無日不相見。已而同補學官弟子，明年遂館君家横經草堂授經。其弟飛卿振鱗與君群從，往來間相唱和，如是六年。其後雖移館秦陽，歲時仍一至所謂南塘者。君少喜填詞，其後乃學詩于武康徐雪廬典簿，熊飛時主講乍浦觀海書院。以青丘漁陽爲宗，矜矜不失尺寸。中年以往奔走人事，又援例需次教職，歷署蘇、常、太諸屬邑。喪亂播遷，意興非昔，詩格亦漸變矣。初刻《緑雪館詩詞》十二卷，燬于寇。後金山錢夢花爲續刻其晚作一卷。君幼好佛，老更持誦不輟，年七十四，無疾而終。飛卿，諸生，亦能詩。

嘯峰從兄雲閣焻，文尚瑰瓌，困于場屋，乃入資需次布政司理問，而以詩自鳴，蓋近白香山。有《聽鶯館詩》及所選《海上詩逸》。爲人簡率無城府。弟瘦峰振凡、小我振宗没，其子皆幼，君理其家，事皆井井。及兩家子長，爲之婚娶，簿積年所入，視昔加羸，而逋負悉填，人無閑言。卒，年七十。瘦峰，諸生，于書無所不窺，尤好讀史，有《大吉祥室詩草》。多病淹蹇，遂皈首蓮宗。小我，議叙鹽運司知事，豪健，好書畫古玩，收藏甚富，先瘦峰卒。雲閣子燮庵家鼎，浙江候補鹽課大使加同知銜，有《鐵花仙館詩鈔》，又輯刊《南塘張氏詩略》二卷。瘦峰子梅生家鼒，有《曼陀羅館詩詞駢體》，又校刊《元遺山樂府》。小我長子炳齋家焱，諸生，有《蘋花水閣詩鈔》，蓋南塘張氏幾于江左諸王矣。梅生、炳齋皆先後早世，燮庵撫其諸孤，經理門户，如雲閣昔日事。兩世高誼，鄉黨偁焉。

張理堂進，諸生，實雲閣胞弟。初，虚谷刺史未有子，抱爲長子。落拓喜詼諧，詩文不主故常，卻能道人所不能道，有《薜石山房詩》一卷。咸豐辛酉秋，以杖擊賊，中目，賊割其首以去。幼子家桓亦死之。

張淡香振芬，監生，亦嘯峰從兄。好招客飲，疏落不致飾，閑亦吟咏自得，有《槿籬書屋詩草》,亂後失之,僅記其"凍墨作書淡欲無"句,殆頡頏"楓落吴江冷"矣。

吴柳堂先生基枋,監生,明陝西參政衡後,張氏甥也。自曲村遷居南塘,以豪宕好客貧其家。晚境蕭瑟,不廢嘯歌,有《仿佛山房詩鈔》。後徙張堰。卒,年七十四。

侯楚帆克瀓,華亭諸生,居金山衛城東門外。學有根柢,知天文,以文名海上。凡聲于學、餼于庠者,多其門下士,而君顧寂寂。先是翁查麓醑,金山諸生。建議重修衛學文廟,并創設大觀書院,未成而卒。君與嘯峰繼之,以公事寓郡城。時大暑,病痰喘,診者投以麻桂,遂致劇而亡。此死于藥乎? 死于醫也。

熊露茳先生昂碧,金山諸生,亦張氏甥也,居金山衛城南門。其先江西人,以武官來金山,遂占籍焉。先生爲徐雪廬典簿高弟弟子稱,詩雄海上,豪于酒,幕游豫、晉、閩、粤閑。晚再入晉,乃歸,授徒南塘,提唱風雅,與予爲忘年交,不恥下問。卒,年七十二。有《海棠巢詩鈔》及賸稾所選《海嶠一塵》,已刊。又有《雲山求是集》,未成。子熙春,喜博覽,以病廢。

宋大憨先生蓮,金山諸生,居金山衛城。以水墨寫菊深得其離披之趣,謂之菊影。詩學杜少陵,或云乃似李空同,則大怒曰:"爾豈足讀乃公詩邪?"刊有《大憨詩鈔》一卷。予至南塘,先生没矣。道光中,在郡寓,露翁嘗以其遺稿文數篇眎予,置之袖。及歸,失之。吾負二老,至今惻然。

徐小盎藻,諸生,亦衛城人,以背僂自號。工詩詞駢體。善病,卒年未四十。

李蘭田光烈,郡城人。客授南塘,蕭然一席,歌嘯自得。熊露翁題其詩後云:"超然出塵表,吾友李蘭田。霜氣横孤劍,秋聲聚一編。唱酬偕老輩,自注謂葛蘆坪、顧竹坡。談笑赴黄泉。自注君以醉死。欲遣巫陽去,招魂峰泖邊。"適如其人。

程桐生東,吴江人。畫山水能出新意,嘗見其摹竹垞詩八幅,迥出塵表,然他作未能稱也。篆刻入古者,亦異俗手。道光庚寅、辛卯間來南塘,寓横經草堂,又與小我、嘯峰同游平湖、嘉興。

張堰古曰張涇堰,隸金山縣,其東半則隸華亭。金山王氏多居此。予所識曰寒香先生、步蟾,諸生。硯農先生丕曾,廩貢生。兄弟,明沅江令鹿柴翁廷宰後人也。父孫雄家世以畫名,山水人物,筆意入古,其人皆和靄静默。其宅曰"世賢堂",其起居之所曰"還讀齋"、曰"釣魚閑處",皆幽寂無雜賓,陶然静坐,時拈筆墨,望而知爲雅人也。憶還讀齋縣鄭板橋書尺幅,曰:"亂髮團成字,深山鑿出詩。不惟難得骨,誰得似其皮?"筆力奇縱,不可仿象。

盧晴野寶煦,諸生,居張堰西市,荄塘先生祖瀇孫也。先生以經術制藝教授鄉里,步趨先正,爲一邑所服膺。子稼村有椒,亦諸生,爲人醕厚坦率,晴野倜儻有肝膽,好金石篆刻之學。予往來秦山、南塘間,每宿君齋,翦燭夜談,輒忘其屢跋。乃不數年間,君父子兄弟相繼謝世,後嗣夭折,屋既易主,予亦二十年來未過其門矣。隻雞斗酒之祭何有哉?

汪植庵培,諸生,學博味經先生逢堯孫也。所居亦園,去予抱甕居甚近,時相過從。書守九宫格,流利而不失端莊,人亦如之。

沈松琅雋曦,諸生,居松隱,館錢氏古松樓。予遷張堰,往來最親。能詩不多作,好酒亦不多飲,爲人和厚而中實狷介,書法劉文清。避亂滬上,無識者,遂歸松隱,卒。

陳柳溪邦棫,諸生,居松隱。初亦嘗館古松樓,後常家居。同治甲戌春,訪之雞黍,留賓情意綦篤,揖别候潮,猶殷殷握手,至今如在目前。而不知君之没已三年矣,思之憮然。

董夢蘭兆熊,本姓王,從其母黨之姓。吴江諸生,舉孝廉方正。能詩,尤長駢儷,小謨觴館之亞也。錢鱸香學博延爲張堰義塾師,佐脩《金山縣志》。以事歸,病暑,久之,竟不起。予有詩哭之。著有《厲樊榭詩注》二十卷,《朱子門人考》《南宋文録》。其《味無味齋駢體文》二卷刊于蘇州。

僧雪舫覺堂,自言焦山水晶庵主,或曰非也。偉岸豪于飲噉。能詩,善畫竹,大幅蓬勃,有生氣。到處以其技鳴。至張堰,介盧晴野投詩求見。後屢贈以畫竹,曰:"我于公無他求,得長歌一章足矣。"予笑而應之。乃大喜,往來二、三月,去不復見。

予居姚家廊下凡二十年,咸豐丙辰春,始遷張堰。先是癸丑歲,張梅生買别墅于張堰,約同居,予未應也。而梅生遷一年,病卒。明年秋,或舉前言,錢夢花慫恿之,乃定期。是時予患痁已數月,幾不能支,人曰:"咄哉!又將爲梅生也。"是屋門臨流水,啞子橋北堍。入爲長廊,由廊右竝書舍三閑。南面空地寬廓,背爲堂庭。堂後小庭,則有樓房三楹,旁屋爲廚。後又有空地,統包以大墻。予病稍間,乃相度地勢,于前空地編籬爲界,環以藤蔓,壘石爲壇,脩篁雜樹花草。惟所適于後空地蓺蔬果、豆棚、瓜架,足代藜藿,攜鉏荷耒,疲則展書,或引觴自酌。一日方與兒子錫卣袒裌灌畦,客至,相呼失肩,糞膏翻滿地。客睨而視曰:"此乃遠不如村傭。"相與大笑。自名之曰抱甕居。如是三年,不特我忘病,病亦且忘我矣。

由抱甕居堂右小閣通長衖,有聽事,其上爲樓,即梅生昔所居,已空,屋閉置矣。咸豐辛酉夏,浙賊東竄,妻兄姚杏士挈家避至張堰,遂居之。八月間,賊犯張堰,兩家眷屬同舟而逝,由阮巷、莊家行、南橋、三官堂,而赴周浦,襆被且不攜,暇計書籍乎?同治丙寅,予自金陵回訪抱甕居,徒瓦礫而已,因作詩以自弔也。

張堰西不三里爲秦山，又西南六里則錢氏所聚族也，謂之錢圩，亦曰秦陽。道光癸巳，予始館錢圩，錢雪枝通守熙祚方輯《守山閣叢書》，與顧君尚之分任校勘。時拘于昭文張若雲海鵬《墨海金壺》之例，書首務冠以《四庫全書提要》。予謂："嘉、道以來，書之未登于《四庫》者，先後繼出，不必限此。且既限此例，則宜求《四庫》所收之本，是必請鈔于文瀾閣而後可。"其餘所議，或異或同，不能畫一，蓋越三年而始決云。甲午冬，雪枝邀予與尚之、李蘭垞及其弟鱸香、族弟即山，僑寓西湖，有文瀾閣校書之役。別詳《湖樓校書記》。雪枝以治家廢讀，然展卷點筆，頗能別其利鈍、脱落、差謬，指摘不爽。特以通族事緐以一人爲之，提挈頑者，遷延黠者，觀望公事詰屈，即代爲之籌，不以爲德，而反腹誹焉，意忽忽不樂。會以海塘捐石，叙選府通判。是時《守山閣叢書》已竣工，復輯《指海》，亦編就十二集矣，乃于癸卯九月入都。同行者予與蘭垞也。君素不習行役之苦，在道頗委頓。抵京，寓石頭胡同之準提庵。予與蘭垞每出游觀劇，君偃息日多，時或偕往琉璃廠書肆及古董肆而已。甲辰正月初四日，自外賀節返，夜覺寒熱，旦而求醫于朱建卿助教，善旂，平湖人。既而雷竹泉刑部文輝亦薦其素識來，皆曰："春温也。"飲食不進，洞泄大汗，寐不安枕。至初九日晡後，自知不可爲，且服參且促蘭垞書遺屬。夜深，語模糊不可辨，未明而逝。首尾病七日，迄今思之，殆兩感證也。《素問·熱病論》盡之矣。別詳《夢因録》。

錢氏之先，蓋自奉賢遷金山，世以積德好善相傳。至雪枝本生祖槎亭溥義，家益恢廓。有族弟溥聰氣誼最相得而無子，乃以孿生幼子樹蘭爲之嗣。以産薄辭，則曰勿也，及析産，乃與諸子均分。既而樹蘭子又夭，以母兄瑞庭樹芝弟三子繼，即雪枝也。瑞庭翁，長者也，刊有《温熱病指南集》。有子五人：長湛園熙恩、次鼎卿熙輔、次雪枝、次葆堂熙哲、次鱸香熙泰。湛園，諸生，喜搜羅古今祕本小集，多病，早世。鼎卿，廩貢生，蕪湖教諭，我邑吴稷堂閣學省蘭壻也。輯刊《藝海珠塵》壬、癸兩集，初，閣學輯《藝海珠塵》未竟而卒，後人約分八集，紀以金、石、絲、竹、匏、土、革、木，至是學博又增輯二集，紀以十干。又校刊英人胡威立《重學》十七卷。著有《勤有書堂詩》一卷。辛酉之難，避居滬上。卒，年七十。葆堂，監生，工漢隸兼篆刻，輯《華嚴墨海集》一卷。鱸香，廩貢生，署靖江學訓導，能詩，好游山水。既預湖樓校書之役，越五年己亥，邀予續游寓寶石山彌勒院，詳《蓮龕尋夢記》。因至西天目。明年再往，渡錢唐江，訪蘭亭。時英人據定海，欽差大臣伊里布公統兵籌勦，聞有封江開仗之謡，遂返，實訛傳也。未幾，君遷住張堰。又十餘年，予亦遷張堰，君方續姚水北先生舊稾，重修《金山縣志》。予謂："修志以水利爲最要。宜使熟于地理者，挾一善測一善畫，櫂舟環行，且量且繪，尺幅太窄，則四鄉分載，庶幾實事求是。"君以爲然。久之，僅成四圖，及《舊志訂誤》一卷，而君遽以病没。著有《古松樓賸稾》二卷。

錢潄六熙經，雪枝從兄也，諸生，候選訓導。爲人渾厚和易。雪枝校刊叢書《指海》，嘗代搜輯。君善笑語，有發笑者必笑，而使人再言之，因復大笑，隔屋二三重輒聞其笑聲。自雪枝没，君常悒悒，爲門户憂，笑聲漸稀。既而多病，不復聞君笑，而君亦且卒。君相于法宜長年，而僅得中壽，卒年五十四。天其可問乎？南塘君壻鄉也，故予于諸錢識君最先，亦最相契。

錢嘯樓熙載，雪枝從兄，諸生，議叙鹽課司提舉。博覽載籍，能詩，晚好佛清修，一室鄴侯之架束高閣矣。刊有《明胡粹中評纂》《元史續編》。從子水西培益，例貢生，好書畫碑帖、彝鼎古錢。其所居曰蘭隱園，園有延青閣，所以聚古物也。刊有《貨布文字考》。華亭馬昂著。嘯樓孫聽甫，銘彝，海鹽朱朵山殿撰壻也。聰敏善悟，于西人機器之理頗有所會，著有《萬一權衡》。又烏程徐莊愍公有王《算學》三種，秀水杜小舫方伯文瀾《江南北大營紀事本末》，平湖沈志裕《瘍科輯要》，皆用鉛鑄活字印行。

夏儼山先生履泰，諸生，居長浜，館葆堂家，偉甫培杰後嗣，爲雪枝子，議叙知府。其弟子也。能詩善弈，好《種樹書》。卒，年八十餘。

汪松扉鳴良，歲貢生。能詩，尤工試帖，有《求在我齋試帖集》，禊帖聯句，亦通醫。

予作《顧尚之觀光別傳》，詳列其所著書，知君者每憾其未顯于世，然所輯《帝王世紀》已編于《指海》，所校《素問》《靈樞》，則錢氏亦既鐫之矣。邇者上海製造局刊其所著《九數外録》入《十種算書》，錢夢花以其《武陵山人遺集》入《小萬卷樓叢書》。錢慎之潤道，聽甫子，諸生。刊其《推步簡法三種》，同里高近齋桂，諸生。刊其《七國地理考》《國策編年》，其《禹貢讀本》則其子深刊于家塾。上海莫大令復節次刊其《六曆通考》《九執曆解》《回回曆解》《算賸初續餘三編》。惟《九數》存古卷袟較繁，以及諸古書校勘記，則猶有待耳。

錢氏藏書，嘯樓爲冠，雪枝次之，鼎卿晚歲亦頗喜聚書，所收蘇、松舊族藏本多有善者。辛酉壬戌間，毛賊所至，書籍板片無留焉。即有孑遺，書以裹物，板以爲炊，冥冥浩劫，詎可勝歎！

潄六長子夢花培名，困于童子試，援例縣佐，棄制舉業。搜輯古今希見之書，以承乃父之志。校刊《小萬卷樓叢書》。寇患日逼，僅成十七種，未大印行而板片燬焉。年來復命工重雕，可謂有志之士矣。鼎卿次子子勉培懋，廩貢生，候選訓導，早卒。其子伯桓，銘圭，嗣鼎卿長子廉谿。廉谿，名培讓，議叙八品，早卒。樸厚無習染，侍祖父及嗣母病，衣不解帶，晷刻不離左右，兩刲其肱。人言："錢氏後起當在此子。"而年更短于乃父，惜哉！自名其詩曰《蕉鹿居》，爲之讖矣。子馨爲附刊《勤有書堂詩》後。

朱午樓錫光，雪枝之甥，諸生，婁籍。能書善弈。其先世上海籍，居沈莊，總憲性齋公椿曾孫也。

錢即山熙咸，雪枝族弟，所居涉平湖界矣。少孤，敏悟，瑞庭翁撫之，延師與諸子同學。道光乙未，中浙江舉人。爲人静謐寡言，然發語輒傾一坐。酒德蘊藉，未見其醉。其卒也，雪枝歎曰："天斷吾右臂矣。"

李蘭垞長齡，監生，嘉興之梅里人。明快勇決，能任事。雪枝没于京邸，經理喪紀，自運河回秦陽，事無巨細，必以見商。外人齮齕多端，而不知其心力之殫也。

魏東溪及其從子竹雲，皆忘其名，與蘭垞同里，在施醫局精瘍科，爲人坦率，無江湖氣。

姚家廊下，在錢圩西北九里，今爲金山五保地。姚氏其先平湖人，明時有諱璋者，來爲張氏贅壻，遂家焉。子諱參，以舉人分教上饒，爲學使李夢陽所重，陞宜春令，有惠政。調桐廬，告歸，起工部郎中。卒，祀江西名宦祠。自是簪纓累世，以至國朝科第不絶，見金邑志。先是予館南塘，古然先生前樞來訪，嘯峰邂逅相遇，索觀詩槀，引爲忘年交，曰："我曹食于人者也，子當食人。"予曰："恐兩不能，奈何？"明年人日，與嘯峰訪先生于栖雲館，亦出詩槀屬商，欲爲其從女相攸，以堅香先生前機方病，緩之。孟夏先生將之嶺南，再至南塘告辭，會病不果行。越五年，秋，堅香先生理前議，始定聘，而先生已没矣。先生嘉慶辛酉拔貢，甲子舉人，撝則公湘，有《栖雲館集》。長子也，諸生。書學李北海，詩出入蘇、陸，詞亦在蘇、辛間。議論豪爽，聞者傾倒。學士山陽李公芝齡宗昉，撝則公拔萃同年也，尤與先生相得，督學浙江、江西，皆在其幕，所至唱和。及先生没，李公典試浙江，從其嗣人杏士燕穀索手槀去。有年，既選定未付梓，而李公薨于京邸，槀竟失去。杏士掇拾殘賸屬編，輯而序之，僅得詩詞各一卷耳。堅香先生，撝則公次子也，附監生。少從青浦王蘭泉侍郎昶、長洲王惕甫教諭芑孫游，與古然先生有"二俊"之目。久困場屋，入都以詩古文駢體鳴，卒無所遇。客授河南，歸，館于湖州。道光乙未冬，予始就婚廊下，每談古然先生往事，輒欲歌欲泣。及論詩文，則曰："學問之道，當仁不讓，子弗以年齒爲拘。"後先生館平望最久，蓋十餘年。晚病痁，牢騷不已，年六十九卒。著有《井眉居詩詞》《駢體雜文》。其《駢體》與青浦陳益卿先生以謙槀相亂，今咸豐辛亥初刻之本已燬于賊。光緒丙子孟秋，所刊《柘湖兩姚先生詩詞》則重删本也。

姚蘇卿先生清華，堅香先生族父也。予既爲之傳矣，當道光己丑，予與嘯峰訪古然先生，因爲導見先生，先生欣然賦詩見贈。逮予就婚，井眉居先生時以新詩相商榷，辭氣謙下，過于等夷，不謂得之于長者也。先生詩矯健生造，有似趙耘菘者，或以爲專效甌北，殆非也。《弦詩塾前、後稿》爲朱涇丁溉餘繁培所刊，晚年又自删爲四卷。今舊刻已燼，其外孫程仙甫豐玉，居朱涇，浙江布庫大使。重刊者仍依原本。又先生父竹硯先生念曾，乾隆己酉拔貢，仕至湖北德安府同知。《賜墨齋詩》，亦仙甫重刊也。

姚水北先生汭，亦堅香先生族父。初僑居新橋，在南塘西北三里許。後遷朱涇。今金山治。廩監生，與蘇卿先生齊名。嘗以《後漢書·鄭康成傳》章懷注太略，别爲補注一卷。通天文算學。邑志久失修，親采訪增纂，辨其譌舛，稾凡數易，未定，卒。著有《二十三桂草堂詩集》。其從弟墨卿先生海，嘉慶庚申恩科舉人。居廊下，有《西江游草子》。蘋香，思柔，咸豐壬子恩貢。予叔舅行也，閉門授徒甚盛，能體恤寒士。

姚龍門先生之桐，伯舅行也，監生。精瘍醫，不受酧。能詩，紹修宗譜，頗精密。子耳峰元熊，監生，工篆刻。

杏士，諸生。少歲即侍父從幕浙江，李學使愛之，命居門下，詩文書法皆師之。後游京師，試北闈，不得志，回南肄錢穀幕，游江浙閑，移家蘇州。盛氣難親，頗有嫉之者。賊陷金陵，回廊下，遭寇播遷不定。賊平，仍回蘇，失跌傷髀，教讀養病。以子季泉浚源溺黑水洋，憤甚，未幾卒，年七十六。季泉，幼聰雋，年十六，父命從候補知府曹君赴貴州習幕，道出安慶。予憐其幼，留之。後又從杭州周雲屏大令錫堡赴建平，會杏士在荆谿，遂閑道歸，補學官弟子，捐縣丞，從事海運局。以紳董押運船被觸不及救，恩給府同知銜，世襲雲騎尉。杏士六子，死其二矣。第三子叔文，禄源，附貢生。書法得何子貞太史指授，亦能詩，今幕游陝西。

姚譜苹以煌，堅香先生從弟，萊陬先生前棠，歲貢生。子也，諸生。詩效瓶水齋。其弟卓峰以煊，十三歲與兄同入學，見賞于學使白公鎔。詩筆勝于兄，多病，夭。

徐古香桂芬，譜苹從甥，又女壻也，居朱涇。少穎敏，能勤學，董夢蘭盛偁之。中咸豐辛酉拔萃科，以小京官候補户部主事，選用軍機章京，又中光緒己卯北闈舉人，恂恂温雅，書近梁山舟，後來之秀也。

鈕莅汀安濤，予僚壻也，諸生，居上海之馬橋，遷于廊下。學醫，讀柯韻伯琴《來蘇集》。以書抵吴江吴子音，金壽，以醫名。反覆千百言，吴不能荅，衹曰："此宜著書，爾果不大行。"又習形家言，葢宗蔣大鴻。晚歲爲《詩經名物考》藏于家。長子式如，傳其醫，好善。

程蘭川文榮，居楓涇、嘉善界，雪枝妹壻也。書學《麻姑仙壇記》，論帖宗翁覃谿閣學，作《帖攷》數卷，辨證精確，海鹽許珊林太守槤盛偁之。任南京北捕通判，佐藩司祁公宿藻守城。城破，死之。贈道銜，雲騎尉世職。初儀徵阮文達公刊《薛氏鍾鼎款識》，祇據明人影寫朱印本，君乃得宋搨石刻本，以爲天下無二本。又蜀石經殘字原搨亦難得，所至必與俱，至是俱燼。《帖考》板存錢氏丙舍，未及印行，亦被賊燬。成敗有數，此數果孰定之哉？蘭川所居南郙，有池亭竹石，有茹古樓，以藏書籍碑帖，亂後無遺迹。

張叔未解元廷濟，嘉興人。阮文達撫浙時，詁經精舍肄業生也。書法蘇、米，深于金石之學，摹隸尤神似翁覃谿。道光庚子夏，嘗偕程蘭川至秦陽姚氏故姻婭，遂邀予同至廊下盤桓三日。堅香先生飲餞席上，用平湖朱椒堂侍郎《題八磚精舍先生室名九言詩韻》聯句送之，喜曰："我將書以刻石，識此日之會。"後以病，不果。

屠荻樓鈁，監生，堅香先生甥也，居嘉善之張涇匯。幼奇鈍，讀書一行，以銅尺左右夾教，必百遍乃命之讀。展轉間忽大哭，問之，曰："書何往矣？"蓋銅尺離其所也。稍長，寫片紙寄舅氏，一字不可解，舅輒探其意，批改之，曰："某語當如是，某字當如是。"久之，稍有省。年且三十，遂能作書通問，并寫大字矣。事母至孝，待人以誠篤，期期艾艾，頗能直言，訓子甚嚴，遂補學官弟子。

平湖錢夢廬先生天樹，監生。好收藏舊書、金石、書畫，能詩，書效《十七帖》。爲人姁姁嫗嫗若村翁，而不知其爲浙西一路風雅主盟也。中落，後其所珍祕大抵入其壻家胡氏。後又入上海郁氏。嘗以《竹裏煎茶圖》索題，曰："勿泥圖意。"其天趣可知。

高藏庵三祝，亦平湖人，文恪公裔孫也。文恪著《春秋職官攷》，未成，君續成之，用功甚深。道光癸卯，領鄉薦，遠近聞之，皆曰："文章真有憑據哉。"蓋素愜于衆望也。論詩亦宗青邱、漁洋。初古然先生挾予詩至平湖，君見之，題五古長篇于卷首，以定交三年而後相見，可謂非偶然已。

錢澥香椒，平湖人，居乍浦，亦雪廬翁詩弟子也。以風雅好客耗其資，病卒。詩效孟襄陽，有《篁山山人詩鈔》。

汪謝城孝廉曰楨，烏程人，母上海趙謙士侍郎秉沖女也。古文、駢體、詩詞，皆平視作者。謝城幼承母訓，及長，博極群書，通天文算學，著有《歷代長術輯要》十卷，《古今推步諸術攷》二卷，《湖雅》八卷，《湖蠶述》四卷，《荔墻詞》一卷，皆已刊行。惟《如積引蒙》未刻。其校正《大唐郊祀録》昔已編入《指海》矣。今相國左恪靖侯督兵浙江時，招之入幕，未赴會，選補會稽學教諭。就任數年，悒悒多病，卒，年七十。失此老友，爲之嗒然。

# 卷　三

## 南匯張文虎孟彪

松郡披雲門外百餘步，青浦陸氏别業，頗有池亭、樹石，其旁東出馬衖。考之舊志，元時有陳家園，疑此其舊址也。錢雪枝嗣子子馨培蓀，鼎卿幼子也，粤寇之難遷滬上，數年後回郡城，得此地。予自金陵歸，于同治甲戌春訪之，值梅花盛開，愛其幽雋，子馨請留并名其諸處。予爲名其園曰復園，其堂曰謝華啓秀之堂，又爲之作記，訂以消夏來。是夏，以張燮庵招住鐵花仙館，不果。明年夏，始踐約而至。秋，病溼兩月，子馨侍奉醫藥如親子弟。冬初平復，又堅訂明年早至。及丙子再來，而子馨于季秋病遽歿，悲哉！初予視屋郡城，子馨嘗偕予相宅，皆不合。子馨歿，眷屬俱以喪回錢圩，衆議勸予且住此宅，免閉置。明年乃遷來，荏苒五載而枝栖未定，思之惘然。《復園記》見《雜著》。

子馨少跳蕩，鼎卿命之問詩于予，不果學，捐職府同知，聽鼓浙省。既而翻然告歸，不復作出山計。治家接物一軌于正，人皆偁之。常以先世所刊書板盡燬于寇亂，後中落力不能重刊爲戚。予勸以搜求舊刻彙刊書目以待他年，乃欣然曰："請并刊序、跋及校勘記可乎？"予曰："甚善。"于是悉心編輯，越三年乍成而身歿。其從子仲穀銘璧，請序而刊之，今行于世。

姚衡堂太史光發，其先亦自平湖遷松城，初居南門大街，後遷崇厚里。堅香先生族祖父也。道光乙酉拔貢，辛丑進士，以翰林散館爲户部主事。丁艱回籍，用團練保衛功欽加四品花翎。爲人謙和慈諒，好讀乙部書，尤熟班、《史》，制藝古學，皆具先正典型。晚年常有江湖日下之感，年踰八十，談笑舉動猶似五、六十許人。孫松泉肇瀛，同治癸酉舉人。太史弟致堂光弼，候選訓導，五品銜藍翎。鑑别詩文不輕許可，能繪事，尤自矜重。

姚鐵梅明經大本，後改名濟，太史族子也祖勉樓先生培咏，恩貢生，以文雄一世，工六法，能琴，歲貢生，居東馬橋。詩文敏捷，談笑生風，有《小滄桑》記一樹梅花老屋詩，其從子松仙前琪，諸生，現任浙江按察司照磨，將校刊之，屬予爲序。

名醫祝雲樓先生景福，衡堂太史外舅也，居悦安橋。恂恂儒雅，無疾言遽色。三子：瑶圃康治，諸生；蓮塘康達，監生，皆傳其術。其季省堂康成，諸生，尤與予善。以困于場屋，恒鬱鬱不可一世，入學後亦習醫。

董雨亭致文，文敏裔孫通敏，善談論，困于小試，以奉祠生終，予表戚也。

祁芝香逢甲，諸生，居金沙灘，亡兒錫卣婦翁也。課徒自給，安于淡泊。庚申避寇，轉徙各鄉，佗傺無聊。錫卣之殁，君復愴然，未幾卒。子量玉自衡，亦諸生。

盛問沂先生麟，居芰荷潭。乾隆甲午舉人，官四川南川知縣。值教匪犯境，先生城守獨全。丁外艱，歸途遇盜，曰："清官也。"相率引去。著有《性理名言》《明心寶鏡説》。弟文周蓮，戊申舉人，甘肅大通知縣。

張柳泉先生允垂，居南埭。嘉慶辛酉拔貢，官杭州府知府護理鹽運使，置田贍族，藏書甚富。子伊卿爾耆，附貢生，姚春木先生弟子，閉户讀書，至老不倦。孫聞遠錫恭，諸生，少年嗜學，後來之俊。

黄研北先生仁，居包家橋。乾隆壬子舉人，官山西稷山知縣。辭疾，歸，主講柘湖、大觀兩書院。咸豐辛亥重宴鹿鳴，嘗集里中諸老爲九老會，以詩相倡和。卒，年八十有六。

姚春木先生椿，心嘉方伯令儀，乾隆丁酉拔貢，四川布政使。子也，監生，居南埭。嘗從姚姬傳先生游，詩、古文辭爲海内推重，歷主彝山、荆南講席。歸，又主景賢書院。選《國朝文録》八十三卷，張温和公爲之刊行。卒，年七十七，同治庚午入祀鄉賢祠。有《通藝閣晚學齋集》行世。弟建木先生楗，廪生，有志經世之學。官河南盧氏知縣。歸里後，惟以詩酒自樂，兄弟怡然。著有《歸雲堂詩草》，遭兵燹散佚。哲嗣壯之之烜，搜求殘賸，編爲《白石鈍樵遺稿》，并掇拾春木先生遺詩，以聚珍版印行，屬予弁言。展卷卒讀，如聞昔日之謦欬也。壯之以歲貢生，爲荆谿訓導，能世其學。

朱悦田先生光珽，居外館驛，廪生。官江甯府教授，善寫梅，風骨俊健，如其人。卒，年八十餘。

范芸卿先生棠，芃野給事棫士孫也，居小塔前。以能文名，與修郡志，爲人謙和敦厚，喜表章潛德。以歲貢選旌德訓導。道光甲辰，重游泮水。卒，年八十。

湯繹山先生輅，居南門大街。閉門課徒，爲郡城宿望，造就甚多。又精于迷虎，有刊本。以歲貢選旌德訓導。子春筠衡，廪生，爲人伉爽，雄于制義。春韶翼，工書法，筆力健舉，得顔、柳之奥。以優貢選碭山訓導，不赴。光緒乙亥，重游泮水。卒，年七十九。

顧卿裳先生夔，居菜花涇。道光丙戌進士，以翰林散館授山西靈石知縣。哲嗣香遠太史蓮，嘗屬予表其墓。先生品學爲衆望所歸，獎誘後生，慇懃甚至。歸田後，方將優游自憩，而卒不免于世累。詩文皆有根柢，尤擅倚聲。香遠好學深思，有名父風，分纂《華亭縣志》，詳慎不苟。光緒庚辰進士，改庶吉士，今爲四川梁山知縣。

宋紀堂允奎，居佛字橋。與予同入學，敦義好友。予與嘯峰每至郡，必主君家。君翁平山泰，仁善簡静。弟西簃琳，爲人亦如之。紀堂雖早世，而其孫茁生樹滋已領鄉薦。西簃三子：長葆初承濂，嘯峰壻也，諸生，有祖父風。次養初承庠，以拔萃科授七品小京官。次守初承昭，亦領鄉薦。善人有後，豈不然乎！

葉桐君珪，居秀野橋，有别墅曰自怡園，蒔花草極精。又精于鑒賞，碑版鼎彝羅列几案。時集名流，作詩酒之會，更唱迭和，有《錦屏集》行世，其好尚風雅如此。以廩貢生署吴江教諭。

雷研農良樹，諸生，居北門外。工詩，善書。書法米襄陽，求者踵接，朝夕揮灑，不爲厭苦。尤豪于酒。嘗賀歲詣友人飲，夜歸，失足行河中，隨流及水關，守門卒駭而掖之出冰，琅琅凝衣袖，而君自若也。從弟秋園慶昇，秋園子葆純，皆諸生。葆純爲粤匪所擄，秋園用是鬱鬱以貧困卒。

席晦甫元章，青浦籍，廩貢生，居西塔衖。先世富藏書，君資以涉獵，有志徵實之學。治《尚書》，力辟梅賾之僞，旁及天文算術，皆有心得。中年困于病，忽耽禪悦，執守甚堅。庚申寇至，誦經不輟，賊揮以刃，創甚踣地，乃棄去。未幾，郡城復，曾一晤君，詢被斫情狀，君謂無甚痛楚。踰年，賊再至，遂不知所終。然以君爲人，宜無不殉者。子儀庭威，諸生，能讀父書。

蔡梅茵鵬飛，諸生，居錢涇橋。酷嗜吟咏，直寫性靈，或寓以詼嘲，讀者頤爲之解。有《六半樓詩詞稿》，予嘗爲之序。赭寇後，版燬。其子堃爲之重刊。

倪松甫士恩，畬香先生元坦之孫。道光癸卯舉人，居湖橋角。工制舉文，能詩，習篆隸。隸書摹漢唐諸碑，入古處如金石刻畫。

韓緑卿應陛，道光甲辰舉人，内閣中書，居南埭，春木先生弟子也。劬于學，手一編不輒，喜周、秦諸子及泰西曆算之書。李壬叔續譯《幾何原本》後九卷，君爲覆校，而授之梓。生平收藏圖籍古器甚富，庚申寇擾，與所居俱燬，鬱鬱不樂，卒。著有《讀有用書齋雜著》，其子陽生載陽屬予序而刊之。陽生端謹，有父風，捐職主事。

顧韋人作韋，諸生，居亭林。常來郡城，善談論，喜交游，遇酒輒飲，興酣賦詩，旁若無人。寇亂後，困頓無家，自號無住老人，寄寓節孝祠，卒。

何穆山章，本姓夏，青浦人，布衣，寓居火神廟。精繪事，山水、人物、花鳥各擅勝場，秀逸之氣，充溢筆端。自改玉壺後，一人而已。

楊肖英煃，諸生，居谷陽橋。家屢空。有祖母，年九十餘，力謀菽水。客游浙江，與王叔彝觀察交最厚，唱和無間，觀察采其詩于《同人詩録》。君困于一矜，託詩酒自遣，既醉而歌，激昂慷慨，多淒涼之音。卒以是損其年，悲夫！

胡公壽遠，以字行，又號橫雲山民，居景家堰。殫精繪事，山水入大癡堂奥。間寫花草，亦涉筆成趣。書法温潤，詩亦娟秀，顧皆爲畫所掩。挾其藝游上海，海東諸國慕其名，有執贄請業者。

夏貫甫今，秋園先生璿，歲貢生。子，監生，居景家堰。善畫山水，得北苑遺意，邱壑深邃，秀韻饒溢。葢得之天資者多家貧，藉賣畫養親，以勤咯血，卒，年二十餘。儕輩皆爲痛惜。

郭友松福英，柳村先生權，諸生，善醫。子也，居明星橋。後遷南門大街。未冠游庠，有神童之目，性踈弛好奇，爲文亦如之。李嘯湖學使特賞異，延入幕。未幾辭歸，以賣畫自給，不問世事。歲科試率首列，而秋闈屢薦屢躓。同治癸酉，始登賢書。憶予與熊露翁訪柳村先生時，君侍側一少年耳。比予寓居復園，君以不良于行過從甚稀，葢亦頹然作老翁狀矣。

沈菊泉大令霖溥，居東馬橋，以制藝名于時，衡堂太史高弟也。君家嘯園，爲昔時勝游地，亂後蕪，莫能治。課徒自給，門下士多知名。光緒乙亥領鄉薦，連捷進士，授知縣，需次浙江，年五十餘矣。君于吏治非所長，顧以境迫之行。未幾卒。

耿思泉太守蒼齡，居北倉橋，張温和公壻也。監生，援例爲德安知府。告歸後，以詩酒自娱。爲人質直無城府，樂于爲善。手書日記以自省察，皆端楷無一筆苟，歷數十年如一日。子伯齊葆清、仲宣葆龢，皆諸生，篤志風雅。

仇祝平太史炳臺，居竻谿，衡堂太史入室弟子。同治壬戌進士，改庶吉士，奉諱家居，遂不復出，主講大觀書院。所居竻東草堂，雜蒔花竹，時邀朋輩吟賞其閑。光緒丁丑，晉、豫旱饑，君約同志爲書畫社，以潤筆助振，作詩記事，亦藝林佳話也。書法顔平原，畫梅具有風骨。著有《竻東草堂詩集》。

尹子銘鋆悳，小莘先生祖洛，諸生。子也，居會星橋。幼有才氣，小莘先生授以《戰國策》。爲文頗雄肆顧，困于場屋，捐職光禄寺署正，肄業龍門書院。應敏齋廉訪寶時分巡上海時，最器重，聘修《上海縣志》。子鹿笙熙棟，詩生，後起之秀也。

楊古醖葆光，諸生，居東門外，退谷先生汝諧元孫。詩文援筆立就，兼擅書畫。幕游江浙間，所交皆知名士，以小官謁選京師。黄子壽方伯彭年奇其才，薦于合肥相國，分修《畿輔通志》。今爲黄巖縣丞。

沈躍齋祥龍，優貢生，居妙嚴寺後。龍門書院高才生也。詩文敏捷，常與祝平太史唱和，亦善飲，能隸書，與修《松江府續志》。

雷諤卿葆祥，研農族姪也。諸生。少孤，出贅于外。妻亡，一子寄外家，孑然一身，子馨招之居復園。鯁直不諧于時，屏棄帖括，爲聲韻之學，亦工詩。子馨歿，落落寡合，以貧困卒。

蔣于石確，諸生，居景家堰。清雅絶俗，以詩書畫自娱。書效李北海，畫梅石尤勝，筆情高淡，如其爲人。橐筆游上海，忽染瘟症，卒，四十二。

閔頤生萃祥，子馨友也。生而左右手各詘一指，因又號曰八指生，居艾家橋。予至復園，子馨必招與俱來。其後遷居復園，亦頤生贊之。爲人閑静端謹，好讀書，爲衡堂太史所賞識。詩古文皆可造，亦能書畫，與修《華亭縣志》《松江府續志》。予扶病之南菁書院，頤生與偕。院祀鄭高密、朱新安，栗主將行釋奠禮，黄漱蘭侍郎命之作祝文，樸茂淵懿，侍郎亟偁之。文載予《南菁書院崇祀鄭朱二公記》。

陳福卿又號益卿先生以謙，青浦人，亦姚氏壻也。恩貢生。與古然、堅香兩先生尤暱。工駢體，爲吴穀人祭酒所賞。詩亦瑰瓌，有《安蔬草堂駢體文益齋集》。

何書田先生其偉，增貢生，居重固。其先自奉賢遷青浦，世以儒醫名。先生爲同邑王蘭泉侍郎弟子，與姚春木、建木兩先生善。詩效陸放翁，著有《簳山草堂集》。子鴻舫長治，監生。咸豐庚申，以集團保衛鄉里功，保舉五品銜藍翎；煒如昌煥，咸豐壬子舉人；石根昌霖，諸生，保舉訓導，皆與予善。鴻舫豪于詩酒，興酣高論，有不可一世之概。書學顔平原，特蒼勁。乙亥秋，予寓復園病溼，諸醫束手，鴻舫來視，一劑而愈。

袁澂甫璥，奉賢人，寓居嘉善。咸豐壬子舉人，援例户部主事。豪于飲，詩文倚馬可就，在京師，以松江會館湫隘，爲擴其制，未幾卒。

陳尚志淵泰，道光壬辰舉人，居北簳山。篤學敦行，尤邃于三禮，主講珠谿書院。著有《吉祥止止齋詩稿》。

何古心其超，書田先生從弟，恩貢生，居北簳山。世醫，兼以詩名，風骨凝鍊，似大曆十子。應張温和公之聘，客河南，主講明道書院，遍游嵩山諸勝。歸，避寇滬上，又遷澱西。亂平，還簳山，築棗花書屋以終老。著有《藏翁詩草》六卷。

莊俠君世驥，青浦人，居盤槐里。咸豐己未舉人，少以詩名，與同邑熊蘇林等結社唱和，繼又篤志經學。袁漱六太守芳瑛延之幕，校理古籍，一字之疑必求確證，太守盛偁之。著有《坐花草堂詩集》《急就章異同考》。

陸雪亭日愛，居金澤，吴江籍。候補浙江同知，從姚春木畢子筠游。爲人質直，見義勇爲。咸豐季年，奉檄募捐餉勇，保守鄉里，賊至失利，憤甚。同治三年病卒。著有《夢逋草堂詩文集》十二卷。

王叔彝觀察慶勳，上海人，諸生。援例爲知縣，需次浙江，擢知府加道銜，兩署嚴州府事。意氣豪邁，酷嗜詩，求才若渴。嘗集刊朋輩詩曰《同人詩録》，曰《應求集》，曰《可作集》，其自著曰《詒安堂稿》。弟季平慶均，廩生。工書法，秉性和平。寇亂時，嘗攝崇明訓導，予爲序贈之。

黄鶴樓金臺，平湖人，歲貢生。爲人坦率，喜交游。工駢體文，兼擅詩詞，與嘯峰唱和最多。著有《木雞書屋文集》行于世。

青浦熊蘇林其光、純叔其英兄弟，砥志礪行，期有用于世，乃一則積勞于團練，一則盡瘁于振荒，皆以壯年摧折，齎志九原。予爲二熊君兄弟合傳，未嘗不黯然以傷。曩予寓郡西，郭蘇林每過訪，議論湼涌，流連忘日夜。時純叔尚幼，未及見。逮予客金陵，純叔以秋試過予，冶城山館，英鋭如其兄，此後未再面也。其所著《恥不逮齋》等稾，雖未刊行，度必有爲之整理者。特蘇林《雜著》遺稾遭亂散失，并無以傳于世，尤可傷已。然其長君鞠蓀祖詒，今方以庶吉士改官知縣，措施未可量，則君兄弟之志庶其申乎！

賈雲階履上，上海人，歲貢生。工制舉文，能詩善飲，豪宕自喜，秋闈屢試屢絀，苦戰不已。及咸豐己未，喆嗣綺雲襄獲捷，乃咤謂人曰："吾顧不及小兒。"又治堪輿家言，力洗時俗之陋。鄉邦文獻，勤于紀述，纂修《上海縣志》，特爲詳備。予與君同歲，又同入學，今皆老矣，回首壯游，能無嗒然？綺雲今爲甘肅知縣。

繆少薇徵甲，江陰人，諸生。咸豐壬辰秋試，予卷墨污題詩號舍，君一見駭咤，即走筆屬和，遂訂交焉。爲人伉直樸誠，詩學甚深，亦雄于文顧，困于場屋，不得申其志。其室劉孺人亦能詩，賢而早卒。繼丁内外艱，境日以蹙。仰事祖母，俛育子女，課徒不能給，橐筆依人，鬱鬱不自得，遂促其年。予交君十五年，未嘗再面，然書問往還，歲時不絶。殁後，其弟子徐静三蓉鏡輯其詩寄予，予爲汰存其半，與劉孺人所著《夢蟾樓遺稾》合刊之。

畢子筠大令華珍，鎮洋人，秋帆尚書從孫。由舉人官慈谿知縣，乞病歸，僑居嘉興杜門。著述邃于音律之學，著有《律吕元音》，予屬錢夢花少尹刊入《小萬卷樓叢書》。

蔣劒人敦復，寶山人。豪俠尚氣，好談時務，詩文才思横發，不屑斤斤尺度。少游江淮無所遇，遁而爲僧，號曰妙塵。嘗住持郡城脩微庵，既又返初服，補諸生。劉松巖中丞令上海時，聘爲記室。同治初重修《上海縣志》，應敏齋廉訪延君纂修，未幾卒。有《嘯古堂集》，廉訪爲之刊行。

江弢叔湜，長洲人，諸生。屢躓場屋，幕游江浙間。咸豐初，僑居郡城，時相過從。後以小官需次浙江，卒于嘉興。詩學昌黎、山谷，當其得意喜笑怒罵，皆成文章。有《伏敔堂詩録》。

胡竹邨農部培翬，績谿人。嘉慶己卯進士，户部主事，受經于凌次仲教授，尤邃于禮。道光己亥秋，相遇于西湖文瀾閣。時方著《禮儀正義》，以糾賈氏之訛，縱論忘疲。予以其所著《燕寢攷》俾錢氏刊入《指海》。嘗主講雲間書院，後主涇川書院，其《研六室文稾》近亦刊行。

陳碩甫明經奐，長洲人，附貢生。傳金壇段氏之學，與竹邨農部同寓，借閑小築，相見甚歡。出示所著《詩毛傳疏》，融貫經傳，引據賅洽，毛氏遺義宣暢無餘藴矣。嘗訂西谿觀蘆，會雨不果。予别君歸，君曰："吾寓西湖，竹邨外無過問者。今竹邨歸矣，方將與子邂逅，復舍吾去，誰堪與言者？行亦歸爾。"

黄小田儀部富民，勤敏公幼子也，當塗人，居蕪湖。道光乙酉拔貢，歷禮部儀制司郎中。咸豐癸丑，避亂至金山，一見如故，觸目時事，以詩唱和，殆無虚日。既而遷郡城，遷張堰，遷召稼樓，遷周浦，時予亦以寇偪旋里，君曰："曾不意相見于君鄉。"予曰："誠然，然未必爲樂土。"無何，奉南失守，遂先後至上海，唱和如昔日。同治癸亥，予以曾文正公招至皖，君餞之，曰："今則子之入吾鄉，顧安得從子歸？"相與悵然而别。同治丙寅，予暫歸晤君，步履猶健，惟酒量減耳。明年聞患眩瞀，亦既稍痊，以書慰問，而答書與訃俱至，爲之驚絶。君詩本勤敏公家法，在少陵、香山間。其遺集曰《過庭小草》，曰《誓墓餘稾》，曰《避弋小草》，皆自爲編定。曰《萍軒小草》，曰《萍軒詞草》，曰《律賦賸稾》，曰《試帖賸稾》，則哲嗣子啓太守安謹屬予爲編次，而總名之曰《禮部遺集》，凡九卷。子啓，以小官需次江蘇，累擢直隸州知府銜，亦能詩善畫。

符南樵孝廉葆森，江都人。咸豐辛亥舉人，避亂，寓朱涇東林寺。攜一子一僕，行李蕭然。每相見，坐談忘倦。偶及時事，未嘗不慷慨咨嗟。嘗選《國朝詩正雅》，以繼沈文慤《别裁》。後主柘湖書院。

劉融齋宫允熙載，興化人。道光甲辰進士，累官中允。學行兼粹，主講龍門書院，以身率教，遐邇欽矚。著《四聲定切》，以欸、意、烏、于四字攝一切音，條分縷析，獨出手眼。又著有《説文雙聲疊韻》《持志塾言》《藝概》《昨非集》，皆已刊行。書法亦蒼古。

周叔米文禾，嘉定人。諸生。績學好義。光緒丁丑秋，與寶山陳同叔如升介鴻舫過訪復園，議論風發。出所著《南宋百一樂府》及《駕雲螭室詩鈔》，凡若干卷，皆卓卓可傳。同叔，監生，家羅店，亦績學士也。恂恂儒雅，工詩詞。

# 跋

歸自江陰之明年甲申，先生著《懷舊雜記》。未畢，痿躄日益甚。初冬驟寒，手握筆顫不止，散稾滿几案，不復檢拾。萃祥每趨侍，爲稍稍整齊之。一日先生顧而歎曰："是稾也，余未能竟，將就所有以付子。"萃祥謂："天方寒沍，高年氣血衰，手足不良亦常耳，入春當漸舒展，無過慮。"未幾先生病中愈。明年正月，復作，遂不起，乃與先生孫埍王君賡九謀刊未刊各稾，得金山錢君仲穀昆季任剞劂，遂絡續校刻，自《鼠壤餘蔬》以下凡五種，惟《雜記》散稾未敢倉卒編次，遷延以待。賡九數以書促，而張君鳳山復督責之，且以梓費任，于是就存稾，依先生原例銓次爲三卷。先生初擬叙周浦諸人爲一卷，叙南塘、張堰、秦陽、廊下爲二卷，叙郡城爲三卷，其四卷將以叙安慶、江甯諸舊游，而未及屬草。玆惟一、二卷較完備，三卷則固未全之稾也。烏乎！自先生殁，距今不十年，萃祥奔走衣食，學殖荒落，此豈先生夙昔期望之心所及料？蓋有負先生多矣。今托諸君之力，于先生手澤所遺次第刊行，俾萃祥得藉手觀厥成是，雖不足以塞先生之責，而獨非萃祥私心所喜幸者與。

光緒十九年癸巳秋八月，門人華亭閔萃祥謹識

# 雲間第宅志

王澐　纂
劉芳心　整理

# 整理説明

《雲間第宅志》一卷，明末清初王澐纂。王澐，原名溥，字大來，後改名澐，字勝時，號僧士，華亭人。明代以諸生貢入成均，不得志。幼年爲陳子龍弟子，處師生患難之際，卓然有東漢節義風。后參加吴易起義失敗，"浩然有歸志"，縱游齊、梁、楚、粤。晚歸老康園。吴山嘉《複社姓氏傳略》卷三、《嘉慶松江府志》卷五六、《乾隆婁縣志》卷二五、《乾隆金山縣志》卷一三、《明代千遺民詩咏二編》卷四等皆有其傳。著作有《輞川詩鈔》《輞川草》《太和山志》《越游紀略》《蜀游紀略》《陳子龍年譜》等。

王澐自幼居華亭，原先城内品官第宅寥寥，自嘉靖時期倭寇騷亂之後，士大夫多遷至城内居住，逐漸形成廬舍櫛比、名宅雲集的格局。後清人入關，兵火之亂，第宅名園所剩無幾。王澐晚年根據自己的記憶，記述所見，"以示來者"。書中記有松江府第宅、别業名園二百多家，爲研究明清時期松江地區官員的第宅、園林建築和城市格局提供了大量珍貴的史料。

本書目前最常見的版本爲《藝海珠塵》本，我們本次整理即以此作爲底本。因整理者能力有限，不免有失當之處，懇請廣大讀者批評指正。

劉芳心

# 雲間第宅志

王澐　纂里貫見集部《輞川詩鈔》

聞之長老言，嘉、隆以前，城中民居寥寥。自倭變後，士大夫始多城居者。予家世居城南三百餘載，少時見東南隅皆水田。崇禎之末，廬舍櫛比，殆無隙壤矣。乙酉兵火之餘，惟東西大道，官署民居僅有存者，其他皆爲瓦礫。老者過而隕涕，少年皆迷失道，已三十餘年。予耄年瞀眩，艱于杖履，每一念至，輒爲愴然。失今不志，將爲桑海。然衰病既久，苦多遺忘，所能記憶者十之三、四耳。今自我生之後，迄于乙酉，聊述所見，口授子孫，藏諸敝篋，以示來者。豈敢比明遠蕪城之賦、東京夢華之録哉。

府治約當城之中，稍偏西。治左爲東城，右爲西城。治前一河，自東至西貫城之中，東自亭橋，入北遶治後，至大吴橋，一支折而出北門。西經北倉前過黑橋，南出豐樂橋，會于前河。治前河南爲南城，治後河北爲北城。以東西河爲界，先内後外，此志之大例也。

治東單工部國祚宅。陳少參嗣元、孝廉汝容宅，後有朴菴。黄太守廷鳳宅，今爲顧孝廉伯騏宅。東察院左倪孝廉甫英宅，今歸謝侍御秉相，傳爲二沈學士舊第。姚家巷張太常明正宅。察院後顧光禄正心宅，有洪厓閣。杜方伯喬林、職方麟徵宅，有安礐堂，董文敏書。今爲姚蔭君世曙宅，亦顧氏業也。張太學之象、孝廉雲門、齊顔、蓋臣五世宅，有傳硯齋。亭橋北邱家灣爲北城界。橋東何學憲萬化宅。理刑廳東吴户部嘉允、孝廉欽章宅，有疇趾堂。進士永孚宅。李孝廉繼厚宅。莫方伯儼皐宅。彭孝廉賓宅。李大參伯春宅。王京兆庭梅宅。東明橋張太守翼軫宅。孝廉壽孫宅。俊士坊下醫家何氏宅，宋元時舊居。

治西廣明橋唐工部昌世宅。橋北河已堙塞，有小橋曰東陽，後有東陽道院。予家譜載，一世祖玄覺道人，居東陽橋西畔，今不可考。趙店土地廟。西郁太守山宅。華亭縣治西，金孝廉時揚宅。姜中翰雲龍宅。普照寺西林太僕景暘、太守有麟宅，有玉恩堂，莫如忠書。後有翼文閣，趙宧光書。鶴城書院，今改求忠書院，祀方正學孝儒也。後有陸昭侯遜祠，林氏建。陳工部所聞、給諫子龍宅，有平露堂，座師黄詹事道周書。佛字橋河南,徐文貞孫金吾肇美宅。轎灣里,張兵部明化宅。施通判印宅。張貢士天混宅。河西徐文貞公階舊第,有平格堂。豐樂橋北思鱸巷,章工部憲文宅。子孫聚居,孝廉簡、進士曠,其諸孫也。北至黑橋,爲北城界。

南門内有河,自南亘北,有石橋三,曰新橋、曰迎仙、曰城隍廟,界至莊老橋入于河。東行支河,一自長春道院而東者,已淺塞;一自陸家橋東,過烏龍潭董文敏宅,折而北,會于長生橋河;一自望仙橋東,過千户所,分流而北,過净土、米市二橋,入于河。又東行,過長生橋折而北。過織造局坦水橋,循東城隅以入于河。南門内河西行,自徐文貞祠、府學西文貞第、太平橋,折而北,經縣學西,過沙家、合掌二橋、文貞舊宅,循西城隅以入于河。今以南門内南北河爲界,分列東西。

府治河南一大街,直至羅神廟。東察院莊老橋一大街,直至南門。理刑廳橋一大街,直至錢家府巷。東明橋南一大街,直至坦水橋。縣治河南一大街,直至縣學東。普照寺河南一大街,直至縣學西。南門内迎仙橋一大街,自東而西,過羅神廟、縣學西,出普照寺南大街。

南門河東大街,從祖司李坊宅,南有龔家巷宅,舊在巷内,今改西向,臨大街。先祖學博公宅。陸家橋北,先曾祖贈公舊宅,門有額曰"五鳳齊鳴"。今爲張宫諭以誠子安茂宅。里人至今稱予家爲望仙橋王氏云。橋北從祖憲副域舊宅。錢相公龍錫宅,北出莊老橋東察院大街。河東小街長春道院東,徐文貞孫文學繼芳以崇宅,本龔給諫舊居。北向南烏龍潭,有額曰"龍門里",久廢。西有龔家巷,出南門大街,徐改宅南向面城。馮孝廉大受竹素園,今分爲三:南爲許給諫譽卿園,有愛日堂,西爲楊少宗伯汝成園,東爲杜太學元培園。龍門寺居其中,北向。東杜太學元培宅。陸家橋東竹籬茅舍,陸貢士篪宅。張宫諭以誠子安苞宅,有酌春堂,董文敏其昌書,本范方伯惟一子允中宅。後有雙鶴園,相傳爲張侍御祚故園。盛太學慶遠宅,本陸孝廉萬言宅。南面烏龍潭,與龍門里相對。今潭堙塞,董文敏孫庭築爲園。積慶寺東,從祖孝廉臺稑宅。董文敏公其昌宅。長子蔭君祖和宅在後,北向。楊宫諭繼禮、少宗伯汝成宅。又東爲網帶葉副憲有聲宅。王工部庭柏宅。杜大司空士全宅。弟孝廉士基宅。子蔭君元方、太學元凱宅。孫太僕士美宅。高孝廉汝量宅。西長生橋運司前聶吏部慎行宅。王副憲會宅,有百客堂。高太史承祚子太學秉菜宅。秉藻宅。董文敏少子蔭君祖京宅。東長生橋北爲假山頭,宋侍御賢中翰天顯宅。望仙橋東陸進士亮輔宅。沈司馬猶龍宅,即亮輔祖侍御萬鐘舊居。東即千户所,所後街從曾祖饒平令焯舊居,今爲從祖憲副域宅。净土、米市二橋間,宋孝廉懋澄二宅,子敬輿、徽輿分居,前爲友恭堂,後爲佩月堂。東爲錢家府巷。高承順孝行坊下陳少參夢庚宅，今爲從祖太僕陞宅，有環恩堂。朱憲副正色宅，今歸太僕，有合美堂。李孝廉耆卿宅，今歸宋氏，有海閶堂，李中翰待問書。本東向，今改南向，小巷曰仁讓里。楊太守汝翼宅，北出理刑廳橋大街。自太僕宅東，陳徵君繼儒宅，門有額曰“山中宰相”。袁太常熿宅。高孝廉汝誠宅。李大參叔春宅。慧燈菴橋吴氏醫室，有松風草堂，董文敏其昌書，陳徵君繼儒題其閭曰：“大隱在朝市，仙人好樓居。”北曰馬頭，李刑部繼元宅。織造局東西，李氏聚族而居，李孝廉之楠宅。坦水橋南李中翰待問宅，有玉裕堂，董文敏其昌書。北出東明橋大街。

南門内新橋河西，徐文貞公階祠後，徐孝廉孚遠宅。文貞弟司寇陟曾孫。祠西翁文學起鵬、起鶚宅。府學西街徐文貞孫貢士繼振宅。仙鶴館西徐文貞公階賜第，有章賜、世經二堂，門有額曰“三賜存問”。弟少司寇陟宅。陟孫太學爾鉉、孝廉洊承宅。河南陟曾孫文學致遠宅，有師儉堂，申文定時行書。西有生生菴别墅，陟子太守琳放生處。西河莊吴廷尉爾成宅，有春暉堂，董文敏其昌書。宅西有園。莊少參元貞宅。何職方剛宅。迎仙橋河西，李侍御凌雲舊宅，北向。後有牛市涇，久塞。南與弟凌霍始通迎仙橋沿河之路，復購楊中丞豫孫、鍾給諫宇淳舊居更新之，東有元楊維禎草玄閣。董孝廉尊聞宅，本張侍御祚舊居。有石坊，祚孫進士若羲重修，李中翰待問書曰“威豸德麟”。陸中丞樹德宅，曾孫孝廉慶紹居。馮太學鼎爵宅。單進士恂宅。朱吏部永祐宅，西至羅神廟。城隍廟橋河西，董文敏其昌祠，棠谿書院故址也。城隍廟西，王進士宗熙宅。顧光禄正心宅，額曰“特命嘉賢”。西有高義祠。興聖寺前李總憲沾宅。張孝廉軌端宅。羅神廟北街錢少司寇士貴宅，過會仙橋北，出府治大街。羅神廟西，馮廷尉舊居。錢相公龍錫宅。西父子忠孝祠，爲馮侍御恩、楊給諫允繩建，至縣學。自會仙橋西集仙街，許通政樂善舊居，今爲其族給諫譽卿宅。張職方履端宅，有素宜堂，門人黄詹事道周書。林太僕景暘别宅。李太僕逢申宅。董中丞象恒宅。徐文貞孫文學景曾宅，有中美堂，董文敏其昌書。董中丞象恒子文學景傅宅，有築野堂，李中翰待問書。西街莫孝廉天淳宅。石幢張給諫承憲、太學翀之宅，有端諒堂，北出縣治大街。清和橋姚太學維柏、文學綸宅，余外舅家也。姚工部元胤宅。莫孝廉是豹宅。董太學培申、祐申宅。東北府獄司前金古泉藥室，元時故居。縣學後南察院，陸昭侯遜舊第。吴進士培昌宅。董貢士巽申宅，有重瑞堂，董文敏其昌書。南察院後，周夏二公祠，曹氏藥室，董大學羽翔宅。縣學西，章孝廉元復宅。沙家橋陸文定樹聲、少司寇彦章宅，有麟慶堂，門有額曰“天恩存問”。蔭君景元宅。曾孫貢士慶裕宅。進士慶衍宅。孝廉慶臻宅。張進士翂之宅。俞臬使汝爲、孝廉廷諤宅，北出普照寺大街。

東亭橋邱家灣以下，郁孝廉繼垣宅。夏太常嘉遇宅。東北日新書院，錢相國龍錫父孝廉大復講學處。張宗伯鼒宅。鄭太守棟、孝廉重光宅。唐兵部昌齡宅。東馬橋一帶，皆范方伯惟一舊居，今各姓分居焉。范家巷内有嘯園，方伯孫孝廉必世居之，今廢。城東北隅，多故家别墅，有林木之勝，何司李三畏園稱最。有觀濠堂，門人陳徵君繼儒記。城西北隅馬崤寺。董蔭君祖源宅，有龍孫館，文敏書。東馬橋西，章工部元衡宅。朱僉事本洽宅。朱庶常積宅，其祖司丞大韶舊居。有經術堂，汪道昆書。直府治之後，東有繡衣坊。宅後相傳爲蘇御史恩舊居，司丞築爲文園，屢易主矣。今太常國盛居之，大加營治。庶常爲汶陽之請不得，争詆不已。蔡孝廉懋廉宅。徐憲副禎稷宅。西馬橋徐文貞孫太守肇台宅。西出大吴橋，南出縣治大街，北出北門大街。唐氏醫室。雷司李德音宅。陳孝廉正容宅。唐中丞珣二石坊。安于道院東，唐中丞孫文恪公文獻宅，有占星堂。後有霞城閣。少子孝廉允諧居之，北出柳家巷。董少宰羽宸宅，有印浦堂，文敏其昌書。錢進士世貴宅。柳家巷張方伯所望宅。李侍御時榮宅，侍御自縊死，宅已廢。東倪氏居，今董貢士卞申宅。東即朱氏文園矣。見前，以上北門河東。北門河西，包進士爾庚宅。姚大參體信宅，今爲孝廉揚美玄之黼三世宅。張貢士密宅，有正舆堂，黄詹事道周書。王孝廉元琮宅。馮侍御明玠宅。河南周貞靖先生思兼别墅，其孫文學裕淳居。本一禪院西，宋中翰徵璧宅。李侍御凌雲宅。前街北倉林太守有麟宅，後有素園。許孝廉士奇宅。王侍御元瑞宅。馮待詔鼎位宅。錢刑部大忠宅，前有黑橋，水出豐樂橋，入于前河。

南門外官紹塘、張涇二河，皆入黄浦。大街姚孝廉鏜宅。先府君貢士宅，有與書堂，李中翰待問書。奚進士士龍宅。金孝廉以魯宅。普濟橋彭孝廉賓宅。周太學立勳宅，有符勝堂。崇禎間，周爲吾郡名士之冠，不遇而没，士論惜之。登山主橋，董孝廉中立、進士中行宅。薛孝廉靖宅。阮家巷陸宗丞樹德梅南草廬，有讀書樓。崇禎間，郡中諸名士，嘗觴咏高會其中，人稱曰南園。清水石橋，任大參勉之宅，門内有石刻云："登科致仕，恩榮始終。"楊文貞士奇書。吕解元克孝宅。學士里，顧文僖公清舊居，今張司李一鵠宅。有來鶴樓、鴻范堂。文僖後宅，爲林太僕景暘别墅。有玉蘭宇，陳道復書。西陸郛有朱郡丞灝園。吴進士培昌宅。東城河張莊簡公悦宅，有坊曰"完名全節"。張職方履端宅，有永錫堂。張莊懿公鎣宅，有卻金堂。少宗伯鼒宅。莊簡、莊懿同時名臣，有"城河一灣兩尚書"之名。東至龜蛇廟，莊懿祖墓在其後，鼒即莊懿兄鎣之裔也。

東門外南北俞塘，皆入黄浦。南俞塘，宋孝廉之蘭宅。李太學延亮宅，有棲雲館,李中翰待問書。先君授經處。徐孝廉行宅。夏孝廉廷球宅。朱刑部輅宅。彭侍御彦昭宅。楊刑部忠裕園。顧光禄熙園,有太湖巨石,宅有坊曰“高義”。咸通橋金孝廉時振宅。果子巷張中丞肯堂宅。宋待詔存標宅,有四志堂,李中翰待問書。北俞塘孫文簡承恩太守克弘宅,有勤有、敦復二堂,東皐雪堂、聽雨軒、畫壁諸勝。河南有文簡父太守衍别墅,今爲高氏園。陳太守懿德宅,今歸錢宅。吴長史稷宅,有石湖精舍,胡宗憲書。嘉靖間,倭寇至,不入其廬。世傳有“千金難買俞塘北”之諺。沈進士士英宅。顧中翰正誼濯錦園,有同野、瞻林二堂。

西門外河西入泖。河北大街張思雲藥室,元時故址。莫家巷杜方伯喬林、職方麟徵宅。貢士騏徵宅。太學駿徵宅。澤潤橋西北陸文定公樹聲祠,有百歲名臣坊。白龍潭西至雲間驛,謝侍御秉謙宅。夏吏部允彝宅。完節坊,爲沈進士泓母建。九峰書院,祀宋李忠定諸賢,今廢。東塔巷徐少司寇陟孫、太學鳳彩宅,有鷺公居。西塔巷徐少司寇陟孫、太學爾鉉園。前涇橋東北,翁給諫元益宅。西北舊有高禮部士别業,今皆爲民居,惟瑶臺尚存。花園浜夏吏部允彝舊居,兄之旭宅。白龍潭張太守昂之宅,有室曰“冷石庋書處”,董文敏書。一聯云:“善且不爲而况惡,身將隱矣焉用文。”採花涇張進士若羲宅。黄京兆庭鵠宅。石匠鋪徐文學方廣宅。萬曆間名士,文行清高,士林敬之。河南竹竿匯王侍御元瑞宅。吴孝廉道醇宅。蔣孝廉爾揚宅。許孝廉啓源宅。湖橋徐孝廉世禎宅。諸行聚奎里錢狀元福宅。谷水道院沈太守匡濟宅。長橋西笏溪陳孝廉玄燾宅。陸高士應暘宅,堂有額曰“主盟風雅”。谷陽橋張太守汝弼宅,有壽康堂,左右皆其子孫聚居焉。陶行橋袁長史福徵宅,有海雲樓。

北門外河北,入吴淞江。陸文定公樹聲賜墓,左有廬目墓田丙舍,堂中以朱文公“耕雲釣月”四字爲額,公孫蔭君景元常居焉。餘皆民居。

# 松江衢歌

陳金浩　纂
劉芳心　整理

# 整理説明

《松江衢歌》一卷，清陳金浩編纂。陳金浩，字錦江，號錦江灌園人，江蘇華亭(今上海松江)人。恩貢生，官宣城縣教諭。

《松江衢歌》的編纂，是陳金浩鑒于松江志書已經很長時間没有編纂，清朝建立百餘年來，社會變動很大，“烏敢闕焉弗紀”。于是他通過衢歌“頌揚之餘，間及里巷俗諺，姑備睹聞之缺遺耳”。他寫作的書稿還没有完成之時，“國史館咨取地方書籍，承命采輯”，于是把搜訪所得，按類依次編排。書中記述的内容，時間最晚的是乾隆九年(1744)，推斷該書應成書于乾隆前期。書中的内容由歌謡和箋釋兩部分組成，共收入康、雍、乾時期松江地方歌謡一百首。每首歌謡的箋釋，十分具體，史料價值尤爲可貴。百首歌謡記録了清代前期松江民間的風物、民情、名士、節令、習俗等，對研究江南地區的風土人情提供了豐富的史料。如書中描述了松江地區過年賀歲、元宵張燈、清明祭祖、端午賽龍舟、中秋拜月等節俗，均是研究清代上海地區民間信仰和習俗的珍貴資料。

本書常見的版本爲《藝海珠塵》本，之後《叢書集成初編》即據其排印。本次整理，我們以《叢書集成初編》爲底本進行標點。因能力有限，書中不免有失當之處，懇請廣大讀者批評指正。

劉芳心

# 目　　録

自序 …… 1012
正文 …… 1013

# 自　序

松郡志書，前太守會稽魯公修纂之後，迄今歲月已久，板留道院山房，且剥蝕不完矣。雖土有常産，俗有舊風，人皆習而安之。然躬逢聖世，鑾輅所經，山川增色，况百年以來，休養生息之澤，至深且久。嗣聖相承，築塘減賦，尤多曠典。屬在濱臣，烏敢闕焉弗紀。慚無雅什，竊附衢歌，頌揚之餘，間及里巷俗諺，姑備覩聞之缺遺耳。前䟽稿本未竟，會國史館咨取地方書籍，承命采輯，而事歷三朝，散佚殊多，僅就搜訪所得，分析條例，以復諸縣大夫。乃知向所咏歌，或以見聞甚近，置之勿録，倘閲時浸遠，將安所憑而供修志之採擇耶！遂復增補數十條，依類敍次，得一百首。彙解既訖，存之巾笥，工拙固勿論也。

錦江灌園人陳金浩自記

# 松江衢歌

清　陳金浩　纂　金浩，字錦江，江蘇華亭人。恩貢生，官宣城縣教諭。

内史家鄉到處知，吴趨傳得舊歌詞。太平風景今何似，且向旗亭唱竹枝。陸内史士衡《吴趨行》，歌家鄉風物之大略。旗亭，里名。

皇甫林西水繞門，亭高百尺謝留恩。鳳凰天馬排雲出，兩度飛騰迎至尊。皇甫林，俗謌廣富。康熙乙酉、丁亥，南巡捐賦，百姓建亭紀恩。鳳凰、天馬，皆山名。

獵場馳道盡飛蓬，一片吴雲殿角紅。龍馭若來尋轍迹，應思祖德駐行宫。獵場、馳道，俱古迹。行宫，在演武場，臣民今猶望幸云。

秋量浮額準官田，飛詔蠲除下九天。鳳口銜恩飛又到，青宫仁孝不虚傳。雍正三年，減松江浮糧一十五萬。乾隆初，又減五萬餘。誠三百餘年之曠典也。

鸚鵡洲翻海渺茫，金頒内府築新塘。蜿蜒龍護魚鱗石，春水秋潮頌聖皇。金山北岸得一碑，曰《鸚鵡洲界》。雍正三年，發帑沿海遍築石塘。乾隆時又爲增築。

禪房古榻百年餘，今在楊林駐使車。江底可憐周太僕，湖陰不説夏尚書。頤浩寺尚書古榻，明夏忠靖治澱湖所留。雍正五年，濬吴淞江，周守中鋐巡工墮水，䘏贈太僕寺卿。楊林寺，在江之北。

百里分城隔浦雲，東西半壁又三分。莫看斗大州容易，堂上琴聲幾處聞。雍正三年，新分奉賢、金山、南匯、福泉，府領縣八。今福泉改并青浦。

兵戍孤城第一關，口銜大海面金山。屯田軍已歸民籍，散秩何須衛尉閑。尉城爲防海要衝，向以參將駐守，今設縣治。衛所軍籍已少，近議裁衛經歷。

雨過香灣滑大堤，先農壇下看扶犂。争傳野老榮冠帶，到處撑船早罱泥。雍正時始建先農壇，并給老農八品頂帶，郡城壇在香灣。

行田一望辨高低，開濬支河候馬蹄。水利判官都食俸，莫教撩稻搨平畦。近田支河，宜以時濬，乃水利判官之責。鄉農水則削稻籛撩稻，旱則不芸而搨。

寺樓鐘絶牘如麻，吏散譙樓鼓又撾。清晏堂中菩薩在，鹿銜青草鶴銜花。興慶寺鐘樓，在府署南。清晏堂額，前守周侯錞元題，堂下養鹿、鶴。治郡嚴明，號活菩薩。

萬户思量李令君，樓船輓粟有旗軍。官倉更免收餘穀，水次船歸望五雲。松昔困于役，婁令李公復興始均田役，官爲收兑積穀，今始免徵。

昭武將軍解鐵衣，緑旗兵唱凱歌歸。獵茸近闢南郊外，纛擁勳侯去打圍。楊提督捷征閩有功，爵昭武將軍，稱緑旗勝兵。張侯雲翼闢南教場，爲春秋大閲之所。

蘆子城高靖海氛，蜺旌移駐一枝軍。關前更送軺車去，巡歷蘇州兩地分。城在上海。雍正時移右軍駐守，又設分巡道，兼理海關。

璜溪水淺夜無光，海上何人復釣璜。龍紐瑞符應佐命，太公未許老戎行。吕巷有璜溪，相傳太公釣璜處。雍正初元，提督高公其位得上海一玉，貢于朝。

三年兩度使車臨，絳帳高懸院落深。關節不通昏夜客，青天白日照堂陰。康熙庚辰，郡城始建試院，歲考按臨，後科考亦至。青天白日堂後額，朱子手迹。

龍門寺外酒筵開，郡閣當秋餞茂才。誰似使君青眼大，看人直向鳳池來。昔鄉舉餞送在龍門寺，今移郡閣。雍正癸卯，周守拔周部郎吉士于諸生中，即聯捷館選。

北籍南人原未多，少年卻得占高科。豈知獨步璜溪上，塗抹還須讓阿婆。康熙甲午，南梁陸文焕占北籍解元。雍正己酉，南元沈戍開，吕巷人，年六十餘。

紅杏江南春色多，狀元坊下聽鳴珂。九重華選須才分，不但開通日月河。前明郡多大魁。康熙丙戌，戴有祺及第第一人。日月河，在普照寺南，有"河開出狀元"之謡。

一日三潮谷口西，瑁湖恰報起沙堤。後來入相軍門督，飲馬河橋對水嘶。王文恭公居近瑁湖，入閣時潮一日三至。後高提督其位大拜，亦三至。

金管題詩一第高，承恩只爲抱烏號。玉堂早有絲綸手，秋薦哀辭濕御袍。雍正元年秋祭，黄翰林之雋撰文稱旨，進秩督學福建。七年，顧孝廉成天以《哭聖祖》詩入對，賜官翰林，有《金管集》。

傳天誰道鳳池賒，絶勝鷗池汎海槎。金馬門開都待詔，幾人黄綬出東華。華亭布衣高不騫獻詩行殿，扈從入京，官翰林待詔。著《傳天集》，家有白鷗池。雍正時吴濬、殷鳳梧輩以諸生試用。

文苑儒林未足難，大科誰復慶彈冠。孝廉數百年來少，華袞何慚六品官。乾隆初，詔直省舉孝廉方正，郡舉王元會以疾免廷試，特賜六品服。

聽鵑人去起悲風，鄂渚游魂路不同。伏劍獨留臣節在，至今獻笏念孤忠。華亭沈天成爲范忠貞客，福藩叛，同殉難福州，有《聽鵑集》。葉忠節官湖廣參政，兵變殉節，卹謚予蔭。

落照灣西佛火幽，釣灘船覆水悠悠。萬安橋下波濤起，烈婦留碑壓濁流。泖涇，名落照灣。釣灘，船子和尚覆水處。康熙時，魯烈婦不辱節，投橋下死，祠墓在橋側。

雙清一品幾坊存，石楔新旌嫠婦門。只惜埋名窮孝子，袒衣俱掩舊刀痕。雙清、一品，舊坊。近得題旌苦節，皆給銀立坊。割股救親者多孝，雖不正，亦殊可矜。

研光五色染宫箋，更有猩紅可萬年。紙貴洛陽增舊價，探花隨手落雲烟。郡城詩箋、萬年紅俱佳。沈文恪工書法，鄉里尚呼探花。"落紙雲烟"，係南巡所賜祠額。

何處神童有雋才，空傳捧硯殿頭來。争如夏氏一殤子，曾弔江南賦大哀。聖祖南巡，江氏幼童以能書大字入見，而名不顯。明末夏考功子完淳，沖年作《大哀賦》，博贍多才，時稱神童。

早慧何堪作瞽師，聖童口授説唐詩。詩傳復入山人手，老眼雙盲補註遲。唐汝詢幼瞽，作《唐詩解》行世。後樊桐吴山人昌祺老而盲，又增訂之。

詩人愁望望湖涇，望見亭湖處士星。放落斧柯又賦手，又能點鐵作金鈴。吴處士騏隱望湖涇，有《顑頷集》。亭林蕭中素號芷厓，隱于匠，集名《釋柯》，得一冶工爲弟子。

春藻堂空散舊盟，江潮歕欱尚聞聲。更傳西子湖邊妓，題與鮫綃定小名。大雅春藻社集極盛，周冰持作《江潮賦》。傅六雅延浙郡貴公子入社，鄉老命校書請名，即席取"欲把西湖"詩句題綃帕上，名曰淡宜，爲一時佳話。

寒簧擇對不傷春，起草當窗眉未顰。舊有胡繩留老手，天游閣底范夫人。袁氏寒簧有《緑窗小草》，焦孝廉熹序之。《胡繩集》，范孝廉明庸女蓉裳氏著，胡茂才畹生室人，范長白有序。

三朝國史復增修，江介遺文到處收。留得我鄉風節在，血濺一疏耀千秋。乾隆二年，史館次取各直省名臣奏議及志傳書籍，郡邑申送《葉忠節遺疏》一本。

金匱圖書藏未遲，曾收豆豉一行詩。還憑太史傳遺韻，正是松風欲散時。御纂《古今圖書集成》，采入吴六益《豆豉詩》一首。《松風餘韻》，皆前明郡人詩，姚太史聽巖所輯。

跨驢江郭借書還，花影秋聲亦等閑。大郡不憂文獻少，幾人遺藁付名山。《花影》《秋聲》，俱集名。舊有《續文獻通考》諸書，今代如《横雲山人史稿》《唐堂集》均可傳世。

草緑當年舊選樓，盧生老筆繼風流。文章何與山川事，峰泖依然屬秀州。陳黄門、夏考功纂《壬申文選》之後，本朝唯盧文子繼之。近刻有"山川未真"之誚，郡名秀州。

祖風閑憶董華亭，志怪欣聞似説鈴。剗去三岡憑衆手，聲傳秋谷不堪聽。董進士含著《三岡志略》，皆松人軼事，以衆怒毁其板。金孝廉維寧增删舊志，名《秋谷集》。

巷口猶留青苧亭，題詩曾見一衫青。百年遺事無人録，誰訪南村到泗涇。吕巷吴通判丕顯游庠時，以苧布染作青衫，其孫搆青苧亭貯之，高海槎有詩。陶宗儀流寓泗涇，築南村草堂，有《輟耕録》。

雲間館驛廢何年，地僻乘潮只駕船。東海岸頭人信早，風聞驀地已喧傳。館驛久裁。土人訛言十或得一，有"須問東海岸頭人"之謡。

新除大使舊分場，萬竈吴鹽白似霜。水阨上游都錯怨，卻忘遺愛伐甘棠。私販充斥，近始重大使之選。鹽倉壩水路阻絶，民稻不便，皆咎前守周侯，今已通利。

江村社鼓響鼕鼕，秋賽潮神曲未終。漫説稻田曾化蟹，神鴉飛舞啄蝗蟲。農人八月十八日祭劉猛將，以神司蝗蝻，故在祀典。蝗種化蟹食稻，載《府志》。

聽鶯橋畔有荒祠，報祭黄婆莫太遲。白屋朱門無懶婦，木綿紗細似蠶絲。花種及紡績諸法，皆黄道婆所傳。祠在烏涇聽鶯橋側。

尤墩布細海寧稀，殿角曾鳴一隻機。莫羨松綾花色好，經年織布妾無衣。尤墩，里名。海寧稀，客布，布爲松郡所生殖。聖祖幸松，曾省觀織作。松綾近亦織。

横溪孔宅未荒蕪，堂上還傳車馬圖。龍篆留題標聖迹，佇看古栢鳳將雛。青浦岸横泖，故名横溪。邑有孔宅，宣聖祠前古柏，舊傳鳳集其上。"聖迹遺徽"，南巡時題額。

義士碑留百世芳，東阡西陌半蒼茫。清河族大田千畝，也仿長洲范氏莊。元夏椿義士碑，在辰山。昔人捐助義田，今唯學田尚存。張員外彙以千畝贍族，仿范莊田。

干山高士墓無門，幾處殘碑土一墩。春草復青狐兔散，千年故鬼盡銜恩。楊維禎、陸居仁、錢惟善，號三高士，墓在干山。雍正時，詔修先賢墓。

夜游涇上冒陰霞，白燕詩傳水一涯。庵在不知袁海叟，誰尋獨樹老夫家。涇在郡城東。白燕庵，祀袁御史凱，以《白燕》詩，故名。獨樹老夫家，吴山人六益所居。

花下柴門大小蒸，畫留風雪價連城。無傳金老琴三弄，莫敵劉生棋一枰。大蒸、小蒸，鎮名。鎮人曹知白有"風雪夜歸"手迹。金德洪性孤傲，善琴；上海劉生夢金，以善奕名。

草長西湖湖已平，鐘傳道院墓烟横。偶然飛過華亭鶴，猶向灘頭唳幾聲。西湖已湮，湖側有道院，唳鶴灘在此。

梅華原去看春梅，黄牡丹開又一回。可惜晚香亭壞久，九秋賣菊市門堆。梅花原，鎮名，沈處士白居此。工書法，花種極多，有黄白牡丹。晚香亭，在細林山，八景之一。

南郭花開梅兩株，古香不散到街衢。漁塘剩有蟠槐在，低價應量百斛珠。城南飛鴻堂古梅，已百年外，今歸清河别業。同野蟠槐爲一景，舊有"珠千斛，難買俞塘北"之諺。本顧孝廉胤光北園故址。

緑野堂開望九峰，賜金園裏兩相從。横雲别貯名山稿，更近仙家訪赤松。王文恭宜園在西北隅，賜金園在尚書第側。尚書又搆别墅于横雲，與張司寇園相近。

銀牓高懸擁赤霞，蘭香山筍貢天家。可憐東麓眉公餅，一世徵君挂齒牙。佘山産筍微香，康熙庚子春，賜額"蘭筍"。明陳繼儒居東山，製食物器用，俱以號傳。

第八峰高雲可摩，山間禮數最無多。開倉饒有荒年粟，古墓呼人補緑蘿。干山，九峰之八。周、瞿山著姓，婚嫁從儉，號山間禮。周副榜介文尤好義，歲祲給米，使鄉人修荒冢。

龍華路轉浦雲東，十八灣流水自通。船過笏溪譚舊夢，鳴珂橋畔憶徐公。龍華有十八灣。七保名笏溪。鎮人徐氏好善，因夢建橋，生子，官方伯，名其橋曰鳴珂。

潮音閣下涌晴瀾，秋泛篷窗載月還。移棹向東申浦口，驚濤噴雪正如山。閣在泖中，爲遊人秋泛處。黄浦又名春申，八月十八日，觀潮在此。

出洋估舶候風還，載得洋花入海關。花信幾番争賽社，廟巫醉舞不曾閑。海關洋船多異卉。土人每遇花時，賽祭社神，盆盎以百計。

魚米莊行閙六時，南橋人避小巡司。兩涇不及諸家角，看盡圖經總未知。莊行、南橋，兩鎮名。諸家角鎮，俗有"兩涇不如一角"之語。兩涇，洙涇、楓涇。

浮屠七級壓禪關，影落人家懸壁間。青浦新增萬壽塔，摩雲一筆當文山。興聖塔東夏監運家,西壁倒懸一水塔影。青浦無山,建塔南門外,形家謂利文名。

袁崧墓道草青青,滬瀆紅旗尚顯靈。錯唤平山何處是,行人拾得賞軍瓶。崧墓在長人鄉。滬瀆壘,崧禦寇處。平山道院,宜名瓶山,相傳崧賞軍,瓶積如山。

小蓬臺望小桃源,舊有高人來避喧。最惜百年遺老盡,鎌山堂外剩頹垣。蓬臺、桃源,俱前代栖隱地。國初石筍里王玠右兄弟,隱迹海濱,鎌山堂其居也。

雨花印月各栖禪,入道何須一鉢傳。偏袒右肩登殿坐,侍臣誰笑醉僧顛。雨花印月,庵名。郡有顛僧,狀似濟師,隱語奇中。雍正朝,入對踞坐,留之不得,復歸。一大宦迎養静室,神色不衰。

西北諸鄉水繞廬,食單風物問何如。寒深甕醉金錢蟹,春淺盤供玉筋魚。金錢蟹差小,以酒漿生醉之。玉筋魚,春時始多。

漁船曬網泊菰蘆,入市魚腥何日無。一部河豚典一袴,秋風低價四腮鱸。春時河豚入席,三頭爲一部,有"得一部典一袴"之諺。

瓜瓤五色出南橋,海上争擎水蜜桃。舟過青溪涼味少,探錢買得柿霜餻。瓜以南橋爲佳。上海露香園出水蜜桃。青浦柿霜味涼。

劉家坊裏酒如何,泖水溶溶淡碧波。小醉江鄉十月白,茅檐扶出醉人多。劉酒以泖水釀成,近味稍減。十月白,村醪名。

市口行歌天未明,擔夫齊上採花涇。半筐春韭頭微白,一角秋瓜皮盡青。郡北采花涇,爲販蔬之地。販瓜計角數。徐家青,瓜名。

淡紅帖子賀鄉閭,嶽廟排場聽説書。歸去鄰家喫年酒,春盤只剩段頭魚。賀歲分投名帖。鄉里邀飲,留魚不食,云俟後客,亦是舊俗。

元宵踏月鬧春街,同走三橋笑墮釵。一路看燈歸去晚,卻嫌露濕牡丹鞋。元夕小户婦女,牽率夜游,有"走三橋"之語。

清明風急紙錢飛,墓道松楸近翠微。小竹花籃裝瓦狗,船梢插柳上墳歸。清明祭墓,都標紙錢。辰、佘諸山市集,俱孺戲物。

千秋令節艷陽天,歌舞分班行殿前。此日毬場開牧馬,更無臺閣立飛仙。康熙癸巳萬壽,就行宫呼祝,百戲俱集,臺閣尤極玲瓏,歲以爲常,雍正初元乃止。

姊妹同登放鴨船,柏枝棚下記山前。村粧不羡銜珠鳳,只買荆釵數布錢。男女游山,率以三、四月,村家居多。

龍潭五月聚龍舟,鉼酒隨波没鴨頭。不及閔行喧夜渡,燒燈盪槳唱吴謳。潭在郡城西北,午日競渡于此。閔行鎮近浦,夜渡尤盛。

一肩涼粉水晶融,藕白菱紅滿市中。那得家家藏雪酒,珠簾小架坐當風。六月市多涼物,以便行人。雪酒宜于夏,非下户所有。

江介砧聲夜寂然,繡針不待倚樓穿。誰家肯乞天孫巧,隨手拈來巧已傳。穿針乞巧,久無此俗,唯翦麵作餌,名之曰巧。

草場浜采小菱來,月餅分嘗簾盡開。伏謁姮娥須下拜,晚粧不爲看香臺。菱以草場爲美。中秋市賣月餅,里巷搆臺燒香,名曰香臺。

江城何處可登高,一覽憑樓遠市囂。默綴重陽無菊粉,小紅旗插白糖餻。九日登高,或近就樓閣。一覽樓,在超果寺。舊傳菊餻,久不復製。

山頂雲横人不歸,園林秋晚掩雙扉。誰攜小榼看紅葉,醉話興衰對夕暉。秋山横雲爲勝,看紅葉者在此。

賀歲從來不賀冬,家家夜祭薦新春。頗思夏至茭蘆粽,箬裹香菰到口鬆。俗不賀冬,祭皆在至前一夕。夏至以茭箬粽祀先。

除日何曾除舊逋,窮檐聊復换桃符。瘦年不約都從儉,爆竹通宵聲有無。城郭近都從儉,度歲亦少繁費,俗諺"肥冬瘦年"。

三里歌臺未足奇,梨園只惜玉仙稀。垂簾擇得乘龍壻,院本當場笑葛衣。俗有"三里一臺"之謡。玉仙,梨園名部。郡南宋氏得范生諰于廣場中,後成進士。《葛衣記》,院本。

聚奎故里重賓興,擔酒牽羊有世情。見慣鄉書人冷淡,碧紗籠少莫題名。聚奎,巷名。碧沙籠,前代鄭聞、錢良臣事。

方書藥性記參苓,今日醫無秦景明。雲慘雨昏秋祭鬼,村村巫鼓不停聲。近時名醫絶少,鄉農信巫喜禱。

水雲亭畔義堂開,不復傳聞虎乳孩。記得城東收棄子,佃農月旦望門來。西郊公建嬰堂,在水雲亭。王孝廉仁山以遺嬰給錢米,分養佃户家,月朔驗視俱至。

琳宫敗壁長莓苔,仙鶴飛歸不復來。海晏河清方報饗,道人莫更話蓬萊。仙鶴,觀名。蓬萊,院名。

三賢二俊舊名流,香火祠荒牧馬牛。廟社降神巫唱曲,獻花酹酒鬧春秋。古祠多荒圮,唯郡縣神廟祭禱雜沓,而上海尤盛。

海隅趙店竟成城,百貨喧闐似舊京。不信豐年偏米貴,江東米價幾時平。華亭未縣之前,止呼趙店,今尚有土祠。年來米價日昂,至戊辰春、夏,尤倍增。

田舍翁衣縷縷藍,甕金窖米不輕談。兒郎騎馬居然秀,笑傲蓮湖沈萬三。蓮湖、青浦村,明初沈萬三秀嘗耕在地。鄉農極朴,近日士風一變。

繁華此地近姑蘇,生計何愁擔石無。布織三梭都賣去,紵衫紈袴牧猪奴。三梭布,布名。俗尚華靡,愈賤愈多。

喝雉呼盧眠食遲,個人負博蕩家貲。耶孃嫁妾千金贈,典盡裙襴無一絲。俗無貴賤,皆以好賭敗家。

輕平蟋蟀重平銀,結伴登場秋興新。抛去花枝纔歇手,提囊又約鬬鵪鶉。秋鬬蟋蟀,勝負以花枝爲數,名曰"秋興"。入冬又鬬鵪鶉。

離披清客最無聊,茶荈爐香興自饒。八月觀潮人夾岸,畫船打鼓叶笙簫。俗有清客,焚香煑茗,日以清曲十番爲技。

不歸葱肆不租田,十市三鄉閑少年。朝弄畫眉呼鵠子,夜吹笛管撥箏絃。鄉邑少年,遊蕩失業,謂之浪子。

客來東粵與西秦,裘葛推車到海濱。祇有郎如雙翠鳥,柘湖慣出比肩人。松人遠賈者少。吴時柘湖陸東美夫婦情篤,號比肩人。

落潮三面入斜塘,直接鴛鴦湖水長。妾也勸郎船莫去,斜塘慣宿野鴛鴦。斜塘,水名,近浙郡鴛鴦湖。落句用朱竹垞《鴛鴦湖櫂棹歌》句。

妾繡雙頭貼水荷,把看顧繡笑如何。賣來只得供郎醉,愁聽湖橋説百婆。上海顧繡皆男工。百婆橋,在澱湖旁,百嫗紡織資造,故名。俗多游手,藉婦工苟活。

釣月金鈎不釣魚,枉尋鳳穴遍江隅。最憐白骨成灰劫,羞過狪狪墳一區。董氏墓在吴匯,傳爲金鈎釣月。俗拘風水,下户多尚火葬。

隨棚市集夾通衢,仿古江西百萬盂。米糴社倉纔一飽,花磁冷落滿東廚。棚試時,市集窑器獨多,一空而去。

芒寒徹夜彗光餘,占象誰知應鱷魚。不道河營傳檄報,輦來一骨大專車。乾隆癸亥冬,彗星見。甲子春,瀏河呈報海魚一頭甚大。按崔豹《古今註》,鱷魚死,必有彗星應之。

白苧城東踏地歌,鄉風約略記無多。欲尋鐵笛横吹去,按拍何人點錦靴。白苧城,在華亭南。明楊廉夫畜一鐵笛。

# 乙酉筆記

宋菁　整理
曾羽王　纂

# 整理説明

《乙酉筆記》，一作《曾羽王日記》，一卷。明末清初曾羽王撰。曾羽王(1609—?)，名宇輔，字秀甫，後更名爲羽王，奉賢青村人。父曾唯公，曾拜東閣大學士、户部尚書。羽王年少時隨李伯龍、顧伯甫、曾君玉、金中星等學習。二十三歲爲諸生，入府學。次年在四團衛奉溪家開館，三十六歲時在周浦閭邱芝林家教學。

《乙酉筆記》是一本描寫明末清初之際，松江府南部地區政治、軍事和社會生活的重要筆記。書中所記並不按時間順序排列，不按内容分類，顯得零星瑣碎，但記述的内容，涉及地方政治、軍事、社會經濟以及歷史事件和歷史人物等多方面。明清鼎革之際，松江府秩序顯現混亂，地方治安紛擾，社會黑暗，人民生活痛苦，而書中的很大篇幅是作者以個人的經歷和視角，記述了浦南地區發生的這種變化。特别是關于倭寇侵犯、乙酉年(1645)“奴變”、松江城守及孔師起義等内容，書中記述尤爲詳細。書中對明末清初地方動亂的多方面記録，對地方名人軼事的描述，有十分重要的史料價值。

此書在光緒《奉賢縣志》和《松江府續志》中，均記爲四卷，惜没有流傳。今未見刻本，僅見一卷本鈔本。由于鈔本篇幅不大，而且又不分卷，估計現存鈔本並非足本。此書鈔本最早的爲浦東胡雲翹舊居收藏的《曾羽王日記》一册。抗日戰爭前夕，書中的部分内容曾刊載于《小説叢刊》，但從條目到字句都有所改動。1961年，上海市文物保管委員會將胡氏鈔本加以斷句後刊印，收入《上海史料叢編》。

本次整理，我們據《上海史料叢編》本進行標點，對原斷句不妥當之處作了改正，原條目分段一仍其舊，文物保管會的書後跋加以保存。雖然我們努力使標點校勘没有錯誤，但由于能力有限，其中存在的問題一定還有不少，希望讀者們多提寶貴意見。

宋　菁

# 目　　録

正文 …… 1024
跋 …… 1045

# 乙酉筆記

曾羽王 撰

曾羽王曰：余七、八歲時，爲萬曆四十六、七年。海味之盛，每延客必十余品，且最美如河豚，止五、六分一副耳。每見老人言，嘉靖末年海上倭起，海禁甚嚴，寸板不許入海。然此耳聞之言，疑信相半也。鼎革時，余年三十有六，而海中捕魚者不絶，其價增至數十倍。至康熙六年，因鄭成功之亂，嚴絶海道，禁絶捕魚者已久。忽青村人王福，于海沙中拾鰉魚數尾，投于新場吴壽家魚行。吴壽因以一尾與許良輔，約重斤半。良輔時與團中人交易，而不暇顧魚，置之店中。遂有俞賡五之家人陳愛，向以賣鹽爲事，與良輔少有嫌隙，適有兵丁過其處，愛遂密語于兵，潛往店中搜出，報之守鎮王千總。乘機而詐者，因有總甲方五雲及地方徐明之，文學許青、姚以鴻、唐振公，滿捕役皮長，于中或説合，或逼詐，而良輔即費五十餘金。然索詐者接踵而至，良輔不勝憤恨，奔控太保梁公(按：即江南提督梁化鳳，統轄中、前、左、右、後及城守營)，即發六營審鞫，良輔揮金得無恙，而方五雲、皮長輩，提臺各責三十板，發松江府再訊。太尊張羽明復得良輔之銀，又各責三十板收監。徐明之亦訟良輔于鹽臺(按：其時巡鹽御史爲甯爾講)，發水利廳安公(按：水利通判爲安承啓)再訊。而良輔送銀于安，將明之重責，而其事乃結。是役也，鰉魚斤半，價銀八分，良輔尚未入口，而費銀已四百餘金。至姚以鴻爲許之戚，從中稍沾微利，然與許青皆年近六旬，爲提督梁公鎖押兩月，雖不被責，亦失體面。方五雲等所得若干，俱追贜給原主，監禁兩月，復擬清杖，苦不可言，可爲貪得者之戒。(按：《南匯縣志》亦載此事。許良輔開涼帽舖，吴與許爲親戚，故贈一魚。後改“鰉”作“鱸”，其案始結。)

世態滄桑，自古如此，然未有如吾松郡之甚者。即如沈猶龍者，字人伯，號雲升，松江人。其父柴行爲業，兼作旅寓留客。子讀書成進士，由知縣擢御史，歷官福建巡撫，陞兩廣總督，轉兵部左侍郎，家資百萬。至順治二年，即宏光元年時，猶龍起兵松江，不數月提督李成棟破城，猶龍爲亂兵所殺，死于東門外，屍無尋覓。田産入官，所存金銀器物，盡爲亂兵掠去。伊子名浩然，削髮爲僧，以寫字爲生。其夫人封過二品,坐過八轎,其時以紡紗爲業,自持于市賣之。後鬻身于人,無有受者,衣衫藍褸,不可名狀。

張鼐號侗初,由進士、翰林至禮部侍郎。伊子張大爺者,倚父勢,慣以棒椎打人,故松人號爲張棒椎。鼎革後,家資盡廢,年六十外,爲華亭捕衙役人以謀食。康熙初年,因欠糧,爲太尊張羽明責之。有旁人稟曰:"此昔年張公子也。"太尊云:"今即張侍郎在,我尚責之,况僅存其子乎?"聞者莫不悲歎。

松江兩相公。一爲太師徐階,號存齋。即今提督帥府者,乃其閣老坊也。此在嘉靖間,與嚴嵩同時,恩蔭甚多。崇禎時其元孫本高,號淡寧,由錦衣衛千户陞至街道坊提督,晉太子太傅。故松郡自太師存齋公之後,有八世一品坊云。

康熙元年五月廿二日,盛家橋張永超門首,清晨下雪,觀者如堵。余初不信,及過其地,始知其實。

曾羽王曰: 余年三十六而遭鼎革,前此無吃烟者,止福建人用之。曾于青村王繼維把總衙内,見其吃烟,以爲目所未覩。自李都督破城,官兵無不用烟。由是沿及士民,二十年來十分之八。青村南門黄君顯之子,于鹽鍋前吃烟,烟醉,跌入鍋内,即時腐爛。

崇禎十七年,李自成破神京。次年乙酉,大清兵南下,宏光被擒。八月初三日,都督李成棟破松。是時鄉鎮大亂,殺人如麻。新場孝廉朱襄孫,創爲"懷忠社",分别主僕。豪奴乘釁而起,殺入朱孝廉家,手刃一家六命。孝廉兄弟三人,寧馨、晉卿、載馨是也。晉卿爲孝廉長兄,受禍尤慘,并及其子連官、富官、嘉官。操戈者數十人,事定,問大辟者,止張回、方龍、喬寅五六人而已。大抵變亂之際,止有趨避一法。若挺身圖事,未有不受其害者。後人當以朱氏爲鑒。

順治十六年六月十三日午後,黑雲四佈,狂風陡作。余于葉起淵館中坐談,忽起淵報云:"東北有白龍云自天而下,其長數丈。"余急往視之,龍入杳冥中矣。少刻,蜻蜓蔽天,俱自北而南。北三竈王通甫家,被龍拖去屋舍數十餘間。其家有一舟,亦自地而上,截爲兩段。所置六斗斛,十八兩重秤,俱碎之場上。可知通甫爲人谿刻,其遭變蓋有自也。

順治十七年五月十九日,盛家橋顧鳴玉,張給諫之堂舅。有腴田三百畝,自種百畝,家畜一牛,向不觸人。一日鳴玉牽之田中,向鳴玉腰間觸之,悶絶于地,間一日而死。初給諫在都,有大盜應死,許鳴玉七百金,于給諫前解免。鄉人傳其事,當時鳴玉得其金而不解免,此必大盜之報。

吴天培之母家殷氏,有家人畜一牛。將老,向其妻曰:"此牛無用,不如賣之屠户,再凑銀若干,買一肥牛。”商議已定,次早,以草餵牛,牛不起。蹴之再三,牛作人言曰:“爾家殺我,家必敗亡。留我,則興旺。”其人大駭,后果飼養之,自此衣食漸裕。

高橋關帝廟,爲鄉先達錢元冲所建。于順治十七年六月廿七日早,泥塑周倉忽立于廟門外。鄰人見之,奔告于主僧,而僧固罔知也。神像約重百餘斤,且欲携之甚難。原立之所,灰塵不動。據鄰人陳明遠云,是夜有鐵鍊聲,若四五十根之多,自廟而出。又鎮人夜半啓户,遠望前廟燈火光如白晝,聞馬鳴五六聲。

余外太祖念默公,年九十六方卒,時余年十三矣。嘉靖壬子,倭亂海上,念默公年二十五。時趙文華至青村,念默公親見之,奉令使倭,幾爲倭所斃。遲十餘日始歸,家人以爲鬼也,夜半不敢啓户,細詢始知其尚生。余祖母曾氏早亡,念默公無子,先君子方六歲,即撫爲已子,余家姓曾者以此。先君子于十六歲遊庠,念默公年六旬,家已大饒,遂爲壽官,與總鍊、千户俱抗禮。而金山指揮使如魏、如翁、如萬,皆稱通家矣。念默公自倭亂之后,享太平之福者七十餘載。當九十時,余見念默公乘四人牙轎,遇歲朝必冠帶司香,始繫棕竹帶,繼則假金帶,併用獬豸補。御史錢元冲送套禮至,念默公喜而受之,不論應用與否也。余每與外太祖談往事,輒喜爲奇聞,將謂終吾身不見荒亂事也。至崇禎六、七年,余年三十,值流寇縱横,青村有調兵之舉,或征安慶,或守桐城。二三僕人,如朱二、童喜、王受、王常,不時從征,歸述流寇事甚悉。此時鄉民頓興立教,有“一拜天、二拜地、三拜朱朝滅、四拜我主興”之語,又有“蝴蝶滿天飛,身穿和尚衣。彌陀清世界,大明歸去時”。余始以爲妄談也,不知十年之後,其兆立應。至崇禎十四年,我地大旱,飛蝗蔽天,余家後墻,蝗高尺許。佃户葉某,種稻田六畝,食之不留寸草,惟見之墮淚而已。余時館于新市王與卿家,每歸,以扇蔽面,而蝗之集于扇上及衣帽間,重不可舉。又于七月間,忽傳立教反矣。余時尚坐皋比,聞户外號呼甚急,命徒視之,乃見男女携包裹避難者填塞路左,皆望東南而奔。元兒方十三歲,余挈之歸,而青村城(即今奉賢城)已閉,武弁皆盔甲登陴,旌旗奪目,城外男女叫號者不可勝計。及余至時,管莊鎮撫陸韜士方啓之,而婦人行囊已半爲奸民所掠矣。至晚始定,竟不知其何來。是時平湖一帶皆然,咸以爲鬼兵動也。

次年大荒,人死無數。先君子令余兄長孺,自郡城載米二十石歸,思糶後再糴。不意糶完後,河已淤塞無滴水矣。余家亦缺米,令一勇僕王長,每次負米一斛,從日船歸。後爲路人所攘,即斗米亦不能携也。米價日昂,遠近罷市,余家不得已,命王長至新場告糴。南北遍覓,止得米五升而歸。幸有大麥數石,得以救荒。余是年正月,同方爰、周銀科試澄江(按：其時科試在江陰縣舉行),至四月方歸。一路所見,尸骸遍野,兒童之棄于道路者,不可勝記。松江西林寺聚兒童三、四百,方太守(按：即方岳貢,字禹修)命以粥飼之,死者大半。余船過青浦,見榆樹旁有六、七人,取其皮以爲食。松江府橋男女坐而叫號者二、三百,衣冠整齊,而横尸于路者,接踵而是。此真有生以來未有之變也!

至十七年,遂有鼎革之事,殺人如草。余從周鎮(按：即周浦)歸,至新場,欲訪方氏消息。行至下沙,見行人無不帶刀者,余半途而反。至九月大定,路始可通。此較之荒年尤甚矣。

松江知府自鼎革以來,最清正者,無如李正華(按：順治十年至十四年任)。其后如祖(按：祖名承勳,滿洲人)、如于(按：于名汝翼,海州人)、如劉(按：劉名洪宗,灤州人),皆爲牧民之官。而劉則清廉中更寓渾厚,以故松人愛之如父母焉。其不肖者,如盧(按：盧名士俊,錦州人)、如廖(按：廖名文元,滿洲人)、如兩郭(按：郭起鳳,順治十四年任。郭廷弼,順治十八年任),皆貪婪無厭。然未有貪而濟以酷,殺人如草菅,若康熙年知府張羽明之甚者。羽明,遼東人,自稱爲平西王吴三桂旗下。奢侈淫縱,靡所不至,衣冠體面,掃盡無餘。其大者有安昌王之子朱某,改名徐二官,年十八九,薙髮于龍珠庵爲僧。有奸人輩借其名,聳動鄉愚,遂有劄付名式。鄉人有暗藏之者,偶捕快以獲盜事發覺,因及謀逆,將强盜、謀逆、立教合成一案。羽明以爲功名之躐轉在是,飛報撫院韓世琦,聞之于朝,擬凌遲斬絞者六十餘人。生員蔡宿一,周浦人,無辜死于獄底。傅淳一亦死于獄,流徙諸黨家族有五六百人。羽明乘機索詐無辜富室者,不下萬餘金。康熙六年,工科周明特疏,糾參其歷年侵漁錢糧累數千萬,松人快之。

自來敗家之子多矣,未有如余所目覩三姓之甚者。一裴二佳,高橋人,以舌耕起家,至肥田二千七百餘畝。二佳體貌魁梧,應崇禎年歲貢,以家富隱居不仕。生四子。長元將,誠實早亡。次吉人、開先、季超,皆習于賭,家貲蕩盡。而季超尤甚,始則絨袍紅履,繼而鶉衣百結,無復人形矣。一爲盛覃右,新市人。崇禎十四年,余館于王與卿家,與覃右近鄰也,而拜之,見其衣服麗都,左右皆俊僕。兩母舅時在其家,一王廷梅布政,一王廷柏主事。而覃右爲余言,乃岳沈猶龍,舊福建撫陞廣督,輿衛之盛,擬于王者。覃右從廣歸,故述之甚詳,余心艷之。不數年,覃右酷好摴蒲,無分晝夜,田宅不已,而加嘆(按：俗于出售田畝房屋後,尚可向買主商索加價。加一次,出一添契。加至再三,無法再加時,則爲絶契,亦稱嘆契)隨之。墓木不已,而加嘆隨之。至順治十六年,余館于葉起淵家,見覃右同二王路至,白衣草履,穢不可言。起淵猶向余曰:“此衣不知假之何人。”舊冬天寒,覃右猶著夏衣,而内夾一纊,止可覆背。故以豆二斗與之,託陳掄甫携去,而掄甫復以賭賬除割。一爲陸君寧之子右梁。君寧由歲貢,任温州别駕。父和叔即富于財,號十萬,爲新鎮北石橋之冠。鼎革後,君寧與上海令高肖泉爲難破家,然猶稱素封也。伊子右梁,專習賭博,一擲數千金。至康熙元年,時值歲歉,日饜糟糠,以致偏房爲人乳母度活。三姓皆余所目覩其盛衰,家有子弟,聽其習賭,雖貲累千萬,有何用哉!

余生長青村,具知盛衰之由。自十餘歲以至成立時,文風大盛,凡有子弟者,無不令其讀書。每遇試期,應童子試者,五、六十人。因具呈于青浦令朱錫元,另立青村一案,以比南邑之附于上海也。每府取十余人,至院試,則併青、南兩案,送入金山衛攷。從此子衿日盛,而海濱稱文墨之區,必以青村爲首矣。其時家室之富者,如王、如錢、如陳,在倭變已不可攷。即明神宗時,有蔣少屏、張葵寶、曾念默公,俱擁貲巨萬,亦皆零落。而青村人猶不至大困者,則有三大利存焉。其一爲軍儲之利。軍有月糧,選鋒有口、月二糧,又有五風汎銀米,共萬餘石,以贍一城之命者以此。一爲開海之利。青村海船雖遠不及柘林,約共五、六十艘,一日兩潮,大魚則數十金計,小魚亦以兩計。無船者則肩挑販賣,亦有沿途捕魚,不用舟楫,展轉獲利,以贍一城之命。一爲結網之利。内河則有罾網、打網,爲利尚微,外洋則有希網、長網、拖網,男女無田可種者,皆習此業,且爲利數倍于田。每見家有四壁,則數十人聚焉。自朝至暮,拮据不休,彼此談笑,以消永日。勤儉者銖積寸累,以結網而至千金數百金者,比比然也。自鼎革後,舊軍俱無,則除折價之外,又去實米數千石,而城大困。再因鄭成功爲亂,海中嚴禁,寸板不入,而城大困。海禁則網無所用,而男不善耕,女不善織,有衣食之累,失度命之源,而城大困。兼之吏尚王永吉,世襲屯軍,曾被軍官之辱,刱立明季武職,舍人運糧。于是如李、如尚、如沈,相繼破家,人盡逃亡,讀書之家,百不得一。有志者皆入武庠,其祖父之善良者皆爲馬兵,數殆無算。蓋窮困相迫,鹿不擇蔭,理固宜然。而青人之貧而志短,于此聊見一斑矣。

康熙二年,提臺梁公大招兵卒,青村投兵者約三、四百人,而城爲之空。是年黄豆價止七錢,米肉俱賤,而人無生路,俱往食糧。本朝兵餉極厚,大兵每月銀一兩八錢,又米三斗,小兵減半,亦可足一歲之用。于是人争趨之,皆以不得與爲恨矣。武進士施天舍、監生子李與吉、生員子李素具,無不投營。青村之移家于郡中者約二百餘家,城爲之空,大可異也。

崇禎十一年,海中起三大魚。一魚長五十四丈,青村數千人割其肉。金山起兩大魚,南邑亦起一大魚,長俱相似。十三年蝗災,十四年大荒,松郡飢死者數千人。

又申、酉兩載，備遭離亂。

康熙元年，以紳衿拖欠錢糧，遲久方納，共奏銷去蘇、松、常、鎮四府進士舉人貢監生員，共一萬三千零，余亦在奏銷之内。青浦儒册，爲葉振翁乃郎企仲所立，分毫無欠。上海爲方云友所立，欠白銀八兩有余，所賠不過三十金，而前程已爲之壞矣。清查舊欠，當年奏銷，官儒錢糧，俱取足于未有租税之先。而大户皆窘，且其東土無米，荳復歉收，每石止糴銀七錢。欲賣田完糧，每畝止銀一兩，百無一應者。華亭皆然，而上海尤甚。上海立册，有以儒户免本年之役者，有地棍借儒户射利，且以拖欠錢糧者，儒户所得不及六、七金，而地棍苛索于民，有五、六倍之得。此風六學(按：松江有府學、華亭縣學、金山衛學、婁縣學、上海縣學、青浦縣學)皆然，而上洋尤甚。非門役即無賴生員，與圖伯爲之。自朝廷大加誅求，新舊白銀，完足無余，復有賠償子衿之苦，而地棍方知法律，不敢復爲非分之望矣。

湖州朱友明，家貲千萬，爲諸省富翁之冠。同鄉莊姓，生一子，聰穎異常，未及三旬而夭。有湖州大老某，曾作《明史》，鼎革時，以此書質于莊。莊愛之，爲之删定，以付梓人，其于本朝事無忌諱焉。朱與莊爲至戚，刻史之費約數千金，而朱則爲之助銀數百金，以附名于尾。時有烏程知縣吴某，革職將歸，得其書，與朱貸銀三千金，否則欲發其事。朱不之與，吴將有所舉，朱友明父子遂納賄于浙省昂邦章京。其官與部院相等，即滿洲大人也。昂邦得其賄，遂逼吴尹之史焚之，而朱因是無恙矣。不一載，吴復得此史于監史某，其同年家也，携至京中，上其事于四大臣。奉旨批："拿駡我祖宗的人來。"從此展轉株連，將百餘家，婦人解京流徙者幾及千人。康熙二年五月廿七日，于杭州城斬六、七十人，皆進士、孝廉、子衿。而朱友明父子，寸斬其尸，以肆于市朝，我鎮施正之親見其事。湖州知府、司理及兩廣文皆被戮。武林司差至我地，傳言陰雨中有"還我頭來"之語，亦可駭也。友明籍没，米三百萬，藏珠以石計，他物不可勝數，即明太祖之沈萬三秀也。朱友明事始傳助刻《明史》以及于禍，及復訪之湖人，方知友明並無助刻之事。止以吴之榮借銀不遂，因以其名插入《明史》，其中數語謗毁，皆之榮增入之辭。

鼎革之初，錢糧緩征，而米荳價復倍于昔。于是富室大買田宅，莊行田有至十兩之外者，即余鄉六十圖田(按：屬白沙鄉十五保)，亦有六、七兩一畝者。爾時有立教輩，奉佛甚謹，獨貨其田産，往見活佛，棄家而行者甚衆，人争笑之。立教者有口語云："我賣田被人笑，人賣田没人要。"至康熙二年，催科尤迫，新舊十年並征。十月築圍，而起征已在二月初旬，于是人不聊生。富者盡以役廢，或萬金，或數萬金。如此者以千百計，欲死欲逃，潰敗不可收拾。其田每畝一金，莫有應者，後減價五錢,卒莫之顧。大欠詧逋,束手待斃,而立教之言果驗。于是市井紛紛奉佛,而魚肉價亦爲之日減矣。

康熙二年五月至九月,疫病大作。除府城之外,由浦西以至浦東,家至户及,無一得脱者。棺鋪店家,履爲之滿。巫術盛行,賽神之費每舉用十餘金,少則六、七金。俗有"送夜客"之説,不過飯一盂,肉一塊,蛋二枚,酒一碗而已,所費約四、五分。今則憑男女巫之言,用粉首湯列桌。宋三臣爲乃愛之病,"送夜客"備十二桌,與待尊客無異。巫言皆承差舍人,與他鬼迥别,尤爲怪誕可笑。自高橋以及沿鄉,比比而是,其祭神或用十四桌者,骨牌、紙牌、大棋、筆墨、燈籠、草薦之類,無一不備。或用猪首七八枚,或用猪肉百余斤。祭畢,悉爲丐户携去。即羽流稍存體面,亦非昔比矣。習俗之變一至于是。匠氏夜不成寐,有人死六、七日而不得一棺者,尤爲慘絶。

自李闖破京,宏光未立,其時地方已有亂萌,猶未大肆也。不過以奴變起釁,地方斬殺數人即定。至宏光被擒,南都不守,于是松郡起義有蔡長常指揮,先據府城,到處打糧。指揮侯承祖與吴松總兵吴志葵,合兵至郡,府庫中所藏箭銃、火藥搬載一空。繼而原任兩廣都御史、兵部侍郎沈猶龍起義守城,黄蜚、吴志葵兩總兵提師于郡西南之豆腐浜,以爲犄角,侯承祖則起義于金山城。然皆非紀律之兵,威令又不及遠,以至地方到處殺人,或以冤家報復,或以搶掠劫焚。浦西人至浦東,則以爲艦舥,行頭人至新場,則以爲細作,白日殺之,略無顧忌。在何家橋之搶掠者,地方不平,合力攻之,一時而殺九命。至如行頭之殺嚴氏六、七人,新場之殺朱氏七人,徐氏之殺聞孟嘉,聞氏之復殺徐九飛,青村高橋之殺陶待詔,丁官、林七之殺鎮撫陸劍南,自六月至八月,行路者無不帶刀,遠出者必遭奇慘。至八月初三,大清兵破郡,其風稍定,而鄉鎮猶殺掠未已也。九月初,兵至六團灣征孔師,殺三、四千人。張提督破金山,楊提防定青村,于是皆有新官,地方之禍始息,而含冤者亦得以申雪矣。諸人名爲起義,志在打糧,止指揮侯承祖,背城借一,一時偉之。而黄蜚妄自尊大,吴淞總兵吴志葵,即松郡人也,制翼善冠一頂送之。黄部下總兵腰玉者十余人,及豆腐浜之敗,黄與吴被擒,以鍊鎖之,介南都豫王典刑,哀號萬狀,殊不可問。而松郡屠戮數千人之命,實起于二人之手。其視侯承祖慷慨受刑,固有天淵之隔矣。

湯若望者,本西洋人也。爲崇禎帝聘至京師,未及大用而國亡。鼎革初,用其推曆,官欽天監正,封通元教師,太常寺卿,二品服,此特恩也。康熙五年,有楊光先者,上疏言堂堂大國,何用西洋,且摘其過悮數條。若望革職議斬,以大司寇不願僉押而止。自此楊光先、張其淳輩,皆入欽天監判事矣。康熙八年曆,是年推閏十二月,復爲若望之黨所駁,改閏九年二月。自是西洋復起,楊光先等革職議罰。是年十二月,天煖異常,梅花、蠶豆花,無不遍開。

宏光乙酉,大清兵傳檄至蘇,都御史土國寶隨至,故無屠戮之慘。獨我松沈猶龍起義守城,李成棟率師破之,横尸遍路,婦人金寶捆載而去。其破城之初,由郡東察院延燒至秀野橋,大街東西之房,百無一存者。城中東南一帶,悉爲官兵所佔,後卒爲成棟之兵所拆。鄉紳之樓臺亭榭,盡屬荒邱。此吾郡房屋過華,宜有今日之劫也。吾松城雖狹小,不及吴郡之三,然東西南北,非官家櫛比。即商賈雜居,市物列陳,無一隙地。所謂錦綉江南,無以踰此。及遭殘毀,昔日繁華,已減十分之七。

鼎革後,海禁尚未甚嚴,即歲奉嚴密,猶得易船而筏,人可備食諸味。至順治十六、七年,并絶開排之例,人乃于塗次張網。自蘇、宜兩大人(按:即部臣蘇納海、宜理布)巡歷後,家有藏網者以叛逆論,而居民遂無可下手矣。然康熙二年,海中魚盛之極,漂入海灘,居民與兵丁争拾之。然居民拾者,一見兵丁,即委去,惟恐罹于法也。若蟶及海蛳之類,則又不在禁例。至二年六月間,撫道差官至所,于護塘外鱗次樹木,并置界牌一面,上書"居民過限者,梟示"。于是海中之物,無一可取矣。即灰墩之遠地者,不得攤曬。猶憶故老之言曰:昔明太祖遣戍邊海,而安土重遷者不肯行。太祖有詔曰:"海濱非苦地也。十家三酒店,一日兩潮鮮。"不意潮鮮絶,而沽酒亦無從矣。立法之嚴,致有此累。

祖兵之駐防蘇州者,爲害五、六餘年(按:祖大壽軍自順治十六年駐防蘇州,至此移駐京口),蘇人受累,不可枚舉。至康熙三年九月,奉旨撤回,百計遷延。撫臺韓世琦大出風力,逼之而行,時九月初六日也。去後次晨,蘇人執香于撫軍轅門者,數十餘萬,稱頌功德,三日不絶,亦爲一世創聞。

青村自鼎革後,兵丁踐踏屋宇,拆毁千萬户。維城大廳一所,約值千餘金,爲仇人黄履受焚其半,其餘盡拆。在北門,總兵李伯菴一座,鎮撫陸劍南一座,司訓葉澄所一座,中書李公實一座,約值數千金;近廟東衙門一座,陳五雲一座,君唯公所置童千户宅一座,千户陳孟郊一座,其廳高于城,爲一城之冠;在十字街口,百户瞿斌侯一座,百户馬明宇一座,君謨伯買張爾康宅一座;在西門,康恒守一座;在西門口,李如斗宅前,通西門大街,後接西門城角,約六、七十間俱毁,其餘不可勝數。

張煌言者,浙江紹興府舉人。高橋錢聖沾爲山陰縣令,入闈所取士也。崇禎時,海寇内訌,封疆失守。煌言來謁房師,捫蝨而談當世之務,旁若無人。自大清兵破紹興,煌言走入海島,聚衆十餘萬,始奉龍武年號,繼奉永曆,志在恢復,百折不回。順治十六年己亥,統兵犯金陵,煌言率兵定太平等路,鄭成功破鎮江,金陵幾下。都督梁化鳳、哈卜木等大敗之,成功遁。煌言知事不諧,亦乘輕舟揚帆而去。海中將卒知鄭非可附之人,相繼投誠,朝廷皆處以顯秩。詔許煌言歸命,小者侯,大者公,不惜也。煌言獨削髮入普陀爲僧,後訪得之,拘之杭州。初煌言在明爲兵部尚書,于是浙撫及趙部院百計勸之,供帳甚盛,許以公爵。煌言毫不爲動,惟有求死而已。其部下總兵已投誠者跪而哀稟,以太夫人家屬爲言,亦以全忠不能全孝答之,遂殺于杭州府治,時康熙三年九月初七日也。隨從六人,已許美官,亦不爲屈,同日被戮。煌言在本朝爲逆命之臣,罪不容逭。然海外孤臣,艱關二十餘載,力屈而亡,不避鼎鑊,亦有明三百年養士之報也。

崇禎十七年,余館于周浦閻邱芝林。是年四月二十日,下沙王子羽至余館,言從上洋高孝廉典籍處,得總戎高定侯家報,言北事有變。詢之不言所以,但云十日内有確信矣。廿八日,方岳貢以拜相後,有書及先君子,囑以不日來京。甫一日,而李自成破京,先帝自盡煤山之信至。先君子捧書而泣者三日,目爲之腫。于是人情皇皇,靡所依泊。凡遠近谿谷之民,無不痛哭呼號,願爲先帝死者。吾松從賊諸臣,則有翰林院庶吉士朱積、給事中楊枝起、翰林春坊楊汝成、給事中翁元益等。郡城諸生,遍出討檄,舉國若狂。不一月而宏光立,人心稍定。詔内有"與民更始"句,訛傳"與民更始",凡奴僕之輩,盡行更易,不得復奉故主。于是由海上至閔行、周浦、行頭、下沙、一團,以及華亭諸鎮,千百成群,沿家索契,奴殺其主者,不一而足。余時在周浦,有沈莊李長,爲横異常。知府陳亨,字蓮石,有戡亂才,遣通判何潔(按:《松江府志》作何源,宜賓人)至沈莊,梟示李長,諸惡稍爲斂迹。周浦人知之,争迎通府至鎮,而通府與先君爲肺腑交。時余以地方多故,坐卧不安,已買舟南歸矣。忽孔君法、朱天襄、曹馳尹至,拉余同謁别駕。諸同袍及余,皆以白冠麻服,迎别駕于馬首。何公以余知己也,下馬携手而行,坐于永定寺中,與余寒暄不已。聚觀者數千人,咸謂余與何公交密矣。時出示一通,有"倡亂者,照李長梟示例",于是周鎮稍寧。有蠢動者,幾欲甘心于余,而不知余固無涉也。時何公統兵百餘,以王别駕台城焚劫之慘,隨往川沙城。而新鎮則以王游擊兵定,上邑則貝游擊定,青村則官兵四出,爲鄉民寧輯,卒不能止。幸知府陳蓮石斫殺數十人,而周浦唐官其首也。上邑宰彭長宜有聖人之稱,亦枷死十餘人,地方以平。

宏光者,萬曆之孫,福王之子也。醉夢不省人事,登極後,惟以聲色爲娱。輔之者馬士英、阮大成、李沾,專搆朋黨,蠱惑上聽,惟以輦金入室,不顧國勢危亡。忠相史可法,則令其提兵金陵,不與國政,而朝廷遂不可問矣。李賊爲吴三桂所敗,直走陝西。大清入燕都,爲順治二年。宏光封總兵以伯爵者四人,左良玉、劉澤清號花馬劉、黄得功、高傑，各擁兵數萬，而三吴貢賦大半輸之。南都以都督加蟒玉者百餘人，故一時有“都督沿街走”之謡。高傑駐揚州，揚民拒不與入，一時兵民若仇，後高爲許定國所殺。左良玉駐上江，以宏光不認先帝太子，欲提兵入都，除奸相馬士英等，馬遂專備左兵，不以兩淮爲事。大將黄得功，俱調入内地。是年五月，大清長驅直入，遂破揚州，殺民無數，史可法死難，何剛縊于南城。青村施普，字雨公，爲揚州守備。到任不一月，城破被獲幾死，逃歸，述之甚確。南都聞言膽落，宏光尚演戲爲樂，次朝同奸相脱逃。忻城伯趙之龍、閣學王鐸、都察院李沾等，開城出迎，豫王不折一矢，而南都陷矣。隨遣土國寶傳檄蘇常，爲江南撫軍都御史，松江府姚士序(按:《松江府志》作姚序之)、上邑宰彭長宜，俱解綬去，獨華亭令張大年出示迎降。時來松安撫者，前有參將洪恩炳，即原任金山，坐察院收印綬，府縣長跪，鄉紳皆以素袍見。後有王士倬，海上人也，里人以上司禮事之。吴淞總兵吴志葵，松江人，駐兵吴淞。李成棟至，志葵提兵入海，復檄金、柘、青、南諸營弁，爲恢復之計。金山指揮侯承祖，起兵金山。南邑瞿塘、青村王允吉，各會兵松郡。凡府庫所有，搬搶一空，殺青浦知縣陸嘉胤，新司理、新别駕皆與焉。有金山常舍人者，向爲陳太尊差官，至是自稱游擊將軍，與勇士蔡長等，托名防守，各處打糧，富人争苦之。而海上官兵與志葵犄角者，亦借糧無虚日。王允吉向鹽司索餉，榜掠場書，復拘富户徐敬誠、衛元錫等助餉，衛不之應。少刻，諸軍鳴鑼出，而衛已席捲矣。于是沈猶龍恐爲人所圖，開幕府于本郡，隸其下者皆兵部劄，升游擊者守把，人樂歸之，官兵打糧者少斂。連絡總兵吴志葵，適總兵黄蜚亦至，軍威頗振，人思爲防守之策矣。而沈故吝惜，不能散家財以結士，識者知其必敗。又河南歸德知府董廷，字對之，禮部尚書董其昌之孫也。自河南解綬歸，見蘇、常、鎮諸州俱已投降，吾松故爲抗拒，必遭慘戮，束身投誠，任安撫松郡之責。謁沈，沈送黄蜚幕下斬之。巡撫土國寶、提督李成棟遂立意破松，兵從由拳來，水陸並進。守門者皆懦怯書生，未經兵革，不戰而潰，時乙酉八月初三日也。是役也，士民在城者不下萬人，悉遭屠戮。婦女色艾者，盡擄以行，所得金寶無算。殺守東城進士李待問于局前，兵部侍郎沈猶龍于東門外，活擒吴志葵、黄蜚于豆腐浜口。武舉趙孟騰、武進士王叔皆溺水死。黄蜚船漂至閔行，舟中所存，悉爲閔行人所得。

自南都破後，沿鄉遍起鄉兵，公報私仇，爲害不淺。地方殺人如草，青村林七、丁官、周五、李辰等殺鎮撫陸劍南，燒化北門外，千人俱見，莫可如何，此六月内事也。高橋打死陶待詔，陶最惡，衆人公憤。張回、張彦、黑二、喬寅、方進龍、連印、唐君甫、盛甫、朱貴等糾連六十余人横行鄉曲，日事焚掠，杖死朱襄孫一門六命，行頭殺嚴氏九命,下沙焚劫王省陸一家。獨周浦素號强梁,安堵如故也。又鹽豪聞謀,兩載前與新鎮子衿方含章有仇,糾黨千人,遍捉含章。疑在伊甥徐九飛家,統衆搶掠,徐氏一掃而空。聞謀在後指揮,孤身殿後,適徐氏伏兵起,立磔聞謀。而聞謀弟仲梅,糾黨數千人,立志雪憤,榜示通謀:“有能獻徐九飛者,予五百金。”九飛向匿高橋金稚雅家,復逃入行頭李仲方室。仲方利仲梅金,綁出獻之,聞黨將九飛斫爲數段,令諸人食其肝肺,又作肉圓以祭聞謀。聞殺九飛後,遍捉含章,而方氏昆仲,百計潛踪,僅以身免。又欲燒余姊丈方叔飛屋,幸許昆良等從中解紛,輸五百金得免。八月初三破城後,地方各有官府,變亂始平。如再延數月,則鄉鎮之禍,更不知若何也。余先妣李氏,卒于是年後六月,余兄弟雖在哀毀中,而風鶴時驚,不成喪禮。甫過二七,聞提督李成棟破吴淞,土國寶破蘇,人情洶洶,即令室人暨元兒登女,遷置家具于季常家避難。内人呼季常爲姑夫,故岳母劉氏及舅玉符皆與焉。不半月,復歸青村。先君子同余夫婦及弟婦李氏母子,買舟欲往下沙汪仁錫所。行至五橋,聞有白兵(按:即吴江進士吴易抗清義軍)阻截,轉而之南,暫歇于劉成甫宅,去城僅三里,未三日復歸青村。又不時聞報,青人或出或歸,靡有寧晷。時七月望邊,母喪尚未終七。决計爲周浦之行,遂挈妻子出門,而先君子與兄長孺、弟衛世,從此永訣矣。余往周浦,每停泊之處,里人即加盤詰,余一一告其所以,舟始得行。過新場,姊丈方叔飛,舊徒方定九、予調,多餽茶水。至閭邱芝林宅,芝林與弟瑶林情誼有加,余得安堵。時干戈之際,未遑禮樂,一切館課俱停,而閭氏昆仲每日供余錢二百文,薪水不缺,閭氏之功爲多。八月初三,松江破後,上邑則有本鎮人潘公權攝理縣事,未即破也。忽一日朱天襄得子,余與曹馳尹至其家索飲,天襄云:“余室雖在鄉,而酒與肴尚可辦也。”遂同曹馳尹、沈雨臣諸人,坐飲小齋。酒未及唇,門外嚮聲震天,急出户視之,則人民奔避,如萬馬超騰。云:“大兵去此止二十里矣。”余疾走回家,而閭之内眷已去,門扃不得入矣。幸從他徑,得入内室,挈妻子往鄉周五舍宅,遠周浦三里許,而上邑計來朋亦同余避其家。時淫雨爲災,薪水之累,不獨一家。

周浦有李氏,年未三旬,向立志云:“大兵來,我投水死,斷不爲辱。”是日聞信,果溺水死。庠生孔師,字貞伯,獨往奠之。鎮民見貞伯辭氣慷慨,謂之曰:“孔相公此舉雖正,然傳聞上邑危在旦夕,我鎮不日至矣。萬一相公作俑,有起義師者,豈不爲父老累?相公請他適,毋苦我地方爲也。”孔遂挈其妻東行新場。自八月初三,殺朱孝廉後,地方變亂,日甚一日。有朱君英,號毛丞相,即户科給事中朱紹鳳號蒿菴族兄也。與張給諫弟寅葵有隙,乘機報復,燒毁寅葵大房一所。而寅葵亦聚鄉兵數百人,假捉剃髮爲名,爲活擒君英之計。時六團灣一帶居民,咸不願净髮歸順,適孔師至，復以大義激之，數日之内，聚衆千人。由是遠近嚮應，揭竿而起者十萬衆。孔師初稱本府，繼稱本部院，麾下游擊、千、把者千人。時新場鄉兵交戰于要路，被孔師殺死百人。又賣鹽者十餘人，爲白廟所殺，復提兵報仇，殺彼處數人。有徽人偶至新場，以爲白廟細作，殺之通衢。六竈監生顧介甫爲家人所殺，喬主事長子爲家人斫數段而死。地方之變，不可枚舉。余在周浦至八月底，大兵破上海，戮殺百人。余時復挈内眷往芝林之祖塋社屋，去周浦三里。忽一晚更余，芝林守塋僕起向余曰："相公急起，外有尷尬之人至矣。"時雨下數日，天色昏暗。元兒登女，一十五齡、一十四齡，皆已睡熟。余同室人提包裹，立簷下大雨中，一有風聲，以便逃竄，即兩兒亦不能顧也。少頃，知爲周鎮人避難者。是晚雨不停點，而夫挈其妻，父携其子，數里泥途，匍匐而至，余與芝林僕開門延入。有一修傘者，夫及妻子四人，竟夕立于墳堂豐草間。語云："寧作太平犬，莫爲亂世民。"信不誣也。天明，始知趙安撫至鎮，居民驚避。安撫即松郡庠生，奉太尊牌至者。由新場達周浦，止駕一小舟，隨帶滿帽者數人，諭居民削髮歸順，里人見之膽落，岸上迎拜數千人。余等從此剪髮，時九月初旬也。安撫到後，地方始有法度矣。不數日，新太尊有録科示："諸生不至者，家産籍没。"余時丁内艱，尚未具呈本學，故同朱天襄、朱拂鍾、曹馳尹、王雲子、沈雨臣、高振洪諸友，步行至松。進東門，見守者皆滿服，諸人無不股慄。從府前至西跨塘橋，約十里許，大街房屋俱毀，所留者不過十餘家也。民房俱爲兵所佔，城内城外閉户，無一人在室者。約殺萬餘人，尸骸雖化，而白骨成堆，令人魂魄俱喪。百姓見兵丁，無不稱"都爺爺"者。金珠衣飾，書籍器皿，遍列通衢，其價甚賤，有錢買歸者，後獲大利。新太守張（按：張銚，偃師人）住進士陳子龍宅。華亭縣陳鑑、海防楊之易，即忠臣楊漣長子，時雖剃髮，猶漢人衣冠，烏紗大帶，不改舊服也。余以丁艱，不與科試，兼欲告閑，而同袍之告退者不一人。學師欲索重價，余以力綿中止。九月十三日，督鎮李成棟點驗各兵，余與曹馳尹儒冠往觀之。李尚烏紗玉帶，用八座大轎抬于門首，馬步卒皆疾趨而過，軍威嚴肅，莫可名狀。李先期出示："凡鄉紳不投謁者，家産籍没，以叛逆論。"于是紳士進見者日多。吏部左侍郎董羽宸、太傅錦衣街道坊都督徐本高、太常卿朱國盛字雲來、知府張昂之、工部主事唐世昌，共十餘人，及孝廉十餘人，候兵過，皆鵠立于帥府門首。門吏掛號畢，始魚貫而入。少刻，孝廉、青衿皆長跪而出，鄉紳賓禮留茶。李送至二門即止，門首執大棍而列于東西者五、六十人，威赫之勢，擬于王者。董、徐兩公甫出，有三馬兵並驅而來，二公幾爲所僕，各以手倚壁方免。余見之氣奪，思此輩氣勢平日何在，今日生不如死也！鄉紳皆方巾，不敢復用官帽，惟孝廉、子衿如故。時金山已破，指揮侯承祖殉節于府學前，獨孔師統鄉兵十餘萬，攻打川沙，凡見剃髮者即殺。周浦危在旦夕。青村自金山陷後，遂糾銀辦猪羊酒米，令黄吕授及余世僕朱某投降。守城張副總剳一道，嗣後即有把總董龍到任。余走歸故宅，點驗家中所有，而先君子與兄長孺、弟衛世于八月初五日已有海南之行矣，書籍鎖閉一小樓中。時恐孔兵到鎮，故急爲周鎮之行。楊海防（按：即海防同知楊之易）由金山至城，因孔兵大肆，楊乃頓留不行。有維欣者，于楊公前自稱聽用官，願往招撫。楊公遣之行，因與余同往周鎮，住茶亭，欲拘孔之族人而問焉。孔師本姓王，有孔君法者，家素封，與余友朱天襄輩同盟交也。周鎮利其所有，即以君法上聞，欲得維欣拘之，送至青村，指爲逆人之族，余力解之得免。維欣歸謁楊，楊以維欣不往川沙而往周鎮，欲重處之。適大兵至六團灣，楊公疾趨南邑。余歸周鎮，聞征孔之兵至，鎮人復遷鄉避之。余挈家復避于潘計舍所，即舊日所居周五舍比鄰也。潘故鄉愚，爲閻邱瑶林佃户，夫婦頗賢，爲余防護甚力，僅草房三間，而來匿者五、六家。大兵由張江栅開刀，殺至川城及南邑之北關外止。是時扶老携幼，從六團灣而來者，道爲之梗。内有乘船而爲兵所傷者，或及頭面，或及手足，鮮血淋灕。凡周、潘兩家，一時屯聚婦女三百餘人。而元兒登女，復染瘧疾，流離播遷之苦，誠可憫也。大兵至，孔即授首，其所統者皆烏合之衆，隨即逃散。是役也，殺鄉民五、六千人，擄貲財無數。所掠婦女，幸督鎮不許渡浦，悉縱還之，其以銀贖婦女者亦衆。有南邑千户董海藩女，絶色也，兵逼，罵不絶口，砍爲數段而死。此九月二十事也。

孔黨既平，地方漸漸安堵。而兵强民弱，其受悍卒之害者，又不可言矣。余在青村，自與維欣同歸後，至是復往。而督鎮正遣李環至，馬步兵二千餘人，民房皆爲所佔。時李環爲鼎革後第一新官，聲勢赫奕，比于風憲。本城衙役，復狐假虎威，附會而侈大之。更有庠生何抑之，素號何赤練，爲李記室，導以行兇，欲子衿行跪禮，同袍不從，何復于中搆鬬，幾于稱兵相殺。同袍訴于華中軍，華爲調停。而李固性直者，深知爲何所悞，卒正子衿見邑宰之禮，從上四揖，李則在旁回禮。後堂待茶，堂上三拱而出。儒冠藍袍，報門以進，一時爲之短氣。每門五、六人把守，出城者不許手携寸物，于是城居者如陷牢獄中，莫敢舒展。又兵卒之在家者，日索魚肉，無則捶以刀柄。余幸居鄉，不受此累。守備衙門，改稱遊府。鄉民結訟者，每遇遊府放告投文，動輒數百人候之，至有一詞費千金者。行牌諸役，或本城健步，或爲親丁夜不收等。未解官，先行拷掠，旱牢水監，百般索詐。遊府書役廖君息、載君寵、沈明卿、傅介公、李君瑞、曾懿修等，向稱先生者，改稱相公。有李開之係余表舅，爲書役，每食數品，余每戒之。于是青村之無識者，恨生子不爲書役，而視青衿爲朽物矣。

順治三年，提督馬進寶領兵破金華府，遂鎮守其地，殺人如草，無惡不作。至十三年，改鎮蘇松，益肆猖獗。每巡歷沿海，統領馬步兵數千，居民妻小傾城而出，避之數十里外。凡春秋二信，各營納銀五百兩，始免巡歷。詐大户貲財約數百萬，皆以通南爲由。性更殘忍。其部下張副總買一娼送之，未幾宴張，而姬適在侑酒之列，以與張舊交也，屢目之。進寶一見，即于席斬美人首，舉座膽落。順治十七年，朝廷知其不軌，捉之回都。進寶擁美姬數百，其母向云："今往京師，何必携帶多人？其不願去者，不若估值出之。"進寶即以美人列之兩行，願隨者從左，不願隨者從右。内三十餘人俱從右立，進寶即斬以殉，其殘毒如此！至京，即縛于兵部堂，家貲千萬，皆歸公帑。妻妾數百，俱發教坊司及配滿人。順治十八年，康熙登極，赦京師罪人，獨此賊不赦。于三月初三日，父子五人同斬于西市。松郡受冤者數千人，無不擊節稱快。

吴下錢糧，累年拖欠，習爲故常。惟鄉紳所欠尤多，縣官莫可如何。至順治十六年，始定條例：凡紳衿欠八、九分者，革去名色，枷兩個月，責四十板，仍追未完錢糧。即至三、四分以下，亦責二十板，革去名色，但免枷號。此時雖有定例，人情猶屬泄泄。順治十七年冬，嘉定縣鄉紳、生員已經欠糧，着兵備道擒拿，共數十餘人，鎖之尊經閣中，遠近大駭。十八年正月，正欲照例處分，而駕崩之信忽至，俱得倖免，尚未及我松也。康熙登極，仍以本年爲順治十八年，四大臣當國。未及一月，即嚴催十七年奏銷錢糧。一時人情皇急，懼禍者即于正月内完清，而未完者正十分之八。不意三月中，撫軍朱國治已推册解部。七月中，部文已轉。凡紳衿于二月后輸納者，概行革職。蘇、常四府，共革進士、舉人、貢監生員一萬三千零，仍提解來京，從重議罪。我松約二千有餘，一時人皆膽落。隔數日又得温旨，凡七月后完納者，提解來京，餘得免解。四府中尚有八百餘名，而其他不及也。鄉郡解京者共十餘人，蘇松道差官押解。康熙元年，四月内過江，吉凶未保，但其年錢糧十八年分，絲毫完足。又追徵順治赦過十二年至十六年止，分作工屬户屬，尅期奏銷。又元年錢糧，二月内徵，六月完足。于是有田之家蹙蹙靡騁，情願每畝一兩。貨人完糧，卒無有應者。又以儒册借人，前程既黜，紛紛賠償。設帳者席不暇煖，既查本册錢糧，嚴逼寄户輸納，又查各縣冒立，甚有絶不聞知。而被人冒册致去前程者，如海鹽進士彭孫遹，爲松郡生員彭古晉詭立官甲，致孫遹亦遭黜革。詰訟撫軍，破家問遣，所欠之糧，不及數錢。如此者比比而是。道路之人，惟見愁眉百結，求死不能。而田連阡畝之家，其慘尤甚。可知後置田者，須早以錢糧爲計，切莫累年拖欠，希圖恩赦，如此併追之禍宜鑒也。解京者,如裴期生、錢孔燕,高橋人;李于樞、張予屏,青村人,皆自已無田,爲人借户致害者。

陳五雲者,青村人也。弱冠遊庠,歲試一等。池州羅尚時爲本城守備,延之爲西席,自此結交府縣書役。羅解任後,凡繼來守府,陳即盤居其中,以後復結撫道上房,厭薄子衿爲無味矣。本朝定鼎,五雲往南海,曾與李太監有一面之識,薦之紹興爲監軍道。未幾,渡海而歸,復涉歷世事。凡院道承舍至,則挽同射利,郡人有大受其害者。青村遊府,俱爲腹心,獨山東杜英至,則與爲異。華邑尊張超者,與杜英不合,而英復以通南事,誣陷陳次蜚諸人。按察使姚(按:姚名延著,烏程人)知其枉,置英獄中。五雲乘機造款,投之張超,超即轉呈刑尊許宗渾、新撫朱國治,題疏革職,問成大辟。劉大將軍(按:劉名之源)特遣郭太尊(按:其時松江知府爲郭起鳳)至青村,訪捉五雲家人阿元,家貲盡行點驗。五雲在松,先有人獲之葉總憲宅内,鎖解劉大將軍,以嚴刑鞫之。轉發按察司,與杜英會于獄中。英數其罪,以拳毆之,雲惟俯首而已。本年七月初四,以兩足俱折,死于獄底。十二月廿一日,太尊奉上行差縣丞至所,復拘其妻子至府,收入縣監。兩子皆讀書。其妻浙人孫蘇門之女,向與五不諧,生兩子後,經年不薦寢席。又五雲經年出外,或一二載一歸,今復遭累,此亦前世之孽也。

康熙七年,海船至四團,約二百餘人,殺步卒曾鎮于選佛堂,併殺馬二匹,又跟隨馬兵一人。報提督,十一日大發兵至。曾鎮青村人,併殺看馬一人,年止十四、五。越半月,復上一團之南,箭傷提兵三人。于是大發兵至青村,馬兵一百,城中人或養兵,或供馬料,惟有嗟咨慨歎而已。此皆海船之累也。梁總臺以浙江朱友明事,與昂邦章京對質,住杭兩月方歸。甫歸,青村兵即[撤](撒)。食民間七十日,青村人大受其累。子衿李選長昆季、陳嘉賓、林君獻,俱有養兵之苦。

青村營自萬曆時皆稱總練,如太倉王夢關、吴邦,松江顧胤昌,金山侯懷玉,蘇州文士銘,本邑施德澤,或以指揮,或以千户,或以武進士。如施海宇者,皆以練職銜。而總練之下,有哨官,有陸路官。以余兒童至成人,皆見之。及天啓時,揚州三科武舉李長庚至,則稱爲部選把總,見府廳尚行跪禮。福建王繼武,本城千總陳時太,亦如之。至南京趙漢青至,則改爲欽點把總,余館其衙内三載。漢青字藎伯,由庠生,後世襲千户。會舉南京營,陞至青村者,千、百户皆以披執行叩首禮,以後池州羅尚時亦然。宏光時,蘇州王允吉至,遂稱遊擊。及鼎革後,李環首至,而把總守備衙門,遂改遊府。遊府之下,有大廳,有旗鼓,有千總,不復哨官。陸路而翁家港俱稱千總,張黄蓋。李環帶客兵二百,皆驍勇異常,居民畏之如虎。青村人復從而翼之,百户李公昌以子繼于李環,百計承奉,道之以惡。幸環頗慈,不甚摧折百姓。始爲何赤練所誤,子衿俱上四揖。武生李某、金天章,各用重賄拜門生。後環頗加情諸友,不時宴會,故諸同袍不大受兵卒之累。余住周浦,歸時投刺相謁,止以圖章一方餽之,隨時優觴,而李尚方巾藍袍也。不一月,與子衿整賓主之禮,送至大門,不復從前簡傲。而子衿之寫治生,稱"老公祖",實自李環始也。時南邑則有王遊擊,其聲勢較環更甚。每至新場,則先馬牌到鎮,打掃街宇,總甲供應,稍不如意則鎖。平人子衿,以大鍊鍊之,若是者不可枚舉。每有牌至,無論士民,即隨之而行。而匯城書役爪牙,視新鎮爲魚肉,鄉紳俱稱"祖臺"。場大使見之,叩首無數,稱"大爺""小官"而已。青村自李環爲孝廉周茂源所揭,不五月解任,居民送之者千人,蓋欲使新官見之動念也。繼李環者爲吴科,所統兵卒,大半河南人,凶狠更甚于李。余家舊宅之在西門者,兵卒五十餘人,馬二十餘匹,蹂躪不三月,而屋圮矣。余家之壞,實自吴科兵爲之也。吴遂與諸棍結盟,恃爲心腹,于是武舉施正之、武生李光國爲其犬馬。凡可索詐者,必爲慫恿,而光國尤甚。以後則有錢士孝,改稱總兵,部下則有參將毛某,都司顧士紀、陸雲山,尤妄自尊大,詐害鄉愚。余親見一劉姓老儒,以公事謁錢,守門者鍊之而入。士孝百般詈罵,不問其青衿與否也。更有伊族劉魯玉、劉君采,皆庠生也,爲青村人排擠于通衢,見者奪氣。不三月,上臺知之,奪職去。其標官顧士紀,本江洋大盗,識字,能通近日時文,城鄉不知其由,以爲武弁中有此文墨者,遍與結盟,而吾城青衿李而生、武進士施雨公皆與焉。城鄉與交者不下數百人,余亦與識面,極欲納交于余,余久而遠之,經年不與一會。後果以前事發,江寧按察司囚其親屬,來拘士紀。士紀爲親屬所誣,回至江寧,招稱在青村作官。相知者有武舉、生員等三十六人,冀以免禍,而不知其事固前時所爲也。按察司行文之松,訪問同遊之人,果係真僞與否。承差以司理差役密謀,以訪拿顧黨爲名,俱從黑夜抄捉。甚至在館讀書,未諳世務,亦在訪捉之數。是役也,承差司理以及書役之費,復有前任錢士孝,上下其手,共費三千餘金,以貧富上下派之。有武生季明征,館于方淳伊家,止與顧會飲一次,牽連在詞,賣去蕩田二十餘畝,而家貲席捲矣,此尤可笑之甚也!繼錢士孝者爲余登第,其書紀李林伯,蘇州人也,凡事悉聽林伯所爲。而青村李而生,遂與認族,于是施雨公、林文符、李而文等,與登第、林伯復結義盟。地方有事,則先期報之。若貧若富,錙銖不爽。有管班張香,青村人,兇狠異常。時有腐儒錢九青,高橋人;鍾子良,陶宅人,皆庠生。又有陳俊卿兄弟,亦高橋人,罔識利害,暗通肅虜黄斌卿于舟山。張香發其事,登第報之督撫。鍾、錢皆子衿,而登第以事關叛逆,非刑拷之,無不成招。展轉期年,鍾、錢皆遣口外,卒于烟瘴之地，皆香一人貽之也。登第得千金，張香以一牌得八十餘金，其他稱是，青村衙役所從未有之事也。書紀李林伯所獲重賄，盡蕩之于花柳中，後卒取妓者張一娘以去。于去任後，代之者爲孫之標，北京長班也。狡猾刻吝，兼之見事風生，苟可生，則無所不至。與廖知府交厚，爲其牧馬二十餘匹，日則馳之田中，任其蹂躪。管馬者爲蔣勝，即本城人，鄉人呼之爲"蔣爺爺"，摧辱本城庠生陳民仲、蔣岐靈等。余等聞之不平，欲具公揭于廖太尊，孫始不安，縣優酌民仲，事乃得息。後爲本城人李欽父子所訟，卒賴太尊之力，得陞任去。然貪而不酷，凡子衿事，有可用力者，亦不敢違，故人亦不甚恨。孫後爲杜英，山東人也。到任之初，一塵不染，人敬之如神明，一時有"杜青天"之號。鄉民之送長生牌位及酒米諸物者，無虚日。然負性鷙戾，喜與人爲仇。衙後强悍者，備遭其毒，一時快之。但信任群小，與本城軍人張君豫、高二、李欽之等結爲死友，遂有"四大金剛八小鬼"之號。又與青村港子衿宋我脩，即大富翁宋俊卿之侄也，偶以奪鹽小事，而杜誤聽讒言，報聞馬鎮，致宋姓費銀五千金。後爲宋所訟，都憲葉振翁與余爲之解和，杜不聽。余知其必敗也，遂絶之。未幾，爲綉衣李森先訪拿，收監，地方保留者數千人。方兩月，森先被逮，太尊李正華在任清廉，心知其枉，方言于司理謝九官，遂得復任。甫半載，復與所官王姓者構難。而助王姓下石者，則有本城子衿陳五雲。遊府舊書辦譚公瑞、高爾詢聚黨夾攻，杜復以原事奪職。城鄉民數千人，奔控各臺，有"六府文官清廉李知府，武弁清正杜守備"之語。上臺憫其冤，復令供職。其時青村署印者爲靳守備，閉門不納，高橋遠近鄉民數千，擁之而入，靳遂氣奪避去。杜復任後信用匪人，頓改前節，用刑愈酷，諸事染指。海南人陳次蜚，以鼎革初漂流我地，雖明末武弁，而十餘年來訓蒙新市，稱老學究矣。偶與鄉民高官口角，高以通南事詐杜英，英不揣其由報之劉大將軍，撫道以其越報也，甚恨之。劉復送制臺，即下之按察司姚（按：姚名延著，烏程人）鞫焉。姚居官最憤人以通南事詰訟者，嚴究高官，而高復供稱"杜英教我所爲"，臬司併收英置獄。適巡撫朱（按：即朱國治，滿洲人）新任，訪地方官之不職者。華邑宰張超素啣杜，爲造惡款，而子衿陳五雲、高爾詢、譚公瑞遂草入送之。張假手理刑許宗渾，渾即張超表弟也，款送而新任朱入境，疏首杜英矣。内多冤款，然皆杜愎所致，人無憐之者。

青村李震，字飛聲，余之疏遠表弟也。幼與余同學于顧伯甫師，長不識字，因充選鋒，繼爲營書。余笑曰："衙門雖小，亦承接官府文移，乃有不識字營書耶？"未幾爲哨長，復爲百長。年餘值翁家港官缺，謀管其地，遂烏紗角帶，人争異之。至鼎革，震復管翁家港，爲地方告發。青所遊擊于，責二十板，革職，令他人爲之。未幾至蘇州,遇前任署青村守備傅介,爲營謀一缺。適有華亭巡捕縣丞,二百金可得也,爲震賒取,約到任後償值。時撫軍土國寶批與之,震即至松上任,出入四人涼轎,服役者俱松郡人。而子衿投刺,皆稱"治弟某某"矣。縣令每遇限期,發與追比,日責數百人。有宋俊卿者,家貲五十餘萬,震落魄時,以小事不足于宋,宋已忌之。乘其完糧時,喝役責之五十板。宋太學生,又以貲雄里中,卒受其毒。歸青村時,將運糧往京,而遊擊于前所責罰震者,尚未解任,與之抗禮,優觴款之,人嘖嘖歎震之能洗前辱也。後解糧歸,以逋負甚多,淮撫責二十板,即死于獄。雖不令終,然以小卒而驟至佐貳,且爲本地父母,亦奇矣。

余家姓王,江西南康人。洪武開基,命湯和于沿海築城,于是有青村,有南匯,有寶山。城完,用三丁抽一法,每以一千三百名員宦軍實之,而余家始祖則王華三也。數傳至王怡耕,字茂之,家富于財,造墳于青村城之西北,是爲王家社。向傳用銀七千金,爲浦東第一墓也。主穴怡耕,昭爲素軒公。生思軒,軒生二子,長愛軒,次養淳,即余祖也。愛軒生堂伯君謨,年十六遊庠,紹興新昌縣訓導。君謨生四子,長光承,字超世,後改玠右。過目成誦,博學能文。善書,爲古文詞精絶,歲科常第一。坊家争請選文,遂有《易經孚尹》《墨卷樂胥》《名家雪崖》《考卷右梁》《白門易社》諸書行世,賈人獲利無算。于是兩京諸省,無不知有王玠右其人者。後應宏光年副貢,值鼎革,隨君謨新昌任歸,絶意仕進,授徒自娱,移居新鎮南二竈楊氏井亭東之數椽終焉。文宗張能鱗行文至縣,以今之管寧一額推之。張安茂提學浙省,聘往閱文,宋徵輿提學八閩,亦來征聘,情詞懇切,皆堅拒不往,惟躬耕養親,絶迹城市,此玠右君之大概也。次名世諱烈,與玠右齊名,屢試第一,海内無不知有二王者。亦謝舉業。李愫提學河南,堅請閱文,亦謝不往。玠右遊庠上邑,名世金山。三子晉右,上海庠,與兄弟同日告閑,以舌耕爲業。四子雲右,不及遊庠。養淳生二子。長君唯公,是爲先君子。次君彦升。先君子生而穎異,年十六遊庠,髮尚露額。養淳公配曾氏。岳父念默公,止生一女。與養淳公同種王瓜,誤掐其本,遂至争口,晚即縊死。于是念默公撫君唯公爲子,别姓曾氏。念默公富于財,先君子遊庠後,始得以恩榮授冠帶,與總司抗禮。念默公與養淳公相繼歿于萬曆四十七年。先君子以崇禎元年選貢,遊京都,暨宣大陽和。後往河南,八載而歸,與松府太尊方禹修交密。在松十四年,天子知其廉能,拜東閣大學士、户部尚書。崇禎十七年四月廿六日,手書致先君子,促往京就選。甫兩日,遂有李闖破京之信。及宏光立,先君子猶至南都,冀得一縣以終。時奸相馬士英當道,已知事不可爲,即浩然而歸。八月初三,大清兵破松。先君子于初五日浮海至新昌,同往福建,後卒于廣。先君子生五子。長宇名，字長孺，十二歲能爲古文，同先君子卒于外。次即余，名宇輔，字秀甫，後更羽王。萬曆己酉，生于外太祖念默公居，即青村之西南隅也。生十四月，繼于念默公之側室閔氏，曲加愛恤，不異自生。念默公歿，仍依先君子而居，在西門大街童千户宅。兄孺不加愛恤，而閔氏之解衣推食，無異母李孺人也。余岳父葉士望，岳母劉氏，以余喜讀書，故幼皆愛之。年十三，岳父隨父澄所公司訓泰州，挈家至任。比歸，余年十七矣，時從先君子讀書于新鎮方含章所。余幼從李伯龍師，繼則顧伯甫、曾君玉、金中星。而余之得列子衿，則陳爾徵師之力爲多。年二十贅于葉，岳父母受李而久父子之譖，朝夕捏抗。廿三遊庠，明年館于四團衛奉溪家。三十六館于周浦閭邱芝林。時值鼎革，余三弟早歿，存姪文楊。四弟宇啓，早夭。五弟漸世，隨先君子行，不知所終。余子名倜，孫阿大。

康熙三年，會試取中一百五十名，較前減半。會元沈珩，松郡中吴元龍、程文彝，而程則徽人也。兩人皆入翰林。改三場爲兩場。第一場，策五道。第二場，《四書》論一、經論一、表一道、判五道，此八股改論之始也。是年錢糧，自正月至六月，三限完足，不許少欠，永爲定例。而民間秋熟甫種，家無宿糧。田一畝，止求價七錢，無有買者。曠野之屋，拆賣磚瓦，毫不值錢文。于是揭借營債者，不一而足。新場北儲鼎芳，數萬之家，田數千畝，以錢糧監比受累。陸方中擁田三千，父子遠遁，日食不周。如此者甚衆。

松郡鄉紳被禍者：豫王入南都，户部主事吴嘉允，係舉人，縊死公署。吏部文選主事夏允彝，係進士，從容赴水死。兩廣都御史沈猶龍，以李成棟破城，殺死東門外。李待問殺死東門。兵科給事陳子龍，以吴提督之反，波及子龍，被獲赴水，從水撈取殺之。

倭變時，田每畝止得價五分。至康熙初二、三年，每畝止得荳一石，無有應之者。甚至恐爲役累，往往以田自送于人，復以銀找足其費，即求每畝五分，亦不可得矣。

自鄭成功嘯聚海中，金山沿海一帶，無敢出行塘外一步者。康熙三年，鄭兵内潰，相繼投降。于是五月望前，梁提督至青，唤蔡姓者往塗上捕魚，得海鮮五十餘斤。梁公啖之稱美，青村黄瑞徵等數人哀懇于梁公馬前求寬，梁公許諾，青人稍得度命。然止于塗上捕之，不敢用大網，而余亦與新鎮嘗海錯矣。當海禁森嚴時，青人謂此生未知果能再嘗與否也。

大亂歸鄉，此不易之論。如大清兵破松，在城者悉遭屠戮，而鄉居者不及矣。然在鄉又宜以安静爲主，如新場朱孝廉之禍起于三子衿。方用晦、朱翼父、康元步等于乙酉七月忽起義盟,號爲"懷忠社",遠近居民,來者不拒,而人奴不與焉。于是張回、連印等六十人心懷不平,推葉宅紀綱康三字君甫者爲首,慘殺舉人朱襄孫,字古弦。兄晉卿、弟載馨、侄啓重,一時俱殲,遂投烈焰,此宏光八月初三也。余在周浦南向而望,見火光燭天,不數刻而凶聞至矣。雖劫在所不免,而諸同人若無懷忠之舉,未必如此之慘也。

錢糧之急,莫甚于康熙元年以後。余于順治八年立儒册于華邑,所寄皆零星細户。管數人王瑞之,即余族弟也。其人固狠惡,而是年錢糧分毫無欠,縣串可據。且八年至十二年,順治時已兩次赦免矣。至康熙二年,撫院韓奉旨復查收其欠者,完納已不待言,而上年完足者,復任意飛派。如余册派銀八兩,勒令輸庫,官串竟置不問。余入郡,手足無措,欲借營債,每借銀十金,一月之利即應二兩五錢,且十金止八折。人以得銀爲喜,不復計利之輕重也。幸翰林葉映榴在松,余與之告急,慨借紋銀六兩,得免于辱。刑尊追比之酷,凡明經、武舉、子衿,日受鞭撲。皂隸之横,無異官府。一任册書總房,上下其手,未完者行賄作免,已完者即有官串。雖哭訴當道,但云前人故紙也,何得作準? 或即收監,或受鞭責,否則竟責原差,其費更爲不等。貧儒以册規爲膏火,至此甘受賠補。問之業户,其田或展轉相售,即欲其代償,亦不可得也。

崇禎十三年,傳言于護塘有一婦人,身穿白衣,形如道婆,自云:"可惜此地,不久作戰場矣。"始以爲訛傳,不信。及約十有八年,自順治辛丑、康熙壬寅,上臺巡歷,日無寧晷。四月五日,祖、劉二大將軍至青村。華亭縣嚴世祺步行至高橋,沿家捉夫擡扛,數至八百余名,終日不食。幸子衿金天石等數人紛紛備酌,縣尊備言其苦,且以文官兩榜,而長跪武職,尤怏怏不平。然時勢如此,亦無如之何也。祖大將軍年止三旬,設布帳于東門城外,過一宿即行,兵不入城,而附近居民已不勝其擾矣。至六月,祖復遣兵一圍,聲言欲與打仗,居民無不養兵。富室沈仁超,一家食兵丁七十人,至貧之家亦必一二人。六月廿一日,郭太尊驀地至青,託言看城,忽唤孫營官云:"爾城有陳五雲否?"即令拘其子修來、家人阿元,皆着總甲看守,而五雲于廿一日差人獲之郡城矣。越八日,又捉富室朱俊卿父子,而五雲于廿五日已起解矣。七月五雲死牢底,次年癸卯三月十七奉旨五雲家人斬首金陵。妻子于四月初五日起解,流寧古塔,去北京六、七千里。五雲自幼尖刻,絶無光明正大之氣,地方有事,從中上下其手,其破人之家,不一而足。自謂聰明絶項,而頓遭奇慘,可爲奸人好利者之戒。

康熙四年四月廿四日,天雨連綿,至五月初十日未止。小麥之在田者,十去其

八、九。路絶行人,撑船者直至簷下。平地之水,有高六、七尺者。鄰人出門,必約伴而行,所謂一望平洋,人皆杜門不出。松郡大小衙門,及監鋪城,毁者甚多,此在五月二十邊事。若青浦之水荒,較别處更甚。

金山沿海一帶,向擅魚鹽之利。海味中最佳者則有鰣魚、河豚、黄魚、鯧魚,其外不一而足。自海中不時有警,于順治十六年差蘇、宜二大人巡歷後,沿塘俱立木牌,不可得矣。憶余兒童時,海中有裙帶魚,其價甚賤,每斤三厘,人莫之問。及余三旬後,此物每斤三分,後增至五分,人争珍之爲上品,其製法亦與前迥别。鼎革後,海中多故,此魚遂至絶迹。康熙二年冬,傳言杭州有賣此魚者,每斤一錢三分。然余鄉亦第聞而慕之,不能下咽也。

明成化壬寅春,吴中疫病大作。五濵涇有一家七人同死,無人爲歛者。市有匠人,遇一人買棺七具,而赤手不持一錢。匠人索之,其人曰:"汝但載我并棺到家,當還汝也。"匠人遂載棺與俱去,曰:"我先入,待汝,家有麥二十斛可償也。近隣西北,其家予親也,可爲召來。"言畢,遂先登岸入門。匠人乃與舟子入舍,則寂無一人。視堂内有七尸,而買棺者在其中。大駭,覓其鄰,果有西北某人,其親也。語其故,親亦驚哀,來爲酬償,果有麥二十斛,乃俱與之。

天臺盧希哲,名進,舉進士。弘治間,知黄州府。一日坐堂上,隱几假寐,夢老嫗延之市中橋邊民家,餉以餛飩,饜飽而歸。及覺,口猶脂膩,函遣左右以其所訪之。其家八十老嫗方設祭,問之云:"夫死三十餘年,平生嗜餛飩,今乃忌日,設餛飩祭之耳。"左右還報,盧始驚訝,時年三十餘,意其爲後身也。召老嫗,宛然夢中所見者,給以白金一斤,自爲白其事。

河南舟客之婦,懷妊甚巨,動躍間似雙胎也。舟客謂婦曰:"若生二男,當名虎四兒、虎五兒。"一日欲出,而天若雨狀,謂其妻曰:"晴履去可耶? 抑雨具去可耶?"妻未答,腹中應聲曰:"無雨。"舟客大驚,曰:"汝何人也?"則曰:"虎四兒也。"言未竟,又應聲曰:"雖不落,略有幾點。"舟客曰:"汝又何人?"則曰:"虎五兒也。"自後凡有言無不應。

# 跋

曩年嘗徵得浦東胡雲翹氏舊藏《曾羽王日記》一册，記明清易代之際浦南一隅之盛衰，而獨詳于乙酉年之"奴變"及松江城守與孔師起義等事。羽王青村人，明末諸生。所記雖零星瑣碎，似未足供史家取材，但當變亂之際，地方之紛擾，社會之黑暗，亦頗歷歷如繪。原書顔曰"日記"，而其敍述並非逐日記録，亦不按年排比，後先顛倒，凌亂無次，不類日記體裁。嗣檢光緒《奉賢縣志》，羽王之著作僅止《乙酉筆記》一種，《松江府續志》亦作同樣著録，則此書固爲《乙酉筆記》而非日記也。又府縣志均稱《筆記》共四卷，而鈔本篇幅不多，且不分卷，恐尚非全帙耳。此書向無刻本，抗日戰争前嘗部分披載于《小説叢報》，條目頗有增損，字句並經竄改，與原本有别。兹將原鈔本付排，除斷句外一切概仍其舊，其不易解處，間附按語註明，加括號以别之，俾存其原來之面目。

一九六一年八月，上海市文物保管委員會識

# 龍華志

宋菁 整理
張宸 輯

# 整理説明

《龍華志》八卷，清張宸輯。張宸，字青琱，號平圃，龍華里人。博學工詩文，由諸生入太學，選中書舍人，官至兵部督捕主事。著有《蘆浦莊詩》《北征使粤草》《平圃遺稿》等。

自明以來，張所望等編過多種《龍華里志》《龍華寺志》，爲後人繼續編輯寺志保存了不少參考材料。或云本書作者爲清代僧人道淵，但我們認爲還是以康熙年間張宸爲作者比較妥當。今書前有張宸序："今壑師……延我農石禪師，考慈華締構之始末，及累朝興廢之所由，從而志之，付之成帙，排纂取法編年，分門師承十志。"農石爲道淵字，據此可知道淵確亦曾經編過《龍華志》。不過從這段話中亦可以看到，道淵的志是編年體，而且分成十志，與今天流傳的這本《龍華志》的體例有很大的不同。因此我們推測，張宸可能是參考了道淵的志重新進行了編輯加工，從材料上説應該更加豐富，從體例上説亦是有所不同。

龍華鎮，始建于明代，以龍華寺、龍華塔得名，位于今上海市徐匯區南部。龍華寺，相傳創建于三國東吴赤烏十年(247)。唐武則天垂拱三年(678)建圓通寶殿，五代吴越王錢俶時重建。北宋咸平二年(999)重建殿閣廊廡，賜額"空相寺"。南宋紹興二十三年(1153)建觀音殿。龍華塔，亦相傳建于東吴赤烏年間，唐末毁于戰火，後重建于北宋太平興國二年(977)。元朝時龍華寺毁于戰火，唯龍華塔保存了下來。此後龍華寺幾經毁壞重建，明代時重改名爲龍華。

目前流傳的《龍華志》分爲形勝、建置、宸賜、僧寶、法語、藝文、詩苑及逸事八志，對龍華寺的規制沿革和興衰歷史作了詳細的記載，對龍華寺歷史上的高僧大德及他們的思想都有豐富的記録。書中還對寺廟周圍的地理環境有所記述，對以頌咏龍華寺爲中心的文學作品進行了搜輯。該書不僅豐富了上海地區的佛教文化資料，而且對研究龍華地區的歷史變革有著重要的意義。

《龍華志》無刻本，傳世的都爲鈔本。存世的鈔本中，以民國上海曹永安鈔本内容最爲豐富。該鈔本原以《龍華八志》爲名，由曹永安于民國十二年録藏。鈔本中增補了很多相關的資料，如《詩苑志》《藝文志》中增補了大量的文獻，并且録入了曹氏家人的一些作品。一些條目的記録年代,一直沿至民國年間。如《形勝志》中的“站路橋”“龍華路”等目,其内容都是新增加的清末和民國時期的材料。1962 年,該鈔本由上海市文物保管委員會徵得,收入《上海史料叢編》,並將曹氏新增的内容,注明“續增”以區别。本次整理。我們以《上海史料叢編》本爲底本,除對原文出現的個别明顯錯字進行改正外,爲保存原貌,一仍其舊,書末上海市文物保管委員會的跋亦加以保存。雖然我們努力想使本次整理和標點更加完善,但由于能力有限,存在的問題一定還有不少,希望讀者多提寶貴意見。

宋　菁

# 卷次

序 …… 1051
**卷一** 形勝志 …… 1052
**卷二** 建置志 …… 1056
**卷三** 宸賜志 …… 1064
**卷四** 僧寶志 …… 1066
**卷五** 法語志 …… 1068
**卷六** 藝文志 …… 1071
**卷七** 詩苑志 …… 1082
**卷八** 逸事志 …… 1094
附記 …… 1096
附録：上海市文物保管委員會排印本後記 …… 1097

# 序

世祖章皇帝朝,宸忝侍從。恭值萬機之暇,游豫萬善殿。萬善殿者,明世宗建壇齋醮之所。夾城複道,古檜蒼然,紺殿觚稜,層軒邃密。時則有憨璞聰公奉敕開堂,隨有玉林山翁諸禪宿相繼駐錫于此。國師高座,密證旁參,白拂交于御床,丹扆設于初地,支那述睿藻之弘通,天語入琅函而冥契。自有宗教以來,未有若此之盛也。未幾而今上御極,三師敕送還山,余亦歸耕故里。每念天下當昇平之時,人主以累洽宴閒,栖神遐尚,沾沃心之法乳,灑海宇以醍醐。士大夫靡焉宗風,太和翔溢,蔚爲勝事,流耀後今。我生之初,蓋亦有之,不獨今日已也。大興國慈華禪寺建自赤烏,初名龍華,後改名空相。明萬曆年間,肅皇太后尊崇梵教,帝夢龍首簪花,遂以"慈華"賜額。僻在海邑,去神京三千里,今雖有韜明、大壑二和尚繼闡宗風,而神廟時則未嘗有高僧名士托足其間也。而乃異夢感于深宫,檀施賚于敕使,賜藏像,賜藏經,賜龍幢,賜帑金,建傑閣,玉音稠叠,不一而足。有如志中所云者,夫去神京三千里,則非若萬善之地,逼近宸居,爐氣經聲,呼吸帝座者也。無名僧明士,則非若憨璞諸公之衣有傳珠,湧現人天,九重垂注者也。而乃後先數十年,同霑渥睠,異數殊恩,爲世希有,豈非全盛之休徵,法門之特遘歟!顧宸論之明,神廟之所尚,經藏也,于法則像教也,世祖皇帝之所尚;心印也,于法則禪寂也。今壑師以禪宗而統教律,十笏之内自具諸天,七佛以來並臻圓覺。行且堂頭粥鼓,盡類空桑,壁影瓢團,俱堪脱屣。何乃金湯誓願,久且益堅,鈴塔風光,傳而恐後。延我農石禪師,考慈華締構之始末,及累朝興廢之所由,從而志之,付梓成帙。排纂取法編年,分門師仍十志。形勢究神輿之旁礴,僧伽嚴汗簡之去留。殆將欲董狐舍衛,而魯史連鄒。較之郭子横之《洞冥》、王子年之《拾遺》,不既多歟。嗟嗟!人世有滄桑,而佛日亘恒河沙劫。色身有去來,而性海周無際神州。後之覽者,當知佛土因緣,一隅如是。由旬内外,何可計量。惟是法門增進,以于全盛之時,此則觀感之會,可以撫卷流連者也。

康熙十二年癸丑十一月,上海張宸謹譔

# 卷　一

上海張宸青琱氏　輯

## 形　勝　志

人擇地乎？天擇人乎？無其人而有其地，則三峨五嶽，亦夷于邱隴。無其地而有其人，則平原坦道，可躋于江山。況合之雙美者哉！日者，秦氛釀變，吴岫潛驚，烽煙沸于櫓闕，鋋鏑迷于江浦，疇昔縞帶之英，選佛選山之思起焉。馬駒讖記，既照映于玉峰，蓮社招尋，亦流連于廬阜。名勝難逢，按圖可索，俗人啓軸，驚從鷲嶺飛來，誰知山君海王之勝，特吾衫帶間物耳。豈無通都巨邑，闡揚道化，而獨遥取海濱驚日之鄉，江臯浴雲之野？龍蛇之與居，鷗鳥之與遊，納滄洲之遠煙，下青林之垂影，是知居處爲修持之要。市邊三里，頭陀抖擻，終不若藏山藏壑，易窮真際，異像異人，都獲相依也。始信天開圖畫，匪假巨靈之神，地湧滄波，豈藉天吴之勢。法不虛設，有道足興，其在今日，僅飛鐘墮地，旱蓮生陸之爲異哉！志形勝。

### 鳳凰山

松郡自南龍分脉，連崗叠阜，翻騰頓伏，斷落平疇，遇水而止。故青烏家云："鳳凰山脉結龍華，此是華亭水口砂。"蓋本寺之勝，起脉于鳳凰、天馬諸山，而結穴于龍華也。每逢好風日，登浮屠絶頂，西山佳氣，歷歷在目，輕雲淡月中，望同點黛。謂之華亭水口砂者，以松江未建爲郡時，華亭舊屬秀州路，海上一衣帶水，本屬華亭舊治云云。

### 黄浦江

黄浦江汪洋百數十里，長江入海，爲喉吭也。戰國時黄歇開鑿，又名春申浦。江城海市，漁釣相望。其源受杭州、嘉興之水，起自秀州塘，經華亭逶迤而東，以受南北兩涯之水，迨至南廣福寺，則折而北，達龍華港與蒲匯塘，又東北趨于縣，以入東西兩涯之水。蒼茫浩瀚，澎湃奔流，晴明則水天一色，風雨則濁浪排空。至八月觀濤，不啻武林錢塘間也。上海八景，龍華居其一。時有詩人張吴曼集唐云："雲趨塔影横江口，船載鐘聲出浪堆。”不惟善寫龍華，亦正妙繪黄浦。明洪武間，吴淞江淤涸，潮汐不通。永樂元年，邑人葉宗行任錢塘縣知縣，上書言浚江，直接黄浦通海，闊三十丈，長二里許，又折而東北，合于江以達于海。其兩涯孔道，則置舟以渡來往，利涉至今。弔春申之餘烈者，三千珠履，蕩爲風煙，惟有傷心南浦而已。故張穀和樊太守《黄浦夜泊》詩，有“正憶楚臣吟澤畔，却憐杜老哭江頭”之句。莫若風澄月淡，鐘鼓交參，水鳥樹林，皆宣正法。洞聞于滄波浩渺之外，與天無際，不亦地以人傳者哉！

案：黄浦自詹家匯東流入邑境，過閔行鎮，至鄒家寺折而北，俗呼長十八里。又北至龍華港，迤東北，遶上海城，合吴淞江。又折而東，至西溝。又折而北達界浜，西北至老鸛嘴。又東北入于海。

**龍華蕩**

蕩在縣城西南十八里，今成鎮，即本山護法廣澤龍王之故宫也。康僧會遊歷至此，得其穴，遂以法召王乞地。王自知力不能抗，即許捨，但告師曰：“師有居，我無宅，奈何？”師曰：“我必還汝那居，須爲我護法耳。”遂定基建刹。今爲本寺伽藍神，靈應異常。一楹數椽，安王之靈，猶秉康師遺教也。是誠祖庭法窟，耆衲福基，并林木池沼，渾爲一體矣。

**龍華港**

龍華港，邑志所云：“由新涇出寺之西，有蒲匯塘，其東即龍華港也。”港，即蒲匯塘之進脉也。水自西來，由魚水窿過閘，至百步橋而一鎖。凡十八灣，遶寺拱塔，曲折有勢，舟行者比之武夷九曲，步步入勝。逶迤東北而入黄浦，有蘆洲當其口。或云盤龍以東、江以南之水，在蒲匯、龍華二道達浦入海爲利。故形家言，謂龍華山能拱朝，水能廻互。不特指大浦壯其外，尤喜是港貫其内焉。

案：蒲匯塘，自婁縣界入邑境，東流經劉涇橋，轉北接肇家浜，過徐家匯，迤東至斜橋，合陸家浜出浦。

**漕河涇**

涇爲龍華港支流也。遶寺而西，分兩支：一支接俞賢涇，北達蒲匯塘；一支由上澳塘，南通張家塘。

案：漕河涇自龍華港分支，西南流過漕河涇鎮，至瑶階橋折而南，合新涇。又至西南爲何家浜，入婁縣界，至姚家石橋通横瀝。何家浜以西已淤塞矣。

**玉帶河**

河周匝環寺，外通龍華港，中與漕河涇接，此全寺總脉也。雖支流小港，而紆徐曲折,扁舟鼓泄,葭露之思,殊令人意遠也。

**一粒珠**

珠在龍華港口,或謂驪龍珠,故名。今已漸失。或云即縣乘所載王逢所題文雉洲,或云非是,究未分底蘊,故老莫能名其處。逢,字原吉,號席帽山人,江陰人也,避地青龍江。汪澤民曰:"王原吉窮而在下,志樂漁隱,守陳漢卿學,宗虞邵庵傳,以三百篇之趣,歌春申山水間。發情止義,不古若也。"其一粒珠今當港口,秋水時至,蒹葭蒼蒼。明世廟初,始結一洲,如粒子大,積四、五十年來,延廣數十畝。形家謂若龍頷之珠,鳧鷗翔集,葭葦葱蘢,居龍浦銀濤雪浪間,殊有可觀也。今屬龍華寺常住物矣。

**百步橋**

龍華港係黃浦水分流而入,港之兩涯相望,而有橋跨其上,名曰百步。奔流駃激,擬于龍門之竹箭。郡人祖餞必于此,往往有李少卿携手上河梁之恨者爾。其旁帶龍江,俯臨鷲刹,睇帆檣于煙樹,聆鐘梵于晨昏。輪蹄絡繹,宛在圖畫,固郡邑之別徑,亦津梁之麗矚也。惟此間危險特甚,故橋亦善崩。明萬曆壬子,里人張雲程慨然請任其役。會比邱性清同謁張方伯所望,乞賜勸施。方伯即出俸百金爲倡,雲程決策經營。方伯始相勞曰:"吾聞精感可以變天地,開金石。是役也,安知川石不效靈乎?"雲程之氣益饒,庀材鳩工,寒暑不輟。歲餘,規畫有緒。時有工師逞奇,募得善泅者數輩,能没水終日,與魚鱉爲伍,運椎施琢,疑出神工,于是盤基孔固,畚插雲集。雲程綜理多能,群力畢舉,爰自癸丑之冬,迄于丙辰之秋,始告竣事。計費金四千有奇,而出自雲程囊中者大半。浦口昔爲鳥道,今作周行,易木以石,使虹梁屹立雄峙浦口者,豈非希有之盛舉也?嗟夫!天下之事,隳于中怯,而敗于旁撓者何限,惟明者獨斷,乃克底績。事詳張方伯碑記。錢文通公《南溪草記》云:"百柱濺濤,危欄接野,有至人存者乎?"橋側有護龍庵,里人陸鎰捨建。

續增:清孝廉張泰、寺僧上機,倡募重修。乾隆甲子,里民又復新之,而工未竟。邑侯王公侹成治多惠政,百廢俱興,嘉慶戊寅、己卯間,同仁輔元堂重修。光緒十一年,寺僧文果募合官紳重建,邑人王承基有記。

**永泰橋**

橋跨玉帶河,當山門正中,在龍華坊内。俗呼寺橋,又名香花橋。帶水瀠洄,臨流不競,杖藜偶立,澄然神遠。正如百愚大師所云:"一入門來,便不同也。"宋高宗紹興十五年建,御題并書,從湯僕射請也。今篆額尚存。

**香花橋**

橋在鎮之中,跨漕河涇,亦名香花橋。朱欄碧流,春堤如繡,柳陰掩映,長虹如帶。陵谷雖改，而風景猶存。據邑志載，橋跨漕河涇，此香花橋即惠民橋，明張正中建。

續增：咸豐十年，邑尊劉郇膏捐資重建，易今名而不著其橋址。漕河涇漕河廟前有漕河橋，在寺西南，今改建木橋。兩者莫衷一是。

**龍井**

井在山門左右，一清一濁，殊有神異，世呼爲陰陽井。時有金鰻出没，大旱不涸，故特以龍名著，見之者必獲大福。

**龍眼**

眼，又名天池。有二，列寺東西。寺東者，久犂爲王氏田矣。先是，塞龍眼者，其目遂瞽。識者咸曰："昔蒙恬臨死，嘆曰：'吾築長城，絶地脉，死其宜耳！'今塞龍眼而瞽其目，理之一也。"可見天地之脉，山川之竅，宜宣洩不宜閉塞也。

續增：**站路橋**

橋在惠民橋北。清光緒三十四年，蘇路公司于龍華東鎮北築馬路一段，建橋啣接龍華路，以通火車站。後朽腐，不堪車馬之行。于民國十年春，由滬南工巡捐局重建水門汀橋，改名龍華橋。

續增：**龍華路**

路于光緒十九年春，江南提督楊鏡巖軍門以兵作工，由製造局經日暉橋、大木橋、小木橋、新橋而達龍華寺。民國十年春，由松滬護軍使何豐林囑工巡捐局，兩旁展闊六尺，俾得汽車直達使署。

# 卷　二

**上海張宸青琱氏　輯**

## 建　置　志

攢眉歸去，只許淵明；掩目遲迴，惟聞老母。若夫竹院聞鐘，涵音聲而作佛事；松扉覿相，擁蓮花而爲世界。龍樓肅肅，八字打開；壽室巍巍，全身揭露，則法運興隆，必由建置矣。往者，起中天之層臺，揖幻士于霞表，設畫雲之危觀，招仙種于林端。周穆漢武，足爲龜鑑。豈若舍衛講堂之貴，摩揭陀城之舊，榮爍今古，照耀天人者也。是以規制之大，在于弘法。弘法之要，在于闡宗。經教相傳，此義遂廢。蒼苔路熟，慧草不生，紅葉聲乾，禪枝未長。即會祖稱學義之宗，筠公號焚萌之主，雲構造勞，津塗靡濟，爰有至人，應期而出。從開樓閣，直使古佛舒光；别展乾坤，亦令枯籐長價。志建置。

### 龍華寺

中國東京之立十二寺，自漢永平迦葉摩騰竺法闌昉也。江南之建三大梵刹，十三窣堵波，自吴赤烏康僧會昉也。本寺剏自會師，歷名教寺。蓋易以禪者，在宋神宗顯皇帝時。固知冥運之開，良有緒矣。按知太史院事葉清臣記略云：後漢吴赤烏五年，有神僧自康居國來，卓錫于此。吴主權命致佛牙舍利，爲建塔寺，賜額“龍華寺”以居，謂之龍華會，震旦國中佛塔之權輿也。歷考建設所由，塔成于吴赤烏十年。唐天后垂拱三年，建圓通寶殿。迨僖宗乾符中黄巢亂，鎮將張郁肆掠海上，寺遭中燬，鞠爲茂草，惟伽藍廣澤龍王數椽，得與塔並峙。宋太平興國三年，吴越忠懿王錢俶常夜泊海上，風雨驟至，草莽間祥光燭天，鐘梵隱然，詢其地古龍華寺基也。遂命大盈莊務將張仁泰賫金重建。咸平二年，賜金建殿前廊廡二百間。治平三年，賜額“空相寺”，發帑重建大佛殿並新寶塔，又建白蓮禪院于西北隅。紹興二十三年，建觀音殿，並賜圓通寶殿額。淳祐十年，建前大雄寶殿。元至元二十七年，住持宋諒記略云：大智禪師結界鎮于前，鑑堂法師主令名于後，自此僧徒繁衍，人天贊化。雖天兵屢過，瓦礫不損，軍將咸叩首望衡，肅穆而還。元末之間，兵燹大劫，古塔特存，光明時現。至明永樂中重建，紺殿蕋宫，簷牙複道，近古土木所未有。前闢放生池，築施食臺，其他隱室窈窕，林木翳瑟，遂爲五茸第一山。宣德七年，鐘樓圮。則主講寺師一先憬公暨其徒孫文深化募，至成化十三年二月初八日，不日而成。此九樟居士黄瑾兩記之，可覈也。其重修大佛殿，則定南宗經始于成化庚子十月十五日，庀事于辛丑十月。正德間，朱宗伯兹溪更新鼓樓。嘉靖三十二年，汪五峰、徐碧溪之徒，外構島夷，倡亂海上，荼毒甚慘，而寺復化爲頹瓴斷甓矣。則昔之所謂金粉福地者，不幾與秦宫漢殿，唐苑隋堤，同一邱墟，足令人感慨哉！嘉靖四十一年，僧一真、慧林拮据重新寺殿。四十五年，建天王殿。隆慶六年，新建阿彌陀佛殿，則沙門毓真力也。萬曆二年，募建輪藏殿。三十年，大椿果公（謂達果）請藏京師，潘雲龍起部翼之，朝廷特命中官趙永護勅發帑金三百兩爲賫藏之貲。是時諭旨雖下，而安供所在，未有專屬，疏中具列各寺名進呈。上夜夢龍角插花，從殿前飛過，旦閲章奏，見有龍華名，皇情大悦，遂蒙御點，而供奉之所遂定。疏中乞額，本萬壽慈華禪寺，御批特加"大興國"三字于其上，因定額"大興國萬壽慈華禪寺"，位列台宗十刹之一。洎龍藏選名寺，戒師檢藏三載，酬答殊恩。雲龍復出賜金，建禪堂于殿後，中供欽賜範金毗盧遮那佛，上懸勅諭。建大方丈，賜額"承恩堂"，係神宗御筆。三十四年，建東軒于禪堂之左，陳眉公徵君題額，董玄宰方伯書。三十七年十月，慈聖皇太后賜帑金一千兩，鼎建大藏經閣，高四丈五尺，深廣倍之。至天啓元年，雲龍淑配顧宜人始董成其事。崇禎三年，僧大源重修寶塔。十年，重修天王殿。十六年，又改真武閣爲殿。歲月不居，星霜遞變，閣爲虚閣，堂爲虛堂，其不至敗爲黄茅白草者，仗善信陸鎰之力居多。蓋鎰能捐貲謀始，復作十方常住也。順治四年春，文學馬夢蛟適感異夢，又憶聞谷老師謡讖語，故同本邑紳衿檀越張積潤、陸鎰等，敦請韜明宗禪師主席。破院風光，鼎新開闢，于是建韋陀殿、東西照樓，在方丈後建懷香樓，重修藏經閣。十四年，僧密照重修鐘樓。康熙七年，僧本甯募修寶塔。

續增：二十三年，史公彩重修大殿，題額"梵王宫"。二十四年，正殿傾圮，霜林禪師募修，陞任邑侯史公助成云。三十五年，邑侯陳公善因三大士入夢，旋以公務過寺，見殿圮像剥，遂亟創修。始于丙子秋，成于丁丑春，其封翁允錫有記，並題額"三聖一心"。四十年，僧仁如發願修塔，勸募四載，完修六級，惜下級未竣。康熙以後，久圮未修。咸豐年間，捻匪猖獗，江南盡遭烽火。同治九年，僧觀竺、徒所澄募建大悲閣樓房五楹。十三年，觀竺請領藏經。光緒元年，僧静再募建大雄寶殿、方丈室樓房五楹。六年，僧月溪募建金剛殿。九年，僧文果募建三聖殿、彌勒殿，並建百步橋。十二年，僧迹端募建伽藍殿、客堂、齋堂。十五年，僧志拱募建觀音殿、祖師殿、地藏殿。十八年,僧授源重建大佛殿、鐘樓、鼓樓,重修寶塔。二十一年,僧功極募建五百羅漢堂并塑像。二十四年,僧本泉募建新三聖殿、星宿殿于大雄寶殿之東隅。民國締造,駐軍隊于寺,將僧衆驅散,大小諸佛像金刮盡,并門窗格扇悉爲炊薪,猶幸殿柱尚存。至民國十年春,駐寺團長張君慕韓同僧元照募捐重修,而僧徒漸次聚集矣。

**大雄寶殿**

列朝興廢,已具如前。明嘉靖倭變,寺爲灰燼。歲薦饑饉,罔克興復。壬戌初載,一真、慧林兩禪師極力營繕,至明年癸亥落成。重簷廣霤,架楝修楶,金碧鉤耀,名藍壯觀。殿中經夏無蚊,不知有暑。釋迦文佛後有觀音,容顔奇妙,故丘彌陀造,爲寺古迹。殿係宋淳祐十年重建,明萬曆二十六年復新。

**三大士殿**

在大殿後,其規制如大雄寶殿。萬曆中,僧一真年逾八袠,筋力强健,發願營建是殿,日奔走數十里。庚戌春,殿材頗具,力疾拓治基址。疾革,語其徒衆曰:“功行未了,行當再來。”圓寂後材具幾散,方伯張所望憫其將功廢垂成,特捐貲贖材。真徒清鑑等始終拮据,而聽松山房明善者,亦輔翼以底于成。歲久浸圮,韜明復修,殿係天啓元年竣事。康熙初葉,楝折榱崩,懼將傾矣,邑人張錫懌資之修葺,易以堅實者。

**圓通寶殿**計起工至竣工共八月

在大殿前,額爲宋高宗御書也。明嘉靖間倭變,殿毁,柱石尚存。萬曆三十一年,僧一真改建普賢殿。殿右係智辨房基,今爲羅漢殿是也。

**韋陀殿**

在齋堂前。韜明、大壑兩禪師新建。

**天王殿**

殿門額勅賜“萬壽慈華禪寺”。明嘉靖四十五年建,崇禎十年修。

**輪藏殿**

在大殿右,西序東向。明萬曆二年,一真禪師募建。今燬。

**千手觀音殿**

像週身手眼,復垂兩臂,以示接引。殿逼山門東,後枕漕河涇。額曰“入三摩地”,顧研山筆。

**阿彌陀佛殿**

在西隱山房。明隆慶壬申歲,毓真禪師建。戴大宜碑碣尚存。天啓二年重修。今燬。

**大悲殿**真武殿同處

在輪藏殿南，歸雲山房之東，東序西向。舊爲閣，明崇禎十六年改爲殿。

**舍利寶塔**

寶塔據寺之丙位。吴大帝赤烏十年，康僧會禪師祈請得五色舍利子。吴主權以爲希世之瑞，施建塔錢二萬緡，乃分舍利子一，即命建塔以表，爲鎮龍華寺。黄巢亂，燬。宋太平興國三年，吴越忠懿王重建。明崇禎三年重修，爲釋大源疏叩。里有檀信張雲程，慨然自任，庀工鳩材，志未竟而卒。子齊尹、齊惠繼董之，爲費數百緡。四衆薦貲襄其二，張氏獨力承其一，五載底績乃成。每扳角懸鈴致響，輙成天籟。後經雷震，風動無聲，亦一奇也。層躡而上，則煙火參差，碧山如畫，千畦萬壑，收之眉睫。申浦形盤，江流虹貫，石梁横鎖，無水不東，極體勢之雄矣。規制秀麗，諸方所無，有評者謂其工巧得中，譬如商鼎周彝，自是秦漢以上物也。相傳明萬曆之戊申、崇禎之庚午，有神龍降于寶塔之頂，盤旋示現。謂昔藍莫國王得舍利子一分，還歸起塔，龍嘗守護，晝夜供養，比來屢開神瑞，時放光明，得非守護故也。又云每歲中秋夜，塔影朝會于百步橋下，故俗呼爲塔王，龍華八咏之一也。里人王振吾爲道其先世當月下緩步水濱，見塔影無數，乃披衣復視，仍摇摇不散，此係目見，非耳聞也。清順治之甲申，塔端復放光明，時開法第一代韜明禪師主席焉。一日煙雲冉冉，遥接陸墳，因知其瑞靄有徵矣。康熙六年，韜明禪師同嗣徒超濟等建塔院于一粒珠。七年戊申，本甯禪師募修寶塔，王振吾捐金百餘兩。

續增：四十年，僧仁如發願修塔，勸募四載，完修六級，下級未竣，以後久圮未修。咸豐間，捻匪之擾，寺遭烽火，惟塔獨存。

案：旁有“秀野堂”者，宋文信公筆。邑人張萱，字德輝，號頤拙。宏治十五年進士，歷官湖廣參議，居于龍華里。選勝而處，固大隱之所宜稱也。有恨兹地鮮名嶽以鎮者，然内水則武林諸匯爲之來渠，外水則以歇浦長流爲之脱脉，是爲勝耳。

**大藏經閣**

閣在齋堂後。明萬曆三十七年十月，潘起部雲龍淑配顧宜人，出聖母帑金董建。蕆事于天啓元年七月十七日。高四丈五尺，深廣倍之，與寶塔争輝相峙。左右列大橱二，珍崇御藏，神廟護勅，供奉齋堂，以便士民瞻仰也。初，宜人入宫，懇請聖母印造《大藏經》一藏，送歸供養。聖母曰：“吾誠易爲，惟出自天子者是爲難耳！”于是大椿果公禪師具疏力請，得旨俞允，而出入長安風雪中、驢背上，以相守候者幾十載。閣工未竣，宜人即世，幾成茂草。嗣有善信陸鎰，捐金謀復。昔爲潘氏香火，今作十方常住，亦鎰之無相布施矣。順治四年丁亥，韜明禪師重新。

### 文昌閣

在聽松山房之後。

### 鐘樓

在前殿丹墀之左。明成化十三年,釋文深重建。嘉靖四十五年,復修。高及塔之小半,聯級峻整,鐘重一萬三千斤,故諺指龍華鐘應青龍也。黄瑾作記,謂洪音震發,若驚霆行天。樓塔雙峙,摩切雲漢。邑人顧勳卿小川書“鯨音”“鼉音”二匾,筆勢飛勁,爲寺名迹。萬曆甲辰,中涓趙永移去。順治十四年,僧密照再修。

### 鼓樓

在前殿丹墀之右。明正德間,朱宗伯茲溪更飾其門南向,前爲飛軒,塑天妃聖像于閣。徐懷西、朱友竹每逢祈禱輒應之。

### 方丈

在藏經閣右。共五間,規模壯闊,登眺無極,韜明所建。

### 東西照樓

在藏經閣左右。韜明募建。

### 懷香樓

樓在方丈後。清順治四年,韜明禪師建。

### 塔院

院在一粒珠。康熙六年,韜明禪師同嗣法門人超濟等建。

### 承恩堂

明神宗勅建,賜御書匾額。即法堂。

### 東軒

軒在禪堂之左。明萬曆三十四年建,陳眉公徵君題額,董玄宰方伯書。

### 禪堂

在藏經閣下。韜明募修復新。

### 齋堂

在大殿後。萬曆癸卯,潘雲龍起部出賜金建。供欽賜範金毗盧遮那佛,左右設水陸冥陽三界繪像一百二十軸,制極工巧,亦從大内賜也。今無。

### 祖師堂

在齋堂西廂房。

### 外伽藍殿

在大殿東廡。本山寺基,係廣澤龍王故宫,即今護法神也。

**内伽藍殿**

在韋馱殿東。

**三元祠**

在大殿之東。

**五通祠**

在普賢殿之左。

**張方伯祠**

在大悲殿之後。以下尚有僧寮十三所,僧房六所。

**右山門**

在圓通殿前。

**左山門**

在正殿左。其内列植梧柏,陰蔭森佈,乃韜明禪師手植。

**寺基**

舊廣二頃,今實存九十三畝七分四厘,在上邑二十六保一區十併十三圖墨字圩,四隅各有界石。宋景定三年立,許序捨地。康熙十一年間,中州師靖公諱佐者,吴郡名司馬也,奉馬撫軍之教,廉察邧荒公佔諸役,覈實以報,俟出疏爲民蘇困。行部至張家塘夜泊,忽夢梵相者三人,振裳揮錫,騰空而至,謂師公曰:“有一殊勝功德,當急爲成就。”言訖翳然蔽景,公寤而心奇其然,然卒不以告人也。詰旦入寺,舉首見三大士聖像,宛與夢符。進展大壑禪師,神觀凝遠,冥心真寄,對之意肅,竊喜昨夢之有合也。先是里人善信陸鎰子汝登,夙謀蠲免基税,日夜思求,以遂初志。至是同本山四房耆舊共上啓事,公欣諾,荷擔而去。從疏上,果允所請。非居士精洞幽冥,血誠上格,何以至此靈異、臻厥成功哉?夫善繼述之謂孝,若居士陸公者,不啻克家之肖子,抑亦梵苑之護法也。

**龍華坊**

在橋南。陰陽井分列左右,古刹至今存焉。

**寺東角田**

去寺三里,在日暉橋西大馬橋許。五十畝陸鎰捐助。

**寺後田**

計二十四畝。韜明禪師置。

**果公塔**

在藏經閣左。

**普同塔**

俗名和尚墳。

**雨花臺**

在正殿前。

**白蓮禪院**

在寺西北隅。今廢。

**歸雲山房**

在寺之東北隅。衡宇幽邃,多名賢題咏。庭前古木森立,禽鳥知歸。顧小川《遊龍華》詩,有"寶樹迷雲無六月"之句,可謂神似。題額爲邑令建昌黄公文煒筆,枯峭顛放,書家謂若寒籐倒偃。

**西隱山房**

在寺之西隅。曲逕通幽,有林下風氣,是高人韻士禪隱處也。《黄韜菴碑記》,皆彼之先世所藏,余復從亂草堆頭拾得譙國戴大宜《彌陀殿記》。豈文士亦有光明不可滅者哉! 外智辨房,今作高墳。

**迎月山房**

在塔下,詩僧完石居此。一時人士弭櫂龍華,遊咏古迹,必信宿而去。故塔院多名迹,惜乎散佚。内有雙桂軒,山人王百穀筆,高、徐二公讀書處,後先發解,傳爲盛事。題額爲閩中宋比玉隸書,塔中故有明嘉靖時斷碑。

**聽松山房**

在寺之西北隅。有羅漢松一株,約二百年物也。蒼秀偃蹇,若高人傲世。松風入夢,謖謖可聽。匾爲喬大將軍一琦書。將軍善書懷素,裘馬翩翩,江南大俠,四路出師,歿于國難。墻砌露宋殘碑,顔曰"秀州府華亭路空相寺碑"云。

**宣照山房**

在寺之東南隅。今廢。

**宋殘碑**

寺中古碑碣極富。明嘉靖倭變,有司移送邑治,用以築城,甚矣吏之俗也。此有宋殘碑,聽松山房猶得豎之墻砌下,而撫爲古迹,幸矣!

**元釋處棠碑**

在東廡。

**明斷碑**

在塔下。

**潘恭定碑**

在正殿内。

**戴大宜碑**

在西隱山房門右。

**禪堂界石**

在藏經閣左,有“空相”二字可見。

**化僧基**

在蒲匯塘口。今坍。

# 卷　三

上海張宸青瑪氏　輯

## 宸賜志

佛法之流通，豈不以帝王哉！六季之時，雖方隅虎裂，而天子崇佛者衆。至于承師問道，歷有手賜手勅，以爲尋常事也。李唐嬗治，此風愈熾，往往簾前賜紫，對御談玄，寵錫優渥，筆墨爲勞。本山自空相賜額以後，越紹興而復有賜書，固千載一遇也。明興，寥寥二百餘載，當神宗時龍藏勅賜，争發並至。我釋迦大師靈山會上，佛法付囑，在于國王。東震旦中如宋明諸帝，皆能以翰墨爲佛事。金管龍騰，韋誕遜其遺構；銀鈎鳳轉，梁鴻慙爲古修。不忘記載，今昔一貫，盛矣哉，亦何有于鬱沙蔣石吐成篆書者也。志宸賜。

勅諭一道

勅諭直隸松江府上海縣大興國龍華寺住持及僧衆人等：朕發誠心印造佛《大藏經》，頒賜在京及天下名山寺院供奉。經旨護勅，已諭其由。爾住持及僧衆人等務要虔潔供安，朝夕禮誦，保安眇躬康泰，宫壼肅清。懺已往愆尤，祈無疆壽福，民安國泰，天下太平。俾四海八方，同歸仁慈善教，朕成恭已無爲之治道焉。今特遣漢經廠掌壇趙永賫請前去彼處供安，各宜仰體知悉。欽哉，故諭。大明萬曆三十年　月。

頒賜使命

吴大帝赤烏十年丁卯，施建塔錢二萬緡，賜名“龍華會”。

唐天后垂拱三年丁亥，賜修塔錢五千貫、鈔千錠，建圓通寶殿。

後五代吴越忠懿王，命大盈莊大盈莊在大盈塘，今屬青浦縣務將張仁泰重建龍華寺，賜金像觀音一尊、善才龍女像各一尊、金字藏經一百八函。

宋真宗咸平二年己亥，重建殿閣廊廡二百間，賜額“空相寺”。

高宗紹興十七年丁卯，賜鼎新寶塔殿宇銀三百兩及御書“圓通寶殿”匾額、“永泰橋”篆額、金襴衣、銀鉢、瑪瑙珠、松鹿錦旛，割浙東官田三頃供僧。勅于正、五、九月諷誦祈禱，從尚書湯僕射請僕射係龍華里人。

明世宗嘉靖三十二年癸丑，勅賜“萬壽慈華禪寺”匾額。

穆宗隆慶六年壬申，欽加“大興國萬壽慈華禪寺”匾額。

神宗萬曆二十九年辛丑，奉聖母慈聖宣文明肅皇太后懿旨，遣内使漢經廠掌壇趙永，賚勅賜《大藏經》七百十八函、裹金繡袱七百十八張、五綵織金桌衣一十八件、範金千葉寶蓮毗盧遮那佛一尊、日月寶旛二對、縷金綵結旛十丈、大紅銷金龍旛二對、宫繡五綵西方三聖法華二十八品、聖像一十八軸、五綵金供花四朵、五綵雲龍花瓶二對、供佛古銅器五件、御書“承恩堂”匾額一座、金印一顆龍邊中篆。

三十年壬寅，僧達果原諱理玄護《藏經》并勅書南歸，上賜金襴袈裟一襲。

三十一年癸卯，復命謝恩，聖母又賜達果紫衣一領、銀三百兩。

三十五年丁未秋，聖母皇太后萬壽節，遣中書舍人潘雲龍詣寺進香祝釐，賜飯僧檢藏銀五百金、佛前燈油銀四十八兩。

三十七年己酉十月，聖母皇太后賜帑金一千兩，鼎建《大藏經》閣，並賜五綵織錦龍緞二端、宫繡日月長旛懸掛、閲藏經袱桌衣。

三十八年庚戌起檢藏期，本年六月内僧超遠入京謝恩。聖母皇太后賜超遠銀環紫衣一襲、大紅織金升降雲龍紵一端、銀三百兩。

四十年壬子八月，皇上萬壽聖節，賜緘香百束、帑金二百兩、鈔百錠，祝釐飯僧。

# 卷　四

上海張宸青琱氏　輯

## 僧寶志

名藍奇勝，代不乏人。聖賢應迹，鼓弄神機。輝騰今古者，非由鷲峰趺足而來，烏得見其隨方標幟，號令人天者耶！是以插草竟而獅猊出窟，樓閣開而龍象騰驤。鬱爲霖雨，潤遍地之焦枯；高豎法幢，作中流之砥柱。幻緣靡極，斷石猶存，誰人倚馬相看，何處卧碑不去。勝迹消沉，後賢之咎矣。按佛教自漢顯宗永平十年丁卯間始入中國，爾時帝感金夢，正教東傳，葺蘭臺石室以藏其經，築鴻臚外館以居其徒。距佛入涅槃，計合一千二十二年，而佛法始一盛。康居老苾蒭，乞由拳食，飲建業水，翻譯經教十本，建塔十三處。精通舍利之祥迹，感神龍之擁護，距漢一百七十年，而佛法始再盛。自此衆生緣熟，碧眼西來。今海内列刹相望，而考其遺迹，極不過天監、大同而止。會公實起于赤烏之歲，所爲承業者易爲因，開基者難爲力，不惟騰蘭之内佐，亦祖師之護法也。志僧寶。

今集建刹開山，斷自康僧會法師始。闡法開山，斷自韜明禪師始。善繼善述，自沛堂禪師始。

### 吴建刹開山康僧會禪師

師姓康，法諱僧會，康居國大丞相長子也。師年十餘歲，二親亡，服闋出家。勵行甚峻，篤志好學，三藏六經，天文圖緯，多所綜涉。辨于樞要，頗屬文翰。神儀剛正，遊化爲任。于時三國鼎峙，名擅威衡，佛法北通，未達南國。師欲道被未聞，開教江表，乃杖錫東遊，乞食于由拳、吴、婁間。過龍華蕩，見水天一色，藻荇交横，指曰："此地塵轍不到，願來興福。"鳩工車戽，果得神龍窟宅，遂定基興建梵刹。四年達建康營，立茅茨，設像行道。有司奏聞，吴主權曰："是漢明帝所夢佛道之遺風耶?"至問狀，師進曰："如來遷迹，忽逾千載。然靈骨舍利，神耀無方。昔阿育王奉之爲八萬四千塔,此其道化也。”權以爲誇誕,曰:“舍利可得,當爲塔之。苟其無驗,國有常刑。”師請期七日,謂徒屬曰:“大法廢興,在此一舉,當加意洗心潔齋懇求。”以銅瓶加几,燒香禮請,期畢,寂然無應。乃展二七,又無應。權趣烹之,師默念佛名真慈夫(中闕)佛牙舍利,爲建塔寺以居,謂之龍華會,是爲震旦國中佛塔之權輿也。師譯經十四部,凡三十卷。嘗與吴主孫皓及其臣張昱往復酬難,詞辯鋒出,茗柯至理。卒爲皓開示玄極,并授五戒。天紀四年庚子秋,立化,天禧漆固其像。一云晉武太康初示寂。孫綽贊云:“會公蕭瑟,實惟令質。心無近累,情有餘逸。厲此幽夜,振彼尤黜。超然遠詣,卓矣高出。”此其實録也。粤自漢室摩騰倡教,迄于吴代,猶未該被,于是康法師以舍利示感,始闢法門于吴會,傳像教于江左,豈非東南四生之祖哉!後其像騰空入海,放光金粟,詳元潘澤民載記。

宋奉勅住持法雲普筠禪師

師系未詳。吴越有國時,其子寧海節度使忠懿王巡行江浙。泊舟黄浦,感有祥光鐘梵之異,遽命鎮將張仁泰董工鼎建精宇。延法雲普筠禪師主其焚修,實宋之治平年也。大饗明堂,賜空相之額,置佛塔七級,以鎮坤維,爲一方祈禱雨暘之所。

奉勅賜號圓明普照鎰堂義大禪師

師俗姓金,生緣在上海黄浦之東二十保。幼嶷拔,敦苦行,冬夏一裘一葛,囊無長物。惟闡揚宗教,開悟後學,以天台旨要歷住名山。嘉定間奉勅住持上天竺寺,賜號圓明普照禪師。念龍華爲受業所,規模窄隘,山門廊廡,重事開拓。晨鐘暮鼓,克奉清規。世壽九十六歲,夏無疾而逝。臨行謂諸徒曰:“宜以法門自重。”其夕異香滿室,荼毗舍利,炳耀山之巔焉。其得法門徒,是爲浄嶽法師,從師受天台教規,盡得其要。出世説法,凡七坐道場,所至緇白皈向。嘗取宗門要典曰《金剛錍》,科分章段,卓然超出,妙絶古今。傳其宗者,有竹堂、正静、翁明云。

# 卷　五

## 上海張宸青琱氏　輯

## 法 語 志

無言直指，文彩已彰。句裏呈機，鋒穎不露。所以碧眼西來，不立語言而言滿天下；滹沱崛起，偏持宜釣而釣盡獰龍。立宗旨，建法幢，遇境即宗；顯大機，施大用，成褫有自。正法眼藏，委在今日，祖師鼻孔流露。斯時山林風旨，須憑老凍儂信手拈提；大塊文章，必借木上座威光點出。言言粟棘，句句金圈。故紙殘編，不妨遮眼，片言半偈，亦可傳燈。因彙數則，以志開承。非一方化迹，實千古徽猷，請勿作拭瘡疣紙看。志法語。

清順治四年丁亥三月二十二日，韜明宗師入院。即日衆請上堂，上首白椎竟。師云："靈符在握，隨方隨處猶稱尊；寶鏡高懸，是醜是妍難隱晦。乾坤撥轉，日月漸新，佈滿天網地羅。龍打鳳開，大冶爐煉聖煅凡。剖出諸佛心髓，掃除魔外形踪。當頭坐斷，快鷂俊鷹難吐氣；一線方通，盲龜跛鱉活如龍。卷舒自在，殺活縱横。擲大千于方外，拈須彌于針鋒。開闢人天正路，提持向上宗乘，直得祥雲遍野，瑞氣盈空，殊勝中更殊勝，奇特中更奇特。于衲僧分上不爲分外。大衆且道如何是開堂祝聖一句?"良久云："一片心香頻禱祝，堯天舜日樂昇平。上堂理無礙，事無礙，月到中天無比賽。事理無礙，事事無礙，十字街頭憨布袋。吒波終日覓知音，當未了却衆生債。樓閣門閑在此時，靈山一會儼然在。大衆既是龍華，爲什麽入門不見彌勒? 若有人道得親切，將來補處少你一個不得。其或不然，且待别峰相見，與你説破。"

百愚大師到，上堂云："終日行而未嘗行，那迦踏破，迥絶途程。終日言而未嘗言，眉毛掛劍，舌掛梵天。爲人天之主，作龍象中王，卷舒自在，出没自由。針鋒上走馬，北斗裏藏身。展般若智光，爍破閻浮昏衢之暗；握金剛慧劍，截斷衆生塵網之根。垂慈普應，獨步大方，直饒具足恁麽威權，具足恁麽作略，猶未是超群越格的作家。在今日忽有個超群越格的作家到來,又如何周款?相逢相見呵呵笑,暢飲三杯趙老茶。雖然如此,祇如南海波斯遇着北番船主,又商量箇甚麽。大衆要知其中意旨,問取昭慶大師。"金粟百癡和尚到,上堂云:"路僻荆荒,官輿少至。堂閑草長,象駕猶來。直得枯籐幢畔,瑞靄連天。古殿臺前,風光匝地,人人得覩光儀,箇箇親霑法利。雖然同氣連枝,要且一回奇遇。焚香接待,煮茗相陪,有言非舌,無語若雷。惟冀主賓互换,提持向上綱宗,手足殷勤。大震東南祖道,如斯勝會難逢,切莫當面錯過。"大衆且道:"水乳相投一句作麽生?"道:"金粟峰前青滴滴,龍華門外白滔滔。"入新方丈,師以拄杖指云:"這箇所在,巍巍堂堂,煒煒煌煌,雖然建立嶄新,固是從今有據。摩揭陀亦曾當頭坐斷,毘耶離于此全身揭露。今日宗山僧亦能别展乾坤,决不攙行奪户。若道軒豁在近,則一切聖凡摸索不着,人天瞻仰無門。若道深固幽遠,則人人踏着,箇箇見聞,大衆且端居此中,畢竟作箇甚麽去就。"復以拄杖畫一畫,云:"東南祖道從兹闢,續焰蓮燈莫可窮。"(住錫下沛堂濟和尚)

康熙五年丙午十一月二十六日,沛堂濟和尚入院,至佛殿云:"惟吾獨尊,家富小兒嬌。雲門一棒,陣後説兵書。今日不肖兒孫到來,又且如何?"大展坐具云:"齊之以禮。"即日衆請上堂。"過去諸如來,斯門已成就。彈指不勞重歛,念重重樓閣應時開。未來修學人,當依如是法,莫守寒巖異草青,坐却白雲終不妙。現在諸菩薩,今各入圓明。千峰勢到嶽邊止,萬派聲歸海上消。若據新龍華,正令全提十方坐斷,三世佛望風歛影,歷代祖却步吞聲。至于千里萬里,鳥飛不渡,一向恁麽去,則法堂前草深三尺。若不恁麽,則老胡一宗,安有今日?事不獲已,只得打開八字,微露圭角。向佛祖説不到處説一句,行不到處行一步,使未見者見,未聞者聞。直得春申江鳳舞蛟騰,承恩堂雲蒸霧湧。白棒揭開新日月,鉢盂函蓋舊乾坤。于建化門庭,足可觀光。未稱衲僧本分,不見吾先師二十年于此,建法幢,立宗旨,顯大機,施大用,令行吴越,道滿東南。不期化緣已畢,八般涅槃,未了公案。兩手分付,叵耐上洋城裏。一隊維摩,忍俊不禁,召令嗣席,似望空花結果,石女生兒,恐辜大衆。今雖不能踞虎頭,收虎尾,只得順硃填墨,以報師恩。正當恁麽時,敢僧浮屠爲筆,黄浦爲硯,虛空爲紙,大書'黄絹幼婦,外孫齏臼',榜示法堂。便見此話大行,何必更待三十年後。何故棒打石人,責論實事。設有個漢出來道:'勸君不用鐫頑石,路上行人口似碑。'只向他道:'逢人切莫錯舉。'雖然如是,祇如轉機就位一句又如何,道:'塔王浦上錐頭露,曲水朝宗白練長。'"

建先老和尚塔幢上堂。山前一塊閑田地,四至分明。叉手叮嚀問祖翁,問着即生。衲幾度賣來還自買,兩重公案,爲憐松竹引清風,多少人向此着倒。五祖演如是頌出,濟上座如是註脚,也是矢上加尖,堆上添土。今日龍華先老人,一座無縫塔,卓立其間,描亦不成,畫亦不就,毋煩作家。君王從頭問過,那堪耽源長老舊話重提。幾片石頭,囫圇無縫;一[抔](坏)黄土,密不通風。獨許佛心長者信手扶起,直得縱横八卦,顛倒五行。星月遶簷楹,光傳亘古;煙霞生背面,兆應千秋。喜見六出花飛,普天祥瑞,紫薇黄道,正合斯時。不妨打鼓普請,且看是何標式,稜層崒堵摩霄漢,無限青山拜塔王。

楚黄古春和尚至,上堂末後句:“三千里外絶,請訛涅槃心,一勾了然超百億。摩胸告衆,衆眼難瞞,槨示雙趺,飲光後至。今吾法兄雙臺和尚梯山航海,千里奔喪,先師靈骨,現在不必肩鍬,無縫塔樣未成,全憑指出。思蒿枝之拂,思深無語,痛處難消;誦鶺鴒之章,手足頡頏,分離不可。既不可分離,畢竟作何話? 會無孔笛,和檀拍板,高聲唱出楚天秋。復舉南陽忠國師因代宗問:‘和尚百年後所需何物?’國師云:‘與我造無縫塔。’帝云:‘請師塔樣。’國師云:‘我有侍者耽源,却諳此事。’帝遂問耽源,源以唱答之曰:‘湘之南,潭之北,中有黄金充一國。無影樹下合同船,琉璃殿上無知識。’師云:‘南陽祖禰不了,殃及兒孫,帶累多少男兒鬚眉隨落。耽源賣弄家私,語驚時聽。若以正眼觀之,衹能説到,不能行到。今日濟上座亦有一頌,舉似知音:無縫塔,見還難,日暖蒼龍睡正鼾。潭之北,湘之南,前三三與後三三。大衆會麽? 設或未諳落處,恭請雙臺和尚再指示遊錫。’”

昭慶百愚浄斯大師到,請上堂。上首白椎竟,乃云:“魯班門前,不合弄斧拈鑿;波斯國裏,那堪鬬寶誇珍。不惟取笑傍觀,亦乃漏逗不少。雖然如是,既到這裏,亦不免因行掉尾,借路經過去也。”又揮拂子云:“黄浦波浪,浴日滔天。崒堵簷牙,拏雲攫霧。藏經閣覿面全提,轉輪殿横空獨露。若也會得,一任倒轉天關,横翻地軸。施一機,露一境,海震山摇;行一令,發一言,神驚鬼懼。果然如是,非惟報佛恩德,亦不辜負龍華法兄在此。提經絜綱,打鳳羅龍,一片婆心。”忽有衲僧出來道:“昭慶這般爲人,也是擔水河頭賣?”山僧問他道:“不因漁父引,争得見波濤。”

金粟百癡行元禪師到龍華,請上堂。俊民張居士問:“九二峰頭,個個青山點首;十八灣畔,曲曲流水朝宗。未審金粟與龍華,是同是别?”師云:“一點水墨,兩處成龍。”俊云:“如是,則一堂風冷淡,千古意分明。”師云:“如何是分明的意。”俊曰:“學人今日幸遇和尚也。”師云:“速禮。”三拜乃云:“龍華殿上,古佛舒光;寶塔簷前,祥雲散彩。百步橋長懸不斷,陰陽井清濁全彰。山僧今日到來,衹可作常住物,私做人情。若要顯驅耕奪食手段,用奔流度刃機關,自有堂頭法兄在。”

# 卷　六

上海張宸青琱氏　輯

## 藝　文　志

藝文志托始于漢之班固，亦九流之餘也。我祖師西來，不立文字，此何以襲其名哉？大徹大悟之人，句句從胸襟流出，其所偶傳之作，乃般若，非文字也。假令天無雲霞，地無草木，山無巒洞，海無波濤，則世界幾黯然無色矣。六祖談經，無一毫文字之氣，而天下之至文寓焉。讀謝莊之賦，惟念韜書；見陸機之文，有同焚硯。其欲規祖師之區域，固不得矣。至于玄鈎素寢，蒼紐乘臺，彈馬吹班，管驅萊楮，即使筆光墨怪，何益性靈？昔梁劉舍人勰夢執丹漆之器，隨孔聖而南行，然後出家學道，揚芳飛文，一時伽藍金石碑版，皆出其手。然則文章須從佛法中出乃佳耳，今取學士數篇，與夫深禪静觀者比類而觀之，其相去何如哉？觀拳石知泰山，飲滴水知大海。欲染指法味者，讀是編可識矣。志藝文。

### 松江府舊志

世網如八陣圖，逸入輒不能出。波波刼刼，寧知蕊宫葱嶺，别有道人在乎？吾松向稱寂寥之濱，往來雲水，代多靈迹。若神與之遊，際極詣會，不啻嚼萬年冰也。康僧會其先康居國，世居天竺，嘗杖錫至由拳、吴、婁間，留像金粟寺。道在世外，夫豈欺哉！

### 上海縣舊志

龍華教寺在黄浦西龍華邨。吴越忠懿王嘗夜泊浦上，風雨驟至，草莽間祥光燭天，鐘梵隱然。詢其地，古龍華寺基，遂命大盈莊務將張仁泰重建也。宋治平初賜額"空相"。西北隅舊有白蓮教院，前有寶塔，時時放光，至今存焉。舊有山門，門外有二井，俗呼龍井。山門燬于倭，重建歸併于寺。

### 重修大佛殿題名記　明黄瑾韜菴，又號九樟居士，上海

環海邑百里之地，精藍百數，叢林十有九。其規制之宏，舉莫此若。然記載以

孫吴赤烏興，以李唐乾符廢，迄五代爲荒墟。錢氏國于江海之間，命駕東巡，漾舟南浦，夜聆鈞樂，祥光燭天，詢之輿人，謂爲龍華故址。于是王謀起廢，命侍臣張仁泰董工而鼎建之。中創大雄寶殿，前普賢，左大士，右彌陀，五百羅漢、四天王，皆側殿楹居。長廊峻宇，寶塔鐘樓，山門伽藍之屬，壯麗爲諸刹冠。迄今六百餘年，錢氏之所創，半爲瓦礫場矣，惟正殿巋然獨存，亦將終于風雨。禪德定南宗，慨本山之爲大蘭若，前人開創維艱，忍令廢而不舉乎？于是僧合檀施，一心營之，雖曰葺繕，而艱于新作。材具所需，爲費滋巨。工既訖，謂負荷之人，勞績不易，宜刻石志其更修歲月。予惟昔之開創易，今之嗣葺難。蓋錢氏宰割方千里，金穀之所輸，川匯山峙。片言及之，雖百千營繕而有餘。今舉僧徒鉢囊之貲，檀信之施，銖積寸累，殫力謀爲而不足矣。是知開創之難難而易，嗣葺之易易而難也。則夫數百年古佛道場，一旦振起，固由昌運之復，亦必待人而興。苟非緇流戮力，安能成就乃爾？蓋法王妙相，延彼有情，香火一方，人人依怙。豈惟祝釐福于上，弭災眚于下耶？要知出家者發大精進，入佛知修，倡人爲善，使匹夫匹婦咸知根于此心之具足。推之以達夫人倫之大，喪葬假之以哀戚，祀享展之以孝敬，論業緣以明善惡，民藉勸懲爲皈依，不插草以建梵刹，安所瞻仰而取足乎？故書以示來者。是役經始于成化庚子十月十五日，庀事于辛丑十月，爲費五百緡，相其事者，吴瓚檀施。壽之貞珉如左，偈語不録。

### 龍華寺重建鐘樓記　明黄瑾

佛教之行，薄海内外皆有像設。南人以音樂爲供養，凡叢林大梵，必鎔金範鐘，以節群音而宣衆樂。故虡之懸柎，翼以層樓。龍華，古伽藍也。樓廢于國初，鐘蝕土也，由來久矣。宣德七年，主講寺師一先憬公經始起廢，于時材具苟簡，僅五十年而朽不支。其孫文深慨前人之開創後，微人纘述，乃罄囊鉢，合檀施而鼎建之。鳩工會材，必良必貞，周繚柱之以石，三簷翼飛，上薄霄漢，巍然如崇山出地，洪音震發，若驚霆行天，窮壯極麗，爲海邦列刹之冠。居者行者，罔不瞻仰讚嘆，咸謂興作大事，不宜無記，于是礱石屬予志其顛末。始余讀王徵士鐘銘而竊愛悦之，其詞曰："金聲爲物鉅曰鏞，深徹泉府高達穹。谷傳海應流景風，頓息諸苦開群蒙。耳塵空浄心觀通，六囪心具佛性同。博哉功施垂無窮！"卓哉銘也，鴻筆之人，爲名藍巨藻矣。予無徵士才，而弄管作記，不令後世笑我拙乎？竊謂海邑之地，春申大浦經其中，是山作鎮于兹，水陸控道之所會，驛使之往來，長貳之巡行，皆由是乎取道。不有所警，則無以令黔首而一觀聽。其或畢志鷄窗，安心鹿苑。耕之寅，織之昏，工技之事早作，商旅之役宵征，環數十里之地于漫漫長夜，無是百杵之鳴，惡知時其興息而作止焉？故欲民志有定，向僧徒紺殿而祝鼇者有恒度。迹雖勞于新作，若涉于有爲，然積土聚沙，皆已成佛，不外乎一心境之所造耳！且佛之爲言覺也，群生迷于昏慾，由不知所自警。苟叩擊發其深省，心聞洞乎十方，如夢斯悟，如醉斯醒，抵于覺者多矣，可夷等律者哉。吾聞聖人之書，春秋重新作。是役之舉，贊夫毗尼之教，而又關繫于世教，且有裨于正教，而無損于名教，是可書矣。是樓經始于成化十三年二月十八日，首其事者文深。檀施之名，勒之碑陰，來遊者觀之，庶知所慕而勸焉。

## 重修天王殿疏　明黄瑾

東南法窟，水陸精藍，樓臺薄天日于上方，車馬隔風塵于下界。然如來寶剎，必設天王大像，以奠于前。毗尼道場，用建空相山門，以垠其外。蓋顯正推邪，所以護法而衛道，化民闡教，故資規制以啓瞻。今則天王露居，忍使風篩雨蝕，山門日圮，惜令霜冷冰清。慨夫龍神交會之際，乃爲瓴甓敗殘之所。寺僧文深力謀起廢，發大弘誓，精壹乃心，率同衣以從事，不期年而克就厥功。鐘樓落成，已揚名于四遠，次及兹舉，圖所願于一新。奈何鉢袋已虛，財費甚鉅，敢持短疏，募結良緣。夫佛事沙門，義有所據。蓋佛氏之爲言覺也，所以覺已而後覺人；沙門之爲言息也，所以息欲而歸見性。山門者，衆僧由之而出入，豈可無門？爲法門天王者，諸魔以之而防閑，乃爲聖中之至聖。詎徒土木金碧，以侈外觀；將俾雲霞緇黄，爰證内照。是知種福田則功德無邊，修善因則利益有在。綵筆肯書名，事必剎那可就；青蚨争出篋，工須不日而成。宰官長者，如能破吝捨財，法界神天，必自因功報施。譬如一笠之因，終獲九重之報。物無虛受，福有所歸。

## 龍華寺塔院裝佛記　明釋善繼

龍華大蘭若，自三國歷隋唐，燬爲瓦礫場，碑碣莫考。至五代錢氏有國吴越，其子寧海節度使特鼎建之，造塔七級，以奠坤維，今七百餘年而日就傾圮矣。原夫西方如來設教，演法會而曰龍華。東吴仁者開山，創浮屠以鎮鰲極，建壇海上，立準雲間。據博厚以入高寒，薄雲雷而撑日月。根盤地軸，表出天關。逆自完美之時，壯甲五茸。善繼于弘治年間發心修葺，頓還舊觀，禽魚上下，咸欣欣有喜色；叢林草木，亦煒煒有新意云。昔吾釋迦大師有言：我滅度後五百餘世，若有衆生，荷擔如來，續佛慧命，建佛塔廟。當知是人莊嚴刼中，曾供養百二十轉輪聖王，有大功德海，大福量海。塵沙刼中，嘆莫能盡，善繼亦何敢妄希福德，亦云强爲善而已矣。今有善士陳鏜，發精進心，普勸各施資財，雕裝太子修行全身一尊已完，迎送本寺寶塔中心，永遠供養。是則果報更有不可思議者，今將善信芳名，勒珉以傳不朽。大明嘉靖二十年,歲次辛丑,四月十一日立石。

## 重建龍華教寺大殿記 明潘恩笠江,上海

去上海邑治西南十五里而遥,龍華教寺在焉。澤國泖湖諸水,停蓄流演,東北入海,其自府城東偏來者,則黄龍浦受之,蜿蜒百里,南下遶寺之東。其自有城東偏來者,支分派析,曰漕河涇,襟繫于前;曰龍華港,控帶其後。二水東會于浦,而北入海。海之潮汐,復來入浦,而後達之涇港,旦暮凡二至,不爽厥常。是故兹地爲華實之腴區,風氣之攸萃者也。記稱吴越忠懿王感有祥光鐘梵之異,遂建置恢復。宋治平初,賜額曰"空相",至國朝復今名。近僧一真者,戒行克慎,檀越屬心,乃聚材鳩工,力勤營治。落成日,來請記于余。余嘗聞之傳記曰:西方有大聖人焉,不治而不亂,不言而自信,不化而自行其説,已昉于三代之時矣。逮漢明帝時,其法西自天竺始入中國。佛之言覺也,將以覺悟群生,漸漬勝業,藻練神明。廣仁順,蠲嗜慾,習静虚,而成通照也。由漢迄今,王者代興,莫之能廢。真乘法印與儒典並行,蓮宇琳宫遍滿海内。然則兹殿之修舉,烏可闕焉不講哉?經始本于人謀,速成協夫衆力,棟宇績其舊貫,輪奂彧乎重新。慈雲晻靄,慧日常明。不惟里巷居人,遂其瞻仰,而往來經營,咸皆讚嘆。覩金容寶華之像,興夫尊禮慕樂之心;覩莊嚴妙麗之儀,繹思浄明圓覺之典。雖人之品類區别群分,譬之飲河,各充分量。上焉者因其質之高明,絶知識,去援羡,悟真常無爲之理,而黜纏縛障蔽之私,立超上乘之境。下焉者以其質之庸陋,薰習善心,滌除結業,去貪嗔愛染之情,而消淫邪回遹之術,不墮五濁之途。則于國家化民成俗之方,儒者治國平天下之道,共爲表裏,是烏得而廢諸。皇明嘉靖四十三年甲子,春正吉日立石。

## 龍華寺新建彌陀殿記 明戴大宜

三界本空,諸有非樂,則自月支國之經像入震旦以迄于今。而凡爲佛弟子者,宜其受記空諦,永絶有爲法也。若夫鑽木斲竹,焚草鎔金,鑿石合玉,剜彩敷鉛,求其形色者,既非最上功果,且有違于寂默之真銓矣。釋子毓真,迺有彌陀殿之建,果何爲哉?衆生蚩蚩,沉溺苦海,不以利禄爲益,即以圭組爲榮,大都塵根膠擾,自違圓妙之體也,真見而愍之久矣。第本來理妙域中,非名號可盡,化檀繫表,非情知所尋。不有以相覺之,孰可以悟徹其心者。而彌陀爲接引導師之尊,蓋不可不嚴整煒煌,以弘其教也。于是裒衆財力,鳩工聚材,簷牙複道,焕然偉觀。諸凡妙善之國,兜率之天,種種光相,崇顯壯麗,即古之法輿三層七間,殆不多讓矣!使四民得而瞻禮者,洞燭真常,同契等覺,共會遍知十方三世,一切平等,此固出世入真之大機也。

真其毋墮彌陀之願力者哉！况三藏入法，盡歸方寸，晨昏香火，梵音琅琅，若見若聞，具有一超直入之想。庶幾作一念則行一善，行一善則去一惡，去一惡則息一刑。一刑息于家，萬刑息于國。玉斗安而金椎固，行將在吾目中矣。真又有功于政教者哉！毓真自信其志之可對于佛，且謂其功之有裨于儒，迺攻石徵予文爲記。竊思龍華大雄舍利之勝，名公鉅卿若韜菴、鶴灘、笠江諸老記之甚詳，何敢多贅。惟兹殿之建，頗與龍華增勝，毓真之賢，又與諸殿争勝。若予之不文，固不敢謂可與名公鉅卿争勝，而得以摇翰于大方之前者，不可謂非宿植也。是都可以記矣。毓真其識之哉。隆慶壬申立石。

**重修大佛殿疏**

如來于靈鷲法會教闡西方，達摩于少林壁觀化行東土，于是在在處處，莊嚴供養。顧仗境以托緣，實因緣以成化，不有棲靈之地，何崇弘法之場？原夫本山肇始于三國，遞代興廢。至于五季，吴越王駕訪陽侯海濱，舟次春申浦上，夜覩神光之燁燁，時聞鈞樂之鏘鏘，是蓋伽藍炳靈，神通示現。王詢父老，遂命侍臣張仁泰以董厥功，即故址而維新之，迄今已逾六百年矣。昔之修廊峻宇，爛焉金碧之區，今則斷甓敗瓴，莽爲荆榛之土。惟大雄寶殿巋然魯國之靈光，土木偶形儼乎靈山之龍象。遐邇係一方之香火，晨鍾祈萬壽之福釐，然酷閲星霜，不除風雨，恒一遊目，罔不疚心。將竭力繕營，奈功用汗漫，欲行蓮舟濟檀施，誰捐篛笠蓋如來。補葺之謀，慮敗前人成績；鼎新之望，皆承我佛威光。凡我同參，同心同德，願彼施主，施帛施金，能割愛以破慳，則功舉而事集。使善男信女，對境起敬，離六慾根。□學比丘，從聞思修，入三摩地。無量功德，屬之檀那，福自人天，于我何有？嗟乎！世間錢帛，儻去儻來，向如郿塢之藏、吹樓之積，徒握牙籌消丙燭，難將金寶買泉臺。何如緣此發大道心，成最勝事，是乃結善果于現前，種福田于無涯。報施有歸，因緣不爽。

**大興國萬壽慈華禪寺建藏經閣疏**　明董其昌思白，華亭

今海内奉大雄之教者盛矣，列刹相望，不知其數。其得勅賜《大藏經》五千四十八卷者，蓋寥寥乎！千里而遥，曾無一焉。間有之，必其封望之名山如三峨五嶽者。又不然，則如陪京興都神靈之法迹。不然，則如金焦洛伽江海之奥區也。乃兹海邑之在郡縣間，其彈丸乎？龍華之在名藍净刹間，其稊米乎？而得與于勅賜之一數，譬夫幽人寒畯而與將相大臣並膺帶礪之封，豈不異數中之尤異哉！雖然，匹夫而帶礪也，則有濯磨修飾，以答殊寵。蕞爾叢林，而聖天子之法施及之，則必爲聖天子弘法。弘法之要，在于闡教。故夫建閣以庀藏，集僧以繙經，作室以安僧，聚糧以接

衆,使平原易地而勝于江山,僻壤孤村而壯于都會。斯數事何可一廢! 吾聞佛法付囑,在天王帝釋。龍華重建于錢忠懿王,而賜藏于今皇帝。帝王之事,古今一揆矣。代之有終者,非此方衆庶而誰望哉!

**建正殿疏** 明陳繼儒眉公,又號白石山樵,華亭

龍華寺歷年綿遠,正殿摧頽,老衲雛僧,破床墮竈,出没于荒煙夕照之中。賴後谷長老弘發誓願,經始于嘉靖之末年,迄立于萬曆之初載,業已具體而微矣。後谷遷化,木料尚存,若不接工,將化爲烏有。爲此清鑒等奔走拮据,懸創正殿,以承師願,此亦必不容已之大因緣也。但工價浩繁,惟仰施于檀信,富者出財,貧者出力,勸者行善方便。綫溜達石,衆毛成裘。千里之水,本發于濫觴;六合之雲,實起于膚寸。衆施之,衆成之。即以天龍梵釋之功,從空而墮人間,直彈指頃耳。吾松諸刹無北藏,北藏自龍華始,亦無賜藏,賜藏亦自龍華始。若使正殿告成,延肅名緇,閲藏于此中,上爲天子祝釐,下爲衆生懺悔,兵荒不作,疫癘不生。東海之濱,真作龍華會上人矣。

**慈華禪寺募建藏經閣疏** 明陳繼儒

上海龍華寺,自吴大帝赤烏年始也。其後浦邊見五色光,從塔頂直射中天,因葺廢址崇建空相寺,僧寮廊廡以千計者,自錢忠懿王始也。其後鼎新于兵燹之後者,自世廟時潘恭定公始也。莊嚴浮屠者,自萬曆恭定公之次公方伯始也。又其後請藏鎮寺者,庚子方伯次公廷尉公始也。初,寺僧達果參學京都。會天子仁孝,詔頒佛藏諸名山,恭祝慈聖皇太后萬壽。達果上疏,廷尉翼之,上特遣中官趙永捧勅書龍藏親詣寺中,并賜金環紫衣護藏。達果延戒僧檢藏三載,酬答殊恩,旋使弟子超遠入都。疏聞,慈聖皇太后即賜超遠銀環紫衣護藏如其師,又賜範金千葉寶蓮毗盧佛一尊、金綵結旛千丈併日月錦旛二、鏤銅器五件,勅賜“大興國慈華禪寺”寶額,而此寺巋然爲海上人天之大觀,即雲間諸古刹不敢望矣。超遠繩戒精潔,飯僧調衆,清審貞立,有老耆舊遺風。余與京山王初度見之,嘆曰:“不意海濱復見三代威儀,爲掃除東軒,徘徊修竹老梅下不忍去,獨慈華寺隘不容藏。”寺後多隙地,超遠因募建閣五楹,上以供經,下以迎高賢遊衲。聽潮音于龍浦,接祥光于雁塔,祈聖釐,祈樂歲,非兹寺之殊勝最上功德事乎! 且頃乎吕侯特鑿肇家浜,塞者通矣。張參知倡建百步橋,木者石矣。地靈人傑,佛法宰官,并會一時。以此而補剏藏經閣,一彈指何難哉! 况慈聖聖天子勅書寶藏所在,山言海王且護持之。海上多君子,安知無如廷尉、方伯、恭定公復出其後乎? 超遠賈勇而前,無使鄰僧以此借名他募也。大

明萬曆四十六年戊午七夕，書于喜菴中，時年六十有一。

**龍華寺修建疏** 明李中梓士材，上海

今天下招提相望，靡不向髑髏邊佛事最相奉重者。義虎算入海之沙，毗盧弘觀行之法，咸以爲道在是矣。若夫同提獨專之旨，門外漢咋舌不前，即大志苦參，窮于無可撈摸。廢然退墮者，更僕難數。以故宜捷向上落落晨星，而海邦一塊土，尤榛棘之甚者也。韜明和尚壁立萬仞，獨起鎮州燈焰，爲烜赫兒孫，直使鷲峰鹿苑，即在江南。而動地放光，于今再見，時節因緣之至，若是其奇乎？夫龍華重建于錢忠懿王，兹且近千秋矣。嗟此名藍，居然蕪圮，歲月滋深，天龍積愠。今假手于韜師，不第爲琳宫輪奂，抑且開彌勒之樓閣，培慧命之種草。方之義學台宗，奚啻霄壤，真所謂不可思喻，無有邊陲之功德也。布金長者何至遽絶于當今，慎勿銖銖兩兩，靳泉府之一毛，將生生世世，宰檀門之萬福。况乎屬者戈鋋匝地，嚻然自喪者比蔀皆然，惟是古吴一望晏然樂郊，豈非印阿含有漏之果，薰衆生慈善之根，奈何戴天而忘之耶？余用是韻咏《浮萍》，得"塘""浪""堂"三韻，東江倡曰："叠叠重山蓋野塘。"儼山和曰："不容明月照滄浪。"獨不能"堂"字。二公轉輾推敲，夜宿塔院，幾于忘寢。詰旦顧汝由贄所業于東江，東江心折，因曰："子能繼其響乎？"汝由遜謝久之，對曰："只因風捲沙灘上，燕子啣來入畫堂。"東江擊節嘆賞曰："盧、駱才也。"儼山手書勒石塔院（出《東濱詩話》）。

案：東江，字士廉。少與錢與謙齊名，敏不逮錢，而沉渾過之。孫文簡公曰："東江先生早歲立學，有志聖人之道，其于文章追古作者，今之歐陽子也。"吟咏篇章，有關民情世用。官至禮部尚書。

**重修慈華禪寺藏經閣疏** 張宸

明萬曆二十九年，神宗顯皇帝奉明肅皇太后懿旨，遣太監趙永賜《藏經》七百十八函于大興國慈華寺，寺之有《藏經》自此始。三十七年，遣中書舍人潘雲龍賜帑金一千兩，建造經閣。天啓元年七月十七日落成，《藏經》之有閣自此始。迄于今五十載矣，回念曩時，物力豐阜，天下昇平。中宫崇設像教，至于海陬僻邑，使者冠蓋相望，頒賜充溢，何其盛也。距閣成之歲，粤二十六稔而爲順治四年丁亥，韜明大和尚駐錫于此，處士陸鎰輩從而鼎新之。又二十四年爲今上康熙九年庚戌歲，則韜公示寂已五載矣。大壑師嗣法乳，繼揚宗風。夏六月大風雨，閣之建瓴圮，壑師以爲葺之不早，勢且傾頹，謀所以庀工，而以募疏徵序于余。余維佛書之入中國，自漢明帝始，至梁而華林之集，得五千四十八卷。曰經、曰律、曰論，是名三藏，能統謂之教。厥後達摩西來，以三藏皆筌蹄，不得佛意，直指人心，俾之見性。雖不立文字，而弟

子録其言,往往成書,由是禪學興焉。今世佛書,自三藏之外,凡講説之類,皆教學也;凡頓悟之類,皆禪學也。韜明、大壑固以禪學提倡天下,爲世宗師者也。其視三藏,當不啻筌蹄,置之而何以尊奉?魚兔既得,可廢筌蹄。臨淵入林,舍筌蹄何恃乎?此韜、壑兩公惓惓不得已之苦心,皆所以爲佛也。其閣一修之于順治丁亥,再修之于今歲,力力焉護之若頭目,保之若金湯也。今天下太平之日久矣,士大夫生斯世者,獲見兩宫之康泰,與今上熙洽,無異前代矣。言念斯閣,其當年遭際之奇,經始亦良不易易。韜公、壑公不以宗教歧視,而惟于金湯佛法,□焉用心,是俱七佛以來所不易者。以不易之勝,而興可成之役,相與佽助而塗墍之以無隳厥成,殆亦農服先疇之遺意歟!

### 韜明禪師語録序

臨濟老風顛,大機大用。爍電轟雷,靡堅不破,靡迹不絶,煆出一隊鐵漢,皆獅子王。哮吼一聲,妖狐辟易。以故傳持綿遠,至今不替。到密雲悟大師,遂爲濟北中興。韜明和尚根性大利,始從大師會下得手,及費老人繼席金粟,翻身陷虎,徹法源底。其波瀾之浩渺,機用之毒辣,真可超軼諸方,典型百代。願我海濱一塊土,曠古荆榛,未審何刼因緣,遂于龍華古剎,開睡蛤之眼光,示鐵牛之心印耶!嗣是而崩涯怒濤,箭鋒毒鼓,將盡大地人喪身失命。真滹沱河烜赫兒孫,瞌睡虎滴骨種草,梓親受紅爐鉗鎚。妙密歷在耳根者,輒傳之楮墨。正令學人何赤骨律地頓逢本有風光,倘不唧溜漢作實法會,則何異取聲安置匣中,吹網欲令氣滿哉!顧明眼英靈,纔見便吐,付之德山一炬,向煙滅灰飛處相見,庶不辜負堂頭老漢,婆心徹用一番耳。

### 請韜明和尚上堂 百愚大師

伏以曲逢同調,唱西州須藉知音。道遇知方,顯播必歸作者。故欣瞻篆駕高臨,步步踏翻春色;敬仰獅威遠震,頭頭揭露風光。兹啓法兄堂頭和尚,恭願普濟群機,弘苑一雨。塗毒聲揚,石女夢中毛草豎;金剛燄熾,泥牛海底鼻遼天。要玄齊舉,寒谷回陽,照用同彰,虚空鼓浪。佇聽閎鳴法鼓,必期大闡宗風。統祈慈諾,無任懽忭。

### 請韜明和尚住龍華寺 葉有聲

伏以孝醯朗錢,雖由種草之英靈;毒鼓高懸,特藉鉗錘之妙密。況良馬全資鞭影,而野狐必假杖挑。使寶華座上,鮮驅耕奪食之機;選佛場中,多枯木寒灰之見。恭維韜明禪師密大師棒下成龍,費和尚機前陷虎。樸盞聲中,拾得天童骨髓;裁松案内,没盡臨濟家資。上遡六十八代,復新黄面之宗風;下迄三十二傳,重整滹沱之祖令。截鐵斬釘,赤骨律和盤托出;敲枷打鎖,白拈手盡底掀翻。兹有龍華古剎,允稱海國名藍。自赤烏肇始,第具琳琅。暨淳祐重新,徒嚴棟宇。屬在神宗,特頒龍藏。雖黄葉止啼之文，爛然可考；獨拈花微笑之旨，杳而無聞。遂使現成公案，久墮荆榛，堪悲自己靈光，竟蒙塵霧。幸大師承顧而來，龍天有慶，在敝邑深心以奉，遐邇胥欣。有聲等幻泡迷心，空花眩目，願開苦海之航，在在咸登覺岸；懇放眉間之照，家家盡到長安。時麾寶劍，擣空魔子之巢；遍灑甘霖，普潤焦芽之種。慨飛神錫，惠迪耑蒙。謹啓。

請韜明和尚回院 陸蓤嶒峪

伏以操古佛之大機，玄風遐振；顯法王之政令，化澍普滋。休言有佛有魔，須自鑑天鑑地。所望益垂悲願，彌著宏慈。恭惟韜大和尚獅座下，現月輪體相，作人天導師。一花開後，勘破北濟之兒孫；五葉傳來，績起南能之慧命。道鎮寰中，鷄足遞傳之代；風高吴越，桐棺妙悟之年。誠吾道之棟樑，禪宗之柱石也。惟雲間爲唱道之場，而東海實邊陲之地，况佛去下衰，兼群情迷謬，螺螄一睡不醒，驢馬十方無價。自吾師軌接桂林，性圓月璧，而南浦之濱，漁翁話道。古塔之座，樵子成儸，本末全彰，古今罕覩。方謂狸奴盡可點金點鐵，何期山鬼有時炫色炫聲？捐一滴不云淺，滄海彌深，加一掬不爲高，泰山自峻。伏念金儸度世，總爲衆生，運會艱屯，彌深悲愍。故龍蟒皆爲弟子，蟭螟入于座中。在吾師固自直入千峰，被耑家何時超其億刧。惟冀曲鑒輿誠，俯從哀懇。釣盆已開，願蓄汪洋之水；鷗鳥尚息，歡聞洞遠之鈴。企降龍筵，亟迴象馭。謹和香而合十，敢臨楮以緘三。敬啓。

請回院啓 張三傑

伏以石頭堪語，袖東海以知歸；浩魄當空，遇大風而不晦。上方之玉盞醍醐，等揮敝帚；殊域之金盤蘇合，若泛流霞。法雨均施，文星並麗。恭維和尚獅座，明鏡臺圓，鐵門限險。十指現浮屠，日爲顯異；一杯飛渡口，斤以神通。峥嶸性嶽，錫翻金粟之峰；浩瀚心源，吸盡黄龍之水。呼瓶裏鵝，不煩用智，打空中鳳，便爾成群。將爲袈裟遍覆，圍萬指以獨尊；豈虞櫛栗横擔，入千峰而不顧。然而刼石灰消，不壞光明之體；即使毗嵐吼起，難飄禪定之天。三傑贊化多，乖褫成力少。覓巧何能，成我家秀才之拙；轉身無路，愧鄙宗丞相之風。思浮雲何能蔽日，仗劍客或具悲心；念湛水豈得興波，捉刀人原非本色。伏願念此大衆，哀我群蒙。以季龍爲鷗鳥，澄公之德量常宏；以海若爲墨池，河伯之目睛自失。如是則新令重行，會當刹鬼易以慈眼，而法輪再轉，行將蛇蝎息其嗔心矣。祇候光旋，曷勝瞻企。

請沛堂和尚住龍華禪寺公啓 陸起鳳

伏以江門請機老開堂，虚席以待；滎中勉晦公出世，大道攸關。故叢林貴在得人，而設法信亦有地，如兹龍華禪寺者。嘉名動帝，神廟之綸音爛然；寶藏齊雲，梵天之雨花紛若。後枕銀灣，前襟滬瀆，宛如香水海焉。刹興漢末，法授清初，允爲獅子窟矣。老德雲從别峰相見，幾致鼓令鐘沉。破沙盆憑隻手重提，自合山鳴谷應。豈宜坐視，專待聯輝。恭維大壑大和尚猊座，美玉無瑕，精金百鍊。鐺脚任折，早自煨斷泰峰；構杓還長，久已舀乾滄海。出頭看天外，波瀾生于毫端；片字落人間，膾炙合乎衆口。鳳等誼叨外護，仰切中心。山色溪心，承不吝當陽指點；金圈栗棘，愧未能徹底掀翻。截流機□，前回願輸玉帶；著屑眼裏，請爲痛下金鎞。伏望曲順時機，爲大事因緣而出。恢從舊制，庶王代禮樂猶存。霹靂起晴霄，大弘臨濟之道；冰霜嚴宗統，洵誇雙徑之孫。金剛寶劍透新芒，比比望風股慄；佛祖鉗錘稱妙密，人人及第心空。海若趨萬派以東歸，塔王蒞千峰而仰止。不負排闥，永耀真燈。謹啓。佛弟子陸起鳳等仝頓首拜。

## 諸山啓請沛堂和尚住龍華寺啓

伏以迷途如夜，應思破闇之金烏；法道垂秋，尤須回春之玉律。故出處有係，今昔同風。恭維大壑大和尚猊座，萬里靈鯤，九苞威鳳，文彩久露，福嚴嘗表率乎天人；泉石高棲，秦駐難羈縻其羽翰。□扶羊而直上，正合時緣；應朝陽而獨鳴，實殷衆望。兹爲龍華禪寺者，三吴勝概，千古名藍，僧到赤烏年，龍嚮風而避舍；樓觀滄海日，經滿函而自天。雖康僧會插草之基，實先和尚弘法之地。洪爐未冷，繼良冶須是其人；毒鼓休停，嗣徽音洵稱有後。某等緇流末隊，參徒鈍根，仰傑出之手標，已非一日；食衆香之法味，正在斯時。伏願妙計觀機，功垂利物。俯軫聾瞶，好憑信手拈來；仰視晴霄，且教從空放下。青氈况吾家故物，白雲縱出岫無心。坐百步橋砥障頹波倒瀾，是父是子；看十八灣盡屬珠迴玉轉，無古無今。馳風雷于棒頭，佛祖辟易；撒真珠于帳底，龍象超騰。拱聽獅音，曷禁雀躍，某等不勝瞻戀之至。

## 請大壑和尚爲薦亡荆徐宜人上堂　張宸

伏以説無法之法音，蓮舌是爲慈航；證不生之生日，佛光成于初地。非緣溺愛河而願渡，直令企覺路以思登。擊纇祇林，扶輪刹海。恭維堂頭大和尚，通明竟體，直指惟心，紹七佛後之迦文，一乘横擔肩上；繼三藏外之初祖，半偈直現毫端。淵源臨濟宗風，坐卧慈華法會。鉗錘在手，一棒一喝，而法法開遮；文筆爲禪，大言小言，而重重發露。遂使人非人等，共明衣上傳珠；總令世出世間，不致燈邊赴燄。胸涵滿月，歷正法像法末法而皆周；慧釋春水，彙經師論師律師而並徹。所以朱籐降座，不廢文言，隻履經行，無非般若。誠現覺王身而度世，願併泥犂地而昇真。宸也心懵四禪，神迷八識。色香界内，何來不了三生，幻泡影中，僅有無依四大。已作沾泥之絮，無計飛揚；還如墮砌之花，隨風聚散。入夏纔悲嬴博，經秋又泣蒙莊。非證真空，何緣解脱。伏念先室徐宜人，勞謙君子，淑慎女師，心營措大之虀鹽，兼操井臼；身侍姑嫜之盥櫛，更理機杼。茹者飲而荼者冰，誰潤寒泉勺水？恭則婦而慈則母，惟和篝火三冬。雖因哭子神傷，實係操家力盡，坐使入冥冥之長夜，生者何心；惟賴依耿耿之法燈，泉途可燭。敢削啣哀之蕪牘，迎來弘覺之導師。上懇心印涅槃，向姑泉而演説；更冀乳香海幢，灌火咽以醍醐。罪福俱空，幽明共慰。伏願生公明月，一輪湧現人天；寶志飛花，萬點弘通帝釋。用覃法乳，永沛慈津，臨啓不勝虔肅之至。

**大壑大和尚書**　潘堯中雒符，上海

人天法界，惟佛居尊；倫紀彝常，惟祖爲大。禪乃佛之血髓，孫則祖之肢縈。最上根人，有獨詣聖真者矣。未有大父皈依，而童孫反迷正覺者也。龍華古寺，龍藏風虚，先祖員外同江公暨先祖妣顧宜人，啓請前朝孝定太后荷神宗皇帝賜藏一函，寺有藏矣。未有閣也，先祖妣一力建閣，閣未成而遜世。終先祖之世，不克如願。易簀彌留，曾以兩大事囑不肖，中闕完閣其一也。中闕緣淺名薄，落南北省試者中二。崎嶇一官，席未煖而報罷。慙負祖君待冥之言，痛入心臆。幸陸君善善同歸，心心相印。虔請韜和尚鼎興禪院，寶刹重新。藏有閣矣！寺有禪矣！夫藏不至則教不闡，禪不來則藏不轉。閣以居藏者迹也，死法故紙也；禪以化藏者神也，生龍義虎也。大徹悟人于此作藏觀不可得，作禪觀不可得，而又何潘何陸，何祖何孫，何興何廢，何僧何俗？説至此，天花亂舞，先人之目瞑矣！孤孫之責寬矣！韜大和尚接衆安禪，方將崛起濟北風規，不幸中道云殂，賫志以歿。爛爛一燈，法席世及。壑和尚以上智再來作辯才紹法，佛鉢相承，是即龍華之二祖。井邑不改，世授鹽官之阿，雖不商中闕每懷香積單寒之俱，何意弟姪輩無知，忘父兄之志願，僭冒中興；味潘陸之淵源，抹殺授受。輕滋口實，貽笑高明，自己矯心慢心，反唾枝斯王果。叛祖謗佛，懺藥難施，倘使即有後言，不佞力當一面。使中闕今日不預闢備宣，則真俗訛誕，賢愚倒置，委祖德于草莽，視佛法如弁髦。故敢施哀誓于佛前，振長鳴于法座。中闕異日倘删盡衆緣，掃除斗室，捨龐老之在家，效恒陵之入寺。安禪檢藏，留作證明，一切家孽，惟大和尚海涵。佛圖證旦，以石虎爲海鷗鳥迦文，付支體于歌利，何况區區蠅蚋。中闕不肖泥首謝罪之至，不莊不宣。

# 卷　七

上海張宸青琱氏　輯

## 詩　苑　志

畫前有易，文彩已彰；刪後無詩，情詞已極。詩者，古聖賢發憤之所爲作也。洎乎《梁父吟》亡，玄池絶唱。星橋題恨，春樹名愁，明月臨堦，東風入夢。所謂宋士雲霞，唐人芳桂，論之古義，差爲不愧，然而去聖賢立教之道遠矣。黄蘗爲滹沱之宗祖，録中惟《答裴相國》詩一首，臨濟大師杳爾無聞，其餘率爾有作，譬之風行水上，自然成文，非祖師慧命所寄也。以詩法而繩祖師，猶披孟子以紅衣，帶曾參以紫綬，非其質矣。然歷觀才人學士，本領初薄，伎倆有限。即使李、杜詩文，光鋩萬丈，極爲韓昌黎所獎許，要其極致，不過吟咏情懷，留連光景而已。老禪宿衲，氣嚴骨冷，至于一句搜空，萬刧心灰。故應相領悟于月露風雲之外，貫休、齊已未許插足，況才人學士之自命爲詩禪者哉！志詩苑。

**龍華夜泊**　唐皮日休襲美，襄陽　案：日休，字襲美。與進士陸龜蒙相友善，所著有《松陵唱和集》。咸通十年，爲吴郡從事。其序魯望詩云："近代稱温飛卿、李義山爲之最，鯫生参之，未知孰爲先後。"

今市猶存古刹名，草橋霜滑有人行。尚嫌殘月清光少，不見波心塔影横。

**黄浦**　宋寇準平仲，渭南

春風入垂楊，煙波漲南浦。落日動離魂，江花泣微雨。

**宿龍華，寂無一人，方丈前梅花盛開，月下獨觀至中夜**　宋陸游放翁，山陰

梅花如高人，枯槁道愈尊。君看在空谷，豈比倚市門？我來整冠佩，潔齋三沐薰。亦思醉花下，燕情恐瀆君。敬抱緑綺琴，玄酒挹古樽。月明流水間，一洗世濁昏。摹寫香與影，計君已厭聞。老我少傑思，尚喜非陳言。

**題院壁**

孤村寂寂潮生浦，破院昏昏雨送梅。蔬食一箪宜面槁，畏途九折自心灰。古人

骨朽有書在，今雨泥封無客來。散髮佯狂非寄傲，世間萬事本悠哉。

**登塔眺望**

乘月上浮屠，還見群峰影。金焦是耶非？一點漁燈冷。

**黄浦**　元張之翰周卿，邯鄲　案：公爲我郡守，嘗集諸文學作《春陰》詩。孫華年十三，援筆立就。其結句云："柳花只在斜陽外，不肯分明過小橋。"大奇之。

黄浦春風正怒號，扁舟一葉渡驚濤。諸君來問民間苦，何用潮頭幾丈高。

**龍華夜泊**　宋子虚

浦口晚潮來，[佳](住)期那可待。浪打蘭舟急，蘋花更難採。

**費姓請過龍華之黄浦即事**　元釋維則天如　案：師法諱維則，永新譚氏子。得法中峰本國師，説法不設崖險，不自陳衒悟解緣由以啓學人，捷出蹊徑。其爲學平實縝密，鞭辟近裏。故自臨濟一宗，化機局段爲之一變。遁迹松江之九峰間十有二年，道價自振。三至海上，費府請小參焉。

烏溪出閘催雙櫓，急趁回潮下黄浦。午前期到上洋城，生怕潮來近亭午。夜潮已落岸痕高，風卷浪花翻雪滷。渡頭趁渡人如雞，水行泥行亦良苦。西岸衝波遠入村，東岸湧沙作林圃。岸上居民無定蹤，頗怪潮行無定所。我年五十遊上洋，今歲重來五十五。豈無玉雪美少年，向來一揖成千古。亦有鴟張萬石家，勢去一朝無寸土。噫吁人生幻化若浮雲，陵谷變遷何足數！

**同唐拙庵諸公遊龍華寺**　明顧英草堂，上海

路轉城西地幾灣，偶因弔古叩禪關。金精曾見虎當道，寶劍不隨龍出山。人倚危闌霄漢上，天開勝景畫圖間。夕陽更在平蕪遠，苦戀遊塵未忍還。

**其二**

十里城西小路斜，尋幽閑到梵王家。三生説夢逃名教，八景題詩紀歲華。野鶴踏翻松頂雪，山禽啼落樹頭花。登臨不盡春遊興，笑語山童再煮茶。

**重遊龍華寺次顧孟育韻**　明錢溥原溥，華亭　案：公登制科，試《薔薇露》詩稱旨。入詞林，時稱"贍蔚"，得館閣體。官至大宗伯。

古刹茫茫煙雨中，浮屠高插翠微重。營巢鳥擇雲端樹，翻譯僧敲飯後鐘。香木傍橋春水淺，殘碑没草緑苔濃。年來愧我塵緣老，憶昔登臨興已慵。

**宿龍華寺海天秋月臺**　羅洪先念庵

半日高齋對鶴眠，客來無日不彈絃。不知何處人間世，拚與禪林静結緣。

**其二**

孤塔侵雲萬木深，新寒臺殿夜沉沉。重來舊侶那堪問，明月堦前霜葉吟。

**龍華寺有懷張玄超**　陸深儼山，上海　案：公字子淵。早負文譽，既入庶常，翹然特出。與

李崆峒、徐迪功相上下，官至詹事。王弇州曰："詹事天才卓異，翰墨名家，流輩見推，彌布朝野。詩如梨園小兒，急健華麗，所至動人。"徐獻忠曰："吾松濱于漲海，猶稱名都，非有寶玉珠璣之産，徒以人文跨越江左而已。至稱大方之家，則自機、雲而後千數百年，始得儼山公一人。又出華宗，源長有委，道在廊廟，而擅民宗。顧其意志，實欲匡贊當世，不獨馳情藝事，與學士稱雄長。"

齋居清道心，浦口白雲深。竹徑鳴風珮，蘭堦生晝陰。山僧忘入臘，寶塔舊成林。落日青霞外，高人何處尋。

**黄純玉再遊龍華，因辱高篇，悵然用韻**

浦口橋西寺，水深塵事稀。重來黄叔度，尚憶陸探微。霜後經紅樹，天南望紫薇。還將五色手，歸補袞龍衣。

**再過龍華寺**

六月龍華兩度遊，陸行騎馬水行舟。風雲塔院松將暝，煙火村家麥已收。病到静餘初減藥，望窮天際更登樓。桑榆苦愛清江曲，常愧山僧半日留。

**遊龍華寺有懷陸子淵諸公** 黄瑗純玉，晉江

地屬重遊日，人追勝事稀。桃憐齊度馬，柳愛共啣巵。寺静鶴仍睡，竹深榻未移。無心花底鳥，聽汝欲沾衣。

**和黄起部韻** 瞿霆南山，上海

官閑無夢落危機，路入招提車馬稀。美味何如蔬一筋，清茶不换酒千巵。才名到我難消受，生事論心肯變移。天使也知佳麗地，尋詩踏破緑苔衣。

**和黄起部** 陳大冲

爲愛禪房静，凡心坐覺稀。不須留玉帶，端合棄金巵。南省司猶在，北山文自移。地靈存古刹，世遠話傳衣。

**張王屋避客禪樓，訪之海上** 茅坤順甫，歸安 案：畫家逸品在神品之上，欲逸品最高。蘇子云："絢爛之極，乃造平淡。"故淡最不可學，兼是以足稱者，鹿門其庶幾矣。鹿門上下古文辭，無所不研究，不肯勦襲一字，直取神脈于悠揚淡蕩之間。夫爲人爲文當有餘地，所貴乎淡逸者，爲寬然有餘地，悠然足以動不盡之思也。白華樓稿最多，而存之最簡。此道難言，直當于鹿門相印證耳。禪悦詩雖展乾坤，豈在中晚之下？

挂風飛靄曲，徙倚獨相尋。路傍黿鼉窟，花徑龍象深。君逃日裏影，我迸空中音。相對默無語，白雲流梵音。

**春日登龍華塔** 張之象月鹿，上海 案：莫如忠曰：公字月鹿，一字玄超，别號王屋。下帷發憤，專力治古，務博綜群籍，囊括百氏，勒成一家言，與海内士别建旗鼓而馳。迨其潛神積思，久而神詣時，發之詩若文。其詩爾雅冲澹，興寄寥遠，有晉魏風。其文閎深奥衍，出入東西京，不作晚近語。雖當世宿學，自以爲不如。公生平建樹之較著者，晚歲小築秀林山麓，其地多怪石危泉，煙霏月榭，叢竹茂

林,因公而勝。其所交與,盡宇内賢豪。唐文獻曰:"公自謂一生不侮暗室。"嘗渡泖,中流風作,舟人皆失色。公神宇恬穆,口占一絶,有"暗想平生何所懺,一晨晏起一科頭"之句。其雅量高致,可概見矣。按家王屋所編輯,頗得力于《古唐詩》《類苑》二書,故《禪悦》詩直入唐人之室。

早春遊鳳刹,幽賞陟霞梯。練浄江流細,屏圍野樹齊。披襟看日近,伏檻覺天低。眺矚禪林晚,何煩過虎溪。

白蓮教院與慧公

古寺大江邊,重遊感昔年。樹深藏古塔,雪霽迸寒泉。以我頭將白,逢師衲半穿。猶能問詩訣,相對佛龕前。

同元朗叔毗伯從遊龍華寺

欣逢蓮社侣,試入可蹊行。桂殿含春葉,梅窗麗早英。綺幡飛月影,仙梵禁濤聲。煩想從兹釋,悠然物外情。

宿祖公山房

汎棹探真境,携茗列梵筵。竹扉斜映月,苔澗暗飛泉。秉燭金枝粲,談經白馬傳。不知禪坐久,消盡玉爐煙。

九日登塔遲楊東濱不至　顧定芳世安,上海

龐眉九日學登高,寶塔躋攀不憚勞。舉手摩天堪捫宿,倚欄呼月憶同袍。海天鱗甲驚秋柝,江岸漁燈怯夜濤。看菊白衣人不至,慚無斗酒醉詩豪。

嘉靖丙辰初夏午泊龍華　熊桴元乘,武昌

午泊龍華浦,樓臺入望幽。捫蘿尋老衲,穿竹上浮屠。鳥弄風光轉,花明雨氣收。憐予多病骨,猶是泛虚舟。

黄浦　顧從禮　汝由,上海。

黄浦灘頭微雨晴,龍華渡口晚潮生。行人夜泊應無語,試聽吴歌欸乃聲。

宿龍華寺

迢遞九山遠,蕭條古刹幽。平川涵落日,曲水[艤](艬)孤舟。夜静鳥歸樹,春寒人索裘。今宵江上月,沙際狎眠鷗。

同王屋山人過龍華寺

山人避暑龍華寺,疑是天台第一層。寶樹迷雲無六月,金盂注水坐三僧。慚予未解經中字,喜爾常添佛面燈。檻外紅塵纖不到,碧梧翠竹蔭蘿籐。

同陸思豫登龍華塔

江城風急楝花飛,直上浮屠一振衣。氣接九天星彩動,雲空萬里鶴群歸。登臨我愧非王粲,詞賦君當重陸機。極目倚欄頻借問,下方林影掛斜暉。

**百步橋玩月**

碧宇空明夕霧收，垂虹斜帶水雲流。誰家搗練棲金鎖，何處吹簫倚玉樓。菱鏡正懸千里月，桂輪初滿十分秋。臨風試理霓裳曲，好待仙人跨鶴遊。

**亂後遊龍華寺** 董宜陽子元，上海

寥落江干寺，尋幽偶獨過。經聲出院少，草色上階多。破壁衝風雨，殘碑引薜蘿。萬緣俱是幻，對景欲如何。

**過龍華寺雲谷山房** 馮淮雪竹，崑山 案：淮字會東，自安亭移居海上。晦迹林樾，于世無慕，而獨長于詩。長谷徐獻忠曰："山人無内外累，而俯仰自由。"故其詩多自得之意，不蹈陳迹，寫撰情景多驚人語。

剡棹空回又十年，十年剛得一參禪。入山自謂非生客，結社何當了勝緣。林日動摇晴樹影，竹風吹斷午茶煙。别時自有鐘聲送，破戒無煩出寺前。

**黄浦** 曹泰時和，華亭

月照黄龍浦水黄，南飛烏鵲夜茫茫。晚潮天接海門遠，秋草城埋滬瀆荒。洲上人家金井塌，縣中官酒玉缸香。百年來往今頭白，消得浮生夢幾場。

**登龍華浮屠絶級** 馮遷子喬，上海

千年飛塔標滄海，躡盡高層霽色開。翠蓋重重吴樹起，青螺點點越山來。貪看佛日浮中界，醉倚人天逼上臺。此地别離同浩刧，晚猿昏磬一時哀。

**登塔** 顧九錫天錫，上海

佇足層霄上，乾坤雙眼明。江聲夜還静，山色雨餘青。世事誰真幻，人生幾醉醒。相逢一登望，踪迹類浮萍。

**晨渡望龍華寺**

石拔煙霞抱，舟廻浦溆通。樓臺疑海市，鐘鼓識龍宫。寶樹縈波上，金花落鏡中。何時登彼岸，一洗世緣空。

**遊龍華寺，贈雪厓師** 張所敬黄鶴，上海

春帆收處得精藍，空裏閑從老衲談。石上葉翻俱是貝，林間花落總疑曇。乍聞鐘梵心先寂，未飲醍醐意已酣。我愛逃禪惟剩髮，不妨彌勒坐同龕。

**宿龍華寺**

乘興浮青雀，携壺飲紺園。鐘聲祇樹隔，花影石床翻。殿圮墻餘盡，雲疎月露痕。夜分僧定久，佛火照長旛。

**過龍華爲題** 陳繼儒眉公，華亭

敕賜龍函出内家，浦邊分得一袈裟。好向東軒開一竇，紙窗修竹對梅花。

**雨中宿龍華蘭若，贈與石師**　潘大儒需之，上海

一片寒雲護馬蹄，千山曉色雨中迷。上方清磬江潮外，澤國孤城海氣西。傾蓋老僧能下榻，論交勝侣盡忘機。松風吹醒參禪夢，笑指龍沙是虎溪。

**龍華晚鐘**

江寺鳴鐘到夕曛，山僧不語帶歸雲。一聲雨散人静渡，竹房香梵度氤氲。

**萬曆乙巳中秋，過龍華寺，讀先肇慶懷陸文裕公詩，并屬和諸什，因紀其事，有引**　黄居中明立，晉江　案：余讀《文裕公集》，有《答黄純玉再遊龍華》詩，意爲先肇慶公宦轍所至，不及上洋，或姓氏之偶同也。詢之故老，無知者。一日舟行風阻，過龍華少憩，散步法堂，則肇慶、文裕詩篇在焉。始知其以民曹郎侍使節按部兹土，諸紳薦觴于寺中，宴集賦詩。而文裕以同年友，病不克赴，次韻酬答，亦一時勝事也。文裕藻雅風流，爲一代詞人之冠，二篇出其手書，有趙吴興筆意。肇慶公卓魯治行，《一統志》列之良吏，並足千古。而余于百年後薄遊海上，不期獲瞻斯美，豈不稱會合大奇。感逝懷賢，勉效續貂，即工拙不計矣。純玉肇慶，爲余從曾祖。

繫馬江干寺，尋僧古佛堂。潮聲來歇浦，塔影入禪床。叔度曾遊處，士衡有和章。舊題雙比玉，珍重碧紗牕。

**天啓乙丑初夏過龍華，貽雪瀑禪師**　孫應昆大慶，松江

畫舫乘潮入，閑過祇樹林。緑陰微雨後，老幹鬱雲深。藏自西來寶，鈴分上苑金。低徊尋往事，莫是有龍吟。

**其二**

探梅方結子，種竹已干霄。一坐東軒下，從兹萬慮消。爐煙分晝静，鳥韻隔林遥。漫興山僧共，談空度小橋。

**秋日同沈君佐龍華晚眺**　杜淯嘉興

塔影層雲外，危登一覽中。去帆牽遠目，歸雁倚長風。望處愁煙隔，遥津與客通。故鄉誰不憶，今古亦相同。

**宿龍華寺**

紫李黄瓜村路香，烏紗白葛意俱涼。扶笻月殿松陰轉，欹枕風軒客夢長。因病得閑殊不惡，心安是藥更無方。道人不惜階前水，借與匏樽信口嘗。

**癸未重九遊龍華**　孫錦

路入禪宫塔影斜，紺園林樹拂煙霞。山僧書學惟收葉，天語聞經屢散花。

**登塔**　張希戴晉人

乘閑躡盡上方梯，極目雲山一抹齊。江柳自翻今日色，林鶯不改昔年啼。荒村阡陌分還合，遠浦帆檣高復低。野老自無憂國恨，漫言烽火在關西。

**過龍華寺留題** 費隱和尚

來探名藍勝，撥舟過海東。堂高懸慧日，塔古蕩晴空。花鳥迎僧侶，香雲繞象龍。吾徒主此席，道脉望超隆。

**侍本師過龍華次韻** 行琛蠡庵

轉舟天際望，葱鬱海城東。曲水盤靈氣，晴沙護碧空。殿高春乳鶴，松老夜疑龍。百草沾新澤，芳菲日正隆。

**奉贈韜明和尚** 張雲孫天士

嶙峋雲梵大江隈，手障狂瀾物象回。熊耳鐘聲真不遠，龍池花影幸重開。息機欲藉旃檀樹，證法還依明鏡臺。從此三生應得悟，漫憑遥海望仙杯。

**龍華隨喜禮大悲懺法** 曹垂璨緑巖，上海

梵唄鐘聲隱翠微，纖塵不到比丘衣。六時虔禮通禪觀，萬類皈依盡息機。丈室燈明龍象寂，法輪香繞雨花飛。利人自利欣雙美，修證今逢佛日輝。

**贈韜明和尚**

香臺清磬落松風，衹樹森森一徑東。幸叩支公超浩刼，愧非玄度悟真空。諸天海晏蒼霞拱，極浦虹飛紫氣通。千古一燈無盡意，繩床白拂許誰同。

**泛波，同陸嶒峪到龍華侍不岐禪師藏** 董宏度君節，長洲

横江秋色正無瀾，人在清波客在巒。雲與鶴飛争遠近，士隨高衲有波瀾。松花筆意常相待，一劍寒燈兩不繁。當日大臣親探轂，誰知選佛好除官。

**御書，承恩堂老僧能述大内事**

雨簷風榭一杯茶，舊迹無多不計差。荒砌緑苔平古碣，破緇寒衲説官家。龍摶尺錦天書篋，鶴踏千年異國花。到處登臨人欲淡，遠山容易白雲遮。

**同嶒峪謁龍華方丈，雨阻分賦**

雲飛鷲嶺雨初殘，斷碣苔痕屐齒安。拾食鳥聲隨大衆，散花旛影出中官。松腰帶白潮如練，殿角拖藍竹可團。正欲與師商大道，豈同彭澤把眉攢？

**同董子謁龍華方丈分韻二律** 陸蓨嶒峪

龍影蕭疎古刹竿，東南禪侶此盤桓。天連滄海浮雲盡，鳥落松風六月寒。一代祖庭初建暨，百年宸翰半凋殘。古人著得名山記，勒向無生國裏看。

松花與子暫徘徊，碑碣相看老刼灰。半席危濤從此去，千年殘火又重煨。淹留鶴鷺惟新雨，勘破乾坤有疾雷。百尺樓頭擬舉話，飄飄鐘帶結爲枚。

**前題** 馬夢蛟小休

頭陀燈火夕陽殘，鈴塔鏗然霄漢安。芳草三春新講案，白鷗半岸老禆官。畫橋

簑笠雲嘗出，梵鼓龍宮水一團。片石疎林落松子，十年屐齒幾回攢。

**大雪登龍華浮屠**　蔣平階大鴻，華亭

白毫千丈曙霞稀，海國彤雲敞素暉。已見金輪浮屠至，還從天語散花歸。梵王宫内龍嘗定，靈鷲山中鳥自飛。獨有下方哀慕者，只將珠淚灑麻衣。

**龍華寺**

此地闢龍宫，遥連建鄴東。胡僧來絶域，舍利落空中。阿育浮屠出，孫吴伯業雄。至今傳像教，碑穴想遺風。

**其二**

尚憶前朝事，中宵出禁闈。貢金磨佛相，天錦剌僧衣。詔逐青鸞下，經隨白馬歸。自聞開後藏，處處雨花飛。

**寄韜明和尚，兼懷大壑禪師**　張錫懌弘軒，上海

每從函丈接清塵，欲指迷途數問津。五葉花開期結果，三車引喻識尋真。夢廻秋月禪心静，戒得明珠道韻尊。近喜一燈傳法侶，青蓮耀日幾回新。

**初至龍華**　釋超聲古雷

名藍層踞碧嵯峩，御苑分題繡薜蘿。古木干霄雲影碎，殘碑没字草痕多。曾聞天語僧寮寂，恍接潮聲梵宇過。老我半生聊幻寄，無煩龍甲動秋波。

**宿龍華寺，貽自明上人**　茅藩價維

暮雲生海角，初地夕陽開。潮帶鐘聲落，人隨宿鳥來。疎星沉塔影，花雨暗經臺。夜半聞仙籟，無聲夢已回。

**春暮泛舟遊龍華**

貰酒呼煙載白雲，登仙應不惜離群。遥遥塔影中流見，隱隱鐘聲隔岸聞。路轉數灣青靄合，谿廻幾曲翠微分。倦遊漫整歸家楫，且艤垂楊醉日曛。

**過龍華贈友**　釋焱鎮燭微

一點丹鉛聳太華，門人誰可付袈裟。青青柳眼雙扉肅，每日同僧煮釅茶。

**龍華别友**　釋性徹休庵

殷殷古寺别，何處問乾坤。語默追同調，聲名列後孫。把茆炊雨竈，斷磵接松門。延竚雲間月，難忘弟與昆。

**龍華啓閲藏，期擬瞻禮，雨阻不果，賦呈**　喬世埴遺民，上海

莫論世外神交在，所見都應勝所知。共祭開軒還裹足，非關入社便攢眉。三年宏願猶初日，一食清齋與後期。會向彌天勤獨立，大雲法雨本無時。

**元旦龍華訪道** 陸宗贄滄庵，臨清

山門禮拜不妨酸，耳畔慚聞説宰官。我入玄宗曾有綫，君收白眼已如蘭。川流月印洲常静，鉢熱蓮生火自寒。一揖即行忘殊戀，浮屠猶向樹中看。

**夜過龍華** 周規象員，上海

輕舟夜發月明中，半喜潮來半喜風。到得龍華剛夜半，隔林鐘響落孤篷。

**甲辰小春，謁大壑和尚于龍華，塵慮茫茫，瞬息言别。今夏病瘧昏熱中，恍若與師酬對，作解脱想。醒而賦此，以圓前話，不知和尚許我也否** 張宿月鹿，上海。

十月寒江風浪白，人間晝短花宫席。一燈自焰傳今古，一鐘自響憑潮汐。遇師飛錫蓮花開，謁師飛籜蓮花臺。文字語言盡大乘，悠然四座無塵埃。我來謁師亦何有，但向師前一稽首。色相潛消一衲中，法雲自然空山口。此際因緣曾無始，此時晤對曾要久。我今憶此徒茫然，宛轉風塵又一年。痁鬼不禁風雨後，夢魂欲酌曹溪泉。此身自合依趺坐，間却優曇花底卧。白石青松老辨才，垂衣拄拂天人座。

**大壑和尚嗣席龍華有贈** 唐孟融若梟

古寺何年建法幢，刹竿雙立影臨江。已知甘露開嵩室，會見生駒踏海邦。詩筆兼工深自晦，威儀重整衆心降。獨慚鈍質無門入，如覩飛蠅觸綺牕。

**開歲六日，謁大壑和尚。前三日爲師五十嶽降之辰，敬呈長歌，以伸鄙意**

曼陀垂綺御幢間，(中闕)拈來微笑空王印，散遍諸天帝女還。一自毫端藏大浦，繽紛常見灑塵寰。(中闕，瞿穀，字式似。)

**傑閣鯨音**

梵王高閣麥官懸，侵曉蒲牢破冥煙。矗立勢深棲鶻上，騫騰聲到蟄龍邊。非關近福潮音答，直是憑虚水府傳。午睡不知誰振旦，欲因鯨首叩諸天。平圃

洪音深夜動遐荒，誰向層樓帶月撞。信是憑依能切漢，應憐清越自横江。斗牛撼落催僧課，蝴蝶驚翻到客艭。一百八聲聽欲罷，熹微曙色影松牕。犀照

狹閣危臨古佛灣，幾經敲月到禪關。沉沉叩應浮黄浦，歷歷分明度遠山。自有洪音轟大地，不將殘韻落人間。年來勘破圓通偈，相對忘言未忍還。農石

高懸百尺振噌吰，一一聲聞刹海通。下土晨昏知佛號，上方樓閣轉天風。無垠雲際悠揚外，不盡人間夢醒中。月落江空還響遞，恍疑吟吼出龍宫。式似

逸事傳奇信未嘗，華鯨飛墮五茸鄉。慶曆六年，華亭縣東見雲端有物，火引前後，轟轟有聲。東至龍華墮地，乃鐘也。出《閑窗括異志》。元龍百尺高霞表，于闐千鈞震洛陽。禪榻夢回開睡蛤，醉鄉聽徹泣亡羊。秋潭月影鐘聲夜，細味玄沙句裏霜。沛堂

**月明雙井** 井列山門左右，俗名陰陽井，一清一濁。

得月山門寶氣孤，開山法味兩醍醐。雙涵乳竇如聯璧，對寫冰輪像佛臚。涇渭翻從初地別，東西無異廣寒圖。亭亭此際應垂首，一月真成二月無。平圃

靈源兩鑿到山根，浸澈蟾蜍透海門。古甃並涵秋一色，寒光交印碧無痕。藍田璧浄常如合，赤水珠聯不可捫。陵谷似餘雙眼在，炯然爍破此乾坤。犀照

永泰橋頭瀾汋風，花光月色雜香蓬。一泓夜氣珠聯外，萬朵山河玉映中。井渫剩餘禪悦食，心香清與浄名通。姮娥覿體如相問，影落浮屠浩刧空。農石

兩兩寒泉古刹邊，夜闌汲静自泓然。離魂蟾兔光難晦，分界星河影共圓。清濁漫争咫尺地，東西轉盡轆轤天。劇憐本性何曾别，一到人間涇渭懸。式似

雙眼窺人静，何須印萬川。平懸金鏡合，倒映玉環連。似法隨方現，如心觸處圓。碧梧甃蘚冷，留影在清淵。緑巖

靈源疇鑿寺門前，底事深深溢乳泉。龍虎窟分雙寶鏡，水晶宫映兩嬋娟。寒雲夜合傾心海，細草春廻小洞天。膏液繇來滋物物，光明絶勝太華顛。鄭端揆，字御絃

井井靈源記不差，毒龍馴處見慈華。廣寒交碧分清濁，白眼雙明鑑正邪。古甃浄涵波底月，天香吹落樹頭花。獨憐照影誰家女，偏照華陰數鬢斜。沛堂

**回塘拱刹**

蓮舟曲曲泛河沙，水國淪漣佛面賒。咿軋櫓廻仍見塔，透迤帆折更看花。握中珠冏盤龍戲，雲際燈懸走鷁誇。湘浦望衡凡九轉，倍將紆道問慈華。平圃

一條白練瀉成溪，萬里朝宗未可隄。地坼天光同宛轉，舟廻塔影問東西。乘潮客似趨巫峽，載鶴僧如到武夷。我亦溯回經幾度，由來曲曲見招提。犀照

天開圖畫影參差，别有波瀾拱向奇。檣指東西流麗日，帆隨左右溯廻時。三陽不覺抬眸到，九鯉恍如覿面移。約略慈華隨處現，青螺幾點絶流機。農石

瞳曨初上曙光遥，百步環空彩影飄。光擁河山朝化域，影疑螮蝀現崇朝。倒含半玦雲霄掛，對躍重輪天海摇。一片圓明將頓徹，石欄晴色正相招。式似

**廣渚浮珠**

聚沙誰復見沙形，萬頃濤中一箬停。疑是比丘衣上繫，恰從初柤渡時青。能浮果見圓成相，不浸仍教幻泡輕。龍女擎來常作供，豈宜無着問滄溟？平圃

席帽山人曼衍行，不知何處踏歌聲。拈來掌上如丸轉，擲向空中似月明。一粒果能藏世界，大千視此若漚生。推蓬漫作鯆鮃引，愛咏滄浪入太清。農石

聚沙成渚一珠圓，似柱中流砥大千。恰傍龍宫明月現，還從佛頂夜光聯。潮廻白璧塵凡浄，水泛明珠掌上懸。笑問比丘何不繫，蒹葭秋水共長天。月鹿

**秋江塔影**

浮屠幾見插蛟宫,倒影還如印碧空。千尺澹涵天水際,一江清受刹塵通。雁來佛頂飛難下,龍去珠潭境不同。始信萬川圓萬月,但無鈴鐸語西風。平圃

何年耶舍指飛光,寶級凌雲峙海邦。不是獨尊當滬壘,誰分千影覩秋江。嶙峋彩散蒼龍窟,瀲灩光浮碧玉幢。每到金天誇勝事,雪濤風鐸共淙淙。犀照

橋流萬塔府中原,沐浴空明若可捫。殘月照來看未定,松風吹去碧無痕。偶盟鷗鷺偏能狎,别駕黿鼉不改吞。曳杖秋江已成癖,早知重涉入乾坤。農石

影入中流矗,沿廻數里瞻。寶光隨水動,燈焰共潮添。礙月平沙斷,眠雲野渚黏。江空無住相,玉露又蒼蒹。綠巖

**夜浦濤聲**

八水廻通湧佛燈,諸天息後海潮騰。鯨魚欲上風相觸,蜃氣方馳怒已憑。黄歇軍聲來定内,枚乘賦手待宵興。洛伽山上如相習,不道聞思得未曾。平圃

春申浦水碧如秋,萬頃淙淙夜更幽。日落江空人唤渡,月明潮上客登樓。頻驚鷗夢隨風遠,偏攬詩思倚檻浮。誰耐僧窗閑聽取,潺湲一洗古今愁。犀照

黄歇賢豪付海鷗,則公詩法幾經秋。三江浪合無潮汐,八月濤生撼斗牛。開闢至今何日寂,波瀾觸險與天浮。不妨便作乘風客,高枕同爲泛宅遊。農石

終宵申水撼縱横,響徹禪門覺倍清。葦岸漁歌遥帶去,花宫蓮漏近相迎。乾坤只合隨流轉,江海難平此夕鳴。静裏潺湲偏不斷,潮音自護佛光明。式似

定後衝飈撼法幢,潮音通夕繞蓮邦。驚濤滅度聲聞果,黑霧飛騰佛火降。豈是缽龍吟叠浪,已翻水月亂空江。禪關此息皆虚静,何有狂瀾振夜窗。月鹿

溟渤涵虚撼海門,片帆斜雨送黄昏。江豚入夜吹微浪,潮汐鳴秋亂小村。一枕松濤雲不繫,半鈎月餌瑩無痕。黑風幾度分清響,耳畔圓通未可捫。沛堂

人静渡翻動,潺湲聽幾回。衝舟驚短夢,激岸起輕雷。音趁疏鐘遠,喧隨戍鼓催。更看新月湧,疑在浙江隈。綠巖

續增:

**龍華寺** 曹錫寶劍亭,上海

古寺岧嶢烟靄重,赤烏遺迹草茸茸。千年寶氣餘飛塔,終古秋聲咽暮鐘。傑閣雲霞流梵唄,滄江風雨泣蛟龍。殘碑無恙埋深洞,落日荒涼百尺松。

**登龍華寺浮屠** 曹錫辰北居,上海

傑構層霄上,登臨四望開。浦雲隨鳥没,海日帶帆來。築壘思名將袁崧,吟詩憶上才儲泳。悠悠感身世,猶是淚塵埃。

**龍華訪釋了昱**　曹洪梁雉山，上海

三日天不雨，行人斷還續。彳亍野田間，遠林已含緑。一聲何處鐘，浮屠現林木。沿溪尋徑來，宛如山下屋。雲房方十笏，香龕小一粟。中有苦行僧，終年一甌粥。形瘦骨枯槁，談言喜無俗。心定風旛間，我見清如沐。夕陽催人歸，岸花散幽馥。

**登龍華塔四章**　曹耀璨琅軒，上海

古刹巍峨歷幾朝，浮屠七級聳雲霄。璇題粉壁詩情寄，花徑松寮梵韻調。祇此龍華徵會勝，何須雁塔詡名標。春郊日暖携樽酒，絶頂呼朋樂意饒。

凝眸遠望泖峰開，酌酒吟詩極快哉。千里日光波蕩漾，四窗雲影樹徘徊。櫓聲欸乃衝潮去，笛韻悠揚隔岸來。此地真多方外樂，賞遊不厭日千回。

海上名區自昔傳，無邊光景攬當前。層樓聳翠窮雙目，古塔凌空接九天。郊外山光隨日到，浦濱帆影趁風旋。斯間大可尋真趣，一曲高歌思邈然。

香信年年三月忙，遊人踏遍好風光。凌雲閣裏憑君嘯，選佛場中許我狂。百步紅橋連蝃蝀，廿灣緑水飲牛羊龍華有十八灣。先塋咫尺憑呵護，塔影如龍繞匯塘。六世祖滬城公墓，在寺北蒲匯塘南郊，載《邑志》，相去咫尺。

**己丑上巳遊龍華雜咏**　曹鍾熿照亭，上海

古刹崔巍近水涯，青冥寶塔白雲街。年年士女春三月，忙煞燒香吃素齋。

龍華寺畔草萋萋，柳繞江村花映溪。十里桃林紅不斷，畫船常滯畫橋西。

盈盈一水亘申江，客去潮來息畫艭。天際風吹群雁落，荻蘆隨處宿雙雙。

登塔遥瞻極浦東，往來舟逐一帆風。饒他多見江村景，近水樓臺此不同。

禪性安時制毒龍，龍華寺近夜聞鐘。閑來野步逢僧話，多少朝山有倦容。

底事飄萍滯客濱，不知何處渡迷津。聽經疑有天花墜，浪説龍華會上人。

天半鐘聲隔岸聞，赤烏年紀塔磚文。可知鐵漢能成佛，豈獨參禪戒酒葷。

歇浦風潮萬馬奔，小橋流水此江村。三千里外詩僧至，乘興來敲月下門。

**四月十八日重遊龍華，春暮閑步，花落感人**

西洋造法好樓臺，百頁長牕半不開。隣犬喜如獅子狀，隔墻狂吠報人來。

人面依稀看不真，成陰結實感因循。杜娘驚夢蕭娘嫁，千古傷心屬暮春。

香消粉褪負韶華，寶馬香車踐踏加。我約小紅無箇事，和泥和土掃桃花。

未爇心香了夙因，玉容從此委風塵。平生未覺繁華夢，悔作龍華會裏人。

# 卷　八

上海張宸青琱氏　輯

## 逸　事　志

東魏神泉，應焚香而忽湧；北天衆果，候飛錫而還生。徵有必至，象有固然。故《齊諧》志怪之編，《酉陽雜俎》之録，皆于耳目尋味之外別設神奇。由大智觀之，則極平常也。今人少見多怪，見橐駝謂馬腫背，信哉！且如玄蓋向無風霆而萬籟俄作，黄輿向無草木而萬彙頓宣，則人必指是以爲奇特矣。物外求真，未爲然也。是書無隱不陳，無微不著，任耳聞目見之中，千變萬化，而未始有極，都收攝之眉間一輪矣。若夫金匱玉篋之藏，海笈龍函之積，偶遺隻字，可鎖山門。常人視之，固以爲吉光片羽之珍；作者採之，亦以爲萬年常住之寶。可不臚舉者哉！志逸事。

東晉郭景純璞，嘗適龍華，留鈐記云："龍華港，朝北斗。小小蛇，水上走。世人葬得着，金印大如斗。"

《宋・紀》仁宗慶曆六年七月七日，華亭縣東見雲端有一物甚巨，火引前後，色紅。有人隨之，轟轟有聲，向東飛至華亭海空相寺東墮地，乃鐘也。有鑄時年月，云自閩中來者。夫金石至重，有時而飛，亦奇怪事。《閑窗括異志》然天下理之所必無，安知非事之所必有哉？今寺内鐘乃洪武三年鑄，前飛來者已不記所在。

寺有《秀州華亭縣空相寺碑》，爲神宗元豐三年季春立，今没在聽松山房墻砌内。筆法遒勁奇倔，識者以爲黄涪翁筆。恨多剥落，可辨者數十字。淳意高古，名山不守，惜哉！

理宗端平二年乙未十二月，有異僧自言從普陀來，卓錫寺中，結茅爲菴。日坐蒲團誦經，座下乾土忽生白蓮十餘本，踰八日方萎。戊申二月，坐龕中合掌而逝，吐火自焚，望龕羅拜者以萬計。事聞于上，賜額"白蓮教院"。《東殿新書》

元至正間，有覺隱和尚名誠，號道源，寓龍華空相寺。傳其一詩曰："小橋流水遶迴廊，獨對西風憶故鄉。山崦人家秋色晚，客中無菊過重陽。"

塔有鐵仰盤，規制甚巨。相傳盤中有魚，躍騰自在。遇大旱，水亦不涸。元至順中，有異人來借。寺僧笑之，漫應曰："能舉便借爾。"夜半挾風雨將去，或云盤移泖塔。

龍華寺石馬爲怪，能作禍福，祭賽無虚日。有高僧過寺中曰："孽畜何得在此作祟!"以杖擊之，石馬崩裂。

明成化間，中勤禪師爲室女舉火云："二十八年光諸惡，莫作一朵春花。秋風吹落，貴族哀憐，諸人嗟愕。既免從夫，且無纏縛。即今聽取老僧言，可以從兹生省覺。"大衆且道："如何生省覺？還知麽，莫道一生成夢幻，須知萬法盡空花。"又爲小兒舉火云："寒雲送夜雨瀟瀟，雪壓樓臺失小橋。殘歲殘冬殘夢裏，一生一世一時消。"舉火炬云："來得遲，去得早，免得一生嗔，終世無煩惱。天堂恁意遊，地獄無心造。畢竟以歸亡，自然登正道。"大衆且道："火光三昧，山僧有甚指示？回首清風滿路程，刹那净土應須到。"

嘉靖間，有善女入寺燒香，詣鐘樓下隨喜，命童子登樓叩擊。童子隨洪鐘墮地，肢節不損，女亦竟體無恙。其鐘所壓及者，六幅湘江而已。

嘉靖癸丑四月初七日，倭船泊龍華港。遂登岸刼掠，焚大雄、大悲兩殿，廊廡、山門及市廛千餘間，遂至天妃廟中。詰朝，二酋議所向，一指南，一指西，乃以筶卜之。四筶皆卓立，倭拔刀斫供臺而去。時有僧避閣板中，親見倭奴皆披重鎧，持利刃，圓眼大顱，面黝黑魁悍。是日，掠漕河涇，甫至廟橋，鄉民格殺一酋。遂掠張家塘南，據張參議宅。越數日，燬其室，驅所掠男女負擔而去。

案：嘉靖間倭變，一代祖庭，悉爲灰燼。禪師語録，亦付之祖龍矣。僅存西隱山房藏本，録出舉火、小佛事二則。惟冀海内高賢，惠我全本，以便補輯《僧寶》《法語》二志中，使祖師一段大光明，亘古不泯也。舊方丈基在今便門左，故老和尚猶能指點。

# 附　　記

漢承平年間，康僧會法師始建龍華講寺。

吴大帝赤烏五年，建塔，謂之龍華會。

宋咸平二年，敕賜空相禪寺額。

明嘉靖癸丑，賜“萬壽慈華禪寺”額。

隆慶壬申，敕賜欽加“大興國”額。

萬曆二十九年，敕賜“承恩堂”匾額。

清康熙十二年癸丑一陽月，里人張宸青琱氏謹撰。

中華民國十二年癸亥清和月，上海曹永安磐甫氏録藏。

# 附録：上海市文物保管委員會排印本後記

龍華鎮以龍華古刹得名。鎮始建于明，龍華塔建于吴大帝赤烏十年，殿建于唐垂拱三年，有文獻可徵，蓋龍華之名已早著于吴郡。明季張所望築别業于里中，創《龍華里志》，清康熙間，張宸復重輯之，寺僧際魯亦嘗有《古龍華志》十卷之作，惜均未付刻，傳本亦尠不可見。解放後，得上海孫氏顔齋光緒間鈔本，志分形勝、建置、宸賜、僧寶、法語、藝文、詩苑、逸事，爲張宸之重輯本。其中惟《形勝志》兼及鎮中之水道與橋梁，體例似非里志，有似寺之專志。去年又得上海曹氏于民國初年之另一鈔本，顔曰《龍華八志》。審其内容，仍屬張宸《龍華志》舊稿，僅序次間略有變動，並增案語若干而已。查原志初稿成于康熙十二年，鈔本之叙事有續至辛亥革命以後者，且“詩苑”中增入曹氏家人之詩篇甚多，或係曹氏意在續修而有以增補者。兹爲保存地方文獻，以曹氏之鈔本付印，而仍名《龍華志》，至後此之所增者，則註明續增以别之。

一九六二年八月